AF663638

भारत में आधुनिक पर्यटन

भारत में आधुनिक पर्यटन

(Modern Tourism in India)

अतुल जोशी
अमित कुमार
महिमा जोशी

रावत पब्लिकेशन्स

जयपुर • नई दिल्ली • बैंगलोर • गुवाहाटी • कोलकाता

ISBN 978-81-316-0299-7

Reprinted, 2019

Published by
Prem Rawat for **Rawat Publications**
Satyam Apts., Sector 3, Jawahar Nagar, Jaipur 302 004 (India)
Phone: 0141 265 1748 / 7006 Fax: 0141 265 1748
E-mail: info@rawatbooks.com
Website: www.rawatbooks.com

New Delhi Office
4858/24, Ansari Road, Daryaganj, New Delhi 110 002
Phone: 011-23263290

Also at Bangalore, Guwahati and *Kolkata*

Typeset by Rawat Computers, Jaipur
Printed and bound in India.

जल, जंगल और जमीन की जंग से जुड़े
जन आन्दोलनों को समर्पित

विषय-सूची

प्राक्कथन

(Preface)

प्रस्तुत पुस्तक *'भारत में आधुनिक पर्यटन'* का प्रथम संस्करण पाठकों के समक्ष प्रस्तुत करते हुए अपार हर्ष का अनुभव हो रहा है। वैसे तो आज पर्यटन विषय पर कई पुस्तकें बाजार में उपलब्ध हैं, परन्तु अधिकांश पुस्तकों का लेखन पर्यटन को एक विषय मात्र मानकर किया गया है, जबकि पर्यटन का क्षेत्र अत्यन्त व्यापक है। विश्व पटल पर पर्यटन ऐतिहासिक, सामाजिक, सांस्कृतिक, आर्थिक परम्पराओं का संरक्षक, विकासोन्मुख एवं नवसृजनों का प्रचारक, भौगोलिक क्षेत्रों में किया जाने वाला एक भ्रमण तथा अन्वेषण, पारिस्थितिकी एवं मानव के मध्य समन्वयक तथा प्रबन्ध की मांग करने वाला एक उद्योग बनकर उभरा है। अत: पर्यटन के बारे में एक समग्र अध्ययन पाठकों के समक्ष लाने के उद्देश्य से इस पुस्तक का लेखन भूगोल, समाजशास्त्र तथा वाणिज्य के विज्ञ लेखकों द्वारा किया गया है।

पर्यटन सम्बन्धी पुस्तकों में पर्यटन धरोहरों के चित्रों का भरपूर मात्रा में प्रदर्शन करने की परम्परा चली आ रही है। प्राय: पाठक पुस्तक में पर्यटन धरोहरों के चित्रों के दर्शन कर लेने से अपनी पर्यटकीय जिज्ञासा को शान्त कर लेता है। हमने प्रस्तुत पुस्तक में उस परम्परा से हटने का साहस किया है। हमारा मत है कि यह पुस्तक पाठकों को किसी भी वर्णित पर्यटन धरोहर या स्थल के प्रति इतना रोमांचित करने में सफल हो पायगी कि वह निश्चित रूप से ऐसे स्थलों तक पहुँचने व भ्रमण करने हेतु आतुर हो जाएंगे। यही इस पुस्तक की सफलता का प्रमुख आधार बनेगा। वैसे भी पर्यटन विषय पर रचित इस पुस्तक का प्रमुख उद्देश्य पाठक को पर्यटक बनाना ही है। हमारा विश्वास है कि यह पुस्तक पर्यटन के विद्यार्थी, शिक्षकों, पर्यटकों व सामान्य पाठकों के लिये तो निश्चित रूप से लाभप्रद होगी ही, साथ में नीति निर्माताओं तथा योजनाकारों को भी एक नयी अंतर्दृष्टि प्रदान करेगी।

सम्पूर्ण पुस्तक को तीन खण्डों में विभाजित किया गया है तथा प्रत्येक खण्ड अनेक अध्यायों में व्यवस्थित है। प्रथम खण्ड *'पर्यटन चक्र प्रबन्ध'* सात अध्यायों में विभक्त है, तथा पर्यटन का सैद्धान्तिक परिचय प्रदान करता है। इस खण्ड में पर्यटन एवं पर्यटक की संकल्पना, पर्यटन के स्वरूप, पर्यटन उत्पाद, पर्यटन प्रबन्ध, परिवहन एवं यात्रा प्रबन्ध, आवासीय प्रबन्ध, समग्र विकास में पर्यटन की भूमिका एवं ईको पर्यटन आदि विषयों पर पर्याप्त प्रकाश डाला गया

है। एक पृथक अध्याय के रूप में ईको पर्यटन का विस्तृत परिचय प्रदान करने वाली हिन्दी भाषा में यह प्रथम एवं एकमात्र पुस्तक है।

द्वितीय खण्ड *'भारत में पर्यटन'* पहले तो भारत का परिचय प्रस्तुत करता है, तत्पश्चात भारत की परिवहन व्यवस्था, भारत की समग्र पर्यटन धरोहरों तथा मुख्य पर्यटन स्थलों का राज्यवार विवरण देता है। इस खण्ड में राष्ट्रीय राजधानी क्षेत्र दिल्ली को बहुमुखी पर्यटन स्थल के रूप में पृथक से प्रस्तुत किया गया है, जो कि भारत के पर्यटन में दिल्ली की महत्वपूर्ण भूमिका को देखते हुए आवश्यक भी था।

तृतीय खण्ड *'उत्तराखण्ड में पर्यटन'* भी सर्वप्रथम उत्तराखण्ड का सम्पूर्ण परिचय सामने लाता है। तत्पश्चात उत्तराखण्ड की परिवहन व्यवस्था तथा जिलेवार उत्तराखण्ड की पर्यटन धरोहरों और पर्यटन स्थलों का क्रमबद्ध एवं विस्तारपूर्वक परिचय प्रस्तुत किया गया है। उत्तराखण्ड के विख्यात चार धामों, पंच बद्री, पंच केदार तथा पंच प्रयाग का अलग से विवरण प्रस्तुत किया गया है।

इस प्रकार यह पुस्तक पर्यटन विषय की एक सम्पूर्ण एवं वैज्ञानिक प्रस्तुति है, जो पाठकों की पर्यटकीय ज्ञान पिपासा को तो शान्त करेगी ही, प्रतियोगी परीक्षाओं की तैयारी करने वाले विद्यार्थियों को पर्यटन, भारतवर्ष और उत्तराखण्ड का सामान्य ज्ञान भी प्रदान करेगी। हम उन लेखकगणों के प्रति कृतज्ञ हैं जिनकी कृतियों से इस पुस्तक की रचना में सहयोग मिला है। पुस्तक के इस प्रथम संस्करण को अपने सुझावों से अधिक उपयोगी व समसामयिक बनाने में डॉ० अजय अरोड़ा, विभागाध्यक्ष, पर्यटन विभाग, कुमायूँ विश्वविद्यालय नैनीताल के प्रति हम हृदय से आभार व्यक्त करते हैं।

पुस्तक की सम्पूर्ण पाण्डुलिपि का अध्ययन कर उसमें संशोधन करने का भगीरथ कार्य कर उसे तैयार करने में श्रीमती शालिनी अग्रवाल (धर्मपत्नी डॉ० अमित अग्रवाल) के योगदान को शब्दों से नहीं चुकाया जा सकता। हम पूर्णत: आश्वस्त हैं कि यह पुस्तक प्रत्येक स्तर के पाठक के लिये उपयोगी सिद्ध होगी तथा पर्यटन के विकास में महती भूमिका निभायेगी। संस्करण की समुप्युक्तता का आकलन पाठकगण ही कर सकते हैं। अतएव, पुस्तक को अधिक उपयोगी बनाने में पाठकों के सुझावों एवं शिकायतों की हमें सतत् प्रतीक्षा रहेगी।

लेखकगण

खण्ड-अ

पर्यटन चक्र प्रबन्ध

(Tourism Cycle Management)

1

पर्यटन का प्रत्यय

(Concept of Tourism)

मनुष्य जन्म से ही जिज्ञासु प्राणी है। वह प्रत्येक घटना को कौतूहल की दृष्टि से देखता है और अनेक तरीकों से उस घटना के सम्बन्ध में अपनी जिज्ञासा को शान्त करने का प्रयास करता है, चाहे वह घटना प्राकृतिक हो या फिर सामाजिक, सांस्कृतिक, आर्थिक, राजनीतिक या धार्मिक। अपनी जिज्ञासा को शान्त करने में मनुष्य को अपने ज्ञान का स्तर और सुदृढ़ करने में तो सहायता मिलती ही है, कभी-कभी घटनाओं को देखने एवं उनके बारे में जानने से उसे आनन्द की प्राप्ति भी होती है। पर्यटन का सम्बन्ध मनुष्य की इसी जिज्ञासा से है। अर्थात् जब कोई मनुष्य किसी घटना के सम्बन्ध में ज्ञान प्राप्त करने और उससे आनन्दित होने के लिये एक स्थान से दूसरे स्थान पर एक निश्चित एवं सीमित अवधि के लिये गमन करता है, तब वह पर्यटन को प्रोत्साहित करता है अर्थात् पर्यटन की प्रक्रिया में सहभागी बनता है।

पर्यटन एक मानवीय क्रियाकलाप होने के नाते आर्थिक महत्व का विषय तो है ही, प्रत्येक सामाजिक क्रियाकलाप के दृष्टिकोण से भी अत्यन्त महत्वपूर्ण है। ज्ञानवर्धन तथा भावनात्मक एकता के लिये पर्यटन का प्राचीन काल से ही एक विशिष्ट स्थान रहा है। लोगों के रहन-सहन, तौर-तरीके, उनकी संस्कृति एवं खान-पान सम्बन्धी अप्रत्यक्ष रूप से ज्ञान प्राप्ति केवल पर्यटन द्वारा ही हो सकती है। इसी कारण पर्यटन से होने वाले लाभों की ओर आकृष्ट होकर अधिकांश देशों ने पर्यटन विकास कार्यों को प्रारम्भ किया है। अनेक अल्प विकसित देशों को, जिनके पास अच्छी जलवायु, बालू के तट तथा विदेशी संस्कृति के अतिरिक्त अन्य कोई पर्यटन संसाधन नहीं हैं, पर्यटन के द्वारा विदेशी मुद्रा कमाने और अपनी आर्थिक स्थिति को सुदृढ़ करने के अवसर प्राप्त हुए हैं। विश्व के विदेशी व्यापार में पर्यटन एक बड़ा क्षेत्र है। पर्यटन सम्पत्ति तथा रोजगार उत्पन्न करने के अवसर भी उपलब्ध कराता है। अनेक देशों में पर्यटन महत्वपूर्ण निर्यात एवं विदेशी मुद्रा प्राप्त करने का प्रमुख साधन बन चुका है।

इस अर्थ में देखा जाए तो वर्तमान समय में पर्यटन सम्पूर्ण विश्व में एक बड़े एवं अर्जनशील (Large and earning) उद्योग के रूप में सामने आया है। पर्यटन से आज विश्व को लगभग 30,000 करोड़ रुपये की आय हो रही है। इस आय को खर्च करने वालों की संख्या लगभग 26 करोड़ है। पर्यटन से न केवल परिवहन के साधनों को प्रोत्साहन मिलता है, अपितु विभिन्न औद्योगिक शाखाओं को भी प्रोत्साहन मिलता है। पर्यटन क्रियायें पर्यटक आय के

दृष्टिकोण से भी काफी महत्वपूर्ण हैं। पर्यटकों द्वारा आरामदायक वस्तुओं पर किया गया खर्च फुटकर विक्रेताओं, निर्माताओं एवं भोजनालयों तथा परिवहन सहित अन्य व्यावसायिक वर्गों के लिये आय का सृजन करता है। यह सन्देह से परे है कि पर्यटकों को परिवहन के साधन अथवा आवास उपलब्ध कराने या उनकी अन्य आवश्यकताओं की पूर्ति के लिये अनेक प्रकार के औद्योगिक उत्पादों का सदुपयोग किया जाता है। इन सबके पश्चात भी पर्यटन स्पष्टत: एक मानवीय क्रिया-कलाप ही है जो सेवा के क्षेत्र से सम्बद्ध है और यह किसी भी देश के आर्थिक विकास में उद्योग अथवा कृषि के क्षेत्र से बढ़कर योगदान दे सकता है। पर्यटन उद्योग आज सम्पूर्ण विश्व में अग्रणी उद्योग के रूप में स्थापित हो चुका है।

पर्यटन का अर्थ एवं परिभाषायें (Meaning and Definitions of Tourism)

सामान्य शब्दों में कहा जाये तो ज्ञान एवं आनन्द के लिये किसी व्यक्ति या व्यक्तियों द्वारा किया गया भ्रमण ही पर्यटन है। संस्कृत साहित्य में पर्यटन के लिये तीन शब्दों का उल्लेख किया गया है जो मूल शब्द 'अटन' से लिया गया है। 'अटन' शब्द का तात्पर्य किसी अन्य स्थान के लिये घर से प्रस्थान करना है। ये तीन शब्द निम्नलिखित हैं—

1. पारायटन—ज्ञान तथा आनन्द के लिये घर से बाहर जाना। इस अर्थ में पारायटन मूलत: पर्यटन है।
2. देशाटन—मुख्य रूप से आर्थिक लाभ के लिये देश के बाहर जाना।
3. तीर्थाटन—धार्मिक महत्व के स्थानों की यात्रा करना।

ये तीन शब्द पर्यटन के व्यापक अर्थ को स्पष्ट करने में समर्थ हैं। अर्थात पर्यटन से अभिप्राय, भ्रमण के उस निर्धारित कार्यक्रम से है जिसमें कोई व्यक्ति एक अल्प एवं सीमित समय के लिये अपने निवास स्थान को त्याग कर अन्य स्थानों की यात्रा प्राकृतिक सौन्दर्य, धार्मिक उद्देश्य, स्वास्थ्य लाभ, शिक्षा एवं आनन्द की प्राप्ति के लिये करता है। और भी स्पष्ट शब्दों में कहा जाये तो, पर्यटन मूलत: आमोद-प्रमोद की क्रिया है, जो आनन्द प्राप्ति के लिये किये गये सभी क्रिया-कलापों को स्वयं में समाहित करता है।

पर्यटन की प्रक्रिया के तीन महत्वपूर्ण तत्व हैं—मनुष्य, स्थान एवं समय। अर्थात इन तीनों तत्वों में से एक के भी अभाव में पर्यटन की संकल्पना साकार नहीं हो सकती। पर्यटन की प्रक्रिया सभी प्रकार के पर्यावरण पर महत्वपूर्ण सामाजिक-आर्थिक प्रभाव डालती है। जहाँ पर्यटन की अनियोजित प्रक्रिया पर्यावरण पर नकारात्मक प्रभाव डालती है, वहीं नियोजित पर्यटन पर्यावरण, समाज एवं संस्कृति के सुधार एवं विकास में सहायक है। अत: सामाजिक, सांस्कृतिक एवं आर्थिक विकास पर्यटन के महत्वपूर्ण घटक हैं।

तकनीकी रूप से आमोद-प्रमोद एवं मनोरंजनात्मक उद्देश्यों की प्राप्ति के लिये लोगों द्वारा की गई यात्रा एवं अस्थायी ठहराव से उत्पन्न सम्बन्धों एवं घटना को पर्यटन कहा जा सकता है।

के०के० कामरा के अनुसार—"सामान्य शब्दों में, पर्यटन को लोगों द्वारा अपने प्रायिक या सामान्य आवास से दूर, गंतव्यों के अस्थायी भ्रमण के रूप में परिभाषित किया जा सकता है।"

(In a general way, Tourism can be defined as the temporary movement of people to destinations away from their usual or normal habitat, K.K. Kamra, 'Tourism: Theory, Planning and Practice', Delhi, 1997)

ए०के० शुक्ल के अनुसार—"पर्यटन व्यक्तियों के बीच आपसी सम्बन्ध स्पष्ट करता है तथा विदेशी व्यक्तियों के किसी स्थान पर ठहरने की ओर संकेत करता है और यह ठहराव इस शर्त के साथ होता है कि वे वहाँ पर अधिक समय तक स्थायी व अस्थायी क्रियाओं को करते हुए कोई लाभप्रद कार्य नहीं करेंगे।" (ए०के० शुक्ल, 'उत्तर प्रदेश में पर्यटन उद्योग', दिल्ली, 1991)

हंजीकर एवं क्राफ के अनुसार—"पर्यटन एक ऐसी घटना व सम्बन्धों का मिश्रण है जो किसी स्थान पर अनिवासियों की यात्रा और उनके वहाँ ठहरने से उत्पन्न होता है तथा जिसके अन्तर्गत व्यक्ति उन स्थानों पर न तो स्थायी रूप से बसता है और न धन कमाने के लिये कोई कार्य करता है।"

("Tourism is the sum of the phenomenon and relationship arising from travel and stay of non-residents, is so for as they do not lead to permanent residence and are not connected with any earning activity." Hunzikar and Krapp)

जिवाद्दीन के अनुसार—"पर्यटन आराम, मनोरंजन तथा सांस्कृतिक आवश्यकताओं की संतुष्टि के दृष्टिकोण से एक सामाजिक संचरण है।" ("Tourism is a social movement with a view to rest, diversion and satisfaction of cultural needs." Dr. Jivaddin)

उपरोक्त परिभाषाओं के आधार पर स्पष्ट है कि पर्यटन का तात्पर्य लोगों की उन सीमित अवधि वाली अस्थायी यात्राओं से है, जो वे अपने सामान्य निवास स्थान अथवा नौकरी पेशे के स्थान से बाहर, व्यापारिक लक्ष्य या ज्ञान प्राप्ति, आमोद-प्रमोद, मनोरंजन, क्रीड़ा, धार्मिक उद्‌देश्य, आराम तथा स्वास्थ्य लाभ की प्राप्ति हेतु करते हैं। ये यात्रायें प्राय: प्राकृतिक सुन्दरता से परिपूर्ण स्थलों या धार्मिक एवं सांस्कृतिक महत्व के स्थानों पर की जाती हैं। इस प्रकार पर्यटन के अर्थ एवं परिभाषाओं के आधार पर पर्यटन के सम्बन्ध में दो महत्वपूर्ण बातें व्याख्या हेतु सामने आती हैं—पर्यटन के तत्व एवं पर्यटन के उद्‌देश्य।

जहाँ तक पर्यटन के तत्वों की बात है, पर्यटन का सम्बन्ध तीन तत्वों से है—'मनुष्य', 'स्थान' एवं 'समय'। ये तीनों ही तत्व पर्यटन प्रक्रिया में अनिवार्य रूप से विद्यमान रहते हैं। मनुष्य की भ्रमणशील प्रवृत्ति ही पर्यटन की अवधारणा का आधार है। एक गन्तव्य स्थल के अभाव में पर्यटन की प्रक्रिया को आगे नहीं बढ़ाया जा सकता। व्यक्ति पहले से ही यह सुनिश्चित करके चलता है कि उसे किस स्थान या किस प्रकार के स्थान की यात्रा करनी है। यह स्थान पर्यटन के किसी भी उद्‌देश्य से सम्बन्धित हो सकता है। जहाँ तक समय की बात है, पर्यटन की प्रक्रिया में समय का भी बड़ा महत्वपूर्ण स्थान है। एक व्यक्ति द्वारा किसी स्थान पर कुछ दिनों के भ्रमण या ठहराव (Movement or Stay) को ही पर्यटन माना जा सकता है। एक ही स्थान पर लम्बी अवधि के भ्रमण या ठहराव को पर्यटन की श्रेणी में नहीं रखा जा सकता, क्योंकि इस प्रकार का भ्रमण या ठहराव पर्यटन के उद्‌देश्यों के विपरीत है। पर्यटन के उद्‌देश्यों को दो दृष्टिकोणों से देखना तार्किक सिद्ध होगा—पर्यटन के उद्‌देश्य एवं पर्यटन स्थल से सम्बन्धित उद्‌देश्य। जब एक पर्यटक किसी स्थल के भ्रमण हेतु अपनी यात्रा प्रारम्भ करता है तो उसके कुछ निश्चित उद्‌देश्य होते हैं। यथा—अपने ज्ञान के स्तर में वृद्धि करना, कुछ अनदेखी एवं रोमांचक घटनाओं का परिचय प्राप्त करना, अपनी धार्मिक भावनाओं को संतुष्ट करना, एक नई संस्कृति के बारे में जानना, व्यापारिक समझौते करना, बौद्धिक एवं राजनीतिक संगोष्ठी में

भाग लेना तथा इन सबके साथ-साथ आमोद-प्रमोद, क्रीड़ा एवं मनोरंजन का सुख प्राप्त करना। जब कोई क्षेत्र पर्यटन स्थल के रूप में विकसित होता है, तो उससे उस क्षेत्र को अनेक लाभ प्राप्त होते हैं। किसी पर्यटन स्थल पर पर्यटक के आने से वहाँ के स्थानीय निवासियों को अनेक रूपों में रोजगार प्राप्त होता है राष्ट्रीय एवं अन्तर्राष्ट्रीय स्तर पर वह क्षेत्र अपनी पहचान स्थापित कर लेता है, इससे उस क्षेत्र के समग्र विकास में सहायता मिलती है। जैसे कि संयुक्त राष्ट्र संघ का मुख्यालय जेनेवा, नैनीताल एवं मसूरी पर्यटन स्थल आदि। किसी पर्यटन स्थल पर पर्यटक के आगमन से वहां के निवासी तो पर्यटक की संस्कृति से परिचित होते ही हैं, पर्यटक भी पर्यटन स्थल की स्थानीय संस्कृति से परिचित हो जाता है। इससे सांस्कृतिक प्रसार की प्रक्रिया को प्रोत्साहन मिलता है। इसके अतिरिक्त पर्यटन की प्रक्रिया में सरकारों को भी आर्थिक आय के साधन प्राप्त हो जाते हैं। किसी क्षेत्र विशेष में देशी एवं विदेशी पर्यटकों के आगमन से सरकार को आर्थिक आय तो प्राप्त होती ही है, विदेशी मुद्रा भी प्राप्त हो जाती है। यहाँ यह उल्लेखनीय है कि पर्यटन विदेशी मुद्रा अर्जन करने वाला एक ऐसा उद्योग है, जिसमें किसी वस्तु का निर्यात नहीं किया जाता है, वरन उपभोक्ता स्वयं आकर विदेशी मुद्रा का भुगतान करता है। यही कारण है कि विश्व में पर्यटन एक प्रमुख उद्योग के रूप में विकसित होता जा रहा है।

पर्यटन एवं इतिहास (Tourism and History)—पर्यटन की अवधारणा सम्बन्धी कोई भी विवेचना इतिहास के उल्लेख के अभाव में अपूर्ण है। इतिहास का अध्ययन क्षेत्र प्राचीन घटनाओं के अध्ययन के साथ-साथ तत्कालीन सभ्यता एवं संस्कृति का अध्ययन भी है। यह अध्ययन एक स्थान तक सीमित रहकर पूर्ण नहीं किया जा सकता। इस दृष्टि से किसी भी इतिहासवेत्ता के लिये पर्यटन का महत्व बढ़ जाता है। जहाँ तक भारत का प्रश्न है, यहाँ पर अनेक प्राचीन पर्यटन स्थल आकर्षण के केन्द्र हैं। अपने प्राचीन वैभव एवं सम्पदा के कारण भारतवर्ष प्रारम्भ से ही फाहियान, ह्वेनसांग, वास्कोडिगामा तथा केप्टन कुक से लेकर अंग्रेजों, पुर्तगालियों एवं फ्रांसीसी व्यापारियों को अपनी ओर आकर्षित करता रहा है।

मानव सभ्यता के उदय एवं निरन्तर विकास का बोध इतिहास के माध्यम से ही सम्भव है। मानव के अतीत, उसकी सभ्यता एवं संस्कृति के विकास से सम्बन्धित प्रश्नों के उत्तर हम सदा इतिहास में ढूंढ़ते और प्राप्त करते हैं। इन उत्तरों को जानने के लिये ही मनुष्य ने एक स्थान से दूसरे स्थान का भ्रमण प्रारम्भ किया। इतिहास निश्चय ही मानव जीवन के उन पक्षों को उजागर करता है, जो सामान्य से भिन्न हों। जैसे—साहसिक कार्य, क्रान्तियाँ, नवीन आविष्कार, धर्म, कला, दर्शन, नैतिकता एवं नवीन विचारधारायें। दूसरी ओर, पर्यटन का भी इन क्षेत्रों से घनिष्ठ सम्बन्ध है। पर्यटन के माध्यम से ही जिज्ञासा से भरे इन क्षेत्रों का परिचय प्राप्त किया जा सकता है तथा प्राप्त ज्ञान को एक स्थान से दूसरे स्थान तक पहुँचाया जा सकता है। कल्पना कीजिए, यदि वास्कोडिगामा भारतवर्ष में न आया होता, तो क्या यहाँ की व्यापारिक सम्भावनाओं का ज्ञान यूरोपीय देशों तक पहुँच पाता? क्या विश्व का औपनिवेशिक अध्याय इतना रोचक हो पाता? इसी प्रकार यदि सम्राट अशोक अपने राजदूतों को बौद्ध धर्म की पताका लेकर दक्षिणी एवं पूर्वी देशों को न भेजते तो क्या बौद्ध धर्म का इतना विस्तृत स्वरूप आज हमें देखने को मिलता? कदापि नहीं।

पुनर्जागरण काल के पश्चात 15वीं तथा 16वीं शताब्दियों में हुई भौगोलिक खोजों के फलस्वरूप अमेरिका तथा भारत के लिये नवीन मार्गों ने विश्व इतिहास का स्वरूप ही बदल दिया। विश्व को खोजने वालों की भ्रमणशील प्रवृत्ति ने न केवल एक देश की संस्कृति को

अन्य देशों तक पहुँचाया, वरन व्यापार तथा अर्थव्यवस्था को भी प्रभावित किया। धर्म प्रचारकों ने इस्लाम की पताका को अरब देशों से पश्चिमी देशों में और ईसाई धर्म को पश्चिमी देशों से पूर्वी देशों तक पहुँचाया। स्वामी विवेकानन्द ने पश्चिमी देशों को हिन्दू धर्म एवं संस्कृति से अवगत कराया। जितने भी विदेशी यात्री भारतवर्ष में आये, उनका उद्देश्य प्रारम्भिक स्तर पर ऐतिहासिक एवं राजनीतिक नहीं था, अपितु वे तो भारतीय समाज एवं संस्कृति का अध्ययन करने तथा भारत में व्यापारिक सम्भावनाओं का पता लगाने आये थे, किन्तु उन्होंने यहाँ रहकर तथा उसके बाद अपने देशों में लौटकर भारत के सम्बन्ध में जो कुछ भी लिखा, उस विवरण ने महत्वपूर्ण इतिहास का निर्माण किया। इस प्रकार प्रत्यक्ष एवं परोक्ष रूप से इन यात्रियों एवं राजदूतों की भ्रमणशील प्रवृत्ति ने इतिहास को प्रभावित किया। अतः इसमें कोई सन्देह नहीं कि पर्यटन के माध्यम से ही इतिहास का निर्माण एवं नवनिर्माण हुआ है।

वर्तमान समय में इतिहास का अध्ययन क्षेत्र अत्यधिक विस्तृत हुआ है। हमारे अतीत में क्या घटित हुआ? क्यों घटित हुआ? कैसे घटित हुआ? इन सब प्रश्नों की विस्तृत जानकारी के अतिरिक्त इतिहास का मानवीय पक्ष वर्तमान में अत्यन्त आवश्यक हो चुका है। मनुष्य के जीवन की महत्वपूर्ण गतिविधियाँ जैसे—रीति-रिवाज, खेल-कूद, धार्मिक परम्परायें, उत्सव व त्यौहार, जो कि जन सामान्य के जीवन से सम्बन्धित हैं, इतिहास का रोचक विषय बनते जा रहे हैं। इतिहास आधुनिक काल में समाज के उन पहलुओं का अध्ययन करता है, जो मानव संस्कृति के विकास, ज्ञानवर्धन, आस्था, कला, नैतिकता, रीति-रिवाज तथा मनुष्य की अन्य सामाजिक, धार्मिक एवं सांस्कृतिक आवश्यकताओं से सम्बन्ध रखते हैं। इस दृष्टि से देखा जाये तो आधुनिक इतिहास लेखन पर्यटन को अत्यधिक प्रभावित करता है। आधुनिक पर्यटन स्थल पर्यटकों की केवल भ्रमणशील प्रवृत्ति की आवश्यकता की ही पूर्ति नहीं करते, बल्कि मानव जीवन की उन गतिविधियों से भी पर्यटकों को जोड़ते हैं, जो उन्हें अधिक प्रभावित करते हैं। अतः पर्यटन के साथ-साथ संस्कृति, रीति-रिवाज, धार्मिक उत्सव तथा रोमांचक खेल-कूद आदि से सम्बन्धित ज्ञान पर्यटकों को आधुनिक इतिहास से जोड़ते हैं। उदाहरणार्थ—किसी भी पर्यटन स्थल, चाहे वह प्राकृतिक हो, ऐतिहासिक हो, धार्मिक हो या फिर सांस्कृतिक, वहाँ जाकर हम उसके अतीत को जानने के इच्छुक होते हैं। हमारी यह जिज्ञासा अर्थात उन स्थलों के इतिहास का ज्ञान हमें उन स्थलों के पर्यटनात्मक भ्रमण के पश्चात ही प्राप्त होता है। किसी भी ऐतिहासिक धरोहर को देखने का अनुभव, घर बैठकर किसी पुस्तकीय विवरण में पढ़ने से अधिक रोचक होता है। इसी प्रकार स्थापत्य कला के विभिन्न तथ्यों को हम उन धरोहरों को स्वयं देखकर ही भली-भांति समझ सकते हैं तथा विभिन्न कालों में हुए विकास का विश्लेषण कर सकते हैं। अतः भ्रमणशील प्रवृत्ति अर्थात पर्यटनवादी दृष्टिकोण के अभाव में वास्तविक इतिहास को समझना सम्भव नहीं है।

वर्तमान समय में पर्यटन के विकास ने हमें इतिहास के अत्यन्त निकट पहुँचने का अवसर प्रदान किया है। अब हम बिना किसी कठिनाई के इतिहास को समझ सकते हैं, जान सकते हैं तथा अपना पक्ष भी प्रस्तुत कर सकते हैं। प्राचीनकाल में जहाँ एक ओर यात्राएं जोखिम भरी तथा लम्बी होती थीं, वहीं आधुनिक समय में यातायात के उन्नत साधनों के कारण यात्राएं अल्प समय में ही पूरी हो जाती हैं। यात्राओं में जोखिम भी कम हुआ है। वर्तमान समय कम्प्यूटर के प्रयोग का है जो अति अल्प प्रयास में पर्यटन स्थल की सम्पूर्ण जानकारी हमें उपलब्ध कराता है। अतः हमारे अन्दर यदि भ्रमण की प्रवृत्ति है तो हम अच्छे इतिहासवेत्ता भी बन सकते हैं। वास्तव

में आधुनिक समय में इतिहास एवं पर्यटन एक-दूसरे के पूरक बन चुके हैं। इस प्रकार प्राचीन काल से आधुनिक काल तक इतिहास एवं पर्यटन एक-दूसरे को प्रभावित करते रहे हैं तथा यह आशा की जा सकती है कि आने वाले समय में पर्यटन को समझने में इतिहास की तथा इतिहास को वैज्ञानिक रूप प्रदान करने में पर्यटन की भूमिका अत्यन्त प्रभावशाली हो सकती है।

पर्यटक की अवधारणा (Concept of Tourist)

कहा जाता है कि पर्यटन का ध्रुवतारा (Cynosure) पर्यटक ही है। यह कथन पूर्व में कही गयी हमारी उस बात को संपुष्ट करता है कि मनुष्य (पर्यटक) के अभाव में पर्यटन की प्रक्रिया संचालित नहीं हो सकती। पर्यटक शब्द के सम्बन्ध में अधिक कुछ जानने से पूर्व पर्यटन के सूत्र शब्दों (Catch Words). यात्री एवं अन्वेषक के सम्बन्ध में स्पष्टीकरण प्रस्तुत करना विषय संगत होगा। एक यात्री वह है जो "अन्य लोगों से मिलने का जोखिम उठाता है, अन्य लोगों की संस्कृति और सामाजिक नियमों के सम्बन्ध में ज्ञान प्राप्त करने के लिये विभिन्न स्थानों का भ्रमण करता है।" इस प्रकार की यात्राएं प्राय: राजाओं या सरकारों द्वारा आयोजित करायी जाती हैं तथा इन यात्राओं हेतु उचित व्यक्तियों एवं संसाधनों का प्रयोग किया जाता है। इस प्रकार की यात्राओं का उद्देश्य अधिक धनसम्पदा, अधिक साम्राज्य अथवा भूमि, नये उत्पादों एवं नयी सम्भावनाओं (More opulence, more land, new products and new opportunities) का पता लगाना होता है।

पर्यटन का तीसरा एवं अन्तिम सूत्र शब्द है—'पर्यटक'। अनुग्रह (Indulgence) के लिये यात्रा करने वाला व्यक्ति ही पर्यटक कहलाता है। पर्यटक शब्द की विवेचना करने से पूर्व एक बात पर ध्यान दिया जाना आवश्यक है। पर्यटक शब्द के अर्थ से मिलता-जुलता एक और शब्द प्रचलित है जिसे प्राय: पर्यटक के पर्यायवाची के रूप में ग्रहण कर लिया जाता है, किन्तु ये शब्द पर्यटक से पूर्णत: भिन्न हैं। ये शब्द हैं—भ्रमणकर्ता (Excursionist)। भ्रमणकर्ता को पर्यटक की श्रेणी में नहीं रखा जा सकता। 'द इन्टरनेशनल यूनियन ऑफ ऑफिशियल ट्रेवल ऑर्गेनाइजेशन (IUOTO) ने सन् 1947 में स्पष्ट किया है कि किसी देश में 24 घंटे से कम अवधि की यात्रा या ठहराव करने वाले यात्रियों को भ्रमणकर्ता माना जाये। लिकोरिश (Likorish, L.J., An Interim Study of Tourism, 1953) का मत है कि चौबीस घंटे से कम अवधि तक ठहरने वाले लोगों के लिये हमें भ्रमणकर्ता शब्द का प्रयोग करना चाहिये। आगे उनका कहना है कि भ्रमणकर्ता को सिद्धान्तत: इस अर्थ में समझना चाहिये कि कोई व्यक्ति किसी अन्य देश में 24 घन्टे से कम समय के लिये निजी आनन्द हेतु भ्रमण कर रहा है तथा इस देश में किसी लाभप्रद व्यवसाय (Gainful Occupation) का निष्पादन नहीं कर रहा है।

पर्यटक का अर्थ एवं परिभाषायें (Meaning and Definitions of Tourist)

उपरोक्त विवेचन से एक बड़ी महत्वपूर्ण बात हमारे सामने आती है कि पर्यटन की अवधारणा बड़ी व्यापक है। इसी कारण इसमें अनेक शब्द निहित हैं जो पर्यटक शब्द के साथ मिलकर भ्रम की स्थिति उत्पन्न करते हैं। यह भी स्पष्ट हुआ कि यात्री, अन्वेषक एवं भ्रमणकर्ता शब्द पर्यटक शब्द के पर्यायवाची प्रतीत अवश्य होते हैं, किन्तु पर्यटक शब्द इन सबसे सर्वथा भिन्न है। पर्यटक शब्द तो पर्यटन की प्रक्रिया का आकर्षण बिन्दु है। व्यक्तिगत स्वतंत्रता के साथ आमोद-प्रमोद, मनोरंजन, ज्ञान संग्रह एवं कभी-कभी व्यावसायिक उद्देश्यों की पूर्ति हेतु एक

अल्प एवं निश्चित अवधि के लिये यात्रा या भ्रमण करने वाला व्यक्ति ही पर्यटक की श्रेणी में रखा जा सकता है। पर्यटन के शब्दकोश में पर्यटक शब्द नवीन ही है तथा 19वीं शताब्दी में अस्तित्व में आया है। उस व्यक्ति को पर्यटक कहा जा सकता है जो आनन्द एवं मस्ती (Enjoyment and Jollification) के लिये कोई यात्रा करता है, किसी स्थान पर अल्प समय के लिये (24 घन्टे से कम नहीं) ठहरता है, अपनी सामर्थ्य के अनुसार निजी धन व्यय करता है तथा उस स्थान पर न तो कोई कार्यभार ग्रहण करता है, न ही नौकरी प्राप्त करता है। पर्यटक शब्द को और भी स्पष्ट रूप से समझने के लिये इसकी कुछ परिभाषाओं का उल्लेख आवश्यक है—

नेगी (Negi, J.M.S., 'Tourism and Hoteliering; Worldwide Industry) के अनुसार—"दृश्यावलोकन हेतु यात्रा करने वाला ही पर्यटक है।"

नॉरवल (Norval, A.J., 'Tourism Industry') के मतानुसार "प्रत्येक व्यक्ति, जो विदेश में स्थायी निवास करने के लिये नहीं आता अथवा वहाँ निरन्तर कार्य करने नहीं आता तथा जो देश में अपने अस्थायी निवास के दौरान अन्य स्थान पर अर्जित मुद्रा को खर्च करता है, पर्यटक कहलाता है।"

वर्ल्ड टूरिज्म ऑर्गेनाइजेशन (WTO), जिसे कि पूर्व में 'द इन्टरनेशनल यूनियन ऑव ऑफिशियल टूरिस्ट ऑर्गेनाइजेशन' (IUOTO) के नाम से जाना जाता था, ने पर्यटकों का दो श्रेणियों में वर्गीकरण किया है तथा उन्हें पृथक-पृथक परिभाषित किया है—

विदेशी पर्यटक—"विदेशी पर्यटक वह है जो अपने जन्मजात देश (Native Country) से अन्यत्र किसी देश में 24 घंटे से अधिक एवं 6 माह से कम का समय व्यतीत करता है, होटलों में ठहरता है तथा अपनी मुद्रा में धन खर्च करता है।" WTO ने यह भी स्पष्ट किया है कि धन कमाने के उद्देश्य से कार्य करने के लिये तथा किसी विश्वविद्यालय में शिक्षा ग्रहण करने हेतु आने वाला विदेशी व्यक्ति, पर्यटक की श्रेणी में नहीं रखा जा सकता।

घरेलू पर्यटक—"घरेलू पर्यटक शब्द किसी भी व्यक्ति का द्योतक है, जो देश के अन्दर, जहाँ का वह निवासी है, अपने निवास स्थान से किसी अन्य स्थान पर कम से कम 24 घन्टे या एक रात रहता है और किसी लाभप्रद कार्य के उद्देश्य के अतिरिक्त किसी अन्य ध्येय से (निम्न उल्लेखित) भ्रमण करता है, घरेलू पर्यटक कहलाता है"—

(1) अवकाश (मनोरंजन, छुट्टी, स्वास्थ्य, अध्ययन, धर्म, खेल)

(2) व्यवसाय, परिवार, मिशन, सभाएं।

यूनाइटेड नेशन्स कॉन्फ्रेंस ऑन इन्टरनेशनल ट्रेवल एण्ड टूरिज्म 1963 की संस्तुतियों के आधार पर सन् 1971 से पर्यटक की नयी परिभाषा अपनायी गयी है—"एक व्यक्ति जो विदेशी पार-पत्र (Pass-port) के साथ चौबीस घंटे से कम अवधि के लिये अप्रवासी एवं गैर-रोजगारी पर्यटन के उद्देश्य से यात्रा करता है, पर्यटक कहलाता है।" उपरोक्त परिभाषाओं के आधार पर पर्यटक के सम्बन्ध में कुछ महत्वपूर्ण बातें सामने आती हैं—

(i) पर्यटक दो प्रकार के होते हैं—विदेशी पर्यटक एवं घरेलू या स्वदेशी पर्यटक।

(ii) पर्यटक का मुख्य उद्देश्य आमोद-प्रमोद, मनोरंजन एवं व्यापार से सम्बन्धित होता है।

(iii) पर्यटन स्थल पर पर्यटक न तो स्थायी रूप से बसता है और न ही किसी प्रकार की नौकरी या लाभप्रद कार्य करता है।

(iv) किसी स्थान पर 24 घंटे से कम एवं 6 माह से अधिक तक नहीं रुकता।

पर्यटकों का वर्गीकरण
(Classification of Tourists)

भ्रमण की भौगोलिक सीमाओं के आधार पर पर्यटकों को दो श्रेणियों में रखा जा सकता है—

(अ) *घरेलू या आन्तरिक पर्यटक* (Domestic or Internal Tourist)—सामान्यत: वे पर्यटक जो अपने जन्मदाता देश (Native Country) की सीमाओं में भ्रमण करते हैं, घरेलू या आन्तरिक पर्यटक कहलाते हैं। उदाहरण के लिये भारत के किसी राज्य में रहने वाला पर्यटक भारत के किसी अन्य राज्य में अथवा अपने शहर से किसी अन्य शहर में पर्यटन हेतु गमन करता है, तो वह घरेलू या आन्तरिक पर्यटक की श्रेणी में माना जायेगा। चूँकि घरेलू पर्यटक अपने ही देश की सीमाओं के अन्तर्गत पर्यटन करते हैं, अत: ऐसे पर्यटकों को विदेशी पर्यटकों को होने वाली कठिनाइयों यथा—मुद्रा का परिवर्तन, भाषा, पार-पत्र (Pass-port), वीसा, स्वास्थ्य प्रमाण-पत्र (Health Certificate), समय परिवर्तन एवं संस्कृति परिवर्तन इत्यादि का सामना नहीं करना पड़ता है।

(ब) *विदेशी या अन्तर्राष्ट्रीय पर्यटक* (Foreigner or International Tourists)—घरेलू या आन्तरिक पर्यटकों से भिन्न सभी पर्यटक विदेशी या अन्तर्राष्ट्रीय पर्यटकों की श्रेणी में आते हैं। आंकड़ों के आधार पर निम्न श्रेणी के पर्यटकों को भारत में विदेशी पर्यटकों की श्रेणी में सम्मिलित नहीं किया जाता—

(i) भारत के मूल निवासी।
(ii) पाकिस्तान तथा बांग्लादेश के निवासी।
(iii) नेपाल के निवासी वे पर्यटक जो भारत में भू-मार्ग से प्रवेश करें।
(iv) वे समस्त विदेशी जो भारत में भूटान के भू-मार्ग से प्रवेश करें।

देखा गया है कि विदेशी पर्यटकों को प्राकृतिक स्थलों एवं ऐतिहासिक इमारतों से विशेष लगाव होता है। इन इमारतों, राजमहलों एवं बर्फ से ढंके पर्वतों को देखने के लिये विदेशों से अधिकाधिक पर्यटक यहाँ आते हैं, किन्तु उन्हें इन स्थलों के सम्बन्ध में पूर्ण ज्ञान प्राप्त नहीं होता। उन्हें दिल्ली या मुम्बई जैसे नगरों में प्रवेश करने के पश्चात ही पता चलता है कि इस देश में प्राचीन स्मारकों के अतिरिक्त विश्व के श्रेष्ठ नैसर्गिक सौन्दर्य स्थल भी विद्यमान हैं। विदेशी पर्यटक यहाँ के सौन्दर्य के साथ-साथ भारतीय संस्कृति एवं सामाजिक मूल्यों से भी अत्यधिक प्रभावित होते हैं। भारत में आने वाले विदेशी पर्यटकों को भी पर्यटन के उद्देश्यों के आधार पर चार श्रेणियों में विभाजित किया जा सकता है—

1. *प्रथम श्रेणी*—प्रथम श्रेणी के अन्तर्गत उन विदेशी पर्यटकों को रखा जा सकता है जो भारत में व्यापारिक एवं आर्थिक कार्यों के लिये आते हैं। इनका कार्य यहाँ आकर कुछ दिन होटलों में ठहरना एवं वहाँ पर अपनी राष्ट्रीय-अन्तर्राष्ट्रीय व्यापार गोष्ठियों में सहभागिता करके स्वदेश लौट जाना होता है। इनकी व्यापारिक संगोष्ठियां इतनी महत्वपूर्ण होती हैं कि इनकी एक दिन की व्यापारिक लेन-देन या आयात-निर्यात के सौदे में लाखों डॉलर की आय होती है। ये पर्यटक बड़े बजट वाले होते हैं।

2. *द्वितीय श्रेणी*—इस श्रेणी के पर्यटकों के अन्तर्गत ऐसे विदेशी सैलानियों को रखा जाता है जो अपने परिवार, मित्र-मण्डली, सहयोगियों, समकक्ष व्यक्तियों के साथ या अकेले ही अपने देश के बाहर यात्रा करते हैं। ये दीर्घ अवधि तक ठहरने वाले पर्यटक होते हैं

जो अपनी साहसिक यात्रा द्वारा अन्वेषण करने वाले होते हैं। साहसिक होने के कारण ऐसे पर्यटक नवीन स्थलों की ओर भ्रमण करने चले जाते हैं। चूंकि ये पर्यटक दीर्घ अवधि तक ठहरते हैं, अतः तीन-चार माह के अपने ठहराव के दौरान इन्हें अपने सीमित बजट से काम चलाना होता है। ऐसे पर्यटक छोटे-छोटे रेस्तरां एवं कम खर्चीले आवासों में ठहर कर अपना पर्यटन का उद्देश्य एवं शौक पूरा करते हैं।

3. *तृतीय श्रेणी*—इस श्रेणी के पर्यटक सामान्य बजट वाले होते हैं। ये लोग बुद्धिजीवी एवं दीर्घकाल तक शोध करने के उद्देश्य से विभिन्न देशों का भ्रमण करते हैं। इन पर्यटकों में पर्वतारोही, ट्रैकर्स, जंगल एवं बियावान के खोजी दल होते हैं, जो विभिन्न स्थलों की सैर पर निकलते हैं, कुछ दिन वहाँ ठहरते हैं तथा अपना उद्देश्य पूर्ण होने पर अपने देश को लौट जाते हैं। पर्वतारोहियों का एक बड़ा वर्ग अच्छे बजट का पर्यटक होता है जो विभिन्न स्थलों पर सैर-सपाटा करता है। कई पर्यटक वहाँ के जनजीवन पर एक अनुसन्धान प्रतिवेदन (Research Report) तैयार करते हैं। इस प्रकार का प्रतिवेदन तैयार करने के लिये उन्हें तरह-तरह के पर्यटन स्थलों, उनके व्यापक सौन्दर्य एवं पर्वतारोहण सम्बन्धी भविष्य की सम्भावनाओं पर विचार करना होता है।

4. *चतुर्थ श्रेणी*—इस श्रेणी के पर्यटकों का वर्ग कुछ अलग है। इस श्रेणी में मिश्रित वर्ग के पर्यटक आते हैं। इस श्रेणी में छात्र-छात्राएं, शोधकर्ता, अन्वेषक तथा बुद्धिजीवी लेखकों एवं पत्रकारों का वर्ग होता है, जो कम बजट के आवासों में रहकर अपनी पर्यटन सम्बन्धी यात्रा जारी रखते हैं। इस श्रेणी के पर्यटक, पर्यटन एवं अपने अलग-अलग उद्देश्यों के साथ भ्रमण करते हैं। इन पर्यटकों में से कौन से पर्यटक पर्यटन के सही उद्देश्य के साथ भ्रमण पर निकलते हैं, यह पता लगाना अत्यन्त कठिन होता है। वैज्ञानिक साधनों के विकसित होने, आपसी प्रतिद्वन्द्विता बढ़ने एवं विश्व में अपना वर्चस्व कायम रखने के लिये कई देश एक-दूसरे की जासूसी में भी संलग्न हो जाते हैं। इनमें बहुत से पर्यटक, पर्यटक न होकर विदेशी जासूस होते हैं जो कई प्रकार की विध्वंसक गतिविधियों में संलिप्त होते हैं।

पर्यटन के प्रकार
(Types of Tourism)

पर्यटन की अवधारणा बड़ी व्यापक है। पर्यटन का सबसे अधिक सम्बन्ध उद्देश्यों से है। मनुष्य अपने विभिन्न उद्देश्यों की प्राप्ति के लिये पर्यटन हेतु निकलता है और उन उद्देश्यों को प्राप्त करता है। पर्यटन हेतु व्यक्ति के उद्देश्यों का हम पूर्व में भी उल्लेख कर चुके हैं, तथापि कुछ प्रमुख उद्देश्यों का पुनः उल्लेख यहां किया जा रहा है। ज्ञान के स्तर में वृद्धि, आराम, मनोरंजन, आमोद-प्रमोद, व्यावसायिक हित, स्वास्थ्य लाभ, प्रकृति के रोमांच से रूबरू होना इत्यादि ऐसे उद्देश्य हैं, जो मनुष्य को पर्यटन हेतु प्रोत्साहित करते हैं, या कह लीजिये, विवश करते हैं। पर्यटन एक प्रक्रिया है। एक प्रक्रिया होने के नाते इसमें अन्य बातें भी समाहित हैं। जैसे—पर्यटन की प्रबन्ध व्यवस्था, पर्यटन भ्रमण की अवधि, भ्रमण में सम्मिलित व्यक्तियों की संख्या की स्थिति, एक आर्थिक एवं अन्तर्राष्ट्रीय घटना होने के नाते मुद्रा व्यय की स्थिति, यात्रा हेतु अपनाये जाने वाले परिवहन साधनों की स्थिति, पर्यटन की मौसमी प्रकृति एवं पर्यटन हेतु मिलने वाली प्रेरणा का स्वभाव इत्यादि वे बातें हैं जो न केवल पर्यटन की प्रक्रिया को बहुआयामी बना देती हैं, अपितु पर्यटन को अनेक भागों में विभाजित करने में भी सहायता प्रदान करती हैं। इन

बातों के आलोक में ही पर्यटन के अनेक रूप हमारे सामने आते हैं अर्थात इन बातों के परिप्रेक्ष्य में पर्यटन को अनेक प्रकारों में विभाजित किया जा सकता है। यहाँ पर हम पर्यटन के उद्देश्यों एवं ऊपर उल्लेखित अनेक बातों के आधार पर पर्यटन के प्रमुख प्रकारों का विश्लेषण प्रस्तुत करेंगे—

1. समयावधि के आधार पर पर्यटन

पर्यटन की समयावधि निश्चित नहीं होती। यह 24 घंटे से लेकर कुछ दिन, कुछ सप्ताह अथवा कुछ माह (अधिकतम 6 माह–12 माह) तक हो सकती है। समय की अवधि के आधार पर पर्यटन को तीन भागों में विभक्त किया जा सकता है—

(i) *दीर्घकालीन पर्यटन*—जब यात्रा का कार्यक्रम कई सप्ताह अथवा कई माह के लिये बनाया जाता है तो इस प्रकार के पर्यटन को दीर्घकालीन पर्यटन कहा जाता है। दीर्घकालीन यात्रा कई राष्ट्रों में की जा सकती है। परन्तु यात्रा व ठहरने की अवधि किसी भी स्थान/राष्ट्र में कम से कम 24 घंटे होनी चाहिये। प्रायः स्वास्थ्य लाभ, आराम की प्राप्ति, व्यावसायिक उद्देश्य अथवा अन्वेषण हेतु दीर्घकालीन पर्यटन को अपनाया जाता है।

(ii) *लघुकालीन पर्यटन*—जब भ्रमण की अवधि 24 घंटे से लेकर अधिकतम 7–10 दिन तक की होती है, तो इस प्रकार के पर्यटन को लघुकालीन पर्यटन कहा जाता है। इस प्रकार के पर्यटन का उपयोग प्रायः उन पर्यटकों द्वारा अधिक किया जाता है, जिन्हें या तो दीर्घकालीन अवकाश की सुविधा प्राप्त नहीं होती या पर्यटन का उद्देश्य सीमित अवधि वाला होता है। विश्व के अधिकतम पर्यटक लघुकालीन पर्यटन से ही सम्बद्ध हैं। धार्मिक, सांस्कृतिक एवं ऐतिहासिक पर्यटन, सम्मेलन एवं सभाएं, मनोरंजन, आमोद–प्रमोद एवं छुट्टियों का सदुपयोग इत्यादि वे उद्देश्य हैं जिनकी प्राप्ति के लिये प्रायः लघुकालीन पर्यटन का उपयोग किया जाता है।

(iii) *मनोरंजकपूर्ण साहसिक पर्यटन*—इसमें रात्रि ठहराव का प्रबन्ध नहीं होता है। न ही इसमें 24 घंटे के ठहराव की बाध्यता होती है। मनोरंजन हेतु यात्रा को विश्व पर्यटन संगठन (World Tourism Organization) की परिभाषा में पर्यटन माना गया है। ऐसी यात्राएं उन स्थानों पर अधिक प्रचलित हैं, जहाँ अनुकूल विनिमय दरें होने के कारण क्रय (खरीददारी) की सुविधाएं प्राप्त होती हैं। प्रायः घरेलू पर्यटकों द्वारा इस प्रकार का पर्यटन किया जाता है।

2. समूह में यात्रियों की संख्या के आधार पर पर्यटन

समूह में यात्रियों की संख्या के आधार पर पर्यटन को दो भागों में विभाजित किया गया है—

(i) *व्यक्तिगत पर्यटन*—जब कोई व्यक्ति या व्यक्तियों का समूह स्वयं उद्देशित स्थान का चयन करके व कार्यक्रम का निर्धारण कर यात्रा करता है तथा स्वेच्छानुसार कभी भी यात्रा कार्यक्रम में परिवर्तन कर सकता है, तब इस प्रकार के पर्यटन को व्यक्तिगत पर्यटन कहा जाता है। व्यक्तिगत पर्यटन में पर्यटक व्यक्तिगत, परिवार के रूप में या समूह के रूप में प्रत्यक्ष रूप से आवास, यातायात, खान–पान एवं अन्य सुविधाओं की व्यवस्था स्वयं या ट्रेवल एजेन्सी के माध्यम से करता है। इसी कारण व्यक्तिगत पर्यटन को स्वतंत्र पर्यटन भी कहा जाता है। क्योंकि ऐसे पर्यटन में पर्यटक पर किसी प्रकार की बाध्यता नहीं होती है। (सम्बन्धित देश/राज्य या स्थान के पर्यटन सम्बन्धी नियमों की बाध्यता अवश्य होती है।)

(ii) *सामूहिक पर्यटन*—जब पर्यटक (अकेला या समूह के रूप में) केवल एक यात्रा का एक मुश्त क्रय करता है तो ऐसे पर्यटन को सामूहिक या संगठित या सम्मिश्रित पर्यटन की संज्ञा दी जाती है। इस प्रकार के पर्यटन में ट्रेवल एजेन्सी एक पूर्व निश्चित कार्यक्रम के अन्तर्गत एक निहित समूह के सम्मुख एक विशेष उद्देशित स्थान या स्थानों के लिये पूर्व भुगतान के बदले यात्रा में सम्मिलित होने का बिक्री प्रस्ताव रखती है। इस प्रकार के पर्यटन में पर्यटकों को आवास एवं खान-पान सहित समस्त सुविधाएं एवं सेवाएं संगठनकर्ता द्वारा ही उपलब्ध करायी जाती हैं, जिस कारण पर्यटकों को किसी प्रकार की कठिनाई का सामना नहीं करना पड़ता है। इसीलिये सामूहिक पर्यटन को "एक मुश्त दौरा" भी कहा जाता है।

3. मौसमी प्रकृति के आधार पर पर्यटन

ऐसी बहुत सी घटनाएं हैं, जो पर्यटकों के आगमन को किसी विशेष मौसम के दौरान अधिक प्रभावित करती हैं। प्राकृतिक दशाएं, मौसमी शिकार, मछली पकड़ना एवं खेलकूद इत्यादि कुछ ऐसी ही घटनाएं हैं। इसके अतिरिक्त धार्मिक मेले एवं उत्सव, सांस्कृतिक उत्सव, कलात्मक एवं संगीतोत्सव, व्यापार मेले एवं प्रदर्शनियाँ इत्यादि भी एक विशेष मौसम में आगमन हेतु पर्यटकों को आकर्षित करती हैं। उदाहरण के लिये उत्तराखण्ड राज्य के विश्व प्रसिद्ध पर्यटन स्थल सरोवर नगरी नैनीताल में शरद ऋतु में लगने वाले शरदोत्सव को देखने प्रतिवर्ष असंख्य विदेशी/स्वदेशी पर्यटक आते हैं। मौसम की प्रकृति के आधार पर पर्यटन को तीन भागों में बांटा जा सकता है—

(i) *शीतकालीन पर्यटन*—दिसम्बर माह से मार्च तक अनेक यूरोपीय देशों में शीतकालीन पर्यटन चलता है।

(ii) *ग्रीष्मकालीन पर्यटन*—इस प्रकार का पर्यटन प्राय: अप्रैल माह से अगस्त तक चलता है। ग्रीष्मकालीन पर्यटन में मैदानी क्षेत्रों में रहने वाले लोग पर्वतीय या समुद्री स्थानों पर चले जाते हैं तथा वहाँ पर सुहाने एवं गुनगुने मौसम का आनन्द उठाते हैं। इस प्रकार के पर्यटन का मुख्य आकर्षण समुद्र-स्नान होता है।

(iii) *परिस्थितिजन्य पर्यटन*—ये स्थानीय पर्यटन है जो परम्परागत उत्सवों को सम्पन्न करके पर्यटकों को आकर्षित करने के लिये होता है। ये उत्सव धार्मिक, सांस्कृतिक, खेलकूद सम्बन्धी, लोकवार्ता या लोकसाहित्य के रूप में होते हैं।

4. प्रबन्ध व्यवस्था के आधार पर पर्यटन

किसी भी आर्थिक प्रक्रिया को सफल बनाने हेतु उसके संचालन में प्रबन्ध की आवश्यकता होती है। पर्यटन एक आर्थिक प्रक्रिया भी है। अत: पर्यटन में भी प्रबन्ध की आवश्यकता पड़ती है। प्रबन्ध व्यवस्था के आधार पर पर्यटन को दो भागों में बांटा जा सकता है—

(i) ***निजी प्रबन्धकीय पर्यटन***—इस व्यवस्था के आधार पर सम्पूर्ण यात्रा का समस्त प्रबन्ध पर्यटकों को स्वयं करना पड़ता है। यात्रा हेतु परिवहन व्यवस्था, पर्यटन स्थल पर ठहरने, खाने-पीने एवं भ्रमण की व्यवस्था तथा अन्य सुविधाओं की व्यवस्था स्वयं पर्यटकों को करनी पड़ती है। इस अर्थ में निजी प्रबन्धकीय पर्यटन, व्यक्तिगत पर्यटन के समकक्ष है।

(ii) ***सामूहिक प्रबन्धकीय पर्यटन***—जब पर्यटन यात्रा का प्रबन्ध एक मुश्त या संयुक्त रूप से एक साथ किया जाता है तो ऐसे पर्यटन को सामूहिक प्रबन्धकीय पर्यटन कहा जाता है।

5. क्षेत्र एवं दूरी के आधार पर पर्यटन

क्षेत्र एवं दूरी के आधार पर पर्यटन को दो भागों में विभाजित किया जा सकता है—

(i) ***घरेलू या स्वदेशी या आन्तरिक पर्यटन***—इस प्रकार के पर्यटन में लोग अपने निवास स्थान से बाहर तो जाते हैं, किन्तु अपने देश की सीमाओं के अन्दर ही रहते हैं। एक शहर से दूसरे शहर में, एक जनपद से दूसरे जनपद में या फिर एक राज्य से दूसरे राज्य में किया जाने वाला पर्यटन घरेलू या स्वदेशी या आन्तरिक पर्यटन कहलाता है। इस पर्यटन में भाषा, संस्कृति, मुद्रा तथा समय और भुगतान सन्तुलन जैसी समस्या का सामना भी नहीं करना पड़ता।

(ii) ***विदेशी या अन्तर्राष्ट्रीय पर्यटन***—इस पर्यटन के अन्तर्गत पर्यटक अपने जन्मजात देश से दूसरे देश की यात्रा करते हैं। इस कारण पर्यटक विभिन्न मुद्राओं का प्रयोग विनिमय के माध्यम के रूप में करते हैं। प्रत्येक देश की मुद्राओं के अलग-अलग होने के कारण अन्तर्राष्ट्रीय या विदेशी पर्यटन का भुगतान सन्तुलन पर प्रभाव पड़ता है।

6. परिवहन साधनों के आधार पर पर्यटन

जब से विश्व में यातायात के साधनों का तेजी से विस्तार होना प्रारम्भ हुआ है, पर्यटन में परिवहन के साधनों का प्रयोग महत्वपूर्ण हो गया है। पर्यटक अपनी-अपनी आर्थिक स्थिति के आधार पर परिवहन साधनों का चयन करते हैं। परिवहन साधनों के चयन में पर्यटन स्थल की दूरी एवं उसकी भौगोलिक स्थिति का स्थान अधिक महत्वपूर्ण होता है। परिवहन साधनों के प्रयोग के आधार पर पर्यटन को निम्न भागों में विभाजित किया जा सकता है—

(i) पैदल पथिक पर्यटन।
(ii) सड़क पर्यटन।
(iii) मोटर/कार पर्यटन।
(iv) रेल पर्यटन।
(v) जल पर्यटन।
(vi) वायु पर्यटन।
(vii) सामूहिक पर्यटन (समस्त साधनों के साथ पर्यटन)।

7. भुगतान सन्तुलन के प्रभाव के आधार पर पर्यटन

भुगतान सन्तुलन के प्रभाव के आधार पर पर्यटन के दो रूप हमारे सामने आते हैं—

(i) ***आगवानी पर्यटन***—जब विदेशी अर्थात अन्तर्राष्ट्रीय पर्यटक देश में आते हैं तो पर्यटक अपने साथ अपने देश की मुद्रा भी लाते हैं। इससे देश में विदेशी मुद्रा का आगमन होता है, जिसका देश के भुगतान सन्तुलन पर अनुकूल प्रभाव पड़ता है।

(ii) ***निष्क्रिय पर्यटन***—जब किसी देश के लोग अन्य देश में पर्यटन हेतु जाते हैं तो उन्हें अपने देश की मुद्रा साथ में ले जानी पड़ती है। इसका उस देश के भुगतान सन्तुलन पर प्रतिकूल प्रभाव पड़ता है।

देखा जाये तो आगवानी पर्यटन एवं निष्क्रिय पर्यटन, अन्तर्राष्ट्रीय या विदेशी पर्यटन के दो समानान्तर प्रभाव हैं। अन्तर्राष्ट्रीय पर्यटन के अन्तर्गत व्यक्ति या व्यक्तियों का समूह एक देश

(अपने जन्मजात देश) से दूसरे देश में गमन करता है अथवा यात्रा करता है। इसका पर्यटक के जन्मजात देश के भुगतान सन्तुलन पर प्रतिकूल प्रभाव तथा पर्यटन हेतु चुने गये देश के भुगतान सन्तुलन पर अनुकूल प्रभाव पड़ता है।

8. प्रेरणा के आधार पर पर्यटन

मनुष्य को पर्यटन हेतु अनेक प्रकार से प्रेरणा मिलती है। इस आधार पर पर्यटन को चार भागों में रखा जा सकता है—

(i) ***आनन्ददायक या आरामदायक पर्यटन***—अक्सर कुछ लोग अपनी या अपने परिवार की छुट्टियों के समय अपने दैनिक जीवन की उलझन से मुक्ति पाने के लिये किसी पर्यटन स्थल की यात्रा करते हैं। इस अवधि में पर्यटक परिवार अथवा मित्र मण्डली के साथ रहकर मानसिक शान्ति की प्राप्ति हेतु प्राकृतिक सुन्दरता का आनन्द उठाता है। इस प्रकार के पर्यटन में समुद्री तटों, झीलों, झरनों एवं पर्वत श्रृंखलाओं का अवलोकन महत्वपूर्ण होता है।

(ii) ***मनोरंजनात्मक पर्यटन***—इस प्रकार के पर्यटकों में मुख्य रूप से बौद्धिक प्रेरणाएं समाहित होती हैं। नवीन वस्तुओं को देखना, नवीन या अनदेखे समाज को देखना, इस समाज की धार्मिक-सामाजिक-सांस्कृतिक मान्यताओं से परिचित होना अधिक महत्वपूर्ण है। इस प्रकार के पर्यटन में पर्यटक प्रायः पर्वतीय स्थानों की ही यात्रा करते हैं।

(iii) ***खेलकूद सम्बन्धी पर्यटन***—इस प्रकार के पर्यटन की प्रेरणा खेलकूद के अभ्यास की इच्छा द्वारा प्राप्त होती है। जल एवं शीतकालीन खेलकूद, शिकार, मछली पकड़ना इत्यादि इसके श्रेष्ठ उदाहरण हैं। बड़े-बड़े खेलकूद सम्बन्धी आयोजन जैसे—ओलम्पिक, फुटबॉल, हॉकी एवं मुक्केबाजी तथा वर्तमान में क्रिकेट प्रतियोगिताएं इत्यादि केवल खिलाड़ियों को ही आकर्षित नहीं करते बल्कि जन सामान्य भी इन आयोजनों से प्रभावित होते हैं, जिनकी रुचि इन खेलों में होती है। कोई भी देश खेलकूद सम्बन्धी पर्यटन से अच्छा आर्थिक लाभ प्राप्त कर सकता है। एक बड़ा देश होने के नाते भारत वर्तमान में खेलकूद सम्बन्धी आयोजनों का एक महत्वपूर्ण केन्द्र बनकर उभरा है। हिमालयी क्षेत्रों में स्कीइंग एवं गोल्फ इत्यादि खेल होते हैं।

(iv) ***व्यापारिक या तकनीकी पर्यटन***—यद्यपि अनेक विद्वानों ने व्यापारिक उद्देश्यों की प्राप्ति के लिये की जाने वाली यात्राओं को पर्यटन के रूप में स्वीकार न करने की नीति अपनायी है। इन विद्वानों का मत है कि इस प्रकार की यात्राओं में स्वैच्छिक तत्व का अभाव होता है, व्यक्ति के पास अन्य प्रकार की यात्रा हेतु समय नहीं होता, आमोद-प्रमोद की प्राप्ति नहीं होती, मनोरंजन का अभाव होता है तथा मूल रूप से व्यक्तिगत स्वतंत्रता का अभाव होता है। परन्तु अनेक विद्वानों द्वारा व्यापारिक यात्राओं को पर्यटन के रूप में स्वीकार किया गया है। व्यापारिक यात्राओं के अन्तर्गत वे यात्राएं भी आती हैं, जो मेले, प्रदर्शनियों अथवा तकनीकी उपलब्धियों की प्राप्ति हेतु की जाती हैं।

पर्यटन की विधियाँ
(Methods of Tourism)

पर्यटन की विधियों से तात्पर्य पर्यटन के रूपों से है। जब कोई व्यक्ति या व्यक्तियों का समूह पर्यटन पर निकलता है तो उसके मस्तिष्क में पर्यटन के उद्देश्य पहले से ही निर्धारित रहते हैं तथा वह उन उद्देश्यों की पूर्ति में सहायक पर्यटन स्थलों का चयन पर्यटन हेतु करता है।

उदाहरण के लिये यदि कोई पर्यटक भारत में ऐतिहासिक इमारतों का अवलोकन करने का इच्छुक है, तो सम्भवत: वह सर्वप्रथम ताजमहल देखने का कार्यक्रम बनायेगा। इस प्रकार वह पर्यटन स्थल के रूप में वरीयता क्रम में आगरा शहर का चयन करेगा। इसी प्रकार यदि कोई पर्यटक धार्मिक प्रवृत्ति का है तथा अपनी धार्मिक भावनाओं की संतुष्टि हेतु पर्यटन पर निकलना चाहता है तो वह बनारस, हरिद्वार या अन्य धार्मिक स्थलों का चयन करेगा। कहने का आशय यह है कि पर्यटन एक आकस्मिक घटना नहीं है। पर्यटक घर से निकलने के पश्चात यह सुनिश्चित नहीं करता कि उसे किस पर्यटन स्थल पर जाना है या पर्यटन के माध्यम से उसे किस उद्देश्य की प्राप्ति करनी है। यह सब तो पूर्व निर्धारित होता है। भले ही इन बातों का निर्धारण भ्रमण पर निकलने से कुछ मिनट या घंटे पूर्व ही किया गया हो। पर्यटन के माध्यम से व्यक्ति जिन उद्देश्यों को पूरा करना चाहता है उनमें से प्रमुख हैं—

(i) किसी अन्वेषण सम्बन्धी कार्यवाही में सहभागिता करना।
(ii) खेलकूद सम्बन्धी गतिविधियों में सहभागिता करना या उनका अवलोकन करना।
(iii) उन संस्कृतियों के बारे में ज्ञान प्राप्त करना, जिनसे वह अभी तक परिचित नहीं हुआ है।
(iv) स्वास्थ्य लाभ हेतु उचित पर्यटन स्थल पर जाना।
(v) शैक्षिक या व्यापारिक उद्देश्यों से सम्मेलनों या सभाओं का प्रतिनिधित्व करना।
(vi) अपनी धार्मिक भावनाओं की संतुष्टि हेतु धर्म स्थलों का भ्रमण।
(vii) ऐतिहासिक धरोहरों का अवलोकन करना।
(viii) आमोद-प्रमोद एवं मनोरंजन की प्राप्ति हेतु आकर्षक पर्यटन स्थलों पर जाना, इत्यादि।

पर्यटन सम्बन्धी उपरोक्त उद्देश्यों एवं पर्यटन स्थलों के आधार पर पर्यटन के कुछ ढंग हमारे सामने आते हैं। इनका उल्लेख आवश्यक है—

1. साहसिक पर्यटन (Adventure Tourism)

साहसिक पर्यटन का तात्पर्य साहसिक खेलों में सहभागिता हेतु किये जाने वाले पर्यटन से है। साहसिक खेल हंसी-खुशी एवं रोमांच से भरपूर होते हैं। साहसिक खेलों का प्रत्यक्ष सम्बन्ध ईको-टूरिज्म से है। ईको-टूरिज्म हमारे लिये एक स्वस्थ परम्परा का निर्वहन करता है। इससे व्यक्ति का स्वस्थ मनोरंजन तो होता ही है, साथ ही इससे व्यक्ति का बाहरी पर्यटन सम्बन्धी ज्ञान भी बढ़ता है। ईको-टूरिज्म में प्रकृति संरक्षण, बाहरी साहसिक खेलकूद (Great outdoors adventure sports), पर्वतारोहण (Mountaineering) पदयात्रा (Trekking), बियावान अन्वेषण (Wilderness Exploration's), एवं शिविर जीवन (Camp life) आदि मनोरंजक एवं साहसिक खेलकूद हैं जो मनोरंजन के साथ-साथ मानव व्यक्तित्व का विकास करते हैं एवं उसका मन रचनात्मक कार्यों में लगाते हैं। इसके अतिरिक्त हैंग ग्लाइडिंग, पैरा ग्लाइडिंग, स्कीइंग, स्केटिंग, स्नो लैंडस्केप स्टडी, स्नो कैंपिंग, वोटिंग, कैनोइंग इत्यादि ऐसे साहसिक खेल हैं जो पर्यटकों में रोमांच भर देते हैं। विभिन्न देशों ने साहसिक खेलों के महत्व को समझा है तथा घरेलू एवं विदेशी पर्यटकों को इस क्षेत्र की ओर आकर्षित करने के लिये साहसिक खेलों का विकास किया जा रहा है। भारत में भी वर्तमान में साहसिक खेल अत्यन्त लोकप्रिय हो रहे हैं तथा असंख्य घरेलू एवं विदेशी पर्यटक, साहसिक पर्यटन में सहभागिता कर रहे हैं।

2. खेलकूद पर्यटन (Sports Tourism)

खेलकूद पर्यटन का साहसिक पर्यटन (साहसिक खेलों) से कोई सम्बन्ध नहीं है। खेलकूद पर्यटन का सम्बन्ध, सामान्य खेलकूद सम्बन्धी गतिविधियों के संचालन से है। आज विश्व समुदाय का मूलभूत सिद्धान्त अन्तर्राष्ट्रीय सामंजस्य और शान्ति का प्रसार (International Harmony and Promotion of Peace) है। खेलकूदों का आयोजन इस सिद्धान्त को अमल में लाने का महत्वपूर्ण साधन बन चुका है। साथ ही खेलकूदीय आयोजनों के माध्यम से प्रतिभाशाली खिलाड़ियों की तकनीक को विश्व के सामने लाने का अवसर भी प्राप्त होता है। आज अनेक देश अपनी सामर्थ्य अनुसार अन्तर्राष्ट्रीय स्तर पर खेल प्रतियोगिताओं का आयोजन कर रहे हैं। इन खेलों में सहभागिता हेतु विदेशी खिलाड़ी तो देश में जाते ही हैं, सम्बन्धित देशों के हजारों लोग भी खेल देखने के उद्देश्य से उस देश में पहुँच जाते हैं। उस देश में पहुँचकर खिलाड़ी और हजारों दर्शक, देशवासियों के लिये पर्यटकों के रूप में परिवर्तित हो जाते हैं। इससे खेल प्रतियोगिताएं आयोजित करने वाले देशों को प्रसिद्धि के साथ-साथ पैसा भी प्राप्त होता है।

3. सम्मेलन एवं सभा पर्यटन (Conference and Convention Tourism)

यद्यपि सम्मेलन एवं सभा पर्यटन का पर्यटन के नये क्षेत्र के रूप में कुछ समय पूर्व ही उदय हुआ है, तथापि पर्यटन का यह रूप अल्प अवधि में ही अत्यन्त लोकप्रिय होता जा रहा है। अनेक देशों में बहुत से अन्तर्राष्ट्रीय सम्मेलन एवं सभाएं आयोजित होती रहती हैं, जिनका संयोजन अन्तर्राष्ट्रीय संगठनों की वैधानिक समितियाँ करती हैं। इन सम्मेलनों एवं सभाओं में हजारों लोग सहभागिता करते हैं तथा इन सम्मेलनों एवं सभाओं के माध्यम से अद्यतन तकनीक एवं ज्ञान का प्रसार किया जाता है, बुद्धिजीवियों के मध्य विचारों का आदान-प्रदान होता है। साथ ही नेता, व्यवसायी एवं पेशेवर सहभागी भी अपने विचारों का आदान-प्रदान करते हैं। इन सम्मेलनों में सहभागिता हेतु भाषा, परम्परा या देश जैसी दूरियों का कोई अर्थ नहीं होता। 'All India Commerce Conference' ने निर्णय लिया है कि वह प्रतिवर्ष कुछ प्रतिष्ठित स्थानों पर सम्मेलनों का आयोजन किया करेगी। इच्छुक विद्वान इन सम्मेलनों में सहभागिता कर सकते हैं। इस प्रकार इन सम्मेलनों एवं सभाओं में हजारों लोग (घरेलू एवं विदेशी) सहभागिता करते हैं एवं सम्मेलन तथा सभा पर्यटन को भी प्रोत्साहित करते हैं।

4. सांस्कृतिक पर्यटन (Cultural Tourism)

जब लोग ज्ञान प्राप्त करने के उद्देश्य से किसी देश की कला वीथिकाओं (Art Galleries) ऐतिहासिक स्थानों और आध्यात्मिक केन्द्रों का भ्रमण करते हैं, तब पर्यटन की यह विधि सांस्कृतिक पर्यटन कहलाती है। सांस्कृतिक पर्यटन के माध्यम से पर्यटकों को सम्बन्धित देश की संस्कृति के बारे में पता चलता है। संस्कृति ही वह माध्यम है, जिससे किसी देश या स्थान की महानता का पता चलता है। संस्कृति मानव सभ्यता जितनी ही पुरानी अवधारणा है। जिज्ञासु लोग पर्यटन हेतु प्राय: ऐसे स्थान का चयन करते हैं, जिसके निवासियों की संस्कृति उनसे (पर्यटकों से) भिन्न होती है। ऐसे स्थानों पर आकर पर्यटक ऐतिहासिक अवशेषों, कला वीथिकाओं एवं आध्यात्मिक केन्द्रों का भ्रमण एवं अवलोकन तो करता ही है, कलात्मक एवं संगीत उत्सवों में भी भाग लेता है। इससे उस स्थान की संस्कृति का ज्ञान पर्यटकों को प्राप्त

होता है। भारत सांस्कृतिक पर्यटन का सबसे महत्वपूर्ण केन्द्र है तथा विश्व के सभी देशों के पर्यटक भारतीय संस्कृति की चर्चा से अभिभूत होकर इसका ज्ञान प्राप्त करने के उद्देश्य से भारत में आते हैं।

5. धार्मिक पर्यटन (Religious Tourism)

जब से मानव सभ्यता का उदय हुआ है, तब से मनुष्य एक अदृश्य शक्ति की आराधना करता रहा है। यह अदृश्य शक्ति मनुष्य को सत्कर्म करने के लिये प्रेरित करती है तथा दुष्कर्म करने से रोकती है। इस अदृश्य एवं अलौकिक शक्ति को ईश्वर (God) कहा जाता है। समाजशास्त्रीय विचारधारा में यही शक्ति धर्म है। मनुष्य का विश्वास है कि यह अलौकिक शक्ति सर्वव्यापी एवं सर्वशक्तिमान है। यह शक्ति मनुष्य के हर कर्म को देखती है। अच्छा कार्य करने पर जहाँ ये शक्ति मनुष्य को पुरस्कृत करती है, वहीं बुरे कार्य करने पर दण्डित भी करती है। इस अलौकिक शक्ति के प्रकोप से बचने के लिये मनुष्य इसकी आराधना करता है। चूँकि इस शक्ति को प्रत्येक धर्म एवं संस्कृति में पृथक-पृथक रूप में देखा जाता है, इसलिये इस शक्ति के निवास स्थानों के रूप में विभिन्न धर्म स्थलों का उदय या कहा जाये तो निर्माण हुआ। धर्म या ईश्वर के प्रति श्रद्धा रखने वाले लोग अवसर मिलने पर इन धर्म स्थलों का भ्रमण करते हैं। धर्म स्थलों का पर्यटनात्मक भ्रमण ही धार्मिक पर्यटन है।

सांस्कृतिक पर्यटन की भांति भारत धार्मिक पर्यटन का महत्वपूर्ण केन्द्र है। यहाँ सम्भवत: कोई भी ऐसा गाँव या नगर नहीं होगा जहाँ मन्दिर, मस्जिद, गुरुद्वारा या चर्च स्थापित न हों। भारत में पर्यटन के अन्य सभी रूपों की तुलना में धार्मिक पर्यटन का अधिक विशिष्ट स्थान है। कहना अनुचित न होगा कि भारत में धार्मिक पर्यटन का एक बड़ा बाजार स्थापित हो चुका है।

6. स्वास्थ्य पर्यटन (Health Tourism)

वर्तमान में जैसे-जैसे तकनीकी (Technology) का विकास हो रहा है, विश्व में रोग एवं रोगियों की संख्या में भी वृद्धि होती जा रही है। ये रोग इतने गम्भीर प्रकृति के हैं कि चिकित्सक भी दवाइयों के माध्यम से इन रोगों के निवारण के प्रति स्वयं को असहाय प्रतीत करने लगे हैं। फिर भी अनेक देशों में स्वास्थ्य सम्बन्धी सर्वश्रेष्ठ सेवाएं उपलब्ध हैं। लोग अपना उपचार कराने इन देशों में जाते हैं। वर्तमान में चिकित्सा की पाँच पद्धतियाँ प्रचलन में हैं—ऐलोपैथिक, होम्योपैथिक, आयुर्वेदिक, यूनानी एवं सिद्ध। विश्व के कुछ देशों में ऐलोपैथिक एवं होम्योपैथिक चिकित्सा की सर्वश्रेष्ठ सेवाएं विद्यमान हैं, किन्तु प्रकृति आधारित चिकित्सा की तीन पद्धतियाँ—आयुर्वेदिक, यूनानी एवं सिद्ध, भारत में ही अधिक प्रभाव के साथ उपलब्ध हैं। सिद्ध शब्द का सम्बन्ध सिद्धि से है। सिद्धि अर्थात देवीय शक्ति। पूर्व जन्म के कर्मों के आधार पर ही व्यक्ति को जन्म से ही सिद्धि प्राप्त होती है। आयुर्वेद चिकित्सा की सबसे प्राचीन भारतीय पद्धति है। वायु, अग्नि, श्वास और जल, रोगों के मूल कारण हैं। आयुर्वेद में इसे त्रिदोष (TRIDOSHA) कहा जाता है। आयुर्वेदिक पद्धति द्वारा भारत में विभिन्न रोगों का अचूक इलाज किया जाता है, वह भी बिना पार्श्व प्रभावों (Side Effects) के। साथ ही भारत में योगा भी अत्यधिक प्रचलित है। योगा जीवन की वह पद्धति है, जो मनुष्य को दवाइयों के प्रयोग के बिना भी स्वस्थ रखती है। भारत में अनेक योग आश्रम हैं। विश्व भर में रोगी जब ऐलोपैथिक या होम्योपैथिक उपचार से अपने रोगों से मुक्ति प्राप्त नहीं कर पाते, तब आयुर्वेदिक, यूनानी या

सिद्ध पद्धति से उपचार कराने ये रोगी भारत में आते हैं तथा कुछ माह तक भारत में ही ठहरते हैं। इससे भारत में स्वास्थ्य पर्यटन को प्रोत्साहन मिलता है। केरल, कर्नाटक, आन्ध्रप्रदेश तथा अब हरिद्वार (उत्तराखण्ड) इस प्रकार के उपचार के मुख्य केन्द्र हैं।

7. मनोरंजनात्मक पर्यटन (Recreational Tourism)

जैसा कि देखने में आ रहा है, औद्योगीकृत होते जा रहे वर्तमान विश्व समाज में कार्यशील व्यक्तियों पर कार्य का दबाव बढ़ता जा रहा है। साथ ही यह भी देखने में आया है कि कार्य के घंटों में कमी करने एवं कार्य सप्ताह को पाँच दिवसीय किये जाने से अधिक कुशलता से कार्य करने का विश्वास बढ़ा है। इससे उत्पादन एवं लाभ की दर में वृद्धि हुई है। इसी तथ्य को ध्यान में रखते हुए अधिकांश उद्योगों एवं सरकारों द्वारा अपने कर्मचारियों को अधिक अवकाश की सुविधा प्रदान की जा रही है। विश्राम करने के बाद व्यक्ति अपने कार्य पर अधिक ध्यान केन्द्रित कर सकता है। विश्राम या अवकाश की इस अवधि का सम्बन्ध मनोरंजन से है। मनोरंजन का अर्थ है—आनन्द की प्राप्ति हेतु कुछ गतिविधियाँ करना। अर्थात ठिठोली (Drollery), स्वांग (Masquerade) और आमोद-प्रमोद (Entertainment)। एक अध्ययन से यह स्पष्ट हुआ है कि विश्व में 75 प्रतिशत से अधिक यात्राएं मनोरंजन हेतु की जाती हैं।

8. समुद्री पर्यटन (Oceanic Tourism)

समुद्री पर्यटन का इतिहास अत्यन्त प्राचीन है। प्राचीन काल में समुद्री यात्राएं एक देश से दूसरे देश में जाकर उनकी संस्कृति, भौगोलिक स्थिति एवं आर्थिक स्थिति का अध्ययन करने के लिये की जाती थीं। ये यात्राएं अत्यन्त जोखिम से भरी हुई होती थीं। मध्य युग में समुद्री यात्राएं अत्यन्त खोजपूर्ण हो गयीं। ये यात्राएं अधिकांशत: बड़े व्यापारिक वर्ग द्वारा अपने व्यापारिक एवं राजनैतिक लाभ के लिये की जाती थीं। अत: मध्य युग में समुद्री यात्राएं विशुद्ध पर्यटन यात्राएं न होकर समुद्री मार्ग से व्यापारिक उद्देश्य से अधिक अनुभव प्राप्त करने, दुर्गम मार्गों एवं विभिन्न देशों में अपने केन्द्र स्थापित करने और अपनी व्यापारिक मण्डियाँ स्थापित करने के उद्देश्य से की जाने वाली यात्राएं बन गयीं।

अठारहवीं शताब्दी में वायुयान के आविष्कार ने समुद्री यात्राओं पर अत्यधिक प्रभाव डाला। वायु मार्ग की यात्रा सुगम होने के कारण समुद्री यात्राएं कम हो गयीं। किन्तु बीसवीं शताब्दी में समुद्री पोतों के आधुनिक स्वरूप एवं वैज्ञानिक विस्तार ने एक नवीन पोत निर्माण तकनीक को जन्म दे दिया। नवीन पोतों का निर्माण कर उनका परिचय व्यापारिक पोतों, युद्ध पोतों एवं यात्री पोतों के रूप में दिया गया। वर्तमान में समाज का एक ऐसा वर्ग है जो अपने रोमांच, ज्ञान एवं विभिन्न देशों के धार्मिक एवं सांस्कृतिक अध्ययन के लिये समुद्री पोतों के द्वारा यात्राएं करता है। देश-विदेश के समाज, संस्कृति एवं धार्मिक समारोहों का आनन्द, समुद्री पोतों द्वारा ही उठाया जा सकता है। समुद्री पर्यटन ने बोटिंग, बोट रेसिंग, साहसिक जल क्रीड़ाओं एवं अन्वेषण गतिविधियों के माध्यम से अत्यन्त आधुनिक रूप धारण कर लिया है। एक आधुनिक बोट द्वारा दूर के देशों की समुद्री यात्राएं करना एक साहसिक मनोरंजन एवं रोमांच है, जिससे आधुनिक पर्यटन की विधा में यह एक अत्यन्त महत्वपूर्ण उपलब्धि है।

समुद्र से आकाश की ओर की खेल यात्राएं आधुनिक समुद्री पर्यटन का एक श्रेष्ठ उदाहरण हैं। यह समुद्री पर्यटन विस्तार एवं साहसपूर्ण खेलों का अत्यन्त रोमांचक व आधुनिक स्वरूप है, जिसके लिये विश्वभर के धनी वर्ग अत्यधिक रुचि ले रहे हैं। इनमें भाग लेने वाले

अधिकांश युवक-युवतियाँ स्कूल एवं कॉलेजों के विद्यार्थी हैं जो छुट्टियों में साहसिक समुद्री यात्राओं का आनन्द लेना चाहते हैं। नव व्यापारिक वर्ग के अतिरिक्त मध्यमवर्गीय, उच्च मध्यमवर्गीय परिवारों के साहसिक खेल प्रेमी इन समुद्री यात्राओं के लिये छुट्टियों में तैयारी के साथ निकल पड़ते हैं। इस प्रकार की समुद्री यात्राओं को कुछ व्यापारिक घराने भी प्रायोजित करवाते हैं। अतः इन यात्राओं का सम्पूर्ण खर्च इन घरानों की कम्पनियाँ उठाती हैं, जिनके लिये उनकी सेवाएं विज्ञापित होती हैं। अतः ऐसी साहसिक यात्राओं के प्रयोजन के लिये कम्पनी कपड़े या प्लास्टिक पेपर से बने बड़े बैनर कम्पनी के प्रचार में प्रयोग किये जाते हैं। व्यापारिक क्षेत्रों के प्रचार-प्रसार के लिये ऐसी साहसिक यात्राओं के अनेक क्लब कार्य करते रहते हैं।

पर्यटन एक उद्योग है (Tourism is a Industry)

उद्योग व्यवस्था के उद्देश्य क्या हैं? यही कि वस्तुओं का उत्पादन करना, वस्तुओं के विक्रय हेतु बाजार की व्यवस्था करना, इस व्यवस्था के माध्यम से लोगों की आवश्यकताओं की पूर्ति करना अर्थात उत्पाद को लोगों तक पहुँचाना, निर्यात योग्य वस्तुओं का निर्माण करके देश में विदेशी मुद्रा लाना तथा रोजगार के अवसर प्राप्त करना। यद्यपि पर्यटक के दृष्टिकोण से पर्यटन के उद्देश्य उद्योगों के उद्देश्य से भिन्न हैं। किन्तु पर्यटन की अवधारणा में पर्यटक की स्थिति ठीक वैसी ही है, जैसी कि उद्योग व्यवस्था में उपभोक्ता की। उद्योग व्यवस्था में उपभोक्ता ग्राहक है तो पर्यटन की प्रक्रिया में पर्यटक। आर्थिक दृष्टिकोण से पर्यटन के उद्देश्य हैं—पर्यटन उत्पाद प्रस्तुत करना, इन उत्पादों के उपयोग के लिये बाजार की व्यवस्था करना, इस बाजार के माध्यम से पर्यटन उत्पादों को लोगों (पर्यटकों) तक पहुँचाना, किसी वस्तु का निर्यात किये बिना विदेशी मुद्रा अर्जित करना (अन्तर्राष्ट्रीय पर्यटकों के आगमन से) तथा असंख्य लोगों को रोजगार प्रदान करना। पर्यटन प्रत्यक्ष एवं अप्रत्यक्ष रूप से असंख्य लोगों को रोजगार प्रदान करता है। उदाहरणार्थ—किसी भी पर्यटन स्थल पर पर्यटन के माध्यम से आवास स्थलों एवं रेस्टोरेंट के स्वामियों, वाहन मालिकों एवं वाहन चालकों, पर्यटक गाइडों, कुलियों एवं विभिन्न प्रकार के व्यापारियों को तो रोजगार प्राप्त होता ही है, बेरोजगार लोग भी अपनी योग्यता एवं सामर्थ्य के अनुसार पूँजीगत एवं गैर पूँजीगत व्यवसाय प्रारम्भ कर सकते हैं।

इस प्रकार एक आर्थिक प्रक्रिया के रूप में देखा जाये तो उद्योग व्यवस्था के समस्त उद्देश्यों की पूर्ति पर्यटन की प्रक्रिया में होती है। इसीलिये पर्यटन को एक उद्योग के रूप में स्वीकार किया जा रहा है। उद्योगों की भाँति पर्यटन क्षेत्र में भी पूँजी निवेश किया जा रहा है तथा पर्यटन के विकास की योजनाएं बनायी जा रही हैं। पर्यटन को उद्योग का स्तर प्रदान करने के सम्बन्ध में विभिन्न विद्वानों ने अपने-अपने मत प्रस्तुत किये हैं।

बुरकार्ट का मत है कि पर्यटन उद्योग विभिन्न प्रकार के व्यापारों और संगठनों का पुँज है। इसमें अर्थव्यवस्था के सभी क्षेत्र सम्मिलित हैं। इनके अनुसार पर्यटन उद्योग में पर्यटकों की आवश्यकताओं की पूर्ति करने वाली सभी वस्तुएं और सेवाएं सम्मिलित की जाती हैं। पर्यटन उद्योग का अस्तित्व और इसकी आय पर्यटकों द्वारा किये जाने वाले व्यय पर निर्भर है, न कि इस तथ्य पर कि व्यापार का प्रबन्धन किस प्रकार से हो रहा है। बुरकार्ट के मत से स्पष्ट है कि पर्यटन उद्योग में व्यापार प्रबन्धक का बहुत अधिक महत्व नहीं है।

लीपर का कथन है कि पर्यटन उद्योग में वे संगठन सम्मिलित होते हैं जो आगन्तुक पर्यटकों की विशेष आवश्यकताओं की पूर्ति करने हेतु वस्तुएं एवं सेवाएं प्रस्तुत करते हैं।

इन दोनों ही विद्वानों के विचारों से स्पष्ट है कि पर्यटन उद्योग में वस्तुओं एवं सेवाओं का विशेष महत्व है। कोई भी पर्यटन स्थल, पर्यटक के सामने जितनी श्रेष्ठ वस्तुएं एवं सेवाएं प्रस्तुत करता है, पर्यटक उस पर्यटन स्थल की ओर उतना ही अधिक आकर्षित होता है। पर्यटन उद्योग में व्याप्त आर्थिक प्रभावों, लाभ, रोजगार एवं विदेशी मुद्रा अर्जन के कारण विश्व के अधिकाधिक देश पर्यटन को उद्योग की श्रेणी में रखते जा रहे हैं तथा पर्यटन विकास के लिये व्यापक योजनाएं बनाते जा रहे हैं। पर्यटन उद्योग के कारण विकसित देशों ने और अधिक ऊँचाई को छुआ है। विकासशील देश भी पर्यटन विकास पर अधिकाधिक ध्यान दे रहे हैं। आज सम्पूर्ण विश्व में तेल उद्योग के बाद पर्यटन को ही महत्वपूर्ण उद्योग का स्थान प्राप्त है।

पर्यटन उद्योग के घटक (Aspects of Tourism Industry)

इसमें कोई सन्देह नहीं रह गया है कि पर्यटन एक उद्योग है। किन्तु पर्यटन एक बहुआयामी उद्योग है। अर्थात पर्यटन स्थल से जुड़े अनेक घटक मिलकर पर्यटन को उद्योग का स्वरूप प्रदान करते हैं। ये घटक उपक्रमों (Enterprises) के रूप में होते हैं। इन उपक्रमों को दो श्रेणियों में रखा जा सकता है—

1. प्राथमिक उपक्रम (Primary Enterprises)

प्राथमिक उपक्रम प्राथमिक अर्थात प्रत्यक्ष होते हैं। पर्यटक इन उपक्रमों पर पूरी तरह से आश्रित होते हैं। इन उपक्रमों को श्रेणीबद्ध किया जा सकता है—

(i) परिवहन सेवाएं (हवाई, समुद्री एवं सड़क परिवहन)।

(ii) पर्यटकों हेतु आवास स्थल (होटल, मोटल, विश्राम गृह, कैम्प, धर्मशाला, सराय, अतिथि गृह इत्यादि)।

(iii) रेस्टोरेन्ट (भोजन, जलपान, चाय-कॉफी एवं कॉकटेल की सुविधाएं)।

(iv) मनोरंजन के साधन (सिनेमा हॉल, नाट्यशालाएं, पार्क एवं सुसज्जित स्थान इत्यादि)।

(v) कला, हस्तकला, स्मृति चिह्न, ट्रेवल किट एवं खेल पत्रिकाओं इत्यादि से जुड़े व्यवसाय।

(vi) पर्यटन विकास से जुड़ी संस्थाएं।

(vii) पर्यटन हेतु वित्त पोषित करने वाली सरकारी एवं गैर-सरकारी कम्पनियाँ।

2. सहायक उपक्रम (Secondary Enterprises)

सहायक उपक्रम अप्रत्यक्ष रूप से पर्यटन उद्योग के संगठन में सहायता प्रदान करते हैं। इन उपक्रमों की सेवाएं कहीं न कहीं पर्यटन उद्योग से जुड़ी हैं। सहायक उपक्रमों को भी अनेक श्रेणियों में विभाजित किया जा सकता है—

(i) स्थानीय रेस्टोरेंट जो किसी न किसी रूप में पर्यटकों को अपनी सेवाएं प्रदान करते हैं।

(ii) पर्यटन को विकसित करने वाली विज्ञापन एवं लोक सम्पर्क कम्पनियाँ।

(iii) पर्यटक की दैनिक आवश्यकताओं से जुड़ी सेवाएं।

स्पष्ट है कि उपरोक्त सभी उपक्रम प्रत्यक्ष या अप्रत्यक्ष रूप से पर्यटन से जुड़े हैं। पर्यटक के भ्रमण का नाम ही पर्यटन है किन्तु पर्यटन से जुड़ी समस्त आर्थिक क्रियाएं मिलकर पर्यटन को उद्योग की श्रेणी प्रदान करती हैं।

2

पर्यटन उत्पाद

(Tourism Product)

पर्यटन की अवधारणा सम्बन्धी कोई भी अध्ययन, पर्यटन उत्पाद के विश्लेषण के अभाव में अपूर्ण है, क्योंकि पर्यटन उत्पाद, पर्यटन की प्रक्रिया के आवश्यक परिणाम या उत्पादन के रूप में सामने आते हैं। वास्तव में समाज में क्रियाशील प्रत्येक व्यवस्था या प्रक्रिया प्रत्यक्ष या अप्रत्यक्ष रूप में अनेक उत्पादों को जन्म देती है। यदि कोई प्रक्रिया या व्यवस्था उत्पादन विहीन है तो वह समाज के लिये अनुपयोगी मानी जाती है तथा यह स्थिति विकास को अवरुद्ध कर सकती है।

यही बात अक्षरशः पर्यटन के क्षेत्र पर भी लागू होती है, क्योंकि पर्यटन भी एक प्रक्रिया या व्यवस्था है। पर्यटन की गतिविधि अनेक उत्पादों को जन्म देती है। यहाँ पर्यटन के उत्पादों का विशद् विश्लेषण प्रस्तुत करने से पूर्व पर्यटन उत्पाद की अवधारणा को समझ लेना विषय संगत होगा—

पर्यटन उत्पाद का अर्थ (Meaning of Tourism Products)

सामान्यतः ऐसा उत्पाद जो व्यक्ति विशेष की प्रसन्नता सम्बन्धी इच्छाओं, व्यापार की आवश्यकताओं और अवकाश के समय को व्यक्ति के नियमित निवास स्थान से अलग, अन्य स्थान या स्थानों पर संतुष्ट करता है, पर्यटन उत्पाद कहलाता है। इस बात को सरल शब्दों में इस प्रकार व्यक्त किया जा सकता है—जब कोई व्यक्ति या व्यक्तियों का समूह अवकाश के समय में अपने घर से दूर किसी अन्य स्थान पर आमोद-प्रमोद, सैर-सपाटे, ज्ञानवर्धन, क्रीड़ा एवं सांस्कृतिक—धार्मिक जिज्ञासाओं की पूर्ति हेतु कुछ दिन या कुछ माह के लिये आता है, तो वह पर्यटक के रूप में भ्रमण करता है। पर्यटक के भ्रमण की इस अवधि में अनेक सेवाएं, वस्तुएं, स्थान, व्यक्ति, संस्थाएं एवं घटनाएं उसके उद्देश्यों की पूर्ति करती हैं। यही सेवाएं, वस्तुएं, स्थान, व्यक्ति, संस्थाएं एवं घटनाएं ही पर्यटन उत्पाद हैं। संक्षेप में कहा जाये तो—"पर्यटन से जुड़ी वह प्रत्येक सेवा, दृश्य, घटना, वस्तु या संस्था जो पर्यटकीय दृष्टि से, पर्यटक के उद्देश्यों की पूर्ति करते हैं, पर्यटन उत्पाद कहलाते हैं।" पर्यटन उत्पादों को सदा प्रस्तुत किया जाता है या वे स्वतः ही पर्यटक के सामने प्रस्तुत होते हैं तथा विनिमय प्रवृत्ति के होते हैं।

किसी पर्यटन सम्बन्धी भ्रमण में पर्यटन उत्पाद क्या हो सकते हैं, इसे एक उदाहरण के माध्यम से समझा जा सकता है—"एक व्यक्ति जो धार्मिक प्रवृत्ति का है, अपनी जिज्ञासा को

शान्त करने के लिये अवकाश के समय अपने परिवार के साथ धार्मिक स्थान का चयन करता है। तत्पश्चात किसी ट्रेवल एजेन्सी के माध्यम से अपनी यात्रा बुक करके, धार्मिक पर्यटन स्थल पर पहुँचता है, ठहरने के लिये एक सुविधाजनक आवास की व्यवस्था करता है, पर्यटन स्थल का भ्रमण करके अनेक धर्मस्थलों का अवलोकन करता है, मन्दिर में पुजारी द्वारा किये जा रहे धार्मिक क्रियाकलापों में भाग लेता है, कुछ धार्मिक सामग्री तथा स्थानीय वस्तुओं का क्रय करता है तथा अपनी धार्मिक जिज्ञासा शान्त होने के पश्चात अपने मूल आवास को लौट जाता है।" व्यक्ति की इस धार्मिक यात्रा में पर्यटन उत्पाद निम्न हो सकते हैं—

(i) ट्रेवल एजेन्ट या ट्रेवल एजेन्सी।
(ii) पर्यटक आवास में प्रदत्त सुविधाएं।
(iii) धर्मस्थलों में पुजारी द्वारा सम्पन्न किये जा रहे धार्मिक क्रियाकलाप।
(iv) धर्मस्थलों का परिचय प्रदान कर रहा पर्यटक गाइड।
(v) पर्यटन स्थल पर स्थापित बाजार, जहाँ पर्यटन स्थल की विशेषता के अनुरूप वस्तुओं का क्रय-विक्रय होता हो।
(vi) धार्मिक सामग्री एवं स्थानीय वस्तुएं।
(vii) पर्यटकों के आकर्षण का केन्द्र बनाये रखने के लिये धर्मस्थलों की देखभाल कर रही संस्थाएं, आदि।

पर्यटन उत्पाद की विशेषताएं या प्रकृति (Characteristics or Nature of Tourism Product)

पर्यटन उत्पाद की विशेषतायें, इसकी प्रकृति को भी स्पष्ट करती हैं। पर्यटन उत्पाद की विशेषताएं इस प्रकार हैं—

(i) पर्यटन उत्पाद पर्यटन प्रक्रिया के उत्पाद हैं।
(ii) पर्यटन उत्पाद पर्यटक या समाज के सामने प्रस्तुत किये जाते हैं।
(iii) उन्हीं उत्पादों को पर्यटन उत्पादों की श्रेणी में रखा जा सकता है, जो पर्यटकों के यात्रा सम्बन्धी उद्देश्यों एवं आवश्यकताओं को संतुष्ट कर सकें।
(iv) पर्यटन उत्पादों को विनिमय योग्य होना चाहिये।
(v) कोई भी वस्तु, दृश्य, घटना, सेवा, स्थान, व्यक्ति या संस्था पर्यटन उत्पाद के रूप में हो सकते हैं, बशर्ते कि पर्यटन से उनका सम्बन्ध हो। इस अर्थ में पर्यटन उत्पाद की प्रकृति व्यापक होती है।
(vi) पर्यटन उत्पाद मूर्त एवं अमूर्त, दोनों ही प्रकृति के हो सकते हैं।

पर्यटन उत्पाद के स्वरूप (Forms of Tourism Product)

पर्यटन उत्पाद की अन्तिम विशेषता, इसके स्वरूपों को भी स्पष्ट करती है। अर्थात पर्यटन उत्पाद के दो स्वरूप होते हैं—

1. मूर्त पर्यटन उत्पाद (Concrete Tourism Product)

मूर्त का अर्थ है—'दिखने योग्य अर्थात लौकिक'। वास्तव में वे सभी पर्यटन उत्पाद जो प्रत्यक्ष रूप से हमारे सामने विद्यमान होते हैं, मूर्त पर्यटन उत्पाद कहलाते हैं। उदाहरण के लिये जब एक

टूरिस्ट गाइड किसी पर्यटन स्थल के सम्बन्ध में पर्यटक को जानकारी प्रदान कर रहा होता है, तो वह गाइड मूर्त पर्यटन उत्पाद के रूप में हमारे सामने आता है। पर्यटन से जुड़ी सभी वस्तुएं मूर्त पर्यटन उत्पाद होती हैं, जैसे कपड़े, कलाकृतियां एवं धार्मिक सामग्री इत्यादि। इसी प्रकार पर्यटन स्थल पर विद्यमान दृश्य एवं घटित होने वाली घटनाएं भी मूर्त पर्यटन उत्पाद का प्रतिनिधित्व करती हैं, जैसे कि जब कोई समुद्र किनारे बैठकर नौका दौड़ का कार्यक्रम देखता है तो नौका दौड़, नौकायें एवं नौकाओं का संचालन कर रहे व्यक्ति मूर्त पर्यटन उत्पाद के रूप में होते हैं। संक्षेप में कहा जाये तो सभी भौतिक पर्यटन उत्पाद मूर्त पर्यटन उत्पाद कहलाते हैं।

2. अमूर्त पर्यटन उत्पाद (Abstract Tourism Product)

वे सभी पर्यटन उत्पाद, जो मूर्त नहीं होते, अमूर्त पर्यटन उत्पाद की श्रेणी में आते हैं। इन्हें देखा नहीं जा सकता, स्पर्श नहीं किया जा सकता, केवल अनुभव किया जा सकता है। अमूर्त उत्पादों के कुछ उदाहरण निम्नलिखित हैं—

(i) जब एक पर्यटक किसी गाइड की सेवाएं लेता है, तो गाइड द्वारा प्रदान की जा रही सेवाएं अमूर्त पर्यटन उत्पाद हैं।

(ii) किसी ट्रैवल एजेन्ट या एजेन्सी द्वारा यात्रा हेतु प्रदान की जा रही सेवाएं।

(iii) किसी पर्यटक आवास स्थल द्वारा पर्यटक को प्रदान की जा रही आवासीय सुविधाएं।

(iv) किसी नर्तकी द्वारा, दर्शक (पर्यटक) को दिया जाने वाला मनोरंजन।

उपरोक्त उदाहरणों में निहित सभी अमूर्त पर्यटन उत्पादों को केवल अनुभव किया जा सकता है, देखा नहीं जा सकता। जब किसी पर्यटक आवास का प्रबन्धक पर्यटक से पूछता है—"डिनर में आप क्या लेना पसन्द करेंगे?" तब प्रबन्धक द्वारा पूछा गया यह प्रश्न, उसके द्वारा प्रदान की जा रही सेवाओं के रूप में है। इस प्रश्न को केवल सुना और अनुभव किया जा सकता है, न देखा जा सकता है, न स्पर्श किया जा सकता है। यही अमूर्त पर्यटन उत्पाद है। संक्षेप में, अमूर्त पर्यटन उत्पाद प्राय: सेवाओं के रूप में होते हैं।

अमूर्त पर्यटन उत्पादों की विशेषताएं (Characteristics of Abstract Tourism Product)

अमूर्त पर्यटन उत्पादों के उपरोक्त विश्लेषण के आधार पर इनकी कुछ निम्नलिखित विशेषताएं सामने आती हैं—

(i) अमूर्त पर्यटन उत्पादों को केवल अनुभव किया जा सकता है, क्योंकि इनका कोई भौतिक स्वरूप नहीं होता। एक टूरिस्ट गाइड द्वारा पर्यटक को प्रदान की जाने वाली सेवाओं के दौरान गाइड की टिप्पणियों को केवल सुना तथा अनुभव किया जा सकता है, देखा या स्पर्श नहीं किया जा सकता।

(ii) चूँकि अमूर्त पर्यटन उत्पाद सेवाओं के रूप में होते हैं, अत: सेवाओं के दौरान व्यक्ति या व्यक्तियों की उपस्थिति भी अनिवार्य है। विशिष्ट बात यह है कि सेवा देने वाले व्यक्ति को पृथक नहीं किया जा सकता, जैसे कि गाइड की अनुपस्थिति में उसकी टिप्पणियों की सेवा प्राप्त नहीं की जा सकती। इस अर्थ में कहा जा सकता है कि मूर्त पर्यटन उत्पादों की उपस्थिति में ही अमूर्त पर्यटन उत्पाद को अनुभव किया जा सकता है। इन दोनों को एक-दूसरे से पृथक भी नहीं किया जा सकता ।

(iii) मूर्त पर्यटन उत्पादों का क्रय करके उन पर अपना स्वामित्व स्थापित किया जा सकता है, किन्तु अमूर्त पर्यटन उत्पादों का भुगतान करके भी उनका स्वामित्व प्राप्त नहीं किया जा सकता, बस कुछ समय के लिये उन पर अधिकार हो जाता है। जैसे कि जब एक पर्यटक आवासीय सुविधाओं के बदले भुगतान करता है, तो उसे कुछ समय के लिये आवासीय सुविधाओं का उपयोग करने का अधिकार मिल जाता है, परन्तु उसका आवासीय सुविधाओं पर नियंत्रण स्थापित नहीं हो सकता।

(iv) अमूर्त पर्यटन उत्पादों का एक गुण परिवर्तनशीलता भी है। दो टूरिस्ट गाइड एक समान सेवाएं प्रदान नहीं कर सकते, क्योंकि दो व्यक्तियों के मध्य उनकी कार्यप्रणाली के आधार पर कहीं न कहीं अन्तर अवश्य पाया जाता है। एक गाइड किसी व्यक्ति (पर्यटक) को दो अलग-अलग समय में एक समान सेवाएं प्रदान नहीं कर सकता, क्योंकि गाइड की कार्यप्रणाली पर उसकी इच्छा, समय एवं परिस्थिति का प्रभाव पड़ता है। इसी प्रकार यह गाइड दो अलग-अलग पर्यटकों को एक समान सेवाएं प्रदान नहीं कर सकता, क्योंकि सेवाएं प्राप्त करने वाले दो पर्यटकों की चारित्रिक विशेषताएं तथा उनकी पर्यटन सम्बन्धी रुचियां भिन्न हो सकती हैं। इन भिन्नताओं का प्रभाव गाइड की सेवाओं पर पड़ना स्वाभाविक है।

पर्यटन उत्पादों का वर्गीकरण (Classification of Tourism Product)

जैसा कि पूर्व में स्पष्ट किया जा चुका है, पर्यटन उत्पादों का क्षेत्र अत्यन्त व्यापक होता है। यह एक दृश्य भी हो सकता है, घटना भी हो सकती है, सेवा हो सकती है, संस्था हो सकती है, व्यक्ति हो सकता है, या फिर स्थान। वास्तव में प्रत्येक वह उत्पत्ति, जो पर्यटन के कारण अस्तित्व में आती है, पर्यटन उत्पाद हो सकती है। समस्त पर्यटन उत्पादों को निम्न प्रकार से श्रेणीबद्ध किया जा सकता है—

(i) **प्राकृतिक पर्यटन उत्पाद**—प्रत्येक वह प्राकृतिक वस्तु, स्थान या घटना जो पर्यटकों को अपनी ओर आकर्षित करते हैं, प्राकृतिक पर्यटन उत्पाद कहलाते हैं। रेगिस्तान, द्वीप, वनस्पतियुक्त बीच एवं पर्वतीय स्थल आदि पर्यटन के प्राकृतिक उत्पाद हैं।

(ii) **मनुष्यकृत पर्यटन उत्पाद**—वे समस्त पर्यटन उत्पाद, जो मनुष्य के व्यक्तिगत प्रयासों से अस्तित्व में आते हैं, मनुष्यकृत पर्यटन उत्पाद कहलाते हैं। जैसे—पेन्टिंग, उपहार स्वरूप दी जाने वाली वस्तुएं, बाजार एवं मनोरंजनगृह मुख्य रूप से मनुष्यकृत पर्यटन उत्पाद हैं। इन उत्पादों का निर्माण व्यापार एवं पर्यटकों को आकर्षित करने के उद्देश्य से किया जाता है।

(iii) **घटना आधारित पर्यटन उत्पाद**—कोई भी वह पर्यटन उत्पाद जो एक घटना के रूप में पर्यटकों को आकर्षित करता है, घटना आधारित पर्यटन उत्पाद की श्रेणी में आता है। सामाजिक, सांस्कृतिक, धार्मिक, ऐतिहासिक एवं आर्थिक उत्सवों तथा क्रीड़ा सम्बन्धी प्रतियोगिताओं को इस श्रेणी में रखा जाता है।

(iv) **स्थान आधारित पर्यटन उत्पाद**—इसके अन्तर्गत वे सभी पर्यटन उत्पाद आ जाते हैं, जो किसी स्थान के रूप में पर्यटकों का ध्यान आकर्षित करते हैं। मुख्य रूप से ऐतिहासिक एवं धार्मिक महत्व की इमारतें स्थान आधारित पर्यटन उत्पाद हैं। उदाहरण के लिये ताजमहल, चीन की दीवार, पूसा की मीनार, वैष्णो देवी का मन्दिर, समस्त हैरिटेज होटल एवं हाजी अली की दरगाह आदि स्थान आधारित पर्यटन उत्पाद हैं।

(v) **प्रतीकात्मक पर्यटन उत्पाद**—ये वे पर्यटन उत्पाद हैं, जो प्राकृतिक एवं मनुष्यकृत पर्यटन उत्पाद का संयुक्त रूप से प्रतिनिधित्व करते हैं। वे सभी पर्यटन उत्पाद जो प्रकृति की देन तो हैं, किन्तु मनुष्य उन्हें सजाकर, संवारकर या प्रबन्ध के माध्यम से पर्यटकों के सामने प्रस्तुत करता है, प्रतीकात्मक पर्यटन उत्पाद कहलाते हैं। मैरीन पार्क, पुष्प प्रदर्शनियां एवं वन्य जन्तु शरण स्थलियां आदि प्रतीकात्मक पर्यटन उत्पाद का प्रतिनिधित्व करते हैं।

(vi) **अविच्छिन्न पर्यटन उत्पाद**—अविच्छिन्न पर्यटन उत्पादों को किसी भी श्रेणी में विभाजित नहीं किया जा सकता, अर्थात वे सभी पर्यटन उत्पाद जो उपरोक्त किसी भी श्रेणी में नहीं आते, अविच्छिन्न पर्यटन उत्पाद कहलाते हैं।

पर्यटन उत्पाद के प्रेरक तत्व (Motivators of Tourism Product)

पर्यटन उत्पाद स्वतः उत्पादित नहीं होते, अपितु कुछ ऐसे तत्व होते हैं, जिनसे प्रेरित होकर ही पर्यटन उत्पाद अस्तित्व में आते हैं। इन प्रेरक तत्वों का सम्बन्ध पर्यटकों की आवश्यकताओं एवं इच्छाओं से होता है। उदाहरण के लिये जब कोई पर्यटक अपने व्यावसायिक उद्देश्यों की प्राप्ति हेतु किसी पर्यटन स्थल पर जाता है, तो वह अनेक व्यापारिक सम्मेलनों एवं सभाओं में भाग लेता है। अर्थात मनुष्य ने अपने व्यावसायिक हितों की पूर्ति के लिये ही सम्मेलन एवं सभाओं रूपी पर्यटन उत्पादों का निर्माण किया है। कुल मिलाकर मनुष्य एवं पर्यटन उत्पाद एक-दूसरे के पूरक हैं। कुछ प्रेरक तत्वों और उनके आधार पर जन्म लेने वाले पर्यटन उत्पादों का विवरण इस प्रकार है—

क्र०सं०	*प्रेरक तत्व*	*पर्यटन उत्पाद*
(i)	आमोद-प्रमोद एवं मनोरंजन	उत्सव, मेले एवं पर्व आदि।
(ii)	मित्रों एवं नातेदारों से भेंट	खरीदारी एवं स्मृति चिह्न।
(iii)	स्वास्थ्य लाभ	योग एवं साहसिक खेल।
(iv)	धार्मिक भावनाओं की संतुष्टि	समस्त धर्मस्थल।
(v)	व्यवसाय	व्यापारिक सम्मेलन एवं सभाएं।
(vi)	शैक्षिक उद्देश्य	शैक्षिक सम्मेलन एवं सभाएं।
(vii)	विश्राम एवं अवकाश	सामान्य खेलकूद एवं समुद्र तट।
(viii)	इतिहास के प्रति लगाव	ऐतिहासिक इमारतें।
(ix)	खोजी प्रवृत्ति	आविष्कार।
(x)	साहसी प्रवृत्ति	पर्वतारोहण एवं पदयात्रा।

यहाँ पर्यटन उत्पाद के प्रेरक तत्वों पर यदि दृष्टिपात किया जाये, तो स्पष्ट हो जाता है कि प्रेरक तत्वों में, पर्यटन हेतु पर्यटक के उद्देश्य निहित हैं। अर्थात पर्यटक का प्रत्येक पर्यटनीय उद्देश्य किसी न किसी पर्यटन उत्पाद को जन्म देता है। अतः पर्यटक ही पर्यटन उत्पाद का जन्मदाता है।

पर्यटन उत्पाद के समग्र विश्लेषण के आधार पर स्पष्ट है कि ये पर्यटकीय गतिविधियों के आवश्यक परिणाम हैं। पर्यटन स्थल पर पहुँचकर, जब पर्यटक अपने पर्यटकीय उद्देश्यों की पूर्ति प्रारम्भ करता है, तब पर्यटन उत्पादों का जन्म होता है। पर्यटन उत्पाद न केवल मूर्त होते हैं, बल्कि अमूर्त भी होते हैं। इनके दोनों स्वरूप पर्यटन अवधारणा को व्यापकता प्रदान करते हैं तथा पर्यटन सम्बन्धी किसी भी विश्लेषण में आवश्यक स्थान दिलाते हैं।

3

पर्यटन प्रबन्ध

(Management of Tourism)

पर्यटन एक आर्थिक क्रिया है और प्रत्येक आर्थिक क्रिया मांग उत्पन्न करती है। इसी प्रकार पर्यटन भी अपनी आर्थिक क्रियाओं के माध्यम से मांग का सृजन करता है तथा अन्य असंख्य उद्योगों के लिये बाजार की व्यवस्था करता है। पर्यटन के प्राविधिक क्षेत्र में समाज निर्माण की सभी आर्थिक क्रियायें क्रियाशील हैं और स्थिर क्षेत्र में पर्यटकों की आवास व्यवस्था तथा उससे सम्बन्धित सेवाओं (आवास प्रबन्धन का विस्तृत अध्ययन, अध्याय-5 में किया गया है।) की व्यवस्था की जाती है। इन्हीं कारणों से पर्यटन आज एक उद्योग के रूप में सम्पूर्ण विश्व में स्वीकार किया जा चुका है। इस कारण पर्यटन में भी प्रबन्ध का महत्व बढ़ता जा रहा है। पर्यटन में प्रबन्ध का प्रयोग इसलिये भी आवश्यक है कि पर्यटन एक ऐसा उद्योग है, जिसकी प्रकृति एवं स्वरूप अत्यन्त विविधतापूर्ण है। यह अनेक उद्योगों का सम्मिश्रण है। यात्रा सम्बन्धी घटनाओं पर आधारित होने के कारण पर्यटन उद्योग अधिक संगठित भी नहीं हो पाया है। पर्यटन के अधिकांश उत्पादों के सेवाओं पर आधारित होने के कारण इन उत्पादों को समझना और ग्रहण करना भी बड़ा कठिन हो जाता है। इस कठिनाई को दूर करने के लिये पर्यटन प्रबन्ध की अवधारणा को प्रोत्साहन प्राप्त हुआ है।

पर्यटन प्रबन्ध का अर्थ (Meaning of Tourism Management)

कुछ शब्दों में कहा जाये तो पर्यटन के विकास हेतु किये जाने वाले कार्यों का प्रबन्ध ही पर्यटन प्रबन्ध है। पर्यटन विकास स्वयं में एक व्यापक शब्द है, जिसका सम्बन्ध अनेक व्यवस्थाओं से है। यथा—पर्यटकों को आकर्षित करने हेतु पर्यटन स्थलों का विकास, सूचना एवं प्रसार, पर्यटकों के आवागमन हेतु यात्रा परिवहन के साधनों तथा मार्गों का विकास, पर्याप्त आवासों का निर्माण, पर्यटक उत्पादों के वितरण हेतु बाजार की व्यवस्था, पर्यटन स्थलों का रखरखाव एवं अन्य पर्यटकीय सुविधाएं उपलब्ध कराना। जैसे समृद्ध बैंकिंग व्यवस्था, सूचना एवं सहायता केन्द्र, यात्रा आरक्षण केन्द्र, पार्किंग स्थल, मनोरंजन केन्द्र, पुस्तकालय, पर्यटक गाइड, कुली, सफाई व सुरक्षा। पर्यटन में इन सभी पहलुओं को सम्मिलित किया जाता है तथा प्रबन्ध के माध्यम से इनका विकास किया जाता है। पर्यटन प्रबन्ध के अन्तर्गत चरणबद्ध ढंग से निम्नलिखित प्रक्रिया अपनायी जाती है—

(i) सर्वप्रथम, देश में विद्यमान पर्यटन स्थलों को सावधानीपूर्वक चिह्नित करना।
(ii) पर्यटन स्थलों के विकास हेतु योजनाओं का निर्माण।
(iii) इन योजनाओं के क्रियान्वयन हेतु सार्वजनिक एवं निजी, दोनों क्षेत्रों के सहयोग से केन्द्र एवं राज्य स्तर पर अनेक संस्थाओं एवं संगठनों का निर्माण तथा उनके लिये धन की व्यवस्था।
(iv) इन संस्थाओं एवं संगठनों की इकाइयों में परस्पर समन्वय स्थापित करते हुए योजनाओं का क्रियान्वयन तथा समय-समय पर उनका मूल्यांकन।
(v) अन्वेषण एवं शोध के आधार पर पर्यटन विकास की नवीन पद्धतियों का प्रयोग।

इस आधार पर कहा जा सकता है कि, "पर्यटन प्रबन्ध का आशय, किसी भी देश में पर्यटन के विविध आयामों के नियोजित, संगठित, निर्देशित, समन्वित तथा नियन्त्रित संचालन तथा विकास से है, ताकि पर्यटकों को संतुष्टि एवं पर्यटन को एक नई दिशा प्राप्त हो सके।"

पर्यटन प्रबन्ध के उद्देश्य (Objectives of Tourism Management)

यूँ तो पर्यटन प्रबन्ध का प्रधान उद्देश्य पर्यटन का विकास करना है, क्योंकि किसी भी क्षेत्र में संतुलित विकास प्राप्त करने की कार्यविधि के रूप में ही प्रबन्ध की अवधारणा का उदय हुआ है, तथापि पर्यटन प्रबन्ध की अवधारणा का अनेक दृष्टिकोणों से विश्लेषण करने पर इसके कुछ अन्य उद्देश्य भी सामने आते हैं—

(i) पर्यटन को एक संगठित उद्योग के रूप में स्थापित करना।
(ii) पर्यटन उत्पादों के विपणन हेतु बाजार की व्यवस्था करना।
(iii) अन्तर्राष्ट्रीय मानचित्र में अपने देश की पहचान स्थापित करना।
(iv) पर्यटन उद्योग अनेक सम्बन्धित उद्योगों के विकास में सहायता प्रदान करता है, अत: इस उद्योग के विकास के माध्यम से देश की औद्योगिक व्यवस्था का विकास करना।
(v) देश की अर्थव्यवस्था के प्रमुख घटक के रूप में पर्यटन को स्थापित करना।
(vi) पर्यटन ही अर्थव्यवस्था का एकमात्र ऐसा घटक है, जिसमें किसी वस्तु का निर्यात किये बिना अन्तर्राष्ट्रीय पर्यटकों के आगमन से विदेशी मुद्रा एकत्रित की जा सकती है, इससे देश में भुगतान संतुलन बनाये रखने में सहायता मिलती है।

पर्यटन प्रबन्ध के कार्यात्मक क्षेत्र (Functional Areas of Tourism Management)

पर्यटन का कार्य क्षेत्र बहुत व्यापक है। इसके अंतर्गत यात्रा एवं परिवहन, आवास, पर्यटन उत्पाद एवं बाजार, पर्यटकों को दी जाने वाली सेवाएं एवं सुविधाएं, पर्यटन स्थलों का अवस्थापन एवं विकास, पर्यटन सम्बन्धी सूचनाएं तथा प्रचार व प्रसार, पर्यटन वित्त और पर्यटन सेवी वर्ग का प्रबन्ध किया जाता है। अर्थात पर्यटन प्रबन्ध के अन्तर्गत पर्यटन सम्बन्धी समस्त गतिविधियों एवं पर्यटन स्थलों के प्रबन्ध को सम्मिलित किया जाता है, जिन्हें मुख्यत: निम्न श्रेणियों में विभाजित किया जा सकता है—

1. ***यात्रा एवं परिवहन प्रबन्ध***—पर्यटन की प्रक्रिया का प्रारम्भ यात्रा से ही होता है। पर्यटक किसी नियत स्थान पर सड़क, रेल, जल या वायु परिवहन से पहुँचते हैं। इन यात्राओं हेतु सड़कों, रेल लाइनों, बन्दरगाहों एवं हवाई अड्डों की आवश्यकता जहाँ यात्रा की बाह्य संरचना

के रूप में होती है, वहीं परिवहन साधनों के रूप में बस, टैक्सी, ट्रेन, समुद्री पोतों एवं वायुयान की आवश्यकता पड़ती है। यात्रा एवं परिवहन प्रबन्ध के अन्तर्गत लागत, आराम एवं गति तीनों का ध्यान रखा जाता है। यह देखा जाता है कि मोटर कोच की संरचना में पर्याप्त खिड़कियों, शीतताप नियन्त्रण, आरामदायक सीट तथा विश्राम कक्ष की सुविधाएं उपलब्ध हैं या नहीं। हवाई अड्डों में शीतताप नियन्त्रण प्रतीक्षा कक्ष बने हुए हैं या नहीं। उड़ान के छूटने एवं पहुँचने का प्रबन्ध भी देखा जाता है। समुद्री यात्रा सामान्य रूप से वायु एवं सड़क परिवहन के विकास पर ही निर्भर करती है। रेल व्यवस्था के अन्तर्गत गाड़ी के आवागमन की सूची, सुपर फास्ट ट्रेनों की स्थिति तथा रेलवे स्टेशन से पर्यटन स्थल तक पहुँचने की व्यवस्था का प्रबन्ध किया जाता है। पर्यटकों को यात्रा सम्बन्धी आरक्षण कराने में किसी प्रकार की कठिनाई न हो, यात्रा आरक्षण केन्द्रों को भी इसी प्रबन्ध में सम्मिलित किया जाता है। यात्रा एवं परिवहन का दायित्व मुख्य रूप से ट्रेवल एजेन्सियों पर होता है, जिनके संचालन के लिये कुछ महत्वपूर्ण नियम निर्धारित किये जाते हैं, जिनका पालन इन एजेन्सियों द्वारा करना सुनिश्चित किया जाता है। इसके अतिरिक्त यात्रा एवं परिवहन का प्रबन्ध संभाल रहा संगठन समय-समय पर पर्यटन विभाग को इस क्षेत्र की यथास्थिति से भी अवगत कराता है, ताकि इस क्षेत्र में व्याप्त समस्याओं को दूर किया जा सके।

2. ***पर्यटक आवासों का प्रबन्ध***—पर्यटन क्षेत्र के लिये आवास व्यवस्था का विशेष महत्व है। यह पर्यटन का मूल अंग है। इसलिये पर्यटन प्रबन्ध के क्षेत्र के रूप में आवासीय व्यवस्था का प्रबन्धन सर्वोच्च स्थान रखता है। किसी पर्यटन स्थल पर वर्ष भर में कितने पर्यटक आते हैं, पर्यटकों का सर्वाधिक आगमन किस समय होता है तथा आने वाले अधिक पर्यटक देशी हैं अथवा विदेशी, आवास प्रबन्धन के अन्तर्गत मुख्यतः इन्हीं बिन्दुओं पर ध्यान केन्द्रित किया जाता है। किसी पर्यटन स्थल पर आने वाले पर्यटकों की संख्या के आधार पर यदि पर्यटक आवास अपर्याप्त होते हैं तो निजी क्षेत्र के सहयोग से पर्यटक आवासों का निर्माण करवाना एवं पूरक आवासों (धर्मशाला, सराय, टैंट, अतिथि गृह इत्यादि) की व्यवस्था करना और यदि अन्तर्राष्ट्रीय पर्यटकों का आवागमन अधिक है, तब स्तरीय होटलों एवं मोटलों की व्यवस्था करना, पर्यटन प्रबन्ध का प्रमुख कार्य है।

3. ***उत्पादन एवं बाजार प्रबन्ध***—एक स्वतन्त्र उद्योग न होकर पर्यटन अनेक उद्योगों का सम्मिश्रण है। इसलिये पर्यटन के उत्पाद भी विचित्र प्रकृति के तथा मुख्य रूप से अमूर्त (Abstract) होते हैं। इस प्रकार के उत्पादों के सही विपणन हेतु बाजार की व्यवस्था करना और भी कठिन होता है। ऐसे में पर्यटन प्रबन्ध के अन्तर्गत पर्यटन उत्पाद एवं बाजार का प्रबन्ध करना संगठन के लिये चुनौतीपूर्ण हो जाता है। प्रबन्ध तन्त्र यह देखता और व्यवस्था करता है कि पर्यटन उत्पादों का उत्पादन न केवल संतुलित मात्रा में हो, बल्कि पर्यटन उत्पाद आकर्षक, उपयोगी तथा उचित मूल्य पर विक्रय योग्य हों। बाजार व्यवस्था के रूप में, पर्यटन उत्पादों की उपयोगिता एवं उनके आकर्षण को पर्यटकों के सामने प्रभावशाली तरीके से प्रस्तुत किया जाता है, ताकि इनके विक्रय से अधिकाधिक मुद्रा का अर्जन किया जा सके और उसे पर्यटन विकास के लिये विनियोजित किया जा सके।

4. ***अवस्थापना प्रबन्ध***—अवस्थापना प्रबन्ध (Infrastructure Management) भी पर्यटन विकास के लिये अति आवश्यक है। यह पर्यटन की बाह्य संरचना से सम्बन्धित है।

पर्यटन स्थल पर पहुँचने के लिये यदि सड़कों की स्थिति दयनीय है, या सम्भव होते हुए भी हवाई पट्टी का निर्माण नहीं किया गया है, तब अवस्थापना प्रबन्ध के अन्तर्गत सड़कों का सुधार एवं हवाई पट्टी का निर्माण करना अपरिहार्य हो जाता है। साथ ही पर्यटन स्थल पर पर्याप्त स्वच्छता, पर्यटकों की सुरक्षा, स्नानगृह एवं शौचालयों की स्थापना, पर्यटकों के बैठने हेतु पार्कों का निर्माण, बैंक सुविधा, सूचना कार्यालय, पोस्ट ऑफिस, दूरसंचार एवं इंटरनेट सुविधा तथा जलपान व मनोरंजन केन्द्रों की व्यवस्था करना भी अवस्थापना प्रबन्ध के अन्तर्गत आता है। पर्यटकों को आकर्षित करने और उन्हें सन्तुष्टि प्रदान करने के लिये पर्यटन स्थल के अवस्थापना ढाँचे का सुदृढ़ होना अति आवश्यक है।

5. ***सेवा एवं सुविधाओं का प्रबन्ध***—यह सेवा एवं सुविधा ही है, जो पर्यटकों को सबसे अधिक अपनी ओर आकर्षित करती है तथा उस पर्यटन स्थल पर पर्यटकों को पुनः आने के लिये प्रेरित करती है। पर्यटन प्रबन्ध के अन्तर्गत पर्यटकों को दी जाने वाली अनेक सेवाओं एवं सुविधाओं का भी प्रबन्ध किया जाता है। पर्यटकों को उचित मूल्य पर यात्रा की श्रेष्ठ सुविधा मिले और उन्हें परिवहन प्रबन्ध की ओर से कोई शिकायत न रहे, आवास के अन्दर मिलने वाली सभी सुविधाएं एवं सेवाएं उत्कृष्ट हों, पर्यटकों हेतु यात्रा में मनोरंजन साधन न केवल उपलब्ध हों, बल्कि ये साधन पर्यटकों को भरपूर मनोरंजन प्रदान करें, पर्यटकों को गाइड, कुली एवं पार्किंग की संतोषप्रद सेवा एवं सुविधाएं प्राप्त हों, स्थानीय व्यापारियों एवं अन्य स्थानीय लोगों द्वारा उनके साथ मधुर सम्बन्ध स्थापित किये जायें, नगर में भ्रमण के समय पर्यटकों को असुविधा का सामना न करना पड़े, पुलिस-प्रशासन का पर्यटकों को पूर्ण सहयोग मिले, पर्यटकों की दैनिक आवश्यकताओं की पूर्ति करने के लिये व्यापारिक केन्द्र स्थापित हों तथा बैंकिंग और दूरसंचार व्यवस्था सुचारु हो, सेवा और सुविधाओं के प्रबन्ध के अन्तर्गत इन्हीं समस्त कार्यों का सम्पादन किया जाता है।

6. **सूचना एवं प्रसार प्रबन्ध**—सूचना एवं प्रसार की सुदृढ़ स्थिति किसी भी क्षेत्र (औद्योगिक, वाणिज्यिक या व्यावसायिक) के संवर्द्धन एवं विकास में आधारभूत तत्व के रूप में कार्य करती है। पर्यटन व्यवसाय में तो इसका महत्व अपेक्षाकृत अधिक ही है। यद्यपि विश्व परिदृश्य में पर्यटन व्यवसाय ने स्वयं को स्थापित कर लिया है, तथापि इस क्षेत्र के विकास की अपार सम्भावनाएं विद्यमान हैं। अतः पर्यटन उद्योग का जितना अधिक प्रचार-प्रसार किया जाएगा, यह उद्योग उतना ही अधिक विकसित होगा। इस कार्य का सम्पादन सूचना एवं प्रसार प्रबन्ध के माध्यम से किया जाता है। राष्ट्रीय एवं अन्तर्राष्ट्रीय स्तर की पुस्तकों और पत्रिकाओं में अपने देश की पर्यटन योजनाओं, पर्यटन स्थलों के महत्व और पर्यटन सुविधाओं का विवरण प्रस्तुत करना, राष्ट्रीय एवं अन्तर्राष्ट्रीय टेलीविजन चैनलों पर पर्यटन सम्बन्धी वृत्तचित्र प्रसारित करना तथा इन्टरनेट पर देश में प्रबन्ध सम्बन्धी समस्त सूचनाएं उपलब्ध कराना, पर्यटन के सूचना एवं प्रसार प्रबन्ध के अन्तर्गत ही आता है। इसके अतिरिक्त प्रत्येक देश में पर्यटन विभाग द्वारा अन्तर्राष्ट्रीय स्तर के ऐसे सूचना केन्द्र भी स्थापित किये गये हैं, जहाँ से पर्यटकों को उस देश में पर्यटन से सम्बन्धित समस्त सूचनाएं प्राप्त हो जाती हैं। साथ ही सभी देशों में प्रत्येक पर्यटन स्थल पर बाजारों में उस देश के पर्यटन स्थलों से सम्बन्धित साहित्य भी उपलब्ध रहता है, यह कार्य भी सूचना एवं प्रसार प्रबन्ध के माध्यम से ही किया जाता है।

7. **वित्तीय प्रबन्ध**—वित्तीय प्रबन्ध, पर्यटन प्रबन्ध के वित्तीय नियन्त्रण से सम्बन्धित है। किसी भी देश में पर्यटन सम्बन्धी योजनाओं के क्रियान्वयन के लिये अनेक स्तरों पर वित्त का

वितरण होता है, जैसे कि देश की केन्द्रीय सरकार को पर्यटन विकास हेतु विश्व बैंक, मित्र देशों या अन्य अन्तर्राष्ट्रीय संस्थाओं से वित्त प्राप्त होता है, केन्द्र सरकार आवश्यकतानुसार प्रत्येक राज्य को वित्त देती है, राज्य सरकार इस वित्त का वितरण पर्यटन प्रबन्ध से जुड़े अपने स्थानीय संगठनों को करती है। इस वित्त का दुरुपयोग न होने पाये, अर्थात यह वित्त प्रभावशाली तरीके से पर्यटन विकास पर ही व्यय हो, इसीलिये वित्तीय प्रबन्ध आवश्यक हो जाता है। साथ ही प्रत्येक स्थानीय संगठन को वित्तीय खर्च का ब्यौरा केन्द्र सरकार को भेजना पड़ता है, इसलिये भी वित्तीय अनियमितताओं से बचने के लिये पर्यटन प्रबन्ध के अन्तर्गत वित्तीय प्रबन्ध किया जाता है। इस हेतु संगठन कुछ कार्य करता है, जैसे—संगठन का वर्ष भर में पर्यटन विकास पर कितना व्यय हुआ है, इस हेतु कितना वित्त प्राप्त हुआ, किस मद में कितना व्यय हुआ, कितना वित्त शेष है, आगामी वर्ष में कितना वित्तीय खर्च अनुमानित है, पर्यटन विकास हेतु किस क्षेत्र में अधिक निवेश अपेक्षित है, आदि। ये समस्त कार्य वित्तीय प्रबन्ध के अन्तर्गत आते हैं।

8. ***सेविवर्गीय प्रबन्ध***—सेविवर्गीय प्रबन्ध, पर्यटन सम्बन्धी गतिविधियों का संचालन करने वाले संगठन के प्रबन्ध से सम्बन्धित है। इस संगठन से जुड़े कार्मिकों को संगठन के उद्देश्यों को प्राप्त करने के लिये उपलब्ध रहने, विकसित करने, प्रतिफल देने, समन्वय करने तथा संगठन को बनाये रखने के उद्देश्य से सेविवर्गीय प्रबन्ध आवश्यक है। वास्तव में पर्यटन के संवर्द्धन एवं विकास से जुड़ी किसी भी योजना को तब तक सफलतापूर्वक क्रियान्वित नहीं किया जा सकता, जब तक कि इससे जुड़े संगठन में कार्य संतोष की भावना बलवती न हो। यह भावना कर्मचारियों एवं अधिकारियों की कार्यक्षमता के सही पूर्वानुमान, प्रशिक्षण, पदोन्नति, सेवानिवृत्ति, औद्योगिक सुरक्षा तथा श्रम कल्याण सम्बन्धी समस्याओं का समाधान कर तथा उनमें समन्वय एवं सौहार्द स्थापित कर विकसित की जा सकती है।

पर्यटन प्रबन्ध की सीमाएं (Limitations of Tourism Management)

अभी तक के विश्लेषण में हमने देखा कि पर्यटन क्षेत्र के विकास में पर्यटन प्रबन्ध किस प्रकार उद्देश्यपूर्ण भूमिका का निर्वहन करता है। यह एक प्रक्रिया के रूप में, पर्यटन के सभी क्षेत्रों को नियन्त्रित करता है और उन्हें सफलतापूर्वक कार्य करने के लिये प्रेरित करता है। पर्यटन प्रबन्ध के अन्तर्गत न केवल पर्यटन की सांगठनिक संरचना अपितु पर्यटन स्थल की अवस्थापना और पर्यटकीय सेवाओं का भी प्रबन्ध किया जाता है। परन्तु यह भी सत्य है कि पर्यटन प्रबन्ध की अपनी अनेक सीमाएं भी हैं, जिनका इसे सामना करना पड़ता है। दूसरे देशों एवं अन्य क्षेत्रों से आने वाले पर्यटकों के कारण उत्पन्न भाषा, संस्कृति, जाति एवं धर्म, मुद्रा एवं प्रदत्त सुविधाओं की समस्या, पर्यटन स्थल की संवहन क्षमता को विकसित करने की समस्या और पर्यटन उत्पादों के विपणन हेतु संगठित बाजार के अभाव की समस्या, कुछ ऐसी महत्वपूर्ण समस्याएं हैं, जो पर्यटन प्रबन्ध के प्रयासों को नकारात्मक रूप से प्रभावित करती हैं। इन समस्याओं का समाधान कैसे किया जाये, यह प्रश्न स्वयं में एक समस्या बनकर पर्यटन प्रबन्ध के सामने आ खड़ा होता है। पर्यटन प्रबन्ध की सफलता के लिये इन समस्याओं पर विचार करना तथा इनके समाधान हेतु कुछ सुझाव प्रस्तुत करना आवश्यक है। पर्यटन प्रबन्ध की प्रमुख समस्याएं (सीमाएं) निम्नलिखित हैं—

(अ) संवहन क्षमता सम्बन्धी सीमा (Limitation Relating to Carrying Capacity)

प्रत्येक पर्यटन स्थल की पर्यटन सम्बन्धी गतिविधियों को संवहन करने की अपनी एक क्षमता होती है, जो उस पर्यटन स्थल की संवहन क्षमता कहलाती है। पर्यटन का विकास तो अपरिहार्य है, किन्तु उससे भी अधिक महत्वपूर्ण बात यह है कि ये विकास कार्य पर्यटन स्थलों की संवहन क्षमता की सीमा में रहकर ही किये जायें, अन्यथा संवहन क्षमता का अतिक्रमण पर्यटन स्थलों पर अनेक प्रकार की समस्याओं को जन्म दे सकता है, जो वहाँ के निवासियों के लिये हानिकारक हैं।

संवहन क्षमता का अर्थ एवं परिभाषाएं (Meaning and Definitions of Carrying Capacity)

पर्यटन की संवहन क्षमता का सम्बन्ध दो बातों से है—पर्यटन के नकारात्मक प्रभावों को देखना और इस बात को स्वीकारना कि पर्यटक आवासों तथा पर्यटन स्थलों में प्रसिद्धि और अवनति का चक्र चलता रहता है। प्रत्येक पर्यटन स्थल की संवहन क्षमता की एक सामाजिक, आवासीय एवं अवस्थापना सम्बन्धी सीमा होती है। उस सीमा से बाहर जाकर उस क्षेत्र में पर्यटन सम्बन्धी गतिविधियों का संचालन किया जाता है तो उस क्षेत्र पर पर्यटन का नकारात्मक प्रभाव पड़ने लगता हैं। अर्थात किसी भी पर्यटन स्थल की सीमाएं उस क्षेत्र की संवहन क्षमता को प्रदर्शित करती हैं।

पर्यटन की संवहन क्षमता को परिभाषित करते हुए फेयर्स एवं कर्क ने लिखा है, "पर्यटन संवहन क्षमता पर्यटन विकास में सहायक पर्यटक पर्यावरण की भौतिक, जैविक, सामाजिक एवं मनोवैज्ञानिक क्षमता है और अपचयित (Diminishing) पर्यावरणीय गुणवत्ता या यात्रियों के संतोष से रहित क्रियाशीलता है।"

पर्यटन संवहन क्षमता के निर्धारण को प्रभावित करने वाले तत्व (Factors Affecting Tourism Carrying Capacity Determination)

पर्यटन संवहन क्षमता के निर्धारण को अनेक तत्व प्रभावित करते हैं। कुछ प्रमुख तत्वों का यहाँ उल्लेख करना आवश्यक है—

1. ***क्षेत्र का परिसीमन***—किसी भी पर्यटन स्थल के क्षेत्र का दृढ़तापूर्वक निर्धारण करना वहाँ की पर्यटकीय गतिविधियों के विकास के लिये अत्यन्त आवश्यक है। यह परिसीमन पर्यटन स्थल के भौगोलिक, प्रशासनिक, सामाजिक और सांस्कृतिक क्षेत्र का होना चाहिये, इससे पर्यटकीय गतिविधियां उस पर्यटन स्थल के स्थानीय निवासियों के जीवन को प्रदूषित एवं दुष्प्रभावित नहीं कर पायेंगी।

2. ***ठहरने का समय***—क्षेत्र विशेष की संवहन क्षमता के निर्धारण में यह ध्यान रखा जाना आवश्यक है कि वहाँ प्रतिदिन उतने ही पर्यटक आयें, जितनी कि उस पर्यटन स्थल की आवासीय क्षमता है। साथ ही कोई भी पर्यटक उस पर्यटन स्थल के पर्यटक आवासों में अधिक समय तक न रहे। इससे पर्यटकों के ठहराव हेतु आवास की समस्या सामने आती है। ऐसे में प्राय: उस पर्यटन स्थल पर नये आवासों का निर्माण प्रारम्भ कर दिया जाता है, जिससे उस पर्यटन स्थल पर यातायात, महंगाई तथा वायु, जल एवं ध्वनि प्रदूषण जैसी पर्यावरणीय समस्याएं बढ़ जाती हैं। परिणामस्वरूप वहाँ रहने वाले स्थानीय निवासियों की मनोवृत्ति पर प्रतिकूल प्रभाव

पड़ता है। अत: किसी भी पर्यटन स्थल पर आवासीय क्षमता के अनुसार पर्यटकों का आगमन एवं उनके ठहरने का समय निर्धारित किया जाना आवश्यक है।

3. ***स्थान निर्धारण***—वातावरण, मौसम और पारिस्थितिकी तन्त्र के उपादानों में भिन्नता और उनकी लोच के कारण भौगोलिक एवं भू-आकृतिक स्थिति, दूसरे स्थान से भिन्न होती है। इसका प्रभाव किसी भी क्षेत्र की संवहन क्षमता के निर्धारण पर पड़ता है। अत: किसी भी क्षेत्र की संवहन क्षमता के निर्धारण में उस क्षेत्र की भौगोलिक और भू-आकृतिक स्थिति (Location) का ध्यान रखा जाना अपरिहार्य है।

4. ***गैर-पर्यटकीय उपयोग और विकास***—किसी भी पर्यटन स्थल की संवहन क्षमता के निर्धारण से पूर्व उस स्थल पर होने वाली गतिविधियों का विभाजन कर लेना चाहिये। यह विभाजन दो आधारों पर होना चाहिये—पर्यटकीय तथा गैर-पर्यटकीय गतिविधियां। कठिनाई भरा होने के पश्चात भी यह विभाजन आवश्यक है, क्योंकि केवल पर्यटकीय गतिविधियां ही उस क्षेत्र के वातावरण पर प्रभाव डालती हैं। तत्पश्चात पर्यटकीय गतिविधियों के आधार पर उस क्षेत्र की संवहन क्षमता का निर्धारण करना चाहिये।

5. ***राजनीतिक कारक***—राजनीतिक कारकों में ऐसी सुदृढ़ राजनीतिक एवं प्रशासनिक इच्छा शक्ति की आवश्यकता होती है, जो क्षेत्र विशेष की संवहन क्षमता के निर्धारण में सक्षम होती है। यह इच्छा शक्ति अनुपयोगी एवं बेकार पर्यटकीय अभिरुचियों से मुक्ति दिला सकती है। किसी भी पर्यटन स्थल पर उपलब्ध सुविधाओं एवं अवस्थापना के आधार पर संवहन क्षमता का निर्धारण राजनीतिक कारकों विशेषकर राजनीतिक दबाव समूहों के माध्यम से ही संभव है।

6. ***प्रबन्धकीय दृष्टिकोण एवं सूझबूझ***—संवहन क्षमता का निर्धारण पर्यटन प्रबन्ध के दृष्टिकोण और उसकी सूझबूझ पर भी निर्भर करता है। यदि पर्यटन प्रबन्ध का दृष्टिकोण सकारात्मक व विवेकपूर्ण नहीं है तो पर्यटन प्रबन्ध पर्यावरण पर पड़ने वाले पर्यटन के दुष्प्रभावों का मूल्यांकन नहीं कर पायेगा। इस हेतु यह आवश्यक है कि पर्यटन प्रबन्ध के दायित्व का निर्वाह कर रहे तन्त्र की सोच एवं दृष्टि स्पष्ट एवं सकारात्मक होनी चाहिये।

7. ***पर्यटन के प्रभावों का परिमापन***—यह तो स्पष्ट है कि पर्यटकीय गतिविधियां प्रत्येक पर्यटन स्थल के पर्यावरण को प्रभावित करती हैं। इन प्रभावों का परिमापन, संवहन क्षमता के निर्धारण के लिये आवश्यक है। पर्यावरण के कुछ पहलुओं को तो मापा जा सकता है, किन्तु कुछ पहलू ऐसे भी होते हैं, जो न तो मापे जा सकते हैं और न ही उनका परिमाप ही किया जा सकता है। जैसे कि पर्यावरण के सामाजिक-सांस्कृतिक पहलू। इन पहलुओं पर पड़ने वाले प्रभाव को अच्छे या बुरे के रूप में केवल श्रेणीबद्ध किया जा सकता है। यह श्रेणी भिन्न-भिन्न व्यक्तियों में पृथक एवं अलग-अलग समय में एक ही व्यक्ति के लिये भी पृथक हो सकती है। जब तक पर्यावरण पर पड़ने वाले पर्यटन के प्रभावों का सही मूल्यांकन नहीं किया जायेगा, तब तक उस क्षेत्र की पर्यटन संवहन क्षमता का निर्धारण न तो संभव होगा, न ही सार्थक।

संवहन क्षमता के संकेतक (Indicators of Carrying Capacity)

किसी पर्यटन स्थल पर पर्यटकीय गतिविधियों का संचालन उस सीमा तक किया जाना चाहिये, जहाँ तक पर्यटकीय गतिविधियां उस स्थल के विकास के कारक के रूप में कार्य करें। यह पर्यटन स्थल की संवहन क्षमता पर निर्भर करता है। यदि संवहन क्षमता से आगे जाकर किसी

स्थल पर पर्यटकीय गतिविधियां संचालित होने लगती हैं, तब विकास के स्थान पर वहाँ अनेक समस्याएं उत्पन्न होने लगती हैं। किसी पर्यटन स्थल का संचालन उसकी संवहन क्षमता के अनुरूप हो रहा है, या उसका अतिक्रमण किया जा रहा है, इस तथ्य का ज्ञान निम्नलिखित क्षेत्रों में उत्पन्न होने वाली समस्याओं से प्राप्त किया जा सकता है—

1. ***जैव भौतिक एवं पर्यावरणीय क्षेत्र***—किसी भी क्षेत्र में संवहन क्षमता के अतिक्रमण का सर्वप्रथम प्रभाव वहाँ के जैव भौतिक एवं पर्यावरणीय क्षेत्र पर पड़ता है। इससे उस क्षेत्र के तटवर्ती क्षेत्रों, द्वीपों, वन्य जन्तु पार्कों, पर्वतीय वनस्पतियों, प्रवाल भित्तियों (Carol Reefs), समुद्री स्पीशिज, जल एवं वायु प्रदूषण तथा द्रव्य एवं ठोस व्यर्थ व्ययन (Waste Disposal) आदि समस्याओं का जन्म होता है। इन समस्याओं को इन क्षेत्रों में प्रदूषण की अधिकता, ठोस बंजर की अत्यधिक मात्रा, दृश्य प्रदूषण, वन्य जीवन में विघ्न, कामोत्तेजना तथा वनों या वानस्पतिक सतह के क्षरण के रूप में देखा जा सकता है।

2. ***सामाजिक-सांस्कृतिक क्षेत्र***—जब किसी क्षेत्र में पर्यटकों का आगमन कुछ अधिक ही मात्रा में होता है तो बाहरी संस्कृति (पर्यटकों की संस्कृति) तथा स्थानीय संस्कृति में टकराव भी होने लगता है तथा परम्परा पर आधुनिकता हावी होने लगती है। इससे उस क्षेत्र में मादक द्रव्य व्यसन, मद्यपान, वेश्यावृत्ति, संघर्ष और अपराध की दर बढ़ने लगती है। यह वृद्धि उस क्षेत्र की पर्यटन संवहन क्षमता के अतिक्रमण की सूचक होती है, किन्तु इन सूचकों पर पूर्ण रूप से निर्भर नहीं होना चाहिये। ये संकेतक तो केवल संस्कृति प्रघात (Culture Shock) की उपस्थिति मात्र प्रदर्शित करते हैं। सांस्कृतिक विलुप्तता या संस्कृति निपात (Culture Collapse) यह प्रदर्शित करने के मुख्य संकेतक हैं कि क्षेत्र विशेष में पर्यटन विकास के कारण सामाजिक-सांस्कृतिक संवहन क्षमता का किस सीमा तक अतिक्रमण हो रहा है।

3. ***आर्थिक एवं अवसंरचनात्मक क्षेत्र***—जहाँ तक आर्थिक संकेतकों का प्रश्न है, मुद्रीकृत अर्थव्यवस्थाओं (Monetised Economies) में रोजगार और अन्य गुणकों के मापन से संवहन क्षमता को ज्ञात किया जा सकता है, किन्तु गैर-मुद्रीकृत अर्थव्यवस्थाओं में, जो पर्यटन के कारण मुद्रीकृत होती हैं, आर्थिक संवहन क्षमता को मापने के लिये कोई भी उचित पद्धति उपलब्ध नहीं है। हाँ, इन अर्थव्यवस्थाओं में आने वाला संक्रमण अवश्य ही संवहन क्षमता का सूचक माना जा सकता है। अवसंरचनात्मक क्षेत्र में सड़कों का अनुरक्षण, श्रम एवं भोजन की उपलब्धता तथा जलापूर्ति की स्थिति संवहन क्षमता के मुख्य संकेतक हैं। इसके अतिरिक्त किसी पर्यटन स्थल पर मल-मूत्र एवं गन्दे पानी, ठोस व्यर्थ व्ययन की क्षमता, उपलब्ध दूरभाष संयोजनों की संख्या, रेस्टोरेन्ट, अस्पताल, पार्क तथा किराया गाड़ियों की उपलब्धता भी उस स्थल के अवसंरचनात्मक क्षेत्र की पर्यटन संवहन क्षमता को प्रदर्शित करते हैं।

4. ***प्रदत्त सुविधाएं***—उपलब्ध आवास और बिस्तर, व्यापारिक स्थान, पर्यटन स्थल का भौतिक एवं भौगोलिक क्षेत्र, स्मारक, पार्क, बीच तथा कला वीथिकाएं आदि अनेक मापने योग्य संकेतक हैं, जो उस पर्यटन स्थल पर दी जाने वाली सुविधाओं का प्रतिनिधित्व करते हैं। यदि पर्यटकों को इन सुविधाओं का पर्याप्त लाभ प्राप्त नहीं हो पा रहा है, तब यह समझना चाहिये कि उस पर्यटन स्थल पर आने वाले पर्यटकों की संख्या उपलब्ध सुविधाओं की संवहन क्षमता से अधिक है।

पर्यटन संवहन क्षमता के उपरोक्त विस्तृत विवेचन में मुख्य रूप से दो पहलुओं का विशद् विश्लेषण किया गया है—(क) पर्यटन संवहन क्षमता को अनेक संकेतक रूपी मापकों से मापा

जा सकता है और (ख) अनेक कारकों के माध्यम से इसका निर्धारण किया जा सकता है। अब यहाँ यह प्रश्न उठना स्वाभाविक है कि पर्यटन और पर्यटन संवहन क्षमता में क्या अन्तर्सम्बन्ध है और पर्यटन संवहन क्षमता किस प्रकार पर्यटन प्रबन्ध की सीमा के रूप में स्वीकार्य है। वास्तव में किसी भी स्थल की पर्यटन संवहन सीमा के अन्तर्गत उस पर्यटन स्थल पर पर्यटकों का आगमन होता है, तब उस क्षेत्र में पर्यटन विकास के नये आयाम स्थापित किये जा सकते हैं। किन्तु संवहन क्षमता से अधिक पर्यटकों का आगमन न केवल पर्यटकों के समक्ष अनेक समस्याएं उत्पन्न करता है, बल्कि वहाँ के स्थानीय जीवन पर भी दुष्प्रभाव डालने लगता है। इस समस्या से बचाव हेतु दो ही रास्ते सामने आते हैं—(1) या तो उस क्षेत्र में आने वाले पर्यटकों की संख्या में कमी लाने के उपाय अपनाये जाएं (2) या फिर पर्यटकों की संख्या के अनुपात में उस क्षेत्र की पर्यटन संवहन क्षमता का विकास किया जाये।

पर्यटन संवहन क्षमता के सम्बन्ध में इन उपायों को क्रियान्वित करना ही पर्यटन प्रबन्ध की प्रमुख समस्या है। किसी पर्यटन स्थल पर पर्यटकों की संख्या में कमी लाने का प्रयास न केवल पर्यटन विकास की योजनाओं को ठेस पहुंचा सकता है, अपितु उस क्षेत्र के प्रति पर्यटकों में विमुखता भी उत्पन्न कर सकता है। जहाँ तक दूसरे उपाय के क्रियान्वयन का प्रश्न है, प्रत्येक स्थान की भौगोलिक, भौतिक, पर्यावरणीय, सांस्कृतिक एवं अवसंरचनात्मक सीमा अवश्य होती है। इस सीमा के अन्तर्गत किये जाने वाले किसी भी विकास सम्बन्धी प्रयास का नकारात्मक प्रभाव स्थानीय जनजीवन पर नहीं पड़ता, किन्तु इस सीमा का अतिक्रमण करके, संवहन सीमा का विकास किया जायेगा तो इसका दुष्प्रभाव स्थानीय समाज पर भी निश्चित रूप से पड़ने की संभावना है। इनमें से किसी भी उपाय का चयन करना ही पर्यटन प्रबन्ध की सीमा को दर्शाता है।

(ब) विभाजित बाजार की स्थापना (Establishment of Segmented Market)

चूँकि पर्यटन एक उद्योग है, अतः पर्यटन पर भी विपणन के सिद्धान्त लागू होते हैं। किन्तु इन सिद्धान्तों के क्रियान्वयन में कुछ विशिष्ट उपायों को अपनाये जाने की आवश्यकता पड़ती है, क्योंकि एकीकरण के निम्न स्तर के कारण पर्यटन अन्य उद्योगों से भिन्न एक विशिष्ट श्रेणी का उद्योग है। साथ ही इसमें सरकार, सार्वजनिक उपक्रमों और निजी उपक्रमों या संगठनों की स्पष्ट भूमिका का निर्वहन भी आवश्यक होता है। पर्यटन के संवर्द्धन हेतु अपनाये जा सकने वाले उपायों में से एक है—बाजार विभक्तिकरण एवं बाजार के परिच्छेद, अर्थात विभाजित बाजार की स्थापना (Market Segmentation and Market Segments or Establishment of Segmented Tourism Market.)। पर्यटन विपणन हेतु अनेक देशों ने इस उपाय को अपनाया भी है तथा इस सम्बन्ध में (विभक्तिकृत पर्यटन बाजार की उपयोगिता का पता लगाने हेतु) अनुसन्धान कार्यों पर विशेष बल दिया जा रहा है।

प्रत्येक उद्योग के उत्पादों की मुख्य रूप से दो विशेषताएं होती हैं—उत्पादों की उपभोक्ताओं के मध्य विशिष्ट पहचान एवं उत्पादों का जीवन चक्र। जहाँ तक उत्पाद जीवन चक्र का प्रश्न है, इसे स्पष्ट करना आवश्यक है—प्रत्येक उत्पाद का अपना एक इतिहास होता है, जो उत्पाद के सूत्रपात, विकास, परिपक्वता एवं पूर्णता से प्रारम्भ होकर किसी महत्वपूर्ण अन्त पर समाप्त होता है। औद्योगिक उत्पादों की एक अन्य महत्वपूर्ण विशेषता है—'मूल्य निर्धारण'। प्रत्येक औद्योगिक उत्पाद का एक निश्चित तथा प्रतिस्पर्धी मूल्य होता है। परन्तु

पर्यटन ही एकमात्र ऐसा उद्योग है, जिसके उत्पादों में उपरोक्त तीनों विशेषताओं का अभाव पाया जाता है। ऐसे में पर्यटन उत्पादों के विपणन हेतु बाजार की परम्परागत व्यवस्था औचित्यहीन हो जाती है तथा इस समस्या के समाधान हेतु बाजार का विभाजन आवश्यक हो जाता है।

बाजार विभक्तिकरण के माध्यम से प्रत्येक पर्यटन उत्पाद एवं पर्यटन आकर्षण को प्रभावशाली तरीके से विपणन योग्य बनाया जाता है। बाजार विभक्तिकरण इस बात को प्रचारित करता है कि कुछ पर्यटन स्थल एवं पर्यटन उत्पाद विश्व स्तर पर समान रूप से स्वीकार्य होते हैं। इससे पर्यटकों का ध्यान आकर्षित होता है। पर्यटन बाजार को व्यवस्थित रूप से विभक्त करने में पर्यटकों के व्यवहार, उनकी रुचियों और चारित्रिक विशेषताओं का विश्लेषण किया जाता है। यह विश्लेषण कुछ बिन्दुओं एवं मानकों के आधार पर किया जाता है—आयु, लिंग, जीवनचक्र, पारिवारिक आकार, आय, सामाजिक प्रस्थिति, व्यवसाय, धर्म, सजातीयता एवं राष्ट्रीयता। साथ ही बाजार खण्डों को स्थापित करने हेतु उचित स्थलों का चयन भी अपरिहार्य है। इसके अतिरिक्त कुछ अन्य बातों को भी दृष्टिगत रखा जाता है, जैसे—पर्यटन उत्पादों के उपयोग के अवसर, लाभ की दर, पर्यटकों के स्तर, उपभोग की दर, पर्यटकों की पर्यटन उत्पादों के प्रति निष्ठा का स्तर तथा उनकी तत्परता एवं दृष्टिकोण।

इस प्रकार बाजार विभक्तिकरण में पर्यटकों, पर्यटन उत्पादों, पर्यटन आकर्षण और उचित स्थानों को श्रेणीबद्ध किया जाता है तथा पूर्ण नियोजन के साथ पर्यटन बाजार को विभिन्न भागों में विभक्त कर स्थापित किया जाता है। इस व्यवस्था से प्रत्येक श्रेणी के पर्यटक को प्रत्येक प्रकार के पर्यटन उत्पाद और पर्यटन आकर्षण की उपलब्धता निर्धारित मूल्य पर प्राप्त हो जाती है। चूँकि विभाजित बाजार की यह स्थापना पर्यटन प्रबन्ध के माध्यम से की जाती है, अतः प्रबन्धन का यह कार्य बाजार प्रबन्ध कहलाता है।

किन्तु विभक्तिकृत बाजार की स्थापना का कार्य प्रायः पर्यटन प्रबन्ध की सीमा के रूप में सामने आता है। प्रत्येक पर्यटन स्थल पर विभिन्न देशों, क्षेत्रों, संस्कृतियों, धर्मों एवं आर्थिक स्तर के पर्यटकों का आगमन होता है। इन सभी पर्यटकों को श्रेणीबद्ध करना पर्यटन प्रबन्ध की मुख्य समस्या है। आखिर किस विधि से प्रत्येक पर्यटक के स्तर का पता लगाया जा सकता है, जो कि उसे श्रेणीबद्ध कर सके? दूसरे अधिकांश पर्यटन उत्पाद अमूर्त अथवा सेवाओं के रूप में होते हैं। इन सेवाओं को किस प्रकार एक स्थान पर एकत्रित किया जाये? तीसरे, भौगोलिक, सामाजिक, सांस्कृतिक एवं धार्मिक संरचना के आधार पर प्रत्येक पर्यटन स्थल दूसरे से भिन्न होता है। इससे प्रत्येक पर्यटन स्थल पर पर्यटन उत्पादों की लागत भी वैविध्यपूर्ण होना स्वाभाविक ही है। ऐसे में पर्यटन उत्पादों का समान मूल्य निर्धारित करना पर्यटन प्रबन्ध के सामने कठिनाइयाँ उत्पन्न करता है। विभाजित बाजार की स्थापना में सरकार, सार्वजनिक उपक्रमों एवं संगठनों का सम्मिलित प्रयास अपरिहार्य है। किन्तु इन तीनों को संगठित करना पर्यटन प्रबन्ध के लिये कठिनाई भरा सिद्ध होता है। मुख्य कठिनाई इन तीनों इकाइयों की सहभागिता एवं लाभ की दर निर्धारित करने में आती है।

(स) अन्य सीमाएं (Others Limitations)

'पर्यटन संवहन क्षमता' और 'विभाजित बाजार की स्थापना' तो पर्यटन प्रबन्ध की दो सर्वप्रमुख सीमाएं हैं ही, इनके अतिरिक्त भी प्रबन्ध सम्बन्धी कुछ और क्षेत्रों में पर्यटन की सीमाएं उजागर होती हैं—

1. ***भाषा सम्बन्धी सीमाएं***—सम्पूर्ण विश्व में बोली जाने वाली भाषाओं की संख्या अनगिनत है। एक पर्यटन स्थल पर विश्व के कोने-कोने से पर्यटकों का आगमन होता है। ये पर्यटक प्रायः अपने ही देश या क्षेत्र की भाषा का प्रयोग करते हैं। इनकी भाषा पर्यटन स्थल की भाषा से भिन्न होने की दशा में पर्यटकों की भाषा समझना, उनको अपनी भाषा समझाना, कुल मिलाकर पर्यटकों से संवाद स्थापित करना प्रायः कठिनाई भरा होता है। उदाहरण के लिये, किसी हिन्दी भाषी क्षेत्र के पर्यटन स्थल पर कोई जापानी पर्यटक आता है और वह पर्यटक केवल जापानी भाषा का ही ज्ञान रखता है, तब ऐसी स्थिति में जापानी पर्यटक के आतिथ्य का प्रबन्ध करना और उससे संवाद स्थापित करना, पर्यटन प्रबन्ध के लिये चुनौती बन जाता है।
2. ***संस्कृति सम्बन्धी सीमाएं***—भाषा की ही भांति पर्यटकों की संस्कृति भी, पर्यटन स्थल की संस्कृति से प्रायः भिन्न होती है। वैसे तो समाजशास्त्रीय दृष्टिकोण से देखा जाये तो दो भिन्न संस्कृतियों का परस्पर सम्पर्क, सांस्कृतिक प्रसार और सांस्कृतिक सौहार्द को जन्म देता है, किन्तु पर्यटन के सम्बन्ध में स्थिति थोड़ी भिन्न हो सकती है। चूँकि पर्यटक बहुत सीमित अवधि के लिये किसी पर्यटन स्थल पर पहुंचता है, ऐसे में पर्यटक की संस्कृति और स्थानीय संस्कृति, दोनों ही एक-दूसरे को नहीं समझ पाते। सांस्कृतिक संघर्ष से बचाव हेतु इन दोनों संस्कृतियों में समन्वय स्थापित करना, पर्यटन प्रबन्ध की सीमाओं के रूप में सामने आता है।
3. ***सेवा-सुविधा सम्बन्धी सीमाएं***—विविधतापूर्ण भाषा संस्कृतियों वाले पर्यटकों की जीवन पद्धति और उसकी रुचियां भी भिन्न हो सकती हैं। ऐसे में पर्यटकों द्वारा मांगी जाने वाली सेवाओं और उन्हें दी जाने वाली सुविधाओं, जैसे-यात्रा एवं परिवहन के साधन, पर्यटक आवास स्थल, आवासीय सुविधाएं, भोजन एवं जलपान, गाइड, कुली, सूचना एवं सहायता केन्द्र, क्रीड़ा, बैंकिंग तथा अन्य सुविधाओं में भिन्नता का आ जाना स्वाभाविक ही है। इसके विपरीत सेवाओं और सुविधाओं सम्बन्धी, प्रत्येक पर्यटन स्थल की संवहन क्षमता सीमित होती है। ऐसे में सेवा और सुविधाओं के सम्बन्ध में प्रत्येक पर्यटक को संतुष्ट कर पाना, पर्यटन प्रबन्ध के लिये सरल नहीं होता।

उपरोक्त विवेचना से स्पष्ट है कि पर्यटन प्रबन्ध को भले ही अनेक मामलों में कुछ सीमाओं का सामना करना पड़ता है, किन्तु इसके व्यापक महत्व को देखते हुए, इसकी सीमाएं अप्रभावी प्रतीत होती हैं। वैसे भी, कोई भी तन्त्र अपने कार्य क्षेत्र से बाहर जाकर कार्य न करे, नियमों का उल्लंघन न करे, इसलिये प्रत्येक तन्त्र को सीमाबद्ध किया जाना आवश्यक भी है। पर्यटन प्रबन्ध वह तन्त्र है, जो पर्यटन सम्बन्धी समस्त क्रियाओं के सफल क्रियान्वयन का दायित्व अपने कंधों पर संभालता है तथा पर्यटन विकास के नये आयाम स्थापित करने का प्रयास करता है। आज यदि सम्पूर्ण विश्व में पर्यटन का इतना अधिक विकास हो पा रहा है तथा इसने एक रोमांचक उद्योग की श्रेणी प्राप्त कर ली है, तो यह पर्यटन प्रबन्ध की कार्यकुशलता तथा दूरदर्शिता के कारण ही सम्भव हो पाया है।

4

परिवहन एवं यात्रा प्रबन्धन

(Transport and Travel Management)

सम्पूर्ण पर्यटन चक्र का निर्माण पर्यटकों की मुख्यत: तीन गतिविधियों पर आधारित होता है— परिवहन साधनों की सहायता से गंतव्य की यात्रा, गंतव्य पर ठहराव तथा उसका भ्रमण एवं अवलोकन। पर्यटकों की ये तीनों ही गतिविधियां पर्यटन चक्र की पूर्णता के लिये वांछनीय ही नहीं, अनिवार्य पहलू हैं। इन तीनों पहलुओं का पर्यटन चक्र में तुलनात्मक रूप से समान महत्व है, परन्तु कार्यात्मक दृष्टिकोण से, पर्यटन का प्रारम्भ इसी पहलू से होता है। सांख्यिकीय दृष्टि से, परिवहन के साधनों की क्षमता पर्यटकों का आकार निश्चित करती है तथा गुणात्मक दृष्टि से, प्रदान की जाने वाली परिवहन सेवाओं (यात्रा की सुविधा) के आधार पर पर्यटकों का प्रवाह निश्चित होता है। पर्यटन के अन्तर्राष्ट्रीय विकास में परिवहन उल्लेखनीय भूमिका का निर्वहन करता है। यह पर्यटन एवं पर्यटन उद्योग का न केवल एक अभिन्न अंग है, बल्कि पर्यटकों के अनुभवों का मूल तत्व भी है। आज, पर्यटन के दृष्टिकोण से, एक स्थान से दूसरे स्थान, एक देश से दूसरे देश तथा महाद्वीप से पार यात्रा करना सम्भव हुआ है, तो इसका मूल कारण परिवहन साधनों का अधिकतम विकास ही है। परिवहन साधनों का कुशल प्रबन्ध, पर्यटकों को श्रेष्ठ यात्रा सुविधायें प्रदान कर, उन्हें अधिकाधिक पर्यटनीय यात्राओं हेतु प्रेरित करता है।

पर्यटन परिवहन (Tourism Transport)

मानव द्वारा यात्रा करना एक आदिकालीन घटना रही है। वर्तमान में इसका तीव्र विकास हुआ है। मनुष्य अनेक उद्देश्यों की पूर्ति के लिये यात्रा करता है, इनमें से पर्यटन भी एक है। यात्रा के माध्यमों के रूप में ही परिवहन साधनों का विकास हुआ है। सक्षम और पूर्ण विकसित परिवहन व्यवस्था, पर्यटन के तीव्र विकास हेतु एक आवश्यक पूर्व शर्त है। आदिकाल में जब मनुष्य पशुओं के माध्यम से यात्रा करता था तब हाथी, घोड़े, ऊँट, बैल और गधे, परिवहन के मुख्य साधन थे। पहिये के आविष्कार ने अन्य क्षेत्रों के साथ-साथ परिवहन के क्षेत्र में भी परिवर्तन ला दिया और सड़कों का निर्माण प्रारम्भ हो गया। परिणामस्वरूप यात्रा अधिक गतिमान और आरामदायक हो गयी। यहाँ पर परिवहन एवं यात्रा के इतिहास क्रम का व्यापक निरीक्षण उपयोगी है, ताकि यह पता चल सके कि विभिन्न अभिज्ञेय कालक्रमों में इसका विकास किस प्रकार हुआ है।

परिवहन और यात्रा का इतिहास (History of Transport and Travel)

वैज्ञानिक दृष्टि से, लुण्डग्रेन ने परिवहन एवं यात्रा के ऐतिहासिक कालक्रम को छह समूहों में विभक्त किया है—

(i) पूर्व-औद्योगिक यात्रा व्यवस्था (Pre-Industrial Travel System)।
(ii) प्रारम्भिक औद्योगिक काल यात्रा व्यवस्था (Early Industrial Era Travel System)।
(iii) परिपक्व रेलवे व्यवस्था (Mature Railway System)
(iv) द्रुतगामी यात्रा व्यवस्था (The Express Travel System)।
(v) ऑटो-मोबाइल आधारित यात्रा व्यवस्था (The Automobile Based Travel System)।
(vi) आधुनिक पर्यटक यात्रा व्यवस्था (The Modern Tourist Travel System)।
(vii) उत्तर-गतिशीलता समायोजन यात्रा व्यवस्था (Post-transmigration Travel System)

वान डोरेन उत्तरी अमेरिका के सन्दर्भ में इस कालक्रम में एक और कालक्रम जोड़ते हैं, जिसे उन्होंने 'उत्तर गतिशीलता समायोजन काल' (Post-Mobility Adjustment Period) नाम दिया है। यह काल सन् 1974 के आसपास का निर्धारित किया गया है। इन सातों कालक्रमों पर संक्षिप्त टिप्पणी अपरिहार्य है—

(i) ***पूर्व-औद्योगिक यात्रा व्यवस्था काल***—यह समय उत्तरी अमेरिका तथा यूरोप में वृहद्-स्तरीय औद्योगीकरण से पूर्व का था तथा इस समय तक इन दोनों महाद्वीपों में आवागमन के सीमित साधन उपलब्ध थे। अत: नियमित परिवहन सेवाओं का अभाव था और यात्रा एवं पर्यटन का क्षेत्र अतिअल्प था। यात्रा श्रमसाध्य थी। यह काल बग्घी और सड़क किनारे की सरायों का था। बहुत कम लोगों के पास यात्रा हेतु धन एवं उद्देश्य उपलब्ध थे।

(ii) ***प्रारम्भिक औद्योगिक काल यात्रा व्यवस्था***—तीव्र औद्योगीकरण और परिवहन तकनीक के विकास के कारण इस युग में सड़कों का विकास हुआ तथा रेलवे, नहरों और बाह्य जल यातायात की सेवाएं अस्तित्व में आयीं। इससे इस काल में नियमित अनुसूचित परिवहन सेवाएं प्रारम्भ हो गयीं। अब लोगों के पास यात्रा करने के लिये न केवल अपेक्षाकृत अधिक धन उपलब्ध था बल्कि यात्रा के उद्देश्यों का अभाव भी नहीं था। लोग व्यापार तथा रोजगार की तलाश में यात्रा करने लगे थे। इस प्रकार इस काल में यात्राओं एवं यात्रियों की संख्या में वृद्धि हुई।

(iii) ***परिपक्व रेलवे व्यवस्था काल***—यह वह समय था, जब रेलवे ने अपने कार्यक्षेत्र का विस्तार कर लिया था। रेलवे ने यात्रियों को सुविधा देने हेतु अपनी सेवाओं का बाजार प्रारम्भ किया। ट्रेवल एजेन्सी तथा टूर ऑपरेटर अस्तित्व में आये। इस अवधि में इस क्षेत्र के मुखिया थामस कुक थे। उन्होंने सन् 1840 में, संयुक्त राज्य में अपनी कम्पनी प्रारम्भ की, जो यात्रियों को रेलवे की यात्रा सम्बन्धी सेवाएं प्रदान करती थी।

(iv) ***द्रुतगामी यात्रा व्यवस्था काल***—इस काल में द्रुतगामी परिवहन सेवाओं की उपलब्धता में तीव्र वृद्धि हुई। द्रुतगामी सेवा के अन्तर्गत ट्रेनें या परिवहन के अन्य साधन, प्रत्येक स्टेशन या टर्मिनल पर न रुककर केवल सबसे बड़े स्टेशन पर ही रुकते थे। द्रुतगामी सेवाओं से जहाँ यात्राओं की गति और मात्रा में वृद्धि हुई, वहीं पूर्व की तुलना में पर्यटन को अधिक प्रोत्साहन मिला।

(v) ***ऑटोमोबाइल आधारित यात्रा व्यवस्था का काल***—लगभग सन् 1920 के पश्चात उत्तरी अमेरिका और यूरोप में निजी स्वामित्व के ऑटोमोबाइल वाहनों की संख्या में

वृद्धि हुई। यद्यपि सन् 1919 में 1 लाख, 9 हजार ब्रिटन्स (ब्रिटेन के मूल निवासी) के पास कार थी, किन्तु सन् 1973 में एक करोड़ 40 लाख ब्रिटन्स के पास निजी वाहन हो गये थे। उत्तरी अमेरिका में भी कार स्वामित्व के मामलों में उछाल आया। इस काल के उत्तरार्द्ध अर्थात सन् 1950 के आस-पास मोटर मार्गों, अंतरराज्यीय राजमार्गों तथा अन्य मुख्य मार्गों का विकास हुआ। इस काल को वान डोरेन ने जन मनोरंजन काल या जन गतिशीलता काल कहा है। (Van Doren, characterised that era as 'The mass- recreation era' or 'The mass mobility era') वास्तव में लुण्डग्रेन का यह वर्गीकरण काल 'आधुनिक पर्यटन-यात्रा काल' के साथ परस्पर अस्तित्व में आया।

(vi) ***आधुनिक पर्यटन यात्रा व्यवस्था काल***—यह काल सन् 1950 से 1974 के मध्य का माना जाता है। यही काल वर्तमान में भी चल रहा है, किन्तु सन् 1973-74 में उत्पन्न हुए ऊर्जा-संकट के कारण इसमें कुछ मूलभूत परिवर्तन आ गये हैं। कार स्वामित्व धारकों की संख्या निरन्तर बढ़ रही है। मुख्यतः लम्बी दूरी की रेल यात्रा के परिशोध (Expence) पर द्वितीय विश्व युद्ध के बाद की एक महत्वपूर्ण घटना जलवायु यात्रा का प्रचलन में आना रही। सन् 1970 में प्रचलन में आये विस्तृत आकार के जेट विमानों ने वायु यात्रा और पर्यटन के विकास में महती भूमिका निभायी। जन-पर्यटन और पर्यटन के बाजारीकरण की अवधारणा भी 1950-60 के मध्य सामने आयी, जो आज भी निरन्तर प्रगति पर है।

(vii) ***उत्तर-गतिशीलता समायोजन काल***—वान डोरेन द्वारा उल्लेखित इस काल का प्रारम्भ सन् 1973-74 माना जाता है, जब OPEC देशों द्वारा लागू किये गये तेल व्यापार निषेध (Oil Embarge) के कारण ईंधन की कीमतों में तीव्र वृद्धि हो गयी थी। डोरेन का विचार था कि ऊर्जा संकट की घटनाओं ने न केवल उत्तरी अमेरिका बल्कि प्रत्येक जगह, यात्रा के स्वरूप को रूपान्तरित कर दिया। इस समय में अर्थव्यवस्था, समाज, जनसंख्या, मूल्यों और जीवन पद्धतियों में नई प्रवृत्तियों ने जन्म लिया। इन प्रवृत्तियों ने 1973 के बाद उदित यात्रा के नये आयाम स्थापित किये। परिणामस्वरूप वर्तमान में यात्रा एवं परिवहन के क्षेत्र में नये-नये आविष्कार और साधन सामने आ रहे हैं।

परिवहन साधनों के विकास का उपरोक्त कालक्रम, इसके स्वरूप में आये व्यापक परिवर्तन को दर्शाता है। उत्तरी अमेरिका एवं यूरोप में औद्योगीकरण के प्रारम्भ होने के समय से पूर्व मनुष्य पशुओं पर सवार होकर यात्रा करता था, जो कि अत्यन्त थकाऊ एवं जोखिमपूर्ण थी। अनेक कालों के पश्चात, वर्तमान में यात्रा एवं परिवहन का अत्यन्त सुविधाजनक एवं आकर्षक स्वरूप विश्व के सामने है, जिसने एक स्थान से दूसरे स्थान की यात्रा को सुगम बना दिया है।

परिवहन के स्वरूप (Modes of Transportation)

इस तथ्य को दृढ़ निश्चय के साथ स्वीकार किया जा सकता है कि जैसे-जैसे परिवहन साधनों का विकास हुआ है, वैसे-वैसे, उसी अनुपात में पर्यटन का भी विकास हुआ है। पूर्व औद्योगिक यात्रा व्यवस्था काल में, जिसमें कि परिवहन के तकनीकी साधनों का अस्तित्व ही नहीं था, यात्राएं अतिअल्प मात्रा में तथा गिने-चुने लोगों द्वारा ही की जाती थीं, वह भी व्यापारिक, वाणिज्यिक एवं धार्मिक उद्देश्यों की प्राप्ति के लिये। किन्तु वर्तमान युग में, जो कि परिवहन के तकनीकी विकास तथा परिवहन साधनों की उपलब्धता का समृद्ध युग है, अधिकतम यात्राएं पर्यटन के उद्देश्यों से की जाती हैं। वर्तमान में परिवहन के तीन स्वरूप अस्तित्व में हैं, जो

पर्यटन चक्र के संचालन में अपनी सशक्त उपस्थिति अंकित करा रहे हैं। इन तीनों स्वरूपों का उल्लेख आवश्यक है—

1. भूतल परिवहन (Land Transport)

भूतल परिवहन के अन्तर्गत परिवहन के उन साधनों को सम्मिलित किया जाता है, जो धरती पर चलकर, यात्रियों को यात्रा की सुविधा प्रदान करते हैं। भूतल परिवहन को दो भागों में विभक्त किया जा सकता है—

(अ) ***रेल परिवहन या रेल मार्ग* (Rail Transport or Railway)**—रेलवे की स्थापना ने यात्रा के एक नये युग को जन्म दिया है। 19वीं शताब्दी के अन्तिम वर्षों एवं 20वीं शताब्दी के प्रारम्भ में अवकाश के दिनों में यात्रा का प्रारम्भ रेलवे के कारण ही हुआ। अपने विकास के इसी क्रम को आगे बढ़ाते हुए रेलवे ने यात्रियों को चलायमान होटलों तथा अन्य प्रकार की सुविधाएं प्रदान कीं। ट्रेन द्वारा यात्रा का प्रथम टूर सन् 1841 में इंग्लैण्ड में थामस कुक द्वारा आयोजित किया गया था, जब उन्होंने लीसेस्टर से लाफबोरो के मध्य 510 यात्रियों हेतु एक पर्यटन ट्रेन (Excursion Train) की व्यवस्था की। प्रथम श्रेणी की रेल यात्रा एक अमेरिकी नागरिक द्वारा सन् 1875 में आयोजित की गयी थी। इस अमेरिकी नागरिक जी०एम० पुलमैन ने आरामदायक एवं भोज्य सुविधाओं से युक्त पुलमैन कोच का निर्माण किया। इसके बाद यूरोप और कनाडा में भी रेलवे का विकास हुआ। जहाँ तक विकासशील देशों का प्रश्न है, इन देशों में रेलवे के विकास का सर्वोत्तम काल सन् 1830–1930 के मध्य का रहा है।

***यू-रेल* (Eu-rail)**—यू-रेल का तात्पर्य यूरोपीय देशों में संचालित होने वाली रेल व्यवस्था से है। यू-रेल 16 यूरोपीय देशों के बड़े शहरों और कस्बों को 1,00,000 मील मार्ग के माध्यम से जोड़ती है। इन देशों में यू-रेल का फैलाव, अन्य रेल मार्गों की तुलना में बहुत अधिक है। यू-रेल की ट्रेनें प्रतिदिन एक घण्टा या आधा घण्टे के अन्तराल में छूटती हैं, उनकी गति लगभग 170 किमी प्रतिघण्टा होती है तथा इनकी सेवाओं का स्तर अत्यन्त ऊँचा होता है। यू-रेल पास 16 यूरोपीय देशों की प्रथम श्रेणी की रेल यात्रा हेतु मान्य है। यू-रेल हब सिटी (Hub City) नाम की एक विशिष्ट सुविधा भी अपने यात्रियों को प्रदान करता है। इसके अन्तर्गत यात्री दो या तीन शहरों का चयन करते हैं तथा यू-रेल पास, बचत पास एवं युवा पास (Eu-rail Pass, Saver Pass and Youth Pass) के द्वारा दिन में यात्रा करते हैं। चूँकि ये शहर अधिक महंगे नहीं होते, अत: यू-रेल के माध्यम से यात्री कम खर्च में अपनी सभी प्रकार की यात्राएं सम्पन्न कर लेते हैं। यू-रेल टिकट को इन 16 यूरोपीय देशों में स्थापित अन्तर्राष्ट्रीय केन्द्रों से प्राप्त किया जा सकता है। यदि इन देशों में आकस्मिक रूप से टिकट उपलब्ध नहीं हो पाते हैं, तो अन्य स्थानों से भी यू-रेल टिकट प्राप्त हो जाते हैं।

***ब्रिट-रेल* (Brit-Rail)**—ब्रिट-रेल अर्थात ब्रिटिश रेलवे लगभग 14,000 से अधिक ट्रेनों का संचालन करता है। ये ट्रेनें प्रतिदिन लगभग 2,000 स्टेशनों से होकर गुजरती हैं। ब्रिटिश रेलवे, ब्रिटेन में यात्रा हेतु आरामदायक एवं सुविधाजनक सेवाएं प्रदान करता है। इसकी इंटर सिटी सेवा, 125 किमी प्रति घण्टा की गति से लोगों को पर्यटन स्थलों तथा व्यापारिक केन्द्रों तक पहुँचाती है। ब्रिट-रेल पास, ब्रिटिश रेलवे का वह सर्वश्रेष्ठ उत्पाद है, जिसे असीमित यात्रा हेतु प्रयोग किया जा सकता है। मात्र एक पास के माध्यम से यात्री ब्रिटिश रेलवे की किसी भी ट्रेन से पूरे ब्रिटेन में कहीं भी यात्रा कर सकता है। ट्रेवल एजेन्ट भी ब्रिट-रेल पास तथा ब्रिटिश

रेलवे के अन्य उत्पाद अपने यात्रियों को उपलब्ध कराते हैं। यह सुविधा यात्रियों को इंटरनेट के माध्यम से भी प्राप्त हो जाती है।

जहाँ तक विश्व में अवस्थित रेलमार्गों का प्रश्न है, ट्रांस-साइबेरियन रेल मार्ग विश्व का सबसे लम्बा रेल मार्ग है, जिसकी कुल लम्बाई 8,700 किमी है। किन्तु कुल रेल मार्गों की लम्बाई के आधार पर एशिया में भारत को प्रथम तथा विश्व में द्वितीय स्थान प्राप्त है। भारत में समस्त रेल मार्गों की कुल लम्बाई 1,08,413 किमी है। रेल यातायात भारत की सबसे बड़ी सार्वजनिक व्यवस्था है। यात्री, ट्रेनों के माध्यम से ही यात्रा क्यों करते हैं, इस सम्बन्ध में पर्याप्त विश्लेषण के बाद चार महत्वपूर्ण कारण सामने आते हैं—कम किराये पर यात्रा, आरामदायक यात्रा, सुरक्षित यात्रा तथा जिन-जिन क्षेत्रों से होकर ट्रेन गुजरती है, उन क्षेत्रों का अवलोकन। ये चारों कारण यात्रियों को ट्रेन से यात्रा करने के लिये प्रेरित करते हैं। रेलवे से इतनी सुविधाएं एक साथ प्राप्त होने के कारण ही सम्भवत: लोगों में यात्रा के प्रति जिज्ञासा बढ़ी तथा इन यात्राओं के फलस्वरूप पर्यटन का विकास हुआ है।

किन्तु, जहाँ मोटर आधारित परिवहन सेवा के प्रारम्भ होने से 20वीं शताब्दी के प्रथम चतुर्थांश में रेल परिवहन की लोकप्रियता में कमी आयी, वहीं वायु परिवहन के विकास ने रेलवे को अधिक दुष्प्रभावित किया। इस बात को इसी तथ्य से समझा जा सकता है कि संयुक्त राज्य में सन् 1929 में जहाँ 77 प्रतिशत लोग ट्रेनों से यात्रा करते थे, वहीं सन् 1970 में इस संख्या में सात प्रतिशत की कमी आ गयी। वास्तव में रेल यात्रा के प्रति यात्रियों में विमुखता उत्पन्न होने के तीन कारण हैं—ट्रेनों के प्रस्थान के कड़े नियम, ट्रेनों की गति का अपेक्षाकृत धीमा होना तथा ट्रेनों की सफाई एवं भोजन व्यवस्था का स्तरीय न होना।

परन्तु ऐसा भी नहीं है कि मोटर आधारित परिवहन एवं वायु परिवहन ने रेल परिवहन की उपयोगिता को समाप्त कर दिया हो। इनकी चुनौतियों का सामना करते हुए रेल परिवहन ने स्वयं को सर्वश्रेष्ठ रूप में विश्व के सम्मुख प्रस्तुत किया है। विगत वर्षों में रेल परिवहन ने सम्पूर्ण विश्व में अपनी स्थिति सुधारते हुए यात्रियों को अधिक आरामदायक सेवाएं प्रदान करना प्रारम्भ कर दिया है। रेल परिवहन ने अपनी गति, साधनों एवं सेवाओं को उच्च स्तरीय बनाने का प्रयास किया है। इसके द्वारा सुपर ट्रेनें संचालित की जा रही हैं, जिनकी गति, मोटर आधारित परिवहन से भी अधिक है। ब्रिटेन में 'एडवांस्ड पैसेन्जर्स ट्रेन', फ्रांस एवं जर्मनी में 'टर्बो ट्रेन' एवं 'एयर ट्रेन' तथा जापान में संचालित की जा रही 'बुलेट ट्रेन' उच्च गति वाली ट्रेनें हैं। यात्रियों को आकर्षित करने हेतु रेलवे द्वारा यात्रा खर्च पर छूट प्रदान की जा रही है। इससे आकर्षित होकर पर्यटकों एवं अन्य यात्रियों द्वारा रेल परिवहन को अपनाया जा रहा है।

(ब) ***सड़क परिवहन* (Road Transport)**—ऑटो मोबाइल के प्रादुर्भाव ने सड़क परिवहन को जन्म दिया है। यद्यपि ऑटोमोबाइल का आविष्कार सन् 1920 में ही हो गया था तथा विकसित देशों में इसने यात्री परिवहन के तत्कालीन प्रचलित स्वरूप रेल परिवहन को प्रभावित किया। द्वितीय विश्व युद्ध के पश्चात, जब विकासशील देशों में ऑटोमोबाइल वाहनों की संख्या में गुणात्मक रूप से तीव्र वृद्धि हुई, तब इसने अपने को सड़क परिवहन के साधन के रूप में विकसित कर लिया। सड़क परिवहन की सुविधा के कारण, लोगों में छुट्टियों में मनोरंजन करने हेतु यात्रा की प्रवृत्ति बढ़ने लगी। वास्तव में ट्रेनों एवं बाह्य जलयानों के माध्यम से गिने-चुने स्थानों की यात्रा करना ही सम्भव था, किन्तु ऑटो-मोबाइल के आविष्कार ने यात्रा स्थलों की संख्या में तीव्र वृद्धि उत्पन्न की।

औद्योगीकृत देशों में, विलासिता एवं पर्यटन सम्बन्धी क्रियाकलापों में, सड़क परिवहन के महत्व में वृद्धि हुई है। उत्तरी अमेरिका में तो यह, यात्रा के एक सम्प्रभु साधन के रूप में उभर कर सामने आया है। कनाडा और अमेरिका में आमोद-प्रमोद, व्यापार और पर्यटन सम्बन्धी 90 प्रतिशत यात्राएं कार से की जाती हैं। सड़क परिवहन के विकास के कारण ही पर्यटक आवास के रूप में मोटलों को मान्यता मिल पाई है। सड़क परिवहन के कारण संयुक्त राज्य अमेरिका में मनोरंजन वाहनों का विकास हुआ है। यहाँ मनोरंजन वाहनों के लगभग एक दर्जन मॉडल विकसित हो चुके हैं। अनुमान है कि संयुक्त राज्य और कनाडा में लगभग 8-10 प्रतिशत परिवारों के पास एक या अधिक मनोरंजन वाहन उपलब्ध हैं। देश के बाहर यात्रा करने के लिये वाहन यात्रियों को किराये पर भी उपलब्ध हो जाते हैं।

सड़क परिवहन का एक अन्य महत्वपूर्ण रूप है—किराया गाड़ी। किराया गाड़ी पर्यटन उद्योग के उल्लेखनीय उपक्रम के रूप में उभर कर सामने आयी है। संयुक्त राज्य और यूरोप में यात्रियों की बड़ी संख्या यात्रा हेतु किराया गाड़ियों का प्रयोग करती है। यद्यपि व्यापार के उद्देश्य से यात्रा करने वाले बहुत से लोग भी किराया गाड़ियों का प्रयोग करते हैं, किन्तु इस सम्बन्ध में सर्वाधिक संख्या आनन्द प्राप्ति हेतु यात्रा करने वाले यात्रियों की है।

सड़क परिवहन का तीसरा रूप है—बस और मोटर कोच। किन्तु मनोरंजन वाहन और कारों जैसे वाहनों की सुगम एवं सस्ती उपलब्धता के कारण, बस और मोटर कोच, पर्यटन विकास में अधिक महत्वपूर्ण भूमिका नहीं निभा पाये हैं। जहाँ तक मोटर कोच का प्रश्न है, वह केवल नियमित अनुसूचित इंटरसिटी यात्रियों की यात्रा का साधन बनकर रह गया है। पर्यटन के क्षेत्र में मोटर कोच केवल चार्टर एवं टूर सेवाएं उपलब्ध करा रहे हैं। दूसरी ओर, बसों का उपयोग केवल कम आय वाले यात्रियों द्वारा ही किया जाता है। पर्यटन सम्बन्धी यात्राओं में बसों और मोटर कोचों की भूमिका अधिक सार्थक न होने पर भी अनुमानतः छुट्टियां मनाने वाले लगभग 80 प्रतिशत यात्री सड़क परिवहन के ही माध्यम से यात्रा करते हैं। सड़क परिवहन द्वारा उल्लेखित भूमिका का महत्व इसलिये भी बढ़ जाता है कि इसके साधनों (मनोरंजन वाहन, किराया गाड़ी या कार) के माध्यम से यात्री न केवल छोटे-मोटे समूहों में यात्रा कर सकते हैं, बल्कि अपने मित्रों या परिवार के साथ व्यक्तिगत गोपनीयता बनाये रखते हुए भी यात्रा कर पाते हैं। रेल परिवहन की तुलना में यात्री सड़क परिवहन से यात्रा करना क्यों श्रेष्ठ समझते हैं, इस सम्बन्ध में निम्न कारण प्रमुख हैं—

(i) यात्रा के मार्ग और मार्ग पर पड़ने वाले पड़ावों पर यात्रियों का नियन्त्रण।
(ii) वाहनों के प्रस्थान समय पर यात्रियों का नियन्त्रण।
(iii) सामान और अन्य सामग्री सरलतापूर्वक साथ ले जाने की सुविधा।
(iv) तीन या तीन से अधिक व्यक्तियों के साथ कम जेब-खर्च में यात्रा।
(v) गन्तव्य पर पहुँचने हेतु, सड़क परिवहन के किसी भी स्वरूप को चुनने की स्वतन्त्रता।

यह स्पष्ट है कि अपने अनेक आकर्षणों के कारण सड़क परिवहन आमोद-प्रमोद, मनोरंजन, क्रीड़ा सम्बन्धी गतिविधियों, खेलकूद, धार्मिक-सांस्कृतिक जिज्ञासाओं, व्यापारिक भ्रमणों एवं शैक्षणिक यात्राओं के लिये यात्रियों को सड़क परिवहन के प्रयोग के लिये प्रेरित करता है। किन्तु यात्रियों में यह प्रेरणा बनी रहे, इसके लिये आवश्यक है कि सड़क परिवहन अपनी सेवाओं का स्तर बनाये रखे। घरेलू और अन्तर्राष्ट्रीय पर्यटन के प्रसार और विकास में सड़क परिवहन की उपयोगिता बनी रहे, इसके लिये अच्छे मोटर मार्गों तथा मार्ग किनारे की

सुविधाओं में सुधार करना अपरिहार्य है। अनेक अध्ययनों से स्पष्ट हुआ है कि पर्यटन उद्योग को यात्रा के अन्य साधनों की तुलना में, सड़क परिवहन के साधनों से यात्रा करने वाले पर्यटकों से अधिक आय प्राप्त होती है, जो पर्यटन स्थल की अर्थव्यवस्था को सुदृढ़ता प्रदान करती है।

2. वायु परिवहन (Air Transport)

वायु परिवहन को समस्त परिवहन साधनों के शिशु के रूप जाना जाता है। यात्रा परिवहन के साधन के चयन के सम्बन्ध में पर्यटकों की प्रथम रुचि हवाई यात्रा ही होती है। यह बात अलग है कि वित्तीय कारणों के चलते पर्यटक इसका सीमित उपयोग ही कर पाते हैं। पर्यटन के विकास में वायु परिवहन एक बड़ी भूमिका निभा रहा है, विशेषकर उन देशों में जहाँ पर्यटन स्थल अति दुर्गम क्षेत्रों में अवस्थित हैं। महत्वपूर्ण व्यापारिक एवं व्यावसायिक उद्देश्यों से यात्रा करने वाले यात्रियों के लिये वायु परिवहन अत्यन्त उपयोगी है, क्योंकि ऐसे यात्रियों के जीवन में समय की बचत महत्वपूर्ण स्थान रखती है।

जहाँ तक पर्यटन सम्बन्धी यात्राओं में वायु परिवहन की भूमिका का प्रश्न है, पर्यटन और वायु परिवहन मौलिक रूप में एक-दूसरे पर निर्भर उपक्रम है। वायु परिवहन के कारण ही विश्व यात्रा का बाजार अस्तित्व में आया है। पर्यटन के तीन प्रतिमानों के विश्लेषण द्वारा इस बात को स्पष्ट रूप से समझा जा सकता है कि किस प्रकार पर्यटन वायु परिवहन से अपनी आवश्यकताओं की पूर्ति करता है—

पर्यटन का प्रथम प्रतिमान—विश्राम सहित पर्यटन (Resort Tourism) है। इस प्रकार के पर्यटन में पर्यटक मुख्यत: केवल एक ही पर्यटन स्थल पर जाता है तथा वहाँ विश्राम करके अपने मूल आवास को लौट जाता है। इस प्रकार के पर्यटन में मनोरंजन एवं तीर्थ स्थलों के भ्रमण हेतु यात्राएं की जाती हैं। चूँकि इस पर्यटन में यात्रियों की संख्या बहुत अधिक होती है तथा पर्यटक कम मूल्य पर यात्रा की सुविधा प्राप्त करना चाहते हैं, अत: इस स्थिति में भूतल या जल परिवहन के साधन अनुपयोगी हो जाते हैं। केवल वायु परिवहन की टूर चार्टर सेवाएं ही पर्यटकों की इस आवश्यकता की पूर्ति कर सकती हैं।

पर्यटन का दूसरा प्रतिमान—अवकाश पर्यटन (Holiday Tourism) है। यह यूरोप, लेटिन अमेरिका तथा एशिया में अत्यधिक प्रचलित है। अवकाश के दिनों में लोग जब आमोद-प्रमोद तथा मनोरंजन हेतु भ्रमण पर निकलते हैं, तो वे निर्धारित समय में अनेक पर्यटन स्थलों का भ्रमण कर लेने की योजना बना कर चलते हैं। पर्यटन स्थलों के मध्य अत्यधिक दूरी होने की स्थिति में, कम समय में अधिकाधिक पर्यटन स्थलों का भ्रमण केवल वायु परिवहन के साधनों के माध्यम से ही सम्भव होता है। किन्तु इस प्रकार के पर्यटन में वायु परिवहन के साधनों का प्रयोग तभी सम्भव होता है, जबकि एक स्थान से दूसरे स्थान की उड़ान का मूल्य अधिक न हो तथा प्रत्येक स्थान पर हवाई-पट्टी या एयरपोर्ट की सुविधा हो।

पर्यटन का तीसरा प्रतिमान कुछ भिन्न है तथा इसे किसी नाम से नहीं पुकारा जा सकता। कुछ पर्यटक ऐसे होते हैं जिनकी न केवल आय अत्यधिक होती है, बल्कि उनकी यात्रा का कार्यक्रम भी अत्यन्त अनुशासित होता है। इस प्रकार के पर्यटकों के लिये भूतल या समुद्री परिवहन के साधनों द्वारा यात्रा करना सम्भव नहीं होता। यहाँ तक कि ये पर्यटक सामान्य विमानों से भी यात्रा करना पसन्द नहीं करते। इस प्रकार के पर्यटकों की आवश्यकता की पूर्ति केवल अनुसूचित सेवाओं वाले एयरक्राफ्ट और हैलीकॉप्टर्स के माध्यम से ही होती है।

3. जल परिवहन (Water Transport)

जल परिवहन के अन्तर्गत आन्तरिक और अन्तर्राष्ट्रीय जलमार्ग सम्मिलित किये जाते हैं। अन्तर्देशीय जल परिवहन के अन्तर्गत किसी देश के आन्तरिक भागों में नदियों व नहरों का जल परिवहन, तटीय परिवहन में किसी देश के एक बन्दरगाह से दूसरे बन्दरगाह तक का जल परिवहन तथा समुद्री परिवहन में एक देश से अन्य देश तक समुद्री जहाजों से होने वाला परिवहन सम्मिलित किया जाता है। अन्तर्देशीय जल परिवहन, तटीय परिवहन तथा समुद्री परिवहन, जल परिवहन के तीन प्रमुख मॉडल हैं।

परिवहन के अन्य स्वरूपों की भाँति जल परिवहन ने यात्रा एवं पर्यटन के विकास में उल्लेखनीय योगदान दिया है। 'स्टीमर काल' सन् 1940 से प्रारम्भ हुआ, जब सर सेमुअल कुनार्ड ने प्रथम अटलांटिक पारकर अनुसूचित समुद्री यात्रा का मार्ग प्रशस्त किया। अर्थात स्टीमर काल, रेल परिवहन से पहले अस्तित्व में आया। यही नहीं, समुद्री मार्गों ने वायु परिवहन की खोज से भी पहले दो महाद्वीपों के मध्य यात्रा हेतु सम्पर्क की व्यवस्था की। तटवर्ती द्वीप पूर्ण रूप से जल परिवहन पर ही निर्भर थे। अन्तर्महाद्वीपीय वाणिज्यिक वायु सेवा के प्रारम्भ होने तक जल परिवहन के साधन के रूप में समुद्री जहाजों ने यात्री परिवहन के रूप में लगभग 100 वर्षों तक महत्वपूर्ण भूमिका निभायी। द्वितीय विश्व युद्ध के पश्चात इन जहाजों के उपयोग में कमी आ गयी, क्योंकि इस अवधि में वायु परिवहन तथा सड़क परिवहन ने अस्तित्व में आकर समुद्री परिवहन के सामने प्रतियोगिता की स्थिति उत्पन्न कर दी। अब समुद्री परिवहन का प्रयोग मुख्यत: समुद्री पर्यटन तथा वाणिज्यिक उद्देश्यों की प्राप्ति हेतु किया जाता है।

जहाँ तक पर्यटन में जल परिवहन की भूमिका का प्रश्न है, जल परिवहन की दो भूमिकाएं सामने आती हैं—समुद्री पर्यटन का संचालन और नाव यात्रा। यात्रा के आनन्ददायक स्वरूप के रूप में समुद्री पर्यटन लोगों को अपनी ओर आकर्षित करता है। जल परिवहन के कारण समुद्री पर्यटन का उल्लेखनीय विकास हुआ है, विशेषकर भू-मध्य सागरीय एवं कैरेबियन द्वीप समूहों में। समुद्री पर्यटन की अवधि प्राय: एक सप्ताह से तीन माह तक की होती है। वैसे कम अवधि का समुद्री पर्यटन अधिक प्रचलित होता जा रहा है, क्योंकि इसमें न केवल कम समय लगता है, बल्कि कम अवधि के समुद्री पर्यटन में वित्तीय लागत भी अधिक नहीं आती।

इस समय विश्व में 70 से भी अधिक उत्कृष्ट श्रेणी के समुद्री मार्ग विद्यमान हैं, जो 25 प्रमुख समुद्री क्षेत्रों से जुड़े हुए हैं। इन मार्गों पर लगभग 180 समुद्री जहाजों का संचालन हो रहा है। इन जहाजों में यात्रियों को अतिविशिष्ट सेवाएं प्रदान की जाती हैं तथा ये जहाज सर्दी और गर्मी, दोनों ही मौसमों में पर्यटकों को समुद्री यात्रा की सुविधा उपलब्ध कराते हैं। वर्तमान में विश्व में संचालित कुछ प्रमुख समुद्री मार्ग निम्न हैं—

(i) American Cruise Lines
(ii) Epiritoki Lines
(iii) Friendship Cruises
(iv) Rhine Holidays
(v) Pearl Cruises
(vi) Royal Viking Lines

(vii) Sunline Cruises and

(viii) Westours Holland- American Lines

विश्व के ये सभी एवं अन्य समुद्री मार्ग, जल परिवहन के साधनों के माध्यम से पर्यटन और विशेषकर, समुद्री परिवहन के संवर्द्धन एवं विकास में उल्लेखनीय भूमिका निभा रहे हैं। पर्यटन विकास में जल परिवहन की दूसरी महत्वपूर्ण भूमिका संतरण मार्ग (Ferrying) से सम्बन्धित है। यात्री परिवहन के साधन के रूप में संतरण सेवा में जहाज तो अपनी भूमिका निभा ही रहे हैं, साथ ही इसमें मोटर नावों का प्रयोग भी निरन्तर बढ़ रहा है, जो लघु समुद्री संतरणों (Short Sea Crossings) की यात्रा करना चाहते हैं।

ट्रेवल एजेन्ट्स और टूर ऑपरेटर्स (Travel Agents and Tour Operators)

'परिवहन एवं यात्रा प्रबन्ध' सम्बन्धी कोई भी विश्लेषण ट्रेवल एजेन्ट्स और टूर ऑपरेटर्स के कार्यों या भूमिका की विवेचना के अभाव में अपूर्ण माना जाता है। वास्तव में ये दोनों इकाइयां अन्तर्राष्ट्रीय यात्रा के वितरण और विक्रय का प्रबन्ध संभालती हैं, जो कि प्राथमिक रूप से इनका व्यवसाय भी है। ट्रेवल एजेन्ट्स और टूर ऑपरेटर्स को 'परम्परागत पर्यटक व्यापार मध्यस्थ, (Conventional Tourist Trade Intermediators) के रूप में देखा जाता है। ये दोनों इकाइयां यात्रा के विक्रय पर अपना प्रभुत्व रखती हैं। यात्रा का वितरण करने वाले चैनलों की स्थापना मुख्यत: टूर ऑपरेटर्स द्वारा इस विचार से की गयी थी कि उन क्षेत्रों में यात्रा वितरण के लिये अपना नेटवर्क स्थापित किया जाये, जहाँ पर ट्रेवल एजेन्ट्स यात्रा के वितरण और विक्रय में असफल रहे हैं। यहाँ स्पष्ट है कि पर्यटकों को परिवहन एवं यात्रा सम्बन्धी व्यवस्थित सुविधाएं प्रदान करना ही ट्रेवल एजेन्ट्स और टूर ऑपरेटर्स का प्रधान ध्येय है। यद्यपि ये दोनों ही इकाइयां व्यापारिक दृष्टिकोण, अर्थात आर्थिक लाभ कमाने के उद्देश्य से अपनी गतिविधियां संचालित करती हैं, किन्तु इनके माध्यम से पर्यटकों को यात्रा एवं परिवहन सम्बन्धी सुविधाएं प्राप्त होती हैं। यहाँ पर ट्रेवल एजेन्ट्स और टूर ऑपरेटर्स के उपबन्ध पर विस्तृत विवरण अपरिहार्य है—

ट्रेवल एजेन्ट्स (Travel Agents)

एक ट्रेवल एजेन्ट को इस प्रकार परिभाषित किया जा सकता है, "कोई भी व्यक्ति या संगठन जो पर्यटक सेवाओं की वास्तविक व्यवस्था करने वाली प्रधान संस्था, जैसे होटल कम्पनी, एयर लाइन्स, टूर ऑपरेटर्स या किसी पोत कम्पनी की ओर से कार्य करता है, ट्रेवल एजेन्ट कहलाता है। ट्रेवल एजेन्ट प्रधान संस्था की सेवाओं का विक्रय करने के एवज में अपना कमीशन प्राप्त करता है, परन्तु उस संस्था की सेवाओं की गुणवत्ता के प्रति उसका कोई उत्तरदायित्व नहीं होता।" यह प्रधान संस्था *ट्रेवल एजेन्सी* कहलाती है। चूँकि ट्रेवल एजेन्सी (एयरपोर्ट, बन्दरगाह या रेलवे स्टेशन) प्राय: मुख्य बाजारों से पर्याप्त दूरी पर अवस्थित होती है, इसलिये ऐसी स्थिति में इन एजेन्सियों द्वारा प्रत्यक्ष रूप से स्वयं यात्रा का वितरण एवं विक्रय कर पाना कठिन होता है। अत: अपनी सेवाओं के विक्रय हेतु ट्रेवल एजेन्सियों ने कमीशन के आधार पर ट्रेवल एजेन्ट्स की व्यवस्था की।

एक ट्रेवल एजेन्ट, उपभोक्ताओं को यात्राओं का विक्रय करने वाली प्रधान संस्था के 'बुकिंग एजेन्ट' के रूप में कार्य करता है। ट्रेवल एजेन्ट अन्य खुदरा व्यापारियों की भांति, पुनर्विक्रय हेतु यात्रा का क्रय नहीं करता बल्कि किसी यात्री द्वारा यात्रा या परिवहन की सुविधा

मांगे जाने पर ट्रेवल एजेन्सी के माध्यम से यात्रा एवं परिवहन की व्यवस्था करता है। संक्षेप में, एक ट्रेवल एजेन्ट, ट्रेवल एजेन्सी और यात्री के बीच मध्यस्थ की भूमिका निभाता है। ट्रेवल एजेन्ट के प्रमुख कार्यों में से एक है—एक ऐसे सुविधाजनक स्थान की व्यवस्था करना, जहाँ से सम्भावित पर्यटक यात्रा के सम्बन्ध में महत्वपूर्ण सूचनाएं और निर्देश प्राप्त कर सकें तथा यात्रा की बुकिंग कर सकें।

ट्रेवल एजेन्ट, पर्यटकों को सेवाओं की व्यापक श्रेणियां उपलब्ध कराता है। अत: उससे अपेक्षा की जाती है कि वह अपने क्षेत्र का विशेषज्ञ हो, पर्यटन उत्पादों के सम्बन्ध में नवीनतम ज्ञान रखता हो तथा पर्यटकों को निष्पक्ष रूप से सम्बन्धित सूचनाएं उपलब्ध कराये। ट्रेवल एजेन्ट द्वारा रेल, समुद्र, सड़क तथा वायु परिवहन की सुविधाएं तो उपलब्ध करायी ही जाती हैं, वह पर्यटक आवास और पैकेज टूर की सेवाएं भी पर्यटकों तक पहुँचाता है। कुछ ट्रेवल एजेन्ट्स द्वारा अपने यात्रियों को अन्य आनुषंगिक (Ancillery) सेवाएं भी उपलब्ध करायी जाती हैं। जैसे—यात्रा प्रलेखन एवं वित्तीय सेवाएं (Travel Documentation and Financial Services)। ट्रेवल एजेन्ट द्वारा व्यवस्थित तीन प्रमुख सेवाएं हैं—बीमा, मुद्रा परिवर्तन या मुद्रा विनिमय और उधार की सुविधा। इन तीनों वित्तीय सेवाओं में बीमा सबसे महत्वपूर्ण तथा कुछ मामलों में अनिवार्य पहलू है।

ट्रेवल एजेन्ट अपनी आय, अपनी प्रधान संस्था के उत्पादों के विक्रय पर कमीशन या दलाली के रूप में प्राप्त करता है। रेल बुकिंग के अन्तर्राष्ट्रीय आयोग ने यूरोप में ट्रेवल एजेन्ट्स हेतु 7.5 प्रतिशत का कमीशन निर्धारित किया है तथा कुछ घरेलू रेलवे भी रेल टिकट के विक्रय पर ट्रेवल एजेन्ट्स को इतना ही कमीशन प्रदान कर रही हैं, किन्तु समुद्री परिवहन में कमीशन का उतार-चढ़ाव पोत मार्गों तथा यात्रा की श्रेणी पर निर्भर करता है। सड़क परिवहन की व्यवस्था में, जहाँ स्थानान्तरण, सैर-सपाटा तथा भ्रमण टूर्स जैसी सुविधाओं का प्रबन्ध किया जाता है, वहाँ इन सुविधाओं को पाने वाले यात्री, ट्रेवल एजेन्ट को कमीशन का भुगतान करते हैं। जहाँ तक वायु परिवहन का सम्बन्ध है, इसमें सभी ट्रेवल एजेन्ट आई०ए०टी०ए० (International Air Transport Association) द्वारा अधिकृत किये जाते हैं तथा वायु टिकटों पर कमीशन का लाइसेंस उन्हें उत्तरदायी एयरलाइन्स द्वारा प्रदान किया जाता है। सामान्यत: विक्रय एजेन्ट, एयरलाइन्स के साथ हुए अनुबन्ध के आधार पर अपना कमीशन प्राप्त करते हैं। एयरलाइन्स में कमीशन का भुगतान यात्रियों द्वारा की गई यात्रा के आधार पर किया जाता है।

ट्रेवल एजेन्सी (Travel Agency)—स्पष्ट है कि ट्रेवल एजेन्ट, ट्रेवल एजेन्सियों और यात्रियों के मध्य सम्पर्क स्थापित करने में एक मध्यस्थ का कार्य करता है, जिसके एवज में उसे कमीशन प्राप्त होता है। इस अर्थ में एक ट्रेवल एजेन्ट की भूमिका को स्पष्ट करने के पश्चात, ट्रेवल एजेन्सी की कार्यप्रणाली पर प्रकाश डालना भी आवश्यक है, क्योंकि एक ट्रेवल एजेन्ट की प्रधान संस्था ट्रेवल एजेन्सी ही होती है, जिसके लिये ट्रेवल एजेन्ट कार्य करता है।

विश्व में यात्रा एवं परिवहन के विकास का अवलोकन करने से स्पष्ट होता है कि ट्रेवल एजेन्सी व्यवसाय का प्रारम्भ सन् 1841 में इंगलैण्ड से हुआ, जब थामस कुक ने मद्यपान विरोधी समाज के 570 सदस्यों की यात्रा का कार्यक्रम आयोजित किया। यह यात्रा लन्दन से लोब्रो तक की गयी। यह यात्रा इस अर्थ में उल्लेखनीय घटना थी कि प्रथम बार यात्रा के टिकट रेलवे से एक ट्रेवल एजेन्ट ने खरीदे तथा व्यवस्थाओं का प्रबन्ध, यात्रा के आयोजक द्वारा किया गया। इसके तुरन्त बाद ही ऐसी ही एक यात्रा और आयोजित की गयी, जिसमें 800 यात्रियों को

ग्लासगो तक का भ्रमण कराया गया। ये यात्राएं इतनी सफल रहीं कि थॉमस कुक ने शीघ्र ही एक पूर्णकालीन भ्रमण एजेन्सी प्रारम्भ कर दी, जिसका नाम उन्होंने 'थॉमस कुक एण्ड संस' रखा। ट्रेवल एजेन्सी की स्थापना में थॉमस कुक की महत्वपूर्ण भूमिका को इंगित करते हुए लिकोरिश लिखते हैं कि, "थॉमस कुक एक विलक्षण आविष्कारक थे। उन्होंने पुनर्विक्रय हेतु रेलवे कम्पनियों से टिकट खरीदे। उन्होंने अपनी यात्राएं व्यक्तिगत रूप से संचालित कीं, निर्देशक पत्रिकाओं का प्रकाशन किया और यात्रियों को होटल सुविधाएं प्रदान करने के उद्देश्य से कूपन योजना का आविष्कार किया।" सन् 1867 में कुक द्वारा जारी किये गये होटल कूपन पूरे विश्व में प्रचलित हो चुके थे। इसके अतिरिक्त उन्होंने एक और कूपन "गश्ती नोट" (Circular Note) भी प्रारम्भ किया, जिसका प्रयोग यात्रियों द्वारा बैंक, होटलों, रेस्टोरेन्ट्स तथा दुकानों में किया जा सकता था। ये कूपन आज भी ट्रेवलर्स चैक के नाम से प्रचलन में हैं। थॉमस कुक ने ही प्रथम बार इस बात का अनुमान किया कि परिवहन और आवास व्यवस्था के स्थूल प्रयोग से भ्रमण के खर्च को कम करके यात्रा की मांग में वृद्धि की जा सकती है। सन् 1852 में थॉमस कुक की मृत्यु हो गयी। द्वितीय विश्व युद्ध के बाद ब्रिटिश सरकार ने इस कम्पनी का अधिग्रहण कर लिया तथा सन् 1972 में इस कम्पनी का क्रय 'मिडलैण्ड कन्सोरटियम' ने कर लिया। वर्तमान में सम्पूर्ण विश्व में इस कम्पनी के 1,200 कार्यालय स्थापित हैं, जिनमें लगभग 13,000 कर्मचारी कार्यरत हैं।

दूसरी महत्वपूर्ण अन्तर्राष्ट्रीय कम्पनी है—'द अमेरिकन एक्सप्रेस'। यह एजेन्सी सन् 1841 में प्रारम्भ की गयी, जिसके संस्थापक हेनरी वेल्स थे। थॉमस कुक एण्ड संस की भांति इस एजेन्सी ने भी यात्रा प्रबन्ध के क्षेत्र में अनेक उल्लेखनीय कार्य किये हैं। इस कम्पनी द्वारा जारी किया गया 'अमेरिकन एक्सप्रेस क्रेडिट कार्ड' आज भी विश्व में अत्यधिक प्रसिद्ध है। इस कार्ड के माध्यम से कार्ड धारक अपने होटल के बिल, अन्तर्राष्ट्रीय वायु टिकट, रेस्टोरेन्ट के बिल तथा अन्य खरीदों का भुगतान कर सकता है। तत्पश्चात जैसे-जैसे यात्रा का प्रचलन बढ़ता गया, अन्य ट्रेवल एजेन्सियां भी अस्तित्व में आती गयीं। वर्तमान में सम्पूर्ण विश्व में असंख्य ट्रेवल एजेन्सियां यात्रा और पर्यटन के विकास में अपना योगदान दे रही हैं। आज किसी भी ट्रेवल एजेन्सी के बहुसंख्यक कार्यों में से प्रमुख हैं—पर्यटन स्थलों के सम्बन्ध में सम्भावित पर्यटकों को परामर्श देना, यात्रा सुविधाओं की व्यवस्था करना, यात्रा सम्बन्धी योजनाओं का निर्धारण, समस्त किरायों और भ्रमण व्यय का अनुमान लगाना, यात्रा टिकट और वाउचर निर्गत करना तथा आनुषंगिक सेवाओं की व्यवस्था करना इत्यादि।

अनेक सर्वेक्षणों से स्पष्ट हो चुका है कि अधिकतम पर्यटक, यात्रा के अवसरों और आमंत्रणों के सम्बन्ध में सही सूचना प्राप्त करने के लिये ट्रेवल एजेन्सियों की सेवाएं प्राप्त करते हैं। विशेषकर यूरोपियन देशों में तो ऐसे पर्यटकों की संख्या बहुत अधिक है। सम्भवतः, सम्पूर्ण यात्रा विक्रयों (सड़क एवं वायु परिवहन, होटल आरक्षण, भ्रमण इत्यादि) में ट्रेवल एजेन्सियों की बाजार सहभागिता, 50 से 75 प्रतिशत के मध्य है। यह सहभागिता ट्रेवल एजेन्सियों द्वारा प्रदान की जाने वाली सेवाओं और सुविधाओं के स्वरूप पर निर्भर करती है।

टूर ऑपरेटर्स (Tour Operators)

पर्यटन उद्योग में टूर ऑपरेटर्स के कार्य, ट्रेवल एजेन्ट से सर्वथा भिन्न हैं। वह पर्यटन टूर के विभिन्न तत्वों (परिवहन, आवास व्यवस्था और अन्य सेवाएं) को खरीदता है तथा उनमें कुछ आकर्षक पैकेज अपनी ओर से जोड़ता है और उन्हें प्रत्यक्ष या अप्रत्यक्ष रूप से कुल सम्मिलित

मूल्य पर उपभोक्ताओं को विक्रय करता है। इस प्रकार टूर ऑपरेटर्स द्वारा उपभोक्ताओं को दिये जाने वाले पैकेज स्वयं में विशिष्ट होते हैं तथा उपभोक्ताओं के समक्ष एक नये उत्पाद के रूप में प्रस्तुत होते हैं। संक्षेप में एक टूर ऑपरेटर, यात्रा सेवाओं को वृहद स्तर पर क्रय करता है तथा उपयुक्त पैकेजिंग के द्वारा उन सेवाओं को थोड़ी-थोड़ी मात्रा में पर्यटकों तक पहुंचाता है।

सन् 1950 से टूर ऑपरेटर्स अवकाश के दिनों के प्रयोग या एयरक्राफ्ट में सीटों की उपलब्धता सुनिश्चित करने में महत्वपूर्ण भूमिका निभा रहे हैं। इनके कारण ही वायु सेवा में प्रति यात्री खर्च में कमी आयी है तथा वायु परिवहन की गति बढ़ी है। टूर ऑपरेटर्स होटल व्यवसाय के विकास में भी उल्लेखनीय भूमिका निभा रहे हैं। ये पैकेज टूर के लिये, होटलों के कमरों को वृहद स्तर पर खरीद लेते हैं और पर्यटकों को उचित मूल्य पर आवासीय सुविधा उपलब्ध कराते हैं। अधिकांश सम्मिलित टूर ऑपरेटर्स केवल एक ही गंतव्य का भ्रमण कराते हैं।

वर्तमान में टूर ऑपरेशन व्यवसाय अत्यधिक प्रतिस्पर्धी हो चुका है। किसी भी पैकेज टूर की सफलता, उसके मूल्य पर निर्भर करती है। जब से पर्यटक अवकाश के दिनों का प्रयोग करने के एवज में श्रेष्ठ पर्यटन उत्पादों की प्राप्ति की अपेक्षा अधिक करने लगे हैं, यह प्रतिस्पर्धा और भी बढ़ गयी है। यदि किसी पर्यटक को यह प्रतीत होता है कि जिस मात्रा में वह धन खर्च कर रहा है, उसे उसका उचित मात्रा में आनन्द नहीं मिल पा रहा है तो वह दूसरे गंतव्य पर जाने की योजना बना लेता है, जहाँ उसके पैसे वसूल हो सकें। ऐसे में टूर ऑपरेटर्स को बड़ा सतर्क रहते हुए पैकेज टूर में कम मूल्य पर पर्यटकों को श्रेष्ठ सेवाएं उपलब्ध कराने को विवश होना पड़ता है, जिससे पर्यटक भविष्य में भी यात्रा का कार्यक्रम बनाने की दशा में पुनः उसी टूर ऑपरेटर की सेवाएं प्राप्त करें।

टूर ऑपरेटर्स के प्रकार (Types of Tour Operators)

कार्य एवं कार्यक्षेत्र के आधार पर समस्त टूर ऑपरेटर्स को चार भागों में विभाजित किया जा सकता है—

(i) बड़े टूर ऑपरेटर्स (Large Tour Operators)
(ii) विशेषज्ञ टूर ऑपरेटर्स (Specialist Tour Operators)
(iii) आगन्ता टूर ऑपरेटर्स (In-coming Tour Operators)
(iv) घरेलू टूर ऑपरेटर्स (Domestic Tour Operators)

बड़े टूर ऑपरेटर्स की गतिविधियां 'समुद्र किनारे अवकाश' (Beach Holidays) जैसे सामूहिक बाजार संचालन से सम्बन्धित होती हैं। बड़े टूर ऑपरेटर्स की संख्या यद्यपि अधिक नहीं होती, किन्तु किसी भी देश में टूर ऑपरेशन व्यवसाय से प्राप्त होने वाले राजस्व में इनका अंशदान बहुत अधिक होता है। जैसे कि ब्रिटेन में टूर ऑपरेशन व्यवसाय में बड़े टूर ऑपरेटर्स का अंशदान 75-80 प्रतिशत है। विशेषज्ञ टूर ऑपरेटर्स विशिष्ट भौगोलिक क्षेत्रों के विशेषज्ञ होते हैं। ये प्रायः उत्कृष्ट गंतव्य हेतु लम्बी दूरी के सम्मिलित टूर आमन्त्रित करते हैं। इन सम्मिलित टूर्स के लिये विशिष्ट आवासों एवं परिवहन साधनों की व्यवस्था की जाती है। विशेषज्ञ टूर ऑपरेटर्स, पर्यटन में फैशन की नवीन प्रवृत्ति उत्पन्न करते हैं।

आगन्ता टूर ऑपरेटर्स ऐसे देशों के पर्यटन में महत्वपूर्ण भूमिका निभाते हैं, जहाँ पर्यटन स्थल प्रचुर मात्रा में उपलब्ध होते हैं। व्यापारिक दृष्टिकोण से, इनकी सेवाएं अच्छी एवं विपणन योग्य होती हैं। ये वास्तव में एक प्रबन्ध अभिकर्ता की भांति होते हैं, क्योंकि इनका मुख्य कार्य,

विदेशी या समुद्र पारीय टूर ऑपरेटर्स के माध्यम से देश में आने वाले पर्यटकों के समूहों के लिये व्यापक स्तर पर आवश्यक सुविधाओं का प्रबन्ध करना होता है। इनके प्रमुख कार्य हैं—पर्यटक समूहों के देश में पहुंचने पर उनका स्वागत करना, उन्हें गन्तव्य पर पहुंचाना, उनकी आवासीय व्यवस्था करना, गाइड तथा अनुरक्षक की सुविधा दिलाना तथा पर्यटकों की रुचि के अनुसार उनके मनोरंजन एवं भोजन की व्यवस्था करना आदि।

घरेलू टूर ऑपरेटर्स, पर्यटकों को केवल अपने देश के पर्यटन स्थलों के ही सम्मिलित टूर उपलब्ध कराते हैं। ये घरेलू पैकेज अवकाशों का विक्रय करते हैं और सामान्यत: कोच टूर्स (Coach Tours) आयोजित करते हैं। हाल के वर्षों में, पर्यटन के विकास के साथ-साथ कुछ अन्य प्रकार के टूर ऑपरेटर्स भी अस्तित्व में आये हैं, किन्तु वे पर्यटन के क्षेत्र में अपनी विशिष्ट पहचान स्थापित नहीं कर पाये हैं। इसलिये यहाँ पर उनका उल्लेख करना निरर्थक होगा। वैसे भी, सम्पूर्ण विश्व का लगभग 95 प्रतिशत टूर ऑपरेशन व्यवसाय इन्हीं चार श्रेणियों के द्वारा संचालित किया जाता है।

टूर ऑपरेटर्स एवं ट्रेवल एजेन्ट में अन्तर्सम्बन्ध (Inter Relationship between Tour Operators and Travel Agents)

टूर ऑपरेटर्स और ट्रेवल एजेन्ट्स में घनिष्ठ अन्तर्सम्बन्ध है। वास्तव में, टूर ऑपरेटर ट्रेवल एजेन्सी से वृहद् स्तर पर सेवाओं एवं सुविधाओं का क्रय करता है तथा उनमें अपनी ओर से कुछ आकर्षक पैकेज जोड़कर उन्हें और अधिक उपयोगी बनाता है। इन सेवाओं और सुविधाओं को पर्यटकों तक पहुंचाने में ही टूर ऑपरेटर्स तथा ट्रेवल एजेन्ट्स के मध्य अन्तर्सम्बन्ध स्थापित होता है। चूँकि अधिकांश टूर ऑपरेटर्स, अपने पैकेज टूर्स को चुने हुए ट्रेवल एजेन्ट्स के माध्यम से ही पर्यटकों तक पहुँचाते हैं, अत: टूर ऑपरेटर्स की व्यावसायिक गतिविधियां मुख्यत: ट्रेवल एजेन्ट्स के माध्यम से ही क्रियान्वित होती हैं। इसका कारण भी है, ट्रेवल एजेन्ट न केवल अत्यधिक सक्रिय होते हैं, वरन पर्यटकों से प्रत्यक्ष सम्पर्क के माध्यम से उन्हें अपनी सेवाओं का उपयोग करने के लिये मनाने में विशेषज्ञता भी रखते हैं। टूर ऑपरेटर्स का व्यवसाय व्यापक स्तर पर फैला हुआ होता है, अत: ऐसी दशा में पर्यटकों से प्रत्यक्ष सम्पर्क स्थापित करके पर्यटकों को उनकी सेवाएं लेने के लिये सहमत करने हेतु ट्रेवल एजेन्ट्स की सेवाएं लेना टूर ऑपरेटर्स के लिये आवश्यक हो जाता है। टूर ऑपरेटर्स की सेवाएं विक्रय करने के एवज में ट्रेवल एजेन्ट्स को उनसे एक निश्चित कमीशन प्राप्त होता है। अत: स्पष्ट है कि टूर ऑपरेटर्स, किसी ट्रेवल एजेन्सी से पर्यटन सम्बन्धी सेवाओं और सुविधाओं का क्रय करते हैं, इनमें कुछ आकर्षक पैकेज स्वयं की ओर से जोड़कर तथा एक पैकेज टूर के रूप में परिवर्तित करके ट्रेवल एजेन्सी के माध्यम से पर्यटकों तक पहुंचाते हैं। पैकेज टूर की इस प्रक्रिया में ट्रेवल एजेन्सी, टूर ऑपरेटर तथा ट्रेवल एजेन्ट, तीनों ही पक्ष अपनी भूमिका का क्रियान्वयन करते हुए आर्थिक लाभ अर्जित करते हैं। इस प्रक्रिया को निम्न रेखाचित्र द्वारा भी स्पष्ट किया जा सकता है—

पर्यटन की प्रक्रिया में पैकेज टूर के वितरण का यह चक्र अधिकांश मामलों में सही सिद्ध होता है, किन्तु गिने-चुने मामलों में ऐसा नहीं भी होता है। यह आवश्यक नहीं है कि टूर ऑपरेटर्स पर्यटक को अपने पैकेज टूर का विक्रय ट्रेवल एजेन्ट के माध्यम से ही करेंगे। कुछ-एक टूर ऑपरेटर्स अपने पैकेज टूर का विक्रय स्वयं ही पर्यटक को करते हैं। ऐसी स्थिति में टूर ऑपरेटर्स ट्रेवल एजेन्ट्स को कमीशन देने से बच जाते हैं, जिससे टूर ऑपरेटर्स को अधिक लाभ प्राप्त हो जाता है। विगत कुछ समय से टूर ऑपरेटर्स अपने पैकेज टूर प्रत्यक्ष रूप

से पर्यटकों तक पहुंचाने में रुचि दिखाने लगे हैं। विशेषकर ब्रिटेन में ऐसा अधिक हो रहा है। हॉल वे (Hallway) का मत है, "ब्रिटेन में लगभग 20 प्रतिशत पैकेज टूर, टूर ऑपरेटर्स द्वारा स्वयं पर्यटकों को बेचे जाते हैं तथा भविष्य में इस प्रतिशत में और बढ़ोतरी होने की संभावना है। यहाँ अनेक टूर ऑपरेटर्स ने अपने फुटकर केन्द्र खोल लिये हैं, जो एक ट्रेवल एजेन्ट की भांति ही पर्यटकों को टूर पैकेज की सुविधा प्रदान करते हैं।" यहाँ 'थामस कुक एण्ड सन्स' तथा 'थामसन हॉलीडेज' जैसी विश्वविख्यात कम्पनियों द्वारा भी एक ट्रेवल एजेन्ट की भांति पैकेज टूर का वितरण किया जा रहा है। किन्तु वास्तविकता यही है कि पैकेज टूर के वितरण का अधिकांश व्यवसाय अभी भी टूर ऑपरेटर्स द्वारा ट्रेवल एजेन्ट्स के माध्यम से ही किया जा रहा है।

टूर ऑपरेटर्स तथा ट्रेवल एजेन्ट्स के अन्तर्सम्बन्ध के इस विश्लेषण में विक्रय प्रतिनिधि (Sales Representative) का उल्लेख न करना अनुचित होगा। विक्रय प्रतिनिधि इन दोनों के अन्तर्सम्बन्धों को सुदृढ़ करने में महत्वपूर्ण भूमिका निभा रहे हैं। विक्रय प्रतिनिधि की नियुक्ति टूर ऑपरेटर्स द्वारा ट्रेवल एजेन्ट्स के माध्यम से अपने व्यवसाय को अधिक उन्नत व विकसित करने तथा व्यवसाय के नये स्रोत खोजने के उद्देश्य से की जाती है। विक्रय प्रतिनिधि वर्तमान तथा सम्भावित ट्रेवल एजेन्ट्स के पास जाकर अपनी कम्पनी के पैकेज टूर के सम्बन्ध में विस्तार से समझाते हैं। किसी कम्पनी के विक्रय प्रतिनिधि के प्रत्यक्ष सम्पर्क में रहने के कारण, ट्रेवल एजेन्ट्स उस कम्पनी के उत्पादों और उनकी गुणवत्ता से परिचित रहते हैं तथा आवश्यकता पड़ने पर उस कम्पनी की सेवाएं प्राप्त करते हैं। विदेशी या समुद्रपारीय विक्रय प्रतिनिधि बड़े टूर ऑपरेटर्स द्वारा ऐसे पर्यटन स्थलों पर नियुक्त किये जाते हैं, जहाँ पैकेज टूरिस्ट समूह के रूप में पहुंचते हैं।

टूर ऑपरेटर्स के प्रति शिकायतें (Complaints against Tour Operators)

हाल के वर्षों में, टूर ऑपरेटर्स की सेवाओं के प्रति उपभोक्ताओं द्वारा की जाने वाली शिकायतों में वृद्धि हुई है। अनेक अध्ययनों से स्पष्ट हुआ है कि टूर ऑपरेटर्स की सेवाओं के प्रति उपभोक्ताओं का असन्तोष जिन बिन्दुओं से जुड़ा हुआ है, वे हैं—

(i) टूर ऑपरेटर्स द्वारा भ्रमपूर्ण विक्रय सामग्री प्रस्तुत करना।
(ii) होटलों की गुणवत्ता में कमी।
(iii) निर्धारित मूल्य से अधिक की मांग करना।
(iv) टूर ऑपरेटर द्वारा अवकाश यात्रा के वास्तविक कार्यक्रम में परिवर्तन करना या उसे विलम्बित अथवा स्थगित करना, आदि।

कुछ सर्वेक्षणों से स्पष्ट हुआ है कि उपभोक्ताओं की मुख्य शिकायत, टूर ऑपरेटर्स द्वारा दी जाने वाली सूचनाओं से सम्बन्धित होती है। नीदरलैण्ड में सन् 1974-80 की अवधि के मध्य किये गये एक सर्वेक्षण से स्पष्ट हुआ है कि पैकेज टूर पर गये यात्रियों में से 33 से 49 प्रतिशत यात्री इस बात से असंतुष्ट थे कि पैकेज टूर के सम्बन्ध में टूर ऑपरेटर द्वारा उन्हें गलत एवं अपूर्ण सूचना उपलब्ध करायी गयी। 14 से 26 प्रतिशत यात्रियों ने असंतोषजनक गाइड सेवा, परिवहन में देरी तथा घटिया होटलों की शिकायत की, तो 9 से 20 प्रतिशत यात्री खराब भोजन की शिकायत करते पाये गये। सन् 1980 में नार्वे की एक पत्रिका ने पर्यटकों के सम्बन्ध में किये गये एक व्यक्तिगत अनुसन्धान के आधार पर टूर ऑपरेटर्स के प्रति चार शिकायतों का उल्लेख किया—होटलों में शोर-शराबा, शुद्ध एवं पौष्टिक भोजन का अभाव पर्यटन स्थल में

पैकेज टूर में विभिन्न पक्षों की स्थिति

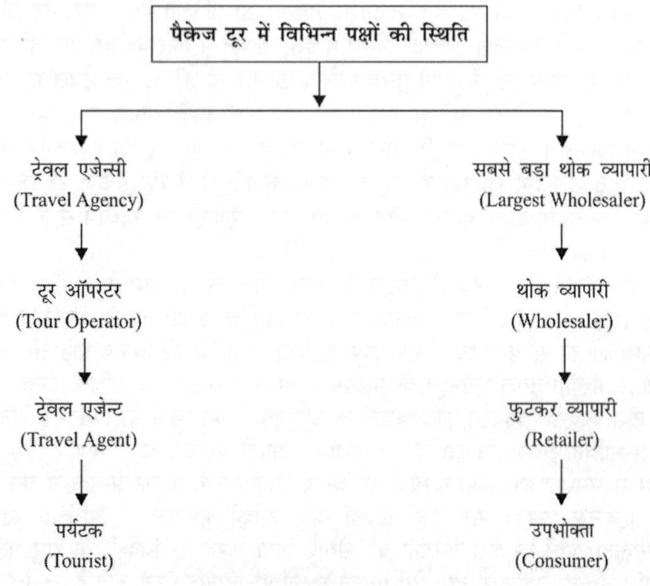

पैकेज टूर के इस चक्र को निम्नलिखित चित्र के माध्यम से भी दर्शाया जा सकता है

पैकेज टूर के वितरण का चक्र

(Cycle of Distribution of Package Tour)

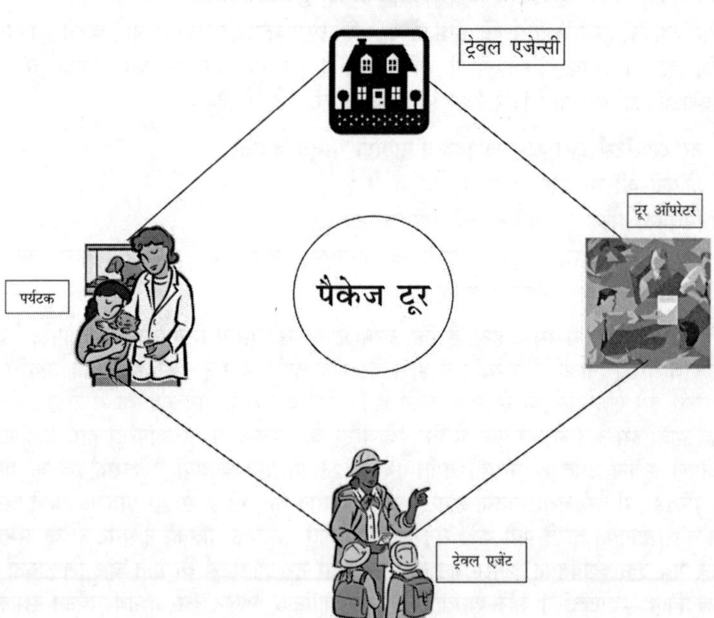

परिवर्तन और निकृष्ट आवास व्यवस्था। उपभोक्ताओं द्वारा टूर ऑपरेटर्स के प्रति की जाने वाली शिकायतों के मुख्य कारण हैं—

(i) भ्रमण पुस्तिकाएं तथा विज्ञापन सम्बन्धी सामग्री,
(ii) टूर का मूल्य,
(iii) पैकेज टूर की बुकिंग की दशाएं,
(iv) निरस्तीकरण और रूपान्तरण,
(v) आवास व्यवस्था की गुणवत्ता,
(vi) पैकेज टूर को विलम्बित करना तथा
(vii) टूर आपरेटर्स के विक्रय प्रतिनिधि।

ट्रेवल एजेन्ट्स के प्रति शिकायतें (Complaints Against Travel Agents)

ट्रेवल एजेन्ट्स के प्रति उपभोक्ताओं द्वारा प्राय: यह शिकायत की जाती है कि वे उपलब्ध अवकाशों की सम्पूर्ण श्रेणियों का स्पष्ट टूर कार्यक्रम समान रूप से उपलब्ध नहीं कराते। अधिकांश ट्रेवल एजेन्ट्स केवल कुछ विशेष टूर ऑपरेटर्स के अवकाश-यात्रा कार्यक्रम में ही रुचि दिखाते हैं। वे यह पक्षपात किसी विशेष टूर ऑपरेटर के प्रति निष्ठा के कारण करते हैं। साथ ही, चूँकि ट्रेवल एजेन्ट्स स्वतन्त्र रूप से यात्रा और आवास व्यवस्था करने में असमर्थ होते हैं, अत: अपनी सुविधा के लिये वे एक टूर ऑपरेटर विशेष के पैकेज टूर का विक्रय करते हैं। एक ट्रेवल एजेन्ट पर्यटक और टूर ऑपरेटर्स के मध्य मात्र एक मध्यस्थ का कार्य करता है, अत: अक्सर यह प्रश्न उठता है कि, पर्यटन सेवाओं में कमी पाये जाने पर किसे उत्तरदायी माना जाये—टूर ऑपरेटर को या ट्रेवल एजेन्ट को। किन्तु इस स्थिति में ये दोनों ही एक-दूसरे पर आरोप-प्रत्यारोप करके अपने उत्तरदायित्व से बचने का प्रयास करते हैं तथा पर्यटक किंकर्तव्यविमूढ़ की स्थिति में आ जाता है। ऐसी दशा में टूर ऑपरेटर तथा ट्रेवल एजेन्ट, दोनों को ही उत्तरदायी माना जाना चाहिये।

उपभोक्ता संरक्षण विधान (Consumer Protection Legislation)

पर्यटन एक जटिल प्रक्रिया है। यात्रा उत्पादों का सम्बन्ध अनेक सेवाओं की आपूर्ति से जुड़ा होता है। जैसे कि सूचना, आरक्षण, परिवहन, आवास, भोजन व्यवस्था और मनोरंजन। यह आपूर्ति बहुत से उत्पादकों और मध्यस्थों द्वारा पर्यटकों को की जाती है। यदि प्रदाता (टूर आपरेटर्स या ट्रेवल एजेन्ट) पर्यटकों तक ये सेवाएं निष्ठापूर्वक पहुंचाता है, तब इसके प्रति शिकायत का प्रश्न नहीं उठता, किन्तु प्रदाता की निष्ठा में कमी ही शिकायतों का आधार बनती है।

हाल के कुछ वर्षों से ही पर्यटन एवं यात्रा व्यापार से जुड़े लोगों ने सूचना एवं उपभोक्ता संरक्षण के महत्व को समझना प्रारम्भ किया है। उपभोक्ता संरक्षण से जुड़े नियमों एवं कानूनों की उत्पत्ति भी हाल ही की बात है। ट्रेवल एजेन्सियों द्वारा यात्रा संगठन से सम्बन्धित प्रथम दो कानून सम्भवत: बेल्जियम और स्विस कानून में क्रमश: सन् 1873 तथा 1888 में अस्तित्व में आये। इसी प्रकार इटली में सन् 1936 तथा फ्रान्स में सन् 1937 में ट्रेवल एजेन्सियों के संचालन से सम्बन्धित कानूनों का निर्माण किया गया। इन कानूनों का सम्बन्ध ट्रेवल एजेन्सियों के दिवालिया हो जाने की स्थिति में पर्यटकों को सुरक्षा की गारण्टी देने से था। उसके बाद के वर्षों में, विभिन्न देशों में पर्यटन उद्योग के क्षेत्रों और उसकी गतिविधियों को उपभोक्ता संरक्षण तथा पर्यटकों के लिये सूचना से सम्बन्धित कानूनों से शासित किया जाने लगा।

पर्यटन के विकास हेतु वर्तमान में, लगभग सभी देशों में ट्रेवल एजेन्सियों, टूर ऑपरेटर्स तथा ट्रेवल एजेन्ट्स पर नियन्त्रण स्थापित करने के उददे्श्य से यात्रा एवं परिवहन सम्बन्धी कानूनों का निर्माण तथा उनका अनुपालन अनिवार्य कर दिया गया है। ऐसे कुछ प्रमुख देश हैं—भारत, कनाडा, फ्रांस, जर्मनी, ब्रिटेन, यूगोस्लाविया, अल्जीरिया, बेल्जियम, ब्राजील, जॉर्डन, ट्यूनीशिया और सेनेगल इत्यादि। विश्व पर्यटन संगठन ने विभिन्न देशों में पर्यटकों को प्रदान की जाने वाली यात्रा एवं परिवहन सेवाओं के एक सर्वेक्षण की व्याख्या में पर्यटक संरक्षण कानून में निम्न विषयों को भी सम्मिलित करने का सुझाव दिया—

(i) ट्रेवल एजेन्सीज, पर्यटन स्थापनाएं, पर्यटक गाइड और टूर ऑपरेटर्स के उत्तरदायित्व।
(ii) आवास और भोजन की स्थापनाएं। इसमें, इन दोनों का वर्गीकरण, मूल्य निर्धारण और मूल्यों का प्रदर्शन, स्वास्थ्य सम्बन्धी मानक और अवकाशी किराया सम्मिलित हैं।
(iii) पर्यटन कला केन्द्र तथा हस्तशिल्प की दुकानें।
(iv) परिवहन सम्बन्धी अनुज्ञा-पत्रों की निर्गतता तथा किराया गाड़ियों के किरायों का निर्धारण।
(v) पर्यटन पुलिस, पर्यटन बीमा और सहायता योजनाएं।
(vi) सार्वजनिक उपभोक्ता संरक्षण कोष।
(vii) जल और अश्वारोहण खेल।

यात्रा एवं परिवहन सम्बन्धी नियमों और कानूनों में इन पहलुओं को सम्मिलित करने की स्थिति में निश्चित रूप से उपभोक्ता (पर्यटक) संरक्षण को प्रोत्साहन मिलने की अपेक्षा की जा सकती है। इससे पर्यटकों तथा यात्रा व्यापार से जुड़े लोगों के मध्य निश्चित रूप से विश्वास की भावना स्थापित होगी। विश्वास का यह वातावरण राष्ट्रीय तथा अन्तर्राष्ट्रीय स्तर पर पर्यटन के विकास में सहायक सिद्ध हो सकता है।

यात्रा एवं पर्यटन संवर्द्धन संगठन (Travel and Tourism Promotion Organization)

विश्व में अनेक ऐसे संगठन हैं, जो यात्रा एवं पर्यटन के विकास में उल्लेखनीय भूमिका निभा रहे हैं। इन संगठनों के अनेक क्षेत्रीय एवं राष्ट्रीय निकाय और समितियां हैं। क्षेत्रीय निकाय अपने क्षेत्र में पर्यटन के संवर्द्धन एवं विकास हेतु दिशा-निर्देश जारी करते हैं। विश्व के प्रमुख क्षेत्रीय निकाय हैं—

(i) Organization for Europeon Corporation and Development. (OECD)
(ii) Caribbean Travel Association. (CTA)
(iii) Confederation of Tourist Organization of Latin America. (COTAL)
(iv) Pacific Area Travel Association.(PATA)

इन सभी निकायों में सर्वाधिक महत्वपूर्ण स्थान पाटा (PATA) को प्राप्त है। पाटा, विश्व का सबसे विशाल पर्यटन संवर्द्धन निकाय है, जो प्रशान्त महासागर क्षेत्र में यात्रा एवं पर्यटन के संवर्द्धन में संलग्न है। इस निकाय की स्थापना सन् 1951 में हवाई द्वीप समूह के व्यापारियों के एक छोटे समूह द्वारा की गयी थी। यह निकाय आज भी प्रभावशाली तरीके से पर्यटन के संवर्द्धन और विकास सम्बन्धी अपनी भूमिका का निर्वाह कर रहा है।

5

आवासीय प्रबन्ध

(Residential Management)

पर्यटन एवं पर्यटक की अवधारणा के विस्तृत विवेचन से स्पष्ट होता है कि पर्यटन का अर्थ लोगों की उन सीमित अवधि वाली यात्राओं से है, जो वे अपने सामान्य निवास से बाहर व्यापारिक लक्ष्य या ज्ञान प्राप्ति, आमोद-प्रमोद, मनोरंजन, क्रीड़ा, धार्मिक उद्देश्यों, आराम तथा स्वास्थ्य लाभ हेतु करते हैं। इस परिभाषा में यात्रा का सम्बन्ध पर्यटन से है, जबकि पर्यटन करने वाले लोग पर्यटक कहलाते हैं। पर्यटन स्थल पर पहुंच कर पर्यटक का सर्वप्रथम लक्ष्य अपने ठहराव हेतु आवास की व्यवस्था करना होता है, बशर्ते कि पर्यटन स्थल पर पर्यटक को कुछ दिन या कुछ माह ठहरना हो। इस अर्थ में पर्यटन प्रक्रिया में आवास स्थल का महत्वपूर्ण स्थान होता है।

पर्यटन स्थल पर विद्यमान आवास स्थल बहुआयामी प्रकृति के होते हैं। अतः पर्यटन की आवश्यकताओं में आवासीय सुविधाओं का प्रबन्धन एक महत्वपूर्ण अंग है। यह प्रबन्धन किसी भी पर्यटन स्थल की संवहन क्षमता को भी प्रदर्शित करता है। यदि आवास सुविधाओं का समुचित प्रबन्धन नहीं किया जाता है, तो पर्यटकों को ठहराव सम्बन्धी अनेक समस्याओं का सामना करना पड़ सकता है। अतः आवासीय सुविधाओं की व्यापक उपलब्धता, इसकी गुणवत्ता तथा विविधता की विद्यमानता पर्यटन विकास को प्रोत्साहित करने का कार्य करती है। इस अर्थ में आवासीय सुविधाओं का सम्बन्ध तीन पहलुओं से है—

1. पर्यटन स्थल पर आने वाले पर्यटकों की संख्या के अनुपात में पर्याप्त आवास स्थलों का उपलब्ध होना।
2. आवास स्थल में सभी आवश्यक सुविधाओं की उपलब्धता, ताकि आवास स्थल पर ठहरकर पर्यटक अपने पर्यटन सम्बन्धी सभी उद्देश्यों को एक सुखद अनुभूति के साथ प्राप्त कर सकें।
3. पर्यटकों की श्रेणी एवं उनकी आर्थिक स्थिति के अनुसार विविधतापूर्ण आवासों की उपलब्धता।

पर्यटक आवास एक अस्थायी सुविधा है। पर्यटन का प्रमुख कार्य ही घरों से बाहर, पर्यटकों की आवास सुविधाओं की मांग की पूर्ति करना है। उदाहरणार्थ, पर्यटन स्थल पर

विद्यमान होटल, मोटल, गेस्ट हाउस, विश्राम गृह, पर्यटक बंगले एवं डाक बंगले इत्यादि पर्यटकों को ठहरने हेतु केवल स्थान ही नहीं देते, अपितु शौचालय, स्नानागार, टेलीविजन, टेलीफोन, आरामदायक बिस्तर एवं कमरे की आकर्षक लोकेशन के माध्यम से अन्य सुविधाएं भी प्रदान करते हैं। यद्यपि सुविधाओं का स्तर पर्यटकों द्वारा दिये जाने वाले किराये पर निर्भर करता है। ब्रिटेन के डेवलपमेंट टूरिस्ट एक्ट में उल्लिखित है कि "पर्यटक आवास विभिन्न प्रकार का होता है, जहाँ व्यापार व वाणिज्य की दृष्टि से शयन आवास की सुविधाएं उपलब्ध कराई जाती हैं।" इससे स्पष्ट होता है कि पर्यटक आवासों का निर्माण व्यापार एवं वाणिज्य के दृष्टिकोण से किया जाता है। इनमें न केवल पर्यटकों को शयन की सुविधा उपलब्ध करायी जाती है बल्कि प्राप्त होने वाले किराये के आधार पर अन्य सुविधाएं भी उपलब्ध करायी जाती हैं।

पर्यटक आवास का वर्गीकरण (Classification of Tourist Residence)

पर्यटक आवास का क्षेत्र बहुत व्यापक होता है। पर्यटक आवासों को कुछ बिन्दुओं के आधार पर अनेक भागों में बांटा जा सकता है, जैसे कि आर्थिक महत्व, पर्यटकों की श्रेणी, सम्पत्ति का स्वामित्व, संचालन अवधि, भौगोलिक स्थिति, निर्माण प्रकृति, आकार एवं प्रदत्त सुविधाओं के आधार पर इत्यादि। यहाँ प्रत्येक वर्गीकरण पर संक्षिप्त टिप्पणी आवश्यक है—

1. ***आर्थिक महत्व के आधार पर***—इस आधार पर पर्यटक आवासों को दो श्रेणियों में रखा जा सकता है—
   (क) होटल या पारम्परिक इकाइयां—इसके अन्तर्गत तारांकित होटल तथा पारम्परिक होटल की आवासीय इकाइयां जैसे हैरिटेज होटल एवं पुराने राजमहल इत्यादि आते हैं। इस श्रेणी के आवास अत्यन्त प्रतिष्ठित होते हैं। अत्यधिक धनी पर्यटक ही इस प्रकार के आवासों में ठहरने का साहस कर पाते हैं।
   (ख) अनुपूरक इकाइयां—अनुपूरक इकाइयों के अन्तर्गत यूथ हॉस्टल, मोटल, टूरिस्ट लॉज एवं अवकाश कालीन कैम्प इत्यादि आते हैं।
2. **पर्यटकों की श्रेणी के आधार पर**—इस आधार पर पर्यटक आवासों को निम्न तीन श्रेणियों में विभक्त किया जा सकता है—
   (क) व्यापारिक इकाइयां—व्यापारिक इकाइयों का उद्देश्य केवल धनोपार्जन करना होता है। ये इकाइयां प्रत्येक श्रेणी के पर्यटक के लिये उपलब्ध रहती हैं।
   (ख) विशेष प्रकृति की इकाइयां—ये इकाइयां सामान्य व्यापार इकाइयों के रूप में कार्य करती हैं। इनकी उपलब्धता केवल सीमित पर्यटकों हेतु ही रहती है, जैसे कि विभागीय अवकाशकालीन गृह। जब विभाग से सम्बन्धित कोई अधिकारी या कर्मचारी भ्रमण पर निकलता है, तब वह विभागीय अवकाश गृह में निवास कर सकता है, बशर्ते कि वह इसमें ठहरने सम्बन्धी अन्य शर्तों को पूरा करता हो।
   (ग) निजी आवास—निजी आवासों के अन्तर्गत सहायक निवास सुविधाएं, सप्ताहान्त बंगले, पड़ाव एवं काफिले आदि को रखा जाता है।
3. **सम्पत्ति के स्वामित्व के आधार पर**—सम्पत्ति पर स्वामित्व के आधार पर पर्यटक आवासों को दो श्रेणियों में विभाजित किया जा सकता है—
   (क) एकल स्वामित्व की सम्पत्तियां—इसके अन्तर्गत पर्यटक आवास का स्वामी एक ही व्यक्ति (या एक ही परिवार) होता है। इस श्रेणी में पारिवारिक होटल, अतिथि

गृह एवं कैम्प इत्यादि आते हैं। वास्तव में देखा जाये तो वर्तमान में पर्यटक आवासों के रूप में एकल स्वामित्व की सम्पत्तियां ही अधिकतम मात्रा में विद्यमान हैं। इस प्रकार की इकाइयां विशुद्ध रूप से पर्यटकों के लिये निर्मित होती हैं तथा इनमें किसी भी श्रेणी का पर्यटक सरलतापूर्वक ठहर सकता है।

(ख) संघीय सम्पत्तियां—संघीय सम्पत्ति के अन्तर्गत किसी व्यापारिक प्रतिष्ठान, कम्पनी, केन्द्रीय सरकार या राज्य सरकार के स्वामित्व वाली इकाइयां आती हैं। जैसे कि विश्राम गृह, राज्य अतिथि गृह, विभिन्न कम्पनियों के अतिथि गृह तथा डाक-बंगले इत्यादि।

4. **संचालन अवधि के आधार पर**—संचालन अवधि के आधार पर पर्यटक आवासों की दो श्रेणियां सामने आती हैं—

(क) वार्षिक संचालन—इसके अन्तर्गत वे पर्यटक आवास आते हैं जो वर्ष भर पर्यटकों के लिये खुले रहते हैं। सामान्यत: निजी स्वामित्व वाले पर्यटक आवास पर्यटकों हेतु सदैव खुले रहते हैं, क्योंकि ऐसे पर्यटक आवासों का कोई विशिष्ट उद्देश्य नहीं होता।

(ख) मौसमी संचालन—कुछ पर्यटक आवास ऐसे भी होते हैं, जो एक मौसम या समय विशेष में ही संचालित किये जाते हैं तथा वर्ष के शेष समय बन्द रहते हैं। जैसे कि ग्रीष्मकालीन एवं शीतकालीन पर्यटक आवास, क्रीड़ा के होटल एवं रिजोर्ट्स (सैरगाह) इत्यादि। वास्तव में कुछ पर्यटन स्थल ऐसे होते हैं जहाँ पर अधिकांशत: पर्यटक किसी मौसम विशेष या अवसर विशेष पर ही पहुंचते हैं। शेष समय, पर्यटकों का आवागमन लगभग नगण्य होता है। ऐसे में उस पर्यटन स्थल पर विद्यमान कुछ बड़े एवं अत्यधिक महंगे पर्यटक आवास गृह केवल पर्यटकों के आगमन के समय ही अपने आवास संचालित करते हैं तथा उस मौसम या अवसर के अनुसार पर्यटकों को श्रेष्ठ आवासीय सुविधाएं उपलब्ध कराते हैं। शेष समय ऐसे आवास स्थलों को बन्द कर दिया जाता है, क्योंकि इनका संचालन अत्यधिक खर्चीला होता है तथा गिने-चुने पर्यटकों के आने की स्थिति में संचालन सम्बन्धी खर्चों को वहन करना अलाभदायक होता है।

5. **विशेष उद्देश्य के आधार पर**—यह स्पष्ट है कि जब कोई पर्यटक, पर्यटन हेतु भ्रमण पर निकलता है, तो उसके कुछ निजी उद्देश्य होते हैं, जिनकी पूर्ति वह पर्यटन स्थल पर पहुंच कर करना चाहता है। साथ ही वह ऐसे पर्यटन स्थल का चयन पर्यटन हेतु करता है, जो उसके उद्देश्यों की पूर्ति में सहायक हो। प्रत्येक पर्यटन स्थल भी पर्यटकों के उद्देश्यों को ध्यान में रखते हुए ऐसे पर्यटक आवासों का निर्माण करता है जो पर्यटकों के उद्देश्य की प्राप्ति में सहायक हो। उदाहरण के लिये, यदि किसी पर्यटन स्थल पर अक्सर सम्मेलन या गोष्ठियां आयोजित होती रहती हैं तो उस पर्यटन स्थल पर ऐसे पर्यटक आवासों का निर्माण किया जाता है जिनके अन्दर सम्मेलन या संगोष्ठी का आयोजन सफलतापूर्वक किया जा सके। पर्यटन सम्बन्धी उद्देश्यों के आधार पर पर्यटक आवासों को निम्न श्रेणियों में विभाजित किया जा सकता है—

(क) खेल (क्रीड़ा) होटल

(ख) सम्मेलन एवं संगोष्ठी होटल
(ग) स्की होटल
(घ) निम्न बजट के आवास
(ङ) एयरटल (एयरपोर्ट होटल एवं हैलीकॉप्टर पोर्ट इत्यादि)

6. **भौगोलिक स्थिति के आधार पर**—पर्यटन की न तो कोई भौगोलिक सीमा होती है, न ही कोई चारित्रिक सीमा। कोई वन क्षेत्र भी पर्यटन स्थल के रूप में विकसित हो सकता है, तो ग्रामीण क्षेत्रों में भी पर्यटन स्थल विद्यमान हो सकते हैं। पर्यटन स्थल जिस प्रकार के क्षेत्र में स्थित होता है, उस क्षेत्र की स्थिति के अनुसार ही पर्यटक आवासों का निर्माण किया जाता है, ताकि पर्यटक आवास के माध्यम से पर्यटक उस क्षेत्र की भौगोलिक स्थिति से भी परिचित हो सके। भौगोलिक स्थिति के आधार पर पर्यटक आवासों को निम्न प्रकार बांटा जा सकता है—
(क) पर्वतीय पर्यटक आवास स्थल
(ख) ग्रामीण क्षेत्र के पर्यटक आवास स्थल
(ग) नगरीय क्षेत्र के पर्यटक आवास स्थल
(घ) वन क्षेत्र के पर्यटक आवास स्थल
(ङ) समुद्रतटीय क्षेत्र के पर्यटक आवास स्थल
(च) अन्य क्षेत्र के पर्यटक आवास स्थल (जैसे रेगिस्तानी क्षेत्र)

7. **निर्माण के आधार पर**—निर्माण की प्रकृति के आधार पर भी पर्यटक आवासों का वर्गीकरण किया जा सकता है। इस आधार पर पर्यटक आवास दो प्रकार के होते हैं—
(अ) स्थायी पर्यटक आवास—अधिकांश पर्यटक आवास स्थायी प्रकृति के होते हैं। उदाहरण के लिये होटल, मोटल, धर्मशालाएं, सराय, विश्राम गृह, पर्यटक बंगले, डॉक बंगले एवं विनोद गृह इत्यादि को स्थायी पर्यटक आवास माना जा सकता है।
(ब) चलते-फिरते पर्यटक आवास—ऐसे आवास स्थलों का निर्माण स्थायी रूप से नहीं किया जाता है। इस श्रेणी के अन्तर्गत टैन्ट या नाव इत्यादि में बनाये गये आवास स्थलों को रखा जा सकता है।

8. **आकार के आधार पर**—पर्यटक आवास के आकार का सम्बन्ध बहुत सीमा तक पर्यटन स्थल के भौगोलिक क्षेत्रफल एवं उस स्थल पर आने वाले पर्यटकों की संख्या से होता है। जिस पर्यटन स्थल का भौगोलिक क्षेत्रफल बहुत अधिक होता है, वहाँ बड़े आकार के पर्यटक आवासों का निर्माण करना कठिन नहीं होता। दूसरी ओर जिस पर्यटन स्थल पर आने वाले पर्यटकों की संख्या बहुत अधिक होती है, वहाँ भी बड़े आकार के पर्यटक आवास निर्मित करना अपरिहार्य हो जाता है। आकार के आधार पर पर्यटक आवासों में पर्याप्त भिन्नता पाई जाती है। कुछ पर्यटक आवासों में विद्यमान शैयाओं की संख्या 10 से भी कम होती है, तो कुछ पर्यटक आवासों में यह संख्या कई सौ से भी अधिक हो सकती है। शैयाओं की संख्या अर्थात आकार के आधार पर पर्यटक आवासों को चार श्रेणियों में विभाजित करना अधिक तर्कसंगत होगा—
(क) 10 शैयाओं तक के पर्यटक आवास
(ख) 11 से 50 शैयाओं तक के पर्यटक आवास

(ग) 51 से 100 शैयाओं तक के पर्यटक आवास

(घ) 100 शैयाओं से अधिक क्षमता वाले पर्यटक आवास।

9. **सुविधाओं के आधार पर**—इसी अध्याय में पूर्व में उल्लेख किया गया था कि पर्यटक आवास, पर्यटकों को ठहरने हेतु केवल स्थान ही नहीं देते, अपितु साथ में पर्यटकों को अन्य अनेक आवास सम्बन्धी सुविधाएं भी प्रदान करते हैं। ये सुविधाएं सभी पर्यटक आवासों में समान नहीं होतीं । एक ही पर्यटक आवास में भिन्न कक्षों में सुविधाओं का स्तर भी अलग हो सकता है। यह स्तर अत्यन्त उच्च कोटि का हो सकता है, सामान्य कोटि का हो सकता है, या फिर निम्न कोटि का भी। सुविधाओं के आधार पर पर्यटक आवासों के वर्गीकरण में प्राय: होटलों को सम्मिलित किया जाता है। इस वर्गीकरण की दो श्रेणियां हैं—

(क) हैरिटेज होटल (Heritage Hotels)—हैरिटेज होटल का सम्बन्ध धरोहर पर्यटन से होता है। जिन पर्यटकों की रुचि धरोहर पर्यटन में होती है, वे पर्यटक हैरिटेज होटल में ही रहना पसन्द करते हैं। हैरिटेज होटल के अन्तर्गत अनेक प्रकार के महलों, हवेलियों, किलों, राजमहलों एवं चार दीवारीनुमा इमारतों को सम्मिलित किया जाता है। हैरिटेज होटल देश की धरोहरों का ज्ञान तो प्रदान करते ही हैं, पर्यटकों को देश के परम्परागत विभिन्न व्यंजन भी उपलब्ध कराते हैं।

(ख) आधुनिक होटल (Modern Hotels)—आधुनिक होटलों को सुविधाओं के आधार पर मुख्यत: दो श्रेणियों में विभाजित किया जाता है—तारांकित होटल एवं गैर-तारांकित होटल। तारांकित होटलों में सुविधाओं का स्तर अत्यन्त उच्च होता है। वैसे, तारांकित होटलों की भी अनेक श्रेणियां होती हैं तथा प्रत्येक श्रेणी में सुविधाओं का स्तर भिन्न होता है। गैर-तारांकित होटलों में तारांकित होटलों की तुलना में सुविधाओं का स्तर न्यून होता है। सुविधाओं के आधार पर गैर-तारांकित होटलों में भी विविधता पायी जाती है।

पर्यटक आवास के उपरोक्त व्यापक विश्लेषण से यह बात स्पष्ट होती है कि अनेक आधारों पर पर्यटक आवास बहुविध श्रेणी के होते हैं। आवासीय सुविधाओं के अभाव में पर्यटन की संकल्पना साकार नहीं हो सकती। उपरोक्त वर्गीकरण में प्रमुख पर्यटक आवासों (सुविधाओं) का संक्षिप्त विवरण निम्न प्रकार है—

1. **होटल (Hotel)**—पर्यटन की आवासीय व्यवस्था का सबसे उपयोगी और विस्तृत अंग होटल है। यह कहना भी अतिशयोक्ति नहीं होगा कि सम्पूर्ण पर्यटन उद्योग के असंख्य एवं विभिन्न अंगों में होटल सबसे महत्वपूर्ण पहलू है। इस तथ्य को निम्न प्रकार भी समझा जा सकता है—

H = Home
O = of
T = Taxable
E = Endless
L = Luxuries

होटल शब्द लेटिन भाषा के 'हॉस्पिटियम' (Hospitium) शब्द से लिया गया है, जिसका अर्थ है—वह स्थल, जहाँ अतिथियों को आतिथ्य प्रदान किया जाता है। धीरे-धीरे 'हॉस्पिटियम' शब्द 'हास्पाइस' (Hospice-शरण स्थल), 'हॉस्टल' (Hostel-पड़ाव या यात्री निवास) और अन्ततः होटल (Hotel-विश्रान्तिगृह) में परिवर्तित हो गया। होटल शब्द का कानूनी अर्थ इसे एक ऐसी जगह के रूप में चिह्नित करता है, जो व्यक्तियों के स्वागत, ठहरने एवं बिना किसी पूर्व समझौते के उचित मूल्य पर सेवा प्रदान करने हेतु कृतज्ञ हो। आधुनिक समय में होटल शब्द का प्रयोग एक ग्रामीण क्षेत्र के ढाबे से लेकर अन्तर्राष्ट्रीय स्तर के उच्च श्रेणी के होटल तक के लिये किया जाता है।

ब्रिटिश कानून के अनुसार होटल का अर्थ है, "एक स्थान जहाँ एक प्रामाणिक यात्री भोजन एवं आश्रय प्राप्त कर सकता है, वह इसके (भोजन एवं आश्रय) लिये भुगतान करने की स्थिति में और इसे पाने की उपयुक्त स्थिति में होता है।" (According to British Law, 'Place, where a Bonafied Traveller can received food and shelter, provided he is in a position to pay for it and is in a fit condition to be received.').

अमेरिकन उद्योगपति कोनार्ड हिल्टन का कहना है कि "होटल उद्योग के विकास से ज्ञान प्राप्त होता है तथा विभिन्न राष्ट्रों के व्यक्ति एक-दूसरे के सम्बन्ध में सरलतापूर्वक ज्ञान प्राप्त कर सकते हैं, साथ ही अन्तर्राष्ट्रीय भावना का विकास होता है।" होटल व्यवसाय सम्भवतः विश्व के प्राचीनतम उद्यमों में से एक है। जहाँ तक आधुनिक होटल उद्योग का प्रश्न है, इसका उदय अमेरिका के न्यूयॉर्क शहर में 'सिटी होटल' की स्थापना के साथ सन् 1794 में हुआ। यह एक ऐसा प्रथम भवन था, जिसे होटल व्यवसाय के उद्देश्यों को प्राप्त करने के लिये विशेष रूप से निर्मित किया गया था। किन्तु होटल निर्माण में वास्तविक मोड़ 20वीं शताब्दी के प्रारम्भ में आया। इसी अवधि में ई.एम. स्टेट्लर के निर्देशन में होटलों का श्रृंखलाबद्ध प्रवर्तन भी प्रारम्भ हुआ। इसके साथ ही होटल व्यवसाय में बड़े निवेश किये जाने लगा, अधिक लाभ प्राप्त होने लगा तथा व्यवसाय का प्रबन्ध कुशल व्यवसायियों के हाथों में आ गया। जहाँ तक पर्यटन में होटल व्यवसाय के योगदान का प्रश्न है, यह उचित ही कहा जाता है कि 'होटलों के अभाव में पर्यटन सम्भव नहीं है।' पर्यटकों का एक बड़ा हिस्सा होटलों में ठहरता है, क्योंकि होटलों का निर्माण न केवल पर्यटकों की सुविधाओं को ध्यान में रखकर किया जाता है, बल्कि प्रत्येक श्रेणी का पर्यटक होटल में प्रवेश भी पा सकता है। होटलों का वर्गीकरण प्रायः निम्न आधारों पर किया जाता है ।

- अन्तर्राष्ट्रीय होटल
- वाणिज्यिक होटल
- विहार स्थल होटल (ग्रीष्मकालीन, शीतकालीन एवं वार्षिक पर्यटन होटल)
- लघुकालीन आवास होटल
- तीर्थयात्रा स्थल होटल
- जनता/बजट होटल
- क्रीड़ा होटल
- बर्फीले होटल
- नाविक होटल
- वायु होटल

- ऑन व्हील होटल एवं
- बच्चों के लिये होटल

होटलों का निर्माण न केवल पर्यटन स्थल की भौगोलिक स्थिति को ध्यान में रखकर किया जाता है, बल्कि इसमें पर्यटकों की सुविधाओं को भी दृष्टिगत रखा जाता है। सुविधाओं के आधार पर आधुनिक होटलों को दो श्रेणियों में विभाजित किया जा सकता है—

1. गैर-सितारा होटल—गैर-सितारा होटल श्रेणी के अन्तर्गत उन होटलों को रखा जाता है, जिनमें पर्यटकों के ठहरने की व्यवस्था मात्र के साथ-साथ शौचालय एवं भोजनालय की सुविधा भी प्रदान की जाती हैं। अधिकांश देशों में इस श्रेणी के होटल प्रायः प्रत्येक शहर में पर्याप्त मात्रा में स्थित हैं। चूँकि इस श्रेणी के होटलों में ठहरने का खर्च अपेक्षाकृत कम होता है, अतः सामान्य बजट वाला पर्यटक इन्हीं होटलों में ठहरना उचित समझता है।

2. सितारा होटल—विशेषताओं एवं प्रदत्त सुविधाओं के आधार पर सितारा होटलों को पाँच श्रेणियों में विभाजित किया जाता है—

(क) **पाँच सितारा होटल**—इस श्रेणी के होटल के प्रमुख मानक हैं—होटल में कम से कम 25 शयन कक्ष होने चाहिये, एयरपोर्ट तथा कारों के लिये पर्याप्त पार्किंग स्थल होना चाहिये, सभी जनकक्ष एवं अतिथि कक्ष पूर्णतः वातानुकूलित होने चाहिये, एक रिसेप्शन, कैश एवं सूचना काउन्टर होना चाहिये जिसकी परिचर्या योग्य, प्रशिक्षित एवं अनुभवी कर्मचारियों द्वारा हो, होटल परिसर के भीतर एक बुक स्टॉल, ब्यूटी पार्लर, सैलून, मान्यता प्राप्त ट्रेवल एजेन्सी, मुद्रा विनिमय एवं सेफ डिपॉजिट सुविधा, लेफ्ट लगेज रूम, फ्लोरिस्ट एवं टायलेट तथा दवा सामग्रियों के लिये एक दुकान होनी चाहिये। एक विशेष रेस्तरां/भोजन कक्ष होना चाहिये जहाँ डांस एवं आर्केस्ट्रा की सुविधा उपलब्ध हो इत्यादि।

(ख) **चार सितारा होटल**—इस श्रेणी के होटल के प्रमुख मानक हैं—कारों के लिये पर्याप्त पार्किंग सुविधा होनी चाहिये, सभी जनकक्ष एवं अतिथि कक्ष पूर्णतः वातानुकूलित होने चाहिये, प्रशिक्षित एवं अनुभवी कर्मचारियों द्वारा संचालित एक रिसेप्शन, कैश काउन्टर एवं सूचना काउन्टर होना चाहिये, परिसर के भीतर एक बुक स्टॉल, मान्यता प्राप्त ट्रेवल एजेन्सी, मुद्रा विनिमय, सेफ डिपॉजिट सुविधा तथा एक लेफ्ट लगेज रूम होना चाहिये। इसके परिसर में एक सुसज्जित एवं सुव्यवस्थित डाईनिंग रूम/रेस्तरां तथा जहाँ कहीं भी कानूनी तौर पर उचित हो, एक सुरुचि सम्पन्न परमिट रूम होना चाहिये। चौबीस घण्टे टेलीफोन, रिसेप्शन एवं सूचना की सुविधा होनी चाहिये, इत्यादि।

(ग) **तीन सितारा होटल**—इस श्रेणी के होटल के मानक हैं—होटल में कम से कम 20 कमरे होने चाहिये, ग्राउन्ड फ्लोर सहित दो मंजिल वाले भवनों में पर्याप्त संख्या में लिफ्ट होनी चाहिये, एक सुसज्जित, सुव्यवस्थित, कानूनी रूप से स्वीकृत बार या परमिट रूम होना चाहिये, किचन, पेन्ट्री एवं कोल्ड स्टोरेज को साफ एवं संगठित होना चाहिये, लाँड्री एवं ड्राई क्लीनिंग का प्रावधान होना चाहिये तथा हाउसकीपिंग उच्च स्तर की होनी चाहिये, इत्यादि।

(घ) **दो सितारा होटल**—होटल में कम से कम 10 कमरे होने चाहिये जिसके 75 प्रतिशत कमरों में शावर सहित स्नानघर होने चाहिये, टेलीफोन सहित एक स्वागत कक्ष होना

चाहिये, एक स्वच्छ, अच्छा, सुव्यवस्थित व पौष्टिक भोजन प्रदान करने वाला सुउपष्कृत भोज्य कक्ष/रेस्तरां एवं सुउपष्कृत रसोई व पेन्ट्री होना चाहिये तथा छुरी-कांटे एवं शीशे व चीनी मिट्टी के बर्तन उच्च किस्म के होने चाहिये, इत्यादि।

(ङ) **एक सितारा होटल**—होटल में कम से कम 10 कमरे (स्नानघर सहित) होने चाहिये, टेलीफोन सहित एक स्वागत कक्ष होना चाहिये, एक स्वच्छ, सुउपष्कृत रसोई एवं पेन्ट्री तथा शुद्ध भोजन प्रदान करने वाला सुउपष्कृत भोज्य कक्ष/रेस्तरां होना चाहिये। साथ ही अच्छी किस्म के लिनेन, कंबलों एवं तौलियों आदि की पर्याप्त आपूर्ति होनी चाहिये, इत्यादि।

कुछ महत्वपूर्ण राष्ट्रीय एवं अन्तर्राष्ट्रीय होटल श्रृंखलाएं

1. ताज ग्रुप ऑफ होटल्स, इंडियन रिजोर्ट्स होटल्स लिमिटेड, मांडलिक हाउस, मांडलिक रोड, मुम्बई, 400039
2. यू०पी० होटल्स लिमिटेड, 1101, सूर्या किरण, 19, कस्तूरबा गांधी मार्ग, नई दिल्ली-110001
3. ओबेराय ग्रुप ऑफ होटल्स, ईस्ट इंडिया होटल कम्पनी, मैंगल्स रोड, कोलकाता
4. सेन्दूर ग्रुप ऑफ होटल्स, पंचम फ्लोर, द सेन्दूर होटल, मुम्बई-400099
5. हयात रीजेन्सी ग्रुप ऑफ होटल्स, भीकाजी कामा प्लेस, रिंग रोड, आर०के० पुरम, नई दिल्ली, (उल्लेखित पाँचों होटल श्रृंखलाएं भारत में अवस्थित हैं।)
6. होली डे इन ग्रुप ऑफ होटल्स, यू०एस०ए०
7. ट्रस्ट ऑफ फोर्ट ग्रुप ऑफ होटल्स, इंग्लैण्ड
8. शेरेटन ग्रुप ऑफ होटल्स, यू०एस०ए०
9. ट्रैवल लॉज ग्रुप ऑफ होटल्स, यू०एस०ए०
10. इंटरकान्टीनेंटल ग्रुप ऑफ होटल्स, हिल्टन ग्रुप ऑफ होटल्स, यू०एस०ए०

होटल प्रबन्धन एवं पर्यटन अध्ययन से सम्बन्धित कुछ अन्तर्राष्ट्रीय संगठन

1. द ऑस्ट्रेलियन इंस्टीट्यूट ऑफ ट्रेवल, 110, वार्थस्थ स्ट्रीट, सिक्सथ फ्लोर, सिडनी, एन०एस०डब्ल्यू-20000
2. इंस्टीट्यूट ऑफ टूरिज्म एण्ड होटल मैनेजमेंट, शलोस क्लेशीम, ए-5071, शीजेन हेम, नियर शालजब बोर्ग
3. इंस्टीट्यूट द टूरिज्म एट द होटलियर ज्यू क्यू बेक, 550, रयू आर पाउपार्ट, सी०डी० एन०, मांट्रियल-134
4. कैटरिंग एण्ड टूरिज्म ट्रेनिंग इंस्टीट्यूट, पी०ओ०बॉक्स-4350, ई०टी०एच०-ए०डी०डी०, आई०एस०-ए०बी०ए०बी०ए०
5. इंस्टीट्यूट यूरोपियन डी मैनेजमेंट डेस ऑरगेनाइज्म, डी टूरिज्म, सेक्रेटेरिएट, डी-1, आई एम टी., 154, वोलीवर्ड मांटपरनैसी, एफ-75006, पेरिस
6. टूरिज्म डिपार्टमेंट, ओसाका सेफी बीकेंस जूनियर कॉलेज, 2-5 एकावा नाकादोरी, हिगाशी-चोदोगावा-कू, ओसाका

7. इंस्टीट्यूट डी टूरिज्म डी-1 इकोल-डेस, हाउट्स इंटयूड्स इकोनॉमिक्स एट सोशन्स डी, सेंट गॉल, बर्नबुईसट्रैसी 19, सी एच-9000, सेंट गोव
8. द एजुकेशन इंस्टीट्यूट ऑफ द अमेरिकन, होटल एण्ड मोटल एसोसिएशन, कलॉग सेन्टर, मिशिगेन स्टेट यूनिवर्सिटी, ईस्ट, लांसिंग, एम. आई.-48824, यू०एस०ए०
9. इंस्टीट्यूट फॉर द स्टडी ऑफ आउटडोर, रिक्रेयेशन एण्ड टूरिज्म, चुटा स्टेट यूनिवर्सिटी, लोगन, चुटा-84322, यू०एस०ए०
10. स्कूल ऑफ होटल, फूड एण्ड ट्रैवल सर्विस, फ्लोरिडा इंटरनेशनल यूनिवर्सिटी, तामियामी ट्रेल, मिममी, फीआ-33199 यू०एस०ए०।

उपरोक्त विश्लेषण से स्पष्ट होता है कि वर्तमान में होटल व्यवसाय सम्पूर्ण विश्व में वृहद पैमाने पर अपने पैर पसार चुका है। आज यदि होटल व्यवसाय को अत्यधिक लाभदायक व्यवसाय के रूप में देखा जाता है, तो उसमें सबसे बड़ा योगदान पर्यटन का है, क्योंकि कोई भी पर्यटक जब कुछ दिन के लिये भ्रमण पर निकलता है तो उसका प्रमुख उद्‌देश्य इस अवधि में आनन्द की प्राप्ति होता है। यह आनन्द पर्यटक को तभी प्राप्त हो सकता है, जबकि सर्वप्रथम पर्यटन स्थल पर उसके ठहरने की संतोषजनक व्यवस्था हो जाये। इस व्यवस्था का उत्तरदायित्व होटल व्यवसाय अपने कंधों पर संभालता है।

2. मोटल—राजमार्गों पर अवस्थित अल्पकालिक विश्राम के लिये बार तथा किचन की सुविधा युक्त लघुस्तरीय होटल को मोटल कहा जाता है। मोटल का हिन्दी अर्थ है—"कार सहित व्यक्तियों के ठहरने की व्यवस्था युक्त विश्राम स्थल।" मोटल शब्द का विस्तृत रूप है—"मोटर वे होटल = मोटल"। वास्तव में यातायात में निरन्तर होने वाली वृद्धि को देखते हुए ऐसे होटलों की स्थापना पर विचार किया गया जिनमें पर्यटकों की मोटरगाड़ियों की पार्किंग की सुविधा उपलब्ध हो। इसी प्रकार का साकार रूप मोटल के रूप में सामने आया। होटल के ही आधार पर मोटल के संदर्भ में कहा जा सकता है कि—

M = Motor way House
O = of
T = Taxable
E = Endless
L = Luxuries

मोटल का जन्म भी सर्वप्रथम अमेरिका में ही हुआ। मोटल का निर्माण कार से यात्रा करने वाले मोटर यात्रियों व विदेशी यात्रियों को रास्ते में ठहरने की सुविधाएं प्रदान करने के उद्‌देश्य से किया गया। सामान्यत: मोटल के प्रकार निम्नवत हैं—

(i) सड़क के किनारे अवस्थित मोटल
(ii) विहार स्थल सम्पत्तियां
(iii) शहर की बाहरी परिधि के मोटल एवं
(iv) शहरी मोटल

मोटल मुख्यत: पर्यटकों को गाड़ी पार्किंग की सुविधा प्रदान करते हैं। इनमें यात्री प्राय: एक रात्रि का विश्राम करते हैं, जहाँ उन्हें आश्रय या पार्किंग के अतिरिक्त मधुशाला, रेस्टोरेन्ट, टेलीफोन एवं टेलीविजन आदि की सुविधाएं प्राप्त होती हैं। होटल एवं मोटल का मूलभूत विभेद

यह है कि होटलों की अनेक श्रेणियां पायी जाती हैं, जबकि मोटल की एक ही श्रेणी होती है। मोटल पर्यटकों को अनेक सुविधाएं तो प्रदान करते ही हैं, राजमार्ग पर अवस्थित होने के कारण पर्यटकों को ठहरने के लिये पर्यटन स्थल की भीड़-भाड़ का सामना नहीं करना पड़ता। यदि मोटलों की संख्या का पर्याप्त विस्तार किया जाये तो इससे न केवल पर्यटकों को पर्यटक आवास सम्बन्धी कठिनाई से मुक्ति मिलेगी, बल्कि पर्यटन उद्योग के विकास में भी महत्वपूर्ण योगदान प्राप्त किया जा सकता है।

3. ढाबा—विभिन्न राजमार्गों पर नगरों के अन्दर प्रवेश करने से पूर्व तथा नगर से बाहर निकलने के तुरन्त पश्चात ढाबों की श्रृंखला पायी जाती है। कहा जा सकता है कि ढाबे किसी नगर के दोनों छोरों पर अवस्थित होते हैं। यद्यपि ढाबों का किसी पर्यटन स्थल से विशेष सम्बन्ध नहीं है तथा वर्तमान समय में प्रत्येक महानगर, नगरों, कस्बों और यहाँ तक कि गांवों के बाहरी छोरों पर भी ढाबे स्थापित हो चुके हैं, तथापि इतना अवश्य है कि किसी भी पर्यटन स्थल के बाहरी क्षेत्र में ढाबों की संख्या बहुत अधिक होती है। ढाबों में रात्रि विश्राम की व्यवस्था तो नहीं होती है, सड़कों के बाहरी छोरों पर अवस्थित होने के कारण पर्यटक इन ढाबों पर रुकना पसन्द करते हैं। कारण यह है कि ये ढाबे न केवल कोलाहल से दूर लगभग शान्त स्थानों (यद्यपि राजमार्गों में अवस्थित होने के कारण ढाबों पर यातायात का शोरगुल रहता है, किन्तु लोगों की भीड़-भाड़ प्रायः नहीं रहती।) पर अवस्थित होते हैं तथा इन ढाबों पर लोगों के बैठने की उचित व्यवस्था रहती है। इन ढाबों पर पर्यटकों को स्वरुचि अनुसार भोजन, जलपान एवं मदिरा की सुविधा भी प्राप्त होती है। यद्यपि पर्यटन में ढाबों की भूमिका सीमित है, तथापि ये ढाबे पर्यटक आवास व्यवस्था के एक अंग के रूप में कार्य करते हैं। ढाबों के सम्बन्ध में प्रायः दो शिकायतें सामने आती हैं—ढाबों के माध्यम से ढाबा स्वामी कुछ वस्तुओं का अवैध व्यापार करते हैं तथा ढाबा कर्मियों का व्यवहार, ढाबे पर रुकने वाले लोगों के साथ मित्रतापूर्ण नहीं रहता। यदि ढाबा स्वामियों द्वारा इन शिकायतों को दूर कर लिया जाये तथा ढाबों का सुव्यवस्थित विकास किया जाये तो पर्यटक आवास के रूप में ढाबों की भूमिका अधिक महत्वपूर्ण हो सकती है।

4. कैम्प (शिविर)—आवासीय सुविधा का अत्यन्त प्राचीन एवं उपयोगी साधन कैम्प रहा है। कैम्प अस्थायी पर्यटक आवास की भूमिका का निर्वहन करता है। पर्यटन की कुछ विधियां ऐसी होती हैं जिनमें स्थायी आवास में ठहरना न तो सम्भव होता है और न ही कुछ पर्यटन स्थलों पर स्थायी पर्यटन आवास की व्यवस्था ही की जा सकती है। तब ऐसी अवस्था में पर्यटकों द्वारा कैम्प को अपना आवास बना लिया जाता है। उदाहरण के लिये साहसिक अभियानों, पर्वतारोहण, जलावतरण, मरुस्थलीय भ्रमण तथा वन एवं दलदली क्षेत्रों में पर्यटन हेतु आर्थिक एवं सामयिक दृष्टि से स्थायी भवन का निर्माण करना उपयुक्त नहीं होता। ऐसी स्थिति में ठहरने की अस्थायी व्यवस्था हेतु कैम्प की आवासीय व्यवस्था सर्वश्रेष्ठ होती है। कैम्प में पर्यटक अलग-अलग बने हुए टैन्ट, कॉटेज तथा झोपड़ी में रहते हैं। कैम्प में भोजन, मनोरंजन एवं सांस्कृतिक कार्यों की सामूहिक व्यवस्था होती है। वास्तव में देखा जाये तो कैम्प, पर्यटक आवास व्यवस्था को पूर्णता प्रदान करते हैं, क्योंकि कैम्प के अभाव में पर्यटन की उपरोक्त उल्लिखित विधियों को सम्पन्न नहीं किया जा सकता।

5. विश्राम गृह—विश्राम गृहों को अतिथि विश्राम गृह या निजी होटल भी कहा जाता है। विश्राम गृह किसी निश्चित समय यथा सप्ताह या माह (या कुछ माहों) के लिये आवास तथा भोजन की व्यवस्था उपलब्ध कराते हैं। भारत में विश्राम गृहों का निर्माण ब्रिटिश काल के दौरान

वन क्षेत्रों के प्रशासन हेतु, नहरों एवं जलाशयों के सुदूर क्षेत्रों के नियन्त्रण हेतु तथा राजमार्गों एवं रेल मार्गों के निरीक्षण हेतु प्रारम्भ किया गया था। नियमानुसार इन विश्राम गृहों में आवास सुविधाओं की प्राप्ति के लिये कुछ समय पूर्व आरक्षण करवाना पड़ता है। इस कारण विश्राम गृहों का लाभ वही पर्यटक उठा पाते हैं, जो विश्राम गृहों की कार्यप्रणाली से पूर्व परिचित हों। परन्तु विश्राम गृह कम खर्च में पर्यटकों को श्रेष्ठ एवं सुरक्षित सेवाएं उपलब्ध कराते हैं। अधिकतर राष्ट्रों में विश्राम गृहों को 'पेंशन' या 'पेंशन द फैमिली' के नाम से भी जाना जाता है।

6. पर्यटक बंगले—मुख्य स्थलों के बाहर के महत्वपूर्ण स्थानों में कम खर्चीली अनुपूरक आवास सुविधाएं प्रदान करने का यह एक बहुत ही श्रेष्ठ माध्यम है। पर्यटक बंगले घरेलू पर्यटकों के साथ-साथ विदेशी पर्यटकों एवं युवा यात्रियों के लिये पर्यटन की आधारिक संरचना के केन्द्र हैं। प्राय: शहर से बाहर पर्यटक बंगलों का निर्माण किया जाता है। सामान्यत: पर्यटन की दृष्टि से उपयोगी पर्वतीय पर्यटन स्थलों पर राज्य एवं केन्द्र सरकारों ने पर्यटक बंगलों का निर्माण कराया है। पर्यटक बंगलों का भवन अत्यन्त आकर्षक होता है। एक पर्यटक बंगले में लगभग 40-50 पर्यटकों के ठहरने की व्यवस्था होती है। साथ ही पर्यटकों के लिये भोजनालय, वाचनालय, पार्किंग स्थल, खुले मैदान एवं बगीचे इत्यादि की सुविधा भी उपलब्ध रहती है। अपने खुले वातावरण एवं श्रेष्ठ सुविधाओं के कारण पर्यटक बंगले, पर्यटकों को सहज ही अपनी ओर आकर्षित करते हैं।

7. डाक बंगले—डाक बंगलों का निर्माण प्राय: सरकारी कार्य के लिये भ्रमण करने वाले सरकारी अधिकारियों एवं कर्मचारियों के लिये किया जाता है। डाक बंगलों को 'छोटे आकार के आराम गृह' कहा जा सकता है, क्योंकि इनमें सीमित मात्रा में किन्तु आरामदायक कमरे उपलब्ध होते हैं। डाक बंगलों में एक प्रविष्टि के आधार पर अधिकतम तीन दिन तक रहा जा सकता है। इन बंगलों की आवासीय सुविधाएं उन सरकारी अधिकारियों एवं कर्मचारियों तथा प्रामाणिक यात्रियों को उपलब्ध होती हैं, जिनके पास केन्द्र सरकार या प्रदेश सरकार के पर्यटक कार्यालयों द्वारा निर्गमित पर्यटक-पत्र हों। डाक बंगलों में भोजन की व्यवस्था भी होती है। सम्पूर्ण व्यवस्था की देख-रेख के लिये सरकार द्वारा कर्मचारियों की नियुक्ति की जाती है। डाक बंगलों का प्रयोग प्राय: सामान्य पर्यटकों द्वारा नहीं किया जाता, क्योंकि पर्यटक-पत्र प्राप्त करने की प्रक्रिया अत्यधिक जटिल होती है।

8. धर्मशाला—धार्मिक प्रयोजनों, सांस्कृतिक कार्यों तथा सामूहिक चर्चाओं के लिये राजाओं, पीठाधीश्वरों, जमींदारों, पूँजीपतियों, समाज सुधारकों एवं धार्मिक-जातीय संगठनों द्वारा धर्मशालाओं का निर्माण कराया जाता है। धर्मशालाओं में आवास शुल्क राशि नि:शुल्क होती है। बहुत सी धर्मशालाओं में तो भोजन एवं आवास, दोनों प्रबन्ध नि:शुल्क होते हैं, हालांकि ऐसी धर्मशालाओं के प्रबन्धकों द्वारा इनमें ठहरने वाले यात्रियों या पर्यटकों से दानराशि के रूप में कुछ धनराशि ली जाती है। यद्यपि धर्मशालाओं की कार्यप्रणाली में कुछ कमियां पायी जाती हैं, जैसे कि तीन या चार दिन बाद यात्रियों को धर्मशाला छोड़नी पड़ती है, सुरक्षा राशि के रूप में यात्रियों से एक बड़ी राशि अग्रिम प्राप्त कर ली जाती है, सुरक्षा व्यवस्था एवं सफाई व्यवस्था संतोषजनक नहीं होती है तथा धर्मशाला का प्रबन्ध देख रहे कर्मियों का व्यवहार अत्यन्त अभद्र होता है। तथापि पर्यटन के चरम सीजन में जबकि पर्यटन स्थल के होटलों में किसी भी कीमत पर आश्रय नहीं मिलता, तब धर्मशालाएं पर्यटकों की आवास सम्बन्धी आवश्यकताओं की पूर्ति करती हैं, वह भी अन्य आवासों की तुलना में अत्यधिक कम खर्च पर।

9. सराय—जैसा कि हम सभी जानते हैं, मध्ययुग में वाणिज्य एवं व्यापार के बढ़ने के साथ-साथ दूरस्थ स्थानों की यात्राएं प्रारम्भ हुईं। व्यापारियों, सैलानियों तथा धर्मप्रचारकों के ठहरने के लिये यात्रा मार्गों में अस्थायी निवास के उद्देश्य से सराय का निर्माण कराया गया। राजमार्गों के अतिरिक्त बड़े व्यापारिक केन्द्रों में भी अनेक सराय बनायी गयी थीं, ताकि भ्रमण पर निकले लोग इन सरायों में रुक सकें तथा कुछ दिन विश्राम करने के पश्चात अपने गन्तव्य स्थल को प्रस्थान कर सकें। कालान्तर में अनेक सराय बाजार केन्द्र, गाँव तथा अन्तत: नगरों में परिवर्तित हो गयीं। अभी भी विश्व के देशों में अनेक सराय विद्यमान हैं। सरकारों द्वारा सरायों की प्राय: उपेक्षा की गयी है। यदि सराय के नियोजित विकास की नीतियां बनायी जायें तो सराय भी पर्यटकों हेतु आवासीय सुविधाओं की व्यवस्था में महत्वपूर्ण भूमिका निभा सकती हैं।

10. अपार्टमेन्ट्स हाउस—अपार्टमेंट्स हाउस एक बहुमंजिला भवन के रूप में होता है, जिसमें अनेक परिवार किराएदार के रूप में रहते हैं, या फिर कुछ लोग अपार्टमेंट्स हाउस में मकान का क्रय कर लेते हैं। मुख्य रूप से इस आवास व्यवस्था का उद्गम बहुपरिवार की इमारतों के निर्माण के फलस्वरूप हुआ। इसमें निर्मित मकानों को क्रय या किराये पर देने के लिये क्षैतिज रूप से विभाजित किया जाता है, ताकि पर्यटकों एवं अवकाशकालीन व्यक्तियों की आवश्यकताओं की पूर्ति की जा सके। अपार्टमेंट्स हाउस का निर्माण पूँजीपतियों द्वारा निजी रूप में तथा नगर विकास प्राधिकरणों द्वारा भी कराया जाता है। पर्यटक आवास व्यवस्था में अपार्टमेंट्स हाउस की भूमिका अधिक व्यापक नहीं है।

11. कन्डोमिनियम्स—कन्डोमिनियम्स का अर्थ है—सहराज्य या सहशासित प्रदेश। एक आवास के रूप में कन्डोमिनियम का तात्पर्य एक ऐसे कॉम्पलेक्स से है, जिस पर अनेक लोगों का सामूहिक स्वामित्व होता है। कन्डोमिनियम का प्रत्येक सदस्य अपनी इकाई को अपने पास रखने या उसका विक्रय करने के लिये स्वतन्त्र होता है, परन्तु कन्डोमिनियम का निर्माण करते समय एक अनुबन्ध का निर्माण किया जाता है। इस अनुबन्ध की शर्तों के अनुसार प्रत्येक सदस्य को कन्डोमिनियम की सामूहिक सेवाओं के प्रबन्ध हेतु सामूहिक पूल में कुछ निश्चित धनराशि देनी पड़ती है। इस राशि में कर, मरम्मत, सजावट, सड़क, मनोरंजन, क्रीड़ा, सुरक्षा एवं प्रबन्धकीय सेवाएं आदि सम्मिलित होती हैं। कन्डोमिनियम कुछ गिने-चुने नगरों (या महानगरों) में ही निर्मित किये जाते हैं। इन नगरों में आने वाले पर्यटकों के लिये कन्डोमिनियम्स एक विकल्प के रूप में उपलब्ध रहते हैं।

आवासीय सुविधाओं का प्रबन्ध (Management of Residential Facilities)

अभी तक के विश्लेषण में हमने पर्यटक आवास या आवासीय सुविधाओं का वर्गीकरण प्रस्तुत किया। इस विश्लेषण में एक बड़ी महत्वपूर्ण बात यह सामने आयी कि पर्यटक आवास का क्षेत्र बहुत व्यापक है तथा इन्हें बहुत सी श्रेणियों में विभाजित किया जा सकता है। पर्यटक आवासों के सम्बन्ध में हमें ज्ञात हुआ कि ये आवास स्थल पर्यटकों को ठहरने की सुविधा के साथ-साथ अन्य सुविधाएं भी उपलब्ध कराते हैं, जैसे कि भोजन एवं जलपान की सुविधा, दूरसंचार की सुविधा एवं मनोरंजन की सुविधा। एक श्रेष्ठ पर्यटक आवास स्थल वही है, जो पर्यटकों को आश्रय देने के साथ-साथ अन्य सुविधाएं भी उपलब्ध कराता है। पर्यटकों को दी जाने वाली सुविधाएं उन्हें प्रभावित कर सकें तथा पुन: आगमन को प्रेरित कर सकें, इसके लिये आवासीय सुविधाओं का समुचित प्रबन्ध आवश्यक है। प्रबन्ध किसी संगठन के विभिन्न घटकों में सुन्दर समन्वय स्थापित कर उनमें निरन्तर कार्यशीलता या गतिशीलता उत्पन्न करने का नेतृत्व गुण है।

प्रबन्ध के अभाव में आवासीय सुविधाओं को संगठित नहीं किया जा सकता तथा असंगठित आवासीय सुविधाएं पर्यटकों को प्रभावित करने की बजाय उनमें निराशा भर सकती हैं। आवासीय सुविधाओं के प्रबन्ध के अन्तर्गत निम्नलिखित व्यवस्थाओं को अपनाया जा सकता है—

(i) कर्मचारी तन्त्र का प्रबन्ध
(ii) सफाई एवं सुरक्षा का प्रबन्ध
(iii) भोजन का प्रबन्ध
(iv) प्रबन्ध के अन्य क्षेत्र।

(i) कर्मचारी तन्त्र का प्रबन्ध—यहाँ पर कर्मचारी तन्त्र से आशय, पर्यटक आवास स्थल पर आवासीय सुविधाओं का संचालन कर रहे व्यक्तियों से है। एक पूर्ण सुविधा युक्त पर्यटक आवास में कार्यरत कर्मचारियों के कार्यस्थल एवं उनके उत्तरदायित्व का उल्लेख आवश्यक है—

(क) **अतिथि स्वागत विभाग**—किसी भी पर्यटक आवास स्थल के सभी क्रियाकलाप मुख्यत: दो स्रोतों पर निर्भर करते हैं—फ्रन्ट ऑफिस एवं बैक ऑफिस। कोई भी अतिथि या पर्यटक बैक ऑफिस के कार्य को नहीं देख सकता, किन्तु आवास स्थल में प्रवेश के तुरन्त पश्चात अतिथि फ्रन्ट ऑफिस के सम्पर्क में आ जाता है। फ्रन्ट ऑफिस का सबसे महत्वपूर्ण क्षेत्र अतिथि स्वागत विभाग है। आवास स्थल में आने वाला अतिथि सर्वप्रथम रिसेप्शन एरिया से ही सूचना, सहायता एवं अपनी समस्याओं का समाधान प्राप्त करता है।

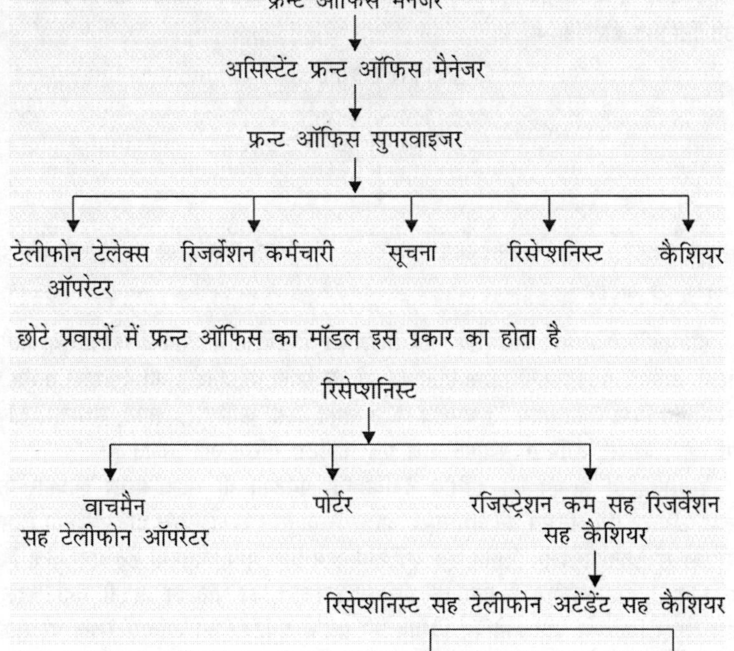

जिस प्रकार फ्रन्ट ऑफिस का सर्वप्रथम क्षेत्र रिसेप्शन एरिया होता है, उसी प्रकार रिसेप्शन एरिया का प्रमुख (Head) रिसेप्शनिस्ट होता है। टेलीविजन, टेलेक्स, पत्र, कम्प्यूटर या व्यक्तिगत सम्पर्क के माध्यम से अतिथि हेतु कमरा आरक्षित करना, उसके आगमन पर अतिथि पंजिका में रजिस्ट्रेशन करना, प्रविष्टियों की जाँच करना, कमरों की स्थिति का संज्ञान रखते हुए अतिथि को उचित कमरा उपलब्ध कराना, बिना पूर्व आरक्षण के आये हुए अतिथियों की व्यवस्था करना, उनकी आवश्यकताओं का समाधान करना तथा अतिथियों के प्रस्थान सम्बन्धी कार्यों का निर्वहन रिसेप्शनिस्ट द्वारा ही किया जाता है। कुछ अत्यन्त बड़े आवास स्थलों में लॉबी मैनेजर तथा जनसम्पर्क अधिकारी की नियुक्ति की जाती है। ये दोनों नियमित अतिथियों, वी०आई०पी० तथा कभी-कभी प्रेस के साथ भी सम्बन्धों के निर्वाह हेतु लाभदायक होते हैं। अतिथि स्वागत विभाग (फ्रंट ऑफिस) के कर्मचारियों को अपना व्यक्तित्व तथा आचरण इस तरह विकसित करना चाहिये कि वे न केवल अपने रूटीन कार्यों का सफलतापूर्वक निर्वहन कर सकें वरन प्रत्येक प्रकार की परिस्थिति में प्रत्येक श्रेणी के पर्यटक (अतिथि) को अधिकतम सुविधाएं प्रदान कर सकें।

उच्च स्तरीय पर्यटक आवास स्थलों (प्रायः बड़े होटलों एवं मोटलों) में फ्रन्ट ऑफिस का संगठन निम्नवत है—

(ख) **हाउसकीपिंग विभाग**—साधारणतः सौन्दर्य बोध के लिये आवास स्थल के अन्दर एवं बाहर वस्तुओं को सही क्रम में बनाए रखने से सम्बन्धित कार्यों के लिये हाउसकीपिंग शब्द का प्रयोग किया जाता है। अच्छी हाउसकीपिंग की व्यवस्था पर्यटकों को आराम, सुरक्षा, संतोष के साथ-साथ गौरव भी प्रदान करती है। एक बड़े आवास स्थल में हाउसकीपिंग विभाग का संगठन निम्नवत होता है—

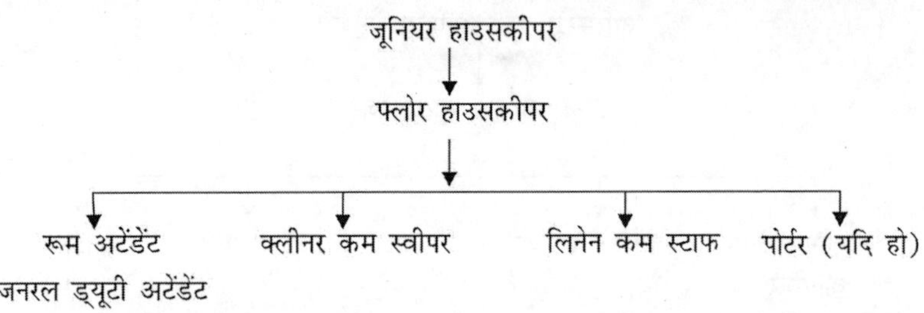

हाउसकीपिंग विभाग का मुख्य कार्य बेडरूम एवं टॉयलेट की सफाई करना तथा प्रत्येक प्रकार के अतिथि पर निगरानी रखना होता है। आवास स्थल के जनक्षेत्र की देखभाल करना भी हाउसकीपिंग विभाग का कार्य है। जनक्षेत्र के अन्तर्गत टैरेस, कॉरिडोर, लिफ्ट, सभागार, लॉबी, रेस्तरां, बार, जनरल ऑफिस, स्वागत कक्ष एवं कार्पेटेड एरिया आदि आते हैं।

हाउसकीपिंग विभाग का दायित्व है कि वह पर्यटकों के साथ अच्छा व्यवहार करे, बेडरूम, टॉयलेट एवं जनक्षेत्र की यथासमय आवश्यकतानुसार सफाई करे। हाउसकीपिंग विभाग के सफल संचालन के लिये लिनेन एवं यूनीफार्म रूम तथा पुष्प व्यवस्था हेतु एक कक्ष दिया जाना चाहिये। हाउसकीपिंग विभाग के प्रत्येक कर्मचारी को प्रतिदिन अपनी वर्दी बदलनी चाहिये। कुल मिलाकर हाउसकीपिंग विभाग का प्रबन्ध पर्यटकों को आवास स्थल पर सफाई एवं ताजगी का अनुभव कराने की भूमिका निभाता है।

(ग) **भोजन विभाग**—अधिकांश पर्यटक आवास, पर्यटकों को भोजन एवं जलपान की सुविधा उपलब्ध कराते हैं। इसलिये ऐसे आवासों में एक पृथक भोजन विभाग होता है। किसी भी अच्छे आवास स्थल के फूड डिपार्टमेन्ट में जगह-जगह पर एवं दिन के विभिन्न घण्टों के दौरान कार्य करने के लिये सतर्क एवं दक्ष संचालन शक्ति की आवश्यकता होती है। शेफ, कैटरर एवं उनके कर्मचारियों को इस बात का ध्यान रखना चाहिये कि स्वच्छता को बनाये रखने वाले सभी पैमानों का प्रभावशाली ढंग से पालन किया जा रहा है या नहीं। भोजन विभाग में कुछ कार्य ऐसे होते हैं जिनमें पसीना अधिक आता है, अतः इसके कर्मचारियों को दिन में दो बार नहाना चाहिये तथा वस्त्र भी बदलने चाहिये, अपने मुंह तथा हाथों की सफाई रखनी चाहिये तथा भोजन की गुणवत्ता जांचने के लिये उसे बार-बार नहीं चखना चाहिये। भोजन विभाग को खाने वालों की रुचि के अनुसार भोजन बनाना एवं परोसना चाहिये तथा इस बात का भी ध्यान रखना चाहिये कि खाना परोसते समय, खाना गिरे नहीं। इन सभी बातों का पर्यटक पर अच्छा प्रभाव पड़ता है। भोजन विभाग के सभी कर्मचारी अपने कार्य में कुशल एवं प्रशिक्षित होने चाहिये।

(ii) सफाई एवं सुरक्षा का प्रबन्धन—एक ऐसे पर्यटक आवास स्थल के लिये, जहाँ पर्यटक ठहरते, खाते एवं मनोरंजन करते हैं, पर्याप्त सफाई एवं सुरक्षा की आवश्यकता होती है। जहाँ तक स्वच्छता का प्रश्न है, कर्मचारियों में सफाई एवं व्यक्तिगत स्वास्थ्य की अच्छी आदतें होना आवश्यक है। पेयजल एवं अन्य प्रकार के पानी की पर्याप्त आपूर्ति होनी चाहिये तथा जल आपूर्ति से जुड़ी हुई सभी वस्तुओं की समय-समय पर सफाई करनी चाहिये, जिससे जल प्रदूषण से बचा जा सके। रिफ्यूज का उचित संग्रहण होना चाहिये तथा सभी द्रव्य एवं ठोस अवशेष (रद्दी) का समय से निबटारा करते रहना चाहिये। कीड़ों, मक्खियों, तिलचट्टों एव अन्य कृमियों पर नियन्त्रण रखना चाहिये तथा कीटनाशकों का आवश्यकतानुसार प्रयोग होना चाहिये। जहाँ तक भवन की स्वच्छता का विषय है, सभी बाहरी खुलने वाले खिड़की-दरवाजों को फ्लाई सीजन के दौरान 1.5 मिमी के स्क्रीन से ढंक देना चाहिये। भवन निर्माण की प्रकृति क्रीड़ा रोधी होनी चाहिये। सभी कार्यक्षेत्रों, भंडार कक्षों, रास्तों एवं शौचालयों में पर्याप्त प्रकाश एवं वैंटिलेशन होना चाहिये।

(iii) भोजन प्रबन्ध—पर्यटकों को प्रभावित करने तथा सुव्यवस्थित आवास व्यवस्था के लिये समुचित भोजन प्रबन्धन का होना भी आवश्यक है, क्योंकि आवासीय सुविधाओं में कक्ष के पश्चात सबसे महत्वपूर्ण स्थान भोजन का ही होता है। इसके लिये भोजन विभाग का सम्पूर्ण स्टाफ कुशल एवं प्रशिक्षित होना चाहिये। भोजन विभाग में पर्याप्त मात्रा में रेफ्रिजरेटर होने चाहिये, भोजन एवं भोज्य सामग्रियों की पौष्टिकता तथा उच्च गुणवत्ता सुनिश्चित होनी चाहिये, भोजन विभाग में पर्याप्त सफाई होनी चाहिये तथा जिस कमरे में भोजन पाकशाला हो, उस कमरे में अन्य व्यक्तियों का प्रवेश निषिद्ध होना चाहिये। यह प्रयास रहना चाहिये कि खाना तैयार करने में जितने भी बर्तनों एवं उपकरणों (बड़े बर्तनों से लेकर छुरी-काँटे, तश्तरी, चम्मचों इत्यादि तक) का प्रयोग होता है, वे सभी स्टील या चीनी मिट्टी के हों। रसोई से डाइनिंग हॉल की दूरी अधिक नहीं होनी चाहिये तथा खाना परोसने वाले कर्मचारी युवा एवं व्यवहार कुशल होने चाहिये। भोजन की दरें बहुत सोच-समझकर निर्धारित की जानी चाहिये, ताकि पर्यटकों को उचित मूल्य पर श्रेष्ठ भोजन प्राप्त हो सके।

(iv) प्रबन्ध के अन्य क्षेत्र—एक श्रेष्ठ पर्यटक आवास स्थल में पर्याप्त मनोरंजन सुविधा का समुचित प्रबन्धन आवश्यक होता है। इस हेतु प्रत्येक कमरे में केबल से संयोजित रंगीन

टेलीविजन होना चाहिये, विद्युत आपूर्ति की व्यवस्था निरन्तर एवं सुचारु होनी चाहिये, आवास स्थल के आस-पास अच्छे पार्क उपलब्ध होने चाहिये ताकि पर्यटक खुली हवा में मनोरंजन कर सकें।

इसके अतिरिक्त यदि आवास स्थल पर एक सूचना काउन्टर स्थापित किया जाये तथा उस पर एक कुशल संचालक (सम्बन्धित क्षेत्र का अच्छा ज्ञान रखने वाला) नियुक्त किया जाये तो इससे पर्यटकों की अनेक समस्याओं का समाधान हो जाता है। यदि सम्भव हो, भले ही छोटा सा, आवास स्थल में एक पुस्तकालय भी होना चाहिये तथा उसमें ज्ञानवर्धक एवं स्वास्थ्य सम्बन्धी साहित्य के साथ-साथ निकटवर्ती पर्यटन स्थलों का विवरण भी उपलब्ध होना चाहिये। आवास स्थल पर इंटरनेट की सुविधा पर्यटकों के लिये अत्यन्त उपयोगी होगी।

आवासीय सुविधाएं एवं पर्यटन विकास (Residential Facilities and Tourism Development)

पर्यटन के विकास से प्रत्येक देश में विकास के विभिन्न आयाम पनपते हैं। पर्यटन ही एकमात्र ऐसा उद्योग है जिससे हर देश की समग्र विकास सम्बन्धी गतिविधियां जुड़ी हुई हैं। अतः पर्यटन का समग्र एवं सतत विकास होने से जीवन के विभिन्न क्षेत्रों का विकास अवश्यंभावी है। इससे देश की अर्थव्यवस्था सुदृढ़ होती है तथा रोजगार के अनेकानेक साधन विकसित होते हैं। पर्यटन विकास में विविध आयाम अपनी भूमिका निभाते हैं, इनमें आवास व्यवस्था का सर्वप्रमुख स्थान है। पर्यटन विकास में आवास व्यवस्था की भूमिका को ताज रावत के इन शब्दों के माध्यम से समझा जा सकता है—"हिमाचल सरकार ने पर्यटन विकास के साथ-साथ पर्यावरण विकास के लक्ष्य पर कई सरकारी एवं गैर-सरकारी रिजोर्ट्स बनाये हैं, किन्तु विदेशी पर्यटक सर्वाधिक पैलेस होटलों को प्राथमिकता दे रहे हैं।... हिमाचल की पर्यटक विकास योजनाओं में सर्वाधिक महत्वपूर्ण पब्बर घाटी के साथ जुड़ी खूबसूरत पहाड़ियां तथा चरागाहों के सौन्दर्य से प्रभावित होकर पर्यटन विभाग ने यहाँ पर महत्वपूर्ण होटल शृंखला का निर्माण प्रारम्भ कर दिया है।" उल्लेखनीय है कि गत एक दशक में हिमाचल ने पर्यटन एवं फलोत्पादन में तिगुना विकास किया है। हिमाचल में पर्यटन के इस तीव्र विकास का कारण यही है कि हिमाचल सरकार, राज्य में पर्यटक आवासों के आवश्यकतानुसार निर्माण पर विशेष ध्यान दे रही है।

हिमाचल को तो यहाँ पर मात्र एक उदाहरण के रूप में प्रस्तुत किया गया है। पर्यटन विकास में आवासीय व्यवस्था प्रधान भूमिका निभाती है। यह बात प्रत्येक राज्य और प्रत्येक देश में समान रूप से लागू होती है। पर्यटन विकास में आवास व्यवस्था की भूमिका को निम्नलिखित बिन्दु अधिक स्पष्ट करते हैं—

1. सर्वप्रथम बात तो यही है कि किसी भी पर्यटन स्थल पर उपलब्ध आवासीय सुविधाओं एवं आने वाले पर्यटकों की संख्या में प्रत्यक्ष सम्बन्ध है। किसी भी स्थान पर आने वाले एक बाहरी व्यक्ति हेतु सुरक्षा एवं आराम के लिये पहली आवश्यकता आवास की व्यवस्था करना होता है। साथ ही वह व्यक्ति यह भी देखता है कि वह आवास उसे हर दृष्टिकोण से संतुष्टि प्रदान कर पायेगा या नहीं, अर्थात आवासीय सुविधाओं का स्तर कैसा है। जिन पर्यटन स्थलों पर आवासीय व्यवस्था दयनीय होती है, वह पर्यटन स्थल कितने भी आकर्षक क्यों न हों, पर्यटक उस पर्यटन स्थल पर जाने से संकोच करते हैं। स्पष्ट है कि पर्यटन स्थल पर आवासीय सुविधाओं के अभाव की स्थिति में, उस स्थल

पर पर्यटकों का आगमन कम होता है तथा किसी भी दशा में वहाँ पर पर्यटन का विकास नहीं किया जा सकता।

2. इस अध्याय में अभी तक के विश्लेषण से स्पष्ट हुआ है कि पर्यटन के क्षेत्र में पर्यटन आवासों एवं आवासीय सुविधाओं का क्षेत्र बहुत व्यापक है। सम्भवत: आवास एवं आवासीय सुविधाओं के माध्यम से पर्यटन स्थल सर्वाधिक देशी एवं विदेशी मुद्रा एकत्रित करता है, अर्थात सर्वाधिक आय का साधन आवास एवं आवासीय सुविधाएं ही हैं। यह आय उस क्षेत्र में पर्यटन के विकास को प्रोत्साहित करती है।
3. प्रत्येक क्षेत्र, राज्य या देश में कुछ ऐसे भोज्य पदार्थ भी पैदा होते हैं, जो वहाँ के स्थानीय भोजन व्यंजनों का प्रतिनिधित्व करते हैं। उस क्षेत्र में आने वाला पर्यटक इन स्थानीय व्यंजनों को पसन्द करता है। आवास स्थल भी अपने मैन्यू में स्थानीय व्यंजनों को प्रमुखता के साथ उपलब्ध कराते हैं। इससे राष्ट्रीय एवं अन्तर्राष्ट्रीय स्तर पर स्थानीय भोज्य पदार्थों एवं व्यंजनों की पहचान तो स्थापित होती ही है, साथ ही अच्छी आय भी प्राप्त हो जाती है तथा कृषि विकास भी प्रोत्साहित होता है।
4. आवासीय सुविधाएं संतोषजनक होने की स्थिति में पर्यटकों की आवक अच्छी होती है। पर्यटक, पर्यटन स्थलों के दृश्यों का आनन्द तो उठाते ही हैं, वहाँ के बाजार से अपनी सामर्थ्य के अनुसार खरीदारी भी करते हैं। पर्यटन स्थल का बाजार पर्यटकों को स्थानीय वस्तु, उपहार, कलाकृतियां एवं संग्रह करने योग्य अन्य वस्तुएं उपलब्ध कराता है। इससे उस क्षेत्र का व्यापार सुदृढ़ होता है, व्यापारी बड़ी बेसब्री से पर्यटकों के आने की प्रतीक्षा करते हैं तथा पर्यटन विकास में सम्बन्धित संस्थाओं को पूर्ण सहयोग प्रदान करते हैं।
5. कुछ पर्यटक आवासों की वास्तुकला इतनी अद्भुत होती है कि वह स्वयं में एक पर्यटन स्थल बन जाता है। उदाहरण के लिये हैरिटेज होटल, पाँच सितारा होटल इतने आकर्षक होते हैं कि पर्यटक उन्हें देखने वहाँ आते हैं, उनमें ठहरते हैं, भोजन करते हैं, मनोरंजन करते हैं और इस सुविधा के बदले मेजबानों को एक बड़ी धनराशि देकर चले जाते हैं। कहने की आवश्यकता नहीं कि आवास स्थल एवं आवासीय सुविधाएं स्वयं में पर्यटन विकास का एक महत्वपूर्ण साधन हैं।

पर्यटन एवं आवासीय सुविधाओं के समग्र विश्लेषण के आधार पर हमें यह स्वीकार करने में कोई संकोच नहीं होना चाहिये कि पर्यटक आवास एवं उसमें प्रदत्त सुविधाएं पर्यटन विकास के मेरुदण्ड के रूप में कार्य करते हैं। यद्यपि किसी भी पर्यटन स्थल पर पर्यटक वहाँ के नैसर्गिक सौन्दर्य, स्थानीय संस्कृति, धार्मिक स्थलों, ऐतिहासिक इमारतों एवं परम्पराओं का अवलोकन करने आता है, किन्तु पर्यटक वहाँ आने के बारे में तभी सोचता है, जबकि उस पर्यटन स्थल पर आवास की समुचित व्यवस्था उपलब्ध हो। अत: किसी भी क्षेत्र के समुचित पर्यटन विकास हेतु आवासीय सुविधाओं का सतत विकास अपरिहार्य है।

6

पर्यटन एवं विकास

(Tourism and Development)

पर्यटन किसी भी देश के समग्र विकास में महत्वपूर्ण भूमिका निभाता है। इस बात का स्पष्ट प्रमाण हम देख ही रहे हैं कि, जिस किसी भी देश ने पर्यटन विकास से सम्बन्धित छोटी-बड़ी योजनाओं का क्रियान्वयन किया है, वहाँ के समाज का चतुर्मुखी विकास होता गया है। आज यदि किसी भी भौगोलिक क्षेत्र में, कोई भी दर्शनीय स्थल या वस्तु सामने आ जाती है, तो उस क्षेत्र को पर्यटन स्थल के रूप में विकसित करने के प्रयास प्रारम्भ हो जाते हैं। यह स्थिति पर्यटन विकास के अन्धानुकरण की सूचक नहीं है, अपितु इस बात की परिचायक है कि पर्यटन किसी भी देश या क्षेत्र के समग्र विकास का सशक्त कारक बन चुका है तथा इस तथ्य को विश्व भली-भांति समझ व स्वीकार कर चुका है। वास्तव में, जीवन के प्रत्येक क्षेत्र में पर्यटन की भूमिका महत्वपूर्ण होती है तथा यह मानव जीवन के प्रत्येक क्षेत्र का विकास करता है। अत: पर्यटन के उत्तरोत्तर विकास के लिये प्रत्येक देश सतत प्रयास कर रहा है। विकासशील देशों में तो पर्यटन विकास को और भी अधिक उपयोगी माना जा सकता है, क्योंकि संसाधनों के अभाव से जूझ रहे इन देशों में पर्यटन विकास से अनेक संसाधनों का विकास हो सकता है व आर्थिक क्षेत्रों के नये आयाम पनप सकते हैं। कुल मिलाकर इन देशों में जीवन के विभिन्न क्षेत्रों का द्रुतगति से विकास होने की अपेक्षा की जा सकती है।

समग्र विकास में पर्यटन की भूमिका का अध्ययन अनेक क्षेत्रों व आधारों पर किया जा सकता है, ये क्षेत्र निम्न हैं—

1. पर्यटन एवं आर्थिक विकास (Tourism and Economic Development)

आर्थिक विकास में पर्यटन की समग्र भूमिका को निम्नलिखित शीर्षकों के विवेचन द्वारा अधिक स्पष्ट किया जा सकता है—

(i) राष्ट्रीय आय में योगदान—घरेलू एवं अन्तर्राष्ट्रीय, दोनों ही श्रेणियों के पर्यटन से किसी भी देश की राष्ट्रीय आय में वृद्धि होती है। पर्यटन के अन्तर्गत सेवाओं व उपभोक्ता वस्तुओं की मांग में वृद्धि का प्रभाव आवास निर्माण, अवस्थापना विकास, परिवहन सुविधाओं का विस्तार, नगरीकरण, खाद्य सामग्री, वित्तीय, बैंकिंग एवं बीमा आदि व्यावसायिक

सेवाओं पर सकारात्मक रूप से पड़ता है। वर्तमान में चौबीस से भी अधिक देशों की अर्थव्यवस्था के तीन प्रमुख आधारों में से पर्यटन एक है। जैसे ही पर्यटक व्यय करना प्रारम्भ करता है, राष्ट्रीय आय में वृद्धि प्रारम्भ हो जाती है, विशेषकर अन्तर्राष्ट्रीय पर्यटक के सम्बन्ध में यह बात अधिक सार्थक है। यही कारण है कि प्रत्येक देश अपने यहाँ अन्तर्राष्ट्रीय पर्यटन के विकास पर अधिक ध्यान दे रहा है जब एक पर्यटक होटल मालिकों, रेस्टोरेन्ट संचालकों, यात्रा संचालकों या व्यापारियों आदि को धन का भुगतान करता है, तो वह धन प्राप्तकर्ता की आय में जुड़ जाता है तथा राष्ट्रीय आय का अंश बन जाता है। राष्ट्रीय आय में होने वाली वृद्धि आर्थिक विकास का प्रधान संकेतक है।

(ii) रोजगार के अवसरों में वृद्धि—पर्यटन के विकसित होने से रोजगार की अपार सम्भावनाएं पनपती हैं, क्योंकि पर्यटन एकमात्र ऐसा श्रमजनित उद्योग है, जो अन्य सामान्य उद्योगों की तुलना में कई गुना अधिक रोजगार उत्पन्न करता है। पर्यटन के क्षेत्र में रोजगार पाने के लिये बहुत अधिक व्यावसायिक या शैक्षिक योग्यता की आवश्यकता भी नहीं होती। पर्यटन के फलस्वरूप खान-पान क्रियाओं, सेवाओं एवं निर्माण कम्पनियों सहित सभी आर्थिक क्षेत्रों की मांग में वृद्धि होती है। परिणामस्वरूप प्रत्यक्ष एवं परोक्ष रूप से रोजगार का सृजन होता है। इस प्रकार की अतिरिक्त मांग को पूरा करने के लिये अधिक श्रम की आवश्यकता पड़ती है। आय व रोजगार वृद्धि का यह चक्र तब तक चलता रहता है, जब तक यह मांग बनी रहती है। मेडेलिक के अनुसार, "पर्यटन रोजगार का एक स्रोत है, विशेषत: उन क्षेत्रों के लिये, जिनमें रोजगार के वैकल्पिक साधन सीमित मात्रा में उपलब्ध हैं।" रिचर्ड का विश्लेषण है, "पर्यटन व्यापार के प्रत्येक प्रत्यक्ष 100 कार्यों के लिये अन्य उद्योगों में अनुमानत: 63 प्रतिशत कार्य अप्रत्यक्ष रूप से पर्यटन व्यापार पर आश्रित होते हैं।"

(iii) विदेशी मुद्रा अर्जित करने का प्रमुख स्रोत—बाजार की व्यापकता, उत्पादों की विविधता, व्यक्तियों की अत्यधिक संलग्नता तथा इन सभी के ऊपर वित्तीय उपलब्धता के कारण पर्यटन एक प्रमुख आर्थिक क्रिया तथा विदेशी मुद्रा अर्जित करने का महत्वपूर्ण स्रोत बन चुका है। एक देश वस्तुओं और सेवाओं का निर्यात करके विदेशी विनिमय अर्जित करता है। ये निर्यात दो प्रकार के होते हैं—दृश्य निर्यात तथा अदृश्य निर्यात। दृश्य निर्यात, प्राथमिक अथवा औद्योगिक वस्तुओं के निर्यात की प्रक्रिया से सम्बन्धित होता है, जबकि अदृश्य निर्यात में वस्तुओं के स्थान पर सेवाओं का निर्यात किया जाता हैं। पर्यटन अदृश्य निर्यात के अन्तर्गत आता है, क्योंकि पर्यटन में मुख्य रूप से, पर्यटकों के समक्ष सेवाओं को प्रस्तुत किया जाता है। यदि इसमें वस्तुओं का विक्रय होता भी है तो उन वस्तुओं का निर्यात नहीं किया जाता। उदाहरण के लिये होटल में निर्यात आय उन वस्तुओं से प्राप्त होती है, जो कि सामान्यत: निर्यात नहीं की जाती, जैसे कि समस्त खाद्य सामग्रियां। इस प्रकार एक विदेशी पर्यटक हमारे द्वार पर ही अन्तर्राष्ट्रीय बाजार का प्रतिनिधित्व करता है। अत: यह कहना अतिशयोक्ति नहीं होगा कि पर्यटन ही एकमात्र ऐसा उद्योग है, जिसके अन्तर्गत बिना किसी वस्तु का निर्यात किये, विदेशी मुद्रा का अर्जन होता है। हाल ही के कुछ वर्षों में पर्यटन प्रधान अनेक राष्ट्रों में विदेशी मुद्रा का अर्जन तीव्र मात्रा में बड़ा है।

(iv) भुगतान सन्तुलन में सहायक—पर्यटन की विदेशी मुद्रा अर्जित करने की क्षमता या विशेषता ही, भुगतान सन्तुलन में पर्यटन के योगदान को रेखांकित करती है। किसी भी देश के

व्यापार घाटे को कम करने में पर्यटन उल्लेखनीय भूमिका निभाता है। अविकसित तथा विकासशील देशों में उत्पादन साधनों के अभाव की समस्या बनी रहती है। जिसके समाधान हेतु वह उनका विदेशों से आयात करते हैं। ऐसी दशा में उस देश की मुद्रा का एक बड़ा भाग विदेशों को चला जाता है तथा देश में भुगतान संतुलन की समस्या उत्पन्न हो जाती है। ऐसे में इस समस्या से बचाव के लिये इन देशों को एक ऐसे उद्योग की आवश्यकता पड़ती है, जिसके संचालन हेतु विदेशों से उत्पादन संयंत्र आयात करने की भी आवश्यकता न पड़े, साथ ही उसके उत्पादों के माध्यम से विदेशी मुद्रा अर्जित की जा सके। पर्यटन, एक कदम और आगे जाकर, इन देशों की अपेक्षाओं की पूर्ति करता है।

(v) राजस्व की प्राप्ति—राजस्व का सम्बन्ध कर-आगम अर्थात करों से प्राप्त होने वाली आय से है। सरकार की राजस्व आय का एक प्रमुख स्रोत पर्यटन भी है। सरकार पर्यटन उत्पादकों से, पर्यटकों हेतु क्रय करके प्रयोग की जाने वाली खान-पान सेवाओं, आवास व्यवस्था, परिवहन सेवा, मनोरंजन सेवा एवं अन्य सेवाओं पर कर प्राप्त करती है। इसके अतिरिक्त निजी वाहनों से आने वाले पर्यटकों से सरकार सड़क कर प्राप्त करती है। अर्थात सरकार पर्यटन उत्पादकों तथा पर्यटकों, दोनों से ही कर के रूप में राजस्व प्राप्त करती है। यह राजस्व केन्द्रीय, राज्य एवं स्थानीय तीनों ही सरकारों व निकायों द्वारा प्राप्त किया जाता है।

(vi) अन्य उद्योगों का विकास—पर्यटन की विशेषता यह है कि यह उद्योग अपने उत्पादों के विक्रय के लिये बाजार की व्यवस्था तो करता ही है, कुछ अन्य उद्योगों के उत्पादों के विक्रय में भी वृद्धि करता है। अर्थात अनेक उद्योगों के व्यापार का एक बड़ा भाग पर्यटकों पर आश्रित है। उदाहरण के लिये जब एक पर्यटक, पर्यटन चक्र का हिस्सा बनता है, तो पर्यटन से प्रत्यक्ष रूप से जुड़े उद्योगों, होटल, रेस्टोरेन्ट तथा यात्रा संचालक तो लाभान्वित होते ही हैं, अन्य अनेक उद्योगों को भी इससे अप्रत्यक्ष लाभ पहुंचता है। जैसे—भोज्य पदार्थों के निर्माता उद्योग, वस्त्र उद्योग, लॉन्ड्री, बीमा, बैंकिंग, कुटीर उद्योग, सौन्दर्य प्रसाधन निर्माता उद्योग, हस्त शिल्प उद्योग, प्रकाशन उद्योग एवं दूरसंचार कम्पनियां आदि। दूरसंचार कम्पनियों के व्यापारिक प्रसार में पर्यटन का बहुत बड़ा योगदान है। इसके अतिरिक्त मनोरंजन उद्योग भी पर्यटन से एक बड़ा सहयोग प्राप्त करता है।

2. पर्यटन एवं सामाजिक विकास (Tourism and Social Development)

पर्यटन किस प्रकार सामाजिक विकास का साधन बनता है, इस तथ्य को सामाजिक विकास के मापदण्डों के आधार पर समझना अधिक उद्देश्यपूर्ण होगा—

(i) आकार में वृद्धि—कोई भी व्यक्ति पहले समूह का निर्धारण करता है, समूह समुदाय में परिवर्तित हो जाता है और अन्त में समाज अन्तर्राष्ट्रीय स्तर पर विकसित हो जाता है। यही स्थिति सामाजिक विकास की सूचक होती है। पर्यटन सामाजिक विकास की इस स्थिति को साकार करने में अपना योगदान देता है। इस तथ्य को अधिक स्पष्ट रूप से इस प्रकार समझा जा सकता है—एक ऐसा स्थान है, जो किसी भी स्तर पर अपनी पहचान स्थापित नहीं कर पाया है, इसका मुख्य कारण हो सकता है—वह स्थान या तो अति दुर्गम है या अति दूरस्थ है, जिस कारण वह शेष समाज से अपना सम्पर्क स्थापित नहीं कर पाया है। अचानक ऐसे स्थान पर कोई दर्शनीय स्थल या घटना उद्घाटित हो जाती है। अर्थात वह स्थान पर्यटन के दृष्टिकोण से उपयोगी हो जाता है। इस कारण प्रारम्भ में वहाँ क्षेत्रीय लोगों का आवागमन बढ़ता है,

तत्पश्चात वहाँ अन्य क्षेत्रों के लोगों के साथ-साथ देशी-विदेशी पर्यटकों का भी आवागमन प्रारम्भ हो जाता है। इससे उस क्षेत्र में जनसंख्या का आकार व घनत्व बढ़ जाता है। जनसंख्या के आकार में होने वाली यह वृद्धि सामाजिक विकास का प्रथम मापदण्ड है, जो कि पर्यटन के माध्यम से ही सम्भव है।

(ii) दक्षता में वृद्धि—सामाजिक विकास का द्वितीय मापदण्ड दक्षता में वृद्धि है। जब सामाजिक संरचना के आकार में वृद्धि होती है, तो उस समाज के लोगों की कार्य दक्षता और कार्यकुशलता में भी वृद्धि होती है इस वृद्धि का कारण हैं—व्यक्ति के व्यक्तिगत परिश्रम तथा कार्य या उपलब्धि को मान्यता। किसी स्थान पर पर्यटन का विकास होने से वहाँ के निवासियों की विचारधारा, क्षेत्रीय भावना को त्यागकर राष्ट्रीय तथा अन्तर्राष्ट्रीय भावना को अपना लेती है। व्यक्ति नये व्यवसाय अपना लेता है, व्यवसाय में सफलता प्राप्त करने के लिये कठिन परिश्रम करता है तथा पर्यटकों को अपनी ओर आकर्षित करने के लिये नये-नये तरीके अपनाता है। इस प्रकार, व्यक्ति की दक्षता एवं कार्यकुशलता में वृद्धि होती है, जो कि सामाजिक विकास की एक अनिवार्य विशेषता या लक्षण है।

(iii) सहयोग में वृद्धि—यद्यपि सहयोग, प्रतिस्पर्धा और संघर्ष, ऐसी सामाजिक प्रक्रियायें हैं, जो प्रत्येक समाज में किसी न किसी मात्रा एवं रूप में अनिवार्य रूप से संचालित होती रहती हैं, तथापि वही समाज सामाजिक विकास की दौड़ में आगे निकल सकता है, जो संघर्ष और प्रतिस्पर्धा का न्यूनतम मात्रा में सामना करते हुए अधिकाधिक सहयोग को प्रोत्साहन दे। किसी भी क्षेत्र में पर्यटन का विकास तब तक सम्भव नहीं हो सकता, जब तक कि उस क्षेत्र के निवासियों तथा पर्यटकों के मध्य सहयोग, सहकारिता और सामूहिकता के सम्बन्ध स्थापित न हों। चूँकि किसी भी पर्यटन स्थल पर आने वाला कोई भी पर्यटक वह बाहरी व्यक्ति होता है, जो कुछ निश्चित उद्देश्यों की प्राप्ति हेतु अल्प अवधि के लिये वहाँ आता है। अतः अपनी सुरक्षा तथा निर्धारित उद्देश्यों की पूर्ति हेतु वह मेजबानों (पर्यटन से जुड़े स्थानीय लोग) को सहयोग देता तथा लेता है।

दूसरी ओर, मेजबानों के लिये पर्यटन उनकी आय का स्रोत होता है तथा पर्यटक उनके लिये ग्राहक के रूप में होता है। इसलिये वह भी पर्यटकों को पूर्ण सहयोग प्रदान करता है।

(iv) स्वाधीनता में वृद्धि—लोगों की बढ़ती स्वाधीनता और आत्मनिर्भरता को सामाजिक विकास का महत्वपूर्ण लक्षण या मापदण्ड माना जाता है। अर्थात जैसे-जैसे सामाजिक विकास होता है, वैसे-वैसे लोगों की व्यक्तिगत, आर्थिक, राजनैतिक स्वाधीनताओं में वृद्धि होती जाती है। जब पर्यटन के विकास से किसी क्षेत्र की सामाजिक संरचना और वहाँ की जनसंख्या के आकार में वृद्धि होने लगती है, तब वहाँ के निवासियों के सामने आर्थिक प्रतिस्पर्धा उत्पन्न हो जाती है। आर्थिक प्रतिस्पर्धा का सफलतापूर्वक सामना करने के लिये लोग अपने व्यवसाय तथा व्यवहार में अधिक दक्षता तथा कुशलता प्राप्त करने का प्रयास करते हैं। साथ ही उनका जीवन अनेक इकाइयों के सहयोग पर निर्भर करने लगता है, इससे लोगों में सामूहिकता, सहकारिता और सहयोग की भावना जन्म लेती है। फलस्वरूप व्यक्तियों की सोच का दायरा व ज्ञान का स्तर बढ़ने लगता है। यह वृद्धि लोगों को अपने अधिकार व दायित्वों के प्रति जागरूक कर देती है। लोगों में स्वाधीनता की भावना बढ़ती है। वे लिंग, विवाह, शिक्षा, व्यवसाय, धर्म या जीवन शैली के सम्बन्ध में स्वतन्त्र निर्णय लेने का प्रयास करते हैं।

3. पर्यटन और धार्मिक विकास (Tourism and Religious Development)

धर्म का सम्बन्ध मनुष्य के व्यक्तिगत जीवन से है, सामाजिक जीवन से नहीं। व्यक्तिगत जीवन का 'राम', 'रहीम', 'सतनाम', या 'पीटर' सामाजिक जीवन में केवल मनुष्य होता है। जब एक व्यक्ति पर्यटन पर निकलता है, वहाँ से उसका सामाजिक जीवन प्रारम्भ हो जाता है। मानसिक सुख और शान्ति की खोज में निकलने वाला पर्यटक जब एक सार्वजनिक वाहन में यात्रा प्रारम्भ करता है, तब उसके मनोरंजन के साधन, उस वाहन में उपस्थित अन्य यात्री होते हैं। यात्रा के दौरान सभी पर्यटक एक-दूसरे का मनोरंजन करते हैं, एक-दूसरे की खाद्य सामग्री का सामूहिक उपभोग करते हैं तथा एक-दूसरे के सुख-दुख के सहभागी बनते हैं। इन सम्बन्धों में धार्मिक संकीर्णता का कोई स्थान नहीं रहता। इसी प्रकार पर्यटन स्थल पर पहुंचने पर सेवाएं प्रदान करने वाले मेजबान के सामने उपस्थित पर्यटक एक ग्राहक होता है। इस प्रक्रिया में दोनों ही पक्ष धर्म को आधार नहीं बनाते हैं। इसी प्रकार टूरिस्ट गाइड भी पर्यटक के धर्म में रुचि लिये बिना उसे ग्राहक के रूप में सर्वश्रेष्ठ सुविधाएं देने का प्रयास करता है, ताकि पर्यटक भविष्य में भी उसकी सेवाएं लेने में रुचि दिखाये। अपने व्यावहारिक अनुभव के आधार पर पर्यटक तथा मेजबान के एक बार स्थापित अच्छे सम्बन्ध भविष्य में भी बने रहते हैं। इसका कारण इन दोनों का एक-दूसरे के प्रति विश्वास तथा आत्मीयता की भावना होती है, जो धार्मिक संकीर्णता से परे होती है तथा पर्यटन के कारण विकसित होती है। दूसरे शब्दों में पर्यटन, धार्मिक संकीर्णता का उन्मूलन करके, धार्मिक सौहार्द, विश्वास तथा आत्मीयता की भावना की स्थापना करता है, फलस्वरूप धार्मिक विकास प्रोत्साहित होता है।

4. पर्यटन और सांस्कृतिक विकास (Tourism and Cultural Development)

सांस्कृतिक विकास ही वह कारक है, जो विभिन्न देशों के मध्य व्याप्त दूरी को कम करते हुए उन्हें निकट लाता है तथा उनके मध्य सामाजिक-आर्थिक प्रक्रिया प्रारम्भ करता है। सांस्कृतिक विकास में अनेक कारक अपनी भूमिका निभाते हैं, जैसे—औद्योगीकरण, नगरीकरण, शिक्षा का विकास, यातायात एवं संचार साधनों का विकास आदि। ये सभी कारक विभिन्न संस्कृतियों के मध्य सम्पर्क की स्थापना करते हैं। इस रूप में पर्यटन भी सांस्कृतिक विकास का एक महत्वपूर्ण कारक है, क्योंकि पर्यटन का मूल आधार राष्ट्रीय एवं अन्तर्राष्ट्रीय स्तर पर की जाने वाली यात्राएं हैं। ये यात्राएं विभिन्न संस्कृतियों में समन्वय स्थापित करके सांस्कृतिक विकास का कारण बनती हैं। उदाहरणार्थ, मान लीजिये, कोई अमेरिकी पर्यटक भारत के किसी पर्वतीय स्थल पर पर्यटन के उद्देश्य से पहुँचता है। यहाँ पहुँचकर वह किसी होटल में ठहरता है, रेस्टोरेन्ट में जलपान या भोजन ग्रहण करता है, बाजार से खरीदारी करता है तथा कुछ दर्शनीय स्थलों का परिचय प्राप्त करता है। इस पर्यटन भ्रमण के दौरान, उस पर्वतीय स्थल के परम्परावादी निवासी, पश्चिमी संस्कृति के वाहक उस अमेरिकी पर्यटक के रहने, खाने-पीने, बोलने, चलने, व्यवहार, भाषा और ज्ञान के तरीकों तथा उसके वस्त्रों या फैशन को देखते हैं तथा प्रभावित होकर उसकी इस संस्कृति के कुछ तत्वों को ग्रहण कर लेते हैं। दूसरी ओर पर्यटक भी, जो भौतिक संस्कृति का वाहक है, पर्यटन स्थल के निवासियों के आतिथ्य, मधुर व्यवहार, विश्वासों, परम्पराओं, प्रथाओं, ईश्वर या धर्म के प्रति आस्था तथा नैतिकता के दर्शन करता है तथा इनसे प्रभावित होकर कुछ बातों को ग्रहण करता है। सांस्कृतिक आदान-प्रदान की यह प्रक्रिया विदेशों में जाने वाले भारतीय पर्यटकों पर भी लागू होती है। यह पर्यटन का ही परिणाम है कि आज एशियाई देश, अपनी संस्कृति के रूढ़िवादी मूल्यों को त्यागकर, पश्चिमी

देशों की संस्कृति के आधुनिक और उपयोगितावादी मूल्यों को ग्रहण कर रहे हैं, तो दूसरी ओर पश्चिमी देश भी अपनी भौतिक संस्कृति के आडम्बर को त्याग कर, एशियाई देशों की अभौतिक संस्कृति को अपनाने लगे हैं।

सांस्कृतिक विकास में सबसे उल्लेखनीय भूमिका सांस्कृतिक पर्यटन ने निभायी है। सांस्कृतिक पर्यटन से, किसी भी देश के सांस्कृतिक जीवन का विश्व स्तर पर प्रचार-प्रसार होता है। किसी भी देश या क्षेत्र के ऐतिहासिक अवशेष, कला वीथिकाएं, संगीत गृह, पुस्तकालय, लोकनृत्य, त्योहार, मेले और मान्यताएं उस देश या क्षेत्र में सांस्कृतिक पर्यटन के क्षेत्र का निर्माण करते हैं। सांस्कृतिक पर्यटन में रुचि रखने वाले पर्यटक सम्बन्धित क्षेत्र या देश की संस्कृति का ज्ञान अपनी अमूल्य धरोहर के रूप में अपने मन-मस्तिष्क में सदा के लिये संजोकर ले जाते हैं। इससे सम्पूर्ण विश्व में प्रत्येक संस्कृति का प्रचार-प्रसार होता है तथा सांस्कृतिक विकास होता है।

5. पर्यटन और शैक्षिक विकास (Tourism and Educational Development)

शैक्षिक विकास के लिये प्रत्येक देश अपने-अपने स्तर पर पर्याप्त प्रयास कर रहा है, किन्तु विश्व स्तर पर शैक्षिक विकास में पर्यटन भी अपनी भूमिका निभा रहा है। यद्यपि शैक्षिक विकास में पर्यटन की भूमिका इतनी प्रभावशाली नहीं हो सकती, जितनी कि सामाजिक, आर्थिक या सांस्कृतिक विकास में, किन्तु शैक्षिक विकास में इसकी जितनी भी भूमिका है, वह उपयोगी है, इसका और विस्तार किया जा सकता है। अन्तर्राष्ट्रीय शैक्षिक पर्यटन के द्वारा दो देश, एक-दूसरे की शिक्षा पद्धति, शिक्षा की उपयोगिता, शिक्षा के क्षेत्र, शैक्षणिक योजनाओं तथा शैक्षिक कमियों से अवगत होते हैं। अन्तर्राष्ट्रीय स्तर पर होने वाले शैक्षिक सम्मेलन, सभाएं और संगोष्ठियां शैक्षिक विकास के दृष्टिकोण से सर्वाधिक उपयोगी पायी गयी हैं। इस प्रकार के शैक्षिक आयोजनों द्वारा शिक्षा क्षेत्र के विभिन्न देशों के विद्वान अपने देश की शिक्षा पद्धति तथा योजनाओं पर प्रकाश डालते हैं तथा अन्य देशों की शिक्षा व्यवस्था की उपयोगिता का ज्ञान प्राप्त करते हैं। इस प्रकार शैक्षिक पर्यटन के माध्यम से अन्य देशों की शिक्षा व्यवस्था से अन्तर्दृष्टि प्राप्त करके, शिक्षा को अधिक उपयोगी तथा शिक्षा के क्षेत्र को अधिक व्यापक बनाने में सहायता मिलती है।

प्रायः देखने में आता है कि, अपने देश से प्राप्त शोधवृत्तियों या छात्रवृत्तियों के आधार पर छात्रों के समूह अन्य देशों में शोधकार्य या अध्ययन हेतु पहुँचते हैं तथा अपने देश में आकर शिक्षा का प्रचार-प्रसार करते हैं। इससे देश में शिक्षा के नये स्वरूप को ग्रहण करने में सहायता मिलती है। वर्तमान में विकासशील देशों में शिक्षा के पारम्परिक स्वरूप में जो थोड़े-बहुत परिवर्तन देखने को मिल रहे हैं, उनमें शैक्षिक विकास हेतु सरकारी प्रयासों के अतिरिक्त शैक्षिक पर्यटन का भी योगदान है। यहाँ यह भी उल्लेखनीय है कि शैक्षिक भ्रमणों का एक बड़ा भाग सरकारी योजनाओं का अंग होता है। यहाँ पर एक और घटना का उल्लेख करना अन्यथा न होगा। भारत ने शैक्षिक भ्रमणों के द्वारा विकसित देशों से तकनीकी और व्यावसायिक शिक्षा को ग्रहण किया है, अपनी शिक्षा व्यवस्था को, परम्परा के दायरे से बाहर निकालकर उसे रोजगारपरक बनाया है, यह भी सर्वविदित है कि सम्पूर्ण विश्व में भारत, परम्परागत और आध्यात्मिक शिक्षा (विशेषकर ज्योतिष, आयुर्वेद और दर्शन) का केन्द्र रहा है। अनेक पश्चिमी देशों ने भारत की इस परम्परागत शिक्षा का मूल्यांकन करके ज्योतिष, आयुर्वेद और दर्शन जैसे विषयों को अपने पाठ्यक्रम का हिस्सा बनाया है। इस कार्य में शैक्षिक भ्रमणों ने सबसे अधिक

महत्वपूर्ण भूमिका का निर्वहन किया है। अत: इस तथ्य को सर्वमान्यता के साथ स्वीकार किया जा सकता है कि पर्यटन विशेषकर, शैक्षिक पर्यटन, शैक्षिक विकास का एक सशक्त माध्यम है। अत: यह आवश्यक है कि शैक्षिक विकास तथा शिक्षा को विश्वस्तरीय स्वरूप प्रदान करने हेतु शैक्षिक पर्यटन को सभी देशों द्वारा अधिकाधिक प्रोत्साहन दिया जाये।

6. पर्यटन और अवस्थापना विकास (Tourism and Infrastructure Development)

पर्यटन, अवस्थापना विकास के भी महत्वपूर्ण कारकों में से एक है। पर्यटन प्रत्यक्ष एवं अप्रत्यक्ष रूप से अवस्थापना सुविधाओं के विस्तार में योगदान देता है। वैसे तो प्रत्येक देश, राज्य या क्षेत्र में अवस्थापना सुविधाओं का विकास करना प्रत्येक सरकार का परम लक्ष्य होता है और सरकार प्राथमिकता के साथ इस क्षेत्र में कार्य करती है, क्योंकि जब तक किसी देश की अवस्थापना सुविधाएं सुदृढ़ एवं लोक कल्याणकारी नहीं होंगी, विकसित नहीं होंगी, तब तक अन्य क्षेत्रों में किये जाने वाले विकास कार्यों का न तो कोई औचित्य होगा और न ही लाभ। अवस्थापना सुविधाओं के विकास के अभाव में किसी भी देश में आर्थिक, सामाजिक, राजनैतिक, शैक्षिक एवं पर्यावरणीय क्षेत्रों के विकास में सफलता प्राप्त नहीं की जा सकती, क्योंकि अवस्थापना विकास इन सभी क्षेत्रों में विकास कार्यों में सफलता प्राप्त करने की पूर्व आवश्यक शर्त है। अवस्थापना विकास का सम्बन्ध मानव की प्राथमिक आवश्यकताओं की संतुष्टि से है। जब मानव की प्राथमिक आवश्यकताएं ही संतुष्ट नहीं होंगी, तब अन्य क्षेत्रों में मानव के विकास की कल्पना भी कैसे की जा सकती है। अवस्थापना विकास के अन्तर्गत ऊर्जा, परिवहन, सूचना एवं प्रसारण, स्वास्थ्य एवं चिकित्सा, जल संसाधन, स्वच्छता एवं बैंकिंग, बीमा, डाकघर तथा बाजार सुदृढ़ीकरण आदि सेवाओं और सुविधाओं के विकास को सम्मिलित किया जाता है।

7. पर्यटन और पर्यावरणीय विकास (Tourism and Environmental Development)

पर्यावरणीय विकास में पर्यटन की भूमिका को इसके (पर्यावरणीय विकास) तत्वों के आधार पर समझा जा सकता है—

समन्वित विकास (Integrated Development)

जब किसी स्थान पर औद्योगिक व्यवस्था विकसित होती है तो उससे आर्थिक विकास को तो बल प्राप्त होता है, किन्तु उस स्थान पर अन्य अनेक आर्थिक (बेरोजगारी, पूँजीवाद तथा श्रमिक असंतोष आदि), सामाजिक (वेश्यावृत्ति, वर्ग संघर्ष एवं स्वास्थ्य सम्बन्धी समस्याएं आदि), प्रदूषण (जल, वायु एवं ध्वनि प्रदूषण आदि) तथा सांस्कृतिक (सांस्कृतिक संघर्ष) समस्याएं जन्म लेने लगती हैं। किन्तु पर्यटन एक मात्र ऐसा उद्योग है, जो न्यूनतम मात्रा में कुछ समस्याएं उत्पन्न करता है, अन्यथा समग्र विकास में सहभागी बनता है। साथ ही पर्यटन औद्योगिक प्रतिस्पर्धा से परे, अन्य अनेक उद्योगों के लिये बाजार की व्यवस्था करता है।

संतुलित विकास (Balanced Development)

पर्यटन एक ऐसा उद्योग है जो सभी वर्गों के लिये रोजगार के अवसर तो उपलब्ध कराता ही है, पर्यावरण संरक्षण को अपने विकास का आधार भी बनाता है। पर्यटन के क्षेत्र में शिक्षित एवं

समृद्ध वर्ग परिवहन, आवास, भोजन, व्यापार तथा अन्य सेवाओं के रूप में रोजगार प्राप्त कर सकता है तो निर्धन वर्ग कुली, गाइड, विभिन्न पर्यटक सेवाओं में सेवक तथा सरकार से आर्थिक सहायता प्राप्त करके छिट-पुट व्यापार कर सकता है। पर्यटन जहाँ नगरीय क्षेत्रों के विकास में योगदान देता है, वहीं यह ग्रामीण क्षेत्रों के विकास में भी सहभागी बनता है और पर्यावरण संरक्षण को सहायता प्रदान करता है, विशेषकर—ईको-टूरिज्म, स्वास्थ्य पर्यटन, साहसिक पर्यटन और प्राकृतिक स्थलों के पर्यटन के माध्यम से। ईको-टूरिज्म का उद्‌विकास तो हुआ ही पर्यावरण संरक्षण के उद्‌देश्य से है। सामान्यत: ईको-टूरिज्म का अर्थ जो लगाया जाता है, वह है—'Tourism with Ecological Safety' अर्थात पर्यावरण को संरक्षित रखते हुए पर्यटन करना। दुर्गम एवं अति दुर्गम क्षेत्रों में, लोगों के पास रोजगार के साधनों अर्थात धनोपार्जन के साधनों का नितान्त अभाव रहता है। ऐसे में अपनी आजीविका चलाने के लिये ये लोग प्राकृतिक संसाधनों का अवैज्ञानिक दोहन करके अपने लिये रोजी-रोटी की व्यवस्था करते हैं। चूँकि अधिकांश दुर्गम तथा अति दुर्गम क्षेत्र प्राकृतिक सौन्दर्य से भरपूर विलक्षण संस्कृतियों के केन्द्र होते हैं। अत: इन क्षेत्रों में ईको-टूरिज्म के विकास की अपार सम्भावनायें विद्यमान रहती हैं। वर्तमान में ऐसे क्षेत्रों में ईको-टूरिज्म का विकास हो भी रहा है। ईको-टूरिज्म प्राकृतिक किन्तु दूरस्थ स्थानों की वह यात्रा है जो पर्यावरण संरक्षण को आगे बढ़ाते हुए, स्थानीय निवासियों हेतु रोजगार की व्यवस्था करती है। साथ ही इसके माध्यम से पर्यटक प्राकृतिक दृश्यों का अवलोकन करके आनन्द तो प्राप्त करता ही है, स्थानीय संस्कृति का परिचय भी प्राप्त करता है। इस प्रकार ईको-टूरिज्म पूर्ण रूप से संतुलित विकास तथा पर्यावरण संरक्षण का अस्त्र है।

सतत विकास (Sustainable Development)

चूँकि पर्यटन समन्वित विकास तथा संतुलित विकास का प्रभावशाली माध्यम है। अत: यह स्वाभाविक रूप से सतत विकास का भी कारक बन जाता है। पर्यटन पर्यावरण संरक्षण के माध्यम से पारिस्थितिकी तन्त्र के तत्वों का संचय करता है, उनका रखरखाव करता है, पुनर्स्थापन करता है और दीर्घ अवधि तक उनके प्रयोग को सुनिश्चित करता है। यही सतत विकास के उद्‌देश्य भी हैं। विशेषकर ईको-टूरिज्म तो सतत विकास का ब्रह्मास्त्र है और यह भविष्य में सतत विकास का अति उपयोगी माध्यम बन जायेगा, ऐसी अपेक्षा की जा सकती है। सतत विकास के लिये पर्यावरण संसाधनों तथा समाप्त हो जाने वाले प्राकृतिक संसाधनों सहित समस्त संसाधनों के स्टॉक को सुरक्षित रखने की आवश्यकता पड़ती है। पर्यटन कुशलतापूर्वक इन कार्यों को कर रहा है। इसी कारण विकसित देशों की तुलना में विकासशील देशों में पर्यटन के विकास पर अधिक ध्यान दिया जा रहा है। इसका कारण यही है कि ये देश वर्तमान में ही संसाधनों की कमी का सामना कर रहे हैं। ऐसे में भावी पीढ़ियों का क्या होगा? ऐसे में, इन देशों की संसाधनों के अभाव की समस्या के समाधान का विकल्प पर्यटन ही है जो इन देशों की विद्यमान पीढ़ी की आवश्यकताओं की तो पूर्ति कर ही रहा है, भविष्य के लिये (आगामी पीढ़ियों के लिये) भी संसाधनों की उपलब्धता का मार्ग प्रशस्त कर रहा है।

8. पर्यटन और महिलाओं का विकास (Tourism and Development of Women)

पर्यटन का प्रारम्भ यात्रा से होता है। कष्टकारी यात्रा से बचने हेतु पर्यटक ट्रेवल एजेन्सियों तथा ट्रेवल एजेन्ट्स के माध्यम से, यात्रा का आरक्षण करवा लेते हैं। न केवल इन ट्रेवल एजेन्सियों में

असंख्य महिलाएं, कर्मचारी के रूप में कार्यरत हैं, बल्कि बहुत सी ट्रेवल एजेन्सियों का स्वामित्व ही महिलाओं के पास है। जब कोई पर्यटक हवाई यात्रा का मार्ग चुनता है तो वायुयान में उसकी सेवा सुन्दर एवं व्यवहार कुशल विमान परिचारिकाओं अर्थात एयर होस्टेस द्वारा ही की जाती है। चूँकि हवाई यात्रा का मूल्य अपेक्षाकृत महंगा होता है तथा प्रत्येक पर्यटक इस खर्च के एवज में मानसिक संतोष देने वाली सेवाएं प्राप्त करने का इच्छुक होता है। अत: ये सेवाएं विमान परिचारिकाओं द्वारा ही प्रदान की जाती हैं। क्या कोई पुरुष, पुरुष पर्यटकों को इतना अधिक मानसिक संतोष प्रदान कर सकता है? कदापि नहीं। विमान पत्तनों और रेलवे स्टेशनों पर प्राय: महिला उद्घोषक, यात्रियों हेतु यात्रा संचालन के नियमों और सुविधाओं की जानकारी देती हैं। सम्भवत: यात्रियों द्वारा यहाँ भी महिलाओं की आवाज को अधिक महत्व दिया जाता है। चूँकि वर्तमान में, विश्व में प्रतिदिन की यात्राओं के एक बड़े भाग का सम्बन्ध पर्यटन से है। अत: एयर होस्टेस या उद्घोषक के रूप में महिलाओं द्वारा प्रदत्त सेवाओं को पर्यटन के परिप्रेक्ष्य में देखना अनुचित नहीं है। पर्यटन स्थलों पर विभिन्न पर्यटक आवासों के अतिथि स्वागतकर्ता (Receptionist) पद पर हम प्राय: महिलाओं को आसीन देखते हैं और इनके द्वारा प्रदत्त सर्वश्रेष्ठ सेवाओं का लाभ उठाते हैं। पर्यटन स्थल पर स्थापित विभिन्न सूचना केन्द्रों में महिला कर्मचारियों/अधिकारियों को सेवाएं प्रदान करते देखा जा सकता है। चूँकि पर्यटन स्थल पर आने वाले पर्यटकों में पुरुष ही नहीं, महिलायें भी होती हैं, इसीलिये प्रत्येक पर्यटन स्थल पर पर्यटकों की सुरक्षा हेतु पुरुष पुलिस के साथ महिला पुलिस को भी तत्परतापूर्वक सेवा प्रदान करते देखा जा सकता है। पर्यटन स्थलों पर व्यापारिक प्रतिष्ठानों का संचालन प्राय: महिला-पुरुष (अर्थात प्रतिष्ठान स्वामी पति-पत्नी या अन्य सम्बन्धी) द्वारा संयुक्त रूप से किया जाता है। इसका कारण यही है कि एक महिला पर्यटक की सुरक्षा सम्बन्धी समस्याओं को एक महिला पुलिस या एक महिला पर्यटक रूपी ग्राहक की आवश्यकताओं को एक महिला दुकानदार ही अधिक सही ढंग से समझ सकती है।

इसके अतिरिक्त ईको-टूरिज्म तो प्रधान रूप से महिलाओं के विकास का सशक्त कारक है। ईको-टूरिज्म, सम्बन्धित क्षेत्र में स्थानीय निवासियों के लिये पर्यटन सम्बन्धी रोजगार की व्यवस्था करने में सहायक है। इसके माध्यम से स्थानीय महिलायें न केवल स्थानीय वस्तुओं के विक्रय तथा छोटे-छोटे भोजनालय जैसे व्यवसाय प्रारम्भ कर सकती हैं, बल्कि पर्यटकों के सम्पर्क में आकर अपने व्यक्तित्व का भी विकास कर सकती हैं और ऐसा हो भी रहा है। ईको-टूरिज्म का दूसरा मुख्य उद्देश्य स्थानीय धर्म एवं संस्कृति का परिचय प्राप्त करना (पर्यटकों द्वारा) है। यह स्पष्ट ही है कि महिला समाज ही धर्म और संस्कृति को संजोकर रखे हुए है। ऐसे में पर्यटकों को स्थानीय धर्म और संस्कृति का ज्ञान महिलाओं से श्रेष्ठ कौन प्रदान कर सकता है। ईको-टूरिज्म पर्यावरण संरक्षण पर बल देता है। ग्रामीण एवं पर्वतीय क्षेत्रों की महिलाओं का पर्यावरण के साथ बड़ा निकट का सम्बन्ध होता है। ये महिलायें खेत-खलिहानों और जंगलों में दिन भर कार्य करती हैं, वहाँ से गन्दगी हटाती हैं तथा प्राकृतिक पर्यावरण को संरक्षित बनाये रखने में अमूल्य योगदान देती हैं। महिलाओं के इस अनौपचारिक कार्य को उनके रोजगार में परिवर्तित किया जा सकता है।

समग्र विकास में पर्यटन की सीमाएं
(Limitations of Tourism in Total Development)

'पर्यटन एवं विकास' के अभी तक प्रस्तुत किये गये विश्लेषण के आलोक में स्पष्ट है कि पर्यटन, समग्र विकास का एकमात्र कारक तो नहीं है, किन्तु यह समग्र विकास में अतिमहत्वपूर्ण भूमिका निभाता है। पर्यटन ही एकमात्र ऐसा उद्योग है जो आर्थिक विकास को आगे बढ़ाता है तो सामाजिक, सांस्कृतिक, धार्मिक विकास को भी प्रोत्साहित करता है, पर्यावरण विकास का मार्ग प्रशस्त करता है तो महिलाओं के विकास के भी नये आयाम प्रस्तुत करता है। जहाँ यह विकसित देशों की आय में वृद्धि करता है, वहीं इससे और एक कदम आगे जाकर विकासशील देशों को संसाधनों की कमी से मुक्ति दिलाता है। सतत विकास की स्थापना करने का तो पर्यटन अद्वितीय साधन है ही। विश्व स्तर पर पर्यटन के क्षेत्र में आ रहा विस्तार इसके महत्व को रेखाकित करने के लिये पर्याप्त है। परन्तु ऐसा भी नहीं है कि पर्यटन का क्षेत्र पूर्णतया त्रुटि रहित हो, समग्र विकास में इसकी भूमिका शत प्रतिशत सहगामी हो। चूँकि पर्यटन अपेक्षाकृत एक नवीन उद्योग है, पूर्णत: मानवकृत या मनुष्य द्वारा संचालित होने वाली प्रक्रिया है। अत: इसके कुछ कार्य (या उत्पाद) ऐसे भी हैं जो समग्र विकास को कहीं न कहीं बाधा पहुँचाते हैं या अपेक्षित परिणाम उत्पन्न नहीं कर पाते हैं। इसके यही कार्य समग्र विकास में पर्यटन की सीमाओं के रूप में स्वीकार किये जा सकते हैं। इन सीमाओं का संक्षिप्त उल्लेख करना आवश्यक है ताकि सीमाओं का उन्मूलन करके समग्र विकास में पर्यटन की भूमिका को और अधिक उपयोगी बनाया जा सके।

1. सामाजिक-सांस्कृतिक सीमाएं (Socio-Cultural Limitations)

यद्यपि पर्यटन सामाजिक-सांस्कृतिक विकास का प्रभावी कारक है, तथापि कहीं न कहीं, यह कुछ मात्रा में सामाजिक-सांस्कृतिक समस्याएं भी उत्पन्न करता है। किसी भी पर्यटन स्थल पर भिन्न संस्कृतियों और सामाजिक मूल्यों के वाहक पर्यटकों का निरन्तर आगमन होता रहता है। इस स्थिति में मेजबानों (पर्यटन स्थल के निवासी) और पर्यटकों के सामाजिक-सांस्कृतिक मूल्यों में भिन्नता का पाया जाना स्वाभाविक है। यही भिन्नता अनेक सामाजिक-सांस्कृतिक समस्याओं की जननी बन जाती है। पर्यटन प्रसार की प्रक्रिया में हमें प्राय: जिन सामाजिक-सांस्कृतिक समस्याओं का सामना करना पड़ता है, उनमें से प्रमुख हैं—

(i) यौन समस्याएं—पर्यटन को यौन समस्याओं में वृद्धि का एक बड़ा कारण माना जाता है। यौन समस्याएं प्राय: धार्मिक पर्यटन स्थलों पर अधिक मात्रा में उत्पन्न होती हैं। यद्यपि प्रत्येक स्तर के पर्यटन स्थलों पर यौन समस्याएं देखने में आती हैं। आज विश्व में सर्वाधिक संख्या ऐसे पर्यटकों की है, जो मनोरंजन एवं आमोद-प्रमोद के उद्देश्य से भ्रमण पर निकलते हैं। स्वच्छन्द तथा चंचल स्वभाव के व्यक्ति तथा वे लोग जो अपने दैनिक जीवन की भाग-दौड़ से स्वयं को थका हुआ अनुभव करते हैं, प्राय: मनोरंजन, मस्ती, आमोद-प्रमोद तथा शरीर को तरो-ताजा करने के उद्देश्य से भ्रमण पर निकलते हैं। पर्यटन स्थल पर पहुँचकर ऐसे लोग होटलों में ठहरते हैं तथा अनैतिक यौन सुविधा की तलाश करते हैं। होटल ऐसे लोगों की इस इच्छापूर्ति के महत्वपूर्ण साधन हैं। बहुत से होटल अधिक आय की तलाश में पर्यटकों को यौन सुख उपलब्ध कराते हैं। इन होटलों का कॉलगर्ल तथा वेश्याओं से पहले से ही सम्पर्क रहता है। यद्यपि होटलों के अतिरिक्त कुछ अन्य स्थान भी पर्यटकों की इस इच्छापूर्ति के माध्यम

बनते हैं। पर्यटकों तथा कॉलगर्ल या वेश्याओं के इस अनैतिक समागम से न केवल पर्यटक अनेक यौन रोग अपने साथ ले जाता है, बल्कि पर्यटन स्थल पर यौन रोग छोड़ भी जाता है। इसके अतिरिक्त, इस व्यवसाय में संलिप्त युवतियाँ पर्यटन स्थल की अस्मिता के लिये भी चुनौती उत्पन्न करती हैं। अपने व्यापार का विस्तार करने के लिये ऐसी युवतियाँ अन्य स्थानीय युवक-युवतियों को भी अपनी ओर आकर्षित करती हैं। इस प्रकार धीरे-धीरे पर्यटन स्थल देह व्यापार का भी केन्द्र बन जाते हैं।

(ii) अपराधों में वृद्धि—यद्यपि यौन समस्याएं भी एक सामाजिक अपराध के रूप में ही सामने आती हैं, किन्तु इसके अतिरिक्त पर्यटन अनेक अपराधों को भी जन्म देता है। किसी स्थान पर पर्यटन के विकसित होने से उस स्थान पर लूटपाट, राहजनी, छेड़खानी, अश्लीलता, बाल शोषण तथा काले धन का प्रसार जैसे अनेक सामाजिक-आर्थिक अपराधों में वृद्धि होती है। हत्या जैसे जघन्य अपराध भी प्राय: पर्यटन स्थलों पर देखने को मिलते हैं। प्राय: लूट के उद्देश्य से होटलों के कमरों में पर्यटकों की हत्या के मामले प्रकाश में आते रहते हैं। पर्यटन स्थल पर उपस्थित होटलों में ऐसे लोग अपना गलत पता अंकित कराकर प्रवेश करते हैं और आत्महत्या कर लेते हैं। इस प्रकार पर्यटन स्थल सामाजिक-सांस्कृतिक-आर्थिक और वैयक्तिक अपराधों के केन्द्र बन जाते हैं।

(iii) नशाखोरी का प्रचलन—नशाखोरी से तात्पर्य है—मद्यपान (Alcoholism) और मादक द्रव्य व्यसन (Drug Addiction)। मद्यपान के अन्तर्गत शराब के उपयोग को सम्मिलित किया जाता है। मद्यपान बड़ी समस्या नहीं है, न ही पर्यटन को शराब के प्रचलन को प्रोत्साहित करने के लिये उत्तरदायी माना जा सकता है। फिर भी पर्यटन शराब की तस्करी के लिये उत्तरदायी है। कुछ तस्कर पर्यटक बनकर शराब की तस्करी करते हैं तथा पर्यटन स्थल के लिये अनेक समस्याएं उत्पन्न करते हैं। इसके अतिरिक्त धार्मिक केन्द्रों के पर्यटन स्थल के रूप में विकसित होने की स्थिति में वहाँ पर शराब का प्रचलन बढ़ जाता है, शराब की अनेक दुकानें खुल जाती हैं। इससे आस्था के केन्द्र इन धार्मिक स्थलों की पौराणिक छवि को ठेस पहुँचती है। दूसरी ओर पर्यटन मादक द्रव्य व्यसन के संवर्द्धन के लिये अधिक उत्तरदायी है। अफीम, कैफीन, कोकीन, हेरोइन, भाँग, चरस एवं गांजा इत्यादि मादक द्रव्यों में सम्मिलित किये जाते हैं। मादक द्रव्य व्यसन प्राणघातक होता है। अत: इसके व्यापार और सेवन को विश्व स्तर पर प्रतिबंधित किया जा चुका है। चूँकि मादक द्रव्य मनुष्य को क्षणिक किन्तु असीम आनन्द प्रदान करते हैं, इसलिये इनकी माँग निरन्तर बनी रहती है तथा इस माँग की पूर्ति के लिये इन मादक द्रव्यों का अवैध रूप से उत्पादन और व्यापार किया जाता है। यद्यपि मादक द्रव्य व्यसन के प्रमुख केन्द्र पश्चिमी देश रहे हैं किन्तु वर्तमान में विश्व का सम्पूर्ण युवा वर्ग इसकी चपेट में आ चुका है। मादक द्रव्य तस्कर पर्यटक बनकर पर्यटन स्थलों पर पहुँचते हैं तथा इसके व्यापार में संलग्न व्यापारियों को मादक द्रव्यों की आपूर्ति करते हैं। इन व्यापारियों द्वारा पर्यटकों को तो मादक द्रव्य उपलब्ध कराये ही जाते हैं, ये व्यापारी स्थानीय युवक-युवतियों को भी मादक द्रव्यों का व्यसनी बना देते हैं। अधिकांश पर्यटन स्थल मादक द्रव्यों की आपूर्ति और बिक्री के प्रमुख केन्द्र बन चुके हैं। स्थानीय युवक-युवतियों को मादक द्रव्यों के प्रयोग की प्रेरणा ऐसे पर्यटकों से मिलती है, जो मादक द्रव्यों के प्रयोग को शोभाचार (Fashion) समझते हैं तथा खुलेआम सड़कों पर इनका सेवन करते हैं।

इसके अतिरिक्त पर्यटन सांस्कृतिक प्रदूषण भी उत्पन्न करता है। पर्यटन की प्रक्रिया में विभिन्न संस्कृतियाँ परस्पर सम्पर्क के माध्यम से जहाँ अच्छाइयों को ग्रहण करती हैं, वहीं एक-दूसरे की संस्कृति के नकारात्मक तत्वों को भी ग्रहण कर लेती हैं। भारतवर्ष इसका प्रत्यक्ष उदाहरण है। अन्य कारणों के साथ-साथ पर्यटन के कारण भी भारतीय मूल्य आधारित संस्कृति पश्चिमी संस्कृति के सम्पर्क में आयी है। इससे भारतीय संस्कृति ने जहाँ महिला स्वतंत्रता, धर्म निरपेक्षता, शैक्षिक विकास तथा अन्तर्जातीय विवाह जैसी अच्छाइयों को ग्रहण किया है वहीं अपने पूज्यों के प्रति अनादर का भाव, नैतिकता का ह्रास, अनैतिक यौन सम्बन्ध तथा मनोरंजन के अश्लील साधनों के प्रयोग जैसी सांस्कृतिक बुराइयों को ग्रहण भी किया है।

2. पर्यावरणीय सीमाएं (Environmental Limitations)

नकारात्मक प्रभाव सहने की पर्यावरण की एक सीमा होती है। जब यह सीमा से आगे बढ़ जाता है, तब पर्यावरणीय असन्तुलन की स्थिति सामने आती है। सकारात्मक प्रभाव डालने के साथ-साथ पर्यटन पर्यावरण पर नकारात्मक प्रभाव भी डालता है। पर्यटन का नियोजित विकास पर्यावरण पर पड़ने वाले नकारात्मक प्रभावों को अप्रभावी बना सकता है। पर्यटन स्थल की संवहन क्षमता के अनुरूप, उस स्थल पर पर्यटन का विकास, पर्यटन नियोजन की प्रभावी विधि है, किन्तु अत्यधिक लाभकारी होने के नाते पर्यटन का तीव्र किन्तु अनियोजित विकास हुआ है, जिसने विश्व के पर्यावरण के समक्ष अनेक समस्याएं उत्पन्न कर दी हैं। ये समस्याएं मुख्य रूप से प्राकृतिक पर्यावरण से सम्बन्धित हैं। पर्यटकों को अधिकतम यात्रा उपलब्ध कराने के प्रयास में सड़कों एवं रेल लाइनों का तीव्र गति से निर्माण किया जा रहा है। दूसरी ओर पर्यटन स्थलों पर उनकी संवहन क्षमता से अधिक आवासों का निर्माण किया जा रहा है। खाली पड़े स्थानों पर होटलों एवं अन्य व्यापारिक प्रतिष्ठानों का निर्माण किया जा रहा है। निर्माण बुरी बात नहीं है, किन्तु अफसोस इस बात का है कि ये निर्माण अनियोजित विधि से किये जा रहे हैं। इस क्रम में जंगलों को काटकर कंक्रीट का जाल फैलाया जा रहा है। इससे न केवल भू-मण्डलीय ताप वृद्धि की समस्या बढ़ रही है, बल्कि पर्वतीय क्षेत्रों में भूस्खलन की घटनायें सामान्य बात होती जा रही हैं। जंगल कटते हैं तो ऑक्सीजन के स्रोत कम होते जाते हैं। इससे स्वास्थ्य सम्बन्धी समस्याएं भी मुखर हो रही हैं।

3. राष्ट्रीय सुरक्षा की समस्या (Problem of National Security)

पर्यटन विभिन्न राष्ट्रों तथा विभिन्न प्रान्तों के मध्य स्थित भौगोलिक सीमाओं का खण्डन करता है तथा एक स्थान से दूसरे स्थान का आवागमन प्रारम्भ करता है। सीमाओं का यह खण्डन तथा आवागमन बुरी बात नहीं है, किन्तु जब ये स्वतंत्रता अन्तर्राष्ट्रीय आतंकवाद की जननी बन जाये, तब मानव स्वतंत्रता खतरे में पड़ जाती है। यह बुरी बात है। पर्यटन की आड़ में अन्तर्राष्ट्रीय आतंकवाद को प्रोत्साहन मिला है तथा प्रत्येक देश के सामने राष्ट्रीय सुरक्षा की समस्या आ खड़ी हुई है। फर्जी पासपोर्ट और वीजा बनवाकर आतंकवादी पर्यटक के रूप में किसी भी देश में पहुँच जाते हैं और मौका मिलते ही विध्वंसक गतिविधियों को अंजाम देते हैं। देश में पर्यटक के रूप में आये ऐसे आतंकवादियों को पहचानना, उन्हें चिन्हित करना तथा खोज निकालना किसी भी देश के लिये लगभग असम्भव हो जाता है। इसी प्रकार विभिन्न देशों के जासूस भी किसी देश में प्रवेश करने के लिये फर्जी नाम और पते से पर्यटक के रूप में पासपोर्ट और वीजा

प्राप्त कर लेते हैं तथा देश में घुसकर, प्रायः कई महीनों तक रहकर सुरक्षा सम्बन्धी गोपनीय सूचनायें प्राप्त कर लेते हैं। इन्हीं सूचनाओं के आधार पर देश पर आतंकवादी आक्रमण किये जाते हैं। आज प्रत्येक देश-विदेशी आतंकवादियों और जासूसों की घुसपैठ को लेकर चिन्तित है। इस स्थिति से बचने का एक ही तरीका है—अन्तर्राष्ट्रीय पर्यटकों की पहचान सम्बन्धी समग्र जाँच-पड़ताल। किन्तु अन्तर्राष्ट्रीय पर्यटन को प्रोत्साहित करने के प्रयास में इस प्रकार की जाँच-पड़ताल को अधिक महत्व नहीं दिया जा रहा जिसका दुष्परिणाम प्रत्येक देश अपनी सुरक्षा पर खतरे के रूप में झेल रहा है।

4. अन्तर्राष्ट्रीय सम्बन्धों पर दुष्प्रभाव (Effect on International Relations)

पर्यटन, अन्तर्राष्ट्रीय सम्बन्धों में मधुरता और तालमेल स्थापित करने का सर्वप्रमुख प्रभावी माध्यम है, इसमें कोई सन्देह नहीं है। किन्तु जब एक देश के पर्यटक के साथ किसी अन्य देश में कोई अप्रिय घटना घटित हो जाती है, तब उन दोनों देशों के मध्य व्याप्त सम्बन्धों में कड़वाहट उत्पन्न होने की सम्भावना रहती है। विशेषकर जब ऐसी घटनाओं की पुनरावृत्ति कई बार हो जाती है, तब दोनों देश एक-दूसरे के प्रति विश्वास में कमी ले आते हैं। यद्यपि प्रायः ऐसा होता नहीं है तथा प्रत्येक देश अन्तर्राष्ट्रीय पर्यटकों को पर्याप्त सुरक्षा एवं अन्य सुविधायें उपलब्ध कराने का प्रयास करता है। यही कारण है कि वर्तमान में अन्तर्राष्ट्रीय पर्यटन का तीव्रतापूर्वक विकास हो रहा है।

किन्तु समग्र विकास में पर्यटन की उल्लेखनीय भूमिका को दृष्टिगत रखते हुए पर्यटन की उपरोक्त सीमाओं का विशेष महत्व नहीं है। वास्तव में पर्यटन विश्व स्तर पर तीव्रता से विकास कर रहा एकमात्र ऐसा उद्योग है जो न केवल अन्य उद्योगों के विकास को प्रोत्साहित करता है बल्कि विभिन्न देशों के मध्य अनेक प्रकार के व्यापारिक एवं अन्य सम्बन्ध स्थापित करने में सेतु का कार्य करता है। ऐसे में पर्यटन के उत्तरोत्तर विकास को विश्व समुदाय द्वारा पूर्ण उत्साह के साथ स्वीकार किया जाना स्वाभाविक ही है।

7

ईको पर्यटन

(Eco-Tourism)

ईको पर्यटन, पर्यटन का अपेक्षाकृत नवीन स्वरूप है। इसी कारण ईको पर्यटन के सम्बन्ध में अधिकार पूर्वक लिखने का न तो अभी तक किसी लेखक द्वारा सार्थक प्रयास किया गया है और न ही इसके सम्बन्ध में सरकारी स्तर पर सूचनायें प्रसारित करने का कदम उठाया गया है। यही कारण है कि विकासशील देशों के लिये वरदान होते हुए भी ईको पर्यटन अभी भी सशक्त परिचय का मोहताज है। जबकि ब्राजील, ऑस्ट्रेलिया, केन्या, होंडुरास, स्वीडन, जापान, बर्जीनिया और पाकिस्तान जैसे विकसित और विकासशील देश ईको पर्यटन के प्रचार-प्रसार में जुटे हुए हैं, भारत जैसे प्रगतिशील विचारों वाला देश अभी भी ऐतिहासिक और धार्मिक पर्यटन से चिपका हुआ है। इसलिये भारत सरकार से भी हमारी अपेक्षा है कि ईको पर्यटन के महत्व को समझते हुए, पर्यटन विकास सम्बन्धी केन्द्रीय योजनाओं में न केवल ईको पर्यटन को प्रथम स्थान प्रदान करे अपितु राज्य सरकारों से भी यह अनुरोध करे कि वे अपने-अपने राज्यों में ईको पर्यटन के विकास को यथा सम्भव प्राथमिकता प्रदान करें, क्योंकि पर्यटन के निरन्तर बढ़ रहे दुष्प्रभावों को नियन्त्रित करके ईको पर्यटन ही सतत विकास का मार्ग प्रशस्त कर सकता है।

वास्तव में, आर्थिक विकास की आड़ में विश्व समुदाय जिस गति से नगरीकरण की ओर बढ़ रहा है, वह एक शुभ संकेत नहीं है। नगरीकरण और औद्योगीकरण एक-दूसरे के जन्म के लिये उत्तरदायी प्रक्रियायें हैं और ये दोनों प्रक्रियायें मिलकर ग्रामीण क्षेत्र को अन्धकार में धकेल रही हैं। स्थिति तब और भी चिन्ताजनक हो जाती है, जब ग्रामीण सामाजिक संरचना की मूल आत्मा को नष्ट करके उसे नगरीय शैली में ढालने का प्रयत्न किया जाता है। यदि ऐसा नहीं होता तो विश्व के सम्पूर्ण ग्रामीण क्षेत्रफल में निरन्तर आने वाला ह्रास हमें कभी देखने को नहीं मिलता। क्या केवल ग्रामीण क्षेत्रफल को नगरीय क्षेत्रफल में परिवर्तित करके हम अपने समाज और जीवन को उन्नत कर सकते हैं? कदापि नहीं। बल्कि यह स्थिति तो ग्रामीण समाज को नष्ट करने के साथ-साथ नगरीय समाज को भी अस्वस्थ प्रतिस्पर्धा के जाल में लपेट रही है। इससे समूचा विश्व समुदाय किंकर्तव्यविमूढ़ की अवस्था में आ गया है।

उपरोक्त स्थिति हमें क्षणिक विकास की झलक तो दिखाती है, किन्तु सतत विकास की नहीं। क्या हम ऐसा विकास चाहते हैं कि हमारा जीवन तो संतोषजनक रूप से व्यतीत हो जाये, किन्तु हमारी आने वाली पीढ़ियाँ अपनी आधारभूत आवश्यकताओं तक की पूर्ति के लिये संघर्ष

करती रहें! क्षणिक विकास हमें यही सब कुछ दे सकता है। या हम ऐसा विकास चाहते हैं कि उत्पादन के ऐसे साधनों का विकास किया जाये कि इनकी उत्पादन क्षमता में पीढ़ी दर पीढ़ी वृद्धि होती रहे। निस्संदेह हम ऐसा ही चाहते हैं और यह सब सतत विकास के द्वारा ही प्राप्त किया जा सकता है।

पर्यटन का क्षेत्र भी कुछ इसी प्रकार की चिन्ताओं का सामना कर रहा है। बल्कि यह कहना अतिशयोक्ति न होगी कि नगरीकरण की प्रक्रिया को वि-नगरीकरण बनाने में पर्यटन क्षेत्र का भी योगदान है। अपने मूल रूप में पर्यटन की प्रकृति नगरीकरण की समर्थक नहीं है, किन्तु पर्यटन चक्र से जुड़ा समाज पर्यटन की प्रकृति को नगरवादी बनाने पर तुला हुआ है। आशय यह है कि प्रत्येक पर्यटन स्थल को एक नगर के रूप में देखा जाने लगता है, विशेषकर मनोरंजन पर्यटन, धार्मिक पर्यटन, शैक्षिक पर्यटन, चिकित्सा पर्यटन, ऐतिहासिक पर्यटन (धरोहर पर्यटन) और अवकाश पर्यटन के केन्द्र स्थलों को। यद्यपि इसमें दोष भी पर्यटन के इन स्वरूपों का स्वयं ही है। अर्थात पर्यटन के उपरोक्त उद्देश्यों से आने वाला पर्यटक जिस प्रकार की पर्यटकीय सेवाओं की माँग करता है, वे सेवायें एक नगरीय केन्द्र में ही उपलब्ध हो पाना संभव है।

इस कारण वर्तमान में हम पर्यटन के अनेक दुष्प्रभावों का सामना कर रहे हैं और पर्यटन के उपरोक्त स्वरूप क्षणिक विकास का स्रोत बनकर रह गये हैं। पर्यटन के ये स्वरूप अनेक समस्याओं को जन्म दे रहे हैं। यथा—पर्यटन स्थलों की संवहन क्षमता का अतिक्रमण, सांस्कृतिक प्रदूषण, पर्यावरणीय प्रदूषण, पारिस्थितिकी तंत्रीय प्रदूषण और अपराधों में वृद्धि आदि। इनमें से दो समस्याएं अधिक महत्वपूर्ण हैं—पर्यावरणीय प्रदूषण या पर्यावरण का क्षरण तथा पारिस्थितिकी तंत्र पर दुष्प्रभाव। इन दोनों क्षेत्रों की उपेक्षा करके किसी भी स्थिति में सतत विकास प्राप्त नहीं किया जा सकता। अतः इस स्थिति में ईको पर्यटन का महत्व बढ़ जाता है। क्योंकि ईको पर्यटन तथा इसके स्वरूप सांस्कृतिक पर्यटन, प्रकृति पर्यटन, ग्रामीण पर्यटन और साहसिक पर्यटन, मिलकर पर्यटन का एक स्वच्छ वातावरण उत्पन्न करते हैं। अन्य लाभों के साथ-साथ ईको पर्यटन पर्यावरणीय संरक्षण और पारिस्थितिकी तंत्रीय विकास को प्रोत्साहित करता है। इससे न केवल हमारी वर्तमान आवश्यकताओं की पूर्ति होती है, बल्कि संरक्षित पर्यावरण और पारिस्थितिकी तंत्र हमारी भविष्य की आवश्यकताओं की व्यवस्था भी करता है। यही सतत विकास की संकल्पना भी है।

ईको पर्यटन के उपरोक्त विश्लेषण में दो महत्वपूर्ण बातें हमारे सामने आती हैं—पर्यावरण एवं पारिस्थितिकी तंत्र का संरक्षण अपरिहार्य है। दूसरे ईको पर्यटन द्वारा इस लक्ष्य को प्राप्त किया जा सकता है। अर्थात ईको पर्यटन सम्बन्धी किसी भी अध्ययन में पर्यावरण और पारिस्थितिकी तंत्र, इन दोनों अवधारणाओं को अनदेखा नहीं किया जा सकता। हम भी यहाँ पर ईको पर्यटन के सम्बन्ध में और ज्ञान प्राप्त करने से पूर्व इन दोनों अवधारणाओं का संक्षिप्त परिचय प्राप्त करेंगे—

पर्यावरण की अवधारणा
(Concept of Environment)

पर्यावरण प्रकृति का वह भाग है, जो किसी जीव या जीव समुदाय को बाहर से घेरे रखता है और इस पर प्रत्यक्ष प्रभाव डालता है। पर्यावरण के इस अर्थ (परि + आवरण अर्थात चारों ओर ढंके हुए) को एक उदाहरण द्वारा स्पष्टतः समझा जा सकता हैं—'यदि किसी बीज को किसी

भूमि में बो दिया जाये, तो यह आवश्यक नहीं है कि बीज अंकुरित हो ही। बीज के अंकुरित होने के लिये कई बातों की आवश्यकता है—वह भूमि जिसमें बीज बोया गया है, उस बीज के अंकुरण के लिये उपयुक्त होनी चाहिये, उस भूमि में नमी या गर्मी के ऐसे तत्व भी विद्यमान होने चाहिये, जो उसके अंकुरित होने में सहायक हों, बीज के अंकुरित होने के लिये आवश्यक धूप, पर्याप्त पानी और खाद इत्यादि की भी उतनी ही आवश्यकता है। यदि ये सब परिस्थितियाँ उपयुक्त मात्रा में उपलब्ध न हों तो न तो बीज अंकुरित ही होगा और न विकसित। स्पष्ट है कि ये सब परिस्थितियाँ जो बीज के अंकुरित और विकसित होने के लिये आवश्यक हैं, पर्यावरण कहलाती हैं। यह बात जितनी पेड़-पौधों व अन्य वनस्पतियों पर लागू होती है, उतनी ही पशु-पक्षियों और मानव समाज पर भी।

परिभाषायें (Definitions)

1. वेवस्टर शब्दकोश में उल्लेखित है कि—'प्राणियों के जीवन एवं विकास को प्रभावित करने वाले सभी बाह्य प्रभावों एवं दशाओं का समुच्चय (Sum Total) ही पर्यावरण है।'
2. पी० जिस्बर्ट के अनुसार—'पर्यावरण उस सबको कहते हैं, जो किसी वस्तु को चारों ओर से घेरे तथा उस पर प्रत्यक्ष प्रभाव डाले।'
3. ई०ए० रॉस के अनुसार—'पर्यावरण कोई भी वह बाहरी शक्ति है, जो हमें प्रभावित करती है।'

स्पष्ट है कि पर्यावरण विविध प्रकार के अनेक तत्वों जैसे वायु, जल, मिट्टी, धूप, जीव-जन्तु और सूक्ष्म जीव आदि का मिश्रण है। पर्यावरण के इन विभिन्न घटकों तथा किसी जीव या जीव समुदाय में क्रिया-प्रतिक्रिया होती रहती है।

पारिस्थितिकी तंत्र की अवधारणा (Concept of Eco-System)

जीव मण्डल में प्राणि जगत और वनस्पति जगत एक ओर भौतिक पर्यावरण (वायु-वायुमण्डल-जलवायु के तत्व, जल तथा स्थल) के साथ पारस्परिक क्रिया करते हैं, तो दूसरी ओर आपस में पारस्परिक क्रिया करते हैं। इस प्रकार जीवों के भौतिक पर्यावरण के साथ और परस्पर एक-दूसरे के साथ पारस्परिक क्रिया के अध्ययन को पारिस्थितिकी (Ecology) कहते हैं। यह पारस्परिक क्रिया जीव और भौतिक पर्यावरण के मध्य पदार्थ, ऊर्जा एवं उद्दीपन के आदान-प्रदान के रूप में होती है। अतएव पारिस्थितिकी वह विज्ञान है जो जैव तत्वों तथा पर्यावरण के सम्बन्ध की सम्पूर्णता या प्रतिरूपता का अध्ययन करता है।

पारिस्थितिकी शब्द का प्रयोग सर्वप्रथम सन् 1869 ई० में हैकल ने किया था। पारिस्थितिकी को जीवों की परस्पर अन्त:क्रिया तथा पर्यावरण और जीवों के मध्य पारिस्थितिक सम्बन्धों के अध्ययन के आधार पर दो भागों में विभक्त किया जाता है—

1. स्वपारिस्थितिकी, जिसमें एकाकी जाति के पारिस्थितिकी सम्बन्धों का अध्ययन किया जाता है।
2. समुदाय पारिस्थितिकी, जिसके अन्तर्गत समुदाय का उनके आवास के सम्बन्ध में अध्ययन किया जाता है।

ओडम के शब्दों में—"पारिस्थितिकी को प्रकृति की संरचना एवं कार्य का अध्ययन माना जा सकता है।"

पारिस्थितिकी तंत्र जीवमण्डल का ही एक लघु नमूना प्रस्तुत करता है। दूसरे शब्दों में जीवमण्डल अनेक पारिस्थितिकी तंत्रों का समुच्चय है। ये जीवमण्डल के, सापेक्षतया स्वतंत्र संश्लिष्ट हैं, जो विभिन्न प्राकृतिक दशाओं में विकसित हुए हैं। इस अर्थ में किसी भी आकार की किसी भी क्षेत्रीय समय इकाई में भौतिक-रसायन-जैविक प्रक्रियाओं द्वारा निर्मित तंत्र को पारिस्थितिकी तंत्र या पारितंत्र (Eco-System) कहा जा सकता है। वास्तव में पारितंत्र एक कार्यशील क्षेत्रीय इकाई होता है, जिसके अन्तर्गत किसी भी क्षेत्र (लघु स्तरीय से वृहद् स्तरीय तक) में जीवों तथा उनके भौतिक पर्यावरण के मध्य पारस्परिक क्रिया होती रहती है। पारिस्थितिकी तंत्र शब्द का सर्वप्रथम प्रयोग सन् 1935 में टान्सले ने किया था। उनके अनुसार पारिस्थितिकी तंत्र एक गतिक तंत्र होता है, जिसकी संरचना दो प्रमुख घटकों से होती है—

(i) बायोम—सभी जीवों के समूह—वनस्पति तथा प्राणी जो एक साथ एक इकाई के रूप में रहते हैं तथा

(ii) आवास या भौतिक पर्यावरण—आवास या भौतिक पर्यावरण जीवन की भौगोलिक दशाओं की ओर संकेत करता है।

विश्व स्तर पर सम्पूर्ण जीवमंडल एक वृहद् पारिस्थितिकी तंत्र होता है। किसी भी पारिस्थितिकी तंत्र में पदार्थ और ऊर्जा का निवेश होता है, जिसके द्वारा जैविक संरचना का निर्माण होता है। पारिस्थितिकी तंत्र से पदार्थ तथा ऊर्जा का निर्गमन भी होता रहा है, ताकि तंत्र में सम स्थिति बनी रहे।

पर्यावरण और पारिस्थितिकी तंत्र से मानव की छेड़छाड़

(Trafficking by Human with Environment and Eco-System)

पारिस्थितिकी तंत्र के विकास एवं उसकी सक्रियता तथा स्थिरता की सहज प्रक्रिया में मनुष्य द्वारा छेड़छाड़ तभी से प्रारम्भ हो गयी थी, जब मनुष्य ने अपनी संस्कृति विकसित करना प्रारम्भ कर दिया था। आज से 9,000 वर्ष पूर्व जब मानव ने पशुओं को पालतू बनाना तथा कृषि करना प्रारम्भ किया, तभी मनुष्य एक महत्वपूर्ण पारिस्थितिकी कारक भी बन गया। धीरे-धीरे वह अपनी प्राविधिकी विकसित करने लगा, जिससे वह जीवमण्डल में कार्यरत विभिन्न जैव भू-रासायनिक चक्रों से अपने संसाधन प्राप्त करने लगा। मनुष्य की प्राविधिकी का आधार पारिस्थितिकी तंत्र से ऊर्जा की प्राप्ति तथा उसका नियंत्रण है। 18वीं शताब्दी तक मनुष्य सौर ऊर्जा और अग्नि, जल तथा वायु से प्राप्त ऊर्जा का ही उपयोग करता रहा। इन्हीं के सहारे मानव अपनी कृषि और परिवहन आदि आवश्यकताओं की पूर्ति करता था। अग्नि की सहायता से वह जंगल साफ करके खेती करता था। जल से पौधों की सीमित क्षेत्र में सिंचाई करता था। जल का उपयोग नौका द्वारा जल परिवहन के रूप में भी करता था। जिसमें उसे वायु से (पाल के सहारे) सहायता मिलती थी। सौर ऊर्जा का सीधा उपयोग किसी वस्तु को सुखाने या गरम रखने में करता था। इस प्रकार अठारहवीं शताब्दी के पूर्व विश्व के हर क्षेत्र में मनुष्य कृषि, पशुपालन तथा व्यापार करके अपनी भौतिक आवश्यकताओं (भोजन, वस्त्र, आवास इत्यादि) की पूर्ति करता था। इस प्रकार की जीवन पद्धति में मानव की भौतिक आवश्यकतायें सीमित थीं तथा वह पारिस्थितिकी तंत्र में कार्यरत जैव-भू-रासासनिक चक्रों को बिना बाधित किये, उनसे लाभ उठाकर, इन आवश्यकताओं की पूर्ति कर लेता था। संक्षेप में, मनुष्य प्रकृति अनुपूरित सौर ऊर्जा प्रेरित पारिस्थितिकी तंत्र के अंग के रूप में जीवनयापन करता था।

18वीं शताब्दी में मनुष्य ने कोयले के रूप में पुरा जैव ईंधन का ऊर्जा स्रोत के रूप में उपयोग करना प्रारम्भ किया। इसके परिणामस्वरूप मनुष्य की प्राविधिकी क्षमता बहुत बढ़ गयी। अब वह कोयले से प्राप्त ऊर्जा को यान्त्रिक शक्ति में रूपान्तरित करने में समर्थ हो गया। फलस्वरूप औद्योगिक क्रान्ति का उदय हुआ। उन्नीसवीं शताब्दी के पूर्वार्द्ध में यह क्रान्ति ग्रेट ब्रिटेन से यूरोप एवं संयुक्त राज्य में व्याप्त हो गयी। वस्त्र एवं लोहा इस्पात का बड़े पैमाने पर निर्माण होने लगा। रेल मार्गों से एक क्षेत्र से दूसरे तथा वाष्प चलित बड़े जलपोतों द्वारा एक महाद्वीप से दूसरे महाद्वीप में व्यापार एवं परिवहन बड़े पैमाने पर होने लगा। विशाल कारखानों में औद्योगिक वस्तुओं का निर्माण होने लगा। कारखानों के साथ नगरों का विकास हुआ। अब बड़ी जनसंख्या नगरों में केन्द्रित होने लगी। कारखानों में ईंधन की आपूर्ति हेतु कोयले का बड़े पैमाने पर खनन एवं लम्बी दूरी तक परिवहन होने लगा। उसी प्रकार कारखानों में कच्ची सामग्री की आपूर्ति हेतु कपास जैसी फसलों तथा कच्चा लोहा, मैंगनीज आदि खनिजों का अधिक उत्पादन करना अनिवार्य हो गया। कारखानों में काम करने वाली तथा नगरों में बसी जनसंख्या के भोजन की पूर्ति के लिये खाद्यान्नों तथा सब्जी आदि की कृषि एवं इनका परिवहन भी बढ़ गया। इस प्रक्रिया में अब पारिस्थितिकी तंत्र का स्वरूप बदलने लगा। अधिकाधिक क्षेत्र मानव अनुपूरित ऊर्जा सम्पन्न सौर ऊर्जा प्रेरित तंत्र में परिणत होने लगे तथा कुछ नगरीय औद्योगिक क्षेत्र ईंधन प्रेरित तंत्र बन गये।

उन्नीसवीं शताब्दी के अन्त तक पश्चिमी यूरोप, संयुक्त राज्य अमेरिका और जापान के अधिकांश क्षेत्र इन्हीं दो कोटियों में समाहित हो गये। अप्रत्यक्ष रूप से इन दोनों से जुड़े औपनिवेशिक देश (जिन पर ग्रेट ब्रिटेन, फ्रांस, नीदरलैण्ड और संयुक्त राज्य अमेरिका का साम्राज्य फैला था) भी इस शृंखला से जुड़ गये, क्योंकि वे ही इन देशों को कच्ची सामग्री जैसे—रबर, कपास, कोयला, लोहा, पेट्रोल तथा उपभोक्ता वस्तुओं जैसे—चाय, कहवा, चीनी, कोको और नारियल आदि की आपूर्ति करते थे। औद्योगिक क्रान्ति के पश्चात उन्नीसवीं शताब्दी के अन्त तक विश्व का विशाल भू-भाग प्रत्यक्ष-अप्रत्यक्ष रूप से पुरा जैव ईंधन अनुपूरित अथवा प्रेरित (तीसरी एवं चौथी कोटि के) पारिस्थितिकी तंत्र का अंग बन गया। इसके फलस्वरूप हर पारिस्थितिकी तंत्र, जिसमें कृषि या उत्खनन कार्य सम्भव था और विशेषतया ऊष्ण कटिबन्धीय वन एवं घास आधारित पारिस्थितिकी तंत्रों में जैव भू-रसायन तत्वों की सहज प्रक्रिया में छेड़छाड़ होने लगी। बड़े पैमाने पर वनों से लकड़ी काटना, वनों को काटकर बागानी कृषि क्षेत्र में परिणत करना, कोयला, लोहा और विविध खनिजों का उत्खनन, व्यापारिक अन्न उत्पादन के लिये जैव भू-रासायनिक चक्रों की स्थिरता एवं परस्पर सन्तुलन में वनों के व्यापक पैमाने पर कटाव से जल चक्र की सहज क्रियाशीलता में बाधा उत्पन्न होने लगी। उधर अधिकाधिक पुरा जैव ईंधन (कोयला, पेट्रोल) के विविध वस्तुओं के उत्पादन, विद्युत ऊर्जा की प्राप्ति अथवा परिवहन हेतु उपयोग से कार्बन चक्र का संतुलन बिगड़ने लगा। इसका प्रभाव ऑक्सीजन चक्र पर पड़ना स्वाभाविक ही था। कृषि की उत्पादकता बढ़ाने हेतु उर्वरकों के उत्पादन के लिये नाइट्रोजन चक्र का शोषण भी बढ़ा। इसी प्रकार जैव-भू-रासायनिक चक्र की सहज क्रियाशीलता में मनुष्य द्वारा की जाने वाली छेड़छाड़ के कारण बाधा पड़ने लगी। इसके कई कुपरिणाम मिट्टी अपरदन, जल प्रदूषण और वायु प्रदूषण आदि के रूप में प्रकट होने लगे। मिट्टी अपरदन की बढ़ती समस्या के प्रति 1880 ई० में ही पार्किन्श मार्श ने ध्यान आकर्षित किया। पुनः सन् 1930 के दशक में संयुक्त राज्य अमेरिका के वृहद् मैदान में सूखा, वायु

अपरदन तथा फसल नष्ट होने के कारण लोगों का ध्यान पर्यावरण के गहराते संकट की ओर आकर्षित हुआ। परन्तु अधिकाधिक आर्थिक विकास की होड़ में इन समस्याओं की प्रायः उपेक्षा की गई तथा इन्हें अस्थायी मानकर टाल दिया गया।

स्पष्ट है कि विगत दो शताब्दी में मानव के कार्य कलाप ने पारिस्थितिकी प्रक्रियाओं को बदल दिया है। अग्नि, निर्वनीकरण तथा भारी पैमाने पर जानवरों के शिकार द्वारा मानव जाति ने अपने सांस्कृतिक विकास के प्रारम्भिक चरणों (नव पाषाण युग) में पर्यावरण पर दबाव डाला परन्तु जब तक मानव ने पुरा-जैव ईंधन का आविष्कार नहीं किया था, मानव संख्या सीमित रही तथा उसका पर्यावरण पर दबाव यत्र-तत्र था। परन्तु औद्योगिक-प्राविधिक क्रान्ति के पश्चात मनुष्य की संख्या अल्पावधि में दोगुनी होती गयी तथा अनेक व्यक्तियों की भौतिक पर्यावरण से प्राप्त होने वाली वस्तुओं की मांग में अत्यधिक वृद्धि हुई। यह मांग मौलिक आवश्यकताओं की पूर्ति के लिये नहीं बल्कि, सामाजिक-आर्थिक अवस्थापना तथा कल्पित आवश्यकताओं की पूर्ति से सम्बन्धित है। परिणामस्वरूप मानव जनसंख्या, व्यक्तिगत आवश्यकताओं तथा कृषिगत एवं औद्योगिक उत्पादन में वृद्धि अति तीव्र गति से हुई, जबकि इस प्रगति के पर्यावरण पर प्रभाव के प्रति सजगता बड़ी मन्द गति से प्रकट हुई। मनुष्य की कच्ची सामग्री, ऊर्जा एवं प्राविधिक लागत से वस्तुओं एवं सेवाओं की आपूर्ति क्षमता अपार बढ़ गयी जबकि पर्यावरण पर इसके कुप्रभाव की चेतना नहीं हुई। पृथ्वी की जनसंख्या वहन क्षमता, जनसंख्या घनत्व एवं जीवन शैली तथा प्राकृतिक संसाधनों के संतुलन पर निर्भर करती है।

पर्यावरण प्रदूषण के रूप
(Forms of Environmental Pollution)

पारिस्थितिकी तंत्र और पर्यावरण से मानव द्वारा छेड़छाड़ किये जाने से पारिस्थितिकी असंतुलन उत्पन्न होता है तथा पारिस्थितिकी तंत्र में आने वाला असन्तुलन सम्पूर्ण जीवमण्डल को प्रदूषित कर देता है। जीवमण्डलीय प्रदूषण ही पर्यावरण प्रदूषण के रूप में हमारे सामने आता है। पर्यावरण प्रदूषण के निम्नलिखित स्वरूप हैं—

1. वायु प्रदूषण (Air Pollution)

जब वायुमण्डल में कुछ द्रव्यों का इतना संकेन्द्रण हो जाये, जो मानव या उसके वातावरण के लिये हानिकारक हो जाये, तो उसे वायु प्रदूषण कहते हैं। इस प्रकार वायु प्रदूषण वायु के भौतिक, रासायनिक या जैविक गुणों में ऐसे अवांछित परिवर्तन का द्योतक है, जिसके द्वारा मनुष्य तथा अन्य जीवों की जीवन दशाओं पर कुप्रभाव पड़े। विश्व स्वास्थ्य संगठन के अनुसार वायु प्रदूषण उन पारिस्थितिक दशाओं की ओर संकेत करता है, जिसमें वायुमण्डल में दूषित पदार्थों की एकाग्रता (Concentration) मनुष्य तथा पर्यावरण को हानि पहुँचाने की सीमा तक बढ़ जाती है। हैस्केथ के अनुसार—'वायु में ऐसे बाह्य तत्व की (चाहे गैस या कणीय पदार्थ या दोनों संयोग में) उपस्थिति जो मनुष्य के स्वास्थ्य अथवा कल्याण हेतु हानिकारक हो, वायु प्रदूषण कहलाता है।'

उपरोक्त परिभाषा में न केवल मानव पर वायु प्रदूषण के प्रत्यक्ष प्रभाव वरन ऐसे अप्रत्यक्ष प्रभावों को भी सम्मिलित किया गया है, जिनसे जैव एवं अजैव पदार्थों जो भौतिक एवं सौन्दर्य परक दृष्टि से मूल्यवान हैं, को क्षति पहुँचती है।

वायु प्रदूषण के कारक *(Factors of Air Pollution)*

1. कल कारखानों तथा विद्युत ग्रहों द्वारा वायु में छोड़े गये औद्योगिक प्रदूषण जैसे—सल्फर डाई-ऑक्साइड, कार्बन डाई-ऑक्साइड, कार्बन मोनो-ऑक्साइड, हाइड्रोजन सल्फाइड, क्लोरीन, नाइट्रस ऑक्साइड, सिलिकन टेट्राफ्लूराइड, फ्लोराइड, फोर मॉलडीहाइड, निलम्बित कणीय पदार्थ तथा आर्सेनिक आदि।
2. मनुष्य द्वारा जलाये गये जीवाष्म ईंधन के घरेलू प्रदूषक—घरेलू कार्यों हेतु कोयला, मिट्टी का तेल तथा गैस आदि जलाने से कार्बन डाई-ऑक्साइड, कार्बन मोनो-ऑक्साइड तथा सल्फर डाई-ऑक्साइड आदि प्रदूषित गैसें उत्पन्न होती हैं। किसी भी ईंधन के अपूर्ण दहन के कारण हाइड्रोकार्बन आदि कई यौगिक भी उत्पन्न होते हैं। इस प्रकार के दहन से वायु में ऑक्सीजन की मात्रा कम हो जाती है। यही स्थिति ईंधन की लकड़ी, उपले तथा साधारण कचरा आदि के दहन से भी उत्पन्न होती है। परन्तु वायु प्रदूषण तब होता है, जब वायुमण्डल में इन गैसों तथा कणीय पदार्थों का संकेन्द्रण स्तर सहनीय सीमा को पार कर जाता है।
3. वायु प्रदूषण का तीसरा बड़ा स्रोत औद्योगिक पदार्थों का निर्माण करने वाले कारखानों से निकले कचरे, विशेषकर रासायनिक तथा रेडियोधर्मी कचरों का ढेर है। कचरों के इस ढेर से विभिन्न प्रदूषक गैसें निकलती रहती हैं जो वायुमण्डल को विषाक्त करती हैं। रासायनिक क्रान्ति के इस युग में लगभग 65,000 रसायन यौगिक प्रतिवर्ष वायुमण्डल में पहुँच रहे हैं। इनमें से कई कैंसर करने वाले हैं।

वायु प्रदूषण के दुष्प्रभाव *(Impact of Air Pollution)*

पृथ्वी पर तापमान में वृद्धि, रक्त ऑक्सीजन के ऊतकों में ह्रास, श्वसन सम्बन्धी रोगों में वृद्धि, उच्च रक्तचाप, तेजाबी वर्षा, धूम कोहरा, ओजोन परत का क्षरण, मूर्च्छा, आँख-नाक में जलन, अनेक प्रकार के कैंसर, शारीरिक अपंगता एवं विकृति, मस्तिष्क पर दुष्प्रभाव, हड्डियों की कमजोरी तथा ब्रोंकाइटिस आदि।

2. जल प्रदूषण (Water Pollution)

जल की भौतिक, रासायनिक अथवा जैविक संरचना में ऐसा परिवर्तन, जो मानव अथवा किसी प्राणी की जीवन दशाओं के लिए हानिकारक एवं अवांछित हो, जल प्रदूषण है। म्रोबका के अनुसार—'जल प्रदूषण का अर्थ है, मनुष्य द्वारा बहती नदी में ऊर्जा या ऐसे पदार्थ का निवेश जिससे जल के गुण में ह्रास हो जाये।' अन्य शब्दों में, जल में किसी कार्बनिक या अकार्बनिक पदार्थ का योग, जो जल के भौतिक, रासायनिक एवं जैविक गुणों में इतना परिवर्तन कर दे, जिससे वह मानव या किसी प्राणी के स्वास्थ्य के लिये हानिकारक हो जाये अथवा औद्योगिक या सिंचाई कार्यों के लिये उपयोगी न रह जाये, जल प्रदूषण है। इससे यह बात स्पष्ट होती है कि जल-प्रदूषण की संकल्पना बहुत सीमा तक उसकी संभावित उपयोगिता से जुड़ी हुई है। पीने के लिये अनुपयुक्त जल, नहाने या कपड़े धोने के लिये उपयुक्त हो सकता है। उसी प्रकार नहाने के लिये अनुपयुक्त जल सिंचाई कार्य के लिये उपयुक्त हो सकता है। सिंचाई के लिये अनुपयुक्त जल कारखानों में मशीनों को ठंडा रखने के काम आ सकता है। अतएव जल प्रदूषण की संकल्पना उपयोगिता सापेक्ष है।

जल प्रदूषण के कारण (Factors of Water Pollution)

जल प्रदूषण मुख्यतः घरेलू सीवेज, औद्योगिक अपशिष्ट, कृषि में उपयोग किये जाने वाले खाद तथा बढ़े हुए तापमान के कारण होता है। इसके अतिरिक्त समय-समय पर होने वाली महासागरीय दुर्घटनायें भी जल को, मुख्यतः समुद्री जल को प्रदूषित करती हैं। यदा-कदा कतिपय देशों द्वारा परमाणविक कचरे को भी समुद्री जल में डाल दिया जाता है, जिससे पर्यावरण और समुद्री जीवों को गंभीर क्षति पहुँचती है।

जल प्रदूषण के दुष्प्रभाव (Impact of Water Pollution)

जल प्रदूषण के कारण हैजा, पीलिया, पेचिस, टाइफाइड, विभिन्न प्रकार की आंत की बीमारियाँ, गैस्ट्रोइन्टीराइटिस, जलीय जीवों की मृत्यु तथा फसलों को नुकसान आदि रोगों एवं समस्याओं का सामना करना पड़ता है।

सागरीय जल का प्रदूषण (Pollution of Ocean Water)

जीवन को संयत रखने का श्रेय प्राप्त करने वाले महासागर विश्व को ऑक्सीजन आपूर्ति का कुल 70 प्रतिशत भाग सृजित करते हैं। किन्तु वृहद् औद्योगीकरण की प्रवृत्ति से प्रोत्साहित विकसित देशों के औद्योगिक कचरे एवं अवशिष्ट पदार्थों के निक्षेप एवं विशाल तेल टैंकरों से निःसृत तेल का समुद्र में पहुँचना सामुद्रिक प्रदूषण को आमंत्रित करके सामुद्रिक पारिस्थितिक तंत्र को गम्भीर क्षति पहुँचा रहा है।

3. ध्वनि प्रदूषण (Voice Pollution)

ध्वनि एक प्रकार की ऊर्जा है जो ठोस, तरल या वायुवीय पदार्थों में अणुओं के दोलन से उत्पन्न लम्बायत यांत्रिक लहरों से उत्पन्न होती है तथा श्रवण की अनुभूति कराती है। इन ध्वनि लहरों की गहनता प्रति वर्ग मीटर/वाट (W/m^2) में मापी जाती है। जब ध्वनि शोर में परिणत हो जाती है तथा जो कानों के लिये अप्रिय हो, उसे ध्वनि प्रदूषण कहा जाता है। इस अर्थ में ध्वनि प्रदूषण एक ऐसी स्थिति का द्योतक है, जिसमें विभिन्न स्रोतों से आने वाली ध्वनि के चलते मानव को कष्ट का अनुभव हो। यह ध्वनि स्रोत एवं सुनने वालों की स्रोत से दूरी पर निर्भर है। नगरों में, जहाँ विभिन्न कारखानों में चलने वाली मशीनों एवं सड़कों पर परिवहन की अधिकता होती है, ध्वनि प्रदूषण का स्तर ऊँचा होता है। रेल मार्गों के किनारे, हवाई अड्डों तथा बम विस्फोट द्वारा चट्टानें तोड़ने वाले स्थल पर ध्वनि प्रदूषण अत्यधिक होता है। उसी प्रकार ध्वनि विस्तारण यंत्रों की सहायता से भाषण या प्रचार स्थलों, मेलों एवं अन्य भीड़-भाड़ युक्त सार्वजनिक स्थलों पर भी भारी शोर के कारण ध्वनि प्रदूषण उच्च स्तर का होता है। कभी-कभी प्राकृतिक घटनाओं जैसे बिजली कड़कना या ज्वालामुखी विस्फोट के समय भी भीषण ध्वनि प्रदूषण हो सकता है।

ध्वनि प्रदूषण के दुष्प्रभाव (Impact of Voice Pollution)

1. अचानक शोर किसी व्यक्ति की श्रवण शक्ति को अल्पकाल के लिये अवरुद्ध कर देता है। साधारणतया शोर समाप्त हो जाने के पश्चात श्रवण शक्ति पुनर्स्थापित हो जाती है, परन्तु अति उच्च शोर से अल्प अवधि में भी कान के परदे फट सकते हैं। सतत औद्योगिक शोर, कान के संवेदनशील तंतुओं को स्थायी क्षति पहुँचा सकता है। नुकसान

का स्तर शोर की अवधि एवं ध्वनि की गहनता और दबाव पर निर्भर करेगा। दीर्घकाल तक अधिक शोर वाले वातावरण में रहने से कानों को स्थायी क्षति पहुँच सकती है।

2. मनोवैज्ञानिक निरन्तर उच्च शोरपूर्ण वातावरण में रहने से अनेक प्रकार की मानसिक व्याधियाँ सामने आने की बात को स्वीकार करते हैं। इनमें झुंझलाहट, स्मरण शक्ति का लोप एवं खीज प्रमुख हैं। ये व्याधियाँ व्यक्ति के अनुसार भिन्न-भिन्न होती हैं। कुछ लोग शोर के अभ्यस्त हो जाते हैं, परन्तु कुछ व्यवस्थित नहीं हो पाते। विशेषकर अज्ञात स्रोत से शोर होने पर अधिक पीड़ा हो सकती है। वाणी में लड़खड़ाहट एवं मांसपेशियों में तनाव आदि शारीरिक लक्षण प्रकट होते हैं।
3. अधिक ध्वनि प्रदूषण के अन्य प्रभाव मानव की शारीरिक क्रियाशीलता को विकृत करने वाले होते हैं। कभी-कभी इससे रक्त के हार्मोन में परिवर्तन भी होते हैं, जिससे शारीरिक परिवर्तन होते हैं। अचानक शोर से रक्त प्रवाह में कमी आ जाती है। इससे हृदय की धड़कन बाधित होती है। जीवन्तता में कमी, त्वचा का पीला पड़ना आदि अनेक विकृतियाँ उत्पन्न हो सकती हैं। लम्बे समय तक निरन्तर शोर से आंत में फोड़ा आदि भी प्रकट होता है।
4. उच्च स्तरीय ध्वनि, जैसे जेट विमानों के ध्वनि धमाके से भवनों में दरार पड़ने, खिड़कियों के शीशे चटकने तथा हल्की वस्तुओं के विस्थापन की समस्याएं उत्पन्न हो जाती हैं।

4. भूमि प्रदूषण (Land Pollution)

बाढ़ के पानी, रासायनिक कीटनाशकों, जीवाणुनाशकों और शाकनाशकों के अत्यधिक प्रयोग तथा बहुफसल प्रणाली के अन्तर्गत भूमि के अधिक उपयोग के कारण मिट्टी की पारिस्थितिकी परिवर्तित हो गयी है और इसमें इतनी विकृतियाँ आ गयी हैं कि यह अपनी प्राकृतिक संरचना और उर्वरता बनाये रखने के लिये आवश्यक तत्व खो चुकी है। यह भूमि प्रदूषण की स्थिति है। भूमि प्रदूषण के मुख्य दुष्परिणाम हैं—मिट्टी में कैल्शियम, मैग्नेशियम, सल्फर, आयरन, तांबा, जिंक, बोरोन, मॉलिब्डेनम, मैंगनीज, नाइट्रोजन, पोटेशियम और फास्फोरस जैसे पोषक तत्वों की गंभीर कमी, कुछ उपयोगी पौधों और जीव समूहों का विनाश तथा रेगिस्तानों का बढ़ना जो कि अधिक जुताई, अत्यधिक चराई, वनों का ह्रास, अनियोजित सिंचाई परियोजनाओं और वायु, जल एवं मिट्टी प्रदूषण के कारण बढ़ रहे हैं।

5. रेडियोधर्मी प्रदूषण (Radioactive Pollution)

ऊर्जा के स्रोत के रूप में आज नाभिकीय ऊर्जा का सहारा लेना पड़ रहा है। रेडियो-आइसोटेप का प्रयोग शोध, औषधि विनिर्माण तथा उद्योगों में निरन्तर बढ़ रहा है। रेडियोधर्मी विघटन से बहुत सी विद्युत तरंगें निकलती हैं। ये विद्युत तरंगें जैविक दृष्टि से अत्यन्त हानिकारक होती हैं। नाभिकीय विस्फोट के समय उत्पन्न होने वाले रेडियोधर्मी पदार्थ वायुमण्डल की बाह्य परतों में प्रवेश कर जाते हैं, जहाँ पर वे ठंडी संघनित अवस्था में बूंदों का रूप ले लेते हैं और बाद में ठोस अवस्था में सूक्ष्म धूल कणों के रूप में वायु में विसरित हो जाते हैं।

6. अम्ल वर्षा (Acid Rain)

मुख्यत: उद्योगों तथा यातायात के उपकरणों से नि:सृत होने वाली कार्बन डाई-ऑक्साइड, नाइट्रस ऑक्साइड और सल्फर डाई ऑक्साइड गैसें वायुमण्डल में स्थित जल वाष्पों से प्रतिक्रिया करके सल्फ्यूरिक अम्ल और नाइट्रिक अम्ल बनाती हैं और ओस या वर्षा की बूंदों के रूप में वापस पृथ्वी पर गिरती हैं। यही अम्ल वर्षा कहलाती है। अम्ल वर्षा पृथ्वी के समस्त प्राणी समुदायों के लिये घातक है। यह मकान, संगमरमर, फसल, पेड़-पौधे और भूमि आदि के लिये भी घातक होती है। स्केंडिनेवियाई और खाड़ी देशों में अम्ल वर्षा होती है।

7. हरित ग्रह प्रभाव (Green House Effect)

वायुमण्डल द्वारा प्राप्त सूर्य ताप पृथ्वी के तापमान को नियंत्रित करता है। सूर्य से उत्पन्न लघु तरंग की विकिरण को सरलतापूर्वक पार्थिव विकिरण वायुमण्डल के जल वाष्प और अम्ल गैसों द्वारा अवशोषित कर लिया जाता है। यदि यह क्रिया संतुलित रूप में हो, तो इससे धरती और वायुमण्डल का ताप संतुलित रहता है। वायुमण्डल का यह प्रभाव हरित ग्रह के ग्लास के समान कार्य करता है। हरित ग्रह ऊष्मारोधी दीवारों वाले ऐसे कमरे होते हैं, जिनकी छतें कांच अथवा पारदर्शी प्लास्टिक की बनी होती हैं। सूर्य का प्रकाश दीवार को पार करता हुआ इस कमरे में चला जाता है। इस काँच के कमरे से ऊष्मा बहुत कम बाहर निकल पाती है। इस उपागम से कमरे के ताप में वृद्धि हो जाती है।

वायुमण्डल में गैसों के असंतुलन से पृथ्वी द्वारा सूर्य की किरणों का अवशोषण अधिक मात्रा में होने लगता है, जिसके चलते पृथ्वी तीव्रतापूर्वक गर्म होने लगती है। पृथ्वी के इस प्रकार से गर्म हो जाने की प्रक्रिया 'हरित ग्रह प्रभाव' कहलाती है। कार्बन डाई ऑक्साइड (CO_2), मीथेन (CH_4), क्लोरो-फ्लोरो कार्बन (CFCs) तथा नाइट्रस ऑक्साइड (N_2O) आदि गैसें हरित ग्रह प्रभाव उत्पन्न करती हैं। ये उष्मारोधी गैसें पृथ्वी के चारों ओर आच्छादित होकर पृथ्वी पर सौर विकिरण को पहुँचने तो देती हैं, परन्तु वापस अंतरिक्ष में नहीं जाने देतीं। फलस्वरूप पृथ्वी के वायुमण्डल के तापमान में वृद्धि होती जाती है।

8. ओजोन परत का क्षरण (Decay of Ozon Lair)

ओजोन (O_3) एक ऐसी गैस है, जो ऑक्सीजन के तीन परमाणुओं से बनी है। जबकि साधारण ऑक्सीजन दो परमाणुओं से बनी होती है। ओजोन वायुमण्डल की एक सूक्ष्म परत है, जो समुद्री सतह से 60 किमी की ऊँचाई तक विविध सांद्रता में पायी जाती है। ओजोन की अधिकतम सांद्रता पृथ्वी की सतह से 20 से 50 किमी की ऊँचाई पर क्षोभमंडल और समताप मंडल के मध्य पायी जाती है। ओजोन की सर्वाधिक मात्रा भी 20 से 25 किमी की ऊँचाई पर पायी जाती है। परन्तु यहाँ भी एक लाख अणुओं में एक अणु ही ओजोन का होता है। ओजोन की यह पतली सी परत धरती पर जीवन की सुरक्षा के लिये अत्यन्त आवश्यक है, क्योंकि यह सूर्य के हानिकारक पराबैंगनी प्रकाश (Ultra-Violet Rays) को पृथ्वी में पहुँचने से रोकती है। 280 से 320 नैनोमीटर की तरंग दैर्ध्य वाले सूर्य के अतिशय हानिकारक पराबैंगनी प्रकाश को ओजोन परत प्रभावी ढंग से रोकती है।

क्लोरो-फ्लोरो कार्बन—यह क्लोरीन-फ्लोरीन और कार्बन परमाणुओं के यौगिकों का एक ऐसा संगठन है, जिसका औद्योगिक क्षेत्र में सर्वाधिक उपयोग किया जाता है। इसका उपयोग रेफ्रिजरेटर्स में प्रशीतक व प्लास्टिक में झाग बनाने वाले एजेंट, एयरोसोल प्रणोदकों,

वातानुकूलन संयंत्रों, एयरोस्पेस, इलेक्ट्रॉनिक उद्योग, ऑप्टिकल उद्योग तथा फार्मेसी उद्योगों में व्यापक रूप से किया जाता है। क्लोरो-फ्लोरो कार्बन (CFCS) का उद्योगों में अनुप्रयोग वातावरण में इन गैसों को फैलाता है तथा ये गैसें धीरे-धीरे ओजोन परत तक पहुँच जाती हैं, वहाँ सूर्य की पराबैंगनी किरणें क्लोरो-फ्लोरो कार्बन अणुओं को तोड़ देती हैं, जिससे परमाणु मुक्त होकर क्लोरीन ओजोन के अणुओं से प्रतिक्रिया करके उन्हें ऑक्सीजन में बदल देती है। यह प्रक्रिया एक शृंखला प्रतिक्रिया के रूप में चलती रहती है और क्लोरीन परमाणु ओजोन अणुओं को लगातार तोड़ते रहते हैं। यही वह रासायनिक अभिक्रिया है, जिसने विश्व के समक्ष ओजोन रिक्तीकरण या ओजोन परत का क्षरण जैसी गंभीर समस्या उत्पन्न कर दी है।

आज वैज्ञानिकों के समक्ष ओजोन परत के क्षरण की गंभीर समस्या है, जो कि विभिन्न पारिस्थितिकीय असंतुलन द्वारा पर्यावरण को अपूरणीय क्षति पहुँचा रही है। ओजोन परत के क्षरण की समस्या पर विश्व भर का ध्यान आकर्षित करने के लिये संयुक्त राष्ट्र ने अपने पर्यावरण कार्यक्रमों के अन्तर्गत 16 सितम्बर को प्रतिवर्ष 'विश्व ओजोन दिवस' के रूप में मनाने का निर्णय लिया है। सन् 1995 से आरम्भ इस कार्यक्रम के अन्तर्गत विश्व के अधिकांश देशों से ओजोन को क्षति पहुँचाने वाली 'हैलोन' गैस और क्लोरो-फ्लोरो कार्बन का कम से कम उपयोग करने की अपील की जा रही है। ऊपरी वायुमंडल में स्थित ओजोन परत में छिद्र का पता लगते ही फ्लोरो-फ्लोरो कार्बन को 'ओजोन शत्रु' का नाम दे दिया गया है तथा इसे पर्यावरण के भी सबसे बड़े शत्रु के रूप में देखा जाने लगा है।

क्लोरो-फ्लोरो कार्बन के उपयोग पर रोक लगाने के लिये मार्च, 1985 में 20 राष्ट्रों ने 'ओजोन परत के संरक्षण' के लिये सम्मेलन कार्यक्रम पर हस्ताक्षर किये थे। सम्मेलन में इस बात पर सहमति व्यक्त की गई थी कि ओजोन परत के क्षरण के लिये क्लोरो-फ्लोरो कार्बन प्राथमिक रूप से मुख्य कारक है। किन्तु सम्मेलन में इसके उत्सर्जन पर रोकथाम के लिये कोई लक्ष्य निर्धारित नहीं किया गया।

जैव विविधता को खतरा (Risk for Bio-Diversity)

जैव विविधता के अन्तर्गत पौधों, पशुओं एवं सूक्ष्म जीवों की विभिन्न प्रजातियाँ सम्मिलित होती हैं, जो पारिस्थितिकी एवं तत्सम्बन्धी अनेक प्रक्रियाओं से जुड़ी रहती हैं। ये पृथ्वी के वैसे संसाधन हैं जिनका सामाजिक, सांस्कृतिक एवं आर्थिक महत्व होता है। वनों एवं जल में पायी जाने वाली विभिन्न वानस्पतिक प्रजातियों का कृषि, उद्योग एवं चिकित्सा के क्षेत्र में महत्वपूर्ण योगदान होता है। साथ ही अनेक प्रजातियाँ ऐसी हैं, जो जलवायु को स्थायित्व प्रदान करती हैं तथा जल विभाजकों एवं भूमि को संरक्षण प्रदान करती हैं। परन्तु वर्तमान में औद्योगिक विकास, संकरित कृषि एवं वनों की निरन्तर कटाई के कारण जन्तु और वनस्पतियाँ या तो लुप्त होने के कगार पर पहुँच गयी हैं या उनका विकास अवरुद्ध हो गया है। जीव वैज्ञानिक ई०ओ० विल्सन के अनुसार वनों की कटाई से प्रतिवर्ष 50,000 अर्थात प्रतिदिन 140 बिना रीढ़ वाले जीवों की प्रजातियाँ विलुप्त हो रही हैं। इन संकटग्रस्त जीवों के महत्व को समझते हुए अन्तर्राष्ट्रीय स्तर पर विश्व समुदाय द्वारा अनेक कार्यक्रम चलाये जा रहे हैं तथा कई प्राणी उद्यान व अभयारण्यों का निर्माण किया गया है।

जैव विविधता संरक्षण के उपाय
(Solution for Bio-Diversity Conservation)

संयुक्त राष्ट्र खाद्य तथा कृषि संगठन ने चेतावनी दी है कि जहाँ 20वीं सदी के दौरान फसलों की लगभग 50,000 किस्में विलुप्त हुई हैं, वहीं विश्व के कुल खाद्य तथा कृषि मूल्य में 30 प्रतिशत का योगदान करने वाले मवेशियों में से 25 प्रतिशत की लगभग 4,000 नस्लें प्रतिवर्ष समाप्त होती जा रही हैं। पौध-जीव विविधता के दृष्टिकोण से भूमध्यसागर क्षेत्र, चीन, भारत, म्यांमार (बर्मा), दक्षिण-पूर्व एशिया, पश्चिम एशिया, इथियोपिया, मध्य अमेरिका तथा दक्षिण अमेरिका बहुत ही समृद्ध हैं।

सन् 1992 में हुए पृथ्वी शिखर सम्मेलन में पारित कार्य सूची-21 में इस तथ्य को स्वीकार किया गया था कि जैव विविधता के वर्तमान ह्रास (Decay) के लिये मुख्यत: मानवीय गतिविधियाँ ही उत्तरदायी हैं। इन गतिविधियों के जो पक्ष हैं, उनमें विकासशील देशों में अधिक पैदावार देने वाली चावल, गेहूँ और मक्का की किस्मों के प्रचलन के अतिरिक्त गहन कृषि, वन विनाश के कारण प्राणी एवं वनस्पति रहवासों ही हानि, प्रदूषण, नगरीकरण, बड़े बाँधों तथा सड़कों के निर्माण तथा पर्यटन उद्योग प्रमुख हैं।

जैव विविधता संरक्षण की चुनौतियाँ
(Warnings of Bio-Diversity Conservation)

जैव विविधता के संरक्षण में जीन बैंकों की भूमिका महत्वपूर्ण है। सम्पूर्ण विश्व से एकत्र करके पौध सामग्री को जिन जीन बैंकों में सुरक्षित रखा गया है, उनमें से प्रमुख अन्तर्राष्ट्रीय कृषि केन्द्रों में स्थित वे 12 जीन बैंक भी हैं, जिनको अन्तर्राष्ट्रीय कृषि अनुसन्धान के परामर्श समूह (CGIAR) द्वारा धन उपलब्ध कराया गया है। इन 12 केन्द्रों के पास कुल मिलाकर लगभग 5 लाख नमूने संग्रहीत हैं, जो विश्व भर में भंडारित नमूनों का 35 प्रतिशत है। वर्ष 1994 में खाद्य तथा कृषि संगठन के तत्वावधान में एक अन्तर्राष्ट्रीय समझौता हुआ, जिनके अनुसार CGIAR के जीन बैंकों में संग्रहीत सभी नमूने सम्पूर्ण विश्व समुदाय के उपयोग हेतु होंगे तथा किसी भी व्यक्ति या संस्था को उनके एकाधिकार उपयोग की अनुमति नहीं दी जायेगी। किन्तु नमूने ठीक ढंग से सूचीबद्ध नहीं किये जाने के कारण अक्सर वैज्ञानिकों को ही नहीं पता होता कि जीन बैंकों में क्या कुछ उपलब्ध है, या वह सामग्री कहाँ से आयी।

रियो डि जेनेरियो (ब्राजील) में हुए 'पृथ्वी सम्मेलन' (1992) के दौरान जैव विविधता संधि (Bio-Diversity Treaty) 171 राष्ट्रों द्वारा हस्ताक्षरित की गई थी, जो कि 31 दिसम्बर, सन् 1993 से प्रभावी हो गई। इस सम्मेलन में जैविक संसाधनों पर राष्ट्रीय स्वायत्तता एवं स्वामित्व को स्वीकार किया गया। जैव विविधता संधि के 'चार्टर' पर हस्ताक्षर करने वाले 171 राष्ट्र सैद्धान्तिक रूप से इस समझौते से सहमत हैं और इनमें से 65 राष्ट्र इसकी पुष्टि भी कर चुके हैं। इन 65 राष्ट्रों में भारत भी सम्मिलित है। अगस्त, 2002 को दक्षिण अफ्रीका के जोहानसबर्ग में सम्पन्न पृथ्वी-2 सम्मेलन के प्रमुख मुद्दे जल व स्वच्छता, ऊर्जा, स्वास्थ्य, कृषि व जैव विविधता और पारिस्थितिकी थे। इन मुद्दों को संक्षेप में 'बेहाब' (Behab) कहा गया। सम्मेलन में निर्धनता दूर करने हेतु 'विश्व एकजुटता कोष' की स्थापना पर सहमति हुई। प्राकृतिक संसाधनों को भावी पीढ़ियों के लिये सुरक्षित रखने की रणनीति पर वर्ष 2005 तक अमल करने की सहमति बनी।

पर्यावरण सुरक्षा से सम्बन्धित अन्तर्राष्ट्रीय सम्मेलन

(International Seminars Related with Environmental Conservation)

1. सन् 1992—संयुक्त राष्ट्र ने स्टॉकहोम में पर्यावरण से सम्बन्धित एक सम्मेलन का आयोजन किया। इसके बाद से ही पर्यावरण संरक्षण अन्तर्राष्ट्रीय मुद्दा बन गया।
2. जून 1992—रियो डि जेनेरियो में पृथ्वी सम्मेलन हुआ। इसमें लगभग 100 राष्ट्राध्यक्षों और शासनाध्यक्षों ने भाग लिया। इन देशों के प्रतिनिधियों ने सतत विकास के लिये व्यापक कार्यवाही योजना 'एजेंडा-21' स्वीकृत किया।
3. जून 1997—संयुक्त राष्ट्र की आम सभा की विशेष बैठक 'पृथ्वी सम्मेलन+5' आयोजित हुई। बैठक में 'एजेंडा-21' को लागू करने सम्बन्धी कार्यक्रम पर आम सहमति बनी।
4. 1998—अंटार्कटिका के ऊपर ओजोन छिद्र में 2 करोड़ 50 लाख वर्ग किमी की वृद्धि का पता चला।
5. 1999—सिएटल सम्मेलन से विश्व व्यापार की पर्यावरणीय व सामाजिक नीतियाँ आलोचना के दायरे में आयीं।
6. दिसम्बर, 2000—संयुक्त राष्ट्र की आम सभा ने निर्णय लिया कि सतत विकास के मुद्दे पर 2002 में एक शिखर सम्मेलन आयोजित किया जायेगा।
7. अप्रैल, 2001—शिखर सम्मेलन के लिये प्रारम्भिक समिति की प्रथम बैठक आयोजित हुई। इसमें प्रक्रिया सम्बन्धी मामलों पर विचार किया गया।
8. जुलाई-अगस्त, 2001—संयुक्त राष्ट्र द्वारा पाँच क्षेत्रीय बैठकें आयोजित की गईं, जिनमें सतत विकास के क्षेत्र में कार्य करने वाले महत्वपूर्ण लोगों व विशेषज्ञों ने विचार व्यक्त किये।
9. सितम्बर-नवम्बर, 2001—पाँच क्षेत्रीय प्रारम्भिक समितियों की बैठक हुई। इसमें प्रत्येक क्षेत्र से सम्बन्धित पिछले दस वर्षों के दौरान सतत विकास को प्राप्त करने की दिशा में हुई प्रगति और अड़चनों की समीक्षा की गई थी।
10. 25 मार्च–5 अप्रैल, 2002—आगे की कार्यवाही पर विचार करने के लिये न्यूयॉर्क में प्रारम्भिक समिति की तीसरी बैठक आयोजित की गई।
11. 27 मई–7 जून, 2002—इंडोनेशिया में प्रारम्भिक समिति की मंत्री स्तरीय चौथी बैठक सम्पन्न हुई। इसमें शिखर सम्मेलन के दौरान विश्व के नेताओं द्वारा वार्ता किये जाने वाले मुद्दों पर सहमति बनी।

पर्यावरण और पारिस्थितिकी तंत्र के उपरोक्त विश्लेषण के द्वारा वैसे तो हमने अनेक बिन्दुओं का परिचय प्राप्त किया, किन्तु इससे एक ही महत्वपूर्ण बात निष्कर्ष के रूप में सामने आयी है। वह यह है कि "आर्थिक विकास प्राप्त करने के प्रयास में विश्व समुदाय ने अपनी पारिस्थितिकी और पर्यावरण को विनाश के कगार पर पहुँचा दिया है।" अर्थात हमने अपनी जेबें तो भर ली हैं, परन्तु आगामी पीढ़ियों के लिये हमने जीविकोपार्जन के मार्ग अवरुद्ध कर दिये हैं। इसीलिये इस बात पर विश्व समुदाय द्वारा गम्भीरतापूर्वक मंथन किया जा रहा है कि किस प्रकार हम अपनी पारिस्थितिकी और पर्यावरण को संरक्षित रखते हुए विकास प्राप्त करें। इसका एक ही उपाय है—'बिना विनाश किये विकास', अर्थात् इस प्रकार की विकास योजनाओं को आगे बढ़ाया जाये जो पर्यावरण संरक्षण को भी प्रोत्साहित करें। इस प्रकार का विकास संविकास

(Eco-Development) कहलाता है। संविकास के अन्तर्गत विकास की ऐसी योजनाओं को कार्यरूप दिया जाता है, जिनसे फैलते हुए मरुस्थल, निर्वनीकरण, मिट्टी अपरदन, विनगरीकरण, रोगाणुयुक्त जल तथा ऊर्जा एवं खाद्यान्न के संकट जैसी पर्यावरणीय एवं सामाजिक समस्यायें धीरे-धीरे कम हों, न कि बढ़ें।

संविकास तीन दृष्टिकोणों को लेकर आगे बढ़ता है—

1. समन्वित विकास अर्थात ऐसा विकास जो आर्थिक-सामाजिक-सांस्कृतिक-पारिस्थितिकी तंत्रों की समग्रता को ध्यान में रखकर अग्रसर होता है।
2. संतुलित विकास अर्थात ऐसा विकास जिससे समाज एवं समुदाय के सभी वर्गों को समुचित लाभ मिले।
3. सतत या टिकाऊ विकास अर्थात ऐसा विकास जो न केवल मानव समाज की तात्कालिक आवश्यकताओं की पूर्ति करे, वरन स्थायी रूप से भविष्य के लिये भी विकास का आधार प्रस्तुत करे।

संविकास का उपरोक्त मॉडल पूर्णतः निर्दोष माना जा सकता है, किन्तु कुछ समय पूर्व तक संविकास की संकल्पना को नहीं अपनाया गया था। आर्थिक विकास तो हुआ किन्तु सामाजिक-सांस्कृतिक मूल्यों और पारिस्थितिकी तंत्र के अवमूल्यन पर, औद्योगीकरण और नगरीकरण के द्वारा नगरीय जनसंख्या को तो आजीविका के अवसर उपलब्ध कराये गये, किन्तु ग्रामीण और पिछड़े वर्गों को नहीं तथा तात्कालिक विकास तो पाया किन्तु सतत विकास नहीं। यही भूल हमने पर्यटन के क्षेत्र में भी की है। विश्व समुदाय ने मनोरंजन पर्यटन, विश्राम पर्यटन, धार्मिक पर्यटन, सांस्कृतिक पर्यटन, शैक्षिक पर्यटन और धरोहर पर्यटन को बढ़ावा देने के चक्कर में ऐसे समस्त पर्यटन स्थलों को नगरीय केन्द्रों के रूप में परिणत कर दिया जो पर्यटन के उपरोक्त स्वरूपों से जुड़े थे। इसी कारण पर्यटक संवहन क्षमता के गम्भीर अतिक्रमण के द्वारा अनियोजित निर्माण को अपनाया गया। परिणाम सबके सामने है—पर्यटन भी तात्कालिक विकास और पर्यावरण प्रदूषण का कारक बन कर रह गया है।

किन्तु पिछले एक दशक से विश्व समुदाय में चेतना जागृत हुई है। अब तक सम्पन्न हुए पर्यावरण सुरक्षा से सम्बन्धित अन्तर्राष्ट्रीय सम्मेलन और अधिकांश देशों द्वारा अपनाये जा रहे संतुलित विकास कार्यक्रम यह इंगित करने के लिये पर्याप्त हैं कि संविकास की संकल्पना कितनी अधिक महत्वपूर्ण है। इस बात को समझते हुए समग्र विकास के परिप्रेक्ष्य में सभी देशों द्वारा निम्नलिखित बातों पर ध्यान दिया जा रहा है—

(i) नगरीय विकास के समानानुपात में ग्रामीण विकास की योजनाओं का निर्माण और क्रियान्वयन किया जा रहा है।
(ii) समाज के निम्न और उपेक्षित वर्गों को कल्याणकारी कार्यक्रमों से जोड़ा जा रहा है।
(iii) औद्योगिक इकाइयों को हाईटेक बनाते हुए उन्हें अधिकतम प्रदूषण रहित बनाने के प्रयास किये जा रहे हैं।
(iv) पर्यावरण प्रदूषण को अन्तर्राष्ट्रीय चिन्ता का विषय मानते हुए विश्व स्तर पर पर्यावरण संरक्षण के कार्यक्रमों का निर्माण संगठित रूप से किया जा रहा है।
(v) उत्पादन के ऐसे क्षेत्रों की खोज करके उन्हें प्रोत्साहन दिया जा रहा है, जो पर्यावरण प्रदूषण को नियन्त्रित करने के साथ-साथ सतत विकास के कारक बन सकें।

उपरोक्त परिप्रेक्ष्य में ही पर्यटन के क्षेत्र को भी चिन्हित किया गया है। पर्यटन के परम्परागत स्वरूपों के निरन्तर बढ़ते जा रहे नकारात्मक प्रभावों, विशेषकर पर्यावरण और पारिस्थितिकी तंत्र पर पड़ रहे दुष्प्रभावों को दृष्टिगत रखते हुए, पर्यटन के कुछ नवीन स्वरूपों के संवर्द्धन और विकास को पर्यटन विकास योजनाओं में प्रमुख स्थान दिया जा रहा है। पर्यटन के कुछ ऐसे परम्परागत स्वरूपों को भी इसमें सम्मिलित किया गया है, जो पर्यावरण संरक्षण में सकारात्मक योगदान देते आये हैं। इस प्रकार पर्यावरण संरक्षण के दृष्टिकोण से पर्यटन के जो स्वरूप सामने आये हैं, वे हैं—

(i) ग्रामीण पर्यटन
(ii) प्रकृति पर्यटन और
(iii) साहसिक पर्यटन

चूँकि पर्यटन के ये तीनों स्वरूप पारिस्थितिकी तंत्र में संतुलन उत्पन्न करते हुए पर्यावरण संरक्षण को सुनिश्चित करते हैं। अतः इनके संयुक्त संस्करण को ईको पर्यटन या पारिस्थितिकी पर्यटन, कुल मिलाकर Eco-Tourism = Tourism with Ecological Safety or "Tourism with Ecological Conservation" नाम दिया गया है।

परन्तु ईको पर्यटन का आशय केवल 'ग्रामीण पर्यटन, प्रकृति पर्यटन और साहसिक पर्यटन का समेकित रूप (Integrated form of Rural Tourism, Nature Tourism and Adventure Tourism) ही नहीं है। बल्कि इसमें कुछ प्रमुख उद्देश्य तत्व रूप में विद्यमान हैं। यथा—स्थानीय लोगों के हितलाभ की व्यवस्था करना, पर्यटकों को स्थानीय संस्कृति का परिचय प्रदान करना, पर्यटन को मात्र आनन्द या मनोरंजन का माध्यम न मानते हुए, पर्यटकों तथा मेजबानों को संविकास के प्रति जागरूक करना तथा पर्यटकीय सेवाओं का विकेन्द्रीकरण करना आदि।

साथ ही ईको पर्यटन को पर्यटन के मात्र इन तीन स्वरूपों तक ही सीमित नहीं किया गया है। पर्यटन के प्रत्येक स्वरूप को पर्यावरण संरक्षण के प्रति अधिक उत्तरदायी बनाने के प्रयास भी किये गये हैं, ताकि समग्र पर्यटन को संविकास का कारक बनाया जा सके। पर्यटन के शेष स्वरूपों के सम्बन्ध में काफी समय से बहुत कुछ देखा-सुना जा सका है, परन्तु ईको पर्यटन चूँकि अपेक्षाकृत एक नवीन अवधारणा है। अतः इसका व्यापक प्रचार-प्रसार किया जा रहा है। इसका दायित्व विश्व पर्यटन संगठन (World Tourism Organization) ने अपने कंधों पर उठाया है तथा मुख्य रूप से UNEP (United Nations Environment Programme) जैसी संस्थायें इस भगीरथ कार्य में विशेष योगदान दे रही हैं। विश्व स्तर पर ईको पर्यटन के वर्तमान परिदृश्य का परिचय प्राप्त करने से पूर्व इस अवधारणा का सैद्धान्तिक परिचय सामने लाना आवश्यक है।

ईको पर्यटन की अवधारणा
(Concept of Eco-Tourism)

ईको पर्यटन सतत पर्यटन के क्षेत्र का सहायक उपादान (Sub-Component) है। अर्थात पर्यटन द्वारा सतत विकास प्राप्त करने में ईको पर्यटन एक सहयोगी कारक की भूमिका निभाता है। दूसरे शब्दों में, पर्यटन के सतत स्वरूपों की विकासशील प्रक्रिया में ईको पर्यटन महत्वपूर्ण भूमिका निभाता है। वैसे यह चर्चा का विषय है कि प्रधान रूप से ईको पर्यटन, प्रकृति पर्यटन का वह

स्वरूप माना गया है, जो विशुद्ध रूप से वर्तमान आवश्यकताओं की पूर्ति करने के साथ-साथ पर्यटन उत्पाद के साधनों को भविष्य के लिये भी सुरक्षित रखता है अर्थात ईको पर्यटन को मुख्य रूप से प्रकृति पर्यटन का सततीय संस्करण माना गया है तथा ग्रामीण पर्यटन और सांस्कृतिक पर्यटन के तत्व भी इसमें समाहित हैं।

वैसे तो ईको पर्यटन को समग्र रूप से सतत विकास का कारक माना गया है, फिर भी यहाँ यह स्पष्ट कर देना अनिवार्य है कि विश्व पर्यटन संगठन (WTO) केवल ईको पर्यटन तक ही अपना ध्यान केन्द्रित न रखे, बल्कि पर्यटन के अन्य स्वरूपों, जैसे—अवकाश पर्यटन, व्यापार पर्यटन, शैक्षिक पर्यटन, स्वास्थ्य पर्यटन, साहसिक पर्यटन के कम प्रकृति आधारित स्वरूपों, सम्मेलन पर्यटन या फिर धार्मिक-सांस्कृतिक पर्यटन आदि का उद्देश्य भी सतत विकास प्रदान करना ही होना चाहिए। अन्यथा पर्यटन के इन स्वरूपों की अवहेलना करने से पर्यटन के स्वरूप पर नकारात्मक प्रभाव पड़ सकता है। इसका अर्थ यह हुआ कि पर्यटन अवस्थापना, इसके अनुवर्ती संचालन और यहाँ तक कि इसके विपणन के नियोजन एवं विकास का केन्द्र पर्यावरणीय, सामाजिक, सांस्कृतिक और आर्थिक सततता पर होना चाहिये।

विगत कुछ वर्षों से ईको पर्यटन की परिभाषा निर्धारित करने और विभिन्न सम्मेलनों में इसकी चर्चा के दौरान एकमत से ईको पर्यटन के निम्नलिखित उपादानों को स्वीकार किया गया है—

(i) जैव-विविधता संरक्षण में सहायक।
(ii) स्थानीय लोगों (मेजबानों) के कल्याण को सततता प्रदान करने में सहायक।
(iii) ईको पर्यटन के माध्यम से, पर्यटन विकास योजनाओं में एक उल्लेखनीय अनुभव को सम्मिलित करना।
(iv) पर्यटकों और पर्यटन उद्योग के उत्तरदायी क्रियाकलापों की परस्पर निर्भरता स्थापित करना।
(v) लघु स्तरीय व्यवसायों द्वारा पर्यटकों के लघु समूहों को प्राथमिकता के आधार पर ईको पर्यटन से जोड़ना।
(vi) पर्यटनीय उत्पादन के ऐसे साधनों के उपयोग की न्यूनतम मात्रा को सुनिश्चित करना, जो गैर-नवीकृत हों अर्थात जिनकी उत्पादन क्षमता कम हो। इससे इन साधनों की सततता बनाये रखने में सहायता मिलेगी।
(vii) ईको पर्यटन स्थलों के स्थानीय निवासियों और विशेषकर ग्रामीणों को ईको पर्यटन के संचालन में सहभागिता, स्वामित्व और व्यावसायिक अवसरों पर सहभागिता करने के लिये प्रेरित करना।

ईको पर्यटन का अर्थ एवं परिभाषायें
(Meaning and Definitions of Eco-Tourism)

विगत दो दशकों से, ईको पर्यटन सम्बन्धी गतिविधियों का विश्व स्तर पर तीव्र गति से विकास हुआ है, इससे यह आशा की जा सकती है कि आने वाले समय में ईको पर्यटन स्वयं को और अधिक प्रभावी रूप में स्थापित करेगा। इसके वैश्विक महत्व को देखते हुए, संयुक्त राष्ट्र संघ ने वर्ष 2002 को 'अन्तर्राष्ट्रीय ईको पर्यटन वर्ष' (International year of Eco-Tourism) के रूप में संकल्पित (Designated) किया तथा संयुक्त राष्ट्र संघ के 'सतत विकास सम्बन्धी

आयोग' (Commission on Sustainable Development) ने अन्तर्राष्ट्रीय पर्यटन सम्बन्धी अभिकरणों, सरकारों और निजी क्षेत्रों से ईको पर्यटन के विकास हेतु कुछ अतिरिक्त प्रयास किये जाने का आग्रह किया। अन्तर्राष्ट्रीय पर्यटन संगठन (WTO) तथा संयुक्त राष्ट्र पर्यावरण कार्यक्रम (UNEP) ने वर्ष 2002 के दौरान अन्तर्राष्ट्रीय स्तर पर ईको पर्यटन की तैयारियों और समन्वय सम्बन्धी गतिविधियों का नेतृत्व करने के लिये संयुक्त रूप से कदम उठाये हैं।

ईको पर्यटन के सम्बन्ध में आज तक न तो पर्यटन विषय के विद्वानों ने और न ही पर्यटन विकास से सम्बद्ध संस्थाओं ने कोई सर्वमान्य परिभाषा प्रस्तुत की है। इससे इस अवधारणा का सैद्धान्तिक परिचय अभी तक संदेह के घेरे में है तथा सामान्यत: समस्त प्रकार के प्रकृति पर्यटन को ईको पर्यटन की संज्ञा दे दी जाती है। कोई भी गतिविधि मात्र प्रकृति पर्यटन है अथवा ईको पर्यटन, यह इस बात पर निर्भर करता है कि गतिविधि को किस प्रकार आयोजित किया जा रहा है। ईको पर्यटन में, प्राकृतिक क्षेत्रों में आयोजित उन समस्त पर्यटकीय गतिविधियों को सम्मिलित किया जाता है, जो पर्यावरण संरक्षण से जुड़ी हुई हों, स्थानीय लोगों के लिये लाभप्रद हों और सांस्कृतिक परिवेश को समझने का प्रयास करती हों। ईको पर्यटन के सम्बन्ध में मुख्य रूप से दो ही परिभाषायें प्रचलित हैं—

1. The International Eco-Tourism Society, 1991—"ईको पर्यटन प्राकृतिक क्षेत्रों की वह उत्तरदायी यात्रा है, जिससे न केवल पर्यावरण संरक्षण को बल मिलता है, अपितु स्थानीय लोगों के कल्याण को सततता (Sustainability) भी प्राप्त होती है।"
2. International Union of Conservation Nations (Now-Called World Conservation Union), 1996—"ईको पर्यटन प्रकृति का आनन्द लेने, उसे पहचानने की, पर्यावरणीय रूप से उत्तरदायी यात्रा और भ्रमण है, जो गैर अशान्त क्षेत्रों से जुड़ी हुई है (और प्राचीन तथा नवीन, दोनों प्रकार की संस्कृतियों से परिचित होने की), जिससे संरक्षण की प्रवृत्ति प्रोत्साहित होती है, यात्रा के नकारात्मक प्रभाव कम होते हैं और स्थानीय जनसंख्या की सामाजिक-आर्थिक सम्बद्धता द्वारा उनके लाभ की व्यवस्था होती है।"

उपरोक्त परिभाषाओं से स्पष्ट है कि ईको पर्यटन, प्रकृति पर्यटन का वह स्वरूप है, जिसके द्वारा प्रकृति और पर्यावरण संरक्षण को तो सुनिश्चित किया ही जाता है, स्थानीय जनता (ईको पर्यटन क्षेत्र की) के आर्थिक लाभों को सततता भी प्रदान की जाती है। इसके अतिरिक्त ईको पर्यटन में स्थानीय प्राचीन एवं वर्तमान संस्कृति का ज्ञान भी प्राप्त किया जाता है। इस अर्थ में, ईको पर्यटन किसी ग्रामीण क्षेत्र में होने वाले सामाजिक, सांस्कृतिक और आर्थिक परिवर्तनों को सामने लाने में सहायक है। यह भी स्पष्ट है कि प्रकृति पर्यटन, ग्रामीण पर्यटन, साहसिक पर्यटन और सांस्कृतिक पर्यटन सम्बन्धी समस्त क्रियाकलापों का ईको पर्यटन में समावेश नहीं होता, अपितु ईको पर्यटन में इन चारों प्रकार के पर्यटन की कुछेक गतिविधियाँ सम्मिलित होती हैं।

ईको पर्यटन की विशेषतायें
(Characteristics of Eco-Tourism)

उपरोक्त परिभाषीय विश्लेषण के आधार पर ईको पर्यटन की कुछ उल्लेखनीय विशेषतायें सामने आती हैं—

1. ईको पर्यटन में पर्यटन के प्रकृति आधारित वे समस्त स्वरूप सम्मिलित किये जाते हैं, जिनमें पर्यटन का मुख्य अभिप्रेरक (Motive) प्रकृति का अवलोकन और मूल्यांकन करना तो होता ही है, साथ ही पर्यटकों द्वारा प्रकृति पर्यटन के क्षेत्रों की स्थानीय और परम्परागत सांस्कृतिक मान्यताओं का भी अध्ययन किया जाता है।
2. उपरोक्त विशेषता के आधार पर ईको पर्यटन में शैक्षणिक और निर्वचनात्मक विशेषतायें सम्मिलित हैं, मात्र मनोरंजन या सैर-सपाटे का ईको पर्यटन में कोई स्थान नहीं है। इस अर्थ में ईको पर्यटन में शैक्षिक पर्यटन के भाव को भी समाहित माना जा सकता है।
3. वास्तव में, ईको पर्यटन के भ्रमण को प्राय: छोटे समूहों तथा स्थानीय व्यापारियों द्वारा आयोजित नहीं किया जाता, बल्कि विभिन्न स्तरों के राष्ट्रीय-अन्तर्राष्ट्रीय टूर ऑपरेटर्स छोटे-छोटे समूहों (अधिकतम 25 व्यक्ति संख्या के समूह) के लिये ईको टूर्स आयोजित करते हैं, उनका संचालन करते हैं तथा ईको पर्यटन उत्पादों के क्रय-विक्रय और अन्य आर्थिक गतिविधियों हेतु बाजार की व्यवस्था करते हैं।
4. पर्यटन के अन्य स्वरूपों के विपरीत ईको पर्यटन सामान्यत: सामाजिक, सांस्कृतिक और प्राकृतिक पर्यावरण पर पर्यटन के नकारात्मक प्रभावों की मात्रा को न्यूनतम करने में प्रभावी माना जाता है। इस अर्थ में ईको पर्यटन, पर्यटन के अन्य स्वरूपों की तुलना में अग्रगामी (Pioneer) है।
5. ईको पर्यटन प्राकृतिक क्षेत्रों के संरक्षण के उत्कृष्ट उपाय प्रस्तुत करने में समर्थ है।
6. इसके माध्यम से स्थानीय समुदायों (विशेषकर ग्रामीण समुदायों), संगठनों और प्राकृतिक क्षेत्रों की प्रबन्ध व्यवस्था का संचालन करने वाले प्राधिकरणों के आर्थिक लाभों की व्यवस्था की जाती है।
7. ईको पर्यटन स्थानीय समुदायों हेतु वैकल्पिक रोजगार और आय के अवसरों की व्यवस्था करता है। दूसरे शब्दों में कहा जाये तो ईको पर्यटन, प्राकृतिक क्षेत्रों में प्रत्येक वर्ग के लोगों के लिये स्वरोजगार की व्यवस्था करता है।
8. ईको पर्यटन पर्यटकों और मेजबानों, दोनों वर्गों में प्राकृतिक और सामाजिक-सांस्कृतिक मूल्यों के संरक्षण के प्रति जागरूकता उत्पन्न करता है। अर्थात ईको पर्यटन में कोई भी वर्ग स्वच्छन्द होकर, प्रकृति और पर्यावरण को क्षति नहीं पहुँचा सकता।
9. ईको पर्यटन समन्वित विकास, संतुलित विकास और सतत विकास, कुल मिलाकर संविकास (Eco-Development) के उद्‌देश्यों को आगे लेकर बढ़ता है।
10. अपने समग्र रूप में ईको पर्यटन की प्रकृति संरक्षणवादी है।

ईको पर्यटन और आई (Eco-Tourism and IYE)

ईको पर्यटन सम्बन्धी कोई भी विश्लेषण 'आई' के उल्लेख के अभाव में पूर्णता प्राप्त नहीं कर सकता। यहाँ पर सर्वप्रथम आई को स्पष्ट कर लेना आवश्यक है। आई का तात्पर्य है—IYE = International Year of Eco-Tourism। वास्तव में, जुलाई, 1998 में United Nations Economic and Social Council (ECOSOC) ने संयुक्त राष्ट्र संघ सामान्य सभा के सदस्य देशों से वर्ष 2002 को 'अन्तर्राष्ट्रीय ईको पर्यटन वर्ष' (International Year of Eco-Tourism 2002) के रूप में प्रारूपित (Designated) करने का सुझाव दिया। यह भी कहा गया कि IYE को IYM अर्थात International Year of Mountain की भांति प्रचारित और प्रसारित किया

जाये। विश्व पर्यटन संगठन (WTO) के सतत विकास सम्बन्धी आयोग (CSD) तथा अन्य संस्थाओं को भी वर्ष 2002 को अन्तर्राष्ट्रीय ईको पर्यटन वर्ष के रूप में क्रियान्वित करने का सुझाव दिया गया। संयुक्त राष्ट्रों की व्यवस्था के अन्तर्गत सतत विकास सम्बन्धी आयोग की शाखा अर्थात 'सतत विकास सम्बन्धी अन्तर्अभिकरण समिति' (IACSD—Inter Agency Committee on Sustainable Development) वर्ष 2002 के लिये और इस वर्ष के दौरान, समन्वय और सहायक क्रियाओं के लिये 'विश्व पर्यटन संगठन' (WTO) और संयुक्त राष्ट्रों के पर्यावरण कार्यक्रम (UNEP) को आदेशित करेगी।

अन्तर्राष्ट्रीय ईको पर्यटन वर्ष 2002, विश्व स्तर पर ईको पर्यटन से प्राप्त अनुभवों का अवलोकन और मूल्यांकन करने के लिये विश्व समुदाय को अवसर प्रदान करेगा, इससे ईको पर्यटन के क्रियान्वयन से सम्बन्धित यंत्रों (Integrated Tools) और संस्थात्मक संरचना (Institutional Structure) के परिप्रेक्ष्य में, भविष्य में ईको पर्यटन द्वारा सतत विकास प्राप्त होना सुनिश्चित हो सकेगा। इसका अर्थ यह हुआ कि अन्तर्राष्ट्रीय ईको पर्यटन वर्ष 2002 अधिकतम पर्यावरणीय, आर्थिक और सामाजिक-सांस्कृतिक लाभ प्राप्त करने का अवसर प्रदान करेगा। इससे ईको पर्यटन के सम्भावित नकारात्मक प्रभावों को न्यून करने में सहायता प्राप्त होगी। 'विश्व पर्यटन संगठन' और 'संयुक्त राष्ट्रों का पर्यावरण कार्यक्रम', अन्तर्राष्ट्रीय ईको पर्यटन वर्ष 2002 के दौरान, ईको पर्यटन के क्षेत्र में निम्नलिखित उद्देश्यों को दृष्टिगत रखते हुए कार्य करेंगे—

1. सतत विकास और जैव विविधता संरक्षण में ईको पर्यटन के योगदान में कैसे वृद्धि की जा सकती है, इस सम्बन्ध में विश्वस्तरीय चर्चा के द्वार खोलना।
2. ईको पर्यटन के सम्बन्ध में किये गये सतत नियोजन, ईको पर्यटन के सतत विकास, ईको पर्यटन के प्रबन्ध और विपणन के क्षेत्र में किये जा रहे उत्कृष्ट प्रयासों और इससे प्राप्त अनुभवों के सम्बन्ध में विश्व स्तर पर सूचनाओं का प्रसार करना।
3. ईको पर्यटन से प्राप्त होने वाले सामाजिक, आर्थिक और पर्यावरणीय लाभों की आधुनिकतम स्थिति और इससे सम्बन्धित प्रभावों का प्रचार-प्रसार करना।
4. ईको पर्यटन के प्रभावों और दुष्प्रभावों के अनुश्रवण और नियंत्रण (Monitoring and Control) के लिए नियामक मशीन तंत्र और स्वयंसेवी योजनाओं (Regulatory Mechanisms and Voluntary Schemes) द्वारा किये जा रहे कार्यों का मूल्यांकन।
5. ईको पर्यटन की परियोजनाओं और ईको पर्यटन से सम्बन्धित व्यवसायों में स्थानीय समुदायों और स्वदेशी लोगों (Local Communities and Indeginous People) की सहभागिता के सम्बन्ध में प्राप्त अनुभवों और सीखी गई बातों की समीक्षा करने के लिये प्रयासरत रहना।
6. सतत विकास और प्राकृतिक तथा सांस्कृतिक संसाधनों के यंत्र के रूप में ईको पर्यटन के प्रभावी प्रयोग के लिये सरकारों, निजी क्षेत्रों और गैर सरकारी संगठनों की क्षमता बढ़ाने की दिशा में कार्य करना।
7. सार्वजनिक क्षेत्र के अधिकारियों/कर्मचारियों, निजी व्यवसायियों और उनके कर्मचारियों तथा स्वयं पर्यटकों अर्थात ईको पर्यटन के क्षेत्र में कार्य कर रही समस्त इकाइयों के व्यवहारों को अधिक उत्तरदायी (संरक्षण की दिशा में) बनाने के मार्गों की खोज करना।

8. विश्व स्तर पर ईको पर्यटन के प्रबन्ध और सतत विकास के वितरण के विचार से 'अन्तर्राष्ट्रीय और अन्तर्प्रस्तोता सहयोग' (International and Inter-Stakeholder Collaboration) पाने के लिये नये क्षेत्रों को परिभाषित करना।

ईको पर्यटन और आई के अन्तर्सम्बन्ध से सम्बन्धित उपरोक्त विश्लेषण से यह बात पूर्णतः स्पष्ट होती है कि संयुक्त राष्ट्रों द्वारा वर्ष 2002 को अन्तर्राष्ट्रीय ईको पर्यटन वर्ष के रूप में मनाने का उद्देश्य विश्व स्तर पर ईको पर्यटन का प्रचार और प्रसार करना, ईको पर्यटन को अधिकतम लाभप्रद बनाते हुए इसके दुष्प्रभावों को न्यून करना, विश्व समुदाय को ईको पर्यटन का सम्पूर्ण ज्ञान प्रदान करना तथा ईको पर्यटन के संचालन हेतु अधिकतम किन्तु समर्थ इकाइयों को ईको पर्यटन से जोड़ना है। इस अर्थ में यह कहना अतिशयोक्ति न होगी कि "अन्तर्राष्ट्रीय ईको पर्यटन वर्ष 2002 ईको पर्यटन के क्षेत्र में क्रान्ति लाने का वर्ष रहा है।"

ईको पर्यटन के सिद्धान्त
(Theories of Eco-Tourism)

ईको पर्यटन सम्बन्धी विश्लेषण में इसके सिद्धान्त भी महत्वपूर्ण स्थान रखते हैं। बल्कि यह कहा सकता है कि ईको पर्यटन के सिद्धान्तों को समझे बिना, इसका समग्र सैद्धान्तिक ज्ञान प्राप्त नहीं किया जा सकता। वैसे तो ईको पर्यटन के सिद्धान्तों का जन्म इसकी परिभाषाओं और विशेषताओं के परिप्रेक्ष्य में ही हुआ है, किन्तु इसके सिद्धान्त यहीं तक सीमित नहीं हैं। ईको पर्यटन के सिद्धान्तों का अध्ययन करने के पश्चात पर्यटन विषय का प्रत्येक विद्यार्थी, पर्यटन क्षेत्र से जुड़ी संस्थायें, पर्यटन के अध्यापक और यहाँ तक कि पर्यटन में रुचि रखने वाला और पर्यटन की थोड़ी सी समझ रखने वाला एक सामान्य नागरिक भी ईको पर्यटन के महत्व को जान सकता है, क्योंकि इसके सिद्धान्त ईको पर्यटन के उद्देश्यों को व्यक्त करने में भी समर्थ हैं। यह बात ईको पर्यटन के निम्नलिखित सिद्धान्तों के अवलोकन से भी स्पष्ट हो जायेगी—

1. ईको पर्यटन प्राकृतिक और सांस्कृतिक पर्यावरण पर पड़ने वाले नकारात्मक प्रभावों को न्यून करता है, जो कि पर्यटन स्थल को क्षति पहुँचा सकते हैं। अर्थात ईको पर्यटन, पर्यटन स्थलों को संरक्षित करते हुए उन्हें सतत विकास के योग्य बनाने की विधि के रूप में कार्य करता है।
2. ईको पर्यटन का उद्देश्य संरक्षण के महत्व के प्रति पर्यटकों को शिक्षित करना है क्योंकि 'सतत विकास हेतु संरक्षण' ही ईको पर्यटन का मूल मंत्र है।
3. यह इस प्रकार के व्यवसायों के महत्व पर बल देता है, जो कि ईको पर्यटन स्थलों की स्थानीय आवश्यकताओं और समग्र संरक्षण से प्राप्त लाभों के वितरण का उत्तरदायित्व अपने हाथों में लेते हुए स्थानीय प्राधिकरणों (Local Authorities) और स्थानीय लोगों के साथ मिलकर सहयोगपूर्वक कार्य करते हैं।
4. ईको पर्यटन के माध्यम से प्राकृतिक और संरक्षण हेतु चयनित स्थानों के संरक्षण और प्रबन्ध के लिये प्रत्यक्ष रूप से राजस्व प्राप्त होता है।
5. ईको पर्यटन, भविष्य में विकसित किये जा सकने योग्य पर्यटन स्थलों के परिप्रेक्ष्य में न केवल क्षेत्रीय पर्यटन जोन का विकास किये जाने की बात करता है, बल्कि पर्यटन प्रबन्ध योजनाओं के लिये प्रारूप भी प्रस्तुत करता है।

6. ईको पर्यटन पर्यावरण, समाज, संस्कृति और अर्थव्यवस्था के संरक्षणों से सम्बन्धित अध्ययन किये जाने को प्रोत्साहित करता है। इससे यह लाभ होता है कि अध्ययनों के माध्यम से दूरगामी अनुश्रवण कार्यक्रमों के मूल्यांकन में सहायता मिलती है।
7. ईको पर्यटन आयोजक देशों, स्थानीय व्यापारों तथा स्थानीय निवासियों को अधिकतम आर्थिक लाभ उपलब्ध कराने की व्यवस्था करता है। स्थानीय लोगों के अन्तर्गत ईको पर्यटन विशेष रूप से प्राकृतिक और संरक्षित क्षेत्रों में रहने वाले लोगों के आर्थिक लाभ की व्यवस्था करता है।
8. ईको पर्यटन यह सुनिश्चित करने में सहायता प्रदान करता है कि पर्यटन विकास कार्यक्रम कहीं पर्यावरणीय और सामाजिक ढांचे में एक सीमा तक स्वीकारणीय परिवर्तनों की सीमा का उल्लंघन तो नहीं कर रहे हैं। पर्यावरणीय और सामाजिक ढांचे में कितना परिवर्तन स्वीकारणीय है, इस बात का निर्धारण, विभिन्न शोधकर्ताओं द्वारा स्थानीय समुदायों पर किये गये अध्ययनों के आधार पर किया जाता है।
9. ईको पर्यटन पर्यटन स्थल की अवस्थापनात्मक संरचना के अनुरूप अपनी गतिविधियाँ संचालित करता है, स्थानीय वनस्पतियों और वन्य जीवों का संरक्षण करता है और स्थानीय प्राकृतिक तथा सांस्कृतिक पर्यावरण का हनन नहीं करता। ईको पर्यटन प्रदूषण फैलाने वाले रूढ़िगत ईंधन के न्यूनतम प्रयोग पर बल देता है।
10. सभी प्रस्तोताओं (Stakeholders) की पूर्व सूचित सहभागिता सुनिश्चित करता है और उन्हें अपने विश्वास में लेकर लाभ का समान वितरण करता है।
11. ईको पर्यटन सभी प्रस्तोताओं की समान, प्रभावी और सक्रिय सहभागिता का पक्षधर है। इस अर्थ में ईको पर्यटन की नीतियाँ पारदर्शी हैं।
12. ईको पर्यटन के सुखद भविष्य को दृष्टिगत रखते हुए स्वदेशी जनसंख्या समुदाय पर्यटन के अन्य स्वरूपों के विकास को अब अस्वीकार कर सकते हैं, क्योंकि मात्र ईको पर्यटन में ही स्थानीय लोगों के लिये पूर्णतः सूचित, प्रभावी और सक्रिय सहभागिता, उनके समुदायों, भूमि और कार्य क्षेत्र में संचालित होती हैं।
13. ईको पर्यटन स्वदेशी लोगों और स्थानीय समुदायों द्वारा अपने संसाधनों को नियन्त्रित और प्रसंस्कृत करने की प्रक्रिया के रूप में आगे बढ़ता है।

ईको पर्यटन के सिद्धान्तों को सार रूप में और 4 पंक्तियों में 'Tourism Watch Information Service' द्वारा अत्यन्त सुन्दर ढंग से इस प्रकार प्रस्तुत किया गया है—

'We don't need visitors,
Who come and go,
We need 'friends',
With whom to grow'

अर्थात पर्यटन के अन्य स्वरूप पर्यटकों को मात्र एक भ्रमणकर्ता के रूप में प्रस्तुत करते हैं, जो आते हैं और चले जाते हैं। किन्तु ईको पर्यटन, पर्यटकों के रूप में मित्र उत्पन्न करता है, जो उन्नति में सहायक बनते हैं। अन्य शब्दों में—"ईको पर्यटन, पर्यटन स्थल और पर्यटकों के मध्य मैत्री सम्बन्ध स्थापित करने का पक्षधर है।"

ईको पर्यटन के सम्बन्ध में व्याप्त भ्राँतियाँ (Myths about Eco-Tourism)

चूँकि सामान्य जन समुदाय अभी तक ईको पर्यटन के वास्तविक परिचय से अवगत नहीं हो पाया है, अत: इसके सम्बन्ध में अनेक भ्रांतियाँ व्याप्त हैं। यथा—

(i) ईको पर्यटन किसी भी दृष्टिकोण से अधिक लाभप्रद नहीं है।

(ii) अधिकांश बड़ी एवं विश्वस्तरीय संस्थाओं की ईको पर्यटन से जुड़ने में कोई रुचि नहीं है, बल्कि मात्र मध्यम स्तरीय संस्थायें और निगम ही ईको पर्यटन को संचालित कर रहे हैं।

(iii) वर्तमान पर्यटकों की रुचि केवल नगरीय और उत्कृष्ट पर्यटकीय सेवाओं की उपलब्धता वाले पर्यटन स्थलों पर जाकर सैर–सपाटा और मनोरंजन करने भर में है। ईको पर्यटन स्थल न तो आकर्षक होते हैं और न ही पर्याप्त पर्यटकीय सुविधाओं से युक्त। ईको पर्यटन से सम्बन्धित संस्थायें, पूँजी निवेश करने के पश्चात ईको पर्यटन स्थलों पर पर्याप्त मात्रा में पर्यटकों का आगमन चाहती हैं, किन्तु मुख्य धारा के पर्यटकों का ऐसे पर्यटन स्थलों पर आना सदैव संदिग्ध बना रहता है, क्योंकि मुख्यधारा का कोई भी पर्यटक पैसा खर्च करके खतरों और असुविधाओं का सामना नहीं करना चाहता।

ईको पर्यटन की वास्तविकतायें
(Facts about Eco-Tourism)

उपरोक्त भ्रांतियाँ वास्तव में ईको पर्यटन के सम्बन्ध में भ्रांतियाँ मात्र ही हैं। इनमें कोई सत्यता नहीं है। वास्तविकता इसके विपरीत है।

(i) पर्याप्त ज्ञान के अभाव में एक बार ईको पर्यटन पर्याप्त लाभप्रद भले ही न हो, किन्तु सही परिस्थितियों में ईको पर्यटन वित्तीय संरक्षण और प्रबन्धक समुदायों (वे समस्त स्थानीय समुदाय, जो स्थानीय स्तर पर ईको पर्यटन का संचालन करते हैं) के लिये वैकल्पिक आजीविका का प्रबन्ध करने में समर्थ है।

(ii) दीर्घकालीन पर्यटन विकास अर्थात सतत पर्यटन के दृष्टिकोण से प्राकृतिक सुन्दरता एक महत्वपूर्ण संपत्ति है। इसका संरक्षण अपरिहार्य है। केवल ईको पर्यटन ही पर्यावरण संरक्षण के उद्देश्य को दृष्टिगत रखते हुए, प्राकृतिक सम्पदा के संरक्षण को महत्व देता है। यदि पर्यटन के प्रचलित स्वरूपों ने इस बात को दृष्टिगत रखा होता तो आज न तो पर्यावरण प्रदूषण विश्व के लिए चिन्ता का विषय बनता और न ही ईको पर्यटन के विकास की बात मस्तिष्क में आती।

(iii) ईको पर्यटन हरे–भरे प्राकृतिक वातावरण को प्रोत्साहित करता है। इससे न केवल अनियमित विकास को नियंत्रित करने में सहायता मिलती है, बल्कि परम्परागत जीवन व्यतीत कर रहे समुदायों को एकाकीपन दूर करने का मार्ग भी मिल जाता है।

ईको पर्यटन प्रबन्ध में विभिन्न इकाइयों की भूमिका
(Role of Various Units in Eco-Tourism Management)

एक व्यापक और कल्याणकारी उपागम होने के कारण ईको पर्यटन प्रबन्ध का क्षेत्र अत्यन्त व्यापक होता है। इसलिये ईको पर्यटन के सफल और सतत विकास के लिये यह आवश्यक है कि ईको पर्यटन का प्रबन्ध किसी एक विभाग तक सीमित न रहे और समस्त सम्बन्धित विभाग

संयुक्त रूप से ईको पर्यटन के विकास का प्रयास करें। ईको पर्यटन के विकास हेतु विभिन्न विभागों एवं इकाइयों में समन्वय और सहयोग तभी स्थापित हो सकता है, जब ईको पर्यटन विकास कार्यक्रमों में विभिन्न विभागों और इकाइयों की भूमिकायें स्पष्ट हों। ईको पर्यटन के विकास में जिन विभागों की भूमिका प्रमुख होती है, वे हैं—वन विभाग, पर्यटन विभाग, संस्कृति विभाग, सिंचाई विभाग, पुरातत्व विभाग और नियोजन एवं विकास विभाग आदि। इसी प्रकार ईको पर्यटन को विकसित करने में जिन इकाइयों का सहयोग अपेक्षित होता है, वे हैं—सरकार, निजी क्षेत्र, गैर सरकारी संगठन और संस्थान तथा प्रस्तोता (Stakeholders) आदि। ईको पर्यटन के विकास हेतु विभिन्न विभागों और इकाइयों के कार्यों को निम्न प्रकार विभाजित और श्रेणीबद्ध किया जा सकता है—

सरकार की भूमिका

जिन क्षेत्रों में ईको पर्यटन के विकास की सम्भावनायें विद्यमान हैं, उन क्षेत्रों में सरकार की भूमिका अत्यन्त महत्वपूर्ण हो जाती है। ऐसे क्षेत्रों में सरकार द्वारा विद्युत की व्यवस्था, यातायात के साधनों की व्यवस्था, जल एवं पेयजल की व्यवस्था, सूचना एवं संचार व्यवस्था, अन्य अवस्थापना सुविधाओं का विकास तथा ईको पर्यटन का प्रचार एवं प्रसार आदि कार्यों एवं दायित्वों का निर्वहन करना अपरिहार्य है।

निजी क्षेत्रों की भूमिका

(i) प्रोडक्ट डेवलपमेंट
(ii) विपणन व्यवस्था
(iii) संरक्षण व सामुदायिक विकास को समर्थन
(iv) पूँजी निवेश
(v) देश-विदेश के ईको पर्यटन उद्योग के साथ गठबन्धन

गैर-सरकारी संगठनों/संस्थानों की भूमिका

(i) सूचना, प्रशिक्षण और तकनीकी परामर्श
(ii) शोध एवं अनुश्रवण
(iii) जागरूकता कार्यक्रम
(iv) समुदाय पर आधारित पर्यटन
(v) संरक्षण व ईको पर्यटन से सम्बन्धित प्रस्तोताओं के मध्य समन्वय स्थापित करना।

वन विभाग की भूमिका

(i) निर्वचनात्मक कार्यक्रमों को प्रोत्साहन देना।
(ii) संवेदनशील वन क्षेत्रों में ईको पर्यटन गतिविधियों का विनियमन।
(iii) संरक्षित क्षेत्रों व आरक्षित वन क्षेत्रों में स्थित पर्यटन स्थलों की पर्यटन प्रबन्ध योजनाओं का निर्माण।
(iv) सहभागिता पर आधारित संरक्षण कार्यक्रमों (संयुक्त वन प्रबन्ध, पारिस्थितिकी विकास कार्यक्रम एवं जलागम प्रबन्ध) व वन पंचायतों/वर्तमान संस्थाओं में पर्यटन विभाग के साथ समन्वय स्थापित करते हुए समुदाय पर आधारित पर्यटन को प्रोत्साहन देना।

(v) पर्यटक गतिविधियों के कुप्रभावों का चिह्नीकरण, अनुश्रवण व निदान के उपाय प्रस्तुत करना।
(vi) पर्यावरण के प्रति जन-जागृति हेतु पर्यावरण शिक्षा का प्रचार-प्रसार करना।
(vii) वन विश्राम गृहों का रख-रखाव करना तथा उनके विकास पर ध्यान देना।

पर्यटन विभाग की भूमिका

(i) ईको पर्यटन स्थलों का संवर्द्धन और विकास करना।
(ii) ईको पर्यटन का विपणन, प्रचार एवं प्रसार करना।
(iii) प्रकृति पर्यटन और साहसिक पर्यटन सम्बन्धी आंकड़ों का संकलन करना और इस विषयक नवीन शोध कार्यों को प्रोत्साहन देना।
(iv) साहसिक गतिविधियों के मानकों का निर्धारण एवं उन पर नियंत्रण रखना।
(v) प्रकृति पर्यटन से सम्बन्धित व्यवसायों का पंजीकरण व प्रमाणीकरण करने हेतु कार्यक्रम आयोजित करना।
(vi) पर्यटन स्थलों पर ढांचागत व जन सुविधाओं का विकास करना।
(vii) ईको पर्यटन से सम्बन्धित व्यवस्थाओं के लिये वित्तीय प्रबन्ध करना।
(viii) ईको पर्यटन को प्रोत्साहन देने के लिए अच्छा कार्य करने वाली संस्थाओं, इकाईयों एवं लोगों को पुरस्कार एवं सम्मान देना।

नियोजन एवं विकास विभाग की भूमिका

(i) निवेशकों व बाह्य अभिकरणों से ईको पर्यटन परियोजनाओं के निर्माण एवं क्रियान्वयन के लिये वित्तीय समर्थन प्राप्त करना।
(ii) संरक्षित क्षेत्रों एवं आरक्षित वन क्षेत्रों में पर्यटकीय सेवाओं एवं सुविधाओं के लिये शुल्क का निर्धारण करना।
(iii) पर्यटकीय सेवाओं एवं सुविधाओं के संचालन के लिये कार्यशील पूँजी व अन्य प्रक्रियाओं का निर्धारण करना।

स्थानीय निकायों की भूमिका

(i) पर्यटन स्थलों पर कूड़ा-करकट निस्तारण का प्रबन्ध करना।
(ii) सीवेज प्रबन्ध एवं जन सुविधाओं का प्रबन्ध।
(iii) पेयजल व्यवस्था व जल प्रदूषण का नियन्त्रण।
(iv) भवन निर्माण व निर्माण शैली का नियन्त्रण।

ईको पर्यटन के संवर्द्धन एवं विकास से जुड़ी प्रमुख संस्थायें
(Main Institutions Related with Progress and Development of Eco-Tourism)

पर्यटन के निरन्तर बढ़ते जा रहे दुष्प्रभावों को दृष्टिगत रखते हुए विश्व स्तर पर ईको पर्यटन के संवर्द्धन एवं विकास पर विशेष ध्यान दिया जा रहा है। इस कार्य में ईको पर्यटन से सम्बन्धित अनेक विश्वस्तरीय संस्थायें और संगठन अपना योगदान दे रहे हैं। यही कारण है कि विगत 20-25 वर्षों में ईको पर्यटन ने अप्रत्याशित विकास किया है। ऐसी संस्थाओं और संगठनों का

ज्ञान होना इस दृष्टिकोण से अत्यन्त महत्वपूर्ण है कि आवश्यकता पड़ने पर ईको पर्यटन के विकास हेतु, यदि हम सक्षम हैं, इन संस्थाओं और संगठनों को सहयोग प्रदान कर सकें। कुछ ऐसी ही, महत्वपूर्ण संस्थाओं और संगठनों के नाम निम्नलिखित हैं—

1. WTO	World Tourism Organization
2. UNEP	United Nations Environment Programme
3. IUCN	International Union of Conservation Nations
4. CSD	Commission on Sustainable Development
5. IYE	International Year of Eco-Tourism
6. IACSD	Inter-agency Committee on Sustainable Development
7. WES	World Eco-Tourism Summit
8. TIES	The International Eco-Tourism Society
9. ICEST	International Commission on Eco-Tourism and Sustainable Tourism
10. IYM	International Year of the Mountain
11. ETE	Ecological Tourism in Europe
12. WSSD	World Summit on Sustainable Development
13. WWF	World Wide Fund for Nature
14. ICER	International Centre for Eco-Tourism Research
15. IFC	International Finance Corporation
16. ECTWT	Ecumenical Coalition on Third World Tourism

उपरोक्त के अतिरिक्त भी अन्य बहुत सी संस्थायें एवं संगठन ईको पर्यटन के संवर्द्धन एवं विकास में विश्व स्तर पर अपना योगदान दे रहे हैं।

विश्व की प्रमुख ईको पर्यटन समितियाँ

(Main Eco-Tourism Associations of World)

1. Ecobrazil
2. Eco-Tourism Association of Australia
3. Eco-Tourism Society of Kenya
4. Eco-Tourism Society of India
5. Eco-Tourism Society of Pakistan
6. Eco-Tourism Society of Saskatchewan
7. Honduras Eco-Tourism Association
8. The Swedish Eco-Tourism Society
9. Japan Eco-Tourism Society
10. Virginia Eco-Tourism Association

ईको पर्यटन से सम्बन्धित विश्वव्यापी प्रकाशन
(World wide Publications on Eco-Tourism)

पर्यटन के अन्य स्वरूपों की तुलना में अपेक्षाकृत नवीन स्वरूप होने के कारण ईको पर्यटन के प्रचार और प्रसार पर विशेष ध्यान दिया जा रहा है। इस हेतु ईको पर्यटन से जुड़ी हुई विभिन्न संस्थायें और संगठन अपना विशेष योगदान दे रहे हैं। इनमें से सर्वप्रमुख संगठन हैं—'विश्व पर्यटन संगठन' और 'संयुक्त राष्ट्रों का पर्यावरण कार्यक्रम'। इन दोनों संस्थाओं/संगठनों द्वारा ईको पर्यटन के सम्बन्ध में पर्याप्त ज्ञान का वितरण करने के उद्देश्य से ईको पर्यटन सम्बन्धी साहित्य प्रकाशित किया गया है। इस साहित्य का उल्लेख नितान्त अपरिहार्य है, ताकि प्रस्तुत पुस्तक का अध्ययन करने वाले पाठक भी ईको पर्यटन के सम्बन्ध में अधिक ज्ञान प्राप्त करने के उद्देश्य से WTO और UNEP द्वारा प्रकाशित इस साहित्य को प्राप्त करके उसका अध्ययन कर सकें—

1. WTO Publications on Eco-Tourism:
   (i) 'Eco-Tourism Market Studies in 5 Countries of Europe; France, Germany, Great Britain, Italy, Spain', WTO, December 2001.
   (ii) 'Sustainable Development of Tourism : A Comilation of Good Practices', WTO, 2000.
   (iii) 'Guide for Local Authorities on Developing Sustainable Tourism', WTO, 1999.
   (iv) 'Sustainable Development of Tourism : An Annotated Bibliography', WTO, November 1999.

For more information and publication on the issue, please consult 'www.worldtourism.org'.

2. UNEP Publications on Eco-Tourism:
   (i) 'Eco-Tourism : Principles, Practices and Policies for Sustainability, UNEP/TIES, Foll 2001.
   (ii) 'Indusrty and Environment Review : A Quarterly Review', UNEP Magazine for Environmentaly Sustainable Development, Foll 2001, Double issue on Eco-Tourism, UNEP/DTIE.
   (iii) 'Tourism Focus', UNEP – DTIE, newsletter, latest issue – 2001.
   (iv) 'Our Planet : Special Issue on Tourism', UNEP, Magazine for Environmentally Sustainable Development, Vol. 10, No. 1, 1999.
   (v) 'Ecolables in the Tourism Industry', UNEP-IE, 1998.
   (vi) 'Guidelines for the Sustainable Development and Management of Tourism in National Parks and Protected Areas', A Joint publication of WTO, UNEP and IUCN, 1992.

For more updated information and publications on the issue, please consult—'www.uneptie.org/tourism/ecotourism'.

विभक्त बाजार व्यवस्था के रूप में ईको पर्यटन
(Eco-Tourism as Market Segment)

औद्योगिक उत्पादों का प्रभावशाली विपणन, औद्योगिक व्यवस्था का सबसे महत्वपूर्ण प्रकार्य है। अन्य शब्दों में, किसी भी औद्योगिक इकाई की सफलता इस बात पर अधिक निर्भर करती है कि, उस औद्योगिक इकाई के उत्पादों की विपणन प्रक्रिया/पद्धति (Marketing) कितनी प्रभावशाली है। एक उद्योग होने के नाते जिस प्रकार पर्यटन क्षेत्र पर विपणन के सिद्धान्त लागू होते हैं, उसी प्रकार पर्यटन का ही एक स्वरूप होने के कारण यही सिद्धान्त ईको पर्यटन पर भी लागू होते हैं।

ईको पर्यटन एक लघु किन्तु तीव्रतापूर्वक उन्नति कर रहा वह उद्योग है, जो आवासीय बाजारों में पनप रहा है। इस अर्थ में ईको पर्यटन, पर्यटन के अन्य स्वरूपों की तुलना में भिन्न प्रकार की विपणन व्यवस्था की माँग करता है। क्योंकि पर्यटन उत्पादों का विपणन अन्य उद्योगों की भांति मुख्य बाजारों में किया जाता है। परन्तु ईको पर्यटन उत्पादों का विपणन आवासीय क्षेत्रों में होने के कारण पर्यटन की प्रचलित विपणन व्यवस्था अप्रासंगिक हो जाती है। वैसे, ईको पर्यटन उत्पादों की विपणन प्रक्रिया भी बाजार व्यवस्था के प्रभावों और नियमों द्वारा नियंत्रित होती है। अर्थात ईको पर्यटन भी बाजार व्यवस्था की परिधि में आता है। कुछ देशों, कम्पनियों और पर्यटन स्थलों ने ईको पर्यटन उत्पादों के विपणन के सम्बन्ध में कुछ नीतियों और कार्यक्रमों को अपनाया है, परन्तु कुछ देशों, कम्पनियों और पर्यटन स्थलों द्वारा ईको पर्यटन उत्पादों का विपणन सुविधानुसार किया जा रहा है। इस स्थिति ने ईको पर्यटन उत्पादों की विपणन प्रक्रिया के सन्दर्भ में भ्रम की स्थिति उत्पन्न कर दी है, जबकि ईको पर्यटन के एक उद्योग होने के कारण ऐसा नहीं होना चाहिये था।

चूँकि ईको पर्यटन को प्रधान रूप से प्रकृति पर्यटन के रूप में प्रचारित किया जा रहा है, अत: यह उद्योग आवासीय लघु बाजारों में संचालित हो रहा है। परन्तु इस स्थिति में ईको पर्यटन का अधिक विकास कर पाना सम्भव नहीं होगा क्योंकि, जैसा कि हम पूर्व में ही कह चुके हैं, किसी भी औद्योगिक इकाई की सफलता उसके प्रभावशाली विपणन तंत्र पर निर्भर करती है। इसलिये ईको पर्यटन के तीव्र विकास हेतु इस प्रश्न पर विचार करना नितान्त आवश्यक है कि ईको पर्यटन को आवासीय बाजारों से बाहर निकालकर, बड़े पर्यटन बाजार क्षेत्रों में कैसे अवस्थित किया जा सकता है।

पर्यटन के अन्य सामान्य स्वरूपों के उत्पादों का विपणन मुख्य बाजार क्षेत्रों में सफलता पूर्वक किया जा रहा है। परन्तु चूँकि एकीकरण के निम्न स्तर के कारण पर्यटन अन्य उद्योगों से भिन्न है, साथ ही इस विशिष्ट श्रेणी के उद्योग में सरकार, सार्वजनिक उपक्रमों, निजी क्षेत्रों तथा गैर–सरकारी संगठनों के समन्वित सहयोग की आवश्यकता भी पड़ती है, इसलिये पर्यटन की 'पर्यटन उत्पाद विपणन पद्धति' अन्य उद्योगों की तुलना में भिन्न है। पर्यटन उत्पादों का विपणन 'विभाजित बाजार व्यवस्था' के रूप में किया जाता है। पर्यटन बाजार को व्यवस्थित रूप से विभाजित करने में पर्यटकों के व्यवहार और उनकी चारित्रिक विशेषताओं का निर्धारण किया जाता है। यह निर्धारण कुछ बिन्दुओं के आधार पर किया जाता है। जैसे—आयु, लिंग, जीवन चक्र, पारिवारिक आकार, आय, सामाजिक प्रस्थिति, व्यवसाय, धर्म, सजातीयता (Ethnicity) एवं राष्ट्रीयता आदि। साथ ही बाजार खंडों को स्थापित करने हेतु उचित स्थानों का चयन किया जाता है। जैसे—पर्यटक उत्पादों के उपभोग के अवसर, लाभ की दर, पर्यटकों का स्तर, उपयोग की दर (अधिक, सामान्य या कम), पर्यटन उत्पादों के प्रति पर्यटकों की निष्ठा का स्तर तथा पर्यटकों की तत्परता और उनका समग्र दृष्टिकोण।

इस प्रकार विभाजित बाजार व्यवस्था में पर्यटकों को श्रेणीबद्ध किया जाता है, पर्यटन उत्पादों, पर्यटन आकर्षण और उचित स्थानों को श्रेणीबद्ध किया जाता है और पूर्ण नियोजन के साथ, पर्यटन बाजार को खण्डों में स्थापित किया जाता है। इस व्यवस्था द्वारा प्रत्येक श्रेणी के प्रत्येक पर्यटक को सभी प्रकार के पर्यटन उत्पाद और पर्यटनीय आकर्षण की उपलब्धता निर्धारित मूल्य पर प्राप्त हो जाती है। विभाजित बाजार की यह स्थापना पर्यटन उत्पादों के सर्वश्रेष्ठ विपणन को प्रोत्साहित करती है।

ईको पर्यटन और साहसिक पर्यटन, दोनों ही प्रकृति पर्यटन के उपादान (Component) हैं। यह बात अलग है कि इसके पश्चात भी पर्यटन के इन दोनों स्वरूपों में कुछ भिन्नतायें पायी जाती हैं। साहसिक पर्यटन की तुलना में ईको पर्यटन, ग्रामीण पर्यटन और सांस्कृतिक पर्यटन से अधिक मजबूती से सम्बद्ध है। इसके अतिरिक्त ईको पर्यटन में प्राकृतिक दृश्यों तथा उनसे सम्बन्धित सांस्कृतिक सम्पत्तियों का अवलोकन और मूल्यांकन करना ही मुख्य अभिप्रेरण (Motivation) है। जबकि साहसिक पर्यटन शारीरिक व्यायाम और प्राकृतिक पर्यावरण की चुनौतीपूर्ण परिस्थितियों से जुड़ा हुआ है। यह तो ईको पर्यटन की प्रकृति की बात हुई। कार्यात्मक दृष्टिकोण से, यदि ईको पर्यटन की बाजार व्यवस्था की बात की जाये तो, वर्तमान में यह मुख्य रूप से व्यक्तिगत या लघु स्तरीय पर्यटन उद्योग के रूप में अवस्थित है। सामान्यत: ईको पर्यटन के समूह में 25 से अधिक व्यक्ति नहीं होते तथा ईको पर्यटन स्थलों पर स्थित होटलों में, प्रत्येक की क्षमता 100 बिस्तरों से अधिक नहीं होती। इसी कारण ईको पर्यटन का संचालन लघु और मध्यम आकार की कम्पनियों द्वारा किया जाता है। इससे ईको पर्यटन के संचालन तथा इसकी बाजार व्यवस्था के सम्बन्ध में कुछ बातें सामने आती हैं—

(i) पर्यटकों के छोटे-छोटे समूह होने के कारण उनकी अभिरुचियों के बारे में पता लगाना सरल होता हैं।
(ii) विभिन्न आधारों पर पर्यटकों का वर्गीकरण अत्यन्त सरलतापूर्वक हो जाता है।
(iii) पर्यटक किस-किस प्रकार के पर्यटन उत्पाद क्रय करना चाहते हैं, इस बात का पता लगाने में कोई कठिनाई नहीं आती।
(iv) चूँकि ईको पर्यटन स्थलों पर विभिन्न व्यवसायों तथा अन्य गतिविधियों का संचालन और नियंत्रण स्थानीय जनसंख्या द्वारा किया जाता है, इसलिये ईको पर्यटन का बाजार बड़ी एवं बाहरी कम्पनियों के प्रभुत्व में नहीं आ पाता।

यह स्थिति ईको पर्यटन की विभाजित बाजार व्यवस्था को प्रदर्शित करती है। इससे स्पष्ट है कि ईको पर्यटन की बाजार व्यवस्था पर्यटन की बाजार व्यवस्था से भिन्न नहीं है। बस आवश्यकता इस बात की है कि ईको पर्यटन को छोटे-छोटे तथा आवासीय बाजारों से बाहर निकालकर बड़े बाजार क्षेत्रों में स्थापित किया जाये, ताकि ईको पर्यटन भी आर्थिक दृष्टिकोण से अधिक लाभदायक सिद्ध हो सके। किन्तु आर्थिक लाभों पर स्थानीय जनसंख्या का नियंत्रण समाप्त न हो, इस बात का भी ध्यान रखा जाना चाहिये।

क्या ईको पर्यटन सतत पर्यटन के समान है?
(Is Eco-Tourism The Same Thing as Sustaianable Tourism)

इस विषय को विस्तार देने से पूर्व सतत शब्द का अर्थ स्पष्ट करना आवश्यक है। सतत, सततता, निरन्तर, दीर्घकालीन पोषणीय तथा टिकाऊ पर्यायवाची शब्द हैं। इनके लिये अंग्रेजी में एक ही

शब्द प्रयुक्त किया जाता है—Sustainable अर्थात जो सततता प्रदान कर सके या निरन्तरता प्रदान कर सके या दीर्घकालीन सिद्ध हो सके अथवा टिकाऊ हो। सततता प्रत्येक क्षेत्र और प्रत्येक तत्व में पायी जा सकती है—पर्यटन के क्षेत्र में भी, विकास के क्षेत्र में भी। अब हम सतत विकास और सतत पर्यटन की अवधारणा को स्पष्ट करेंगे—

सतत विकास—"वह विकास जो न केवल मानव समाज की तात्कालिक आवश्यकताओं की पूर्ति करे, वरन स्थायी तौर पर भविष्य के लिये भी निर्बाध विकास का आधार प्रस्तुत करे।"

सतत पर्यटन—"पर्यटन के समस्त संसाधनों का प्रबन्ध इस कुशलता से करना कि आर्थिक, सामाजिक और कलात्मक आवश्यकताओं की पूर्ति की जा सके। इस प्रक्रिया में सांस्कृतिक एकता, मूलभूत पारिस्थितिकीय प्रक्रियाओं, जैव विविधता और जीवन के सहायक तंत्र (पर्यावरण) को अनुरक्षित रखने पर ध्यान दिया जाता है।"

सतत विकास की उपरोक्त परिभाषा प्रोफेसर जगदीश सिंह द्वारा अपनी पुस्तक 'पर्यावरण एवं संविकास' में प्रस्तुत की गई है, जबकि सतत पर्यटन को उपरोक्त रूप में 'विश्व पर्यटन संगठन' द्वारा सन् 1988 ई में प्रस्तुत किया गया है। चूँकि ये दोनों परिभाषायें सततता की विशेषताओं को परिलक्षित करती हैं और ईको पर्यटन की परिभाषा भी सततता के लक्षणों को प्रदर्शित करती है इसलिये स्वाभाविक रूप से यह प्रश्न मस्तिष्क में कौंधता है कि क्या ईको पर्यटन और सतत पर्यटन समान हैं? और क्या ईको पर्यटन, पर्यटन के परम्परागत स्वरूपों से अधिक सतत विकास प्रदान कर सकता है?

सर्वप्रथम बात ईको पर्यटन और सतत पर्यटन में समानता की। सैद्धान्तिक दृष्टिकोण से देखने पर इन दोनों के मध्य एक स्पष्ट अन्तर विद्यमान है। ईको पर्यटन शब्द स्वयं को पर्यटन क्षेत्र के मध्य एक टुकड़े (Part of Tourism) के रूप में प्रस्तुत करता है। इसके विपरीत सततता के सिद्धान्त पर्यटन गतिविधियों, संचालनों, स्थापनाओं और परियोजनाओं के सभी रूपों पर लागू होते हैं, यहाँ तक कि पर्यटन के परम्परागत और वैकल्पिक स्वरूपों पर भी। अर्थात सतत पर्यटन का सम्बन्ध पर्यटन क्षेत्र की सततता से है और यह सततता ईको पर्यटन में ढूंढी जा सकती है तो धार्मिक, सांस्कृतिक, स्वास्थ्य, चिकित्सा, शिक्षा, मनोरंजन, अवकाश, साहसिक और ऐतिहासिक पर्यटन में भी। इस सततता का सम्बन्ध विकास से है, अतः एक ही प्रश्न पूछने योग्य रह जाता है कि 'क्या ईको पर्यटन सतत विकास का कारक है?'

हाँ, इस बात को निःसंदेह स्वीकार किया जा सकता है कि ईको पर्यटन, सतत विकास का प्रभावी कारक है। क्योंकि ईको पर्यटन—

(i) पारिस्थितिकी तंत्र के असन्तुलन को दूर करने का प्रयास करता है।
(ii) पर्यावरण प्रदूषण पर नियंत्रण स्थापित करता है।
(iii) जैव विविधता संरक्षण का पक्षधर है।
(iv) प्राकृतिक क्षेत्रों के संरक्षण की प्रक्रिया है।
(v) प्रत्येक वर्ग के स्थानीय लोगों के लिए वैकल्पिक रोजगार के माध्यम से आर्थिक लाभ की व्यवस्था करता है।
(vi) बड़ी कम्पनियों अथवा बड़े व्यवसायियों के एकाधिकार का प्रबल विरोध करता है।
(vii) उपरोक्त सभी कार्यों के द्वारा ईको पर्यटन संसाधनों के इस प्रकार के उपयोग को सुनिश्चित करता है कि भावी पीढ़ियों के लिये इन संसाधनों की उत्पादकता बनी रहे। सतत विकास भी तो इसी बात को सुनिश्चित करता है।

ईको पर्यटन से सतत विकास प्राप्त करने के लिये विश्व पर्यटन संगठन आवश्यक कदम उठा रहा है। अन्तर्राष्ट्रीय ईको पर्यटन वर्ष के माध्यम से सुदृढ़ यंत्रों और संस्थात्मक ढांचों के परिप्रेक्ष्य में, ईको पर्यटन के विश्वव्यापी अनुभवों की समीक्षा का अवसर प्राप्त किया गया है, ताकि भविष्य में ईको पर्यटन का सतत विकास हो सके, ईको पर्यटन से सतत विकास प्राप्त किया जा सके। इसका अर्थ यह हुआ कि अन्तर्राष्ट्रीय ईको पर्यटन वर्ष के माध्यम से ईको पर्यटन के आर्थिक, पर्यावरणीय और सामाजिक लाभों में अधिकतम वृद्धि करना है। साथ ही पूर्व की असफलताओं और ईको पर्यटन के नकारात्मक प्रभावों का समाधान करना भी है। ईको पर्यटन को भली-भांति समझने तथा इसके नियोजन, प्रबन्ध और विपणन को सुधारने के लिये ईको पर्यटन से जुड़ी हुई अनेक कम्पनियों, व्यवसायियों, सरकारों और शोधार्थियों द्वारा विश्व स्तर पर विभिन्न सम्बन्धित तकनीकों का अध्ययन और संचालन किया जा रहा है। तथापि कुछ मुद्दों पर ध्यान नहीं दिया गया है—

(i) विभिन्न प्रस्तोताओं (Stakeholders) को ईको पर्यटन के संवर्द्धन और विकास हेतु अपने विचार प्रकट करने की स्वतंत्रता नहीं दी गई है जबकि ये प्रस्तोता, ईको पर्यटन के व्यावहारिक अनुभव को अच्छी तरह समझ सकते हैं और महत्वपूर्ण सुझाव दे सकते हैं।
(ii) ईको पर्यटन से प्राप्त अनुभवों का प्रचार-प्रसार नहीं किया जा रहा है।
(iii) ईको पर्यटन की आवश्यक सहक्रियाओं का निर्माण करने हेतु, ऐसे परिणामों को एकीकृत करने का कोई प्रयास नहीं किया गया है।

जबकि इन बातों से यह सुनिश्चित होता कि ईको पर्यटन के माध्यम से जिन सामाजिक, सांस्कृतिक, आर्थिक और पर्यावरणीय लाभों को प्राप्त करने का लक्ष्य निर्धारित किया गया था, वे लाभ वास्तव में हमें मिले हैं। इन्हीं बातों को ध्यान में रखते हुए 'विश्व पर्यटन संगठन' और 'संयुक्त राष्ट्रों के पर्यावरण कार्यक्रम' ने ईको पर्यटन के क्षेत्र में कार्य कर रहे अभिकरणों (Agencies) को निम्नलिखित उद्देश्यों के साथ अन्तर्राष्ट्रीय ईको पर्यटन वर्ष में सम्मिलित करने का लक्ष्य रखा—

(i) सार्वजनिक प्राधिकरणों, निजी क्षेत्र, सामान्य समाज और उपभोक्ताओं (ईको पर्यटकों) में इस उद्देश्य से व्यापक जागृति उत्पन्न करना कि ईको पर्यटन प्राकृतिक और ग्रामीण क्षेत्रों में, प्राकृतिक और सांस्कृतिक धरोहरों के संरक्षण और ऐसे क्षेत्रों में रहने वाले लोगों अर्थात ईको पर्यटन स्थलों के स्थानीय निवासियों के जीवन स्तर में सुधार लाने में अपना योगदान दे सके।
(ii) इस उद्देश्य से ईको पर्यटन के नियोजन, प्रबन्ध, नियमन और अनुश्रवण से सम्बन्धित प्रविधियों और तकनीकों का प्रचार-प्रसार करना कि यह (ईको पर्यटन) सततता की गारन्टी दे सके।
(iii) ईको पर्यटन के क्षेत्र से प्राप्त किये गये सफल अर्थात अच्छे अनुभवों का व्यापक प्रचार-प्रसार किया जा सके।
(iv) अन्तर्राष्ट्रीय बाजार में ईको पर्यटन स्थलों और ईको पर्यटन उत्पादों के प्रभावशाली विपणन और संवर्द्धन में वृद्धि हो सके।

इन उद्देश्यों को प्राप्त करने के लिये 'विश्व पर्यटन संगठन' और 'संयुक्त राष्ट्रों का पर्यावरण कार्यक्रम' संगठनों ने संयुक्त रूप से निम्नलिखित कदम उठाने का निर्णय लिया—

(i) विश्व संरक्षण संघ (World Conservation Union) के साथ मिलकर ईको पर्यटन के मुख्य पर्यटन स्थलों यथा- राष्ट्रीय उद्यानों और संरक्षित क्षेत्रों (National Parks and Protected Areas) पर पर्यटन के सतत विकास, पर्यटन से सतत विकास और पर्यटन प्रबन्ध का ज्ञान प्रदान करने वाली संदर्शिकाओं का वितरण करना।

(ii) ईको पर्यटन के कुछ विशिष्ट पहलुओं पर चर्चा करने के उद्देश्य से वर्ष 2001 तथा वर्ष 2002 के प्रारम्भ में, विश्व स्तर पर, क्षेत्रीय सम्मेलनों और संगोष्ठियों में इन दोनों संगठनों द्वारा सहभागिता करना।

(iii) वर्ष 2002 में, विश्व पर्यटन दिवस को ईको पर्यटन को समर्पित करते हुए 'विश्व ईको पर्यटन दिवस' के रूप में मनाना।

(iv) ईको पर्यटन की विविध परियोजनाओं से सम्बन्धित गतिविधियों, घटनाओं तथा इनसे प्राप्त अनुभवों से सम्बन्धित सूचनाओं के मूल्यांकन के लिये विभिन्न संगठनों और प्रस्तोताओं के प्रतिनिधियों को एक विस्तृत कार्य स्थल (मिलन केन्द्र) उपलब्ध कराना।

ईको पर्यटन का महत्व अथवा लाभ

(Benefits or Importance of Eco-Tourism)

ईको पर्यटन सतत विकास प्राप्त करने का सबसे प्रभावशाली माध्यम तो है ही, पर्यटन के समस्त सामान्य लाभ भी ईको पर्यटन प्रदान करता है। इसके अतिरिक्त भी ईको पर्यटन आर्थिक, सामाजिक, सांस्कृतिक और पर्यावरणीय दृष्टिकोण से अनेक ऐसे लाभ प्रदान करता है, जो कि सम्भवतः पर्यटन के अन्य स्वरूपों से प्राप्त नहीं किये जा सकते। ईको पर्यटन के यही लाभ, इसके महत्व को रेखांकित करते हैं। संक्षेप में ईको पर्यटन के मुख्य लाभ निम्नवत हैं—

1. ईको पर्यटन प्राकृतिक क्षेत्रों के संरक्षण हेतु व्यापक स्तर पर जन समर्थन जुटाता है तथा व्यक्तिगत स्तर पर संरक्षण कार्यों को प्रोत्साहन देता है।
2. सतत विकास के दृष्टिकोण से नितान्त आवश्यक पर्यावरण संरक्षण और जैव विविधता संरक्षण के लिये राजस्व तथा अन्य संसाधनों में वृद्धि करता है।
3. जन सामान्य में पर्यावरण के प्रति जागरूकता उत्पन्न करके ईको पर्यटन, पर्यटन व्यवहार में परिवर्तन लाता है अर्थात ईको पर्यटन पर्यटन स्थलों के संरक्षण को प्रोत्साहित करता है तथा पर्यटन के दुष्प्रभावों को कम करने में सहायता प्रदान करता है।
4. ईको पर्यटन ऐसे आर्थिक विकास को प्रोत्साहित करता है, जो दीर्घकाल तक अर्थव्यवस्था को सुदृढ़ता प्रदान कर सके। अर्थात ईको पर्यटन दीर्घकालीन पोषणीय विकास को प्रोत्साहित करता है।
5. प्रवेश शुल्क, लाइसेंस शुल्क एवं ईको पर्यटन से सम्बन्धित विभिन्न व्यवसायों के ठेकों से भारी राजस्व प्राप्त होता है।
6. चूँकि एक ईको पर्यटक, एक सामान्य पर्यटक की तुलना में अधिक अवधि तक पर्यटन स्थल पर ठहरता है, इसलिये ईको पर्यटन से अधिक आय प्राप्त होती है, वह भी स्थानीय निवासियों को।
7. स्थानीय ज्ञान और संसाधनों का उपयोग करते हुए ईको पर्यटन, स्थानीय लोगों के लिये अतिरिक्त या वैकल्पिक रोजगार की व्यवस्था करता है।
8. ईको पर्यटन स्थानीय स्तर पर अवस्थापना सुविधाओं के विकास को प्रोत्साहित करता है।

9. ईको पर्यटन पर्यटकों के रूप में मित्रों को उत्पन्न करता है, न कि औपचारिक भ्रमणकर्ताओं को।
10. स्थानीय समुदायों में प्राकृतिक व सांस्कृतिक धरोहरों के मूल्य में वृद्धि करता है। अर्थात इन दोनों प्रकार की धरोहरों को ईको पर्यटन अत्यन्त उपयोगी बना देता है।
11. ईको पर्यटन परम्परागत सांस्कृतिक मान्यताओं को पुनर्जीवन प्रदान करता है।
12. यह विश्व स्तर पर सांस्कृतिक प्रसार की सर्वोत्तम प्रक्रिया है।
13. ईको पर्यटन अब तक उपेक्षित या कहें लुप्त प्राय: रहे ग्रामीण पर्यटन को विश्व के सामने लाने में महत्वपूर्ण भूमिका निभा रहा है। इससे न केवल नवीन पर्यटन स्थलों को चिन्हित करने का अवसर प्राप्त हुआ है, बल्कि प्रसिद्ध पर्यटन स्थलों पर संवहन क्षमता के अतिक्रमण की समस्या को नियन्त्रित करने में भी सफलता प्राप्त हो रही है। इससे ग्रामीण विकास का मार्ग भी प्रशस्त हुआ है।
14. ईको पर्यटन ने पर्यटन विकास कार्यक्रमों में निजी क्षेत्रों, प्रस्तोताओं, स्थानीय समुदायों तथा गैर–सरकारी संगठनों को प्रतिनिधित्व प्रदान करके, पर्यटन के क्षेत्र पर सार्वजनिक उपक्रमों के एकाधिकार को समाप्त कर दिया है।
15. ईको पर्यटन के कारण ही आज लोक कलाओं, लोक संस्कृतियों, लोक नाट्यों, लोक नृत्यों, लोक कथाओं और लोक व्यंजनों को राष्ट्रीय/अन्तर्राष्ट्रीय मंच मिलने लगा है।

ईको पर्यटन के दुष्प्रभाव या हानियाँ
(Impact or Demerits of Eco-Tourism)

सतत, संतुलित और समग्र विकास के दृष्टिकोण से ईको पर्यटन अत्यन्त प्रभावशाली स्रोत है, इस बात पर कोई सन्देह व्यक्त नहीं किया जा सकता। परन्तु उत्पादन का कोई भी क्षेत्र तथा कोई भी स्रोत पूर्णत: निर्दोष नहीं होता, यह सत्य भी हमें स्वीकार करना पड़ेगा। ईको पर्यटन भी इसका अपवाद नहीं है। इसके भी अपने कुछ दोष हैं, कुछ दुष्प्रभाव हैं, जिनको चिह्नित करके उन पर इस उद्देश्य से नियंत्रण स्थापित करना नितान्त आवश्यक है कि ईको पर्यटन किसी भी परिस्थिति में सतत विकास के अपने उद्देश्य से भटकने न पाये। वैसे भी एक नवीन उपागम होने के कारण ईको पर्यटन के सम्बन्ध में जन सामान्य को समुचित ज्ञान नहीं है। इससे भी ईको पर्यटन को कुछ नकारात्मक प्रभावों का सामना करना पड़ रहा है। संक्षेप में, ईको पर्यटन के कुछ प्रमुख दुष्प्रभाव निम्नलिखित हैं—

1. वर्तमान में ईको पर्यटन के कारण अनेक प्रकार के भौतिक विनाशों का सामना करना पड़ रहा है। जैसे कि स्वच्छता व वनस्पतियों को क्षति, भूमि कटाव, भूमि में कठोरता आ जाना तथा नदियों, नहरों व अन्य जल संसाधनों में व्यापक स्तर पर अस्वीकारणीय परिवर्तन आ जाना।
2. इस प्रकार के प्रदूषण का फैलाव हो रहा है जिससे जल, वायु तथा वन्य जीव प्रभावित हो रहे हैं।
3. ईको पर्यटन के कारण अक्षेत्रीय प्रजातियों का फैलाव हो रहा है।
4. वन क्षेत्रों में ईको पर्यटकों के निवास के कारण इन क्षेत्रों में अग्निकांडों की दर में वृद्धि हो रही है।
5. चूँकि ईको पर्यटन में व्यवसायों का संचालन स्थानीय समुदायों द्वारा किया जाता है तथा उनके लिये ईको पर्यटक कहीं न कहीं एक ग्राहक ही है, इससे बाजारों में पर्यटन सेवाओं

व अन्य सामग्रियों के मूल्य में वृद्धि की सम्भावना उत्पन्न हो गयी है। इसका नुकसान स्थानीय निर्धन लोगों को उठाना पड़ेगा।

6. अपने मूल रूप में प्रकृति पर्यटन होने के कारण ईको पर्यटन के संवर्द्धन और विकास से प्राकृतिक संसाधनों पर दबाव बढ़ गया है।
7. ईको पर्यटन के विकास से ग्रामीण एवं वन क्षेत्रों में भूमि का महत्व बढ़ गया है। इससे इन क्षेत्रों में न केवल भूमि के मूल्यों में अत्यधिक वृद्धि होने की सम्भावना बढ़ गयी है, बल्कि भूमि के अनियंत्रित प्रयोग का खतरा भी उत्पन्न होने लगा है।
8. प्राकृतिक संसाधनों के उपयोग और परम्पराओं के सन्दर्भ में ईको पर्यटकों और स्थानीय समुदायों के हितों में टकराव उत्पन्न हो सकता है।
9. अत्यधिक भीड़-भाड़ के कारण प्राकृतिक क्षेत्रों में भूमि पर दबाव बढ़ सकता है। इससे भूस्खलन और भूकम्प जैसी प्राकृतिक आपदायें बढ़ सकती हैं।
10. अत्यधिक भीड़-भाड़ के कारण ही स्थानीय अवस्थापना सुविधाओं पर अत्यधिक दबाव पड़ सकता है। ऐसा हो भी रहा है।
11. बाहरी संस्कृति के सम्पर्क के कारण सांस्कृतिक एकता के साथ-साथ, सांस्कृतिक प्रदूषण भी उत्पन्न होने की सम्भावना को अस्वीकार नहीं किया जा सकता।
12. ईको पर्यटन के कारण लोक संस्कृति अर्थात संस्कृति की लघु परम्परा, राष्ट्रीय/अन्तर्राष्ट्रीय संस्कृति अर्थात संस्कृति की वृहद् परम्परा में परिवर्तित हो जाने की पूरी सम्भावना है। यह शुभ संकेत नहीं है, विशेषकर संस्कृति के दीर्घकालीन अस्तित्व को बचाये रखने के दृष्टिकोण से।

ईको पर्यटन की सैद्धान्तिक आलोचना
(Theoretical Criticism of Eco-Tourism)

ईको पर्यटन के व्यावहारिक प्रभावों और दुष्प्रभावों के उल्लेख के पश्चात यह जान लेना भी नितान्त आवश्यक है कि ईको पर्यटन के सैद्धान्तिक क्रियान्वयन में कौन-कौन सी त्रुटियाँ व्याप्त हैं, क्योंकि यदि ऐसा नहीं होता तो हमें ईको पर्यटन जैसे महत्वपूर्ण उपागम के अनेक दोष या दुष्प्रभाव देखने को नहीं मिलते—

1. वैसे तो ईको पर्यटन के सम्बन्ध में कुछ परिभाषायें प्रस्तुत की गई हैं, किन्तु संयुक्त राष्ट्र ने ऐसी कोई परिभाषा प्रस्तुत नहीं की है, जिसे विश्व स्तर पर स्वीकार किया जा सके या स्वीकार किया गया हो। इससे ईको पर्यटन के सटीक अर्थ को समझने में अभी तक सफलता प्राप्त नहीं हो सकी है।
2. ईको पर्यटन स्थानीय समुदायों के विकास की प्रक्रिया है, किन्तु ईको पर्यटन में स्थानीय समुदायों की सहभागिता अभी तक नगण्य है।
3. स्थानीय समुदाय भूमि अधिकार के मामले में लगभग उपेक्षित है, ऐसे में स्थानीय लोगों द्वारा ईको पर्यटन से जुड़े हुए विभिन्न व्यवसाय प्रारम्भ करने की आशा कैसे की जा सकती है।
4. ईको पर्यटन की परियोजनाओं में अपेक्षित सफलता पाने के लिये जो कार्यक्षमता चाहिये, उसका अभी तक समुचित ढंग से विकास नहीं हो पाया है।
5. बहुराष्ट्रीय कम्पनियाँ एवं निगम ईको पर्यटन में सहभागिता करने के इच्छुक हैं, किन्तु उन्हें अवसर नहीं दिया जा रहा है। यहाँ यह उल्लेखनीय है कि मध्यम एवं लघु स्तर की

कम्पनियाँ एवं निगम ईको पर्यटन का सतत विकास करने में समर्थ नहीं हैं क्योंकि सतत विकास प्राप्त करने के लिये (किसी भी क्षेत्र में) बड़े तंत्र और व्यापक संसाधनों की आवश्यकता पड़ती है, जो कि केवल बड़ी कम्पनियाँ और निगम ही उपलब्ध करा सकते हैं।

6. यद्यपि ईको पर्यटन द्वारा पर्यावरण का ह्रास रोकने में तो सहायता मिली है, किन्तु इसके अन्य अनेक दुष्प्रभाव सामने आ रहे हैं। इन दुष्प्रभावों पर नियंत्रण स्थापित करने का कोई सार्थक प्रयास किया गया हो, ऐसा नहीं लगता।
7. अन्तर्राष्ट्रीय ईको पर्यटन वर्ष के न तो स्पष्ट उद्देश्य हैं और न ही इसके पास ईको पर्यटन के सम्बन्ध में कोई स्पष्ट कार्य विधि है। इसी कारण ईको पर्यटन के क्षेत्र में अन्तर्राष्ट्रीय ईको पर्यटन वर्ष के द्वारा सन्तोषजनक परिणाम प्राप्त नहीं किये जा सके हैं। कुल मिलाकर ईको पर्यटन के क्रियान्वयन में वैश्विक ईको पर्यटन संस्थाओं और संगठनों में पारदर्शिता का अभाव देखने को मिलता है। इसी कारण अभी तक ईको पर्यटन के क्षेत्र में विश्व स्तर पर सीमित सहभागिता देखने को मिल रही है।

सुधार हेतु सुझाव (Suggestions for Improvement)

विगत कुछ वर्षों में ईको पर्यटन की प्रगति का मूल्यांकन करने पर यह कहा जा सकता है कि ईको पर्यटन के विकास हेतु अभी भी कुछ कदम उठाये जाने की आवश्यकता है—

1. ईको पर्यटन के विकास की प्रक्रिया का नियंत्रण और भूमि के अधिकार विशुद्ध रूप से स्थानीय समुदायों के पास रहने चाहिये।
2. जैव विविधता और सांस्कृतिक विविधता के संरक्षण के लिये, संरक्षित क्षेत्रों की वर्तमान अवधारणाओं की दक्षता और पारदर्शिता का समय-समय पर मूल्यांकन किया जाना नितान्त आवश्यक है।
3. ऐसे क्षेत्रों में ईको पर्यटन के क्रियान्वयन में अतिरिक्त सावधानियों और कार्यक्रमों के निर्माण पर विशेष ध्यान दिया जाना चाहिये, जो प्राकृतिक और सांस्कृतिक दृष्टिकोण से अत्यन्त संवेदनशील हैं।
4. ईको पर्यटन के विकास की प्रक्रिया में, पर्यटन स्थलों पर स्वदेशी और परम्परागत सामाजिक संरचना के साथ छेड़छाड़ नहीं की जानी चाहिये।

प्रकृति पर्यटन के रूप में ईको पर्यटन (Eco-Tourism as Nature Tourism)

अपने मौलिक स्वरूप में ईको पर्यटन, प्रकृति पर्यटन ही है, जबकि साहसिक पर्यटन, ग्रामीण पर्यटन और सांस्कृतिक पर्यटन के भी कुछ तत्व इसमें पाये जाते हैं। अन्य शब्दों में, सम्पूर्ण प्रकृति पर्यटन ईको पर्यटन के अन्तर्गत आता है, जबकि साहसिक पर्यटन, ग्रामीण पर्यटन और सांस्कृतिक पर्यटन के कुछ स्वरूप ईको पर्यटन के रूप में संचालित होते हैं। ईको पर्यटन का वैज्ञानिक ज्ञान प्राप्त करने के लिये यहाँ प्रकृति पर्यटन का समुचित परिचय प्रस्तुत करना तो आवश्यक है ही, शेष तीन प्रकार के पर्यटन के उन स्वरूपों का उल्लेख भी अपरिहार्य है जो ईको पर्यटन के अन्तर्गत रखे जा सकते हैं—

प्रकृति पर्यटन की अवधारणा (Concept of Nature Tourism)

पर्याप्त समय तक प्राकृतिक क्षेत्रों का भ्रमण करते हुए, प्रकृति की विशेषताओं, प्रकृति के महत्व और प्राकृतिक क्षेत्रों में उपस्थित वनस्पतियों, पुष्पों, वृक्षों, पक्षियों, वन्य जन्तुओं और पर्वत चोटियों के सम्बन्ध में समुचित ज्ञान प्राप्त करना प्रकृति पर्यटन कहलाता है। यद्यपि इस भ्रमण के दौरान प्रकृति का आनन्द उठाते हुए, स्वतः ही पर्यटक का मनोरंजन हो जाता है, किन्तु मात्र मनोरंजन के दृष्टिकोण से किये गये प्राकृतिक क्षेत्रों के भ्रमण को कदापि प्रकृति पर्यटन के अन्तर्गत नहीं रखा जा सकता क्योंकि प्रकृति पर्यटन का उद्देश्य स्पष्ट है—पारिस्थितिकी तंत्र और पर्यावरण के संरक्षण हेतु पर्यटकों को जागरूक करना। विशुद्ध मनोरंजन के उद्देश्य से किया गया प्राकृतिक क्षेत्रों का भ्रमण यह जागरूकता उत्पन्न नहीं कर सकता। इससे यह भी स्पष्ट हो जाता है कि यात्रा के दौरान, पर्यटकों द्वारा वाहनों में बैठे-बैठे प्राकृतिक दृश्यों का अवलोकन करना, प्रकृति पर्यटन के अन्तर्गत नहीं आता। यह तो मात्र, यात्रा के दौरान किया जाने वाला मनोरंजन है। इसका ईको पर्यटन से भी कोई सम्बन्ध नहीं है।

प्रकृति पर्यटन की धरोहरें (Heritage of Nature Tourism)

प्रत्येक प्रकार के पर्यटन की अपनी धरोहरें होती हैं। जिस प्रकार धार्मिक पर्यटन की धरोहरें हैं—मस्जिद, मन्दिर, गुरुद्वारा, चर्च, समाधि स्थल एवं मजार स्थल आदि, उसी प्रकार प्रकृति पर्यटन की धरोहरें हैं—मनोहारी वन, झरने, नदी तट, चरागाह (बुग्याल), रेगिस्तान, बियावान, राष्ट्रीय पार्क, अभयारण्य, हिमनद, दर्रे तथा इन क्षेत्रों में निवास करने वाले पक्षी तथा वन्य जन्तु। इनके सम्बन्ध में परिचयात्मक टिप्पणी प्रस्तुत करना अनिवार्य है।

1. वन एवं बियावान (Forests and Wilderness)—नगरीकरण की गति में तीव्र वृद्धि के युग में पर्यावरण संरक्षण हेतु वनों और बियावानों का ज्ञान होना नितान्त आवश्यक हो गया है। वन नगरीय क्षेत्रों द्वारा छोड़ी जाने वाली घातक कार्बनडाई ऑक्साइड गैस को भारी मात्रा में शोषित करते हैं तथा जीवनदायिनी ऑक्सीजन के संतुलन को वायुमण्डल में बनाये रखते हैं। भारतीय वन संस्थान के एक प्रतिवेदन के अनुसार, विश्व में वनों की संख्या निरन्तर कम हो रही है, जो कि विश्व समुदाय के लिये बड़ी चिन्ता का विषय है।

बियावान (Wilderness)—बियावान, वे महत्वपूर्ण वन क्षेत्र होते हैं, जिनमें एक ईको पर्यटक को प्रकृति के वास्तविक स्वरूप के दर्शन करने को मिलते हैं। ये घने वन क्षेत्र होते हैं, जिनमें असंख्य प्रकार के वृक्ष, वनस्पतियाँ, पुष्प, जड़ी-बूटियाँ, पक्षी एवं वन्य जन्तुओं का निवास होता है। बियावान 2-4 किमी से 400 किमी के क्षेत्रफल तक के आकार का हो सकता है। बियावान से होकर गुजरना सर्वाधिक कौतूहल, उत्सुकता और नवीन चेतना तो उत्पन्न करता ही है, इससे भी अधिक वह मानसिक और शारीरिक सुख का अनुभव प्रदान करता है। बियावान विचरण में जीवन की मधुर स्मृतियों एवं अपार आनन्द के क्षण छुपे हुए होते हैं। ईको पर्यटन को प्रोत्साहित करने एवं साहसिक यात्राओं का अधिकाधिक विकास करने के लिये बियावान विचरण को पर्यटन का एक श्रेष्ठ अंग माना जाता है। बियावान विचरण के प्रकार भौगोलिक परिस्थितियों पर निर्भर करते हैं।

बियावान विचरण वास्तव में एक साहसिक क्रिया है तथा एक जिज्ञासु पर्यटक ही बियावानों का विचरण कर सकता है। इस हेतु प्रायः 10-15 या इससे भी अधिक दिन तक

बियावान में रहना पड़ता है। रात्रि निवास के रूप में शिविर में जीवन व्यतीत करना पड़ता है, फिर चाहे गर्मी का मौसम हो, सर्दी का या फिर बरसात का। इस अवधि में वन्य जन्तुओं द्वारा आक्रमण करने का भय भी सदा बना रहता है। किन्तु बियावान विचरण ही किसी पर्यटक को वास्तविक ईको पर्यटक बना सकता है। बियावान में रहकर ही वन्य जन्तुओं एवं पक्षियों के वास्तविक जीवन को देखा जा सकता है। इसके अतिरिक्त पर्यावरण संरक्षण हेतु विभिन्न प्रकार की वनस्पतियों, वृक्षों तथा पुष्पों के महत्व को जानने की इससे श्रेष्ठ दूसरी कोई विधि हो ही नहीं सकती।

विश्व का सर्वाधिक विशाल बियावान अमेरिका में स्थित 'अमेजन का बियावान' है। यह बियावान अमेजन नदी के चारों ओर फैला हुआ है। यह विश्व के अनेक आश्चर्यजनक पशुओं-पक्षियों का अभयारण्य है। इस बियावान में विश्व की कुल पक्षी संख्या का 20 प्रतिशत भाग निवास करता है। विश्व की अनेक सरीसृप प्रजातियाँ इस भयानक बियावान में पायी जाती हैं। इन सरीसृपों में अत्यन्त भयावह एवं खूँखार जीव भी हैं। यहाँ पर विभिन्न प्रकार के विषैले अजगर पाये जाते हैं, जो मानव एवं पशु को जीवित ही निगल जाते हैं। इसके अतिरिक्त यह बियावान अनेक प्रकार की छिपकलियों, ड्रेगन छिपकली, सबसे बड़ी दैत्याकार छिपकली (लम्बाई 20 फीट) के अतिरिक्त विषैली चींटियों एवं कीट पतंगों की अनेक प्रजातियों के लिए प्रसिद्ध है। इस बियावान में हर समय पर्यटकों का तांता लगा रहता है, जिससे यहाँ के पर्यटन विभाग को प्रतिवर्ष लाखों डालर की विदेशी मुद्रा प्राप्त होती है। अमेजन का बियावान, विश्व में अपनी जैव विविधता के लिये विख्यात है।

दक्षिण अफ्रीका बियावानों का देश है। यहाँ के बियावान विश्व के सबसे खतरनाक बियावान माने जाते हैं। इन बियावानों को उचित प्रबन्धन और विस्तार की प्रक्रिया के द्वारा पर्यटकीय आकर्षण का प्रमुख केन्द्र बना दिया गया है। यहाँ के बियावानों में अनेक प्रकार के वन्य जीव एवं आकर्षक पक्षी पाये जाते हैं। दक्षिण अफ्रीका का सर्वप्रमुख बियावान है—क्रूगर राष्ट्रीय पार्क। इसे 'बियावानों का राजा' कहा जाता है। इस बियावान को देखने दक्षिण अफ्रीका में प्रतिवर्ष सात लाख पर्यटक आते हैं। इस बियावान का क्षेत्रफल 25,000 वर्ग फीट है। क्रूगर बियावान में 8,000 हाथी, 2,500 सफेद रीनो, 300 काले रीनो, 20,000 जंगली भैंसे, 2,000 शेर, 900 बाघ, 250 चीते, 4,600 जिराफ, 13,000 वाइल्ड वीस्ट (भैंसे के आकार का पशु), 1,40,000 छोटे हिरण (इन्हें इम्पाला कहा जाता है), 900 सींगदार हिरन तथा 30,000 जेब्रा विचरण करते हैं। इसके अतिरिक्त यहाँ 507 प्रजातियों के सुन्दर पक्षी, 114 सरीसृप प्राणी, 34 उभयचर, 49 मछलियाँ एवं 336 प्रकार की वृक्ष प्रजातियाँ पायी जाती हैं।

भारत में भी अनेक बियावान अवस्थित हैं। ये बियावान 'अमेजन' एवं 'क्रूगर' बियावानों की भांति विशाल, अत्यधिक विश्व प्रसिद्ध तथा विविधता से युक्त तो नहीं हैं, किन्तु ईको पर्यटन के दृष्टिकोण से ये अत्यन्त महत्वपूर्ण हैं। भारत के प्रमुख बियावान हैं—सागरमाथा बियावान, कश्मीर घाटी बियावान, नन्दा देवी बियावान, कुल्लू बियावान, जुब्बल बियावान एवं चाशल घाटी का बियावान।

2. **बुग्याल**—बुग्याल पर्वत चोटियों पर स्थित, घास के विशाल मैदान होते हैं। ये प्रकृति पर्यटन की महत्वपूर्ण धरोहरें हैं। पथारोहरण के द्वारा बुग्यालों तक पहुँचा जा सकता है। हरी घास के ये विशाल मैदान सामान्य भाषा में 'चरागाह' कहे जाते हैं, किन्तु मैदानी क्षेत्रों में पाये जाने वाले चरागाहों से 'बुग्यालों' की प्रकृति और पर्यटन के दृष्टिकोण से इनका महत्व बिल्कुल भिन्न होता है। घास के ये विशाल मैदान, जहाँ स्वयं में अनेक प्रकार की महत्वपूर्ण वनस्पतियों

को समेटे होते हैं, वहीं अनेक किस्मों की दुर्लभ जड़ी-बूटियाँ भी इन बुग्यालों के आँचल में समायी रहती हैं। बुग्याल पर्यटकों के अतिरिक्त पद यात्रियों और अन्वेषकों के लिये भी अत्यन्त महत्वपूर्ण माने जाते हैं।

चूँकि बुग्याल उन्नत पर्वत चोटियों पर अवस्थित होते हैं, अत: कठिन पथारोहरण द्वारा ही इन तक पहुँचा जा सकता है। किन्तु इस कठिन यात्रा के पश्चात, बुग्यालों पर पहुँचना स्वर्गिक आनन्द की अनुभूति देता है। दूर तक फैले हरी घास के मैदान, आस-पास का शान्त और मनोहारी नैसर्गिक सौन्दर्य, दूर से आती स्वास्थ्यवर्द्धक हवा और बुग्यालों में खिले हुए विविध प्रकार के फूल तथा वनस्पतियाँ पर्यटकों की सारी थकान को तुरन्त दूर कर देते हैं। अनेक बुग्यालों में स्वच्छ जल की प्राकृतिक झीलें भी स्थित होती हैं, जो न केवल इन बुग्यालों के सौन्दर्य को कई गुणा बढ़ा देती हैं, बल्कि 'बुग्याल यात्रा' को बहूद्देश्यीय भी बना देती हैं। बुग्यालों की यात्रा करने के अनेक उद्देश्य हो सकते हैं। यथा—साहसिक पर्यटकों द्वारा पथारोहण के उद्देश्य से बुग्याल यात्रा, नैसर्गिक सौन्दर्य के अद्वितीय स्वरूप का अवलोकन, प्राकृतिक झीलों के स्वच्छतम रूप को देखने की अभिलाषा, अमूल्य जड़ी-बूटियों को इकट्ठा करना तथा दुर्लभ वनस्पतियों पर अनुसन्धान करना।

3. **हिमनद** (Glaciers)—हिमनद अर्थात हिम की नदी। हिमनद बर्फ की ऐसी विचित्र नदियाँ होती हैं, जो बर्फबारी के समय और गर्मियों में पिघलकर बर्फ की एक विशाल नदी का विकराल रूप धारण कर लेती हैं। हिमनद गर्मियों में पिघलकर नदियों के जलस्तर को बनाये रखते हैं। अकेले भारत वर्ष में ही, हिमालय क्षेत्र में बर्फ की ऐसी 15,000 नदियाँ हैं, जिन्हें हिमनद कहा जाता है। हिमनद की न्यूनतम लम्बाई 5 किमी मानी जाती है। अर्थात 5 किमी लम्बाई से कम वाली बर्फ की नदियाँ हिमनदों की श्रेणी में नहीं आतीं। हिमनदों की अधिकतम लम्बाई 100 किमी भी हो सकती है। सतोपथ हिमनद, विश्व के विशालतम हिमनदों में से एक है। यह हिमनद कैलाश पर्वत माला के सर्वाधिक उत्तर में स्थित है।

हिमनद अपने दैत्याकार स्वरूप को कभी भी स्खलित अर्थात टूटने के लिये बाध्य कर सकते हैं। अर्थात हिमनद कभी भी टूट सकते हैं। हिमनदों का बहाव, उनकी गर्जना तथा अचानक लुढ़कना स्वयं में एक आश्चर्यजनक घटना है, जिसे देखने मात्र से ही पर्यटक रोमांचित हो उठते हैं। उच्चतम पर्वत चोटियों पर अवस्थित होने के कारण हिमनदों तक पदयात्रा या पथारोहण द्वारा ही पहुँचा जा सकता है। अर्थात हिमनदों की यात्रा प्रकृति पर्यटन का एक अंग होने के साथ-साथ साहसिक पर्यटन का भी आनन्द प्रदान करती है। विशाल हिमनदों की यात्रा अत्यधिक जोखिम का कार्य है। अच्छी परिस्थितियों (जब न केवल यात्रा मार्ग निर्बाध हो, बल्कि हिमनदों के स्खलित होने का खतरा भी न्यूनतम हो) में तथा परिपक्व टीम के साथ ही हिमनदों की यात्रा पर निकलना चाहिए। कुल मिलाकर एक अभियान के रूप में ही कुशल पथारोहियों द्वारा हिमनद की यात्रा की जा सकती है।

हिमनदों की यात्रा करना साहसिक पर्यटन का मुख्य रूप तो है ही प्रकृति पर्यटन का भी उत्कृष्ट रूप है। जैसा कि हमने कहा, हिमनद हमारी नदियों को जल प्रदान करते हैं, इस दृष्टिकोण से हिमनदों की अनन्तकाल तक उपस्थिति, पारिस्थितिकी तंत्र को संतुलित रखने, पर्यावरण को प्रदूषण से बचाने, प्राकृतिक आपदाओं से बचाने, कुल मिलाकर मानव जगत के अस्तित्व को बनाये रखने के लिये आवश्यक है। किन्तु भूमण्डलीय ताप वृद्धि ने हिमनदों के अस्तित्व को संकट में डाल दिया है। इससे हिमनद न केवल असमय ही पिघल रहे हैं, बल्कि

आवश्यकता से अधिक मात्रा में पिघल रहे हैं। इससे हिमनदों का आकार तीव्र गति से घट रहा है। ऐसे में भविष्य में भीषण जल संकट उत्पन्न होने की सम्भावना सामने आने लगी है। इस दृष्टिकोण से हिमनदों की वर्तमान स्थिति का वैज्ञानिक अध्ययन करना आवश्यक हो गया है कि किस प्रकार हिमनदों को तीव्र गति से पिघलने से बचाया जा सकता है। यही कारण है कि मात्र जिज्ञासु या रोमांचक पर्यटन के अभिलाषी पर्यटकों द्वारा ही नहीं, बल्कि वैज्ञानिकों और शोधार्थियों द्वारा भी बड़े स्तर पर हिमनदों की यात्रायें की जा रही हैं। कह सकते हैं कि ईको पर्यटन के दृष्टिकोण से हिमनदों की यात्रा अत्यन्त महत्वपूर्ण परिप्रेक्ष्य के रूप में सामने आयी है।

4. **नदियों के तट** (River's Beaches)—नदियों के तट भी प्रकृति पर्यटन के दृष्टिकोण से महत्वपूर्ण धरोहर माने जाते हैं। नदी तट का सम्पूर्ण विचरण शिविर जीवन के रूप में ही सम्पन्न किया जा सकता है। इन तटों पर शिविर लगाकर 10–15 दिन व्यतीत करने से पर्यटकों को शारीरिक एवं मानसिक सुख तो प्राप्त होता ही है, प्रकृति के वास्तविक स्वरूप के भव्य दर्शन भी हो जाते हैं। गर्मियों के मौसम में नदी तट अधिक शान्त और सुरक्षित होते हैं। बरसात में नदी तट का भ्रमण करने से बचना चाहिये, क्योंकि ऐसे मौसम में पर्यटकों को बाढ़ के सिवा और कुछ देखने को नहीं मिलेगा।

वैसे बसन्त का समय या फिर अक्टूबर–नवम्बर माह का समय नदी तट के भ्रमण के लिए सर्वश्रेष्ठ होता है। इन दिनों में नदी तटों पर रहना और शिविर लगाकर नदी के बहते जल का संगीत सुनना मन को झंकृत करने वाला होता है। ये क्षण हमारे जीवन में प्रकृति के वास्तविक जीवन को घोल देते हैं। फूलों की नवरंग बहार, पेड़–पौधों पर बसन्तागमन पर लौटने वाली मीठी बहार, पक्षियों का मधुर संगीतमय ज्ञान आदि हमें प्रकृति के बारे में सोचने के लिए विवश कर देता है। प्रकृति के ये रंग देखकर मानव को न केवल प्रकृति से प्यार हो जाता है, बल्कि वह मानव जीवन में प्रकृति के महत्व को भी भली–भांति समझ जाता है। इससे पर्यटकों में अपने प्राकृतिक पर्यावरण के प्रति संरक्षण की भावना जाग्रत होना स्वाभाविक ही है।

5. **बर्फानी वादियों का भ्रमण** (Exploring the Snow Mountains)—बर्फानी वादियों का भ्रमण पर्यटकों को प्रकृति के अलौकिक सौन्दर्य का अद्वितीय अनुभव प्रदान करता है। पथारोहण द्वारा इन वादियों में पहुँचा जा सकता है। बर्फ पर चलने के लिये सुरक्षात्मक कपड़े पहनना और हाथ–पैर की उंगलियों को उचित दस्तानों, मौजों और सुरक्षात्मक जूतों के द्वारा ढंकना नितान्त आवश्यक होता है। साथ में सभी आवश्यक दवाइयाँ भी रखनी चाहिए। ये सुरक्षात्मक उपाय अपनाने से पर्यटकों का सौन्दर्य, स्वास्थ्य और साहस ताजगी भरा रहता है। इन घाटियों में प्राय: 8–10 फीट तक बर्फ पायी जाती है। बर्फानी वादियों में पहुँचकर, वहाँ से हरे–भरे पहाड़ों, घाटियों और हिमाच्छादित पर्वत शिखरों का अवलोकन भी प्रकृति पर्यटन के इस भ्रमण को बहुआयामी और बहु उपयोगी बना देता है। कुल मिलाकर बर्फानी वादियों का भ्रमण करने वाला पर्यटक एक सामान्य पर्यटक की तुलना में प्रकृति के प्रति अधिक सकारात्मक दृष्टिकोण रखने लगता है।

6. **राष्ट्रीय पार्क एवं अभयारण्य** (National Parks and Sanctuaries)—वन्य पशुओं, पक्षियों और वनस्पतियों का गहन अवलोकन किये बिना प्रकृति पर्यटन अपूर्ण माना जाता है। पशुओं और पक्षियों के वास्तविक एवं प्राकृतिक जीवन और वनस्पतियों तथा पुष्पों की उनके प्राकृतिक क्षेत्र में उपस्थिति देखे बिना हम न तो इनके वास्तविक जीवन को समझ सकते हैं और न ही इनके महत्व को। ये जीवन हमें राष्ट्रीय उद्यानों, वन्य जीव अभयारण्यों तथा पक्षी

अभयारण्यों में देखने को मिलता है। वैसे तो बियावान भी हमारे इस उद्देश्य की पूर्ति करते हैं तथा अनेक अर्थों में बियावानों, राष्ट्रीय पार्कों तथा अभयारण्यों को एक ही माना जाता है किन्तु बियावानों की तुलना में राष्ट्रीय उद्यान तथा अभयारण्य पर्यटकों के अधिक आकर्षण के केन्द्र होते हैं, क्योंकि बियावानों की तुलना में उद्यानों और अभयारण्यों में भ्रमण करना अधिक सुरक्षित होता है। साथ ही अधिकांश राष्ट्रीय उद्यानों और अभयारण्यों के अन्दर तथा इनके आस-पास ठहरने की सुरक्षित आवासीय व्यवस्था उपलब्ध रहती है, जबकि बियावानों में शिविर जीवन व्यतीत करना पड़ता है।

उपरोक्त अर्थ में राष्ट्रीय उद्यान एवं अभयारण्य (और वन तथा बियावान भी) वन्य जीवन पर्यटन का प्रतिनिधित्व करते हैं। वन्य जीवन पर्यटन सदा से ही विवादास्पद मुद्दा रहा है। बहुत से प्रकृति संरक्षणवादियों का मत है कि वन्य जीवन पर्यटन न केवल हमारे पारिस्थितिकी तंत्र पर दुष्प्रभाव डालता है, बल्कि वन्य जीवों, वनस्पतियों और पुष्पों की संख्या, गतिशीलता और व्यवहार को भी परिवर्तित कर देता है। इन लोगों का मत है कि मानव कोलाहल के कारण जहाँ वन्य पशु एवं पक्षी अपनी वास्तविक जीवन प्रणाली त्यागकर कृत्रिमता को अपना लेते हैं, वहीं पर्यटकों द्वारा की जाने वाली छेड़छाड़ के कारण वनस्पतियों और पुष्पों की प्राकृतिक सुन्दरता कम होने लगती है। परन्तु वास्तविकता यह है कि यदि वन्य जीवन पर्यटन को कुशल प्रबन्ध के माध्यम से संचालित किया जाये तो जैव विविधता संरक्षण का इससे श्रेष्ठ दूसरा कोई यंत्र नहीं हो सकता।

राष्ट्रीय उद्यानों में वन्य पशुओं, पक्षियों, वनस्पतियों तथा पुष्पों, वन्य जीव अभयारण्यों में वन्य पशुओं, वनस्पतियों, पुष्पों और पक्षी अभयारण्यों में पक्षियों, वनस्पतियों और पुष्पों का अवलोकन किया जा सकता है। राष्ट्रीय उद्यानों तथा वन्य जीव अभयारण्यों में मुक्त होकर विचरण करते वन्य पशुओं का दृश्यावलोकन पर्यटकों को एक अद्भुत रोमांच की अनुभूति देता है। इसी प्रकार पक्षी अभयारण्यों में असंख्य प्रजातियों के रंग-बिरंगे तथा दुर्लभ पक्षियों को उड़ते हुए देखना तथा उनका मधुर कलरव पर्यटकों को प्रकृति प्रेमी बना देता है। इन्हीं उद्यानों में पायी जाने वाली विविध प्रकार की वनस्पतियाँ तथा चारों ओर खिले हुए पुष्प यहाँ के प्राकृतिक वातावरण को मनोहारी आयाम प्रदान करते हैं। यहाँ यह उल्लेखनीय है कि राष्ट्रीय उद्यानों और अभयारण्यों में इनके प्रबन्धकों द्वारा की गयी समुचित सुरक्षा व्यवस्था के कारण, पर्यटकों को वन्य जीवों द्वारा हानि पहुँचाने की सम्भावना न्यूनतम होती है, अतः बच्चे और महिलायें भी राष्ट्रीय उद्यानों और अभयारण्यों का भ्रमण करने पहुँचते हैं। इसका लाभ यह होता है कि मनुष्य बाल्यकाल से ही प्रकृति के महत्व और उसकी सुन्दरता को समझने लगता है। सम्पूर्ण विश्व में अवस्थित असंख्य राष्ट्रीय उद्यान और अभयारण्य प्रकृति पर्यटन में अपना योगदान दे रहे हैं। दक्षिण अफ्रीका का 'क्रूगर राष्ट्रीय उद्यान' जिसे बियावान भी माना गया है, विश्व का सबसे अधिक प्रसिद्ध और सर्वाधिक विशाल राष्ट्रीय उद्यान है। भारत में स्थित कार्बेट टाइगर रिजर्व (उत्तराखण्ड), कान्हा राष्ट्रीय उद्यान (मध्य प्रदेश), बांदीपुर राष्ट्रीय उद्यान (कर्नाटक), भरतपुर पक्षी अभयारण्य (राजस्थान), सुन्दरवन राष्ट्रीय उद्यान (पश्चिम बंगाल), काजीरंगा राष्ट्रीय उद्यान (असम) तथा वाइनाड वन्य जीव अभयारण्य आदि विश्व प्रसिद्ध हैं।

7. **पर्वत शिखर और दर्रे**—पर्वत शिखर प्रकृति के अद्भुत और अद्वितीय स्वरूप के साक्षात दर्शन कराते हैं। यहाँ पर यह स्पष्ट कर देना आवश्यक है कि किसी पर्वतीय पर्यटन स्थल पर पहुँचकर वहाँ से चारों ओर फैली हुई पर्वत श्रृंखलाओं (गैर बर्फाच्छादित) का दृश्यावलोकन करना प्रकृति पर्यटन के अन्तर्गत रखा तो जा सकता है, क्योंकि इन विहंगम पर्वत

शृंखलाओं का दृश्यावलोकन करने के पश्चात प्रत्येक पर्यटक प्रकृति के महत्व को समझने लगता है। किन्तु प्रकृति पर्यटन की वास्तविक धरोहरों के रूप में केवल उन्हीं बर्फाच्छादित पर्वत चोटियों को माना जाना चाहिये, पर्यटकों द्वारा जिनका निकटतम दृश्यावलोकन किया जाये। इस प्रकार के निकटतम दृश्यावलोकन हेतु पर्यटक पथारोहरण द्वारा उच्चतम स्थान पर पहुँच सकता है। ऐसे स्थान से पर्वतों की मनोहारी पर्वत चोटियाँ ऐसे दिखाई पड़ती हैं, मानो उन्हें हाथ बढ़ाकर छू लिया जाये। सूर्योदय तथा सूर्यास्त के समय इन धवल पर्वत चोटियों पर गिरने वाली सूर्य की किरणें, इनकी आभा को अलौकिक बना देती हैं। कुछ साहसिक पर्यटक तो इन हिमाच्छादित पर्वत चोटियों पर चढ़ाई तक करते हैं। वास्तव में ऐसे स्थानों पर पहुँचकर ही पर्वत चोटियों के वास्तविक स्वरूप के दर्शन किये जा सकते हैं तथा इनके संरक्षण के महत्व को समझा जा सकता है। पर्वत चोटियों के इस रूप में दर्शन करने के लिये प्रायः कई दिन का यात्रा कार्यक्रम निर्धारित करना पड़ता है। चूँकि इस प्रकार के यात्रा कार्यक्रम में शिविर जीवन व्यतीत करना पड़ता है, अतः साहसिक पर्यटक ही, सम्पूर्ण तैयारियों के साथ एक टीम के रूप में पर्वत चोटियों के निकटतम दृश्यावलोकन का आनन्द उठा सकते हैं।

पर्वतीय दर्रे दो पर्वत शिखरों के मध्य के मार्ग होते हैं। ये दर्रे बड़ी-बड़ी बर्फीली घाटियों के रूप में होते हैं तथा इनकी गहराई अनिश्चित होती है। पर्वत शिखरों के यात्रा कार्यक्रम में पर्यटकों को इन दर्रों को देखने का अवसर भी प्राप्त होता है।

8. **प्राकृतिक झीलें और जल-प्रपात** (Natural Lakes and Water Falls)—यहाँ यह स्पष्ट कर देना आवश्यक है कि पर्यटन स्थलों पर पर्यटकों को आकर्षित करने के उद्देश्य से बनायी जाने वाली कृत्रिम झीलों के भ्रमण को प्रकृति पर्यटन के अन्तर्गत नहीं रखा जा सकता। क्योंकि ये झीलें तथा इनका जल, जल के प्राकृतिक स्वरूप का दर्शन नहीं करा सकता। हमारा तो यह भी मानना है कि व्यस्त पर्यटन स्थलों पर अवस्थित प्राकृतिक झीलें भी प्रकृति पर्यटन का उचित प्रतिनिधित्व नहीं करतीं, क्योंकि पर्यटकों का भारी दबाव इन झीलों के प्राकृतिक स्वरूप को कृत्रिम बना डालता है तथा ये झीलें नौकायन के रूप में मात्र उस स्थान का पर्यटकीय आकर्षण बन कर रह जाती हैं।

सही अर्थों में, केवल उन्हीं प्राकृतिक झीलों को प्रकृति पर्यटन की धरोहर माना जा सकता है, जो न केवल पर्यटकीय कोलाहल से दूर हैं, बल्कि अभी तक उन्होंने अपने प्राकृतिक स्वरूप को बनाये रखा है। ऐसी झीलें प्रायः उच्च पर्वतीय स्थानों तथा बुग्यालों में पायी जाती हैं। इन झीलों तक पहुँचने के लिये श्रम साध्य और प्राणघातक पथारोहण करना पड़ता है। किन्तु यहाँ पहुँचकर पर्यटक अपनी सम्पूर्ण थकान को भूल जाते हैं। ऐसी झीलों के आसपास का मनोरम, शान्त और हरा-भरा वातावरण पर्यटकों को आश्चर्यचकित कर देता है। ऐसी झीलें चारों ओर से सघन वनों से घिरी हुई होती हैं तथा इनका स्वच्छतम जल, जल के प्राकृतिक स्वरूप के दर्शन कराता है। यह जल एक निर्दोष दर्पण की भांति प्रतीत होता है। ऐसी झीलों के पर्यटन के पश्चात ही एक पर्यटक इस बात का सहज अनुमान लगा सकता है कि जिस जल को वह अब तक प्रयोग करता आया है, मानव द्वारा प्रकृति से छेड़छाड़ के कारण वह कितना प्रदूषित हो चुका है। उत्तराखण्ड के चमोली जनपद में स्थित सतोपंथ झील, प्राकृतिक झीलों का सर्वश्रेष्ठ उदाहरण है।

इसी प्रकार सघन वनों में अवस्थित जल-प्रपात भी प्रकृति पर्यटन के स्रोत हैं। ये जल-प्रपात अत्यधिक ऊँचाई वाले स्थानों से निकलकर धरती पर गिरते हैं। इनका प्राकृतिक सौन्दर्य जहाँ पर्यटकों को मंत्रमुग्ध कर देता है, वहीं इनका स्वच्छ जल, प्राकृतिक झीलों के जल

के समान अनुभूति प्रदान करता है। इस प्रकार की प्राकृतिक झीलों और जल-प्रपातों के संरक्षण की आवश्यकता है तथा 'विश्व पर्यटन संगठन' तथा 'संयुक्त राष्ट्रों का पर्यावरण कार्यक्रम' जैसे संगठनों को इस ओर विशेष ध्यान देना चाहिये।

9. **मरुस्थल** (Deserts)—प्रकृति पर्यटन के अन्तर्गत, मरुस्थलों का भ्रमण दूसरे दृष्टिकोण से किया जाता है। हमारा मानना है कि प्रकृति पर्यटन में रुचि रखने वाले पर्यटकों को विभिन्न मरुस्थलों का भ्रमण अवश्य करना चाहिये। मरुस्थल वे स्थान हैं, जिन्हें प्रकृति ने अपने वरदान से वंचित रखा है। ये विशाल रेतीले मैदानों के रूप में पाये जाते हैं। मरुस्थलीय क्षेत्रों में हरियाली का दूर-दूर तक नामो-निशान नहीं होता। ऐसे में मरुस्थलीय क्षेत्रों में मानव जीवन की स्थिति कितनी दुष्कर होगी, इस बात का सहज अनुमान लगाया जा सकता है। यदि मानव द्वारा प्रकृति के साथ यही छेड़छाड़ जारी रही तो, विश्व के सम्पूर्ण क्षेत्रफल को मरुस्थल में परिवर्तित होने में देर नहीं लगेगी। तब मानव जीवन किस दुर्गति का सामना करेगा, इसी बात का पता लगाने के लिये मरुस्थलीय क्षेत्रों का भ्रमण, सर्वश्रेष्ठ मार्ग है।

ग्रामीण पर्यटन के रूप में ईको पर्यटन
(Eco-Tourism as Rural Tourism)

ग्रामीण पर्यटन के उद्भव का इतिहास अधिक प्राचीन नहीं है। वास्तव में यह ईको पर्यटन के बाद का है। बल्कि सत्यता यह है कि ईको पर्यटन ने ही ग्रामीण पर्यटन को जन्म दिया है। ईको पर्यटन के अस्तित्व में आने से पूर्व, ग्रामीण पर्यटन के बारे में कौन जानता था? धार्मिक पर्यटन, सांस्कृतिक पर्यटन, ऐतिहासिक पर्यटन, शैक्षिक पर्यटन, साहसिक पर्यटन, अवकाश पर्यटन, मनोरंजन पर्यटन, चिकित्सा पर्यटन और व्यापार पर्यटन हेतु आने वाले पर्यटकों को गाँवों में क्या देखने को मिलता? वह तो पर्यावरण संरक्षण के जाग्रत होने के पश्चात ईको पर्यटन की अवधारणा को सामने लाया गया तथा नगरीय क्षेत्रों की तुलना में ग्रामीण क्षेत्रों में ईको पर्यटन के विकास की अधिक सम्भावनाओं को देखते हुए ही, ग्रामीण समाज को ईको पर्यटन के भौगोलिक क्षेत्र के रूप में मान्यता दी गई। ग्रामीण क्षेत्रों में संचालित हो रहे ईको पर्यटन ने ग्रामीण पर्यटन को जन्म दिया है, अन्यथा क्या अभी भी ग्रामीण क्षेत्रों में ईको पर्यटन के अतिरिक्त, पर्यटन के अन्य स्वरूप देखने को मिलते हैं? सही अर्थों में, 'ग्रामीण क्षेत्रों में संचालित हो रहा ईको पर्यटन ही ग्रामीण पर्यटन है।'

उपरोक्त अर्थ में ग्रामीण पर्यटन का क्षेत्र अत्यन्त सीमित है तथा भविष्य में भी इसके अधिक विकास की सम्भावना न के बराबर है। कारण यह है कि ईको पर्यटन का संचालन प्राकृतिक क्षेत्रों में हो रहा है। इसलिये इसमें वही गाँव सम्मिलित हो पाये हैं, जो प्राकृतिक क्षेत्रों में अवस्थित हैं तथा प्राकृतिक सम्पदा से भरपूर हैं। अतः उन गाँवों में पर्यटन विकास की कोई सम्भावना दिखाई नहीं देती, जहाँ ईको पर्यटन अस्तित्व में नहीं है। इस अर्थ में मैदानी क्षेत्रों के वे समस्त गाँव फिलहाल ग्रामीण पर्यटन के स्पर्श से अछूते ही रहेंगे, जहाँ प्राकृतिक सौन्दर्य शेष नहीं बचा है। केवल खेतों, कच्चे-अर्द्ध पक्के मकानों और कच्ची धूल भरी सड़कों को देखने कोई पर्यटक गाँव में जायेगा? कदापि नहीं। यदि किसी गाँव में स्थित प्रसिद्ध धार्मिक धरोहर को देखने के लिये पर्यटक वहाँ पहुँचते हैं तो यह स्थिति धार्मिक पर्यटन की परिचायक है, ग्रामीण पर्यटन की नहीं। फिर ऐसे प्रसिद्ध गाँव, गाँव नहीं रहते, बल्कि एक समय के पश्चात नगर के रूप में परिवर्तित हो जाते हैं। अतः ग्रामीण क्षेत्रों में चल रहे ईको पर्यटन के कारण वहाँ उत्पन्न

होने वाली पर्यटकीय गतिविधियों और पर्यटन विकास की योजनाओं को ग्रामीण पर्यटन नहीं कहा जा सकता, बल्कि ऐसे गाँवों को ईको पर्यटन की धरोहरें कहना अधिक उचित होगा, जिनमें ईको पर्यटन की चारित्रिक विशेषताओं का अध्ययन-अवलोकन किया जा सकता है। ठीक उसी प्रकार जिस प्रकार बियावान, बुग्यालों, प्राकृतिक झीलों, जल-प्रपातों, पर्वत शिखरों एवं पर्वतीय दर्रों, बर्फानी वादियों, मरुस्थलों, राष्ट्रीय उद्यानों आदि को ईको पर्यटन की धरोहरें कहा जाता है।

ईको पर्यटन एवं सांस्कृतिक पर्यटन
(Eco-Tourism and Cultural Tourism)

सांस्कृतिक पर्यटन का अर्थ है—किसी देश, राज्य, क्षेत्र या समाज की संस्कृति का परिचय प्राप्त करने के उद्देश्य से उस स्थान पर की गयी यात्रा। सांस्कृतिक पर्यटन के माध्यम से किसी क्षेत्र विशेष की संस्कृति का ज्ञान प्राप्त होता है तथा उस क्षेत्र विशेष की संस्कृति से उस क्षेत्र के निवासियों के सामाजिक-सांस्कृतिक मूल्यों का पता लगाया जा सकता है। सांस्कृतिक पर्यटन के उद्देश्य से एक जिज्ञासु पर्यटक ऐसे स्थान का चयन पर्यटन स्थल के रूप में करता है, जहाँ के निवासियों की संस्कृति उसकी संस्कृति से सर्वथा भिन्न होती है। ऐसे स्थानों पर आकर पर्यटक वहाँ अवस्थित ऐतिहासिक अवशेषों, कला वीथिकाओं और आध्यात्मिक केन्द्रों तथा पुस्तकालयों का भ्रमण और अवलोकन तो करता ही है, वहाँ के सामाजिक-सांस्कृतिक आयोजनों का सहभागी भी बनता है। सामाजिक-सांस्कृतिक आयोजनों के अन्तर्गत पर्यटक, उस क्षेत्र में होने वाले वैवाहिक समारोह, नामकरण समारोह, स्थानीय पर्वों, त्यौहारों और मेलों में भाग लेता है और इस दौरान वहाँ के निवासियों द्वारा पहने जाने वाले वस्त्रों, आभूषणों तथा सम्पन्न की जाने वाली प्रथाओं, परम्पराओं और रूढ़ियों का गहन परिचय प्राप्त करता है। इस हेतु पर्यटक दीर्घ अवधि (न्यूनतम 15-20 दिन) तक उस क्षेत्र में रहता है।

उपरोक्त अवधारणा विशुद्ध रूप से सांस्कृतिक पर्यटन की है। सांस्कृतिक पर्यटन के उद्देश्य से किसी क्षेत्र में आने वाला पर्यटक अपनी पर्यटकीय गतिविधियों को यहीं तक सीमित रखता है।

ईको पर्यटन के उद्देश्य से किसी क्षेत्र विशेष में पहुँचने वाला पर्यटक भी उस क्षेत्र में कम से कम 15-20 दिन तक ठहर कर, वहाँ के निवासियों के सामाजिक-सांस्कृतिक जीवन का पूर्णतः सांस्कृतिक पर्यटक के रूप में परिचय प्राप्त करता है, वहाँ के प्राकृतिक पर्यावरण के सम्बन्ध में समग्र ज्ञान प्राप्त करता है और साहसिक यात्रायें करने से भी नहीं हिचकता। इस अवधि में रहकर पर्यटक स्थानीय निवासियों से घुल-मिल जाता है, ठहरने के लिये होटल तथा खाने के रूप में अपनी रुचि के व्यंजनों की मांग नहीं करता, अपितु किसी के आवास में पेइंग गेस्ट के रूप में रहते हुए स्थानीय व्यंजनों का आनन्द उठाता है। ये स्थानीय व्यंजन भी उस क्षेत्र की भोजन सम्बन्धी संस्कृति का प्रतिनिधित्व करते हैं। कुल मिलाकर ईको पर्यटक एक मित्र के रूप में वहाँ के स्थानीय निवासियों के सामने स्वयं को प्रस्तुत करता है।

सांस्कृतिक पर्यटन और ईको पर्यटन के उपरोक्त अवधारणात्मक परिचय से एक बात स्पष्ट रूप से सामने आती है। वह यह कि यद्यपि ईको पर्यटन और सांस्कृतिक पर्यटन, पर्यटन के दो पूर्णतः पृथक स्वरूप हैं, किन्तु ईको पर्यटन में सांस्कृतिक पर्यटन के अनेक तत्व विद्यमान हैं। उपरोक्त विश्लेषण के आधार पर तो यह लगता है कि सांस्कृतिक पर्यटन के अन्तर्गत

पर्यटक द्वारा की जाने वाली प्रत्येक क्रिया ईको पर्यटन में भी की जाती है। तब पाठक यह सोचने पर विवश हो सकते हैं कि आखिर ईको पर्यटन में सांस्कृतिक पर्यटन के कौन से तत्व विद्यमान नहीं हैं। इस जिज्ञासा का समाधान आवश्यक है। यह तो सही है कि सांस्कृतिक पर्यटन में पर्यटक द्वारा की जाने वाली प्रत्येक क्रिया का संचालन ईको पर्यटन में भी किया जाता है, किन्तु इन दोनों के मध्य भौगोलिक क्षेत्र का अन्तर विद्यमान है। ईको पर्यटन केवल प्राकृतिक क्षेत्रों तथा प्राकृतिक सुषमा से भरपूर ग्रामीण क्षेत्रों में संचालित होता है, अत: ईको पर्यटन में केवल इन्हीं क्षेत्रों के निवासियों की संस्कृति का परिचय प्राप्त किया जा सकता है, अन्य क्षेत्रों की संस्कृति का नहीं। इसके विपरीत सांस्कृतिक पर्यटन का उद्देश्य किसी भी ऐसे स्थान तथा उसके निवासियों की संस्कृति का परिचय प्राप्त करना है, जहाँ की संस्कृति, पर्यटक की संस्कृति से सर्वथा भिन्न होती है। यह क्षेत्र या स्थान कोई भी नगर हो सकता है या फिर कोई भी गाँव। इस अर्थ में सांस्कृतिक पर्यटन का क्षेत्र विशुद्ध रूप से केवल संस्कृति ही होती है, जबकि ईको पर्यटन में संस्कृति, ईको पर्यटन के अनेक उद्देश्य में से एक है। साथ ही ईको पर्यटन में केवल प्राकृतिक और प्राकृतिक सुन्दरता से भरपूर ग्रामों का ही अध्ययन किया जाता है। इस अर्थ में, सांस्कृतिक दृष्टिकोण से, सांस्कृतिक पर्यटन का क्षेत्र, ईको पर्यटन के क्षेत्र से बहुत अधिक व्यापक है तथा यही इन दोनों पर्यटन स्वरूपों के मध्य का सबसे बड़ा अन्तर है।

इसके अतिरिक्त, जैसा कि हमने भी कहा है, सांस्कृतिक पर्यटन के अन्तर्गत पर्यटक केवल संस्कृति का ही परिचय प्राप्त करता है, किन्तु ईको पर्यटक संस्कृति के साथ-साथ कुछ अन्य सन्दर्भों में भी ज्ञान एकत्रित करता है, अत: इस अर्थ में भी ईको पर्यटन और सांस्कृतिक पर्यटन एक-दूसरे से भिन्नता रखते हैं। इस आधार पर स्पष्ट रूप से यह कहा जा सकता है कि ईको पर्यटन और सांस्कृतिक पर्यटन, पर्यटन के दो भिन्न स्वरूप हैं, किन्तु ईको पर्यटन में सांस्कृतिक पर्यटन के कुछ तत्व अवश्य विद्यमान हैं, मुख्य रूप से एक क्षेत्र विशेष की संस्कृति का परिचय प्राप्त करना। इस अर्थ में ईको पर्यटन, सांस्कृतिक पर्यटन की तुलना में अधिक व्यापक अवधारणा है।

साहसिक पर्यटन के रूप में ईको पर्यटन
(Eco-Tourism as Adventure Tourism)

जिस प्रकार 'ईको पर्यटन और ग्रामीण पर्यटन', 'ईको पर्यटन और सांस्कृतिक पर्यटन' के अन्तर्सम्बन्ध पर विश्लेषण की माँग उठती है, ठीक उसी प्रकार 'ईको पर्यटन और साहसिक पर्यटन' के अन्तर्सम्बन्ध पर भी यह माँग सामने आती है। 'प्रकृति पर्यटन के रूप में ईको पर्यटन' विषय सम्बन्धी प्रस्तुत किये गये विश्लेषण में भी यह बात सामने आयी है कि प्रकृति पर्यटन की अनेक, बल्कि यह कहना चाहिये कि लगभग सभी धरोहरों के भ्रमण में साहसिक क्रियायें करनी पड़ती हैं। इसी प्रकार साहसिक पर्यटन, ऐसी साहसिक क्रियाओं का नाम है, जो कि प्राकृतिक स्थलों पर आयोजित की जाती हैं। इस अर्थ में, ईको पर्यटन और साहसिक पर्यटन, एक बड़ी सीमा तक, पर्यटन के दो समान स्वरूप हैं।

साहसिक पर्यटन की प्रत्येक क्रिया प्राकृतिक स्थलों पर आयोजित की जाती है। इस अर्थ में, प्रकृति को जानने-समझने का एक श्रेष्ठ मार्ग साहसिक पर्यटन है। परन्तु चूँकि ईको पर्यटन की अवधारणा साहसिक क्रियाओं मात्र तक ही सीमित नहीं है, बल्कि इसमें ग्रामीण पर्यटन और सांस्कृतिक पर्यटन के तत्व भी समाहित हैं, इसलिये ईको पर्यटन और साहसिक पर्यटन दो समान अवधारणायें तो नहीं हैं, किन्तु इतना अवश्य है कि ईको पर्यटन में अनेक ऐसी क्रियायें

सम्मिलित हैं, जो कि साहसिक पर्यटन के अन्तर्गत आती हैं। इसलिये साहसिक पर्यटन का यहाँ पर पर्याप्त परिचय प्रस्तुत करना अनिवार्य है—

साहसिक पर्यटन (Adventure Tourism)

वर्तमान में, विश्व के अनेक देशों में साहसिक पर्यटन को अधिकाधिक विकसित करके उसे जीवन के रुचिकर खेलों के रूप में स्थापित किया जा रहा है। क्योंकि साहसिक पर्यटन से जीवन में नवीन शिक्षा एवं अनेक क्षेत्रों से जुड़े सम्बन्धों के कारण प्रायोगिक ज्ञान प्राप्त होता है। यह साहसिक खेलों से प्राप्त हुए साहस और रोमांचक शिक्षा का परिणाम होता है कि मनुष्य में आगे बढ़ने और खतरों से खेलने की क्षमता आ जाती है। मनुष्य सोचता है कि जीवन में अधिकाधिक जोखिम उठाकर रोमांच और जीवन के क्षणों का भरपूर आनन्द उठाया जाये। कहा जाता है कि अधिक जोखिम उठाने से सफलता हाथ लगती है। साहसिक पर्यटन से जीवन में जीत प्राप्त करने के लिये एक उचित मार्गदर्शन प्राप्त होता है। साहसिक पर्यटन के लिये प्रबल इच्छा शक्ति, दृढ़ निश्चय और सफल योजनाओं को एक व्यापक रूप में संचालित करने की आवश्यकता होती है। साहसिक पर्यटन को प्रोत्साहित करने के लिये विभिन्न देशों की सरकारें और व्यावसायिक प्रतिष्ठानों द्वारा समय-समय पर साहसिक खेल और पर्यटन शिविर आयोजित किये जाते हैं।

साहसिक पर्यटन के अन्तर्गत सम्पन्न की जाने वाली क्रियाओं को अनेक श्रेणियों में विभाजित किया जाता है। इन श्रेणियों के आधार पर साहसिक पर्यटन की जो प्रमुख क्रियायें सामने आती हैं, वे हैं—साहसिक खेल, पदयात्रा, पर्वतारोहण, बियावान अन्वेषण, शिविर जीवन एवं फोटोग्राफी। इनके सम्बन्ध में परिचयात्मक टिप्पणी प्रस्तुत करना आवश्यक है—

साहसिक खेल (Adventure Sports)—विश्व में साहसिक खेलों को अत्यधिक प्रोत्साहन दिया जा रहा है। इसका सबसे बड़ा कारण यह है कि प्रत्येक देश स्थानीय स्तर पर पर्यटन की संभावनाओं के विकास के लिये एक विशाल बाजार खोजने और उसके अनुरूप पर्यटन की विशाल सम्भावनाओं का पता लगाने में जुटा है, जिससे उसके घरेलू पर्यटन का एक बड़ा भाग बेकार न जाये और वहाँ के निवासियों की पर्यटकीय अभिलाषायें भी पूर्ण हो सकें। साथ ही पर्यटन विभाग को साहसिक खेलों से अच्छी-खासी आय भी प्राप्त हो सके। इस प्रकार साहसिक खेल अभियान किसी भी देश में घरेलू पर्यटन के विकास एवं विस्तार में उल्लेखनीय भूमिका निभाते हैं।

आधुनिक युग में साहसिक खेलों का अत्यधिक महत्व है। इनकी दिन-प्रतिदिन बढ़ती लोकप्रियता को देखकर इन्हें साहसिक पर्यटन के रूप में प्रोत्साहित किया जा रहा है। साहसिक खेलों का अचानक प्रचलन बढ़ने से युवा वर्ग में ये खेल अत्यधिक लोकप्रिय हो रहे हैं। साहसिक खेल किसी भी देश के पर्यटन विकास में मेरुदण्ड की भूमिका निभाते हैं, क्योंकि पर्यटन विकास की अनेक सम्भावनायें ऐसे खेलों पर ही निर्भर करती हैं और देश-विदेश के अधिकांश पर्यटक इन्हीं खेलों पर अपना ध्यान केन्द्रित करके, अपनी अभिलाषायें पूरी करते हैं। विश्व के प्रमुख साहसिक खेल निम्नलिखित हैं—

1. **ग्लाइडिंग (Gliding)**—ग्लाइडिंग का खेल विश्व स्तर का एक रोमांचक खेल है, जो युवा वर्ग में अत्यन्त लोकप्रिय सिद्ध हो रहा है। विश्व के लगभग प्रत्येक देश में इस खेल के समर्थक एवं प्रशंसक विद्यमान हैं। ग्लाइडिंग समतल पहाड़ियों पर या पर्वतीय घास के

मैदानों में बड़ी सफलता के साथ आयोजित की जा सकती है। ग्लाइडिंग दो प्रकार की होती है तथा दोनों ही प्रकार की ग्लाइडिंग साहसिक खेलों के रूप में, विश्व में स्थापित हो चुकी है—

(i) **पैरा ग्लाइडिंग** (Para Gliding)—पैरा ग्लाइडिंग एक ऐसा खेल है, जो नदी के चौड़े तटों एवं समतल पर्वतीय ढलानों पर या गहरी घाटियों में आयोजित किया जाता है। यह खेल अत्यन्त रोमांचक एवं आकर्षक होने के कारण युवा वर्ग में अत्यधिक लोकप्रिय हो रहा है। पैरा ग्लाइडिंग मुख्य रूप से पश्चिमी देशों में लोकप्रिय है। इसके आयोजक एवं प्रायोजक अपना विशुद्ध मनोरंजन तो करते ही हैं, साथ ही साथ इनमें व्यापारिक भावना भी छिपी होती है। जिससे वहाँ के व्यापारियों द्वारा अपने उत्पादों का बड़े-बड़े बैनरों में सजाकर प्रचार-प्रसार किया जाता है। इन व्यापारियों के मस्तिष्क पर व्यापारिक भावना का प्रभाव इतना अधिक होता है कि वे इस खेल में अपने परिवार की खूबसूरत कन्याओं को भी सहभागी बना देते हैं।

(ii) **हैंग ग्लाइडिंग** (Hang Gliding)—हैंग ग्लाइडिंग भी पैरा ग्लाइडिंग की भांति नदी के चौड़े तटों तथा समतल पर्वतीय ढलानों पर की जाती है। इस खेल में प्रतिभागी हवा भरे हुए गुब्बारों रूपी थैलों से, हवा में तैरते हुए जमीन पर आ जाते हैं। यह खेल अत्यन्त रोचक किन्तु जोखिम से भरा है। इस खेल के द्वारा साहसिक एवं रोमांचक क्षणों को सही स्वरूप में देखा जा सकता है, अनुभव किया जा सकता है।

2. **स्कीइंग** (Sking)—यह बर्फ पर फिसलने का खेल है। यह खेल बर्फानी वादियों में संचालित होता है। इसमें स्की के सहारे खिलाड़ी बर्फ में फिसलकर ढलान में दूर तक चला जाता है। यह स्की पैर पर लगायी जाती है। इस स्की से शरीर को नियंत्रित करके बर्फ पर फिसला जाता है। यह खेल नव-व्यापारिक वर्ग और युवा वर्ग में अत्यन्त लोकप्रिय है।

3. **स्केटिंग** (Sketting)—स्केटिंग भी स्कीइंग की भांति बर्फ पर फिसलने का एक साहसिक खेल है। यह खेल भी बर्फानी वादियों में खेला जाता है। इसके अन्तर्गत पैरों में स्केट बाँधकर उनके सहारे से बर्फ में दूर तक फिसला जाता है। स्केट द्वारा शरीर को नियंत्रित रखना भी एक कला है, अतः केवल अनुभवी युवक-युवतियाँ ही स्केटिंग कर सकते हैं। कॉलेज के छात्रों तथा युवा उद्यमी वर्ग द्वारा इस खेल में सर्वाधिक रुचि दिखायी जा रही है।

4. **स्नो लैंड स्केप स्टडी** (Snow Land Scape Study)—किसी ऊँची पहाड़ी या समतल चरागाह, जहाँ पर वर्ष के सम्पूर्ण समय, बर्फ बिछी रहती है, या जाड़ों में, जब निरन्तर बर्फ गिरती रहती है, तब बर्फ का घनत्व मापने एवं उसकी गहराई मापने को ही स्नो लैंड स्केप स्टडी (बर्फानी धरातल पर बर्फ की अनेक सतह के सम्बन्ध में ज्ञान प्राप्त करना) कहते हैं। इसके अन्तर्गत बर्फ के टुकड़ों के सम्बन्ध में भी पूर्ण जानकारी और उनकी आकृति आदि के सम्बन्ध में विशेष जानकारी प्राप्त की जाती है।

5. **स्नो कैंपिंग** (Snow Camping)—बर्फ के सपाट धरातल पर, घाटियों में, बियावान में या फिर बुग्यालों में, जहाँ पर बर्फ गिरी होती है, ये अस्थायी शिविर लगाया जाता है। इसमें आस-पास के पर्यावरण में बर्फ गिरने, उसके सौन्दर्य को निहारने, बर्फ गिरने पर फिसलने सम्बन्धी गतिविधियों का अध्ययन किया जाता है। इसके लिये शिविर स्थापित करके आसपास के पर्यावरण का आनन्द लिया जा सकता है। पर्वतीय क्षेत्रों पर अचानक बर्फबारी से पक्षियों के व्यवहार में परिवर्तन, गाने वाले पक्षियों की आवाजें सुनने एवं उन्हें रिकार्ड करके

उनके व्यवहार में आने वाले अन्तर का अवलोकन कर हमें उस पर अनुसन्धान करने का अवसर मिलता है। इसी बीच वन्य जीवों के व्यवहार में बर्फ गिरने से क्या परिवर्तन आते हैं, उन्हें भी हम अपनी डायरी में लिखते जाते हैं। इस समय बाघ, जंगली बिल्ली, खरगोश, सियार, बन्दर एवं भालू अपने-अपने व्यवहार में बदल जाते हैं। उनकी गुफाओं में भी अत्यधिक शान्ति रहती है एवं वन्य जीव अत्यन्त सुस्त रहते हैं। विशेषकर बाघ, जिसे जंगल में हिरण जैसा जानवर दिखाई नहीं देता, तब वह अपने शिकार की खोज में इधर-उधर भागता रहता है और भूख से रोने की आवाज में गुर्राता है। इस मौसम में बाघ एवं भालू अधिक सुस्त एवं असहाय दिखायी देते हैं। बन्दर पहाड़ की कन्दराओं एवं गुफाओं में छिप जाते हैं। ठंड के मारे कभी-कभी वे रोने या चिल्लाने भी लगते हैं। इस प्रकार हम अनेक वन्य पशु-पक्षियों के व्यवहार में आने वाले परिवर्तन को बड़ी गम्भीरता से अनुभव कर सकते हैं। साथ ही स्वीडन और स्विट्जरलैण्ड में 'स्नो लैंड स्केप स्टडी एंड रिसर्च' के नाम से विश्व के अच्छे संस्थान कार्य कर रहे हैं। बर्फ के आकार, आयतन, गहराई एवं उसके टुकड़ों के आकार पर समय-समय पर बहुत अच्छे अनुसन्धान कार्य यहाँ पर किये गये हैं।

6. **रिवर राफ्टिंग** (River Rafting)—नदी में हवा भरी नावों व प्लास्टिक से बनी नावों पर बैठकर राफ्टिंग करना एक सुखद अनुभूति है। नदी की धारा में राफ्टिंग करके अपने गन्तव्य तक पहुँचना स्वयं में अत्यन्त रोमांचक और कौतूहल पूर्ण खेल है। इसमें अलग-अलग राफ्टिंग टीमें होती हैं। स्वच्छ जल में राफ्टिंग करके प्रतियोगी अपने गन्तव्य पर पहुँचकर इस रोमांचपूर्ण खेल का अत्यन्त आनन्द उठाते हैं। विशाल चौड़ी स्वच्छ जल की झील या विशाल चौड़े फाट वाली नदियों में इस खेल को अधिक कारगर तथा रोमांचपूर्ण बनाया जाता है। इस साहसिक खेल यात्रा में अनेक अनुभवी प्रतियोगी, जिन्हें राफ्टिंग का अच्छा ज्ञान होता है, भाग लेते हैं। रिवर राफ्टिंग को साहसी खेलों के अनेक क्लब, ट्रैवल एजेन्सियाँ, पर्यटन संस्थान और स्थानीय साहसिक अभियान संस्थायें प्रतिवर्ष आयोजित करती हैं।

7. **मत्स्य क्रीड़ा** (Angling)—मत्स्य क्रीड़ा अर्थात एंग्लिंग एक नया, तेजी से उभरता हुआ साहसिक खेल है। यह खेल प्रकृति और वन्य जीवों के प्रति पर्यटकों में प्रेम जाग्रत करने की दिशा में महत्वपूर्ण कदम है। इस खेल के अन्तर्गत समुद्र तट पर बैठकर काँटों के सहारे मछलियों को पकड़ने-छोड़ने की क्रिया की जाती है। इस खेल की विशेष बात यह है कि इसमें मछलियों का शिकार नहीं किया जाता, अपितु उन्हें पकड़कर पुनः जल में छोड़ दिया जाता है। मछली को पकड़ना-छोड़ना तो मात्र एक बहाना होता है, इस खेल का प्रमुख उद्देश्य लोगों को प्रकृति के साथ कुछ पल बिताने का अवसर प्रदान करना है। वर्तमान में तो एंग्लिंग की प्रतियोगितायें आयोजित की जा रही हैं, ताकि इस खेल को विश्व स्तरीय बनाया जा सके। सर्वाधिक मछली पकड़ने वाला प्रतियोगी विजयी घोषित किया जाता है। अब यह प्रतियोगितायें समुद्री तटों पर ही नहीं, बल्कि झीलों और तालाबों पर भी आयोजित की जाने लगी हैं।

8. **फोटोग्राफी** (Photography)—एक साहसिक खेल के रूप में फोटोग्राफी का तात्पर्य सामान्य जीवन में की जाने वाली फोटोग्राफी से नहीं है। बल्कि साहसिक यात्राओं के माध्यम से दुर्लभ प्राकृतिक दृश्यों को, अपनी जान जोखिम में डालकर कैमरे से शूट करना ही साहसिक खेल के अन्तर्गत आता है। इस अर्थ में हम इसे 'साहसिक फोटोग्राफी' (Adventure Photography) कह सकते हैं। साहसिक यात्राओं के दौरान पर्यटकों द्वारा अपने साथ कैमरा

रखना अपरिहार्य होता है। इस यात्रा के दौरान उन्हें अनेक ऐसे दुर्लभ दृश्य देखने को मिलते हैं, जिनका संग्रह करना, यात्रा को अविस्मरणीय बना देता है। बियावान अन्वेषण, नदी एवं समुद्र तटों का भ्रमण तथा राष्ट्रीय उद्यानों एवं अभयारण्यों के भ्रमण के दौरान पर्यटकों का अनेक दुर्लभ, किन्तु खतरनाक वन्य जीवों से साक्षात्कार हो जाता है। ऐसे में इन वन्य पशुओं के निकट पहुँचकर इनके फोटो खींचना साहसिक फोटोग्राफी कहलाता है। ये फोटो इन वन्य जीवों के सम्बन्ध में अधिकाधिक सूचनायें प्रदान करने वाले होते हैं। इसी प्रकार पदयात्रा और पथारोहण के दौरान दिखाई पड़ने वाले दुर्लभ प्राकृतिक दृश्यों की फोटोग्राफी करना अत्यन्त ही साहसिक, रोचक, रोमांचक और जोखिमपूर्ण कार्य होता है। किन्तु एक साहसिक पर्यटक किसी भी जोखिम से भयभीत हुए बिना, दुर्लभ दृश्यों की फोटोग्राफी करता है, उन्हें प्रकृति के सौन्दर्य और उसके महत्व से अवगत कराता है। फोटोग्राफी के महत्व को दृष्टिगत रखते हुए इसे एक संगठित साहसिक खेल के रूप में प्रोत्साहित किये जाने की आवश्यकता है।

2. **बियावान अन्वेषण** (Wilderness Exploration)—बियावानों का परिचयात्मक विश्लेषण इसी अध्याय में 'ईको पर्यटन की धरोहरें' शीर्षक के अन्तर्गत प्रस्तुत किया जा चुका है। इन्हीं बियावानों की खोजी एवं साहसिक यात्रा को बियावान अन्वेषण कहा जाता है। बियावान अन्वेषण पदयात्रा का एक ऐसा साहसिक खेल है, जिसमें प्रतिदिन 30-40 किमी तक, दूरस्थ क्षेत्रों में वनों, बियावानों और रेगिस्तानों का भ्रमण किया जाता है। रात्रि में बियावान वन में ही विश्राम करना पड़ता है। फिर चाहे पर्यटकों के सामने कितनी ही दुरूह परिस्थितियाँ क्यों न हों। बियावान विचरण विश्व के सबसे रोमांचकारी पर्यटकीय अभियानों में से एक है। इसमें बियावान के अन्दर ही डेरा डाला जाता है, या फिर कैम्प लगाया जाता है। फिर भोजन स्वयं बनाना और जंगल में ही खाना, किसी रोमांच से कम नहीं है। यह एक ऐसा अनुभव होता है, जहाँ पर्यटक जोखिम में रहते हैं, आपस में तरह-तरह की चर्चायें करते हैं। बियावान अन्वेषण के दौरान पर्यटक हर समस्या का समाधान खोजते हैं, एक-दूसरे की सहायता करते हैं तथा सहयोग एवं स्वाभिमान में सामंजस्य स्थापित करते हैं। पर्यटक विभिन्न प्राकृतिक स्थलों, वन्य प्राणियों का साहसपूर्वक सामना करके उनके सम्बन्ध में वैज्ञानिक और यथार्थ ज्ञान प्राप्त करते हैं। इस कार्य में फोटोग्राफी भी पर्यटकों का मुख्य सूचना संकलन स्रोत होता है।

बियावान अन्वेषण एक ऐसा विविधतापूर्ण रोमांचक खेल है, जो पर्यटकों को विभिन्न प्रकार के जैविक एवं भौगोलिक रहस्यों से अवगत कराता है। इसमें जीवन के अनेक नये अनुभव देखने को मिलते हैं। कुछ तो ऐसे संस्मरण होते हैं, जो पर्यटकों को विभिन्न प्रकार के प्राकृतिक अनुभवों से साक्षात्कार कराते हैं। कभी-कभी ये बातें स्वयं पर्यटकों के लिये, तो कभी शेष समाज के लिये प्रायोगिक रूप से प्रेरणादायक बन जाती हैं। विश्व के धनी पर्यटक अमेजन के बियावानों, दक्षिण अफ्रीका और ब्राजील के बियावानों में अन्वेषण का रोमांचक आनन्द उठाते हैं। ये पर्यटक इन बियावानों में बड़ी से बड़ी बोली लगाकर आखेट करने से नहीं चूकते। इस प्रकार के आखेटों से विदेशी मुद्रा कमायी जाती है, जो कि बियावान के रख-रखाव एवं कर्मचारियों के वेतन पर खर्च की जाती है। आखेट के लिये नये पशु-पक्षी पुनः दोगुनी जनसंख्या प्राप्त कर लेते हैं। इन बियावानों के अन्दर ही इनका वैज्ञानिक स्तर पर भी प्रजनन कराकर वृद्धि की जाती है। अतः इन बियावानों में पशु-पक्षियों की संख्या में कई गुना वृद्धि होती रहती है।

3. **पदयात्रा** (Trekking)—साहसिक क्रियाओं के अन्तर्गत पर्यटन की भाषा में पदयात्रा का अंग्रेजी नामकरण ट्रैकिंग ही अधिक प्रचलित है, अतः पदयात्रा के स्थान पर हम ट्रैकिंग

शब्द का ही प्रयोग करेंगे। ट्रैकिंग पर्यटक को सर्वाधिक व्यस्त रखने वाला एक ऐसा साहसिक एवं रोमांचक खेल है, जिसे अत्यधिक मानसिक और शारीरिक संतोष प्राप्त करने के लिये किया जाता है। ट्रैकिंग से ही पर्यटकों को अनेक प्रकार के रोमांचकारी अनुभव प्राप्त होते हैं, जिससे जीवन को अत्यधिक व्यस्त, संकेन्द्रित एवं स्वस्थ रखा जा सकता है। ट्रैकिंग में पर्यटक सीधे एक अभियान के तहत एक विशाल पर्वत चोटी पर चढ़ाई करते हैं। ट्रैकिंग में छोटी-छोटी पर्वत शृंखलाओं, धार्मिक स्थलों एवं बुग्यालों पर पैदल चलकर, अपने साथियों के साथ, प्राकृतिक दृश्यों का भरपूर आनन्द लिया जाता है। संक्षिप्त पद यात्राओं से लेकर दूरस्थ क्षेत्रों तक भ्रमण करना ही ट्रैकिंग की महत्वपूर्ण विधाओं में से एक है। ट्रैकिंग के द्वारा पर्यटक अनेक आकर्षक पर्यटन स्थलों, वनों, बियावानों एवं प्राकृतिक सौन्दर्य के अन्य स्थलों यथा—बुग्यालों आदि का पैदल भ्रमण करके इन स्थानों की भौगोलिक-वानस्पतिक स्थिति और जल संसाधनों के सम्बन्ध में सम्पूर्ण ज्ञान प्राप्त कर लेते हैं। इस प्रकार के अभियानों में प्रकृति के श्रेष्ठ बियावानों, पठारों एवं अन्य सौन्दर्य स्थलों का पता लगाया जाता है। ट्रैकिंग, सही अर्थों में सर्वाधिक रोमांचित करने वाली साहसिक क्रिया है, जिसमें पर्यटक पैदल चलकर प्रकृति के अंग-अंग से पूर्णतया परिचित हो जाते हैं। यह सर्वाधिक मनोहारी, आनन्ददायक एवं रुचिपूर्ण क्रिया है, जो सरल, कम खर्चीली और ज्ञानवर्द्धक मानी जाती है।

ट्रैकिंग में पग-पग पर प्रकृति से साक्षात्कार होता है। ट्रैकिंग के दौरान पर्यटकों का वनों, बियावानों, दुर्लभ पेड़-पौधों, पुष्पों, हिमनदों एवं पर्वतीय घाटियों, चोटियों और दर्रों से परिचय हो जाता है। यदि पर्यटक शान्त और निश्चिंत मन से, ट्रैकिंग करते हैं, तो इससे अधिकतम आनन्द की प्राप्ति होती है, क्योंकि यह यात्रा बिना किसी चिन्ता के होती हैं। ट्रैकिंग में पर्यटक के पास पैदल चलने, लिखने, पढ़ने, सोचने, समझने और थकान होने पर मन के अनुरूप विश्राम करने के लिये पर्याप्त समय रहता है। इससे पर्यटकों को उस स्थान विशेष के सम्बन्ध में विस्तार से जानने, समझने और अवलोकन करने में कोई कठिनाई नहीं होती है। बियावानों की ट्रैकिंग को अत्यन्त जोखिमपूर्ण एवं रोमांचक माना जाता है। प्राकृतिक बियावानों की खोज में पर्यटकों को निरन्तर चलना पड़ता है। इस दौरान पर्यटकों का सामना अनेक प्रकार के हिंसक पशुओं से हो जाता है। ऐसे में इनसे अपनी रक्षा करना न केवल एक चुनौती बन जाता है, बल्कि पर्यटक के साहस की वास्तविक परीक्षा भी ऐसे समय पर ही होती है। साथ ही वनों एवं बियावानों से गमन करने एवं सौन्दर्य से भरपूर प्राकृतिक दृश्यों से साक्षात्कार होने से, पर्यटकों को जो मानसिक शान्ति और स्थिरता मिलती है तथा उस स्थल के बारे में जानने की जो उत्सुकता उत्पन्न होती है, वह अन्य साहसिक क्रियाओं में कम ही देखने को मिलती है।

काले एवं नंगे पहाड़ों पर ट्रैकिंग करना सबसे कठिन माना जाता है। हिमालयी क्षेत्रों में ऐसे पहाड़ स्थित हैं। इन पहाड़ों पर बरसात के समय पर कहीं-कहीं छिटपुट हरी घास उग जाती है, अन्यथा ये एकदम काले और नंगे पहाड़ हैं, जिन पर एक भी पेड़ नहीं उगा है। इन पहाड़ों पर चढ़ने के लिये अत्यन्त दुरूह एवं ऊबड़-खाबड़ मार्ग से ट्रैकिंग करनी पड़ती है। यहाँ की घाटियाँ एवं दर्रे इतने खतरनाक हैं कि पैर फिसलने की स्थिति में जान जाने का जोखिम रहता है। अतः ऐसी पर्वतीय चट्टानों पर अत्यन्त सावधानी और कुशल तकनीक से चढ़ना पड़ता है। ऐसी पर्वतीय चट्टानों पर गर्मियों के समय में ट्रैकिंग करना अधिक सुरक्षित रहता है। इस समय में ट्रैकिंग करने और शिविर स्थापित करने के लिये वातावरण उपयुक्त रहता है। गर्मियों के मौसम में ये अंधेरे, काले एवं नंगे पहाड़ अपने अद्‌भुत रूप एवं बियावान के लिये ट्रैकर्स में

चर्चा का विषय बन जाते हैं। इन चट्टानों पर केवल पठा बबूल जैसी हरी घास के अतिरिक्त कुछ नहीं उगता। ये घास गर्मियों में बड़ी तेजी से आग पकड़ती है।

4. **पर्वतारोहण** (Mountaineering)—आधुनिक युग में पर्वतारोहण ही एक ऐसा साहसिक खेल है, जो देश-विदेश के पर्यटकों को सर्वाधिक आकर्षित करता है। इसमें देश-विदेश के पर्यटकों का एक ऐसा वर्ग है जो अत्यधिक साहसपूर्ण एवं रोमांचक जीवन जीने की इच्छा रखता है। उनकी इस साहसिक इच्छा को पर्वतारोहण पूरा करता है। पर्वतारोहण की क्रिया में, लम्बी, दुर्गम और जोखिमपूर्ण चढ़ायी द्वारा विश्व की विख्यात एवं बर्फाच्छादित पर्वत चोटियों पर पहुँचकर विजय पताका फहरायी जाती है। इस चढ़ाई के दौरान पर्वतारोहियों को कठिन उन्नत चट्टानों, दर्रों, बर्फ की खाइयों एवं बर्फीली घाटियों का सामना करना पड़ता है। इन स्थानों पर जरा सी लापरवाही जानलेवा सिद्ध हो जाती है। साथ ही इन मार्गों में ऑक्सीजन की भारी कमी का सामना भी पर्वतारोहियों को करना पड़ता है। ऐसे में कुशल, प्रशिक्षित एवं निडर टीम के साथ, एक अभियान के रूप में पर्वतारोहण कर पाना सम्भव होता है।

नेपाल में स्थित एवरेस्ट पर्वत शिखर, स्विस आल्पस एवं किलिमंजारो जैसी पर्वत चोटियाँ विश्व के पर्यटकों में, पर्वतारोहण के क्षेत्र में, एक विशाल प्रतियोगिता का माध्यम बन कर रह गयी हैं। इनमें प्रतिवर्ष देश-विदेश के असंख्य पर्यटक इन पर्वत शृंखलाओं के दर्शन करने आते हैं। इस प्रकार पर्वतारोहण ईको पर्यटन के संसाधन के रूप में, अपने सर्वश्रेष्ठ रूप में सामने आ रहा है। सर्वाधिक महत्वपूर्ण बात यह है कि विश्व के अनेक संगठनों ने अपने देशों में हिमालय पर्वतारोहण क्लब, हिमालय पर्यावरण संरक्षण क्लब आदि स्थापित किये हैं। इन देशों में सर्वाधिक पर्यावरण संरक्षण क्लब भारत में हैं। इसके बाद जापान, अमेरिका, कनाडा, ब्रिटेन, ऑस्ट्रेलिया एवं स्विट्जरलैण्ड में हैं। जापान में कई क्लब एवं संस्थायें हिमालय के संरक्षण एवं पर्यटन विकास के लिये कार्य कर रही हैं। इसमें जापानी नागरिक आपसी एकता द्वारा भरपूर सहयोग देते हैं। जापानी नागरिक जब पर्वतारोहण के लिये जाते हैं, तो पर्वतों को प्रदूषण से बचाने का यथा संभव प्रयास करते हैं। यह उत्तम नागरिक चेतना का एक अनुकरणीय उदाहरण है। विश्व के अन्य पर्वतारोहियों को भी ऐसे अनुकरणीय प्रयास करने चाहिये। पर्वतों से उतरते समय उन्हें अपने द्वारा फेंका हुआ कूड़ा-करकट अपने साथ वापस लाना चाहिये।

अनेक पश्चिमी देशों में युवा पर्वतारोहियों में स्वच्छ एवं संरक्षित पर्वतारोहण के प्रति एक नवीन चेतना एवं विकास की भावना उत्पन्न हुई है। पर्वतारोहण के तौर-तरीकों ने आधुनिक रूप ग्रहण कर लिया है। पिछले पाँच दशकों में पर्वतारोहण में प्रयुक्त होने वाले साधनों और चढ़ाई करने की तकनीक ने अत्यधिक सुधार किया है। इस प्रकार अनेक देशों ने पर्वतारोहण की सामग्री निर्माण को एक उद्योग के रूप में स्थापित कर लिया है। स्कूल एवं कॉलेज के छात्र-छात्रायें इस सामग्री का क्रय करते हैं और अनेक प्रकार से इनका प्रचार अपने साथियों तक करते हैं। सामग्री निर्माण की प्रक्रिया विशुद्ध रूप से आधुनिकतम एवं वैज्ञानिक है, विशेषकर बर्फ में रहने एवं सोने में प्रयुक्त होने वाली सामग्री। इससे पर्वतारोहण का वैज्ञानिक स्वरूप सामने आया है तथा यह पर्यटन विभाग के लिये भारी आर्थिक आय का स्रोत भी बन गया है। एवरेस्ट का अभियान नेपाल पर्यटन विभाग के लिये एक बहुत बड़ी शुल्क राशि के रूप में सामने आता है। यह चोटी अन्य चोटियों से ऊँची एवं विशाल है। यह चोटी जब भी किसी अभियान दल के द्वारा आरोहित की जाती है, तब इसका शुल्क प्रति दल 50,000 अमेरिकी डॉलर लिया जाता है। यही कारण है कि केवल विदेशी पर्वतारोही, जो कि पश्चिमी देशों के

धनी होते हैं, पर्वतारोहण द्वारा एवरेस्ट पर चढ़ाई करते हैं। इस समय एवरेस्ट ही विश्व की एकमात्र सबसे ऊँची एवं विशाल पर्वत चोटी है, जिस पर पर्वतारोहण के लिये विश्व के पर्यटक लालायित रहते हैं

साहसिक पर्यटन में शिविर जीवन
(Camp Life in Adventure Tourism)

साहसिक क्रियाओं के दौरान सबसे रोमांचकारी क्षण शिविर जीवन के रूप में सामने आते हैं। पदयात्रा, पर्वतारोहण एवं बियावान अन्वेषण के दौरान की जाने वाली यात्रा अनेक दिवसीय होती है। अतः पर्यटकों को इस यात्रा का रात्रि विश्राम शिविर जीवन के रूप में व्यतीत करना पड़ता है। यह शिविर खतरनाक स्थानों पर लगाना पड़ता है। वन शिविर में रहना भी एक कला से कम नहीं है। यहाँ पर खतरा जंगली हिंसक प्राणियों से है, जो कभी भी झपट कर वार कर सकते हैं। शिविर के अन्दर पर्यटक बिना हथियारों के रहते हैं। बाघ, भालू, हाथी, मोर एवं चीते इतने सनकी होते हैं कि अवसर मिलते ही शिकार पर टूट पड़ते हैं। यदि एक बार इनकी पकड़ में आ गये तो बचना कठिन होता है। अतः इनसे हर समय दूर रहकर सावधानी का प्रयोग करना चाहिये। सर्वाधिक सावधानी का प्रयोग शिविर स्थापित करने में होना चाहिये। शिविर एक ऐसे स्थान पर लगाया जाये, जहाँ खुली जगह हो, घने पेड़-पौधे कम हों एवं हर दृष्टिकोण से अपेक्षाकृत सुरक्षित क्षेत्र हों। हथियार के रूप में अपने पास हॉकी जैसे लकड़ी के हथियार होने चाहिये। ध्वनियुक्त पटाखे एवं तराशी गई लाठियाँ अवश्य होने चाहिये। जब हिंसक प्राणी से सामना हो जाये, तो सबको लाठियाँ चटकाकर एक साथ आक्रमण कर देना चाहिये।

इसके अतिरिक्त भुतडू मक्खी, सांप, अजगर एवं बिच्छुओं से बचना चाहिये। इनका डंक असहनीय पीड़ा तो देता ही है, तत्कालीन रूप से रोगी भी बना देता है। वन शिविर में शिविर अग्नि अत्यन्त लाभदायक रहती है। इसे जलाने से वन्य जीव निकट नहीं आते, अतः शिविर को ऐसे स्थान पर स्थापित करना चाहिये, जहाँ पर आग फैलने का भय न रहे और एक सुरक्षा कवच भी बना रहे। वन शिविर में अंधेरी रातों में वन्य जीव एवं पशु-पक्षी तरह-तरह की आवाजें निकालते हैं। ये आवाजें अत्यन्त लुभावनी एवं मनोरंजक होती हैं। जंगली कीट पतंगे भी अनोखी आवाजें निकालते रहते हैं। इन सब आवाजों को ध्यानपूर्वक सुनना चाहिये और रिकॉर्ड कर लेना चाहिये। कभी-कभी रात के सन्नाटे में यह आवाजें सुदूर स्थानों से सुनायी देती हैं। ऐसी आवाजें अत्यन्त मनोहारी होती हैं। यह दृश्य अत्यन्त कौतूहल भरा, अत्यधिक रोमांचक एवं मानव मन को सुखद अनुभूति देने वाला होता है। ऐसा प्रतीत होता है कि इस भयावह रात में वन्य जीव भी हमारे सहयोगी हैं। इस बात को सदैव ध्यान रखना चाहिये कि अपने शिविर जीवन में कोई बाधा नहीं आने पाए। वन शिविर ऐसे स्थान पर स्थापित किया जाना चाहिये, जो चारों ओर से सुरक्षित हो, ठंडी हवाओं को रोकता हो एवं बरसात के पानी से सुरक्षित रखता हो।

ईको पर्यटन सम्बन्धी क्षेत्र अध्ययन
(Field Study of Eco-Tourism)

अध्ययन क्षेत्र

प्रस्तुत अध्ययन उत्तराखण्ड राज्य के कुमायूँ मण्डल में स्थित जनपद नैनीताल के रामनगर परिक्षेत्र में सम्पन्न किया गया है।

उत्तराखण्ड वन नीति 2001 में ईको पर्यटन को स्वरोजगार और निर्धनता उन्मूलन के लिये एक प्रमुख रणनीति के रूप में चिह्नित किया गया है। इसी प्रकार उत्तराखण्ड पर्यटन नीति 2001 के एक्शन प्लान में ईको पर्यटन के विकास को एक महत्वपूर्ण गतिविधि माना गया है। इस राज्य का अधिकतम भाग वनों से ढंका है। यहाँ की जैव विविधता तथा वनों की सुन्दरता, पहाड़, नगर, नदियाँ, वन्य जीव, राष्ट्रीय उद्यान एवं अभयारण्य, यहाँ की लोक संस्कृति एवं त्यौहार आदि उत्तराखण्ड में ईको पर्यटन के विकास को प्रोत्साहन देने में समर्थ हैं। रामनगर क्षेत्र में स्थित विश्व प्रसिद्ध कार्बेट टाइगर रिजर्व को भारतीय उपमहाद्वीप का प्रथम राष्ट्रीय उद्यान होने का गौरव प्राप्त है। यहाँ पर प्रतिवर्ष हजारों की संख्या में राष्ट्रीय-अन्तर्राष्ट्रीय पर्यटक वन्य-जन्तुओं को देखने आते हैं। किन्तु सौभाग्य से गिने चुने पर्यटकों को ही शेर के दर्शन हो पाते हैं, जो कि इस उद्यान का प्रमुख आकर्षण है। यही कारण है कि वन्य जीव पर्यटन के क्षेत्र में अब पक्षियों एवं पेड़-पौधों ने पर्यटकों का ध्यान आकर्षित करना प्रारम्भ कर दिया है। परन्तु यह अभिलाषा राष्ट्रीय उद्यानों में विचरण करते हुए पूर्ण कर पाना सम्भव नहीं है, क्योंकि इन उद्यानों में स्वतंत्र रूप से विचरण करना प्रतिबन्धित होता है। पर्यावरण संरक्षण के दृष्टिकोण से यह प्रतिबन्ध आवश्यक भी है। इस बात को दृष्टिगत रखते हुए तथा यहाँ पर पर्यटकों के आगमन को निरन्तर बनाये रखने के लिये यह आवश्यक हो जाता है कि कार्बेट टाइगर रिजर्व से लगे हुए क्षेत्रों में ईको पर्यटन का विकास किया जाये। ऐसे में हमारी दृष्टि इस उद्यान से लगे प्रभाग- रामनगर पर आकर रुक जाती है। कभी कार्बेट उद्यान का कुछ भाग इस प्रभाग का अंग हुआ करता था। इस प्रभाग से अनेक प्रसिद्ध व्यक्तियों का सम्बन्ध रहा है, इनमें जिम कार्बेट व एफ०डब्ल्यू० चैपिन का नाम प्रमुख है। इन लोगों का वन संरक्षण में महत्वपूर्ण योगदान रहा है।

प्रभाग के अन्तर्गत आने वाले क्षेत्र वन सम्पदा एवं वन्य जीवों के मामले में तो समृद्ध हैं ही, इस क्षेत्र की सांस्कृतिक विरासत भी अद्वितीय है। घने वनों के मध्य स्थित 'सीताबनी' मन्दिर तथा माँ गर्जिया देवी मन्दिर प्रसिद्ध रमणीय स्थल हैं। इस क्षेत्र के पक्षी अपनी विविधता से पर्यटकों का ध्यान आकर्षित करते हैं। इस प्रभाग के अन्तर्गत 'जिम कार्बेट' से जुड़े स्थान पर्यटकों को अपनी ओर आकर्षित करने का प्रमुख कारण हैं। इनमें से पवलगढ़ क्षेत्र जिम कार्बेट द्वारा लिखी गयी पुस्तक की कहानी—'बैचलर ऑफ पवलगढ़' के माध्यम से प्रसिद्ध है। प्रभाग के अन्तर्गत स्थित 'वन विश्राम गृह' पूर्व में इस क्षेत्र के शूटिंग ब्लॉक होने के कारण वन प्रेमियों में भी प्रसिद्ध रहे हैं। प्रभाग द्वारा वर्ष 2000 में विकसित किया गया वाटर फॉल केवल तीन वर्ष की अवधि के दौरान ही, उत्तराखण्ड की एक आकर्षक पर्यटन धरोहर के रूप में स्थापित हो चुका है। अतः प्रभाग में विद्यमान प्राकृतिक एवं सांस्कृतिक साधनों का संतुलित उपयोग पर्यटकीय गतिविधियों को प्रोत्साहित करने के साथ-साथ, ग्रामीणों के लिये वैकल्पिक रोजगार का भी माध्यम बन सकता है तथा सही प्रबन्धन के द्वारा उपलब्ध संसाधनों का विकास किया जा सकता है।

रामनगर वन प्रभाग के चयन का औचित्य

1. रामनगर वन प्रभाग का प्रकृति संरक्षण एवं वन प्रबन्ध के क्षेत्र में समृद्ध इतिहास रहा है। अधिसूचना संख्या 159XIV-44 दिनांक 13-4-1911 के द्वारा इस प्रभाग का नाम 'रामनगर वन प्रभाग' रखा गया। वनों व वन्य जीव संरक्षण के लिये इस प्रभाग का इतिहास में विशिष्ट एवं महत्वपूर्ण स्थान है।

2. सन् 1936 में भारत के प्रथम राष्ट्रीय उद्यान की स्थापना भी इसी परिक्षेत्र में हुई। प्रभाग के अन्तर्गत पड़ने वाला वन क्षेत्र वन्य जीवों के सम्बन्ध में विविधतापूर्ण तो है ही, इस क्षेत्र की सांस्कृतिक विरासत भी अद्वितीय है।
3. सीताबनी 'ईको टूरिज्म प्रोजेक्ट' के माध्यम से कार्बेट टाइगर रिजर्व, जहाँ प्रतिवर्ष 72 हजार पर्यटक आते हैं, में पर्यटकों का बढ़ता हुआ दबाव कम करने के लिये विकल्प के रूप में रामनगर वन प्रभाग में ईको पर्यटन इस प्रकार विकसित किया जायेगा कि यह प्रभाग उत्तराखण्ड व अन्य हिमालयी प्रदेशों के लिये मॉडल के रूप में उभरे। परियोजना द्वारा पर्यटकों के लिये संतुलित रूप से गतिविधियाँ इस प्रकार आयोजित की जायेंगी कि प्राकृतिक एवं सांस्कृतिक संसाधनों के संरक्षण को प्रोत्साहन मिले। साथ ही ग्रामीणों के लिये आजीविका का प्रबन्ध हो सके।
4. रामनगर वन प्रभाग द्वारा वर्ष 2000 में स्थापित वाटर फॉल स्थापना के मात्र 8वें वर्ष के दौरान ही उत्तराखण्ड के प्रमुख एवं आकर्षक पर्यटन स्थल के रूप में सामने आया है। इसको विकसित करने में लगभग 13 लाख रुपये की धनराशि व्यय हुई थी। अब तक इस स्थल द्वारा लगभग 25 लाख रुपया राजस्व के रूप में प्राप्त हो चुका है।
5. जिम कार्बेट के जीवन का अधिकांश समय इस प्रभाग के अन्तर्गत पड़ने वाले क्षेत्रों में व्यतीत हुआ है। कालाढूंगी में इनका पैतृक घर भी स्थित है, जिस पर सरकार द्वारा संग्रहालय बनाया गया है। उनकी रियासत का गाँव छोटी हल्द्वानी भी यहीं स्थित है।
6. प्रभाग में सम्मिलित क्षेत्र घने वनों से ढंका है। यहाँ विविध प्रकार के वन्य पशु व पक्षी पाये जाते हैं। भूमि की बनावट अधिकतर स्थानों पर ऊँची-नीची है तथा यहाँ पहाड़ियाँ और घाटियाँ विद्यमान हैं। रामनगर कोसी नदी के किनारे पर अवस्थित है और यहाँ पर अनेक प्रकार की वनस्पतियाँ भी पायी जाती हैं।
7. रामनगर प्रभाग में धार्मिक एवं मनोरंजक, दोनों ही श्रेणियों के पर्यटन स्थल विद्यमान हैं, जैसे—सीताबनी, गर्जिया माता मन्दिर, शीतला देवी, कार्बेट फॉल एवं कार्बेट संग्रहालय।
8. प्रभाग की सीमा पर, चूनाखान वन विश्राम भवन में 'ईको पर्यटन केन्द्र' की स्थापना की गई है।
9. प्रभाग की सीमा से सटे तराई पश्चिमी वन प्रभाग के अन्तर्गत क्यारी गाँव में समुदाय पर आधारित पर्यटन का मॉडल स्थापित है।

प्राप्त सूचनायें

(A) **प्रभाग में ईको पर्यटन की स्थापना के उद्देश्य**—अनेक उद्देश्यों को दृष्टिगत रखते हुए रामनगर प्रभाग में ईको पर्यटन परियोजना प्रारम्भ की गई है—

(i) स्थानीय ग्रामवासियों को अतिरिक्त व वैकल्पिक आजीविका के अवसर प्रदान करना।

(ii) प्राकृतिक व सांस्कृतिक धरोहरों और संसाधनों को संरक्षित करना।

(iii) पर्यटकों को इस क्षेत्र की प्राकृतिक एवं सांस्कृतिक सुन्दरता से अवगत कराना।

(iv) कार्बेट टाइगर रिजर्व पर पर्यटकों के दबाव को कम करना।

(v) अन्य ईको पर्यटन केन्द्रों के नियोजन के लिये मॉडल प्रस्तुत करना।

(B) **प्रभाग में ईको पर्यटन विकास के मुद्दे—**

(i) विगत कुछ वर्षों में इस प्रभाग के अन्तर्गत, पर्यटकीय गतिविधियों में तीव्र वृद्धि हुई है। इन पर कोई नियंत्रण नहीं है। अतः इन गतिविधियों को नियंत्रित कर सुव्यवस्थित ढंग से प्रोत्साहन देने पर पर्यटन के विकास की संभावना के साथ-साथ अतिरिक्त आय अर्जन की भी संभावना बन जाती है।

(ii) पर्यटन विकास होने पर प्रदेश के राजस्व में वृद्धि की अपार सम्भावनायें हैं।

(iii) पर्यटक गतिविधियों के सम्बन्ध में स्पष्ट व सही सूचना का रख-रखाव होना चाहिये, ताकि इसको और अधिक विकसित किया जा सके।

(iv) इस क्षेत्र में ईको पर्यटन का विकास होने से, इसके समानान्तर प्रकृति, पर्यावरण एवं वन्य जीवों के संरक्षण को भी बल मिलेगा।

(C) **ईको पर्यटन परियोजना के लाभार्थी**—इस परियोजना के प्रमुख लाभार्थी सीताबनी मार्ग पर स्थित टेड़ा ग्राम, क्यारी और पवलगढ़ गाँव के निवासी, रामनगर वन प्रभाग, ईको टूरिज्म सेन्टर व स्वयं पर्यटक होंगे—

(i) टेड़ा, क्यारी व पवलगढ़ के ग्रामवासी—स्वरोजगार, अतिरिक्त व वैकल्पिक आजीविका, कौशल का विकास एवं पर्यटन से जुड़े मुद्दों के प्रति जागृति।

(ii) रामनगर वन प्रभाग—पर्यटक व्यवहार में परिवर्तन एवं पर्यटकीय गतिविधियों पर प्रभावी नियन्त्रण, राजस्व में वृद्धि, पर्यावरण संरक्षण हेतु निजी प्रयासों को प्रोत्साहन।

(iii) पर्यटक—निर्वचन (पर्यटकों के पर्यटकीय उद्देश्य सुनिश्चित करना), प्रकृति एवं संस्कृति का वास्तविक एवं निकटतम अनुभव कराना।

(D) **परियोजना के अन्तर्गत प्रस्तावित गतिविधियाँ**—टेड़ा, क्यारी व पवलगढ़ गाँव में समुदाय पर आधारित इस ईको पर्यटन परियोजना के अन्तर्गत निम्नलिखित गतिविधियों का क्रियान्वयन प्रस्तावित है—

(i) इन ग्रामों से चयन किये गये ग्रामवासियों को ईको टूरिज्म सेंटर द्वारा स्थापित सुविधाजनक स्थानों पर प्रशिक्षण दिया जायेगा। प्रशिक्षण का विषय ईको पर्यटन, सी०बी०टी० प्लानिंग, नेचर गाइड, बिजनेस प्लानिंग एवं साहसिक गतिविधियाँ आदि रहेगा। यह प्रशिक्षण विभिन्न चरणों में दिया जायेगा। विषयों का चयन प्राथमिकता के आधार पर होगा। प्रशिक्षणों को ग्राम-वासियों की दक्षता के विकास के साथ-साथ ईको पर्यटन के विकास में भी महत्वपूर्ण योगदान देने में सक्षम माना गया है।

(ii) इन गाँवों के लिये स्टाफ का चयन, चयनित ग्रामवासियों के प्रशिक्षण उपरान्त किया जायेगा। सौभाग्य से इस वन प्रभाग की सीमा से लगे तराई-पश्चिमी वन प्रभाग, रामनगर के अन्तर्गत आने वाले ग्राम क्यारी, जिसे इस परियोजना हेतु चयनित किया गया है, में पूर्व से ही ईको पर्यटन संचालित हो रहा है। यहाँ समुदाय पर आधारित पर्यटन विगत 6-7 वर्षों से सफलतापूर्वक चल रहा है व ग्रामवासी इसका लाभ उठा रहे हैं। इसको स्थापित करने में आपा (APPA) विधि का उपयोग किया गया है। वर्तमान समय में अधिकतर ग्रामीण योजनायें सहभागी सिद्धान्तों के आधार पर बनायी जा रही हैं, जिनका निर्माण अलग-अलग विधियों द्वारा किया जा रहा है। आपा भी उनमें से एक है। आपा का विस्तार निम्नवत है—

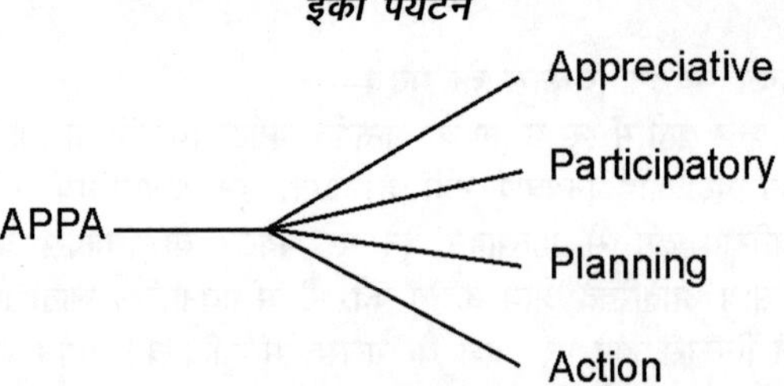

आपा विधि में इसके 4-डी का उपयोग किया जाता है तथा नियोजन क्रमिक अवस्थाओं से गुजरकर पूर्ण होता है। इसे फ्लो चार्ट द्वारा निम्न रूप में दर्शाया जा सकता है—

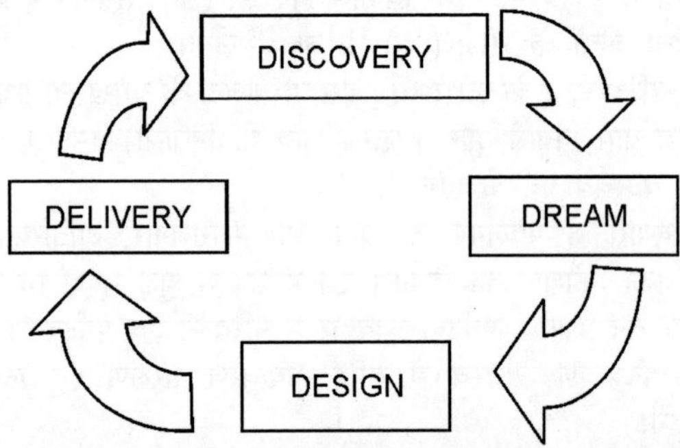

इस विधि में क्षेत्र की शक्तियों, विशेषताओं और सफलताओं को केन्द्र बिन्दु माना गया है। ये केन्द्र बिन्दु ऐतिहासिक, धार्मिक, पौराणिक एवं प्राकृतिक, किसी भी विशेषता को लिये हो सकते हैं। सी०टी०बी० प्लानिंग में इनके विदोहन की प्रक्रिया ऐसी रहती है कि ये संरक्षित भी रहें और लम्बे समय तक आजीविका का साधन भी बन सकें। इसको निम्न प्रकार एक चक्र के रूप में दर्शाया जा सकता है—

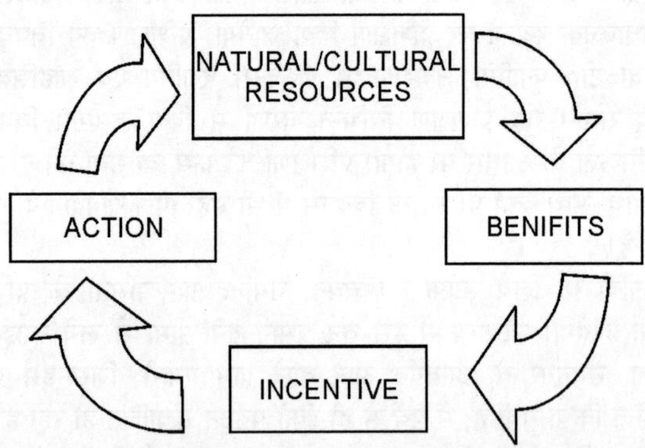

(E) सी०बी०टी० प्लान का **ग्रामीणों द्वारा क्रियान्वयन**—प्लान निर्माण के उपरान्त ग्रामीणों द्वारा वन विभाग की सहायता से कार्यों को निर्धारित समय पर पूर्ण किया जायेगा। इस हेतु ग्रामों के चयनित सदस्यों को आगे रखते हुए सभी गतिविधियों को ग्रामीणों द्वारा क्रियान्वित किया जायेगा।

(F) **विपणन**—इस क्षेत्र में पर्यटकों के अधिकाधिक आगमन को सुनिश्चित करने के लिये विभिन्न प्रकार के पैकेजों का प्रचार-प्रसार किया जायेगा। इस हेतु ब्रोसर पोस्टर का प्रयोग किया जायेगा। जिन्हें कार्बेट टाइगर रिजर्व के रामनगर स्थित पर्यटक स्वागत कक्ष, पर्यटक आवास गृह रामनगर व कालाढूंगी, धनगढ़ी और बिजरानी स्थित इन्टरप्रिटेशन केन्द्रों एवं स्वागत कक्षों में प्रदर्शित किया जायेगा।

(G) **पर्यटक गतिविधियों व उनके प्रभावों का सहभागी अनुश्रवण**—विभागीय अधिकारियों/कर्मचारियों द्वारा ग्रामीणों के साथ, पर्यटक गतिविधियों के सम्बन्ध में प्रत्येक त्रिमास के अन्त में एक बैठक आयोजित करके उसमें विचार-विमर्श किया जायेगा, ताकि इससे प्राप्त निष्कर्षों का लाभ भविष्य में 'ईको टूरिज्म प्रोजेक्ट' में उठाया जा सके।

(H) **प्रभाग में पर्यटक गतिविधियों सम्बन्धी आंकड़ों का संकलन**—प्रभाग के अन्तर्गत केवल कार्बेट फाल में आने वाले पर्यटकों के आँकड़ों का संकलन किया जा रहा है। अन्य स्थानों पर भी विगत कुछ वर्षों से पर्यटक गतिविधियाँ जारी हैं। इन स्थानों पर भी आंकड़ों का संकलन किया जायेगा, ताकि इनसे भविष्य में ईको पर्यटन को और अधिक विकसित करने में सहायता मिल सके।

(I) **पर्यटकीय गतिविधियों के नियंत्रण एवं संचालन के लिये नियमों का निर्धारण**—पर्यटकों द्वारा किसी स्थान पर कैम्पिंग, वन्य जीव सफारी, तीर्थ यात्रा, मत्स्य क्रीड़ा (एंगलिंग), ट्रैकिंग, बर्ड वाचिंग एवं साहसिक गतिविधियों के क्रियान्वयन को प्रभाग द्वारा नियंत्रित किया जायेगा। इस हेतु पर्यटकों की सुविधा एवं सुरक्षा हेतु प्रभाग द्वारा नियमों का निर्धारण किया जायेगा।

(J) **फीस की व्यवस्था**—आरक्षित वन क्षेत्र में पर्यटकों के प्रवेश पर नियंत्रण एवं फीस की व्यवस्था की जायेगी।

(K) **अधिकारियों/कर्मचारियों के प्रशिक्षण कार्यक्रम**—समय-समय पर प्रभाग में कार्यरत अधिकारियों/कर्मचारियों को ईको पर्यटन के प्रबन्ध एवं नियोजन, निर्वचन एवं सी०बी०टी० नियोजन आदि विषयों पर प्रशिक्षण हेतु प्रशिक्षण संस्थाओं में भेजा जायेगा, ताकि उसका लाभ इस परियोजना को सफलतापूर्वक चलाने में मिल सके।

(L) **रामनगर वन प्रभाग में सफल ईको पर्यटन हेतु जोनों का विकास**—इस वन प्रभाग में ईको पर्यटन के सफल विकास हेतु पर्यटन जोन का निर्माण किया जायेगा। रामनगर वन प्रभाग ईको टूरिज्म परियोजना को तीन पर्यटन जोनों में विभक्त किया जायेगा—

1. कालाढूंगी ईको पर्यटन जोन

- **नाम : कालाढूंगी कार्बेट जोन**
- क्षेत्र : घटगढ़-कालाढूंगी-चूनाखान
- स्थल/गतिविधियाँ : कार्बेट संग्रहालय, नया गाँव जल-प्रपात (इन्टर प्रिटेशन सेन्टर), बह्म बूबू मन्दिर, छोटी हल्द्वानी, ईको टूरिज्म सेन्टर, चूनाखान, घटगढ़ एवं कालाढूंगी के वन विश्राम भवन, पोनीराइड, कैम्प कार्बेट बर्ड वाचिंग, ट्रैकिंग

2. सीताबनी ईको पर्यटन जोन

- **नाम : सीताबनी जोन**
- क्षेत्र : बेलगढ़, कोसी बैराज, पवलगढ़, सीताबनी

- स्थल/गतिविधियाँ : सीताबनी मन्दिर, वाल्मीकि आश्रम, मोटेश्वर महादेव मन्दिर, गूलर सिंह मन्दिर, कैम्प (क्यारी), ट्रैकिंग, वन्य जीव सफारी, बर्ड वाचिंग, साहसिक गतिविधियाँ, पवलगढ़ वन विश्राम गृह, सीताबनी वन विश्राम भवन, भलौन वन विश्राम भवन

3. कोसी ईको पर्यटन जोन

- **नाम : कोसी जोन**
- क्षेत्र : मोहान से रामनगर
- स्थल/गतिविधियाँ : गर्जिया, कोसी बैराज, रामनगर सिटी फॉरेस्ट, रामनगर कैम्प (टेड़ा), रिवर राफ्टिंग, वन विश्राम भवन, रामनगर, मोहान।

(M) अन्य वानिकी गतिविधियों के साथ सम्बन्ध—परियोजना से सम्बन्धित अन्य वानिकी गतिविधियों का क्षेत्रवार परिचय इस प्रकार है—

(i) क्यारी—जे०एफ०एफ० जलागम एवं वन विभाग द्वारा ग्राम में कराये जा रहे विकास कार्यों को पूर्ण करने हेतु ग्रामवासियों की सहभागिता सुनिश्चित की जायेगी।

(ii) पवलगढ़—वन विभाग एवं पर्यटन विभाग द्वारा इस ग्राम में कराये जा रहे विकास कार्यों को पूर्ण करने हेतु ग्रामवासियों की भागीदारी सुनिश्चित की जायेगी।

(iii) टेड़ा—इस ग्राम में भी वन विभाग और पर्यटन विभाग द्वारा कराये जा रहे विकास कार्यों को पूर्ण करने हेतु ग्रामवासियों की सहभागिता सुनिश्चित की जायेगी।

(N) परियोजना अवधि: वर्ष 2003-04 से वर्ष 2006 तक।

(O) व्यय का सारांश:

क्र०सं०	*वित्तीय वर्ष*	*व्यय धनराशि (लाख रुपये में)*
1.	2003-04	65.95
2.	2004-05	40.09
3.	2005-06	30.60
योग		137.65

खण्ड-ब

भारत में पर्यटन

(Tourism in India)

8

भारत : एक परिचय

(India : An Introduction)

भारतीय समाज एवं संस्कृति सम्पूर्ण विश्व के लिये जिज्ञासा का विषय रहे हैं। विदेशी लेखकों के द्वारा भारतीय संस्कृति के इतिहास को इतना तोड़-मरोड़ कर प्रस्तुत किया जाता रहा कि इससे सम्बन्धित लोगों के मानस पटल पर विभिन्न प्रकार के भ्रम अंकित हो गये। इन लेखकों का प्रयत्न यह रहा कि किसी न किसी प्रकार मैसोपोटामिया तथा मिस्र की नील घाटी की संस्कृति और सभ्यता को विश्व की सबसे प्राचीन संस्कृतियों के रूप में प्रमाणित कर दिया जाये। हाल ही में द्वारिकापुरी में समुद्र में डूबी एक विकसित नगरी की खोज होने से यह स्पष्ट हो गया कि भारत में नगरीय संस्कृति का इतिहास, ईसा से लगभग पाँच हजार वर्ष पुराना है। अक्टूबर, 2002 में अमेरिका की नासा संस्था द्वारा अंतरिक्ष से पृथ्वी के जो चित्र लिये गये, उसमें रामेश्वरम तथा श्रीलंका के मध्य समुद्र में पत्थरों से बना लगभग 30 किमी लम्बा एक क्षत-विक्षत सेतु देखकर सभी लोग अचम्भित रह गये। भारत सरकार द्वारा इस पुल को एडम्स ब्रिज नाम दिया गया है। हिन्दू धर्मग्रन्थों में इस सेतु को राम सेतु के नाम से उल्लेखित किया गया है, जिसका निर्माण भगवान राम द्वारा वानर सेना के सहयोग से किया गया था। इससे स्पष्ट होता है कि भारतीय संस्कृति विश्व की प्राचीनतम तथा प्रामाणिक संस्कृति है।

'भारत' को समझते समय यह जान लेना भी आवश्यक है कि इस देश का नाम भारत कैसे पड़ा? पौराणिक गाथाओं के अनुसार पौरव वंश के प्रसिद्ध राजा दुष्यन्त के अत्यन्त प्रतापी पुत्र का नाम भरत था, जिसने समीपवर्ती अनेक राज्यों को जीतकर इस देश की सीमाओं का व्यापक विस्तार किया। सम्राट भरत के नाम के कारण इस देश का नाम भारत पड़ा माना जाता है। विष्णु पुराण में भी उल्लेख है कि 'समुद्र के उत्तर तथा हिमालय के दक्षिण में जो देश स्थित है, उसका नाम भारतवर्ष है, क्योंकि यहाँ भारतीय-संतति निवास करती है। लम्बे समय तक भारत को 'हिन्दुस्तान' के नाम से भी सम्बोधित किया जाता रहा। ऐसा प्रतीत होता है कि प्राचीन भारत के क्षेत्र में सिन्धु जैसी महत्वपूर्ण नदी होने के कारण फारस के निवासी इस क्षेत्र को हिन्दुस्तान के नाम से सम्बोधित करने लगे। फारसी में 'स' का उच्चारण 'ह' के रूप में किया जाता है और इसी के आधार पर सिन्धु प्रदेश को हिन्दू प्रदेश या हिन्दुस्तान कहा जाने लगा। प्राचीन ग्रीक निवासी सिन्धु नदी को 'इन्डस' तथा सिन्धु घाटी को 'इन्डस वैली' कहते थे।

इसके फलस्वरूप सिन्धु नदी से लगे हुए सम्पूर्ण क्षेत्र को 'इन्डिया' शब्द से भी सम्बोधित किया जाने लगा। 'भारत भूमि' को और भी स्पष्ट रूप से समझने के लिये इसके सम्पूर्ण परिचय को निम्न बिन्दुओं में विभाजित किया जा सकता है—

1. भौगोलिक परिचय (Geographical Introduction)

भारत एशिया महाद्वीप का एक भाग होते हुए भी समुद्रों और पर्वतों से घिरा होने के कारण एक पृथक स्वतन्त्र और अखण्ड राष्ट्र है। इसके उत्तर में हिमालय पर्वत, दक्षिण में हिन्द महासागर, पूरब में बंगाल की खाड़ी तथा पश्चिम में अरब सागर तथा कच्छ का रेगिस्तान है। भारत भूमध्य रेखा के उत्तरी गोलार्द्ध में स्थित है। इसकी मुख्य भूमि उत्तर में 8°4′ से 37°6′ अक्षांशों तथा 68°7′ से 97°25′ पूर्वी देशान्तरों के मध्य फैली हुई है। उत्तर से दक्षिण तक भारतीय भूमि की लम्बाई 3,214 किमी और पूरब से पश्चिम तक लम्बाई 2,933 किमी है। इस प्रकार भारत का कुल क्षेत्रफल 32,87,263 वर्ग किमी है। क्षेत्रफल के दृष्टिकोण से भारत विश्व का सातवाँ सबसे बड़ा देश है। भारत की भौगोलिक रचना के अनुसार इसकी भौगोलिक स्थिति को पाँच मुख्य भागों में बाँटा जा सकता है—

(अ) **विस्तृत पर्वतीय क्षेत्र**—यह क्षेत्र उत्तर का पर्वतीय क्षेत्र कहलाता है। उत्तर में कश्मीर से नेफा तक 1,600 मील लम्बी एवं 150-200 मील चौड़ी हिमालय पर्वत मालाएं फैली हुई हैं। इसमें अनेक दर्रे, ऊँची चोटियां एवं घाटियां हैं। बद्रीनाथ, केदारनाथ, अमरनाथ, गंगोत्री, यमनोत्री, वैष्णो देवी, ज्वालादेवी, काँगड़ा देवी, नन्दादेवी, हेमकुण्ट साहिब, हरिद्वार आदि यहाँ के प्रसिद्ध तीर्थ स्थल हैं। यह क्षेत्र भगवान शिव की तपोभूमि भी माना जाता है। मान्यता यह भी है कि इसी क्षेत्र से पाँडवों ने स्वर्गारोहण किया। यहाँ पर प्राकृतिक एवं नैसर्गिक सौन्दर्य से परिपूर्ण कश्मीर घाटी, शिमला, कुल्लू मनाली, दार्जिलिंग, नैनीताल, मसूरी, रानीखेत, फूलो की घाटी आदि नयनाभिराम पर्यटन क्षेत्र स्थित हैं। गंगा, यमुना, सरयू, ब्रह्मपुत्र और सिन्धु नामक नदियों का उद्‌गम क्षेत्र होने के साथ ही यह मिलम, पिंडारी तथा गंगोत्री जैसे सैकड़ों हिमनदों की जन्मभूमि भी है।

यहाँ अनेक प्रकार की प्राकृतिक सम्पदा यथा खनिज, लकड़ी, जड़ी-बूटियां एवं फल तथा खाद्यान्नों का उत्पादन होता है। इस क्षेत्र में हिन्दू, मुस्लिम, सिख, ईसाई, बौद्ध, जैन आदि धर्मों के अनुयायियों के साथ-साथ नागा, खासी, गारो, अबोट, मिकिर, भोटिया, थारू, बुक्सा, गोंड आदि अनेक जनजातियां निवास करती हैं। हिमालय की दीवार के साथ-साथ उत्तर-पश्चिम में कतिपय दर्रे हैं, जिनके द्वारा पूर्व से ही भारत का विदेशों से सम्पर्क एवं व्यापार होता रहा है। तिब्बत स्थित प्रसिद्ध मानसरोवर यात्रा का मार्ग भी यही क्षेत्र है।

(ब) **उत्तरी भारत का विस्तृत मैदानी क्षेत्र**—उत्तरी भारत का विशाल समतल और सर्वाधिक उपजाऊ मैदान लगभग 2,400 किमी लम्बा और 240-320 किमी चौड़ा है। यह मैदान तीन नदियों सिन्धु, गंगा और ब्रह्मपुत्र के अवसादों से बना है। इस क्षेत्र की उर्वरता और सम्पन्नता के कारण ही यहाँ विशाल वैभवशाली नगरों की स्थापना हुई है, व्यापार-वाणिज्य के केन्द्रों का विकास हुआ है। यह मैदान प्राचीन काल में आर्यावर्त के नाम से प्रसिद्ध था, जो भारतीय सभ्यता और संस्कृति का उद्‌गम स्थल है। यही मैदान जैन और बौद्ध जैसे महान धार्मिक आन्दोलनों का केन्द्र रहा है। उत्तरी भारत के समस्त सामाजिक, सांस्कृतिक और आर्थिक विकास का इतिहास यथार्थ में इसी मैदान का इतिहास है। देश के सर्वोच्च कृषि प्रधान

क्षेत्र में लगभग 40 प्रतिशत जनसंख्या निवास करती है। कुल मिलाकर यह क्षेत्र भारत की सभ्यता एवं संस्कृति का उद्गम स्थल रहा है।

(स) **दक्षिण का पठार**—दक्षिणी प्रायद्वीप का पठार 460 से 1,220 मीटर ऊँचाई के पर्वतीय खण्ड और पर्वत शृंखलाओं के कारण सिन्धु और गंगा के मैदानों से पृथक हो जाता है। इनमें प्रमुख हैं—अरावली, विन्ध्य, सतपुड़ा, मैकल और अजन्ता। प्रायद्वीप के एक ओर पूर्वी घाट है जहाँ औसत ऊँचाई 610 मीटर के लगभग है तथा दूसरी ओर पश्चिमी घाट है जहाँ यह ऊँचाई साधारणतया 915 से 1,220 मीटर है, जो कहीं-कहीं 2,440 मीटर से भी अधिक है। बनावट की दृष्टि से यह भारत का सबसे प्राचीन भाग है, जो सम्भवत: किसी समय के प्राचीन 'गोंडवाना लैण्ड' का अवशेष है। विन्ध्याचल और सतपुड़ा पर्वत शृंखलाओं ने भारत की आदिवासी सभ्यता एवं संस्कृति को आज भी सुरक्षित रखा हुआ है और इन दोनों पर्वतों के क्षेत्रों में भारत की भील, गोंड, सन्थाल, बारेला आदि जनजातियां निवास करती हैं। भारत के मूल निवासी द्रविड़ों का मुख्य निवास यही क्षेत्र है। अत: यहाँ पर प्रसिद्ध द्रविड़ संस्कृति पायी जाती है। प्राचीन समय में यहाँ पल्लव, चोल, चालुक्य आदि साम्राज्य स्थापित हुए। यह क्षेत्र मराठों की कर्मभूमि रहा है।

(द) **मरुस्थल क्षेत्र**—भारत के मरुस्थलीय क्षेत्र को दो भागों में बांटा जा सकता है—विशाल मरुस्थल और लघु मरुस्थल। विशाल मरुस्थल कच्छ के रन के पास से उत्तर की ओर लूणी नदी तक फैला हुआ है। राजस्थान-सिन्ध की पूरी सीमा रेखा इसी मरुस्थल में समाहित है। लघु मरुस्थल जैसलमेर और जोधपुर के बीच में लूणी नदी से प्रारम्भ होकर उत्तर की ओर फैला हुआ है। इन दोनों मरुस्थलों के मध्य पठारी इलाका है। राजस्थान के मरुस्थल ने मालवा और राजस्थान की रक्षा ही नहीं की, अपितु इसी के कारण राजस्थान की संस्कृति सुरक्षित भी रही है। मुख्यत: इस मरुस्थल के कारण ही राजस्थान के निवासियों की सामाजिक एवं धार्मिक संस्थाएं, रीति-रिवाज, खान-पान, वेश-भूषा, रहन-सहन, बोल-चाल आदि स्वयं में विलक्षण हैं। साथ ही यहाँ की जलवायु में अत्यधिक विषमता पायी जाती है।

(ध) **समुद्रतटीय मैदान**—दक्षिणी पठारी प्रदेश के पूरब और पश्चिम में समुद्रतटीय मैदान स्थित हैं। पश्चिम के समुद्रतटीय भारत को कोंकण तथा मालाबार कहा जाता है। यह भाग पूर्वी तट की अपेक्षा कम चौड़ा है। इसकी औसत चौड़ाई 65 किमी है। पूर्वी मैदानी भाग को तमिलनाडु तथा आन्ध्र-उड़ीसा तट भी कहते हैं। पूर्वी व पश्चिमी समुद्रतटीय प्रदेशों में भारत के प्रसिद्ध बन्दरगाह जैसे—मुम्बई, सूरत, सोपारा, कालीकट, कोचीन, गोवा, चेन्नई, विशाखापट्नम आदि स्थित हैं। दक्षिणी-पठारी भाग का ढाल पूर्व की ओर होने से दक्षिण की सभी नदियां पूर्वी समुद्री तट से होकर समुद्र में गिरती हैं। अत: अनेक स्थानों पर यह भाग नदियों द्वारा खण्डित कर दिया गया है। समुद्रतटीय बन्दरगाहों ने प्राचीनकाल से ही भारत का व्यापारिक तथा सामाजिक-सांस्कृतिक सम्पर्क विभिन्न देशों यथा—बर्मा, हिन्द-चीन, सुमात्रा, अरब, ईरान, एवं फारस की खाड़ी के प्रदेशों से बनाये रखा है। हिन्दू धर्म का पवित्र धाम रामेश्वरम भी यहीं पर स्थित है।

2. जलवायुवीय परिचय (Climatical Introduction)

जैसा कि स्पष्ट है, भौगोलिक दृष्टिकोण से भारत को पाँच प्राकृतिक भागों में बाँटा जाता है—विस्तृत पर्वतीय क्षेत्र, उत्तर भारत का विस्तृत मैदानी क्षेत्र, दक्षिण का पठार, मरुस्थल प्रदेश

तथा समुद्रतटीय मैदान। इन विभिन्न क्षेत्रों में जलवायु सम्बन्धी पर्याप्त विषमता पायी जाती है। मैदानी क्षेत्रों में ऋतु परिवर्तन के साथ-साथ तापमान में भी काफी परिवर्तन आता है। समुद्र तटों पर वर्षभर मौसम लगभग एक सा बना रहता है। जहाँ पर्वतीय क्षेत्रों में वर्ष में अधिकांश समय सर्दी बनी रहती है, वहीं रेगिस्तानी और मैदानी क्षेत्रों में गर्मी पड़ती है। विशाल आकार, समुद्र तट से दूरी, उच्च स्थल, अक्षांशीय विस्तार तथा विविध उच्चावचनीय स्वरूपों एवं पर्वतों की दिशा आदि के कारण भारत की जलवायु विशिष्ट रूप धारण करती है। इन्हीं विविधताओं के कारण भारत में वर्षा के तीन रूप देखने को मिलते हैं—दक्षिण-पश्चिमी मानसून के कारण चक्रवाती वर्षा, पर्वतीय क्षेत्रों में स्थानीय हवाओं द्वारा पर्वतीय वर्षा तथा गर्मस्थलों में होने वाली संवाहनी वर्षा। जलवायुगत विविधता के परिणामस्वरूप भारत में वानस्पतिक भिन्नता भी पायी जाती है। यहाँ जलवायु के आधार पर कई वनस्पति खण्ड देखे जाते हैं। यथा—उष्ण कटिबन्धीय आर्द्र वनस्पति, शुष्क-उष्ण कटिबन्धीय वनस्पति, उपोष्ण कटिबन्धीय वनस्पति, शीतोष्ण कटिबन्धीय वनस्पति, उच्च पर्वतीय वनस्पति तथा डेल्टाई वनस्पति। इसी जलवायुगत विविधता के कारण यहाँ के रहन-सहन, खान-पान और वेश-भूषा में भी पर्याप्त अन्तर पाया जाता है।

3. जनसंख्यात्मक परिचय (Demographical Introduction)

भारत में प्रथम जनगणना सन् 1871 में की गयी थी तथा इससे पूर्व भारत की जनसंख्या के सम्बन्ध में केवल अनुमान ही लगाये जाते थे। अन्तिम अर्थात वर्ष 2001 की जनगणना के अनुसार भारत की कुल जनसंख्या 102.70 करोड़ थी। वर्तमान भारत की कुल अनुमानित जनसंख्या लगभग 112 करोड़ है। भारत के जनसंख्यात्मक परिचय को निम्न कुछ बिन्दुओं के आधार पर विश्लेषित किया जा सकता है—

(अ) **जनसंख्या**—भारतीय समाज में सन् 1921 के पश्चात से जनसंख्या में निरन्तर एवं तीव्र वृद्धि हो रही है। सन् 1921 से 1961 तक के चार दशकों में भारतीय जनसंख्या में 75 प्रतिशत की वृद्धि हुई। सन् 1921 में यहाँ की जनसंख्या 25.10 करोड़ थी, जबकि 1961 में यह बढ़कर 43.90 करोड़ हो गयी। सन् 1961 से 1971 के दशक में यह जनसंख्या 54.7 करोड़ तथा 1981 में 63.38 करोड़ हो गयी। सन् 1991 की जनगणना में भारतीय जनसंख्या 84.39 करोड़ हुई। सन् 2011 तक भारत की कुल जनसंख्या 124 करोड़ हो जाने की सम्भावना है। यह स्थिति निश्चित रूप से जनसंख्या विस्फोट की ओर इंगित करती है, जिसे नियन्त्रित करने के लिये भारत सरकार द्वारा राजनीति से ऊपर उठकर, एक स्पष्ट एवं समानतावादी जनसंख्या नीति निर्धारित एवं क्रियान्वित करने की आवश्यकता है।

(ब) **लिंग अनुपात**—भारत में लिंग अनुपात अर्थात स्त्री-पुरुष अनुपात, स्त्रियों की जनसंख्या में निरन्तर ह्रास को प्रदर्शित करता है, जो कि भारतीय समाज के लिये चिन्ता का विषय है। आँकड़ों से स्पष्ट होता है कि सन् 1901 में प्रति एक हजार पुरुषों के सापेक्ष 972 स्त्रियां, सन् 1911 में 964, सन् 1921 में 955, सन् 1931 में 950, सन् 1941 में 945, सन् 1951 में 946, सन् 1971 में 930, सन् 1981 में 934, सन् 1991 में 929 तथा सन् 2001 में 933 स्त्रियां हैं।

(स) **साक्षरता दर**—जनगणना की दृष्टि से उस व्यक्ति को साक्षर माना जाता है, जो स्वविवेक से किसी भाषा में लिख और पढ़ सकता हो। जो व्यक्ति पढ़ तो सकता है, किन्तु लिख नहीं सकता, वह साक्षर नहीं कहा जा सकता। भारत में सन् 1901 में 5.35 प्रतिशत

व्यक्ति, 1951 में 16.67 प्रतिशत व्यक्ति, 1981 में 36.17 प्रतिशत व्यक्ति, 1991 में 52.11 प्रतिशत व्यक्ति तथा 2001 की जनगणना के अनुसार कुल 65.38 प्रतिशत व्यक्ति साक्षर थे। साक्षरता के सम्बन्ध में स्त्रियों की संख्या में उल्लेखनीय प्रगति हुई है। सन् 1901 में 0.60 प्रतिशत, 1951 में 7.93 प्रतिशत, 1991 में 39.42 प्रतिशत तथा 2001 में 54.16 प्रतिशत महिलाएं साक्षर थीं। इस स्थिति को भारतीय समाज में महिलाओं की दशा में हो रहे निरन्तर सुधार के रूप में देखा जा सकता है।

4. भाषागत परिचय (Linguistic Introduction)

विश्वविख्यात भारतीय महिला समाजशास्त्री डॉ० इरावती कर्वे का मत है कि "यदि हम भारतीय संस्कृति को समझना चाहते हैं, तो हमें यहाँ के भाषायी क्षेत्रों का भी अध्ययन करना होगा।'' वास्तव में भारत एक बहुभाषायी राष्ट्र है। भारत के भाषायी सर्वेक्षण से स्पष्ट है कि भारत में 189 भाषाएं तथा 544 बोलियां (Dialects) बोली जाती हैं। कुछ विद्वानों का मत है कि भारत में 1,652 भाषाएं एवं बोलियां प्रचलन में हैं। भारतीय संविधान की आठवीं अनुसूची में 18 भाषाओं का उल्लेख किया गया है। ये हैं—असमिया, उड़िया, उर्दू, कन्नड़, कश्मीरी, गुजराती, तमिल, तेलुगू, पंजाबी, मराठी, मलयालम, संस्कृत, सिन्धी, कोंकणी, बंगला, नेपाली, मणिपुरी और हिन्दी। भारत के प्रत्येक भौगोलिक क्षेत्र या उपक्षेत्र की अपनी एक भाषा या बोली है। भारत के ग्रामीण क्षेत्रों में भाषा की विविधता के सम्बन्ध में एक कहावत प्रचलित है—"पाँच कोस में बदले पानी, दस कोस में बानी।"

अर्थात, प्रत्येक दस कोस (20 मील) के बाद भारत में भाषायी बदलाव आ जाता है। इरावती कर्वे के अनुसार, भारतीय समाज में तीन भाषायी परिवारों की भाषाएं बोली जाती हैं—

(क) **इण्डो-आर्यन भाषा परिवार**—इसके अन्तर्गत हिन्दी, उर्दू, बंगला, असमिया, उड़िया, सिन्धी, मराठी, गुजराती, राजस्थानी, बिहारी, कश्मीरी, पंजाबी, इत्यादि भाषाएं सम्मिलित हैं।

(ख) **द्रविड़ भाषायी परिवार**—इस भाषा परिवार के अन्तर्गत तेलुगू, कन्नड़, तमिल, मलयालम, कोडगू एवं गोंडी आदि भाषाएं बोली जाती हैं।

(ग) **ऑस्ट्रो-एशियायी भाषा परिवार**—इसके अन्तर्गत मुण्डारी, संथाली, खासी, हो, खड़िया, बिरहोर, भूमिज, कोरवा, कोरकू एवं जुआंग आदि भाषाएं प्रमुख हैं।

5. प्रजातीय परिचय (Racial Introduction)

सर हर्बर्ट रिजले ने भारत को प्रजातियों का अजायबघर कहा है। प्राचीनकाल से ही भारत में आक्रमणकारियों के रूप में विदेशियों का आवागमन रहा है, जिसने यहाँ प्रजातीय भिन्नता एवं मिश्रण को उत्पन्न किया। प्रजाति एक जैविक अवधारणा है। यह मानवों के उस समूह को प्रकट करती है, जिसमें शारीरिक एवं मानसिक लक्षण समान होते हैं तथा ये लक्षण उन्हें पैतृकता के आधार पर प्राप्त होते हैं। शरीर के रंग, खोपड़ी, नासिका व अन्य अंगों की बनावट के आधार पर विभिन्न प्रजातीय समूहों को देखकर ही पहचाना जा सकता है।

प्रजातीय दृष्टि से भारतीय समाज अनेक वर्गों में विभक्त है। रिजले के अनुसार भारतीय प्रायद्वीप में सात प्रमुख प्रजातियां निवास करती हैं, जिनमें शारीरिक दृष्टि से अन्तर पाया जाता है। ये प्रजातियां हैं—द्रविड़ियन, इण्डो-आर्यन, मंगोलाइड, इण्डो-द्रविड़ियन, मंगोल-द्रविड़ियन,

सीरियन एवं टर्की-ईरानियन। भारत में समय-समय पर अनेक प्रजातीय समूह जैसे सीरियन्स, ग्रीक, शक, हूण, कुषाण और यवन आदि आक्रमणकारियों के रूप में आये और धीरे-धीरे भारतीय समाज का अंग बन गये। यहाँ प्रजातीय मिश्रण भी काफी हुआ है। यहाँ की जनसंख्या में कॉकेशायड, मंगोलॉयड तथा निग्रोयड प्रजातीय समूहों के शारीरिक लक्षण पाये जाते हैं। यही कारण है कि यहाँ श्याम, श्वेत और पीत वर्ग के लोग पाये जाते हैं। यहाँ कुछ लोग कॉकेशायड प्रजाति के गोरे लोगों की भांति सुन्दर हैं, तो कुछ लोग नीग्रो जाति के तत्वों की प्रधानता के कारण काले तथा घुंघराले बाल वाले हैं। पर्वतीय प्रदेशों के निवासियों में मंगोलॉयड प्रजाति से सम्बन्धित शारीरिक विशेषताओं की प्रधानता पायी जाती है। पर्याप्त प्रजातीय भिन्नता के पश्चात भी, यह सत्य है कि यहाँ पर अमेरिका की भांति प्रजातीय संघर्ष नहीं पाया जाता है।

6. जनजातीय परिचय (Tribal Introduction)

भौगोलिक वितरण के अनुसार भारत के सम्पूर्ण जनजाति समूहों को तीन मुख्य क्षेत्रों में बाँटा जा सकता है—

(अ) **हिमालय क्षेत्र**—इस क्षेत्र में हिमाचल प्रदेश, उत्तराखण्ड, मणिपुर, त्रिपुरा, अरुणाचल प्रदेश, असम, मेघालय, सिक्किम, नागालैण्ड, मिजोरम तथा जम्मू-कश्मीर राज्य आते हैं। इस क्षेत्र में निवास करने वाली कुछ प्रमुख जनजातियां हैं—बाल्टी, गुज्जर, गद्दी, एवं बाकरवाल (जम्मू कश्मीर), गद्दी, गुज्जर, भोट, किन्नर (हिमाचल प्रदेश), थारू, बुक्सा, कोल, भोटिया, राजी, जौनसारी (उत्तराखण्ड), कुकी, कचारी, गारो, खासी (असम और मेघालय), पगा समूह (नागालैण्ड), रियाना (त्रिपुरा), थाडोउ, तान्गखुन, माओ (मणिपुर), मिजो (मिजोरम) तथा डाफला और आपातानी (अरुणाचल प्रदेश)। देश की सम्पूर्ण जनजातीय जनसंख्या का 12.80 प्रतिशत भाग हिमाचल क्षेत्र में निवास करता है।

(ब) **मध्य भारत**—इस क्षेत्र के अन्तर्गत पश्चिम बंगाल, उड़ीसा, मध्य प्रदेश, बिहार, उत्तर प्रदेश, राजस्थान, गुजरात, महाराष्ट्र, लक्षद्वीप, दमन, दादरा नागर हवेली, झारखण्ड, छत्तीसगढ़, पंजाब तथा हरियाणा राज्य को सम्मिलित किया गया है। इस क्षेत्र की मुख्य जनजातियां हैं—संथाल, मुण्डा, हो तथा उरांव (पश्चिम बंगाल और बिहार), भूमिज, लोधा तथा कोचा (पश्चिम बंगाल), खोण्ड, गोंड, सांवर, भुंइयां, जुआंग (उड़ीसा), गोंड, कमार, बैगा, कोरकू, हलबा (मध्य प्रदेश तथा छत्तीसगढ़), मीना और भील (राजस्थान), डन्ला, घोदिया, गामीत (गुजरात), कोली, महादेव, कोकना (महाराष्ट्र) आदि। इन सभी क्षेत्रों में भारत की लगभग 77 प्रतिशत जनजातियां निवास करती हैं।

(स) **दक्षिणी भारत**—इस क्षेत्र में आन्ध्र प्रदेश, कर्नाटक, तमिलनाडु, केरल, अंडमान व निकोबार द्वीप समूह और लक्षद्वीप राज्य व केन्द्र शासित प्रदेशों को सम्मिलित किया गया है। इन क्षेत्रों की प्रमुख जनजातियां हैं—कायो, अनादी, वेककूसू, कोण्डा, डोरा (आन्ध्र प्रदेश), इरूला, माला, कुशवान, टोडा, (तमिलनाडु), नैकावा, भारती, यराथ (कर्नाटक), पुलावन, पनीयान, कादर (केरल), अन्दमानी, निकोवारी, औंगे, जारवा (अन्डमान-निकोबार द्वीप समूह) तथा लक्षद्वीपवासी उल्लेखनीय हैं।

स्पष्ट है कि हरियाणा, पंजाब, दिल्ली, गोवा, चण्डीगढ़ और पांडिचेरी को छोड़कर सम्पूर्ण देश में जनजातियां निवास करती हैं। मेघालय, नागालैण्ड, मिजोरम और लक्षद्वीप ऐसे राज्य एवं केन्द्र शासित प्रदेश हैं, जहाँ इन क्षेत्रों की कुल जनसंख्या का 80.00 प्रतिशत से

अधिक भाग जनजातीय जनसंख्या के रूप में है। मध्यप्रदेश तथा छत्तीसगढ़ में सर्वाधिक जनजातीय जनसंख्या (लगभग डेढ़ करोड़) निवास करती है, जबकि जनसंख्यात्मक दृष्टिकोण से भारत की सबसे बड़ी जनजातियां भील, मीणा, गोंड तथा सन्थाल हैं।

7. जातीय परिचय (Caste Introduction)

आर्यों के पूर्व काल में भारतीय समाज में वर्ण व्यवस्था का प्रचलन था। भारत में आर्यों के आगमन के पश्चात वर्ण व्यवस्था (ब्राह्मण, क्षत्रिय, वैश्य तथा शूद्र) जाति व्यवस्था में परिवर्तित हो गयी। जाति व्यवस्था वर्तमान में जहाँ एक ओर हिन्दू सामाजिक संरचना के प्रकार को प्रकट करती है, वहीं दूसरी ओर, हिन्दुओं के आरक्षण को भी निश्चित करती है। ऐसा कहा जाता है कि 'जाति' भारत की वायु में है। जो भी यहाँ सांस लेता है, जाति के तत्व उसमें प्रवेश कर जाते हैं। सम्भवतः इसीलिये कोनिंग ने लिखा है कि, "जाति की प्रतिष्ठित भूमि भारत है।" भारत में जाति व्यवस्था के सम्बन्ध में मैकाईवर एंड पेज का मत है कि, "जाति व्यवसाय का सर्वाधिक महत्वपूर्ण उदाहरण हिन्दू समाज में देखा जा सकता है। प्रत्येक हिन्दू अपने पिता की जाति का सदस्य है, जिसमें उसे अन्त तक रहना पड़ता है। सम्पत्ति की उपलब्धि अथवा प्रतिभा का प्रयोग उसकी स्थिति को बदल नहीं सकता। अपनी जाति के बाहर विवाह निषिद्ध है अथवा उसे निरुत्साहित किया जाता है।"

जाति भारतीय सामाजिक संरचना की प्रमुख पहचान है। वर्तमान में, हिन्दुओं के अतिरिक्त मुसलमान, सिख और ईसाई लोगों में भी जाति व्यवस्था का प्रभाव आ गया है। प्रत्येक जाति के अपने खान-पान, विवाह और सामाजिक सहवास के नियम हैं। जातियों का सम्बन्ध एक निश्चित व्यवसाय से भी है तथा विभिन्न जातियों के मध्य ऊँच-नीच का एक संस्तरण पाया जाता है। इस आधार पर वे परस्पर छुआछूत का प्रयोग करती हैं। स्वतन्त्रता प्राप्ति के पश्चात सांस्कारिक रूप में जाति की पारम्परिक संरचना का ह्रास हुआ है, परन्तु जातिवाद के रूप में वह और भी प्रबल हुई है। विभिन्न जातियों के अखिल भारतीय संघ बने हैं, जो राजनैतिक प्रक्रिया के दबाव समूहों के रूप में भाग लेते हैं। भारत में कुछ जातियां ऐसी हैं, जो एक क्षेत्र विशेष तक ही सीमित हैं, जैसे—मराठा, महर (महाराष्ट्र), पाटीदार एवं कुन्बी (गुजरात), कामा एवं रेड्डी (आन्ध्र प्रदेश) तथा इजावाह (केरल)।

8. धार्मिक परिचय (Religious Introduction)

भारत विभिन्न धर्मों का देश है। यहाँ हिन्दू धर्म के विभिन्न स्वरूपों और सम्प्रदायों के अतिरिक्त बौद्ध, जैन, सिख, इस्लाम और ईसाई धर्मों के अनुयायी निवास करते हैं तथा साथ ही ये लोग अपनी धार्मिक विशेषताओं को कायम रखने का प्रयास करते हैं। इसी कारण भारतीय समाज धर्म की दृष्टि से अनेक वर्गों में विभक्त होता गया। सन् 1991 की जनगणना के अनुसार भारत में पाये जाने वाले विभिन्न धर्मों में सबसे बड़ा धर्म हिन्दू है, जो कुल भारतीय जनसंख्या के 82 प्रतिशत से भी अधिक हैं। इसके बाद इस्लाम धर्म का स्थान है। भारत में यद्यपि किसी एक धर्म को मानने वाले अनुयायी किसी एक राज्य में बहुलता से पाये जाते हैं, परन्तु फिर भी लगभग समस्त धर्मों के अनुयायी पूरे भारतवर्ष में फैले हुए हैं। भारतीय समाज एक धर्म प्रधान समाज है और धर्म ने भारतीय सामाजिक जीवन को अनेक प्रकार से प्रभावित किया है। धर्म भारत में सामाजिक संगठन में सहायक रहा है और साथ ही धार्मिक संकीर्णता, वैमनस्य और संघर्ष का

जनक भी रहा है। धर्म, व्यक्ति के व्यवहार को नियन्त्रित करने वाली शक्ति के रूप में आज भी बहुत महत्वपूर्ण है। धर्म से उत्पन्न भावनात्मक एकता के कारण सहयोग के क्षेत्रों का विकास होता है। भारत के सामाजिक विकास में सभी धर्मावलम्बियों ने अपना योगदान दिया है तथा धार्मिक समुदायों ने कतिपय विभिन्न धार्मिक, शैक्षणिक और समाज कल्याण संगठन बनाए हैं। एक ओर जहाँ धर्म की शक्ति बनी हुई है, वहीं दूसरी ओर धार्मिक रीति-रिवाजों, परम्पराओं, मूल्यों और मान्यताओं में गिरावट, शिथिलता और अविश्वास आदि की पर्याप्त वृद्धि हुई है तथा जन-साधारण उनकी पकड़ से मुक्ति पाने लगा है। ऐसा शिक्षा, विज्ञान, औद्योगीकरण, पश्चिमीकरण, नगरीकरण रूपी सामाजिक परिवर्तन की प्रक्रियाओं तथा अपसंस्कृतिकरण के फलस्वरूप हुआ है। भारत में बौद्ध धर्मावलम्बी सबसे अधिक महाराष्ट्र में, ईसाई धर्मावलम्बी सर्वाधिक केरल में, सर्वाधिक हिन्दू धर्मावलम्बी उत्तर प्रदेश में, सर्वाधिक जैन धर्मावलम्बी महाराष्ट्र में, सर्वाधिक इस्लाम धर्मावलम्बी उत्तर प्रदेश में तथा सर्वाधिक सिख धर्मावलम्बी पंजाब में निवास करते हैं।

9. सांस्कृतिक परिचय (Cultural Introduction)

प्रो० योगेन्द्र सिंह ने भारतीय सांस्कृतिक परम्पराओं को दो भागों में विभक्त किया है—वृहद् परम्परा और लघु परम्परा। वृहद् परम्परा राष्ट्रीय संस्कृति और लघु परम्परा क्षेत्रीय संस्कृति का प्रतिनिधित्व करती है। सांस्कृतिक दृष्टिकोण से भारत में प्रथाओं, परम्पराओं, वेश-भूषा, खान-पान, रहन-सहन तथा कला आदि के क्षेत्र में पर्याप्त भिन्नता पायी जाती है। प्रत्येक क्षेत्र के लोगों की अपनी विशिष्ट प्रथायें हैं और यहाँ तक कि एक ही क्षेत्र के विभिन्न धार्मिक समूहों की प्रथाओं में भी बहुत कुछ अन्तर है। जहाँ तक वेश-भूषा का प्रश्न है, यह कहा जा सकता है कि उत्तर और दक्षिण के लोगों की, ग्रामीण और नगरीय लोगों की, हिन्दू और मुस्लिमों की, परम्परावादी और आधुनिक लोगों की वेश-भूषा में पर्याप्त अन्तर पाया जाता है। खान-पान की दृष्टि से विचार करने पर भी हम देश के विभिन्न भागों में पर्याप्त भिन्नता पाते हैं। पंजाब में गेहूँ, राजस्थान में ज्वार, बाजरा और मक्का तथा बंगाल में चावल और मछली मुख्य भोजन है। पंजाब में सलवार-कुर्ता, राजस्थान में धोती-कुर्ता तथा दक्षिण में लुंगी और कुर्ता का अधिक प्रचलन है। इसी प्रकार स्त्रियों के पहनावे में भी भिन्नता पायी जाती है। भारत में कुछ जातियां एवं धार्मिक समूह शाकाहारी हैं तो कुछ मांसाहारी। आजकल तो एक ही जाति और धर्म के लोगों में खान-पान सम्बन्धी पर्याप्त अन्तर पाये जाते हैं।

विभिन्न क्षेत्रों में कला, संगीत और नृत्य की दृष्टि से भी भिन्नता पायी जाती है। यहाँ के मन्दिरों, मस्जिदों, चर्चों तथा स्तूपों आदि में कला की भिन्नता का सहज ही पता लगाया जा सकता है। यही बात संगीत और नृत्य के सम्बन्ध में भी कही जा सकती है। पंजाब में लोहड़ी एवं भंगड़ा, राजस्थान में घूमर, गुजरात में गरबा, दक्षिण भारत में भरतनाट्यम तथा उत्तराखण्ड में छोलिया नृत्यों की प्रधानता है। इसी प्रकार से विभिन्न राज्यों के त्यौहारों एवं उत्सवों में भी भिन्नता पायी जाती है। यह विविधता लघु परम्परा में पायी जाती है, वृहद् परम्परा में नहीं। लघु सांस्कृतिक परम्परा के अन्तर्गत स्थानीय देवी-देवताओं में भी भिन्नता पायी जाती है। देश के विभिन्न भागों में लोगों के विश्वासों, नैतिकता सम्बन्धी धारणाओं तथा वैवाहिक एवं अन्य निषेधों में पर्याप्त भिन्नता देखने को मिलती है। इतना ही नहीं, भौगोलिक क्षेत्र की विविधता के आधार पर भी लोगों की संस्कृति में परिवर्तन देखने को मिलते हैं। मैदानी क्षेत्रों के निवासी जहाँ

भौतिक संस्कृति के अनुयायी होते जा रहे हैं, वहीं पर्वतीय क्षेत्रों के निवासी अभी भी नैतिक जीवन व्यतीत करने में विश्वास करते हैं। भारत में विवाह की पद्धति में भी अन्तर पाया जाता है। यहाँ एक विवाह, बहुपति विवाह तथा बहु-पत्नी विवाह का प्रचलन है। पारिवारिक व्यवस्था की बात करें तो पितृसत्तात्मक और मातृसत्तात्मक, दोनों प्रकार की परिवार व्यवस्था यहाँ के समाजों में पायी जाती है। कुल मिलाकर सांस्कृतिक विविधता ही भारत के सांस्कृतिक परिचय का प्रतिनिधित्व करती है।

10. राजनैतिक परिचय (Political Introduction)

सैद्धान्तिक रूप में, राजनैतिक व्यवस्था की दृष्टि से भारत में बहुदलीय लोकतान्त्रिक प्रणाली को अपनाया गया है। केन्द्रीय एवं विभिन्न राज्यों की सरकारें इस नवीन राजनैतिक व्यवस्था की वाहक हैं तथा शृंखलाबद्ध इकाई के रूप में कार्य करती हैं। परन्तु भारत के राजनैतिक दलों की सत्ता में बने रहने की लालसा ने यहाँ जातिवादी, क्षेत्रवादी, एवं साम्प्रदायिक राजनीति को भी प्रोत्साहित किया है। इस संकुचित मनोवृत्ति के चलते न केवल अनेक बार राष्ट्रीय सुरक्षा पर आघात हो चुका है, अपितु जनकल्याण की भावना भी हाशिये पर चली गयी है। ऐसे में हमें भारतीय राजनीतिक दलों की शक्ति एवं उनकी कार्यप्रणाली को नियन्त्रित करने की आवश्यकता अनुभव होने लगी है, ताकि भारत का सैद्धान्तिक लोकतन्त्र व्यावहारिक रूप में भी लोकतन्त्र का परिचय प्रदान कर सके।

11. आर्थिक परिचय (Economic Introduction)

भारत मूलत: एक कृषि प्रधान देश है, जिसमें देश की कुल कार्यकारी जनसंख्या का लगभग 70 प्रतिशत भाग प्रत्यक्ष या अप्रत्यक्ष रूप में संलग्न है तथा देश से प्रतिवर्ष होने वाले कुल निर्यात का लगभग 30 प्रतिशत भाग कृषि क्षेत्र से ही होता है। परन्तु हमारी आर्थिक व्यवस्था का परिचय केवल कृषि ही नहीं है। वस्तुस्थिति यह है कि आज भारत का कृषक आत्महत्या करने को विवश हो रहा है तथा कृषि क्षेत्र निरन्तर पिछड़ता जा रहा है।

अंग्रेज शासकों ने भारत की अर्थव्यवस्था को परावलम्बी बनाकर रख दिया। भारत के लघु एवं कुटीर उद्योगों का विस्तार सिमटता गया। एक उपनिवेश का जिस प्रकार से शोषण हो सकता था, ठीक उसी प्रकार अंग्रेजों ने हमारे देश का शोषण किया। भारत के कच्चे माल से अपने देश के उद्योगों का विकास किया और भारत निर्धन होता गया। भारत की आर्थिक नीतियों का निर्धारण इंग्लैण्ड में होता था, जो देश के हितों के सर्वथा प्रतिकूल था। अंग्रेजी शासन के विरुद्ध बढ़ती जनचेतना तथा विश्वयुद्धों के प्रभाव के परिणामस्वरूप यह आवश्यकता अनुभव की गयी कि भारत के नियोजित आर्थिक विकास की रूपरेखा निश्चित की जाये। इसी अनुक्रम में राष्ट्रीय आयोजन समिति (1938), बम्बई योजना (1944), जनयोजना (1944), विश्वेश्वरैया योजना (1946) तथा गांधीवादी योजना (1944) का प्रारूप तैयार किया गया, परन्तु स्वतन्त्रता से पूर्व भारत की अर्थव्यवस्था का आधारभूत आर्थिक ढाँचा खड़ा नहीं हो सका था।

स्वतन्त्रता के पश्चात, भारत के समक्ष केवल आर्थिक विकास की ही चुनौती नहीं थी, वरन विभाजन सहित अनेक राजनीतिक, सामाजिक समस्याएं खड़ी हो गयी थीं। अर्थव्यवस्था को विश्व परिदृश्य में तेजी से हो रहे परिवर्तनों के अनुरूप चलाना एक चुनौती था। भारत के

तत्कालीन रणनीतिकारों ने इसके लिये मिश्रित अर्थव्यवस्था की आर्थिक प्रणाली को अपनाया तथा विकास कार्यों को पंचवर्षीय योजनाओं के आधार पर क्रियान्वित करने का संकल्प लिया। देश में जनतन्त्र और समाजवाद पर आधारित योजनाएं अपनायी गयीं।

24 जुलाई, 1991 को भारत ने आर्थिक नीति में व्यापक परिवर्तन किये। बदलते हुए परिवेश के अनुसार औद्योगिक नीति में भी परिवर्तन कर दिये गये। नियन्त्रण का क्षेत्र काफी सीमित कर दिया गया। निजी क्षेत्र को व्यवसाय की अधिक छूट दी जाने लगी। सार्वजनिक उपक्रमों को सीमित कर दिया गया। प्रत्यक्ष विदेशी निवेश में छूट दी गयी। फेरा जैसे कठोर कानून को फेमा (FEMA) में बदल दिया गया। इस प्रकार हम देखते हैं कि उदारीकरण एवं वैश्वीकरण के वातावरण में भारत के सामने एक बड़ी चुनौती आकर खड़ी हो गयी थी। यद्यपि भारतीय परिप्रेक्ष्य में उदारीकरण की यह नीति कितनी समसामयिक तथा व्यावहारिक रही, यह बहस का मुद्दा हो सकता है, परन्तु वर्तमान वैश्विक वातावरण में उदारीकरण के बढ़ते महत्व को देखते हुए यह निश्चित रूप से कहा जा सकता है कि इसके बिना विश्व की अर्थव्यवस्था के साथ कदम से कदम मिलाकर नहीं चला जा सकता है।

'भारत' के परिचयात्मक विश्लेषण से स्पष्ट है कि भारत एक विविधतामय देश है, जहाँ विभिन्न धर्मों, संस्कृतियों, जातियों, जनजातियों, प्रजातियों एवं भाषाओं के लोग निवास करते हैं, यहाँ का भूगोल एवं जलवायु विविधतायुक्त है। भारत जहाँ ग्राम-बाहुल्य देश है, वहीं यहाँ नगरीकरण भी अपने चरम पर है तथा ग्रामीण भारत की परम्परागत अवधारणा को चुनौती देता प्रतीत होता है। इस लोकतान्त्रिक राजनैतिक व्यवस्था वाले देश की आर्थिक प्रगति का मुख्य घटक कृषि रहा है, परन्तु उदारीकरण के वर्तमान समय में आज भारत के कृषि क्षेत्र की विकास दर अन्य क्षेत्रों की तुलना में अत्यन्त न्यून रह गयी है। वैश्वीकरण के बदलते परिदृश्य में भारत के जिन आर्थिक क्षेत्रों में समग्र विकास की पर्याप्त सम्भावनाएं विद्यमान हैं, उनमें पर्यटन का स्थान प्रमुख है।

9

भारत में पर्यटन

(Tourism in India)

भारत के संक्षिप्त विवेचन से स्पष्ट है कि भारत एक विविधतापूर्ण देश है, जिसे अनेक आधारों पर वर्गीकृत किया जा सकता है—जैसे कि भौगोलिक क्षेत्रफल, जलवायु, जनसंख्या, आर्थिक, राजनैतिक एवं सांस्कृतिक व्यवस्था, धर्म, जाति, प्रजाति, जनजाति एवं भाषा इत्यादि। इन सभी आधारों में भी भिन्नता व्याप्त है। विविधता जिज्ञासा को जन्म देती है, जिज्ञासा यात्रा को जन्म देती है तथा यह सर्वविदित है कि जिज्ञासापूर्ण यात्रा ही पर्यटन को जन्म देती है। यही कारण है कि भारतीय समाज के इस विविधतापूर्ण आकर्षण ने ही भारत में पर्यटन विकास के लिये एक अद्वितीय प्लेटफॉर्म तैयार किया है। भारत धार्मिक, आध्यात्मिक, सांस्कृतिक, ऐतिहासिक, मनोरंजन एवं समुद्री पर्यटन का तो प्रारम्भ से ही प्रमुख केन्द्र रहा है, इन क्षेत्रों में पर्यटन को मिली अपार सफलता से प्रोत्साहित होकर भारत ने पर्यटन के अन्य क्षेत्रों यथा—साहसिक पर्यटन, पारिस्थितिकी पर्यटन और सैक्स पर्यटन की दिशा में भी आगे कदम बढ़ाये हैं। साथ ही भारत में चिकित्सा क्षेत्र के उच्चस्तरीय विकास तथा अन्तर्राष्ट्रीय आधार पर सस्ती चिकित्सा व्यवस्था से प्रभावित होकर विदेशी रोगियों की संख्या में निरन्तर वृद्धि को दृष्टिगत रखते हुए मेडिकल पर्यटन (Medical Tourism) की संभावनाओं की खोज प्रारम्भ कर दी गयी है। इसी का परिणाम है कि भविष्य में भारत को मेडिकल पर्यटन के रूप में नया आयाम मिलने वाला है। इसी उद्देश्य को दृष्टिगत रखते हुए राजधानी दिल्ली के निकट एक हजार बिस्तर वाले एक अस्पताल की योजना को अन्तिम रूप दिया जा रहा है। उचित रिहाइश वाले इस अस्पताल के निर्माण में अन्तर्राष्ट्रीय स्तर की तीन संस्थाओं ने रुचि दिखायी है। भारत सरकार के पर्यटन मंत्रालय का मानना है कि कई रोगी ऐसे होते हैं, जो अपने उपचार हेतु भारत में सपरिवार आते हैं और उनकी रुचि घूमने-फिरने में भी होती है। मेडिकल पर्यटन के क्षेत्र में 6.5 अरब डालर के निवेश की संभावना व्यक्त की जा रही है। वास्तव में कुछ ही समय पूर्व तक भारतीय लोग उपचार हेतु अन्य देशों को जाया करते थे, किन्तु अब स्थितियां तेजी से बदल रही हैं। अतः मेडिकल पर्यटन के विकास के लिये एक उपयुक्त ढांचा खड़ा करना समय की आवश्यकता बन गया है। यद्यपि अभी मेडिकल पर्यटन के क्षेत्र में चीन भारत से बहुत आगे है, किन्तु देर-सवेर भारत को इस क्षेत्र में महत्वपूर्ण सफलता तथा विश्व में प्रमुख स्थान मिलने की बड़ी प्रबल आशा है।

मेडिकल पर्यटन के इस उदाहरण से स्पष्ट है कि भारत पर्यटन के क्षेत्र में पीछे मुड़ने को तैयार नहीं है। ऐसा हो भी क्यों नहीं, भारत पर्यटन स्थलों का स्वर्ग जो है। इसी कारण वर्ष 2007 के वर्ल्ड ट्रेवल अवार्ड में भारत को एशिया के सबसे अग्रणी पर्यटन स्थल (Tourism Destination) के तौर पर घोषित किया गया है। साथ ही भारत की कैथे पैसिफिक एयरवेज को एशिया की प्रमुख एयरलाइन, लीला गोवा को एशिया के प्रमुख रिसोर्ट और ओबेराय होटल्स एंड रिसोर्ट्स को एशिया के प्रमुख लग्जरी होटल ब्राण्ड के पुरस्कार से सम्मानित किया गया है।

उपरोक्त चित्रण भारत में पर्यटन की वर्तमान स्थिति का है। इस स्थिति तक पहुँचने में भारत पर्यटन विकास के अनेक पड़ावों से गुजरा है। यहाँ पर भारत में पर्यटन के इतिहास अर्थात भारत में पर्यटन के क्रमिक विकास पर दृष्टिपात करना आवश्यक है—

भारत में पर्यटन का उद्‌भव (Origin of Tourism in India)

विविधतापूर्ण देश होने के कारण भारत प्रारम्भ से ही पर्यटन का प्रमुख आकर्षण केन्द्र रहा है। वास्तव में यात्रायें ही पर्यटन को जन्म देती हैं तथा भारत में यात्राओं का इतिहास अत्यन्त प्राचीन रहा है। यह बात अलग है कि तत्कालीन यात्राओं का उद्‌देश्य आर्थिक, व्यापारिक तथा सांस्कृतिक ही अधिक रहा। प्राचीन भारतीय पर्यटन की रूपरेखा का एक चित्र हम कौटिल्य की अमरकृति 'अर्थशास्त्र' में देख सकते हैं। कौटिल्य ने अपनी इस पुस्तक में भारत में आर्थिक क्रियाओं का उल्लेख किया है। इन्हीं आर्थिक-व्यापारिक क्रियाओं का आधुनिक नाम व्यापारिक पर्यटन है। सन् 399 ई० में भारत में चन्द्र गुप्त के शासनकाल में चीनी यात्री फाह्यान आया था। वह बौद्ध धर्म से अत्यधिक प्रभावित था तथा बौद्ध ग्रन्थों के अध्ययन, मनन एवं चिन्तन का प्रधान उद्‌देश्य लेकर भारत दर्शन पर आया था। अपनी इस यात्रा अवधि के दौरान फाह्यान ने भारत के प्रमुख धार्मिक नगरों यथा तक्षशिला, मथुरा, कन्नौज, अयोध्या, कपिलवस्तु, कुशीनगर, वैशाली एवं पाटलिपुत्र की यात्रा की। तत्पश्चात 629 ई० में सम्राट हर्षवर्धन के शासनकाल में चीनी यात्री ह्वेनसांग भारत आया। उसने भारत के शैक्षिक नगरों यथा कश्मीर, पंजाब, कपिलवस्तु, वाराणसी, बौद्धगया तथा कुशीनगर का भ्रमण किया। ह्वेनसांग ने इस दीर्घ यात्रा के संस्मरणों का उल्लेख करते हुए बताया कि भारत शिक्षा का प्रमुख केन्द्र था। यहाँ चीन कोरिया, तिब्बत, जापान तथा श्रीलंका सहित अनेक देशों के विद्यार्थी शिक्षा ग्रहण करने आते थे तथा अपने ज्ञान के स्तर का विकास करते थे। सन् 1030 ई० के आसपास अलवरूनी महमूद गजनी के साथ भारत की यात्रा पर आया था। भारत में रहते हुए अलवरूनी ने उज्जैन के धार्मिक ग्रन्थों का अध्ययन किया।

उपरोक्त यात्राओं से न केवल भारत का नाम चर्चा में आया, वरन भारत को व्यापारिक दृष्टि से भी देखा जाने लगा। इसका कारण सम्भवतः भारत का आर्थिक रूप से अत्यन्त समृद्ध होना था। भारत में व्यापार की पर्याप्त सम्भावनाओं को देखते हुए यूरोपीय लोगों ने भारत के व्यापारिक दृष्टि से सम्पन्न स्थलों का भ्रमण किया। भारत के समुद्री मार्ग की खोज पुर्तगाल के साहसी यात्री वास्कोडिगामा ने की। वह सन् 1498 में कालीकट से होते हुए गोवा पहुँचा। इस प्रकार पश्चिमी यूरोपीय देशों विशेषकर फ्रांस, नीदरलैण्ड, ब्रिटेन तथा पुर्तगाल इत्यादि ने भारत के इन समुद्री मार्गों का प्रयोग किया और लाभ उठाया। इन देशों के व्यापारियों ने भारत में अपनी व्यापारिक बस्तियां स्थापित कीं। बाद में इन बस्तियों का समग्र महत्व बढ़ने से, इन बस्तियों को पर्यटन स्थलों के रूप में विकसित किया गया। भारत के दो प्रमुख नगर मुम्बई तथा कोलकाता की विकास यात्रा इसी प्रक्रिया का परिणाम है।

तत्पश्चात भारत में मुगल साम्राज्य स्थापित हुआ। अपने कई सौ वर्षों के शासन के दौरान विभिन्न मुगल शासकों ने असंख्य ऐसी इमारतों का निर्माण किया जो आज भारत की ऐतिहासिक धरोहर बन चुकी हैं तथा भारत की वर्तमान 'धरोहर पर्यटन' या ऐतिहासिक पर्यटन की मुख्य स्रोत हैं। मुगल शासक शाहजहाँ द्वारा बनवाया गया 'ताजमहल' न केवल भारत का गर्व है, बल्कि कई पड़ोसी देशों के लिये ईर्ष्या का विषय है। अब तो भारत की यह ऐतिहासिक धरोहर विश्व के सात आश्चर्यों की सूची में प्रथम स्थान भी प्राप्त कर चुकी है। स्वतन्त्रता प्राप्ति से पूर्व के काल अर्थात ब्रिटिश शासनकाल को भारत में पर्यटन विकास की दृष्टि से सकारात्मक माना जा सकता है। यद्यपि यह तो सर्वविदित है कि ब्रिटिश शासकों के भारत आगमन का प्रमुख कारण यहाँ की वन-खनिज और प्राकृतिक सम्पदा का शोषण करना था, परन्तु इस प्रक्रिया में आवश्यक ढाँचागत विकास कार्यों ने पर्यटन विकास हेतु एक मार्ग अवश्य प्रशस्त किया। एक महत्वपूर्ण तथ्य यह भी है कि ब्रिटिश शासन की स्थापना से पूर्व भारत सैकड़ों रियासतों में बंटा एक ऐसे बन्द कुएँ के रूप में स्थापित हो चुका था, जिसमें भिन्न-भिन्न प्रकार के मेंढक थे तथा धर्म और जाति के बन्धनों में जकड़ा भारत असीमित सामाजिक, आर्थिक, राजनैतिक, क्षेत्रीय, सांस्कृतिक और धार्मिक समस्याओं का सामना कर रहा था। ब्रिटिश काल के दौरान भारत में अनेक परिवर्तन आये, यथा—वैधानिक कानून व्यवस्था का जन्म, जातिप्रथा पर नियन्त्रण, यातायात एवं संचार साधनों का विकास, सड़कों का निर्माण, औद्योगीकरण, नगरीकरण एवं आधुनिक सह-शिक्षा का प्रारम्भ। इन सुधारों या कहें परिवर्तनों ने भारत में पर्यटन विकास के क्षेत्र में कुछ न कुछ योगदान अवश्य दिया है। कहा जा सकता है कि भारत में पर्यटन उद्योग का जो ढाँचा वर्तमान में हमारे समक्ष है, उसकी नींव ब्रिटिश शासनकाल के दौरान ही पड़ी है।

भारत में पर्यटन का विकास (Development of Tourism in India)

भारत में स्वतन्त्रता प्राप्ति से पूर्व जो नींव पड़ी, स्वतन्त्रता प्राप्ति के पश्चात भारत ने उस पर ढाँचा तैयार किया है। यद्यपि इसे श्रेष्ठ होने में कुछ समय और लगेगा। प्राचीन भारत में, फाह्यान, ह्वेनसांग और अलवरूनी द्वारा की गयी भारत की धार्मिक, सांस्कृतिक और शैक्षिक यात्राएं वर्तमान में धार्मिक, सांस्कृतिक और शैक्षिक पर्यटन में रूपान्तरित हो चुकी हैं। वास्कोडिगामा की खोजी एवं साहसिक यात्रा भारत में साहसिक पर्यटन को जन्म दे चुकी है। साथ ही भारत के समग्र विकास ने यहाँ मनोरंजन पर्यटन, ऐतिहासिक या धरोहर पर्यटन, स्वास्थ्य पर्यटन, सैक्स पर्यटन और पारिस्थितिकी पर्यटन को भी जन्म दिया है।

भारत में पर्यटन विकास की दिशा में प्रथम कदम, स्वतन्त्रता प्राप्ति के ठीक पूर्व सन् 1945 में माना जा सकता है, जब भारत के तत्कालीन सलाहकार सर जॉन सार्जेन्ट की अध्यक्षता में भारत सरकार ने एक समिति का गठन किया। इस समिति की महत्वपूर्ण सिफारिशें थीं—भारत के हित में देश के पर्यटन यातायात का विकास किया जाये, पृथक पर्यटन संगठन की स्थापना की जाये, विदेशों में भारत के वाणिज्य दूतावासों में पर्यटन प्रचार कक्ष खोले जायें तथा चार प्रमुख भारतीय नगरों—दिल्ली, कोलकाता, मुम्बई तथा चेन्नई में क्षेत्रीय पर्यटन कार्यालयों की स्थापना की जाये। इन सिफारिशों से प्रभावित होकर स्वतन्त्रता प्राप्ति के तुरन्त पश्चात सन् 1949 में सरकार ने परिवहन मंत्रालय में पर्यटन प्रकोष्ठ की स्थापना की। इसका प्रमुख उद्देश्य भारत में पर्यटन सम्बन्धी संसाधनों एवं सुविधाओं को एकत्रित करना तथा पर्यटन

की ओर लोगों का ध्यान आकर्षित करना था। इसी क्रम में भारत सरकार ने सन् 1952 में न्यूयॉर्क में तथा सन् 1953 में लन्दन में पर्यटन कार्यालयों की स्थापना की। अन्तर्राष्ट्रीय पर्यटन को भारत में प्रोत्साहित करने की दिशा में सरकार का यह प्रथम प्रयास था। तत्पश्चात पर्यटन के विकास में होटल व्यवसाय की अनिवार्यता और इसकी महत्ता को दृष्टिगत रखते हुए सन् 1954 में मुम्बई में प्रथम होटल प्रबन्धन संस्थान (Hotel Management Institute) स्थापित किया गया। सन् 1956 में सरकार ने अशोका होटल के निर्माण के साथ होटल व्यवसाय में कदम रखा। सन् 1957 में फ्रेंकफर्ट (जर्मनी) में भी पर्यटन कार्यालय स्थापित किया गया। सन् 1958 में संचार एवं परिवहन मंत्रालय के अधीन स्वतन्त्र पर्यटन निदेशालय की स्थापना की गयी जिसके मुखिया के पद हेतु पर्यटन महानिदेशक का पद सृजित किया गया। साथ ही पर्यटन मंत्री की अध्यक्षता में एक सलाहकार समिति का भी गठन किया गया, जिसे 'पर्यटन विकास परिषद' नाम दिया गया।

इन्हीं प्रयासों के फलस्वरूप न केवल भारत में स्थानीय पर्यटन का विकास हुआ, बल्कि अन्तर्राष्ट्रीय पर्यटन को भी प्रोत्साहन मिला। आँकड़ों के अनुसार सन् 1961 में 1,39,804, पर्यटकों ने भारत का भ्रमण किया, किन्तु सन् 1962 में हुए भारत-चीन युद्ध ने पर्यटकों के मध्य भ्रम एवं अनिश्चितता का वातावरण पैदा कर दिया, जिस कारण इस वर्ष भारत में आने वाले पर्यटकों की संख्या घटकर 1,34,036 रह गयी। पर्यटकों की संख्या में आयी यह कमी सरकार के लिये चिन्ता का विषय बनी तथा सन् 1963 में पर्यटन विकास पर चिन्तन करने हेतु वित्त सचिव एल०के०झा की अध्यक्षता में एक कमेटी—'झा कमेटी' का गठन किया गया। तत्कालीन पर्यटन महानिदेशक को इस समिति का सचिव नियुक्त किया गया। इस विशेषज्ञ समिति ने भारत में पर्यटन के विकास के सम्बन्ध में अनेक विचार प्रस्तुत किये, जिनके अनुपालन हेतु सरकार द्वारा सन् 1965 में एक उच्च स्तरीय समन्वय समिति का गठन किया गया। इस समिति का कार्य देश में पर्यटक आवागमन में वृद्धि हेतु झा कमेटी के सुझावों को क्रियान्वित करने हेतु उपाय प्रस्तुत करना था। इस उच्च स्तरीय समन्वय समिति द्वारा प्रस्तुत किये गये उपायों के आधार पर सरकार द्वारा सन् 1965 में तीन निगमों की स्थापना की गयी—

1. भारत पर्यटन निगम लिमिटेड,
2. भारत पर्यटन परिवहन उपक्रम लिमिटेड,
3. भारत होटल निगम लिमिटेड।

इन तीनों निगमों की स्थापना कम्पनी अधिनियम-1956 के अन्तर्गत की गयी। इन निगमों की स्थापना का उद्देश्य पर्यटकों को पर्यटन सम्बन्धी मूलभूत सुविधाओं अर्थात सुविधापूर्ण परिवहन एवं यात्रा का प्रबन्ध, ठहरने तथा खाने-पीने की व्यवस्था उपलब्ध कराना था। किन्तु पर्यटन प्रबन्ध के अभाव में इन तीनों ही निगमों में परस्पर तालमेल स्थापित नहीं हो पाया तथा पर्यटन विकास की दिशा में ये तीनों निगम असफल सिद्ध हुए। इस समस्या को देखते हुए इन तीनों निगमों का संविलियन कर दिया गया और भारत पर्यटन विकास निगम लिमिटेड (Indian Tourism Development Corporation Limited) नाम का नया उपक्रम स्थापित किया गया। निगम का पंजीकृत कार्यालय दिल्ली में स्थापित किया गया। पर्यटन सुविधाओं के सुधार एवं विस्तार हेतु निगम के निम्नलिखित उद्देश्य निर्धारित किये गये—

1. यातायात की उत्तम सुविधाएं उपलब्ध कराना।
2. पर्यटकों को संतोषजनक आवासीय सुविधाएं उपलब्ध कराना।

3. आवश्यक वस्तुओं के विपणन हेतु विक्रय केन्द्रों की स्थापना।
4. भारतीय संस्कृति एवं सभ्यता का पर्यटकों के मध्य प्रचार-प्रसार करना।
5. अन्तर्राष्ट्रीय स्तर पर पर्यटन परामर्श सेवाएं प्रदान करना।

(यह निगम अद्यतन कार्यशील है। इसके निदेशक बोर्ड में तीन निदेशक नियुक्त हैं। निगम स्तर पर विभिन्न कार्यक्षेत्रों को छह वर्गों में विभाजित किया गया है—होटल, वित्त व लेखा, जन संसाधन विकास, प्रबन्ध लेखा, वाणिज्य तथा सतर्कता। दिल्ली, कोलकाता, मुम्बई तथा चेन्नई में निगम के चार क्षेत्रीय कार्यालय स्थापित किये गये हैं।)

वर्ष 1965 में केन्द्र सरकार ने राज्य सरकारों को न केवल पर्यटन सुविधाओं के विकास पर ध्यान देने के लिये प्रेरित किया अपितु पर्यटन विकास की सार्थक योजनाओं के निर्माण और क्रियान्वयन के लिये भी दिशा-निर्देश जारी किये। 13 मार्च 1967 में भारत सरकार द्वारा पर्यटन क्षेत्र में अब तक का सबसे महत्वपूर्ण कदम उठाते हुए स्वतन्त्र रूप से केन्द्रीय पर्यटन मंत्रालय तथा इसके सहयोगी नागरिक उड्डयन विभाग की स्थापना की गई और इस मंत्रालय की देखभाल के लिये केन्द्रीय मंत्री की नियुक्ति की गयी। सन् 1974 से 1979 के मध्य पाँचवीं पंचवर्षीय योजना के दौरान सरकार ने भारत के महत्वपूर्ण पर्यटन स्थलों के समन्वित विकास का प्रारूप तैयार किया। साथ ही पर्यटन विकास में निजी क्षेत्र के योगदान पर भी बल दिया गया। पर्यटन सम्बन्धी ज्ञान और उसके विकास के उद्देश्य से 'भारतीय पर्यटन एवं यात्रा प्रबन्धन संस्थान' (Tourism and Travel Management Institute of India' T.T.M.I.I.) की स्थापना की गयी। इन्हीं प्रयासों के फलस्वरूप भारत में विदेशी पर्यटकों की संख्या में वृद्धि होने लगी तथा सन् 1970 की तुलना में, सन् 1978 में भारत में आने वाले विदेशी पर्यटकों की संख्या ढाई गुना से अधिक हो गयी। भारत में पर्यटन विकास के उल्लेखनीय क्रम में 3 नवम्बर, 1982 में भारत सरकार ने 'प्रथम पर्यटन नीति' की घोषणा की। इसके उपरान्त ही औपचारिक तरीके से प्रदेश सरकारों को अपनी पर्यटन नीति बनाने के लिये कहा गया, ताकि पर्यटन को भारत में संतुलित उद्योग के रूप में स्थापित किया जा सके। विश्व पर्यटन संगठन (World Tourism Organization) ने सन् 1980 में मनीला में सम्पन्न हुई कान्फ्रेन्स में, प्रत्येक वर्ष 27 सितम्बर को 'विश्व पर्यटन दिवस' के रूप में मनाने का निर्णय लिया। परिणामस्वरूप सन् 1985-86 में भारत में 10 लाख विदेशी पर्यटकों का आगमन हुआ तथा भारत सरकार को इस वर्ष 1300 करोड़ रुपये की विदेशी मुद्रा अर्जित हुई। वर्ष 1988 में केन्द्रीय योजना आयोग ने पर्यटन को उद्योग घोषित किया तथा पर्यटन उद्योग को विदेशी मुद्रा अर्जित करने व भुगतान सन्तुलन स्थापित करने वाले उद्योग के रूप में स्वीकार किया।

जुलाई, 1991 में विदेशी निवेश के लिये पर्यटन को प्राथमिकता क्षेत्र के रूप में घोषित कर दिया गया। मई, 1992 में पर्यटन विकास के लिये राष्ट्रीय कार्ययोजना तैयार की गयी। इस योजना के अन्तर्गत पर्यटकों के आवागमन में असाधारण वृद्धि, पर्यटन के माध्यम से विदेशी मुद्रा अर्जन और रोजगार सृजन के अवसर प्राप्त करने के लिये नीतियां बनाई गयीं। फलस्वरूप 1994-95 में ही विश्व पर्यटन परिदृश्य में भारत को पर्यटन स्थल के रूप में प्रस्तुत करने के लिये एक 'समग्र विश्व बाजार योजना' बनाई गयी। ऐसा प्रथम बार हुआ कि जब पर्यटन विभाग ने बाजार को ध्यान में रखकर कोई समग्र योजना का निर्माण किया। इन योजनाओं के निर्माण का व्यापक प्रभाव यह देखने में आया कि भारत में आने वाले विदेशी पर्यटकों की संख्या में

निरन्तर वृद्धि होने लगी। यही कारण रहा कि सन् 2001 में, अन्तर्राष्ट्रीय पर्यटन के माध्यम से भारत सरकार को 14,000 करोड़ रुपये की आय प्राप्त हुई।

पर्यटन नीति, 2002 में पर्यटन विकास के अनेक कार्यक्रमों के अतिरिक्त देश को एक विश्व स्तरीय लक्ष्य (Global Brand) के रूप में प्रस्तुत करने का प्रयास किया गया है। इसका उद्देश्य अधिकतम लाभ उठाना तथा अब तक अछूती पर्यटन विकास की व्यापक सम्भावनाओं का अनुकूलतम विदोहन करना है। इसी वर्ष निर्धारित की गयी दसवीं पंचवर्षीय योजना (2002-07) में पर्यटन को देश के संतुलित आर्थिक विकास का प्रमुख स्रोत माना गया है। इस योजना में पर्यटन क्षेत्र से निम्न अपेक्षाएं की गयी हैं—

(i) पर्यटन क्षेत्र प्रत्यक्ष व अन्य प्रभाव से अधिक रोजगार उपलब्ध कराकर ग्रामीण विकास में सहायता करेगा।

(ii) अन्तर्राष्ट्रीय पर्यटन व परिवहन की बढ़ती मांग को पूरा कर विकास के चक्र में सहायता प्रदान करेगा।

(iii) भारत सदा पर्यटकों का शाश्वत पर्यटन केन्द्र रहेगा।

(iv) निजी क्षेत्र सरकार द्वारा विभिन्न चरणों में संचालित पर्यटन विकास योजनाओं में गतिशील एवं प्रभावी सिद्ध होगा।

(v) भारत की समस्त राज्य सरकारों, निजी क्षेत्र व अन्य संस्थानों के समन्वित सहयोग से देश की अखण्डित सभ्यता, परम्परा तथा संस्कृति पर आधारित एक समन्वित चक्र का निर्माण हो सकेगा।

(vi) देश में भ्रमण के पश्चात पर्यटक रोमांचित होगा, मानसिक स्तर पर स्वयं को स्वस्थ अनुभव करेगा तथा भारतीय सांस्कृतिक परिवेश में स्वयं को आह्लादित अनुभव करेगा।

इन्हीं प्रयासों का सुफल है कि प्रतिवर्ष भारत में आने वाले अन्तर्राष्ट्रीय पर्यटकों की संख्या में निरन्तर वृद्धि हो रही है तथा विदेशी मुद्रा कोष बढ़ रहा है। भारत में वर्ष 2003 में 27 लाख विदेशी पर्यटकों का आगमन हुआ तथा अनुमानतः 221.5 करोड़ अमेरिकी डॉलर की आय प्राप्त हुई। सन् 2004 में 32 लाख विदेशी पर्यटक आये तथा 306.2 करोड़ अमेरिकी डॉलर की आय प्राप्त हुई। वर्ष 2006 में आँकड़े बढ़कर 35 लाख अन्तर्राष्ट्रीय पर्यटक, 374 करोड़ अमेरिकी डॉलर की आय के हो गये।

पर्यटन विकास की वर्तमान योजनाएं (Recent Programmes of Tourism Development)

भारत में पर्यटन विकास में सहयोग देने वाले केन्द्रीय संगठन इस प्रकार हैं—पर्यटन मंत्रालय, भारतीय पर्यटन विकास निगम लिमिटेड, भारतीय पर्यटन तथा यात्रा प्रबन्धन संस्थान, राष्ट्रीय स्कीइंग तथा पर्वतारोहण संस्थान तथा राष्ट्रीय जल क्रीड़ा संस्थान। ये केन्द्रीय संस्थान आपसी समन्वय के साथ भारत में पर्यटन विकास की योजनाओं के क्रियान्वयन को सफल बनाने के प्रति कटिबद्ध हैं। इनके इस मैराथन प्रयास में भारत की राज्य सरकारें तथा उनका पर्यटन मंत्रालय सम्पूर्ण सहयोग कर रहे हैं।

'भारत पर्यटन विकास निगम' का प्रधान लक्ष्य पर्यटन ढाँचे के समुचित विकास सहित भारत को विश्व में एक प्रमुख पर्यटन केन्द्र बनाना है। निगम ने पूरे देश में एक वृहद् होटल शृंखला बनाने में सफलता अर्जित की है। पर्यटकों की आवास व्यवस्था, खान-पान, परिवहन,

घरेलू पर्यटक एजेन्सी, करमुक्त विपणन, मनोरंजन, प्रचार सेवाएं आदि निगम के प्रत्येक शृंखला होटल में उपलब्ध हैं। निगम के पास वर्तमान में 23 अशोक समूह के होटल, 6 संयुक्त समूह के होटल, चार रेस्तराँ, 12 अशोक यात्रा एवं परिवहन प्रकोष्ठ, एक पर्यटन सेवा केन्द्र, अन्तर्राष्ट्रीय-घरेलू हवाई अड्डों पर स्थित 37 करमुक्त विक्रय दुकानें, एक डाउन-टाउन कर मुक्त केन्द्र, एक कर सहित भुगतान केन्द्र तथा एक ध्वनि शो उपलब्ध है। इसके अतिरिक्त निगम नई दिल्ली के वेस्टर्न कोर्ट, हैदराबाद हाउस, विज्ञान भवन, शास्त्री भवन तथा राष्ट्रीय मीडिया सेन्टर में खान-पान-सेवाएं, समय-समय पर लिये गये केटरिंग ऑर्डर पर उपलब्ध कराता है।

भारतीय पर्यटन व यात्रा प्रबन्धन संस्थान की स्थापना पर्यटन व यात्रा प्रबन्ध की शिक्षा व्यवस्था करके पर्यटन उद्योग के लिये व्यावसायिक रूप से प्रशिक्षित कर्मचारियों की आवश्यकता की पूर्ति के उद्देश्य से की गई है। इस संस्थान ने विभिन्न विश्वविद्यालयों को स्नातकोत्तर स्तर के पाठ्यकम संचालित करने में भी सहायता प्रदान की है। संस्थान ने देश भर में होटल प्रबन्धन व खान-पान की प्रौद्योगिकी के 21 तथा पाक रुचि कला के 9 संस्थान स्थापित किये हैं। ये संस्थान होटल प्रबन्ध व खान-पान की प्रौद्योगिकी, उपयुक्त पोषाहार और खाद्य व पेय सेवाओं में शिल्प डिप्लोमा पाठ्यक्रमों का आयोजन करते हैं। साहसिक पर्यटन को प्रोत्साहित करने के लिये पर्यटन विभाग ने गोवा में 'राष्ट्रीय जलक्रीड़ा संस्थान' तथा गुलमर्ग में 'भारतीय स्कीइंग तथा पर्वतारोहण संस्थान' की स्थापना की है। भारतीय स्कीइंग तथा पर्वतारोहण संस्थान औली, पटनीटॉप, गुलमर्ग तथा कुल्लू में पाठ्यक्रमों का संचालन करता है। राष्ट्रीय जल क्रीड़ा संस्थान विभिन्न साहसिक गतिविधियों जैसे नौकायन, स्कूबा डाइविंग तथा वाटर स्कीइंग आदि में पाठ्यक्रमों के आयोजन के साथ-साथ इसके लिये आवश्यक सुविधाएं भी उपलब्ध कराता है।

पर्यटन व्यापार प्रभाग राष्ट्रीय तथा अन्तर्राष्ट्रीय, दोनों ही स्तरों पर पर्यटन व्यापार को सहायता प्रदान करता है तथा विभिन्न केन्द्रीय विभागों व राज्य सरकारों के मध्य समन्वय स्थापित करता है। भारत में चार्टर्ड विमानों से पर्यटकों को आकर्षित करने के लिये विभिन्न उड़ानों को स्वीकृति देने की उदार प्रणाली अपनाई गयी है। 'पैलेस ऑन व्हील्स' नई वातानुकूलित ट्रेन तैयार की गयी है, जो राजस्थान में संचालित हो रही है। 'ओरियेन्ट एक्सप्रेस' नाम की एक और ट्रेन गुजरात सेक्टर में प्रारम्भ की गयी है। ऐसी ही कुछ ट्रेनें निजी क्षेत्र में भी चलाने की योजना है। भारत वर्ष के उपरोक्त केन्द्रीय संस्थान केन्द्रीय सरकार द्वारा निर्मित पर्यटन विकास योजनाओं का ही क्रियान्वयन कर रहे हैं। इसके अतिरिक्त पर्यटन विकास हेतु संचालित की जा रही कुछ अन्य महत्वपूर्ण योजनाओं का उल्लेख इस प्रकार है—

1. **विरासत होटल योजना**—भारत प्राचीन इमारतों, महलों एवं किलों अर्थात ऐतिहासिक धरोहरों का गढ़ है। असंख्य पर्यटक इन ऐतिहासिक धरोहरों का अवलोकन करने आते हैं। ऐतिहासिक धरोहरों के पर्यटन सम्बन्धी महत्व को देखते हुए इन प्राचीन इमारतों, महलों तथा किलों को हैरिटेज होटल में परिवर्तित करके आधुनिक पर्यटकों की आवश्यकता के अनुसार बनाया जा रहा है।

2. **प्राकृतिक संतुलन की पर्यटन विकास नीति**—प्राकृतिक संतुलन सतत पर्यटन के दृष्टिकोण से नितान्त अपरिहार्य है। इसको देखते हुए भारत सरकार ने विभिन्न भौगोलिक क्षेत्रों में जलवायु की विशेषता के अनुरूप बायोस्फियर बनाये हैं। इन जैव रिजर्व क्षेत्रों में मानव हलचल

पूर्णतः प्रतिबन्धित है। यह कदम इसलिये उठाया गया है कि उस क्षेत्र में अधिकाधिक प्राकृतिक परिस्थितियां बनी रह सकें तथा वहाँ का प्राकृतिक विकास हो। उत्तराखण्ड का नन्दादेवी बायोस्फियर रिजर्व इसी श्रेणी का उच्च पर्वतीय जैव रिजर्व है। वर्तमान में भारत में 13 बायोस्फियर रिजर्व अवस्थित हैं।

3. **वन्य जन्तु संरक्षण**—वन्य जन्तु प्राकृतिक संरक्षण के मेरुदण्ड हैं। किसी भी देश के वन्य जन्तु पार्क, प्राकृतिक पर्यटन के आधार स्तम्भ होते हैं। भारत में विलुप्त प्राय वन्य जन्तुओं के संरक्षण एवं संवर्द्धन की प्रक्रिया अपनायी गयी है। शेर, चीते, चीतल, हाथी एवं हिरन आदि जन्तुओं की संख्यात्मक कमी को दृष्टिगत रखते हुए विशेष परियोजनाओं का निर्माण किया गया है। इन परियोजनाओं में प्रोजेक्ट टाइगर तथा प्रोजेक्ट लॉयन प्रमुख परियोजनाएं हैं।

4. **पर्यटक आवास स्थलों का निर्माण एवं विकास**—पर्यटन चक्र में आवासीय व्यवस्था सर्वोपरि स्थान रखती है, क्योंकि पर्यटन भ्रमण के उद्देश्य से किसी भी पर्यटन स्थल पर पहुँचने वाला व्यक्ति सर्वप्रथम एक सुविधाजनक आवास की अपेक्षा करता है। भारतीय पर्यटन विभाग सुविधाविहीन पर्यटन स्थलों पर पर्यटक बंगलों का निर्माण करा रहा है। इन पर्यटक बंगलों में जहाँ 50-100 पर्यटकों के ठहरने की व्यवस्था होती है, वहीं ये पर्यटक बंगले भोजनालय युक्त भी होते हैं। इन पर्यटक बंगलों के निर्माण से सुदूरवर्ती क्षेत्रों में पर्यटन के विकास को प्रोत्साहन मिला है। इसी क्रम में तीर्थ स्थलों पर धार्मिक पर्यटकों को आवासीय सुविधायें प्रदान करने के उद्देश्य से 'यात्री निवास' का निर्माण किया जा रहा है। इन यात्री निवासों में आवास, पेयजल एवं शौचालय की सुविधाएं उपलब्ध हैं। भारत के प्रमुख तीर्थ नगरों यथा बद्रीनाथ, हरिद्वार, गढ़ मुक्तेश्वर, गया, द्वारिका, पुरी, रामेश्वरम, अमृतसर तथा अजमेर इत्यादि में इस प्रकार के यात्री निवासों का निर्माण किया गया है तथा इन यात्री निवासों ने पर्यटक आवासीय सुविधाओं की समस्या का हल करने में पर्याप्त योगदान दिया है।

5. **होली डे ट्रेन्स का संचालन**—भारत के बहुत से कार्यालयों में पाँच दिवसीय कार्य सप्ताह की अवधारणा साकार हो चुकी है। इस स्थिति में इन कार्यालयों के कर्मचारियों को प्रत्येक सप्ताह के अन्त में दो दिन का अवकाश प्राप्त होने लगा है। इस कारण भारत में 'लघु अवधि पर्यटन' का तीव्रता से विकास हो रहा है। यही कारण है कि प्रत्येक सप्ताहान्त में भारत के पर्यटन स्थलों पर स्थानीय पर्यटकों की पर्याप्त संख्या रहने लगी है। इस सप्ताहान्त अवकाश को सुखद बनाने के लिये होली डे ट्रेन्स की परिकल्पना साकार की गयी है। सरकार ने पर्यटन विकास की इस योजना के अन्तर्गत आगरा-उदयपुर, मुम्बई-पुणे, गोवा-मंगलौर, दिल्ली-देहरादून, वाराणसी-पटना तथा भोपाल-राँची इत्यादि मार्गों के मध्य होली डे ट्रेन्स संचालित की हैं। चूँकि रेल का किराया अन्य परिवहन विकल्पों की तुलना में कम होता है, अतः स्थानीय पर्यटन के विकास में इस योजना ने बड़ा उल्लेखनीय योगदान दिया है।

6. **ग्रामीण पर्यटन स्थलों का विकास**—भारत गाँवों का देश है। नगरीकरण की त्वरित गतिशीलता के पश्चात भी अभी भारत की जनसंख्या का लगभग दो-तिहाई भाग ग्रामीण समाज के रूप में ही है। ग्रामीण क्षेत्र प्रायः विकास की दौड़ में पीछे रह जाते हैं। भारतीय ग्रामीण समाज के साथ भी यही घटना घटित हुई है। इस समस्या को दूर करने में पर्यटन क्षेत्र की सार्थकता को देखते हुए पर्यटन मंत्रालय ने ग्रामीण पर्यटन स्थलों के विकास हेतु कदम उठाये हैं, जिससे कि स्थानीय संस्कृति को प्रोत्साहन मिल सके। इससे ग्रामीण जनता के लिये रोजगार के

अवसरों की व्यवस्था करने तथा उनके जीवन स्तर में सुधार लाने में पर्याप्त सहायता मिल सकेगी। इस दिशा में पारिस्थितिकी पर्यटन (Eco-Tourism) ग्रामीण क्षेत्रों के विकास के लिये वरदान सिद्ध हो रहा है।

7. **दस्तकारी तथा हस्तशिल्प मेलों का आयोजन**—सरकार ने देश के ग्रामीण तथा सुदूर क्षेत्रों में रहने वाले दस्तकारों तथा शिल्पियों की कलाओं का प्रदर्शन व प्रचार-प्रसार करने के उद्देश्य से विशेष नीति निर्धारित की है। इस नीति के अन्तर्गत क्षेत्र विशेष के मेलों को सरकार द्वारा गोद लिया जाता है तथा इन मेलों में इन क्षेत्रों की कलाओं का विक्रय पर्यटन उत्पादों के रूप में किया जाता है। पर्यटकों को भी एक ही स्थान पर अनेक प्रकार के पर्यटन उत्पादों को क्रय करने का अवसर प्राप्त हो जाता है। पर्यटन विकास की दिशा में यह एक अद्भुत प्रयास है।

8. **परियोजनाओं के क्रियान्वयन हेतु नवीन तन्त्र का विकास**—केन्द्र सरकार द्वारा उपलब्ध करायी जा रही वित्तीय सहायता से संचालित होने वाली राज्यों की पर्यटन योजनाओं का क्रियान्वयन निश्चित समय में पूरा हो सके, उसकी देख-रेख एवं समीक्षा हेतु केन्द्रीय पर्यटन सचिव की अध्यक्षता में एक नवीन तन्त्र की स्थापना की गयी है। इस प्रयास से प्रत्येक राज्य सरकार पर राज्य में पर्यटन विकास की योजनाओं के त्वरित एवं सार्थक क्रियान्वयन का दबाव बना है।

9. **अन्तर्मन्त्रालयी समन्वय दल की स्थापना**—पर्यटन चक्र का स्वरूप अत्यन्त व्यापक होता है। इसके संचालन में अनेक मंत्रालयों, विभागों तथा इकाइयों के सहयोग की आवश्यकता होती है। सहयोग तथा समन्वय का अभाव, पर्यटन विकास की किसी भी योजना को आईना दिखाने के लिये पर्याप्त है। इसी दुखदायी स्थिति से बचने के लिये केन्द्र सरकार ने मानव विकास मंत्री की अध्यक्षता में एक अन्तर्मन्त्रालयी समन्वय समिति की स्थापना की है। यह दल पर्यटन विकास हेतु सम्बन्धित मंत्रालयों के मध्य व्याप्त असंवाद की स्थिति का अवलोकन करके उसे दूर करने का कार्य करता है।

10. **'अतिथि देवो भव' अभियान**—पर्यटन के प्रति सामान्य जनता में जागरूकता का भाव पैदा करने, भारत की विशिष्ट संस्कृति और समृद्ध सभ्यता का संरक्षण करने तथा इसकी स्वच्छता और भविष्य संरक्षित रखने के लिये वर्ष 2004-05 में प्रशिक्षण और समन्वय की प्रक्रिया के माध्यम से एक राष्ट्रव्यापी अभियान प्रारम्भ किया गया है, जिसका नाम 'अतिथि देवो भव' रखा गया है। इस अभियान के अन्तर्गत भारत की धरोहरों को स्थानीय लोगों द्वारा अस्वच्छ करने या उन्हें चोट पहुँचाने से बचाने का कार्य किया जाता है। साथ ही यह अभियान विदेशी पर्यटकों के साथ कोई व्यक्ति किसी प्रकार का दुराचरण न करे, इस पर भी नजर रखता है।

अन्य योजनायें

(i) पर्यटन स्थलों के शिकारा मालिकों एवं टट्टू चालकों की आर्थिक स्थिति में सुधार लाने के लिये न्यूनतम ब्याज दर पर वर्ष 2004-05 के दौरान उन्हें 9 करोड़ रुपये की आर्थिक सहायता प्रदान की गयी।

(ii) पेइचिंग(चीन) में पूर्णकालीन पर्यटन कार्यालय की स्थापना की गयी है।

(iii) चीन के पर्यटकों को भारत के बौद्ध तीर्थस्थल-नालन्दा आने के लिये प्रेरित करने के उद्देश्य से नालन्दा में एक विशाल कॉम्प्लेक्स का निर्माण किया जा रहा है, जो बौद्ध धर्म और उसके इतिहास का ज्ञान प्रदान करेगा। वैसे भी एयर इंडिया द्वारा दिसम्बर 2003 से शंघाई से वायु सेवा का परिचालन प्रारम्भ करने से इन देशों के मध्य सम्पर्क में सुधार आया है।

(iv) विश्व भर में भारत के महत्वपूर्ण तथा दर्शनीय पर्यटन स्थलों का प्रचार करने की दिशा में प्रारम्भ किये गये 'अतुल्य भारत' (Incredible India) अभियान ने विश्व भर के पर्यटकों को भारत की ओर आकर्षित किया है।

(v) वर्ष 2004-05 में पर्यटन मंत्रालय द्वारा भारत के 20 पर्यटन सर्किटों के विकास को स्वीकृति प्रदान की गयी, ये पर्यटन सर्किट भारत के प्रत्येक क्षेत्र से सम्बन्धित हैं। अर्थात इस प्रयास के द्वारा भारत में पर्यटन के संतुलित विकास की अवधारणा को ध्यान में रखा गया है।

हमने क्या पाया है ? (What have we Achieved ?)

पर्यटन विकास की दिशा में हमारे द्वारा किये गये सार्थक प्रयासों का ही परिणाम है कि अब हम यह विचार करने की स्थिति में हैं कि हमने पर्यटन विकास के क्षेत्र में कितनी प्रगति की है? यह बात सत्य है कि पर्यटन विकास की दिशा में हम निरन्तर प्रगति कर रहे हैं तथा नई-नई उपलब्धियां हमें प्राप्त हो रही हैं। वर्ष 1996 में भारत में अन्तर्राष्ट्रीय पर्यटन से 10,000 करोड़ रुपये की विदेशी मुद्रा आय के रूप में प्राप्त हुई थी। वर्ष 2001 में यह आय 15,000 करोड़ रुपये के स्तर पर पहुँच गयी थी। अर्थात मात्र पाँच वर्षों में ही पर्यटन से प्राप्त विदेशी मुद्रा में 50 प्रतिशत की वृद्धि हुई। यह पर्यटन के क्षेत्र में अभूतपूर्व सफलता की परिचायक है।

पर्यटन क्षेत्र के चतुर्दिश विकास का ही यह फल है कि विश्व के सर्वोच्च दस पर्यटन स्थलों की सूची में भारत को 9वाँ स्थान प्राप्त हुआ है। पर्यटन के क्षेत्र में प्राप्त सफलता का अनुमान भारत के इसी साहसिक प्रयास से लगाया जा सकता है कि नवीन एवं अबूझ 'मेडिकल पर्यटन' के क्षेत्र में सरकार ने बड़े पैमाने पर पूँजी का निवेश किया है। और तो और, वर्ष 2012 तक मेडिकल पर्यटन के क्षेत्र में सरकार ने 100 अरब रुपये की आय की आस लगा रखी है। ऐसी आशाओं की अपेक्षा करना अनुचित भी नहीं है, क्योंकि अभी-अभी अर्थात नवम्बर 2007 में घोषित वर्ल्ड ट्रेवल अवार्ड में भारत को एशिया के सबसे अग्रणी पर्यटन स्थल के तौर पर घोषित किया गया है। साथ ही मुम्बई के 'ताजमहल पैलेस टॉवर' को एशिया के सर्वप्रमुख होटल, गुड़गाँव के ट्राइडेंट हिल्टन को एशिया के सबसे प्रमुख मीटिंग्स होटल, उदयपुर के ओबेराय उदयविलास होटल के कोहिनूर सुइट को एशिया के सबसे प्रमुख सुइट, 'अतुलनीय भारत' ओ०आर०सी० को एशिया की सबसे प्रमुख टूरिस्ट इन्फोर्मेशन वेबसाइट तथा 'ट्रेवल एजेन्ट्स एसोसियेशन ऑफ इन्डिया' को एशिया की सबसे प्रमुख ट्रेवल एजेन्सी एसोसिएशन माना गया है।

एक अपेक्षाकृत उद्योग या कहें, आय के स्रोत से हमने इतनी अल्प अवधि में न केवल धन अर्जित किया है, अपितु प्रसिद्धि भी प्राप्त की है। वर्तमान में पर्यटन उद्योग, भारत में विदेशी मुद्रा प्राप्त करने वाला तृतीय सबसे बड़ा उद्यम है। अर्थात हीरे-जवाहरात तथा रेडीमेड वस्त्र

उद्योग के पश्चात पर्यटन का ही स्थान आता है। किन्तु कहीं न कहीं पर्यटन विकास के कार्यक्रमों के निर्धारण या उनके क्रियान्वयन में कुछ त्रुटियाँ भी दिखायी दे रही हैं। यही कारण है कि समस्त अनुकूलताओं की विद्यमानता के बाद भी विश्व पर्यटन में भारत की सहभागिता मात्र 0.37 प्रतिशत ही है। वर्ष 1998 में भारत की तुलना में चीन में आने वाले पर्यटकों की संख्या में 10 गुना अधिक की वृद्धि हुई। भारत में आने वाले अन्तर्राष्ट्रीय पर्यटकों का प्रतिशत विश्व स्तर पर मात्र 0.4 प्रतिशत ही है। जो देश भारत से आकार तथा जनसंख्या में बहुत छोटे हैं तथा पर्यटकीय दृष्टि से कम आकर्षण वाले हैं, उन देशों में भारत की तुलना में पर्यटकों का आगमन अधिक मात्रा में होता है। उदाहरण के लिये वर्ष 1995 में जहाँ भारत में लगभग 22 लाख अन्तर्राष्ट्रीय पर्यटकों का आगमन हुआ, वहीं इण्डोनेशिया में 46 लाख, थाइलैण्ड में 65 लाख, सिंगापुर में 66 लाख, मलेशिया में 79 लाख, इटली में 2 करोड़ 92 लाख, स्पेन में 4 करोड़ 51 लाख, संयुक्त राज्य अमेरिका में 4 करोड़ 47 लाख तथा फ्रांस में 6 करोड़ 61 लाख अन्तर्राष्ट्रीय पर्यटकों का आगमन हुआ। सन् 1995 में भारत में पर्यटन विकास की मद में मात्र 1.54 करोड़ अमेरिकी डॉलर व्यय किये गये, जो इसी वर्ष ऑस्ट्रेलिया द्वारा पर्यटन विकास हेतु किये गये व्यय की तुलना में मात्र 20 प्रतिशत, सिंगापुर व थाईलैण्ड की तुलना में 33 प्रतिशत तथा दक्षिणी कोरिया की तुलना में मात्र 50 प्रतिशत है।

स्पष्ट है कि पर्यटन विकास के क्षेत्र में किये जाने वाले व्यय के सम्बन्ध में भारत अत्यधिक पिछड़ा हुआ है। यद्यपि विगत तीन-चार वर्षों में पर्यटन बजट में अत्यधिक वृद्धि की गयी है तथा शीघ्र ही भारत भी पर्यटन विकास के क्षेत्र में प्रोत्साहन व्यय की राशि में आशातीत वृद्धि कर लेगा। भारत में इस क्षेत्र में किये जाने वाले कम खर्च का कारण भी है। हमारी प्राथमिकतायें कृषि, उद्योग, तकनीकी एवं सामाजिक सेवाओं के विकास को लेकर हैं। एक ग्रामीण समाज होने के नाते कृषि तथा सामाजिक सेवाओं के स्तर में सुधार लाना कल्याणकारी राज्य की स्थापना के दृष्टिकोण से नितान्त आवश्यक है। साथ ही उद्योग व्यवस्था एवं तकनीकी विकास दो ऐसे क्षेत्र हैं, जिनमें भारी मात्रा में पूँजी निवेश किया जा चुका है तथा पर्याप्त सफलता प्राप्त करने व उत्पादकता में निरन्तरता बनाये रखने के लिये इन क्षेत्रों के विकास पर राजकोष का एक बड़ा अंश व्यय करना पड़ता है। उपरोक्त कारणों से तथा सम्भवतः अपेक्षाकृत एक नवीन उद्योग होने के कारण ही भारत में पर्यटन विकास के क्षेत्र में अभी तक पर्याप्त प्रोत्साहन राशि निवेश नहीं की जा सकी है, जबकि इस उद्योग से वर्तमान में प्रत्यक्ष रूप से लगभग एक करोड़ तथा अप्रत्यक्ष रूप से लगभग तीन करोड़ लोगों की आजीविका जुड़ी हुई है।

भारत में पर्यटन विकास के अवरोध (Barriers of Tourism Development in India)

यदि हम भारत में पर्यटन विकास की वर्तमान स्थिति की तुलना 10 या 5 वर्ष पूर्व की स्थिति से करें तो एक सकारात्मक चित्र सामने आता है, अर्थात भारत पर्यटन विकास के क्षेत्र में निरन्तर प्रगति की ओर उन्मुख है। किन्तु जब हम यह तुलना अन्य देशों के पर्यटन विकास से करते हैं, तो अत्यन्त निराशाजनक आँकड़े सामने आते हैं। इसके कुछ उत्तरदायी कारणों पर प्रकाश डालना आवश्यक है—

1. पर्यटकीय सेवाओं की गुणवत्ता में कमी

पर्यटकीय सेवाओं का प्रत्यक्ष सम्बन्ध पर्यटकों की संतुष्टि से होता है। पर्यटन स्थल पर पर्याप्त मात्रा में धन व्यय करने की एवज में प्रत्येक पर्यटक उच्च कोटि की सेवाएं प्राप्त करना चाहता है। किन्तु अनेक प्रयासों के पश्चात भी भारत में पर्यटकीय सेवाओं का स्तर संतोषजनक नहीं हो पाया है। पर्यटकीय सेवाओं में कमी को निम्न बिन्दुओं के आधार पर संज्ञान में लेना अधिक विषय संगत होगा—

(i) **यात्रा एवं परिवहन सम्बन्धी कमियाँ**—भारत के टूर ऑपरेटर्स एवं ट्रेवल एजेन्सियां विश्वसनीयता के क्षेत्र में पिछड़ी हुई हैं। प्रायः अन्तर्राष्ट्रीय पर्यटकों द्वारा टूर ऑपरेटर्स या ट्रेवल एजेन्सियों द्वारा गलत सूचनाएं प्रदान करने की शिकायतें की जाती हैं। वे या तो पहले से दर्शाए गये सभी पर्यटन स्थलों का भ्रमण पर्यटकों को नहीं कराते या किसी बहाने से पर्यटकों से अतिरिक्त राशि मांगने लगते हैं। प्रायः टूर ऑपरेटर्स द्वारा निम्न कोटि के या सुविधाविहीन परिवहन साधनों का प्रयोग किया जाता है। इसी प्रकार भारत के अधिकांश यात्रा-परिपथ जीर्ण-शीर्ण अवस्था में हैं। पर्यटक के लिये अपने गन्तव्य पर पहुँचना एक दुःस्वप्न बन जाता है। भारत के यात्रा समय भी पर्याप्त विश्वसनीय नहीं हैं। कब किस वाहन का प्रस्थान स्थगित हो जाये या गंतव्य के लिए चला वाहन नियत समय पर पहुँचेगा या नहीं, सर्वत्र अनिश्चिततापूर्ण रहता है। यात्रा एवं परिवहन रूपी प्रथम मौलिक पर्यटकीय सेवा का यह स्तर किसी भी स्थिति में पर्यटकों को आकर्षित नहीं कर सकता।

(ii) **आवासीय सुविधाओं सम्बन्धी कमियां**—आवासीय सुविधा पर्यटक की द्वितीय मौलिक आवश्यकता है। इस क्षेत्र में सर्वप्रथम तो हमारा देश आवास स्थलों की कमी से ग्रसित है। किसी पर्यटन स्थल पर सीजन के समय में प्रत्येक पर्यटक को आवासीय सुविधा प्राप्त हो भी पायेगी, यह अनिश्चितता से भरा होता है। इस अवस्था में, विवश पर्यटकों से आवास स्वामी मनमाना किराया वसूल करते हैं। अधिकांश पर्यटक आवासों में शुल्क की तुलना में उचित आवासीय सुविधायें प्रदान नहीं की जातीं। भारतीय पर्यटक आवासों में स्वच्छता के नियमों का सावधानीपूर्वक पालन नहीं किया जाता। इन मामलों में भारतीय पर्यटक आवास अत्यधिक उदासीन हैं। एक अध्ययन के अनुसार भारत में सार्वजनिक क्षेत्र के पर्यटक आवासों की तुलना में निजी क्षेत्र के पर्यटक आवासों में ठहराव शुल्क, स्वच्छता एवं अन्य सुविधाओं की स्थिति अधिक चिन्ताजनक है।

(iii) **अन्य कमियां**—पर्यटन चक्र में टूरिस्ट गाइड एक महत्वपूर्ण धुरी होता है। किसी भी पर्यटन स्थल की विशेषताओं से अनभिज्ञ पर्यटक को इनका ज्ञान गाइड ही प्रदान करता है। किन्तु भारत में पर्यटक गाइड की भूमिका अधिक प्रभावी नहीं हो पायी है। प्रथमतः, भारत में पंजीकृत गाइडों का नितान्त अभाव है। इस स्थिति में गैर-पंजीकृत पर्यटक गाइडों का जाल पूरे भारत में फैला हुआ है। ऐसे गाइड न केवल पर्यटकों से अपनी सेवा का अनुचित मूल्य प्राप्त करते हैं, बल्कि बहुत से आपराधिक प्रवृत्ति के लोग पर्यटक गाइड बनकर पर्यटकों को लूट लेते हैं। द्वितीयतः अधिकांश भारतीय पर्यटक गाइड पूर्ण कुशल एवं योग्य नहीं हैं। साथ ही भाषा के सम्बन्ध में भी इन गाइडों का स्तर निम्न है। भारत में स्थापित पर्यटन सूचना केन्द्र भी अपनी महत्वपूर्ण भूमिका के साथ न्याय नहीं कर पा रहे हैं। एक ओर जहाँ भारत में प्रत्येक पर्यटन स्थल पर पर्यटक सूचना केन्द्रों की स्थापना अभी तक नहीं हो पायी है, वहीं कार्यशील केन्द्र

आधुनिक एवं परिपूर्ण पर्यटन सूचनाओं की अनुपलब्धता तथा शिक्षित-प्रशिक्षित स्टाफ की कमी का सामना कर रहे हैं।

2. अपराध एवं आतंकवाद

जनसंख्यात्मक रूप से बड़ा राष्ट्र होने व बड़े-बड़े राज्यों में विभक्त होने तथा विभिन्न अन्तर्विरोधों के चलते भारत की सुरक्षा व्यवस्था सदैव से एक चुनौतीपूर्ण कार्य रहा है। इसका अनुचित लाभ उठाकर अपराध एवं आतंकवाद ने भारत में अपनी जड़ें विकसित कर ली हैं। पर्यटन स्थलों पर भी अपराध का ग्राफ निरन्तर बढ़ रहा है। इसका कारण यह है कि भीड़-भाड़ वाले ऐसे व्यस्त स्थलों पर आपराधिक घटनाओं को क्रियान्वित करना अपेक्षाकृत अधिक सरल होता है। इसी परिप्रेक्ष्य में भारत के पर्यटन स्थलों पर पर्यटकों के साथ छेड़खानी, लूटपाट, दुर्व्यवहार और यहाँ तक कि बलात्कार की घटनाओं में वृद्धि हो रही है।

आतंकवाद यद्यपि मूल रूप से एक वैश्विक व राजनैतिक समस्या है। इसी कारण अधिकांश आतंकवादी बड़े-बड़े नरसंहारों के माध्यम से विश्व का ध्यान अपनी ओर आकृष्ट करने के उद्देश्य से राष्ट्रीय व अन्तर्राष्ट्रीय महत्व वाले भीड़-भाड़ युक्त स्थलों पर आतंकवादी घटनाओं का संचालन करते हैं। ऐसे में पर्यटन स्थलों पर आतंकी घटनायें होने की संभावनाएं अधिक बढ़ जाती हैं। यही भारत में भी हो रहा है। अक्षरधाम मन्दिर, विश्वनाथ मन्दिर, रघुनाथ मन्दिर, ख्वाजा अली दरगाह पर हुए आतंकी हमले इस बात के प्रत्यक्ष प्रमाण हैं। कश्मीर की माँ वैष्णो देवी गुफा तथा बाबा अमरनाथ यात्रा सदा से आतंकी निशाने पर रही हैं। इस प्रकार की आपराधिक एवं आतंकवादी घटनाएं किसी भी देश में पर्यटकों का मनोबल तोड़ने के लिये पर्याप्त होती हैं। पर्यटक अपने मनोरंजन से पहले अपनी जीवन रक्षा के बारे में सोचता है। इसी कारण भारत में धरती का स्वर्ग कहे जाने वाले कश्मीर में विगत 25 वर्षों से देशी-विदेशी पर्यटकों की आवक में अप्रत्याशित कमी आयी है।

3. सरकारी नीतियाँ

प्रत्येक देश पर्यटन विकास के सम्बन्ध में अनेक नीतियों का निर्माण करता है तथा उनका क्रियान्वयन सुनिश्चित करता है। इन नीतियों का निर्माण प्रत्येक देश अपनी सुविधाओं एवं संस्कृति को ध्यान में रखते हुए करता है। कुछ नीतियां पर्यटन व्यवहार को नियन्त्रित करने से भी सम्बन्धित होती हैं। ऐसी नीतियों के निर्माण का उद्देश्य पर्यटन स्थलों को पर्यटन के दुष्प्रभावों से बचाना होता है। किन्तु कभी-कभी कुछ नीतियां पर्यटकों के पर्यटनीय उद्देश्यों के विपरीत चली जाती हैं। उदाहरण के लिये भारत में मद्यपान एवं मादक द्रव्य व्यसनों पर प्रतिबन्ध अन्तर्राष्ट्रीय पर्यटन के विकास की बड़ी बाधा बनकर सामने आया है। यद्यपि यह प्रतिबन्ध भारतीय संस्कृति की रक्षा तथा इन व्यसनों के दुष्परिणामों से पर्यटकों का बचाव करता है, तथापि यह बात हमें ध्यान में रखनी होगी कि पश्चिमी व यूरोपीय देशों में मद्यपान एक बुराई नहीं अपितु दैनिक आहार का एक द्रव्य रूप है। पर्यटक की यौन इच्छाओं को प्रतिबन्धित करना इसी प्रकार की समस्या का दूसरा रूप है। पर्यटक, होटल स्वामी तथा इच्छुक पुरुष-महिला शारीरिक सम्बन्ध स्थापित करने के लिये सहमत हों; तब भी यहाँ की पर्यटन नीति पर्यटक को इसकी अनुमति नहीं देती।

इसी प्रकार अन्तर्राष्ट्रीय पर्यटक के भारत में प्रवेश करने सम्बन्धी प्रक्रिया अत्यन्त जटिल है। किसी भी अन्तर्राष्ट्रीय पर्यटक को भारत में प्रवेश से पहले न केवल अनेक औपचारिकताओं

को पूर्ण करना होता है, अपितु इस हेतु उसके अनेक दिन भी नष्ट हो जाते हैं। यदि इन आवागमन सम्बन्धी जटिलताओं को शिथिल कर दिया जाये तो, मात्र इतने प्रयास से ही भारत के अन्तर्राष्ट्रीय पर्यटन में आशातीत वृद्धि हो सकती है। यहाँ उल्लेखनीय है कि इस प्रक्रिया में राष्ट्रीय सुरक्षा के साथ कोई समझौता नहीं किया जाना चाहिये।

4. आधारभूत संरचनाओं का निम्न स्तर

किसी भी देश के समग्र विकास तथा अन्तर्राष्ट्रीय परिदृश्य पर अपनी पहचान अंकित करने के लिये मौलिक अर्हता है—अवस्थापना सुविधाओं अर्थात आधारभूत संरचनात्मक सुविधाओं का स्तर उत्कृष्ट होना। यूरोपीय देश इस बात के सर्वश्रेष्ठ उदाहरण हैं। पर्यटन जैसी राष्ट्रव्यापी क्रिया के दृष्टिकोण से तो प्रत्येक देश के अवस्थापनात्मक ढांचे का उत्कृष्ट होना प्रथम तथा अनिवार्य दशा है। किन्तु यह दुखद है कि हम पर्यटन विकास को तो आर्थिक विकास का महत्वपूर्ण घटक मान कर चलते हैं, किन्तु अवस्थापना विकास को अनदेखा कर देते हैं। स्वच्छता, पेयजल, सुचारु विद्युत व्यवस्था, चिकित्सा सुविधाएं, बैंकिंग, बीमा एवं वाणिज्य-व्यापार की पर्याप्त सुविधा सम्पन्न एवं अद्यतन आधुनिक संस्थाएं तथा जल-मल प्रवाह की समुचित व्यवस्था आदि वे आधारभूत संरचनात्मक सुविधाएं हैं, जो पर्यटन की सफलता हेतु अनिवार्य अर्हतायें हैं। इन सुविधाओं की पर्याप्त उपलब्धता पर्यटक के मानस पटल पर एक सकारात्मक एवं स्मरणीय चिह्न अंकित करती है। किन्तु कुछ गिने-चुने नगरों को छोड़कर शेष भारत में अवस्थापना सुविधाओं की स्थिति निराश करने वाली है।

5. पर्याप्त पूंजी निवेश का अभाव

इस बात का उल्लेख पूर्व में ही किया जा चुका है कि भारत सरकार की विकास योजनाओं के मुख्य क्षेत्र—कृषि, उद्योग, तकनीकी एवं सामाजिक सेवाएं हैं। सरकार का अधिकतम पूंजी निवेश अर्थव्यवस्था के इन्हीं क्षेत्रों में होता है। पर्यटन क्षेत्र के हिस्से में बहुत कम पूँजी का ही निवेश हो पाता है। अतः स्वाभाविक है कि कम पूँजी में अधिक लाभ प्राप्त नहीं हो सकता। अधिकतम पूंजी निवेश ही इस समस्या से मुक्ति दिला सकता है। भारत में पर्यटन उद्योग से सम्बन्धित निजी उपक्रमों की अत्यधिक लाभ कमाने की प्रवृत्ति के चलते ये संस्थाएं अपनी पर्यटकीय सेवाओं के स्तर में सुधार लाने के प्रयास की तुलना में प्राप्त आय का संरक्षण करना अधिक उचित समझती हैं।

6. अन्य अवरोध

उपरोक्त वर्णित कारकों के साथ-साथ कई अन्य अवरोधक भी हैं, जो भारत में पर्यटन विकास के मार्ग में प्रत्यक्ष एवं परोक्ष रूप से अवरोधक की भूमिका निभा रहे हैं। यथा नागरिकों में देश-प्रेम व राष्ट्रीय स्वाभिमान की भावना का अभाव। इसका प्रमुख उदाहरण भारत के ऐतिहासिक एवं राष्ट्रीय स्मारकों की जीर्ण-शीर्ण दशा है। जिसके लिये उनका दृश्यावलोकन करने आने वाले पर्यटक एवं स्थानीय नागरिक ही अधिक उत्तरदायी हैं। इसी प्रकार परिवहन वाहनों, यथा रेल व बसों में लिखे गये अश्लील वाक्य तथा उनकी सीटों को पहुँचाया गया नुकसान व वाहनों व सड़कों में फैलाई गई गन्दगी नागरिकों की मनोदशा का चित्रण करती है।

भारत में बस अड्डों व रेलवे स्टेशनों पर उतरते ही आवारा पशुओं, भिखारियों व विक्षिप्त व्यक्तियों की उपस्थिति किसी विदेशी और यहाँ तक कि देशी पर्यटक को भयभीत व

आश्चर्यचकित करने वाली होती है। इसी प्रकार मन्दिरों तथा राष्ट्रीय स्मारकों में बढ़ रहा बन्दरों का आतंक भारत में न केवल पर्यटन को प्रभावित कर रहा है, वरन एक राष्ट्रीय समस्या का रूप ले रहा है। हमें यदि वास्तव में पर्यटन का विकास करना है तो केवल पर्यटन सुविधाओं का विकास तथा इस मद में भारी बजट व्यय करके काम नहीं चलने वाला है। इसके लिये हमें सर्वप्रथम धार्मिक उन्माद, जातिगत बन्धन व क्षेत्रीय भावना का त्याग करना होगा तथा समस्त भारत के सर्वांगीण विकास का संकल्प लेते हुए भाईचारे व देशप्रेम की भावना से ओतप्रोत होना होगा।

सुधारात्मक उपबन्ध—यद्यपि भारत में पर्यटन क्षेत्र का चित्र निराशाजनक प्रतीत होता है किन्तु सरकार इसके विकास के प्रति केन्द्र व राज्य, दोनों ही स्तरों पर कटिबद्ध है। विकासशील अर्थव्यवस्था होने के कारण संसाधनों का अभाव पर्यटन विकास के मार्ग में जहाँ अवरोध उत्पन्न करता है, वहीं देश के परम्परागत मूल्यों की प्रधानता अन्तर्राष्ट्रीय पर्यटन एवं पर्यटकों को सहजता से स्वीकार नहीं करती। इस हेतु कुछ विचार सुझाव रूप में प्रस्तुत हैं—

(i) सर्वप्रथम तो केन्द्र एवं राज्यों की सरकारों को पर्यटन के सम्बन्ध में एक स्पष्ट नीति का निर्माण करते हुए उसका उचित क्रियान्वयन करना अपरिहार्य है। उचित क्रियान्वयन हेतु पर्यटन विकास से जुड़ी विभिन्न संस्थाओं में परस्पर समन्वय का समय-समय पर मूल्यांकन किया जाना चाहिये। इन नीतियों के निर्माण में देश की सुरक्षा, समाज की संस्कृति तथा पर्यटकों की सुविधाओं एवं इच्छाओं के मध्य जब तक समन्वय पर ध्यान नहीं दिया जायेगा, किसी भी पर्यटन विकास योजना के दूरगामी लाभ प्राप्त होने की सम्भावना कम ही रहेगी।

(ii) पर्यटन को सतत विकास का आधार मानते हुए पर्यटन के क्षेत्र में किये जाने वाले पूँजी निवेश की मात्रा में आवश्यक एवं निरन्तर वृद्धि की ओर ध्यान दिया जाना भी अपेक्षित है। केन्द्र एवं राज्य सरकारें इस सम्बन्ध में जितने प्रयास स्वयं कर सकती हैं करें, साथ ही पर्यटन के क्षेत्र में निजी क्षेत्र की सहभागिता को भी प्रोत्साहित करें। पर्यटन नीति के माध्यम से निजी क्षेत्रों पर आवश्यक नियन्त्रण, पर्यटकों के साथ होने वाली लूट-खसोट को नियन्त्रित करने के दृष्टिकोण से तर्कसंगत है।

(iii) धार्मिक, सांस्कृतिक, ऐतिहासिक, मनोरंजनात्मक, स्वास्थ्य एवं चिकित्सा, साहसिक गतिविधियों एवं शैक्षिक दृष्टिकोण से उपयोगी स्थानों को चिन्हित करके उन्हें नये पर्यटन केन्द्रों के रूप में विकसित करने की ओर हमें गम्भीरतापूर्वक विचार करना होगा। इससे दो प्रकार के लाभ प्राप्त होंगे—प्रथमतः, भारतीय पर्यटन क्षेत्र का विकास होगा, जिससे पर्यटन के माध्यम से अधिक आय प्राप्त हो सकेगी। द्वितीयतः, प्राचीन, विख्यात एवं संवहन क्षमता के अतिदोहन से जूझ रहे पर्यटन स्थलों पर पर्यटकों का दबाव कम करने में भी निश्चित सफलता प्राप्त होगी। गहन दृष्टि से देखा जाये तो नवीन पर्यटन स्थलों का विकास पर्यटन के दुष्प्रभावों को कम करने तथा पर्यटन को संतुलित विकास का कारण बनाने के दृष्टिकोण से उपयोगी है।

(iv) सड़कों की गुणवत्ता में सुधार, भारतीय पर्यटन के विकास में विटामिन-बी कॉम्प्लेक्स (B-Complex) का कार्य करेगा। वास्तव में भारत के कितने ही पर्यटन केन्द्र पर्यटकों की प्रतीक्षा करते रहते हैं, परन्तु उन्हें पर्यटक इसलिये नहीं मिलते क्योंकि वहाँ तक पहुँचने के सड़क मार्ग अत्यन्त जीर्ण-शीर्ण अवस्था में होते हैं। सड़कों में सुधार के साथ ही परिवहन साधनों की गुणवत्ता भी सुनिश्चित किये जाने की आवश्यकता है।

(v) पर्यटन से जुड़े निजी व्यवसायियों और विशेषकर टूर ऑपरेटर्स एवं होटल स्वामियों पर नियन्त्रण रखना, पर्यटन विकास में सहायक होगा। प्राय: ये व्यवसायी पर्यटकों से लिये गये मूल्य की तुलना में समुचित सेवाएं प्रदान नहीं करते। यात्रा किराये एवं पर्यटक आवास शुल्क का पूर्व निर्धारण होना चाहिये, ताकि अधिक भीड़-भाड़ के समय (सीजन) में पर्यटकों से मनमाना किराया न वसूला जा सके।

(vi) पर्यटन विकास के लिये हमें आपराधिक एवं आतंकी घटनाओं को नियन्त्रित करना ही होगा। इस हेतु जहाँ पर्यटकों के साथ किये जाने वाले अपराध के लिये तुरन्त एवं कड़े दण्ड की व्यवस्था होनी चाहिये, वहीं सरकार को वोट-बैंक की राजनीति से ऊपर उठकर कड़ी आतंकवाद नियन्त्रक नीति का निर्माण करने में विलम्ब नहीं करना चाहिये। अपराधी एवं आतंकवादी महज व्यक्ति होते हैं, किसी धर्म विशेष के अनुयायी नहीं, यह सत्यता सरकार को स्वीकार करनी चाहिये।

(vii) जब तक घरेलू पर्यटन की नींव मजबूत नहीं होगी, अन्तर्राष्ट्रीय स्तर के पर्यटन का ढांचा विकसित नहीं हो सकता। भारत में घरेलू पर्यटन की नींव धीरे-धीरे और निर्बल होती जा रही है, तब भी हम अन्तर्राष्ट्रीय पर्यटन के विकास को लेकर व्यर्थ की चिन्ता में पड़े रहते हैं। हमें यह नहीं भूलना चाहिये कि घरेलू पर्यटन का उत्कृष्ट स्तर, अन्तर्राष्ट्रीय पर्यटन के प्रचार-प्रसार के माध्यम रूप में कार्य करता है। इसलिये हमें पहले घरेलू पर्यटन को सुदृढ़ करना होगा। चूँकि भारतीय जनसंख्या का अधिकांश भाग निम्न तथा मध्यम आय वर्ग से सम्बन्धित है, अत: भारत के समस्त पर्यटन स्थलों पर निवास करने वाली ऐसी जनता की आर्थिक स्थिति को दृष्टिगत रखते हुए टूर पैकेज की राशि निर्धारित करनी चाहिये। साथ ही स्वतन्त्र रूप से आने वाले पर्यटकों के लिये आवास एवं भोजन व्यवस्था में कम मूल्य में संतोषजनक सेवायें प्रदान करने की भावना भी होटल एवं रेस्टोरेन्ट मालिकों को स्वयं में विकसित करनी चाहिये।

(viii) भारत में अवस्थापना विकास अभी भी अपनी लय प्राप्त नहीं कर सका है। जब तक न केवल पर्यटन, बल्कि पर्यटन स्थलों के आस-पास के क्षेत्रों पर पेयजल, विद्युत आपूर्ति, चिकित्सा एवं शिक्षा, स्वच्छता, बैंकिंग, बीमा, वाणिज्य, सूचना एवं प्रसारण की सेवाएं सर्वश्रेष्ठ नहीं होंगी, तब तक पर्यटकों को पर्यटन के प्रति न तो आकर्षित किया जा सकता है और न ही उसे पूर्ण संतुष्टि प्रदान की जा सकती है। अत: पर्यटन विकास के परिप्रेक्ष्य में, अवस्थापना विकास हमारी सर्वोच्च प्राथमिकता होनी चाहिये।

(ix) राष्ट्रीय एवं अन्तर्राष्ट्रीय स्तर पर पर्यटन का प्रचार-प्रसार करते समय हमें अपनी सामर्थ्य का बढ़-चढ़कर प्रदर्शन करने से बचना चाहिये। देखने में आता है कि ऐसे पर्यटन स्थलों को भी प्रचार में सम्मिलित कर लिया जाता है, जो पर्यटकीय दृष्टि से पूर्ण विकसित हो ही नहीं पाये हैं, या जिन स्थानों पर पर्यटकों के देखने के लिये अधिक कुछ नहीं है। ऐसे प्रचार में फंसकर पर्यटक इन स्थानों पर पहुँच जाते हैं तथा बाद में स्वयं को ठगा हुआ अनुभव करते हैं।

(x) पर्यटक सूचना केन्द्रों का आधुनिकीकरण करना एवं उनमें पूर्णत: प्रशिक्षित कर्मचारियों को पर्याप्त मात्रा में नियुक्त किया जाना भी वर्तमान की आवश्यकता है। अधिकांश पर्यटक सूचना केन्द्र केवल सफेद हाथी बनकर रह गये हैं। इन केन्द्रों के कर्मचारी अधिकतर अनुपस्थित रहते हैं, सभी भाषाओं का ज्ञान नहीं रखते तथा पूरे भारत वर्ष के सम्बन्ध में सूचना तो दूर की बात, अपने क्षेत्र तक की समस्त पर्यटन सम्बन्धी सूचनायें इन केन्द्रों पर उपलब्ध नहीं रहतीं। यह पर्यटकों का शारीरिक एवं मानसिक शोषण करने की स्थिति है।

(xi) पर्यटन शिक्षा का विकास, पर्यटन विकास की दिशा में महत्वपूर्ण सिद्ध होगा। यदि पर्यटन को बहुउपयोगी उद्योग के रूप में प्रचारित किया जा रहा है तो पर्यटन के क्षेत्र में रोजगार के अधिक अवसर उत्पन्न करने के लिये, सभी उच्च शिक्षा संस्थानों द्वारा पर्यटन सम्बन्धी पाठ्यक्रम अनिवार्य विषय के रूप में संचालित करने चाहिये तथा पर्यटन के शिक्षकों के रूप में ऐसे अभ्यर्थियों की नियुक्ति की जानी चाहिये, जिन्हें पर्यटन चक्र के सम्बन्ध में विशेषज्ञता प्राप्त हो। भारत में पर्यटन विषय के साहित्य का नितान्त अभाव है तथा उपलब्ध साहित्य अंग्रेजी भाषा में है, जिसे भारत का एक सामान्य व्यक्ति नहीं पढ़ सकता। साथ ही ये पुस्तकें 'भारत में पर्यटन' विषयक समग्र ज्ञान प्रदान करने में भी असमर्थ हैं। अत: आवश्यकता इस बात की है कि पर्यटन विषयक पुस्तकों का सृजन हिन्दी तथा क्षेत्रीय भाषाओं में अधिकाधिक मात्रा में किया जाये ताकि भारत के पर्यटन का सही चित्र पाठकों एवं पर्यटकों के समक्ष प्रस्तुत किया जा सके।

भारत में परिवहन
(Transport in India)

भारत में पर्यटन विकास की अपार सम्भावनायें विद्यमान हैं। इसका मुख्य कारण है—भारत में प्रत्येक प्रकार के पर्यटन स्थलों का प्रचुर मात्रा में विद्यमान होना। किन्तु इन पर्यटन स्थलों की सार्थकता तभी है, जबकि इन स्थलों पर पहुँचना सुगम हो अर्थात यात्रा एवं परिवहन की पर्याप्त सुविधा उपलब्ध हो। परिवहन के साधनों एवं माध्यमों की सुलभता तथा कम मूल्य पर उपलब्धता पर्यटन को प्रोत्साहित करती है। भारत में परिवहन के सड़क मार्ग, रेलमार्ग, जल मार्ग एवं वायु मार्ग चारों ही विद्यमान हैं। पर्यटन की दृष्टि से परिवहन के इन चारों मार्गों का ज्ञान आवश्यक है—

1. भारत में सड़क मार्ग (Road ways in India)

भारत की सड़क प्रणाली विश्व की तृतीय विशालतम प्रणालियों में से एक है। नवीनतम आंकड़ों के अनुसार देश में सड़कों की कुल लम्बाई 2,483.3 हजार किमी है। 58,112 किमी लम्बी विभिन्न सड़कों को राष्ट्रीय राजमार्ग घोषित किया जा चुका है। देश का सबसे लम्बा राष्ट्रीय राजमार्ग-7 है, जिसकी कुल लम्बाई 2,369 किमी है। राष्ट्रीय राजमार्गों की कुल लम्बाई देश में सड़कों की कुल लम्बाई के 2 प्रतिशत से भी कम है, किन्तु इसके माध्यम से कुल सड़क यातायात का 45 प्रतिशत आवागमन होता है। देश में कुल यात्री यातायात का 85 प्रतिशत व माल यातायात का 70 प्रतिशत सड़क परिवहन के द्वारा ही होता है। इसी से भारतीय पर्यटन में सड़क यातायात की महत्ता को समझा जा सकता है। सड़क संचार के माध्यम से आर्थिक विकास को तीव्र करने तथा सीमा रक्षा को सुदृढ़ बनाने के उद्देश्य से सन् 1960 में सीमा सड़क विकास बोर्ड की स्थापना की गयी थी। सीमा सड़क संगठन सड़क निर्माण का कार्य स्वयं करता है।

2. भारत में रेलमार्ग (Railways in India)

भारतीय रेलवे एशिया की सबसे बड़ी तथा विश्व की चतुर्थ सबसे बड़ी रेलवे व्यवस्था है। भारत में प्रथम ट्रेन बम्बई से थाणे तक (34 किमी मार्ग) अप्रैल, 1853 में प्रारम्भ हुई, जो कि अब

बढ़कर 62,915 किमी मार्ग को तय कर रही है। 6867 रेलवे स्टेशनों से गुजरती हुई भारतीय रेलवे प्रतिदिन लगभग 11,270 ट्रेनें संचालित करती हैं। भारतीय रेलवे के तीन गेज हैं—

1. ब्रॉडगेज (बड़ी लाइन), 1676 मिलीमीटर साइज, 85429 किमी मार्ग
2. मीटर गेज (छोटी लाइन), 1000 मिलीमीटर साइज, 19,158 किमी मार्ग
3. नैरो गेज (संकरी लाइन), 762 एवं 610 मिलीमीटर साइज, 3,626 किमी मार्ग

भारतीय रेलवे ने मेट्रो रेलवे (भूमिगत रेलवे) का प्रारम्भ सन् 1984-85 में किया। कोलकाता में एस्टलेनेड से भवानीपुर के मध्य पाँच स्टेशनों को जोड़ने वाले 3.5 किमी के मार्ग पर मेट्रो रेलवे का परिचालन इसी अवधि में प्रारम्भ हुआ। बाद में दमदम से बेलगछिया तक 2.2 किमी का रेलमार्ग भी व्यावसायिक परिचालन के लिये खोल दिया गया।

रेलवे के प्रशासन और प्रबन्ध का कार्य रेलवे बोर्ड के अधीन है तथा रेलवे बोर्ड एक केन्द्रीय मंत्री की देखरेख में कार्य करता है। रेलवे बोर्ड में एक अध्यक्ष होता है जो रेल मंत्रालय का पदेन मुख्य सचिव होता है। एक वित्त आयुक्त होता है तथा चार अन्य सदस्य होते हैं, जो भारत सरकार के पदेन सचिव होते हैं। वर्तमान में भारतीय रेलवे के पास 7,429 इंजन, 35,650 सवारी डिब्बे तथा 2,53,186 माल बैगन हैं। भारतीय रेलवे में लगभग 16 लाख लोग कार्यरत हैं, जो देश के किसी भी उपक्रम से अधिक हैं।

3. भारत में जल मार्ग (Water Ways in India)

परिवहन साधनों में जल परिवहन प्राचीनतम प्रणाली है। इसी साधन के कारण भारत में अन्तर्राष्ट्रीय व्यापार का विकास हुआ तथा भविष्य में भी इस प्रणाली के और अधिक योगदान की सम्भावनायें हैं। जल परिवहन दो प्रकार का हैं—

(i) **आन्तरिक जल परिवहन**—भारत की आन्तरिक जल व्यवस्था केवल 14,500 किमी है। आन्तरिक जल परिवहन की देश के कुल परिवहन में मात्र 0.15 प्रतिशत ही सहभागिता है। आन्तरिक जल परिवहन के विकास हेतु 'केन्द्रीय अन्तर्देशीय जल परिवहन बोर्ड' नई दिल्ली में स्थापित किया गया है। 'भारतीय अन्तर्देशीय जल परिवहन प्राधिकरण (IWAI) के अन्तर्गत राष्ट्रीय जल मार्गों का विकास, देखरेख तथा प्रबन्ध किया जा रहा है। इस प्राधिकरण की स्थापना सन् 1986 में की गयी है।

(ii) **समुद्री जल परिवहन व्यवस्था**—भारत की कुल समुद्र तटीय सीमा, मुख्य सीमा तथा लक्षद्वीप एवं अंडमान-निकोबार द्वीप को मिलाकर करीब 7,516.60 किमी है। इस दीर्घ समुद्री तट पर 12 प्रमुख बन्दरगाह तथा 185 छोटे बन्दरगाह हैं। प्रमुख बन्दरगाहों का प्रत्यक्ष उत्तरदायित्व सरकार का है तथा अन्य बन्दरगाहों को संविधान की समयवर्ती सूची में स्थान दिया गया है। देश में आधुनिक सामुद्रिक परिवहन के विकास का प्रारम्भ 1854 से 'ब्रिटिश इन्डिया स्टीम नेवीगेशन कंपनी' की स्थापना के साथ हुआ। केन्द्र और राज्य सरकारों को बन्दरगाहों के विकास के सम्बन्ध में परामर्श देने के उद्देश्य से सन् 1950 में राष्ट्रीय बन्दरगाह बोर्ड की स्थापना की गई। प्रमुख बन्दरगाहों का नियन्त्रण 'भारतीय पत्तन अधिनियम-1908' तथा 'प्रमुख पत्तन न्यास अधिनियम-1963' के अन्तर्गत किया जाता है। भारतीय सामुद्रिक परिवहन का विश्व में 17वाँ तथा एशिया में द्वितीय स्थान है। कुल विदेशी व्यापार में भारतीय जहाजों का अंशदान 16.90 प्रतिशत है। देश की कुल जहाजरानी क्षमता में सार्वजनिक क्षेत्र का अंशदान 65 प्रतिशत तथा निजी क्षेत्र का

अंशदान 35 प्रतिशत है। कुल ढुलाई क्षमता का लगभग 75 प्रतिशत भाग केवल 9 बड़ी कम्पनियों के अधीन है। सबसे ऊपर सार्वजनिक क्षेत्र की कंपनी 'शिपिंग कॉरपोरेशन ऑफ इन्डिया' है।

भारत के प्रमुख बन्दरगाह

1. कांडला (गुजरात)
2. मुम्बई (महाराष्ट्र)
3. न्हावाशेवा (महाराष्ट्र)
4. मोरमुगाहो (गोवा)
5. न्यू मंगलौर (कर्नाटक)
6. कोच्चि (केरल)
7. तूतीकोरन (तमिलनाडु)
8. चेन्नई (तमिलनाडु)
9. एन्नोर (तमिलनाडु)
10. विशाखापत्तनम (आन्ध्र प्रदेश)
11. पारादीप (उड़ीसा)
12. हल्दिया (पश्चिम बंगाल)

4. भारत में वायु मार्ग (Air Ways in India)

स्वतंत्रता प्राप्ति से पूर्व भारत की वायु सेवा उल्लेखनीय विकास नहीं कर पायी थी, किन्तु सन् 1953 में 'वायु निगम अधिनियम' पास करके भारत सरकार ने वायु परिवहन सेवा का राष्ट्रीयकरण कर दिया। इस अधिनियम के अन्तर्गत 'इन्डियन एयरलाइन्स कॉरपोरेशन' और 'एयर इन्डिया इंटरनेशनल कॉरपोरेशन' की स्थापना की भी व्यवस्था की गयी। इन दोनों निगमों ने सन् 1953 में अपनी सेवायें प्रारम्भ कीं। 'इन्डियन एयरलाइन्स' भारत के अन्दर तथा आठ पड़ोसी देशों में विमान सेवायें उपलब्ध कराता है, जबकि 'एयर इन्डिया' विदेशी वायुमार्ग की सेवायें उपलब्ध कराता है। इसका मुख्यालय मुम्बई में है। मुम्बई, कोलकाता, दिल्ली, चेन्नई (और अब तिरुवनन्तपुरम भी) में अन्तर्राष्ट्रीय हवाई अड्डों के विकास के लिये फरवरी, 1972 में 'अन्तर्राष्ट्रीय विमानपत्तन प्राधिकरण' (International Airport Authority) की स्थापना की गई। इसके बाद सन् 1986 में घरेलू उड़ानों के लिये प्रयोग किये जाने वाले हवाई अड्डों के प्रबन्ध के लिये 'राष्ट्रीय विमानपत्तन प्राधिकरण' (National Airport Authority) की स्थापना की गई, किन्तु भारतीय विमानपत्तन प्राधिकरण–1994 के अधीन इन दोनों प्राधिकरणों को 1 अप्रैल, 1995 से विलय करके 'भारतीय विमानपत्तन प्राधिकरण' (Airport Authority of India) का गठन किया गया। इस प्राधिकरण का अन्तर्राष्ट्रीय विमानपत्तन मंडल मुम्बई, कोलकाता, दिल्ली, चेन्नई और तिरुवनन्तपुरम स्थित पाँच अन्तर्राष्ट्रीय हवाई अड्डों का प्रबन्धन, संचालन और विकास करता है।

आर्थिक उदारीकरण के बाद से वायु परिवहन के क्षेत्र में कई नीतिगत एवं महत्वपूर्ण परिवर्तन किये गये हैं। 1 अप्रैल, 1994 को 'वायु निगम अधिनियम–1953' को निरस्त कर दिया गया, जिससे अब अनुसूचित हवाई यातायात सेवाओं पर से इन्डियन एयरलाइन्स, एयर इन्डिया

और 1981 में स्थापित वायुदूत का एकाधिकार समाप्त हो गया है। अब तक एयर टैक्सियों के रूप में कार्य कर रहे सात निजी प्रचालकों को अनुसूचित एयरलाइन्स की श्रेणी प्रदान की गई है। साथ ही नागर विमानन में निजी क्षेत्रों के प्रवेश के लिये एक नयी नीति घोषित की गई है, जिसके द्वारा स्वदेशी एयरलाइन्स के क्षेत्र में 40 प्रतिशत विदेशी इक्विटी की अनुमति दी गई है। नीति सम्बन्धी पहल से एयरलाइन यातायात पर उल्लेखनीय प्रभाव पड़ा है। घरेलू यातायात में कैलेण्डर वर्ष 2003 की तुलना में कैलेण्डर वर्ष 2004 में 24.7 प्रतिशत की वृद्धि हुई है। निजी एयरलाइन्स का घरेलू वायु यातायात में अंश अब 61.1 प्रतिशत है।

भारत के राज्यवार अन्तर्राष्ट्रीय हवाई अड्डे (Statewise International Airports of India)

क्र०सं०	*राज्य का नाम*	*स्थान*
1.	दिल्ली	दिल्ली
2.	असम	गुवाहाटी
3.	आंध्रप्रदेश	हैदराबाद
4.	उत्तर प्रदेश	लखनऊ
5.	उड़ीसा	भुवनेश्वर
6.	कर्नाटक	बेंगलूरू
7.	केरल	कोच्चि, तिरुवनन्तपुरम, कालीकट
8.	गुजरात	अहमदाबाद
9.	गोवा	वास्को डि गामा
10.	जम्मू-कश्मीर	श्रीनगर
11.	तमिलनाडु	चेन्नई, कोयंबटूर
12.	पंजाब	अमृतसर
13.	पश्चिम बंगाल	कोलकाता
14.	बिहार	पटना
15.	मध्य प्रदेश	इंदौर
16.	महाराष्ट्र	मुम्बई, नागपुर, पुणे
17.	राजस्थान	जयपुर

भारत की पर्यटन धरोहरें (Tourism Heritages of India)

116 करोड़ की जनसंख्या, 32,87,263 वर्ग किमी क्षेत्रफल, कुल 35 राज्यों एवं भौगोलिक दृष्टि से पाँच क्षेत्रों में विभाजित भारत देश की व्यापकता एवं विविधता का सहज अनुमान लगाया जा सकता है। भारत की विशिष्ट सामाजिक, सांस्कृतिक एवं धार्मिक परम्परायें इसे विश्व की शेष संस्कृति से पृथक एक अद्भुत पायदान पर खड़ा करती हैं। इतने व्यापक एवं

विविधताओं वाले देश में स्वाभाविक है, हर क्षेत्र के अनुसार पर्यटन क्षेत्र में भी विविधताओं का पाया जाना आश्चर्यजनक नहीं है। पर्यटकों के लिये भारत स्वर्ग है। यहाँ पर प्रत्येक श्रेणी के पर्यटक के लिये पर्यटन स्थान विद्यमान हैं। साथ ही भारत में आने वाला प्रत्येक पर्यटक या घरेलू पर्यटक अपने प्रत्येक पर्यटकीय उद्‌देश्य की पूर्ति कर सकता है, स्वयं को गौरवान्वित अनुभव कर सकता है। भारत के प्रमुख पर्यटन स्थलों का क्रमबद्ध विवरण इस प्रकार है—

भारत के प्रमुख राष्ट्रीय उद्यान एवं अभयारण्य
(Main National Parks and Sanctuaries of India)

1. **काजीरंगा राष्ट्रीय उद्यान, असम**—यह उद्यान असम में गुवाहाटी की उत्तर-पूर्वी सीमा में, ब्रह्मपुत्र नदी के तट पर स्थित है। 430 वर्ग किमी के क्षेत्रफल में प्रसारित यह उद्यान गैंडा प्रजाति तथा एक शृंगियों (Rhinoceros and Unicornis) के अन्तिम पड़ाव के रूप में प्रसिद्ध है। इस उद्यान में लगभग 1,300 गैंडों के अतिरिक्त वृषभ, हिरण, हाथी, चीते, भालू तथा बहुत से जल पक्षी निवास करते हैं। इस उद्यान के विचरण का सर्वश्रेष्ठ माध्यम हाथी की सवारी है। यह उद्यान नवम्बर से अप्रैल तक खुला रहता है। उद्यान का मुख्य द्वार कोहोरा पर है। यहाँ पर्यटक सूचना केन्द्र भी स्थापित है जो कि उद्यान के बोनानी टूरिस्ट लॉज में स्थित है। इस उद्यान में अन्तर्राष्ट्रीय एवं घरेलू पर्यटकों के लिये भिन्न मूल्य व्यवस्था लागू है। उद्यान का सम्पूर्ण आनन्द उठाने के लिये पर्यटकों को कम से कम 4 दिन तथा 3 रातों का कार्यक्रम निर्धारित करना चाहिये। उद्यान मुख्यालय में रहने की व्यवस्था, आरक्षण तथा जीप-हाथी की बुकिंग की सुविधा उपलब्ध है।

2. **कान्हा राष्ट्रीय उद्यान, मध्य प्रदेश**—यह उद्यान दक्षिण-पूर्वी दिशा में जबलपुर से 160 किमी दूर स्थित है। यह भारत के विशालतम राष्ट्रीय उद्यानों में से एक है जिसका कुल क्षेत्रफल 1945 वर्ग किमी है। चारों ओर से अनेक नदियों से आवृत्त होने के कारण यह अत्यन्त मनोरम वन क्षेत्र है। सन् 1955 में इस उद्यान को राष्ट्रीय उद्यान घोषित किया गया। यह उद्यान 'प्रोजेक्ट टाइगर' का एक अंग है। यह उद्यान वन्य जीव प्रबन्ध के माध्यम से वन्य जन्तु संरक्षण का सर्वश्रेष्ठ उदाहरण है जहाँ अनेक दुर्लभ वन्य जन्तुओं के दर्शन किये जा सकते हैं। वन्य जीव संरक्षण के कारण ही सन् 1973 से 1988 के मध्य यहाँ चीतों की संख्या 43 से बढ़कर 100, तेंदुओं की संख्या 30 से बढ़कर 62, चीतल की संख्या 9,000 से बढ़कर 17,000, सांभर की संख्या 1,058 से बढ़कर 1,853, बारहसिंघों की संख्या 118 से बढ़कर 547 तथा वृषभ की संख्या 559 से बढ़कर 671 हो गयी। यह उद्यान बहुत ही संगठित तथा विश्व प्रसिद्ध है, जहाँ चीते, वृषभ तथा अन्य वन्य जन्तुओं के दर्शन करने के अच्छे अवसर विद्यमान रहते हैं। पर्यटकों हेतु यह उद्यान 1 सितम्बर से 31 जुलाई तक खुलता है। इस उद्यान का भ्रमण करने का सर्वश्रेष्ठ समय मार्च-अप्रैल माह का है, क्योंकि इन दिनों के गर्म मौसम में पानी की खोज में वन्य जन्तु बाहर निकलकर विचरण करने लगते हैं।

3. **दुधवा राष्ट्रीय उद्यान, उत्तर प्रदेश**—भारत के जल हिरणों (Swamp Deers) एवं अन्य वन्य जन्तुओं को पुनर्वास के फलस्वरूप सही स्थिति एवं स्थान उपलब्ध कराने के उद्‌देश्य से, खीरी जनपद के उत्तरी भाग के 212 वर्ग किमी क्षेत्रफल को सन् 1968 में दुधवा उद्यान घोषित किया गया। तत्पश्चात वनस्पतियों, वन्य जन्तुओं, पारिस्थितिकीय एवं भू-आकृति विज्ञानीय महत्व तथा इस क्षेत्र में वन्य जन्तुओं के संरक्षण की सम्भावना को दृष्टिगत रखते हुए

उत्तर प्रदेश सरकार ने सन् 1977 में इसका क्षेत्रफल 400 वर्ग किमी कर दिया और इसे राष्ट्रीय उद्यान घोषित किया। इस उद्यान में लगभग 40 चीते, 4 तेंदुएं, 220 सांभर, 200 जल हिरण, 2,000 चितकबरे हिरन, 400 पाढा (Hog-Deer), 20 मुंजक हिरण (Barking Deer), 1,000 जंगली भालू, 70 रीछ (Sloth Bear), 10 काले हिरण, 100 नील गाय, 15 मगरमच्छ तथा 22 जंगली हाथी उपस्थित हैं। इसके अतिरिक्त इस उद्यान में विभिन्न पक्षियों की 400 प्रजातियाँ तथा पर्याप्त मात्रा में मछलियाँ तथा सरीसृप (Reptiles) भी विद्यमान हैं। इस उद्यान में दिल्ली तथा लखनऊ, दोनों स्थानों से ही सरलतापूर्वक पहुँचा जा सकता है क्योंकि यह दिल्ली से 430 किमी तथा उत्तर प्रदेश की राजधानी लखनऊ से मात्र 215 किमी दूर स्थित है। उद्यान से निकटतम कस्बा, 10 किमी दूर स्थित पलिया कलां हैं जहाँ डाकघर, हॉस्पिटल तथा बैंक जैसी सभी आधारभूत पर्यटकीय सुविधायें विद्यमान हैं। इस उद्यान में विचरण करने का सर्वश्रेष्ठ समय नवम्बर से मई के मध्य का है।

4. **कार्बेट टाइगर रिजर्व, उत्तराखण्ड**—'जिम कार्बेट पार्क' के नाम से विश्वविख्यात यह उद्यान सन् 1936 में भारत के प्रथम राष्ट्रीय उद्यान के रूप में स्थापित किया गया था। यह उद्यान, उपलब्ध वन्य जन्तुओं की विविधता तथा रामगंगा नदी के तट पर हिमालय की तलहटी में बसे होने की सुन्दर स्थानिक अवस्था के कारण ही विश्वविख्यात है। पूर्व में इस उद्यान का क्षेत्रफल 520 वर्ग किमी था, किन्तु पश्चिमी दिशा से सोन नदी अभयारण्य के इसमें विलय कर देने के पश्चात वर्तमान में इस उद्यान का कुल क्षेत्रफल 1318 वर्ग किमी हो गया है। इस उद्यान का नामकरण विश्वविख्यात ब्रिटिश शिकारी स्वर्गीय जिम कार्बेट के नाम पर किया गया है। जिम कार्बेट बड़ा साहसी एवं प्रयोगधर्मी व्यक्ति था। वह पहले तो अपने कैमरे से वन्य जन्तुओं को देखता था तथा बाद में अपनी बन्दूक से उसका शिकार कर लेता था। इस उद्यान में चीते के दर्शन होना भाग्य की ही बात है, क्योंकि यहाँ वन्य जन्तु अधिक देर तक नहीं ठहरते। यदि आप इस उद्यान में सीजन के अन्त अर्थात माह अप्रैल से मध्य जून के आसपास आते हैं तथा कुछ दिन तक इस उद्यान में ठहरेंगे, तभी आप वन्य जन्तुओं (विशेषकर चीते) के दर्शन कर पायेंगे।

इस उद्यान में जंगली हाथी, लंगूर, मकाक बानर (Rhesus Macaque), मोर, विभिन्न प्रकार के हिरन, सांभर, पाठा, मुंजक हिरण, मगरमच्छ तथा घड़ियाल, बड़ी छिपकलियाँ, जंगली सूअर तथा गीदड़ आदि वन्य जन्तु निवास करते हैं। कभी-कभी तेंदुओं के भी दर्शन हो जाते हैं। किन्तु पक्षियों को देखने आने वाले पर्यटकों के लिये यह उद्यान स्वर्ग के समान है। रामगंगा नदी के तट पर रामगंगा जलाशय का निर्माण करने के बाद से इस उद्यान में बड़ी संख्या में जल पक्षी (Water Fowl) पहुँच चुके हैं। इस उद्यान में 2 पर्यटक स्वागत केन्द्र हैं। एक उद्यान के दक्षिण-पूर्वी छोर पर रामनगर में तथा दूसरा, उद्यान के दक्षिण-पश्चिमी छोर पर स्थित कोटद्वार में। सूर्यास्त के समय उद्यान का मुख्य प्रवेश द्वार बन्द कर दिया जाता है। रात्रि के समय उद्यान में वाहन चलाने की अनुमति नहीं दी जाती। उद्यान से बाहर ठहरने का मुख्य स्थान एक छोटा सा कस्बा ढिकाला है जो उत्तर-पूर्वी दिशा में रामनगर से 51 किमी की दूरी पर स्थित है। इस उद्यान का निकटतम रेलवे स्टेशन है जो कि प्रोजेक्ट टाइगर का मुख्यालय भी है। वैसे रामनगर तथा इस उद्यान के बाहर भी कुछ अच्छे एवं सस्ते रिसोर्ट बनाये गये हैं किन्तु सीजन में यहाँ पर कमरे मिल पाना कठिन होता है। उद्यान भ्रमण के 2 तरीके हैं- केवल दिन का भ्रमण तथा उद्यान में रात्रि निवास सहित भ्रमण। रात्रि निवास हेतु पर्यटक स्वागत कक्ष से अनुमति लेनी पड़ती है जो कि रानीखेत मार्ग पर, रामनगर में स्थित है। पर्यटकों हेतु यह उद्यान मध्य नवम्बर से मध्य जून

के बीच प्रतिदिन प्रात: 8.00 से 1.00 बजे तक तथा सायं 3.00 से 5.00 बजे तक खुलता है। इस अवधि में कोई अवकाश दिवस नहीं रहता। इस उद्यान के सोन नदी अभयारण्य में वन विश्राम गृह भी है। इसमें निवास हेतु कोटद्वार स्थित नवीन पर्यटक स्वागत कक्ष से अनुमति लेनी पड़ती है। यह पर्यटक स्वागत कक्ष सोमवार से शनिवार तक, प्रात: 10.00 बजे से सायं 5.00 बजे तक खुला रहता है। अन्तर्राष्ट्रीय पर्यटकों की तुलना में राष्ट्रीय पर्यटकों से दो-तिहाई उद्यान शुल्क कम लेने की व्यवस्था भी इस उद्यान में की गई है। इस उद्यान में निजी वाहनों का प्रयोग अनुमन्य है। रामनगर मार्ग पर स्थित उद्यान के आमडांडा द्वार पर पर्यटक गाइड उपस्थित रहते हैं। आवश्यकता का अनुभव होने पर उनकी सेवायें प्राप्त की जा सकती हैं।

5. **सुन्दरवन अभयारण्य, पश्चिम बंगाल**—यह अभयारण्य चौबीस परगना क्षेत्र में स्थित है तथा यूनेस्को द्वारा घोषित भारत की 26 विश्व धरोहरों में से एक है जिसे सन् 1987 में विश्व धरोहर घोषित किया गया था। इस अभयारण्य का कुल क्षेत्रफल 2,585 वर्ग किमी है जिसकी सीमायें बांग्लादेश तक प्रसारित हैं। यह अभयारण्य भी 'प्रोजेक्ट टाइगर' का ही अंग है। भारत के किसी अन्य राष्ट्रीय उद्यान या अभयारण्य की तुलना में यहाँ पर विद्यमान चीतों की संख्या सर्वाधिक है। इस अभयारण्य में निकट जाकर वन्य जन्तुओं का अवलोकन करना घातक हो सकता है क्योंकि मानवीय कोलाहल से घबराकर वन्य जन्तुओं द्वारा इस अभयारण्य में प्रतिवर्ष लगभग 20 लोगों को मार दिया जाता है। वन्य जन्तुओं का अवलोकन करने हेतु वन के किनारे खड़े रहना सर्वश्रेष्ठ तरीका है। इस अभयारण्य में मछुआरे और शहद इकट्ठा करने वाले लोग मानव चेहरों के रूप में रंगे हुए मास्क पहनते हैं जिनका मुख सिर के पीछे रहता है क्योंकि शेर या चीता व्यक्ति पर तब आक्रमण नहीं करता जब उसे लगता है कि व्यक्ति उसे देख रहा है। सजनीखली नामक स्थान पर विजिटर्स बुक में सुन्दरवन में आने वाले पर्यटकों की इस अभयारण्य विचरण के पश्चात की भावनायें जानने के लिये उनके विचार लिखे जाते हैं। यहाँ पर देखने के लिये बहुत कुछ है जैसे कि चितकबरे हिरण, जंगली सूअर एवं बन्दर इत्यादि। इस अभयारण्य में स्थानीय नावों एवं साइकिल रिक्शा से भ्रमण किया जा सकता है जो कि निकटतम गाँवों से प्राप्त हो जाते हैं। सम्पूर्ण अभयारण्य मनोरम वन क्षेत्र के रूप में है। एक प्रकार से इस अभयारण्य में पर्यटकों को वन्य जन्तुओं के जीवन को जानने का अवसर प्राप्त होता है। सजनीखली स्थान पर ही विजिटिंग सेंटर स्थित है। कोलकाता से बस या निजी वाहन द्वारा सुन्दरवन अभयारण्य पहुंचा जा सकता है। इस यात्रा में मात्र 3 घंटे ही लगते हैं। इस अभयारण्य की दक्षिण दिशा में 2 अन्य छोटे अभयारण्य भी स्थित हैं—लोथियान एवं होलीडे आइलैंड। सुन्दरवन के साथ-साथ आप इन अभयारण्यों के भ्रमण का भी लाभ उठा सकते हैं। इन अभयारण्यों में नामखाना स्थान से पहुँचा जाता है।

6. **नमदाफा राष्ट्रीय उद्यान, अरुणाचल प्रदेश**—यह उद्यान म्यांमार की सीमा पर मियाओं में स्थित है। इस उद्यान में वैसे तो अनेक प्रकार के वन्य जन्तुओं का निवास है परन्तु चीते और तेंदुए अधिक मात्रा में हैं। मियाओं के उद्यान मुख्यालय में पर्यटकों के रात्रि विश्राम की सुविधा उपलब्ध है।

7. **हजारी बाग राष्ट्रीय उद्यान, बिहार**—यह मनोरम एवं हरा-भरा उद्यान, राँची से 107 किमी दूर, उत्तर दिशा में स्थित है। इस उद्यान में आप हिरण, चीते तथा तेंदुए आदि वन्य जन्तुओं के दर्शन कर सकते हैं। इस उद्यान में आने का सर्वश्रेष्ठ समय फरवरी माह से मार्च के मध्य का है।

8. **सुल्तानपुर अभयारण्य, हरियाणा**—यह अभयारण्य दिल्ली की दक्षिण-पश्चिम सीमा पर दिल्ली से 46 किमी दूर स्थित है। इस अभयारण्य में विविध प्रकार के पक्षी देखे जा सकते हैं। अभयारण्य का मुख्य आकर्षण गुलाबी जल पक्षी (Rosy Pelican) हैं। यहाँ पर यूरोप और साइबेरिया से लाये गये 100 से भी अधिक प्रकार के पक्षियों का निवास है। इस अभयारण्य की खोज पीटर जेक्सन ने की थी जिसमें पक्षी साहित्य का पुस्तकालय, रेस्टोरेन्ट, बार तथा गेस्ट हाउस की श्रेष्ठ सुविधा उपलब्ध है। यहाँ आने का सर्वश्रेष्ठ समय सितम्बर से मार्च के मध्य का है।

9. **कालाटो अभयारण्य, हिमाचल प्रदेश**—चम्बा शहर के मुख्य डाकघर से 8.5 किमी दूर स्थित अभयारण्य में मुंजक हिरणों एवं भालू सहित अनेक प्रकार के वन्य जन्तुओं को देखा जा सकता है। इसमें वाहन के प्रयोग के लिये जिला वनाधिकारी से अनुमति प्राप्त करना आवश्यक है। इस अभयारण्य में वन विश्राम गृह भी स्थित है किन्तु उसमें विश्राम हेतु आरक्षण के लिये भी जिला वनाधिकारी कार्यालय से ही सम्पर्क करना पड़ता है।

10. **पालामऊ राष्ट्रीय उद्यान, झारखण्ड**—यह उद्यान राँची की पश्चिम दिशा में, राँची से 140 किमी दूर स्थित है। यह उद्यान भी प्रोजेक्ट टाइगर का अंग है। पूरे केन्द्रीय भारत में जंगली हाथियों को देखने का यह एकमात्र सर्वश्रेष्ठ स्थान है, जहाँ आसानी से 100 जंगली हाथियों को देखा जा सकता है। उद्यान में भ्रमण हेतु किराये पर जीप की व्यवस्था बेतला नामक स्थान से की जाती है। बेतला में ही पर्यटकों के ठहरने की उचित व्यवस्था भी है।

11. **बान्धवगढ़ राष्ट्रीय उद्यान, मध्य प्रदेश**—यह उद्यान जबलपुर से 197 किमी दूर, उत्तर-पूर्वी दिशा में, विन्ध्याचल पर्वत की सीमा पर स्थित है। यद्यपि यह उद्यान प्रोजेक्ट टाइगर का अंग नहीं है, तथापि यहाँ पर 105 वर्ग किमी के मुख्य उद्यान क्षेत्र में 25 चीते देखे जा सकते हैं, विशेषकर सीजन के अन्त में। इस उद्यान में 343 वर्ग किमी का प्रतिरोधी क्षेत्र अभी सम्मिलित किया गया है। इस क्षेत्र में 25 चीते और हैं। यद्यपि यह उद्यान बहुत विशाल तो नहीं है, तथापि इस उद्यान में जंगली सूअर, गीदड़, वृषभ, सांभर, सेही तथा अनेक प्रकार के पक्षियों को देखा जा सकता है। पर्यटकों हेतु यह उद्यान 1 सितम्बर से 30 जून तक खुला रहता है। इस अवधि में दिन में एक घंटे के लिये उद्यान में प्रवेश बन्द कर दिया जाता है। उद्यान का प्रवेश शुल्क अत्यन्त कम है।

12. **केवलादेव राष्ट्रीय उद्यान, राजस्थान**—यह उद्यान मुख्य रूप से पक्षी विहार है, जो कि भरतपुर में स्थित है। इसे घना पक्षी विहार भी कहते हैं। इस पक्षी विहार में न्यूनतम 415 प्रकार के पक्षी विचरण करते हैं। इनमें से 115 प्रकार के पक्षी साइबेरिया तथा चीन से लाये गये हैं। पूर्व में यह पक्षी विहार एक विशाल अर्द्धशुष्क क्षेत्र के रूप में था, जहाँ मानसून के दिनों में पानी एकत्रित होता था किन्तु अतिशीघ्र समाप्त भी हो जाता था। बाद में भरतपुर के तत्कालीन महाराजा ने समीपवर्ती एक नहर से यहाँ पर निरन्तर पानी की व्यवस्था की जिसके तुरन्त बाद यहाँ पर विशाल संख्या में पक्षी आकर बस गये। इस पक्षी विहार में कैमरे या वीडियो कैमरे के साथ प्रवेश किया जा सकता है, जिसके लिये अतिरिक्त प्रवेश शुल्क का भुगतान करना पड़ेगा। यहाँ मोटर वाहनों का प्रयोग प्रतिबन्धित है। पर्यटक स्वागत केन्द्र से पर्यटकों को पर्यटक गाइड की सेवायें प्राप्त हो सकती हैं। यह पक्षी विहार प्रतिदिन प्रातः 6.00 से सायं 8.00 बजे तक खुला रहता है। भरतपुर शहर से 5 किमी दूर दक्षिण दिशा में स्थित इस पक्षी विहार में पर्यटकों की पर्याप्त भीड़ रहती है।

13. **रणथम्भौर राष्ट्रीय उद्यान, राजस्थान**—यह राष्ट्रीय उद्यान भरतपुर-कोटा मार्ग के मध्य सवाई माधोपुर शहर के निकट स्थित है। यद्यपि यह उद्यान प्रोजेक्ट टाइगर का अंग है किन्तु दुख की बात यह है कि यह कार्यक्रम इस उद्यान में सफल सिद्ध नहीं हो सका, क्योंकि उद्यान के कर्मचारी चीन के दवा व्यापार को दृष्टिगत रखते हुए स्वयं ही चीतों की हत्या कर देते थे। लगभग 400 वर्ग किमी क्षेत्र में फैले इस राष्ट्रीय उद्यान में जहाँ 27 चीते उपस्थित हैं, वहीं अन्य वन्य जन्तुओं में बड़े-छोटे शाकभक्षी (Herbivarous) भी विचरण करते हैं। इस उद्यान में चीता न देख पाना आपका दुर्भाग्य ही हो सकता है। यहाँ पर्याप्त संख्या में पक्षी भी विद्यमान हैं। यह एक मनोहारी एवं हराभरा वन क्षेत्र है जो कि बारिश के मौसम में 1 जून से 30 सितम्बर तक पर्यटकों हेतु बन्द रहता है। वैसे उद्यान भ्रमण का सर्वश्रेष्ठ समय अक्टूबर से अप्रैल के मध्य का है। इस अवधि में भी प्रातः काल सूर्योदय तथा सायंकाल सूर्यास्त का समय और भी श्रेष्ठ है। यदि आपके पास किसी भी प्रकार का कैमरा उपलब्ध है तो प्रवेश शुल्क के साथ कैमरे का किराया भी लिया जाता है। उद्यान भ्रमण एवं जीप की बुकिंग 'प्रोजेक्ट टाइगर कार्यालय' से की जा सकती है। यह कार्यालय रविवार के दिन बन्द रहता है।

14. **सरिस्का राष्ट्रीय उद्यान, राजस्थान**—यह राष्ट्रीय उद्यान तथा दिल्ली से 200 किमी दूर राजस्थान के अलवर जिले में स्थित है। एक काष्ठ घाटी (Wooded Valley) में स्थित तथा चारों ओर से घने पर्वतों से आवृत्त है। इस उद्यान का कुल क्षेत्रफल 800 वर्ग किमी है। उद्यान में प्रोजेक्ट टाइगर सन् 1979 में प्रारम्भ किया गया। प्रोजेक्ट टाइगर का अंग होने के कारण यहां मुख्य रूप से चीते के दर्शन किये जा सकते हैं। अन्य वन्य जीवों में, नीले साँड, साँभर, चितकबरे हिरण, जंगली सूअर आदि भी देखे जा सकते हैं। इस उद्यान की प्रमुख विशेषता यह है कि इसके अन्दर मन्दिर, किले, पैवेलियन तथा अनेक महल भी बने हुए हैं जिनके दृश्यावलोकन का आनन्द उठाना पर्यटक नहीं भूलते। इन इमारतों का निर्माण अलवर के तत्कालीन महाराजा ने कराया था। उद्यान भ्रमण का सर्वश्रेष्ठ समय माह नवम्बर से जून के मध्य का है। इस अवधि में भी सायं के समय अधिकाधिक वन्य जन्तु देखे जा सकते हैं।

15. **कंचनजंगा राष्ट्रीय उद्यान, सिक्किम**—गंगटोक में स्थित इस उद्यान तथा जेमू हिमनद को देखने के लिये प्रायः अनुभवी पर्वतारोहियों के दल को ही अनुमति मिलती है। साथ ही यात्रा के लिये किसी अनुमोदित ट्रेवल एजेन्सी की सेवाओं का साथ होना अनिवार्य है। इस कार्य हेतु गंगटोक ट्रेवल एजेन्सी सर्वश्रेष्ठ है।

16. **ऑर्किड अभयारण्य, सिक्किम**—गंगटोक से 14 किमी दूर स्थित यह अभयारण्य चारों ओर से शान्त व सुरम्य वनों से घिरा हुआ है। इस अभयारण्य में सिक्किम में पाये जाने वाले 454 ऑर्किड देखे जा सकते हैं। इस अभयारण्य में विचरण का सर्वश्रेष्ठ समय अप्रैल एवं मई तथा मध्य नवम्बर से मध्य दिसम्बर माह तक है। यहाँ पादपों की देखभाल का उत्तरदायित्व वन विभाग के पास है। पिकनिक एवं मनोरंजन के दृष्टिकोण से यह अभयारण्य सिक्किम का सर्वश्रेष्ठ स्थान है। होटल, कैफे, बस स्टैण्ड, पोस्ट ऑफिस, पर्यटन कार्यालय तथा अन्तर्राष्ट्रीय पर्यटक पंजीकरण कार्यालय जैसी आवश्यक एवं मूलभूत पर्यटकीय सेवाओं की उपलब्धता भी इस अभयारण्य की विशेषता है। ये समस्त सुविधायें अभयारण्य से थोड़ी दूर दार्जिलिंग मार्ग पर प्राप्त होती हैं।

17. **नाल सरोवर अभयारण्य, गुजरात**—कुल 116 वर्ग किमी क्षेत्रफल वाले इस अभयारण्य में विविध प्रकार के पक्षियों के दर्शन किये जा सकते हैं। अहमदाबाद से 60 किमी दूर दक्षिण-पूर्व दिशा में स्थित इस अभयारण्य में देशी एवं विदेशी पक्षियों के विशाल झुंड देखे जा सकते हैं। सूर्योदय के तुरन्त पश्चात तथा सूर्यास्त के समय बतखों, पेलिकन तथा हंसावर के भली-भांति दर्शन किये जा सकते हैं। यह अभयारण्य नवम्बर से फरवरी माह तक ही पर्यटकों हेतु खुलता है। इस अभयारण्य में दिन का भ्रमण ही अधिक उचित है। यहाँ की समस्या बसों का समय अनियमित होना तथा ठहरने की उचित सुविधा का उपलब्ध न होना है। अत: अधिकांश पर्यटक इस उद्यान में केवल दिन के समय ही भ्रमण पर आते हैं, वह भी निजी वाहन द्वारा। सप्ताहांत के दिनों में यहाँ अत्यधिक भीड़ रहती है। यहाँ के पक्षी मानव कोलाहल से विचलित हो जाते हैं, अत: नाव में बैठकर शांतिपूर्वक अभयारण्य का आनन्द उठाना चाहिये।

18. **सासनगिर अभयारण्य, गुजरात**—जूनागढ़ से 59 किमी दूर, विसावदर मार्ग पर स्थित यह सिंह विहार, एशियाई सिंहों का अन्तिम घर है। इस अभयारण्य का क्षेत्रफल 1400 वर्ग किमी है। इसका निर्माण सिंहों और उनके आवासों को संरक्षित करने के उद्देश्य से किया गया था। इस कार्य में सफलता भी प्राप्त हुई है। इस अभयारण्य में सन् 1980 में जहाँ सिंहों की संख्या 200 थी, अब बढ़कर 250 से भी अधिक हो चुकी है। यह अभयारण्य पर्यटकों हेतु 16 अक्टूबर से 15 जून तक खुला रहता है परन्तु सिंह देखने का सर्वश्रेष्ठ समय दिसम्बर माह से अप्रैल के मध्य का है। सिंहों के अतिरिक्त अन्य 30 प्रकार के वन्य जन्तु भी इस अभयारण्य में विचरण करते हैं, जैसे कि तेंदुए, लकड़बग्घे, लोमड़ी, जंगली सूअर तथा हिरणों एवं बारहसिंगों की अनेक नस्लें। इस अभयारण्य में तोते, मोर और बन्दर भी निवास करते हैं। प्रवेश शुल्क निर्धारित है तथा पर्यटक गाइडों की सेवायें भी उपलब्ध हैं। अभयारण्य में स्थित लॉज ऑफिस से प्रात: 7.00 से 11.00 बजे तक तथा सायं 3 से 6.30 बजे तक किराये पर जीप सेवा प्राप्त की जा सकती है।

19. **बन्नरघट्टा राष्ट्रीय उद्यान, कर्नाटक**—छोटे आकार का यह राष्ट्रीय उद्यान बेंगलूर से 21 किमी दूर दक्षिण दिशा में स्थित है। इस उद्यान में कुछ संख्या में तेंदुए, सिंह, चीते तथा हाथी निवास करते हैं। इसके अतिरिक्त इस उद्यान में मगरगच्छ और साँपों का एक फार्म भी है। यह उद्यान मंगलवार को छोड़कर प्रतिदिन खुला रहता है तथा बेंगलूर से बस द्वारा यहाँ पहुँचा जा सकता है।

20. **नागरहोल राष्ट्रीय उद्यान, कर्नाटक**—643 वर्ग किमी के क्षेत्रफल वाले इस राष्ट्रीय उद्यान को 'राजीव गाँधी राष्ट्रीय उद्यान' के नाम से भी जाना जाता है। मैसूर से 93 किमी दूर, दक्षिण-पश्चिम दिशा में स्थित यह उद्यान कुर्ग क्षेत्र के एक एकान्त स्थान में बसाया गया है। 15 वर्ष पूर्व तक यह उद्यान भारत के सर्वश्रेष्ठ वन एवं उद्यान में से एक था तथा इस उद्यान में ठीक-ठाक संख्या में चीतों, हाथियों, तेंदुओं, रीछों, मुंजक हिरणों, वृषभ तथा साँभर का निवास था, किन्तु सन् 1992 में अवैध गतिविधियों में संलिप्त उद्यान कर्मियों तथा स्थानीय चरवाहों एवं किसानों के मध्य किसी कारणवश उत्पन्न हुए तनाव ने उन्माद का रूप धारण कर लिया तथा इसी उन्मादवश, उद्यान में भीषण आग लगा दी गई। इस अग्निकांड में यह उद्यान लगभग नष्ट हो गया। अब उद्यान का पुनर्निर्माण किया गया है। तथापि इस उद्यान में अधिक संख्या में पर्यटकों का आगमन नहीं होता। केवल अन्तर्राष्ट्रीय पर्यटकों हेतु कुछ प्रवेश शुल्क निर्धारित किया गया है। इस उद्यान में भ्रमण का सर्वश्रेष्ठ समय अक्टूबर से मई माह के मध्य

का है। किन्तु एक बात का ध्यान रखिये, वन विभाग से रात्रि निवास हेतु आवास का पंजीकरण कराये बिना यहाँ न आयें क्योंकि उद्यान से बाहर ठहरने का दूर तक कोई प्रबन्ध नहीं है। यह आरक्षण यात्रा तिथि से कई दिन पूर्व कराना पड़ता है। उद्यान के सम्बन्ध में पूछताछ तथा प्रवेश की बुकिंग 'वन एवं वन्य जन्तु डिवीजन' के उपसंरक्षक के कार्यालय में करवानी पड़ती है। यह कार्यालय हंसूर नामक स्थान पर है।

21. **पेरियार अभयारण्य, केरल**—इडुक्की नामक स्थान पर स्थित यह अभयारण्य दक्षिण भारत का सुप्रसिद्ध अभयारण्य है। 777 वर्ग किमी क्षेत्रफल वाले इस वन्य जन्तु अभयारण्य में 35 चीते तथा तेंदुए निवास करते हैं। किन्तु यदि आप इस आशा के साथ इस अभयारण्य में आते हैं कि अनिवार्य रूप से चीते देखने को मिल जायेंगे तो आप निराश हो सकते हैं, क्योंकि अभयारण्य में चीते कभी-कभार ही देखने में आते हैं। यदि आप इस अभयारण्य तक पहुँचने में होने वाली यात्रा की कठिनाइयों को अनदेखा कर सकते हैं, तब आपको इस अभयारण्य में न केवल अनेक वन्य जन्तुओं के दर्शन, बल्कि यहाँ के मनोहारी वन भ्रमण का अवसर भी प्राप्त होगा। इस अभयारण्य में 26 वर्ग किमी की एक कृत्रिम झील भी स्थित है, जिसका निर्माण ब्रिटिश शासकों द्वारा कराया गया था। इस अभयारण्य में चीतों तथा तेंदुओं के अतिरिक्त साँभर, जंगली सूअरों, बन्दरों, बारहसिंगों (Antelopes), लंगूरों, लगभग 750 हाथियों तथा पक्षियों की एक वृहद् शृंखला का निवास है।

22. **अन्नामलाई अभयारण्य, तमिलनाडु**—यह अभयारण्य कोयम्बटूर से लगभग 90 किमी दूर पोलाची के निकट पश्चिमी घाटों पर 1400 मीटर की ऊँचाई पर स्थित है। इसका क्षेत्रफल 899 वर्ग किमी है। इस अभयारण्य में अनेक प्रकार के वन्य जन्तु जैसे—हाथी, वृषभ, चीते, तेंदुए, रीछ, भालू, हिरण, जंगली भालू, जंगली कुत्ते, सियार, सेही, उड़न गिलहरियाँ तथा पेंगोलिन आदि तथा अनेक प्रकार के पक्षी यथा रॉकेट चिड़िया, लाल गलमुच्छा बुलबुल (Red Whiskered Bulbul), चितकबरी डोव तथा हरे कबूतर आदि देखे जा सकते हैं। इसी अभयारण्य के अमरावती जलाशय में असंख्य मगरमच्छ भी हैं। इस अभयारण्य में वन्य जन्तुओं एवं पक्षियों के अतिरिक्त अन्य मनोहारी स्थल हैं—हरी-भरी पहाड़ियाँ, जलाशय, बाँध तथा अनेक जल-प्रपात इत्यादि।

23. **मुण्डन थुरै टाइगर अभयारण्य, तमिलनाडु**—यह अभयारण्य केरल सीमा के निकट पर्वतों के मध्य स्थित है। निकटतम रेलवे स्टेशन, यहाँ से 25 किमी दूर उत्तर-पूर्वी दिशा में स्थित अम्बासमुद्रम कस्बे में है। चूँकि यह चीता अभयारण्य है, अतः यहाँ पर्याप्त संख्या में चीते तो पाये ही जाते हैं, इसके अतिरिक्त चीतल तथा साँभर के दर्शन भी आप कर सकते हैं। यद्यपि यह अभयारण्य वर्ष भर पर्यटकों हेतु खुला रहता है, तथापि अभयारण्य भ्रमण का सर्वश्रेष्ठ समय जनवरी माह से मार्च तक का है। चूँकि अधिक संख्या में होने के कारण चीते घूमते रहते हैं, अतः अपनी सुरक्षा हेतु वन विश्राम गृह की सेवायें ले लेनी चाहिये।

24. **वेदान्तंगल पक्षी अभयारण्य, तमिलनाडु**—चेंगलपट्टू से 35 किमी दूर दक्षिण दिशा में स्थित यह पक्षी अभयारण्य भारत के सबसे भव्य जल पक्षी स्थानों में से एक है। इस अभयारण्य में जल काक (Cormornts), बगुले, आइबिस, चमच चंचु (Spoon Bills), ग्रीब्स तथा पेलिकन इत्यादि पक्षी विचरण करते मिल जायेंगे। ये पक्षी इस अभयारण्य में प्रसवकाल के दौरान आते हैं तथा अक्टूबर से मार्च माह तक, 6 माह की अवधि के लिये अपने घोंसले बनाते हैं। ये पक्षी मानसून पर आश्रित हैं। इनके प्रसव का सर्वश्रेष्ठ समय दिसम्बर से जनवरी माह के

मध्य होता है, अतः इस अवधि में इस अभयारण्य में लगभग 30,000 पक्षी एकत्र हो जाते हैं। अभयारण्य में भ्रमण का सर्वश्रेष्ठ समय सूर्योदय के तुरन्त बाद तथा सूर्यास्त के समय का है। इस क्षेत्र में ठहरने का एकमात्र स्थान वेदान्तंगल का वन विश्राम गृह है। इसमें विश्राम या निवास हेतु वन्य जन्तु वार्डन के कार्यालय में आरक्षण पूर्व में ही कराना पड़ता है। वेदान्तंगल पहुँचने हेतु बस सेवा असुविधाजनक है। मदुरान्तकम नामक स्थान से बस द्वारा इस अभयारण्य में पहुँचा जा सकता है। यही छोटा किन्तु एकमात्र निकटतम स्टेशन है जो कि अभयारण्य से मात्र 8 किमी दूर स्थित है। यहाँ से अभयारण्य तक पहुँचने हेतु पर्याप्त मात्रा में किराये की टैक्सी चलती हैं।

25. **मुदुमलाई वन्य जन्तु अभयारण्य, तमिलनाडु**—321 वर्ग किमी क्षेत्रफल वाला यह अभयारण्य नीलगिरी पर्वत की मनोरम वनाच्छादित तलहटी में स्थित है। यह अभयारण्य 3000 वर्ग किमी लम्बे विशाल रिजर्व का एक अंग है। इस रिजर्व के अन्य अंग हैं—बान्दीपुर अभयारण्य एवं वाईनाड अभयारण्य जो कि क्रमशः कर्नाटक और केरल की सीमा पर स्थित है। यह अभयारण्य मुख्य रूप से सघन वन है। इसमें चीतल अर्थात धब्बेदार हिरण, वृषभ, चीते, तेंदुए, जंगली सूअर तथा रीछ आदि का निवास है। इसके अतिरिक्त अभयारण्य में स्थित मोयार नदी में ऊदबिलाव तथा मगरमच्छों का भी निवास है। इस अभयारण्य में जंगली हाथियों की संख्या भारत के अन्य राष्ट्रीय उद्यानों तथा अभयारण्यों की तुलना में सर्वाधिक (600) है। यहाँ आने का सर्वश्रेष्ठ समय फरवरी से जून माह तक का है। अक्टूबर-नवम्बर माह में यहाँ कदापि नहीं आना चाहिये क्योंकि इस अवधि में मुदुमलाई में भारी वर्षा होती है। उद्यान का मुख्य सेवा केन्द्र ऊटकमंडलम तथा मैसूर मार्ग के मध्य में थेरपाकर्डु नामक स्थान पर है। यहाँ इस अभयारण्य का पर्यटन स्वागत कक्ष है, जो प्रातः 6.30 से सायं 6.00 बजे तक खुलता है। इस स्थान पर चितकबरे हिरण तथा जंगली सूअर देखे जा सकते हैं। यहाँ ठहरने की थोड़ी बहुत व्यवस्था तो है ही, एक हाथी शिविर भी है। यदि यहाँ पर ठहरने की व्यवस्था नहीं हो पाती है, तब थेरपाकर्डु की पूर्व दिशा में स्थित मसिनागुडी तथ बोक्कापुरम नामक स्थानों पर प्राइवेट लॉज में ठहरने की व्यवस्था भी की जा सकती है। किन्तु इन दोनों स्थानों पर आप तभी पहुँच सकते हैं, जबकि आपके पास निजी वाहन हो, अन्यथा आपको थेरपाकर्डु में ही रुकना होगा

उपरोक्त विवरण भारत के सर्वप्रमुख राष्ट्रीय उद्यानों एवं वन्य जन्तु तथा पक्षी अभयारण्यों से सम्बन्धित है। इनके अतिरिक्त भारत के अन्य राष्ट्रीय उद्यानों एवं वन्य जन्तु तथा पक्षी अभयारण्यों की राज्यवार सूची निम्नवत है—

भारत के शेष राष्ट्रीय उद्यानों एवं अभयारण्यों की राज्यवार सूची
(Statebise list of Rest National Parks and Sanctuaries of India)

भारत के राष्ट्रीय उद्यान एवं अभयारण्य

राज्य	*उद्यान एवं अभयारण्य का नाम*	*स्थान*
असम	1. मानस वन्य जीव अभयारण्य	बारपेट
	2. गरम पानी वन्य जीव अभयारण्य	दिफू
	3. सोनाई रूपा वन्य जीव अभयारण्य	तेजपुर
अरुणाचल प्रदेश	4. पक्कुई वन्य जीव अभयारण्य	कामेंग

जारी...

जारी...

आंध्र प्रदेश	5. कावल वन्य जीव अभयारण्य	आदिलाबाद
	6. नालापट्टी पक्षी विहार	नेल्लोर
	7. पाखाल वन्य जीव अभयारण्य	वारंगल
	8. टडवाई वन्य जीव अभयारण्य	वारंगल
	9. किन्नर सानी वन्य जीव अभयारण्य	खम्माम
	10. केल्लेरू एलिकेनरी	ऐल्लुरू
	11. जल दापारा वन्य जीव अभयारण्य	आदिलाबाद
अंडमान-निकोबार द्वीप समूह	12. रास आइलैण्ड राष्ट्रीय उद्यान	रास द्वीप
बिहार	13. भीमपंथ अभयारण्य	मुंगेर
	14. गौतम बुद्ध वन्य जीव अभयारण्य	गया
	15. राजगीर अभयारण्य	राजगीर
गुजरात	16. बालाराम राष्ट्रीय उद्यान	बनासकंठा
	17. बल्वाडर राष्ट्रीय उद्यान	भावनगर
हिमाचल प्रदेश	18. शिकरी देवी वन्य जीव अभयारण्य	मंडी
	19. रोहला राष्ट्रीय उद्यान	कुल्लू
जम्मू-कश्मीर	20. दचिग्राम अभयारण्य	श्रीनगर
झारखण्ड	21. तोपचांची अभयारण्य	धनबाद
	22. लावालोंग अभयारण्य	लावालोंग
	23. डोल्मा वन्य जीव अभयारण्य	सिंह भूम
	24. वेतला वन्य जीव अभयारण्य	डाल्टनगंज
	25. महुआडार वन्य जीव अभयारण्य	पलामू
कर्नाटक	26. बान्दीपुर राष्ट्रीय उद्यान	बांदीपुर
	27. डन्डेली वन्य जीव अभयारण्य	धारवाड़
	28. शारावथी घाटी वन्य जीव अभयारण्य	शिमोगा
	29. रंगाथिटू पक्षी विहार	मैसूर
	30. भद्रा अभयारण्य	चिकमंगलूर
	31. मुकम्बिल वन्य जीव अभयारण्य	कनारा
	32. सोमेश्वर वन्य जीव अभयारण्य	कनारा
	33. तुंगभद्रा वन्य जीव अभयारण्य	बेल्लारी
केरल	34. पारम्बिकुलम वन्य जीव अभयारण्य	पालघाट
	35. वेनाड वन्य जीव अभयारण्य	कन्नानोर एवं कोझीकोड
	36. इराम्बिकुलम राजमल्ले राष्ट्रीय उद्यान	इडुक्की

जारी...

जारी...

	37. पराम्बिकुलम वन्य जीव अभयारण्य	पालाघाट
मिजोरम	38. डाम्प वन्य जीव अभयारण्य	आइजोल
मध्यप्रदेश	39. पंचमढ़ी वन्य जीव अभयारण्य	होशंगाबाद
	40. माधव राष्ट्रीय उद्यान	शिवपुरी
	41. बोरी वन्य जन्तु अभयारण्य	होशंगाबाद
	42. गाँधी सागर वन्य जीव अभयारण्य	मंदसौर
	43. फासिल राष्ट्रीय उद्यान	मण्डला
	44. पन्ना राष्ट्रीय उद्यान	पन्ना
	45. सतपुड़ा राष्ट्रीय उद्यान	होशंगाबाद
	46. रातापानी वन्य जीव अभयारण्य	रायसेन
	47. सिंथौली वन्य जीव अभयारण्य	रायसेन
महाराष्ट्र	48. बोरीवली राष्ट्रीय उद्यान	मुम्बई
	49. टडोवा राष्ट्रीय उद्यान	चन्द्रपुर
	50. तन्सा वन्य जीव अभयारण्य	थाणे
	51. पेंच राष्ट्रीय उद्यान	नागपुर
	52. नवेगांव राष्ट्रीय उद्यान	भंडारा
नागालैंड	53. इंटांग्फी वन्य जीव अभयारण्य	कोहिमा
पश्चिम बंगाल	54. जलदापारा वन्य जीव अभयारण्य	जलपाईगुड़ी
उत्तर प्रदेश	55. चन्द्रप्रभा अभयारण्य	वाराणसी
उत्तराखण्ड	56. मालन पशु विहार	पौड़ी गढ़वाल
	57. गोविन्द पशु विहार	उत्तरकाशी
	58. राजा जी राष्ट्रीय उद्यान	देहरादून
उड़ीसा	59. सिमिलीपाल वन्य जीव अभयारण्य	मयूर भंज
छत्तीसगढ़	60. इन्द्रावती राष्ट्रीय उद्यान	बस्तर
	61. सीतानदी वन्य जीव अभयारण्य	रायपुर
	62. संजय राष्ट्रीय उद्यान	सरगुजा
	63. बादलखोल वन्य जीव अभयारण्य	रायगढ़
	64. मैरमगढ़ वन्य जीव अभयारण्य	बस्तर
	65. उदयन्ती वन्य जीव अभयारण्य	रायपुर
	66. तमोई पिंगला वन्य जीव अभयारण्य	सरगुजा
	67. कुटरू राष्ट्रीय उद्यान	बस्तर
	68. सन सिंहगढ़ वन्य जीव अभयारण्य	राजगढ़

भारत की प्रमुख झीलें, जल-प्रपात एवं बाँध
(Lakes, Waterfalls and Dams of India)

राज्यवार प्रमुख झीलें, जल-प्रपात एवं बाँधों की सूची

राज्य		झील/जल-प्रपात/बाँध का नाम	स्थान
हिमाचल प्रदेश	1.	गोविन्द सागर झील	गेगरेट
	2.	लामा डाल झील	कुल्लू
	3.	रेणुका झील	रामपुर
	4.	रेवाल्सर झील	रेवाल्सर
	5.	चड्विक जल-प्रपात	शिमला
जम्मू-कश्मीर	6.	डल झील	श्रीनगर
	7.	बुलर झील	श्रीनगर
झारखण्ड	8.	बोकारो जल-प्रपात	बोकारो
	9.	गौतम धारा जल-प्रपात	राँची
	10.	हुंदुर जल-प्रपात	राँची
	11.	जलेद जल-प्रपात	छतरा
	12.	लोडा जल-प्रपात	महुआडार
मणिपुर	13.	लोकटक झील	इम्फाल
मेघालय	14.	वाड्र्स झील	शिलांग
	15.	टसेक वाडी	सौंगसक
मिजोरम	16.	फियारा तुई	—
	17.	पालक झील	छिमतुईपिऊ
	18.	तमदिल झील	ऐजल
	19.	रूंगडिल झील	सुआंगपुइलाऊं
राजस्थान	20.	अमर सागर	जैसलमेर
	21.	जयसमन्द झील	उदयपुर
	22.	मेजा बाँध	मांडल
	23.	मूल सागर झील	जैसलमेर
	24.	नक्की झील	मंदौर
	25.	पिछोला झील	पांडवपोल
	26.	रामगढ़ झील	राजसमन्द
सिक्किम	27.	खेचोपालरी झील	गंगटोक

जारी...

जारी...

त्रिपुरा	28.	नीरमहल झील	—
	29.	रूद्रसागर झील	—
	30.	डंबुर जल-प्रपात	अगरतला
उत्तर प्रदेश	31.	ठकवा बाँध	बेतवा
	32.	धौरी सागर झील	महरौनी
उत्तराखण्ड	33.	नैनी झील	नैनीताल
	34.	भीमताल झील	भीमताल
	35.	सातताल झील	नैनीताल
	36.	नौकुचियाताल झील	नैनीताल
	37.	रानी झील	रानीखेत
	38.	रई झील	पिथौरागढ़
	39.	बिर्थी जल-प्रपात	मुनस्यारी
	40.	सहस्त्र धारा जल-प्रपात	देहरादून
	41.	केम्पटी जल-प्रपात	मसूरी
आन्ध्र प्रदेश	42.	थलकोना जल-प्रपात	चिनागोट्टीगल्लू
	43.	थल्लापल्ले जल-प्रपात	मछेरला
	44.	पाखाल झील	गुडुर
	45.	ओस्मान सागर झील	गान्डीपेट
	46.	हिमायत सागर झील	राजेन्द्र नगर
	47.	हुसैन सागर झील	हैदराबाद
	48.	कदम बाँध	खानापुर
गुजरात	49.	नारायण सरोवर झील	मधुपुर
	50.	कांकरिया झील	अहमदाबाद
	51.	अजावा सरोवर झील	अजबारा
	52.	माल्वा झील	माल्वा
कर्नाटक	53.	जौग जल-प्रपात	—
	54.	उल्सूर झील	—
	55.	वेंबानेड झील	अलप्यूझा
उड़ीसा	56.	बिन्दु सागर झील	भुवनेश्वर
	57.	मुर्गा जल-प्रपात	चम्पुआ
	58.	चिल्का झील	पुरी
	69.	बड़ा घाघरा जल-प्रपात	अथगढ़
	60.	बगारा जल-प्रपात	कुत्चा

जारी...

जारी...

	61.	डुडुमा जल-प्रपात	बडिगुडा
तमिलनाडु	62.	सिरूवनि जल-प्रपात एवं बाँध	तिरूक्कोयिलूर
पश्चिम बंगाल	63.	सेंचल झील	दार्जिलिंग

भारत के प्रमुख समुद्र तट एवं द्वीप
(Main Sea Beaches and Islands of India)

समुद्र तटों एवं द्वीपों का विवरण

क्र०सं०	*राज्य का नाम*	*समुद्र तट/द्वीप का नाम*
1.	Andman–Nikobar	Golden Beaches
2.		North Andaman Beaches
3.		Corbyns Cave
4.		Chique Island
5.		Long Island
6.		Neil Island
7.		Ross Island
8.		Chiriya Tapu
9.		Narcondom Beach
10.		Interview Beach
11.	Goa	Anjuna Beach
12.		Vagator Beach
13.		Calangute Beach
14.		Gaspar Dias
15.		Dona Paula Beach
16.		Aguada Beach
17.		Colva Beach
18.	Karnataka	Binaga and Agra Beaches
19.		Karwar Beaches
20.		Malpe Beach
21.		Maravanthe Beach
22.		Ullal Beach

जारी...

जारी...

23.	Kerela	Anjeno Beach
24.		Thalasseri Beach
25.		Varkala Beach
26.		Kovalam Beach
27.		Willington Island
28.	Laksha Dweep	Amini Island
29.		Kavaratti Island
30.		Kiltan Beach
31.		Agarri Island
32.		Andrott Islnd
33.		Bangaram Island
34.		Bitra Island
35.		Chetlet Island
36.		Kadmat Island
37.		Kalpeni Island
38.		Minicoy Island
39.		Pitti Island
40.	Maharashtra	Kashid Beach
41.		Konkam Coast
42.		Marine Drive
43.		Juhu Beach
44.		Varsova Beach
45.	Orissa	Chandipur Beach
46.		Gopalpur Beach
47.		Konark Beach
48.		Puri Beach
49.	Pondicherry	Gingee river Beaches
50.	West Bengal	Bakkali Beach
51.		Digha Beach
52.		Sagar Island

भारत के प्रमुख हिमनद
(Main Glaciers of India)

भारत के प्रमुख हिमनदों की सूची निम्नवत् है—

	हिमनद का नाम	
क्र०सं०	हिन्दी में	In English
1.	गंगोत्री	Gangotri
2.	मिलम	Milam
3.	पोटिंग	Poting
4.	नाभिक	Nabhik
5.	पिण्डारी	Pindari
6.	सुन्दर डिंगा	Sunderdinga
7.	काफनी	Kafani
8.	बल्ट्रोल	Baltrol
9.	बियाफो	Biafo
10.	हिस्पार	Hispar
11.	सियाचिन	Siachin
12.	यमुनोत्री	Yamunotri

भारत में हिमालय के प्रमुख शिखर
(Main Tops of Himalaya in India)

भारत में वृहद् हिमालय के प्रमुख शिखर एवं उनकी ऊंचाई का विवरण निम्नवत् है—

वृहद् हिमालय के प्रमुख शिखर एवं उनकी ऊंचाई

क्र०सं०	शिखर का नाम	ऊँचाई (मीटर में)
1.	एवरेस्ट (सागरमाथा)	8,848
2.	एवरेस्ट (दक्षिण)	8,754
3.	कंचनजंगा	8,594
4.	ल्होत्से	8,501
5.	मकालू	8,481
6.	कंचनजंगा (दक्षिण)	8,474
7.	कंचनजंगा (पश्चिम)	8,420
8.	ल्होत्से (मध्य)	8,410
9.	ल्होत्से शर	8,384

जारी...

जारी...

10.	मनास्लू	8,156
11.	चिलोयू	8,153
12.	अन्नपूर्णा	8,078
13.	गोसांईनाथ (शीर्ष पंगमा)	8,018
14.	मकालू (दक्षिण)	8,010

भारत में हिमालय के प्रमुख दर्रे

भारत में हिमालय के प्रमुख दर्रों की राज्यवार सूची निम्नवत् है-

राज्यवार हिमालय के प्रमुख दर्रे

क्र०सं०	*राज्य का नाम*	*दर्रे का नाम*
1.	हिमाचल प्रदेश	शिप्की ला एवं बारालाचा ला
2.	जम्मू-कश्मीर	बुर्जिल एवं जोजिला
3.	उत्तराखण्ड	थागा ला एवं लिपू लेख
4.	सिक्किम	नाथूला एवं जेलेप ला
5.	अरुणाचल प्रदेश	बोमडीला

चिकित्सा पर्यटन के दृष्टिकोण से भारत के प्रमुख अस्पताल (Main Hospitals of India according to Health Tourism)

भारत में चिकित्सा के क्षेत्र में पिछड़ेपन की स्थिति अब बीते समय की बात हो चुकी है। चिकित्सा के क्षेत्र में भारत अभूतपूर्व प्रगति कर चुका है। किसी भी प्रकार के रोग के उपचार में भारत को आयुर्वेदिक उपचार का केन्द्र माना जाता रहा है किन्तु वर्तमान में भारत पाश्चात्य चिकित्सा पद्धति का न केवल महत्वपूर्ण केन्द्र बन चुका है, अपितु इस क्षेत्र में असाधारण विकास करके विश्व समुदाय के रोगियों का ध्यान अपनी ओर आकृष्ट किया है। साथ ही भारत के प्रमुख एलोपैथिक चिकित्सा केन्द्रों ने भारत में पर्यटन विकास में परोक्ष रूप से योगदान दिया है। इसका कारण यह है कि विदेशों से उपचार हेतु रोगी एकाकी रूप से नहीं अपितु पारिवारिक सदस्यों या फिर मित्रों के साथ भारत आते हैं। इस सत्यता को भारत सरकार भी स्वीकार कर चुकी है। रोगी के साथ आने वाले अन्य लोग रिक्त समय में भारत के पर्यटन स्थलों का भ्रमण करने से नहीं चूकते किन्तु रोगी के उपचार में होने वाले व्यय के कारण रोगी के नातेदार या मित्र आर्थिक समस्या से ग्रसित रहते हैं। इसी समस्या को दृष्टिगत रखते हुए सरकार ने चिकित्सा पर्यटन के क्षेत्र में 6.5 अरब डॉलर के पूँजी निवेश की व्यवस्था करते हुए, राजधानी दिल्ली के निकट 1000 बिस्तर वाले एक अस्पताल की योजना को अन्तिम रूप देना प्रारम्भ कर दिया है, जिसमें दिल्ली में उपचार हेतु आने वाले रोगियों के सम्बन्धियों के ठहरने की उचित एवं सस्ती व्यवस्था हो सके। योजना के सफल होने पर ऐसे ही अस्पताल अन्य नगरों में भी प्रारम्भ किये जा सकते हैं।

इससे स्पष्ट है कि चिकित्सा पर्यटन के क्षेत्र में भारत के अस्पतालों की भूमिका और भी महत्वपूर्ण होने जा रही है। पर्यटन विकास के क्षेत्र में भारत के अस्पतालों की भूमिका के इसी महत्व को दृष्टिगत रखते हुए यहाँ पर भारत के प्रमुख अस्पतालों की राज्यवार एवं पते सहित सूची प्रस्तुत की जा रही है—

राज्यवार भारत के प्रमुख अस्पतालों की पते सहित सूची

(Statewise and with Address list of Main Hospitals of India)

क्र०सं०	*राज्य*	*अस्पताल का नाम (पते सहित)*
1.	*दिल्ली*	अखिल भारतीय आयुर्विज्ञान संस्थान (एम्स) नई दिल्ली
2.		सफदरजंग अस्पताल, सफदरजंग, नई दिल्ली
3.		इंद्रप्रस्थ अपोलो अस्पताल, सरिता विहार, नई दिल्ली
4.		गूजरमल मोदी अस्पताल, साकेत, दिल्ली, 110017
5.		बत्रा अस्पताल एंड एम०आर० सेन्टर, तुगलकाबाद इंस्टीट्यूशनल एरिया, एम०बी० रोड, नई दिल्ली
6.		जयपुर गोल्डन अस्पताल, रोहिणी, दिल्ली-85
7.		एस्कॉर्ट्स हृदय संस्थान, ओखला रोड, नई दिल्ली, 110025
8.		राजीव गाँधी कैंसर इंस्टीट्यूट एंड रिसर्च सेन्टर, सेक्टर-5, रोहिणी, दिल्ली-85
9.		होली फैमिली अस्पताल, ओखला रोड, नई दिल्ली
10.		सर गंगाराम अस्पताल, ओल्ड राजेन्द्र नगर, नई दिल्ली
11.		सेंट स्टीफेंस हॉस्पिटल, तीस हजारी, दिल्ली, 110054
12.	*महाराष्ट्र*	जसलोक हॉस्पिटल एंड रिसर्च सेन्टर, 15-डॉ देशमुख मार्ग, पेद्दरे रोड, मुम्बई, 400026
13.		ब्रीच कैंडी हॉस्पिटल, फिरोजशाह नगर, ईस्टर्न एक्सप्रेस हाइवे, बिखरोली (पश्चिम), मुम्बई, 400079
14.		लीलावती हॉस्पिटल एंड रिसर्च सेन्टर, ए-791, बांद्रा रिक्लेमेशन, मुम्बई, 400050
15.	*उत्तर प्रदेश*	लाइफ लाइन हॉस्पिटल एंड हार्ट सेन्टर, बी-1/31, सेक्टर-के, अलीगंज, लखनऊ
16.		जी०जी० मेडिकल एंड रिसर्च सेन्टर, 106/2, संजय प्लेस, आगरा, 282002
17.		केशलता कैंसर हॉस्पिटल प्रा० लिमिटेड, ए-6, रामपुर गार्डन, बरेली
18.		कैलाश हॉस्पिटल एंड रिसर्च सेंटर, एच-33, सेक्टर-27, नोएडा
19.		श्री साई हॉस्पिटल, दिल्ली मार्ग, मुरादाबाद
20.	*कर्नाटक*	सेंट जोन्स मेडिकल कॉलेज हॉस्पिटल, सर्जापुर रोड, बंगलौर

जारी...

जारी...

21.		बंगलौर हॉस्पिटल, 202, आर०बी० रोड, बंगलौर
22.		गार्डन सिटी हॉस्पिटल, 32/18, 22वां क्रॉस रोड, तृतीय ब्लॉक, जयनगर
23.		कर्नाटक कैंसर थेरेपी एंड रिसर्च इंस्टीट्यूट, नवानगर, हुबली
24.		के०एल०ई० सोसायटीज हॉस्पिटल एंड मेडिकल रिसर्च सेन्टर, नेहरू नगर, बेलगाँव
25.	*बिहार*	इन्दिरा गाँधी हृदय रोग संस्थान, पटना
26.		चांद मेमोरियल अस्पताल, पाटलिपुत्र
27.		इन्दिरा गाँधी आयुर्विज्ञान संस्थान, पटना
28.		पटना सिटी हॉस्पिटल, पटना
29.	*हरियाणा*	एस्कॉर्ट्स हॉस्पिटल एंड रिसर्च सेन्टर, फरीदाबाद
30.		सन फ्लैग हॉस्पिटल एंड रिसर्च सेन्टर, सेक्टर 16-ए, फरीदाबाद
31.	*आन्ध्र प्रदेश*	अपोलो अस्पताल, जुबली हिल्स, हैदराबाद
32.		सी०डी०आर० अस्पताल, 3-6-287, हैदरगुड़ा, हैदराबाद
33.	*झारखण्ड*	गंगोत्री होम्स प्राइवेट लिमिटेड, भरतिया पार्क, कदमा, जमशेदपुर
34.		धनबाद नर्सिंग होम, कटरास मार्ग, धनबाद
35.	*केरल*	सिटी हॉस्पिटल, एम०जी० रोड, एर्नाकुलम
36.		होली क्रास हॉस्पिटल, कोट्टयम, कोल्लम 691571
37.		रीजनल कैंसर सेंटर, मेडिकल कॉलेज, तिरुवनन्तपुरम
38.	*राजस्थान*	संतोकबा दुर्लभ जी मेमोरियल हॉस्पिटल, भवानी सिंध मार्ग, जयपुर-15
39.		सहाय हॉस्पिटल, भाभा मार्ग, मोती डूंगरी मार्ग, जयपुर
40.	*तमिलनाडु*	अपोलो हॉस्पिटल्स इंटरप्राइजेज लिमिटेड, 21/22, ग्रीम्स लेन, चेन्नई, 600006
41.		मद्रास मेडिकल मिशन, 4-ए, डॉ० जे०जे० नगर, मोगपियर, चेन्नई, 600050
42.		मीनाक्षी मिशन हॉस्पिटल एंड रिसर्च सेन्टर, लेक व्यू रोड, मदुरई, 625020
43.	*पश्चिम बंगाल*	साल्ट लेक सिटी मेडिकल सेंटर एंड रिसर्च सेंटर, डीडी-10, सेक्टर-1, साल्ट लेक सिटी, कोलकाता
44.		कोठारी मेडिकल सेंटर, 8/3, अलीपुर रोड, कोलकाता
45.	*उत्तराखण्ड*	सुशीला तिवारी स्मारक कैंसर अस्पताल एंड मेडिकल कॉलेज, रामपुर रोड, हल्द्वानी
46.		जौलीग्रान्ट हॉस्पिटल एंड रिसर्च सेंटर, ऋषिकेश मार्ग, देहरादून
47.		नारायण स्वामी हॉस्पिटल एंड डेन्टल कॉलेज, देहरादून

भारत के प्रमुख संग्रहालय, पुस्तकालय एवं कला वीथिकायें

(Main Museums, Libraries and Art Galleries of India)

भारत के प्रमुख संग्रहालयों, पुस्तकालयों एवं कलावीथिकाओं की राज्यवार सूची निम्नवत् है—

क्र०सं०	*राज्य*	*संग्रहालय/पुस्तकालय/ कला वीथिका का नाम*	*स्थान*
1.	Assam	Assam State Museum	Guwahati
2.	Himachal Pradesh	Kangra Art Museum	Kangra
3.	Himachal Pradesh	Tibeten Institute of Performing Arts	Mc Leod Gunj
4.	Bihar	Archaeological Museum	Patna
5.	Bihar	Patna Museum	Patna
6.	Bihar	Khudabakhsh Oriental Library	Patna
7.	Chandigarh	Museum and Art Gallery	Chandigarh
8.	Delhi	Crafts Museum	Pragati Maidan
9.	Delhi	Indira Gandhi Memorial Museum	Safdar jang
10.	Delhi	National Gallery of Modern Art	India Gate
11.	Delhi	National Museum	Janpath
12.	Delhi	Nehru Museum and Planetarium	Chanakyapuri
13.	Delhi	Tibet House	Lodi Road
14.	Delhi	Museum of National History	Opp. Nepalease Ambassy
15.	Delhi	National Philatelic Museum	Sansad Marg
16.	Haryana	Sri Krishna Museum	Haryana
17.	Jammu-Kashmir	Stok Gompa and Museum	Leh
18.	Madhya Pradesh	Tribal Habitat Museum	Bhopal
19.	Madhya Pradesh	Gwaliors Archaeological Museum	Gwalior
20.	Madhya Pradesh	Jai Vilas Palace and Museum	Gwalior
21.	Madhya Pradesh	Jhansi Fort and Museum	Jhansi
22.	Madhya Pradesh	Khajurahos Archaeological Museum	Khajuraho
23.	Madhya Pradesh	Sanchi Archaeological Museum	Sanchi
24.	Manipur	Imphal Museum	Imphal
25.	Meghalaya	State Museum	Shillong

जारी...

जारी...

26.	Punjab	Amritsar Sikh Museum	Amritsar
27.	Rajasthan	Jaipur Art Gallery	Jaipur
28.	Rajasthan	Central Museum	Jaipur
29.	Rajasthan	Jantar-Mantar Observatory	Jaipur
30.	Rajasthan	Maharaja Sawai Man Singh II Museum	Jaipur
31.	Rajasthan	Museum of Indology	Jaipur
32.	Rajasthan	Rao Madho Singh Museum	Jaipur
33.	Sikkim	Namgyal Institute of Tibetology	Gangtok
34.	Tripura	Agartala State Museum	Agartala
35.	Uttar Pradesh	Allahabad Museum	Allahabad
36.	Uttar Pradesh	Anand Bhawan	Allahabad
37.	Uttar Pradesh	Picture Gallery	Lucknow
38.	Uttar Pradesh	Archaeological Museum	Sarnath
39.	Uttrakhand	Central Library, Kumaun University	Nainital
40.	Uttrakhand	Library of Administration Training Institute	Nainital
41.	Andman-Nikobar	Anthropological Museum	Port Blair
42.	Andman-Nikobar	Fisheries Museum	Port Blair
43.	Andman-Nikobar	Marine Museum	Port Blair
44.	Andman-Nikobar	Mini Zoo and Forest Museum	Port Blair
45.	Andhra Pradesh	Archaeological Museum	Hyderabad
46.	Andhra Pradesh	Salar Jung Museum	Hyderabad
47.	Andhra Pradesh	Nagarjunkonda Museum	Hyderabad
48.	Gujarat	Calico Museum	Ahmedabad
49.	Gujarat	N.C. Mehta Museum	Ahmedabad
50.	Gujarat	Kutch Museum	Kutch
51.	Gujarat	Durbar Hall Museum	Junagarh
52.	Gujarat	Watson Museum and Library	Rajkot
53.	Gujarat	Sawarmati Ashram	Rajkot
54.	Gujarat	Somnath Museum	Rajkot
55.	Gujarat	Maharaja Fateh Singh Museum	Vadodara

जारी...

जारी...

56.	Gujarat	Sayaji Bagh and Vadodara Museum	Vadodara
57.	Karnataka	Cubbon Park and Museum	Banglore
58.	Karnataka	Visvesvaraya Technological and Industrial Museum	Banglore
59.	Karnataka	Jagana Mohan Palace and Art Gallery	Mysore
60.	Kerela	Vijnana Kala Vedi Cultural Centre	Aranmula
61.	Kerela	Koghikode Art Gallery	Aranmula
62.	Kerela	Napier Museum	Thiruvananthapuram
63.	Kerela	Natural History Museum	Thiruvananthapuram
64.	Kerela	Parishath Thampuram Museum	Thiruvananthapuram
65.	Kerela	Puthenmaliga Palace Museum	Thiruvananthapuram
66.	Kerela	Sri Chitra Art Gallery	Thiruvananthapuram
67.	Maharashtra	Mani Bhawan	Mumbai
68.	Maharashtra	National Gallery of Modern Art and Jahangir Art Gallery	Mumbai
69.	Maharashtra	Prince of Wales Museum	Mumbai
70.	Maharashtra	The Gandhi National Memorial	Pune
71.	Maharashtra	Raja Kelkar Museum	Pune
72.	Maharashtra	Tribal Museum	Pune
73.	Orissa	Bhubaneshwar State Museum	Bhubaneshwar
74.	Orissa	Tribal Research Centre (Museum of Man)	Bhubaneshwar
75.	Orissa	Konark Archaeological Museum	Konark
76.	Pondicherry	Sri Arvindo Ashram	Pondicherry
77.	Tamilnadu	Government Museum	Chennai
78.	Tamilnadu	Gandhi Museum	Madurai
79.	Tamilnadu	Flora and Fauna Museum	Shembaganur
80.	Tamilnadu	Art Gallery	Tanjavur
81.	Tamilnadu	Royal Museum	Tanjavur
82.	Tamilnadu	Saraswati Mahal Library	Tanjavur
83.	West Bengal	Indian Museum	Calcutta
84.	West Bengal	Victoria Memorial	Calcutta

जारी...

जारी...

85.	West Bengal	Ashutosh Museum	Calcutta
86.	West Bengal	Birla Industrial and Technological Museum	Calcutta
87.	West Bengal	The Academy of Fine Arts	Calcutta
88.	West Bengal	Old Tagore House	Calcutta
89.	West Bengal	Birla Planetarium	Calcutta
90.	West Bengal	Nehru Childrens Museum	Calcutta
91.	West Bengal	Bengal Natural History Museum	Darjeeling
92.	West Bengal	Himalayan Mountaineering Institute and Museum	Darjeeling

भारत के प्रमुख त्यौहार एवं उत्सव
(Main Festivals and Functions of India)

भारत के प्रमुख त्यौहार एवं उत्सवों की निर्धारित तिथि सहित सूची निम्नवत् है—

क्र०सं०	*उत्सव/त्यौहार का नाम*	*निर्धारित समय*
1.	संक्रान्ति	जनवरी
2.	पोंगल	जनवरी
3.	गणतंत्र दिवस	जनवरी
4.	बसन्त पंचमी	फरवरी
5.	महाशिवरात्रि	फरवरी
6.	ईद-उल-जुहा	परिवर्तनशील(चन्द्र दर्शन के अनुसार)
7.	होली	मार्च
8.	गणगौर	मार्च-अप्रैल
9.	मुहर्रम	अप्रैल
10.	बैशाखी	अप्रैल
11.	पूरम	मई
12.	मीनाक्षी कल्याणम	अप्रैल-मई
13.	रथ यात्रा	जून-जुलाई
14.	नाग पंचमी	जुलाई-अगस्त
15.	तीज	जुलाई-अगस्त
16.	ओणम	सितम्बर
17.	रक्षाबन्धन	अगस्त

जारी...

जारी...

18.	अमरनाथ यात्रा	जुलाई-अगस्त
19.	जन्माष्टमी	अगस्त-सितम्बर
20.	गणेश चतुर्थी	अगस्त-सितम्बर
21.	नवरात्रि/दुर्गापूजा	सितम्बर-अक्टूबर
22.	दशहरा	सितम्बर-अक्टूबर
23.	दीपावली	अक्टूबर-नवम्बर
24.	गुरुपुरब	नवम्बर
25.	ईद-उल-फितर/अजहा	दिसम्बर
26.	क्रिसमस	दिसम्बर
27.	कुंभ मेला	दिसम्बर-जनवरी
28.	खजुराहो महोत्सव	दिसम्बर
29.	मुगल संगीत महोत्सव	दिसम्बर
30.	एलोरा महोत्सव	दिसम्बर

भारत के प्रसिद्ध मेले (Famous Fairs of India)

यद्यपि प्राचीन काल में मेलों के आयोजन का उद्देश्य एक स्थान पर एकत्र होकर अपनी धार्मिक-सांस्कृतिक भावनाओं का प्रदर्शन करना रहा है अर्थात इस काल में भारत में केवल धार्मिक-सांस्कृतिक मेले ही प्रचलित रहे हैं। किन्तु धीरे-धीरे एवं समय परिवर्तन के साथ, भारत में मेलों की स्थिति में परिवर्तन आये हैं—प्रथमतः यह कि इन मेलों में धार्मिक-सांस्कृतिक भावनाओं के प्रदर्शन की इच्छा गौण होती जा रही है तथा इस इच्छा का स्थान व्यापार की भावना ने ले लिया है। द्वितीयतः यह कि वर्तमान में भारतीय मेलों का स्वरूप केवल धार्मिक-सांस्कृतिक ही नहीं रहा, बल्कि इन मेलों के साथ-साथ भारत में व्यापारिक एवं शैक्षिक मेलों ने भी अपने लिये स्थान बना लिया है। दिल्ली के प्रगति मैदान में, प्रति दो वर्षों में आयोजित होने वाला 'विश्व पुस्तक मेला' एवं उत्तराखण्ड के जनपद पिथौरागढ़ में आयोजित होने वाला 'जौलजीवी व्यापार मेला' भारत में शैक्षिक एवं व्यापारिक मेलों के सर्वश्रेष्ठ उदाहरण हैं।

धार्मिक-सांस्कृतिक परिप्रेक्ष्य में भले ही भारतीय मेलों की प्रासंगिकता धीरे-धीरे कम होती जा रही है, परन्तु आर्थिक दृष्टिकोण से देखें तो ये मेले भारत के लिये अपनी उपयोगिता में वृद्धि करते जा रहे हैं, विशेषकर अन्तर्राष्ट्रीय ख्याति प्राप्त मेले। इस प्रकार के मेलों में अन्तर्राष्ट्रीय समुदाय की सहभागिता, मेलों की व्यापारिक उपयोगिता में तो वृद्धि करती ही है, अन्तर्राष्ट्रीय पर्यटन को भी प्रोत्साहित करती है। यह स्वाभाविक एवं सर्वविदित है कि मेलों से आकर्षित होकर भारत में आने वाला एक अन्तर्राष्ट्रीय व्यक्ति, अन्तर्राष्ट्रीय पर्यटक बनकर ही भारत से अपने निवास स्थान को लौटता है। इस दृष्टिकोण से देखा जाये तो अन्तर्राष्ट्रीय पर्यटन में भारतीय मेलों की भूमिका धीरे-धीरे अधिक उपयोगी होती जा रही है, घरेलू पर्यटन के विकास में तो यह भूमिका प्रारम्भ से ही उपयोगी रही है। और यह स्थिति केवल भारत की ही

नहीं है, विश्व के अन्य देश भी विश्व पर्यटन में अपनी धाक जमाने के लिये विभिन्न प्रकार के मेलों का राष्ट्रीय एवं अन्तर्राष्ट्रीय स्तर पर आयोजन करने में जुटे हुए हैं। इन मेलों से उन्हें अनेक प्रकार के लाभ होते हैं, जैसे कि—अन्तर्राष्ट्रीय स्तर पर लोकप्रियता प्राप्त होती है, अन्तर्राष्ट्रीय व्यापार को प्रोत्साहन मिलता है तथा देश में अन्तर्राष्ट्रीय एवं राष्ट्रीय पर्यटन का विकास होता है।

पर्यटन विकास में मेलों की उपयोगिता के उपरोक्त दृष्टिकोण से तो मेलों के स्वरूप में आ रहा परिवर्तन कोई चिन्ता की बात नहीं है, बल्कि आवश्यकता इस बात की है कि पर्यटन के प्रचार एवं प्रसार में, भारत में आयोजित होने वाले मेलों को अधिकाधिक स्थान दिया जाये तथा इन मेलों की व्यवस्था को और अधिक प्रभावी तथा सुविधाजनक बनाकर, अन्तर्राष्ट्रीय सहभागिता को इन मेलों के प्रति और अधिक आकर्षित किया जाये। भारत में पर्यटन के विकास में मेलों की ऐसी उत्साहजनक भूमिका को देखते हुए भारत के कुछ प्रमुख और प्रसिद्ध मेलों का परिचय प्राप्त करना आवश्यक हो जाता है—

1. **पुष्कर मेला, राजस्थान**—राजस्थान में अजमेर से 11 किमी दूर, पुष्कर एक धार्मिक स्थान है, जहाँ प्रत्येक वर्ष, अक्टूबर-नवम्बर माह में कार्तिक पूर्णिमा के दिन पुष्कर मेले का आयोजन किया जाता है। यह मेला भारत के सबसे बड़े ऊँट बाजार के रूप में भी विख्यात है। इस मेले में ऊँटों के अतिरिक्त घोड़े तथा बैल आदि पशुओं का भी क्रय-विक्रय होता है। इस अवसर पर राजस्थान सरकार का पर्यटन विभाग सांस्कृतिक कार्यक्रमों का भी आयोजन करता है। पुष्कर मेला केवल राष्ट्रीय स्तर पर ही नहीं, अन्तर्राष्ट्रीय स्तर पर भी अपनी सुन्दर छवि के लिये प्रसिद्ध है। कुल मिलाकर यह मेला अन्तर्राष्ट्रीय धार्मिक-सांस्कृतिक-ऐतिहासिक एवं व्यापारिक मेला बन चुका है।

2. **सूरजकुंड मेला, हरियाणा**—सूरजकुंड मेला हरियाणा के फरीदाबाद नगर में प्रत्येक वर्ष फरवरी माह में आयोजित होता है। यह मेला एक प्रकार से लोककला एवं लोक संस्कृतियों का अनूठा संगम है, जहाँ हस्तकला कौशल का भरपूर प्रदर्शन होता है। इस मेले का प्रारूप विभिन्न प्रकार के सांस्कृतिक मेलों को प्रायोजित एवं प्रोन्नत करने के उद्देश्य से तैयार किया गया था। इस मेले में युवक-युवतियाँ, प्रेमी जोड़े, नव-विवाहित दम्पती, कॉलेज एवं विश्वविद्यालयों के छात्र-छात्रायें तथा नव धनाढ्य उद्यमी वर्ग बड़ी संख्या में सहभागिता करते हैं। यह मेला हस्तशिल्प, लोककलाओं एवं लोक संस्कृतियों के प्रदर्शन का स्थान तो है ही, मेल-मिलाप का एक आनन्ददायक शरण स्थल भी है। लगभग उत्तरी भारत की हर सांस्कृतिक झलक इस मेले में देखने को मिल जाती है। इस मेले में सभी राज्यों की सुन्दर पोशाकें सरलतापूर्वक एवं उचित मूल्य पर मिल जाती हैं। यहाँ विभिन्न एवं विविध रूपों में भारतीय संस्कृति के दर्शन अवश्य हो जाते हैं।

3. **सोनपुर मेला, बिहार**—यह एशिया के सबसे बड़े पशु मेले के रूप में विश्व प्रसिद्ध है, जो कि कार्तिक पूर्णिमा के दिन नवम्बर माह में बिहार के सोनपुर नामक स्थान पर आयोजित होता है। भारतीय हिन्दू धर्म ग्रन्थों में इस मेले का उल्लेख ईसा पूर्व छठी शताब्दी से किया गया है। किसी समय राजा एवं नवाब इस मेले में आनन्द के उद्देश्य से आते थे किन्तु वर्तमान में यह मेला प्रत्येक प्रकार के पशु के अन्तर्राष्ट्रीय स्तर पर क्रय-विक्रय का माध्यम बन चुका है। कार्तिक पूर्णिमा के दिन आयोजित होने के कारण इस मेले का धार्मिक-सांस्कृतिक महत्व तो एक अलग स्थान रखता ही है।

4. **मिंजर मेला, हिमाचल प्रदेश**—हिमाचल प्रदेश के चम्बा नामक स्थान पर आयोजित होने वाला यह मेला देश भर में प्रसिद्ध है। 7 से 10 दिन तक चलने वाले इस मेले में हिमाचल प्रदेश की सामाजिक, सांस्कृतिक एवं धार्मिक परम्पराओं का अवलोकन करने भारत के कोने-कोने से ही नहीं, अपितु विदेशों से भी लोग आते हैं। मिंजर मेला सदा अपनी ही शैली में एक नवीनता लेकर आता है। इस मेले का देव तुल्य सौन्दर्य देखते ही बनता है। यह मेला अपनी सांस्कृतिक छवि, प्राकृतिक स्वरूप एवं मनमोहक वातावरण के लिये विश्व प्रसिद्ध है। मिंजर मेला अत्यन्त मनमोहक होने के साथ-साथ अत्यधिक रोमांचक एवं मनोरंजक भी है।

5. **कुल्लू का दशहरा मेला, हिमाचल प्रदेश**—यह मेला हिमाचल प्रदेश के कुल्लू शहर में प्रत्येक वर्ष दशहरे के अवसर पर आयोजित किया जाता है। कहा जाता है कि यह मेला माह भर चलता है तथा इसकी तैयारियाँ राज्य स्तर पर बड़ी धूमधाम के साथ की जाती हैं। सम्पूर्ण हिमाचल प्रदेश के अनेक विशिष्ट व्यक्ति, मेलों से लगाव रखने वाले लोग तथा देश के विभिन्न राज्यों से लोग इस मेले में आते हैं। कुल्लू का दशहरा मेला एक ऐसा धार्मिक एवं ऐतिहासिक मेला है, जिसकी छाप मेलार्थियों के मानस पटल पर लम्बे समय तक अंकित रहती है। वैसे यह मेला तो लगभग 15 दिन तक ही चलता है किन्तु कुल्लू के आस-पास के दशहरे मेले पूरे एक माह तक चलते रहते हैं।

6. **सरखेज मेला, गुजरात**—गुजरात के अहमदाबाद शहर की बाहरी सीमा पर लगने वाला यह सर्वाधिक प्रसिद्ध मुस्लिम मेला है। जो संत शाह अहमद खाल्टु गंज बख्श की स्मृति में लगता है, जिन्होंने अहमदाबाद शहर की स्थापना की थी। कहने को तो यह एक मुस्लिम मेला है किन्तु सम्पूर्ण गुजरात ही नहीं, भारत के अनेक राज्यों से सभी धर्मों के लोग इस मेले में आते हैं तथा भारतीय संस्कृति की विविधता में एकता का उदाहरण उपस्थित करते हैं।

7. **पिरान कलियर शरीफ मेला, उत्तराखण्ड**—उत्तराखण्ड के रुडकी शहर के निकट कलियर गाँव में प्रत्येक वर्ष अगस्त माह के अन्तिम सप्ताह में विश्व स्तरीय मेले का आयोजन किया जाता है। यह एक मुस्लिम मेला है। कलियर गाँव में, वैसे तो अनेक मजार (मुस्लिम सूफियों का समाधि स्थल मजार कहलाता है) हैं किन्तु इनमें सबसे अधिक ख्याति प्राप्त गाँव के पश्चिम में स्थित सूफी हजरत अलाउद्दीन अली अहमद 'साबिर' की मजार है। इसी मजार पर प्रतिवर्ष उर्स का आयोजन किया जाता है तथा उर्स की अवधि में ही विश्व प्रसिद्ध पिरान कलियर शरीफ मेले का भी आयोजन होता है। ऐसा माना जाता है कि लगभग 1100 वर्षों से इस मेले का आयोजन किया जा रहा है। ऐसी मान्यता है कि जो भी श्रद्धालु सच्चे मन से कलियर शरीफ की मजार पर माथा टेकता है, उसकी मनोकामना अवश्य पूर्ण होती है। यही कारण है कि इस मेले में न केवल भारत के विभिन्न धर्मों के मतावलम्बी, बल्कि अनेक विदेशी श्रद्धालु भी आकर मन्नतें मांगते हैं।

8. **भावनाथ मेला, गुजरात**—प्रत्येक वर्ष फरवरी-मार्च में आयोजित होने वाला यह मेला पारंगत उस्तादों द्वारा भजन, कीर्तन, भवाई, लोकसंगीत तथा लोक नृत्य के लिये प्रसिद्ध है। यह मेला भावनगर में आयोजित किया जाता है।

9. **जौलजीवी व्यापार मेला, उत्तराखण्ड**—यह मेला उत्तराखण्ड के पिथौरागढ़ जनपद के जौलजीवी नामक कस्बे में आयोजित किया जाता है। प्रत्येक वर्ष सितम्बर-अक्टूबर माह में आयोजित होने वाला यह अन्तर्राष्ट्रीय मेला वैसे तो व्यापारिक मेले के नाम से प्रसिद्ध है किन्तु

हस्तशिल्प और लोक संस्कृति का जैसा उत्कृष्ट प्रदर्शन इस मेले में किया जाता है, अन्यत्र ऐसा उदाहरण मिल पाना कठिन है। व्यापारिक दृष्टि से इस मेले का मुख्य आकर्षण नेपाल से आने वाले हुबली-जुबली घोड़ों का क्रय-विक्रय है। इस मेले में अत्यन्त स्वस्थ एवं शक्तिशाली इन घोड़ों का बड़े एवं अन्तर्राष्ट्रीय स्तर पर व्यापार होता है। इसके अतिरिक्त इस मेले में भारत के विभिन्न राज्यों से व्यापारी यहाँ आकर विभिन्न प्रकार के सामानों का विक्रय करते हैं। स्थानीय स्तर पर उत्तराखण्ड में निर्मित होने वाले गर्म वस्त्रों एवं हस्तशिल्प उत्पादों का इस मेले में बड़े पैमाने पर विक्रय किया जाता है। राज्य के पर्यटन मन्त्रालय द्वारा सांस्कृतिक कार्यक्रमों का आयोजन भी कराया जाता है। कुल मिलाकर यह एक ऐसा व्यापारिक मेला है जो धार्मिक, सांस्कृतिक एवं ऐतिहासिक स्तर पर भी अन्तर्राष्ट्रीय पर्यटकों का ध्यान अपनी ओर आकर्षित करता है।

10. **विश्व पुस्तक मेला, नई दिल्ली**—इस मेले की प्रतीक्षा, पुस्तकों में रुचि रखने वाला प्रत्येक व्यक्ति बड़ी बेचैनी के साथ करता है। यह मेला प्रत्येक दो वर्षों में दिल्ली के प्रगति मैदान में आयोजित किया जाता है। इस मेले में 15-20 देशों के प्रकाशक, अपने यहाँ प्रकाशित पुस्तकों के स्टॉल लगाते हैं। इस पुस्तक मेले में न केवल भारत के प्रत्येक राज्य से, अपितु विश्व भर से लाखों लोग प्रतिदिन पहुँचते हैं तथा अपनी रुचि की पुस्तकों का क्रय करते हैं। लगभग 15 दिन तक चलने वाले इस मेले ने अन्तर्राष्ट्रीय स्तर पर भारत की एक नयी पहचान स्थापित की है। इस मेले का अवलोकन करने न केवल भारत के अनेक विशिष्ट लेखक एवं व्यक्ति पहुँचते हैं, बल्कि मेले की उपयोगिता बढ़ाने तथा इसमें पहुँचने वाले लोगों का ज्ञानवर्धन करने के उद्देश्य से मेले में सम्मानित एवं ख्याति प्राप्त विदेशी लेखकों को भी आमंत्रित किया जाता है। दिल्ली को एक अन्तर्राष्ट्रीय पर्यटन स्थल के रूप में स्थापित करने में इस विश्व पुस्तक मेले ने एक अलग भूमिका का निर्वहन किया है।

उपरोक्त मेलों के अतिरिक्त भारत के कुछ अन्य विश्व प्रसिद्ध मेले हैं—

1. शिखर जी का मेला, बिहार
2. विशू मेला, केरल
3. ओणम् मेला, केरल
4. बनाड़ देवता का मेला, हिमाचल प्रदेश
5. नन्दा देवी का राज जात्रा मेला, उत्तराखण्ड
6. देवीधुरा मेला, उत्तराखण्ड
7. नौचंदी मेला, उत्तर प्रदेश
8. ट्रेड फेयर ऑफ इन्डिया, नई दिल्ली

भारत की प्रसिद्ध गुफायें
(Famous Caves of India)

किसी देश में स्थित गुफायें, उस देश के इतिहास, प्राचीन संस्कृति एवं सभ्यता की सजग प्रतिनिधि होती हैं। गुफाओं के अध्ययन के माध्यम से न केवल उस देश के उत्पत्ति काल का पता लगाया जा सकता है, बल्कि गुफाओं की दीवारों पर अंकित चित्रों के माध्यम से देश की कला एवं संस्कृति का ज्ञान भी प्राप्त होता है। साथ ही अत्यन्त जटिल भौगोलिक अवस्थिति के

कारण गुफा भ्रमण को अत्यन्त रोचक, मनोरंजक एवं साहसिक कार्य के रूप में स्वीकार किया जाता है। यही कारण है कि विश्व पर्यटन में गुफाओं के भ्रमण को एक महत्वपूर्ण स्थान प्राप्त है। जिज्ञासु एवं किसी देश की सभ्यता एवं संस्कृति के प्रति लगाव रखने वाला पर्यटक उस देश में गुफाओं के भ्रमण को प्राथमिकता देता है। पर्यटन स्थलों का स्वर्ग होने के साथ ही भारत गुफाओं का भी देश है। एक प्राचीन सभ्यता एवं संस्कृति का वाहक देश होने के नाते भारत में पर्यटन के क्षेत्र में पर्यटकीय भ्रमण के दृष्टिकोण से गुफाओं का महत्व मुखरित होकर सामने आता है। अद्वितीय सौन्दर्य एवं समस्त जिज्ञासाओं को शान्त करने की प्रकृति के कारण ही भारतीय गुफायें न केवल घरेलू बल्कि अन्तर्राष्ट्रीय पर्यटकों के लिये भी रुचि का केन्द्र बनती हैं। भारत की गुफाओं का भ्रमण करके एक सामान्य बुद्धि ज्ञान रखने वाला पर्यटक भी यहाँ की सभ्यता एवं संस्कृति का सहज ज्ञान प्राप्त कर सकता है। वैसे तो भारत में असंख्य छोटी-बड़ी प्रसिद्ध तथा अज्ञात गुफायें हैं, तथापि उनमें से कुछ महत्वपूर्ण एवं विश्वख्याति प्राप्त कर चुकी गुफाओं पर प्रकाश डालना अनिवार्य है ताकि इन गुफाओं का परिचयात्मक चित्र अधिकाधिक लोगों, पर्यटकों के मानस पटल पर अंकित हो सके, भारत में गुफा भ्रमण के प्रति उनकी जिज्ञासा में वृद्धि हो सके—

1. **अमरनाथ गुफा, जम्मू-कश्मीर**—जम्मू-कश्मीर में कश्मीर की लिद्दार घाटी में स्थित यह गुफा हिन्दू धर्मावलम्बियों का महत्वपूर्ण तीर्थ स्थल है। इस गुफा में प्रतिवर्ष श्रावण मास की पूर्णिमा को असंख्य श्रद्धालु भगवान शिव के दर्शन करने व उनकी आराधना करने आते हैं। यहां स्थित शिवलिंग पूर्णरूपेण बर्फ से निर्मित होता है जो पूर्णिमा के दिन पूर्णता प्राप्त करता है तथा इसके पश्चात स्वत: इसका आकार घटता जाता है। इसीलिये इस शिवलिंग को चमत्कारिक शिवलिंग के रूप में मान्यता दी गई है तथा इस शिवलिंग के दर्शन को जीवन की एक बड़ी सफलता माना गया है। ऐसी भी मान्यता है कि इस गुफा में आदिकाल से कबूतर का एक जोड़ा वास करता है। जिस श्रद्धालु को इस जोड़े के दर्शन हो जायें, उस श्रद्धालु का जीवन सफल माना जाता है। चूँकि हिन्दू धर्मग्रन्थों में भगवान शिव को अमरनाथ नाम से भी वर्णित किया गया है। अत: शिवलिंग की उपस्थिति के कारण इस गुफा को अमरनाथ गुफा तथा यहाँ की जाने वाली यात्रा को अमरनाथ यात्रा के नाम से जाना जाता है। यह गुफा केवल और विशुद्ध रूप से धार्मिक प्रयोजन से विश्वविख्यात है।

2. **अजन्ता गुफायें, महाराष्ट्र**—पुरातन भारतीय संस्कृति एवं सभ्यता की सर्वप्रमुख संवाहक अजन्ता की गुफायें औरंगाबाद तथा जलगाँव के मध्य स्थित हैं। अजन्ता गुफाओं के महत्वपूर्ण होने का इससे बड़ा एवं प्रत्यक्ष प्रमाण क्या हो सकता है कि यूनेस्को द्वारा घोषित भारत की 26 विश्व धरोहरों में अजन्ता गुफाओं का प्रथम स्थान है। ईसा पूर्व 200 से 650 ई० मध्य निर्मित कुल 29 अजन्ता की बौद्ध गुफायें अपने लेप चित्रों (Frescos) के कारण रुचि का केन्द्र हैं। ये चित्र भारत की तत्कालीन चित्रकला एवं संस्कृति को भली-भांति प्रदर्शित करते हैं।

3. **ऐलोरा गुफायें, महाराष्ट्र**—अजन्ता गुफाओं के पश्चात ऐलोरा गुफाओं को विश्व धरोहर सूची में द्वितीय महत्वपूर्ण स्थान प्राप्त है। ऐलोरा गुफायें अजन्ता गुफाओं से सटी हुई हैं। ऐलोरा में कुल 2 किमी लम्बी 34 गुफायें हैं। इसमें 12 बौद्ध गुफायें, 17 हिन्दू गुफायें तथा 5 जैन गुफायें हैं। इन गुफाओं में हिन्दू और जैन मुनियों द्वारा तराशे गये अनेक मठ, मन्दिर और गिरजाघर हैं। ऐलोरा गुफाओं की सर्वोत्कृष्ट रचना विस्मयकारी कैलाश मन्दिर है। इस मन्दिर में

स्थापित शिव की प्रतिमा विश्व की विशालतम एक खंडीय प्रतिमा है। प्रतिवर्ष मार्च माह में 3 दिन कैलाश मन्दिर में ऐलोरा का वार्षिक नृत्य कार्यक्रम तथा संगीतोत्सव आयोजित किया जाता है। ऐलोरा की गुफायें चालुक्य एवं राष्ट्रकूट राजवंशों के अन्तर्गत भारत में हिन्दूवाद के पुनर्जागरण काल का प्रतिनिधित्व करती हैं। ऐलोरा गुफाओं का शिल्प भारत के तीन मौलिक धर्मों हिन्दू, बौद्ध एवं जैन की संस्कृतियों का प्रदर्शन करता है।

4. **एलीफेंटा की गुफायें, महाराष्ट्र**—एलीफेंटा की गुफायें महाराष्ट्र में मुम्बई से 9 किमी दूर दक्षिण-पश्चिम दिशा में एक टापू पर स्थित हैं। इन गुफाओं का निर्माण 634 ई० में चालुक्य शासन काल में किया गया था। इन गुफाओं की चट्टानों पर शिव के अनेक रूपों को उकेरा गया है। एलीफेंटा गुफाओं का नाम पूर्व में धारानगरी था, किन्तु पुर्तगालियों ने भारत में आने के बाद इस गुफा का नाम 'एलीफेंटा' रख दिया। क्योंकि इस गुफा में एक बड़ी पत्थर के हाथी की मूर्ति स्थापित थी। यद्यपि इस गुफा में असंख्य पाषाण चित्र या प्रतिमायें अंकित हैं, किन्तु इस गुफा का सर्वप्रमुख आकर्षण 'त्रिमूर्ति' है।

5. **उदयगिरी गुफा, उड़ीसा**—ये गुफायें उड़ीसा में उदयगिरी तथा काण्डगिरि पर्वत के समीप स्थित हैं। उदयगिरी की कुल 35 गुफायें हैं। इनमें से 19 गुफायें उदयगिरी पर्वत के अन्दर जबकि शेष 16 गुफायें काण्डगिरि पर्वत में स्थित हैं।

6. **जोगीमारा गुफायें, मध्य प्रदेश**—जोगीमारा गुफायें मध्य प्रदेश के सरगुजा जनपद में अमरनाथ नामक स्थान पर नर्मदा नदी के उद्गम स्थान पर स्थित हैं। इस गुफा की छत पर सात विशाल चित्र अंकित हैं। इन चित्रों में मानव, मछली तथा हाथी की आकृतियों का चित्रण किया गया है।

7. **बाघ गुफायें, मध्य प्रदेश**—ये गुफायें मध्य प्रदेश में, ग्वालियर के निकट धार जनपद के विन्ध्य श्रेणी में झीलों की बस्ती में विद्यमान हैं। चूँकि ये गुफायें नर्मदा नदी की सहायक नदी 'बाघ' के तट पर स्थित हैं, इसलिये इन गुफाओं को बाघ की गुफा कहा जाता है। बाघ की चौथी गुफा—रंगमहल में सर्वाधिक मात्रा में एवं सुरक्षित चित्र हैं। प्रथम गुफा को गृह गुफा, द्वितीय गुफा को पांडवों की गुफा, तृतीय गुफा को हाथीखाना तथा चतुर्थ गुफा को रंगमहल कहा जाता है।

8. **बादामी गुफायें, महाराष्ट्र**—बादामी की गुफायें महाराष्ट्र में मुम्बई के एहोल नामक स्थान के निकट स्थित हैं। यहाँ कुल चार गुफायें हैं, जिनके अन्दर अनेक मन्दिर स्थापित हैं। इन गुफाओं एवं मन्दिरों का निर्माण चालुक्य शासकों द्वारा करवाया गया था। ये गुफायें शैव सम्प्रदाय से सम्बन्धित हैं। इन गुफाओं का निर्माण 578 ई० में राजा कीर्तिवर्मन के काल में हुआ।

9. **सित्तन वासल गुफायें, तमिलनाडु**—सित्तन वासल की गुफायें तमिलनाडु में चेन्नई के तंजौर नामक स्थान पर पुद्दकोटा के निकट स्थित हैं। इन गुफाओं का निर्माण 600-650 ई० में हुआ था। ये गुफायें जैन धर्म से सम्बन्धित हैं। इन गुफाओं के चित्र इसी कारण अजन्ता एवं बाघ की गुफाओं से मिलते-जुलते हैं।

10. **पाताल भुवनेश्वर गुफा, उत्तराखण्ड**—यह गुफा उत्तराखण्ड में पिथौरागढ़ जनपद के गंगोलीहाट नामक स्थान के निकट स्थित है। इस स्थान पर गुफा के निकट ही मन्दिरों का समूह भी स्थित है। अपनी इसी विशेषता के कारण ही यह स्थान विश्वविख्यात है तथा

उत्तराखण्ड में आने वाले धार्मिक पर्यटक गंगोलीहाट में अवश्य आते हैं तथा पाताल भुवनेश्वर गुफा के दर्शन भी करते हैं। इस गुफा में प्रवेश करने के लिये अधिकांश वस्त्र उतारने पड़ते हैं। इस गुफा का प्रवेश द्वार अत्यन्त ही संकरा है, जिसमें कुछ दूर तक लेटकर एवं सरककर जाना पड़ता है। अन्दर से यह गुफा काफी विस्तृत है। इस गुफा में हवा पानी तो पर्याप्त है किन्तु प्रकाश की व्यवस्था नहीं थी। परन्तु अब इसकी व्यवस्था कर दी गई है। यह गुफा स्टैलक्टाइट और स्टेलक्ट माइट से निर्मित विभिन्न आकृतियों से भरी हुई है। इनमें से अनेक चित्र तो अत्यन्त सजीव हैं। लोगों का विश्वास है कि यहाँ हिन्दू धर्म के समस्त 33 करोड़ देवी-देवताओं का वास है। यह गुफा तीन खण्डों में विभक्त है तथा यहाँ तीनों देवता—ब्रह्मा, विष्णु तथा महेश, भुवनेश्वर महादेव के रूप में पूजे जाते हैं। यह भी धारणा है कि शंकर-पार्वती यहाँ काफी समय तक रहे तथा अब भी उनकी जटा यहाँ पर विद्यमान है। गुफा में विद्यमान विभिन्न आकृतियाँ शिव, पार्वती, विष्णु तथा अन्य देवी-देवता माने जाते हैं। कई स्थानों पर गुफा संकरी हो जाती है। गुफा के अन्त में एक स्थान पर कौरव-पांडवों के मध्य चौसर खेलने का एक सजीव चित्र है। यद्यपि इस गुफा के इस छोर पर ऑक्सीजन गैस की भारी कमी रहती है। यहाँ के स्थानीय लोगों की मान्यता है कि गुफा के संकरे मार्ग भुवनेश्वर को इस पर्वत की जड़ से सरयू तथा पूर्वी रामगंगा के संगम पर निर्मित रामेश्वर का मन्दिर तथा सेतुबंधु रामेश्वर व जागेश्वर को भी जाते हैं। इस गुफा के प्रारम्भिक भाग की भूमि रीढ़ पर टिकी हुई है। गुफा में छत से पानी रिसता रहता है तथा गुफा के फर्श अत्यन्त ऊबड़-खाबड़ हैं, अत: गुफा के अन्दर सदा फिसलने का भय बना रहता है। अत: एकाकी रूप से इस गुफा का भ्रमण नहीं करना चाहिये।

भारत की अन्य गुफायें

11. भीमबेटका गुफायें, मध्य प्रदेश।
12. भाजा गुफा, महाराष्ट्र।
13. कार्ले गुफा, महाराष्ट्र।
14. कोंडन गुफा, महाराष्ट्र।
15. बेदसा गुफा, महाराष्ट्र।

भारत की धार्मिक, सांस्कृतिक एवं ऐतिहासिक धरोहरें

(Religious, Cultural and Historical Heritages of India)

भारत धरोहरों का देश है। इन धरोहरों की जननी भारत की अत्यन्त प्राचीन संस्कृति एवं सभ्यता है। साथ ही भारत में समय-समय पर विदेशी आक्रमणकारियों का आगमन होता रहा। इन आक्रमणकारियों ने जहाँ भारत में पूर्व से विद्यमान इमारतों को क्षति पहुँचायी, वहीं भारत में अपने धर्म की छाप छोड़ने के लिये असंख्य नई इमारतों का निर्माण भी कराया। यही कारण है कि आज भारत में धार्मिक, सांस्कृतिक एवं ऐतिहासिक महत्व की असंख्य इमारतें विद्यमान हैं जो अपनी विशेषताओं के कारण धरोहर का रूप ग्रहण कर चुकी हैं तथा इनमें से सर्वाधिक महत्वपूर्ण 26 धरोहरों को यूनेस्को ने विश्व धरोहर के रूप में सूचीबद्ध किया है। इन 26 विश्व धरोहरों की सूची निम्नवत् है—

यूनेस्को द्वारा घोषित भारत की 26 विश्व धरोहरें

(26 World Heritage of India declared by UNESCO)

क्र०सं०	*विश्व धरोहर का नाम*	*घोषणा वर्ष*
1.	अजन्ता की गुफायें	1983
2.	ऐलोरा की गुफायें	1983
3.	आगरा का किला	1983
4.	आगरा का ताजमहल	1983
5.	कोणार्क का सूर्य मन्दिर	1984
6.	महाबलीपुरम स्थित स्थापत्य समूह	1985
7.	काजीरंगा राष्ट्रीय पार्क	1985
8.	मानस वन्य जीव अभयारण्य	1985
9.	केवलादेव राष्ट्रीय पार्क	1985
10.	गोवा स्थित चर्च कन्वेंट्स	1986
11.	खजुराहो मन्दिर	1986
12.	हंपी स्थित स्थापत्य समूह	1986
13.	फतेहपुर सीकरी	1986
14.	पृटाथकल स्थित स्थापत्य समूह	1986
15.	एलीफेंटा की गुफायें	1987
16.	तंजावुर स्थित बृहदिश्वरा मन्दिर	1987
17.	सुन्दरवन राष्ट्रीय पार्क	1987
18.	नन्दादेवी राष्ट्रीय पार्क	1988
19.	साँची स्थित बौद्ध स्तूप	1989
20.	दिल्ली स्थित हुमायूँ का मकबरा	1993
21.	कुतुबमीनार एवं इसका स्थापत्य	1993
22.	दार्जिलिंग हिमालयन रेलवे	1999
23.	बोधगया, महाबोधि मंदिर परिसर	2002
24.	भीमबेटका गुफायें, मध्य प्रदेश	2003
25.	चंपानेर-पावागढ़ पुरातात्विक पार्क, गुजरात	2004
26.	छत्रपति शिवाजी टर्मिनल, (मुम्बई, महाराष्ट्र)	2004

उपरोक्त सूची तो भारत की धरोहरों पर श्रेष्ठता की मुहर लगाने की मात्र औपचारिकता है। अन्यथा भारत की अन्य धरोहरें उपरोक्त 26 विश्व धरोहरों की तुलना में कम नहीं हैं। भारत

की कुछ सर्वाधिक महत्वपूर्ण धरोहरों (इनमें उपरोक्त सूचीबद्ध 26 विश्व धरोहरों में से भी कुछ को स्थान दिया गया है) के निम्नलिखित विश्लेषण से यह कथन और भी अधिक पुष्ट हो जायेगा—

1. **ताजमहल, आगरा**—उत्तर प्रदेश के आगरा शहर में स्थित इस स्मारक को अपने प्रेम की पूजा के लिये निर्मित मुख्य स्मारक के रूप में पहचाना जाता है। वैसे उस ताजमहल की सुन्दरता का वर्णन हम क्या कर सकते हैं जिसे विश्व के आश्चर्य के रूप में स्वीकार किया जा चुका है। यह मर्मस्पर्शी मुगल मकबरा भारत के एक यथार्थ पर्यटन प्रतीक के रूप में सामने आया है। इसका निर्माण मुगल शासक शाहजहाँ ने अपनी द्वितीय पत्नी मुमताज महल की स्मृति में कराया था। सन् 1631 में प्रसव के दौरान मुमताज महल की मृत्यु हो गयी। तत्पश्चात् इसी वर्ष शाहजहाँ ने ताजमहल का निर्माण प्रारम्भ किया। भारत तथा मध्य एशिया के कुल 20000 कारीगरों ने ताजमहल के निर्माण कार्य में योगदान दिया। इस स्मारक का मुख्य वास्तुविज्ञानी इसा खान था जो ईरान के शिराज शहर का निवासी था। विशेषज्ञ कारीगर कोर्डियाक्स के आस्टिन तथा वेनिस के पेरोनियों शहर से आमंत्रित किये गये थे। इन दोनों देशों के विशेषज्ञ कारीगरों ने ताजमहल की सजावट में योगदान दिया। कहा जाता है कि ब्रिटिश सरकार ने इन कारीगरों को भ्रम में रखकर कुछ समय के लिये ताजमहल निर्माण में योगदान हेतु भारत में भेजा क्योंकि इस दुरूह इमारत का प्रारूप एक यूरोपियन व्यक्ति द्वारा तैयार किया गया था तथा इस इमारत का निर्माण ब्रिटेन के सम्मान से जुड़ गया था।

ताजमहल के सम्बन्ध में एक अद्भुत किन्तु विश्वसनीय कहानी प्रचलित है। कहा जाता है कि शाहजहाँ मुमताज महल की स्मृति में निर्मित सफेद ताजमहल के सामने विपरीत प्रतिकृति के रूप में अपने मकबरे के तौर पर काले मार्बल का दूसरा ताजमहल बनवाने के लिये भी प्रयासरत था। किन्तु इससे पूर्व कि वह इस द्वितीय उत्कृष्ट कृति का निर्माण प्रारम्भ करवा पाता, उसका पुत्र औरंगजेब शाहजहाँ को सत्ता से हटाकर स्वयं शासक बन बैठा और शाहजहाँ को आगरा के 'लाल किला' में कैद कर दिया। शाहजहाँ ने अपना शेष जीवन लाल किला में कैदी के रूप में रहकर, ताजमहल को देखते हुए ही व्यतीत किया।

ताजमहल की सुन्दरता इतनी विलक्षण है कि कहा जाता है प्रत्येक व्यक्ति को अपने जीवन में एक बार ताजमहल के दर्शन अवश्य करने चाहिये। दिन में जैसे-जैसे सूर्य के प्रकाश में परिवर्तन आता है, ताजमहल की सुन्दरता में भी परिवर्तन आता है। अतः मात्र थोड़ी देर का एक भ्रमण ताजमहल देखने के लिये पर्याप्त नहीं है। अरुणोदय का समय ताजमहल अवलोकन के लिये सर्वश्रेष्ठ है। ताजमहल प्रांगण में प्रवेश हेतु तीन द्वार हैं—पूर्वी, दक्षिणी और पश्चिमी द्वार। मुख्य प्रवेश द्वार पश्चिम दिशा की ओर स्थित है। सोमवार को छोड़कर, ताजमहल में प्रवेश शुल्क 20.00 रुपये है, जबकि शुक्रवार के दिन प्रवेश निःशुल्क रहता है। मुख्य प्रवेश द्वार पर्याप्त ऊँचा है तथा लाल बालू पत्थरों से निर्मित है परन्तु अब इस प्रवेश द्वार के बिल्कुल बराबर में एक छोटा प्रवेश द्वार बना दिया गया है। पर्यटक अब इसी द्वार से ताजमहल प्रांगण में प्रवेश कर सकते हैं। द्वार पर पर्यटकों की सघन जाँच-पड़ताल की जाती है। यह ताजमहल की सुरक्षा के दृष्टिकोण से अनुचित नहीं है। अन्दर प्रवेश करते समय साथ में खाना, सिगरेट, माचिस, पान तथा कुछ अन्य वस्तुएं ले जाना प्रतिबन्धित है। ताजमहल प्रांगण में एक क्लॉक रूम बना हुआ है, जहाँ अपना सामान रखा जा सकता है। कैमरे का प्रयोग करने की स्वतंत्रता दी

गई है, किन्तु मुख्य स्मारक से 100 मीटर दूर रहकर ही फोटोग्राफी करने की सुविधा अनुमन्य है। यद्यपि अधिकांश पर्यटक इस नियम का पालन नहीं करते। मुख्य द्वार से मुख्य स्मारक तक का मार्ग नहर द्वारा विभाजित किया गया है। इस अति सुन्दर नहर में मुख्य स्मारक की मनोहारी प्रतिकृति दिखाई देती है। इसकी पश्चिम दिशा में एक संग्रहालय भी स्थित है। सोमवार तथा शुक्रवार के अतिरिक्त शेष दिन प्रात: 10.00 से सायं 5.00 बजे तक यह संग्रहालय पर्यटकों हेतु खुला रहता है। इस संग्रहालय का कोई प्रवेश शुल्क नहीं है। संग्रहालय में अनेक शिलालेख लगे हुए हैं, जिन पर ताजमहल के सम्बन्ध में अनेक रोचक एवं महत्वपूर्ण सूचनाएं एवं जानकारियाँ लिखी हुई हैं।

ताजमहल (मुख्य स्मारक) एक अलंकृत बगीचे के उत्तरी छोर पर मार्बल के एक उन्नत प्लेटफार्म पर अवस्थित है। ताजमहल की लम्बी एवं अलंकृत मीनारें प्लेटफार्म के प्रत्येक छोर से दिखाई देती हैं। ताजमहल विशुद्ध रूप से एक स्मारक है, मस्जिद नहीं। अत: यहाँ पर कोई भी व्यक्ति प्रार्थना या इबादत नहीं कर सकता। ताजमहल के केन्द्रीय ढांचे में चार छोटे गुम्बद हैं जो केन्दीय आकार के केन्द्रीय गुम्बद के चारों ओर स्थित हैं। मुमताल महल और शाहजहाँ के मकबरे मुख्य स्मारक के भूतल में निर्मित एक कक्ष में स्थित हैं। विडम्बना देखिये, ताजमहल की सम्पूर्ण सुडौलता उसी व्यक्ति (शाहजहाँ) के मकबरे के कारण असंतुलित हो गयी है, जिसने ताजमहल का निर्माण कराया था। सन् 1666 में शाहजहाँ की मृत्यु के पश्चात् उसके पुत्र और तत्कालीन मुगल शासक औरंगजेब ने शाहजहाँ की शवपेटिका मुमताल महल की शवपेटिका के बराबर में स्थापित की। शाहजहाँ की शवपेटिका ने ताजमहल की आन्तरिक साज–सज्जा को अव्यवस्थित कर दिया, जिसकी किसी ने भी कभी भी कल्पना नहीं की थी।

किसी भी कोण से देखने पर ताजमहल अद्‍भुत दिखता है। Pietra Duea प्रक्रिया का प्रयोग करते हुए संगमरमर के बीच में बहुमूल्य पत्थरों को लगाया गया है। प्रारूप के तैयार करने एवं निर्माण में दिखायी गयी दक्षता के कारण ही आज ताजमहल विश्व के सात आश्चर्यों की सूची में प्रथम स्थान प्राप्त किये हुए है। साथ ही यह स्मारक भारत में अन्तर्राष्ट्रीय पर्यटन व्यवसाय का केन्द्र बिन्दु है। भारत में आने वाला कोई भी अन्तर्राष्ट्रीय पर्यटक सम्भवत: ताजमहल के दर्शन किये बिना स्वदेश वापस नहीं लौटता।

2. **सूर्य (कोणार्क) मन्दिर, उड़ीसा**—सूर्य मन्दिर उड़ीसा के पुरी जनपद में, कोणार्क नामक स्थान पर स्थित है। इस कारण यह मन्दिर कोणार्क मन्दिर के नाम से भी प्रसिद्ध है। भारत का यह महान मन्दिर कोस्त से 3 किमी, पुरी से 36 किमी तथा भुवनेश्वर से 64 किमी दूर है। यूनेस्को द्वारा घोषित भारत की 26 विश्व धरोहरों में सूचीबद्ध यह मन्दिर तेरहवीं शताब्दी के मध्य में निर्मित हुआ था। यद्यपि कुछ धर्मग्रन्थों के अनुसार यह मन्दिर इस काल से भी पूर्व का निर्मित हुआ है। माना जाता है कि सूर्य मन्दिर का निर्माण उड़ीसा के राजा नरसिंह देव प्रथम ने मुस्लिम शासकों पर अपनी सैनिक विजय के उल्लास में कराया था। 19वीं शताब्दी के अन्त तक मन्दिर में बड़ी मात्रा में मलबे एवं रेत के ढेर जमे हुए थे। किन्तु सन् 1904 में मन्दिर परिसर से समस्त मलबा एवं रेत हटा दिये गये तथा मन्दिर का शृंगार किया गया। वर्तमान समय में यह मन्दिर भारत के सर्वप्रमुख मन्दिरों में से एक है। यह सम्पूर्ण मन्दिर सूर्य देवता के रथ के रूप में अभिव्यक्त होता है। मन्दिर के धरातल के चारों ओर पत्थर के विराट वृत्ताकार पहिये हैं। सात बलिष्ठ पत्थर के घोड़ों की आकृतियाँ इस रथ को खींचती हुई प्रतीत होती हैं। यह विशाल

मन्दिर नक्काशी, शिल्पकारी, आकृतियों एवं मानचित्रों से भरपूर है। मन्दिर का मुख्य प्रवेश द्वार पर्यटक बंगले की ओर से है। मुख्य द्वार पर पत्थर के हाथियों को कुचलते हुए, पत्थर के 2 घोड़े सुरक्षा कर्मियों की आकृति के रूप में हैं। मन्दिर के धरातल के चारों ओर तथा मन्दिर की दीवारों और छतों पर मूर्तियों की एक वृहद् एवं निरन्तर शृंखला है। इनमें से अनेक मूर्तियाँ खजुराहो मन्दिर समूह की भांति रत्यात्मक शैली में निर्मित हैं। मन्दिर में प्रवेश करते समय कुछ समय के लिये पर्यटक गाइड की सेवायें प्राप्त कर लेनी चाहिये। ये गाइड पर्यटकों को मन्दिर की रुचिकर विशेषताओं का परिचय प्रदान करते हैं। साथ ही मन्दिर की चित्रकारी के सम्बन्ध में अधिकाधिक एवं ज्ञानवर्धक सूचनायें प्रदान कर सकते हैं। कुछ रुचिकर चित्र हैं—ऊँची ऐड़ी के जूतों पर नृत्य करते नर्तक एवं नर्तकियाँ, जिराफ के चित्र एवं रतिज रोगों का स्वयं उपचार करते हुए व्यक्ति। गाइड के मार्गदर्शन के अभाव में पर्यटक इन चित्रों के सही उद्देश्य को नहीं समझ सकते। मन्दिर के चारों ओर गैर-पंजीकृत गाइड भी भ्रमण करते रहते हैं। ये गाइड पर्यटकों को ठग सकते हैं। अत: अपने कपड़ों पर पंजीकृत बैज संलग्न किये हुए पर्यटक गाइडों की सेवायें ही प्राप्त करनी चाहिये।

3. **चारमीनार, आन्ध्र प्रदेश**—विश्व प्रसिद्ध चारमीनार पुराने हैदराबाद शहर के हृदय स्थल पर अवस्थित है। चारमीनार के चारों ओर व्यस्ततम बाजार स्थापित है। 56 मीटर ऊँचाई वाली इस अद्‌भुत वास्तुकला का निर्माण सन् 1591 में, हैदराबाद शहर में प्लेग नामक महामारी की समाप्ति के हर्ष में मुहम्मद कुली कुतुबशाह द्वारा कराया गया था। यह मुगलकालीन स्मारक अपने मनोहारी अलिन्दों, पलस्तर सम्बन्धी अद्‌भुत साज-सज्जा तथा साथ में बनी हुई एक छोटी मस्जिद के कारण दर्शनीय है। चारमीनार के द्वितीय तल पर अवस्थित यह छोटी मस्जिद हैदराबाद की सबसे प्राचीन मस्जिद है। चारमीनार की लोकप्रियता का अनुमान इसी बात से लगाया जा सकता है कि भारत की सर्वाधिक प्राचीन सिगरेट का नाम भी चारमीनार रखा गया है तथा सिगरेट की प्रत्येक डिब्बी पर चारमीनार का चित्र छपा रहता है। यदि आप चारमीनार में देर सायं तक ठहरेंगे तो आपको इसकी चारों मीनारों के शिखर से पुराने हैदराबाद शहर का सुन्दर चित्र दिखाई पड़ेगा। चारमीनार को प्रतिदिन सायं 7.00 से 9.00 बजे तक प्रकाश से प्रदीप्त किया जाता है। चारमीनार के चारों ओर अत्यन्त संकरी गलियाँ हैं जिनमें व्यस्त बाजार बसा हुआ है। यह बाजार भारत के सबसे संकरे बाजारों में से एक है। मुख्यत: यह बाजार भारत के मोती व्यापार का केन्द्र तो है ही, इसके अतिरिक्त इस बाजार में पीतल के कारखाने स्थापित हैं, सुनार बाजार है, इत्र शालायें हैं तथा यहाँ सिल्क का व्यापार भी होता है। लाड बाजार, जो कि इस क्षेत्र का सर्वप्रमुख बाजार है, दुल्हनों के शृंगार सामान की बिक्री के लिये विश्व प्रसिद्ध है, विशेषकर हैदराबाद की प्रसिद्ध लाक्षा चूड़ियों के व्यापार के लिये।

4. **स्वर्ण मन्दिर, पंजाब**—स्वर्ण मन्दिर पंजाब राज्य के अमृतसर शहर में स्थित है। भारत में यह मन्दिर सिख धर्म का सबसे अधिक पवित्र एवं पूजनीय धर्म स्थल है। इस मन्दिर को हरि मन्दिर के नाम से भी जाना जाता है। यह मन्दिर पुराने अमृतसर शहर के केन्द्र में स्थित है। चूँकि यह मन्दिर चारों ओर से जलाशयों से घिरा हुआ है। अत: मन्दिर के अन्दर सेतुमार्ग से प्रवेश किया जाता है। प्रात:काल में सर्वाधिक मनोहारी प्रतीत होने वाला यह मन्दिर सभी धर्म के पर्यटकों के लिये खुला रहता है। सप्ताहान्त में यहाँ अत्यधिक भीड़-भाड़ हो जाती है। सन् 1984 में भारतीय सेना के आक्रमण के कारण यह मन्दिर अत्यधिक क्षतिग्रस्त हो गया था।

वर्तमान में इसका जीर्णोद्धार हो चुका है। मन्दिर में प्रवेश करते समय श्रद्धालुओं एवं पर्यटकों के लिये अपने जूते बाहर उतारना तथा सिर पर कपड़ा ढंकना अनिवार्य है। मन्दिर परिसर में धूम्रपान करना वर्जित है। मन्दिर का परिक्रमा स्थल जो कि मार्बल से निर्मित है, अत्यन्त मनोरम है तथा पवित्र जलाशय से घिरा हुआ है। परिक्रमा स्थल पर खड़े होकर फोटोग्राफी करना अनुमन्य है। क्लॉक टॉवर के निकट स्थित पर्यटक सूचना कार्यालय से अंग्रेजी सहित अन्य भाषायें बोलने एवं समझने वाले पर्यटक गाइड उपलब्ध हो जाते हैं। सूचना कार्यालय पर रुचिकर एवं मनोरंजक साहित्य भी उपलब्ध रहता है। इस कार्यालय से आप संकलन करने योग्य यह पुस्तक अवश्य क्रय कर सकते हैं—"Human Hair: Factory of Vital Energy (मानव के केश: दैवीय ऊर्जा के भण्डार)"।

5. **सेन्ट फ्रांसिस चर्च, केरल**—यह भारत का सबसे प्राचीन चर्च है, जिसका निर्माण यूरोपीय लोगों द्वारा कराया गया था। इस चर्च का निर्माण पुर्तगाली एवं फ्रांसीसी पादरियों द्वारा सन् 1503 में किया गया था। इस चर्च का मूल ढांचा लकड़ी से निर्मित किया गया था किन्तु 16वीं शताब्दी के मध्य में पत्थरों से इस चर्च का पुनर्निर्माण किया गया। चर्च में लगे एक शिलालेख के अनुसार यह पुनर्निर्माण कार्य सन् 1562 में हुआ। हॉलैण्ड के प्रोटेस्टेण्ट अनुयायियों द्वारा सन् 1663 में कोच्चि पर कब्जा कर लिया गया। इन लोगों ने सन् 1779 में चर्च के ढांचे में परिवर्तन किया। सन् 1795 में ब्रिटिश शासन द्वारा कोच्चि का अधिग्रहण कर लेने के पश्चात् यह चर्च दक्षिण भारत के आंग्ल चर्च के रूप में सामने आया। भारत के समुद्री मार्ग की खोज करने वाले यूरोपियन नागरिक वास्कोडिगामा की मृत्यु सन् 1524 में कोच्चि में ही हुई तथा उसे इसी चर्च में दफनाया गया था। उसके शव को उसके गृह निवास, पुर्तगाल के लिस्बन शहर स्थानान्तरित करने से पूर्व 14 वर्षों तक वास्कोडिगामा का शव इसी चर्च में रहा। उसकी समाधि शिला के दर्शन चर्च के अन्दर किये जा सकते हैं। रस्सी द्वारा संचालित होने वाले पंखे इस चर्च की अन्य विशेषता है।

6. **साँची के बौद्ध स्तूप, मध्य प्रदेश**—साँची के स्तूप सम्पूर्ण विश्व में, भारत में बौद्ध धर्म के इतिहास को प्रदर्शित करते हैं। साँची मध्य प्रदेश में भोपाल से 46 किमी दूर उत्तर दिशा में स्थित रायसेन नामक पर्वतीय नगर के निकट स्थित है। साँची भारत में बौद्ध धर्म का मुख्य केन्द्र है। साँची का मुख्य स्तूप, स्तूप संख्या-1 है, जिसकी ऊँचाई 91 मीटर है। साँची के स्तूपों का निर्माण ईसा से तीसरी शताब्दी पूर्व सम्राट अशोक द्वारा कराया गया था। उन्होंने 8 स्तूपों का निर्माण कराया था किन्तु अधिकांश स्तूप नष्ट हो चुके हैं। वर्तमान में केवल 3 स्तूप शेष हैं। ये स्तूप 120 वर्ग फीट के व्यास में स्थापित हैं। स्तूप-1 की चोटी पर एक पुरातात्विक संग्रहालय भी स्थापित है। कहा जाता है कि साँची के स्तूपों में महात्मा बुद्ध के स्मृति अवशेष सुरक्षित हैं। गौतम बुद्ध भारत से लन्दन चले गये थे। किन्तु लन्दन से लौटकर बुद्ध साँची में ही आये थे। साँची के स्तूपों में प्रवेश करने के लिये चारों दिशाओं में प्रवेश द्वार बनाये गये हैं। सन् 1989 में साँची के बौद्ध स्तूपों को यूनेस्को द्वारा भारत की विश्व धरोहर सूची में स्थान दिया गया है।

7. **खजुराहो मन्दिर समूह, मध्य प्रदेश**—खजुराहो मन्दिर समूह का निर्माण चन्देल शासन काल में हुआ था। चन्देल एक राजवंश था जिसने मुगल आक्रमण से पूर्व भारत में 5 शताब्दियों तक शासन किया था। खजुराहो मध्य प्रदेश का एक दूरस्थ एवं बीहड़ स्थान है। खजुराहो के सभी मन्दिर एक साथ सन् 950 ई० से सन् 1050 ई० के मध्य निर्मित हुए हैं।

खजुराहो के मन्दिरों की अद्भुत सुन्दरता, आकार और स्थापत्य कला को देखकर सोचने पर विवश होना पड़ता है कि ये मन्दिर इस निर्जन स्थान पर क्यों बनवाये गये होंगे। यह स्थान आज भी निर्जन है, यहाँ जनसंख्या बहुत कम है, यह स्थान मध्य प्रदेश के प्रत्येक मुख्य केन्द्र से अत्यन्त दूर है तथा अभी भी गर्मियों के दिनों में यहाँ असहनीय गर्मी, सूखा, धूल और अन्य कष्टों का सामना करना पड़ता है। तब 1000 वर्ष पूर्व इस स्थान की क्या दुर्गम स्थिति रही होगी, सोचा भी नहीं जा सकता। इन समस्त मन्दिरों का निर्माण मात्र 100 वर्षों में कर लिया गया। इतने अधिक एवं विशाल मन्दिरों का निर्माण इतनी अल्प अवधि में करने के लिये निश्चित रूप से असंख्य मजदूरों एवं कारीगरों की व्यवस्था की गई होगी। यह सब कार्य कैसे सम्पन्न हुआ होगा, यह स्वयं में एक अविश्वसनीय स्थिति है। खैर, हमें तो चन्देल शासकों को धन्यवाद देना चाहिये कि उन्होंने इतने दूरस्थ स्थानों पर तथा पारम्परिक शैली से पृथक हिन्दू मन्दिरों का निर्माण कराया। अन्यथा मुगल शासक इन मन्दिरों को भी ध्वस्त किये बिना नहीं छोड़ते, क्योंकि हिन्दू धर्म का जो भी पारम्परिक आराध्य मन्दिर उनकी दृष्टि में आया, उन्होंने उसे या तो नष्ट कर दिया या फिर अपवित्र कर दिया।

खजुराहो के मन्दिर इण्डो-आर्यन वास्तुकला के सर्वोत्कृष्ट उदाहरण हैं। मन्दिरों के चारों ओर अनेक प्रकार से तराशे गये पत्थरों के समूह, बन्ध के रूप में हैं। मन्दिरों की दीवारों, छतों और धरातल पर बनाये गये चित्रों के माध्यम से तत्कालीन भारतीय सभ्यता एवं संस्कृति का सजीव चित्रण किया गया है। जैसे—देवी-देवताओं, नृत्यकारों एवं संगीतकारों तथा वास्तविक एवं काल्पनिक पशुओं के चित्र आदि। किन्तु समस्त मन्दिरों की शिल्पकला में दो तत्वों का प्रयोग अत्यधिक मात्रा में देखने को मिलता है। ये हैं—नारी और रत्यात्मकता (Women and Sex)। प्रत्येक मन्दिर में अप्सराओं अर्थात स्वर्ग कन्याओं के पत्थर चित्र देखे जा सकते हैं। सभी पर्यटकों को इन चित्रों को श्रृंगार चित्र के रूप में देखना चाहिये। मध्य में मिथुन अर्थात कामुक चित्र हैं। ये चित्र सम्पूर्ण कामसूत्र का परिचय प्रदान करते हैं।

खजुराहो का श्रृंगार साहित्य (Erotica of Khajurahos)—खजुराहो के मन्दिरों में आने वाले अधिकांश पर्यटकों द्वारा यह प्रश्न पूछा जाता है कि खजुराहो मन्दिरों की चित्रकलायें इतनी रत्यात्मक क्यों हैं? रत्यात्मकता के सम्बन्ध में वैसे तो खजुराहो में अनेक सिद्धान्त प्रचलित हैं किन्तु सबसे सटीक सिद्धान्त के अनुसार खजुराहो की प्रतिमायें जीवन को उसी रूप में प्रस्तुत करती हैं, जैसा कि जीवन को समाज देखता है (ओल्ड टेस्टामेंट नीतिशास्त्र के अनुसार खुली रतिक्रिया मान्य है)। वास्तविकता यह है कि आधुनिक पर्यटक खजुराहो में सांस्कृतिक मूल्यों से आकर्षित होकर आते हैं न कि खजुराहो की चित्रकला को अश्लील साहित्य के रूप में देखने के लिये। खजुराहो में रत्यात्मक चित्रों की भरमार है। अतः आप भी यहाँ आइये, किन्तु इस उत्कीर्णन कला को जीवन के सभी पहलुओं के हर्ष पूर्ण उत्सव के रूप में देखिये।

खजुराहो मन्दिर समूह में कुल 20 मन्दिर स्थापित हैं। ये मन्दिर चारों दिशाओं में स्थित हैं। इन मन्दिरों के नाम हैं—आदिनाथ, ब्रह्मा एवं हनुमान, चतुर्भुज, चौंसठ योगिनी, चित्रगुप्त, देवी जगदम्बा, दुलादियों, घन्टाल, जैन म्यूजियम, कंडरिया महादेव, लक्ष्मी एवं वाराहा, लक्ष्मण, महादेव, मतंगेश्वर, पार्श्वनाथ, पार्वती, शान्तिनाथ, वामन मन्दिर, जावरी मन्दिर एवं विश्वनाथ मन्दिर।

8. **मैसूर पैलेस, कर्नाटक**—मैसूर पैलेस कर्नाटक राज्य के मैसूर शहर में स्थित है। इस भित्तियुक्त (Walled) एवं भारत-सीरियाई स्थापत्य कला के उत्कृष्ट उदाहरण का सुन्दर पार्श्व

दृश्य मैसूर के महाराजा का आसन है। यह आसन मैसूर की व्योमरेखा (Skyline) की शोभा बढ़ाता है। इसी स्थान पर स्थित पूर्व का एक महल सन् 1897 में जलकर राख हो गया था। तत्पश्चात् इस वर्तमान महल का निर्माण 1912 में 4.2 मिलियन रुपयों की लागत से किया गया। इस महल को अम्बा विलास महल के नाम से भी सम्बोधित किया जाता है। मैसूर के पूर्व महाराजा इस महल के पीछे बने आवासों में ठहरते हैं। अन्दर से यह महल धब्बेदार शीशों की उपस्थिति के कारण बहुरूपदर्शी है। इन दर्पणों पर देवीय रंग का मुलम्मा चढ़ाया गया है। महल के ऊपरी भाग में लकड़ी की नक्काशी युक्त द्वार तथा चित्रित फर्श (Mosaic) हैं। इस महल के आंगन के मध्य में हिन्दू मन्दिरों का संग्रह है। इन मन्दिरों में से सर्वप्रमुख मन्दिर श्वेता वाराह स्वामी मन्दिर है। आगन्तुकों हेतु महल के मुख्य द्वार प्रतिदिन प्रात: 10.30 से सायं 5.30 बजे तक खुले रहते हैं। आगन्तुकों से प्रवेश शुल्क लिया जाता है तथा कैमरा अन्दर ले जाने की अनुमति नहीं है। मुख्य प्रवेश द्वार के निकट जूते जमा केन्द्र पर जूते उतारने पड़ते हैं। महल के अन्दर एक संग्रहालय भी स्थित है। संग्रहालय में भ्रमण हेतु अलग से शुल्क देना पड़ता है। सितम्बर-अक्टूबर में इस महल में दशहरा उत्सव का आयोजन किया जाता है। इस उत्सव के दिन महल का दृश्य अलौकिक प्रतीत होता है। इस उत्सव पर महल में रात्रि 7.00 से रात्रि 8.00 बजे तक 97,000 बल्ब जलाये जाते हैं। महल के उत्तरी द्वार पर महाराजा चाम राजेन्द्र वोडेयार की प्रतिमा स्थापित है। यह प्रतिमा सन् 1920 में स्थापित की गयी थी। इस प्रतिमा के ठीक सामने सन् 1927 में निर्मित सिल्बर जुबली घंटाघर है। यह घंटाघर भी एक मनोरम स्थापत्य कला का उदाहरण है।

9. **स्वामी नारायण अक्षरधाम मन्दिर, दिल्ली**—पूर्वी दिल्ली में नोएडा मोड़ के निकट यमुना नदी के तट पर लगभग 100 एकड़ जमीन में स्थित यह मन्दिर भारतीय कला एवं संस्कृति का अद्‌भुत उदाहरण है। मन्दिर का हरा-भरा परिसर पूर्ण रूप से पत्थरों से निर्मित है। पाँच वर्ष में 7000 मजदूरों एवं कारीगरों द्वारा निर्मित किये गये इस मन्दिर के निर्माण में दो सौ करोड़ रुपये खर्च आया है। 148 विशालकाय हाथियों की पीठ पर स्थापित मन्दिर का मुख्य स्मारक 141 फीट ऊँचा तथा 370 फीट लम्बा है। सफेद संगमरमर तथा गुलाबी एवं लाल बलुआ पत्थरों से निर्मित इस स्मारक में 234 स्तम्भ तथा 20 हजार से भी अधिक मनमोहक एवं जीवन्त प्रतिमायें हैं। मुख्य स्मारक के चारों ओर दो मंजिला परिक्रमा मार्ग है जो लाल बलुए पत्थर से आवृत्त है। इस घेरे में 155 पौराणिक आख्यान युक्त छोटे गुम्बद एवं 1160 स्तम्भ हैं। साथ ही मन्दिर परिसर में दो तालाब तथा सहजानन्द दर्शन, नीलकंठ दर्शन और संस्कृत विहार नाम के तीन बड़े हॉल हैं।

10. **केसरिया का बौद्ध स्तूप, बिहार**—बिहार में पटना से लगभग 120 किमी की दूरी पर स्थित मोतीहारी (पूर्वी चंपारण) जिले के केसरिया नामक छोटे से गाँव में विश्व का सबसे बड़ा बौद्ध स्तूप मिला है। केसरिया का बौद्ध स्तूप मध्य जावा स्थित विश्व धरोहर- बोरोबदूर के बौद्ध स्तूप से भी बड़े आकार का है। वर्तमान में 104 फीट ऊँचे इस बौद्ध स्तूप की वास्तविक ऊँचाई 150 फीट थी किन्तु कालान्तर में इसकी ऊँचाई कम होती गयी। सन् 1934 के विनाशकारी भूकम्प से पूर्व इसकी ऊँचाई 123 फीट थी। इस बौद्ध स्तूप से मिलते-जुलते जावा के बौद्ध स्तूप की वर्तमान ऊँचाई 138 फीट है। यहाँ पर उल्लेखनीय है कि जावा के बौद्ध स्तूप की ऊँचाई प्रारम्भ से इतनी ही है।

11. **वैष्णो देवी गुफा मन्दिर, जम्मू-कश्मीर**—जम्मू-कश्मीर राज्य के जम्मू क्षेत्र में, त्रिकुटा पर्वत की गुफा में स्थित वैष्णो देवी मन्दिर प्राकृतिक चमत्कार का तो उत्कृष्ट उदाहरण है ही, हिन्दू धर्मावलम्बियों के लिये भारत के सर्वाधिक पवित्र धर्म स्थलों में से भी एक है। मन्दिर तक पहुँचने के लिये सर्वप्रथम देश के किसी भी भाग से ट्रेन या बस या निजी वाहन की यात्रा द्वारा जम्मू तक पहुँचना होता है। जम्मू से केवल सड़क मार्ग से जुड़े हुए कटरा नामक स्थान पर पहुँचा जाता है। वैष्णो देवी गुफा मन्दिर तक पहुँचने के लिये कटरा अन्तिम वाहन मार्ग है। कटरा से मन्दिर तक का मार्ग पैदल ही तय करना पड़ता है। यह मार्ग 14 किमी की पर्वतीय चढ़ाई के रूप में है। वैसे, जो लोग पैदल ही इस चढ़ाई का मार्ग तय करने में असमर्थ हैं, ऐसे लोगों के लिये टट्टू की सवारी के विकल्प की सुविधा उपलब्ध रहती है। फिर भी 3-4 किमी का मार्ग अनिवार्य रूप से पैदल ही तय करना पड़ता है। गुफा के अन्दर प्रवेश करने पर श्रद्धालुओं को चट्टानों पर बनी माँ काली, माँ लक्ष्मी और माँ सरस्वती की प्रतिमाओं के दर्शन होते हैं। इन तीनों देवियों की ये प्रतिमायें ही माँ वैष्णो देवी के नाम से विश्व विख्यात हैं। बरसात के दिनों में दुर्घटना से बचाव के दृष्टिकोण से वैष्णो देवी गुफा की यात्रा को राज्य सरकार द्वारा प्रतिबन्धित कर दिया जाता है। विश्व भर के हिन्दू धर्मावलम्बियों का प्रमुख आस्था केन्द्र होने तथा एक बार में लाखों श्रद्धालुओं द्वारा यात्रा करने के कारण, गुफा के महत्व को दृष्टिगत रखते हुए अनेक बार आतंकवादियों द्वारा गुफा को विस्फोट से उड़ाने का प्रयास किया गया है किन्तु राज्य सरकार की अति विशिष्ट सुरक्षा व्यवस्था के कारण गुफा तथा मन्दिर का अस्तित्व सकुशल है।

12. **सोमनाथ मन्दिर, गुजरात**—गुजरात में स्थित यह मन्दिर भी हिन्दू समाज के सर्वाधिक प्रसिद्ध एवं आराध्य मन्दिरों में से एक है। भगवान शिव के 12 ज्योतिर्लिंगों में से एक ज्योतिर्लिंग इस मन्दिर में स्थापित है। ऐसी मान्यता है कि इस मन्दिर का निर्माण चन्द्र भगवान द्वारा किया गया था। यह मन्दिर असंख्य हीरे-जवाहरात से जड़ित है। मन्दिर की इस अकूत सम्पदा को दृष्टिगत रखते हुए ही महमूद गजनवी ने इस मन्दिर पर सात बार आक्रमण किया। अलाउद्दीन खिलजी और औरंगजेब द्वारा भी यहाँ विध्वंस किया गया, परन्तु प्रत्येक बार इस मन्दिर का पुनर्निर्माण किया गया। आज भी यह मन्दिर अपने सम्पूर्ण वैभव के साथ स्थित है।

13. **कैलाश मन्दिर, महाराष्ट्र**—कैलाश मन्दिर, भारत की विश्व धरोहरों में से एक ऐलोरा की गुफा संख्या 16 में स्थित है। यह मन्दिर भारत में, एक ही चट्टान काटकर बनाये गये सबसे बड़े मन्दिर (एक खण्डीय मन्दिर) के रूप में प्रसिद्ध है। इसका क्षेत्रफल 84 मीटर लम्बा तथा 47 मीटर चौड़ा है। यह मन्दिर सन् 760 ई० में तत्कालीन राजा कृष्ण प्रथम के शासनकाल में निर्मित हुआ। यह विस्मयकारी मन्दिर शिव को समर्पित है। 150 वर्षों से भी अधिक समय में निर्मित होने वाले इस मन्दिर के निर्माण में 7000 से भी अधिक कारीगरों ने अपना योगदान दिया। प्रत्येक मार्च माह में निश्चित 3 दिन कैलाश मन्दिर में ऐलोरा महोत्सव आयोजित किया जाता है। इस महोत्सव के अन्तर्गत नृत्य तथा संगीत के कार्यक्रम आयोजित किये जाते हैं। वैसे तो कैलाश मन्दिर में प्रवेश निःशुल्क है, किन्तु अपने साथ किसी भी प्रकार का कैमरा ले जाने की स्थिति में कुछ शुल्क का भुगतान करना पड़ता है। पर्यटक जहाँ ऐलोरा की गुफाओं में आधा दिन का भ्रमण कर सकते हैं, वहीं कैलाश मन्दिर में दर्शन हेतु केवल 30 मिनट का समय प्रदान किया जाता है। कैलाश मन्दिर की यात्रा का दोगुना आनन्द उठाने का अवसर पर्यटकों को प्राप्त

होता है, क्योंकि इस मन्दिर के साथ ही पर्यटक ऐलोरा की 34 गुफाओं का भी भ्रमण कर लेते हैं। वैसे भी ऐलोरा की 34 गुफाओं में 12 बौद्ध गुफायें, 17 हिन्दू गुफायें तथा 5 जैन गुफायें हैं। अर्थात ऐलोरा का शिल्प कार्य भारत के 3 धर्मों की संस्कृति का प्रदर्शन करता है। यह ऐलोरा गुफाओं का वैविध्यपूर्ण पहलू है।

14. **महाबोधि मन्दिर, बिहार**—बिहार के गया जिले के अन्तर्गत बोधगया नामक स्थान पर महाबोधि मन्दिर स्थित है। यह मन्दिर 7वीं शताब्दी में निर्मित हुआ था। 170 फीट ऊँचे इस भवन में मुकुट के रूप में स्तूप बना हुआ है। इस भव्य एवं विश्व प्रसिद्ध मन्दिर के मुख्य आकर्षण भगवान बुद्ध की प्रतिमा एवं बोधिवृक्ष हैं। यह बोधिवृक्ष वही वृक्ष है, जिसके नीचे सिद्धार्थ गौतम को ज्ञान प्राप्त हुआ था। भारत ही नहीं, विश्व के अन्य देशों में रहने वाले बौद्ध धर्म के अनुयायी जीवन में एक बार महाबोधि मन्दिर का भ्रमण करना तथा बोधिवृक्ष के दर्शन करना अपना सौभाग्य मानते हैं।

15. **शिरडी वाले साईंबाबा का मन्दिर, महाराष्ट्र**—साईंबाबा को पूरे विश्व में सत्य के प्रतीक एक महापुरुष के रूप में पूजा जाता है। भारत साईंबाबा की आराधना का मुख्य केन्द्र है। यहाँ साईंबाबा के असंख्य मन्दिर विद्यमान हैं जिनमें प्रतिदिन लाखों श्रद्धालु एवं पर्यटक सच्चे मन से अपनी मनोकामना की पूर्ति हेतु बाबा की आराधना करने आते हैं। इन मन्दिरों में सर्वप्रमुख एवं सबसे अधिक सिद्ध मन्दिर महाराष्ट्र में औरंगाबाद, थाणे, बिड और पुणे से घिरे हुए जनपद अहमदनगर के शिरडी नामक स्थान पर स्थित है। यह मन्दिर पूरे विश्व में 'शिरडी वाले साईंबाबा का मन्दिर' नाम से विख्यात है। इस प्राचीनतम मन्दिर की महत्ता का अनुमान इसी तथ्य से लगाया जा सकता है कि प्रतिदिन यहाँ 40 हजार घरेलू एवं अन्तर्राष्ट्रीय श्रद्धालु धार्मिक पर्यटक के रूप में आते हैं। प्रतिमाह लगभग 12,00,000 श्रद्धालुओं का आगमन इस मन्दिर में होता है। मन्दिर की ख्याति इतनी अपार है कि मन्दिर में प्रतिवर्ष 100 करोड़ रुपया चढ़ावे के रूप में चढ़ाया जाता है। मन्दिर का प्रांगण विशालता की सारी सीमाओं से परे है। पर्यटकों के ठहरने हेतु मन्दिर में असंख्य कमरों का निर्माण किया गया है, जिनसे किराये के रूप में मन्दिर प्रबन्धन को प्रतिवर्ष 500 करोड़ रुपयों की आय होती है। मन्दिर प्रबन्धन का संचालन 3000 कर्मचारियों के हाथों में है। मन्दिर की विशालता एवं महत्ता के सम्बन्ध में इससे आगे और क्या कहा जा सकता है कि शिरडी वाले साईंबाबा की भक्ति में सराबोर होकर हैदराबाद (आन्ध्र प्रदेश) के एक बड़े व्यापारी (श्रद्धालु) ए०एन० रेड्डी ने साईंबाबा के लिये 10 करोड़ रुपये मूल्य की लागत का आसन तैयार कराया है। 12 किलोग्राम वजन का यह आसन माह दिसम्बर, 2007 में चढ़ावे के रूप में मन्दिर प्रशासन को प्राप्त हुआ है।

16. **लाखामण्डल, उत्तराखण्ड**—लाखा मण्डल को लाखेश्वर शिव मन्दिर के नाम से भी सम्बोधित किया जाता है। देहरादून से विकासनगर, यमुना पुल कुआँ होते हुए 135 किमी की दूरी तथा देहरादून से चकराता, गौराघाटी होकर 172 किमी की दूरी पर स्थित यह मन्दिर यमुना-रिखानाड़ संगम पर स्थित है। यहीं से जनजातीय परगना जौनसार प्रारम्भ होता है। इस स्थान का नाम लाखामण्डल कैसे पड़ा, इस सम्बन्ध में 2 मत प्रचलित हैं। प्रथम मत के अनुसार इसी स्थान पर दुर्योधन ने पांडवों को भस्म करने के उद्देश्य से 'लाख का महल' तैयार कराया था इसलिये इस स्थान को लाखामण्डल कहा जाता है। अर्थात इस स्थान को महाभारत काल से जोड़कर देखा जाता है। दूसरे मत के अनुसार किसी समय में इस स्थान पर लाखों मण्डल (मन्दिर) विद्यमान थे, इसीलिये इस स्थान का नाम लाखामण्डल पड़ा।

यहाँ पर शिव, पाँचों पांडवों, विष्णु और परशुराम के मन्दिर हैं। यहाँ पर एक विशाल शिला भगवान केदार के रूप में पूजी जाती है। यहाँ के मुख्य मन्दिर का गर्भ गृह बाहरी भाग में 18 फीट से अधिक तथा अन्तर्भाग में 5 वर्ग फीट का है। मन्दिर का बाहरी भाग अधिक अलंकृत है। भित्ति भाग में भद्रों पर तीन प्रधान गहरी रथिकायें हैं, जिनमें से उत्तरी और पश्चिमी रथिकाओं में क्रमशः महिषासुर मर्दिनी तथा गंगा-यमुना के बिंब प्रदर्शित हैं। रथिकाओं के ऊपर सुन्दर तोरण अलंकृत है, जिनमें कार्तिकेय (दक्षिण), गणपति (पश्चिम) और कुबेर (उत्तर) की प्रतिमायें चित्रित हैं। प्रतिरथों पर भी रथिकायें हैं। चौकोर स्तम्भ के ऊपर आमलक को ढंकती हुई एक छत्र के स्थान पर त्रि-छत्र काष्ठ रचना बनी हुई है। यह प्रकट करती है कि मन्दिर प्राचीनतम काष्ठ मन्दिरों की परम्परा के अनुकरण पर निर्मित हुआ है। संभवतः यह रचना उस पूर्व मन्दिर से ग्रहण की गई है, जिसका निर्माण छठी शताब्दी में राजकुमारी ईश्वरा ने इस स्थान पर किया था। परन्तु अब छत्र के आकार छोटे होते गये। अतः इन मन्दिरों की निर्माण शैली से प्रतीत होता है कि ये मन्दिर छठी शताब्दी से सातवीं शताब्दी के मध्य निर्मित हुए हैं। ये मन्दिर कत्यूरी शैली में निर्मित हैं।

लाखामण्डल में एक पुरातात्विक संग्रहालय भी है। इसमें असंख्य पाषाण प्रतिमायें तथा दो प्राचीन शिलालेख विद्यमान हैं। प्रथम शिलालेख दासवंशी राजा ठागलेशदास का माना जाता है। द्वितीय शिलालेख यदुवंशी राजकुमारी ईश्वरा का है जिसका विवाह जालन्धर नरेश चन्द्रगुप्त के साथ हुआ था और उसने अपने पति की सद्गति के लिये यहाँ पर स्थित लाखेश्वर मन्दिर का निर्माण कराया। यद्यपि यह संग्रहालय अत्यन्त समृद्ध है किन्तु देखरेख के अभाव में यह जीर्णावस्था में है। सभी मूर्तियाँ एक कमरे में बन्द हैं। इस कमरे को पर्यटकों के विशेष आग्रह पर ही, वह भी कभी-कभी खोला जाता है। इन मूर्तियों में त्रिपुर राक्षस का वध करते शिव, महिषासुर मर्दिनी, हरगौरा कैलाश में पार्वती, सप्तमात्रका, गणेश एवं कुबेर आदि की मूर्तियाँ प्रमुख हैं। संग्रहालय से थोड़ी दूरी पर एकदम चिकना एवं घिसा हुआ शिवलिंग है। इस शिवलिंग पर जल डालकर उसमें दर्पण की भांति अपना प्रतिबिम्ब देखा जा सकता है। प्रतिवर्ष हजारों की संख्या में घरेलू एवं अन्तर्राष्ट्रीय पर्यटक लाखामण्डल के भ्रमण पर आते हैं।

17. **अटाला मस्जिद, उत्तर प्रदेश**—यह मस्जिद उत्तर प्रदेश राज्य के जौनपुर जनपद में स्थित है। यह शर्की स्थापत्य कला का एक सर्वश्रेष्ठ उदाहरण है। यद्यपि इस मस्जिद का निर्माण कार्य बहुत समय पूर्व प्रारम्भ हो गया था, परन्तु यह मस्जिद सन् 1408 ई० में पूरी हुई। इसका निर्माण इब्राहिम शर्की के शासन काल (1401-1440 ई०) में हुआ।

18. **भारत के चार धाम**—भारत में चार धाम की यात्रा करना हिन्दू जीवन का अन्तिम लक्ष्य अर्थात मोक्ष के समरूप माना गया है। भारत में चार धाम की यात्रा के 2 स्वरूप हैं—

(i) **उत्तराखण्ड की चार धाम यात्रा**—इस यात्रा के अन्तर्गत उत्तराखण्ड में स्थित यमुनोत्री धाम, गंगोत्तरी धाम, श्री केदारनाथ और श्री बद्रीनाथ, इन चार धामों की यात्रा की जाती है।

(ii) **भारत की चार धाम यात्रा**—इस यात्रा के अन्तर्गत भारत के चार प्रमुख तीर्थों जगन्नाथ पुरी, रामेश्वरम्, द्वारिकापुरी तथा बद्रीनाथ की यात्रा की जाती है। उत्तराखण्ड की चार धाम यात्रा की तुलना में भारत की चार धाम यात्रा को हिन्दू समाज में अधिक मान्यता प्राप्त है। भारत के चार धाम हैं—

(अ) जगन्नाथ पुरी—भगवान जगन्नाथ का यह मन्दिर उड़ीसा राज्य में, भुवनेश्वर से 60 किमी दूर, पुरी जनपद में स्थित है। भगवान विष्णु का यह मन्दिर कलिंग नरेश अनंतवर्मन द्वारा 12वीं शताब्दी में बनवाया गया था। इस मन्दिर में भगवान जगन्नाथ, भाई लक्ष्मण तथा बहन सुभद्रा की काष्ठ प्रतिमायें शोभायमान हैं। इस मन्दिर की दीवारें 200 मीटर ऊँची हैं। जून माह में निकलने वाली रथ यात्रा यहाँ का मुख्य पर्व है। पुरी जनपद रेल एवं सड़क मार्ग दोनों से सम्बद्ध है।

(ब) रामेश्वरम्—रामेश्वरम् मन्दिर तमिलनाडु राज्य के रामनाथपुरम् जनपद के रामेश्वरम् नामक स्थान पर स्थित है। रामेश्वरम् शहर को दक्षिण का वाराणसी माना जाता है। यहाँ के समस्त मन्दिर द्रविड़ शैली में निर्मित हैं। अतः रामेश्वरम् मन्दिर भी द्रविड़ शैली में ही निर्मित है। मन्दिर परिसर में 2 मन्दिर स्थित हैं। इन दोनों मन्दिरों की दीवारें अत्यन्त ऊँची हैं। दूसरे मन्दिर अर्थात रामनाथ स्वामी मन्दिर में विश्व का सबसे बड़ा गलियारा है। रामेश्वरम् मन्दिर चर्चित रामसेतु के निकट स्थित है। अतः धार्मिक पर्यटक रामेश्वरम् की यात्रा के साथ रामसेतु के दर्शन का लाभ उठा सकते हैं। रामेश्वरम् रेल तथा सड़क मार्ग दोनों से ही सम्बद्ध है। साथ ही यहाँ 165 किमी दूर मदुरै में हवाई अड्डा भी स्थित है।

(स) द्वारिका—द्वारिकाधीश मन्दिर गुजरात राज्य के सौराष्ट्र क्षेत्र में स्थित द्वारिका नामक स्थान पर स्थित है। द्वारिका को भगवान श्रीकृष्ण की नगरी भी कहा जाता है। द्वारिका की दो प्रमुख धरोहरें हैं—प्राचीन काल का बन्दरगाह और विश्वविख्यात द्वारिकाधीश मन्दिर। वैसे तो भारत में भगवान श्रीकृष्ण के असंख्य मन्दिर स्थापित हैं तथा उत्तर प्रदेश के मथुरा में भी द्वारिका मन्दिर है किन्तु गुजरात का यह द्वारिकाधीश मन्दिर अनुपम एवं अद्वितीय होने के कारण भारत के चार धामों में से एक है। मन्दिर परिसर में अनेक मन्दिर एवं महामण्डप स्थित हैं। यहाँ का नेजा मन्दिर 12-13वीं शताब्दी का है, जबकि शेष मन्दिर व पाँच मंजिला महामण्डप 15-16वीं शताब्दी के हैं।

(द) बद्रीनाथ—उत्तराखण्ड राज्य के गढ़वाल मण्डल के अन्तर्गत चमोली जनपद में स्थित बद्रीनाथ मन्दिर श्रद्धालुओं एवं धार्मिक पर्यटकों के लिये दोहरी आस्था का केन्द्र है। यह मन्दिर उत्तराखण्ड के चार धामों में से एक तो है ही, भारत के चार धामों की पूर्ति भी करता है। यह मन्दिर समुद्र तल से 10350 फीट की ऊँचाई पर नर-नारायण पर्वतों के मध्य पृथ्वी की अक्षांश रेखा 30° 44′-29″ और देशान्तर रेखा 79°-32′-1″ पर अवस्थित है। उत्तराखण्ड के दोनों मण्डलों—कुमायूँ और गढ़वाल से बद्रीनाथ मन्दिर सरलतापूर्वक पहुँचा जा सकता है। बद्रीनाथ का भव्य मन्दिर 15 मीटर ऊँचा है। आदि गुरु शंकराचार्य द्वारा स्थापित यह मन्दिर बर्फीले तूफानों के कारण अनेक बार क्षतिग्रस्त हुआ है, किन्तु बारम्बार इसका जीर्णोद्धार किया गया है। सजीव सिंहद्वार इस मन्दिर को एक नई छवि प्रदान करता है। यहाँ तप्त कुण्ड है, जिसमें स्नान कर तीर्थयात्री लम्बी यात्रा से हुई थकान को दूर करते हैं। मन्दिर तीन भागों में विभक्त हैं—गर्भ गृह, दर्शन मण्डप और सभा मण्डप। मन्दिर परिसर में 15 प्रतिमायें हैं। इनमें प्रमुख प्रतिमाएं हैं—भगवान बद्रीनाथ अर्थात

भगवान विष्णु की काले पत्थर से निर्मित प्रतिमा, जो 1 मीटर ऊँची है। ध्यान मग्न मुद्रा में सुशोभित यह प्रतिमा पर्यटकों एवं कला पारखियों को आश्चर्य मिश्रित आनन्द में बाँध देती है।

इस प्रकार भारत के ये चार धाम न केवल भारत की अमूल्य धार्मिक धरोहर के परिचायक हैं, अपितु सम्पूर्ण विश्व के धार्मिक पर्यटकों के लिये श्रद्धा एवं जिज्ञासा के केन्द्र भी हैं। इन चारों धामों की एक अन्य विशेषता यह है कि ये भारत की चारों दिशाओं का प्रतिनिधित्व करते हैं—जगन्नाथ मन्दिर, उड़ीसा (पूर्वी दिशा), रामेश्वरम्, तमिलनाडु (दक्षिण दिशा), द्वारिकाधीश, गुजरात (पश्चिम दिशा) एवं बद्रीनाथ, उत्तराखण्ड (उत्तर दिशा)।

19. **बांके सिद्ध गुफा, उत्तर प्रदेश**—यह गुफा उत्तर प्रदेश में चित्रकूट जनपद मुख्यालय से 5 किमी दूर स्थित है। अपने प्राकृतिक सौन्दर्य के लिये प्रसिद्ध देव निर्मित ये सुन्दर गुफा प्रकृति के अपूर्व चमत्कार का उत्कृष्ट उदाहरण है। विन्ध्याचल पर्वत के नीचे एक विशाल चट्टान के निचले तल में एक विस्तृत कक्ष बना हुआ है, जो धरातल से कई सौ फीट ऊँचा तथा पर्वत शिखर से लगभग 50 फीट नीचा है। गुफा तक पहुँचने के लिये पक्की सीढ़ियाँ बनी हुई हैं। ऊपर से निर्मल जल का झरना गिरता रहता है, जिसका दृश्य अत्यन्त ही मनोहारी है। यह झरना गुफा के उत्तरी भाग को नहलाता हुआ पर्वत के ही वक्ष स्थल में विलीन हो जाता है।

20. **गुप्त गोदावरी गुफा, उत्तर प्रदेश**—यह गुफा उत्तर प्रदेश के चित्रकूट जनपद मुख्यालय से 22 किमी दूर स्थित है। विन्ध्याचल पर्वत की लम्बाई में 2 गुफायें हैं जो प्रकृति द्वारा बड़े ही कलात्मक ढंग से काटी गई हैं। एक गुफा ऊपर की ओर है तथा दूसरी गुफा इसके बगल में नीचे की ओर। पहली गुफा के लिये कुछ सीढ़ियाँ चढ़नी पड़ती हैं। प्रवेश द्वार छोटा है तथा अन्दर जाने के लिये सीढ़ियाँ हैं। गुफा भयंकर रूप से अंधेरी है जिसमें प्रकाश की व्यवस्था की गई है। इस गुफा में भगवान राम के कुछ समय रहने की किंवदन्ती है। एक अन्य किंवदन्ती यह भी प्रचलित है कि यहीं पर सीता स्नान करती थीं। इसलिये इस गुफा का एक नाम जानकी कुण्ड भी है। कहते हैं कि प्रतिदिन की भांति एक दिन सीता के स्नान काल में एक राक्षस इनके कपड़े उठा ले गया, जिससे क्रोधित होकर लक्ष्मण ने उसे बाँधकर लटका दिया। तभी से वह राक्षस पत्थर बनकर इस गुफा में लटका है। इसके नीचे शिव जी की प्रतिमा है। निकट स्थित दूसरी गुफा में एक जलधारा बहती रहती है। इस गुफा के तीन द्वार हैं। इसके अतिरिक्त यहाँ रामकुण्ड एवं लक्ष्मण कुण्ड भी स्थापित हैं। इन दोनों कुण्डों में क्रमशः भगवान राम एवं लक्ष्मण जी के स्नान करने की किंवदन्ती प्रचलित है। इस गुफा का जल स्रोत निकलकर समीपस्थ पीपल के वृक्ष के पास पहुँचकर गुप्त हो जाता है। अतः इस गुफा को गुप्त गोदावरी कहा जाता है।

भारत की अन्य धरोहरें—उपरोक्त के अतिरिक्त भारत में कुछ अन्य धार्मिक, सांस्कृतिक एवं ऐतिहासिक धरोहरें भी स्थित हैं, जिनका संक्षिप्त विवरण प्रस्तुत किया जा रहा है—

21. **लाल किला, आगरा**—उत्तर प्रदेश के आगरा शहर में स्थित इस विशाल लाल किले का निर्माण मुगल सम्राट अकबर द्वारा सन् 1566 ई० में यमुना नदी के किनारे पर करवाया गया। यह मुगल सम्राटों की राजधानी थी किन्तु सन् 1648 में अन्य मुगल शासक ने बिल्कुल ऐसा ही लाल किला दिल्ली में बनवा लिया तथा इस किले को अनुपयोगी बना दिया। वर्तमान में यह किला भारत की प्रमुख ऐतिहासिक धरोहरों में से एक है।

22. **अलैक्जैड्रिया का गुंबद**—हिन्दू शैली से प्रभावित यह गुम्बद भी आगरा में ही स्थित है। इसका प्रारूप मुगल सम्राट अकबर द्वारा तैयार कराया गया था। यद्यपि अकबर के शासनकाल में ही इस गुंबद का निर्माण कार्य प्रारम्भ हो गया था किन्तु यह गुंबद सन् 1612 में अन्य मुगल शासक जहाँगीर के शासनकाल में पूर्ण हुआ।

23. **अढ़ाई दिन का झोंपड़ा**—यह भारत की सबसे प्राचीन मस्जिदों में द्वितीय स्थान रखती है। राजस्थान के अजमेर शहर में स्थित इस मस्जिद का निर्माण कुतुबुद्दीन ऐबक द्वारा सन् 1199 में किया गया। बाद में सन् 1230 ई० में इल्तुतमिश द्वारा इस मस्जिद का विस्तार किया गया।

24. **बड़ी सोना मस्जिद**—पश्चिम बंगाल राज्य के मालदा जिले के गौड़ नामक स्थान पर स्थित इस मस्जिद का निर्माण नुसरत शाह द्वारा सन् 1526 ई० में कराया गया था।

25. **गेटवे ऑफ इन्डिया, मुम्बई**—महाराष्ट्र के मुम्बई महानगर में स्थित यह विजय स्मारक ब्रिटिश सम्राट जार्ज पंचम तथा महारानी मैरी के सन् 1911 में भारत आगमन पर निर्मित किया गया था। स्वतंत्रता प्राप्ति के पश्चात भारत से ब्रिटिश सेना की अन्तिम टुकड़ी इसी द्वार से बाहर गयी थी।

26. **मीनाक्षी सुंदरेश्वर मन्दिर, तमिलनाडु**—तमिलनाडु के मदुराई शहर में स्थित यह मन्दिर दक्षिण भारत के सर्वाधिक अलंकृत मन्दिर के रूप में पहचाना जाता है। इस मन्दिर में कुल 300 लाख से भी अधिक (एक प्रकार से असंख्य) प्रतिमायें स्थापित हैं।

27. **बेलूर मठ, पश्चिम बंगाल**—स्वामी विवेकानन्द द्वारा स्थापित यह मठ उत्तरी कोलकाता के बेलूर नामक स्थान पर गंगा नदी के किनारे अवस्थित है। इस बौद्ध मठ की स्थापना सन् 1899 ई० में हुई। वर्तमान में यह मठ रामकृष्ण परमहंस मिशन की भारत की प्रधान शाखा के रूप में कार्यरत है।

28. **बोम जीसस चर्च, गोवा**—यह चर्च प्राचीन गोवा शहर में स्थित है। संट फ्रांसिस जेवियर, जिनकी मृत्यु सैन्सियन द्वीप में हुई थी, को यहीं दफनाया गया था।

29. **देवगढ़ मन्दिर, उड़ीसा**—उड़ीसा राज्य के देवगढ़ जनपद क्षेत्र में स्थित मन्दिरों के इस समूह का निर्माण ईसा से पूर्व छठी शताब्दी में हुआ था। इन प्राचीनतम मन्दिरों की दीवारों एवं स्तम्भों पर राम, कृष्ण, अहिल्या, लक्ष्मण एवं हनुमान जी की खुदी हुई आकृतियाँ अद्‌भुत हैं।

30. **देलवाड़ा जैन मन्दिर, राजस्थान**—राजस्थान के माउंट आबू में स्थित यह मन्दिर जैन तीर्थंकर आदिनाथ जी को समर्पित है। इन मन्दिरों में की गई शिल्पकारी आश्चर्यजनक है। सन् 1230 ई० में निर्मित तीर्थंकर नेमिनाथ जी का मन्दिर (जो कि इन्हीं मन्दिरों में से एक है) अन्य सभी मन्दिरों की तुलना में सबसे बड़ा एवं मनोरम है।

31. **यहूदी सिनोगोग, केरल**—केरल के कोच्चि शहर में स्थित इस स्मारक का निर्माण सन् 1556 ई० में हुआ। इसके अन्दर ओल्ड टेस्टामेन्ट के ग्रेट सक्रॉल, ताँबे की प्लेटें तथा हाथ से रंगी गयी कीमती चाइनीज टाइलें हैं।

32. **विक्टोरिया मेमोरियल हॉल, पश्चिम बंगाल**—पश्चिम बंगाल के कोलकाता शहर में स्थित यह स्मारक श्वेत जोधपुरी संगमरमर से निर्मित है। इसका निर्माण सन् 1921 ई० में लार्ड कर्जन द्वारा सम्राज्ञी विक्टोरिया की स्मृति में कराया गया था। एक विशालतम बगीचे के मध्य स्थित यह विशाल हॉल अत्यन्त आकर्षक है।

33. **बुलन्द दरवाजा, उत्तर प्रदेश**—उत्तर प्रदेश के आगरा शहर के फतेहपुर सीकरी में अवस्थित बुलन्द दरवाजा भारत का सबसे ऊँचा दरवाजा है। इसकी ऊँचाई 53.5 मीटर है। इसका निर्माण सन् 1570 ई० में मुगल सम्राट अकबर द्वारा गुजरात में खानदेश की विजय के उपलक्ष्य में कराया गया था।

34. **गोल गुम्बद, कर्नाटक**—विश्व का सबसे बड़ा यह गुम्बद मुहम्मद आदिल शाह द्वारा बनवाया गया था। 60 मीटर ऊँचे तथा 60 × 60 वर्ग मीटर क्षेत्रफल वाले इस गुम्बद का निर्माण सन् 1659 ई० में हुआ। इस स्मारक में विश्व प्रसिद्ध फुसफुसाता गलियारा भी है। 17वीं शताब्दी में निर्मित यह गुम्बद कर्नाटक राज्य के बीजापुर शहर में स्थित है।

35. **जामी मस्जिद, कर्नाटक**—गोल गुम्बद की भांति जामी मस्जिद भी कर्नाटक के बीजापुर शहर में ही स्थित है। यद्यपि अली आदिल शाह प्रथम के शासनकाल (1558-1580 ई०) में इस मस्जिद का निर्माण कार्य प्रारम्भ हो गया था, परन्तु गोल गुम्बद के निर्माता मुहम्मद आदिल शाह के शासनकाल में ही इस मस्जिद को सजाया संवारा जा सका। मुहम्मद आदिल शाह का कार्यकाल सन् 1627 ई०-1659 ई० तक रहा।

36. **लद्दाख का गोम्पा, जम्मू-कश्मीर**—लद्दाख में बौद्ध मठों को गोम्पा (Gompa) कहा जाता है। लद्दाख का सबसे प्रसिद्ध बौद्ध मठ हेमिस गोम्पा है।

37. **कामाख्या मन्दिर, असम**—असम की राजधानी गुवाहाटी में स्थित यह मन्दिर न केवल हिन्दू आस्था के दृष्टिकोण से, बल्कि प्राचीन स्थापत्य कला के दृष्टिकोण से भी एक मनोरम धार्मिक धरोहर है।

38. **कंदरिया महादेव मन्दिर, मध्य प्रदेश**—कंदरिया महादेव मन्दिर, मध्य प्रदेश स्थित खजुराहो मन्दिर समूह में से एक है। यह मन्दिर अपनी बाह्य एवं आन्तरिक दीवारों पर उत्कीर्ण शृंगारात्मक आकृतियों के कारण विश्व प्रसिद्ध है।

39. **जामी मस्जिद, उत्तर प्रदेश**—उत्तर प्रदेश में आगरा शहर के फतेहपुर सीकरी नामक स्थान पर मुगल सम्राट अकबर ने जितनी भी इमारतों का निर्माण करवाया, जामी मस्जिद उन सभी में से सबसे अद्भुत एवं उत्कृष्ट इमारत है। 166 × 144 मीटर के क्षेत्रफल में फैली इस मस्जिद का निर्माण सन् 1751 में हुआ।

40. **मक्का मस्जिद, आंध्र प्रदेश**—यह मस्जिद हैदराबाद में स्थित है। इसका निर्माण मुहम्मद कुतुब शाह द्वारा सन् 1617 ई० में प्रारम्भ करवाया गया, किन्तु वह अपने शासनकाल (1612 ई०-1687 ई०) में इस मस्जिद को पूरा नहीं करवा सका। बाद में सन् 1693 ई० में औरंगजेब ने इस मस्जिद का निर्माण पूरा करवाया।

41. **लक्ष्मण मन्दिर, मध्य प्रदेश**—ईंटों से निर्मित यह मन्दिर मध्य प्रदेश के रायपुर जिले के सिरपुर नामक स्थान पर स्थित है। परवर्ती गुप्त काल के मन्दिरों में से यह सर्वाधिक विकसित मन्दिर है।

42. **मणियार मठ, बिहार**—मणियार मठ को मणिनाग का मन्दिर भी कहा जाता है क्योंकि इस मठ में मुख्य स्मारक भगवान शिव का मणिनाग मन्दिर ही है। यह बिहार के नालन्दा के समीप राजगीर में स्थित है। यह मन्दिर गोलाकार ईंटों से निर्मित है।

43. **महाकुटेश्वर मन्दिर समूह, कर्नाटक**—कर्नाटक के बीजापुर जनपद में बादामी नामक स्थान पर अवस्थित मन्दिरों के इस समूह का निर्माण चालुक्य राजवंश के शासनकाल में हुआ था।

44. **बड़ा इमामबाड़ा, उत्तर प्रदेश**—बड़ा इमामबाड़ा उत्तर प्रदेश की राजधानी लखनऊ में स्थित है। लखनऊ को 'नवाबों का शहर' कहा जाता है। बड़ा इमामबाड़ा एशिया का सबसे विशाल, एक ऐसा हॉल है जिसमें लोहा, लकड़ी या पत्थर किसी भी संधि का प्रक्षय नहीं दिया गया है। यह तत्कालीन भारतीय स्थापत्य कला का एक अनूठा उदाहरण है।

45. **लिंगराज मन्दिर, उड़ीसा**—यह मन्दिर उड़ीसा के भुवनेश्वर नगर में अवस्थित है। इस नगर को मन्दिरों का शहर कहा जाता है। 11वीं शताब्दी में निर्मित इस मन्दिर की ऊँचाई 36.5 मीटर है तथा इसके प्रांगण में 50 अन्य मन्दिर भी स्थित हैं। प्रत्येक वर्ष अप्रैल माह में इस मन्दिर में रथ उत्सव का आयोजन किया जाता है।

46. **मलिक मुगिज की मस्जिद, मध्य प्रदेश**—शासक होशंग शाह के मुख्यमंत्री मलिक मुगिज द्वारा सन् 1432 ई० में इस मस्जिद का निर्माण करवाया गया। मध्य प्रदेश के माँडु नामक स्थान पर अवस्थित यह मस्जिद मालवा कला का एक उत्कृष्ट नमूना है।

47. **मुक्तेश्वर मन्दिर, उड़ीसा**—यह मन्दिर भी मन्दिरों के शहर भुवनेश्वर में ही स्थित है। इसका निर्माण 9वीं शताब्दी के मध्य में हुआ। लघु आकार का यह मन्दिर भारतीय स्थापत्य कला के मनमोहक एवं पूर्ण प्रयोग का उत्कृष्ट उदाहरण है।

48. **नव बह्मा मन्दिर, कर्नाटक**—नव बह्मा मन्दिर, वास्तव में एक मन्दिर समूह है। कर्नाटक के आलमपुर नामक स्थान पर 7वीं-8वीं शताब्दी में बादामी के चालुक्य शासकों के काल में निर्मित यहाँ कुल नौ मन्दिर हैं। इसी कारण इन्हें संयुक्त रूप से नव बह्मा मन्दिर कहा जाता है।

49. **मुस्सामान बुर्ज, उत्तर प्रदेश**—यह बुर्ज आगरा के लाल किला के भवन में ही स्थित है। सफेद संगमरमर से निर्मित इस बुर्ज को जैशामिन बुर्ज भी कहा जाता है। औरंगजेब ने शाहजहाँ को सत्ता से हटाकर इसी बुर्ज में बन्दी बनाया था। इस बुर्ज से ताजमहल का दृश्य स्पष्ट रूप से दिखाई देता है।

50. **से-कैथेड्रल चर्च, गोवा**—इस चर्च का पूरा नाम कैथेड्रल चर्च ऑफ सेंट कजेवान है। गोवा में स्थित यह चर्च एशिया का सबसे बड़ा चर्च है। सेंट कैथरीन को समर्पित यह चर्च सन् 1652 ई० में पूर्ण रूप से निर्मित हुआ। इस चर्च में पाँच घंटे हैं। इनमें से एक विश्व का सर्वोत्तम एवं प्रसिद्ध स्वर्ण घंटा है।

51. **मुंदेश्वरी मन्दिर, बिहार**—बिहार के रोहतास जिले के अन्तर्गत रामगढ़ नामक स्थान पर यह मन्दिर स्थित है। इस मन्दिर का निर्माण सम्भवत: 7वीं शताब्दी के पूर्वार्द्ध में हुआ है।

52. **नालन्दा विहार, बिहार**—बिहार का नालन्दा जनपद गौरवमय अतीत से मंडित है। यह प्राचीनकाल में बौद्ध शिक्षा का केन्द्र रहा है। यहीं पर स्थित नालन्दा विहार 5वीं शताब्दी से 12वीं शताब्दी तक बौद्ध धर्म की महायान शाखा का प्रधान केन्द्र था। ह्वेनसांग तथा इत्सिंग ने अपने-अपने यात्रा वृत्तान्त में नालन्दा विहार के भ्रमण का उल्लेख किया है।

53. **रणकपुर मन्दिर, राजस्थान**—उदयपुर से लगभग 140 किमी उत्तर-पश्चिम दिशा में स्थित यह मन्दिर जैन धर्म का विश्व प्रसिद्ध मन्दिर है। 29 बड़े कमरों वाला यह मन्दिर 420 स्तम्भों से युक्त है। मन्दिर एवं इसके कमरों की दीवारों, छतों एवं स्तम्भों पर अत्यन्त आकर्षक एवं अद्वितीय शिल्पकारी की गई है।

54. **हवा महल, राजस्थान**—हवा महल राजस्थान की गुलाबी नगरी जयपुर का कीर्ति स्तम्भ है। जयपुर के महाराजा ने इस महल का निर्माण विशेष रूप से अपने अंतःपुर की रानियों की हवाखोरी के लिये करवाया था, क्योंकि इस महल का मुख्य आकर्षण इसमें स्थित 953 खिड़कियाँ हैं। यह महल पाँच मंजिला भवन है।

55. **सीदी सैद मस्जिद, गुजरात**—सुल्तान मीर जाफर तृतीय के दरबारी शेख सैयद सुल्तानी द्वारा गुजरात के अहमदाबाद शहर में सन् 1572-73 ई० में इस मस्जिद का निर्माण कार्य प्रारम्भ कराया गया। किन्तु यह आज तक पूर्णता प्राप्त नहीं कर सकी। यह अपूर्ण मस्जिद मनोहारी शिल्पकारी का सर्वश्रेष्ठ उदाहरण है। यहाँ आने वाले पर्यटक मस्जिद को देखकर सोचने पर विवश हो जाते हैं कि यदि ये मस्जिद पूर्ण होती, तब भारत की सर्वश्रेष्ठ मस्जिदों में महत्वपूर्ण स्थान प्राप्त कर लेती।

56. **सेंट पॉल कैथेड्रल चर्च, पश्चिम बंगाल**—कोलकाता में स्थित यह चर्च भारत के प्रथम एंग्लिकन कैथेड्रल चर्च के रूप में प्रसिद्ध है। इस चर्च का निर्माण सन् 1847 ई० में कराया गया।

57. **सूर्य मन्दिर, उत्तराखण्ड**—उत्तराखण्ड के अल्मोड़ा जनपद से 13 किमी पश्चिम की दिशा में कोसी नामक स्थान से नदी का पुल पार करके लगभग डेढ़ किमी की चढ़ाई के पश्चात् कटारमल गाँव में सूर्य मन्दिर स्थित है। यह मन्दिर कोणार्क (उड़ीसा) के सूर्य मन्दिर के पश्चात् द्वितीय स्थान पर माना जाता है। इस क्षेत्र में इस मन्दिर को 'बड़ा आदित्य' भी कहा जाता है। इस मन्दिर में भूरे रंग के पत्थर से निर्मित सूर्यदेव की प्रतिमा है। वास्तुकला की दृष्टि से यह मन्दिर बारहवीं शताब्दी में निर्मित हुआ प्रतीत होता है।

58. **शत्रुंजय पहाड़ी के मन्दिर, गुजरात**—गुजरात में अहमदाबाद से 213 किमी दूर पालिताना नामक स्थान की 602 मीटर ऊँची शत्रुंजय पहाड़ी पर वैभवशाली 863 जैन मन्दिर स्थित हैं। इन मन्दिरों का निर्माण 900 वर्षों की अवधि में पूर्ण हुआ। जैन धर्म के इस महत्वपूर्ण तीर्थ स्थल से निकटतम हवाई अड्डा भावनगर है, जो कि पालिताना से मात्र 57 किमी दूर स्थित है।

59. **तिरुवन्नामलाई मन्दिर, तमिलनाडु**—तमिलनाडु के तिरुवन्नामलाई नगर में स्थित यह मन्दिर दक्षिण भारत का सबसे विशाल मन्दिर है। यह मन्दिर भगवान अरुणाचलेश्वर (धरती पर उगते सूर्य का स्वामी) को समर्पित है। इस भव्य मन्दिर के आन्तरिक द्वार तथा अन्य स्थान चोल वंश के राजा राजेन्द्र द्वारा 11वीं शताब्दी में निर्मित कराये गये तथा मन्दिर का शेष भाग होयसल नरेशों द्वारा निर्मित करवाया गया।

60. **विश्वनाथ मन्दिर, उत्तर प्रदेश**—यह मन्दिर केवल उत्तर प्रदेश ही नहीं, अपितु उत्तर भारत के लिये मन्दिरों के शहर के नाम से विश्व प्रसिद्ध स्थान वाराणसी (काशी) में स्थित है। यह मन्दिर हिन्दू धर्मावलम्बियों की श्रद्धा का प्रमुख केन्द्र है। इस मन्दिर के साथ ही औरंगजेब द्वारा बनवायी गयी एक मस्जिद भी विद्यमान है।

61. **विवेकानन्द रॉक मेमोरियल, तमिलनाडु**—ग्रेनाइट पत्थरों से निर्मित यह मन्दिरनुमा स्मारक दक्षिण भारत के अन्तिम छोर स्थल कन्याकुमारी में स्थित है। समुद्र के अन्दर एक टीले पर स्थित यह स्मारक 1.6 किमी में व्याप्त है तथा इसका निर्माण सन् 1971 में सम्पूर्ण हुआ। स्वामी विवेकानन्द ने तैरकर इस स्थान पर आकर योग व ध्यान किया था। इसलिये ये स्मारक विश्व भर के श्रद्धालुओं के लिये आस्था का केन्द्र बन चुका है।

62. **दमदमा साहिब, पंजाब**—दमदमा साहिब पंजाब के भटिंडा जिले में, तलवंडी नामक स्थान पर स्थित है। यहाँ सिखों के गुरु गोविन्द सिंह ने पवित्र 'गुरु ग्रंथ साहिब' को भाई मणि सिंह द्वारा लिखवाया था। विश्व प्रसिद्ध वैशाखी पर्व सर्वोत्कृष्ट रूप में दमदमा साहिब में ही मनाया जाता है।

63. **सबसे बुजुर्ग चिनार, जम्मू एवं कश्मीर**—यह राज्य चिनार के असंख्य सुन्दर वृक्षों की उपस्थिति के कारण प्राकृतिक पर्यटन का एक अद्‌भुत स्थल है। यहाँ मुगलकाल में लगाये गये चिनार के असंख्य वृक्ष पर्यटकों का ध्यान अपनी ओर आकर्षित करते हैं। एक सर्वेक्षण के अनुसार इस राज्य में चिनार के पेड़ों की संख्या अनधिकृत कटान के कारण निरन्तर कम हो रही है। इस दु:स्थिति को रोकने के लिये राज्य का 'चिनार विकास प्राधिकरण' चिनार के पौधों का राज्य में नि:शुल्क वितरण कर रहा है। इस स्थिति से अलग बड़गाम जनपद के छतरगाम नामक स्थान पर स्थित चिनार का एक पेड़ इस राज्य या भारत देश ही नहीं, पूरे विश्व का ऐतिहासिक स्मारक है। असंख्य पर्यटक विश्व के इस प्राचीनतम चिनार के पेड़ को देखने जम्मू पहुँचते हैं। इस पेड़ के सम्बन्ध में कहा जाता है कि इसे प्रसिद्ध सूफी सन्त सैयद अब्दुल कासिम हमदानी ने सन् 1374 ई० में लगाया था। लगभग 7 शताब्दी पुराने इस वृक्ष के तने की परिधि 31.85 मीटर तथा वृक्ष की ऊँचाई 14.78 मीटर है। राज्य के प्रसिद्ध पर्यावरणविद मुहम्मद सुल्तान वादू अपनी पुस्तक 'The Tree of our Heritage' में कई वर्ष पूर्व ही इस वृक्ष की प्राचीनता का उल्लेख कर चुके हैं। इस प्राचीनतम वृक्ष को यूनेस्को की विश्व धरोहर सूची में स्थान दिलवाने के प्रयास प्रारम्भ हो गये हैं। राज्य के चिनार विकास प्राधिकरण के अध्यक्ष एम0डी0 काला के अनुसार इस वृक्ष के सम्बन्ध में आंकड़े तथा वैज्ञानिक तथ्य जुटाने का कार्य चल रहा है तथा वर्ष 2008 तक इस वृक्ष को विश्व का सबसे प्राचीन 'चिनार वृक्ष' घोषित करने का प्रस्ताव 'यूनाइटेड नेशन कल्चरल हैरिटेज' में भेज दिया जायेगा।

उपरोक्त विश्लेषण के आधार पर सहज ही इस बात को स्वीकार किया जा सकता है कि भारत पर्यटन धरोहरों का स्वर्ग है। यहाँ धार्मिक आस्था, संस्कृति और प्राकृतिक सुन्दरता से भरपूर धरोहरें तो प्रचुर मात्रा में उपलब्ध हैं ही, ऐतिहासिक धरोहरों की संख्या इससे भी कहीं अधिक है। आवश्यकता केवल इन धरोहरों को संरक्षित रखने की है। अब भारत के कुछ महत्वपूर्ण पर्यटन स्थलों का विवरण प्रस्तुत किया जायेगा—

भारत के प्रमुख पर्यटन स्थल
(Main Tourist Destinations of India)

जिस देश की पर्यटन धरोहरों की संख्या इतनी वृहद एवं वैविध्यपूर्ण हो, उस देश में उपलब्ध पर्यटन स्थलों की स्थिति क्या होगी, इस बारे में अधिक चिन्तन करने की आवश्यकता नहीं रह जाती है। यदि आज भारत विकसित देशों के समकक्ष खड़ा होने का साहस जुटा पा रहा है तो इसका कारण यही है कि भारत ने आर्थिक आय के कुछ नवीन स्रोतों की खोज कर ली है। ये स्रोत ठोस हैं तथा निरन्तर सकारात्मक परिणाम देने वाले हैं। पर्यटन भी इन्हीं स्रोतों में से एक है। जैसे-जैसे भारत में पर्यटन का विकास हो रहा है, भारतीय अर्थव्यवस्था में इसकी सहभागिता बढ़ती जा रही है। वर्तमान में पर्यटन उद्योग तथा साथ ही सतत विकास के एक संसाधन के रूप में देखते हुए ही भारत में पर्यटन क्षेत्र को सुदृढ़ आधार प्रदान किया जा रहा है। इस क्रम में प्राचीन एवं प्रचलित पर्यटन स्थलों एवं पर्यटन धरोहरों का संरक्षण किया जा रहा है, नवीन

पर्यटन स्थलों एवं पर्यटन धरोहरों की खोज की जा रही है। भारत में पर्यटन क्षेत्र के बढ़ते हुए आकार को देखते हुए मन में सहज ही भारत के पर्यटन स्थलों के सम्बन्ध में ज्ञान प्राप्त करने की जिज्ञासा बढ़ जाती है। हमारा भी यह पुनीत दायित्व बनता है कि हम भी भारत में पर्यटन विकास की दिशा में अपनी क्षमतानुसार सहभागिता प्रदान करें। लेखक होने के नाते, हमने भारत में पर्यटन की वर्तमान स्थिति को सामने लाने का प्रयास किया है। इसी क्रम में अब भारत के प्रमुख पर्यटन स्थलों (Tourist Destinations) का संक्षिप्त परिचय प्रस्तुत किया जा रहा है। प्रारम्भ हम राष्ट्रीय राजधानी दिल्ली से ही करेंगे क्योंकि दिल्ली न केवल भारत का हृदय स्थल है, अपितु बहुविध पर्यटन स्थलों का स्वर्ग भी है।

1. राष्ट्रीय राजधानी दिल्ली—बहुविध पर्यटन स्थलों का केन्द्र

(Delhi, the Capital of India: A Centre of Multitype Tourist Destinations)

भारत की राष्ट्रीय राजधानी दिल्ली के सम्बन्ध में अधिक कुछ कहने की आवश्यकता ही नहीं रह जाती है, क्योंकि यह भारत का हृदय स्थल है। भारत में चलने वाली समस्त गतिविधियों का केन्द्र दिल्ली ही है, क्योंकि भारत की केन्द्रीय सरकार की शरण स्थली है—दिल्ली। पर्यटन के दृष्टिकोण से देखा जाये, तब भी सम्पूर्ण भारत के समस्त राज्यों में से दिल्ली का स्थान ही सर्वोपरि है।

दिल्ली भारत के विभिन्न राज्यों से सड़क, रेल एवं वायु मार्गों से जुड़ा हुआ है। दिल्ली के हवाई अड्डों में इन्दिरा गाँधी अन्तर्राष्ट्रीय हवाई अड्डा, अन्तर्देशीय सेवाओं के लिये पालम हवाई अड्डा तथा वायु सेना प्रशिक्षण के लिये सफदरजंग हवाई अड्डा सम्मिलित हैं। भारत सरकार ने दिल्ली में बढ़ते प्रदूषण तथा यातायात की अस्त-व्यस्त स्थिति को देखते हुए शहर में मास रेपिड ट्रांजिट प्रणाली (MRTS) लागू करने का निर्णय लिया है। दिल्ली का क्षेत्रफल 1483 वर्ग किमी, जनसंख्या 1,38,50,507, लिंगानुपात (स्त्रियाँ प्रति एक हजार पुरुष) 821, जनसंख्या घनत्व 9340, साक्षरता 81.70 प्रतिशत, कुल जिले 9 तथा प्रति व्यक्ति आय 43,751.00 रुपये है।

दिल्ली के पर्यटन स्थल (Tourism spots of Delhi)

जैसा कि पूर्व में भी कहा जा चुका है, दिल्ली में प्रत्येक रुचि के पर्यटक के लिये पर्यटन स्थल उपलब्ध हैं। दिल्ली में स्थित प्रमुख पर्यटन स्थलों के निम्न विश्लेषण से यह बात पुष्ट हो जायेगी—

1. **चाँदनी चौक**—चाँदनी चौक पुरानी दिल्ली का मुख्य क्षेत्र है। यह एक रंगीन बाजार है जो कि अत्यन्त संकरी गलियों के रूप में बसा हुआ है। अत्यन्त व्यस्ततम इस क्षेत्र में दिन-रात एक समान भीड़-भाड़ रहती है। इसका एक छोटा सा छोर, नई दिल्ली के खुले क्षेत्र में जाकर मिलता है। चाँदनी चौक के पूर्वी छोर पर दिल्ली का ऐतिहासिक लाल किला स्थित है तथा लाल किला के निकट ही दिल्ली का ख्यातिलब्ध दिगम्बर जैन मन्दिर स्थित है। चाँदनी चौक कोतवाली के निकट सुनहरी मस्जिद स्थित है। इस मस्जिद का निर्माण फारसी आक्रमणकारी नादिरशाह द्वारा सन् 1739 में कराया गया था। चाँदनी चौक के पश्चिमी छोर पर फतेहपुर मस्जिद स्थित है जिसका निर्माण सन् 1650 ई० में मुगल शासक शाहजहाँ की एक पत्नी द्वारा कराया गया था। चाँदनी चौक के व्यस्ततम बाजार में आवश्यकता की प्रत्येक वस्तु प्रचुर मात्रा में उपलब्ध है।

2. **कनाट प्लेस**—कनाट प्लेस नई दिल्ली के उत्तरी छोर पर स्थित है। यह दिल्ली के व्यापार एवं पर्यटन का प्रधान केन्द्र है। इस व्यस्त क्षेत्र में यातायात अपने चरम रूप में देखने को मिलता है। इस क्षेत्र में वास्तुकला के नियमों के आधार पर निर्मित विशाल एवं असंख्य भवन स्थित हैं। अधिकांश भवनों में बड़े-बड़े व्यापारिक शो रूम, शॉपिंग मॉल्स, बैंक, रेस्टोरेन्ट तथा एयरलाइन्स के कार्यालय कार्यशील हैं। इसी कारण अत्यन्त खुले स्थान वाला यह क्षेत्र अत्यन्त व्यस्त रहता है। यद्यपि सन् 1995 में कनाट प्लेस के आन्तरिक क्षेत्र को राजीव गाँधी चौक तथा बाह्य क्षेत्र को इन्दिरा गाँधी चौक नाम दे दिया गया है, तथापि जनमानस के लिये यह क्षेत्र अभी भी कनाट प्लेस ही है।

3. **लाल किला**—शाहजहाँ का यह दुर्ग, विश्व के सबसे वैभवशाली किलों में से एक है। इस किले की नींव का पत्थर सन् 1638 ई० में रखा गया था, जबकि मुगल शासक शाहजहाँ ने अपनी राजधानी आगरा से स्थानान्तरित करके दिल्ली में स्थापित करने का मन बनाया। इस किले का निर्माण कार्य मात्र 10 वर्ष की अवधि में ही पूर्ण कर लिया गया था। किले की दीवारें, विशेष रूप से आगरा के इलाकों से मंगाये गये लाल बलुआ पत्थरों से निर्मित हैं। किले का निर्माण सैनिक गतिविधियों के संचालन के उद्देश्य से किया गया। निर्माण के समय किले के 14 प्रवेश द्वार थे, इनमे से वर्तमान में मात्र 5 प्रवेश द्वार ही शेष हैं- दिल्ली गेट, कश्मीरी गेट, तुर्कमान गेट, अजमेरी गेट तथा लाहोरी गेट। लाल किले की महत्वपूर्ण इकाइयाँ हैं- दीवाने आम तथा इसका मनोरम प्रांगण, दीवान-ए-खास, रंगमहल, मुस्लिम बुर्ज, ख्वाबगाह, शाह बुर्ज, द शाह बुर्ज तथा दो छोटे पेवेलियन जिनके नाम क्रमशः सावन तथा भादो रखे गये हैं। किला प्रांगण में औरंगजेब द्वारा बनवायी गयी मोती मस्जिद भी स्थित है, जो मुगल शासकों द्वारा बनवाये गये स्मारकों में से लघुतम स्मारक है। यह मस्जिद सुन्दर एवं सफेद संगमरमर से निर्मित है। अन्तिम मुगल शासक बहादुरशाह जफर ने भी लाल किला में एक स्मारक 'हीरा मंजिल' का निर्माण कराया था। हीरा मंजिल लाल किला के छज्जे पर निर्मित मार्बल का एक लघु पेवेलियन है। इस पेवेलियन से यमुना नदी का सुन्दर परिदृश्य दिखाई देता है। परिधि में 2 किमी लम्बे इस स्मारक की यमुना नदी की ओर से ऊँचाई 18 मीटर तथा दिल्ली शहर की ओर से ऊँचाई 33 मीटर है। सन् 1857 तक मुगल शक्ति का केन्द्र रहे इस स्मारक का निर्माण सन् 1638-48 ई० के मध्य पूर्ण हुआ। शाहजहाँ अपनी राजधानी को आगरा से दिल्ली पूर्ण रूप से स्थानान्तरित नहीं कर सका था क्योंकि उसे इस अवधि में अपने पुत्र औरंगजेब द्वारा सत्ताच्युत करके आगरा के लाल किला में कैदी बना दिया गया।

वर्तमान में दिल्ली का लाल किला विशुद्ध रूप से भारत का ऐतिहासिक स्मारक बन चुका है। किले के प्रवेश द्वारों पर पर्यटक गाइड सेवायें उपलब्ध रहती हैं। किले के अन्दर का वातावरण पूर्णतः शान्तिपूर्ण है तथा यहाँ दिल्ली शहर की भीड़भाड़ और संस्कृति का कोई तत्व विद्यमान नहीं है।

4. **कुतुबमीनार**—यह स्मारक दिल्ली से 15 किमी दूर स्थित है। इस स्मारक का निर्माण भारत में मुस्लिम शासन की स्थापना के पश्चात प्रारम्भिक वर्षों में हुआ, अर्थात दिल्ली में अन्तिम हिन्दू शासक पर विजय स्थापित करने के तुरन्त पश्चात इस स्मारक का निर्माण हुआ। अफगानी वास्तुकला के अनुपम उदाहरण इस स्मारक का निर्माण सन् 1193 में प्रारम्भ हुआ। कुतुबमीनार का मूल निर्माता कुतुबुद्दीन ऐबक इसके केवल एक ही तल का निर्माण करवा

सका। तत्पश्चात सन् 1368 ई० में फिरोजशाह तुगलक ने ऊपरी 4 तलों का निर्माण कराया तथा इसमें शिखर पर एक बुर्ज भी बनवाया। किन्तु सन् 1803 में भूकम्प से यह बुर्ज धराशायी हो गया। तत्पश्चात सन् 1829 में एक अंग्रेज द्वारा नवीन बुर्ज का निर्माण कराया गया किन्तु यह बुर्ज देखने में असंगत प्रतीत होता था। बाद में इस बुर्ज को तोड़कर निर्णायक वर्तमान बुर्ज का निर्माण करवाया गया। इस मीनार के कुल 5 अद्‌भुत तल हैं, प्रत्येक तल में एक बालकनी का निर्माण कराया गया है तथा प्रथम तीन तल, लाल बलुआ पत्थर से निर्मित हैं। 72.5 मीटर ऊँची इस मीनार में कुल 378 सीढ़ियाँ हैं। मीनार के भूतल का क्षेत्रफल 14.4 मीटर है। इतिहासकारों का भी मत है कि यह स्मारक कुतुबुद्‌दीन ऐबक का निर्माण कार्य है जिसनें 12वीं शताब्दी के आसपास इस स्मारक का निर्माण कार्य प्रारम्भ किया और सम्भवतः इसके भूतल का ही निर्माण करवा सका। मीनार के प्रथम तल पर कुतुबुद्‌दीन ऐबक के नाम का शिलालेख भी अंकित है। इस मीनार पर देवनागिरी लिपि में लिखे हुए एवं अंकित शिलालेखों से स्पष्ट है कि सन् 1326 ई० में मीनार क्षतिग्रस्त हो गयी थी तथा मुहम्मद बिन तुगलक ने इसका जीर्णोद्धार कार्य करवाया। बाद में फिरोजशाह तुगलक ने चौथी तथा पाँचवीं तल का निर्माण कार्य करवाया। इस मीनार के भूतल पर कुतुबातुल-इस्लाम नाम की एक मस्जिद भी स्थित है। यह भारत की प्रथम मस्जिद के रूप में पहचानी जाती है। मीनार की उत्पत्ति के सम्बन्ध में कुछ मतभेद भी पाये जाते रहे हैं। कुछ विद्वानों का मत है कि मूल रूप में यह मीनार एक विजय स्तम्भ है, जिसका निर्माण अन्तिम हिन्दू शासक पृथ्वीराज चौहान ने अपनी पुत्री द्वारा यमुना नदी अवलोकन हेतु करवाया था, किन्तु बाद में मुस्लिम शासकों ने रूपान्तरण करके इस विजय स्तम्भ को कुतुबमीनार नाम दे दिया। वर्तमान में यह मीनार कुरान की आयतों से अलंकृत है।

5. **जामा मस्जिद**—पुरानी दिल्ली क्षेत्र में स्थित यह मस्जिद भारत की सबसे बड़ी मस्जिद है, जिसका निर्माण शाहजहाँ के शासनकाल में सन् 1644 में प्रारम्भ हुआ था। किन्तु सन् 1658 ई० तक इसका निर्माण कार्य पूर्ण नहीं हो पाया। भारत में शाहजहाँ द्वारा बनवाया गया यह अन्तिम स्मारक है। मन्दिर के तीन प्रवेश द्वार, चार कोणीय टावर तथा 40 मीटर ऊँची 2 मीनारें हैं जो कि लाल पत्थरों की क्रमबद्ध चक्रीय कतरनों तथा सफेद मार्बल से निर्मित की गई हैं। प्रारम्भ में मस्जिद का पूर्वी प्रवेश द्वार केवल मुस्लिम शासकों हेतु ही खोला जाता था परन्तु वर्तमान में यह द्वार प्रत्येक शुक्रवार को तथा प्रत्येक मुस्लिम त्यौहार के दिन खुलता है। सामान्य जनता केवल उत्तरी तथा दक्षिणी प्रवेश द्वार से ही मस्जिद में प्रवेश कर सकती है। जूतों के साथ मस्जिद में प्रवेश वर्जित है। जो लोग अनुमन्य वस्त्र (स्त्री-पुरुष दोनों के लिये पैरों के नीचे तक के वस्त्र) पहनकर नहीं आते, ऐसे लोगों को उत्तरी प्रवेश द्वार से अनुमन्य वस्त्र किराये पर मिल जाते हैं। मस्जिद के विशाल प्रांगण की मानव क्षमता 25,000 है। कुछ रुपये खर्च करके एक सहयोगी के साथ दक्षिणी मीनार की भी यात्रा की जा सकती है। मीनार के किसी भी कोण से आप को पुरानी दिल्ली, लाल किला, यमुना नदी पार की प्रदूषण फैलाती फैक्ट्रियों तथा नई दिल्ली के दक्षिणी क्षेत्र का अद्‌भुत दृश्य दिखाई देगा। मीनार से कनाट प्लेस और संसद भवन सीधी रेखा में दिखाई देते हैं। मस्जिद के पूर्वी छोर से लाल किला का मनोहारी दृश्य दिखाई देगा। मस्जिद के कुछ क्षेत्रों में अन्धकार व्याप्त रहता है। इन क्षेत्रों में महिलाओं द्वारा सावधान रहना अपेक्षित है, क्योंकि अनेक महिला पर्यटक अन्धकार में छेड़खानी की शिकार हो चुकी हैं।

6. **हौज खास**—हौज खास सफदरजंग तथा कुतुबमीनार मार्ग के मध्य स्थित है। पूर्व में यह क्षेत्र दिल्ली के द्वितीय शहर सीरी का जलाशय (हौज) था जिसका मामूली विस्तार पश्चिम क्षेत्र तक था। हौज खास क्षेत्र के 2 आकर्षण हैं—सन् 1398 में निर्मित फिरोजशाह का मकबरा तथा एक पुराने शिक्षण संस्थान के अवशेष। वर्तमान में इस क्षेत्र को दिल्ली के अत्यधिक कला दक्ष (Chic) उपनगर के रूप में जाना जाता है। यहाँ पर कुछ उच्चकोटि के रेस्टोरेन्ट तथा दुकानें स्थित हैं। हौज खास में स्थित एक मस्जिद को मोठ की मस्जिद नाम से जाना जाता है। यह मस्जिद हौज खास के पूर्वी क्षेत्र में स्थित है। इसका निर्माण सिकंदर लोदी (1489-1517 ई०) के प्रमुख मंत्री मिया भुआ द्वारा करवाया गया था। यह भारत में लोदी स्थापत्य कला का उत्कृष्ट उदाहरण है। 14वीं शताब्दी के प्रारम्भ में अलाउद्दीन खिलजी द्वारा इस क्षेत्र में एक विशाल जलाशय का निर्माण करवाने के पश्चात यहाँ का नाम हौज खास पड़ा। मूल रूप से, इस जलाशय को हौज-ए-अलाई नाम से जाना जाता था। बाद में फिरोजशाह तुगलक द्वारा इस जलाशय का पुनर्निर्माण कराया गया तथा तुगलक ने इस क्षेत्र में एक मस्जिद का निर्माण भी करवाया। हौज खास में एक 'अलाई दरवाजा' नाम का विशाल द्वार भी स्थित है। इसका निर्माण भी अलाउद्दीन खिलजी ने ही करवाया था।

7. **इन्डिया गेट**—विजय का प्रतीक पत्थर का यह तोरण, राजपथ के पूर्वी छोर पर स्थित है। इस स्मारक का निर्माण प्रथम विश्व युद्ध में शहीद हुए 85,000 सैनिकों की स्मृति में किया गया था। इस तोरण पर 13,516 सैनिकों के नाम खुदे हुए हैं। 42 मीटर ऊँचा यह स्मारक चारों ओर से पत्थरों से घिरा हुआ है, जहाँ अनजान शहीदों की स्मृति में अमर ज्योति प्रदीप्त है।

8. **जन्तर-मन्तर**—जयपुर के महाराजा सवाई जय सिंह द्वारा सन् 1724 में निर्मित यह खगोलीय वेधशाला संसद मार्ग पर स्थित है। भारत की इस सबसे प्राचीन वेधशाला को सवाई जय सिंह ने मोहम्मद शाह को इस इच्छा से सौंप दिया कि भारतीय कैलेण्डर को संशोधित तथा खगोलीय तालिकाओं को सही कर दिया जाये। मोहम्मद शाह ने पाँच खगोलीय वेधशालाओं का निर्माण किया—दिल्ली, उज्जैन, वाराणसी, जयपुर और मथुरा। जन्तर-मन्तर में 6 मापक यंत्र स्थित हैं जो खगोलीय घटनाओं के अवलोकन में सहायता करते हैं। इनमें से मुख्य यन्त्र हैं—मिसरा यंत्र, नियात चक्र यंत्र, राम यंत्र एवं सम्राट यंत्र। सम्राट यंत्र सभी यंत्रों में सबसे बड़ा है।

9. **हुमायूँ का मकबरा**—इस मकबरे का निर्माण मुगल शासक अकबर के शासनकाल में किया गया। यह मकबरा भारतीय शिल्प की सर्वाधिक नियोजित अष्टकोणीय इमारतों में से एक है। साथ ही सर्वप्रथम इसी मकबरे की कलाकृतियों में विदेशी प्रभाव भी दिखाई देता है। ताजमहल के निर्माण में इस स्मारक की शिल्पकला का प्रभाव है।

10. **किला-ए-कुहना मस्जिद**—लोदी स्थापत्य कला के आधार पर निर्मित यह मस्जिद दिल्ली के पुराने किले में स्थित है। इसका निर्माण शेरशाह सूरी ने सन् 1541 ई० में करवाया था। यह देश में मुगल पूर्व काल की अन्तिम एवं सर्वश्रेष्ठ मस्जिद है।

11. **जमात खाना मस्जिद**—अलाउद्दीन खिलजी के शासनकाल में निर्मित यह मस्जिद हजरत निजामुद्दीन औलिया की दरगाह के समीप स्थित है। लाल बलुआ पत्थरों से निर्मित यह मस्जिद विशुद्ध रूप से इस्लामिक स्थापत्य कला का उदाहरण है।

12. **जमाली-कमाली मस्जिद**—दिल्ली के महरौली नामक स्थान पर स्थित इस मस्जिद का निर्माण सन् 1528-29 ई० में हुआ था।

13. **लौह स्तम्भ**—महरौली क्षेत्र में कुतुबमीनार परिसर में स्थित यह विश्व प्रसिद्ध स्तम्भ भगवान विष्णु को समर्पित है। ऐसा अनुमान लगाया जाता है कि यह लौह स्तम्भ चन्द्रगुप्त द्वितीय विक्रमादित्य के काल का है। यह शुद्ध लोहे का एकमात्र भारतीय स्तम्भ है जिस पर विगत 1500 वर्षों से कोई जंग नहीं लगी है।

14. **बहाई मन्दिर**—कमल की आकृति में निर्मित यह पूजागृह इक्कीसवीं सदी का ताल कहलाता है। इस मन्दिर का निर्माण सन् 1986 में पूर्ण हुआ। इस मन्दिर में प्रतिदिन लगभग 10,000 धार्मिक पर्यटक दर्शन हेतु आते हैं।

15. **कालका जी मन्दिर**—यह मन्दिर नेहरू प्लेस की दक्षिण दिशा में स्थित है। कालका जी क्षेत्र से लगे होने के कारण इस मन्दिर का नाम 'कालकाजी' पड़ा। माँ काली को समर्पित यह मन्दिर अत्यन्त प्राचीन है तथा इस मन्दिर का प्राचीनतम भाग सन् 1764 ई० में निर्मित हुआ। भारत में माँ काली की पूजा का विश्वास अत्यन्त प्राचीन काल से ही रहा है, सम्भवतः राज पिथौरा काल से।

16. **दिगम्बर जैन मन्दिर**—वैसे तो दिल्ली में असंख्य जैन मन्दिर स्थित हैं, किन्तु यह मन्दिर अन्य जैन मन्दिरों की तुलना में प्राचीनतम एवं सर्वाधिक आकर्षक है। यह मन्दिर लाल किला के बिल्कुल पीछे स्थित है। मुख्य मन्दिर में भगवान पार्श्वनाथ का चित्र लगा हुआ है, जिस पर अंकित शिलालेख को पढ़ने से स्पष्ट होता है कि इस मन्दिर का निर्माण सन् 1526 ई० में हुआ। मन्दिर का प्रांगण लघु आकार का है किन्तु मार्बल पत्थर से निर्मित है। यह मन्दिर स्तंभावलियों से आवृत्त है। इस मन्दिर के अन्दर एक 'पक्षी अस्पताल' भी स्थित है, जिसका संचालन जैन समाज द्वारा ही किया जाता है। इस अस्पताल में रोगी एवं चोटिल पक्षियों को खरीदकर उनका उपचार किया जाता है। मन्दिर में प्रवेश निःशुल्क है परन्तु दानराशि को सहृदयतापूर्वक स्वीकार किया जाता है।

17. **राजघाट**—राजघाट महात्मा गाँधी का समाधि स्थल है, जो कि फिरोजशाह कोटला की उत्तर-पूर्व दिशा में स्थित है। यमुना नदी के तट पर स्थित, काले मार्बल से निर्मित यह समाधि स्थल एक सामान्य एवं चौकोर प्लेटफार्म के रूप में स्थित है। सन् 1948 में हत्या के पश्चात महात्मा गाँधी का दाह संस्कार इसी स्थान पर किया गया था। राजघाट पर प्रत्येक शुक्रवार को एक सर्वधर्म सभा का आयोजन किया जाता है, क्योंकि महात्मा गाँधी की हत्या इसी दिन हुई थी। सन् 1964 ई० में मृत्यु को प्राप्त हुए, भारत के प्रथम प्रधानमंत्री जवाहर लाल नेहरू का दाह संस्कार भी यहीं किया गया तथा महात्मा गाँधी की समाधि की उत्तर दिशा में नेहरू जी का समाधि स्थल स्थित है, जिसे शान्तिवन कहा जाता है। इन्दिरा गाँधी (मृत्यु सन् 1984 ई०), संजय गाँधी (मृत्यु सन् 1980 ई०) एवं राजीव गाँधी (मृत्यु सन् 1991 ई०) का भी दाह संस्कार यहीं पर किया गया था। सम्पूर्ण राजघाट क्षेत्र वर्तमान में एक उद्यान के रूप में विकसित हो चुका है। इसी क्षेत्र में 'गाँधी मेमोरियल म्यूजियम' भी स्थित है। यह म्यूजियम पर्यटकों को राजघाट की यात्रा हेतु प्रोत्साहित करने का प्रमुख माध्यम है। इस म्यूजियम में प्रवेश हेतु कोई शुल्क नहीं लिया जाता तथा यह सोमवार को बन्द रहता है। शेष दिनों में प्रातः 9.30 बजे से सायं 5.30 बजे तक यह म्यूजियम खुला रहता है।

18. **संसद भवन**—संसद भवन का प्रारूप सर एडविन लुटिन्स और सर हर्बर्ट बेकर ने तैयार किया था। इसके निर्माण में 83 लाख रुपये का खर्च आया था तथा इसका उद्घाटन लार्ड इरविन ने 18 जनवरी, 1927 ई० को किया था। इस स्तंभावली वृत्त भवन का व्यास 171 मीटर

तथा ऊँचाई 75 फीट है। भारतीय संसद के दोनों सदनों—लोकसभा तथा राज्य सभा का यह कार्यालय विजय चौक के दाहिनी ओर स्थित है। इसका भूतल लाल बलुआ पत्थरों से निर्मित है। प्रथम तल 144 स्तम्भों पर टिका हुआ है जिस पर प्रतिरोधी रंग से पुताई की गई है। द्वितीय तल एक छोटी परछत्ती (Attic) के रूप में है। संसद भवन की दीवारों पर विशेष रूप से आयात की गई ध्वनिक (Acoustic) टाइल्स लगायी गई हैं, जबकि छत पर ध्वनिरोधक पलस्तर किया गया है। संसद का केन्द्रीय कक्ष महान ऐतिहासिक घटनाओं का साक्ष्य रहा है। इसी कक्ष में 9 दिसम्बर, 1946 से 24 जनवरी, 1950 तक संविधान का निर्माण किया गया था। इसी कक्ष में 15 अगस्त, सन् 1947 ई० को भारत को सत्ता हस्तान्तरण की घोषणा की गई थी। एक कक्ष में संसद भवन का पुस्तकालय है, जो एशिया के सबसे समृद्ध पुस्तकालयों में से एक है। संसद भवन के निर्माण में सभी भूगर्भीय विशेषताओं का ध्यान रखा गया है।

19. **राष्ट्रपति भवन**—यह भारत के राष्ट्रपति का सरकारी आवास है। 330 एकड़ में फैला यह विशालतम भवन पूर्व में वायसराय का महल था। इस भवन में 340 कमरे, 37 सैलून, 74 लॉबी, एक किमी लम्बे गलियारे तथा 37 झरने हैं। भवन प्रांगण में मुगल गार्डन है, जो विश्व के सर्वोत्कृष्ट एवं विशाल गार्डन में से एक है। मुगल गार्डन को एक पर्यटन धरोहर के रूप में भी विकसित किया गया है तथा एक निश्चित अवधि के लिये इसे पर्यटकों हेतु खोला जाता है।

20. **नेशनल गैलरी ऑफ मॉडर्न आर्ट**—यह गैलरी राजपथ के पूर्वी छोर पर एवं इन्डिया गेट के समीप स्थित है। पूर्व में यह जयपुर के महाराजा का निवास स्थान था। वर्तमान में यह भारतीय और उप महाद्वीपीय कलाकारों की कलात्मक कृतियों के संग्रह का एक उत्कृष्ट स्थान है। यह गैलरी प्रतिदिन प्रात: 10.00 बजे से सायं 5.00 बजे तक आगन्तुकों हेतु खुली रहती है। प्रवेश नि:शुल्क है।

21. **राष्ट्रीय संग्रहालय**—राष्ट्रीय संग्रहालय राजपथ के बिल्कुल दक्षिण में, जनपथ क्षेत्र में स्थित है। इस संग्रहालय में मौर्यकालीन कांस्य, पक्की मिट्टी तथा लकड़ी से निर्मित शिल्पकलाओं का संग्रह है। इस संग्रहालय में लघु एवं भित्ति चित्रकलाओं तथा अनेक जनजातियों की पोशाकों का भी उत्कृष्ट संग्रह है। पर्यटकों को अपने ज्ञानवर्द्धन हेतु इस संग्रहालय का भ्रमण अवश्य करना चाहिये। यह संग्रहालय मंगलवार एवं रविवार के दिन प्रात: 10.00 बजे से सायं 5.00 बजे तक खुलता है। संग्रहालय के दाहिने छोर पर 'भारतीय पुरातात्विक सर्वेक्षण विभाग' का कार्यालय स्थित है। इस कार्यालय में भारत के सभी स्थलों के सम्पूर्ण ज्ञान से सम्बन्धित साहित्य उपलब्ध है।

22. **इन्दिरा गाँधी मैमोरियल म्यूजियम**—भारत की पूर्व प्रधानमंत्री स्वर्गीय इन्दिरा गाँधी के पूर्व निवास-1, सफदरजंग को 'इन्दिरा गाँधी मैमोरियल म्यूजियम' के नाम से जाना जाता है। इस संग्रहालय में श्रीमती गाँधी की कुछ निजी वस्तुओं का संग्रह किया गया है। जैसे कि वह साड़ी जो उन्होंने अपनी हत्या के समय पहन रखी थी, रक्त के धब्बों सहित रखी गई है। उस स्थान को भी पारदर्शी पेटिका से ढंक कर रखा गया है, जहाँ पर इन्दिरा गाँधी गोलियाँ लगने के उपरान्त लहूलुहान होकर गिरी थीं।

23. **रामतलाऊ बियावान**—दक्षिणी दिल्ली में स्थित 5 किमी लम्बा एवं 2 किमी चौड़ा रामतलाऊ बियावान अपनी अनोखी सुन्दरता एवं प्राकृतिक वैभव के लिये विख्यात है। यह बियावान 'रामतलाऊ की वनी' के नाम से भी प्रसिद्ध है। पुरातत्ववेत्ताओं के अनुसार पूर्व में यहाँ पर एक राजमहल तथा तालाबयुक्त स्नानागार था। इसके कुछ अवशेष आज भी मिलते हैं। यह

स्थल दिल्ली के अन्तिम हिन्दू राजा पृथ्वीराज चौहान के काल में 'रानी तालाब' के नाम से प्रसिद्ध था। यह एक ऐतिहासिक स्थल होने के साथ-साथ अपार मानसिक शान्ति प्रदान करने वाला क्षेत्र भी है। यह बियावान एक ओर से जवाहर लाल नेहरू विश्वविद्यालय और कटवारिया सराय तथा दूसरी ओर से लाडो सराय एवं महरौली से घिरा हुआ है।

वर्तमान में इस बियावान में विभिन्न प्रकार के वृक्ष एवं जीव जन्तु विद्यमान हैं। यहाँ पर पाये जाने वाले पेड़ पौधों में रोंज, काबुली, कीकर, पीपल, नीम, जामुन, आम, शहतूत, गुलमोहर, अमलताश, हिंगोट, करौंदा की झाड़ी, उल्लू का पेड़, कुरण्ड बूटी, लेसबा-हिसबा, सफेद बांस की झाड़ियाँ, कई प्रकार की जंगली लतायें, वृक्ष एवं जंगली झाड़ियाँ प्रमुख हैं। यहाँ जंगली खुशबूदार तुलसी, जो कि चाय में प्रयुक्त की जाती है, पायी जाती है। इसके अतिरिक्त बडियाला घास, सोचड़ी, बुरयाली घास भी पायी जाती है जिसे जंगली सब्जी के रूप में प्रयोग किया जाता है। जड़ी-बूटियों के पेड पौधे भी यहाँ पाये जाते हैं। बड़े वृक्षों में यहाँ पर देशी कीकर, काबुली कीकर एवं रोंज से औषधियुक्त शुद्ध गोंद प्राप्त होता है जो विभिन्न प्रकार की दवाइयों एवं मिठाइयों में प्रयोग किया जाता है। इस गोंद को चाय या दूध में खाने से शरीर के अनेक रोग दूर हो जाते हैं। बसन्त आगमन पर कई प्रकार के पेड़, पौधों एवं फूलों से महक आने लगती है। यहाँ के एक कांटेदार वृक्ष पर एक नट जैसा फल हिंगोट लगता है। हिंगोट का फल तो बादाम की भांति स्वादिष्ट होता ही है, स्थानीय ग्रामीण इसके वृक्ष को विभिन्न प्रकार की दवाइयों में प्रयुक्त करते हैं।

बसन्त आगमन पर ही रामतलाऊ बियावान विभिन्न प्रकार के पक्षियों का अभयारण्य बन जाता है। यहाँ पर अनेक प्रजातियों के रंग-बिरंगे पक्षी देखने को मिलते हैं, जिनमें अधिकांश गाने वाले पक्षी होते हैं। इनमें कफ्फू, कोयल, हंसोड़, कराउं एवं बर्फीली मैना प्रमुख हैं। ये पक्षी गर्मियों में पर्वतीय स्थानों पर चले जाते हैं। यहाँ कुछ पक्षी ऐसे भी हैं जो दोनों प्रकार की जलवायु में यहीं रहते हैं। इनमें कुछ छोटे-छोटे स्थानीय पक्षी भी हैं, जिन्हें यहाँ हर मौसम में देखा जा सकता है। ये यहाँ के सदाबहार पक्षी कहलाते हैं। नवम्बर-दिसम्बर के माह में यहाँ के वन शान्त एवं सुनसान दिखाई पड़ते हैं। इन दिनों में यहाँ केवल ब्लैक फिंच, सुरड़ी, लमपुछी, स्काईलार्क एवं गौरैया आदि पक्षी ही गाते एवं चहचहाते दिखाई पड़ते हैं। यहाँ पर मई एवं जून माह में एक विशिष्ट चिड़िया 'हनी बर्ड' भी दिखाई पड़ती है। यह चिड़िया सफेद बांस के फूलों का रस चूसती है, जिसके फूल लगभग पूरे वर्ष फूलते रहते हैं। हनी बर्ड सफेद बांस की झाड़ियों से लगभग 20-25 मीटर दूर एक ऐसा विशिष्ट घोंसला बनाती है जो शिकारी चिड़ियों की दृष्टि में भी नहीं आ पाता। यहाँ पर कम से कम 2 प्रजातियों की हनी बर्ड पायी जाती है। इस समय मई एवं जून माह में हनी बर्ड के लगभग 200 जोड़े देखने में आ रहे हैं। इस बियावान में पाये जाने वाले अन्य पक्षी हैं- जंगली मोर, तोता, मैना, घुगूती, नील चिड़िया, जंगली कबूतर, ग्रीन क्ले बर्ड, मुसफेफड़ा, कल जींढ, तिरंगी, मटमैली, मैदानी मैना, स्काईलार्क सफेद, स्काईलार्क पीली, छोटी सारंग, बड़ी सारंग, गुथनी, भूरी सारस, सफेद सारस, खुखू, कौवा, पोदीना पक्षी, बया, गिद्ध, बाज, जल मुर्गी एवं चकोर इत्यादि। इस बियावान में स्तनधारी जीवों एवं सरीसृप प्रजाति के जीवों के मिलने से पर्यटकों में इस बियावान के प्रति आकर्षण बढ़ गया है। प्रमुख जीव हैं- नील गाय, सियार, गीदड़, गिलहरी, काला सांप, गिरगिट, चमगादड़ एवं झाड़ियों में पायी जाने वाली छिपकलियाँ आदि।

इस प्रकार यह स्थान वृक्षों, पक्षियों एवं जन्तुओं का स्वर्ग है। इसके अतिरिक्त यहाँ पर अनेक प्रकार के कीड़े-मकोड़े एवं कीट पतंगे भी पाये जाते हैं। यहाँ पर अनेक प्रकार की रंग-बिरंगी तितलियाँ पायी जाती हैं। इसके अतिरिक्त रामतलाऊ बियावान गर्म जलवायु की पाँच प्रकार की चींटियों का भी आवास स्थल है। किन्तु बियावान के जल स्रोतों एवं जलाशयों के निरन्तर सूखते जाने से यहाँ की स्थिति चिन्ताजनक हो गयी है। यहाँ पर ताजे पानी के कुओं का जलस्तर लगभग नगण्य हो गया है। अधिकांश कुएं सूख गये हैं, इससे अनेक वन्य जीवों की प्यास के कारण मृत्यु हो जाती है।

24. **अक्षरधाम मन्दिर**—यह मन्दिर नई दिल्ली में यमुना नदी के किनारे पर स्थित है। लगभग 1000 वर्ष पुरानी भारतीय स्थापत्य कला का उत्कृष्ट उदाहरण यह प्राचीनतम एवं भव्य मन्दिर 86,342 वर्ग फीट के क्षेत्रफल में फैला हुआ है। कुल 356 फीट लम्बे, 316 फीट चौड़े तथा 141 फीट ऊँचे इस विशाल मन्दिर के मध्य में भगवान स्वामीनारायण का 141 फीट ऊँचा स्मारक स्थित है। पुनर्निर्माण करने के पश्चात दिनांक 6 नवम्बर, 2005 ई० को इस अद्वितीय मन्दिर को जनता के दर्शनार्थ खोला गया। इस मनोरम मन्दिर को देखने तथा भगवान स्वामीनारायण के दर्शन करने के उद्‌देश्य से यहाँ प्रतिवर्ष कई लाख घरेलू एवं अन्तर्राष्ट्रीय पर्यटक पहुँचते हैं। इस मन्दिर की विशालता एवं महत्ता का इससे बढ़कर प्रमाण और क्या हो सकता है कि इसे विश्व का सबसे विशाल हिन्दू मन्दिर घोषित करते हुए 20 दिसम्बर, सन् 2007 को इसका नाम 'गिनीज बुक ऑफ वर्ल्ड रिकॉर्ड' में अंकित किया गया है। मन्दिर का प्रबन्धन 'बोचसनवासी अक्षर पुरुषोत्तम स्वामीनारायण संस्थान (बी0ए0पी0एस0) द्वारा किया जाता है। 'गिनीज वर्ल्ड रिकॉर्ड लिमिटेड' के वरिष्ठ अधिकारी माइकल विट्टी ने भारत का दौरा करके बी0ए0पी0एस0 के प्रमुख 'स्वामी महाराज' को 2 प्रमाण-पत्र प्रदान किये। प्रथम प्रमाण-पत्र इस बात के लिये दिया गया कि किसी एक व्यक्ति ने पाँच महाद्वीपों में सर्वाधिक हिन्दू मन्दिरों का निर्माण कराया है। यहाँ उल्लेखनीय है कि स्वामी महाराज ने सन् 1971 ई० से 2007 के मध्य पाँच महाद्वीपों में 713 मन्दिरों का निर्माण कराया है। द्वितीय प्रमाण-पत्र अक्षरधाम मन्दिर को 'गिनीज बुक ऑफ वर्ल्ड रिकॉर्ड्स' में स्थान दिये जाने से सम्बन्धित है। गिनीज बुक में अंकित होने वाला अक्षरधाम मन्दिर विश्व का प्रथम एवं एकमात्र हिन्दू मन्दिर है।

2. अण्डमान और निकोबार द्वीप

अंडमान और निकोबार बंगाल की खाड़ी में स्थित 300 द्वीपों का समूह है। जंगलों से आवृत्त इस द्वीप समूह का दृश्य बड़ा ही मनोहारी है। इन द्वीपों में से 50 द्वीप निर्जन हैं। अधिकांश द्वीप प्रवाल भित्ति से घिरे हुए हैं तथा इनके समुद्री तट श्वेत एवं रेतीले हैं। सम्पूर्ण द्वीप समूह में अंडमान-निकोबार द्वीप की राजधानी पोर्ट ब्लेयर प्राकृतिक छटा एवं रमणीक समुद्र तट के कारण प्रमुख पर्यटन स्थल है। इसके अतिरिक्त सामुद्रिक मेराइन म्यूजियम, फिशरीज म्यूजियम, जंगल म्यूजियम, सेल्युलर जेल, छोटा चिड़ियाघर, पानी के खेल तथा मौंट हरियट एवं रोस द्वीप प्रमुख पर्यटन स्थल हैं। यह द्वीप समूह समुद्री पर्यटन के दृष्टिकोण से पर्यटकों हेतु स्वर्ग समान है।

3. पांडिचेरी

पांडिचेरी भारत में फ्रांसीसी सभ्यता का जीता-जागता उदाहरण है, क्योंकि पूर्व में यह संघ शासित प्रदेश एक फ्रांसीसी कॉलोनी था। इसके 2 भाग थे—विल ब्लेंच और विल नोइर। यहाँ का अन्तर्राष्ट्रीय पर्यटन स्थल विश्व प्रसिद्ध अरविन्दो आश्रम है। सरकार संग्रहालय, जवाहर टॉय म्यूजियम, पुलिस म्यूजियम, सेक्रेड हार्ट चर्च, फ्रेंच इंस्टीट्यूट, राज्यपाल भवन औरोविले क्रीज, भरथिकर म्यूजियम, इन्डियन मन्दिर, बोटनिकल गार्डन, एलाइंस फ्रांसिसे, कातेरी लेक, जॉन ऑफ आर्क स्क्वायर एवं मेमोरियल चर्च आदि यहाँ के प्रमुख पर्यटन स्थल हैं। यहाँ से निकटतम हवाई अड्डा मात्र 166 किमी दूर चेन्नई में स्थित है।

4. चण्डीगढ़

हरियाणा एवं पंजाब राज्यों की राजधानी चण्डीगढ़ को 1 नवम्बर, सन् 1966 में केन्द्रशासित प्रदेश बनाया गया है। स्वतंत्र भारत के इस प्रथम योजनाबद्ध नगर की योजना का निर्माण विश्व ख्याति लब्ध स्थापत्यकार ले कार बुजियर ने किया। चण्डीगढ़ के प्रमुख पर्यटन स्थलों में से रोज गार्डन, रॉक गार्डन (नेकचन्द्र द्वारा निर्मित, वर्तमान में विश्वविद्यालय), स्मृति उपवन, शान्तिकुंज, सुरवना झील, आर्ट गैलरी, चिड़ियाघर, राजधानी कॉम्प्लेक्स, इन्टरनेशनल डॉल्स म्यूजियम, डीयर पार्क एवं नेशनल गैलरी पोट्रेट्स आदि प्रमुख हैं। चण्डीगढ़ से मात्र 15 किमी दूर स्थित यादविन्द्रा बगीचों में शीश महल, रंग महल तथा जल महल प्रमुख दर्शनीय स्थल हैं।

5. दमन एवं दीव

दमन एवं दीव के पर्यटन स्थलों को दो क्षेत्रों में विभाजित किया जा सकता है—

(i) दमन—दमन मुम्बई के उत्तर में 160 किमी की दूरी पर स्थित है। भारत के पश्चिमी तट पर स्थित दमन एक छोटा सा पुर्तगाली प्रदेश है। ये कोलक और काली नदियों के मध्य अवस्थित है। मोती दमन और नानी दमन का किला, देवका समुद्र तट, जामपुर समुद्र तट, नानी दमन समुद्र तट, बेम येशु चर्च, कचिगम पार्क, मोती मत्स्यालय और लाइटहाउस यहाँ के मुख्य आकर्षण हैं। यहाँ से निकटतम हवाई अड्डा मुम्बई है। निकटतम रेलवे स्टेशन, 11 किमी दूर वापी में स्थित है।

(ii) दीव—39 वर्ग किमी में व्याप्त यह क्षेत्र खम्भात की खाड़ी में वैरावलपत्तन के निकट स्थित है। मूल रूप से दीव को अपने मनोहारी समुद्र तटों के लिये जाना जाता है। यहाँ के मुख्य समुद्र तट हैं—नागोवा, गोम्तिमाता, जालान्धार, चक्रतीर्थ एवं सूर्यास्त बिन्दु आदि। दीव किला, दीव संग्रहालय, चक्रतीर्थ मन्दिर, गंगेश्वर मन्दिर, सेंट पॉल्स चर्च, सेंट फ्रांसिस ऑफ असीसी बर्ड सेंचुरी और जामा जल-प्रपात आदि यहाँ के अन्य प्रमुख पर्यटन स्थल हैं। दीव में हवाई अड्डा स्थित है। यहाँ से निकटतम रेलवे स्टेशन 8 किमी दूर देलवाड़ा में स्थित है।

6. लक्षद्वीप

36 द्वीपों का यह समूह, केरल से 300 किमी दूर, अरब सागर में स्थित है। इन द्वीपों में से मात्र 9 द्वीपों पर ही जनवास है। यहाँ पर्यटन को एक महत्वपूर्ण उद्योग के रूप में विकसित किया जा

रहा है। फलस्वरूप यहाँ पर 'सोसायटी फॉर प्रमोशन ऑफ रिक्रियेशनल टूरिज्म' नाम से एक संस्था कार्यरत है। यहाँ का प्रवाल द्वीप मुख्य पर्यटन स्थल है। लक्षद्वीप में विभिन्न प्रकार के पक्षी तथा कछुओं को भी देखा जा सकता है। नारियल के लम्बे-लम्बे वृक्षों से यह सम्पूर्ण द्वीप ढका हुआ प्रतीत होता है। प्रवाल द्वीप में स्थित झील भी मनोहारी दृश्य उत्पन्न करती है। यह द्वीप कोच्चि एवं गोवा से हवाई मार्ग से सम्बद्ध है।

7. दादरा और नागर हवेली

491 वर्ग किमी में फैला यह छोटा सा केन्द्रशासित प्रदेश सन् 1954 तक पुर्तगालियों के अधीन रहा था। सन् 1954 में पुर्तगालियों द्वारा इस क्षेत्र को स्वेच्छा से मुक्त कर देने के पश्चात 10 अगस्त, 1961 तक यहाँ स्थानीय शासन नियुक्त रहा। 11 अगस्त, 1961 से यह प्रदेश केन्द्रशासित प्रदेश बन चुका है। गुजरात और महाराष्ट्र से घिरा यह प्रदेश 2 भागों में विभक्त है—दादरा और नागर हवेली। मुख्य रूप से ग्रामीण एवं जनजातीय इस क्षेत्र के प्रमुख पर्यटन स्थल हैं—वृंदावन, तारकेश्वर, शिव मन्दिर, वान गंगा झील, खानवेल का डीयर पार्क, वन विहार उद्यान तथा सिलवासा स्थित हरिवावन उद्यान। बर्ली और कोकना जनजातियों द्वारा 'बरश' नाम से मनाया जाने वाला दीपावली का त्यौहार सांस्कृतिक पर्यटकों के लिये एक अद्‌भुत दृश्य है। यहाँ से निकटतम रेलवे स्टेशन, प्रदेश मुख्यालय 'सिलवासा' से 18 किमी दूर स्थित वापी में है।

भारत के अन्य राज्यों के पर्यटन स्थल
(Tourist Destinations of Other States of India)

8. हरियाणा

राष्ट्रीय राजधानी क्षेत्र दिल्ली का यह निकटवर्ती राज्य भारत में अपने समृद्ध कृषि क्षेत्र के लिये जाना जाता है। हरियाणा के प्रमुख पर्यटन स्थल हैं—बडखल झील (फरीदाबाद), डबचीक (होडल), जंगल बबलपुर (धारूहेरा), कर्ण झील (उचाना), काला तीतर (अबूबशहर), किंगफिशर (अम्बाला), मेगपाई (फरीदाबाद), स्काईलार्क (पानीपत), सोहना, सुल्तानपुर पक्षी विहार, रादवेन्द्र गार्डन (पिंजौर) एवं सूरजकुंड (फरीदाबाद)। राज्यहंस और बारबेक भी हरियाणा के दर्शनीय स्थल हैं। राज्य में 32 पर्यटक कॉम्पलेक्स हैं। प्रत्येक वर्ष लगने वाला सूरजकुंड मेला विश्व प्रसिद्ध शिल्प मेले के रूप में जाना जाता है। आम उत्सव तथा कुरुक्षेत्र उत्सव राज्य के लोकप्रिय उत्सव हैं। राज्य का प्रमुख हवाई अड्डा राजधानी चण्डीगढ़ में स्थित है।

9. झारखण्ड

दिनांक 15 नवम्बर, 2000 ई० को अस्तित्व में आया यह राज्य इससे पूर्व बिहार राज्य का क्षेत्र था। झारखण्ड में 30 प्रतिशत जनजातियों, 40 प्रतिशत सदानी जातियों तथा 30 प्रतिशत गैर आदिवासियों का जनसंख्यात्मक वितरण है। राज्य के प्रमुख पर्यटन स्थल हैं—दासम, हिरनी एवं डोसना जल-प्रपात, बेतला (पलामू) राष्ट्रीय उद्यान, हजारीबाग वन्य जीव उद्यान तथा डालमा वन्य जीव अभयारण्य आदि। राज्य में सुविकसित सड़क एवं रेलवे परिवहन व्यवस्था स्थापित है। साथ ही राज्य में 8 प्रमुख हवाई पट्‌टियाँ भी स्थित हैं।

10. छत्तीसगढ़

1 नवम्बर, 2000 ई० को गठित यह राज्य पूर्व में मध्य प्रदेश राज्य का ही अभिन्न अंग था। राज्य की 80 प्रतिशत जनसंख्या कृषि व्यवसाय पर आश्रित है। सुदृढ़ सड़क एवं रेलवे परिवहन व्यवस्था के अतिरिक्त राज्य में 7 अस्थाई हवाई पट्टियाँ भी स्थित हैं। राज्य के प्रमुख पर्यटन स्थल हैं—बिलासपुर स्थित महामाया मन्दिर, खुटालघाट जल-प्रपात, मल्लहार का दिंदेश्वरी मन्दिर तथा अचानकमार अभयारण्य, रायपुर के निकट उदंती अभयारण्य एवं कोरण जिले का केंदई जल-प्रपात। कंधेरघाटी राष्ट्रीय उद्यान, कैलाश गुफायें, चित्रकूट एवं तीर्थगढ़ जल-प्रपात तथा केशकल घाटी प्राकृतिक सौन्दर्य से भरपूर हैं। धार्मिक स्थलों में शिवरीनारायण का नर नारायण मन्दिर, जांजगीर का विष्णु मन्दिर एवं खरोड जांजगीर तथा चंपा का सावरी मन्दिर दर्शनीय पर्यटन स्थल हैं।

11. नागालैण्ड

यह राज्य देश के उत्तर-पूर्व में स्थित है। तराई के कुछ भागों को छोड़कर सम्पूर्ण राज्य पर्वतीय क्षेत्र के रूप में है। राज्य की सबसे ऊँची चोटी सारामती की ऊँचाई 3780 मीटर है। राज्य की प्रमुख नदियाँ हैं—धनश्री, दोयांग, दिखु और झांजी। राज्य की लगभग सम्पूर्ण जनसंख्या अनुसूचित जनजाति की है। ये लोग झूम कृषि में संलग्न हैं। नागालैण्ड एक औद्योगिक राज्य के रूप में स्थापित होने के लिये प्रशंसनीय कार्य कर रहा है। राज्य का एकमात्र रेलवे स्टेशन तथा हवाई अड्डा दीमापुर जनपद में है। यह राज्य सांस्कृतिक एवं पारिस्थितिकी पर्यटन हेतु एक महत्वपूर्ण केन्द्र है। इन दोनों ही दृष्टिकोणों से यहाँ का जनजातीय जीवन उपलब्धिपरक है। यहाँ की जनजातियों द्वारा मनाये जाने वाले त्यौहार—सेथेरेन्थी, मोआत्सु, तुलुनी और तोखु एमांग भारत की विशुद्ध जनजातीय संस्कृति का प्रतिनिधित्व करते हैं। साथ ही यहाँ पर्वत चोटियाँ साहसिक एवं प्राकृतिक पर्यटन हेतु पर्यटकों का ध्यान अपनी ओर आकर्षित करने में सक्षम हैं।

12. अरुणाचल प्रदेश

20 फरवरी, 1987 को भारत के 24वें राज्य के रूप में सामने आये इस राज्य के पश्चिम में भूटान, उत्तर में तिब्बत, उत्तर-पूर्व में चीन, पूर्व में म्यांमार तथा दक्षिण में असम स्थित हैं। जनजाति बहुल इस राज्य के पाँच शहरों अलोंग, डायोरीजो, पासीघाट, तेजू और जिरो में वायुदूत सेवायें उपलब्ध हैं। राज्य के प्रमुख त्यौहार हैं—लोसरखान, न्योंकम, सिदोना, अरन, संगकेन, रेह औराह, लोकू, ओमजिले तथा मोल। यहाँ के प्रमुख पर्यटन स्थल हैं—बोमडिला, तवांग और उसके निकट स्थित भारत का विशालतम बौद्ध विहार, ईटानगर का ऐतिहासिक ईटामहल, गंगा झील, नन्दपा वन्य जीव अभयारण्य तथा पुरातात्विक दृष्टि से महत्वपूर्ण मलिनिधान तथा भीष्मकना केन्द्र आदि।

13. त्रिपुरा

इस राज्य ने 21 जनवरी, 1972 को मणिपुर तथा मेघालय के साथ पूर्ण राज्य की श्रेणी प्राप्त की है। त्रिपुरा बांग्लादेश तथा म्यांमार की नदी घाटियों के मध्य स्थित है। यह तीन ओर से बांग्लादेश से घिरा तथा उत्तर-पूर्व में असम तथा पूर्व में मिजोरम से जुड़ा हुआ है। त्रिपुरा का मुख्य हवाई अड्डा राजधानी अगरतला में है। त्रिपुरा के मुख्य त्यौहार हैं—खरची पूजा, केर पूजा, डोलयात्रा,

रासलीला, झूलन यात्रा, हाजागिरी, अशोक अष्ट की गडिया आदि। राज्य के प्रमुख पर्यटन स्थल हैं—नीरमहल, सिपाहीजल, डुंबूर झील, कमल सागर, जुमपुई पहाड़ी, उनाकोटी, माताबाड़ी आदि।

14. गोवा

12 अगस्त, 1987 को पूर्ण राज्य की श्रेणी प्राप्त करने वाला गोवा भारतीय प्रायद्वीप के पश्चिमी तट पर स्थित है। गोवा का हवाई अड्डा डबोलिम में है। साथ ही मरमुगाव गोवा का प्रमुख बन्दरगाह है। गोवा का पर्यटन उद्योग काफी समृद्ध है। यहाँ की शैली और संस्कार अलग हैं। यहाँ के प्रमुख समुद्र तटों में कोलवा, कालनगुट, वागाटोर, हरमल, अजुना और मीरामार आदि नारियल के पेड़ों से सीमांकित हैं। गोवा में चर्च, चावल खेत, मन्दिर, नारियल के खेत तथा पुराने किले पर्याप्त मात्रा में दिखाई पड़ते हैं। सचिवालय भवन, महालक्ष्मी मन्दिर, कैथेड्रल चर्च ऑफ सेंट फ्रांसिस ऑफ आसीसी, बोम जीसस बसीलिका, चर्च ऑफ सेंट कजेवान, चर्च ऑफ सेंट अगस्तिन, चर्च ऑफ सेंट मोनिका, गोवा स्टेट संग्रहालय, बोंडला वाइल्ड लाइफ सेंचुरी, दूध सागर जल-प्रपात, अरावेलम जल-प्रपात, वेरेखोल किला, केरकर कला केन्द्र, पोंडा हिन्दू मन्दिर, चपरा किला, काबोडिरामा किला, डॉ० सलीम अली पक्षी उद्यान तथा माराडाल मंगेशी गोवा के प्रमुख पर्यटन केन्द्र हैं।

15. मेघालय

मेघालय का सर्वप्रमुख पर्यटन स्थल, राजधानी शिलाँग है। मेघालय 'मेघों की धरती' तथा शिलाँग 'पूर्व का स्काटलैंड' कहलाता है। हरियाली से ढंके शिलाँग शहर में सात पहाड़ियाँ हैं। यहाँ अनेक प्रकार के ऑर्किड, तितलियाँ तथा पेड़-पौधे देखने को मिलते हैं। बर्ड लेक, लेडी हैदरी पार्क, बड़ा बाजार, उमरियम झील, शिलांग पहाड़ी, क्रिनोलिन जल-प्रपात, तितली संग्रहालय तथा राज्य सरकार का संग्रहालय शिलांग के प्रमुख पर्यटन स्थल हैं। शिलांग के निकट ही चेरापूंजी, मौसिनराम, जैसे विश्व के सर्वाधिक वर्षा वाले स्थान भी स्थित हैं। निकटतम हवाई अड्डा और रेलवे स्टेशन असम की राजधानी गुवाहाटी (104 किमी) में स्थित हैं।

16. मिजोरम

यह पर्वतीय प्रदेश भारत के उत्तर-पूर्वी राज्यों में से एक है। मिजोरम का प्रमुख पर्यटन स्थल राजधानी ऐजल (आइजोल) है। ऐजल विमान सेवा से सम्बद्ध है। यह शहर 1130 मीटर की ऊँचाई पर स्थित है। ऐजल घने जंगलों में बसा, वनस्पति सम्पन्न शहर है। साथ ही यह शहर तुइरियाल और व्लांग नदियों की गहरी हरी घाटियों से आवृत्त है। ऐजल के प्रमुख पर्यटन केन्द्र हैं—मेकडोनाल्ड्स हिल पर स्थित संग्रहालय, चिड़ियाघर, बेथलेहेम वेन गत्लांग, दुर्वलांग हिल्स एवं बड़ा पिकनिक स्थल आदि। कुल मिलाकर साहसिक एवं प्राकृतिक पर्यटन के इच्छुक पर्यटकों को ऐजल शहर में आकर अद्‌भुत दृश्य देखने को मिलते हैं।

17. मणिपुर

मणिपुर को 21 जनवरी, सन् 1972 को पूर्ण राज्य की श्रेणी प्रदान की गई है। मणिपुर के पूर्व में म्यांमार (बर्मा), दक्षिण पश्चिम में असम, उत्तर दिशा में नागालैण्ड तथा दक्षिण एवं दक्षिण-पश्चिम दिशा में मिजोरम स्थित हैं। मणिपुर की राजधानी इम्फाल, राज्य का सर्वप्रमुख

एवं मनोहारी पर्यटन स्थल है। इम्फाल 790 मीटर की ऊँचाई पर स्थित है। इम्फाल के प्रमुख पर्यटन केन्द्र हैं—लोकटक झील, गोविन्द जी मन्दिर, स्त्रियों का इमा बाजार, खोंगाम्पट ऑर्किटेरियम, चिड़ियाघर, शहीद मीनार, फुंबाला मोइरंग, केबुल लामजाओं राष्ट्रीय उद्यान तथा दुनिया का बाग आदि। सम्पूर्ण मणिपुर राज्य की भांति इम्फाल की नृत्यकला भी विश्व प्रसिद्ध है। इम्फाल में हवाई अड्डा स्थापित है। परन्तु इम्फाल का निकटतम रेलवे स्टेशन 215 किमी दूर दीमापुर में स्थित है।

18. सिक्किम

सिक्किम पूर्वी हिमालय में स्थित एक छोटा सा पर्वतीय राज्य है। इसके उत्तर में तिब्बत, पश्चिम में नेपाल, पूर्व में भूटान तथा दक्षिण में पश्चिम बंगाल है। यह राज्य सामरिक दृष्टि से भारत के लिये बहुत महत्वपूर्ण है। वनों से घिरे इस राज्य में सेमल के वृक्षों की प्रधानता है। यहाँ स्थित पर्वतों की ऊँचाई 7000 मीटर से भी अधिक है। यहाँ स्थित कंचनजंगा पर्वत चोटी विश्व की तीसरी सबसे ऊँची चोटी है। सिक्किम में औसतन 125 सेमी0 वर्षा होती है। यहाँ ऑर्किड नस्ल के सैकड़ों किस्म के फूल-पौधे पाये जाते हैं। इसे 'फलोद्यानों का स्वर्ग' कहा जाता है। राज्य का अपना कोई रेलवे स्टेशन नहीं है। निकटतम रेलवे स्टेशन सिलीगुड़ी तथा जलपाईगुड़ी में हैं। सिक्किम के प्रमुख त्यौहार हैं—माघ संक्रान्ति, लोसार, चैत दसई, दुर्गा पूजा, लक्ष्मी पूजा, लुसुंग तथा नामसूंग। राजधानी गंगटोक सिक्किम का प्रमुख पर्यटन स्थल है। गंगटोक के दर्शनीय स्थलों में केचिचापालरी झील, कंचनजंगा नेशनल पार्क, टेनडोंग हिल्स, सोंगो झील, युमतांग घाटी तथा अनेक बौद्ध मठ प्रमुख हैं।

19. पंजाब

पंजाब देश के उत्तर-पश्चिम भाग में स्थित है। इसके पश्चिम में पाकिस्तान, उत्तर में जम्मू-कश्मीर, उत्तर-पूर्व में हिमाचल प्रदेश और दक्षिण में हरियाणा तथा राजस्थान स्थित हैं। पंजाब एक समृद्ध कृषि प्रधान राज्य है। राज्य के 86 प्रतिशत भू-भाग पर कृषि कार्य होता है। राज्य में विकसित सड़क एवं रेलवे परिवहन व्यवस्था के अतिरिक्त अमृतसर, भटिण्डा और लुधियाना में हवाई अड्डे हैं। पंजाब के प्रमुख शहर अमृतसर में अनेक दर्शनीय पर्यटन स्थल स्थित हैं। अमृतसर सिख विश्वास और संस्कृति का केन्द्र है। अमृतसर में स्थित विश्व प्रसिद्ध स्वर्ण मन्दिर सन् 1803 में महाराजा रंजीत सिंह द्वारा निर्मित एक दोमंजिली संगमरमर की इमारत है, जो एक पवित्र जलाशय के मध्य स्थित है। अमृतसर के अन्य महत्वपूर्ण पर्यटन केन्द्र हैं—सिख संग्रहालय, बाबा अटल दुर्ग, रामगढ़ी मीनारें, रामबाग तथा जलियांवाला बाग आदि।

20. असम

असम के उत्तर में भूटान, तिब्बत और अरुणाचल प्रदेश, पूर्व में नागालैण्ड, म्यांमार तथा मणिपुर, दक्षिण में मेघालय तथा मिजोरम और पश्चिम में बांग्लादेश, त्रिपुरा तथा पश्चिम बंगाल स्थित हैं। यहाँ के लोगों का मुख्य व्यवसाय कृषि है। लगभग 80 प्रतिशत जनसंख्या कृषि कार्यों में संलग्न है। असम में 6 हवाई अड्डे हैं—गुवाहाटी, तेजपुर, डिब्रूगढ़, लखीमपुर, सिल्चर और जोरहाट। असम के प्रमुख पर्यटन स्थल हैं—

(i) **गुवाहाटी**—असम की राजधानी गुवाहाटी भारत की उत्तर-पूर्व दिशा का प्रवेश द्वार है। गुवाहाटी का प्रमुख पर्यटन केन्द्र काजीरंगा नेशनल पार्क 233 वर्ग किमी में फैला हुआ है। गुवाहाटी के अन्य पर्यटन केन्द्र हैं—उमानन्दा मन्दिर, नवाग्रह मन्दिर, कामाख्या मन्दिर, कामदेव का मन्दिर, संग्रहालय, चिड़ियाघर, बोटनीकल गार्डन, नेहरू पार्क, हाजो, चंदुबी, तेजपुर एवं विश्व प्रसिद्ध चाय बागान आदि।

(ii) **माजुली**—ब्रह्मपुत्र नदी के मध्य बसा हुआ माजुली द्वीप अपनी किस्म का विश्व का सबसे बड़ा द्वीप है। माजुली में श्री शंकर देव द्वारा स्थापित वैष्णव सम्प्रदाय का मुख्य सत्र है। यहाँ असमिया परम्परा, भावना नाट्य, गीत, उत्सव, शिल्पकारी एवं नृत्य प्रणालियाँ अपने अद्भुत रूप में देखने को मिलती हैं। कुल मिलाकर यह द्वीप सांस्कृतिक पर्यटन के इच्छुक लोगों के लिये विशेष आकर्षण का केन्द्र है। यहाँ का निकटतम रेलवे स्टेशन तथा हवाई अड्डा जोरहाट में स्थित है।

21. उड़ीसा

प्राचीन काल का कलिंग, वर्तमान का उड़ीसा राज्य भारतीय प्रायद्वीप के उत्तर-पूर्वी तट पर स्थित है। कृषि प्रधान इस राज्य का हवाई अड्डा राजधानी भुवनेश्वर में स्थित है। उड़ीसा का प्रमुख बन्दरगाह पाराद्वीप विश्व का प्रसिद्ध बन्दरगाह है। उड़ीसा के प्रमुख पर्यटन स्थल निम्नवत् हैं—

(i) **भुवनेश्वर**—उड़ीसा की राजधानी भुवनेश्वर 'मन्दिरों का शहर' नाम से प्रसिद्ध है। धार्मिक पर्यटन के इस प्रमुख उत्तर-पूर्वी केन्द्र में 100 से भी अधिक रमणीय मन्दिर स्थित हैं। यहाँ का प्रमुख लिंगराज मन्दिर 12वीं शताब्दी में निर्मित हुआ था। इसके प्रांगण में अन्य 40 मन्दिर अवस्थित हैं तथा लिंगराज मन्दिर का दुर्ग 40 मीटर ऊँचा है। यहाँ हर वर्ष अप्रैल माह में रथ उत्सव मनाया जाता है। राज्य संग्रहालय, कृत्रिम नभमण्डल, बोटनीकल गार्डन तथा भुवनेश्वर के 6 किमी दक्षिण में स्थित उदयगिरी एवं खण्डगिरी पहाड़ियाँ यहाँ के अन्य आकर्षक पर्यटन केन्द्र हैं।

(ii) **पुरी**—भारत के चार धामों में से एक जगन्नाथ मन्दिर की उपस्थिति के कारण पुरी, भारत के सर्वप्रमुख हिन्दू पर्यटन स्थलों में से एक है। भुवनेश्वर से 60 किमी दूर स्थित इस नगर में स्थित जगन्नाथ मन्दिर 12वीं शताब्दी में निर्मित हुआ था। इस मन्दिर की दीवारें 200 मीटर ऊँची हैं। पुरी की रथ यात्रा का विश्वस्तरीय महत्व है। रेतीला समुद्र तट, गुंडीचा मन्दिर, रघुराजपुर तथा पिपली पुरी के अन्य आकर्षक पर्यटन केन्द्र हैं। पुरी सड़क एवं रेलवे परिवहन से सम्बद्ध है।

(iii) **कोणार्क**—कोणार्क में भारत का प्रमुख 'सूर्य मन्दिर' स्थित है। 13वीं शताब्दी में निर्मित यह मन्दिर उड़िया स्थापत्य कला एवं वास्तुकला का अद्वितीय उदाहरण है। इस मन्दिर का निर्माण सूर्य के रथ के रूप में कल्पित करके किया गया था। मन्दिर के दोनों ओर पत्थर से निर्मित 12 अलंकृत पहिये हैं तथा सात घोड़े हैं जो मन्दिर को खींचते हुए प्रतीत होते हैं। मन्दिर के मुख्यद्वार के दोनों ओर हाथियों को कुचलते हुए शेरों की आकृतियाँ स्थित हैं। यहाँ के अन्य पर्यटन केन्द्र हैं—पुरातत्व विभाग का संग्रहालय, समुद्र तट तथा नवग्रह महल इत्यादि।

(iv) **चिल्का**—चिल्का उड़ीसा का कोई नगर नहीं, अपितु एक झील है। यह भारत की सबसे विशाल झील है जो 1100 वर्ग किमी में फैली हुई है। पहाड़ियों से घिरी हुई यह झील आरम्भ में बंगाल की खाड़ी का एक भाग थी, किन्तु बाद में रेत के टिब्बों के कारण यह बंगाल की खाड़ी से पृथक हो गई। इस झील में 2 प्रमुख सुन्दर द्वीप हैं—पारिकुंड और मलिड। इसके अतिरिक्त पक्षी द्वीप, नालाबाना, कालजयी, सतपुड़ा तथा बह्मपुरा इस क्षेत्र के अन्य प्रमुख पर्यटकीय आकर्षण हैं।

22. केरल

भारत के इस कृषि प्रधान राज्य के पश्चिम में अरब सागर, उत्तर-पूर्व में कर्नाटक, पूर्व में तमिलनाडु तथा दक्षिण में हिन्द महासागर स्थित है। इसका समुद्र तट 590 किमी लम्बा है। सड़क एवं रेलवे परिवहन के क्षेत्र में समृद्ध इस राज्य में न केवल अनेक राष्ट्रीय हवाई अड्डे बल्कि 3 अन्तर्राष्ट्रीय हवाई अड्डे भी स्थित हैं। राज्य का प्रमुख आकर्षण यहाँ स्थित 16 बन्दरगाह हैं, इनमें कोच्चि बन्दरगाह अन्तर्राष्ट्रीय ख्याति प्राप्त है। केरल के प्रमुख पर्यटन केन्द्र हैं—

(i) **कोच्चि**—केरल के इस व्यावसायिक नगर को 'अरब सागर की रानी' के नाम से भी सम्बोधित किया जाता है। कोच्चि के प्रमुख पर्यटन केन्द्र हैं—एर्नाकुलम, विलिंगटन द्वीप, बोलघाटी, मट्टांचेरी, वैपिन द्वीप, फोर्ट कोच्चि, सेंट फ्रांसिस चर्च, मट्टांचेरी महल, यहूदी सिनेगोग, बन्दरगाह, चीनी मछली पकड़ने का जाल, एर्नाकुलतटपन मन्दिर, परिषद संग्रहालय तथा एम्यूजमेन्ट पार्क इत्यादि।

(ii) **कुमरकम-कोट्टयम-तेकड़ी**—परस्पर निकटवर्ती केरल के ये तीनों पर्यटन स्थल मनोहारी दृश्यों से भरपूर हैं। वेम्बनाड झील के द्वीप पर स्थित कुमरकम का पक्षी विहार सुप्रसिद्ध है। नौका संचार, शिकारों पर यात्रा आदि का इस झील में अलग ही आनन्द है। यहाँ प्रतिवर्ष नौका दौड़ आयोजित की जाती है। कोट्टयम अनेक दर्शनीय गिरिजाघरों का केन्द्र है। यहाँ पर प्रसिद्ध शिव मन्दिर भी दर्शनीय है। कोट्टयम को छपाई का नगर कहा जाता है। यहाँ से छपने वाले अनेक पत्र-पत्रिकायें प्रसार के क्षेत्र में अग्रणी हैं। भारत में सर्वाधिक बिकने वाला भाषायी (क्षेत्रीय) दैनिक मलयाला मनोरमा का कार्यालय भी कोट्टयम में ही स्थित है। तेकड़ी की प्रसिद्धि यहाँ पर स्थित 'पेरियार वन्य जीव अभयारण्य' के कारण है। इस अभयारण्य में 26 वर्ग किमी लम्बी पेरियार झील भी स्थित है। घने जंगल से आवृत्त इस अभयारण्य में हाथी, बाघ, सांभर, हिरण, सूअर, वानर तथा लंगूर आदि वन्य जीव तथा अनेक प्रकार के पक्षी देखे जा सकते हैं। अभयारण्य के मध्य तेकड़ी का केन्द्र है, जहाँ होटल तथा नौका विहार स्थित हैं। कोट्टयम में रेलवे स्टेशन स्थित है। जबकि इन तीनों स्थानों से निकटतम हवाई अड्डे मदुराई (134 किमी) तथा कोच्चि (190 किमी) में स्थित हैं।

(iii) **मुन्नार**—मुन्नार केरल का पर्वतीय स्थान है जो प्राकृतिक पर्यटन के दृष्टिकोण से अत्यन्त उपयोगी पर्यटन स्थल है। यहाँ के प्राकृतिक दृश्य मनोहारी हैं। यहाँ तीन पर्वतीय सरिताओं का संगम अति रमणीय है। यहाँ स्थित मुन्नार नहर नौका विहार के लिये सर्वथा आनन्ददायक है। यहाँ स्थित दक्षिण भारत का सर्वाधिक उन्नत पर्वत शिखर आनमटी पर्वतारोहण एवं पैदल यात्रा के लिये अद्‌भुत केन्द्र है। राष्ट्रीय उद्यान भी मुन्नार का अन्य आकर्षक पर्यटन केन्द्र है। निकटतम बन्दरगाह कोच्चि (130 किमी) में है।

(iv) **तिरुवनन्तपुरम्-कोवलम**—केरल की राजधानी तिरुवनन्तपुरम् नगर समुद्र तटों, महलों एवं कला वीधिकाओं के कारण विश्व प्रसिद्ध पर्यटन स्थल के रूप में सामने आया है। श्री पद्मनाथस्वामी मन्दिर, कुतिशमालिका महल एवं म्यूजियम, कनककुन महल, म्यूजियम एंड प्लेनेटेरियम ऑफ साइंस एंड टेक्नोलॉजी, वेधशाला टावर, नेपियर संग्रहालय, चिड़ियाघर और श्री चित्रा आर्ट गैलरी आदि तिरुवनन्तपुरम् के प्रमुख पर्यटन केन्द्र हैं। कोवलम समुद्र तट (16 किमी), वेली (9 किमी), नैयार डेम एंड वाइल्ड लाइफ सेंचुरी (32 किमी), पद्मनाभपुरम महल, पोनमुडी हिल रिसोर्ट (60 किमी), वर्कला समुद्र तट (50 किमी) तथा शिवगिरी मठ यहाँ के अन्य उत्कृष्ट पर्यटन केन्द्र हैं।

23. आन्ध्र प्रदेश

लगभग 974 किमी लम्बी समुद्री सीमा वाले इस राज्य के उत्तर में उड़ीसा, छत्तीसगढ़ और मध्य प्रदेश, पश्चिम में महाराष्ट्र और कर्नाटक, दक्षिण में तमिलनाडु तथा पूर्व दिशा में बंगाल की खाड़ी है। कृषि बहुल यह भारत का प्रथम ऐसा राज्य है, जिसने सिंचाई साधनों के प्रबन्धन में कृषकों को भी भागीदार बनाया है। विकसित परिवहन व्यवस्था वाले इस राज्य में अनेक हवाई अड्डे एवं बन्दरगाह स्थित हैं। आंध्रप्रदेश पर्यटन विकास के क्षेत्र में भी अग्रणी भूमिका निभा रहा है। यही कारण है कि भारत के इस राज्य की गणना प्रमुख पर्यटन स्थल के रूप में होती है—

(i) **हैदराबाद**—आन्ध्रप्रदेश की राजधानी हैदराबाद को 'मोतियों का शहर' कहा जाता है। यह भारत में इस्लामी संस्कृति का प्रमुख प्रदर्शक है। हैदराबाद वर्चस्वशाली शासकों का राज्य रहा है। यहाँ का प्रधान पर्यटकीय आकर्षण सन् 1591 में निर्मित स्मारक चार मीनार है। मक्का मस्जिद, बिड़ला मन्दिर, हुसैन सागर झील, इस झील में स्थित 17.5 मीटर ऊँची तथा 350 टन भारी बुद्ध पूर्णिमा प्रतिमा, सलार जंग संग्रहालय, शिल्पग्राम, नेहरू जिआलॉजिकल पार्क, पुरातत्व संग्रहालय, बिड़ला प्लेनेटेरियम तथा रामाजी फिल्म सिटी यहाँ के अन्य पर्यटकीय आकर्षण हैं। विश्व प्रसिद्ध गोलकुन्डा का किला 120 मीटर ऊँचे काले पत्थर के पहाड़ पर स्थित है, जबकि कुतुबशाही मकबरा हैदराबाद शहर से मात्र 11 किमी दूर स्थित है।

(ii) **विशाखापटनम**—विशाखापटनम में भारत का सबसे बड़ा जहाज निर्माता कारखाना है। वर्तमान विशाखापटनम शहर पूर्व के दो शहरों—वालटेयर और विशाखापटनम को जोड़कर बनाया गया है। यह एक वर्चस्वशाली एवं व्यापारिक केन्द्र के रूप में सामने आया है। यहाँ का प्रमुख पर्यटन केन्द्र डाल्फिन नोस है। साथ ही सिंहाचलम पहाड़ी पर स्थित तथा 11वीं शताब्दी में निर्मित वैष्णव मन्दिर जैन धर्म के अनुयायियों की आस्था का प्रमुख केन्द्र है।

(iii) **वारंगल**—वारंगल शहर पूर्व में काकातीया राज्य की राजधानी था। वारंगल के हनमकोण्ड क्षेत्र में एक अद्भुत मन्दिर स्थित है, जिसमें एक हजार स्तम्भों का मण्डप स्थित है। वारंगल के समीप ही माँ काली मन्दिर स्थित है। इस मन्दिर की विशेषता 8 हाथों वाली माँ काली की पत्थर की प्रतिमा है।

(iv) **विजयवाड़ा**—विजयवाड़ा धार्मिक एवं ऐतिहासिक पर्यटन का प्रमुख केन्द्र है। यहाँ पाँचवीं सदी में निर्मित तीन गुफा मन्दिर हैं। इसके अतिरिक्त गाँधी स्तूप, नरसिंह मन्दिर,

महलेश्वर मन्दिर, कनक दुर्गा मन्दिर, हजरत बल मस्जिद, सेंट मेरीज चर्च, प्लेनेटेरियम, मोगलाराजपुरम गुफा एवं अमरावती भी विजयवाड़ा के दर्शनीय पर्यटन केन्द्र हैं।

(v) **तिरुपति-तिरुमलै**—भारतीय हिन्दू समाज की अगाध आस्था का पूजा स्थल वेंकटेश्वर मन्दिर यहीं पर स्थित है। इस मन्दिर को तिरुपति मन्दिर भी कहा जाता है। यहाँ प्रतिदिन लगभग 10 हजार धार्मिक पर्यटक भगवान वेंकटेश के दर्शन करने आते हैं। एक अन्य मन्दिर गोविन्दराजस्वामी मन्दिर भी यहाँ के प्रसिद्ध मन्दिरों में से एक है। कपिलेश्वरस्वामी मन्दिर में कपिल तीर्थ नाम का पवित्र जल-प्रपात प्रवाहित है। इस मन्दिर के तीन किमी दक्षिण में आकाश गंगा नाम का एक अन्य पवित्र जल-प्रपात स्थित है।

24. जम्मू-कश्मीर

जम्मू-कश्मीर के उत्तर में तुर्किस्तान, पूर्व में तिब्बत, दक्षिण में पंजाब एवं हिमाचल प्रदेश तथा पश्चिम में पाकिस्तान है। राज्य की लगभग 80 प्रतिशत जनसंख्या कृषि पर निर्भर है। पाकिस्तान के सीमावर्ती होने के कारण, पाकिस्तान प्रायोजित इस्लामिक आतंकवाद ने इस राज्य की अर्थव्यवस्था को जर्जर बना दिया है। वर्तमान में राज्य का पर्यटन उद्योग यहाँ की अर्थव्यवस्था में महत्वपूर्ण योगदान दे रहा है। श्रीनगर, जम्मू एवं लेह राज्य के प्रमुख हवाई अड्डे हैं। जम्मू-कश्मीर के प्रमुख पर्यटन स्थल हैं—

(i) **जम्मू**—जम्मू इस राज्य की शीतकालीन राजधानी है। ऐतिहासिक एवं सांस्कृतिक पर्यटन केन्द्रों से भरपूर इस शहर के प्रमुख पर्यटकीय आकर्षण हैं—रघुनाथ रामबीरेश्वर मन्दिर, डोगरा कला वीथिका, अमर महल, पैलेस म्यूजियम, विश्व प्रसिद्ध वैष्णो देवी गुफा मन्दिर, मुबारक मण्डी एवं बाहुकिला आदि। जम्मू से कश्मीर तक बर्फ का सड़क मार्ग अनुपम सौन्दर्य की छटा बिखेरता है। झरने, नदियाँ, झीलें एवं बर्फ से ढंकी हुई पर्वत चोटियाँ पर्यटकों को अद्‌भुत आनन्द की अनुभूति प्रदान करते हैं। सुरिनसर एवं मंसर झील, रामनगर में स्थित रंगों का महल, बुड हिल रिसोर्ट, पटनी टॉप, बतोत हिल रिसोर्ट और सुध महादेव का मन्दिर भी जम्मू के पर्यटन केन्द्रों को सार्थक पूर्णता प्रदान करते हैं।

(ii) **लेह**—विषम भौगोलिक परिस्थितियों वाला यह क्षेत्र ऐतिहासिक, सांस्कृतिक एवं साहसिक पर्यटन का केन्द्र बिन्दु है। यहाँ एक नौ मंजिला महल एवं बौद्ध मन्दिर स्थित हैं। इसके अतिरिक्त नांग्याल पहाड़ियों पर स्थित विजय किला, चंगस्पा गाँव, लद्‌दाख इकोलॉजिकल सेन्टर, मारावियन चर्च एवं स्कारा नगर भी दर्शनीय स्थल हैं। साहसिक पर्यटन में रुचि रखने वाले पर्यटकों हेतु लेह की पर्वत चोटियों पर ट्रेकिंग तथा इन्डस नदी पर राफ्टिंग करने के अनुभव स्वयं में अद्‌भुत सिद्ध होते हैं।

(iii) **लद्‌दाख**—लद्‌दाख तिब्बत क्षेत्र में स्थित एक ऊँची किन्तु चौकोर भूमि है। यहाँ की उन्नत पर्वत शृंखलायें, अनेक प्राचीन महल, गोम्पे एवं बौद्ध मठ पर्यटकों को असीम आनन्द प्रदान करने में सक्षम हैं। अत्यधिक ऊँचाई पर स्थित होने के कारण लद्‌दाख समीपवर्ती शहरों से हवाई मार्ग से सम्बद्ध है।

(iv) **श्रीनगर**—जम्मू के विपरीत श्रीनगर जम्मू-कश्मीर की ग्रीष्मकालीन राजधानी है। झेलम नदी के किनारे पर बसा एवं चारों ओर से पर्वतों से घिरा हुआ श्रीनगर अपनी खूबसूरत वादियों, झीलों, बाग-बगीचों एवं प्राकृतिक छटा के कारण सम्भवतः विश्व के सर्वोत्कृष्ट प्राकृतिक पर्यटन स्थलों में से एक है। यहाँ भी तीन प्रमुख झीलें हैं—डल,

सोना और नागिन झील। इनमें डल झील सबसे अधिक मनोहारी है। इसमें दो द्वीप और अनेक हाउस बोट हैं। श्री प्रताप सिंह म्यूजियम, शाह हमदान मस्जिद, पत्थर मस्जिद, जामा मस्जिद, शंकराचार्य हिल एवं मन्दिर, हरि प्रभात किला, नौ पुराने पुलों की उपस्थिति से युक्त झेलम नदी, चश्मेशाही बाग, निशान्त बाग, पहलगाम, गुलमर्ग, सोनमर्ग एवं शालीमार बाग श्रीनगर के अन्य अत्यन्त महत्वपूर्ण पर्यटन केन्द्र हैं, जिनका अवलोकन किये बिना श्रीनगर की पर्यटकीय यात्रा का कोई मूल्य नहीं है।

25. कर्नाटक

क्षेत्रफल एवं जनसंख्या, दोनों की दृष्टि से भारत के इस आठवें सबसे बड़े राज्य के दक्षिण में केरल, उत्तर में गोवा तथा महाराष्ट्र, पूर्व में आन्ध्र प्रदेश तथा उत्तर-पूर्व में तमिलनाडु स्थित हैं। राज्य में लगभग 400 किमी लम्बा समुद्र तट है। राज्य की सबसे उन्नत पर्वत चोटी मुलैयानगिरि (6217 फीट) है। कर्नाटक में घने वन हैं जिनमें सागवान तथा चन्दन के वृक्षों की प्रचुरता है। राज्य में अनेक हवाई अड्डे एवं बन्दरगाह स्थित हैं। यह भारत के विकसित राज्यों में से एक है। पर्यटन के दृष्टिकोण से भी कर्नाटक राज्य समृद्ध है। यहाँ के प्रमुख पर्यटन स्थल हैं—

(i) **बेंगलुरू**—कर्नाटक की राजधानी बेंगलुरू आई०टी० सिटी एवं सिलिकोन सिटी के नाम से भी प्रसिद्ध है। सुहावने मौसम, रेशम की कारीगरी और चन्दन खरीदारी के लिये बेंगलुरू प्रसिद्ध है। लाल बाग यहाँ का बोटनीकल गार्डन है, 240 एकड़ में फैला हुआ है। यहाँ घास के मैदान, पुराने वृक्ष, अनुपलब्ध पौधे, कमल के तालाब, सुन्दर काँच का घर, विधानसभा भवन, कब्बन पार्क, बंगलौर महल, टीपू महल, सरकारी संग्रहालय तथा नन्दी मन्दिर जिसमें 406 मीटर ऊँची नन्दी की मूर्ति स्थापित है, आदि बेंगलुरू के वे दर्शनीय स्थल हैं जो प्रत्येक प्रकार के पर्यटक को आनन्द प्रदान करने में सक्षम हैं। बेंगलुरू की उल्सूर झील नौका संचार के लिये प्रसिद्ध है। किन्तु इन सब से पृथक बेंगलुरू वर्तमान में आधुनिक शिक्षा की परिभाषा बनकर उभरा है। भारत में तकनीकी एवं व्यावसायिक शिक्षा का यह केन्द्र घरेलू ही नहीं अन्तर्राष्ट्रीय स्तर के विद्यार्थियों रूपी पर्यटकों के लिये भी प्रभावी शैक्षिक पर्यटन स्थल के रूप में सामने आया है। बेंगलुरू विश्वविद्यालय, इन्डियन इंस्टीट्यूट ऑफ साइंस, नेशनल सेंटर फॉर मेन्टल हेल्थ एंड न्यूरो साइंसेज, नेशनल ला स्कूल ऑफ हेल्थ साइंसेज, राजीव गाँधी यूनिवर्सिटी ऑफ साइंसेज एवं यूनिवर्सिटी ऑफ एग्रीकल्चरल साइंसेज आदि वे प्रमुख शिक्षण संस्थान हैं जहाँ पर न केवल अनेक अन्तर्राष्ट्रीय विद्यार्थी शिक्षा ग्रहण कर रहे हैं, अपितु इन संस्थानों में समय-समय पर आयोजित होने वाले राष्ट्रीय एवं अन्तर्राष्ट्रीय स्तर के सेमिनार एवं क्रॉन्फ्रेन्स भारत में शैक्षिक पर्यटन के क्षेत्र को प्रोत्साहित कर रहे हैं। इसके अतिरिक्त न जाने कितने ही अन्तर्राष्ट्रीय शोधार्थी इन शिक्षण संस्थानों का भ्रमण करके शैक्षिक पर्यटन को प्रोत्साहित करते हैं।

(ii) **बीजापुर**—'उपवनों का शहर' नाम से प्रसिद्ध होने के अतिरिक्त बीजापुर अपने ऐतिहासिक महत्व के कारण भी पर्यटकों की रुचि का केन्द्र है। 15वीं शताब्दी से 17वीं शताब्दी के मध्य निर्मित अनेक मस्जिद, स्मारक, महल एवं किले बीजापुर में स्थित हैं। विश्व ख्याति लब्ध गोल गुम्बद सन् 1659 में निर्मित हुआ था, जिसके दुर्ग सात मंजिले हैं। इसके गुम्बद का व्यास 44 मीटर है। यह मुहम्मद आदिल शाह का मकबरा है। इसके अतिरिक्त इब्राहिम रोजा

स्मारक, जुमा मस्जिद, अशरमहल एवं गगन महल यहाँ के अन्य दर्शनीय स्मारक हैं। बादामी में स्थित महाकुटेश्वर मन्दिर चालुक्यों के शासनकाल में निर्मित प्रसिद्ध मन्दिर समूह है।

(iii) **हम्पी**—प्राचीन विजयनगर राज्य की राजधानी हम्पी को यूनेस्को की विश्व धरोहर सूची में स्थान प्राप्त है। 'मन्दिरों का शहर' नाम से विख्यात हम्पी में स्थित अधिकांश स्मारक भारत की प्राचीन शिल्पकला का उद्देश्यपूर्ण प्रतिनिधित्व करते हैं। यहाँ का राजमहल, स्नानागार, कमल महल, उग्र नरसिंह की प्रतिमा, विट्ठला मन्दिर, विरूपक्षा मन्दिर, पत्थर का रथ, हजारा राम मन्दिर, हाथीघर तथा संग्रहालय ऐतिहासिक-सांस्कृतिक पर्यटन की रुचि वाले पर्यटकों के लिये अद्भुत पर्यटन केन्द्र हैं। इसके अतिरिक्त चित्रदुर्ग किला और तुंगभद्रा बाँध भी दर्शनीय स्थल हैं जो कि हम्पी के समीप ही स्थित हैं। निकटतम हवाई अड्डा बेल्लारी (74 किमी) में स्थित है।

(iv) **मंगलौर**—कर्नाटक का पर्वतीय नगर मंगलौर एक मुख्य बन्दरगाह तथा जहाज निर्माता केन्द्र है। यहाँ पर रोमन कैथोलिक का अत्यधिक प्रभाव है। मंगलौर कॉफी और काजू का प्रमुख भारतीय निर्यात केन्द्र है। सुल्तन बेत्तेरी, राज्य संग्रहालय, कद्री मन्दिर, सेंट एलोशियस कॉलेज, चेपल, मंगलादेवी मन्दिर, रोजारियो कैथेड्रल तथा मंगलौर विश्वविद्यालय आदि पर्यटकों हेतु विशेष आकर्षण के केन्द्र हैं।

(v) **मैसूर**—यहाँ का प्रमुख आकर्षण मैसूर पैलेस है। यह भारत-सीरियाई स्थापत्य कला का दर्शनीय स्मारक है। सन् 1912 में निर्मित इस पैलेस के निर्माण में 4.2 मिलियन रुपये खर्च हुए थे। महल प्रांगण के मध्य में अनेक हिन्दू मन्दिर स्थित हैं। इसके अतिरिक्त 19 किमी दूर स्थित वृन्दावन राष्ट्रीय उद्यान, जय चामराजेन्द्र आर्ट गैलरी, सेंट फिलोमिना चर्च, चामुण्डी पहाड़ी, लोक कथा संग्रहालय, महल संग्रहालय, ललिता महल, श्रीरंगपट्टनम, कर्नाटक राज्य खुला विश्वविद्यालय और मैसूर विश्वविद्यालय आदि भी मैसूर के आकर्षक पर्यटन केन्द्र हैं। श्रीरंगपट्टनम मैसूर से 10 किमी दूर स्थित एक प्राचीन एवं ऐतिहासिक स्थान है। यह हैदरअली और टीपू सुल्तान के शासनकाल में इनकी राजधानी था। यहाँ के विशेष आकर्षणों में श्रीरंगनाथ स्वामी का प्राचीन मन्दिर, गुम्बद, टीपू सुल्तान का ग्रीष्मकालीन किला एवं मकबरा आदि हैं। निकटवर्ती श्रवण बेल गोला स्थान 18 मीटर ऊँची संत गोमतेश्वर की प्रतिमा के लिये प्रसिद्ध है। मैसूर से 120 किमी दूर स्थित कूर्ग प्राकृतिक सौन्दर्य से भरपूर स्थल है। इस क्षेत्र में तीव्र संस्कृतीकरण की प्रक्रिया चल रही है। कूर्ग में कॉफी, सन्तरा, इलायची और काली मिर्च के खेत देखकर पर्यटक अभिभूत हो उठते हैं।

26. पश्चिम बंगाल

भारत का प्रमुख औद्योगिक राज्य पश्चिम बंगाल भारत के पूर्व में स्थित एक संकरा प्रदेश है जो उत्तर में हिमालय से लेकर दक्षिण में बंगाल की खाड़ी तक फैला हुआ है। इस राज्य के उत्तर में सिक्किम, पूर्व में असम एवं बांग्लादेश, उत्तर-पूर्व में भूटान, पश्चिम में बिहार एवं झारखण्ड, दक्षिण-पश्चिम में उड़ीसा तथा दक्षिण में बंगाल की खाड़ी स्थित है। परिवहन व्यवस्था के सन्दर्भ में यह राज्य समृद्ध है। राजधानी कोलकाता में राज्य का प्रमुख बन्दरगाह एवं अन्तर्राष्ट्रीय हवाई अड्डा स्थित है। दुर्गा पूजा राज्य का सर्वप्रमुख एवं काली पूजा प्रमुख त्यौहार है। यहाँ के प्रमुख पर्यटन स्थल कोलकाता, दार्जिलिंग, सुन्दरवन तथा विष्णुपुर हैं—

(i) **कोलकाता**—राजधानी कोलकाता किसी समय में ब्रिटिश शासन की राजधानी भी रही है। यह हुगली नदी के तट पर बसा हुआ महानगर है। इस नदी पर बना हुआ हावड़ा ब्रिज जो कि स्वयं में एक पर्यटन केन्द्र है, 450 मीटर लम्बा है। कोलकाता के प्रमुख पर्यटन केन्द्र हैं—इन्डियन म्यूजियम, फोर्ट विलियम, शहीद मीनार, विक्टोरिया मेमोरियल हॉल (जो कि सफेद मार्बल से निर्मित सुन्दर भवन है), विक्टोरिया मेमोरियल म्यूजियम, रवीन्द्र सरोवर, राइटर्स बिल्डिंग, बिड़ला प्लेनेटेरियम, राष्ट्रीय पुस्तकालय, चिड़ियाघर, कालीघाट तथा ईडन गार्डन आदि। ईडन गार्डन क्रिकेट स्टेडियम भारत का सबसे बड़ा क्रिकेट स्टेडियम है तथा भव्यता के सन्दर्भ में इसकी तुलना लॉर्ड्स स्थित क्रिकेट पेवेलियन से की जाती है। यहाँ का बेल्लूर मठ रामकृष्ण मिशन का प्रधान कार्यालय है। कोलकाता से 136 किमी दूर स्थित 'शान्ति निकेतन' कला, संस्कृति एवं गुरुदेव रवीन्द्र नाथ टैगोर की कृतियों में रुचि रखने वाले पर्यटकों हेतु एक अविस्मरणीय अध्ययन केन्द्र है।

(ii) **दार्जिलिंग**—यह राज्य का पर्वतीय क्षेत्र है। समुद्र तल से 2134 मीटर की ऊँचाई पर स्थित दार्जिलिंग बौद्ध मठों, चाय के बागान और फैक्ट्रियों की अवस्थिति के कारण मनोरम पर्यटन स्थल माना जाता है। यहाँ से कंचनजंगा पर्वत चोटी दिखायी पड़ती है। दार्जिलिंग—रंजीत यात्री रोपवे, टाइगर हिल के निकट स्थित सैंपल झील, वेधशाला पहाड़ी, राष्ट्रीय इतिहास संग्रहालय, हिमालयन जंतुजीवी पार्क, वर्धमान महल, धीर्धम मन्दिर, लोइड्स बोटनीकल गार्डन, हिमालयन पर्वतारोहरण संस्थान, एवरेस्ट संग्रहालय एवं भूतिया बस्ति मठ दार्जिलिंग के अन्य प्रमुख पर्यटन केन्द्र हैं। यहाँ विश्व का सबसे ऊँचा रेलवे स्टेशन (घूम) तथा विश्व धरोहर 'हिमालय क्वीन' भाप इंजन भी दर्शनीय हैं। दार्जिलिंग में लगभग 400 प्रकार की तितलियाँ पायी जाती हैं। कलिम्पोंग, कर्सियोंग तथा मिरिक निकटवर्ती एवं दर्शनीय पर्वतीय स्थल हैं। दार्जिलिंग से निकटवर्ती हवाई अड्डा बागडोगरा (90 किमी दूर) में स्थित है।

(iii) **सुन्दरवन**—सुन्दरवन विश्व का सबसे बड़ा नदी मुखी वन है। यह राष्ट्रीय उद्यान यूनेस्को द्वारा सन् 1987 में घोषित भारत की विश्व धरोहर है। 2585 वर्ग किमी में फैला यह उद्यान 'प्रोजेक्ट टाइगर' का हिस्सा है। यह उद्यान असंख्य वन्य जन्तुओं, पक्षियों एवं कीड़े-मकौड़ों का निवास स्थान है। कलश द्वीप, गोसाबा, सजनीखली, बर्ड सेंचुरी, भगवतपुर घड़ियाल फार्म, लोबियान एवं होली डे आइलैंड अभयारण्य तथा वाच टावर यहाँ के अन्य दर्शनीय पर्यटन केन्द्र हैं। प्राकृतिक पर्यटन में रुचि रखने वाले पर्यटकों के लिये सुन्दरवन भारत का स्वर्ग है।

(iv) **विष्णुपुर**—विष्णुपुर महल राजाओं की राजधानी थी। यह सांस्कृतिक पर्यटन के दृष्टिकोण से उपयोगी स्थल है। श्याम राय मन्दिर, जौर बंगला मन्दिर, रसमंचा मन्दिर एवं दलमदई तोप यहाँ के मुख्य आकर्षण हैं, जबकि यहाँ का संगीत एवं हस्तशिल्प मंत्रमुग्ध कर देने योग्य है।

27. तमिलनाडु

तमिलनाडु भारतीय प्रायद्वीप के दक्षिण-पूर्वी भाग में स्थित है। इसके उत्तर में आन्ध्र प्रदेश और कर्नाटक, पश्चिम में केरल, पूर्व में बंगाल की खाड़ी तथा दक्षिण में हिन्द महासागर स्थित हैं। इस राज्य की दो-तिहाई से भी अधिक जनसंख्या कृषि कार्यों में संलग्न है। राज्य की परिवहन व्यवस्था विकसित है तथा राजधानी चेन्नई में अन्तर्राष्ट्रीय हवाई अड्डा स्थित है। चेन्नई तथा तूतीकोरन राज्य के प्रमुख बन्दरगाह हैं। तमिलनाडु के मुख्य पर्यटन स्थल निम्नवत हैं—

(i) **चेन्नई**—तमिलनाडु की राजधानी चेन्नई का पूर्व नाम मद्रास था। यह दक्षिण भारत का मुख्य व्यावसायिक केन्द्र है। यहाँ का मरीनाबीच विश्व का द्वितीय सबसे बड़ा समुद्र तट है, जो कि 11 किमी लम्बा है। सेंट जॉर्ज किला, सेंट थॉमस बेसिलिका, सेंट मेरीज चर्च, कपालेश्वर मन्दिर, श्री पार्थ सारथी मन्दिर, संग्रहालय, आर्ट गैलरी, कालक्षेत्र, अन्ना जूलॉजिकल पार्क, वल्लुवर कोटम और गुंडि नेशनल पार्क पर्यटकीय आकर्षण के अन्य केन्द्र हैं। चेन्नई से 245 किमी दूर स्थित चितम्बरम धार्मिक पर्यटन का प्रमुख केन्द्र है। यहाँ का नटराज मन्दिर विश्व प्रसिद्ध हिन्दू पूजा स्थल है।

(ii) **कांचीपुरम**—कांचीपुरम को 'स्वर्ण नगरी' एवं 'हजार मन्दिरों का शहर' भी कहा जाता है। यहाँ का रेशम एवं रेशम व्यापार प्रसिद्ध है। कैलाशनाथ मन्दिर, वैकुण्डा-पेरूमाल मन्दिर, 9 हैक्टेयर भूमि पर अवस्थित एकम्बरनाथ मन्दिर, कामाक्षी अम्मन मन्दिर, अर्द्धनारीश्वर मन्दिर, 57 मीटर ऊँचा राजगोपुरम तथा ढाई हजार वर्ष पुराना आम का पेड़ यहाँ के दर्शनीय स्थल हैं। वर्षराजस्वामी मन्दिर अपनी अद्‌भुत नक्काशी एवं आभूषणों के कारण अनुपम छटा बिखेरता है। निकटतम हवाई अड्डा मिनाम्बक्कम (86 किमी दूरी) में स्थित है।

(iii) **कन्याकुमारी** (केप कोमरिन)—कन्याकुमारी भारत का दक्षिणतम छोर है। यहाँ अरब सागर, हिन्द महासागार तथा बंगाल की खाड़ी परस्पर मिलते हैं। यहाँ पूर्णिमा के दिन सूर्यास्त एवं चन्द्रोदय का प्राकृतिक दृश्य अद्वितीय मनोहारी छटा बिखेरता करता है। यहाँ कन्याकुमारी मन्दिर, महात्मा गाँधी स्मारक, 133 फीट ऊँची संत तिरूवल्लूवर की प्रतिमा तथा विवेकानन्द चट्टान पर स्थित एवं सन् 1970 में निर्मित विवेकानन्द स्मारक दर्शनीय स्थल हैं। इस स्मारक में स्वामी विवेकानन्द की 2.2 मीटर ऊँची कांस्य प्रतिमा स्थापित है।

(iv) **ऊटी** (उद्‌कमंडलम्)—नीलगिरी पर्वत की पहाड़ियों में स्थित ऊटी तमिलनाडु का अन्तर्राष्ट्रीय ख्याति प्राप्त पर्वतीय पर्यटन स्थल है। यहाँ की प्राकृतिक सुन्दरता एवं वातावरण मनोरम है। यहाँ के बोटनीकल गार्डन में अनेक पेड़-पौधे स्थित हैं। रोस गार्डन में 1900 प्रकार के गुलाब के पौधे हैं। ऊटी में सन् 1824 ई० में निर्मित झील नौका विहार तथा हाउस बोट का आनन्द उठाने के लिये सर्वथा उपयुक्त है। डीयर पार्क, डोठाबेटा चोटी, राज्य संग्रहालय, कला वीथिका, कलहाटी जल-प्रपात, सेंट स्टीफेंस चर्च तथा छत्री पेड़ ऊटी के अन्य पर्यटन केन्द्र हैं। मेटुपालयम में एक एम्यूजमेन्ट पार्क भी स्थित है। ऊटी का निकटतम हवाई अड्डा कोयम्बटूर (100 किमी दूरी) में स्थित है। पर्वतीय रेल व्यवस्था ऊटी को मेटुपालयम तथा कोयम्बटूर से सम्बद्ध करती है।

(v) **रामेश्वरम्**—यहाँ भारत के चार धामों में से एक रामेश्वरम् मन्दिर स्थित है। यह भारतीय उपमहाद्वीप के दक्षिणी-पूर्वी समुद्र तट पर पाक जलडमरूमध्य के द्वीप पर स्थित है तथा रेल एवं सड़क मार्ग से सम्बद्ध है। रामेश्वरम् मन्दिर जिसका दूसरा नाम रामनाथ स्वामी मन्दिर है, में विश्व का सबसे विशाल गलियारा है तथा 53.6 मीटर ऊँचा गोपुरम है। धनुषकोडी में स्नान करना पवित्र माना जाता है। कोथान्डा रामस्वामी मन्दिर, गंधमादन पर्वत, कुरूसुदाई द्वीप, रामसेतु, प्रवाल भित्ति तथा समुद्र तट यहाँ के अन्य दर्शनीय एवं अद्‌भुत स्थल हैं। निकटतम हवाई अड्डा मदुराई (165 किमी दूरी) में स्थित है।

(vi) **तंजावुर**—तंजावुर चोल राज्य की राजधानी थी। यहाँ का सर्वप्रमुख आकर्षण 66.5 मीटर ऊँचा बृहदीश्वर मन्दिर है। साथ ही तंजावुर का संगीता महल, आर्ट गैलरी तथा सरस्वती

महल पुस्तकालय विश्व प्रसिद्ध पर्यटन केन्द्र हैं। सरस्वती महल पुस्तकालय में असंख्य अनुपलब्ध पांडुलिपियों का भण्डार स्थित है। यहाँ से निकटतम हवाई अड्डा तिरुचिरापल्ली (60 किमी दूरी) में स्थित है।

(vii) **कोडाईकनाल**—समुद्र तल से 2133 मीटर ऊँचाई पर स्थित कोडाईकनाल तमिलनाडु के प्रमुख पर्वतीय पर्यटन स्थलों में से एक है। पश्चिमी घाटियों पर बसे इस नगर की शोभा देखते ही बनती है। शेम्बगानूर म्यूजियम, सोलार फिजिकल ऑब्जरबेटरी, कुरिंची अटंबर मन्दिर, ग्रीन वैली व्यू, पील्लर चट्टानें, टेलीस्कोप, ब्रायंट पार्क तथा कोकर्स वाक इस नगर के प्रमुख पर्यटन केन्द्र हैं। किन्तु यहाँ का सर्वप्रमुख पर्यटन केन्द्र है—60 एकड़ क्षेत्रफल में फैली कोडाई झील। निकटतम हवाई अड्डा मदुराई (120 किमी दूरी) में स्थित है।

(viii) **मदुराई**—मदुराई प्राचीन काल में पांड्यन राजाओं की राजधानी रहा है। वर्तमान में यह स्थान भारत में तमिल शिक्षा का केन्द्र बिन्दु है। यहाँ का प्रमुख आकर्षण मीनाक्षी सुन्दरेश्वर मन्दिर अपनी भव्यता के कारण ख्याति प्राप्त है। इस मन्दिर के बारह गोपुर गगनचुम्बी हैं। हजार स्तम्भों का मण्डप, मन्दिर कला संग्रहालय, तिरूमलै नामक महल, वैगई नदी, वंडीयूर मारियम्मन टैंक, इन्डो-सरसेनिक महल आदि अन्य आकर्षक पर्यटन केन्द्र हैं। मदुराई में हवाई अड्डा स्थित है।

(ix) **महाबलिपुरम्**—बंगाल की खाड़ी के किनारे पर स्थित महाबलिपुरम् शिल्पकला एवं चित्रकला का अनुपम उदाहरण है। यहाँ के गुफा मन्दिर शिल्पकला के उत्कृष्ट प्रदर्शक हैं। पत्थर को तराश कर रथों की आकृति में गढ़े गये मन्दिर दर्शनीय हैं। यहाँ कुल पाँच रथ मन्दिर हैं। साथ ही तटीय मन्दिर, बाघ गुफा, संग्रहालय तथा समुद्र तट महाबलिपुरम् की शोभा में वृद्धि करते हैं।

(x) **तिरुचिरापल्ली**—तिरुच्चिरापल्ली चोल, पल्लव और पांडव राजाओं के युग में राजनीति का केन्द्र रहा है। कावेरी नदी के एक द्वीप पर स्थित श्रीरंगम में 13वीं शताब्दी में निर्मित मन्दिर स्थित हैं। इस मन्दिर के 21 गोपुर हैं। चट्टानी किला मन्दिर यहाँ का मुख्य सीमा चिन्ह है। श्री जम्बुकेश्वरा मन्दिर, नथरवाला दरगाह, संग्रहालय, प्राचीन चर्च एवं एक श्मशान स्थल यहाँ के अन्य देखने योग्य पर्यटन केन्द्र हैं।

28. महाराष्ट्र

महाराष्ट्र जनसंख्यात्मक दृष्टिकोण से भारत का द्वितीय एवं क्षेत्रफल की दृष्टि से तृतीय सबसे बड़ा राज्य है। इस राज्य के पश्चिम में अरब सागर, दक्षिण में कर्नाटक, दक्षिण-पूर्व में आन्ध्रप्रदेश एवं गोवा, उत्तर-पश्चिम में गुजरात तथा उत्तर में मध्य प्रदेश स्थित हैं। महाराष्ट्र की आकृति एक विषम त्रिभुज की भांति है, जिसका आधार पश्चिमी तट है। यद्यपि महाराष्ट्र की दो-तिहाई जनसंख्या कृषि कार्यों में संलग्न है, तथापि भारत के इलेक्ट्रॉनिक उत्पादन का लगभग 20 प्रतिशत इसी राज्य में और विशेषकर मुम्बई में होता है। मुम्बई को 'भारत का हॉलीवुड' कहा जाता है। यह राज्य सड़क एवं रेलवे परिवहन से समृद्ध तो है ही, देश का सबसे बड़ा अन्तर्राष्ट्रीय हवाई अड्डा सांताक्रुज (मुम्बई) तथा देश का प्रमुख बन्दरगाह मुम्बई भी इसी राज्य में स्थित हैं। शिवाजी उत्सव तथा गणेश चतुर्थी (गणपति) का त्यौहार यहाँ धूमधाम से मनाया जाता है। महाराष्ट्र के प्रमुख पर्यटन स्थल इस प्रकार हैं—

(i) **अजन्ता एवं ऐलोरा**—अजन्ता एवं ऐलोरा गुफाओं के सम्बन्ध में पूर्व में पर्याप्त लिखा जा चुका है। ये दोनों ही गुफायें यूनेस्को द्वारा घोषित भारत की विश्व धरोहर सूची में स्थान प्राप्त किये हुए हैं, इससे बढ़कर इन गुफाओं के पर्यटकीय महत्व का उदाहरण और क्या हो सकता है।

(ii) **खंडाला-लोनावाला-करला**—खण्डाला और लोनावाला की पहाड़ियाँ मुम्बई के निकट हैं तथा प्राकृतिक सौन्दर्य के लिये विख्यात हैं। करला की गुफायें यहाँ से मात्र 12 किमी दूर स्थित हैं। भाजा और बेडसा की गुफायें तथा लोहागढ़ एवं बिसापुर के किले यहाँ के अन्य आकर्षण हैं। ये तीनों स्थान महाराष्ट्र की भागदौड़ भरी संस्कृति से अलग एक शान्त प्राकृतिक वातावरण उपलब्ध कराते हैं। यहाँ से निकटतम हवाई अड्डा मुम्बई (124 किमी दूरी) में स्थित है।

(iii) **पुणे**—पुणे महाराष्ट्र का बहुद्देशीय पर्यटन स्थल है। पुणे में अनेक उच्च शिक्षण संस्थान स्थापित हैं। तकनीकी, व्यावसायिक एवं साहित्यिक शिक्षा प्रदान करने में संलग्न ये शिक्षण संस्थान महाराष्ट्र के शैक्षिक पर्यटन के आधार स्तम्भ हैं। पुणे के प्रमुख शिक्षण संस्थान हैं—भारतीय विद्यापीठ, डेक्कन कॉलेज पोस्ट ग्रेजुएट एंड रिसर्च इंस्टीट्यूट, गोखले इंस्टीट्यूट ऑफ पोलिटिक्स एंड इकॉनोमी, यूनिवर्सिटी ऑफ पुणे, तिलक महाराष्ट्र विद्यापीठ आदि। साथ ही एशिया के प्रथम खेल विश्वविद्यालय का पुणे में जनवरी, 1996 ई० में उद्घाटन किया गया। इसके अतिरिक्त पुणे में भगवान रजनीश का आश्रम, शनिवार वदा महल, राज्य केलकर संग्रहालय, 6.5 हैक्टेयर भूमि में व्याप्त गाँधी नेशनल मेमोरियल जनजातीय संग्रहालय, बोटनीकल गार्डन, बुन्द गार्डन, सरस बग गणेश मन्दिर, पार्वती हिल मन्दिर, आठवीं शताब्दी में निर्मित पाटलेश्वर मन्दिर तथा पुणे विश्वविद्यालय पार्क आदि अत्यन्त मनोरम एवं दर्शनीय पर्यटन केन्द्र स्थित हैं।

(iv) **औरंगाबाद**—यह शहर मुम्बई से 400 किमी दूर स्थित है। अजन्ता एवं ऐलोरा की गुफायें औरंगाबाद में ही स्थित हैं। दौलताबाद किला तथा बीबी का मकबरा आदि स्मारक भी औरंगाबाद में स्थित हैं। डॉ० बाबा साहेब अम्बेडकर मराठवाड़ा विश्वविद्यालय औरंगाबाद का अग्रणी उच्च शिक्षण संस्थान है।

(v) **मुम्बई**—मुम्बई के सम्बन्ध में अधिक कुछ लिखने की आवश्यकता नहीं है। 'भारत का हॉलीवुड' मुम्बई हिन्दी फिल्मों के निर्माण का एकमात्र केन्द्र है। चारों ओर से समुद्र से घिरा यह भारत का सबसे भव्य और व्यावसायिक नगर कुछ समय पूर्व तक 'बम्बई' नाम से जाना जाता था। गेटवे ऑफ इन्डिया, प्रिन्स ऑफ वेल्स म्यूजियम, मुम्बई कैसल, अफगान मेमोरियल चर्च, विक्टोरिया टर्मिनल, एसेल वर्ल्ड, मेरीन ड्राइव, हैगिंग गार्डन, विक्टोरिया गार्डन, जहाँगीर आर्ट गैलरी, नेहरू प्लेनेटोरियम, पारसी टावर्स ऑफ सयलन्स तथा जुहू, वर्सोवा एवं चौपाटी समुद्री तट आदि मुम्बई के वे पर्यटन केन्द्र हैं, जहाँ सदा पर्यटकों की भीड़ जमा रहती है। इसके अतिरिक्त मुम्बई में विश्व स्तर के तीन अस्पताल—जसलोक हॉस्पिटल एंड रिसर्च सेन्टर, ब्रीच कैण्डी हॉस्पिटल एवं लीलावती हॉस्पिटल एंड रिसर्च सेन्टर भी स्थापित हैं। विश्व ख्याति प्राप्त सात उच्च शिक्षण संस्थानों का संचालन भी मुम्बई में होता है। निकटवर्ती ऐलीफेन्टा द्वीप पर गुफा मन्दिर स्थित है। मथेरन एक शान्त एवं रमणीक पर्वतीय पर्यटन स्थल है जहाँ मोटर वाहनों का प्रयोग प्रतिबन्धित है। आरे मिल्क कॉलोनी मुम्बई से 32 किमी दूर योजनाबद्ध विधि से अवस्थित डेरी फार्म है जो दर्शनीय है।

29. गुजरात

गुजरात भारत के पश्चिमी तट पर स्थित है। इसके पश्चिम में अरब सागर, उत्तर में पाकिस्तान, उत्तर-पूर्व में राजस्थान, पूर्व में मध्य प्रदेश तथा दक्षिण-पूर्व में महाराष्ट्र स्थित हैं। गुजरात का समुद्र तट भारत का सबसे लम्बा समुद्र तट है, जिसकी लम्बाई लगभग 1074 किमी है। गुजरात में कुल 40 बन्दरगाह स्थित हैं। कांडला सर्वप्रमुख बन्दरगाह है। सुविकसित सड़क एवं रेल परिवहन व्यवस्था के अतिरिक्त यहाँ अनेक हवाई अड्डे भी स्थित हैं। गुजरात कपास, तम्बाकू तथा मूंगफली उत्पादन के क्षेत्र में भारत में प्रथम स्थान रखता है। साथ ही गुजरात की गणना देश के प्रमुख औद्योगिक राज्यों में की जाती है। गुजरात देश का प्रमुख नमक निर्माता राज्य भी है। गुजरात के प्रमुख पर्यटन स्थलों का विवरण प्रस्तुत है—

(i) **द्वारिका**—गुजरात के सौराष्ट्र क्षेत्र में स्थित द्वारिका को भगवान श्रीकृष्ण की नगरी कहा जाता है। यहाँ पर एक प्राचीनकालीन बन्दरगाह एवं द्वारकाधीश मन्दिर पर्यटकों के आकर्षण के प्रमुख केन्द्र हैं। द्वारकाधीश मन्दिर भारत के चार धामों में से एक है। भारत में स्थित भगवान श्रीकृष्ण के मन्दिरों में से एक यह मन्दिर अद्भुत एवं अद्वितीय है। यहाँ का नेजा मन्दिर 12वीं-13वीं शताब्दी में निर्मित हुआ था। जबकि शेष मन्दिर तथा पाँच मंजिला महामण्डप 15वीं-16वीं शताब्दी के हैं।

(ii) **पलिताना**—पलिताना अहमदाबाद से 213 किमी दूर स्थित है। 602 मीटर ऊँची शत्रुन्जय हिल पलिताना का प्रमुख पर्यटन केन्द्र है। इस पहाड़ी पर 863 वैभवशाली जैन मन्दिर स्थापित हैं। यहाँ का निकटतम हवाई अड्डा भावनगर (57 किमी दूरी) में स्थित है।

(iii) **सासनगिर**—जूनागढ़ से 54 किमी दूर स्थित सासनगिर के दो सर्वप्रमुख एवं विश्व प्रसिद्ध पर्यटन केन्द्र हैं—सासनगिर राष्ट्रीय उद्यान एवं सोमनाथ मन्दिर। उद्यान एशियाई सिंहों का घर माना जाता है। घड़ियाल भी इस उद्यान का मुख्य आकर्षण है। सोमनाथ मन्दिर के सम्बन्ध में विश्वास किया जाता है कि इसका निर्माण चंद्र भगवान द्वारा करवाया गया था। मन्दिर की अकूत सम्पदा को लूटने के उद्देश्य से मुस्लिम आक्रमणकारी महमूद गजनवी ने इस मन्दिर पर सात बार आक्रमण किया। इस मन्दिर में शिव जी के बारह ज्योतिर्लिंग देखने को मिलते हैं।

(iv) **अहमदाबाद**—जनसंख्या की दृष्टि से गुजरात का सबसे बड़ा यह जनपद राज्य का प्रमुख पर्यटन स्थल भी है। अहमदाबाद में तीन उच्च शिक्षण संस्थान भी स्थापित हैं। अहमद शाह द्वारा सन् 1411 ई० में स्थापित अहमदाबाद में हिन्दू-मुस्लिम वास्तुशैली के अनेक स्मारक स्थित हैं। जामा मस्जिद, अहमदशाह मस्जिद, वस्तु संग्रहालय, बर्तन संग्रहालय, पतंग संग्रहालय, एन०सी० मेहता के सूक्ष्माकार चित्रों का संग्रहालय, श्रेयस संग्रहालय, दादा हरी बाग, विक्टोरिया बाग, कन्करिया झील, दरिया खाँ का मकबरा तथा शहर से सात किमी दूर स्थित साबरमती आश्रम अहमदाबाद के प्रमुख दर्शनीय स्थल हैं। पोरबन्दर समुद्र तट पर एक पर्यटन केन्द्र स्थित है। ये पर्यटन केन्द्र महात्मा गाँधी का जन्म स्थान है।

30. मध्य प्रदेश

1 नवम्बर, सन् 1956 को स्थापित इस राज्य की सीमाएं पाँच राज्यों—उत्तर प्रदेश, राजस्थान, गुजरात, महाराष्ट्र एवं छत्तीसगढ़ से मिली हुई हैं। इस राज्य में सड़क एवं रेलवे परिवहन का जाल तो फैला ही हुआ है, 14 प्रमुख शहर वायु सेवा से सम्बद्ध हैं। राज्य में भारत की अनेक विशाल एवं अत्यन्त महत्वपूर्ण औद्योगिक इकाइयाँ अवस्थापित हैं। व्यापारिक पर्यटन के

दृष्टिकोण से यह राज्य भारत के महत्वपूर्ण स्थलों में से एक है। मध्य प्रदेश के प्रमुख पर्यटन स्थल इस प्रकार हैं–

(i) **भीमबेटका**—भीमबेटका में विश्व की सबसे प्राचीन तथा दक्षिण एशिया की सबसे सम्पन्न गुफा चित्रकारी है। भोपाल से 28 किमी दूर स्थित भोजपुर शिव मन्दिर और सैक्लोपियन बांध के लिये प्रसिद्ध है। निकटतम हवाई अड्डा भोपाल में स्थित है।

(ii) **खजुराहो**—मध्य प्रदेश का यह विश्व प्रसिद्ध ऐतिहासिक स्थल चंदेल राजाओं का नगर था। यहाँ पर स्थित 'खजुराहो मन्दिर समूह' विश्व प्रसिद्ध एवं यूनेस्को द्वारा घोषित भारत की विश्व धरोहर सूची में सम्मिलित है। यहाँ के कुल 20 मन्दिरों की विशाल दीवारों पर रति और मैथुन की विभिन्न मुद्राओं को दर्शाया गया है। ये समस्त मन्दिर सन् 950 ई० से सन् 1050 ई० के मध्य मात्र 100 वर्षों की अवधि में निर्मित किये गये थे। ये भारत की तत्कालीन निर्माण कला के सर्वोत्कृष्ट उदाहरण हैं। यहाँ के अन्य आकर्षण हैं—कंदरिया महादेव मन्दिर, लक्ष्मण मन्दिर, देवी जगदम्बा मन्दिर, विश्वनाथ मन्दिर, मतंगेश्वर मन्दिर तथा पन्ना नेशनल पार्क। प्रतिवर्ष यहाँ आयोजित होने वाला नृत्योत्सव घरेलू ही नहीं, अन्तर्राष्ट्रीय पर्यटकों हेतु भी विशेष आकर्षण का केन्द्र होता है।

(iii) **मांडू**—पूर्व में मांडू, मांडवा के पलमार राजाओं की राजधानी था। वर्तमान में यह मध्य प्रदेश का सुन्दर पर्यटन स्थल है। रॉयल एनक्लेव, जहाज महल, तवेली महल, हिंडोला महल, चंपा बावड़ी, दिलावर खान मस्जिद, जामा मस्जिद, होशंगाबाद का मकबरा, जैन मन्दिर, अशरफी महल, बाज बहादुर महल, रूपमती का मंडप, दरिया खान का मकबरा एवं नीलकंठ महल यहाँ के प्रमुख पर्यटन केन्द्र हैं। मुख्य रूप से मांडू ऐतिहासिक पर्यटन का एक प्रमुख केन्द्र है।

(iv) **ओरछा**—ओरछा मध्य युगीन शहर है। यह स्थान एवं यहाँ स्थित मन्दिर और महल घने जंगलों से ढंके हुए हैं। ओरछा के प्रमुख पर्यटन केन्द्र हैं—जहाँगीर महल, राजमहल, राम राजा मन्दिर, सुन्दर महल, राज प्रवीन महल, जानकी मन्दिर, हनुमान मन्दिर, ओरछा के शासकों का स्मारक एवं जुगल किशोर गार्डन आदि। यहाँ से निकटतम हवाई अड्डा ग्वालियर तथा रेलवे स्टेशन झांसी में स्थित हैं।

(v) **सांची**—भोपाल से 46 किमी दूर उत्तर दिशा में स्थित सांची बौद्ध धर्म का केन्द्र है। यह स्थान अपने बौद्ध स्तूपों के कारण विश्व प्रसिद्ध है। सांची के स्तूप यूनेस्को द्वारा घोषित भारत की 26 विश्व धरोहर सूची में सम्मिलित हैं। सांची का सर्वप्रथम स्तूप संख्या 1-91 मीटर ऊँचा है। इसकी चोटी पर एक पुरातत्व संग्रहालय भी स्थित है। सांची में अन्य कोई उल्लेखनीय पर्यटन केन्द्र नहीं है।

(vi) **उज्जैन**—उज्जैन शिप्रा नदी के किनारे पर बसा हुआ है। उज्जैन मुख्य रूप से मन्दिर एवं घाटों का शहर है तथा मध्य प्रदेश में धार्मिक पर्यटन का चर्चित एवं प्रसिद्ध केन्द्र है। उज्जैन के प्रमुख दर्शनीय स्थल हैं—महाकालेश्वर मन्दिर, कालिदास अकादमी, संदीपनी आश्रम, वेधा सभा, विक्रम विश्वविद्यालय, कालियादेह महल, सिधावल, नवग्रह मन्दिर, गोपाल मन्दिर तथा हरिसिद्धि मन्दिर। हवाई अड्डा भोपाल (184 किमी दूरी) में स्थित है।

(vii) **पंचमढ़ी**—पंचमढ़ी मध्य प्रदेश का अत्यन्त मनोरम एवं विश्व प्रसिद्ध पर्यटन स्थल है जो सतपुड़ा की पहाड़ियों पर अवस्थित है। प्राकृतिक सौन्दर्य से भरपूर यहाँ के पर्यटन स्थलों

में अप्सरा बिहार, चौड़ागढ़, धूपगढ़, पांडव गुफायें, महादेव, जटाशंकर, बी जल-प्रपात तथा हाडीखे गुप्त महादेव मन्दिर प्रमुख रूप से उल्लेखनीय हैं।

(viii) **भोपाल**—मध्य प्रदेश की राजधानी भोपाल किलों और महलों से सम्पन्न है। यहाँ स्थित ताज उल मस्जिद एक बड़ी गुलाबी मस्जिद है, जिसके दो बड़े सफेद मीनार और तीन सफेद गुम्बद हैं। जनजाति संग्रहालय, जामा मस्जिद, मोती मस्जिद, शौकत महल, लक्ष्मी नारायण मन्दिर, बिड़ला संग्रहालय, गोहर महल, वन विहार तथा झीलें आदि अन्य प्राकृतिक, ऐतिहासिक एवं धार्मिक पर्यटन स्थल हैं।

(ix) **ग्वालियर**—ग्वालियर में तीन किमी लम्बा किला है। किले की दीवारों में अनेक मन्दिर और प्राचीन महल स्थित हैं। सास-बहू का मन्दिर, चतुर्भुज मन्दिर तथा तेली का मन्दिर यहाँ के प्रसिद्ध मन्दिर हैं। यहाँ एक सिख गुरुद्वारा भी है। मन मन्दिर महल, जहाँगीर महल, शाहजहाँ महल तथा गुजरी महल एवं महल में स्थित पुरातत्व संग्रहालय दर्शनीय स्थल हैं। साथ ही जामा मस्जिद, मुहम्मद गौस का मकबरा, तानसेन तथा मोती महल का मकबरा ग्वालियर के अन्य देखने योग्य पर्यटन स्थल हैं।

(x) **जबलपुर**—जबलपुर का सबसे उल्लेखनीय आकर्षण है—नर्मदा नदी पर स्थित संगमरमर चट्टानें। इसके अतिरिक्त धुआंधार जल-प्रपात, चौंसठ योगिनी मन्दिर, रानी दुर्गावती संग्रहालय, तिलवाड़ा घाट, भेटा घाट, मदन मोहन किला, संग्राम सागर तथा सिलखिड़ी की कलाकृतियाँ आदि भी जबलपुर में देखने योग्य स्थल हैं।

31. राजस्थान

राजस्थान भारत के पश्चिमी भाग में स्थित है। इस राज्य के उत्तर में पंजाब, दक्षिण-पूर्व में मध्य प्रदेश, दक्षिण पश्चिम में गुजरात, पूर्व में उत्तर प्रदेश तथा उत्तर-पूर्व में हरियाणा एवं पश्चिम में पाकिस्तान स्थित हैं। क्षेत्रफल की दृष्टि से राजस्थान भारत का सबसे बड़ा राज्य है। राजस्थान के लगभग मध्य में अरावली पर्वत श्रृंखला अवस्थित है, जिसके कारण यह राज्य स्पष्टतया दो प्राकृतिक भागों में विभक्त हो गया है। राजस्थान में सड़क, रेल एवं वायु, तीनों प्रकार के परिवहन मार्ग अवस्थित हैं, परन्तु रेलवे और सड़क यातायात राज्य के परिवहन में मुख्य भूमिका निभाते हैं। वैसे राज्य में कुछ हवाई अड्डे भी स्थित हैं। राजस्थान मुख्यतः ऐतिहासिक पर्यटन धरोहरों एवं विशेषकर महलों, स्तम्भों एवं मीनारों का केन्द्र है। ऐतिहासिक पर्यटन राजस्थान के पर्यटन उद्योग का मेरुदण्ड है। यहाँ के प्रमुख महल हैं—सिटी पैलेस-जयपुर, सिटी पैलेस-अलवर, रामबाग पैलेस-जयपुर, चन्द्रमहल-जयपुर, जगमंदिर महल-उदयपुर, जगनिवास महल-उदयपुर, कुम्भा का महल-चित्तौड़गढ़, लालगढ़ महल-बीकानेर, विनय विलास महल-अलवर तथा गोपाल भवन महल-डीग आदि।

राज्य के प्रमुख स्तम्भ एवं मीनारें हैं—कीर्ति स्तम्भ-चित्तौड़गढ़, विजय स्तम्भ-चित्तौड़गढ़, ईसर लाट-जयपुर, घंटाघर-अजमेर, सफदरजंग-अलवर एवं गुलर कालूदान-जोधपुर। राजस्थान के महत्वपूर्ण पर्यटन स्थलों का संक्षिप्त परिचय प्रस्तुत है—

(i) **अजमेर-पुष्कर**—अजमेर हिन्दू एवं मुस्लिम धर्म के अनुयायियों के लिये समान रूप से महत्वपूर्ण धार्मिक नगर है। यहाँ पर स्थित सूफी संत ख्वाजा मोइनुद्दीन चिश्ती का मकबरा एवं मस्जिद-दरगाह शरीफ एक पवित्र स्थल है। इस दरगाह पर प्रतिदिन हजारों श्रद्धालु अपनी मनोकामना लेकर आते हैं। यहाँ पर प्रतिवर्ष उर्स का आयोजन भी किया जाता है जहाँ धार्मिक

बन्धनों से परे असंख्य धार्मिक पर्यटक अपनी उपस्थिति सुनिश्चित कराते हैं। इसके अतिरिक्त अढ़ाई दिन का झोंपड़ा, शाहजहाँ की बारादरी, राजपूताना संग्रहालय, तारागढ़ तथा आनासागर झील अजमेर के अन्य प्रमुख पर्यटन स्थल हैं। यहाँ लगभग 400 मन्दिर स्थित हैं। यहाँ पर प्रतिवर्ष आयोजित होने वाला पुष्कर मेला अर्थात ऊंटों का मेला अन्तर्राष्ट्रीय चर्चा का केन्द्र है।

(ii) **भरतपुर**—भरतपुर का सबसे महत्वपूर्ण पर्यटन केन्द्र है—केवलादेव राष्ट्रीय उद्यान। यूनेस्को की भारत की विश्व धरोहर सूची में स्थान प्राप्त करने वाला यह उद्यान एक अद्‌भुत पक्षी विहार है, जिसमें 354 प्रकार के पक्षी देखे जा सकते हैं। इसके अतिरिक्त लोहे का किला, राजमहल, पुराना महल, डीग महल तथा संग्रहालय यहाँ के अन्य पर्यटन स्थल हैं। भरतपुर से निकटतम हवाई अड्डा दिल्ली में स्थित है।

(iii) **चित्तौड़गढ़**—चित्तौड़गढ़ पूर्व में मेवाड़ राज्य की राजधानी था। यह शहर यहाँ स्थित बड़े-बड़े गढ़ों के लिये प्रसिद्ध है। चित्तौड़गढ़ के प्रमुख पर्यटकीय आकर्षण स्थल हैं—राणा कुम्भा महल, फतेह प्रकाश महल, कुम्भा श्याम मन्दिर, विजय दुर्ग, कीर्ति स्तम्भ, कलिका माता मन्दिर, राज्य संग्रहालय, मोहर मगडी, गोमुख जलाशय, नगरी, सावरिया जी मन्दिर, सीता मा सेंचुरी, मेनल और बस्सी वन्य जीव संग्रहालय आदि। निकटतम हवाई अड्डा उदयपुर (112 किमी दूर) में स्थित है।

(iv) **जयपुर**—राजस्थान की राजधानी जयपुर को 'गुलाबी नगरी' भी कहा जाता है। यह महलों, किलों, मन्दिरों और उपवनों की रंगीन नगरी है। हवा महल, सिटी पैलेस, सिटी पैलेस म्यूजियम, चन्द्र महल, रामनिवास उद्यान में स्थित अल्बर्ट हॉल, जल महल, शीशमहल, जयगढ़, नाहरगढ़ किला एवं जन्तर-मन्तर आदि जयपुर के सर्वप्रमुख पर्यटन केन्द्र हैं। साथ ही हस्तशिल्प, रंगीन वस्तु, रत्न एवं राशियों के नगीनों का भी यह नगर प्रमुख केन्द्र है। यहाँ से मात्र 11 किमी दूर आमेर नामक स्थान स्थित है। आमेर छह शताब्दियों तक जयपुर की राजधानी रहा। आमेर में सन् 1592 ई० में निर्मित किला महल में मुगल और हिन्दू वास्तुकला का अद्‌भुत प्रयोग देखने को मिलता है।

(v) **अलवर**—अलवर अरावली पर्वत माला की गोद में स्थित है। यहाँ के राजकीय संग्रहालय में रागों पर आधारित चित्र हैं। सरिस्का टाइगर सेंचुरी, सिटी पैलेस, पुर्जन विहार, बाला किला, सिलीसेढ़ एवं कैसरौली पर्वत किला अलवर को एक ऐतिहासिक एवं प्राकृतिक पर्यटन स्थल के रूप में पहचान दिलाते हैं।

(vi) **जैसलमेर-बाड़मेर-बीकानेर**—जैसलमेर का निर्माण थार रेगिस्तान में सन् 1156 में हुआ। 'स्वर्ण नगरी' कहे जाने वाले इस शहर के जैन मन्दिर एवं हवेलियाँ विश्वविख्यात हैं। जैसलमेर का दुर्ग, गड़सीसर सरोवर, मानस चौक, पत्तों की हवेली, सलीम सिंह की हवेली, लौधुवा, वुड फोसिल पार्क, सेम रेत के टीले, दीवान नथमल की हवेली तथा राष्ट्रीय मरु उद्यान जैसलमेर के कुछ प्रमुख पर्यटन स्थल हैं। बाड़मेर जैसलमेर से 153 किमी दूर दक्षिण में स्थित है। बाड़मेर कालीन, कढ़ाई और ब्लाक प्रिंटिंग, कुल मिलाकर हस्तशिल्प के लिये प्रसिद्ध है। बाड़मेर का थार उत्सव तथा गाय-भैंस मेला विख्यात है। सांस्कृतिक पर्यटन तथा पारिस्थितिकी पर्यटन के उद्‌देश्य से भ्रमण हेतु यह स्थान सर्वथा उपयुक्त है। बीकानेर के चारों ओर चारदीवारी है। जूनागढ़ किला, लालगढ़ महल तथा गंगा गोल्डन जुबली म्यूजियम बीकानेर के दर्शनीय स्थल हैं।

(vii) **जोधपुर**—जोधपुर थार रेगिस्तान के छोर पर स्थित है। पूर्व में यह पुराने मारवाड़ की राजधानी था। जोधपुर गाय, भैंस, ऊंट, नमक तथा कृषि उपज का प्रमुख केन्द्र है। मेहरानगढ़ किला, उम्मेद भवन महल, जसवन्त थड़ा संग्रहालय, बालसमन्द झील एवं बगीचा, कैलाना झील, रोहित किला, लूनी किला, महामन्दिर, मन्दौर तथा उम्मेद बाग जोधपुर के दर्शनीय स्थल हैं। प्राकृतिक एवं ऐतिहासिक पर्यटन के उद्देश्य से जोधपुर भ्रमण संतोष प्रदान करने वाला है।

(viii) **माउन्ट आबू**—आबू अरावली पर्वत श्रृंखला का हिस्सा है। 1220 मीटर की ऊंचाई पर स्थित यह पर्वत स्थान अत्यन्त मनोरम पर्यटन स्थल है। नक्की झील, गोमुख, रघुनाथ मन्दिर, अधर देवी मन्दिर, म्यूजियम एंड आर्ट गैलरी, देलवाड़ा जैन मन्दिर, अचलगढ़ सन् सेट प्वाइंट तथा गुरु शिखर दर्शनीय पर्यटन स्थल हैं। यहाँ से निकटतम हवाई अड्डा उदयपुर (185 किमी दूरी) में स्थित है।

(ix) **रणथम्भौर**—सवाई माधोपुर शहर के निकट स्थित रणथम्भौर राष्ट्रीय पार्क प्राकृतिक पर्यटन की दृष्टि से असीम उपयोगी पर्यटन स्थल है। अरावली और विंध्याचल पर्वत श्रेणियों के मध्य स्थित यह उद्यान 392 वर्ग किमी क्षेत्र में फैला है। यहाँ बाघ, सांभर, सूअर, चीते, गीदड़, तेंदुए, हाथी एवं लकड़बग्घे सरलतापूर्वक देखे जा सकते हैं। इस उद्यान के अतिरिक्त 10वीं शताब्दी में निर्मित रणथम्भौर किला, जोगी महल, गणेश मन्दिर तथा सुनहरी कोठी आदि यहाँ के अन्य मनोहारी स्थल हैं। यहाँ से निकटतम हवाई अड्डा जयपुर (65 किमी दूरी) में स्थित है।

(x) **उदयपुर**—'पूर्व का वेसिन' तथा 'झीलों की नगरी' आदि विशेषणों से सम्बोधित उदयपुर महलों, मन्दिरों एवं बागों से युक्त स्थान है। यहाँ का सर्वाधिक प्रसिद्ध आकर्षण है—पिछोला झील के मध्य स्थित लेक पैलेस। पिछोला झील के दक्षिणी छोर पर स्थित एक टापू पर जग मन्दिर महल स्थित है। सिटी पैलेस म्यूजियम, शिव निवास पैलेस एवं म्यूजियम, भारत-आर्य जगदीश मन्दिर, भारतीय लोक कला संग्रहालय, शिल्प ग्राम प्रताप मेमोरियल, फतेह सागर, सज्जन निवास, गुलाब बाग, मेवाड़ किला, रणकपुर जैन मन्दिर, हल्दी घाटी युद्धक्षेत्र, मोती नगरी, कुंभलगढ़ तथा नाथद्वारा जयसमंद उदयपुर के अत्यन्त मनोरम पर्यटन स्थल हैं। यहाँ से मात्र 50 किमी दूर भारत की सबसे बड़ी कृत्रिम झील जयसमन्द स्थित है। वास्तव में देखा जाये तो उदयपुर राजस्थान के सर्वप्रमुख एवं विविधतापूर्ण पर्यटन स्थलों में से एक है।

32. बिहार

भारत के पूर्वी भाग में स्थित बिहार जनसंख्यात्मक दृष्टिकोण से भारत का द्वितीय सबसे बड़ा राज्य है। इस राज्य के उत्तर में नेपाल, दक्षिण में झारखण्ड, पश्चिम में उत्तर प्रदेश व मध्य प्रदेश तथा पूर्व में पश्चिम बंगाल स्थित है। इस कृषि प्रधान राज्य में परिवहन की समुचित सुविधायें उपलब्ध हैं। किन्तु सड़क मार्ग से यात्रा दुखदायी है, क्योंकि बिहार में 2-3 वर्ष पूर्व तक स्थापित राजनैतिक भ्रष्टाचार के कारण यहाँ विकास कार्य ठप रहे हैं। पटना में हवाई अड्डा तथा गया में अन्तर्राष्ट्रीय हवाई अड्डा स्थित है। बिहार 'मेलों के राज्य' के नाम से भी जाना जाता है। यहाँ पर प्रतिवर्ष राज्य स्तरीय लगभग 25 मेलों का आयोजन किया जाता है। पर्यटन के दृष्टिकोण से बिहार की स्थिति संतोषजनक है। यहाँ के अनेक पर्यटन स्थल विश्व ख्याति प्राप्त हैं। कुछ प्रमुख पर्यटन स्थलों का परिचय प्रस्तुत है—

(i) **गया**—हिन्दुओं का प्रमुख तीर्थ स्थल है। फल्गु नदी के किनारे स्थित गया में विष्णुपद का मन्दिर, बह्मा जुनी हिल संग्रहालय, बरबर गुफायें एवं सूर्य मन्दिर गया के दर्शनीय स्थल हैं। गया से 16 किमी दूर स्थित बोधगया एक ऐतिहासिक-धार्मिक महत्व का केन्द्र है। इस विश्व प्रसिद्ध स्थान पर एक वृक्ष के नीचे बैठकर गौतम बुद्ध को ज्ञान (बोध) प्राप्त हुआ था। इसलिये गया के इस स्थान को बोध गया तथा इस वृक्ष को बोधि वृक्ष कहा जाता है। इसके अतिरिक्त इस स्थान पर महा बौद्ध मन्दिर, 25 मीटर ऊँची भगवान बुद्ध की प्रतिमा, संग्रहालय, कमल तालाब, वज्रासन एवं रत्नागर आदि स्थल भी पर्यटन की दृष्टि से अत्यन्त महत्वपूर्ण हैं।

(ii) **नालन्दा**—नालन्दा का अतीत गौरवमय रहा है। यह बौद्ध शिक्षा का केन्द्र रहा है। बौद्ध धर्म, दर्शन, इतिहास एवं न्याय आदि शास्त्रों के उच्चकोटि के अध्ययन के इस केन्द्र में पाँचवीं शताब्दी में नालन्दा महाविद्यालय की स्थापना हुई। नालन्दा महाविद्यालय पुरातत्व केन्द्र, पुरातत्व संग्रहालय, ह्वेनसांग मेमोरियल हॉल, सूरजपुर, बारागोन तथा पावागिरि यहाँ के अन्य दर्शनीय स्थल हैं। प्रसिद्ध चीनी यात्री ह्वेनसांग कुछ समय नालन्दा में रहा था। यहाँ से निकटतम हवाई अड्डा पटना में स्थित है।

(iii) **पटना**—बिहार की राजधानी पटना नगर पूर्वकाल में 'पाटलिपुत्र' नाम से मगध साम्राज्य की राजधानी था। यह नगर 'पुष्पपुरी' तथा 'कुसुमनगर' भी कहलाता था। यहीं चन्द्रगुप्त मौर्य ने मौर्य वंश की नींव डाली थी। चन्द्रगुप्त के दरबार में आये यूनानी राजदूत मेगस्थनीज ने पाटलिपुत्र के प्राचीन स्थलों—कुम्हरार, भिखना पहाड़ी, अगभकुआं, बुलन्दीबाग तथा अन्य निकटवर्ती स्थानों का उल्लेख किया है। यहाँ स्थित पटना संग्रहालय में प्रथम विश्व युद्ध की एक तोप देखने को मिलती है। गुप्तकालीन, मौर्यकालीन तथा बौद्ध प्रतिमाओं का विशाल संग्रह तथा टेरिकोटा आकृतियाँ, गाँधी मैदान, सदाकत आश्रम, नवीन प्लेनेटोरियम, हर मन्दिर, कला घर, पत्थर की मस्जिद, शेरशाह मस्जिद, गोल मन्दिर, नेहरू तारामंडल तथा खुदाबक्श ओरियन्टल लाइब्रेरी आदि पटना के प्रमुख पर्यटन केन्द्र हैं।

(iv) **राजगीर**—चट्टानी पहाड़ियों से घिरी हुई घाटी में अवस्थित राजगीर हिन्दू, बौद्ध एवं जैन धर्म तीर्थ है। कहा जाता है कि इस स्थान पर भगवान बुद्ध एवं भगवान महावीर स्वामी का वास रहा था। लक्ष्मी नारायण मन्दिर, वेणु वन, करंद सरोवर, सप्तधारा, मखदूम कुंड, गर्म पानी के झरने, सप्तपर्णी गुफा, मनियार मठ, जरासंध का अखाड़ा, बिम्बसार का कारागार, रत्नगिरि, पिप्पला गुफा, अजातशत्रु का किला, करनाडा टैंक, बर्मीज मन्दिर तथा गिद्ध पर्वत आदि स्थल पर्यटन भ्रमण के दृष्टिकोण से मनोहारी हैं। निकटतम हवाई अड्डा पटना (107 किमी दूरी) में स्थित है।

(v) **वैशाली**—पूर्व काल में वैशाली लिच्छवी शासकों की राजधानी था। जैन धर्म के प्रवर्तक वर्द्धमान महावीर स्वामी का जन्म यहीं हुआ था। कहा जाता है कि भगवान बुद्ध वैशाली में तीन बार पधारे थे। यहाँ के दर्शनीय स्थल हैं—बुद्ध स्तूप 1 और 2, बावन पोखर मन्दिर, अशोक स्तम्भ, शान्ति स्तूप, विशाल का गढ़, कोरोनेशन टैंक, कुण्डपुर, कमलवन एवं हरि करोरा मन्दिर। हवाई अड्डा पटना (56 किमी), रेलवे स्टेशन- हाजीपुर।

(vi) **बिहार-शरीफ**—पटना से 64 किमी दूरी पर स्थित यह स्थान मुस्लिम संस्कृति का प्रमुख केन्द्र है। यहाँ मुस्लिम सन्त पीर मखदूमशाह शरीफुद्दीन का मकबरा स्थित है। यह मुस्लिमों का प्रमुख तीर्थ स्थान है। निकटतम हवाई अड्डा पटना में स्थित है।

(vii) **मुंगेर**—मुंगेर गंगा के तट पर बसा हुआ एक प्राचीन नगर है। यह प्राचीन 'अंग साम्राज्य' का प्रमुख केन्द्र तथा बंगाल के नवाब मीर कासिम की राजधानी रहा है। ऐतिहासिक पर्यटन के इस केन्द्र के प्रमुख आकर्षण हैं—बरारी की गुफा, कहलगांव का मन्दिर तथा मंदार पहाड़ी आदि।

(viii) **पावापुरी**—यह स्थान पटना से 104 किमी तथा नालन्दा से 25 किमी की दूरी पर स्थित है। यहीं पर जैन धर्म के प्रवर्तक महावीर स्वामी ने निर्वाण प्राप्त किया था। इस दृष्टिकोण से पावापुरी जैन धर्म के अनुयायियों के लिये एक पवित्र स्थान है। इसके अतिरिक्त गाँव मन्दिर, जल मन्दिर, समशवरण मन्दिर तथा महताब बीबी का मन्दिर यहाँ के दर्शनीय धर्म स्थल हैं।

(ix) **सासाराम**—यह स्थान मध्यकालीन भव्य इमारतों के कारण प्रसिद्ध है। शेरशाह सूरी का प्रसिद्ध किला और मकबरा यहीं पर स्थित है। इसके अतिरिक्त मनेर, बरौनी, वैकटपुर, मैथन, भागलपुर तथा बाल्मीकिनगर भी सासाराम के दर्शनीय पर्यटन केन्द्र हैं।

(x) **केसरिया**—मुजफ्फरनगर तथा मोतीहारी के मध्य मार्ग पर स्थित इस स्थान पर विश्व का सबसे ऊंचा बौद्ध स्तूप विद्यमान है। इसके अतिरिक्त यहाँ पर अनेक ऐतिहासिक एवं धार्मिक स्मारक भी स्थित हैं।

(xi) **सोनपुर**—गंगा के तट पर स्थित सोनपुर में प्रतिवर्ष विश्व का सबसे बड़ा 'पशु मेला' आयोजित किया जाता है।

33. हिमाचल प्रदेश

यह प्रदेश हिमालय की पर्वत शृंखलाओं के मध्य भारत के उत्तर-पश्चिमी छोर पर स्थित है। इसके उत्तर में जम्मू-कश्मीर, पश्चिम में पंजाब, दक्षिण में हरियाणा, दक्षिण-पूर्व में उत्तराखण्ड तथा पूर्व दिशा में तिब्बत स्थित है। यह राज्य एक पर्वतीय प्रदेश है। इसकी स्थलाकृति गहरे कटाव वाली है। इस राज्य की अर्थव्यवस्था मुख्य रूप से कृषि एवं बागवानी पर आश्रित है। राज्य की कार्यरत जनसंख्या का तीन चौथाई से भी अधिक भाग इन्हीं क्षेत्रों में संलग्न है। राज्य में तीन हवाई अड्डे हैं—भुंतार (कुल्लू घाटी), जब्बार हट्टी (शिमला) एवं गंगाल (कांगड़ा)। हिमाचल प्रदेश भारत का प्रमुख पर्यटकीय राज्य है। यहाँ का पर्यटन उद्योग अत्यन्त समृद्ध है क्योंकि असंख्य घरेलू एवं अन्तर्राष्ट्रीय पर्यटक हिमाचल प्रदेश की प्राकृतिक छटा से अभिभूत होकर बारम्बार यहाँ आते हैं। राज्य के पर्यटन स्थलों के निम्नलिखित विश्लेषण से यह बात और भी पुष्ट हो जायेगी—

(i) **चम्बा**—अपने ऐतिहासिक एवं प्राकृतिक सौन्दर्य से समृद्ध चम्बा को 'दूध एवं शहद की घाटी' कहा जाता है। धौलाधार, पीरपंजाल एवं लक्सर, इन तीन पर्वत श्रेणियों से घिरा हुआ चम्बा रावी नदी के तट पर स्थित है। यहाँ के पर्यटन स्थलों में लक्ष्मीनारायण मन्दिर, चामुण्डा देवी मन्दिर, रंग महल, भूरि सिंह संग्रहालय, सलोनी और भण्डल घाटियाँ, भरमौर (पर्वतीय स्थापत्य कला के लिये प्रसिद्ध), नूरपुर (हाथ से बुने वस्त्रों के लिये प्रसिद्ध), मणि-महेश झील, शक्ति देवी मन्दिर, डलहौजी (प्रसिद्ध पर्यटन स्थल), पंजपुला, डेनकुंड एवं खजियार आदि अद्भुत सौन्दर्य से युक्त स्थल हैं।

(ii) **डलहौजी**—डलहौजी 2039 मीटर की ऊँचाई पर स्थित एक मनोरम पर्वतीय नगर है जो 5 पहाड़ियों पर बसा हुआ है। गाँधी चौक, सुभाष चौक, कालपोट वन्य जीव अभयारण्य, मोती टिब्बा, करेल्नु तथा सेंट जोंस चर्च यहाँ के दर्शनीय स्थल हैं। परस्पर निकटवर्ती होने के कारण चम्बा और डलहौजी मिलकर एक पर्यटन स्थल का निर्माण करते हैं। निकटतम हवाई अड्डा, 180 किमी दूर कांगड़ा में स्थित है।

(iii) **धर्मशाला**—तिब्बत के निर्वासित शासन का केन्द्र धर्मशाला का शान्त एवं स्वस्थ वातावरण नगरीय कोलाहल से मुक्ति पाने के लिये सर्वश्रेष्ठ विकल्प है। साहसिक पर्यटन के अन्तर्गत पर्वतारोहण, पैदल यात्रा एवं ट्रैकिंग के लिये यह स्थान उपयुक्त है। सेंट जोन्स चर्च, कांगड़ा का संग्रहालय, तिब्बतीय पठन केन्द्र, भगसुनाथ जल-प्रपात, सुगलगकाग मन्दिर, मेकलिओड गंज तथा ततवानी गर्म झरना यहाँ के अन्य प्रमुख दर्शनीय स्थल हैं। यहाँ पर एक क्रिकेट स्टेडियम का निर्माण भी हो चुका है जो भविष्य में यहाँ खेलकूद पर्यटन के साथ-साथ समग्र पर्यटन को प्रोत्साहित करने का कार्य करेगा।

(iv) **कुल्लू-मनाली**—यह हिमाचल प्रदेश के सर्वाधिक रमणीक स्थलों में से एक है। कुल्लू की फूलों की घाटी एवं दशहरा पर्व अत्यन्त लोकप्रिय हैं। प्राशर झील, रेजोन मैदान, केशधारा, मलाना घाटी, नग्गर, रघुनाथ मन्दिर एवं जगन्नाथ देवी मन्दिर कुल्लू के अन्य आकर्षण हैं। मनाली 6000 फीट की ऊँचाई पर स्थित अत्यन्त मनोरम स्थल है। मणिकरण गुरुद्वारा, राम मन्दिर, दुंगरी मन्दिर, वशिष्ठ गाँव, रहला जल-प्रपात, जगतसुख, भ्रिगु झील, सोलांग बिन्दु एवं व्यास कुण्ड मनाली के प्रसिद्ध पर्यटन स्थल हैं। इसके अतिरिक्त कुल्लू-मनाली में कुछ अन्य पर्यटन स्थल भी दर्शनीय हैं। जैसे—मंडी, कसौल, नग्गर, हिडिम्बा देवी मन्दिर तथा सुप्रसिद्ध रोहतांग दर्रा। यहाँ से निकटतम हवाई अड्डा भुंतार में स्थित है।

(v) **शिमला**—हिमाचल प्रदेश की राजधानी शिमला राज्य का सबसे प्रमुख तथा भारत का प्रमुख पर्वतीय पर्यटन स्थल है। शिमला उत्तर भारत में आने वाले पर्यटकों की सबसे पहली पसन्द है। 2130 मीटर की ऊँचाई पर स्थित यह शहर भारत की ग्रीष्मकालीन राजधानी है। पर्यटक यहाँ के मनोहारी दृश्यों को देखकर अभिभूत हो जाते हैं। समर हिल, प्रोस्पेक्ट हिल, राष्ट्रपति निवास, इन्डियन इंस्टीट्यूट ऑफ एडवांस स्टडीज, हिमाचल स्टेट म्यूजियम यहाँ के प्रमुख पर्यटन स्थल तथा जाखू हिल, स्केटिंग रिन्क, अन्ना डेल, चाडविक जल-प्रपात, कुफरी, मशोब्रा, क्रेगनानो, छैल, सोलन, कसौली, चैत्य, नालदेहरा, फागू, किन्नौर तथा वानर बिन्दु आदि अन्य दर्शनीय स्थल हैं। निकटतम हवाई अड्डा चण्डीगढ़ में स्थित है।

(vi) **रामपुर**—शिमला से 180 किमी दूर स्थित रामपुर बुशहर रियासत क्षेत्र में सतलज नदी के किनारे स्थित रामपुर-बुशहर प्राचीन काल से ही सुप्रसिद्ध व्यापारिक केन्द्र रहा है। यहाँ का राधाकृष्ण मन्दिर, भगवान शिव मन्दिर तथा सतलज नदी का विहंगम दृश्य पर्यटन भ्रमण के लिये अत्यन्त उपयुक्त स्थल हैं। रामपुर-बुशहर का अत्यन्त प्राचीन किन्तु भव्य राजमहल तथा इस रियासत के अनेक बगीचे पर्यटकों के लिये एक नवीन अनुभव हैं।

(vii) **जुणगा**—वर्तमान में एक अत्यन्त सुन्दर गाँव जुणगा पूर्व काल में क्योंथल स्टेट की राजधानी था। जुणगा के दो भाग हैं—प्राचीन जुणगा तथा नवीन जुणगा। प्राचीन जुणगा में क्योंथल स्टेट की रियासत का राजमहल स्थित है। काष्ठकला एवं तराशे गये पत्थरों से निर्मित

यह राजमहल हिमाचल प्रदेश का सर्वाधिक प्राचीन राजमहल माना जाता है। नये जुणगा में राज परिवार के दो विशाल, प्राचीन एवं मनोहारी मन्दिर स्थित हैं। इसके अतिरिक्त यहाँ पर फिल्मों की शूटिंग भी होती है।

(viii) **सराहन**—रामपुर-बुशहर रियासत की इस प्राचीन राजधानी को बसन्त ऋतु की बहार कहा जाता है। यह स्थान अपने प्राकृतिक सौन्दर्य के कारण धरती पर स्वर्ग है। यहाँ पर स्थित कुंवर राजमहल अत्यन्त भव्य एवं दर्शनीय पर्यटन स्थल है। यहाँ पर स्थित हवाई पट्टी, खेल का मैदान, हिमाचल प्रदेश का सर्वाधिक प्रसिद्ध पक्षी विहार, माँ भीमाकाली का विशाल मन्दिर तथा श्रीखंड महादेव एवं अन्य पर्वत चोटियाँ भी प्रमुख आकर्षण हैं। जहाँ यहाँ के पक्षी विहार में 140 प्रकार के पक्षी देखने में आते हैं, वहीं यहाँ की पर्वत चोटियाँ ट्रेकिंग के लिये सर्वथा उपयुक्त हैं। सराहन 9000 फीट से भी अधिक की ऊँचाई पर स्थित है।

(ix) **जुब्बल**—जुब्बल रियासत, जो कि वर्तमान में जुब्बल गाँव के रूप में प्रसिद्ध है, हिमाचल प्रदेश का सर्वश्रेष्ठ पर्यटन स्थल माना जाना चाहिये। यहाँ पर स्थित राजमहल भारत के सबसे सुन्दर एवं भव्य राजमहलों में से एक है। इस स्थान पर कई शताब्दी पूर्व का एक राजमहल स्थित था, जो आग में जलकर नष्ट हो गया। उसके अवशेष यहाँ अभी भी विद्यमान हैं। नया राजमहल भव्य तथा वास्तुकला सौन्दर्य से ओत-प्रोत है। इसे हिमाचल प्रदेश का ताजमहल कहा जाता है। जुब्बल में एक अत्यन्त मनोरम बियावान स्थित है—कुप्पड़ का पहाड़। इसमें देवदार एवं कैल के सघन वन स्थित हैं। इसके अतिरिक्त जुब्बल के अन्य पर्यटकीय आकर्षण हैं—प्राचीन मन्दिर समूहों का गिरिगंगा परिसर, खड़ा पत्थर, तुमडू पहाड़ की चोटी, रंग बिरंगे फूलों के वन, जय पीढ़ी माँ का प्राचीन मन्दिर, बनाड़ देवता का मन्दिर, राधाकृष्ण मन्दिर तथा जुब्बल का मेला। जुब्बल, हिमाचल प्रदेश में धार्मिक, सांस्कृतिक, प्राकृतिक एवं पारिस्थितिकी पर्यटन का अद्भुत स्थान है।

(x) **नालागढ़**—ऐतिहासिक पर्यटन के लिये नालागढ़ हिमाचल प्रदेश के सर्वश्रेष्ठ स्थलों में से एक है। आई०टी०आई० के निकट स्थित 800 वर्ष प्राचीन नालागढ़ महल, 600 वर्ष प्राचीन नालागढ़ किला, पलासी का किला, बेली बंगला एवं रामसर का किला हिमाचल प्रदेश के गौरवमय इतिहास के दस्तावेज हैं। नालागढ़ साहसिक पर्यटन के लिये भी बहुत ही उत्कृष्ट स्थान है। शिविर जीवन एवं ट्रेकिंग के लिये नालागढ़ सर्वोत्कृष्ट स्थान है।

(xi) **थरोच**—थरोच भी हिमाचल प्रदेश की एक प्राचीन रियासत है। यहाँ पर प्राचीन समय में निर्मित अस्पताल, न्यायालय, पंचायत घर एवं अन्य व्यापारिक प्रकोष्ठ ऐतिहासिक धरोहरों के रूप में विद्यमान हैं। यहाँ का राजमहल प्राचीन निर्माण कला का उत्कृष्ट उदाहरण है। राजमहल में स्थित प्राचीन मन्दिर भी दर्शनीय है। यह मन्दिर 'महासू देवता का मन्दिर' नाम से जाना जाता है। यहाँ का निकटवर्ती तालरा बियावान तो धरती पर स्वर्ग का प्रतीक है ही, थरोच का सम्पूर्ण भौगोलिक दृश्य एवं प्राकृतिक सुन्दरता पर्यटकों को अचम्भित कर देने वाले हैं। थरोच से भरमाणा, गुरहाड़, कांगड़ा एवं शीला की पहाड़ियों पर ट्रेकिंग एवं शिविर जीवन का भरपूर आनन्द उठाया जा सकता है। थरोच को यदि प्राकृतिक एवं पारिस्थितिकी पर्यटन का स्वर्ग कहा जाये तो अतिशयोक्ति नहीं होगी।

34. उत्तर प्रदेश

भारत का सबसे अधिक जनसंख्या वाला यह राज्य अनेक विविधताओं से युक्त है। इसके ठीक उत्तर में नेपाल की सीमा, उत्तर-पश्चिम में उत्तराखण्ड, पश्चिम में हरियाणा, दक्षिण-पश्चिम में

राजस्थान, दक्षिण में मध्य प्रदेश, दक्षिण-पूर्व में छत्तीसगढ़ एवं पूर्व में बिहार एवं झारखण्ड स्थित हैं। यद्यपि राज्य में परिवहन का सबसे महत्वपूर्ण साधन सड़क परिवहन है किन्तु यहाँ से होकर चार रेलवे जोनों की रेलगाड़ियाँ गुजरती हैं। साथ ही राज्य में अनेक हवाई अड्डे भी स्थित हैं। उत्तर प्रदेश में लगभग 78 प्रतिशत जनसंख्या कृषि कार्यों में संलग्न है। यहाँ न केवल केन्द्र सरकार के 20 से भी अधिक औद्योगिक प्रतिष्ठान स्थापित हैं, अपितु अनेक राष्ट्रीय शोध संस्थान भी कार्यरत हैं। यहाँ पर देश के 11 प्रमुख राष्ट्रीय उद्यान एवं अभयारण्य स्थित हैं। उत्तर प्रदेश भारत में धार्मिक पर्यटन का प्रमुख केन्द्र है। यहाँ के प्रमुख पर्यटन स्थलों का संक्षिप्त परिचय प्रस्तुत है—

(i) **वाराणसी (काशी)**—गंगा के तट पर स्थित यह नगर भारत के सात प्राचीन नगरों में से एक है। वाराणसी मन्दिरों, गलियों एवं घाटों के लिये विश्व प्रसिद्ध है। यहाँ के पाँच प्रमुख घाट हैं—अस्सी, दशाश्वमेघ, मणिकर्णिका, पंचगंगा एवं वरुणा। यहाँ पर सहस्रों मन्दिर एवं उतनी ही गलियाँ स्थित हैं। यहाँ का सबसे प्रमुख एवं प्रसिद्ध मन्दिर है—विश्वनाथ मन्दिर। यह मन्दिर मुगल शासक औरंगजेब द्वारा नष्ट कर दिया गया था किन्तु इन्दौर की महारानी अहिल्याबाई द्वारा 18वीं शताब्दी में नवीन विश्वनाथ मन्दिर का निर्माण कराया गया। यहाँ के अन्य दर्शनीय स्थल हैं—भारत माता का मन्दिर, नेपाली मन्दिर, दुर्गा मन्दिर, तुलसी मानस मन्दिर, संकट मोचन मन्दिर, ज्ञानवापी मस्जिद एवं आलमगीर मस्जिद। बनारस हिन्दू विश्वविद्यालय एशिया का सबसे बड़ा आवासीय विश्वविद्यालय है, जो भारत में हिन्दू स्थापत्य कला का उत्कृष्ट उदाहरण है। विश्वविद्यालय प्रांगण में स्थित गायकवाड़ पुस्तकालय, भारत कला भवन एवं विश्वनाथ मन्दिर (बिड़ला मन्दिर) भी दर्शनीय स्थल हैं। गंगापार रामनगर किले में स्थित महाराजा बनारस संग्रहालय भी दर्शनीय है।

वाराणसी, बनारसी साड़ियों, जरी के कपड़ों, पीतल की वस्तुओं, मूर्तियों, लकड़ी एवं मिट्टी के खिलौनों एवं कांच की चूड़ियों के लिये भी प्रसिद्ध है। यहाँ 15 किमी की परिधि में सिल्क उद्योग फैला हुआ है, जिसमें लगभग 1 लाख लोग कार्यरत हैं। वाराणसी में प्रतिवर्ष 1 लाख से भी अधिक अन्तर्राष्ट्रीय पर्यटकों तथा 5 लाख घरेलू पर्यटकों का आगमन होता है।

(ii) **सारनाथ**—सारनाथ (सारंगनाथ) वाराणसी के उत्तर में 8 किमी की दूरी पर स्थित है। गया में ज्ञान प्राप्त करने के पश्चात गौतम बुद्ध ने अपनी प्रथम शिक्षा सारनाथ में ही पंचवर्गीय भिक्षुओं को प्रदान की थी। सारनाथ के दर्शनीय स्थलों में चौखण्डी स्तूप, धर्मराजिक स्तूप, उत्खनन क्षेत्र में मन्दिर और मठों के भग्नावशेष, मुख्य मन्दिर और धमेख स्तूप, मूलगन्ध कुटी-विहार, चीनी जैन, बह्मदेशीय और तिब्बती मन्दिर तथा पुरातात्विक संग्रहालय सर्वप्रमुख हैं। सम्राट अशोक का सिंह स्तम्भ इसी संग्रहालय में सुरक्षित है जो अब भारत का राष्ट्रीय चिन्ह है।

(iii) **इलाहाबाद**—इलाहाबाद में तीन नदियों—गंगा, यमुना एवं अदृश्य सरस्वती का संगम है। यहाँ पर विश्व प्रसिद्ध कुम्भ मेला आयोजित किया जाता है। प्रयाग नाम से प्रसिद्ध इलाहाबाद में अकबर के किले में स्थित पातालपुरी मन्दिर पर्यटन का सबसे प्राचीन क्षेत्र है। इलाहाबाद के प्रमुख दर्शनीय स्थल हैं—संगम, किला, पाताल पुरी मन्दिर, भारद्वाज

आश्रम, आनन्द भवन, जवाहर लाल नेहरू तारामण्डल, प्रयाग विश्वविद्यालय, उच्च न्यायालय, चन्द्रशेखर आजाद पार्क, इलाहाबाद संग्रहालय, शिवकुटी, खुसरो बाग, हिन्दी साहित्य सम्मेलन, हनुमान मन्दिर, मिन्टो पार्क एवं ऑल सेंट्स कैथेड्रल।

(iv) **मथुरा**—यमुना नदी के तट पर स्थित मथुरा नगर प्राचीन काल में सूरसेन जनपद की राजधानी था। मथुरा में भगवान श्रीकृष्ण की जन्मभूमि है। जन्मभूमि स्थल 30 किमी परिक्षेत्र में फैला हुआ है। जिसमें वृन्दावन, गोवर्धन, राधाकुण्ड, नन्दगांव, बरसाना एवं गोकुल श्रीकृष्ण की लोककथा का बखान करते हैं। मथुरा के अन्य आकर्षण हैं—केदारेश्वर मन्दिर, द्वारिकाधीश मन्दिर, मदन मोहन काल भैरव मन्दिर, कुब्जा मन्दिर, कंरवल तीर्थ, रंग भूमि, सति भुर्ज, कंस किला, जामा मस्जिद, सरस्वती संगम, पिपलेश्वर मन्दिर, रंगेश्वर मन्दिर, गोकर्णेश्वर, भूतेश्वर, पवित्र कुण्ड तथा संग्रहालय आदि।

(v) **अयोध्या**—यह भगवान श्रीराम का गृह नगर है। अयोध्या पौराणिक सरयू किन्तु वर्तमान घाघरा नदी के तट पर स्थित है। ऐसी मान्यता है कि भगवान बुद्ध ने ग्रीष्म काल में अयोध्या में 16 दिन रहकर दो प्रवचन दिये थे। यह भी कहा जाता है कि सन् 1528 ई० में मुगल शासक बाबर ने श्रीराम की जन्मभूमि तथा मन्दिरों को नष्ट करके यहाँ बाबरी मस्जिद के नाम से एक मकबरे का निर्माण कराया। इस मकबरे को सन् 1992 में ध्वस्त कर दिया गया है। हिन्दू पूजा का मुख्य स्थान रामकोट है, जो शहर के पश्चिमी छोर पर एक टीले पर स्थित है। हनुमान गढ़ी पूजा का प्रमुख केन्द्र है। साथ ही एक अन्य पवित्र त्रेता का ठाकुर मन्दिर भी स्थित है, जहाँ भगवान श्रीराम ने अश्वमेध यज्ञ सम्पन्न करके सीता की प्रतिमा स्थापित की थी। अयोध्या के अन्य प्रमुख आकर्षण हैं—स्वर्ण द्वार घाट, नागेश्वर नाथ मन्दिर, जानकी तीर्थ, चन्द्रहरि तथा लक्ष्मण किला आदि। इसके अतिरिक्त वशिष्ठ कुण्ड, कनक भवन, नागेश्वरनाथ एवं मणि रामदास जी की छावनी भी पर्यटकों को आकर्षित करते हैं। शहर में स्थित होटल शाने अवध एवं कृष्णा पैलेस, अयोध्या में आधुनिक पर्यटन के सेतु हैं।

(vi) **चित्रकूट**—चित्रकूट हिन्दू तीर्थ स्थल है। यह विन्ध्याचल पर्वत शृंखला से जुड़ा हुआ है। यहाँ के दृश्य अत्यन्त ही मनोरम एवं आकर्षित करने वाले हैं। कामतानाथ पर्वत के रंग-बिरंगे 'पाषाण' तीर्थ यात्रियों के प्रमुख लक्ष्य होते हैं। यहाँ के सात प्रमुख स्थान धार्मिक पर्यटकों के आयोजनों से सम्बन्धित हैं। जैसे—कोटतीर्थ, दीवान गंज, हनुमानधारा, फटिक शिला, अनुसुइया एवं गुप्त गोदावरी। कार्तिक नवमी के दिन यहाँ आयोजित होने वाला मेला विश्व ख्याति प्राप्त है। देश के अनेक भागों से लगभग दो लाख श्रद्धालु रामनवमी पर्व पर यहाँ पहुँचते हैं।

(vii) **निमसार** (नैमिशारण्य)—सीतापुर जनपद का यह छोटा सा कस्बा गोमती नदी के बायें तट पर स्थित है। निमसार अपने तालाबों तथा असंख्य मन्दिरों के लिये प्रसिद्ध है। यहाँ चक्रतीर्थ एवं पंचकुण्ड-प्रयाग कुण्ड, गोदावरी कुण्ड, काशी कुण्ड, गंगोत्री कुण्ड एवं गोमती कुण्ड दर्शनीय स्थल हैं। यहाँ का मुख्य मन्दिर ललता देवी मन्दिर है। आईने अकबरी में यहाँ पर एक बड़े किले का तथा अनेक मन्दिरों तथा कुण्डों का उल्लेख मिलता है।

(viii) **देवा (बाराबंकी)**—बाराबंकी में स्थित देवा मुस्लिम धर्म स्थल है किन्तु यहाँ सभी धर्मों के लोग आकर अपनी आस्था प्रकट करते हैं। बाराबंकी से 13 किमी दूर सड़क के किनारे एक ऊँचा टीला है, जिस पर एक प्राचीन किला अभी भी विद्यमान है। इस टीले पर जमाल एवं कमाल नाम के दो प्रसिद्ध सैयदों की समाधि है। देवा हाजी वारिस अली शाह के व्यक्तित्व से जुड़ा एक तीर्थ स्थल है, जिनका मकबरा लाखों लोगों को अपनी ओर आकर्षित करता है। यहाँ पर पशु बाजार के अतिरिक्त विभिन्न प्रकार के खेल-कूद तथा मनोरंजन के कार्यक्रम आयोजित किये जाते हैं। दशहरा के अवसर पर यहाँ एक हिन्दू मेले का आयोजन किया जाता है। यहाँ का रजत जड़ित मीनार रामनगर के हिन्दू राजा द्वारा दान में दिया गया है।

(ix) **फतेहपुर सीकरी**—आगरा से 40 किमी दूर स्थित फतेहपुर सीकरी में सम्राट अकबर के मनोरम महलों का समूह है। दरगाह मस्जिद का मुख्य द्वार बुलन्द दरवाजा 54 मीटर ऊँचा है तथा विश्व का सबसे ऊँचा द्वार है। संत सलीम चिश्ती का मकबरा, पंचमहल, जोधाबाई महल, हवा महल तथा बीरबल महल फतेहपुर सीकरी में ऐतिहासिक पर्यटन के मुख्य केन्द्र हैं।

(x) **झाँसी**—झाँसी बुन्देलखण्ड मण्डल का प्रधान नगर है। चारदीवारी से युक्त इस नगर की स्थापना राजा बीर सिंह देव ने की थी, जिन्होंने सन् 1613 ई० में एक चट्टानी पर्वत पर अपने किले का निर्माण कराया था। झाँसी क्षेत्र में असंख्य वैष्णव, शैव तथा जैन मन्दिर स्थित हैं जिनमें देवगढ़, मनिवादेव, रामराजा जी, लक्ष्मीनारायण मन्दिर, नरसिंह मन्दिर तथा चतुर्भुजनाथ मन्दिर प्रमुख हैं। झाँसी की दीवार की लम्बाई 4.5 किमी है, जिसमें 10 दरवाजे हैं—खण्डेराव, दतिया, उन्नाव, मण्डर, बड़ागाँव, लक्ष्मी सौगोर, ओरछा, सैनियार तथा झीर्णन। यहाँ का माता टीला बाँध मनोरंजन और पर्यटन के दृष्टिकोण से सुन्दर स्थल है।

(xi) **कानपुर**—कानपुर गंगा नदी के तट पर स्थित है। यह स्वतंत्रता संग्राम का प्रमुख केन्द्र था। इस औद्योगिक शहर के प्रमुख आकर्षण हैं– श्री राधाकृष्ण मन्दिर, जनरल व्हीलर के एन्ट्रेन्समेन्ट का स्थल, ऑल सोल्स मेमोरियल चर्च, कांच का बना जैन मन्दिर, फूल बाग, एलन फोरेस्ट जू, जजमाऊ, कमला रीट्रीट, नाना राव पार्क, मोती झील, तपेश्वरी मन्दिर, पनकी का हनुमान मन्दिर, चन्द्रशेखर आजाद कृषि विश्वविद्यालय, पी०पी०एन० कॉलेज, भारतीय प्रौद्योगिकी संस्थान, छत्रपति साहू जी महाराज विश्वविद्यालय एवं इसका इन्टरनेशनल गेस्ट हाउस, भारतीय दलहन एवं अनुसंधान केन्द्र और हैलेट हॉस्पिटल आदि।

(xii) **लखनऊ**—उत्तर प्रदेश की राजधानी लखनऊ स्मारकों एवं बागों का शहर है। यहाँ की ऐतिहासिक इमारतों की शिल्पकला अद्‌भुत है। 'नवाबों का शहर' लखनऊ उतना ही प्राचीन है, जितना कि लक्ष्मण टीला तथा उतना ही नवीन है, जितना कि इमामबाड़ा। शाहजहाँ द्वारा निर्मित 'बोस्तन-ई-दोस्तन' (मित्रों का बगीचा) यहाँ का महत्वपूर्ण सार्वजनिक बाग है। यहाँ का बड़ा इमामबाड़ा, रेजीडेन्सी, बीविथापुर एवं कोठी बाजार आदि आसफ उद्‌दौला के नाम से जुड़े हुए हैं। शहादत अली खाँ ने लखनऊ में कुछ विशेष भवनों का निर्माण कराया था। इनमें प्रमुख हैं—दिलकुशा, छतर मंजिल, शाहनजफ, बादशाह बाग (वर्तमान में लखनऊ विश्वविद्यालय) तथा प्रसिद्ध हैदर नहर।

अमजद अली द्वारा बनवाया गया हजरतगंज लखनऊ का मुख्य पर्यटन स्थल है। अन्तिम नवाब वाजिद अली द्वारा बनवाया गया कैसरबाग, जिसमें अब पुरानी इमारतें समाप्त हो चुकी हैं, की सफेद बारादरी जिसमें बारह दरवाजे हैं, चाँदी वाली बारादरी तथा चाइना बाजार भारत की प्राचीन शिल्पकला के दर्शन कराते हैं। वर्तमान में भातखण्डे संगीत अकादमी, राज्य संग्रहालय का पुरातात्विक खण्ड तथा अमीर-उद-दौला पब्लिक लाइब्रेरी नगरीय पर्यटन के प्रमुख केन्द्र हैं। चिड़ियाघर तथा राष्ट्रीय वानस्पतिक उद्यान पर्यटकों के आकर्षण के सदाबहार केन्द्र हैं। लखनऊ का चारबाग रेलवे स्टेशन भारत की स्थापत्य एवं शिल्पकला का अद्‌भुत उदाहरण है। रविन्द्रालय तथा बाल संग्रहालय आधुनिक पर्यटन के केन्द्र हैं।

(xiii) **आगरा**—आगरा दिल्ली के दक्षिण में 204 किमी दूर स्थित है। आगरा का मुख्य आकर्षण यूनेस्को की भारत की विश्व धरोहर सूची में सम्मिलित एवं विश्व का सर्वप्रमुख आश्चर्य ताजमहल है। ताजमहल आगरा, उत्तर प्रदेश या भारत की ही नहीं विश्व की एकमात्र अद्‌भुत स्थापत्य कला का उदाहरण है। आगरा में अकबर ने बड़े-बड़े महलों, आकर्षक बाग-बगीचों एवं यमुना नदी के किनारे दुर्ग का निर्माण कराया था। ये सभी स्मारक आगरा के ऐतिहासिक पर्यटन के अभिन्न अंग हैं। सन् 1565 में शाहजहाँ द्वारा बनवाया गया लाल किला, ताजमहल के पश्चात आगरा का प्रमुख आकर्षण है। किले के दक्षिण-पश्चिम छोर पर अनेक पर्यटकीय सेवायें उपलब्ध हैं। इसके अतिरिक्त किले के आगे मैक्डोनेल पार्क तथा विक्टोरिया मेमोरियल गार्डन है। इसके अतिरिक्त आगरा के अन्य आकर्षण हैं—जहाँगीर का महल, खास महल, राम बाग, दयाल बाग एवं अकबर का मकबरा आदि। आगरा में प्रतिवर्ष लगभग डेढ़ लाख अन्तर्राष्ट्रीय एवं लगभग 4 लाख घरेलू पर्यटकों का आगमन होता है। आगरा एवं वाराणसी उत्तर प्रदेश ही नहीं, सम्पूर्ण भारत में अन्तर्राष्ट्रीय पर्यटन के 2 प्रमुख एवं बड़े केन्द्र हैं।

(xiv) **गढ़ मुक्तेश्वर**—गढ़ मुक्तेश्वर जनपद मेरठ का एक धार्मिक शहर है, जो गंगा नदी के तट पर स्थित है। यहाँ पर मुक्तेश्वर महादेव का मन्दिर है ,जो गंगा माँ को समर्पित है। इसमें गंगा मैया की सफेद संगमरमर से निर्मित प्रतिमा विशेष अलंकरण से युक्त है। यहाँ के कूप का जल पर्यटकों को आकर्षित करता है। मन्दिर के निकट लगभग 80 स्तम्भ ऐसे हैं जो राजपूत स्त्रियों के जौहर के प्रतीक रूप में हैं। वैशाख पूर्णिमा के दिन यहाँ गंगा के तट पर विशेष मेले का आयोजन किया जाता है। यहाँ आने वाला बैलगाड़ियों का काफिला, नाच-गानों के साथ, ढोलक की आवाज मिलकर एक अद्‌भुत दृश्य प्रस्तुत करते हैं तथा इस दृश्य को देखने के लिये घरेलू ही नहीं, अन्तर्राष्ट्रीय पर्यटक भी आते हैं। उत्तर प्रदेश सरकार ने हरिद्वार तीर्थ (उत्तराखण्ड) के प्रारूप पर गढ़ मुक्तेश्वर का पर्यटकीय विकास करने की योजना तैयार की है।

35. उत्तराखण्ड

उत्तराखण्ड पर्यटन का विस्तृत विवरण 'खण्ड-स' में प्रस्तुत किया गया है।

खण्ड-स

उत्तराखण्ड में पर्यटन

(Tourism in Uttrakhand)

उत्तराखण्ड - महत्वपूर्ण पर्यटन स्थल

◆ धार्मिक स्थल ◉ राजधानी

★ पर्वतीय स्थल ✈ हवाई अड्डा

● पर्यटन स्थल 🦌 अभ्यारण्य

10

उत्तराखण्ड का परिचय

(Introduction of Uttrakhand)

सन् 2000 के नवम्बर माह को भारत के इतिहास के गौरवशाली माह के रूप में देखा जा सकता है। इस माह भारत के तीन नवीन राज्यों का गठन किया गया। सर्वप्रथम 1 नवम्बर, 2000 को मध्य प्रदेश राज्य के 1,34,191 वर्ग किमी क्षेत्रफल के अंग को देश के 26वें राज्य के रूप में 'छत्तीसगढ़' घोषित किया गया। मात्र 8 दिन के पश्चात 9 नवम्बर, 2000 को उत्तर प्रदेश राज्य के 53,483 वर्ग किमी क्षेत्र को भारत के 27वें राज्य के रूप में 'उत्तरांचल' घोषित किया गया। 15 नवम्बर 2000 ई० को बिहार के 79,734 वर्ग किमी क्षेत्र को भारतीय गणतन्त्र के 28वें राज्य के रूप में 'झारखण्ड' घोषित किया गया। यद्यपि ये तीनों ही राज्य अभी भी समग्र विकास की धारा में सम्मिलित न होने की समस्या का सामना कर रहे हैं, तथापि इन तीनों राज्यों में विषम भौगोलिक संरचना के कारण उत्तराखण्ड की समस्या और भी विकट है। विषम भौगोलिक संरचना के ही चलते इस राज्य के विकास में अर्थव्यवस्था के परम्परागत स्रोतों (कृषि, उद्योग, व्यापार और वाणिज्य आदि) का योगदान अत्यन्त न्यून है। ऐसे में उत्तराखण्ड के विकास हेतु राज्य में ऊर्जा, खनिज, पर्यटन एवं बागवानी आदि क्षेत्रों ने प्रकाश की किरण दिखायी है। इसी परिदृश्य को दृष्टिगत रखते हुए उत्तराखण्ड में पर्यटन एवं पर्यटन विकास कार्यक्रमों को आज सकारात्मक एवं दूरदृष्टि से देखने का प्रयास किया जा रहा है। उत्तराखण्ड में पर्यटन का विस्तृत विश्लेषण प्रस्तुत करने से पूर्व उत्तराखण्ड की वर्तमान परिचयात्मक स्थिति जानना आवश्यक है। इस हेतु उत्तराखण्ड के इतिहास पर दृष्टिपात करना हमारी प्राथमिकता है।

उत्तराखण्ड का इतिहास (History of Uttrakhand)

उत्तराखण्ड के इतिहास को प्रथम राजवंश की स्थापना से लेकर उसके पृथक राज्य के रूप में अस्तित्व में आने के कालक्रमों के आधार पर अधिक क्रमबद्ध, व्यवस्थित, वैज्ञानिक एवं प्रामाणिक युक्ति से प्रस्तुत किया जा सकता है—

1. **कुणिन्द राजवंश की स्थापना**—उपलब्ध तत्कालीन साहित्य और पुरातात्विक स्रोतों के अध्ययन-अन्वेषण से यह बात सामने आती है कि कुणिन्द राजवंश का काल महाभारत युद्ध

के काल (1000-900 ई०पू०) से प्रारम्भ होकर तृतीय शताब्दी तक रहा है। साथ ही कुणिन्द जनपद गंगाद्वार (वर्तमान हरिद्वार) से हिमालय की पर्वत शृंखलाओं तक विस्तृत था। कुणिन्दों के राज्य मुख्यालय (राजधानी) परिवर्तनशील रहे। ईसा पूर्व पाँचवीं से ईसा पूर्व तृतीय सदी तक कुणिन्द जनपद की राजधानी 'कालकूट' होने का अनुमान है। उत्तरांचलीय भारत के इतिहासकार शिव प्रसाद डबराल के मतानुसार सम्राट अशोक की मृत्यु के पश्चात कुणिन्द जनपद का मुख्यालय कालकूट के स्थान पर दक्षिण की ओर 'सुहत' नामक स्थान पर स्थापित किया गया। साथ ही ये साक्ष्य भी उपलब्ध हैं कि कुणिन्द वंश आर्य जाति का प्रतिनिधि था।

2. **पौरव राजवंश का आगमन**—जनपद अल्मोड़ा के तालेश्वर नामक स्थान से प्राप्त ताम्र एवं अष्टधातु के अभिलेख पौरव राजवंश के इतिहास पर प्रकाश डालते हैं। यद्यपि इस सम्बन्ध में प्रस्तुत किये गये तथ्य परस्पर विरोधाभासी हैं। तालेश्वर से प्राप्त अभिलेखों के सम्पादक ने इन अभिलेखों को छठी शताब्दी ई० से आठवीं शताब्दी ई० के मध्य का माना है। अनेक इतिहासकारों का मत है कि पौरव राजवंश ने हर्ष के पश्चात तथा कत्यूरी वंश एवं कन्नौज के यशोवर्मा से पूर्व यहाँ शासन किया। हर्ष का शासनकाल 600 ई०-647 ई० तक तथा यशोवर्मा का शासनकाल 725 ई०-752 ई० के मध्य तक माना जाता है। इसी आधार पर उत्तराखण्ड में पौरव राजवंश के शासनकाल की अवधि 647 ई०-7725 ई० के मध्य मानी गयी है। पौरव वंश को कत्यूरी शासकों का पूर्ववर्ती माना जा सकता है, क्योंकि कत्यूरी वंश की राजधानी कार्तिकेयपुर का तालेश्वर अभिलेखों में उल्लेख एक ग्रामक के रूप में हुआ है। यदि कार्तिकेयपुर विकसित तथा कत्यूरी शासन की राजधानी होता तो उसे ग्रामक कदापि न लिखा गया होता।

तालेश्वर से प्राप्त अभिलेखों से यह बात भी सामने आती है कि पौरव राजवंश का राज्य ब्रह्मपुर जनपद में था। इस जनपद में कुमायूँ-गढ़वाल के साथ भावर का मैदान भी सम्मिलित था। प्रसिद्ध चीनी यात्री ह्वेनसांग ने ब्रह्मपुर की यात्रा की थी। हर्ष के शासनकाल में ब्रह्मपुर राज्य अस्तित्व में था। राहुल सांकृत्यायन ने अपनी कृति—"हिमालय परिचय-गढ़वाल" तथा "हिमालय परिचय-कुमायूँ" में उल्लेख किया है कि ह्वेनसांग की यात्रा के समय ब्रह्मपुर राज्य हर्ष के अधीन रहा होगा। यह माना जाता है कि पौरव राजाओं ने उच्च कोटि की प्रशासनिक व्यवस्था की स्थापना की थी। इस राज्य की प्रशासनिक व्यवस्था में पूर्ववर्ती राज्यों की शासन व्यवस्था का स्पष्ट प्रभाव दृष्टिगोचर होता है। पौरव वंश के मुख्य शासक— अग्निवर्मन तथा विष्णुवर्मन द्वितीय रहे।

3. **कत्यूरी वंश**—उत्तराखण्ड में कत्यूरी वंश का इतिहास ज्ञात करने के लिये पाण्डुकेश्वर, बागेश्वर एवं बालेश्वर से प्राप्त अभिलेखों तथा बागेश्वर, जागेश्वर, पाण्डुकेश्वर, जोशीमठ, लाखामण्डल, बैजनाथ, बद्रीनाथ, देवप्रयाग, सोमेश्वर एवं श्रीनगर आदि स्थानों पर स्थित कत्यूरी वंश के स्मारकों के अध्ययन-अन्वेषण का प्रयोग किया जाता है, तथापि उत्तराखण्ड में कत्यूरी वंश के आगमन-शासन के सम्बन्ध में ठोस प्रमाण प्राप्त नहीं हो पाये हैं। एटकिन्सन ने कत्यूरी शब्द को कटार शब्द के समतुल्य मानते हुए कत्यूरी वंश को काबुल और पश्चिमी हिमालय के ढलानों में बसी वंसी कटोर नामक जाति का वंश माना है। परन्तु एटकिन्सन की प्रस्तुति भी प्रामाणिक नहीं है। राहुल सांकृत्यायन कत्यूरी वंश को शक-कुषाणों से सम्बन्धित मानते हैं। शिवप्रसाद डबराल ने कत्यूरियों को खस वंश का माना है। उनके द्वारा (खस) उत्तराखण्ड में शासन करने के अनेक प्रमाण मिलते हैं। उत्तराखण्ड के राजपूत राजा खस तथा कत्यूरी वंश के वंशजों को निम्न कोटि का मानते थे।

कत्यूरी वंश की राजधानी कार्तिकेयपुर थी। इसी कार्तिकेयपुर से कत्यूरी शब्द की उत्पत्ति हुई। कालान्तर में कत्यूरी राजाओं द्वारा कार्तिकेयपुर छोड़कर बैजनाथ में बस जाने के कारण कत्यूरी वंश की राजधानी बैजनाथ-कार्तिकेयपुर हो गयी। बैजनाथ में कत्यूरी वंश की राजधानी राजा नरसिंह देव के समय में स्थापित की गयी थी। कत्यूरी वंश की शासन व्यवस्था पर कत्यूरी राजाओं के ताम्र अभिलेखों से विस्तृत प्रकाश पड़ता है। कत्यूरी अभिलेखों में कत्यूरी राज्य के केन्द्रीय तथा प्रान्तीय पदाधिकारियों की एक दीर्घ सूची प्राप्त होती है। इस सूची के आधार पर कहा जा सकता है कि कत्यूरी राज व्यवस्था पर मौर्य गुप्त तथा हर्ष की शासन व्यवस्था का पूर्ण प्रभाव था। अधिकांश पदाधिकारियों के नाम पूर्ववर्ती भारतीय साम्राज्यों के पदाधिकारियों से मेल खाते हैं।

उत्तराखण्ड में विशेष रूप से स्थापत्य तथा मूर्तिकला का प्रारम्भ कत्यूरी काल से ही हुआ। इस राजवंश के समय में उत्तराखण्ड में अनेक मन्दिरों तथा मूर्तियों का निर्माण किया गया। इस काल में निर्मित मन्दिरों पर गुप्त काल का स्पष्ट प्रभाव दिखायी देता है। इन मन्दिरों के निर्माण में पत्थरों का प्रयोग किया गया है। लोहे की कीलों तथा चूने का प्रयोग भी हुआ है। उत्तराखण्ड में स्थित कत्यूरी काल के प्रमुख मन्दिर हैं—आदिबद्री, केदारनाथ, लाखामण्डल, जोशीमठ, गंगोत्री, उत्तरकाशी, गोपेश्वर, बैजनाथ, जागेश्वर, बागेश्वर, तपोवन एवं पाण्डुकेश्वर इत्यादि। उत्तराखण्ड में कत्यूरी वंश के पतन के दो प्रमुख कारण रहे—अन्तिम समय में कत्यूरी राजाओं की शासन-प्रशासन सम्बन्धी अयोग्यता तथा अशोक चल्ल जैसे बाह्य आक्रमणकारियों द्वारा कत्यूरी राज्य के अधिकांश भू-भाग पर अपना नियन्त्रण स्थापित कर लेना।

4. **चन्द वंश**—उत्तराखण्ड में राजवंशों के शासन के कालक्रम में चन्द राजवंश का नाम प्रमुखता से लिया जाता है। इस वंश का शासन अनुमानतः 10वीं-11वीं शताब्दी से प्रारम्भ होकर 18वीं ई० के अन्त तक रहा। लगभग 8 शताब्दियों तक उत्तराखण्ड की भूमि पर लगभग 62 चन्द शासकों ने शासन किया। प्रथम चन्द शासक के रूप में राजा सोम चन्द तथा अन्तिम राजा के रूप में राजा महेन्द्र चन्द का नाम लिया जाता है। उत्तराखण्ड में चन्द वंश के इतिहास पर चन्द वंशावली, चन्द कालीन अभिलेख, स्मारक तथा साहित्य प्रकाश डालते हैं। इस वंश का प्राचीनतम अभिलेख सन् 1317 ई० में उत्कीर्ण है। मुस्लिम साहित्य भी उत्तराखण्ड में चन्द शासन पर प्रभाव डालता है।

चन्द शासकों ने कुमायूँ को अपने शासन का केन्द्र बनाया तथा लगभग सभी चन्द शासकों का जीवन गढ़वाल के साथ संघर्ष करने में ही व्यतीत हुआ। अन्तिम राजा महेन्द्र चन्द के शासन काल में, सन् 1790 में गोरखा सेना ने चौतरिया बहादुर शाह, काजी जगजीत पाण्डेय, अमर सिंह थापा तथा सूरवीर थापा के नेतृत्व में कुमायूँ राज्य पर अपना अधिकार स्थापित कर लिया। महेन्द्र चन्द को कुमायूँ के तराई क्षेत्र में शरण लेनी पड़ी। अन्ततः कुमायूँ में दीर्घ अवधि तक शासन करने वाले चन्द वंश का अन्त हो गया। चन्द वंश कुमायूँ पर शासन करने वाला अन्तिम स्थानीय राजवंश सिद्ध हुआ। इसके पश्चात सन् 1790 ई० से लेकर सन् 1947 ई० तक अर्थात लगभग डेढ़ शताब्दी तक कुमायूँ में विदेशी शासकों का राज्य रहा।

चन्द वंश के शासकों ने कुमायूँ में सुव्यवस्थित शासन व्यवस्था स्थापित की थी। इनके शासनकाल में कुमायूँ राज्य में समृद्धि तथा सुरक्षा के वातावरण का विकास हुआ। चन्द राजा वीर, पराक्रमी, धैर्यवान, दानी, धर्मपरायण तथा विद्वानों के आश्रयदाता थे। कुल मिलाकर चन्द

वंश के अधिकांश राजा प्रजा हितैषी थे। किन्तु बाद के चन्द राजाओं की अयोग्यता, दरबारियों के षड्यंत्र तथा गढ़वाल एवं डोटी राज्यों से निरन्तर संघर्ष के कारण इस राजवंश को पतन का सामना करना पड़ा।

5. **पंवार वंश**—चन्द शासकों के विपरीत पंवार वंश गढ़वाल क्षेत्र में राज्य करने वाला महत्वपूर्ण राजवंश था। उत्तराखण्ड (गढ़वाल) में पंवार वंश के शासन काल के सम्बन्ध में अनेक तत्कालीन अभिलेखों, साहित्य एवं पंवार वंश के राजाओं की वंशावलियों से सूचनायें प्राप्त होती हैं। कुछ वंशावलियों के अध्ययन से स्पष्ट होता है कि गढ़वाल में पंवार वंश का जन्मदाता कनकपाल था। परन्तु अल्मोड़ा से प्राप्त वंशावली में पंवार वंश का जन्मदाता भगवान पाल, मौलाराम की वंशावली में भवन पाल तथा हाइविक की वंशावली में भागदत्त को इस वंश का जन्मदाता माना गया है। कुल मिलाकर स्थिति भ्रामक ही है।

जहाँ तक पंवार वंश की उत्पत्ति का प्रश्न है, कत्यूरी वंश के पतन के पश्चात कत्यूरी राज्य छोटी-छोटी रियासतों में विभाजित हो गया। पूर्वी कत्यूरी राज्यों को संयुक्त रूप से कुमायूँ राज्य तथा पश्चिमी कत्यूरी राज्यों को संयुक्त रूप से गढ़ देश कहा जाने लगा। कालान्तर में जिसे गढ़वाल नाम से जाना गया। गढ़देश कत्यूरी वंश के पतन के समय अनेक छोटी-छोटी रियासतों या गढ़ों (गढ़ियों) में विभक्त हो गया था। इन गढ़ियों की संख्या 54 थी। इन गढ़ों में एकता का अभाव था, जिस कारण इनमें परस्पर संघर्ष होता रहता था। पंवार वंशी राजा चाँदपुर गढ़ी से सम्बन्धित थे। पंवार वंश के प्रारम्भिक राजाओं ने धीरे-धीरे अपनी शक्ति बढ़ायी तथा एक-एक करके सभी गढ़ों को जीत कर विस्तृत राज्य गढ़ देश की स्थापना की।

कुमायूँ के चन्द शासकों की भांति पंवार राजाओं ने गढ़वाल में शासन किया। इस अवधि में कुमायूँ एवं गढ़वाल के शासकों में समय-समय पर संघर्ष होता रहा। जैसा कि पूर्व में उल्लेखित है, सन् 1790 ई० में कुमायूँ राज्य पर गोरखा सेना ने अपना अधिकार स्थापित कर लिया। कुमायूँ पर अधिकार स्थापित कर लेने के पश्चात गोरखा शासन गढ़वाल पर अधिकार करने का स्वप्न देखने लगा। सन् 1804 में गोरखा सेना तथा गढ़वाल की सेना के मध्य युद्ध हुआ। युद्ध में तत्कालीन पंवार राजा प्रद्युम्न शाह शहीद हो गया तथा गढ़वाल पर भी गोरखा शासन का नियन्त्रण हो गया। अर्थात 1804 ई० में सम्पूर्ण उत्तराखण्ड क्षेत्र से स्थानीय राजाओं का शासन समाप्त हो गया। गोरखा सेना के इस गढ़वाल अभियान को खड़बुड़ा का युद्ध कहा जाता है।

6. **उत्तराखण्ड में गोरखा शासन**—गोरखा नेपाल देश से सम्बन्धित थे। ये देखने में छोटे कद, हृष्ट-पुष्ट तथा छोटी-चपटी नाक वाले होते हैं। इनके शरीर का रंग गेहुँआ होता है। इनकी शारीरिक संरचना किरातों से मिलती-जुलती है। चंद राज्य पर (कुमायूँ पर) आक्रमण के समय राजा रण बहादुर शाह का शासन था। चंद राजाओं ने हर्ष देव जोशी को पदच्युत किया था। हर्ष देव जोशी भी बदले की भावना से ग्रसित था। गोरखाओं ने जोशी को कुमायूँ का राजा बनाने का प्रलोभन देकर उसे अपनी ओर मिला लिया। सन् 1790 ई० में गोरखाओं ने कुमायूँ पर आक्रमण करके अपना शासन स्थापित किया। यही नहीं हर्ष देव जोशी को भी उन्होंने कारागार में डाल दिया। इसी तरह गढ़वाल में भी पंवार राजाओं की निर्बल स्थिति को देखकर गोरखाओं ने आक्रमण किया तथा वहाँ भी अपना नियन्त्रण स्थापित कर लिया।

उत्तराखण्ड में गोरखाओं ने अपनी सुविधानुसार शासन व्यवस्था स्थापित की। एक सैनिक शासन की भाँति गोरखाओं ने उत्तराखण्ड में घोर अत्याचार किये। उनकी शासन व्यवस्था

अत्याचारी तथा न्याय व्यवस्था अन्यायपूर्ण व अतार्किक थी। गोरखाओं ने कुमायूँ पर 25 वर्ष तथा गढ़वाल में 11 वर्ष शासन किया। उनकी राज व्यवस्था को आज भी उत्तराखण्ड में घृणा के भाव से 'गोरख्याल' कहा जाता है। गोरखाओं ने उत्तराखण्ड की जनता पर अत्यधिक अत्याचार किये, नये-नये कर लगाये, लोगों को अपना दास बनाया तथा उनको बेचने से भी नहीं चूके। ऐसे में, भारत में अपना शासन स्थापित कर चुके अंग्रेज शासकों ने हर्ष देव जोशी की सहायता प्राप्त करके गोरखा शासन को उत्तराखण्ड से समाप्त करने के प्रयास प्रारम्भ कर दिये। 30 नवम्बर सन् 1814 ई० को अंग्रेजों ने देहरादून पर अधिकार कर लिया। उधर पूर्वी उत्तराखण्ड में हर्ष देव जोशी ने अंग्रेजों के साथ मिलकर जनता को सहयोग देने की प्रार्थना की। राज्य का जनमानस गोरखा शासन से त्रस्त था, अतः लोगों ने भी अंग्रेजों का सहयोग किया। अप्रैल 1815 ई० में ब्रिटिश सेना ने गोरखा सेना पर दबाव बना लिया। अपने शासन का अन्त निकट देखकर गोरखा सेनापति बमशाह ने कुमायूँ कमिश्नर गार्डनर के साथ 27 अप्रैल, 1815 ई० में एक समझौता किया। इस समझौते पर गोरखा सेनापति अमर सिंह थापा ने नवम्बर, 1815 ई० में संगोली नामक स्थान पर हस्ताक्षर किये तथा नेपाल सरकार द्वारा इस समझौते की पुष्टि 1816 ई० में की गयी। समझौते (संधि) की शर्त के अनुसार गोरखा पूर्वी उत्तराखण्ड क्षेत्र को छोड़कर काली नदी से पार नेपाल चले गये। इस प्रकार उत्तराखण्ड की जनता को गोरखाओं के अत्याचारी शासन से मुक्ति मिली तथा राज्य में ब्रिटिश शासन की स्थापना हुई।

7. **ब्रिटिश शासन**—सन् 1815-16 ई० में उत्तराखण्ड में अपना पूर्ण राज्य स्थापित कर लेने के पश्चात ब्रिटिश शासन ने उत्तराखण्ड को दो भागों में विभाजित कर दिया। एक भाग को अन्य देशी रियासतों की भांति टिहरी रियासत का नाम दिया गया तथा यह रियासत पूर्व पंवार वंश के वंशजों के अधीन कर दी गयी। सुदर्शन शाह टिहरी रियासत के राजा बनाये गये। चूँकि इस रियासत की देखभाल के लिये ब्रिटिश शासन का एक एजेन्ट नियुक्त रहता था, अतः अप्रत्यक्ष रूप से इस रियासत का नियन्त्रण ब्रिटिश शासन के ही पास था। राज्य का दूसरा भाग प्रत्यक्ष रूप से ब्रिटिश शासन के ही नियन्त्रण में था। उत्तराखण्ड में प्रशासन को सुचारु रूप से चलाने के लिये उसे कमिश्नरी का रूप दिया गया, जिसके प्रमुख पद पर कमिश्नर की नियुक्ति की गयी। कमिश्नरी का मुख्यालय नैनीताल में था। सन् 1839 ई० में गढ़वाल जिले का गठन किया गया। इस प्रकार राज्य में दो जिले हो गये—कुमायूँ एवं गढ़वाल (ब्रिटिश)। कालान्तर में इनकी संख्या में और वृद्धि की गयी तथा सन् 1842 ई० में तराई जनपद एवं 1891 ई० में नैनीताल जनपद की स्थापना की गयी। उधर टिहरी रियासत को सन् 1937 ई० में पंजाब हिल स्टेट एजेन्सी के साथ संयुक्त कर दिया गया।

8. **उत्तराखण्ड में स्वतन्त्रता संग्राम**—चूँकि ब्रिटिश शासन भी भारत में विदेशी शासन का प्रतीक था तथा ब्रिटिश शासक आक्रमणकारियों के रूप में थे। अतः इस शासन से भी भारतीय जनता की भलाई की अपेक्षा करना, रात में सूरज उगने की कल्पना करने के समान था। ब्रिटिश शासन की समस्त जन विरोधी नीतियों ने भारतीय जनता को उद्वेलित कर रखा था। अन्ततः 1857 ई० में भारत में स्वतन्त्रता संग्राम का उदय हुआ। उत्तराखण्ड क्षेत्र भी इससे अछूता नहीं रहा। सन् 1858 ई० में उत्तराखण्ड में शिक्षा के प्रचार-प्रसार ने यहाँ के लोगों में राष्ट्रीयता की भावना विकसित की। राज्य में समाचार पत्रों, क्लबों तथा अन्य संगठनों का उदय हुआ। 19वीं शताब्दी के अन्त तक उत्तराखण्ड से दो समाचार पत्र प्रकाशित होते थे—समय विनोद तथा अल्मोड़ा समाचार। यद्यपि ये समाचार पत्र शासन की नीतियों का विरोध तो नहीं करते थे,

तथापि जनसमस्याओं के प्रति मुखर रहते थे। इस कारण लोगों में जाग्रति लाने में इन अखबारों की भूमिका महत्वपूर्ण रही। भारत वर्ष में सन् 1885 में कांग्रेस की स्थापना हुई। यद्यपि उत्तराखण्ड में कांग्रेस की स्थापना सन् 1912 ई० में हुई, परन्तु इससे पूर्व तक उत्तराखण्ड के लोग भारत में जगह-जगह होने वाले कांग्रेस के अधिवेशनों में भाग लेकर राज्य की समस्याओं को कांग्रेस के माध्यम से ब्रिटिश शासन के समक्ष उठाते रहे। राज्य में कांग्रेस की स्थापना के पश्चात यहाँ से प्रकाशित होने वाले समाचार पत्रों की संख्या में वृद्धि हुई। यद्यपि पूर्व में प्रकाशित होने वाले गढ़वाल समाचार, समय विनोद तथा अल्मोड़ा समाचार आदि समाचार पत्रों का प्रकाशन बन्द हो गया। सन् 1916 में बाल गंगाधर तिलक तथा एनी बेसेन्ट द्वारा संचालित होमरूल आन्दोलन की एक शाखा अल्मोड़ा में स्थापित की गयी। इसी वर्ष कुमायूँ परिषद की स्थापना भी हुई। इस परिषद ने सन् 1936 ई० तक छह अधिवेशनों का आयोजन किया। सन् 1919 में गढ़वाल परिषद की स्थापना हुई। इन दोनों परिषदों ने उत्तराखण्ड में व्याप्त 'कुली बेगार प्रथा' को समाप्त करने में महत्वपूर्ण भूमिका निभायी। सन् 1929 ई० में गांधी जी के उत्तराखण्ड भ्रमण ने यहाँ के लोगों में नये जोश का संचार किया। सन् 1938 में श्रीनगर (गढ़वाल) में एक राजनैतिक सम्मेलन का आयोजन हुआ, जिसमें पं. जवाहर लाल नेहरू तथा विजय लक्ष्मी पंडित ने भी भाग लिया।

सन् 1940 ई० में समस्त भारत में व्यक्तिगत सत्याग्रह चलाया गया। देश के अन्य भागों की भांति उत्तराखण्ड में भी यह आन्दोलन चला। इसके अन्तर्गत अनेक सत्याग्रही गिरफ्तार किये गये। भारत में सन् 1942 ई० में प्रारम्भ हुआ 'भारत छोड़ो आन्दोलन' उत्तराखण्ड में अल्मोड़ा से प्रारम्भ हुआ। बाद में यह राज्य के अन्य क्षेत्रों में भी फैल गया। सुभाष चन्द्र बोस द्वारा पुनर्गठित 'आजाद हिन्द फौज' में उत्तराखण्ड के कैप्टन चन्द्र सिंह नेगी, कैप्टन महेन्द्र सिंह बागड़ी, कैप्टन बुद्धि सिंह रावत एवं पदम सिंह गुसाईं ने राज्य का प्रतिनिधित्व किया। इन लोगों ने सन् 1946 में घर लौटकर अपने-अपने गृह क्षेत्रों में स्वाधीनता की अलख जलायी। अन्ततः सन् 1947 ई० में 15 अगस्त के दिन भारत को ब्रिटिश शासन से मुक्ति मिली।

9. **उत्तराखण्ड राज्य का गठन**—स्वतन्त्रता प्राप्ति के पश्चात उत्तराखण्ड क्षेत्र भी ब्रिटिश शासन की परतन्त्रता से मुक्त हुआ। सन् 1949 ई० में टिहरी रियासत का भी अन्य भारतीय रियासतों की भांति स्वतन्त्र भारत में संविलय कर दिया गया तथा टिहरी रियासत के राजा को पेंशन दे दी गयी। तदुपरान्त कुमायूँ-गढ़वाल संभाग पर्वतीय क्षेत्र के रूप में एक बड़े राज्य उत्तर प्रदेश का अंग बन गये। किन्तु भौगोलिक, सामाजिक एवं आर्थिक विषमताओं की विद्यमानता के कारण उत्तराखण्ड क्षेत्र ने स्वयं को उपेक्षित अनुभव किया। अनेक प्रकार की राजकीय सेवाओं में भी उत्तराखण्ड के लोगों को उचित प्रतिनिधित्व नहीं मिल पाया। अन्ततः अपने अस्तित्व की रक्षा तथा राष्ट्रीय मानचित्र में अपनी पृथक पहचान स्थापित करने के लिये उत्तराखण्डवासियों ने पृथक उत्तराखण्ड राज्य की स्थापना का विचार करना प्रारम्भ किया।

पृथक राज्य की मांग सर्वप्रथम कामरेड पी०सी० जोशी ने सन् 1952 में भारत सरकार के समक्ष ज्ञापन के माध्यम से रखी। सन् 1957 ई० में टिहरी नरेश मानवेन्द्र शाह द्वारा पृथक राज्य के लिए आन्दोलन प्रारम्भ करने हेतु जनसम्पर्क करना प्रारम्भ किया गया। उपरोक्त दोनों ही प्रयास असफल रहे। तत्पश्चात राज्य आन्दोलन को दिशा प्रदान करने के उद्देश्य से सन् 1967 ई० में रामनगर में पर्वतीय विकास परिषद, सन् 1970 ई० में कुमायूँ राष्ट्रीय मोर्चा तथा सन् 1979 ई० में उत्तराखण्ड क्रान्ति दल की स्थापना की गयी। वस्तुतः उत्तराखण्ड राज्य आन्दोलन

को जनमानस का आन्दोलन बनाने में उत्तराखण्ड क्रान्ति दल की भूमिका सर्वोपरि रही, जिसके प्रयासों से न केवल यह जन आन्दोलन बन पाया वरन अन्य राजनैतिक दलों को भी पृथक उत्तराखण्ड राज्य की मांग का समर्थन करने पर विवश होना पड़ा। सन् 1991 ई० में उत्तर प्रदेश सरकार द्वारा पृथक उत्तराखण्ड राज्य के गठन का प्रस्ताव केन्द्र सरकार को प्रस्तुत किया गया। इस बीच सन् 1994 ई० में भारत के 'आरक्षण विरोधी आन्दोलन' ने पृथक राज्य निर्माण आन्दोलन को आक्सीजन प्रदान की। उत्तराखण्ड आन्दोलन के कारण यहाँ के निवासियों को खटीमा, मसूरी, मुजफ्फर नगर (रामपुर तिराहा) तथा श्रीयन्त्र टापू जैसे हत्या व बलात्कार कांड सहने पड़े। जिसमें न केवल यहाँ के करीब 42 नागरिकों को शहीद होना पड़ा वरन महिलाओं को पुलिसिया हवस का शिकार भी बनना पड़ा। 15 अगस्त सन् 1996 ई० को भारत के तत्कालीन प्रधानमंत्री ने लालकिले की प्राचीर से उत्तराखण्ड राज्य का गठन करने की घोषणा की। 27 जुलाई 2007 ई० को 'उत्तर प्रदेश पुनर्गठन विधेयक' लोकसभा में प्रस्तुत किया गया, जिसे लोक सभा ने तुरन्त पारित कर दिया। 10 अगस्त 2000 ई० को राज्य सभा ने भी इस विधेयक को अपनी स्वीकृति प्रदान की। 28 अगस्त 2000 ई० को भारत के महामहिम राष्ट्रपति ने इस विधेयक को स्वीकार कर लिया। अन्ततः 9 नवम्बर 2000 ई० को 'उत्तरांचल' नाम से भारतीय गणतन्त्र के 27वें राज्य के रूप में विधिवत गठन हो गया।

उत्तराखण्ड के प्रमुख जन आन्दोलन
(Main Mass Movements of Uttrakhand)

जिस प्रकार उत्तराखण्ड पर्यटन स्थलों की धरती है, उसी प्रकार यह जन आन्दोलनों की भी मातृ भूमि रही है। ब्रिटिश शासन के दौरान कुली बेगार आन्दोलन, विश्व प्रसिद्ध चिपको आन्दोलन, नशा नहीं—रोजगार दो आन्दोलन, मैती आन्दोलन, नदी बचाओ आन्दोलन तथा उत्तराखण्ड राज्य आन्दोलन आदि उत्तराखण्ड की धरा से जन्मे ऐसे जन आन्दोलन रहे हैं जिन्होंने न केवल यहाँ के जनमानस के कल्याण के लिये मील के पत्थर का कार्य किया, वरन राष्ट्रीय व अन्तर्राष्ट्रीय पटल पर भी अपनी व इस क्षेत्र की विशेष पहचान बनायी। इस कारण उत्तराखण्ड की धरती से उपजे प्रमुख जन आन्दोलनों पर प्रकाश डालना आवश्यक है—

1. **कुली बेगार आन्दोलन**—कुली बेगार आन्दोलन राज्य में ब्रिटिश शासन द्वारा स्थापित कुली बेगार प्रथा के विरोध के रूप में प्रारम्भ किया गया था। उत्तराखण्ड में ब्रिटिश शासकों द्वारा अपना नियन्त्रण स्थापित कर लेने के पश्चात उन्हें यहाँ के दुर्गम तथा अति दुर्गम क्षेत्रों का भ्रमण करना पड़ता था। चूँकि भ्रमण के दौरान सरकारी अधिकारियों/कर्मचारियों सहित ब्रिटिश शासकों की बड़ी टीम होती थी, अतः यह टीम अपने साथ खाद्य सामग्री तथा सैनिक साजो-सामान पर्याप्त मात्रा में लाती थी। इस सामग्री को ढोने के लिये मजदूरों की आवश्यकता अपरिहार्य होती थी। ब्रिटिश शासकों ने यह नीति बनायी कि वे जिस गांव में भ्रमण पर जायेंगे, उस गांव के लोगों को बेगार कुली के रूप में कार्य करना होगा। सम्बन्धित गांव का पटवारी तथा मालदार एक रजिस्टर अपने पास रखता था, जिसमें गांव के प्रत्येक परिवार का नाम अंकित होता था। यह रजिस्टर कुली रजिस्टर कहलाता था। प्रत्येक परिवार को इस प्रथा का पालन करना अनिवार्य था तथा जो परिवार कुली बेगार का कार्य नहीं करता था, उसके लिये दंड की व्यवस्था की गयी थी। कुली बनने के लिये ग्रामीण की आकस्मिकता, बीमारी, मान सम्मान कोई भी मायने नहीं रखता था। इस प्रथा के अन्तर्गत कमिश्नर को 100 कुली मिलते थे।

मैनुअल ऑफ गवर्नमेन्ट आर्डर में निर्धारित कर दिया गया था कि किस अधिकारी को कितने कुली मिलेंगे। आर्डर के अनुसार कमिश्नर को 100 कुली, डिप्टी कमिश्नर को 50 कुली, डिप्टी कलेक्टर को 24 कुली, तहसीलदार को 10 कुली तथा नायब तहसीलदार को 6 कुली ग्राम प्रधान से प्राप्त करने का अधिकार था। बेगार प्रथा के लिये गांव के प्रधानों (थोकदारों) को उत्तरदायी बनाया गया था। यह बात अलग है कि यह प्रथा केवल निम्न जाति के लोगों तक ही सीमित रह गयी थी, क्योंकि उच्च जाति के लोग अपने स्थान पर कुछ प्रलोभन देकर निम्न जाति के लोगों को कुली बेगारी हेतु भेज देते थे।

जब कुली बेगार प्रथा की आड़ में राज्य के निवासियों पर अत्याचार बढ़ गये, तब यहाँ के लोगों ने स्वयं को इस प्रथा के विरोध में आन्दोलन करने के लिये तैयार करना प्रारम्भ कर दिया। आन्दोलन की पृष्ठभूमि में सबसे बड़ा कारण रहा—राज्य की सवर्ण जातियों को भी कुली बेगारी के लिये बाध्य करना। इस स्थिति को सवर्ण जातियों के लोगों ने अपने अपमान के रूप में देखा तथा निम्न जाति के लोगों का सहयोग लेकर कुली बेगार आन्दोलन प्रारम्भ कर दिया। यदि सवर्ण जातियां इस प्रथा में प्रारम्भ से ही सम्मिलित रही होतीं तो यह आन्दोलन कुली बेगार व्यवस्था लागू होने के 100 वर्षों पश्चात नहीं, पूर्व में ही प्रारम्भ हो गया होता। कुली बेगार प्रथा की विरोधी पृष्ठभूमि तैयार करने में अन्य कारक थे—भारतीय राष्ट्रीय कांग्रेस द्वारा राज्य के नागरिकों को आन्दोलन के लिये प्रेरित करना, कुमायूँ परिषद का निर्माण, अनेक समाचार पत्रों का अस्तित्व में आना तथा इस प्रथा के विरोध में जागृति पैदा करना, शिक्षा का प्रचार-प्रसार, विभिन्न भारतीय राष्ट्रीय नेताओं द्वारा राज्य का भ्रमण कर इस प्रथा के विरोध में रत लोगों के मनोबल को ऊँचा करना तथा सन् 1904 ई० में उच्च न्यायालय इलाहाबाद द्वारा कुली बेगार प्रथा का विरोध कर रहे 16 लोगों के पक्ष को उचित ठहराना। फलस्वरूप 20वीं शताब्दी के दूसरे दशक में यह आन्दोलन मुखर हो गया। सन् 1920 ई० में कुमायूँ परिषद द्वारा कुमायूँ क्षेत्र में तथा सन् 1921 ई० में मुकुन्दी लाल तथा अनुसुइया प्रसाद बहुगुणा द्वारा गढ़वाल में कुली बेगार प्रथा के विरोध में अनेक अधिवेशन तथा जनसभाओं का आयोजन किया गया। परिणामस्वरूप पूरा राज्य आन्दोलित हो गया। ब्रिटिश सरकार ने इस आन्दोलन से घबराकर आन्दोलनकारियों का दमन एवं उत्पीड़न प्रारम्भ कर दिया, किन्तु यह आन्दोलन और उग्र होता गया। अन्ततः जनवरी सन् 1922 ई० में टिहरी रियासत को छोड़कर शेष राज्य में यह प्रथा समाप्त कर दी गयी। धीरे-धीरे इस रियासत में भी यह प्रथा समाप्त हो गयी।

2. **चिपको आन्दोलन**—उत्तराखण्ड की धरा से जन्मा विश्व प्रसिद्ध 'चिपको आन्दोलन' आज भारत ही नहीं वरन सम्पूर्ण विश्व में पर्यावरण संरक्षण का पर्याय बन गया है। उत्तराखण्ड की जनता ने इस आन्दोलन को महज पर्यावरणीय उद्देश्य से नहीं चलाया, बल्कि इसकी पृष्ठभूमि में कहीं न कहीं शोषणकारी व वन-खनन माफियाओं जैसी प्रवृत्तियों व शक्तियों के विरुद्ध जनमानस को एकजुट कर अपने अधिकारों के लिये संघर्ष को माध्यम बनाना था।

वास्तव में यह राज्य का एकमात्र ऐसा आन्दोलन है, जिसने भारत ही नहीं अपितु सम्पूर्ण विश्व के सामने राज्य की ग्रामीण एवं गृहिणी महिलाओं के अदम्य साहस का एक पृथक चित्र प्रस्तुत किया। मार्च 1977 ई० में चमोली जनपद के मण्डल गाँव में इलाहाबाद की खेल सामग्री निर्माता कम्पनी के ठेकेदार 10 वृक्ष काटने पहुँचे, तो स्थानीय ग्रामीणों ने ठेकेदार को वृक्ष काटने की अनुमति नहीं दी। जब मजदूरों ने बलपूर्वक वृक्षों को काटने का प्रयास किया तो वहाँ के

पुरुष पेड़ों से चिपक(लिपट) गये। अन्ततः ठेकेदार को खाली हाथ लौटना पड़ा। तत्पश्चात इस ठेकेदार ने गोपेश्वर से 80 किमी दूर रायपुर फाटा स्थान पर पुनः वृक्ष काटने का प्रयास किया तो यहाँ के ग्रामीणों ने भी वृक्षों से चिपक कर वृक्षों का बचाव किया। इस आन्दोलन को चरमोत्कर्ष तब मिला जब जोशीमठ से 65 किमी दूर रैंणी गांव में एक ठेकेदार नीलामी में लिये गये वन को काटने के लिये पहुँच गया। इस समय गांव में पुरुष उपस्थित नहीं थे। इस स्थिति में अनेक महिलाओं ने धरना देकर ठेकेदार का मार्ग अवरुद्ध किया तथा कुछ महिलाएं गौरा देवी के नेतृत्व में वृक्षों से चिपक गयीं। अन्ततः यह वन कटने से बच गया। इस सफलता से प्रेरणा पाकर यह आन्दोलन अपने व्यापक स्वरूप तक पहुँचा तथा विश्व प्रसिद्धि प्राप्त की।

समस्त उत्तराखण्ड में चले चिपको आन्दोलन का ही परिणाम था कि केन्द्र सरकार को वन अधिनियम 1980 पारित करना पड़ा, जिस कारण अब वनों का कटान ठेकेदारी प्रथा से नहीं कराया जाता है। यद्यपि वन अधिनियम 1980 के क्रियान्वयन से वनों का अन्धाधुन्ध कटान अवश्य रुका है, परन्तु इसके कारण ग्रामीणों को वन पर अधिकारों से भी वंचित होना पड़ा है। यहाँ यह उल्लेख करना अपरिहार्य है कि वनों का संरक्षण मात्र अधिनियम लागू करने से ही नहीं हो सकता, इसके लिये क्षेत्र के निवासियों को विश्वास में लेकर यह अनुभव करने-कराने की आवश्यकता है कि 'जन' और 'वन' एक-दूसरे के शत्रु नहीं मित्र हैं, उन्हें परस्पर पृथक नहीं किया जा सकता।

3. **नशा नहीं, रोजगार दो आन्दोलन**—नशे की प्रवृत्ति उत्तराखण्डवासियों की पुरातन समस्या रही है। इस राज्य का अधिकांश भाग उच्च हिमालयी एवं मध्य हिमालयी क्षेत्र के रूप में है। इस क्षेत्र में रहने वाले लोगों को वर्ष के अधिकांश समय कँपकँपाती शीत का सामना करना पड़ता है। इस ठण्ड से बचाव के लिये राज्य के ऊँचे क्षेत्रों में रहने वाले लोगों के घर में निर्मित होने वाले गर्म पेय पदार्थ के रूप में स्थानीय शराब प्रचलन में आयी। यहाँ यह स्मरणीय है कि यह शराब नशा करने का माध्यम नहीं, वरन प्रचण्ड शीत से शरीर की रक्षा करने वाली देशी औषधि के रूप में सामने आयी थी। किन्तु शराब व्यवसायियों द्वारा इस पेय पदार्थ के विकल्प के रूप में राज्य में नशाकारी शराब का बाजार स्थापित कर दिया गया। राज्य की अधिकतम कार्यशील पुरुष जनसंख्या इस शराब की आदी होती चली गयी। इस प्रतिकूल परिस्थिति ने न केवल राज्य में पारिवारिक कलह, विघटन, महिला उत्पीड़न, आत्महत्या, बेकारी और निर्धनता जैसी अनेक सामाजिक समस्याओं को जन्म दिया, बल्कि राज्य की आर्थिक स्थिति को भी शराब व्यवसायियों के अधीन कर दिया। राज्य में नशे की प्रवृत्ति से उद्वेलित होकर 2 फरवरी 1984 ई० में घुंघोली (बसभीड़ा), चौखुटिया में उत्तराखण्ड संघर्ष वाहिनी के नेतृत्व में सम्पूर्ण राज्य के युवा बेरोजगारों व महिलाओं द्वारा 'नशा नहीं रोजगार दो, काम का अधिकार दो' के नारे के अधीन आन्दोलन प्रारम्भ किया गया। धीरे-धीरे आन्दोलन ने जन आन्दोलन का रूप ग्रहण कर लिया। जहाँ युवाओं के साथ राज्य के वृद्ध, बच्चे, एवं महिलाएं भी इस आन्दोलन में कूद पड़े, वहीं आन्दोलनकारियों को पुलिस दमन का शिकार भी होना पड़ा। शराब व्यवसाय से जुड़े बड़े-बड़े प्रभावी माफियाओं का सामाजिक बहिष्कार हुआ तथा उन्हें मुँह काला करके घुमाया गया। वर्षों से शराब के आदी हो चुके सैकड़ों लोगों ने शराब का परित्याग कर आन्दोलन में भागीदारी निभायी। गांवों में अवैधानिक रूप से बनायी जा रही शराब की भटिट्यों को आग के हवाले कर दिया गया। अन्ततः तत्कालीन उत्तर प्रदेश सरकार को उत्तराखण्ड क्षेत्र के लिये पृथक आबकारी नीति बनानी पड़ी, जिसमें उत्तराखण्ड में शराब

व्यवसाय के सम्बन्ध में अनेक कठोर प्रावधान बना दिये गये। परिणामस्वरूप उत्तराखण्ड में अशोका लिक्विड तो हमेशा के लिये समाप्त हो ही गयी, साथ ही 18 अक्टूबर 1986 को इलाहाबाद उच्च न्यायालय ने अपने महत्वपूर्ण निर्णय में आयुर्वेदिक दवाओं के नाम से बिकने वाली दवाइयों के प्रसार पर भी प्रभावी रोक लगा दी। उत्तर प्रदेश सरकार ने आन्दोलनकारियों की मांग के अनुसार 12 प्रतिशत से ज्यादा मात्रा में एल्कोहल धारक दवाओं को शराब घोषित कर दिया।

'नशा नहीं रोजगार दो' आन्दोलन नशा करने वाले लोगों के विरुद्ध नहीं था, वरन यह नशे की संस्कृति को बढ़ाने तथा उत्तराखण्ड के समाज को नशे में लिप्त कर देने वाली मनोवृत्ति के विरोध में चलाया गया था। जिसके पीछे यह स्पष्ट मान्यता कार्य कर रही थी कि नशे से अभिशप्त व्यक्ति अपने परिवार, परिवेश, समाज, देश के लिये मात्र एक बोझ से अधिक कुछ नहीं होता है। लेखक आज भी सरकारों द्वारा एक साथ संचालित किये जा रहे दो परस्पर विरोधी विभागों (मद्य निषेध तथा आबकारी) की प्रासंगिकता के सम्बन्ध में उनके कल्याणकारी होने के प्रति आशंकित हैं।

4. **उत्तराखण्ड राज्य आन्दोलन**—यह आन्दोलन राज्य के सबसे बड़े एवं सर्वप्रमुख जन आन्दोलन के रूप में देखा जाता है। वास्तव में इस आन्दोलन में प्रत्यक्ष या अप्रत्यक्ष रूप से उत्तराखण्ड के प्रत्येक नागरिक, यहाँ तक कि देश-विदेश में रहने वाले उत्तराखण्ड के प्रवासी नागरिकों ने अपनी सहभागिता सुनिश्चित की। स्वतन्त्रता प्राप्ति के पश्चात उत्तराखण्ड क्षेत्र को संयुक्त उत्तर प्रदेश में पर्वतीय अंग के रूप में सम्मिलित कर दिया गया। यह क्षेत्र अपनी विषम भौगोलिक परिस्थिति, आर्थिक आवश्यकताओं एवं पृथक संस्कृति के कारण विशेष ध्यान दिये जाने का अधिकारी था, परन्तु यह सब नहीं हुआ। अन्ततः यहाँ के निवासियों के मन में पृथक राज्य के रूप में उत्तराखण्ड को स्थापित करने की भावना बलवती होने लगी। वैसे भी एक बड़े परिवार की भांति बड़ा राज्य भी समन्वय एवं सहयोग की भावना के अभाव का सामना करता ही है।

पृथक उत्तराखण्ड राज्य की मांग सर्वप्रथम कामरेड पी.सी. जोशी द्वारा सन् 1952 ई० में ज्ञापन के रूप में केन्द्र सरकार के समक्ष रखी गयी। तत्पश्चात पेशावर काण्ड के नायक चन्द्र सिंह भण्डारी (कालान्तर में वीर चन्द्र सिंह गढ़वाली नाम से प्रख्यात) द्वारा तत्कालीन प्रधानमंत्री जवाहर लाल नेहरू को अपनी पृथक राज्य की भावना से अवगत कराया गया। सन् 1955 में भाषायी आधार पर राज्यों के पुनर्गठन हेतु गठित फजल अली आयोग ने भी इस क्षेत्र को पृथक राज्य के रूप में स्थापित करने की संस्तुति दी। सन् 1957 ई० में टिहरी नरेश द्वारा पृथक उत्तराखण्ड राज्य के लिये अभियान चलाया गया। सन् 1967 ई० में कुछ जागरूक व्यक्तियों द्वारा रामनगर (नैनीताल) में पर्वतीय राज्य परिषद की स्थापना की गयी। इस परिषद ने सन् 1973 ई० में श्री बद्रीनाथ से दिल्ली तक पदयात्रा का आयोजन किया। पी०सी० जोशी द्वारा सन् 1970 ई० में कुमायूँ राष्ट्रीय मोर्चा का गठन किया गया। पृथक राज्य की बढ़ती मांग को देखते हुए, इस क्षेत्र के लोगों को झूठी सांत्वना देने के उद्देश्य से सन् 1973 ई० में पर्वतीय विकास मंत्रालय के अन्तर्गत एक स्वतन्त्र मंत्री की नियुक्ति कर दी गयी। राज्य गठन के प्रति राष्ट्रीय राजनैतिक दलों की रुचिहीनता को देखते हुए सन् 1979 ई० में मसूरी में आयोजित एक सम्मेलन में क्षेत्रीय राजनैतिक दल की आवश्यकता को कार्यरूप प्रदान करते हुए 'उत्तराखण्ड

क्रान्ति दल' की स्थापना हुई। इस दल के अथक प्रयासों से पृथक राज्य गठन की मांग राष्ट्रीय स्तर पर पहुँच गयी। अगस्त, सन् 1991 ई० में उत्तर प्रदेश की तत्कालीन सरकार ने पृथक उत्तराखण्ड राज्य का प्रस्ताव केन्द्र सरकार को प्रेषित किया।

सन् 1994 ई० में देश सहित उत्तराखण्ड में भी आरक्षण विरोधी आन्दोलन प्रारम्भ हुआ। वास्तव में जिन पिछड़ी जातियों के लिये 27 प्रतिशत आरक्षण का प्रावधान किया गया था, उन जातियों की संख्या इस क्षेत्र में अति अल्प थी। अतः आरक्षण विरोध ने पृथक उत्तराखण्ड राज्य आन्दोलन रूपी आग में घी का कार्य किया।

जगह-जगह धरना एवं प्रदर्शन चल रहे थे। इस बीच तीन दमनकारी घटनाओं ने आन्दोलनकारियों को उद्वेलित कर दिया। 1 सितम्बर, 1994 को खटीमा (ऊधम सिंह नगर) में शान्तिपूर्वक प्रदर्शन कर रहे आन्दोलनकारियों पर पुलिस फायरिंग में 7 आन्दोलनकारी शहीद हो गये। 2 सितम्बर, 1994 को मसूरी (देहरादून) में पुलिस तानाशाही के विरोध में शान्तिपूर्ण प्रदर्शन कर रहे आन्दोलनकारियों पर पुलिस ने पत्थर बरसाकर उनमें भगदड़ फैला दी तथा उन्हें नियन्त्रित करने के नाम पर गोलीबारी प्रारम्भ कर दी। इस घटना में 6 आन्दोलनकारी शहीद हुए। तत्पश्चात केन्द्र सरकार पर उत्तराखण्ड को पृथक राज्य घोषित करने हेतु दबाव बनाने के उद्देश्य से 2 अक्टूबर 1994 (गांधी जयन्ती) के दिन दिल्ली में राज्य आन्दोलनकारियों की एक विशाल रैली आयोजित करने का निर्णय लिया गया। 1 अक्टूबर की रात्रि, जब उत्तराखण्ड के दूर-दराज के क्षेत्रों के हजारों युवा, वृद्ध, स्त्री-पुरुष, किसान, भू०पू० सैनिक, शिक्षक एवं कर्मचारी आदि वाहनों से दिल्ली कूच कर रहे थे तो उनके वाहनों को उत्तर-प्रदेश पुलिस द्वारा सुनियोजित दमनपूर्ण तरीके से जगह-जगह रोक लिया गया। इतना ही नहीं गढ़वाल मण्डल की हजारों राज्य आन्दोलनकारी महिलाओं के साथ रामपुर तिराहा (मुजफ्फरनगर) पर जो अत्याचार हुआ, उस अमानवीय कृत्य को शब्दों में व्यक्त नहीं किया जा सकता। घटना की सी०बी०आई० जाँच में यह पाया गया कि अनेक महिलाओं के साथ बलात्कार और छेड़खानी की गयी तथा वृद्ध हो या बच्चा सभी को निर्दयतापूर्वक पीटा गया। साथ ही 2 अक्टूबर की प्रातः 6 बजे रामपुर तिराहे पर रामधुन गा रहे आन्दोलनकारियों पर पुलिस ने गोलीबारी कर कई आन्दोलनकारियों की हत्या कर दी। यह घटना आज भी स्वतन्त्र भारत के इतिहास में काले शब्दों में अंकित है। यही नहीं इस कृत्य के लिये उत्तर प्रदेश के तत्कालीन मुख्यमंत्री ने पूरे देश से क्षमा मांगी।

परन्तु इन दमनकारी नीतियों से विचलित हुए बिना आन्दोलनकारी अपनी मांग पर अड़े रहे। भारतीय गणतन्त्र के इतिहास में यह एकमात्र ऐसा आन्दोलन रहा जिसमें राजनैतिक मांग होने पर भी पूरे क्षेत्र के समस्त शासकीय शिक्षकों एवं कर्मचारियों ने आचार संहिता का उल्लंघन कर पूर्ण भागीदारी निभायी तथा इसे वास्तविक जन आन्दोलन का स्वरूप प्रदान किया। 15 अगस्त, सन् 1996 ई० को तत्कालीन प्रधानमंत्री ने उत्तराखण्ड को पृथक राज्य के रूप में सृजित करने की घोषणा की तथा विधायी औपचारिकतायें पूरी करने के पश्चात अन्ततः 9 नवम्बर, 2000 ई० को उत्तरांचल/उत्तराखण्ड राज्य के रूप में यहाँ के निवासियों का स्वप्न साकार हुआ।

5. **डोला-पालकी आन्दोलन**—यह आन्दोलन उत्तराखण्ड की धार्मिक-सांस्कृतिक परम्पराओं में निम्न वर्ग को उच्च वर्ग के समान प्रतिनिधित्व नहीं दिये जाने के कारण अस्तित्व में आया। उत्तराखण्ड में विवाह की रस्म समाप्त होने के पश्चात वर-वधू द्वारा डोली-पालकी में

बैठकर वर के यहाँ पहुँचने की परम्परा है, किन्तु निम्न जातियों को इस परम्परा से दूर रखा गया था। धीरे-धीरे निम्न जातियों के साथ किये जाने वाले इस भेदभाव ने जन आन्दोलन को जन्म दे दिया। निम्न जातियों के लोगों ने जयानन्द भारतीय के नेतृत्व में लामबन्द होकर आन्दोलन किया तथा डोला-पालकी का अधिकार प्राप्त किया।

6. **नदी बचाओ आन्दोलन**—यह आन्दोलन राज्य के अस्तित्व में आने के बाद का आन्दोलन है, यद्यपि इसकी पृष्ठभूमि प्राचीन है। उत्तराखण्ड पवित्र पावनी गंगा सहित 13 नदियों का उद्‌गम स्थल है। ये नदियां भारत के बड़े भूभाग को जलापूर्ति करती हैं। पेयजल ही नहीं गंगा-यमुना का कृषि क्षेत्र इन्हीं नदियों की देन है। इन मध्य हिमालयी क्षेत्र से निकलने वाली नदियों को सम्पूर्ण भारत की जीवन रेखाएं भी कहा जा सकता है। किन्तु उत्तराखण्ड में बन रही सैकड़ों जलविद्युत परियोजनाओं, अवैध व अनियोजित खनन तथा बढ़ते प्रदूषण के कारण न केवल इन नदियों का जलस्तर निरन्तर कम होता जा रहा है, वरन नदियों के अस्तित्व पर ही प्रश्न चिन्ह लग गया है। इस विषम स्थिति के दूरगामी प्रभावों से चिन्तित होकर यहाँ के जागरूक लोगों द्वारा 'नदी बचाओ आन्दोलन' प्रारम्भ किया गया है। इस आन्दोलन को विभिन्न स्वयंसेवी संगठन, सामाजिक कार्यकर्ता एवं जन प्रतिनिधि प्रत्यक्ष सहयोग कर रहे हैं। अभी तक इस आन्दोलन को जन आन्दोलन का स्वरूप प्रदान करने के उद्‌देश्य से उद्‌गम से संगम तक राज्य की जागरूक जनता द्वारा पदयात्रायें की गयी हैं। किन्तु यह सत्य है कि आन्दोलन का स्वरूप व आक्रामकता का स्तर चाहे जो भी हो, 'नदी बचाओ आन्दोलन' की प्रासंगिकता तब तक बनी रहेगी जब तक मानव की नदी जल पर आश्रितता रहेगी।

उत्तराखण्ड राज्य का परिचय

(An Introduction of Uttrakhand State)

भारतीय गणतन्त्र के 27वें राज्य के रूप में सृजित तथा स्थापना के समय 'उत्तरांचल' व वर्ष 2007 से 'उत्तराखण्ड' नाम से पहचाने जाने वाला यह राज्य अपनी भौगोलिक स्थिति, जलवायु, नैसर्गिक सुन्दरता, प्राकृतिक दृश्यों एवं संसाधनों की उपलब्धता तथा विशिष्ट संस्कृति के कारण देश में एक विशिष्ट स्थान रखता है। हिमालय पर्वत क्षेत्र के एक बड़े भूभाग में स्थित इस राज्य की भौगोलिक स्थिति इस प्रकार है—28°43′ उत्तरी अक्षांश से 31°27′ उत्तरी अक्षांश तक तथा 77°34′ पूर्वी देशान्तर से 81°21′ पूर्वी देशान्तर तक। राज्य की लम्बाई, पूरब दिशा से पश्चिम की ओर 358 किमी तथा चौड़ाई उत्तर दिशा से दक्षिण की ओर 320 किमी है। इसके पूर्व में काली तथा पश्चिम में टोंस नदी क्रमशः पूर्वी एवं पश्चिमी सीमा का निर्धारण करती हैं। इस राज्य के उत्तर में स्थित तिब्बत का पठार तथा दक्षिण में उत्तर प्रदेश का तराई क्षेत्र क्रमशः राज्य की उत्तरी तथा दक्षिणी सीमा का निर्धारण करते हैं। इस सीमान्त राज्य के पूर्व में नेपाल तथा उत्तर में तिब्बत (चीन) स्थित हैं। कुमायूँ तथा गढ़वाल, दो मण्डलों में अवस्थित यह राज्य कुल 13 जनपदों में विभक्त है। कुमायूँ मण्डल में 6 जनपद हैं—अल्मोड़ा, नैनीताल, पिथौरागढ़, ऊधम सिंह नगर, बागेश्वर एवं चम्पावत। गढ़वाल मण्डल में 7 जनपद हैं—उत्तरकाशी, चमोली, रुद्रप्रयाग, टिहरी, पौड़ी, देहरादून एवं हरिद्वार। राज्य की समुद्र तल से न्यूनतम ऊंचाई 210 मीटर तथा अधिकतम ऊंचाई 7817 मीटर है। भारत के अन्य राज्यों की तुलना में उत्तराखण्ड का क्षेत्रफल की दृष्टि से 17वां तथा जनसंख्या की दृष्टि से 19वां स्थान है। उत्तराखण्ड के संक्षिप्त परिचय को एक दृष्टि में निम्न प्रकार प्रदर्शित किया गया है—

उत्तराखण्ड का संक्षिप्त परिचय
(A Brief Introduction of Uttrakhand)

क्र०सं०	*विषय (संदर्भ)*	*स्थिति*
1.	देश की घोषित राज्य संख्या	27वाँ राज्य
2.	कुल भौगोलिक क्षेत्रफल की दृष्टि से देश में स्थान	17वाँ
3.	कुल जनसंख्या की दृष्टि से देश में स्थान	19वाँ
4.	गठन की तिथि	9 नवम्बर, सन् 2000ई०
5.	अन्तर्राष्ट्रीय सीमायें	चीन एवं नेपाल
6.	राष्ट्रीय सीमायें	उत्तर प्रदेश एवं हिमाचल प्रदेश
7.	कुल प्रत्यावेदित क्षेत्रफल	53,483 वर्ग किमी (वर्ष-2002)
8.	कुल वन क्षेत्र	35,394 वर्ग किमी (वर्ष-2002)
9.	कुल जनसंख्या	84.89 लाख (वर्ष-2001)
10.	पुरुषों की संख्या	43.26 लाख
11.	स्त्रियों की संख्या	41.63 लाख
12.	लिंगानुपात (प्रति हजार पुरुष)	964 स्त्रियां
13.	जनसंख्या घनत्व	159 व्यक्ति प्रति वर्ग किमी
14.	अक्षांश	28°43′ से 31°27′ उत्तर
15.	देशान्तर	77°34′ से 81°21′ पूर्व
16.	राज्य की लम्बाई	पूर्व से पश्चिम 358 किमी
17.	राज्य की चौड़ाई	उत्तर से दक्षिण 320 किमी
18.	समुद्र तल से न्यूनतम ऊँचाई	210 मीटर
19.	समुद्र तट से अधिकतम ऊँचाई	7816 मीटर
20.	औसत वार्षिक वर्षा	150-200 सेंटीमीटर
21.	न्यूनतम तापमान	1.9 डिग्री सेल्सियस (जोशीमठ)
22.	अधिकतम तापमान	40.5 डिग्री सेल्सियस (पंतनगर)
23.	प्रति व्यक्ति आय	15,186 रुपये (सन् 2001-02)
24.	राज्य पुष्प	ब्रह्म कमल
25.	राज्य वन्य पशु	कस्तूरी मृग
26.	राज्य वृक्ष	बुराँस
27.	राज्य पक्षी	मोनाल
28.	कुल राष्ट्रीय उद्यान	06

जारी...

जारी...

29.	कुल राष्ट्रीय वन्य जीव अभयारण्य	06
30.	कुल आकाशवाणी केन्द्र	06
31.	कुल मण्डल	02
32.	कुल जनपद	13
33.	कुल तहसील	78
34.	कुल विकास खण्ड	95
35.	कुल न्याय पंचायतें	670
36.	कुल ग्राम पंचायतें	7,227
37.	कुल ग्राम	16,826 (वर्ष-2001)
38.	बसे हुए ग्राम (वन बस्ती सहित)	15,761
39.	गैर बसे हुए ग्राम	1065
40.	नगर निगम	01
41.	नगर पालिका परिषदें	31
42.	कुल नगर पंचायतें	31
43.	छावनी परिषदें	09
44.	विकास प्राधिकरण	05
45.	लोक सभा निर्वाचन क्षेत्र	05
46.	राज्य सभा निर्वाचन क्षेत्र	03
47.	विधान सभा निर्वाचन क्षेत्र	71
48.	कुल विश्वविद्यालय	08
49.	कुल डाकघर	2,728
50.	कुल राजकीय चिकित्सालय	1,268
51.	कुल राष्ट्रीयकृत बैंक शाखाएं	6,25
52.	अधिकतम क्षेत्रफल वाला जनपद	चमोली (9,125 वर्ग किमी)
53.	न्यूनतम क्षेत्रफल वाला जनपद	चंपावत (1,781 वर्ग किमी)
54.	अधिकतम जनसंख्या वाला जनपद	हरिद्वार (14,44,217)
55.	न्यूनतम जनसंख्या वाला जनपद	चंपावत (2,24,461)
56.	कुल अनुसूचित जनजातियां	05
57.	उच्च न्यायालय	नैनीताल
58.	राजधानी (अस्थायी)	देहरादून
59.	लोक सेवा आयोग	हरिद्वार
60.	प्रथम राज्यपाल	सुरजीत सिंह बरनाला

जारी...

जारी...

61.	प्रथम मुख्यमंत्री	नित्यानन्द स्वामी
62.	निर्वाचित सरकार के प्रथम मुख्यमंत्री	नारायण दत्त तिवारी
63.	उच्च न्यायालय के प्रथम मुख्य न्यायाधीश	अशोक ए० देसाई
64.	भारतीय सैन्य अकादमी	देहरादून (1932)
65.	लाल बहादुर शास्त्री राष्ट्रीय प्रशासनिक अकादमी	मसूरी (1958-60)
66.	उत्तराखण्ड प्रशासनिक प्रशिक्षण अकादमी	नैनीताल
67.	उत्तराखण्ड संस्कृति, साहित्य एवं कला परिषद्	देहरादून (2004)
68.	उद्यान निदेशालय	रानीखेत
69.	उच्च शिक्षा निदेशालय	हल्द्वानी
70.	फॉरेस्ट रिसर्च इन्स्टीट्यूट	देहरादून
71.	जड़ी-बूटी शोध संस्थान	गोपेश्वर
72.	वानिकी प्रशिक्षण संस्थान	हल्द्वानी
73.	वाडिया इन्स्टीट्यूट ऑफ हिमालयन जूलॉजी	देहरादून
74.	ऑयल एण्ड नेचुरल गैस कारपोरेशन	देहरादून
75.	भारतीय पुरातत्व सर्वेक्षण	देहरादून
76.	भारत हैवी इलेक्ट्रिकल्स लिमिटेड	हरिद्वार
77.	इंडियन ड्रग्स एंड फार्मास्यूटिकल्स लिमिटेड	ऋषिकेश (वर्तमान में बन्द)
78.	हिन्दुस्तान मशीन टूल्स	भीमताल
79.	राज्य चिन्ह	अशोक स्तम्भ के नीचे तीन पर्वतों की एक श्रृंखला तथा उसके नीचे गंगा की लहरें परिकल्पित की गयी हैं।

उपरोक्त बिन्दुओं के आधार पर उत्तराखण्ड राज्य का परिचयात्मक चित्र सामने तो आ रहा है, किन्तु इस भूमि का परिचय मात्र इतना सा भी नहीं है। इस पर्वतीय राज्य के सम्बन्ध में अधिकतम ज्ञान प्राप्त करने के लिये विभिन्न क्षेत्रों को केन्द्र बिन्दु बनाकर इस राज्य का सम्पूर्ण विवरण प्राप्त किया जा सकता है। उत्तराखण्ड का समग्र परिचय निम्नवत है—

1. भौगोलिक परिचय (Geographical Introduction)

भौगोलिक या प्राकृतिक संरचना के आधार पर सम्पूर्ण उत्तराखण्ड राज्य को चार श्रेणियों में विभाजित किया जा सकता है—

(i) **उच्च हिमालय का क्षेत्र**—राज्य के एक बड़े भाग का निर्माण उच्च हिमालयी पर्वत श्रेणियों से हुआ है। इस क्षेत्र का कुछ भाग तिब्बत सीमा से मिलता है। राज्य के प्रमुख उच्चतम शिखर हैं—नन्दा देवी, कामेट, चौखम्बा, त्रिशूल, नन्दाकोट, भागीरथी, गंगोत्री एवं पंचाचूली आदि। इस क्षेत्र में अनेक हिमनद भी विद्यमान हैं। राज्य के प्रमुख हिमनद हैं—मिलम, नाभिक, पिण्डारी, एवं पोटिंग आदि। इसी क्षेत्र में स्थित अनेक हिमालयी दर्रे

भारत-तिब्बत व्यापार का पैदल मार्ग बनते रहे हैं। लिपुलेख, बालचा, नीति, माणा, किंगरी एवं मुलिंग आदि इस राज्य में स्थित प्रमुख हिमालयी दर्रे हैं।

(ii) **लघु (मध्य) हिमालय का क्षेत्र**—उच्च हिमालय एवं बाह्य हिमालय क्षेत्र के मध्य में स्थित होने के कारण लघु हिमालयी क्षेत्र को मध्य हिमालय या ट्रान्स हिमालय का क्षेत्र भी कहा जाता है। यह क्षेत्र परिवहन सुविधाओं से युक्त होने के कारण न केवल पर्वतीय नगरों बल्कि राज्य के पर्यटन स्थलों के रूप में भी परिवर्तित हो गया है। इस क्षेत्र के लगभग दो-तिहाई भूभाग में वन क्षेत्र स्थित हैं तथा छोटे-छोटे एवं सीढ़ीदार खेतों में कृषि कार्य किया जाता है। यहाँ स्थित कई पर्वत चोटियाँ शीत काल में बर्फ से आच्छादित हो जाती हैं, जिनका अवलोकन करने अनेक पर्यटक इस क्षेत्र में आते हैं। इस क्षेत्र के प्रमुख नगर हैं—नैनीताल, मसूरी, अल्मोड़ा, रानीखेत, कौसानी, बेरीनाग, पिथौरागढ़, पौड़ी, गोपेश्वर, टिहरी, उत्तरकाशी आदि। आवागमन की समुचित व्यवस्था उपलब्ध होने के कारण ये नगर आज विकास की दौड़ में सम्मिलित हो चुके हैं।

(iii) **बाह्य हिमालय का क्षेत्र**—इस क्षेत्र को उप हिमालयी क्षेत्र या शिवालिक पहाड़ियों का क्षेत्र कहा जाता है। यह क्षेत्र मध्य हिमालय तथा तराई-भावर क्षेत्र के मध्य स्थित है। ये पर्वत श्रेणियाँ लघु हिमालय के दक्षिणी क्षेत्र में 15-30 किमी तक क्षेत्रफल के चौड़े भू-भाग में फैली हुई हैं। बाह्य हिमालय क्षेत्र को मध्य हिमालय क्षेत्र का द्वार कहा जाता है। इस क्षेत्र में शीशम, सेमल तथा चीड़ के वन व्यापक रूप में देखे जा सकते हैं। शीतोष्ण जलवायु होने के कारण यहाँ फलों की बागवानी की जाती है। देहरादून, कोटद्वार, हरिद्वार, एवं रामनगर इस क्षेत्र के प्रमुख नगर हैं।

(iv) **तराई-भावर क्षेत्र**—भावर क्षेत्र का निर्माण हिमालय से निकली हुई नदियों द्वारा बहाकर लायी गयी मिट्टी, कंकड़ों एवं पत्थरों से हुआ है। इस क्षेत्र में आकर अनेक नदियां विलुप्त हो जाती हैं। कहा जा सकता है कि बाह्य हिमालय शृंखलाओं के निम्न छोर के पश्चात प्रारम्भ होने वाला पथरीला क्षेत्र, भावर क्षेत्र कहलाता है। इस क्षेत्र के दक्षिण में स्थित भूभाग को तराई कहा जाता है। उच्च हिमालयी क्षेत्र से निकलकर भावर में विलुप्त हो जाने वाली नदियाँ तराई क्षेत्र में पुनः अस्तित्व में आ जाती हैं। समतल होने तथा नदियों की उपलब्धता के चलते यह क्षेत्र अत्यधिक उपजाऊ भूमि के रूप में है। उत्तराखण्ड के कुल कृषि उत्पादन का बड़ा भाग इसी क्षेत्र में उत्पादित होता है। आर्थिक दृष्टि से तराई क्षेत्र इस राज्य की अर्थव्यवस्था का मेरुदण्ड है। इस क्षेत्र में उत्पादित होने वाली मुख्य फसलें हैं—गन्ना, मक्का, गेहूँ, धान, दलहन, इत्यादि। तराई भावर क्षेत्र के मुख्य नगर हैं—रुड़की, लक्सर, ऋषिकेश, हल्द्वानी, बाजपुर, रुद्रपुर, काशीपुर, गदरपुर, किच्छा, खटीमा, सितारगंज, जसपुर इत्यादि। ये नगर औद्योगिक, वाणिज्यिक एवं व्यापारिक दृष्टि से भी विकसित नगर हैं।

2. जनसंख्यात्मक परिचय (Demographical Introduction)

वर्ष 2001 की जनगणना के अनुसार राज्य की कुल जनसंख्या 84.89 लाख है। इसमें पुरुषों की जनसंख्या 42.26 लाख तथा स्त्रियों की जनसंख्या 41.63 लाख है। लिंगानुपात की बात की जाये तो राज्य के प्रति एक हजार पुरुषों पर स्त्रियों की संख्या 964 है।

जनसंख्या घनत्व की दृष्टि से देखा जाये तो राज्य का जनसंख्या घनत्व मात्र 159 व्यक्ति प्रति वर्ग किमी ही है। इसका मुख्य कारण राज्य में पर्वतीय क्षेत्र की बहुलता का होना है। इस सम्बन्ध में मैदानी जनपद हरिद्वार का जनसंख्या घनत्व सर्वाधिक 612 व्यक्ति प्रति वर्ग किमी है, जबकि सबसे कम जनसंख्या घनत्व उत्तरकाशी जनपद का 37 व्यक्ति प्रति वर्ग किलामीटर है। यहाँ यह उल्लेखनीय है कि इस जनपद का क्षेत्रफल की दृष्टि से प्रदेश में द्वितीय स्थान (7,951 वर्ग किमी) है। प्रथम स्थान चमोली जनपद (9,125 वर्ग किमी) है।

3. शैक्षिक परिचय (Educational Introduction)

राज्य की साक्षरता दर को देखने से प्रतीत होता है कि यहाँ शिक्षा का ढाँचा उत्कृष्ट है। वर्ष 2001 की जनगणना के अनुसार राज्य की साक्षरता दर 71.60 प्रतिशत है, जो कि देश की कुल साक्षरता दर 65.38 प्रतिशत से लगभग 10 प्रतिशत अधिक है। राज्य में पुरुषों की साक्षरता दर 83.3 प्रतिशत तथा महिलाओं की साक्षरता दर 59.6 प्रतिशत है। इन दोनों सन्दर्भों में उत्तराखण्ड की स्थिति भारत के औसत से अच्छी है। भारत में पुरुषों की साक्षरता दर 75.85 प्रतिशत तथा महिलाओं की साक्षरता दर 54.16 प्रतिशत है।

राज्य में शिक्षा व्यवस्था को सुदृढ़ करने के लिये भवनविहीन विद्यालयों में भवन निर्माण, अध्यापकों की नियुक्ति तथा कम्प्यूटर प्रयोगशाला की व्यवस्था की जा रही है। राज्य में शिक्षा के नवीन ढाँचे तथा पाठ्यक्रम को राष्ट्र स्तरीय बनाने हेतु सी०बी०एस०ई० पाठ्यक्रम लागू किया गया है। राज्य में प्रति एक किमी पर प्राथमिक विद्यालय, प्रति तीन किमी पर जूनियर हाईस्कूल तथा प्रत्येक आठ किमी पर हाईस्कूल एवं इण्टरमीडिएट कॉलेज की सुविधा उपलब्ध करायी जा रही है। इसी क्रम में राज्य में 1310 प्राथमिक विद्यालयों, 453 उच्च प्राथमिक विद्यालयों, 1324 शिक्षा गारण्टी केन्द्रों और 1715 प्रारम्भिक शिशु देखभाल केन्द्रों की स्थापना की गयी है तथा 302 जूनियर हाईस्कूलों का हाईस्कूल स्तर पर एवं 194 हाईस्कूलों का इण्टरमीडिएट कॉलेज के स्तर पर उच्चीकरण किया गया है। इसी प्रकार राज्य गठन के पश्चात 25 नवीन महाविद्यालयों की स्थापना की गयी है। प्रतिवर्ष राज्य के तीन महाविद्यालयों को आदर्श महाविद्यालय के रूप में विकसित करने का लक्ष्य रखा गया है। राज्य में अनेक नवीन विश्वविद्यालयों की स्थापना की गयी है तथा तकनीकी शिक्षा के प्रसार हेतु अनेक प्रयास किये गये हैं। इस हेतु उत्तराखण्ड प्राविधिक शिक्षा परिषद की स्थापना रुड़की में की गयी है।

वर्तमान में राज्य में 8 विश्वविद्यालय, 65 राजकीय महाविद्यालय, 15 निजी महाविद्यालय, 69 औद्योगिक प्रशिक्षण संस्थान, 17 पॉलीटेक्निक संस्थान, 14567 जूनियर बेसिक विद्यालय, 3855 सीनियर बेसिक विद्यालय, 773 उच्चतर माध्यमिक विद्यालय तथा 1012 इण्टर कालेज कार्यरत हैं। साक्षरता की दृष्टि से देश में राज्य का 14वाँ स्थान है।

4. धार्मिक परिचय (Religious Introduction)

धार्मिक अवस्थिति के सम्बन्ध में उत्तराखण्ड, हिन्दू धर्म का प्रतिनिधि माना जाता है। यहाँ की अधिकांश जनसंख्या हिन्दू धर्म की अनुयायी है। वैसे इस राज्य में इस्लाम, सिख, ईसाई, बौद्ध एवं जैन धर्म के मतावलम्बी भी निवास करते हैं। बौद्ध धर्म के अनुयायियों की संख्या दूसरे स्थान पर है। उत्तराखण्ड का धार्मिक परिचय निम्नवत है—

(i) **हिन्दू धर्म**—जैसा कि हमने उपरोक्त कहा है, राज्य की अधिसंख्य जनसंख्या हिन्दू है। यहाँ हिन्दू धर्म के अनेक सम्प्रदाय विद्यमान हैं। यथा—शैव, वैष्णव और शाक्त। यहाँ की हिन्दू

जनता शिव, विष्णु, पार्वती, लक्ष्मी, दुर्गा, काली, राम, एवं हनुमान आदि देवी-देवताओं की उपासक तो है ही, अनेक स्थानीय देवी-देवताओं की उपासना भी करती है। अर्थात यहाँ के लोग हिन्दू धर्म की वृहद् परम्परा के उपासक तो हैं ही, लघु परम्परा का भी समान रूप से सम्मान करते हैं। हिन्दू धर्म को स्पष्ट रूप से समझने के लिये इसके सम्प्रदायों पर टिप्पणी आवश्यक है—

(अ) **शैव सम्प्रदाय**—यह राज्य का प्राचीनतम सम्प्रदाय है। इसका प्रचलन उत्तराखण्ड में वैदिक काल से भी पूर्व का है। लिंग पूजा यहाँ की प्राचीन परम्परा रही है। कुणिन्द मुद्राओं में शिव तथा उनके परिवार से सम्बन्धित अनेक चिन्ह यह स्पष्ट करते हैं कि राज्य में कुणिन्द काल से ही शैव मत प्रचलित रहा है। बाद में कत्यूरी तथा चन्द काल में शैव मत का विकास हुआ। इन दोनों वंशों के शासकों ने उत्तराखण्ड में अनेक शैव मन्दिरों का निर्माण कराया। राज्य में शैव मत का पुनः उद्धार करने का श्रेय 8वीं-9वीं शताब्दी में यहाँ पधारे शंकराचार्य को जाता है। शंकराचार्य ने उत्तराखण्ड क्षेत्र में न केवल प्राचीन शिव मन्दिरों का पुनः उद्धार किया, बल्कि अनेक नवीन शैव मन्दिरों की स्थापना भी की। वर्तमान में राज्य में स्थापित मन्दिरों में सर्वाधिक संख्या शैव मन्दिरों की ही है। वास्तव में उत्तराखण्ड को शिव का उपासना स्थल कहा जाता है, क्योंकि प्राचीन हिन्दू धर्म ग्रन्थों में शिव का निवास स्थान हिमालय पर स्थित कैलाश पर्वत को ही माना गया है। जागेश्वर, बागेश्वर, चम्पावत, द्वाराहाट, रुद्रप्रयाग, ऊखीमठ, तुंगनाथ, रुद्रनाथ, मद्महेश्वर, कल्पनाथ, छोटा कैलाश, सल्ट महादेव, गोपेश्वर, उत्तरकाशी, बैजनाथ, गणनाथ एवं सर्वाधिक महत्वपूर्ण केदारनाथ आदि उत्तराखण्ड के वे स्थान हैं, जहाँ शैव सम्प्रदाय के मन्दिर पर्याप्त संख्या में विद्यमान हैं। ये शैव मन्दिर उत्तराखण्ड की तत्कालीन स्थापत्य कला का भी प्रतिनिधित्व करते हैं।

(ब) **वैष्णव सम्प्रदाय**—वैष्णव सम्प्रदाय का स्थान राज्य के हिन्दू धर्मावलम्बियों में द्वितीय है। साथ ही यह सम्प्रदाय शैव सम्प्रदाय के समान विख्यात है। किन्तु यह एक आश्चर्यजनक तथ्य है कि राज्य में शैव मन्दिरों की तुलना में वैष्णव मन्दिरों की संख्या पर्याप्त रूप से कम है। उत्तराखण्ड में बद्रीनाथ जैसा विख्यात वैष्णव मन्दिर है, जिसके दर्शन करने भारत वर्ष के प्रत्येक क्षेत्र से प्रतिवर्ष लाखों धार्मिक पर्यटक आते हैं। यह भारत के चार धामों में से एक है। बद्रीनाथ के अतिरिक्त पंचबद्री, देव प्रयाग का रघुनाथ मन्दिर, उत्तरकाशी के परशुराम एवं विश्वनाथ मन्दिर, बागेश्वर का वेणी माधव मन्दिर तथा पिथौरागढ़ का लक्ष्मी नारायण मन्दिर उत्तराखण्ड के प्रमुख वैष्णव मन्दिर हैं।

(स) **शाक्त सम्प्रदाय**—शाक्त सम्प्रदाय हिन्दू धर्म की देवियों का उपासक है। इस सम्प्रदाय के अन्तर्गत अनेक देवियों यथा—दुर्गा, पार्वती, गौरी, काली, भवानी, कंसमर्दिनी एवं महिषासुरमर्दिनी आदि की उपासना की जाती है। यह सम्प्रदाय कुमायूँ मण्डल की अपेक्षा गढ़वाल मण्डल में अधिक प्रचलित है। इसका मुख्य कारण यह हो सकता है कि इस मण्डल में अनेक शताब्दियों तक शासन करने वाला पंवार वंश शाक्त सम्प्रदाय का अनुयायी था। पंवार राजाओं ने गढ़वाल में अनेक शाक्त मन्दिरों का निर्माण किया। ये मन्दिर श्रीनगर, देवलगढ़, रानीहाट और टिहरी में स्थापित हैं। ये सभी मन्दिर राज-राजेश्वरी मन्दिरों के नाम से जाने जाते हैं। वैसे कुमायूँ मण्डल में भी शाक्त सम्प्रदाय के अनेक मन्दिर स्थापित हैं, जो अल्मोड़ा, तिरशू, अस्कोट, कत्यूर, दूनागिरी, नैनीताल, पूर्णागिरी, जागेश्वर, गंगोलीहाट, एवं काशीपुर आदि में

स्थापित हैं। देवी के रूपों से जुड़े विभिन्न धार्मिक पर्व एवं त्योहार भी उत्तराखण्ड में प्रचलित हैं। अल्मोड़ा का नन्दा राजजात, जिसका कि महत्व उत्तराखण्डवासियों के लिये कुम्भ के समान है, शाक्त सम्प्रदाय का सबसे महत्वपूर्ण धार्मिक पर्व है। इसी प्रकार जनपद ऊधम सिंह नगर के काशीपुर में प्रत्येक वर्ष चैत्र माह के नवरात्रों में मनाया जाने वाला माँ बाल सुन्दरी का धार्मिक पर्व चैती मेले के रूप में तराई-भावर क्षेत्र के सर्वप्रमुख मेले के रूप में प्रसिद्ध है।

(द) **क्षेत्रीय (स्थानीय) देवी-देवता**—उपरोक्त सम्प्रदायों के अनुयायी अपने-अपने सम्प्रदाय के देवी-देवताओं की आराधना तो करते ही हैं, इसके अतिरिक्त स्थानीय देवी-देवताओं की पूजा भी करते हैं। ये देवी-देवता विभिन्न स्थानीय व्यक्तियों की प्रेतात्मायें मानी जाती हैं। ये देवी-देवता जागर, वैसी आदि आयोजनों के माध्यम से कुछ विशेष व्यक्तियों, जिन्हें पुछारा कहा जाता है, के शरीर में प्रविष्ट होकर बोलते हैं। इन देवताओं को बकरे की बलि देकर संतुष्ट किया जाता है। राज्य के मूल निवासी इन स्थानीय देवी-देवताओं को शैव, वैष्णव और शाक्त सम्प्रदाय के देवी-देवताओं से भी अधिक महत्व देते हैं। जब भी किसी परिवार पर कोई विपत्ति आती है, समाधान के लिये इन्हीं देवी-देवताओं की आराधना की जाती है। यहाँ यह कहना अतिशयोक्ति नहीं होगी कि शैव, वैष्णव तथा शाक्त सम्प्रदाय के देवी-देवताओं की आराधना सामान्य दिनों में की जाती है, जबकि विपत्तिकाल में स्थानीय देवी-देवताओं की शरण ली जाती है। वैसे यहाँ यह भी उल्लेखनीय है कि स्थानीय देवी-देवताओं की आराधना का प्रचलन सामान्य रूप से पर्वतीय क्षेत्रों में ही है, राज्य के मैदानी क्षेत्रों में इन देवी-देवताओं का कोई अस्तित्व नहीं है। राज्य के स्थानीय देवी-देवता हैं—सत्यनाथ, भोलेनाथ, गोलू देवता, खांटू देवता, ऐड़ी, गंगनाथ, हरू, मशान, क्षेत्रपाल (भूमिया देवता), कलविष्ट, बधांण, परियां, बालचन, गोरिल, नरसिंह, हंत्या, निरंकार, भैरव देवता आदि।

इसके अतिरिक्त उत्तराखण्ड का हिन्दू समाज सूर्य देवता, नाग देवता, गोरखनाथ देवता तथा प्रकृति देवता की आराधना भी करता है। साथ ही राज्य में गंगा, यमुना, कार्तिकेय, लक्ष्मण एवं हनुमान आदि देवी-देवताओं को भी माना जाता है। कटारमल का सूर्य मन्दिर, गंगोत्री तीर्थ, यमुनोत्री मन्दिर, चमोली का कार्तिकेय मन्दिर, हेमकुण्ट का लक्ष्मण मन्दिर और पिथौरागढ़ तथा कोटद्वार का हनुमान मन्दिर इन देवी-देवताओं की उपासना के राज्य में स्थित प्रमुख मन्दिर हैं।

(ii) **बौद्ध धर्म**—माना जाता है कि बौद्ध धर्म उत्तराखण्ड का प्राचीनतम धर्म है। यह सम्भवतः सम्राट अशोक के काल से उत्तराखण्ड में प्रचलित हुआ। अनेक कुणिन्द मुद्राओं में बौद्ध धर्म के प्रतीक चिन्ह देखने को मिले हैं। किन्तु उत्तराखण्ड में शंकराचार्य के आगमन के पश्चात शैव सम्प्रदाय का प्रचार प्रारम्भ हुआ तथा कत्यूरी एवं चन्द राजाओं ने शैव, वैष्णव व शाक्त सम्प्रदाय के प्रचार-प्रसार में महत्वपूर्ण भूमिका निभायी। यहीं से उत्तराखण्ड में बौद्ध धर्म का प्रभाव निरन्तर कम होता चला गया। इस कारण बौद्ध धर्म के असंख्य अनुयायी जहाँ उत्तराखण्ड छोड़कर चले गये, वहीं असंख्य अनुयायियों ने हिन्दू धर्म के किसी न किसी सम्प्रदाय को ग्रहण कर लिया।

प्राचीन बौद्ध साहित्य में उल्लेख मिलता है कि महात्मा बुद्ध उत्तराखण्ड के कनखल (हरिद्वार) के पास उशीर गिरि पर आये थे। दिव्यावदान के अनुसार बुद्ध ने स्रुहन नगर में पहुंचकर एक ब्राह्मण के अभिमान को चूर कर दिया था। इस अनुश्रुति का उल्लेख चीनी यात्री ह्वेनसांग ने भी किया है। प्राचीन समय में उत्तराखण्ड बौद्ध स्थविरों की कर्मभूमि रहा है। परन्तु वर्तमान में इस राज्य में बौद्ध धर्म के अनुयायियों की संख्या अतिअल्प है। देहरादून में राजपुर

मार्ग पर स्थित बौद्ध मठ एवं पिथौरागढ़ के बिसाण गांव में स्थित बौद्ध मठ राज्य के दो प्रमुख धर्म स्थल हैं। वर्ष 2004 में काशीपुर (ऊधम सिंह नगर) के चैती मेला क्षेत्र के गोविषाण टीले में पुरातत्व विभाग, भारत सरकार द्वारा की गयी खुदाई के दौरान इस चर्चा को बल मिला कि यहाँ भगवान बुद्ध के अवशेष हैं। यदि इसकी पुष्टि होती है तो यह क्षेत्र न केवल बौद्ध धर्म के अनुयायियों के लिये पुनः आस्था का केन्द्र बन सकता है, वरन अन्तर्राष्ट्रीय स्तर पर धार्मिक पर्यटन का प्रमुख केन्द्र बनकर उभर सकता है।

(iii) **अन्य धर्म**—हिन्दू एवं बौद्ध धर्म के अतिरिक्त उत्तराखण्ड में इस्लाम, सिख, क्रिश्चियन तथा जैन धर्म के अनुयायी भी निवास करते हैं। इन धर्मों के अधिकतर अनुयायी राज्य के मैदानी जनपदों—हरिद्वार, देहरादून एवं ऊधम सिंह नगर में निवास करते हैं। इस्लाम धर्म के अधिकतर अनुयायी हरिद्वार जनपद में, जैन धर्म के अधिकतम अनुयायी देहरादून जनपद में तथा सिख धर्म के अधिकतम अनुयायी ऊधम सिंह नगर जनपद में रहते हैं। सिख धर्म का विश्व प्रसिद्ध धार्मिक स्थल हेम कुण्ट साहिब (चमोली) व नानकमत्ता गुरुद्वारा (ऊधम सिंह नगर) उत्तराखण्ड में ही स्थित हैं। क्रिश्चियन धर्म के अनुयायी प्रायः प्रत्येक जनपद में कुछ न कुछ संख्या में निवास करते हैं। इस राज्य में क्रिश्चियन्स की उपस्थिति का मुख्य कारण धर्म परिवर्तन तथा क्रिश्चियन स्कूलों की अवस्थिति है।

उत्तराखण्ड के धार्मिक परिप्रेक्ष्य में यह उल्लेखनीय है कि यद्यपि यहाँ प्रत्येक धर्म के अनुयायी निवास करते हैं, तथापि यहाँ उनके बीच सदैव धार्मिक एवं साम्प्रदायिक सद्‌भाव बना रहता है। प्रत्येक धर्म के अनुयायी दूसरे धर्म के अनुयायियों का पूर्ण सम्मान करते हैं। इसका ज्वलन्त उदाहरण अल्मोड़ा शहर है, जहाँ दशहरे के दिन जलाये जाने वाले रावण वंश के पुतलों का निर्माण मुस्लिमों द्वारा किया जाता है, वहीं मुर्हरम के रोज शहर में घुमाये जाने वाले ताजिये हिन्दुओं द्वारा बनाये जाते हैं। इन्हीं कारणों से उत्तराखण्ड को 'फूलों के गुलदस्ते' की संज्ञा दी जाती है, जो पर्यटन के विकास की प्रथम व मूलभूत आवश्यकता होती है।

5. सांस्कृतिक परिचय (Cultural Introduction)

उत्तराखण्ड का सांस्कृतिक परिवेश लगभग धार्मिक परिवेश का ही अनुसरण करता है। अर्थात यहाँ के जीवन में संस्कृति के दोनों रंग दिखायी पड़ते हैं—संस्कृति की वृहद परम्परा तथा संस्कृति की लघु परम्परा का रंग। वृहद् परम्परा राष्ट्रीय संस्कृति का प्रतिनिधित्व करती है, जबकि लघु परम्परा स्थानीय संस्कृति अर्थात लोक संस्कृति (Folk Culture) का। उत्तराखण्ड में भारत की राष्ट्रीय संस्कृति समान रूप से दृष्टिगोचर होती है, किन्तु यहाँ की अपनी विशेष स्थानीय संस्कृति भी है। अतः इसी स्थानीय संस्कृति को जानना तथा स्थानीय समाज पर उसके प्रभाव को देखना अधिक महत्वपूर्ण है। इस परिप्रेक्ष्य में यहाँ सांस्कृतिक परिचय के अन्तर्गत उत्तराखण्ड की स्थानीय संस्कृति का परिचय प्रस्तुत किया जा रहा है—

उत्तराखण्ड की स्थानीय संस्कृति को, यहाँ के निवासियों के सांस्कृतिक जीवन के चार आधारों पर प्रस्तुत करना अधिक तर्कसंगत होगा—

(i) **लोककला**—राज्य की लोक कला को दो श्रेणियों में विभाजित किया जा सकता है—

(क) **व्यावसायिक कला**—व्यावसायिक कला का सम्बन्ध ऐसे कलाकृत्यों से है, जिनका निर्वाह व्यापारिक दृष्टिकोण से किया जाता है। इस कला के प्रमुख रूप हैं—स्थापत्य कला, पत्थर तराशने की कला, मूर्ति कला, बर्तन बनाने की कला, काष्ठ कला, आभूषण कला तथा वास्तु कला आदि।

राज्य में व्यावसायिक कला एक बड़ी जनसंख्या की आजीविका का स्रोत है। साथ ही तैयार वस्तुएं यहाँ के निवासियों की उपभोक्ता आवश्यकताओं की पूर्ति भी करती हैं। उदाहरणार्थ राज्य के उच्च हिमालयी क्षेत्रों (धारचूला, मुनस्यारी) में गर्म वस्त्र व कालीन बनाने की कला प्रचलित है। इन वस्त्रों का निर्माण न केवल यहाँ के लोगों को रोजगार उपलब्ध कराता है, बल्कि उच्च हिमालयी एवं लघु हिमालयी क्षेत्रों के निवासियों की ऊनी व गर्म कपड़ों की आवश्यकता को भी पूरा करता है। इसी प्रकार राज्य में ताँबा, पीतल, लोहे (टम्टा मोहल्ला अल्मोड़ा, देवीधुरा, लोहाघाट आदि) से निर्मित बर्तनों का सम्पूर्ण राज्य में क्रय-विक्रय होता है। यहाँ के मकानों में काष्ठकला एवं प्रस्तरकला के अद्‌भुत प्रयोग देखने को मिलते हैं। उत्तरकाशी में अभी भी अधिकांश लोगों द्वारा लकड़ी के मकान बनाये जाते हैं। इसी प्रकार यहाँ के आभूषणों पर अनेक प्रकार के फूलों तथा अन्य प्रकार के चित्र बनाये जाते हैं। आभूषण कला के रूप में टिहरी की 'नथ', कुमायूँ की 'पौंची' व 'गुलोबन्द' की विशेष मांग रहती है। कुल मिलाकर यहाँ की व्यावसायिक कला में दिखायी पड़ने वाली स्थानीय कला की छाप अद्वितीय है।

(ख) **चित्रांकन**—चित्रांकन के अन्तर्गत भित्तियों का रूप लिया जाता है। कला का यह रूप मुख्य रूप से कुमायूँ मण्डल में प्रचलित है। यहाँ विभिन्न धार्मिक अनुष्ठानों एवं संस्कारों के अवसर पर बनायी जाने वाली अल्पना या ऐंपण या रंगोली चित्रांकन कला के सर्वश्रेष्ठ रूप हैं। ऐंपण का अर्थ है 'लीपना'। इस विधा में गेरू की पृष्ठभूमि पर चावल को पीसकर बनाये गये पानी के घोल या कमेटी मिट्‌टी से अलंकृत किया जाता है। इस कला में सूर्य, चन्द्रमा, स्वास्तिक, नाग, शंख, विविध प्रकार के फूल तथा अनेक प्रकार की ज्यामितीय आकृतियां बनायी जाती हैं। बहुतायत में प्रयुक्त होने वाले देवी प्रतीक बुरी व भटकी आत्माओं से रक्षा तथा लोक कल्याण की भावना लिये रहते हैं। स्वस्तिक सभी लोक कलाओं का अनिवार्य अंग है। मुख्य भूमि ऐंपण हैं—शिव की पीठ, सरस्वती चौकी, महालक्ष्मी की चौकी, धुलि अर्घ्य, चामुण्डा चौकी, द्वार देहरी आदि।

ऐंपण के अतिरिक्त कुमायूँ में 'ज्यू मातृका पट्‌टी' बनाने की भी परम्परा है। जन्माष्टमी, दशहरा, नवरात्रि तथा दीपावली के शुभ अवसर पर यह पट्‌टी बनायी जाती है। इसमें मुख्य रूप से देवताओं को विभिन्न आकारों में अंकित किया जाता है। पट्‌टे या ज्यूँ में जो चित्र बनाये जाते हैं, वे दीवार अथवा कागज के धरातल पर तैयार किये जाते हैं तथा इनके निर्माण में अंगुलियों के स्थान पर रूई या सींक का प्रयोग (फुरैती) किया जाता है। कुमायूँ में ही दुर्गा थापा का भी प्रचलन है। थापा का अर्थ है—प्रतिष्ठा। दुर्गा के थापे कक्ष की दीवारों में अंकित किये जाते हैं, परन्तु वर्तमान में दीवारों को दाग-धब्बों से बचाने की मानसिकता विकसित हो जाने के कारण दुर्गा थापा कागज पर बनाकर दीवारों पर चिपका दिया जाता है। इसी प्रकार ऐंपण में गेरू व चावल का स्थान प्लास्टिक के स्टीकरों ने ले लिया है तथा इससे जुड़े लोग धार्मिक आयोजनों के अवसरों पर अच्छी आय प्राप्त कर रहे हैं।

कुमाऊँनी समाज अपनी धार्मिक आस्था को माटी की मूर्ति के रूप में कलात्मक विधि से एवं गैर व्यावसायिक उद्‌देश्य से अभिव्यक्त करता है। ये मूर्तियां 'डिकारे' (शिव परिवार) कहलाती हैं, जो प्रतिवर्ष श्रावण मास के प्रथम दिवस पर निर्मित की जाती हैं। डिकारों के निर्माण के पश्चात इनमें स्थानीय रंग भरे जाते हैं। परम्परागत रूप से शिव के डिकारे को नीले रंग तथा पार्वती के डिकारे को श्वेत रंग से भरा जाता है।

(ii) **लोक नाट्य**—लोक नाट्य, लोक संस्कृति की अभिव्यक्ति का ही माध्यम है। प्राय: किसी धार्मिक अवसर, उत्सव या आयोजन के समय लोक नाट्य प्रस्तुत किये जाते हैं। सितम्बर-अक्टूबर माह में पूरे भारत की भांति उत्तराखण्ड में भी रामलीला का मंचन किया जाता है। वैसे तो रामलीला का कथानक रामायण से उद्धृत होता है, जो सभी क्षेत्रों एवं राज्यों के लिये एक समान है, परन्तु रामलीला के मंचन में प्रत्येक राज्य द्वारा अपनी लोक नाट्य कला का भी उसमें समावेश किया जाता है। साथ ही भगवान राम के जीवन से जुड़ी अनेक घटनायें एक राज्य में तो अनुश्रवित होती हैं, अन्य राज्यों में नहीं। अर्थात प्रत्येक धर्म के ग्रन्थ का जहाँ एक राष्ट्रीय एवं विश्वस्तरीय स्वरूप होता है, वहीं उस ग्रन्थ में उल्लिखित घटनाओं से अलग प्रत्येक क्षेत्र में कुछ घटनायें लोक कथाओं के रूप में प्रचलित होती हैं। यही लोक कथायें लोक नाट्य का आधार बनती हैं। उत्तराखण्ड में रामलीला मंचन में विभिन्न वाद्य यन्त्रों की ताल पर लोक नाट्य प्रस्तुत किया जाता है। यह बात अलग है कि लोक नाट्य की प्रस्तुति में लोक नृत्य सहभागी बनता है। गढ़वाल मण्डल में मुख्य रूप से चमोली एवं उत्तरकाशी जनपदों के दुर्गम क्षेत्रों में 'पाण्डव नृत्य' प्रत्येक वर्ष दिसम्बर माह में आयोजित किया जाता है। यह आयोजन यहाँ के लोक नाट्य की सुन्दर अभिव्यक्ति है। पिथौरागढ़ जनपद में प्रतिवर्ष आयोजित होने वाला 'हिलजात्रा महोत्सव' उत्तराखण्ड की लोक नाट्य परम्परा का अद्भुत एवं सर्वश्रेष्ठ उदाहरण है।

(iii) **लोक नृत्य**—उत्तराखण्ड की लोक संस्कृति का सबसे प्रमुख प्रतिनिधि लोकनृत्य ही है। यहाँ प्रचलित लोक नृत्यों में अनेक आधारों (क्षेत्र, धार्मिक अवसर आदि) पर विविधता भी पायी जाती है। इसी प्रकार वैयक्तिक लोक नृत्य, सामूहिक लोक नृत्य से भिन्न होता है। उत्तराखण्ड के लोक नृत्य यहाँ के समाज की व्यक्तिगत एवं सामूहिक नृत्य भावना को प्रदर्शित करते हैं। लोक नृत्यों के सम्बन्ध में गढ़वाल मण्डल अधिक समृद्ध है। यहाँ के प्रमुख लोक नृत्य हैं—पाण्डव नृत्य, घड़ियाली नृत्य, थड्या गीत नृत्य, चौंफला नृत्य, वादी वादीण नृत्य, दिवाली भैला नृत्य एवं सरौं लोक नृत्य आदि।

कुमायूँ मण्डल का सर्वाधिक प्रचलित लोकनृत्य 'छोलिया' है। यह नृत्य विशेषकर सोर घाटी क्षेत्र (पिथौरागढ़) में अधिक देखने को मिलता है। वैवाहिक आयोजनों एवं सांस्कृतिक उत्सवों पर छोलिया कलाकारों की सेवायें प्राप्त करना सम्बन्धित परिवार की सामाजिक प्रतिष्ठा एवं आर्थिक समृद्धि का प्रतीक माना जाता है। छोलिया दल के सदस्य गायन, वादन, नृत्य एवं तलवार कला में दक्ष होते हैं। ढोल की थाप, ढपली की आवाज एवं मसकबीन की मधुर स्वर लहरियों पर छोलिया दल के सदस्य मनमोहक नृत्य के साथ तलवारबाजी का प्रदर्शन करते हैं। साथ ही गायन के माध्यम से लोक गीत तथा लोक कथायें भी प्रस्तुत की जाती हैं। इसके अतिरिक्त कुमायूँ मण्डल में प्राय: मेलों के अवसर पर 'छपेली' नृत्य प्रस्तुत किया जाता है। धान की रोपाई के अवसर पर 'हुड़किया बौल' नृत्य किया जाता है। इस नृत्य में कुमायूँ के लोकप्रिय हुड़का वाद्य यन्त्र का प्रयोग होता है। मेलों के अवसर पर ही झोड़ा तथा चांचड़ी नामक सामूहिक लोक नृत्य भी आयोजित किये जाते हैं।

(iv) **लोक संगीत**—लोक नृत्यों एवं लोक नाट्यों को लोक संगीत से ही संगत प्राप्त होती है। उत्तराखण्ड के संगीत में मिठास एवं विविधता है। यहाँ का लोक संगीत परिवेशजनित है। इसमें व्यक्तिगत राग-दुख और करुणा के भाव कम तथा सामूहिक चेतना की अभिव्यक्ति अधिक देखने को मिलती है। यहाँ के लोक संगीत में संस्कारों के स्वर, पूजा के स्वर, खुदेड़

तथा विरह ऋतुओं के स्वर, तंत्र-मंत्र के स्वर, जातियों के स्वर एवं लघु गीतों के स्वर सुनने को मिलते हैं। जहाँ तक यहाँ के लोक संगीत में प्रयुक्त होने वाले वाद्य यन्त्रों का सम्बन्ध है, इसमें ढोल सागर, दमौ, ढोलकी, हुड़की, डौंर, थाली, मोहंग, बाँसुरी, चिमटा, मसकबीन, सारंगी तथा एकतारा वाद्ययन्त्रों का प्रमुखता के साथ प्रयोग किया जाता है। वाद्य यन्त्रों को बजाने वाले लोग औजी कहलाते हैं। गढ़वाल का अत्यन्त प्राचीन ग्रंथ, जो कि उत्तराखण्ड के लोक संगीत की आत्मा है, औजियों की लोक कला का दृढ़ आधार है।

(v) **लोक परम्परायें**—अपने मूल रूप में परम्परायें किसी समाज की संस्कृति की वे अमूल्य धरोहर होती हैं, जिनके माध्यम से संस्कृति का पीढ़ीगत हस्तान्तरण किया जाता है। परम्पराओं के दो स्वरूप होते हैं—वृहद् परम्परा एवं लघु परम्परा। वृहद् परम्परा राष्ट्रीय संस्कृति का प्रतिनिधित्व करती है। उदाहरणार्थ भारत में दीपावली के अवसर पर लक्ष्मी पूजन वृहद् परम्परा का रूप है। इसके विपरीत लघु परम्परायें एक क्षेत्र विशेष की संस्कृति को प्रदर्शित करती हैं। उदाहरण के लिये उत्तराखण्ड के पर्वतीय क्षेत्रों में मनाये जाने वाले अनेक पर्वों में से एक 'हरेला' लघु परम्परा का प्रदर्शक है, क्योंकि इस पर्व की परम्परा का सम्बन्ध पूरे भारतवर्ष से तो दूर सम्पूर्ण उत्तराखण्ड राज्य से भी नहीं है। लघु परम्परा ही सामान्य शब्दों में लोक परम्परा है। लोक परम्पराओं के सम्बन्ध में यह राज्य अत्यन्त समृद्ध है, क्योंकि अलौकिक शक्ति और सात्विक जीवन के प्रति अटूट श्रद्धा रखने वाला उत्तराखण्डी समाज अभी भी अपनी लोक परम्पराओं का हृदय से पालन करता है। यहाँ के प्रत्येक स्थानीय त्यौहार, पर्व और मेले लोक परम्पराओं के सच्चे प्रतिनिधि हैं। उदाहरणार्थ वैवाहिक अवसर पर 'मैती परम्परा' इस राज्य की लोक परम्परा का सर्वश्रेष्ठ उदाहरण है। गढ़वाल निवासी श्री कल्याण सिंह रावत प्रवक्ता, राजकीय विद्यालय द्वारा प्रारम्भ की गयी यह परम्परा आज उत्तराखण्ड की लोक परम्परा का रूप धारण कर चुकी है। भारत में विवाह के अवसर पर 'जूता छिपाई' की एक परिहास परम्परा सदियों से प्रचलित है। किन्तु कल्याण सिंह ने उत्तराखण्ड में वृक्षारोपण के महत्व को समझाते हुए लोगों का आह्वान किया कि विवाह संस्कार पूर्ण होने के पश्चात वर-वधू मिलकर वधू के आंगन में एक पौधा रोपें तथा वधू के मायके वाले इस पौधे को अपनी कन्या की निशानी मानकर इसका पोषण करें। इससे न केवल लड़कियों के मायके में उनकी स्मृति बनी रहेगी, बल्कि यह परम्परा राज्य में पर्यावरण संरक्षण को भी प्रोत्साहित करेगी। इस परम्परा को यहाँ के लोगों ने हृदय से स्वीकार किया है। अनेक पर्वतीय क्षेत्रों में विवाह के अवसर पर वृक्षारोपण किया जाता है। यही नहीं विवाह के निमन्त्रण पत्रों में भी विवाह के अन्य कार्यक्रमों की रूपरेखा के साथ 'मैती कार्यक्रम' के समय का भी उल्लेख किया जाता है।

यहाँ हमें उत्तराखण्ड की एक अन्य लोक परम्परा का आवश्यक रूप से स्मरण करना चाहिये—'मकानों में ताला न डालने की परम्परा'। इसके पीछे धारणा यह है कि ताला डालने से घर की सुख-समृद्धि बाधित होती है। यद्यपि उत्तराखण्ड के मैदानी क्षेत्रों में तो प्रारम्भ से ही यह परम्परा देखने को नहीं मिलती थी, किन्तु अब पर्वतीय क्षेत्रों में भी यह परम्परा धीरे-धीरे अपना विश्वास खो रही है। जब तक उत्तराखण्ड का पर्वतीय क्षेत्र एक पृथक समाज के रूप में बना रहा, यह क्षेत्र अपराधमुक्त बना रहा। किन्तु सांस्कृतिक सम्पर्क के प्रसार ने राज्य में अपराध को बढ़ावा दिया है, जिससे अपने मकान में ताले न डालना, अपने पैरों में कुल्हाड़ी मारने के समान हो गया है। प्रातःकाल के समय फेरी लगाने वाले या कूड़ा बीनने वाले व्यक्ति का ध्यान केवल

अपने कार्य पर केन्द्रित है, या वहाँ स्थित मकानों में रात्रि के समय घुसने के मार्ग खोजने पर, यह कोई नहीं जानता। पृथक राज्य के रूप में अस्तित्व में आने के बाद से तो उत्तराखण्ड में अपराध की दर में निरन्तर वृद्धि हो रही है। इससे आपसी विश्वास पर आधारित लोक परम्परायें धीरे-धीरे समाप्त होने के कगार पर हैं। राज्य में विश्वास का वातावरण तैयार करने के लिये सरकार को इस ओर ध्यान देना चाहिये तथा अपराध पर नियन्त्रण स्थापित करने के लिये ठोस नीति बनानी चाहिये।

उत्तराखण्ड के प्रमुख पर्व एवं त्यौहार

इस राज्य के धार्मिक-सांस्कृतिक परिचय का चित्र यहाँ प्रचलित पर्व, त्यौहार एवं मेलों के उल्लेख के अभाव में अपूर्ण ही माना जायगा। ये पर्व, त्यौहार और मेले उत्तराखण्ड के धर्म और स्थानीय संस्कृति के प्रदर्शक हैं। उत्तराखण्ड इन तीनों आयोजनों की धरती है। यहाँ के लोगों को उत्सव, त्यौहार और मेले अत्यन्त प्रिय हैं। वे आतुरता के साथ ऐसे आयोजनों की प्रतीक्षा करते हैं तथा आयोजन में बढ़-चढ़कर सहभागिता करते हैं। वे अपने जीवन की कठिनाइयों और त्रासदियों के दुख को ऐसे आयोजनों के माध्यम से भुलाते हैं। यहाँ पर्व, त्यौहार एवं मेले के अन्तर को समझना आवश्यक है—

(क) जिन विधियों में दान-स्नान आदि कर्म होते हैं, पर्व कहलाते हैं जैसे संक्रान्ति, पूर्णिमा एवं गंगा दशहरा आदि पर्व।

(ख) जिन आयोजनों में आमोद-प्रमोद एवं हर्ष का प्रकटीकरण किया जाता है, उत्सव कहलाते हैं। जब यह प्रकटीकरण किसी धार्मिक-सांस्कृतिक अवसर पर होता है तो ये उत्सव त्यौहार कहलाते हैं।

(ग) मेलों में मनोरंजन एवं सामूहिकता की भावना प्रधान होती है। इन मेलों में परस्पर मेल-मिलाप तथा सामाजिक विकास की झलक देखने को मिलती है।

यहाँ उत्तराखण्ड के प्रमुख पर्व एवं त्यौहारों का विवरण प्रस्तुत है—

(i) **फूल संक्रान्ति**—चैत्र मास की संक्रान्ति के दिन फूल संक्रान्ति त्यौहार पूरे उत्तराखण्ड में समान रूप से मनाया जाता है। इसे 'फूल देई' भी कहा जाता है। यह त्यौहार किसी स्थान पर एक दिन, तो किसी स्थान पर पूरे माह तक चलता है। वसन्त आगमन के कारण सभी जगह फूल खिल जाते हैं। बच्चे फूल संक्रान्ति की पूर्व संध्या पर फूल तोड़कर लाते हैं तथा फूल संक्रान्ति की प्रातः अपने निकटवर्तियों व पड़ोसियों की देहरी पर यह कहते हुए फूल डालते हैं कि "फूल देई, छमा देई, दैंणो द्वार भर भरवार, यौ देई सौ नमस्कार, पूजे बारम्बार।" गृह स्वामी इन फूलों को स्वीकार करते हुए बच्चों को चावल, गुड़ तथा कुछ पैसा देता है तथा तिलक लगाता है। बच्चों की माता सायंकाल में प्राप्त चावलों को पीसकर उसका हलुआ बनाती है, जिसे 'साई' कहा जाता है। इस सादगी भरे त्यौहार का राज्य के पर्वतीय क्षेत्रों में अत्यधिक प्रचलन है। चैत्र माह में ही यहाँ की महिलाओं को उनके मायके वाले भेंट स्वरूप अनेक उपहार, वस्तुएं तथा धनराशि भी देते हैं, जिसे 'भिटोई' कहा जाता है। प्राप्त वस्तुओं में से खाद्य पदार्थों का वितरण परिचितों को भी किया जाता है। इसके पीछे यह विश्वास प्रचलित है कि इससे लोगों का शुभ आशीर्वाद सम्बन्धित स्त्री के मायके वालों को भी प्राप्त होगा।

(ii) **बिखौती**—इस त्यौहार के दिन प्रत्येक घर में विभिन्न प्रकार के पकवान बनाये जाते हैं तथा कुछ परिवारों में मछली या बकरे का मांस भी पकाया जाता है। इस त्यौहार पर लोकगीतों

एवं लोक नृत्य के कार्यक्रम भी आयोजित किये जाते हैं। कुछ स्थानों पर चाँचरी नृत्यों का विशेष आयोजन होता है। इसी दिन उड़द की दाल के 'बाड़े' भी बनाये जाते हैं। बिखौती त्यौहार के दिन राज्य के कुछ गांवों में 'ताला डालना' प्रथा भी प्रचलित है। इसके अन्तर्गत रात्रि में शयन से पूर्व धातु की गर्म सींक से नाभि के चारों ओर दागा जाता है, यद्यपि यह प्रथा वर्तमान में लगभग समाप्ति की ओर है। इसी दिन द्वाराहाट में 'स्याल्दे बिखौती' का प्रसिद्ध मेला भी आयोजित होता है, जिसमें भाग लेने के लिये निकटवर्ती गांवों के ही नहीं वरन दूरदराज के क्षेत्रों से बड़ी संख्या में लोग पहुँचते हैं।

(iii) **हरेला**—कर्क संक्रान्ति के दिन मनाये जाने वाला यह त्यौहार हरियाली का प्रतीक है। इसके अन्तर्गत त्यौहार दिवस से 9-10 दिन पूर्व एक लकड़ी की पट्टी पर मिट्टी की क्यारी बनाकर उसमें गेहूँ, मक्का, जौ, उड़द, सरसों आदि पाँच या सात अनाजों को बो दिया जाता है। इस पट्टी को अन्धकारपूर्ण स्थान पर रख दिया जाता है तथा त्यौहार से एक दिन पूर्व की संध्या तक इसे जल से सींचा जाता है। पूर्व संध्या पर हरेले की गुड़ाई की जाती है। इन नौ दिनों में उत्पन्न होने वाली फसल को हरेला कहा जाता है। दसवें दिन हरेले को काटा जाता है तथा देवी-देवताओं को अर्पित करके इसे परिवार के सभी सदस्य सिर पर धारण करते हैं। हरेला त्यौहार में विवाहित पुत्रियों का विशेष महत्व है। इस दिन पुत्रियां अपने पति के साथ मायके आती हैं। उत्तराखण्ड में हरेला त्यौहार के महत्व को समझते हुए उत्तराखण्ड सरकार ने इस दिवस को सरकारी अवकाश घोषित कर दिया है।

(iv) **खतड़वा**—विभिन्न विद्वानों द्वारा राज्य में मनाये जाने वाले खतड़वा त्यौहार की उत्पत्ति के सम्बन्ध में अनेक ऐतिहासिक कारण प्रस्तुत किये गये हैं। ये कारण वास्तव में राज्य की सामाजिक एकता की भावना के विरोध में खड़े दिखाई देते हैं। सत्यता यह है कि खतड़वा का त्यौहार राज्य में ऋतु परिवर्तन के कारण की जाने वाली लोगों की तैयारियों का बोध कराता है। वर्षा ऋतु जहाँ घर-मकानों में सीलन पैदा कर देती है, वहीं आने वाली शरद ऋतु इस पर्वतीय राज्य में शिशिर का आभास कराने लगती है। खतड़वा त्यौहार वर्षाकाल की सीलन को दूर करने तथा शरद ऋतु की तैयारी करने को प्रदर्शित करता है। कन्या संक्रान्ति के दिन यहाँ के लोग सामूहिक रूप से आग जलाते हैं तथा आग (राख) बांटते हैं। इसी के साथ इस दिन से ही लोग अपने खातड़े (रजाई-गद्दे) निकालकर उनको धूप दिखाना प्रारम्भ करते हैं। राज्य के कुछ क्षेत्रों में यह त्यौहार पशुओं के त्यौहार के रूप में भी मनाया जाता है। इस दिन लोग अपने पालतू पशुओं को नहलाते-धुलाते हैं, उनकी सेवा करते हैं तथा उनके खाने के लिये ताजी हरी घास रखते हैं। कुल मिलाकर यह त्यौहार ऋतु परिवर्तन के फलस्वरूप लोगों की तैयारी तथा उनमें पशु प्रेम का प्रतीक है।

(v) **श्रावणी पूर्णमासी**—इस दिन सम्पूर्ण भारत में रक्षा बन्धन का त्यौहार मनाया जाता है। वैसे इस दिन उत्तराखण्ड में भी यह त्यौहार मनाया जाता है, परन्तु इस राज्य में इस त्यौहार की विशेषता यह है कि इस दिवस को जनेऊ धारक अपने पुरानी जनेऊ त्याग कर नयी जनेऊ धारण करते हैं। इस दिन पुरोहित अपने जनेऊ धारक जजमानों के हाथों में सूत से निर्मित धागों से 'रक्षा' लपेटते हैं। तिवारी समुदाय को छोड़कर उत्तराखण्ड में सभी जातियों के परिवार यह त्यौहार मनाते हैं। इस त्यौहार को 'जन्यो पून्यू' भी कहा जाता है। श्रावणी मास के दिन चम्पावत जनपद के देवीधुरा नामक स्थान पर आयोजित होने वाला 'देवीधुरा पाषाण मेला' विश्व प्रसिद्ध है।

(vi) **श्राद्ध**—मृत पितरों को समर्पित यह त्यौहार आश्विन मास की कृष्ण प्रतिपदा से अमावस्या तक मनाया जाता है। श्राद्ध 16 दिनों तक चलते हैं। इनमें अष्टमी तथा नवमी के श्राद्ध अधिक महत्वपूर्ण हैं। अष्टमी का श्राद्ध पिता तथा नवमी का श्राद्ध माता से सम्बन्धित होता है। श्राद्ध के दिनों में विभिन्न प्रकार के पकवान बनाये जाते हैं, ब्राह्मणों को भोजन कराया जाता है, दक्षिणा दी जाती है तथा पितरों की पूजा करके उनका पिण्डदान कराया जाता है। श्राद्धों की अवधि में खान-पान आदि में विशेष संयम रखा जाता है तथा नये कपड़ों व अन्य विलासितापूर्ण सामग्री का क्रय नहीं किया जाता है।

(vii) **नन्दाष्टमी**—नन्दाष्टमी को उत्तराखण्ड का राजकीय त्यौहार कहा जा सकता है। यहाँ यह पर्व उतना ही प्रचलित एवं प्रख्यात है, जितनी कि महाराष्ट्र की गणपति पूजा या उड़ीसा में भगवान जगन्नाथ (पुरी) की रथयात्रा, क्योंकि नन्दा देवी पूरे उत्तराखण्ड की आराध्य देवी है। यह त्यौहार भाद्र माह की शुक्ल षष्ठी से प्रारम्भ होता है। जिस व्यक्ति पर देवी का अवतार होता है, वह देवी का डंगरिया कहलाता है। पूजा हेतु केले के वृक्षों से देवी की प्रतिमायें बनायी जाती हैं। देवी की प्रतिमाओं के निर्माण का कार्य सप्तमी के दिन आरम्भ होता है तथा इसी दिन समाप्त भी हो जाता है। अष्टमी के दिन प्रतिमा की प्राण-प्रतिष्ठा की जाती है। इसी दिन नन्दा देवी को एक भैंसे व एक बकरे की बलि भी दी जाती है। नवमी के दिन नौ कन्या कुमारियों को भोग लगाया जाता है। दशमी के दिन नन्दा देवी को डोले में बिठा कर निर्धारित जलस्रोत पर विसर्जित कर दिया जाता है। विसर्जन के साथ ही नन्दादेवी महोत्सव समाप्त हो जाता है।

उत्तराखण्ड के मेले

उत्तराखण्ड में मेलों के आयोजन को भी पर्याप्त महत्व दिया जाता है। राज्य के अधिकांश मेलों का आयोजन धार्मिक या सांस्कृतिक परिप्रेक्ष्य में ही किया जाता है। अत: यहाँ लगने वाले अधिकांश मेलों का स्वरूप धार्मिक एवं सांस्कृतिक ही है। प्रस्तुत विवेचन में उत्तराखण्ड में आयोजित होने वाले प्रमुख मेलों के नाम दिये जा रहे हैं—

झण्डा मेला (देहरादून), भद्राज मेला (जौनसार भावर एवं रँवाई क्षेत्र), मौठा मेला (रँवाई-जौनपुर, उत्तरकाशी), गबर सिंह मेला (चम्बा, टिहरी), देव प्रयाग मेला (देव प्रयाग), काण्डी मेला (काण्डीखाल), माता मूर्ति मेला (माणा, बद्रीनाथ), गिन्डी का मेला (नयार घाटी, थलनदी, कांस खेत), विनसर मेला (विभिन्न स्थानों पर), नागजा मेला (मुखेम), कुम्भ मेला (हरिद्वार), नन्दाष्टमी मेला (विभिन्न स्थानों पर), लक्ष्मण सिद्ध मेला (देहरादून), माघ मेला (विभिन्न स्थानों पर), स्याल्दे बिखौती मेला (द्वारहाट), चैती मेला (काशीपुर), देवीधुरा मेला (लोहाघाट), थारू-बुक्सा महोत्सव तथा तराई मेला (रुद्रपुर), पूर्णागिरी मेला (टनकपुर), गोचर मेला (गोचर, कर्णप्रयाग), बैकुण्ठ चतुर्दशी मेला (श्रीनगर), अटरिया मेला (रुद्रपुर), अनुसुइया देवी मेला (मण्डल, चमोली) आदि। उत्तराखण्ड सरकार राज्य के विभिन्न क्षेत्रों में आयोजित होने वाले कुल 37 मेलों को सरकारी मेला घोषित करने का प्रयास कर रही है।

6. जातीय परिचय (Caste Introduction)

भारत के अन्य राज्यों की भांति उत्तराखण्ड में भी न केवल जाति प्रथा पायी जाती है, वरन अपने पूर्ण प्रभाव के साथ यहाँ के समाज में विद्यमान है। यहाँ भी वर्ण व्यवस्था से उत्पन्न जाति व्यवस्था का ही अस्तित्व है। परन्तु इस राज्य में मूल जातियां केवल तीन ही हैं—ब्राह्मण, क्षत्रिय

एवं शूद्र। वैश्य जाति प्राय: प्रवासियों के रूप में ही है। वैसे देहरादून, हरिद्वार और ऊधम सिंह नगर तथा एक सीमा तक नैनीताल जनपद कुछ प्रतिशत वैश्य जनसंख्या को उत्तराखण्ड के मूल निवासी के रूप में स्थापित करते हैं।

उपरोक्त जातियों के अतिरिक्त राज्य में अनेक अन्य जातियां भी निवास करती हैं। यथा—वर्मा, गोस्वामी, चौधरी, साह, गिरि, नाथ, भारती एवं पुरी आदि। इन जातियों में साह समाज को सर्वाधिक सम्मान प्राप्त है। वर्मा समाज स्वर्णकार समाज के रूप में स्थापित हो चुका है। गोस्वामी, भारती, नाथ, एवं पुरी गृहस्थ संन्यासी होते हैं। ये चारों जातियां पूर्व से ही मन्दिरों में पुजारी का कार्य करती आयी हैं, परन्तु वर्तमान में इन जातियों का आधुनिकीकरण एवं संस्कृतिकरण हो रहा है। वास्तविकता यह है कि केवल उत्तराखण्ड में ही नहीं, सम्पूर्ण भारत में तथा सभी जातियों में आधुनिकीकरण की प्रक्रिया तीव्र गति से चलायमान है।

7. जनजातीय परिचय (Tribes Introduction)

यहाँ अनेक जनजातियां हजारों वर्षों से रहती आ रही हैं। विद्वानों का मत यह भी है कि ये जनजातियां ही यहाँ की मूल निवासी हैं। राज्य में पाँच अनुसूचित जनजातियां निवास करती हैं, जबकि गैर अनुसूचित कोई भी जनजाति वर्तमान में राज्य में निवासित नहीं है। राज्य के दो समूह—जौनसार तथा मुस्लिम गुर्जर जनजातीय परिभाषा की कसौटी पर खरे उतरते हैं तथा विशेषज्ञों ने इन्हें जनजातियों में सम्मिलित करने की बात कही है। उत्तराखण्ड की थारू, भोटिया, जौनसार, बोक्सा तथा राजि जनजातियों को राष्ट्र की मुख्यधारा के साथ जोड़ने के उद्‌देश्य से जून 1967 में अनुसूचित किया गया। यहाँ पर हम इन जनजातियों का संक्षिप्त परिचय प्रस्तुत करेंगे—

(i) **थारू**—किरात वंश से सम्बन्धित मानी जाने वाली थारू जनजाति ऊधम सिंह नगर जनपद के मुख्यत: खटीमा एवं सितारगंज के 144 गांवों में निवास करती है। यह जाति मंगोल प्रजाति के गुणों को प्रदर्शित करती है। वर्तमान में थारू समाज के सात प्रमुख उपवर्ग हैं—राणा, बुक्सा, गड़ौड़ा, धाडरा, खुन्का, जुगिया और सौसा। इनमें राणा उपवर्ग सर्वश्रेष्ठ माना जाता है। यह जाति पितृसत्तात्मक, पितृवंशीय एवं पितृस्थानीय होती है। थारुओं में स्त्रियों की स्थिति ऊँची होने के कारण वधु मूल्य का प्रचलन है। थारू एक विवाही एवं अन्तर्विवाही होते हैं। थारुओं में विवाह विच्छेद को 'उरारी' कहा जाता है। ये लोग कालीदेवी, महादेव व भैरव की पूजा-अर्चना करते हैं। इनमें परम्परागत रूप से राजनैतिक संगठन 'बिरादरी पंचायत' के रूप में पाया जाता है। थारुओं का प्रमुख व्यवसाय एवं आय का स्रोत कृषि है। ये लोग सहायक व्यवसाय के रूप में मछली का शिकार भी करते हैं। माना जाता है कि थारुओं का उत्तराखण्ड (तराई) में आगमन मुगल शासनकाल में हुआ।

(ii) **भोटिया**—भोटिया राज्य के पर्वतीय क्षेत्रों के अर्धघूमन्तु निवासी हैं। ये मुख्यत: पिथौरागढ़ जनपद के जौहर परगना, चमोली के तल्ला-मल्ला हिमखण्ड पट्टियों एवं उत्तरकाशी जनपद की भटवाड़ी तहसील के लगभग 291 गांवों में निवास करते हैं। इस क्षेत्र को भोटिक प्रदेश भी कहा जाता है। राज्य में भोटिया जनसंख्या लगभग 40 हजार है। तिब्बत के सीमान्त क्षेत्र में रहने के कारण भौगोलिक, आर्थिक एवं सांस्कृतिक दृष्टि से इनका तिब्बत के साथ निकट का सम्बन्ध है। अलग-अलग घाटियों में रहने के कारण इन्हें अनेक नामों यथा— मारछा, तोलझा, जौहारी, नेत्वाल, जाड़, शौका आदि नामों से भी जाना जाता है। मंगोलाइड प्रजाति की

विशेषताओं से युक्त यह समाज हिन्दी, गढ़वाली एवं नेपाली भाषा बोल लेता है, वैसे इनकी लिपि देवनागिरी है। भोटिया जनजाति के परिवार पितृसत्तात्मक एवं पितृस्थानीय होते हैं। भोटिया समाज में सम्पत्ति के हस्तान्तरण तथा पारिवारिक झगड़े का निपटारा करने के लिये ग्राम पंचायत होती है। उत्तरकाशी के हरिजन भोटिया बौद्ध धर्मावलम्बी हैं, वैसे यह जनजाति हिन्दू धर्म से पूर्ण प्रभावित है। स्थानीय देवी-देवताओं के प्रति इनमें अटूट आस्था पायी जाती है। भोटिया जादू-टोना पर भी विश्वास करते हैं। अपनी आर्थिक आवश्यकताओं की पूर्ति के लिये यह जनजाति कठिन परिश्रम करती है। तिब्बत से व्यापारिक सम्बन्ध समाप्त हो जाने के पश्चात ये लोग जंगलों को साफ करके धान, दालें, सब्जी, फूल, एवं मसालों की खेती करते हैं तथा पशुपालन करते हैं। इसके अतिरिक्त प्रत्येक भोटिया परिवार में हथकरघा एवं चरखा आवश्यक रूप से मिलते हैं, जिनसे ऊनी कपड़े बुनकर उनका व्यापार करते हैं। वर्तमान में राज्य की पाँचों अनुसूचित जनजातियों में भोटियाओं की स्थिति सबसे अधिक सुदृढ़ है। आधुनिकीकरण की प्रक्रिया का सबसे अधिक प्रभाव इसी जनजाति पर पड़ा है। इस जनजाति के लोगों ने शिक्षा ग्रहण करके अनेक प्रकार की शासकीय एवं अशासकीय सेवाएं ग्रहण करके अपनी आर्थिक स्थिति में पर्याप्त सुधार किया है।

(iii) **जौनसार-बावर**—जौनसारी क्षेत्र के सभी मूल निवासियों को जौनसार-बावर अनुसूचित जनजाति के अन्तर्गत सम्मिलित किया गया है। इनके सवर्ण समूहों को 'खसिया' या 'खासा' कहा जाता है। अर्थात ब्राह्मण एवं राजपूत जौनसारी खासा कहे जाते हैं। हिमालय परिसर में बसा जौनसार-बावर राज्य के देहरादून जनपद के उत्तरी-पश्चिमी क्षेत्र का एक भूभाग है। जौनसार-बावर की अधिकांश जनसंख्या चकराता तहसील के कालसी चकराता भूभाग पर निवास करती है। इनके परिवार पितृसत्तात्मक, पितृवंशीय एवं पितृस्थानीय होते हैं। इस जनजाति में बहुपत्नी एवं बहुपति विवाह प्रचलित हैं। इनमें विवाह विच्छेद को 'छूट' कहा जाता है। जौनसार-बावर का क्षेत्र 39 खत्तों में बंटा है। खत्तों के मुखिया को 'खत स्याना' तथा ग्राम के मुखिया को 'ग्राम स्याना' कहते हैं। इनकी जाति पंचायत को 'खुमड़ी' कहा जाता है। ये लोग स्वयं को हिन्दू तथा पांडवों का वंशज मानते हैं। जौनसारी 'महासु' को अपना देवता मानते हैं तथा पाण्डवों में भीम की पूजा करते हैं। इसके अतिरिक्त ये लोग ओधा, चालदा, बीजर, आवासी, सिलगुरु, काली माँ, एवं दुर्गा की पूजा भी करते हैं। ये लोग जादू-टोना पर विश्वास करते हैं। इनमें जादू-टोना को 'बाकी' कहा जाता है। ये लोग दीपावली सामान्य दीपावली दिवस से एक माह बाद मनाते हैं जिसे 'हलियत' कहा जाता है। जौनसारी अर्थव्यवस्था मूलतः कृषि पर आधारित है। स्त्री-पुरुष दोनों मिलकर कृषि कार्य में बराबर का श्रम करते हैं।

(iv) **बोक्सा**—राज्य के जनपद ऊधम सिंह नगर, नैनीताल, देहरादून तथा पौड़ी गढ़वाल के तराई-भावर क्षेत्र में इस जनजाति का निवास है। देहरादून में इन्हें मेहरी या मेहरा के नाम से भी जाना जाता है। इनमें उच्चता-निम्नता का परस्पर संस्तरण पाया जाता है। यह जनजाति हिन्दू धर्म के समान धर्म को मानने वाली है। इनमें धार्मिक क्रियाओं को पहाड़ी ब्राह्मण सम्पन्न कराते हैं, किन्तु जादुई क्रियाओं को भरार अथवा सयाने सम्पन्न कराते हैं। बोक्सा समुदाय की सबसे छोटी इकाई परिवार है, जिसका नेता घर का मुखिया होता है। कई परिवार मिलकर एक बोक्सा गांव या मंझरा का निर्माण करते हैं। अपने समाज को सुचारु रूप से चलाने के लिये इनमें सामाजिक नियम व कानून बनाये जाते हैं, जिनके विरुद्ध कार्य करने के लिये दण्ड का प्रावधान है। सत्ता के आधार पर पितृसत्तात्मक परिवारों का प्रचलन है। पुत्र न होने की स्थिति में घर

जंवाई रखा जाता है तथा पुत्री सम्पत्ति की वास्तविक उत्तराधिकारी मानी जाती है। इनमें गोत्र बहिर्विवाह प्रचलित है तथा एक ही गोत्र में विवाह करने वाले को 'डोम' कहा जाता है। बोक्साओं की आर्थिकी का आधार कृषि है तथा अच्छे फसलोत्पादन के लिये ये लोग जादू-टोना का सहारा भी लेते हैं।

(v) **राजी**—राजी राज्य की अल्पविदित जनजाति है जो पिथौरागढ़ जनपद के धारचूला, डीडीहाट तथा चम्पावत जनपद के भीतरी एवं घने जंगलों व उसके आसपास के 9 ग्रामों में निवास करती है। सन् 2000 में इनके परिवारों की कुल संख्या 130 तथा कुल जनसंख्या 528 थी। इन्हें राज किरातों का वंशज माना जाता है। क्रुक के अनुसार राजी 'वनरावत' या 'वन कन्हैया' भी कहे जाते हैं, क्योंकि ये घने जंगलों में निवास करते हैं और वनोत्पादन से ही अपनी आजीविका चलाते हैं। राजी गौर वर्ण, सीधी नाक, काली आँख, ठिगना कद व छोटे मस्तिष्कयुक्त शारीरिक विशेषता लिये होते हैं। इनके विवाह में वधू मूल्य प्रचलित है, जो वर्तमान में 250 रुपया है। इनमें विवाह विच्छेद असम्भव है। इनके परम्परागत देवी-देवता धननाथ, मलयनाथ तथा मल्लिकार्जुन हैं। इनके मन्दिर खुले आकाश के नीचे किसी वृक्ष के पास चबूतरा निर्मित कर पत्थर के रूप में होते हैं। इनकी मातृ भाषा 'मुण्डा' है। कुछ समय पूर्व तक ये लोग रात के समय आसपास के गांवों में जाकर अपने बनाये बर्तनों को लोगों के घर के बाहर छोड़कर चले आते थे। सुबह होने पर घर के लोग उन बर्तनों को संभाल लेते थे तथा उनके बदले में अनाज, कपड़े व फल आदि उसी जगह पर रख देते थे, जिन्हें अगली रात्रि को ये वन राजी उठा ले जाते थे। इस आधार पर बिना मोलभाव के ये अपना जीवनयापन करते थे, परन्तु अब व्यवसाय के अन्तर्गत राजी तरूर, गैन्थी एवं शहद तथा लकड़ी इत्यादि को बेचकर बदले में दुकानदार से सामान ले लेते हैं। इनके द्वारा स्वनिर्मित लकड़ी के कटोरे 'चिक्की या पाली' इत्यादि भी बेचे जाते हैं। वर्तमान में सरकार द्वारा आबंटित कृषि भूमि पर ये कुछ मात्रा में अनाज भी पैदा करने लगे हैं तथा निकटवर्ती गांवों में दैनिक मजदूरी का कार्य भी कर रहे हैं। कुपोषण के कारण इस जनजाति की जनसंख्या में तेजी से गिरावट आ रही है।

8. आर्थिक परिचय (Economic Introduction)

राज्य गठन के पश्चात उत्तराखण्ड की आर्थिक सोच तथा आर्थिक व्यवस्था में व्यापक परिवर्तन आया है। इससे राज्य में न केवल व्यापार एवं वाणिज्य की गतिविधियां तेज हुई हैं, वरन आर्थिक प्रगति के अन्य सभी क्षेत्रों का समन्वित विकास भी हो रहा है। राज्य में अर्थव्यवस्था के आधारभूत घटक निम्नलिखित हैं—

(i) **खनिज सम्पदा**—उत्तराखण्ड में लोहा, ताँबा, चूना, पत्थर, डोलोमाइट, मैग्नेसाइट एवं सोप स्टोन, जिप्सम, फास्फोराइट, बैराइट्स, एडालूसाइट, एस्बेस्टॉस, रॉक फास्फेट, सीसा, चाँदी एवं सैलखड़ी तथा नदियों के रेत के भण्डार आदि खनिजों का विशाल भण्डार विद्यमान है। इस खनिज भण्डार से राज्य सरकार को 31 करोड़ रुपये की वार्षिक आय प्राप्त हो रही है। सरकार ने 2004 में नयी खनिज नीति का निर्माण किया है। इससे इस सम्पदा का समुचित दोहन करके आय में वृद्धि की पर्याप्त संभावना विद्यमान है।

(ii) **उद्योग**—राज्य के दो जनपद पूर्णतः मैदानी, दो जनपद आंशिक मैदानी एवं नौ जनपद पूर्णतः पर्वतीय क्षेत्र के रूप में हैं। अतः यहाँ बड़े पैमाने पर तो औद्योगीकरण को प्रोत्साहित नहीं किया जा सकता, परन्तु पूर्णतः मैदानी जनपदों में बड़ी संख्या में वृहद् एवं मध्यम स्तरीय उद्योग

स्थापित किये गये हैं। इसके अतिरिक्त देहरादून एवं नैनीताल जनपद में भी उद्योगों की स्थापना की जा रही है। राज्य में रुद्रपुर, हरिद्वार, सितारगंज तथा काशीपुर क्षेत्र में सिडकुल औद्योगिक आस्थान स्थापित किये गये हैं, जिनमें हजारों की संख्या में छोटी-बड़ी औद्योगिक इकाइयों का अवस्थापन हुआ है। राज्य सरकार ने इन औद्योगिक इकाइयों में श्रमिकों एवं कर्मचारियों के 75 प्रतिशत पदों पर स्थानीय युवाओं को रोजगार देने की नीति बनायी है। राज्य में हो रहे औद्योगिक विकास का अनुमान इस तथ्य से ही लगाया जा सकता है कि यहाँ की औद्योगिक विकास दर जो वर्ष 1993 से 2000 के मध्य 1.9 थी, वह वर्तमान में बढ़कर 18.18 प्रतिशत हो गयी है। परन्तु असन्तुलित आर्थिक एवं औद्योगिक विकास से बचाव के लिये, सरकार को पर्वतीय क्षेत्रों में पर्यावरण संतुलन को बनाये रखते हुए लघु एवं कुटीर उद्योगों के विकास एवं स्थापना की ओर ध्यान केन्द्रित करना चाहिये।

(iii) **ऊर्जा**—ऊर्जा के क्षेत्र में उत्तराखण्ड की स्थिति सुदृढ़ है। जलविद्युत उत्पादन की अपार सम्भावनाओं के कारण इसे भारत का भावी पावर हाउस भी कहा जाने लगा है। सर्वेक्षणों से यह स्पष्ट हुआ है कि उत्तराखण्ड की सभी छोटी-बड़ी नदियों से 30,000 मेगावाट जलविद्युत उत्पादित की जा सकती है। राज्य में दसवीं पंचवर्षीय योजना में 3000 मेगावाट क्षमता की विद्युत परियोजनाओं पर कार्य करने का लक्ष्य निर्धारित किया गया था,जबकि वर्तमान में लगभग 4200 मेगावाट क्षमता की विद्युत परियोजनायें निर्माणाधीन हैं तथा 3800 मेगावाट की परियोजनायें और आबंटित की गयी हैं। प्रदेश की नई जलविद्युत नीति के अन्तर्गत 100 मेगावाट तक की परियोजनाओं का आबंटन प्रतिस्पर्धात्मक निविदा से किया जा रहा है। एशियन डेवलपमेंट बैंक के आर्थिक सहयोग (1400 करोड़) से राज्य के अपने पावर ग्रिड की स्थापना की जा रही है।

'राष्ट्र का गांव' नाम से अलंकृत टिहरी बांध परियोजना विश्व के ऊँचे बांधों में से एक है, जिसमें आंशिक रूप से विद्युत उत्पादन प्रारम्भ हो चुका है। 2400 मेगावाट की कुल विद्युत उत्पादन क्षमता वाली इस विशाल परियोजना में उत्तराखण्ड, उत्तर प्रदेश तथा केन्द्र सरकार द्वारा वित्तीय सहयोग किया जा रहा है। वर्तमान में टिहरी सहित उत्तराखण्ड की प्रमुख 12 वृहद् एवं लघु जल विद्युत उत्पादन इकाइयों से लगभग 1500 मेगावाट विद्युत उत्पादन हो रहा है। इसके अतिरिक्त जलविद्युत निगम द्वारा गढ़वाल में कुल 41 लघु जलविद्युत परियोजनाओं को चिन्हित किया गया है। यही नहीं विद्युत परियोजनाओं के निर्माण हेतु बड़े उद्योगपतियों व विदेशी सरकारों तथा अन्तर्राष्ट्रीय वित्त संस्थाओं से भी समझौते किये गये हैं। उत्तराखण्ड जलविद्युत निगम लिमिटेड, पावर ट्रांसमिशन कॉरपोरेशन ऑफ उत्तराखण्ड लिमिटेड, उत्तराखण्ड पावर कॉरपोरेशन लिमिटेड, उत्तराखण्ड रिन्यूएबल एनर्जी एजेंसी, एन०एच०पी०सी०, एन०टी०पी०सी० एवं टी०एच०डी०सी० आदि संस्थाओं की उत्तराखण्ड को ऊर्जा प्रदेश बनाने में महत्वपूर्ण भूमिका है।

अपार जलविद्युत संभावनाओं वाले इस नवसृजित राज्य में यह बहस भी अनवरत चलती रही है कि यहाँ होने वाली भौगोलिक हलचलों को ध्यान में रखते हुए वृहद् स्तरीय विद्युत परियोजनाओं को प्रोत्साहित न किया जाये। इनके स्थान पर लघु परियोजनाओं का निर्माण किया जाये, जिससे यहाँ पर्यावरणीय संतुलन तो बना ही रहेगा, साथ ही स्थानीय जनता को भी परियोजनाओं का वास्तविक लाभ मिल पायेगा।

(iv) **परिवहन**—राज्य का अधिकांश क्षेत्र पर्वतीय होने के कारण यहाँ परिवहन का मुख्य स्रोत सड़कें हैं। उत्तराखण्ड में पक्की सड़कों की कुल लम्बाई 24208 किमी तथा राष्ट्रीय

राजमार्गों की कुल लम्बाई 2108.30 किमी है। राज्य के लगभग 60 प्रतिशत आबाद गांव सड़क मार्गों से जुड़ गये हैं। ग्रामीण क्षेत्रों में सड़क परिवहन के विकास से ग्रामीण उत्पादन बाजारों एवं मंडियों तक पहुँचाने में सहायता मिली है। इस रूप में सड़क परिवहन सरकार के लिये आर्थिक उत्पादन का माध्यम तो बना ही है, ग्रामीण जनता की आर्थिकी को भी अप्रत्यक्ष लाभ प्राप्त हुआ है। राज्य के परिवहन निगम के बेड़े में 966 बसें हैं। इनमें से 354 बसें कुमायूँ मण्डल तथा शेष 612 बसें गढ़वाल मण्डल के हिस्से में आयी हैं। इन बसों में 175 बसें वातानुकूलित, डीलक्स एवं स्लीपर वातानुकूलित श्रेणी की हैं। इसके अतिरिक्त गढ़वाल मोटर ऑनर्स यूनियन तथा कुमायूँ मोटर ऑनर्स यूनियन सहित कई अन्य ट्रैवल संस्थाओं द्वारा पूरे राज्य में व्यक्तिगत बस सेवाओं का संचालन बड़े पैमाने पर किया जा रहा है। साथ ही सभी पर्वतीय क्षेत्रों में 10 सीटों वाली टैक्सियों का भी वृहद् स्तर पर संचालन किया जाता है। इन बसों तथा छोटी गाड़ियों से सरकार को पथकर के रूप में पर्याप्त धनराशि प्राप्त हो रही है।

राज्य का मैदानी क्षेत्र रेलवे यातायात से भी जुड़ा हुआ है। यहाँ न केवल देश के अनेक भागों से ट्रेनें आती हैं, बल्कि राज्य से देश के अनेक भागों में ट्रेनों का संचालन किया जाता है। यहाँ के प्रमुख रेलवे स्टेशन हैं—देहरादून, हरिद्वार, कोटद्वार, ऋषिकेश, रुड़की, लक्सर, टनकपुर, काठगोदाम, हल्द्वानी, लालकुआँ, रामनगर, काशीपुर, बाजपुर, रुद्रपुर एवं खटीमा आदि। राज्य में प्रायः देहरादून तथा काठगोदाम से ही लम्बी दूरी की रेल सेवा संचालित होती है।

राज्य गठन के पश्चात से यहाँ हवाई अड्डों एवं हवाई पट्टियों के निर्माण पर भी विशेष ध्यान दिया जा रहा है। देहरादून के जौलीग्राण्ट, ऊधम सिंह नगर के पंतनगर, चमोली के गोचर, पिथौरागढ़ के नैनी-सैनी तथा उत्तरकाशी के चिन्यालीसौड़ में न केवल हवाई अड्डों एवं हवाई पट्टियों का निर्माण हो चुका है, बल्कि यहाँ से हवाई सेवायें संचालित भी हो रही हैं। केदारनाथ धाम के लिये हेलीकॉप्टर सेवा भी संचालित हो रही है।

(v) **कृषि व्यवस्था**—कृषि के क्षेत्र में राज्य की स्थिति अत्यन्त विषम है। यहाँ कृषि का मुख्य क्षेत्र राज्य का तराई-भावर क्षेत्र है जो कि व्यापार, वाणिज्य एवं उद्योगों की दृष्टि से वैसे ही समृद्ध है। दूसरी ओर यहाँ का पर्वतीय क्षेत्र जहाँ औद्योगिक विकास तो दूर व्यापार एवं वाणिज्य सेवाओं का भी अपेक्षित विकास नहीं हुआ है, वहाँ की कृषि की स्थिति भी दयनीय है। यहाँ यह भी उल्लेखनीय है कि अलाभदायक व परम्परागत खेती करने वाले इस क्षेत्र की 90 प्रतिशत जनसंख्या अभी भी कृषि पर ही आश्रित है। राज्य में प्रतिवर्ष 11,89,396 मीट्रिक टन चावल, 5,17,037 मीट्रिक टन गेहूँ, 34,211 टन जौ, 3065 टन मक्का तथा 16,492 टन दालें उत्पादित होती हैं। इसके अतिरिक्त राज्य में मूँगफली तथा तिलहन का भी उत्पादन होता है।

यहाँ कृषि क्षेत्र के अन्तर्गत बागवानी का उल्लेख न करना त्रुटिपूर्ण होगा। राज्य की भौगोलिक एवं जलवायुगत परिस्थितियां बागवानी के लिये सर्वथा उपयुक्त हैं तथा बागवानी परम्परागत कृषि की तुलना में यहाँ के कृषकों की आर्थिकी को सुदृढ़ करने में एक मजबूत आधार बन सकती है। राज्य में फूल, सब्जी एवं मसालों के उत्पादन के विस्तार की पर्याप्त सम्भावनायें हैं, साथ ही सर्वाधिक महत्वपूर्ण बागवानी उत्पाद फल है। राज्य में लीची, सेब, आम, पुलम, अंगूर, नाशपाती, खुमानी एवं आड़ू आदि का उत्पादन बड़े पैमाने पर होता है। यही नहीं, यहाँ के फलों की मांग राष्ट्रीय तथा अन्तर्राष्ट्रीय बाजारों में बनी रहती है। इसी को ध्यान में रखते हुए उत्तराखण्ड सरकार ने यहाँ के कृषि क्षेत्र को प्रोत्साहित करने के उद्देश्य से लीची,

बासमती चावल, पुष्प तथा जड़ी-बूटियों को निर्यात जोन के अन्तर्गत सम्मिलित किया है। साथ ही राज्य में जैविक कृषि को प्रोत्साहित करने के प्रयास भी किये जा रहे हैं।

साथ ही यह तथ्य भी महत्वपूर्ण है कि फल उत्पादन की दृष्टि से अनुकूलतम स्थितियां होने और हिमाचल प्रदेश से अच्छी भौगोलिक परिस्थितियां विद्यमान होने के पश्चात भी यहाँ के परम्परागत बागानों का भौगोलिक क्षेत्र सिमटता जा रहा है तथा उनका स्थान राज्य में भू माफियाओं द्वारा स्थापित कंकरीट के जंगल ले रहे हैं। यह स्थिति कृषि विकास के दृष्टिकोण से चिन्तित करने वाली है। अत: सरकार द्वारा राज्य के कृषि एवं बागवानी क्षेत्र को बचाने व बढ़ाने के लिये विशेष प्रयास करने की आवश्यकता है।

(vi) **वन सम्पदा**—राज्य का 65 प्रतिशत भूभाग वनाच्छादित है। मैदानी क्षेत्र की तुलना में पर्वतीय क्षेत्रों में वन विस्तार अधिक है। यहाँ 25,000 प्रकार की वनस्पतियां पायी जाती हैं। वन उपज से अनेक प्रकार के लघु एवं कुटीर उद्योगों को कच्चा माल प्राप्त होता है। चीड़ के वनों से लीसा दोहन का कार्य होता है। इससे तारपीन का तेल एवं रंग रोगन बनाया जाता है। वनों से ही इमारती लकड़ी भी प्राप्त हो रही है। ऊधम सिंह नगर जनपद के जसपुर में स्थित लकड़ी मण्डी, पश्चिमी उत्तर प्रदेश तक की इमारती लकड़ी की आवश्यकता की पूर्ति करती है। राज्य को वनों से वर्ष में 60 करोड़ रुपये की आय प्राप्त होती है। अभी तक राज्य में 32 वन विकास इकाइयां स्थापित हैं। इनके अन्तर्गत 1,254 संयुक्त वन प्रबन्ध समितियां आच्छादित हैं। पिछले कुछ समय से राज्य में वनों का क्षेत्रफल निरन्तर कम हो रहा है। इसका कारण राज्य में बढ़ता भवन निर्माण तथा औद्योगीकरण है। राज्य गठन के पश्चात 1369 विकास कार्यों के लिये 11 हजार हैक्टेयर वन भूमि दूसरे विभागों को हस्तान्तरित कर दी गयी है। यहाँ यह उल्लेखनीय है कि वन केवल लकड़ी, चारे व औद्योगिक कच्चे माल के ही स्रोत नहीं हैं, वरन पूरी दुनिया के अस्तित्व के लिये खतरा बन रही पर्यावरण असन्तुलन की समस्या को दूर करने के लिये वन संरक्षण ही एकमात्र रास्ता है। उस पर भी गंगा-यमुना के उद्गम वाले इस हिमालयी राज्य के वन, समस्त भारत की पारिस्थितिकी को संतुलित रखने के प्रमुख आधार हैं, जिनकी रक्षा करना न केवल राज्यवासियों, वरन केन्द्र व राज्य सरकार का सर्वप्रमुख उद्देश्य होना चाहिये।

(vii) **जड़ी-बूटी उत्पादन**—इस हिमालयी प्रदेश में जड़ी-बूटियों की अपार सम्पदा है। सरकार ने राज्य को 'हर्बल स्टेट' बनाने का लक्ष्य निर्धारित किया है तथा अनेक स्थानों पर हर्बल पार्कों की स्थापना की जा रही है। विगत कुछ वर्षों से आयुर्वेदिक दवाइयों तथा जड़ी-बूटियों की ओर लोगों का ध्यान आकृष्ट भी हुआ है। वैसे भी प्राचीन हिन्दू धर्मग्रन्थों में उत्तराखण्ड को आयुर्वेदिक चिकित्सा तथा आयुर्वेदिक दवा उत्पादन का प्रमुख केन्द्र माना गया है। राज्य सरकार ने जनपद चमोली के गोपेश्वर में जड़ी-बूटी संस्थान की स्थापना की है। इस हेतु 358 हैक्टेयर वन क्षेत्र को जड़ी-बूटी उत्पादन क्षेत्र के रूप में चिन्हित किया गया है। राज्य के उच्च हिमालयी क्षेत्र जड़ी-बूटी उत्पादन के मुख्य केन्द्र हैं। आवश्यकता, जड़ी-बूटी उत्पादन को संगठित करके उसे उद्योग के रूप में परिवर्तित करने की है। राज्य में 29 जड़ी-बूटी पौधशालाओं एवं ऋषिकेश में हर्बल गार्डन की स्थापना की गयी है। साथ ही 473 पौधालयों में जड़ी-बूटी पौधों का उत्पादन किया जा रहा है। भविष्य में प्रत्येक वर्ष 400 मीट्रिक टन जड़ी-बूटी के निर्यात के लिये अनेक प्रतिष्ठानों के साथ अनुबन्ध किया गया है। हरिद्वार में पतंजलि योग पीठ की स्थापना ने राज्य के लोगों का ध्यान जड़ी-बूटी उत्पादन की ओर आकर्षित किया है। इसके अतिरिक्त

जड़ी-बूटी उत्पादन को प्रोत्साहित करने का सर्वश्रेष्ठ तरीका है—अधिकतम पर्यटन स्थलों पर, यदि सम्भव हो तो हर्बल गार्डन या जड़ी-बूटी पौधशालाओं की स्थापना की जाये। इससे न केवल राज्य की ओर पर्यटकों का ध्यान अधिक आकर्षित होगा, बल्कि जड़ी-बूटी उत्पादन आर्थिक दृष्टिकोण से अधिक उपयोगी बन सकेगा।

(viii) **चाय उत्पादन**—यद्यपि ब्रिटिश शासन काल से ही राज्य में चाय का उत्पादन होता आ रहा है, परन्तु राज्य गठन के पश्चात से चाय उत्पादन को व्यावसायिक दृष्टिकोण से देखा जाने लगा है। केन्द्र सरकार द्वारा चाय विकास के लिये कोष स्थापित करते हुए वर्ष 2006-07 में राज्य को 100 करोड़ रुपये का अनुदान दिया गया है। कौसानी में लगभग 2.50 करोड़ रुपये की लागत से अत्याधुनिक चाय उत्पादन इकाई की स्थापना की गई है। वर्तमान में राज्य के 10 जनपदों में चाय बागान स्थापित करने का कार्य चल रहा है। इसके अन्तर्गत जनपद नैनीताल में 550 हैक्टेयर, अल्मोड़ा में 1310 हैक्टेयर, पिथौरागढ़ में 100 हैक्टेयर, चम्पावत में 950 हैक्टेयर, चमोली में 1010 हैक्टेयर, बागेश्वर में 930 हैक्टेयर, रुद्रप्रयाग में 250 हैक्टेयर, पौड़ी में 100 हैक्टेयर तथा देहरादून में 700 हैक्टेयर क्षेत्र में चाय बागान स्थापित किये गये हैं।

(ix) **पर्यटन**—राज्य की आर्थिकी के मुख्य संवाहक के रूप में पर्यटन एक महत्वपूर्ण क्षेत्र है। पर्यटन को प्रदेश की आर्थिकी का मूलभूत आधार बनाने तथा राज्य को विश्व पर्यटन के मानचित्र में स्थापित करने के लिये राज्य सरकार द्वारा अनेक महत्वपूर्ण पर्यटन विकास योजनाओं को मूर्त रूप दिया गया है। सरकार ने राज्य की पर्यटन नीति तैयार कर निजी और सार्वजनिक क्षेत्र की सहभागिता से इन योजनाओं के क्रियान्वयन को सुदृढ़ आधार प्रदान किया है। विशेषज्ञों के माध्यम से पर्यटन महायोजनाओं का क्रियान्वयन किया जा रहा है तथा इस हेतु केन्द्र से अनुदान भी प्राप्त हो रहा है। राज्य में पर्यटन विकास परिषद की स्थापना की गयी है। सरकार द्वारा जहाँ एक ओर स्थापित पर्यटन स्थलों में अवस्थापना सुविधाओं के सुदृढ़ीकरण के लिये कार्य किया जा रहा है, वहीं पर्यावरण को संरक्षित रखते हुए अर्थात सतत् पर्यटन की अवधारणा को ध्यान में रखते हुए नवीन पर्यटन स्थलों का विकास किया जा रहा है। पर्यटन योजनाओं में स्थानीय लोगों की सहभागिता सुनिश्चित की गयी है। स्वरोजगार उपलब्ध कराने के लिये एक अद्वितीय पर्यटन विकास योजना, 'वीर चन्द्र सिंह गढ़वाली पर्यटन स्वरोजगार योजना' नाम से प्रारम्भ की गयी है। इस योजना से राज्य के शिक्षित युवा बेरोजगारों को रोजगार प्राप्त हुआ है तथा राज्य से युवा शक्ति का पलायन रुका है। राष्ट्रीय तथा अन्तर्राष्ट्रीय धार्मिक पर्यटकों को पर्यटन सुविधायें उपलब्ध कराने के उद्देश्य से राज्य के धार्मिक पर्यटन स्थलों पर अवस्थापना विकास किया जा रहा है। आवासीय सुविधाओं तथा यात्रा एवं परिवहन सुविधाओं के स्तर में सुधार किया जा रहा है। दसवीं पंचवर्षीय योजना के अन्तर्गत पर्यटन विकास हेतु राज्य को केन्द्र सरकार से 300 करोड़ रुपये की धनराशि प्राप्त हुई है। पर्यटन के क्षेत्र में किये जा रहे सराहनीय प्रयासों का ही परिणाम है कि वर्ष 2004 में उत्तराखण्ड राज्य को 'राष्ट्रीय पर्यटन पुरस्कार' प्राप्त हुआ है।

11

उत्तराखण्ड में पर्यटन

(Tourism in Uttrakhand)

पर्यटन के दृष्टिकोण से उत्तराखण्ड राज्य भारत का एक बहुमुखी पर्यटन स्थल है। हिमालय की गोद में बसा यह नैसर्गिक राज्य अपने पावन, शान्त एवं धार्मिक-सांस्कृतिक पर्यावरण के कारण आध्यात्मिक पर्यटन, हिमालय की पर्वत श्रृंखलाओं एवं प्रकृति के मनोहारी एवं अपराधविहीन पर्वतीय नगरों की उपस्थिति, अवकाश पर्यटन, स्वस्थ वातावरण, स्वास्थ्य पर्यटन तथा अनेक ऐतिहासिक धरोहरों की उपस्थिति के कारण ऐतिहासिक या धरोहर पर्यटन का प्रमुख केन्द्र तो भारत में पर्यटन की उत्पत्ति के काल से ही रहा है, पर्यटन के अपेक्षाकृत आधुनिक स्वरूपों पर भी उत्तराखण्ड अपनी उपयोगिता एवं उपलब्धता सिद्ध कर रहा है। उदाहरणार्थ—साहसिक पर्यटन, चिकित्सा पर्यटन, शैक्षिक पर्यटन, राजनैतिक पर्यटन एवं ईको पर्यटन की हम यहाँ पर बात करते हैं। पर्यटन के यह स्वरूप अपने आधुनिक एवं उपयोगितावादी कलेवर में, भारत में पर्यटन विकास के पर्याप्त समय बाद सामने आये हैं। साहसिक पर्यटन की विविध कलाओं के प्रदर्शन हेतु यहाँ अनेक झीलें, पर्वत शिखर, दर्रे, हिमनद एवं नदी-घाटियाँ विद्यमान हैं। चिकित्सा पर्यटन के उद्देश्य की पूर्ति हेतु राज्य में अनेक उच्च स्तरीय सरकारी एवं निजी चिकित्सा संस्थानों की स्थापना निरन्तर प्रगति है, राज्य में स्थित विश्वविद्यालयों की संख्या तीन से बढ़कर आठ हो चुकी है तथा पर्याप्त एवं उच्च स्तरीय व्यावसायिक एवं तकनीकी शिक्षण संस्थानों की स्थापना यहाँ हो रहे शैक्षिक पर्यटन के विकास की परिचायिका है, राज्य के तीन महत्वपूर्ण नगरों नैनीताल, देहरादून और मसूरी में समय-समय पर सम्पन्न हो रहे राजनीतिक सम्मेलनों में राष्ट्रीय एवं अन्तर्राष्ट्रीय स्तर के राजनीतिज्ञों की उपस्थिति ने राज्य में राजनीतिक पर्यटन के विकास को रेखांकित किया है तथा यहाँ की अद्वितीय प्राकृतिक सुन्दरता और अनुपम लोक संस्कृति ने राज्य में ईको पर्यटन के द्वार खोले हैं। राज्य में पर्यटन के ये नूतन स्वरूप न केवल अस्तित्व में आ चुके हैं, बल्कि इनके विकास हेतु राज्य सरकार द्वारा निजी स्तर पर और केन्द्र सरकार, योजना आयोग तथा विश्व बैंक के सहयोग से संचालित की जा रही अनेक योजनाओं के कारण ये तीव्र विकास कर रहे हैं। कुल मिलाकर यह राज्य समग्र पर्यटन के संगठित केन्द्र के रूप में जिस प्रकार से सामने आया है, वह देश के अन्य राज्यों के लिये एक रोल मॉडल एवं

पथ-प्रदर्शक का कार्य कर सकता है, विशेषकर भारत के पर्वतीय एवं अर्द्धपर्वतीय राज्यों के लिये।

इसके अतिरिक्त राज्य सरकार द्वारा पर्यटन को एक उद्योग के रूप में स्वीकार कर लिये जाने के कारण उत्तराखण्ड में पर्यटन एक रोजगार तो बन ही गया है, कृषि क्षेत्र एवं उद्योग सहित अर्थव्यवस्था के अन्य क्षेत्रों का भार भी कम हुआ है। गठन के पश्चात से राज्य में आने वाले घरेलू एवं अन्तर्राष्ट्रीय पर्यटकों की संख्या में हो रही निरन्तर वृद्धि उत्तराखण्ड में हो रहे पर्यटन के सतत विकास का पक्ष सामने रखती है। उत्तराखण्ड में पर्यटन के संचालन के सम्बन्ध में एक महत्वपूर्ण आयाम का यहाँ पर उल्लेख न करना विषय को अपूर्णता प्रदान करेगा। पर्यटकों की संख्या में निरन्तर होने वाली वृद्धि प्रत्येक राज्य के सामने प्राय: 2 समस्याएं उत्पन्न करती है—

(i) पर्यटकीय सेवाओं की गुणवत्ता में कमी एवं

(ii) पर्यटन स्थलों की संवहन क्षमता का अतिक्रमण।

इन दोनों समस्याओं की उत्पत्ति के कारण पर्यटक पूर्ण आनन्द प्राप्त नहीं कर पाते तथा अपने अगले पर्यटकीय भ्रमण के लिये किसी अन्य पर्यटन स्थल का चुनाव करते हैं। यह स्थिति पर्यटन के सतत विकास की योजनाओं को पीछे ढकेल देती है। किन्तु इस सम्बन्ध में हमें उत्तराखण्ड की अब तक की राज्य सरकारों के पर्यटन विकास के प्रयासों की सराहना करनी चाहिये क्योंकि इस राज्य में न केवल पर्यटकीय सेवाओं के स्तर में किसी प्रकार का अवरोह प्रतिबाधित किया जा रहा है, बल्कि राज्य में अनेक नवीन पर्यटन स्थलों की खोज करके, उनका विकास करके तथा इन पर्यटन स्थलों तक पर्यटकों का आगमन सुनिश्चित करके पूर्व स्थापित पर्यटन स्थलों की पर्यटन संवहन क्षमता का अतिक्रमण नहीं होने दिया जा रहा है। राज्य सरकार के ये प्रयास वास्तव में सम्पूर्ण राष्ट्र द्वारा अनुकरणीय हैं। राज्य गठन के पश्चात प्रारम्भिक 4 वर्षों (वर्ष 2001-2004 तक) में राज्य में आने वाले घरेलू एवं अन्तर्राष्ट्रीय पर्यटकों की संख्या का सारणीबद्ध उल्लेख प्रस्तुत है—

क्रमांक	*वर्ष*	*राष्ट्रीय पर्यटकों की संख्या*	*अन्तर्राष्ट्रीय पर्यटकों की संख्या*	*कुल पर्यटकों की संख्या*
1.	2001	1,05,48,874	54,701	1,06,03,485
2.	2002	1,16,52,018	55,974	1,17,07,992
3.	2003	1,29,29,593	63,499	1,29,93,092
4.	2004	1,38,30,045	74,761	1,39,04,806

(राज्य में वर्ष 2001-04 तक आने वाले घरेलू एवं अन्तर्राष्ट्रीय पर्यटकों की संख्या में क्रमश: 31.00 प्रतिशत तथा 37.00 प्रतिशत की वृद्धि अंकित की गई है।)

पर्यटकों की संख्या में हो रही उपरोक्त वृद्धि, राज्य में पर्यटन विकास सम्बन्धी सार्थक योजनाओं के निर्माण एवं उनके निष्पक्ष क्रियान्वयन का सकारात्मक प्रतिफल है। इसलिये हमें राज्य में पर्यटन विकास की दिशा में राज्य सरकार द्वारा बनायी गयी योजनाओं पर भी दृष्टिपात करना चाहिए—

उत्तराखण्ड में पर्यटन विकास की योजनायें

वैसे तो संयुक्त उत्तर प्रदेश का अभिन्न अंग होने की स्थिति में भी, उत्तर प्रदेश की विभिन्न सरकारों द्वारा उत्तराखण्ड क्षेत्र में पर्यटन विकास की अपार सम्भावनाओं को दृष्टिगत रखते हुए, इस क्षेत्र को पर्यटन विकास की दिशा में प्राथमिकता दी जाती रही। पर्यटन नीतियों का उचित क्रियान्वयन न हो पाने के कारण यहाँ पर्यटन विकास को कभी भी अपेक्षित सफलता प्राप्त नहीं हो पायी। राज्य गठन के पश्चात पर्यटन के क्षेत्र में यहाँ की अर्थव्यवस्था के विकास में महत्वपूर्ण स्रोत के रूप में देखा गया है, इसीलिये इस राज्य में पर्यटन विकास हेतु उदार मन से नीतियों का निर्माण और क्रियान्वयन किया जा रहा है। इस दिशा में राज्य की पर्यटन नीति का निर्माण किया गया है—

राज्य की पर्यटन नीति—राज्य में पर्यटन को प्रोत्साहित करने तथा इस क्षेत्र में निजी निवेशकों को प्रोत्साहित करने के लिये सरकार द्वारा पर्यटन नीति लागू की गई है। इस नीति में स्थानीय लोगों के हितों को भी प्रोत्साहन देना इस नीति का प्रमुख आधार है। पर्यावरण को सुरक्षित रखते हुए पर्यटन विकास का लक्ष्य रखा गया है। पर्यटन के माध्यम से रोजगार सृजन पर विशेष ध्यान दिया गया है, ताकि शिक्षित बेरोजगार इस क्षेत्र में सहभागी बन सकें। पर्यटन नीति को सफलतापूर्वक लागू करके उत्तराखण्ड को विश्व पर्यटन मानचित्र पर लाने की दिशा में ठोस कार्यवाही प्रारम्भ कर दी गई है। सरकार द्वारा सतत पर्यटन विकास हेतु पर्यटन को उद्योग का दर्जा दिया गया है।

पर्यटन नीति के अन्तर्गत निवेशकों को निम्नलिखित सुविधायें प्रदान की जा रही हैं—

(i) नई इकाई स्थापित करने पर पाँच वर्षों के लिए सुख-साधन कर में छूट का प्रावधान।

(ii) नई पर्यटन इकाइयों पर पाँच वर्ष के लिये आयकर में शत-प्रतिशत की छूट।

(iii) नई रोप-वे तथा मनोरंजन पार्कों के लिए पाँच वर्षों तक मनोरंजन कर में छूट।

(iv) दस वर्षों के लिये एक्साइज ड्यूटी में शत-प्रतिशत की छूट।

(v) नये मल्टीप्लेक्स प्रोजेक्ट संचालित करने पर तीन वर्षों तक मनोरंजन कर में शत प्रतिशत की छूट तथा दस वर्षों के लिए एक्साइज ड्यूटी में शत-प्रतिशत की छूट।

(vi) पूँजी निवेश के लिये 15 प्रतिशत अनुदान, अनुदान की सीमा अधिकतम 30 लाख रुपये निर्धारित की गयी है।

(vii) नई अनुमोदित होटल परियोजना में एक से लेकर तीन सितारा श्रेणी और धरोहर होटलों पर एक बार दस प्रतिशत की दर से अनुदान।

(viii) एक स्टार होटल के लिये अधिकतम सीमा रुपये 25 लाख, दो सितारा होटल के लिये रुपये 50 लाख तथा तीन सितारा होटल के लिये अधिकतम रुपये 75 लाख निर्धारित की गई है।

पर्यटन परिव्यय—राज्य गठन के पश्चात से यहाँ पर्यटन विकास हेतु किये जाने वाले परिव्ययों में निरन्तर वृद्धि हो रही है। परिव्यय की यह वृद्धि पंचवर्षीय योजनाओं से सम्बन्धित है। छठी पंचवर्षीय योजना काल में उत्तराखण्ड क्षेत्र नहीं, बल्कि सम्पूर्ण उत्तर प्रदेश में पर्यटन परिव्यय हेतु मात्र 7.75 करोड़ रुपये स्वीकृत किये गये थे। इसके विपरीत दसवीं पंचवर्षीय योजना काल (वर्ष 2002-07) में उत्तराखण्ड राज्य में पर्यटन विकास हेतु पूरे 300 करोड़ रुपये

का परिव्यय स्वीकृत किया गया और इस धनराशि को सफलतापूर्वक खर्च भी किया गया। विभिन्न पंचवर्षीय योजनाओं में पर्यटन परिव्यय में हुई वृद्धि निम्न तालिका से परिलक्षित होती है—

पंचवर्षीय योजना काल

योजना	*काल*	*अनुदान वृद्धि दर (प्रतिशत में)*
छठी पंचवर्षीय योजना	1980-85	7.75
सातवीं पंचवर्षीय योजना	1985-92	27.65
आठवीं पंचवर्षीय योजना	1992-97	52.01
नवीं पंचवर्षीय योजना	1997-2002	92.55
दसवीं पंचवर्षीय योजना	2002-2007	300.00

उपरोक्त सारणी यह स्पष्ट करने में पूर्णतः सक्षम है कि केन्द्रीय योजना आयोग ने भी उत्तराखण्ड के पृथक राज्य के रूप में सामने आने के पश्चात, इस क्षेत्र में पर्यटन के महत्व को समझते हुए, पर्यटन विकास हेतु अवमुक्त होने वाले अनुदान में उच्च वृद्धि की है। आशा है, अग्रिम पंचवर्षीय योजनाओं में इस अनुदान में और अधिक वृद्धि होगी।

पर्यटन महायोजनायें—उत्तराखण्ड में पर्यटन को प्रोत्साहित करने के उद्देश्य से विगत वर्षों में तैयार कराये गये अनेक मास्टर प्लान के लिये सरकारी प्रयासों को केन्द्र सरकार द्वारा वित्त पोषण किया गया है। इन मास्टर प्लान्स के अन्तर्गत पर्यटन अवस्थापना सुविधाओं के विस्तार के साथ-साथ नवीन पर्यटन स्थलों का विकास और पर्यटकों की आधारभूत सुविधाओं का विकास किया जा रहा है। पर्यटन स्थलों का सौन्दर्यीकरण, नदी-घाटों का विस्तार, पार्किंग एवं विद्युतीकरण की व्यवस्था सुनिश्चित की गई है। साथ ही शीतकालीन क्रीड़ा केन्द्रों को भी इन महायोजनाओं के अन्तर्गत विकसित करने के कार्य प्रारम्भ किये गये हैं।

राज्य में पर्यटन के विकास हेतु निम्नलिखित मास्टर प्लान तैयार किये गये हैं—

(i) चार धाम यात्रा महायोजना।

(ii) द्यारा बुग्याल स्की रिसोर्ट महायोजना।

(iii) पौड़ी-खिर्सू-लैंसडाउन सर्किट महायोजना।

(iv) पिथौरागढ़-मुनस्यारी सर्किट महायोजना।

(v) फूलों की घाटी-हेमकुण्ड क्षेत्र के पर्यावरणीय विकास हेतु महायोजना।

(vi) गढ़वाल मण्डल विकास निगम और कुमाऊँ मण्डल विकास निगम द्वारा संचालित पर्यटक आवास गृहों के संचालन एवं संरक्षण में सुधार हेतु महायोजना।

(vii) हरिद्वार तथा नैनीताल, अल्मोड़ा और देहरादून में स्थित हैरिटेज सम्पत्तियों का चिन्हीकरण।

प्रमुख मास्टर प्लान्स के क्रियान्वयन के लिये राज्य सरकार द्वारा स्वीकृत धनराशि का विवरण इस प्रकार है—

प्रमुख मास्टर प्लान्स के लिये स्वीकृत धनराशि का विवरण

क्रमांक	मास्टर प्लान का नाम	स्वीकृत धनराशि (रुपये करोड़ में)
1.	भारत सरकार द्वारा ग्रेट ग्रीन विस्टा हरिद्वार में आकर्षक अलकनन्दा घाट का विस्तार तथा ऋषिकेश में लैण्ड स्केपिंग, पार्किंग तथा विद्युतीकरण का कार्य आदि	5.58
2.	चार धाम मास्टर प्लान के अन्तर्गत बद्रीनाथ धाम सर्किट में अवस्थापना सुविधाओं का विकास	7.02
3.	द्यारा बुग्याल, जनपद उत्तरकाशी को स्की-रिसोर्ट के रूप में विकसित करने का मास्टर प्लान	6.44
4.	पौड़ी-खिर्सू-लैंसडाउन पर्यटन सर्किट के मास्टर प्लान के अन्तर्गत पर्यटन विकास	4.58
5.	पिथौरागढ़-मुनस्यारी-बेरीनाग पर्यटन सर्किट के अन्तर्गत विकास	4.19
6.	देहरादून में राष्ट्रीय स्तर के होटल मैनेजमेन्ट एवं कैटरिंग संस्थान का निर्माण	10.00
7.	नैनीताल-अल्मोड़ा-रानीखेत सर्किट का पर्यटन विकास	6.98
8.	हेमकुण्ड-घांघरिया-फूलों की घाटी सर्किट का पर्यटन विकास	6.53
9.	चारधाम मास्टर प्लान के अन्तर्गत केदारनाथ धाम का विकास	4.53
10.	चारधाम मास्टर प्लान के अन्तर्गत गंगोत्री धाम का विकास	4.81
	योग	**60.66**

अन्य पर्यटन महायोजनायें—राज्य में हवाई सेवाओं के विस्तार, पर्यावरणीय विकास, पथारोहण के लिये मूलभूत सुविधायें उपलब्ध कराने और एशिया के सर्वाधिक ऊँचाई पर बनने वाले टिहरी बाँध क्षेत्र में जल क्रीड़ा सम्बन्धी पर्यटन विकास के लिये महायोजनायें भी सुनिश्चित की गई हैं। इसके साथ ही राज्य के विभिन्न स्थानों में रोप-वे के विकास के लिये भी कार्य प्रारम्भ किया गया है। इन योजनाओं के निर्माण से राज्य में पर्यटन के चहुँमुखी विकास की अपेक्षा है। अन्य प्रमुख पर्यटन महायोजनायें हैं—

(i) टिहरी बाँध क्षेत्र में जल क्रीड़ा सम्बन्धी पर्यटन विकास हेतु महायोजना का निर्माण।
(ii) मुख्य ट्रेकिंग मार्गों पर मूलभूत सुविधाओं के विकास हेतु महायोजना।
(iii) नैनी-सैनी (पिथौरागढ़), गौचर (चमोली), चिन्यालीसौड़ (उत्तरकाशी) हवाई पट्टियों के निकटवर्ती क्षेत्रों के विकास हेतु महायोजना।
(iv) रामबाड़ा-केदारनाथ रोप-वे तथा ऋषिकेश-नीलकंठ रोप-वे के लिये प्री-फिजिबिलिटी स्टडी तैयार करवाई जा रही है।
(v) माउन्टेन एयरलाइंस के लिये प्री-फिजिबिलिटी स्टडी तैयार करवाई जा रही है।
(vi) गोल्फ टूरिज्म के लिए प्री-फिजिबिलिटी का कार्य प्रगति पर है।

(vii) राज्य में पर्यटन विकास योजनाओं की संरचना तथा उन्हें कार्यरूप में परिलक्षित करने हेतु राज्य शासन द्वारा इन्फ्रास्ट्रक्चर लीजिंग एवं वित्तीय सेवाओं के साथ अनुबन्ध किया गया है।

वीर चन्द्र सिंह गढ़वाली पर्यटन स्वरोजगार योजना

एक अद्वितीय पर्यटन विकास योजना:

चन्द्र सिंह भण्डारी उत्तराखण्ड के प्रमुख स्वतंत्रता संग्राम सेनानी एवं आन्दोलनकारी रहे हैं। उन्हें 'वीर चन्द्र सिंह गढ़वाली' उपनाम से पूरे देश में जाना गया है। राज्य सरकार द्वारा पर्यटन को रोजगार से जोड़ने के उद्देश्य के साथ 1 जून, 2002 ई० से 'वीरचन्द्र सिंह गढ़वाली पर्यटन स्वरोजगार योजना' प्रारम्भ की गई है। यह पूरे देश में एक अद्भुत एवं अद्वितीय पर्यटन विकास योजना है। इस योजना की सफलता को केन्द्र सरकार द्वारा भी सराहा गया है और इसे पूरे देश में एक रोल मॉडल के रूप में लागू किया जा रहा है। योजना के नाम में भिन्नता हो सकती है। इस योजना के माध्यम से राज्य के शिक्षित बेरोजगारों को पर्यटन के क्षेत्र में विभिन्न व्यवसायों के संचालन के लिये ऋण एवं अनुदान दिया जा रहा है। इस योजना के प्रमुख आकर्षण निम्नवत् हैं—

(i) योजना के अन्तर्गत निजी उद्यमियों को व्यावसायिक बैंकों से ऋण उपलब्ध कराकर रुपये 10 लाख तक के पूंजी निवेश पर 20 प्रतिशत किन्तु अधिकतम 2 लाख रुपये की धनराशि राज्य सरकार की गारन्टी पर राज सहायता के रूप में दी जायेगी।

(ii) सन् 2005-06 में राज सहायता की राशि उपरोक्त से बढ़ाकर 25 प्रतिशत तथा अधिकतम 3.75 लाख रुपये कर दी गई है।

(iii) सन् 2005-06 में ही पूंजी निवेश हेतु धनराशि को रुपये 10 लाख से बढ़ाकर 15 लाख रुपये कर दिया गया है।

(iv) इस योजना के अन्तर्गत वर्ष 2006 तक लगभग 1000 लाभार्थियों को वित्त पोषण मिल चुका है।

अन्य पर्यटन रोजगार योजनायें

राज्य में संचालित हो रहीं अनेक पर्यटन विकास महायोजनाओं तथा 'वीर चन्द्र सिंह गढ़वाली पर्यटन स्वरोजगार योजना' के अतिरिक्त भी अन्य अनेक पर्यटन रोजगार योजनाओं का क्रियान्वयन किया जा चुका है/किया जा रहा है—

(i) निर्माणाधीन लगभग 622 पर्यटन विकास योजनाओं के माध्यम से हजारों स्थानीय बेरोजगारों को प्रत्यक्ष एवं अप्रत्यक्ष रोजगार के अवसर प्राप्त हुए हैं।

(ii) वर्ष 2005-06 में माह जनवरी, 2006 तक 206 छोटी-बड़ी पर्यटन योजनाओं पर कार्य पूर्ण कराया गया है।

(iii) पर्यटन विभाग द्वारा 37 रैन बसेरों का संचालन पर्यटन डिग्री धारक, डिप्लोमा धारक बेरोजगारों के माध्यम से कराकर उन्हें रोजगार उपलब्ध कराया गया है।

(iv) निजी क्षेत्र की कम्पनियों को रिवर राफ्टिंग के लिये 46 प्रतिष्ठानों को परमिट निर्गत कराकर युवाओं को रोजगार प्रदान किया गया है।

(v) पर्यटन विभाग द्वारा यात्रा मार्गों एवं पर्यटन स्थलों पर निर्मित सुलभ शौचालयों का संचालन स्वैच्छिक संस्थाओं के माध्यम से कराकर स्थानीय बेरोजगारों को रोजगार उपलब्ध कराया गया है।

(vi) राज्य में 44 पर्यटक सुविधा एवं पर्यटन सूचना केन्द्रों का निर्माण कराया जा रहा है, जिनमें अब तक निर्मित 26 इकाइयों को स्थानीय बेरोजगारों द्वारा संचालित कराने की कार्यवाही की जा चुकी है।

(vii) 422 साइनेजेज लगवाये हैं।

(viii) यात्रा मार्गों पर जन सुविधाओं के सुधार हेतु जल संस्थान को 95.22 लाख रुपये स्वीकृत किये गये हैं।

(ix) यात्रा मार्गों के विभिन्न नगरों में स्वच्छता व्यवस्था हेतु रुपये 60 लाख स्वीकृत किये गये हैं।

(x) प्रसाधन सुविधाओं के लिए रुपये 12 लाख स्वीकृत किये गये हैं।

(xi) चारधाम यात्रा काल में 'उत्तराखण्ड पर्यटन विकास परिषद' मुख्यालय पर 'चारधाम यात्रा हेल्प लाइन' की स्थापना की गयी है।

(xii) चारधाम यात्रा मार्गों पर पर्यटन सूचना, सुरक्षा, चिकित्सा तथा रेस्क्यू सुविधा युक्त 19 पर्यटन मोबाइल वाहनों का संचालन किया जा रहा है।

(xiii) वर्ष 2004-05 में माह जनवरी, 2006 तक 854 शैयाओं की अतिरिक्त आवासीय व्यवस्था सृजित की जा चुकी है।

(xiv) चारधाम यात्रा तथा अन्य पर्यटन स्थलों पर पर्यटकों की सुरक्षा हेतु पर्यटन पुलिस की नियुक्ति की गई।

(xv) राज्य के बाहर नई दिल्ली में उत्तराखण्ड पर्यटन के अधीन पर्यटन सूचना कार्यालय स्थापित किया गया है जिससें पर्यटकों को गढ़वाल मण्डल तथा कुमाऊँ मण्डल से सम्बन्धित गतिविधियों का परिचय प्राप्त हो सके।

(xvi) निजी क्षेत्र की ओर से कैम्पटी फाल में रोप-वे की स्थापना की गई है।

सांस्कृतिक एवं ग्रामीण पर्यटन विकास की योजनायें

राज्य की समृद्ध सांस्कृतिक विरासत का पर्यटन के साथ समन्वय स्थापित करके विभिन्न राज्यों में आयोजित किये जा रहे उत्सवों में इस संस्कृति का प्रचार एवं प्रसार किया गया है। ग्रामीण पर्यटन को प्रोत्साहन देने के लिए अनेक महत्वाकांक्षी योजनायें प्रारम्भ की गई हैं। इसके साथ-साथ पर्यटक ग्रामों की अवधारणा को मूर्त रूप दिया गया है। इसके साथ ही निकटवर्ती गाँव को पर्यटक गाँव के रूप में विकसित करने की योजना प्रारम्भ की गई है। सांस्कृतिक एवं ग्रामीण पर्यटन के विकास हेतु चलायी जा रही योजनाओं में से कुछ महत्वपूर्ण योजनायें निम्नवत हैं—

(i) माणा (चमोली) एवं जागेश्वर धाम (अल्मोड़ा) का हैरिटेज गाँव के रूप में विकास किया जा रहा है।

(ii) ग्राम मोटाड़ (उत्तरकाशी), ग्राम—अगोड़ा-डोड़ीताल (उत्तरकाशी), ग्राम—कोटी-इन्द्रौली-जौनसार बावर (देहरादून) तथा सारी-देवरियाताल (रुद्रप्रयाग) का हब के रूप में विकास किया जा रहा है।

(iii) इन्टेक के माध्यम से हैरिटेज सम्पत्तियों का सूचीकरण।

(iv) राज्य के अनेक मेलों को राज्य सरकार द्वारा गोद लिया जा चुका है तथा अनेक मेलों के आयोजन एवं उनके सम्वर्द्धन हेतु अनुदान दिया जा रहा है।

साहसिक पर्यटन विकास की योजनाएं

उत्तराखण्ड में स्थित अनेक हिम नदों, पर्वत शिखरों, नदियों, नदी-घाटियों, दुर्गम वनों, झीलों, नदियों के किनारों तथा बुग्यालों के कारण यहाँ साहसिक पर्यटन के विकास की अपार सम्भावनायें विद्यमान हैं। साहसिक पर्यटन अनादिकाल से इस क्षेत्र की विशिष्टता रही है। उत्तराखण्ड के पर्वतारोहियों ने अनेक बार राष्ट्रीय एवं अन्तर्राष्ट्रीय स्तर पर इस क्षेत्र को गौरवान्वित किया है, जिनमें एवरेस्ट विजेता बछेन्द्रीपाल का नाम प्रमुख है। यहाँ की नदियाँ जल-क्रीड़ा के लिये सम्पूर्ण देश में विख्यात हैं और सर एडमंड हिलेरी द्वारा गंगा से सागर अभियान का शुभारम्भ भी इसी क्षेत्र से किया गया था। साहसिक पर्यटन की इसी पृष्ठभूमि को देखते हुए राज्य में साहसिक पर्यटन विकास की अनेक योजनायें क्रियान्वित की जा रही हैं—

(i) साहसिक खेलों के अन्तर्गत ट्रैकिंग, माउन्टेनियरिंग, क्याकिंग, स्कीइंग, रीवर राफ्टिंग एवं अन्य जल एवं वायु खेलों के विकास हेतु उत्तराखण्ड के प्रत्येक जनपद में साहसिक खेल अधिकारियों की नियुक्ति की जा चुकी है।

(ii) उत्तराखण्ड में पर्वतारोहण अभियानों हेतु मार्गदर्शिका जारी की गई है।

(iii) रिवर राफ्टिंग संचालन हेतु कुल 46 प्रतिष्ठानों को राफ्टिंग संचालन की अनुमति प्रदान की गई है।

(iv) रुड़की में 5 से 9 अक्टूबर, 2005 तक राष्ट्रीय क्याकिंग एवं केनोइंग प्रतियोगिता का आयोजन किया गया।

(v) मसूरी में 27 से 29 मई, 2005 तक अन्तर्राष्ट्रीय 'एडवेन्चर एण्ड टूरिज्म मीट' का आयोजन किया गया।

पर्यटन का विपणन एवं प्रचार

'उत्तराखण्ड: धरती पर सचमुच स्वर्ग' की परिकल्पना को देश-विदेश में प्रचारित करने के लिये एक सुनिश्चित रणनीति का निर्माण किया गया। इस योजना को कार्यरूप देते हुए देश-विदेश में उत्तराखण्ड के पर्यटन स्थलों का व्यापक प्रचार-प्रसार किया गया। राष्ट्रीय एवं अन्तर्राष्ट्रीय स्तर पर आयोजित हुए पर्यटन मेलों में सहभागिता करके राज्य ने राष्ट्रीय एवं अन्तर्राष्ट्रीय पर्यटन मानचित्र पर अपनी उपस्थिति अंकित की है। पर्यटन के विपणन और प्रचार-प्रसार की दिशा में राज्य द्वारा उठाये गये कुछ महत्वपूर्ण कदमों का उल्लेख आवश्यक है—

(i) दुबई, लन्दन, क्वालालाम्पुर तथा PATA इन्टरनेशनल ट्रैवल मार्ट आदि में सक्रिय सहभागिता।

(ii) 'ट्रेवल एंड टूरिज्म फेयर' (TTF) एवं 'आउटवाउन्ड ट्रेवल आर्ट' (OTM), कोलकाता में राज्य की लगभग 25 से अधिक कम्पनियों द्वारा 'उत्तराखण्ड टूरिज्म पैवेलियन' के अन्तर्गत भाग लिया गया है।

(iii) नई दिल्ली, मुम्बई, कोलकाता, बंगलौर, हैदराबाद, अहमदाबाद तथा चेन्नई आदि नगरों में आयोजित राष्ट्रीय स्तर के सेमिनारों तथा प्रदर्शनियों में राज्य के पर्यटन विभाग द्वारा सहभागिता की गई।

(iv) मीडिया कैम्पैन के अन्तर्गत शीतकालीन पर्यटन, वन्य जीव पर्यटन, साहसिक पर्यटन तथा ग्लोरियस सन् शाइन आदि से सम्बन्धित विज्ञापन लगभग 18 राष्ट्रीय स्तर की पत्रिकाओं में प्रकाशित कराये गये हैं।

(v) प्रथम बार राष्ट्रीय स्तर पर निवेशकों को पर्यटन सेक्टर की ओर आकर्षित करने हेतु पब्लिसिटी कैम्पेन आयोजित की गई।

(vi) प्रथम बार वीर चन्द्र सिंह गढ़वाली पर्यटन स्वरोजगार योजना हेतु प्रमुख समाचार-पत्रों में पब्लिसिटी कैम्पेन चलायी गयी।

(vii) प्रथम बार अन्तर्राष्ट्रीय स्तर पर भी खलीज टाइम्स, इन्डिया एब्रोड (न्यूयॉर्क) आदि में पब्लिसिटी कैम्पेन आयोजित की गई।

(viii) चारधाम यात्रा के दौरान श्रद्धालुओं की सुरक्षा के प्रबन्ध के सम्बन्ध में राष्ट्रीय स्तर पर पब्लिसिटी कैम्पेन की गई।

(ix) कुमायूँ मण्डल विकास निगम तथा गढ़वाल मण्डल विकास निगम का संयुक्त रूप से राज्य के बाहर प्रचार/विपणन किया गया है।

(x) इन दोनों निगमों द्वारा ऑनलाइन आरक्षण की सुविधा प्रारम्भ की गई है।

(xi) जर्मनी, इटली, यू0के0 तथा फ्रांस के 12 प्रमुख पत्रकारों एवं ट्रैवल एजेन्ट्स द्वारा दो अन्तर्राष्ट्रीय परिचयात्मक भ्रमण कार्यक्रम आयोजित किये गये हैं।

(xii) 'अपर क्रस्ट' पत्रिका द्वारा फूलों की घाटी हेमकुण्ड का परिचयात्मक भ्रमण किया गया है।

(xiii) सी०एन०बी०सी० नामक अन्तर्राष्ट्रीय बिजनेस टेलीविजन चैनल द्वारा उत्तराखण्ड में उद्योग, सूचना प्रौद्योगिकी, बायो टैक्नोलॉजी, ऊर्जा एवं पर्यटन आदि के विकास तथा प्रगति पर तैयार विशेष कार्यक्रम को को-ऑर्डिनेट किया गया।

राज्य को पर्यटन के क्षेत्र में प्राप्त पुरस्कार—इस नवगठित राज्य ने अल्प समय में ही पर्यटन के क्षेत्र में उल्लेखनीय उपलब्धि प्राप्त की है। इन्हीं उपलब्धियों के कारण इस राज्य को राष्ट्रीय एवं अन्तर्राष्ट्रीय स्तर पर सम्मानित होने का गौरव भी प्राप्त हुआ है। राज्य ने वर्ष 2004 तथा 2005 में पूरे देश में पर्यटन के क्षेत्र में उल्लेखनीय कार्यों के लिये पुरस्कार प्राप्त करके निवेशकों का ध्यान भी अपनी ओर आकर्षित किया है। राज्य को प्राप्त हुए कुछ प्रमुख पर्यटन विकास सम्बन्धी पुरस्कार हैं—

(i) वर्ष 2000-01 में पर्यटन के क्षेत्र में प्रोत्साहन एवं विकास की दिशा में किये गये प्रयासों हेतु राष्ट्रीय पर्यटन पुरस्कार से सम्मानित किया गया।

(ii) वर्ष 2004 में राज्य सरकार को पर्यटन के क्षेत्र में सर्वश्रेष्ठ प्रयासों हेतु पुनः राष्ट्रीय पर्यटन पुरस्कार प्राप्त हुआ।

(iii) वर्ष 2004 में ही 'बेस्ट स्टेट टूरिज्म बोर्ड' हेतु एक्सप्रेस-गैलीलियो पुरस्कार से सम्मानित किया गया।

(iv) वर्ष 2005 में यूनेस्को द्वारा फूलों की घाटी 'हेमकुण्ड' को वर्ल्ड हैरिटेज साइट के रूप में सूचीबद्ध किया गया है।

(v) इसी वर्ष (2005) TTF and OTMa राष्ट्रीय प्रदर्शनी कोलकाता, हैदराबाद तथा हॉस्पिटेलिटी इन्डिया राष्ट्रीय पत्रिका द्वारा 'बेस्ट डोमेस्टिक टूरिज्म स्टेट अवार्ड' प्रदान किया गया।

मूल्यांकन—इस प्रकार प्रतीत होता है कि पर्यटन विकास के क्षेत्र में उत्तराखण्ड निरन्तर प्रगति के पथ पर अग्रसर है। पर्यटन विकास के सम्बन्ध में न केवल राज्य सरकार द्वारा पर्याप्त परिव्यय किया जा रहा है अपितु केन्द्रीय योजना आयोग, केन्द्रीय सरकार तथा विश्व बैंक द्वारा इन योजनाओं के सार्थक परिणामों की प्राप्ति हेतु वित्तपोषण किया जा रहा है। राज्य में नवीन पर्यटन स्थलों की खोज करके उनके विकास के प्रयास किये जा रहे हैं तथा राज्य में आने वाले राष्ट्रीय एवं अन्तर्राष्ट्रीय पर्यटकों को निरन्तर श्रेष्ठ पर्यटकीय सेवायें उपलब्ध कराने के प्रयास किये जा रहे हैं। अन्ततः राज्य में आने वाले सभी प्रकार के पर्यटकों की संख्या में सतत् वृद्धि जारी है। अतः इस परिदृश्य के आधार पर हम पर्यटन विकास के प्रयासों हेतु राज्य सरकार की सराहना कर सकते हैं।

परन्तु ऐसा भी नहीं है कि राज्य में किये जा रहे पर्यटन विकास सम्बन्धी प्रयास पूर्णतः पर्याप्त हैं तथा प्राप्त हो चुके या प्राप्त हो रहे परिणाम शत-प्रतिशत हैं। जहाँ किये जा रहे प्रयासों में अभी और तीव्रता लाने की आवश्यकता है, वहीं इन प्रयासों को संतुलित विकास का दृष्टिकोण प्रदान किये जाने की आवश्यकता भी है। उत्तराखण्ड पुरातन काल से ही भारत के प्रमुख पर्यटन स्थल के रूप में देखा जाता रहा है। इसलिये वैश्वीकरण, उदारीकरण तथा मानसिक तनाव प्रदान करने वाले इस युग में पर्यटकों की संख्या में निरन्तर वृद्धि होना, आवश्यक नहीं है कि पर्यटन विकास योजनाओं की सफलता का ही प्रमाण हो। वैसे भी यह तो देखने में आ ही रहा है कि पूरे देश में प्रतिवर्ष आने वाले पर्यटकों की संख्या में निरन्तर वृद्धि हो रही है। अतः राज्य में पर्यटन विकास योजनाओं का मूल्यांकन करते समय हमें कुछ बातों को ध्यान में रखना चाहिये—

(i) जिस अनुपात में राज्य को प्राप्त होने वाले अनुदान (परिव्यय) में वृद्धि हो रही है, क्या उस अनुपात में राज्य में आने वाले पर्यटकों की संख्या में वृद्धि हो रही है तथा क्या उसी अनुपात में पर्यटन आय में भी वृद्धि हो रही है?

(ii) क्या राज्य में आने वाले राष्ट्रीय एवं अन्तर्राष्ट्रीय, दोनों श्रेणियों के पर्यटकों की संख्या में तथा संतुलित अनुपात में वृद्धि हो रही है?

(iii) राज्य में आने वाले पर्यटकों की यहाँ उपलब्ध पर्यटकीय सेवाओं एवं अवस्थापना सुविधाओं के स्तर के प्रति क्या प्रतिक्रिया है?

(iv) राज्य में पर्यटन उद्योग का विस्तृत होता क्षेत्र अपने साथ 'साइड इफैक्ट्स' अर्थात् अनेक प्रकार की समस्याएं तो लेकर नहीं आ रहा है? यदि हाँ, तो समस्याओं का स्तर और इनका दुष्प्रभाव पर्यटन विकास की तुलना में अधिक तो नहीं है।

(v) कार्यशील एवं भविष्य हेतु निर्मित योजनाओं की प्रकृति क्या इस प्रकार की है कि राज्य को पर्यटन के क्षेत्र में सतत् विकास प्राप्त होगा?

(vi) क्या पर्यटन के सभी स्वरूपों के विकास पर उचित ध्यान दिया जा रहा है?

(vii) स्थानीय लोगों को पर्यटन विकास का कितना लाभ प्राप्त हो रहा है?

(viii) पर्यटन विकास में सहभागिता की आड़ में कहीं निजी उद्यमी पर्यटन उद्योग को 'दुधारू गाय' बनाने पर तो तुले हुए नहीं हैं?

(ix) क्या पर्यटन के प्रचार-प्रसार में राज्य की वास्तविक पर्यटन स्थिति का ही प्रदर्शन किया जा रहा है?

(x) जिन क्षेत्रों में आय के अन्य साधनों की उपलब्धता विलुप्त प्रायः है, परन्तु इन क्षेत्रों में पर्यटन विकास की अपार क्षमतायें विद्यमान हैं, क्या ऐसे क्षेत्रों में पर्यटन विकास पर तुलनात्मक रूप से अधिक ध्यान दिया जा रहा है?

उपरोक्त प्रश्न लेखक मन की जिज्ञासा मात्र नहीं हैं, अपितु ये वह यक्ष प्रश्न हैं जिनका निदान प्रस्तुत किये बिना यह कदापि नहीं कहा जा सकता कि 'पर्यटन विकास सही दिशा में अग्रसर है।' ये प्रश्न राज्य द्वारा पर्यटन विकास हेतु किये जा रहे प्रयासों की उत्कृष्टता और उपलब्धि के मापक हैं। इन प्रश्नों के आधार पर उत्तराखण्ड में पर्यटन विकास की कुछ कमियों को सामने लाया जा रहा है। ऐसा इसलिये आवश्यक है ताकि यह देखा जा सके कि राज्य में पर्यटन सतत् विकास का शक्तिशाली स्रोत बनकर उभरे, न कि तात्कालिक विकास का—

(i) राज्य में पर्यटक यातायात या कहना चाहिये पर्यटन परिवहन की स्थिति अभी भी चिन्ताजनक है। यहाँ के अनेक पर्यटन स्थल सड़क परिवहन से ही भली-भांति नहीं जुड़ पाये हैं, रेल या वायु परिवहन तो दूर की बात है। इन क्षेत्रों तक के सड़क मार्ग जीर्ण-शीर्ण अवस्था में हैं तथा वर्षा ऋतु में अक्सर भू-स्खलन के कारण बाधित रहते हैं। ऐसे मार्गों पर सरकारी बस सेवा की उपलब्धता शून्य है, निजी वाहन न केवल निम्न गुणवत्ता युक्त हैं, बल्कि इन वाहनों की यात्रा सेवायें पूर्णतः असन्तुष्ट करने वाली हैं। अन्य राज्यों या उत्तराखण्ड के मैदानी क्षेत्रों से आने वाले ऐसे पर्यटक जो निजी वाहनों से या किसी टूर पैकेज के अन्तर्गत आते हैं, यहाँ के सड़क मार्गों की स्थिति देखकर पर्यटन भ्रमण का विचार त्याग देते हैं। अधिकतम भाग पर्वतीय क्षेत्र के रूप में होने के कारण यहाँ रेल परिवहन की सुविधा तो लगभग अनुपलब्ध है ही, वायु यातायात के रूप में यहाँ मात्र 1-2 हवाई अड्डे तथा 2-3 हवाई पट्टियाँ स्थित हैं। इस पर्यटन राज्य में ट्रैवल एजेन्ट्स, ट्रैवल एजेन्सियों तथा टूर ऑपरेटर्स की संख्या भी बहुत कम है। जो उपलब्ध हैं भी तो वे अपने प्रचार-प्रसार के सम्बन्ध में अत्यन्त सुस्त प्रवृत्ति के हैं।

(ii) राज्य में आने वाले पर्यटकों की संख्या में निरन्तर वृद्धि हो रही है। इस स्थिति में पर्यटन स्थल की संवहन क्षमता के अतिक्रमण की समस्या उत्पन्न हो जाना स्वाभाविक है। यद्यपि राज्य में नवीन पर्यटन स्थलों को चिन्हित करके उनके विकास के कार्य प्रगति पर हैं किन्तु भारी पैसा और अपना अमूल्य समय खर्च करने वाला प्रत्येक पर्यटक अप्रचलित या अप्रसिद्ध पर्यटन स्थल पर जाने का जोखिम नहीं उठाता। उत्तराखण्ड में भी यही सब हो रहा है राज्य के मध्य हिमालयी क्षेत्र में स्थित अनेक पर्वतीय नगर यहाँ के प्रमुख पर्यटन स्थल हैं तथा साथ में देहरादून, हरिद्वार, ऋषिकेश, नानकमत्ता रूपी कुछ मैदानी नगर भी हैं। अधिकांश पर्यटकों की रुचि इन्हीं पर्यटन स्थलों के भ्रमण तक ही सीमित रहती है। इन नगरों में पर्यटन संवहन क्षमता के अतिक्रमण की विषम स्थिति का सामना राज्य का पर्यटन उद्योग कर रहा है। पर्यटन सीजन में हरिद्वार, ऋषिकेश, मसूरी, नैनीताल, रानीखेत, कौसानी एवं कार्बेट टाइगर रिजर्व आदि पर्यटन स्थलों पर पर्यटकों को आवासीय सुविधा प्राप्त न होना, भोजनालयों एवं जलपान गृहों में स्थान न मिल पाना तथा समुचित सुरक्षा न प्राप्त होना राज्य के पर्यटन की एक परम्परा है। माह मई-जून एवं सितम्बर-नवम्बर तथा 25 दिसम्बर और 31 दिसम्बर की समयावधि में उत्तराखण्ड के इन पर्यटन स्थलों पर आने वाले पर्यटक प्रायः उपरोक्त वर्णित असुविधाओं की शिकायत करते मिलते हैं।

(iii) राज्य में पर्यटक गाइड सेवाओं के स्तर में सुधार भी अपेक्षित है। यहाँ पर न केवल व्यावसायिक दृष्टिकोण वाले अनुशासित पर्यटक गाइडों की भारी कमी है, बल्कि अधिकांश पर्यटक गाइड भाषा की समस्या का सामना भी करते हैं। यहाँ के गाइड अंग्रेजी भाषा तक का सम्पूर्ण ज्ञान नहीं रखते, जबकि एक पर्यटक गाइड को अंग्रेजी भाषा के साथ भारत की अन्य भाषाओं तथा कुछ महत्वपूर्ण अन्तर्राष्ट्रीय भाषाओं का भली-भांति ज्ञान आवश्यक रूप से होना चाहिये। राज्य सरकार नये-नये पर्यटन स्थलों का विकास कर रही है किन्तु इन स्थलों पर पर्यटक गाइड की समुचित व्यवस्था पर ध्यान नहीं दिया गया है। सोचिये, राज्य के नवीन पर्यटन स्थल पर जापान से कुछ पर्यटक पहुँचते हैं, तब उस पर्यटन स्थल के सम्बन्ध में पर्यटकों को सूचनायें कौन और कैसे प्रदान करेगा? अतः राज्य सरकार को प्रशिक्षित पर्यटक गाइड तैयार करके उनकी पर्याप्त मात्रा में नियुक्ति पर विशेष ध्यान देना चाहिये।

(iv) राज्य सरकार 'वीर चन्द्र सिंह गढ़वाली पर्यटन स्वरोजगार योजना' के अन्तर्गत डिग्री एवं पर्यटन डिप्लोमाधारी बेरोजगार युवकों को अधिकतम लागत रुपये 15 लाख पर 25 प्रतिशत तक का अनुदान देने का प्रावधान कर चुकी है। किन्तु यह योजना 2 कारणों से विफल हो सकती है—प्रथम तो यह कि राज्य का एक बेरोजगार स्थानीय युवक कई लाख रुपये की व्यवस्था कहाँ से करेगा? ऐसे में इस योजना का लाभ निर्धन बेरोजगार युवकों को नहीं अपितु समृद्ध परिवारों के व्यवसायी युवाओं को मिलना सुनिश्चित है। दूसरे, पर्यटन प्रशिक्षित युवा कहाँ से आयेगें? क्या राज्य सरकार ने इस ओर कोई ध्यान दिया है? कहने को राज्य के कुछ महाविद्यालयों में 'ईको पर्यटन' एवं 'पर्यटन एवं यात्रा प्रबन्धन' नामक पर्यटन डिप्लोमा पाठ्यक्रम संचालित किये जा रहे हैं किन्तु इन पाठ्यक्रमों के शिक्षण हेतु प्रशिक्षित शिक्षक उपलब्ध नहीं हैं; पर्यटन के सम्बन्ध में स्तरीय पाठ्य सामग्री उपलब्ध नहीं है; विशेषकर—ईको पर्यटन के सम्बन्ध में, उत्तराखण्ड राज्य के सम्बन्ध में तथा हिन्दी भाषा में। क्योंकि निर्धनता के कारण यहाँ के अधिकांश छात्र सरकारी स्कूलों से उत्तीर्ण होकर महाविद्यालयों एवं स्नातकोत्तर कॉलेज में प्रवेश लेते हैं। अतः ऐसे छात्रों से अंग्रेजी भाषा का समुचित ज्ञान होने की अपेक्षा करना निरर्थक है।

(v) पर्यटकीय सेवाओं के साथ-साथ उत्तम अवस्थापना सुविधायें भी पर्यटन विकास में सहयोगी कारक की भूमिका का निर्वहन करती हैं। पर्यटकीय सेवाओं के साथ उत्तम अवस्थापना सुविधाओं का महत्व ऐसे ही है, जैसे रोटी-सब्जी के साथ सलाद का। राज्य में अवस्थापना सुविधाओं के विकास पर ध्यान तो दिया जा रहा है, किन्तु इस ध्यान में गम्भीरता का अभाव है। अधिकांश पर्यटन स्थलों पर स्वच्छ पेयजल की उपलब्धता का नितान्त अभाव है। यह हमारा स्वयं का अनुभव है कि अल्मोड़ा के 'चौबटिया गार्डन' के पर्यटकीय भ्रमण के दौरान पेयजल की माँग पर वहाँ के भोजनालय स्वामी ने असमर्थता व्यक्त कर दी थी। इस क्षेत्र में यही एकमात्र भोजनालय स्थित है जबकि वहाँ प्रतिदिन पहुँचने वाले राष्ट्रीय-अन्तर्राष्ट्रीय पर्यटकों की संख्या सैकड़ों में है। इसके अतिरिक्त राज्य में आरक्षण केन्द्रों, पर्यटक सूचना केन्द्रों, उच्च स्तरीय चिकित्सा सेवाओं, बैंकों, बीमा कम्पनियों एवं पुलिस सहायता केन्द्रों की संख्या भी पर्याप्त नहीं है। इन सभी अवस्थापना सुविधाओं की जितनी उपलब्धता है भी, वह संतोषजनक नहीं है।

(vi) राज्य की कुछ महत्वपूर्ण पर्यटन धरोहरों के रख-रखाव पर तो समुचित ध्यान दिया जा रहा है, किन्तु शेष धरोहरें उपेक्षा का शिकार हैं। ये धरोहरें धीरे-धीरे पुरातात्विक अवशेषों के रूप में परिवर्तित होती जा रही हैं। इन धरोहरों तक पहुँचने के सम्पर्क मार्ग न केवल जीर्ण-शीर्ण अवस्था में हैं, बल्कि इनके किनारों पर कूड़ा घर स्थापित कर दिये गये हैं। उदाहरण के लिये हम गंगोलीहाट में स्थित 'महाकालिका मन्दिर' की बात कर सकते हैं। यह मन्दिर देश की 2 सबसे महत्वपूर्ण माँ काली की शक्तिपीठों में से एक है। प्रथम स्थान पश्चिम बंगाल में स्थित महाकालिका मन्दिर का है। किन्तु जब गंगोलीहाट के पर्यटकीय भ्रमण के दौरान हमने इस मन्दिर मार्ग का अवलोकन किया तो प्राप्त स्थिति अचम्भित कर देने वाली थी। मार्ग में विद्युत के टूटे हुए तार लटके हुए थे, सड़क के किनारों पर दुर्गन्ध युक्त गन्दगी के ढेर एकत्रित थे तथा एक स्थान पर मार्ग के मध्य में बरसाती पानी जमा होकर नाले का रूप ग्रहण कर चुका था। इस विषम स्थिति ने महाकालिका मन्दिर भ्रमण के हमारे पर्यटकीय उद्‌देश्य को प्रतिबन्धित कर दिया। पाठक इस अनुभव उल्लेख को किसी पर्यटन स्थल की आलोचना का मंतव्य न समझें। बल्कि इस स्थिति का उल्लेख इसलिये किया गया है, ताकि पर्यटन विकास हेतु राज्य में कार्य क्षेत्रों की पहचान की जा सके।

(vii) राज्य में ईको-पर्यटन के संतुलित एवं समुचित विकास पर पर्याप्त ध्यान नहीं दिया जा रहा है। एक तो राज्य में ईको पर्यटन विकास की गति अत्यन्त मन्द है, दूसरे राज्य के सभी जनपदों में ईको पर्यटन के विकास को समान अधिमान्य प्रदान नहीं किया जा रहा है। हमें इस बात को स्वीकार कर लेना चाहिये कि ईको पर्यटन सतत विकास और सतत पर्यटन का सबसे प्रभावी माध्यम है तथा राज्य में ईको पर्यटन के विकास की सम्भावनायें देश के अनेक राज्यों की तुलना में अधिक हैं।

सुझाव (Suggestions)

'उत्तराखण्ड में पर्यटन' सम्बन्धी विश्लेषण से स्पष्ट है कि राज्य में पर्यटन विकास की अनेक योजनाओं और महायोजनाओं के क्रियान्वयन के पश्चात भी इस दिशा में कुछ समस्याओं का अभी तक निस्तारण नहीं हो पाया है। वैसे कार्यशील पर्यटन विकास योजनाओं की व्यापकता और गम्भीरता को देखते हुए यह आशा की जा सकती है कि शीघ्र ही उपरोक्त वर्णित समस्याओं पर नियंत्रण स्थापित कर लिया जायेगा तथा उत्तराखण्ड राज्य देश के एक श्रेष्ठ पर्यटन स्थल के रूप में राष्ट्रीय एवं अन्तर्राष्ट्रीय पर्यटन मानचित्र में स्वयं को स्थापित कर लेगा। तथापि उत्तराखण्ड राज्य में पर्यटन विकास की दिशा में कुछ सार्थक सुझाव प्रस्तुत करना हम अपना पुनीत दायित्व समझते हैं—

(i) 'पर्यावरण को संरक्षित' रखते हुए तथा 'स्थानीय लोगों को रोजगार' प्रदान करते हुए 'स्थानीय संस्कृति से देश-विदेश को अवगत कराना' ही ईको पर्यटन कहलाता है। ईको पर्यटन की अवधारणा के ये तीन तत्व वर्तमान में उत्तराखण्ड की आवश्यकताओं का भी प्रतिनिधित्व करते हैं। अतः राज्य सरकार को ईको पर्यटन के विकास को अपनी प्राथमिकता में सम्मिलित कर लेना चाहिए। साथ ही राज्य सरकार के एक प्रतिनिधि मण्डल को ईको पर्यटन के क्षेत्र में अग्रणी जापान, अमेरिका, ऑस्ट्रेलिया, ब्रिटेन, फ्रांस और जर्मनी आदि देशों का भ्रमण करके ईको पर्यटन के सम्बन्ध में नीति निर्माण हेतु अन्तर्दृष्टि प्राप्त कर लेनी चाहिए।

(ii) उत्तराखण्ड में पर्यटन का राष्ट्रीय और अन्तर्राष्ट्रीय स्तर पर तो व्यापक प्रचार-प्रसार किया जा रहा है, किन्तु यहाँ की स्थानीय जनता का एक बड़ा भाग अभी भी पर्यटन और पर्यटकों के महत्व से अनभिज्ञ है। इसी कारण हम लोग यहाँ आने वाले पर्यटकों से भावनात्मक लगाव तो स्थापित कर लेते हैं किन्तु उनसे आर्थिक लाभ प्राप्त नहीं कर पाते। अतः पहले हमें यहाँ की स्थानीय जनता को पर्यटन का उद्देश्य भली-भांति समझाना होगा। इस हेतु प्रत्येक तहसील क्षेत्र में न्यूनतम एक 'पर्यटन अध्ययन केन्द्र' की स्थापना करके और उसमें पर्यटन विज्ञानियों की नियुक्ति करके राज्य में पर्यटन के प्रति सामान्य जनता के ज्ञान के स्तर में वृद्धि की जा सकती है।

(iii) राज्य में ट्रेवल एजेन्ट, ट्रेवल एजेन्सी और टूर ऑपरेटर्स के अनुशासित संगठन को विकसित किये जाने की आवश्यकता है, ताकि पर्यटकों को सर्वश्रेष्ठ टूर पैकेज सुविधा उपलब्ध करायी जा सके। इसी क्रम में सरकारी पर्यटक आवास स्थलों में सुविधाओं के विस्तार तथा निजी पर्यटक आवास स्थलों पर ठहराव एवं भोजन का मूल्य निर्धारित कर देना भी प्राथमिकता में होना चाहिए।

(iv) संचालित किये जा रहे 'पर्यटन डिग्री' और 'पर्यटन डिप्लोमा' के स्तर में सुधार करके अधिकतम युवाओं को इन पाठ्यक्रमों से जोड़े जाने की आवश्यकता है, ताकि राज्य में अधिकतम पर्यटन प्रशिक्षित युवाओं का निर्माण किया जा सके। इससे प्रशिक्षित गाइडों तथा पर्यटन उद्योग में अन्य प्रशिक्षित व्यवसायियों की समस्या से मुक्ति मिल सकती है।

(v) राज्य के उच्च हिमालयी क्षेत्रों में स्थित गाँवों को पर्यटन ग्रामों के रूप में विकसित करना एक फलदायी प्रयास सिद्ध हो सकता है। साहसिक एवं प्राकृतिक पर्यटन में रुचि रखने वाले पर्यटक शिविर जीवन की समस्याओं को दृष्टिगत रखते हुए इस ओर से प्रायः अपना मुँह मोड़ लेते हैं। उच्च हिमालयी क्षेत्रों में स्थित पर्यटक ग्राम राज्य में साहसिक एवं प्राकृतिक पर्यटन के विकास में महत्वपूर्ण भूमिका निभा सकते हैं।

(vi) राज्य में पेयजल एवं अन्य अवस्थापना सुविधाओं की उत्कृष्ट उपलब्धता पर भी ध्यान दिया जाना यहाँ पर पर्यटन विकास के दृष्टिकोण से आवश्यक है।

(vii) राज्य की समस्त पर्यटन धरोहरों का समय-समय पर राजकीय सर्वेक्षण कराकर उनके रखरखाव के सम्बन्ध में एक स्पष्ट नीति का निर्माण करना होगा।

(viii) उत्तराखण्ड राज्य प्रकृति पर्यटन के साथ-साथ तीर्थाटन का एक प्रमुख केन्द्र है, जहाँ देश के चार धामों में से एक बद्रीनाथ धाम सुशोभित है। अन्य धामों में चढ़ाया जाने वाला प्रसाद वहाँ की लोक व्यंजन परम्परा को भी प्रदर्शित करता है। इसी प्रकार बद्रीनाथ धाम में भी प्रसाद के रूप में यहाँ की लोक व्यंजन बाल मिठाई व सिंगोड़ी को स्वीकार्य किया जाये तो यह न केवल यहाँ की लोक व्यंजन संस्कृति की पहचान देश-विदेश तक स्थापित कर सकता है, वरन यहाँ के व्यवसायियों के लिए भी समृद्धि का मार्ग प्रशस्त कर सकता है। यूँ भी यहाँ की 'बाल' मिठाई व 'सिंगोड़ी' की मांग पूर्व से ही देश-विदेश में रही है।

(ix) इसी प्रकार उत्तराखण्ड की लोक कला के रूप में अल्पना (ऐंपण) का विशिष्ट स्थान है। इसको भी धार्मिक पर्यटन के साथ जोड़ने की योजना बनानी चाहिए।

उत्तराखण्ड में परिवहन (Transportation in Uttrakhand)

समुद्री क्षेत्र की अनुपस्थिति के कारण उत्तराखण्ड में समुद्री परिवहन का कोई अस्तित्व नहीं है। राज्य में केवल रेल परिवहन, वायु परिवहन तथा सड़क परिवहन सेवायें उपलब्ध हैं। चूंकि इस राज्य का अधिकतम भू-भाग पर्वतीय क्षेत्रों के रूप में है, अतः राज्य में रेल परिवहन तथा वायु परिवहन का भी क्षमता से अधिक विकास करना सम्भव नहीं है। अतः उत्तराखण्ड में परिवहन व्यवस्था का बड़ा दायित्व सड़कों के ऊपर ही है। उत्तराखण्ड में परिवहन व्यवस्था के निम्नलिखित विश्लेषण से यह बात और पुष्ट हो जायेगी—

1. **रेल परिवहन**—रेल परिवहन का क्षेत्र राज्य का मैदानी भाग है, बल्कि इस भाग में यात्रा एवं परिवहन में रेलवे का बड़ा योगदान है। देहरादून जनपद में रेलमार्ग की कुल लम्बाई 51 किमी, ऊधमसिंह नगर में 120 किमी, हरिद्वार जनपद में 100 किमी तथा पौड़ी गढ़वाल जनपद में 2 किमी है। राज्य के प्रमुख रेलवे स्टेशन हैं—हरिद्वार, देहरादून, कोटद्वार, हल्द्वानी, काठगोदाम, टनकपुर, लालकुआँ, रुद्रपुर, रामनगर, काशीपुर, किच्छा, रायवाला, रुड़की तथा लक्सर आदि।

राज्य में रेल लाइनों का विस्तार भले ही अधिक न हुआ हो, किन्तु उत्तराखण्ड का रेलमार्ग देश के अनेक क्षेत्रों से भली-भांति सम्बद्ध है। हरिद्वार, देहरादून, कोटद्वार, काठगोदाम, टनकपुर तथा लालकुआँ राज्य के वे 5 प्रमुख रेलवे स्टेशन हैं, जहाँ से संचालित होने वाली ट्रेनें बरेली, मुरादाबाद, लखनऊ, वाराणसी, दिल्ली, गोरखपुर तथा कोलकाता जैसे अनेक महत्वपूर्ण नगरों तक पहुँचती हैं। मार्गों के मध्य में पड़ने वाले असंख्य नगर इनसे अलग हैं। कुल मिलाकर राज्य में स्थित रेलमार्ग का आकार विस्तृत भले ही नहीं है, किन्तु ट्रेन बदलकर उत्तराखण्ड से देश के किसी भी नगर में पहुँचना कठिन नहीं है।

2. **सड़क परिवहन**—उत्तराखण्ड में वर्तमान में सड़कों की कुल लम्बाई 17457 किमी है। इसमें गढ़वाल मण्डल में 9615 किमी तथा कुमाऊँ मण्डल में 7842 किमी सड़कें निर्मित हैं। राज्य में 9 राष्ट्रीय राजमार्ग हैं। इनमें से राजमार्ग संख्या 58 राज्य की राजधानी देहरादून को राष्ट्रीय राजधानी दिल्ली से जोड़ता है तथा राजमार्ग संख्या 45 देहरादून को अन्य प्रमुख नगरों से जोड़ता है। राज्य में राष्ट्रीय राजमार्गों की कुल लम्बाई 1198 किमी है तथा पक्की सड़कों की कुल लम्बाई 2345 किमी है। सभी 9 राजमार्गों को नवीं पंचवर्षीय योजना के दौरान राष्ट्रीय राजमार्ग घोषित किया गया। मुख्य राष्ट्रीय राजमार्ग (58) का अनुरक्षण केन्द्र सरकार तथा शेष राष्ट्रीय राजमार्गों का अनुरक्षण राज्य लोक निर्माण विभाग, उत्तराखण्ड करता है। राज्य के प्रमुख पर्वतीय क्षेत्रों के मार्ग सीमा सड़क संगठन द्वारा अनुरक्षित हैं। तृतीय श्रेणी के अन्तर्गत राज्य के अन्य सम्पर्क मार्ग आते हैं, जिनका अनुरक्षण स्थानीय निकायों द्वारा किया जाता है।

3. **वायु परिवहन**—राज्य की विषम भौगोलिक परिस्थिति के चलते तथा उत्तर प्रदेश का अंग होने के कारण उत्तराखण्ड में वायुमार्ग का उल्लेखनीय विकास नहीं हो पाया। वर्तमान में राज्य में स्थित हवाई पट्टियाँ इस प्रकार हैं—जौलीग्रान्ट (देहरादून), नैनी-सैनी (पिथौरागढ़), चिन्यालीसौड़ (उत्तरकाशी), गौचर (चमोली) तथा पन्तनगर (ऊधमसिंह नगर)।

परन्तु राज्य के गठन के पश्चात उत्तराखण्ड सरकार द्वारा यह अनुभव किया गया कि हवाई अड्डों और हवाई पट्टियों का विकास और विस्तार करके राज्य में पर्यटन विकास का मार्ग प्रशस्त किया जा सकता है। साथ ही विमानन सेवायें विस्तारित किये जाने से उत्तराखण्ड

राष्ट्रीय-अन्तर्राष्ट्रीय मानचित्र पर अपनी उपस्थिति सुदृढ़ कर सकेगा। राज्य गठन के पश्चात यहाँ वायु परिवहन के विकास हेतु निम्नलिखित कार्य किये गये हैं—

(i) प्रत्येक जनपद में कम से कम एक हैलीपेड निर्माण की योजना।
(ii) पंतनगर हवाई अड्डे का अन्तर्राष्ट्रीय मानकों के अनुरूप विस्तारीकरण किया गया है।
(iii) पिथौरागढ़ में स्थित नैनी-सैनी हवाई पट्टी का विस्तारीकरण किया गया है।
(iv) राज्य गठन के पश्चात हवाई पट्टियों के विकास एवं सुदृढ़ीकरण तथा विमान सम्बन्धी अन्य अवस्थापना सुविधाओं पर वर्ष 2002-03 से वर्ष 2004-05 तक 37 करोड़ रुपये की धनराशि व्यय की गई है।
(v) वर्ष 2005-06 की वार्षिक योजना में नागरिक उड्डयन हेतु 12 करोड़ रुपये की व्यवस्था की गई है।
(vi) जौलीग्रान्ट हवाई अड्डे में बी०आई०पी० लाउन्ज, हैंगर, वर्कशॉप एवं प्रशासनिक भवन के विकास व अन्य सुविधाओं का सृजन किया जा रहा है।
(vii) गौचर हवाई पट्टी में एटीसी एवं प्रशासनिक भवन का निर्माण कार्य सम्पन्न हो चुका है।
(viii) हरिद्वार में बी०एच०ई०एल० उपक्रम से विमान परिसर का क्रय किया गया है।
(ix) निजी क्षेत्रों की कम्पनियों द्वारा दिल्ली-देहरादून तथा दिल्ली-पंतनगर विमान सेवा प्रारम्भ की जा चुकी है।
(x) राज्य में विमानन सुविधाओं के विकास और विस्तार से यहाँ पर्यटन विकास की योजनाओं को प्रोत्साहन मिल रहा है।

स्पष्ट है कि राज्य के पर्वतीय क्षेत्रों में सड़क परिवहन एवं वायु परिवहन की अनिवार्य आवश्यकता को दृष्टिगत रखते हुए, परिवहन के इन दोनों ही स्वरूपों पर विशेष ध्यान दिया जा रहा है। वायु सेवा का मूल्य अपेक्षाकृत अधिक होने तथा विमानन सेवाओं के विस्तारीकरण का कार्य अधिक खर्चीला होने के कारण वायु परिवहन का अत्यधिक विकास नहीं किया जा सकता। किन्तु प्रत्येक जनपद में एक-एक हैलीपेड का निर्माण करने की योजना के साकार हो जाने की स्थिति में राज्य के पर्यटन विकास में वायु परिवहन का योगदान और भी उल्लेखनीय हो जायेगा।

उत्तराखण्ड की पर्यटन धरोहरें
(Tourism Heritages of Uttrakhand)

उत्तराखण्ड में स्थित पर्यटन धरोहरों की सूची बहुत दीर्घ है। पर्यटन धरोहरों का अर्थ है—पर्यटकीय आकर्षण की स्थान युक्त वस्तुयें। उदाहरणार्थ—किसी भी राष्ट्र या राज्य में स्थित धर्मस्थल, ऐतिहासिक इमारतें, किले एवं महल, पर्वत शिखर, ग्लेशियर, दर्रे, राष्ट्रीय उद्यान एवं अभयारण्य, वनस्पतियाँ, बुग्याल, नदियाँ, झीलें, जल-प्रपात, संग्रहालय एवं पुस्तकालय और घाटियाँ आदि वे स्थानयुक्त वस्तुएं हैं, जिन्हें देखने का लोभ अपने मन में संजोए कोई भी पर्यटक किसी पर्यटन स्थल पर पहुँचता है। पर्यटकों के आकर्षण का केन्द्र होने के कारण ही ये वस्तुएं पर्यटन धरोहरें बन जाती हैं। जिस प्रकार पर्यटन के अनेक स्वरूप प्रचलन में हैं, इन्हीं स्वरूपों के आधार पर ही पर्यटन धरोहरें स्वतः वर्गीकृत हो जाती हैं। उदाहरणार्थ साहसिक पर्यटन में रुचि रखने वाला कोई पर्यटक यदि उत्तराखण्ड में स्थित त्रिशूल पर्वत शिखर पर

पर्वतारोहण करने के उद्देश्य से वहाँ पहुँचता है, तब त्रिशूल पर्वत शिखर को साहसिक पर्यटन धरोहर के रूप में स्वीकार किया जायेगा। पर्यटन के स्वरूपों का निर्धारण पर्यटकीय उद्देश्य निर्धारित करता है। इस दृष्टिकोण से उत्तराखण्ड में प्रत्येक प्रकार के पर्यटकीय उद्देश्य से सम्बन्धित पर्यटन धरोहरें विद्यमान हैं। राज्य की प्रमुख पर्यटन धरोहरों का परिचय इस प्रकार है—

उत्तराखण्ड के प्रमुख राष्ट्रीय उद्यान एवं अभयारण्य
(Important National Parks and Sanctuaries of Uttrakhand)

उत्तराखण्ड में राष्ट्रीय एवं अन्तर्राष्ट्रीय ख्याति प्राप्त अनेक राष्ट्रीय उद्यान, वन्य जन्तु अभयारण्य तथा पक्षी अभयारण्य स्थित हैं। कुछ प्रमुख उद्यानों और अभयारण्यों का संक्षिप्त परिचय प्रस्तुत है—

1. **टाइगर रिजर्व (जिम कार्बेट राष्ट्रीय उद्यान)**—इस उद्यान के सम्बन्ध में 'भारत में पर्यटन' अध्याय के अन्तर्गत विस्तृत रूप से लिखा जा चुका है।

2. **राजाजी राष्ट्रीय उद्यान**—यह उद्यान राजधानी देहरादून में स्थित है। वैसे इसका विस्तार देहरादून, हरिद्वार तथा गढ़वाल जनपदों तक है। इस उद्यान की स्थापना अगस्त, 1983 ई० में की गई थी। इसका क्षेत्रफल 820 वर्ग किमी है। उद्यान के अन्दर 10 विश्राम गृह भी स्थित हैं।

3. **बिनसर वन्य जीव अभयारण्य**—इस वन्य जीव अभयारण्य की स्थापना सन् 1988 ई० में हुई थी। 47 वर्ग किमी क्षेत्रफल वाले इस अभयारण्य का मुख्यालय अल्मोड़ा से 20 किमी दूर बिनसर में स्थित है। इसका एक छोर जनपद बागेश्वर की सीमा में भी आता है।

4. **अस्कोट वन्य जीव अभयारण्य**—यह अभयारण्य सन् 1886 में स्थापित किया गया था। यह अभयारण्य 593 वर्ग किमी क्षेत्र में विस्तारित है। यह जनपद पिथौरागढ़ के अस्कोट क्षेत्र में स्थित है। इसका मुख्य आकर्षण 'मस्क डीयर' की उपस्थिति है।

5. **नन्दा देवी राष्ट्रीय उद्यान**—यह राष्ट्रीय उद्यान जनपद चमोली में स्थित है। इसकी स्थापना सन् 1939 में की गई थी। समुद्र तल से 5431 मीटर की ऊँचाई पर स्थित इस उद्यान का कुल क्षेत्रफल 630 वर्ग किमी है। इसका मुख्यालय चमोली जनपद के जोशीमठ नामक स्थान पर है।

6. **गोविन्द वन्य जीव अभयारण्य**—इस अभयारण्य की स्थापना सन् 1955 ई० में हुई है। यह उत्तरकाशी जनपद के 481 वर्ग किमी क्षेत्र में स्थित है। इस उद्यान का संचालन देहरादून स्थित राजाजी नेशनल पार्क के मुख्यालय से किया जाता है, अर्थात इस अभयारण्य में प्रवेश हेतु राजाजी पार्क से ही अनुमति प्राप्त करनी पड़ती है।

7. **सोननदी वन्य जीव अभयारण्य**—यह अभयारण्य दिनांक 9 जनवरी, सन् 1987 ई० में स्थापित किया गया था। यह पौड़ी जनपद के 300 वर्ग किमी क्षेत्र में व्याप्त है। इसका मुख्यालय लैंसडाउन में है।

8. **केदारनाथ वन्य जीव अभयारण्य**—इस अभयारण्य की स्थापना 21 जनवरी, सन् 1972 ई० में की गई थी। यह अभयारण्य चमोली-रुद्रप्रयाग जनपद की सीमाओं में 857 वर्ग किमी क्षेत्रफल में विस्तृत है।

9. **'फूलों की घाटी' राष्ट्रीय उद्यान**—इस उद्यान की स्थापना सन् 1982 ई० में राष्ट्रीय उद्यान के ही रूप में की गई थी। यह उद्यान चमोली जिला मुख्यालय से 150 किमी की दूरी पर हेमकुण्ड क्षेत्र में स्थित है। इसे प्राचीन हिन्दू धर्मग्रन्थों में 'नन्दन कानन' नाम से वर्णित किया गया है। इसका मुख्यालय जोशीमठ में स्थित है तथा इस उद्यान का कुल क्षेत्रफल 87 वर्ग किमी है।

10. **मसूरी वन्य जीव अभयारण्य**—इस अभयारण्य को 'विनोग माउन्टेन क्लब सेंचुरी' के नाम से भी सम्बोधित किया जाता है। इसकी स्थापना 2 सितम्बर, सन् 1993 ई० में की गई। यह जनपद देहरादून के उत्तरी भाग में 339.75 वर्ग किमी क्षेत्रफल में स्थित है। इस अभयारण्य का संचालन भी राजाजी राष्ट्रीय उद्यान के प्रबन्ध तंत्र के द्वारा ही किया जाता है।

11. **गंगोत्री राष्ट्रीय उद्यान**—इस राष्ट्रीय उद्यान की स्थापना सन् 1989 ई० में की गई थी। इसका कुल क्षेत्रफल 1552 वर्ग किमी है। जनपद उत्तरकाशी में स्थित इस उद्यान का मुख्यालय उत्तरकाशी नगर में स्थित है।

12. **नैनीताल प्राणी उद्यान**—राज्य का एकमात्र प्राणी उद्यान नैनीताल में स्थित है। वन विभाग के अन्तर्गत संचालित इस प्राणी उद्यान का मुख्य आकर्षण 'साइबेरियन टाइगर' है।

उत्तराखण्ड की प्रमुख वनस्पतियाँ
(Main Flora of Uttrakhand)

इस बात में कोई सन्देह ही नहीं है कि उत्तराखण्ड वन सम्पदा के दृष्टिकोण से अत्यन्त समृद्ध राज्य है, क्योंकि यहाँ के कुल क्षेत्रफल का लगभग 2/3 भाग वन क्षेत्र के रूप में स्थित है। तराई, भावर, उप हिमालयी, मध्य हिमालयी तथा उच्च हिमालयी क्षेत्रों के रूप में अवस्थित इस राज्य में पर्याप्त रूप से जलवायुवीय भिन्नता का पाया जाना स्वाभाविक ही है। इसी भिन्नता के कारण उत्तराखण्ड में अनेक प्रकार की वनस्पतियाँ पायी जाती हैं तथा इस राज्य को 'पौधों का संग्रहालय' कहा जाता है। भारत में कुल 45000 प्रकार की वनस्पतियाँ पायी जाती हैं। इनमें से 25000 प्रकार की वनस्पतियाँ अकेले उत्तराखण्ड राज्य में ही पायी जाती हैं। राजधानी देहरादून में स्थित 'भारतीय वन अनुसन्धान संस्थान' की स्थापना के पश्चात हिमालय में पायी जाने वाली वनस्पतियों का वैज्ञानिक विश्लेषण प्रारम्भ हुआ। इसी वैज्ञानिक विश्लेषण के आधार पर राज्य में पायी जाने वाली वनस्पतियों का वर्गीकरण किया जाता है—

1. **उपोष्ण कटिबन्धीय प्राकृतिक वनस्पतियाँ**—इस प्रकार की वनस्पतियाँ 1200 मीटर से कम ऊँचाई वाले भागों में पायी जाती हैं तथा इसका क्षेत्र सम्पूर्ण उप हिमालयी क्षेत्र है। इस वनस्पति के प्रमुख वृक्ष हैं—साल, कन्जू, सिम्बल, हल्दू, खैर, साख तथा बांस आदि।
2. **उष्ण कटिबन्धीय शुष्क प्राकृतिक वनस्पतियाँ**—ये वनस्पतियाँ कम वर्षा वाले क्षेत्र में पायी जाती हैं। वैज्ञानिक भाषा में इसे ट्रोपोफाइट कहा जाता है। ढाक, सेमल, गूलर, जामुन तथा बेर आदि इस वनस्पति के उत्तराखण्ड में पाये जाने वाले प्रमुख वृक्ष हैं।
3. **उष्ण कटिबन्धीय आर्द्र पतझड़ वाली वनस्पतियाँ**—इस श्रेणी के वानस्पतिक वृक्ष ग्रीष्मकाल आने पर अपनी पत्तियाँ गिरा देते हैं। इन्हें मानसूनी वनस्पतियाँ भी कहा जा सकता है। इस प्रकार के वनों में अधिकतम वर्षा 100-200 सेमी० तक होती है। इस

श्रेणी की वनस्पति के प्रमुख वृक्ष हैं—साल, सागौन, शीशम, चन्दन, आम तथा आंवला आदि।

4. **कोण धारी वनस्पतियाँ**—ये वनस्पतियाँ उष्ण व शीतोष्ण वनों की वनस्पतियाँ हैं जो 900 मीटर से 1800 मीटर ऊँचाई तक वाले स्थानों पर पायी जाती हैं। इस श्रेणी की वनस्पतियाँ शुष्क एवं चट्टानी धरातल पर उत्पन्न होती हैं। जैसे—चीड़, स्प्रूस, देवदार एवं ब्लूपाइन के वृक्ष आदि।
5. **पर्वतीय शीतोष्ण वनस्पतियाँ**—इस श्रेणी की वनस्पतियाँ 1800 मीटर से 3000 मीटर तक की ऊँचाई वाले क्षेत्रों में पायी जाती हैं। इनके वनों के निचले भागों में चीड़ तथा ऊँचे भागों में देवदार की प्रधानता होती है। देवदार के साथ स्प्रूस, सिलवरफर, साइप्रस भी ऊँचे क्षेत्रों में पाये जाते हैं। दक्षिणी ढालों पर बांज की प्रधानता पायी जाती है।
6. **एल्पाइन तथा उप एल्पाइन वनस्पतियाँ**—ये वनस्पतियाँ 3000 मीटर से अधिक ऊँचाई वाले क्षेत्रों में उगती हैं। इनमें सिल्वरफर, ब्लूपाइन, स्प्रूस, देवदार, बर्च तथा बुराँश आदि वनस्पतियाँ पर्याप्त मात्रा में पायी जाती हैं।
7. **एल्पाइन झाड़ियों व घास युक्त मैदान**—इस प्रकार की प्राकृतिक वनस्पति 3000 मीटर से 3600 मीटर तक की ऊँचाई वाले क्षेत्रों में पायी जाती है। इनमें जूनीपर, बिलो तथा रिब्स आदि प्रमुख हैं। अधिक ऊँचाई पर उगने वाली वनस्पति के मैदान को बुग्याल तथा पयार कहा जाता है।

उत्तराखण्ड के बुग्याल
(Bugyals of Uttrakhand)

प्रकृति की अनुपम देन उत्तराखण्ड राज्य के उच्च हिमालयी क्षेत्रों में अनेक बुग्याल स्थित हैं। बुग्याल इन क्षेत्रों में पायी जाने वाली वनस्पतियों के विशाल वनों के रूप में होते हैं। राज्य के प्रमुख बुग्याल निम्नवत हैं—

1. **औली बुग्याल**—यह बुग्याल चमोली में जोशीमठ से पाँच किमी दूर, औली नामक स्थान पर स्थित है। इसे गुरसों का बुग्याल भी कहा जाता है। समुद्र तल से इसकी ऊँचाई 2592 मी० से 3050 मीटर के मध्य है। औली बुग्याल में खड़े होकर हाथी पर्वत श्रृंखला के दर्शन किये जा सकते हैं। औली बुग्याल उत्तराखण्ड में स्कीइंग जैसे साहसिक खेल की राष्ट्रीय प्रतियोगिता का आयोजन स्थल है।
2. **कुश कल्याणी बुग्याल**—यह बुग्याल गंगोत्री से केदारनाथ पथारोहरण मार्ग पर उत्तरकाशी जनपद में अवस्थित है। समुद्र तल से इसकी ऊँचाई 3820 मीटर है।
3. **पंवाली कांठा बुग्याल**—यह टिहरी जनपद में स्थित घुत्तु नामक स्थान से 14 किमी की दूरी पर स्थित है। पंवाली कांठा बुग्याल से हिमाच्छादित पर्वत श्रृंखलाओं का विहंगम दृश्य दिखलायी पड़ता है।
4. **चोपता बुग्याल**—यह ऊखीमठ-गोपेश्वर मार्ग पर अनेक छोटे-छोटे समूहों में अवस्थित है। अपनी अनुपम प्राकृतिक सुन्दरता के कारण यह बुग्याल 'गढ़वाल का स्विट्जरलैण्ड' भी कहा जाता है।

5. **क्वांरी व चित्रकांठा बुग्याल**—औली बुग्याल से आगे का मार्ग तय करने पर पहले चित्रकांठा बुग्याल आता है, उसके पश्चात क्वांरी बुग्याल। चमोली जनपद में स्थित इन दोनों बुग्यालों की समुद्र तल से ऊँचाई 4265 मीटर है।

6. **कल्पनाथ बुग्याल**—यह बुग्याल बद्रीनाथ मार्ग पर हेलंग से 10 किमी की पैदल दूरी पर स्थित है। समुद्र तल से इसकी ऊँचाई 2134 मीटर है।

7. **'फूलों की घाटी' बुग्याल**—फूलों की घाटी बुग्याल तक बद्रीनाथ मार्ग पर जोशीमठ से गोविन्दघाट और गोविन्दघाट से पैदल मार्ग द्वारा घांघरिया होते हुए पहुँचा जा सकता है। इसकी ऊँचाई 3000 मीटर से 4000 मीटर के मध्य है। यह बुग्याल पुष्पावती नदी तथा अन्य छोटी-छोटी जलधाराओं से घिरी एक मनमोहक घाटी के रूप में है।

8. **बेदिनी बुग्याल**—यह बुग्याल चमोली जनपद में थराली विकास खण्ड में स्थित है। बेदिनी बुग्याल से 8 किमी दूर वाण गाँव स्थित है। वाण गाँव से एक मार्ग निकटवर्ती रहस्यमय रूपकुण्ड को जाता है। समुद्रतल से इस बुग्याल की ऊँचाई 3354 मीटर है।

9. **द्यारा बुग्याल**—द्यारा बुग्याल उत्तरकाशी जनपद में स्थित है। समुद्रतल से इसकी ऊँचाई 3048 मीटर है।

10. **पनवाली बुग्याल**—गढ़वाल क्षेत्र में ही स्थित पनवाली बुग्याल की समुद्रतल से ऊँचाई 2745 मीटर से 3970 मीटर के मध्य है।

11. **अन्य बुग्याल**—उपरोक्त बुग्याल उत्तराखण्ड के प्रसिद्ध बुग्यालों में गिने जाते हैं। यहाँ प्रतिवर्ष हजारों पर्यटक इन बुग्यालों की सैर करने आते हैं। किन्तु उपरोक्त के अतिरिक्त भी राज्य में अनेक बुग्याल स्थित हैं जो कि अभी तक प्रसिद्ध तो नहीं हो पाये हैं, किन्तु धीरे-धीरे राज्य के पर्यटन मानचित्र पर अपनी उपस्थिति अंकित कराने लगे हैं। ऐसे कुछ बुग्याल हैं—क्यांरी, चौकी, तपोवन, ताली, तुंगनाथ, धर्णोजी, पनार, मजेठी, मनणी, माझीवन, राजखर्क तथा रुद्रनाथ आदि।

उत्तराखण्ड की प्रमुख नदियाँ
(Main Rivers of Uttrakhand)

उत्तराखण्ड राज्य विभिन्न नदियों का उद्गम स्थल है। ये नदियाँ राज्य के विभिन्न मार्गों से प्रवाहित होते हुए, देश के अनेक क्षेत्रों में स्थित, अन्य नदियों से जाकर मिल जाती हैं। इस प्रकार देखा जाये तो ये नदियाँ केवल उत्तराखण्ड राज्य ही नहीं, देश के अनेक क्षेत्रों के लोगों की जल आवश्यकताओं की पूर्ति करती हैं। यद्यपि अवैध खनन तथा निर्माणाधीन अनेक जलविद्युत परियोजनाओं के चलते धीरे-धीरे इन नदियों का जल स्तर निरन्तर कम होता जा रहा है, जो कि राज्य के लिये ही नहीं, सम्पूर्ण भारत के लिये भी चिन्ता का विषय है। इसी चिन्ता से ग्रस्त होकर प्रत्येक नदी क्षेत्र के निवासियों द्वारा उत्तराखण्ड में 'नदी बचाओ अभियान' प्रारम्भ किया गया है। इस अभियान के सकारात्मक परिणाम आने अभी बाकी हैं। राज्य से प्रवाहित होने वाली प्रमुख नदियों की उनके उद्गम स्थल सहित सूची निम्नवत है—

राज्य की प्रमुख नदियाँ एवं उनके उद्‌गम स्थल

क्रमांक	नदियों के नाम	उद्‌गम स्थल
1.	यमुना नदी	यमुनोत्री कांठा (उत्तरकाशी)
2.	भागीरथी नदी	गंगोत्री हिमनद (उत्तरकाशी)
3.	अलकनन्दा नदी	सतोपंथ
4.	गंगा नदी	देवप्रयाग (भागीरथी एवं अलकनन्दा का देवप्रयाग में संगम गंगा नदी कहलाता है।)
5.	भिलंगना नदी	खतलिंग हिमनद
6.	मन्दाकिनी नदी	चोरा बाड़ी ताल
7.	शारदा नदी (काली नदी)	मिलम हिमनद (पिथौरागढ़)
8.	पिण्डर नदी	पिण्डारी ग्लेशियर (बागेश्वर)
9.	धौली गंगा नदी	नन्दा-त्रिशूल पर्वत श्रृंखला
10.	पश्चिमी रामगंगा	देवालीखाल
11.	पूर्वी रामगंगा	नाभिक हिमनद (पिथौरागढ़)
12.	कोसी नदी	कौसानी (अल्मोड़ा)
13.	काली गंगा	वासुकीताल

उत्तराखण्ड के प्रमुख पर्वत शिखर

(Main Tops of Uttrakhand Himalaya)

पथारोहण और पर्वतारोहण के दृष्टिकोण से उत्तराखण्ड के अनेक पर्वत शिखर अत्यन्त महत्वपूर्ण तथा आदर्श हैं। यही कारण है कि राज्य में साहसिक पर्यटन के उद्‌देश्य से आने वाले पर्यटकों की संख्या में निरन्तर वृद्धि हो रही है। विशेष रूप से राज्य गठन के पश्चात से उत्तराखण्ड में साहसिक पर्यटन का तीव्र विकास हुआ है। इस विकास में राज्य में अवस्थित विहंगम हिमालय पर्वत शिखरों का अमूल्य योगदान है। राज्य के कुछ प्रमुख 'हिमालय शिखरों' की उनकी ऊँचाई सहित सूची प्रस्तुत है—

उत्तराखण्ड के प्रमुख पर्वत शिखर एवं उनकी ऊँचाई

क्रमांक	पर्वत शिखर	समुद्र तल से ऊँचाई (मीटर में)
1.	नन्दा देवी	7857
2.	कामेत	7756
3.	नन्दा देवी (पश्चिम)	7434
4.	माणा	7272
5.	चौखम्बा	7138

जारी...

जारी...

6.	त्रिशूल	7120
7.	सतोपंथ	7084
8.	द्रोणागिरि (दूनागिरि)	7066
9.	केदारनाथ	6940
10.	पंचचूली	6904
11.	चंगबंग	6865
12.	भृगुपंथ	6771
13.	हाथी पर्वत	6727
14.	गौरी पर्वत	6719
15.	गंगोत्री	6672
16.	नन्दाखाट	6611
17.	नीलकंठ	6596
18.	मृगथूनी	6565
19.	कुणालिंग	6509
20.	जोगिन-1	6465
21.	मेरू	6450
22.	काला नाग	6387
23.	गणेश पर्वत	6351
24.	बन्दर पूँछ	6315
25.	नन्दाघुंटी	6309
26.	मैक्टोली	6303
27.	स्वर्गारोहिणी	6252
28.	रतवन	6127
29.	हनुमान	6072

उत्तराखण्ड के प्रमुख हिमनद
(Main Glaciers of Uttrakhand)

उच्च पर्वतों के मध्य से प्रवाहित होने वाली बर्फ की नदी को हिमनद अर्थात हिम की नदी कहा जाता है। किसी भी राज्य में स्थित हिमनद जहाँ उस राज्य से प्रवाहित होने वाली नदियों के जल स्तर को प्रभावित करते हैं, वहीं इनका भ्रमण एवं अवलोकन साहसिक पर्यटन का मुख्य आकर्षण होता है। राज्य के प्रमुख हिमनदों एवं उनकी ऊँचाई की सूची प्रस्तुत है—

राज्य के प्रमुख हिमनद एवं उनकी ऊँचाई

क्रमांक	*हिमनद का नाम*	*समुद्र तल से ऊँचाई (मीटर में)*	*जनपद*
1.	पिण्डारी	3352-4625	बागेश्वर
2.	मिलम	4242	पिथौरागढ़
3.	पोटिंग	3650	पिथौरागढ़
4.	सुन्दर ढूंगा	6053	बागेश्वर
5.	नाभिक	4830	पिथौरागढ़
6.	कफनी	3840	बागेश्वर
7.	गोमुख (गंगोत्री)	4000-6900	उत्तरकाशी

उत्तराखण्ड के हिमालयी दर्रे
(Himalayan Darres of Uttrakhand)

पर्वत श्रेणियों के मध्य स्थित दुर्गम एवं संकरे रास्ते, जो दो घाटियों अथवा स्थानों के मध्य सम्पर्क स्थापित करते हैं, दर्रे कहलाते हैं। राज्य की हिमालय पर्वत शृंखलाओं में स्थित प्रमुख दर्रे निम्नवत हैं—

उत्तराखण्ड के प्रमुख हिमालयी दर्रे

क्रमांक	*दर्रे का नाम*	*सम्पर्क क्षेत्र*
1.	ट्रेलपास	बागेश्वर-पिथौरागढ़
2.	दारमा	पिथौरागढ़-तिब्बत
3.	लिपुलेख	पिथौरागढ़-तिब्बत
4.	कुंगरी-बिंगरी	चमोली-तिब्बत
5.	नीति	चमोली-तिब्बत
6.	माणा	चमोली-तिब्बत
7.	मुलिंग ला	उत्तरकाशी-तिब्बत
8.	थागा ला	उत्तरकाशी-तिब्बत
9.	बाराहोती	चमोली-पिथौरागढ़
10.	शृंग कंठ	उत्तरकाशी-हिमाचल प्रदेश

उत्तराखण्ड के प्रमुख ताल, जल-प्रपात एवं बाँध
(Main Lakes, Waterfalls and Dams of Uttrakhand)

उत्तराखण्ड में भले ही समुद्र तट स्थित नहीं हैं, किन्तु जल क्रीड़ा के अन्य सभी स्रोत, यथा—नदियाँ, ताल या झीलें, जल-प्रपात तथा बाँध प्रचुर मात्रा में स्थित हैं। वैसे तो नानकमत्ता नामक नगर में नानक सागर प्रवाहित होता है, किन्तु यहाँ पर समुद्री बीच का निर्माण सम्भव नहीं है। राज्य में स्थित प्रमुख तालों, जल-प्रपातों एवं बाँधों का मण्डलवार संक्षिप्त परिचय प्रस्तुत है—

कुमाऊँ मण्डल के ताल, जल-प्रपात एवं बांध

1. **नैनीताल**—नैनी एक ताल है तथा नैनीताल एक नगर। नैनी झील की उपस्थिति के कारण ही इस नगर का नाम नैनीताल पड़ा। नगर का मुख्य केन्द्र यह ताल समुद्रतल से 6350 फीट (1938 मीटर) की ऊँचाई पर स्थित है। इसकी लम्बाई 1358 मीटर तथा चौड़ाई 496 मीटर है। इसकी खोज सन् 1841 ई० में एक अंग्रेज पी0 बैरन द्वारा की गई थी। 20-92 फीट तक गहरे इस ताल को यद्यपि बरसाती नाले पानी देते हैं, तथापि इसके तल में स्थित कुछ प्राकृतिक स्रोत इसे सींचते रहते हैं। इस ताल के तल्ली छोर पर एक गन्धक का स्रोत है। इस स्रोत का जल चर्म रोगों के निदान में अत्यन्त लाभकारी है। ताल के मल्ली तट पर नैना देवी मन्दिर स्थित है। ताल के चारों ओर स्थित इंगलिश विलो, अंगू, सुराई एवं चिनार के पेड़ इसे और भी मनोहारी बनाते हैं। यहाँ पर बोटिंग तथा फोटोग्राफी की व्यवस्था सरल एवं सुदृढ़ है। नगर में स्थित रोप-वे से इस ताल का सुन्दर दृश्य दिखलायी पड़ता है।

2. **भीमताल**—भीमताल कुमाऊँ मण्डल के केन्द्र में स्थित है। नैनीताल, अल्मोड़ा, रानीखेत, पिथौरागढ़ और हल्द्वानी नगरों के सम्पर्क मार्ग के मध्य में यह ताल स्थित है। नैनीताल से भीमताल की दूरी मात्र 22 किमी है। त्रिकोणीय आकार के इस ताल की लम्बाई 448 मीटर, चौड़ाई 175 मीटर तथा गहराई 16 मीटर है। तीन ओर से पर्वत श्रृंखलाओं से आवृत्त यह ताल समुद्रतल से 1332 मीटर की ऊँचाई पर स्थित है। सूर्योदय के समय इस ताल का दृश्यावलोकन करना अत्यन्त मनोरम होता है। इस ताल की पूर्वोत्तर दिशा की ओर एक छोटा सा टापू है जो ताल के किनारे से लगभग 350 फीट की दूरी पर स्थित है। लगभग 70-80 फीट आयतन वाले इस टापू पर नाव के द्वारा पहुँचा जाता है। ताल के जल का रंग नीला है। किन्तु समीपवर्ती नैनीताल नगर के अत्यधिक विकास और लोकप्रियता के कारण भीमताल के विकास पर अधिक ध्यान नहीं दिया गया है। इसी कारण इस ताल में गन्दगी का प्रतिशत निरन्तर बढ़ता जा रहा है, जिससे इस ताल की लम्बाई, चौड़ाई एवं गहराई में आने वाली कमी ने इस ताल के अस्तित्व पर प्रश्नचिन्ह लगा दिया है।

3. **नौकुचियाताल**—भीमताल से लगभग चार किमी दूर, दक्षिण-पूर्वी दिशा में यह ताल स्थित है। इसके नौ कोने होने के कारण इस ताल का नामकरण नौकुचियाताल हुआ। समुद्रतल से 1292 मीटर ऊँचाई पर स्थित नौकुचियाताल कुमाऊँ मण्डल का सबसे गहरा ताल है। यह ताल तीन मुख्य भागों में विभक्त है। प्रथम भाग पैडल बोटिंग के लिये है, जहाँ से इच्छुक पर्यटक बोटिंग की सदस्यता ग्रहण कर सकते हैं। दूसरे भाग में मछलियाँ पकड़ी जाती हैं। तीसरे भाग को प्राकृतिक सौन्दर्य के लिये पक्षियों के क्रीड़ा स्थल के रूप में छोड़ दिया गया है। इनमें अनेक विदेशी पक्षी भी सम्मिलित हैं। सम्पूर्ण ताल में कमल के फूल खिले रहते हैं। नैनीताल नगर से 26.2 किमी की दूरी पर स्थित इस ताल के सम्बन्ध में एक किंवदन्ती प्रचलित है कि यदि कोई व्यक्ति एक साथ इसके समस्त नौ छोरों का अवलोकन कर ले तो उसकी तत्काल मृत्यु हो जाती है। वास्तव में एक बार में इस ताल के केवल 7 छोरों को ही देखा जा सकता है। नौकुचियाताल पहुँचने के लिये परिवहन व्यवस्था संतोषजनक नहीं है। अतः पर्यटकों को निजी वाहनों से ही यहाँ पर आना चाहिए।

4. **सातताल**—गरुड़ के आकार वाले इस ताल का गहरा नीला जल अत्यन्त निर्मल है। सातताल भीमताल से 4 किमी तथा नैनीताल से 21 किमी की दूरी पर स्थित है। नैनीताल जनपद के अन्तर्गत माहरा गाँव से सातताल की दूरी मात्र सात किमी है। यह ताल बांज के घने वृक्षों से

घिरा हुआ है। समुद्रतल से 1371 मीटर ऊँचाई पर स्थित इस ताल की लम्बाई 990 मीटर, चौड़ाई 315 मीटर तथा गहराई 150 मीटर है। वैसे तो यह ताल सात छोटी-छोटी झीलों का समूह है किन्तु समग्र रूप में यह तीन तालों का ही समूह है। ये तीन ताल- रामताल, सीताताल और लक्ष्मण ताल कहलाते हैं। नैसर्गिक सुन्दरता के लिये तो यह ताल प्रसिद्ध है ही, अनेक भव्य दृश्य भी इस ताल की विशेषता हैं। कलाकारों की विशिष्ट कृतियाँ भी यहाँ पर देखी जा सकती हैं। इस ताल में नौका विहार करने वाले पर्यटकों की सुविधाओं का विशेष ध्यान रखा जाता है। ताल के प्रत्येक कोने पर बैठने के लिये समुचित और स्वच्छ व्यवस्था की गई है। ताल के चारों ओर विभिन्न प्रकार के फूल लगाये हैं। बैठने की व्यवस्था के अतिरिक्त, सीढ़ियों और सुन्दर पुलों का भी निर्माण करके इस ताल को सुन्दर 'लुक' प्रदान किया गया है। यहाँ पर देवी का एक मन्दिर भी स्थित है। सातताल को उत्तराखण्ड पर्यटन विभाग की ओर से प्रमुख पर्यटन क्षेत्र घोषित किया गया है।

5. **खुर्पाताल**—खुर्पाताल नैनीताल-कालाढूंगी मार्ग पर नैनीताल से 10 किमी की दूरी पर स्थित है। समुद्र सतह से इसकी ऊँचाई 1635 मीटर है। अनेक बार इस क्षेत्र में हुए भू-स्खलन के कारण इस ताल का आकार बहुत छोटा हो गया है। यह ताल भीमताल की भांति तीन ओर से पर्वतों से घिरा हुआ है। इसका जल गहरे हरे रंग का है। इसमें प्रचुर मात्रा में छोटी-छोटी मछलियाँ पायी जाती हैं। यहाँ की प्राकृतिक छटा तथा तीन ओर स्थित सीढ़ीदार खेत पर्यटकों को आकर्षित करते हैं।

इस ताल से थोड़ी दूरी पर सरिया ताल स्थित है। इसके चारों ओर निरन्तर भवन निर्माण किये जाने के कारण यह ताल वर्तमान में एक छोटे तालाब के रूप में परिवर्तित होकर रह गया है। राज्य सरकार ने इस ताल के जीर्णोद्धार का कार्य प्रारम्भ कर दिया है।

6. **नल-दमयंती ताल**—नैनीताल जनपद में ही स्थित इस ताल के पाँच कोने हैं। यह ताल समुद्रतल से 1320 मीटर की ऊँचाई पर स्थित है। यह ताल महरा गाँव-सातताल मार्ग पर स्थित है। इसमें कभी-कभी कटी हुई मछलियों के अंग दिखाई पड़ते हैं। ऐसी किंवदन्ती है कि अपने जीवन के कठोरतम दिनों में नल-दमयंती इसी ताल के समीप निवास करते थे। जिन मछलियों को काटकर उन्होंने कढ़ाई में डाला था, वे भी उड़ गयीं। कहते हैं कि इस ताल में वही कटी हुई मछलियाँ दिखाई देती हैं। इस ताल में मछलियों का शिकार करना मना है।

7. **रानी ताल**—रानी ताल अल्मोड़ा जनपद के रानीखेत नगर में माल रोड पर स्थित है। इस ताल का निर्माण छावनी परिषद द्वारा, नगर में पर्यटन विकास के दृष्टिकोण से वर्ष 2006 में कराया गया है। यह एक कृत्रिम ताल है तथा चारों ओर से पहाड़ियों से घिरा हुआ है। इस ताल में नौका विहार की सुविधा उपलब्ध है।

8. **तड़ाग ताल**—यह ताल अल्मोड़ा जनपद में, चौखुटिया से 10 किमी की दूरी पर स्थित है। ग्रीष्म काल में यह ताल कुछ शुष्क हो जाता है तथा इसमें कृषि की जाती है। तथापि अल्मोड़ा में आने वाले पर्यटकों के लिये तड़ागताल प्राकृतिक पर्यटन का एक सुन्दर स्थल है। इसके आस-पास का क्षेत्र पिकनिक मनाने के उद्देश्य से अच्छा है।

9. **श्यामला ताल**—यह ताल चम्पावत जनपद के टनकपुर नगर में, रेलवे स्टेशन से 20 किमी की दूरी पर स्थित है। चूँकि इस ताल के जल का रंग श्याम है, अतः इसे श्यामला ताल के नाम से जाना जाता है। ताल के पीछे स्वामी विवेकानन्द का आश्रम है। आश्रम के अधिकारियों से सम्पर्क स्थापित करने पर ठहरने की व्यवस्था हो जाती है। यह अत्यन्त शान्त

क्षेत्र है। अनेक साधक इस क्षेत्र में साधना करते हुए देखे जा सकते हैं। यह ताल समुद्रतल से 835 मीटर की ऊँचाई पर स्थित है।

10. **झिल-मिल ताल**—यह ताल भी टनकपुर में, नगर से पाँच किमी की दूरी पर स्थित है। लगभग 2 किमी की परिधि में फैला हुआ यह ताल चारों ओर से बुराँश के वृक्षों से घिरा हुआ है।

11. **महाराजा ताल**—महाराजा ताल पिथौरागढ़ नगर से लगभग पाँच किमी दूर, झूलाघाट मार्ग पर, महाराजा पार्क में स्थित है। यह ताल आकार में भले ही अत्यन्त छोटा है। किन्तु पिथौरागढ़ में आने वाले पर्यटक महाराजा पार्क के भ्रमण को प्राथमिकता प्रदान करते हैं तथा यहाँ आने वाले पर्यटक महाराजा ताल में नौका विहार का आनन्द उठाना नहीं भूलते। यह ताल बच्चों के आकर्षण का विशेष केन्द्र है।

12. **बिर्थी जल-प्रपात**—बिर्थी जल-प्रपात पिथौरागढ़-मुनस्यारी मार्ग पर तेजम नामक स्थान से आगे स्थित है। यह जल-प्रपात निर्जन स्थान में स्थित है तथा यहाँ पर खड़े होकर प्राकृतिक सुन्दरता की अनुपम छटा का आनन्द उठाया जा सकता है।

13. **गिरीताल**—ऊधमसिंह नगर जनपद के धार्मिक नगर काशीपुर से तीन किमी दूर रामनगर मार्ग पर स्थित ताल को गिरीताल कहा जाता है। इस ताल के निकट चामुण्डा माँ का भव्य मन्दिर स्थित है। धार्मिक दृष्टि से इस ताल का अत्यन्त महत्व है। प्रत्येक पर्व पर दूर-दूर से पर्यटक इस ताल पर आते हैं। इस ताल से लगा हुआ शिव मन्दिर तथा माँ सन्तोषी का मन्दिर है। दो-तीन वर्ष पूर्व इस ताल में नौकाओं का संचालन प्रारम्भ कर दिया गया है।

14. **द्रोणा सागर**—द्रोणा सागर भी काशीपुर नगर में स्थित है। यह बाजपुर मार्ग पर चैती चौराहा से नगर क्षेत्र की ओर दो किमी दूर स्थित है। ऐसी किंवदन्ती है कि गुरु द्रोणाचार्य ने यहीं रहकर अपने शिष्यों को धनुर्विद्या प्रदान की थी। वैसे भी इस क्षेत्र के महाभारत कालीन होने के अनेक प्रमाण प्राप्त हुए हैं। ताल के किनारे एक पक्के टीले पर गुरु द्रोण की एक प्रतिमा भी स्थापित है। ऐसा कहा जाता है कि काफी समय पूर्व यहाँ पर किसी व्यक्ति (गुरु द्रोण) के चलने की आवाजें सुनायी देती थीं। ऐतिहासिक व धार्मिक दृष्टिकोण से द्रोणा सागर ताल उत्तराखण्ड की अमूल्य पर्यटन धरोहर है।

15. **नानक सागर बाँध**—ऊधमसिंह नगर में, सितारगंज और खटीमा के मध्य नानकमत्ता नगर के किनारे पर नानक सागर बाँध स्थित है। यह बाँध नानक सागर, जिसे देवुहा नदी के नाम से भी जाना जाता है, के किनारे पर स्थित है। इस बाँध के आस-पास का क्षेत्र अत्यन्त रमणीक है। बाँध से कुछ दूर नानकमत्ता में विश्व प्रसिद्ध गुरुद्वारा भी स्थित है। जिसे उत्तराखण्ड का ननकाना साहब कहा जाता है।

गढ़वाल मण्डल के ताल, जल-प्रपात एवं बाँध

16. **रूपकुण्ड**—रूपकुण्ड ताल गढ़वाल हिमालय के चमोली जनपद के त्रिशूली की तलहटी में स्थित है। यहाँ पहुँचने के लिये ऋषिकेश से बकरीगाड से आगे इस क्षेत्र के अन्तिम गाँव 'वाण' होते हुए रूपकुण्ड तक पद यात्रा प्रारम्भ होती है। 4778 मीटर की ऊँचाई पर स्थित रूपकुण्ड नैसर्गिक सौन्दर्य का अद्भुत स्थल है। इस ताल की परिधि लगभग 200 मीटर है।

इसके सामने स्थित त्रिशूल समुद्र हिमानी का विहंगम दृश्य पर्यटकों का मन मोह लेता है। इस ताल को रहस्यमय माना जाता है। इसके अन्दर अनेक मानव अस्थियाँ स्थित हैं, जिन्हें

जिज्ञासु पर्यटक अपने अध्ययन हेतु साथ ले जाते हैं। इनके कार्बन परीक्षण से इन अस्थियों को लगभग 600 वर्ष प्राचीन माना गया है। ये अस्थियाँ यहाँ पर कहाँ से आयी हैं, यह अभी तक एक अनुत्तरित प्रश्न है। चूँकि इस ताल क्षेत्र का आकर्षण होने के कारण यहाँ इन अस्थियों की उपस्थिति अपरिहार्य है तथा विगत कुछ वर्षों से पर्यटकों द्वारा ले जाने के कारण यहाँ उपस्थित अस्थियों में भारी कमी आयी है। अत: राज्य के पर्यटन विभाग द्वारा रूपकुण्ड क्षेत्र में चौकसी बढ़ा दी गई है।

17. **शुरवदी ताल**—यह ताल चमोली में स्थित है। केदारनाथ पर्वत शृंखला में स्थित इस ताल को चोराबाड़ी ताल तथा इस ताल में गाँधी जी की अस्थियाँ प्रवाहित किये जाने के कारण इसे गाँधी सरोवर भी कहा जाता है।

18. **नचिकेता ताल**—यह ताल टिहरी गढ़वाल में लम्बगाँव-उत्तरकाशी मार्ग पर स्थित है। यह समुद्रतल से 2600 मीटर की ऊँचाई पर स्थित है। ऐसा माना जाता है उदलक के पुत्र नचिकेता के नाम पर इस ताल का नामकरण नचिकेता ताल हुआ।

19. **देवरिया ताल**—देवरिया ताल रुद्रप्रयाग के समीप ऊखीमठ से तीन किमी दूर स्थित है। चमोली जनपद में स्थित यह ताल चारों ओर से बांज तथा बुराँश के घने वृक्षों से घिरा हुआ है। इस ताल की समुद्रतल से ऊँचाई 2700 मीटर है। मार्च-अप्रैल माह से नवम्बर तक के समय में पर्यटक यहाँ आ सकते हैं। यहाँ से चौखम्बा, केदारनाथ तथा त्रिशूल पर्वत शिखरों का मनोरम दृश्य दिखाई देता है। इस ताल की परिधि लगभग 100 मीटर है। यहाँ की लोककथाओं के अनुसार इस ताल में नागदेवता निवास करते हैं। श्रीकृष्ण जन्माष्टमी पर यहाँ भव्य मेला लगता है। देवरिया ताल गढ़वाल क्षेत्र में पर्यटकीय आकर्षण का सुन्दर केन्द्र है।

20. **सहस्त्र ताल**—यह ताल टिहरी जनपद में, प्रतापनगर तहसील के अन्तर्गत भिलंगना नदी के उद्गम क्षेत्र में स्थित है। समुद्रतल से इस ताल की ऊँचाई 4572 मीटर है। अनुपम नैसर्गिक छटा वाला यह एक अखण्डित ताल नहीं है, अपितु अपने नाम के अनुरूप सहस्त्रों छोटे-छोटे तालों का समूह है। हिमनदों तथा चट्टानीय स्खलन के कारण ये ताल बनते-बिगड़ते रहते हैं, फिर भी इन तालों में तीन ताल प्रमुख हैं जिनकी परिधि लगभग 1200 मीटर है। ऐसी मान्यता है कि महाभारत काल में पाण्डवों ने इस ताल में स्नान किया था। यहाँ पर एक 'भीमताल' भी स्थित है। ताल के आसपास के हरे-भरे बुग्यालों में खिलने वाले असंख्य रंग-बिरंगे पुष्प इस ताल के पर्यटकीय आकर्षण में वृद्धि करते हैं। यहाँ प्रतिवर्ष सैकड़ो पर्यटकों का आगमन होता है।

21. **सतोपंथ ताल**—यह ताल बद्रीनाथ व माणा वसुधारा के पद मार्ग पर स्थित है। ऐसी मान्यता है कि इस ताल के किनारों पर त्रिदेव अर्थात ब्रह्मा, विष्णु एवं महेश ने तपस्या की थी। स्वर्ग रोहिणी शिखर इस ताल के समीप स्थित है। समुद्र तल से इस ताल की ऊँचाई 4835 मीटर है। त्रिकोणीय आकार का यह ताल अलकनन्दा नदी का उद्गम स्थल भी है।

22. **सरताल**—सरताल उत्तरकाशी जनपद की बड़कोट तहसील में स्थित है। इस ताल की समुद्र तल से ऊँचाई 5500 मीटर है तथा इसकी परिधि लगभग 8890 मीटर है। सरताल तक पहुँचने के लिये राजगढ़ी से 35 किमी का पैदल मार्ग अनिवार्य रूप से तय करना पड़ता है। सरगाँव इसके यात्रापथ का अन्तिम गाँव है। इस गाँव में लकड़ी से निर्मित गगनचुम्बी बहुमंजिले मकान तथा पैगोडा शैली का मन्दिर स्थित हैं। इस ताल के चारों ओर एक मनोरम बुग्याल स्थित है।

23. **डोडीताल**—डोडीताल जनपद उत्तरकाशी में स्थित है। ये ताल उत्तरकाशी नगर से 7 किमी दूर कल्याणी मार्ग पर स्थित है। समुद्र तल से इस ताल की ऊँचाई 3307 मीटर है।

24. **केदारताल**—चारों ओर से हिमानियों और ऊँचे पर्वतों से घिरा हुआ यह ताल गंगोत्री से 19 किमी दूर, पैदल मार्ग पर स्थित है। केदारताल महादेव का ताल है। समुद्र तल से इस ताल की ऊँचाई 4050 मीटर है। गंगोत्री में भागीरथी नदी को पार करके केदारगंगा के साथ-साथ ऊपर चढ़ना पड़ता है। केदारताल के सामने थल-सागर है। बाईं ओर सुमेरू पर्वत तथा शिवलिंग बर्फ से ओतप्रोत दिखाई देते हैं।

25. **हेमकुण्ड**—यह नन्दा राजजात का अन्तिम प्रश्रय स्थल है। हेमकुण्ड रूपकुण्ड से 14 किमी की दूरी पर स्थित है। इसकी समुद्र तल से ऊँचाई 4400 मीटर है। यहाँ पर नन्दादेवी का डोला रखा जाता है। यहाँ से 4 सींग वाला मेढ़ा नन्दा राजजात यात्रा में आगे चलता है।

26. **लोकताल**—इस ताल का दूसरा नाम हेमकुण्ड (उपरोक्त नहीं) भी है। यहाँ पर गुरु गोविन्द सिंह ने तपस्या की थी। यहाँ पर एक गुरुद्वारा भी स्थित है। समुद्र तल से लोकताल की ऊँचाई 4500 मीटर है।

27. **बेनीताल**—बेनीताल कर्णप्रयाग तथा सिमली से लगभग 30 किमी दूर स्थित है। समुद्र तल से इसकी ऊँचाई 3000 मीटर है। इसके निकट ही नन्दा देवी का मन्दिर भी स्थित है। यहाँ से आदि बद्री तक का पैदल मार्ग भी स्थित है।

28. **छिपला केदार ताल**—यह ताल जनपद उत्तरकाशी में स्थित है। समुद्र तल से इस ताल की ऊँचाई 5170 मीटर है। यह ताल उत्तराखण्ड के सर्वाधिक ऊँचाई पर स्थित तालों में से एक है। छिपला केदार छोटे-छोटे 12 तालों का समूह है।

29. **सहस्त्रधारा**—सहस्त्रधारा उत्तराखण्ड की राजधानी देहरादून से लगभग 15 किमी दूर स्थित है। यह स्थान पिकनिक तथा धार्मिक दृष्टिकोण से तो लोकप्रिय है ही, स्वास्थ्य के दृष्टिकोण से भी अत्यन्त महत्वपूर्ण माना जाता है। सहस्त्रधारा एक प्रवाहित ताल के रूप में है। यहाँ पर एक-दो छोटे-छोटे झरने भी हैं। एक स्थान पर गन्धक का स्रोत भी है। यहाँ पहुँचने वाले पर्यटक त्वचा सम्बन्धी रोगों को दूर करने हेतु इस जल में आवश्यक रूप से स्नान करते हैं। ताल के निकट ही एक भव्य मन्दिर भी स्थित है। सहस्त्र धारा के आस-पास छोटा सा बाजार स्थापित हो चुका है जहाँ से पर्यटक धार्मिक सामग्री, महिला प्रसाधन सामग्री तथा कुछ काष्ठ शिल्प की वस्तुएं खरीद सकते हैं। यहाँ छोटे-छोटे जलपान गृह तथा भोजनालय भी स्थित हैं। चूँकि यह ताल, ताल के रूप में न होकर एक प्रवाहित नदी के रूप में है तथा जल के मध्य में असंख्य छोटी-बड़ी चट्टानें बिखरी हुई है, अतः इसमें स्नान करते या मनोविनोद करते समय सावधानी का प्रयोग करना अपेक्षित है।

30. **कैम्पटी जल-प्रपात**—कैम्पटी जल-प्रपात टिहरी गढ़वाल जनपद में मसूरी मार्ग पर मसूरी शहर से कुछ किमी की दूरी पर स्थित है। यह जल-प्रपात भारत के प्रमुख जल-प्रपातों में से एक तथा उत्तराखण्ड का सर्वप्रमुख जल-प्रपात है। अतः यह जल-प्रपात विश्व प्रसिद्ध है। यहाँ प्रतिवर्ष सैकड़ों राष्ट्रीय-अन्तर्राष्ट्रीय पर्यटकों का आगमन होता है। मसूरी में आने वाले पर्यटक कैम्पटी जल-प्रपात का आनन्द उठाने से नहीं चूकते।

31. **टिहरी बाँध**—टिहरी बाँध टिहरी गढ़वाल जनपद में स्थित है। विश्व का सर्वाधिक चर्चित यह बाँध एशिया के सबसे ऊंचे बाँध के रूप में निर्मित किया गया है। केन्द्रीय योजना

आयोग द्वारा बहूद्देश्यीय टिहरी बाँध की कल्पना सन् 1969 ई० में की गई तथा सन् 1972 ई० में इस परियोजना को स्वीकृत कर लिया गया। 240 मेगावाट क्षमता के इस बाँध का निर्माण कार्य पूर्ण हो चुका है। इस बाँध के जल से 270 हेक्टेयर भूमि की सिंचाई होगी। इस बाँध की झील में महाशीर एवं हाट मछलियाँ पर्याप्त मात्रा में पायी जाती हैं। यहाँ की झील नौका विहार के लिये श्रेष्ठ है। बाँध क्षेत्र को अतिशीघ्र पर्यटन स्थल के रूप में विकसित किये जाने की योजना है।

उत्तराखण्ड के प्रमुख किले एवं गढ़
(Main Forts and Garh of Uttrakhand)

वैसे तो उत्तराखण्ड राज्य में स्थित किलों की संख्या पर्याप्त है किन्तु इनमें से कुछ किले अत्यधिक महत्व के हैं। ये किले एवं गढ़ उत्तराखण्ड की प्रमुख ऐतिहासिक धरोहरें हैं। साथ ही उत्तराखण्ड में ऐतिहासिक पर्यटन के दृष्टिकोण से आने वाले पर्यटकों के लिये इन किलों एवं गढ़ों का अवलोकन अद्‌भुत भावनायें प्रदान करता है। यहाँ पर यह बात उल्लेखनीय है कि इस राज्य के समस्त किले कुमाऊँ मण्डल में स्थित हैं, जबकि गढ़वाल गढ़ों का क्षेत्र है—

कुमाऊँ के किले (Forts of Kumaun)

1. **खगमरा किला, अल्मोड़ा**—अल्मोड़ा नगर के पूर्वी छोर पर खगमरा किले के अवशेष स्थित हैं। इस किले के निर्माण काल एवं निर्माताओं के सम्बन्ध में कुछ मतभेद पाये जाते हैं। कुछ विद्वानों का मत है कि इस किले का निर्माण चंद वंश के शासक भीष्मचन्द ने 16वीं शताब्दी के उत्तरार्ध में करवाया था। वहीं इतिहासकारों का मत है कि इस किले का निर्माण कत्यूरी राजाओं द्वारा 9वीं शताब्दी में करवाया गया था।
2. **मल्ला महल किला**—यह किला अल्मोड़ा नगर के मध्य में स्थित है। इसका निर्माण चन्द शासक कल्याण चन्द द्वारा सन् 1563वीं में करवाया गया था। कहा जाता है कि कल्याण चन्द ने जब चम्पावत से अपनी राजधानी अल्मोड़ा में स्थानान्तरित की, तब उन्होंने इस किले का निर्माण करवाया। वर्तमान में इस किले में जनपद मुख्यालय के कार्यालय स्थापित कर दिये गये हैं।
3. **लाल मण्डी किला, अल्मोड़ा**—अल्मोड़ा नगर में ही, पल्टन बाजार में छावनी क्षेत्र में लाल मण्डी किला स्थित है। ब्रिटिश शासकों ने गोरखा शासन को पराजित करने के पश्चात, सन् 1816 ई० में इसी किले का नाम तत्कालीन गवर्नर जनरल के नाम पर 'फोर्ट मॉयरा' रखा था। वर्तमान में जन सामान्य इस किले को 'लाल मण्डी किला' कहकर ही सम्बोधित करता है। इस किले पर खड़े होकर अल्मोड़ा नगर के अनेक दर्शनीय स्थलों का अवलोकन किया जा सकता है।
4. **नैथड़ा किला, अल्मोड़ा**—यह किला रामनगर-गनाई सड़क मार्ग पर स्थित है। इस किले से पाँच किमी. खड़ी चढ़ाई तय करने के पश्चात नैथरा देवी का मन्दिर स्थित है।
5. **वाणासुर का किला, चम्पावत**—वाणासुर का किला उत्तराखण्ड के प्रमुख किलों में से एक माना जाता है। चम्पावत में स्थित यह किला स्थानीय प्रस्तरों से निर्मित है। इस किले

की लम्बाई 80 मीटर तथा चौड़ाई 20 मीटर है। इस किले का निर्माण असुर वाणासुर द्वारा करवाया गया था। स्थानीय लोगों द्वारा इस किले को माराकोट कहा जाता है।

6. **राजबुंगा किला, चम्पावत**—यह किला चम्पावत जनपद के लोहाघाट के ग्राम सिरमोही में स्थित है। इसीलिये इस अत्यन्त प्राचीन किले को सिरमोही का किला भी कहा जाता है।

7. **राजा का किला, ऊधमसिंह नगर**—राजा का किला, ऊधमसिंह नगर जनपद के काशीपुर नगर में स्थित है। यह किला चन्द शासकों द्वारा बनवाया गया था। वर्तमान में इस किले की समस्त परिसम्पत्तियों पर चन्द वंश की सन्तान कृष्ण चन्द सिंह अर्थात् 'राजा के.सी. सिंह बाबा' का स्वामित्व है, जो कि वर्तमान में नैनीताल लोकसभा क्षेत्र से सांसद भी हैं। किले के आस-पास पर्याप्त मात्रा में आवासीय निर्माण हो चुका है। इस क्षेत्र में असंख्य मकान, सरकारी कार्यालय, शिक्षण संस्थान तथा व्यावसायिक प्रतिष्ठान स्थापित किये जा चुके हैं। किला कृष्ण चन्द सिंह के आवास के रूप में स्थापित है।

गढ़वाल के गढ़ (Garh of Garhwal)

उत्तराखण्ड का कुमायूँ मण्डल जहाँ अपने यहाँ विद्यमान ऐतिहासिक किलों के दर्शनीय अवशेषों के कारण ऐतिहासिक पर्यटन में रुचि रखने वाले पर्यटकों के आकर्षण का केन्द्र है, वहीं गढ़वाल मण्डल में स्थित 54 गढ़, किलों से अधिक पर्यटकीय महत्व के विषय हैं। ये गढ़ आज भी न केवल गढ़वाल की प्राचीन सुरक्षा व्यवस्था को प्रदर्शित करते हैं, वरन कहीं न कहीं कुमाऊँ सहित वहाँ की आन्तरिक प्रशासनिक सीमाओं का निर्धारण भी करते हैं। इस मण्डल के प्रमुख गढ़ों का परिचयात्मक विवरण प्रस्तुत है—

क्र०सं०	*गढ़ का नाम*	*भौगोलिक क्षेत्र*	*परिचयात्मक टिप्पणी*
1.	अजेमिरगढ़	गंगासलाड़, अजमेर	इस चौहानगढ़ को हुसैन खाँ टुकड़ियों ने लूटा था।
2.	बधाणगढ़	बधाण	ग्वालदम (चमोली) के निकट अल्मोड़ा जनपद की सीमा पर स्थित है।
3.	तल्ला सलाड	तल्ला सलाड़	सूचना अनुपलब्ध
4.	भूवनागढ़	देवलगढ़	बछड़स्यूँ गाड़ के मुख पर वर्तमान भुमरागढ़ होगा, जिसके ध्वंसावशेष विद्यमान हैं।
5.	बागड़ी गढ़	गंगा सलाड़	बागड़ी जाति का गढ़
6.	बागरगढ़	(भण्डार), बांगर	मंदाकिनी नदी के बाईं ओर, लस्तूर तथा डिमार की उपरली घाटी में स्थित नागवंशी राजाओं को कभी खश जाति धिरवाण ने अधीन किया था।
7.	भरदरगढ़	भरदार	अलकनन्दा नदी के बाईं ओर स्थित। तीन ओर से चट्टानों से घिरा है। उत्तर दिशा से प्रवेश का दुर्गम भाग।
8.	बनगढ़	बनगढ़	अलकनन्दा नदी के दाईं ओर स्थित। वर्तमान में पूर्णतः निर्जन क्षेत्र।

जारी...

जारी...

9.	भिलंगढ़	भिल्लंग, सांकरी	जनश्रुति के अनुसार, 24वें राजा सोमपाल का यहाँ शासन था, जिसके अधीन बहुल खश राजा थे, अतः इसकी पट्टी का नाम सोनी भिल्लंग है। पँवार वंश का गढ़।
10.	भरपूरगढ़	नरेन्द्रनगर, भरपूर	गंगा नदी के दाईं ओर स्थित। तैड़ीगढ़ के पश्चिम में ठीक सामने। अन्तिम गढ़पति गोविन्द सिंह सजवाण थे।
11.	चांदपुरगढ़	चांदपुर	भानु प्रताप पाल की राजधानी। पुनः पँवार राजवंश के संस्थापक कनक पाल की राजधानी। स्थिति आदिबद्री, चमोली। वंशावलियों के अनुसार अजयपाल तक यहाँ 37 पंवार नरेशों ने शासन किया।
12.	चौंडागढ़	चाँदपुर	चौंडाल जाति का गढ़।
13.	चौंदकेटगढ़	चौंद कोट	प्राचीरों, खाइयों आदि सहित गढ़ावशेष स्थित। चौंदकोटी जाति का गढ़।
14.	चीलागढ़	चिल्ला	बालगंगा नदी के बाईं ओर स्थित। गढ़ पर राज राजेश्वरी देवी का प्राचीन मंदिर स्थित है।
15.	चम्बागढ़	उदयपुर, मन्यार	सूचना अनुपलब्ध
16.	चोलागढ़	प्रताप नगर,रमोली	मोल्या ग्राम के समीप स्थित, वर्तमान में निर्जन, गढ़पति घांगू रमोला का गढ़।
17.	धन्यागढ़	इडवालस्यूँ	धौन्याल जाति का गढ।
18.	दसोलीगढ़	दशौली	राजा मानवर का गढ़।
19.	देवलगढ़	देवलगढ़	पूर्व नाम जगत वित्वाल के नाम से जगतगढ़। प्राचीर तथा सुरंग के अवशेष विद्यमान हैं। गढ़ पर राजराजेश्वरी देवी का मन्दिर है।
20.	डोझीघ आनगढ़	अनुपलब्ध	सूचना अनुपलब्ध।
21.	ईडियागढ़	खाई, बड़कोट	रतूड़ी के अनुसार, रवायीं का यह गढ़ किसी रूप चन्द नामक ठाकुर द्वारा विनष्ट। परन्तु कटोच के अनुसार, वर्णनक्रमानुसार इसकी स्थिति चाँदपुर में होनी चाहिये।
22.	फल्याणगढ़	बारहस्यूँ, बनेलस्यूँ	गढ़पति शमशेर सिंह 'गढ़ फल्दाकोट' ग्राम के समीप स्थित।
23.	गुजड़ूगढ़	मल्ला सलाड़, गुजड़ू	तलहटी पर स्थित सीली ग्राम से गढ़ तक सोपानयुक्त सुरंग।

जारी...

जारी...

24.	गढ़कोटगढ़	ग्रगा सलाड़, मल्ला ढांगू	बगड़वाल बिष्ट समुदाय का गढ़।
25.	हियणीगढ़	अनुपलब्ध	सूचना अनुपलब्ध।
26.	हिंदाउगढ़	भिल्लंग, हिंदार	चाँजी ग्राम के समीप स्थित कोठे के अवशेष विद्यमान, रावत जाति का गढ़।
27.	इडवालगढ़	बारहस्यूँ, इडवालस्यूँ	सूचना अनुपलब्ध।
28.	जोन्यगढ़	अजमीर पल्ला	सेनापति माधोसिंह भण्डारी ने प्रथम युद्ध में जोन्यागढ़ जीता।
29.	जौनपुरगढ़	जौनपुर	'जौनपुर'।
30.	कोलपुरगढ़	चांदपुर, लोहवा	वर्णनक्रम से यह कौव ग्राम के ऊपर का 'कौनपुरगढ़' ज्ञात होता है।
31.	कोलिगढ़	देवलगढ़, बहड़स्यूँ	बछवाण बिष्ट समुदाय का गढ़।
32.	कोटागढ़	जौनपुर	बिष्ट समुदाय का गढ़।
33.	कण्डारागढ़	नागपुर, तल्ली कालीफाट	दुमागदेश–नरेश मंगलसेन यहाँ का शूर तथा प्रजाप्रिय शासक हुआ, जिसे अजयपाल ने जीत लिया था। कण्डारी जाति का गढ़।
34.	खत्रिगढ़	खाईं	पावर नदी के बाएं तट पर राईगढ़ या रावी गढ़। खत्रि लिपिकार की त्रुटि है।
35.	कटूडगढ़	चिल्ला, थाती–कटूड़	बाल गंगा नदी के सबसे ऊपरले अंचल का गढ़।
36.	कुईलीगढ़	नरेन्द्र नगर कुईली	भागीरथी नदी के दाईं ओर स्थित, कोटग्राम के समीप। वर्तमान में निर्जन। गढ़ में घण्टाकर्ण का मन्दिर स्थित है। सजवाणों का गढ़।
37.	लहुवागढ़	चाँदपुर, लोहबा	रामगंगा नदी के बाईं ओर स्थित। दिलेवर सिंह तथा प्रमोद यहाँ के गणपति रहे।
38.	लोइगढ़	देवलगढ़, बहड़स्यूँ	वर्तमान में ल्वैगढ़।
39.	लोधान्यागढ़	अनुपलब्ध	सूचना अनुपलब्ध।
40.	लंगूरगढ़	गंगा सलाड़, लंगूर	गढ़ में भैरव मन्दिर स्थित होने के कारण भैरव गढ़ नाम से भी प्रचलित।
41.	मुंजणीगढ़	नरेन्द्र नगर, कुजणीं	अन्तिम गढ़पति सुलतान सिंह सजवाण। गंगा नदी के दाईं ओर स्थित।
42.	मँगरागढ़	रवाईं, मँगरसेती	गढ़ के तीन ओर से यमुना का प्रवाह, वर्तमान में रौतेला ठाकुरों का निवास।
43.	नयालगढ़	देवलगढ़, कठूलस्यूँ	कठलीगढ़ के निकट, नयाल जाति का गढ़।
44.	नवासुगढ़	देवलगढ़	सूचना अनुपलब्ध।

जारी...

जारी...

45.	नागपुर गढ़	नागपुर	गढ़ पर नाग देवता का मन्दिर, अन्तिम नागवंशी ठकुरी राजा भजन सिंह थे।
46.	नैलचामीगढ़	भिल्लंग, नैलचामी	स्वाती ग्रामक्षेत्र में स्थित,'संगोला' बिष्टों का गढ़।
47.	पांवगढ़	गंगा सलाड़	गढ़वाल के सात प्रमुख गढ़ों में से एक 'भानदेव' असवाल का गढ़।
48.	पैनखंडागढ़	पैनखंडा	टिहरी गढ़वाल राज्य के अभिलेखाकार के एक हस्तलेख के अनुसार, पैनखंडा क्षेत्र में 42 जुगला गढ़पतियों ने संवत 1327 से 1378 तक शासन किया।
49.	राणिगढ़	चाँदपुर राणिगढ़	खाती जाति का गढ़।
50.	रैका गढ़	प्रतापनगर	भागीरथी नदी के बाईं ओर स्थित। रमोला जाति का गढ़।
51.	साबलीगढ़	मल्ला सलाड़,साबली	सूचना अनुपलब्ध।
52.	सिलगढ़	भरदार, सिलगढ़	मंदाकिनी नदी के दाईं ओर स्थित तथा लस्तूर की निचली घाटी में अवस्थित। गढ़ के अन्तिम गढ़पति सबल सिंह सजवाण थे।
53.	तोपगढ़	चाँदपुर	गढ़पति तुलसिंह, जिसने तोप ढलवाई थी, इसी कारण इस गढ़ का नाम तोपगढ़ पड़ा।
54.	उदयगढ़	उदयपुर	गाथा गीत (पँवाड़ा) के अनुसार, कफ्फु चौहान का गढ़, जिसे महाराजा अजयपाल ने निर्मित किया।

उत्तराखण्ड के प्रमुख शिलालेख

शिलालेख किसी भी देश, राज्य या फिर क्षेत्र के इतिहास और वहाँ की सभ्यता के परिचायक होते हैं। इन शिलालेखों के अध्ययन से किसी भी क्षेत्र का ऐतिहासिक परिचय प्राप्त किया जा सकता है। उत्तराखण्ड में दो प्रमुख शिलालेख स्थित हैं—

1. **कालसी शिलालेख**—राज्य की राजधानी देहरादून से 50 किमी की दूरी पर सम्राट अशोक का शिलालेख स्थित है। चूंकि ये शिलालेख देहरादून के पश्चिमी भाग में, यमुना नदी के किनारे स्थित कालसी नामक स्थान पर प्राप्त हुआ है। अतः इस शिलालेख को 'कालसी शिलालेख' कहा जाता है। इस शिलालेख में पाली भाषा में लेख उत्कीर्ण है। माना जाता है कि यह शिलालेख ईसा से 250 वर्ष पूर्व अंकित किया गया था। सन् 1860 ई० में ब्रिटिश फारेस्ट द्वारा इस शिलालेख की खोज की गई थी। यह शिलालेख सम्राट अशोक के 14 शिलालेखों में से एक है।

2. **लाखामण्डल शिलालेख**—देहरादून से विकासनगर और यमुना पुल कुआँ होते हुए 135 किमी की दूरी तथा देहरादून से चकराता और गौराघाटी होकर 172 किमी की दूरी पर एक धार्मिक और ऐतिहासिक महत्व का स्थल है—'लाखामण्डल'। इसे महाभारत काल से जोड़कर देखा जाता है। लाखा मण्डल में स्थित लाखेश्वर शिव मन्दिर में दो प्राचीन शिलालेख स्थित हैं, जिन्हें लाखामण्डल शिलालेख कहा जाता है। प्रथम शिलालेख दासवंशी राजा छागलेशदास का

माना जाता है। इसमें इस राजा के वंशजों गुहेश, अचल, छागलेशदास, रुद्रेशदास तथा छागलकेतु का उल्लेख है। माना जाता है कि राजवंश ने यमुना की पर्वतीय उपत्यकाओं में सन् 350 ई०-460 ई० तक शासन किया था। द्वितीय शिलालेख संस्कृत भाषा में लिखा गया है। माना जाता है कि यह शिलालेख यदुवंशी राजकुमारी ईश्वरा का है, जिसका विवाह जालन्धर के राजकुमार चन्द्र दत्त के साथ हुआ था। अपने पति की सद्‌गति के लिये राजकुमारी ईश्वरा ने इस शिव मन्दिर का निर्माण कराया। इस शिलालेख से ज्ञात होता है कि यमुना उपत्यका में यादव वंश का राज्य रहा था।

उत्तराखण्ड के प्रमुख शैलचित्र

उत्तराखण्ड के प्रमुख शैलचित्रों का संक्षिप्त विवरण प्रस्तुत है—

1. **लाखु उड्यार**—गढ़वाली तथा कुमायुँनी भाषा में प्राकृतिक गुफा को उड्यार कहा जाता है। अत: लाखु उड्यार का अर्थ है—लाख की गुफायें। अल्मोड़ा जनपद में, पिथौरागढ़ मार्ग पर लगभग 20 किमी दूरी पर सुयाल नदी के दोनों किनारों पर लाखु उड्यार की विस्तृत शृंखला देखी जा सकती है। इन गुफाओं में स्थित शैल चित्रों की कला दर्शनीय है। यहाँ शिलाश्रयों के शिलापटों पर अनेक कलाकृतियों को अंकित किया गया है। लाखु उड्यार के शैल चित्रों में अनेक रंग देखने को मिलते हैं। कुछ श्याम-श्वेत चित्रों को छोड़कर प्राय: सभी चित्रों में सिन्दूरी तथा गहरे लाल रंगों का प्रयोग हुआ है। वर्षा, आंधी और तूफान के कारण चित्र काफी धुंधले हो गये हैं। फिर भी कुछ चित्र अभी भी सुरक्षित हैं। ऐसी कलाकृतियों में दो बकरियाँ, 12 मनुष्य व सात मछलियों के चित्र स्पष्ट दिखाई देते हैं। कुछ शैल चित्र मानव की नृत्य कला को भी प्रकट करते हैं। शिला चित्रों के नर्तक बांहों में बांहे डाले, सिर पर लटकते मुखौटे ओढ़े और लम्बे लबादे पहने हुए दिखाई देते हैं। नर्तकों के साथ-साथ कुछ पशुओं के चित्र भी अंकित किये गये हैं। कहीं-कहीं आलंकारिक आलेखनों का समावेश भी किया गया है। लाखु उड्यार के शैल-शिला चित्रों को देखकर अनायास ही अजन्ता गुफाओं की चित्रकारी स्मरण हो उठती है। यद्यपि अजन्ता के लेप चित्र लाखु उड्यार की तुलना में कई गुना अधिक महत्व के विषय हैं।
2. **कसार देवी**—अल्मोड़ा नगर से छह किमी की दूरी पर कसार देवी मन्दिर स्थित है। इस को माँ दुर्गा का मन्दिर कहा जाता है। इस मन्दिर में चौदह नर्तकों के शैल चित्र अंकित हैं।
3. **ल्बे थाप**—अल्मोड़ा-बागेश्वर सड़क मार्ग पर डीना-पानी से तीन किमी की दूरी पर ल्वेथाप में शिकार करते हुए मानव तथा हाथों में हाथ डालकर नृत्य मुद्रा में आकृतियों का चित्रण किया गया है।
4. **फलसीमा**—अल्मोड़ा नगर से पाँच किमी की दूरी पर अल्मोड़ा-पिथौरागढ़ मार्ग पर स्थित फलसीमा नामक स्थान पर योग मुद्रा में मानव बकरी की आकृतियाँ व नृत्य दृश्यों को शैल पर अंकित किया गया है।
5. **पेटशाल**—अल्मोड़ा-पिथौरागढ़ सड़क मार्ग पर ही पेटशाल गाँव के मध्य स्थित कफ्फ्रकोट नामक स्थान पर कत्थई रंग से नृत्य की मुद्रा में अनेक मानवाकृतियों का निर्माण किया गया है।

6. **ग्वा रख्या उड्यार**—बद्रीनाथ मार्ग पर चमोली नगर से आठ किमी की दूरी पर उत्तर-पश्चिम में अलकनन्दा नदी के दाहिने पार्श्व में छिनका से लगभग 2 किमी की दूरी पर हुँग्री ग्राम में पाषाणकालीन मानव, भेड़, बारहसिंगा तथा लोमड़ी रूपी शैलचित्र अंकित हैं। ये चित्र लाखु उड्यार के चित्रों से अधिक रंग-बिरंगे हैं। शैलचित्रों का स्थान सड़क से लगभग 35 फीट ऊँचाई पर स्थित है।
7. **मलारी**—चमोली जनपद की तिब्बत सीमा से सटे मलारी गाँव में मिले पुरावशेषों ने हिमालय पर मानव जीवन निवास की प्राचीनता को प्रदर्शित किया है। गढ़वाल विश्वविद्यालय के श्रीनगर प्रांगण के पुरातत्व विभाग ने सन् 2002 ई० में मिलारी गाँव में खुदाई में हजारों वर्ष प्राचीन एक मानव कंकाल, मिट्टी के बर्तन, जानवरों के अंग और 5.2 किलोग्राम भार का एक स्वर्ण मुखावरण प्राप्त किया। इनमें से एक मिट्टी का बर्तन दो हजार वर्ष प्राचीन है तथा इसकी शिल्पकला पाकिस्तान की स्वात घाटी की शिल्पकला के समान है।
8. **किमनी**—किमनी शैलाश्रय चमोली जनपद में, पिण्डर घाटी में, कर्णप्रयाग-ग्वालदम मार्ग पर थराली के निकट किमनी गाँव में खोजा गया है। इस शैलाश्रय में हल्के श्वेत रंग के हथियारों के चित्र व पशु आकृतियाँ स्थित हैं।
9. **हुडली**—उत्तरकाशी में स्थित हुडली में नीले रंग के शैलचित्र उकेरे गये हैं।

उत्तराखण्ड के प्रमुख शिक्षण एवं शोध संस्थान

(Main Educational and Research Institute of Uttrakhand)

उत्तराखण्ड राज्य सम्बन्धी समग्र उल्लेख में प्रायः जिस क्षेत्र की उपेक्षा कर दी जाती है, वह है शिक्षा। शैक्षिक क्षेत्र में इस राज्य को प्रायः पिछड़ा हुआ मान लिया जाता है तथा इसका उल्लेख करने से बचने की प्रवृत्ति अपनायी जाती है। परन्तु वास्तविकता यह है कि उत्तराखण्ड में शिक्षा का क्षेत्र कभी भी पिछड़ा हुआ नहीं रहा। माध्यमिक स्तर के शिक्षा संस्थान भारत में अपनी श्रेष्ठता तो सिद्ध कर ही चुके हैं। नैनीताल, देहरादून एवं मसूरी स्थित कॉन्वेन्ट स्कूल तथा सैकड़ों पब्लिक स्कूल, उत्तराखण्ड के वे विद्यालय हैं, जिनके शिक्षा के स्तर ने अपनी श्रेष्ठता को समय-समय पर सिद्ध किया है तथा देश-विदेश के छात्रों को शिक्षा ग्रहण करने के लिए आकर्षित किया है। कोई कमी थी, तो वह भी उच्च शिक्षा में। उच्च शिक्षा के क्षेत्र में उत्तराखण्ड में केवल नैनीताल स्थित देव सिंह बिष्ट कॉलेज ही राज्य का प्रमुख महाविद्यालय था, जो कभी उत्तर भारत में उच्च शिक्षा का प्रमुख केन्द्र माना जाता था। किन्तु राज्य गठन के पश्चात उत्तराखण्ड में उच्च शिक्षा का तीव्र विकास हुआ है तथा सन् 2001 ई० के पश्चात से राज्य में अनेक विश्वविद्यालयों तथा आधारभूत, तकनीकी, व्यावसायिक एवं चिकित्सा शिक्षा प्रदान करने वाले निजी एवं सार्वजनिक क्षेत्र के उच्च शिक्षण संस्थानों की स्थापना की गई है। इससे राज्य में शिक्षा का स्तर और भी उन्नत हुआ है तथा उत्तराखण्ड में शैक्षिक पर्यटन के विकास की सम्भावनायें जाग्रत हुई हैं। राज्य के अनेक शिक्षा संस्थानों द्वारा समय-समय पर राष्ट्रीय संगोष्ठियों, कार्यशालाओं, रिफ्रेशर कोर्सेज तथा ओरियेन्टेशन कोर्सेज आयोजित किये जा रहे हैं। इससे उत्तराखण्ड में घरेलू शैक्षिक पर्यटन का विकास हुआ है। यह अपेक्षा की जा सकती है कि आने वाले समय में उत्तराखण्ड राज्य में अन्तर्राष्ट्रीय शैक्षिक पर्यटन का भी विकास होगा। यहाँ पर शैक्षिक पर्यटन के महत्व को दृष्टिगत रखते हुए उत्तराखण्ड के प्रमुख विद्यालयों,

विश्वविद्यालयों, आधारभूत, व्यावसायिक, तकनीकी एवं चिकित्सा शिक्षण एवं शोध संस्थानों की सूची प्रस्तुत की जा रही है—

उत्तराखण्ड के प्रमुख शिक्षण एवं शोध संस्थान

क्रमांक	*शिक्षा एवं शोध संस्थान का नाम*	*स्थान*
1.	कुमाऊँ विश्वविद्यालय	नैनीताल
2.	हेमवती नन्दन बहुगुणा गढ़वाल विश्वविद्यालय	श्रीनगर (पौड़ी गढ़वाल)
3.	भारतीय प्रौद्योगिकी संस्थान	रुड़की
4.	गोविन्द बल्लभ पन्त कृषि एवं प्रौद्योगिकी विश्वविद्यालय	पन्तनगर
5.	गुरुकुल कांगड़ी विश्वविद्यालय	हरिद्वार
6.	वन अनुसन्धान संस्थान	देहरादून
7.	देव संस्कृति विश्वविद्यालय, शान्तिकुंज	हरिद्वार
8.	पेट्रोलियम एवं ऊर्जा अध्ययन विश्वविद्यालय	देहरादून
9.	हिमगिरी नभ विश्वविद्यालय	देहरादून
10.	इक्फाई विश्वविद्यालय	देहरादून
11.	उत्तराखण्ड संस्कृत अकादमी	हरिद्वार
12.	दून विश्वविद्यालय (निर्माणाधीन)	देहरादून
13.	इन्टरनेशनल स्कूल ऑफ इकोनॉमिक्स (स्थापनाधीन)	देहरादून
14.	राजकीय विधि महाविद्यालय	गोपेश्वर
15.	सुशीला तिवारी मेडिकल कॉलेज	हल्द्वानी
16.	नारायण स्वामी डेन्टल कॉलेज एंड रिसर्च इंस्टीट्यूट	देहरादून
17.	आम्रपाली इन्स्टीट्यूट ऑफ मैनेजमेन्ट एंड टेक्नोलॉजी	हल्द्वानी
18.	श्रीराम इंस्टीट्यूट ऑफ मैनेजमेन्ट एंड टेक्नोलॉजी	काशीपुर
19.	नेशनल इंस्टीट्यूट ऑफ फैशन टेक्नोलॉजी	देहरादून
20.	राजकीय महाविद्यालय—65, प्राइवेट महाविद्यालय—16	सम्पूर्ण राज्य में अवस्थित
21.	नेहरू पर्वतारोहण संस्थान	उत्तरकाशी
22.	महादेवी संस्थान, रामगढ़	नैनीताल
23.	भारतीय पेट्रोलियम संस्थान	देहरादून

उत्तराखण्ड की धार्मिक-सांस्कृतिक धरोहरें

(Religious-Cultural Heritages of Uttrakhand)

धार्मिक और सांस्कृतिक धरोहरों की उपलब्धता के दृष्टिकोण से उत्तराखण्ड भारत के सर्वाधिक समृद्ध राज्यों में से एक है। भारत की महत्वपूर्ण धार्मिक-सांस्कृतिक धरोहरों में स्थान रखने वाली अनेक इमारतें उत्तराखण्ड में विद्यमान हैं। उदाहरण के लिये भारत के चार धामों में से एक

बद्रीनाथ (चमोली), भारत के दो प्रमुख सूर्य मन्दिरों में से एक—कटारमल सूर्य मन्दिर (अल्मोड़ा), भारत में शिव के 12 ज्योतिर्लिंग में से दो केदारनाथ एवं जागेश्वर धाम, भारत की काली माँ की दो प्रमुख शक्ति पीढ़ी में से एक—महाकालिका मन्दिर (गंगोलीहाट), भारत की प्राचीनतम प्राकृतिक गुफाओं में से एक—पाताल भुवनेश्वर (पिथौरागढ़), भारत के प्रमुख गुरुद्वारों में एक तथा उत्तर भारत के ननकाना साहब के नाम से प्रसिद्ध गुरुद्वारा—नानकमत्ता (ऊधमसिंह नगर) तथा इस्लाम धर्म के प्रमुख दरगाहों में से एक—पिरान कलियर शरीफ (रुड़की), उत्तराखण्ड में ही स्थित हैं। इसके अतिरिक्त उत्तराखण्ड भारत का एकमात्र ऐसा राज्य है, जहाँ द्वितीय चार धाम स्थित हैं—गंगोत्री, यमुनोत्री, केदारनाथ एवं बद्रीनाथ। पंच बद्री, पंच केदार तथा पंच प्रयाग भी उत्तराखण्ड में ही स्थित हैं। इसके अतिरिक्त विश्व के धार्मिक पर्यटन मानचित्र पर अंकित भारत का मुख्य तीर्थ हरिद्वार भी उत्तराखण्ड का ही गौरव है। इसी तथ्य को दृष्टिगत रखते हुए, इस राज्य की प्रमुख धार्मिक-सांस्कृतिक धरोहरों का परिचय सामने लाना आवश्यक हो जाता है। इसका प्रारम्भ उत्तराखण्ड के चार धामों से किया जा रहा है—

1. उत्तराखण्ड के चार धाम

प्राचीन हिन्दू धर्म ग्रन्थों में चार धाम की यात्रा को मानव जीवन के सर्वश्रेष्ठ कर्म के रूप में वर्णित किया गया है। इन धर्मग्रन्थों में इस यात्रा का शास्त्रीय विधान भी वर्णित है। चार धाम यात्रा के पौराणिक महत्व को देखते हुए ही सम्पूर्ण विश्व से हिन्दू धर्म के लाखों धार्मिक पर्यटक उत्तराखण्ड में चार धाम की यात्रा पर आते हैं। चार धाम की यात्रा का प्रारम्भ हरिद्वार तथा ऋषिकेश, किसी भी स्थान से किया जा सकता है। देश के किसी भी राज्य से सड़क, रेल एवं वायु परिवहन द्वारा इन दोनों स्थानों पर सुगमतापूर्वक पहुँचा जा सकता है। हरिद्वार में बस तथा रेलवे स्टेशन, ऋषिकेश में बस स्टेशन तथा इन दोनों के निकटवर्ती स्थान जौलीग्रान्ट में विमानपत्तन स्थित है। गढ़वाल मण्डल विकास निगम भी चार धाम के यात्रा काल में यात्रा आयोजित करता है। यह यात्रा पैकेज टूर के रूप में होती है तथा अत्यन्त सुविधाजनक और विश्वसनीय है। कुल मिलाकर उत्तराखण्ड की चार धाम यात्रा का निर्णय लेते ही यात्रा काल में आप इसे क्रियान्वित कर सकते हैं। हिन्दू धर्म की परम्परा के अनुसार चार धाम की यात्रा पश्चिम दिशा से पूर्व दिशा की ओर सम्पन्न की जाती है। अतः विधि सम्मत दृष्टिकोण से चार धाम की यात्रा यमुनोत्री धाम से प्रारम्भ होती है—

(i) **यमुनोत्री धाम**—सूर्य पुत्री यमुना का जन्म हिमालय में हुआ है। यमुनोत्री तक पहुँचने के वैसे तो तीन मार्ग हैं, किन्तु सर्वश्रेष्ठ मार्ग है—हरिद्वार से ऋषिकेश होते हुए धरासू बैंड, बड़कोट, सयानाचट्टी, हनुमान चट्टी तथा फूलचट्टी। फूलचट्टी से 13.5 किमी की यात्रा तय करके यमुनोत्री धाम पहुँचा जाता है। हरिद्वार से यमुनोत्री की कुल दूरी 250 किमी है। यमुनोत्री मन्दिर समुद्र तल से 3165 मीटर की ऊँचाई पर स्थित है। मन्दिर के अन्दर प्रतिष्ठित काले संगमरमर की यमुना जी की प्रतिमा अत्यन्त आकर्षक है। चूँकि गंगा और यमुना को बहनें माना जाता है, इसीलिये इस मन्दिर में गंगा जी की प्रतिमा भी स्थापित है। यमुनोत्री मन्दिर का निर्माण सन् 1919 में तत्कालीन टिहरी नरेश महाराजा प्रताप शाह ने कराया था। यमुनोत्री मन्दिर के कपाट वैशाख शुक्लपक्ष की तृतीया को खुलते हैं तथा कार्तिक माह में दीपावली के पश्चात द्वितीया के दिन बन्द होते हैं। खरसाली ग्राम के पण्डे 6 माह यमुनोत्री की पूजा अपने ग्राम में ही

करते हैं। यमुना की पूजा यमुना मन्दिर में की जाती है। मन्दिर की निकटवर्ती चट्टान के अन्दर दो कुण्ड हैं। सूर्य कुण्ड और गौरी कुण्ड। सूर्य कुण्ड के जल का तापमान 100 डिग्री सेंटीग्रेड फारेनहाइड रहता है। श्रद्धालु इस कुण्ड में आलू, चावल पकाकर प्रसाद के रूप में ग्रहण करते हैं। गौरी कुण्ड के जल का तापमान कम रहता है। श्रद्धालु इसमें स्नान करते हैं। सूर्य कुण्ड के निकट ही दिव्य शिला स्थित है। गौरी कुण्ड में स्नान के बाद दिव्यशिला की पूजा की जाती है। तत्पश्चात यमुना नदी की पूजा की जाती है।

यमुना नदी का उद्गम स्थल यमुनोत्री ग्लेशियर यमुनोत्री मन्दिर से मात्र 1000 मीटर की ऊँचाई पर स्थित है। किन्तु यह मार्ग अत्यन्त दुर्गम होने के कारण केवल युवा और साहसी पर्यटक ही यमुनोत्री ग्लेशियर के निकट पहुँच सकते हैं। यमुनोत्री धाम तथा उसके निकट स्थित नैसर्गिक शान्त वातावरण श्रद्धालुओं को मन्त्र मुग्ध कर देता है। शीत ऋतु में यहाँ बर्फ जमी रहती है तथा तापमान शून्य डिग्री सेंटीग्रेड फारेनहाइड रहता है।

(ii) **गंगोत्री धाम**—गंगोत्री धाम भी हरिद्वार से लगभग 250 किमी की दूरी पर स्थित है। यात्रा मार्ग है—हरिद्वार से ऋषिकेश, टिहरी, उत्तरकाशी होते हुए गंगोत्री धाम पहुंचा जा सकता है। गंगोत्री धाम समुद्र तल से 3048 मीटर की ऊँचाई पर, गंगा के दक्षिणी तट पर स्थित है। किंवदन्ती है कि इस मन्दिर का निर्माण शंकराचार्य ने करवाया था। किन्तु स्थानीय मान्यताओं के अनुसार यहाँ पर पूर्व काल से ही गंगा का मंडोला पाषाण मन्दिर स्थित था। जिसे शंकराचार्य ने सुन्दर रूप प्रदान किया। वर्तमान मन्दिर कत्यूरी शैली में निर्मित है। इस मन्दिर में आदि शंकराचार्य द्वारा प्रतिष्ठित गंगा जी की प्राचीन प्रतिमा है। साथ ही राजा भगीरथ, यमुना, सरस्वती और शंकराचार्य की प्रतिमायें भी प्रतिष्ठित हैं। गंगा जी की प्रतिमा स्वर्ण रचित है। निकट ही भैरवनाथ मन्दिर स्थित है। गंगा के तट पर विशाल भगीरथ शिला स्थित है। मान्यता है कि इसी शिला पर बैठकर राजा भगीरथ ने तपस्या की थी। इस स्थल को इसीलिये भागीरथी के नाम से जाना जाता है। इस स्थान पर पिंडदान आदि कार्य किये जाते हैं।

गंगोत्री में सूर्य कुण्ड, विष्णु कुण्ड और ब्रह्म कुण्ड आदि तीर्थ भी स्थित हैं। गंगोत्री से लगभग दो किमी नीचे गौरी कुण्ड है। यहाँ आने के लिये गंगा नदी के पुल को पार करना पड़ता है। इस कुण्ड से होती हुई केदारगंगा भागीरथी नदी से मिलती है। गंगोत्री से तीन किमी दूर स्थित 'पातंगनी' स्थान भी श्रद्धा का केन्द्र है। ऐसी मान्यता है कि इस स्थल पर पाण्डवों ने 12 वर्षों तक तपस्या की थी। गंगा का मूल उद्गम स्थल गोमुख ग्लेशियर गंगोत्री से 20 किमी ऊपर है। यात्रा पथ पैदल तथा ऊबड़-खाबड़ है। साहसी श्रद्धालु इस ग्लेशियर की यात्रा अवश्य करते हैं। गंगोत्री से 18 किमी दूर केदारताल स्थित है। गंगोत्री मन्दिर माह मई से अक्टूबर तक खुला रहता है। शेष समय यहाँ पर बर्फ जमी रहती है। मन्दिर के कपाट अक्षय तृतीया के दिन खुलते हैं और दीपावली के पश्चात गोवर्धन पूजा के दिन अन्तिम पूजा करके बन्द कर दिये जाते हैं। मन्दिर के पुजारी सेमवाल ब्राह्मण हैं, जो कि मुखना और धराली गाँवों के निवासी हैं।

(iii) **केदारनाथ धाम**—चमोली जनपद में नागरपुर परगना के पट्टी मल्ला कालीकाट में केदारनाथ तीर्थ सर्वोच्च स्थान पर है। इसकी समुद्र तल से ऊँचाई 3583 मीटर है। केदारनाथ पहुँचने के लिये मुख्य यात्रा केन्द्र टिहरी है। हरिद्वार से या गंगोत्री से टिहरी पहुँचने के पश्चात यात्रा मार्ग के दो विकल्प सामने आते हैं—टिहरी से गडोलिया, घनसाली, चिरबिटिया, तलवाड़ी, रुद्रप्रयाग, अगस्तमुनि, कुण्ड, गुप्तकाशी, सोनप्रयाग, गौरी कुण्ड होते हुए केदारनाथ पहुँचा जाता

है। दूसरा मार्ग है—टिहरी से गडोलिया, कांडीखाल, मलेथा होते हुए रुद्रप्रयाग। रुद्रप्रयाग से केदारनाथ तक का मार्ग उपरोक्त वर्णित है। विश्व प्रसिद्ध केदारनाथ धाम शिव जी के बारह ज्योतिर्लिंगों में से एक है। केदारनाथ मन्दिर गौरी कुण्ड से 14 किमी के पैदल मार्ग के पश्चात स्थित है। यह उत्तराखण्ड का सबसे विशाल मन्दिर है, जो कटवां पत्थरों के विशाल शिलाखण्डों को जोड़कर बनाया गया है। ये शिलाखण्ड भूरे रंग के हैं। मन्दिर लगभग छह फीट ऊँचे चबूतरे पर स्थित है। इसका गर्भगृह अपेक्षाकृत प्राचीन है। मन्दिर के गर्भगृह में अर्घा के पास चारों कोनों पर चार सुदृढ़ पाषाण स्तम्भ हैं, जहाँ से होकर प्रदक्षिणा होती है। अर्घा, जो चौकोर है, अन्दर से पोली है। सभा मण्डप विशाल एवं भव्य है। इसकी छत चार विशाल पाषाण स्तम्भों पर आधारित है। गवाक्षों में आठ पुरुष प्रमाण मूर्तियाँ हैं, जो अत्यन्त कलात्मक हैं। कुछ लोग इस मन्दिर को पाण्डवकालीन मानते हैं किन्तु राहुल सांकृत्यायन ने इस मन्दिर को 10वीं से 12वीं शताब्दी के मध्य का माना है।

मन्दिर के बाहर प्रस्तर निर्मित एक विशाल नन्दी प्रतिमा स्थित है। एक नन्दी मन्दिर के सभा भवन में भी स्थित है। लगभग 66 फीट ऊँचे एवं कत्यूरी शैली में निर्मित इस मन्दिर में कोई देव प्रतिमा स्थित नहीं है, अपितु स्वयं निर्मित एक त्रिकोण प्रस्तर प्रतिमा है। इसी की पूजा का विधान है। यों तो मन्दिर में शिव की शृंगार प्रतिमा स्थित है, जो पंचमुखी है। इस मन्दिर में उमा, अनिरुद्ध, पंच पाण्डव, श्रीकृष्ण तथा शिव-पार्वती की सौम्य प्रतिमायें स्थित हैं। मन्दिर की दीवारों पर देवताओं तथा पौराणिक गाथाओं का सजीव अंकन है। यही केदारनाथ मन्दिर का स्वरूप है। मन्दिर के बाहर अमृत कुण्ड, ईशान कुण्ड, हंस कुण्ड, रेतस कुण्ड, भृगुपंथ, क्षीर गंगा, वासुकीताल, गाँधी ताल और भैरव शिला स्थित हैं। केदारनाथ मन्दिर के पीछे ही शंकराचार्य जी का छोटा सा मन्दिर स्थित है। केदारनाथ में प्रवेश करते ही मन्दाकिनी, सरस्वती, क्षीर गंगा, स्वर्ग द्वारी और महादधि, इन पाँच नदियों का संगम है। केदारनाथ मन्दिर के आस-पास, 20 किमी तक के क्षेत्र में शिव जी के चार अन्य रूप स्थित हैं। सभी मन्दिरों की व्यवस्था बद्रीनाथ-केदारनाथ प्रबन्ध समिति के अधीन है। इस समिति का एक उपसचिव केदारनाथ में रहता है। केदारनाथ की पूजा, रावल का प्रधान शिष्य करता है।

(iv) **बद्रीनाथ धाम**—बद्रीनाथ धाम के तीन मार्ग हैं। मुख्य मार्ग-केदारनाथ से लौटकर गुप्तकाशी, कुण्ड, ऊखीमठ, चोपता, मण्डल, गोपेश्वर होकर चमोली तक। चमोली से मुख्य हरिद्वार-ऋषिकेश-बद्रीनाथ मार्ग मिल जाता है। चमोली से पीपलकोटी, हेलंग, जोशीमठ, विष्णुप्रयाग, गोविन्दघाट होते हुए बद्रीनाथ धाम तक पहुँचा जाता है। कुमायूँ मण्डल के काठगोदाम नगर से भी रानीखेत, गैरसैंण, आदिबद्री, कर्णप्रयाग, चमोली होते हुए भी बद्रीनाथ धाम पहुँचा जा सकता है। प्राचीन मान्यता है कि नारायण ऋषि ने बद्रीनाथ में ब्रह्मत्व बोध प्राप्त किया था। परब्रह्म की प्रतीक प्रतिमा भगवान बद्रीनाथ की है। परब्रह्म की माया की प्रतिमूर्ति, जिससे कि समस्त ब्रह्माण्ड की उत्पत्ति हुई है, वह माता मूर्ति है। माता मूर्ति बद्रीनाथ मन्दिर से थोड़ा आगे चलकर है। मूलतः—बद्रीनाथ शिवजी का क्षेत्र था, जो कालान्तर में भगवान विष्णु का क्षेत्र हो गया। यही कारण है कि यहाँ तप्त कुण्ड के निकट शिव जी की प्राचीन प्रतिमा अपने उसी रूप में आज भी स्थित है।

बद्रीनाथ मन्दिर अत्यन्त भव्य एवं 15 मीटर ऊँचा है। आदि गुरु शंकराचार्य द्वारा निर्मित यह मन्दिर बर्फीले तूफानों के कारण कई बार क्षतिग्रस्त हुआ, किन्तु पुननिर्मित होता रहा। सजीव सिंहद्वार इस प्राचीन मन्दिर को एक नई छवि प्रदान करता है। मन्दिर तीन भागों में विभक्त

है—गर्भ गृह, दर्शन मण्डप और सभा मण्डप। मन्दिर परिसर में 15 प्रतिमायें स्थित हैं। इनमें मुख्य प्रतिमा भगवान विष्णु की काले पत्थर से निर्मित एक मीटर ऊँची प्रतिमा है। यह प्रतिमा ध्यान मग्न मुद्रा में है। यही भगवान बद्रीनाथ की प्रतिमा है। इसके अतिरिक्त शेष प्रतिमाओं में से चार प्रतिमायें प्रमुख हैं। ये चार प्रतिमायें भगवान बद्रीनाथ की मुख्य प्रतिमा के साथ मिलकर बद्री पंचायतन कहलाती है। बद्रीनाथ धाम के निकट ही अन्य अनेक तीर्थ स्थित हैं। इनमें मुख्य तीर्थ हैं—शंकराचार्य मन्दिर, तप्त कुण्ड, नारद कुण्ड, पंच शिलायें, ब्रह्मकपाल, माता मूर्ति, शेष नेत्र, चरण पादुका तीर्थ, केशव प्रयाग, गुहाएं, वसुधारा, अलकापुरी, सतोपंथ तथा माणा गाँव आदि।

2. उत्तराखण्ड के पंचकेदार

केदारनाथ तीर्थ के विश्लेषण से स्पष्ट हुआ कि इस क्षेत्र में पंचकेदार स्थित हैं। ये पंचकेदार निम्नलिखित हैं—

(i) **केदारनाथ**—चमोली जनपद में समुद्र तल से 3583 मीटर की ऊँचाई पर भगवान शिव का प्रमुख मन्दिर तथा पंचकेदार शृंखला का प्रथम मन्दिर केदारनाथ स्थित है। यह देश के 12 ज्योतिर्लिंगों में से एक है। यह मन्दिर ग्रेनाइट पत्थरों से निर्मित है।

(ii) **मद्महेश्वर**—मद्महेश्वर मन्दिर का मार्ग ऊखीमठ से भी है तथा केदारनाथ के मार्ग में पड़ने वाले स्थान गुप्तकाशी से भी। मद्महेश्वर के निकटवर्ती विहंगम वन में हिरण तथा हिमालय के सबसे सुन्दर पक्षी तथा 'उत्तराखंड के' राज्यपक्षी 'मोनाल' देखने को मिल जाते हैं। मद्महेश्वर की समुद्र तल से ऊँचाई 3289 मीटर है। यहाँ मद्महेश्वर का एकाकी मन्दिर खड़ा है। मन्दिर के बाहर हर-गौरी तथा पार्वती की दुर्लभ प्रतिमायें स्थित हैं। शीतकाल में मद्महेश्वर के पट बन्द हो जाने के पश्चात मद्महेश्वर की प्रतिमा को ऊखीमठ लाया जाता है। यहीं पर केदारनाथ जी की प्रतिमा भी रखी रहती है। इस अवधि में इन दोनों प्रतिमाओं की पूजा ऊखीमठ में एक साथ होती है। मद्महेश्वर क्षेत्र में वर्षा ऋतु में राज्य पुष्प 'ब्रह्म कमल' पर्याप्त मात्रा में खिलता है।

(iii) **तुंगनाथ**—तुंगनाथ का मार्ग है—मद्महेश्वर से ऊखीमठ होते हुए चोपता। चोपता के बाईं ओर 3.5 किमी की चढ़ाई के पश्चात तुंगनाथ आता है। तुंगनाथ को विश्व में सर्वाधिक ऊँचाई (समुद्र तल से 3750 मीटर) पर स्थित शिव मन्दिर होने का गौरव प्राप्त है। तुंगनाथ मन्दिर जिस शिखर पर स्थित है, उसे चन्द्रशिला कहा जाता है। मन्दिर तराशे हुए पत्थरों से निर्मित है, जिसकी ऊँचाई लगभग 36 फीट है। मन्दिर की रचना सामान्य है, किन्तु मन्दिर के अन्दर श्याम वर्ण का एक फीट का पिण्डाकार शिवलिंग दिव्य लगता है। शिवलिंग के साथ ही सोने-चाँदी की पाँच उत्सव प्रतिमायें स्थित हैं। मुख्य रूप से मन्दिर के अन्दर पंच प्रतिमायें तथा गणेश और शिव-पार्वती की प्रतिमायें स्थित हैं। मन्दिर के पीछे खड़ी पर्वत शृंखला को रावण शिला कहा जाता है। सर्दी के दिनों में मन्दिर के कपाट बन्द करके मुख्य उत्सव प्रतिमा चोपता से 11 किमी नीचे मक्कूमठ में लायी जाती है। इन दिनों में इस प्रतिमा की पूजा मक्कूमठ में ही होती है।

(iv) **रुद्रनाथ**—चमोली जनपद के मुख्यालय गोपेश्वर से 10 किमी पूर्व स्थित मण्डल नामक स्थान से 32 किमी की दूरी पर रुद्रनाथ मन्दिर स्थित है। यह मन्दिर 2286 मीटर की ऊँचाई पर स्थित है। इस मन्दिर को ईसा से 600 वर्ष पूर्व का माना जाता है। इस साधारण

दिखने वाले गुफा मन्दिर में वैसे तो भगवान विष्णु शेषनागासीन हैं तथा शिव परिवार की सुन्दर एवं दुर्लभ प्रतिमाएं स्थित हैं, किन्तु मुख्य प्रतिमा एकानन शिव की है। यहाँ शिवजी का स्वयंभू मुखलिंग स्थित है। यह भारत का एकमात्र ऐसा तीर्थ है, जहाँ शिव के एकानन रूप की पूजा की जाती है। वास्तव में यह शिव की रौद्ररूप प्रतिमा है। किंवदन्ती है कि पाण्डवों ने यहाँ अपने पितरों की मुक्ति के लिए पूजा की थी। इस मन्दिर के कपाट ज्येष्ठ संक्रान्ति के दिन खुलते हैं तथा कार्तिक पूर्णिमा के पश्चात बन्द कर दिये जाते हैं। इस अवधि में रुद्रनाथ की पूजा गोपेश्वर में की जाती है। इस मन्दिर के दक्षिणी छोर पर सूरज कुण्ड तथा पश्चिमी छोर पर सरस्वती कुण्ड स्थित हैं, जिसमें ब्रह्म कमल खिलते हैं।

(v) **कल्पेश्वर**—पुराणों के अनुसार इस स्थान पर इन्द्र ने दुर्वासा ऋषि के श्राप से मुक्ति पाने हेतु शिव की स्तुति की थी। तब उन्हें कल्पतरु प्राप्त हुआ। परिणामतः वह पुनः श्रीयुक्त हुए। तभी से इस स्थान पर शिव 'कल्पेश्वर' नाम से प्रसिद्ध हुए। यह तीर्थ हेलंग के निकट स्थित है। इसकी समुद्र तल से ऊँचाई 2134 मीटर है। यह मन्दिर 5-6 फीट की एक छोटी सी गुफा में स्थित है। यह गुफा एक खड़ी चट्टान पर स्थित है। गुफा के पीछे एक कुण्ड स्थित है। इसी कुण्ड के जल से भगवान कल्पेश्वर का अभिषेक किया जाता है। यहाँ पर शिव की जटाओं की पूजा की जाती है।

3. उत्तराखण्ड के पंचबद्री

भारत के चार धामों में से एक बद्रीनाथ मन्दिर के अतिरिक्त 4 अन्य बद्री मन्दिर भी उत्तराखण्ड में स्थित हैं। इन्हीं को पंचबद्री कहा जाता है। पंचबद्री निम्नांकित हैं—

(i) **बद्रीनाथ**—श्री बद्रीनाथ मन्दिर अलकनन्दा नदी के तट पर तप्त कुण्ड के समीप स्थित है। यह मन्दिर 10300 फीट की ऊँचाई पर स्थित है। स्कन्द पुराण के अनुसार आदि शंकराचार्य ने यहाँ भगवान विष्णु की प्रतिमा स्थापित की थी।

(ii) **आदि बद्री या ध्यान बद्री**—इस मन्दिर में तीन फीट ऊँची भगवान विष्णु की चतुर्भुजी प्रतिमा स्थित है। यह प्रतिमा काले पत्थर से निर्मित है। यह मन्दिर कर्णप्रयाग से 19 किमी की दूरी पर रानीखेत मार्ग पर स्थित है। यहाँ छोटे-छोटे अन्य मन्दिर समूह भी स्थित हैं, जो कि धार्मिक दृष्टिकोण से अत्यन्त महत्वपूर्ण हैं। यह मन्दिर समुद्र तल से 300 मीटर की ऊँचाई पर स्थित है।

(iii) **वृद्ध बद्री**—यह मन्दिर पंचबद्री में प्राचीनतम मन्दिर माना जाता है। यह जोशीमठ से 17 किमी दूर, पीपलकोटी मार्ग पर अणिमठ नामक स्थान पर अवस्थित है। यहाँ भी लक्ष्मीनारायण की प्राचीन प्रतिमा स्थित है।

(iv) **योगध्यान बद्री**—इस मन्दिर में योग मुद्रा में भगवान विष्णु की प्रतिमा प्रतिष्ठित है। शीतकाल में भगवान बद्रीनाथ की पूजा इसी मन्दिर में की जाती है। यह मन्दिर जोशीमठ से 20 किमी दूर, बद्रीनाथ मार्ग पर पाण्डुकेश्वर में स्थित है। यहाँ पर पांडुशिला भी स्थित है, जहाँ राजा पाण्डु को मोक्ष की प्राप्ति हुई थी।

(v) **भविष्य बद्री**—यह मन्दिर जोशीमठ से 18 किमी की दूरी पर जोशीमठ-मलारी मार्ग पर 8000 फीट की ऊँचाई पर स्थित है। यहाँ पर भगवान बद्रीनाथ की आधी आकृति की पूजा की जाती है। यह मन्दिर धौली गंगा नदी के तट पर स्थित है तथा भगवान विष्णु के 24 अवतारों में से एक नृसिंह अवतार के लिये प्रसिद्ध है।

4. पंच प्रयाग

जिन स्थानों पर दो या दो से अधिक नदियों का संगम होता है, वे स्थान प्रयाग कहलाते हैं। वैसे तो पूरे देश में अनेक नगर प्रयाग के रूप में विख्यात हैं। किन्तु उत्तराखण्ड ऐसा राज्य है, जहाँ एक-दो नहीं, 12 प्रयाग स्थित हैं। ये प्रयाग हैं—

(i) केशव प्रयाग (अलकनन्दा—सरस्वती नदियों का संगम)

(ii) विष्णुप्रयाग, नन्दप्रयाग, कर्णप्रयाग, रुद्रप्रयाग, देवप्रयाग तथा सोनप्रयाग (विष्णु गंगा, मन्दाकिनी, पिण्डर, नन्दाकिनी, भागीरथी तथा सोनगंगा नदियों के संगम स्थल)

(iii) सूर्यप्रयाग (मन्दाकिनी—अल सतरंगिनी नदियों का संगम)

(iv) ठुंडी प्रयाग (अलकनन्दा—ढोंडकी नदियों का संगम)

(v) शिवप्रयाग (अलकनन्दा—खाण्डव गंगा नदियों का संगम)

(vi) जगदीश प्रयाग (अलकनन्दा—पह्वती नदियों का संगम)

(vii) कूल प्रयाग (अलकनन्दा—हर्षवती नदियों का संगम)

परन्तु उपरोक्त 12 प्रयागों में से मन्दाकिनी-सोनगंगा नदियों के संगम स्थलों में से पाँच संगम स्थल देवप्रयाग, रुद्रप्रयाग, कर्णप्रयाग, नन्दप्रयाग तथा विष्णु प्रयाग पंचप्रयाग के नाम से प्रसिद्ध हैं। इन पंचप्रयागों का संक्षिप्त परिचय प्रस्तुत है—

(अ) **विष्णुप्रयाग**—पंच प्रयागों में से प्रथम विष्णु प्रयाग समुद्र तल से लगभग 1800 मीटर की ऊँचाई पर स्थित है। विष्णु प्रयाग में अलकनन्दा की भेंट विष्णु गंगा से होती है। विष्णु गंगा के उद्‌गम स्थल पर निर्मित प्राकृतिक ताल 'देवीताल' अत्यन्त ही मनोरम है। विष्णु प्रयाग एक निर्जन सा स्थान है। इसके चारों ओर ऊँची पर्वत चोटियाँ विद्यमान हैं। संगम घाट तक पहुँचने के लिये सीढ़ियाँ बनायी गयी हैं। यहाँ एक छोटा सा मन्दिर भी स्थित है। विष्णु प्रयाग में 10 कुण्ड भी स्थित हैं जिनमें स्नान करना पवित्र माना जाता है।

(ब) **नन्दप्रयाग**—नन्दप्रयाग समुद्र तल से लगभग 914 मीटर की ऊँचाई पर स्थित है। किंवदन्ती है कि नन्द नामक राजा ने इस स्थान पर तप किया था, अतः इस स्थान का नाम नन्दप्रयाग पड़ा। यहाँ पर लक्ष्मीनारायण, चंडिका तथा विशिष्टेश्वर महादेव के मन्दिर स्थित हैं। नन्दप्रयाग में अलकनन्दा नदी से मिलने वाली नन्दाकिनी नदी का उद्‌गम नन्दा पर्वत के त्रिशूल शिखर से होता है।

(स) **कर्णप्रयाग**—कर्णप्रयाग समुद्र तल से लगभग 790 मीटर की ऊँचाई पर स्थित है। केदारखण्ड में कर्णप्रयाग वह स्थल माना गया है, जहाँ भगवती उमा का आश्रय लेकर कर्ण ने सूर्य की उपासना की थी। इसीलिये इस प्रयाग का नाम कर्णप्रयाग पड़ा। संगम तट पर एक ओर कर्ण का प्राचीन मन्दिर स्थित है। यहीं पर एक कर्ण शिला तथा कर्ण कुण्ड भी स्थित है। इन दोनों धरोहरों का सम्बन्ध कर्ण से बताया जाता है। यहाँ सूर्य कुण्ड में स्नान करने से मानव जीवन सफल हो जाता है, ऐसी मान्यता है। कर्णप्रयाग में संगम तट पर ही उमा देवी का मन्दिर तथा लाल रंग की विनायकी शिला भी स्थित है। यहाँ पिण्डारी ग्लेशियर (कुमायूँ) से निकलने वाली पिण्डर नदी का संगम अलकनन्दा से होता है। इस प्रकार यह कुमायूँ एवं गढ़वाल का प्राकृतिक केन्द्र भी है।

(द) **रुद्रप्रयाग**—कर्णप्रयाग से रुद्रप्रयाग की दूरी 32 किमी है। यह जनपद रुद्रप्रयाग में स्थित है। रुद्रप्रयाग समुद्र तट से 610 मीटर की ऊँचाई पर स्थित है। दो धाराओं के मध्य में

ऊँची चट्टान पर भगवान रुद्रेश्वर का मन्दिर स्थित है। स्कन्दपुराण के केदारखण्ड में उल्लेख है कि इस स्थान पर देवर्षि नारद ने संगीत विद्या की कामना हेतु भगवान रुद्र की आराधना की थी तथा प्रसन्न होकर भगवान रुद्र ने नारद को संगीत का सम्पूर्ण ज्ञान प्रदान किया था। साथ ही नारद को पवित्र वीणा भी प्रदान की थी। रुद्रप्रयाग में मन्दाकिनी नदी का संगम अलकनन्दा नदी के साथ होता है।

(ध) **देवप्रयाग**—देवप्रयाग अलकनन्दा एवं भागीरथी तट का अन्तिम प्रयाग है। यहाँ पर अलकनन्दा नदी की भेंट गोमुख से निकलने वाली भागीरथी नदी से होती है। देवप्रयाग में ये दोनों नदियाँ आत्मसात हो जाती हैं। देवप्रयाग की समुद्र तट से ऊँचाई 550 मीटर है। यहाँ पर भगवान रघुनाथ का मन्दिर स्थित है। इसका निर्माण आदि-शंकराचार्य ने करवाया था। यहाँ पर लोग पिंड श्राद्ध का विधिवत दान करते हैं। यहाँ पर दो कुण्ड स्थित हैं—ब्रह्म कुण्ड (भागीरथी) तथा वशिष्ठ कुण्ड (अलकनन्दा)। ऐसी मान्यता है कि किसी समय यहाँ पर देवशर्मा नामक ऋषि ने तपस्या की थी। अत: इस स्थान का नाम देवप्रयाग पड़ा। यहां वह प्रयाग है जहाँ से पवित्र पावनी 'गंगा' अपने पूर्ण यौवन में प्रवाहित होती है।

जनपदवार उत्तराखण्ड की धार्मिक-सांस्कृतिक धरोहरें (Districtwise Religious-Cultural Heritages of Uttrakhand)

उत्तराखण्ड में स्थित धार्मिक-सांस्कृतिक धरोहरों की अपार संख्या को देखते हुए यह आवश्यक है कि इनका परिचय जनपदवार प्रस्तुत किया जाये ताकि पाठकों को यह समझने में किसी भ्रम का सामना न करना पड़े कि कौन सी धरोहर किस जनपद में स्थित है। इस विवरण का प्रारम्भ हम गढ़वाल मण्डल से करेंगे।

गढ़वाल मण्डल के जनपदों में स्थित धार्मिक-सांस्कृतिक पर्यटन धरोहरें

1. हरिद्वार जनपद

अविभाजित उत्तर प्रदेश के तत्कालीन मुख्यमंत्री नारायण दत्त तिवारी द्वारा 28 दिसम्बर, सन् 1988 को हरिद्वार जनपद का गठन किया गया। इससे पूर्व तक हरिद्वार तहसील रुड़की का एक भाग था। उत्तराखण्ड राज्य के साथ ही हरिद्वार उत्तराखण्ड का गढ़वाल मण्डल में स्थित जनपद बन गया। वर्ष 2001 की जनगणना के अनुसार इस जनपद की कुल जनसंख्या 11,24,490 है। यहाँ का जनसंख्या घनत्व 612 व्यक्ति प्रति वर्ग किमी तथा लिंगानुपात (प्रति एक हजार पुरुष) 868 महिलायें हैं। जनपद की साक्षरता दर 64.60 प्रतिशत है। हरिद्वार जनपद में तीन तहसीलें हैं—हरिद्वार, रुड़की एवं लक्सर। यहाँ प्रति 12 वर्ष में पूर्ण कुम्भ तथा प्रत्येक 6 वर्ष में अर्द्धकुम्भ का मेला लगता है। यहाँ की प्रमुख नदियाँ—गंगा, कोटावाली, पीली, खासन, सोलानी व रतमाऊ हैं। यहाँ के प्रमुख पर्वत शिखर विल्व पर्वत, नील पर्वत एवं चामुण्डा पर्वत हैं। मठ व आश्रमों की नगरी हरिद्वार का नाम स्वामी रामदेव के पतंजलि विश्वविद्यालय की स्थापना के बाद योग एवं आरोग्य के क्षेत्र में विश्वविख्यात हो गया है। यहाँ से 4 राष्ट्रीय राजमार्ग होकर गुजरते हैं। जनपद की जलवायु उपोष्ण कटिबन्धीय है। औषधीय महत्व के पादपों के लिए यह जनपद दूर-दूर तक प्रसिद्ध है। इस कारण अनेक औषध निर्माता कारखाने एवं शोध संस्थान यहाँ पर स्थित हैं। हरिद्वार के प्रमुख औषधीय पादप हैं—अंगाल, अजबारा, अड़सा, बांसा, कोकनार,

अपराजिता, अगरबेल, अरण्ड, कचनार, कतीरा, कपूर कचरी, क्रुटज चन्द्र जौ, कुलथी, खूबकला, धुधवी लालघृत कुमारी चिरचिटा, चित्रक, चिमक, चिरौंजी, जीवन्ती, ताल मखाना, दन्ती, धाय, निर्गण्डी, शाहतरा, पलाश, बबूल, अश्वत्थ, मूसली काली, मालकंगनी, विदारीकन्द, शंखपुष्पी, यूक्लिपटस, गोकरणी, समुन्दर सोख, शतावर, शालपर्णी, सर्पगन्धा, सहजन एवं मौल श्री आदि।

हरिद्वार की प्रमुख वृक्ष सम्पदायें हैं—चालता, चम्पा, गोंद कतीरा, साल, सेंमल, कनक, बेल सलाई, नीम, लाख, चिरौंजी, झिंगनी, पलाश, शीशम, अमलताश, करंज, सेमला, खैरवाल, पापड़ी, कचनार, कीकर, कत्था, काली सिरस, सफेद सिरस, जंगल जलेजी, हरड़ सैन, अर्जुन, कुम्भी, महुआ, इन्द्रजौ, इमली, आकाश नीम, सागौन, ओक, आंवला, काली खताई, पहाड़ी शीशम, बरगद, पीपल, गूलर एवं खड़ल-बड़ल आदि।

कुम्भ नगरी एवं तीर्थ नगरी के नाम से प्रसिद्ध हरिद्वार नगर स्वयं में उत्तराखण्ड का सबसे बड़ा धार्मिक पर्यटन स्थल है। यहां अनेक विश्वप्रसिद्ध धर्म स्थल विद्यमान हैं जिनका संक्षिप्त परिचय प्रस्तुत है—

(i) **हर की पैड़ी**—यह पवित्र घाट राजा विक्रमादित्य ने अपने भाई भर्तृहरि की स्मृति में बनवाया था। ऐसा विश्वास किया जाता है कि भर्तृहरि मन की एकाग्रता के लिये पवित्र गंगा के तट पर आये। जब उनकी मृत्यु हुई, तब उनके नाम पर यह स्थान हर की पैड़ी के रूप में प्रसिद्ध हो गया। यह पवित्र स्नान घाट ब्रह्म कुण्ड के रूप में भी जाना जाता है।

(ii) **गऊघाट**—हर की पैड़ी के दक्षिण में कुछ ही दूरी पर स्थित इस घाट पर स्नान करने के विषय में यह प्रसिद्ध है कि मनुष्य गौ हत्या के पाप से मुक्ति पा जाता है। इसी स्थल पर गंगा नहर पर शताब्दी स्मारक सेतु का निर्माण किया गया है।

(iii) **कुशावर्त घाट**—यह घाट गऊघाट के समीप ही स्थित है। कहा जाता है कि यहाँ पर दत्तात्रेय ऋषि ने एक पैर पर खड़े होकर घोर तपस्या की थी। गंगा के प्रवाह में उनके कुश आदि बह गये। उनके कुपित होने पर गंगा ने उनके कुश वापस किये और इस स्थान का नाम कुशावर्त घाट पड़ा। यहाँ पर स्नान और पिण्डदान को विशेष महत्व दिया जाता है। इस घाट का निर्माण महारानी अहिल्याबाई ने करवाया था।

(iv) **श्रवणनाथ घाट**—यह स्थल कुशावर्त घाट के दक्षिण दिशा में श्रवणनाथ जी की पुण्य स्मृति में निर्मित किया गया है। श्रवणनाथ जी एक तपस्वी थे तथा उन्हीं की पुण्य स्मृति में यहाँ मन्दिर, विशाल पुस्तकालय एवं भवनों का निर्माण हुआ है। इस घाट के समीप ही दक्षिण दिशा में रामघाट स्थित है, जहाँ पर बल्लभ सम्प्रदाय के महाप्रभु की गद्दी है।

(v) **मायादेवी मन्दिर**—मायादेवी मन्दिर नगर के मध्य में स्थित है। मायादेवी हरिद्वार की अधिष्ठात्री देवी है। मायादेवी का मन्दिर मायापुर का प्राचीनतम मन्दिर है। मायादेवी मन्दिर को सिद्धदेवी मन्दिर भी कहा जाता है।

(vi) **मंसादेवी मन्दिर**—हरिद्वार में शिवालिक पर्वत श्रृंखला के एक शिखर पर मंसादेवी मन्दिर स्थित है। ब्रह्मा के मन से उत्पन्न तथा ऋषि जरदकारू की पत्नी सर्वराज्ञी देवी माँ मंसा की यहीं तीन मुख और पंच भुजाओं वाली अष्टनाग वाहिनी मूर्ति स्थापित है। नव चंडी में मंसादेवी को दशम शक्ति कहा गया है। इस पावन मन्दिर पर रोप-वे द्वारा पहुँचा जाता है। मन्दिर से हरिद्वार का विहंगम दृश्य भी दिखाई देता है।

(vii) **चण्डी देवी मन्दिर**—कहा जाता है कि जहाँ मंसादेवी हों, वहीं चण्डी देवी का होना अनिवार्य होता है। हरिद्वार में भी एक छोर पर चण्डी देवी का मन्दिर स्थित है। पौराणिक कथाओं के अनुसार तंत्र-मंत्र की सिद्धिदात्री चण्डी देवी ने इसी स्थान पर शंभु और निशंभु नामक असुरों का वध किया था। इस कथा की पुष्टि इस बात से भी होती है कि इसी पर्वत शृंखला पर नीलकंठ महादेव के पास शंभु और निशंभु नाम के दो पर्वत आज भी स्थित हैं। वर्तमान मन्दिर में माँ काली की प्रतिमा स्थापित है। चण्डी देवी मन्दिर तक पहुँचने के लिए उड़न खटोला रज्जू मार्ग बन गया है। चण्डी देवी मन्दिर के पास ही हनुमान जी की माता अंजनी देवी का मन्दिर भी स्थित है।

(viii) **बिल्वकेश्वर महादेव मन्दिर**—शिव के प्रमुख स्थानों में एक बिल्वकेश्वर महादेव मन्दिर है। इस मन्दिर के निकट स्थित बिल्व पर्वत की तलहटी में हिमालय की पुत्री शैलजा, उमा गौरी ने भगवान शिव की प्राप्ति के लिये घोर तपस्या की थी। कहा जाता है कि भगवान शिव ने प्रसन्न होकर उन्हें दर्शन दिये थे।

(ix) **दक्ष महादेव मन्दिर**—हरिद्वार के उपनगर कनखल में स्थित दक्ष महादेव मन्दिर को शास्त्रों में मुख्य तीर्थ स्थल कहा जाता है। कनखल भगवान शिव की ससुराल कहलाती है। ऐसा माना जाता है कि भगवान शिव की पत्नी सती के पिता दक्ष प्रजापति ने इस स्थान पर यज्ञ किया था। यज्ञ के समय भगवान शिव को आमंत्रित न करने पर उनकी पत्नी ने अपमानित महसूस किया और इस यज्ञ कुण्ड में कूदकर अपनी आहुति दे दी। यह देख क्रुद्ध होकर महादेव शिव के अनुयायी वीरभद्र ने राजा दक्ष का वध कर दिया। परन्तु बाद में भगवान शिव ने पुनर्जीवन प्रदान किया। दक्ष प्रजापति ने बाद में अपनी गलती का अनुभव करते हुए इस स्थान पर भगवान शिव की स्थापना की। यहाँ पर लण्ढौरा के राजा की रानी घनकौर ने सन् 1810 ई० में दक्ष महादेव मन्दिर की स्थापना की।

(x) **सुरेश्वरी देवी पीठ**—भारत हेवी इलेक्ट्रिकल्स लिमिटेड औद्योगिक इकाई के निकट रानीपुर वन विभाग चैक बैरियर से उत्तरी दिशा में लगभग दो किमी जंगल की ओर सुरकूट पर्वत पर भगवती सुरेश्वरी का मन्दिर स्थित है। कहा जाता है कि सुरेश्वरी अर्थात इन्द्र ने तप करके यहाँ भगवती के साक्षात दर्शन किये थे। इसलिये इस स्थान का नाम सुरेश्वरी देवी पड़ा। दीपावली के दिन आने वाले दो शनिवार को सुरेश्वरी देवी के भक्तगण खट्टा अर्थात् आंवले की पूजा करते हैं। यह परम्परा आज भी जारी है।

(xi) **सप्तऋषि आश्रम**—कहा जाता है कि जब गंगा जी पृथ्वी पर उतरीं तो हरिद्वार के निकट सप्तऋषियों के आश्रम एक ही स्थान पर देखकर रुक गईं और यह निर्णय नहीं कर पायीं कि किस ऋषि के आश्रम के सामने से प्रवाहित होकर शेष ऋषियों के आश्रमों को छोड़ दें क्योंकि प्रश्न सभी ऋषियों के सम्मान का था एवं गंगा जी को ऋषियों के कोपभाजन बनने का भय भी था। तब असमंजस में रुकी हुई गंगा देवी को देवताओं ने सात धाराओं में विभक्त होने को कहा, तब गंगा जी इस स्थान पर सात धाराओं में विभक्त होकर बहीं और यह क्षेत्र सप्त सरोवर और सप्तऋषि नाम से विख्यात हुआ। वर्तमान में इसी स्थान पर सप्तऋषि आश्रम स्थित है।

(xii) **गौरी शंकर मन्दिर**—हरिद्वार-नजीबाबाद मार्ग पर स्थित प्राचीन गौरी-शंकर मन्दिर पार्वती के प्रेम का प्रतीक है। इसी स्थान पर शिव जी ने पार्वती को पाने के लिये घोर तपस्या की थी। माना जाता है कि भगवान शंकर का यह प्रिय भ्रमण स्थल था तथा वे नील पर्वत पर

भ्रमण करते हुए प्राय: यहाँ आया करते थे। तभी से यहाँ पर मन्दिर का निर्माण कराया गया जो आज भी शिव भक्तों का प्रिय मन्दिर है। इसी मन्दिर के बराबर में एक नीलकंठ शिवलिंग स्थित है। कहा जाता है कि यदि यह शिवलिंग किसी की बाँहों में पूरा आ जाये तो उसकी मनोकामना पूर्ण हो जाती है।

(xiii) **सती कुण्ड**—कनखल-लक्सर मार्ग पर स्थित प्राचीन सती कुण्ड का अपना इतिहास है। पुराणों में उल्लेख मिलता है कि इसी स्थान पर दक्ष प्रजापति ने एक विशाल यज्ञ कराया था जिसमें शिवजी का अपमान हुआ था। इससे दु:खी होकर शिवजी की पत्नी सती ने इसी कुण्ड में कूदकर अपने प्राणों की आहुति दी थी। इसी कारण यह कुण्ड सती कुण्ड के नाम से प्रसिद्ध हो गया।

(xiv) **वैष्णो देवी मन्दिर**—वैष्णो देवी मन्दिर का निर्माण सन् 1993 ई० में कराया गया है। इस भव्य मन्दिर में देवी-देवताओं के दर्शन बड़े ही मनोहारी रूप में कराये गये हैं। यह मन्दिर सप्त सरोवर मार्ग पर स्थित है। माता वैष्णो देवी का यह मन्दिर वास्तव में मनोहारी है।

(xv) **भीम गौड़ा**—महाभारत के एक प्रसंग के अनुसार परमवीर पाण्डव भीम के घोड़े को ऋषिकेश मार्ग पर हरिद्वार के बाहर एक स्थान पर ठोकर लगी। ठोकर वाले स्थान पर एक कुण्ड बन गया जो बाद में भीम गौड़ा कुण्ड कहलाया।

(xvi) **भारत माता मन्दिर**—सप्त सरोवर मार्ग पर स्थित यह मन्दिर आठ मंजिला है। यह मन्दिर भारत एवं ईष्ट देवी-देवताओं के दर्शन कराता है। इसका निर्माण वर्ष 1983 ई० में कराया गया था। मन्दिर के प्रत्येक तल पर जाने के लिये लिफ्ट की व्यवस्था की गई है। सबसे ऊपरी तल पर भगवान शिव का मन्दिर स्थित है। इसके अतिरिक्त सम्पूर्ण मन्दिर भवन में भारत के विभिन्न राज्यों का चित्रण किया गया है।

(xvii) **शान्तिकुंज**—आचार्य प्रवर श्री श्रीराम शर्मा के संरक्षण में शान्तिकुंज संस्थान की स्थापना सन् 1971 ई० में हुई। इस संस्थान में नित्य प्रति यज्ञ, नियमित साधना सम्पन्न होते हैं। यहाँ साधना सत्र एवं नैतिक शिक्षा सत्र निरन्तर चलते रहते हैं। यहाँ पर प्रज्वलित की गई अखण्ड ज्योति निरन्तर जल रही है। वर्तमान समय में यह स्थान गायत्री तीर्थ के रूप में जाना जाता है।

(xviii) **पतंजलि योग पीठ**—भारत, मानव रोगों के उपचार की प्राकृतिक चिकित्सा पद्धति आयुर्वेद की जननी है। आयुर्वेद में वर्णित प्राकृतिक औषधियों और योग-ध्यान के द्वारा गम्भीरतम रोगों का निदान भी सम्भव है। भारत में ब्रिटिश शासन की स्थापना के बाद आयुर्वेद का स्थान पाश्चात्य चिकित्सा पद्धति 'एलोपैथी' ने ग्रहण कर लिया था। किन्तु यह पद्धति आयुर्वेद से श्रेष्ठ नहीं है। इस बात को सिद्ध करके दिखाया है—पतंजलि योग पीठ ने। हरिद्वार-रुड़की मार्ग पर स्थित पतंजलि योग पीठ का संचालन योग गुरु स्वामी रामदेव तथा उनके शोधकारी सहयोगी आचार्य बालकृष्ण द्वारा किया जा रहा है। यह संस्थान विस्तृत भौगोलिक क्षेत्र में स्थित है तथा अत्यन्त भव्य भवन के रूप में है। इस योगपीठ में न केवल ध्यान-योग की सभी कलायें सिखायी जाती हैं, बल्कि रोगों के उपचार हेतु आयुर्वेदिक औषधियाँ भी विक्रय की जाती हैं। इस संस्थान में कुशल वैद्यों का एक विशाल दल रोगों का उपचार करता है तथा यहाँ प्रतिदिन देश एवं विदेशों से हजारों लोगों का आगमन होता है। उत्तराखण्ड में चिकित्सा पर्यटन के विस्तार एवं विकास में पतंजलि योग पीठ महत्वपूर्ण भूमिका निभा रहा है।

(xix) **पिरान कलियर शरीफ**—हरिद्वार जनपद में रुड़की से लगभग आठ किमी उत्तर में गंग नहर के बाएं तट पर एक छोटा सा गाँव है—कलियर। गाँव के उत्तरी-पूर्वी छोर पर एक बड़ी मजार स्थित है। यह मजार एक ऊँचे टीले पर स्थित है। टीले के नीचे प्राचीन ईंटे दबी हुई दिखाई देती हैं। स्थानीय लोग इन्हें कर्णपाल के किले के अवशेषों के रूप में मानते हैं। कलियर गाँव के पश्चिम में एक अन्य मजार सूफी हजरत अलाउद्दीन अली अहमद 'साबिर' की है। हजरत साबिर और इमानुद्दीन की मजार के अतिरिक्त इसी गाँव के दक्षिण में किलकिली साहब की मजार है। सूफी मतावलम्बियों के अनुसार यह कलियर बाबा की मजार है। इन मजारों में सर्वाधिक मान्यता साबिर की मजार को मिली हुई है। शंकराचार्य ने अपनी प्रसिद्ध कृति 'सौन्दर्य लहरी' में कल्याणी नामक नगर का उल्लेख किया है, जो मायापुर (हरिद्वार) के निकट स्थित था। सम्भवतः 'कल्याणी' नगर कालान्तर में 'कलियर' हो गया। इस मजार पर प्रतिवर्ष माह रबी उल अव्वल की ग्यारहवीं तिथि से चौदहवीं तिथि (अगस्त माह का अन्तिम सप्ताह) तक साबिर का उर्स मनाया जाता है। उर्स के दौरान एक विशाल मेला भी आयोजित किया जाता है। इस उर्स में सहभागिता करने के लिये सभी धर्मों एवं अनेक देशों के श्रद्धालु कलियर गाँव आते हैं। पिरान कलियर शरीफ भारत में साम्प्रदायिक एकता का अद्भुत उदाहरण प्रस्तुत करता है।

(xx) **ऐतिहासिक तीसरी पातशाही का गुरुद्वारा**—हरिद्वार में सती घाट गंगा के तट पर बाबा दरगार सिंह के डेरे के नाम से सिखों का एक ऐतिहासिक गुरुद्वारा स्थित है। इस स्थान पर सिखों के तीसरे गुरु अमरदास जी महाराज अपने जीवन काल में 23 बार यहाँ पधारे तथा यहाँ पर वर्षों रहकर तप किया। यहाँ पर रहकर उन्होंने सती प्रथा का विरोध किया, जिसे कालान्तर में तत्कालीन सरकार ने कानून का रूप दिया। बाद में यह स्थान बाबा दरगाह सिंह की सुपुर्दगी में आया और इस स्थान पर गद्दी परम्परा आरम्भ हो गयी। तभी से यह स्थान निजी संरक्षण में चला गया। परन्तु आज भी इस स्थान का पौराणिक नाम 'तीसरी पातशाही का गुरुद्वारा' ही प्रचलित है।

उपरोक्त के अतिरिक्त हरिद्वार जनपद में स्थित अन्य दर्शनीय स्थल हैं—श्वेत द्वीप, रामेश्वरम् महादेव मन्दिर, गुरु गोरखनाथ मन्दिर, उज्जैनी घाट, असंख्य आश्रम, निकेतन और अखाड़े। साथ ही हरिद्वार का संन्यासी जीवन शोधार्थियों के लिये एक रोचक तथा नवीनतम विषय सिद्ध हो सकता है।

2. देहरादून जनपद

वर्तमान में उत्तराखण्ड राज्य की अस्थायी राजधानी देहरादून जनपद के रूप में स्वयं में चार तहसीलें समेटे हुए है—देहरादून, चकराता, विकासनगर एवं ऋषिकेश। इस जनपद का क्षेत्रफल 3088 वर्ग किमी है। यहाँ की कुल जनसंख्या 12,79,083 है। इसमें पुरुषों की संख्या 6,75,549 तथा स्त्रियों की संख्या 6,03,534 है। लिंगानुपात (स्त्रियाँ प्रति एक हजार पुरुष) 893:1000 है। जनपद का जनसंख्या घनत्व 414 व्यक्ति प्रति वर्ग किमी है। जनपद की साक्षरता दर 78.96 प्रतिशत है। जनपद में अनेक राष्ट्रीय एवं अन्तर्राष्ट्रीय स्तर के विभिन्न क्षेत्रों से सम्बन्धित संस्थान स्थित हैं। जनपद के प्रमुख पर्वत शिखर मसूरी एवं टाइगर हिल हैं। जनपद का लगभग आधा भाग मैदानी है तथा उत्तरी भाग पर्वतीय है। यहां अनेक धार्मिक-सांस्कृतिक धरोहरें स्थित हैं जिनका संक्षिप्त परिचय प्रस्तुत है—

(i) **टपकेश्वर महादेव**—देहरादून नगर से 6 किमी दूर गढ़ी-छावनी के निकट टौंस नदी के तट पर टपकेश्वर महादेव का पौराणिक शिव मन्दिर स्थित है। यह स्वतः निर्मित प्राकृतिक शिल्प का अद्‌भुत सिद्ध मन्दिर माना जाता है। आसपास का वातावरण अत्यन्त ही मनोरम है। इसीलिये यह मन्दिर धार्मिक ही नहीं, प्राकृतिक पर्यटन के दृष्टिकोण से भी अत्यन्त उपयोगी स्थान है।

(ii) **भद्रकाली मन्दिर**—देहरादून-सहारनपुर मार्ग पर नगर से लगभग नौ किमी की दूरी पर डाटवाली के नाम से एक प्रसिद्ध देवी मन्दिर स्थित है। शिवालिक पर्वत श्रृंखलाओं की पहाड़ी पर स्थित यह मन्दिर 'घाटावाली माता मन्दिर' नाम से भी जाना जाता है। माना जाता है कि जब यहाँ सर्वत्र घना जंगल स्थित था, तब सन् 1804 ई० में नेपाल सरकार के सेनापति बलभद्र थापा ने देहरादून में प्रवेश करने से पूर्व यहाँ देवी की प्रतिमा स्थापित करके पूजा-अर्चना की। सन् 1815 ई० में जब ब्रिटिश ऑफीसर कॉटले ने अन्य ब्रिटिश आधिकारियों के आवागमन हेतु इस स्थान पर सुरंग का निर्माण करवाना प्रारम्भ किया तो प्रतिदिन बनी हुई सुरंग गिर जाती। निराश होकर कॉटले ने एक ब्राह्मण को बुलाकर इसका कारण जानना चाहा। ब्राह्मण ने देवी माँ का आह्वान करके बताया कि जंगल में अमुक स्थान पर एक प्रतिमा दबी हुई है। उसे निकाल कर उसकी प्राण-प्रतिष्ठा करने पर ही सुरंग का निर्माण कार्य संभव हो सकेगा। कॉटले ने यही किया। तब जाकर सुरंग का निर्माण कार्य पूर्ण हो सका। यही मन्दिर कालान्तर में भद्रकाली मन्दिर नाम से प्रसिद्ध हुआ।

(iii) **कालू सिद्ध**—सौंग नदी के तट पर स्थित कालू सिद्ध मन्दिर लच्छीवाला पर्यटन स्थल से मात्र दो किमी दूर स्थित है। पौराणिक उल्लेख के अनुसार दत्तात्रेय ऋषि के चौरासी सिद्ध शिष्यों में से चार शिष्य दून घाटी में आकर बस गये थे। इनमें से एक थे कालू सिद्ध। जो श्रद्धालुओं की समस्त मनोकामनायें पूर्ण करने के लिये जाने जाते थे। इस प्रकार कालू सिद्ध इस घाटी के बहुत ही सिद्ध देवता बन गये। अन्य तीन शिष्यों के नाम पर भी देहरादून में तीन मन्दिर स्थापित किये गये। ये मन्दिर हैं—लक्ष्मण सिद्ध (हर्रावाला में), मानक सिद्ध (हुड़ी गाँव माजरा-शिमला मार्ग पर) तथा मांडू सिद्ध (नन्दा की चौकी के पास)। कालू सिद्ध मन्दिर में प्रतिष्ठित शिवलिंग 15वीं शताब्दी के काल का माना जाता है। एक ऊँचे टीले पर स्थित इस मन्दिर में श्रद्धालु दो मनोकामनाओं की पूर्ति हेतु आते हैं—पुत्र प्राप्ति तथा मद्य त्याग हेतु।

(iv) **लक्ष्मण झूला**—लक्ष्मण झूला देहरादून जनपद की धार्मिक नगरी ऋषिकेश से चार किमी आगे बद्रीनाथ मार्ग पर स्थित है। पूर्व में यहाँ पर रस्सियों का झूलता हुआ पुल था तथा बद्रीनाथ जाने वाले यात्री इसी रस्से के पुल से लटक कर गंगा पार करते थे। वर्ष 1924 ई० की बाढ़ के पश्चात प्राचीन रस्सी पुल नष्ट हो जाने के कारण राज्य सरकार ने वर्तमान पुल का निर्माण करवाया। यह पुल नदी की ओर से 70 फीट ऊँचा और 450 फीट लम्बा है। स्कन्दपुराण के अनुसार मेघनाथ का वध करने के पश्चात लक्ष्मण को ब्रह्म हत्या का पाप लगा था। पाप से मुक्ति प्राप्त करने हेतु लक्ष्मण ने इस स्थान पर तपस्या की थी।

(v) **महासू मन्दिर**—मोरी से फते पर्वत की ओर चलने पर 13 किमी की दूरी पर एक स्थान है—हनोल। देहरादून से चकराता त्यूंणी होकर पांवटा साहब (पौंटा साहिब) और नहान होकर भी हनोल तक पहुँचा जा सकता है। इस स्थान पर सुरम्य प्राकृतिक वातावरण में यहाँ काष्ठ निर्मित अत्यन्त कलात्मक मन्दिर स्थित है। यह मन्दिर इस क्षेत्र में व्यापक मान्यता प्राप्त देवता 'महासू' का है। समुद्र तल से लगभग 1400 मीटर की ऊँचाई पर स्थित इस मन्दिर में

महासू देवता की आराधना की जाती है। वास्तव में महासू केवल इस क्षेत्र का ही नहीं, बल्कि जौनसार-बावर, खाँई और हिमाचल प्रदेश के एक हिस्से का भी मान्य देवता है।

महासू देवता एक प्रकार से 'महाशिव' का अपभ्रंश है। इसका मूल निवास कुल्लू-कश्मीर में माना गया है। कहा जाता है कि यह देवता वहीं से यहाँ लाया गया और भगवान विष्णु के स्थान पर स्थापित किया गया। यह देवता क्षेत्र के ग्रामवासियों की चल-अचल सम्पत्तियों तक के झगड़ों तक का निर्णय करता है। उसके निर्णय को सभी लोग स्वीकार करते हैं। मन्दिर छत्र शैली में निर्मित है। मन्दिर की शैली और इसमें स्थित पाषाण प्रतिमाओं के आधार पर अनुमान होता है कि यह मन्दिर 11वीं शताब्दी में निर्मित हुआ होगा। यह मन्दिर त्रिरथ पर स्थापित है। क्षर-स्तम्भों से लेकर मन्दिर की छत के नीचे लगी शहतीरों तक अत्यन्त कलात्मक अभिप्रायों से सज्जित है। मुख्य द्वार पर की गई नक्काशी अद्वितीय है। गर्भगृह का द्वार चाँदी के सिक्कों और पात्रों से मढ़ा हुआ है। इस पर रामलीला, राधाकृष्ण, शिशुपाल-वध, विभिन्न प्रकार के पशु-पक्षी, सर्प, मछलियों तथा शिकार के दृश्य अंकित किये गये हैं।

(vi) **श्री गुरु रामराय दरबार**—सिख धर्म के सातवें गुरु श्री हर राय के पुत्र श्री रामराय, सिखों के नवम् गुरु श्री तेग बहादुर की मृत्यु के पश्चात देहरादून पहुँचे थे। श्री गुरु रामराय ने यहाँ दरबार साहिब एवं उनकी आस्था के प्रतीक झण्डा साहिब को प्रतिष्ठित करके देहरादून के जन्म तथा विकास को एक नई दिशा प्रदान की। प्रतिवर्ष आयोजित होने वाला दरबार साहिब और झण्डा साहिब का मेला इस ऐतिहासिक-सांस्कृतिक परम्परा का स्मरण कराता है। गुरु जी के जन्मदिन अर्थात होली के बाद पाँचवें दिन पर झण्डारोहण होता है। झण्डारोहण के साथ ही मेला प्रारम्भ हो जाता है, जो कि लगभग 15 दिन तक चलता है। लोक विश्वास है कि झण्डा साहिब पर रूमाल, चुनरी आदि बाँध कर जो भी मनौती माँगी जाती है, वह अवश्य पूर्ण होती है। झण्डारोहण के तृतीय दिन नगर की परिक्रमा की जाती है, जिसमें हजारों श्रद्धालु तथा दरबार के महन्त सम्पूर्ण यात्रा में नंगे पाँव चलते हैं।

(vii) **स्वर्गाश्रम**—लक्ष्मण झूला से डेढ़ किमी दक्षिण में स्थित स्वर्गाश्रम को बाबा आत्म प्रकाश जी ने स्थापित किया था। यहाँ पर अनेक साधु महात्मा भी निकटवर्ती गिरि, कन्दराओं में निवास करते हैं। भोजन-वस्त्र आदि आश्रम की ओर से मिलता है। विश्वप्रसिद्ध गीता प्रेस, गोरखपुर द्वारा निर्मित गीता भवन भी यहाँ का मुख्य आकर्षण केन्द्र है। परमार्थ निकेतन, वेद निकेतन तथा महर्षि महेश योगी द्वारा स्थापित शंकराचार्य नगर इस क्षेत्र के अन्य प्रमुख दर्शनीय स्थल हैं।

(viii) **नीलकंठ महादेव मन्दिर**—ऋषिकेश से लगभग 20 किमी की दूरी पर नीलकण्ठ महादेव का मन्दिर स्थित है। श्रावण मास में इस मन्दिर में लाखों श्रद्धालु पहुँचते हैं। दन्त कथा प्रचलित है कि इस स्थान पर शिवजी ने समुद्र मंथन से निकले विष का पान किया था। यह मन्दिर अत्यन्त सुरम्य एवं एकान्त स्थान पर समुद्र तल से लगभग 926 मीटर की ऊँचाई पर स्थित है। मन्दिर तक पहुँचने के लिये एक सड़क मार्ग का भी निर्माण किया गया है। इस मार्ग पर छोटे चौपहिया वाहनों का संचालन किया जाता है। परन्तु कुछ दूरी पैदल भी तय करनी पड़ती है। मुख्य पैदल मार्ग स्वर्गाश्रम से भी उपलब्ध है। श्रावण मास में श्रद्धालु प्रायः पैदल ही इस मन्दिर में आते हैं तथा नीलकंठ शिव की प्रतिमा का जलाभिषेक करते हैं।

3. टिहरी-गढ़वाल जनपद

इस जनपद का क्षेत्रफल 4080 वर्ग किमी है। जनपद मुख्यालय नई टिहरी में स्थित है। जनपद की कुल जनसंख्या 6,04,608 है। इसमें पुरुषों की संख्या 2,94,842 तथा महिलाओं की संख्या 3,09,766 है। इस आधार पर जनपद का लिंगानुपात (स्त्रियाँ प्रति एक हजार पुरुष) 1051:1000 है। जनपद का जनसंख्या घनत्व 148 व्यक्ति प्रति वर्ग किमी है। टिहरी गढ़वाल जनपद की साक्षरता दर 67.04 प्रतिशत है। जनपद में कुल पाँच तहसीलें—देवप्रयाग, घनसाली, नरेन्द्र नगर, प्रतापनगर और टिहरी हैं। विश्व प्रसिद्ध और सदैव चर्चित टिहरी बाँध परियोजना की स्थापना, टिहरी रियासत की राजधानी, जन आन्दोलनकारी श्रीदेव सुमन, पहाड़ के गाँधी इन्द्रमणि बड़ोनी, पर्यावरणविद सुन्दर लाल बहुगुणा की कर्मभूमि होने के कारण टिहरी का विशेष स्थान है। यहाँ के प्रमुख पर्वत शिखर—मागाटिम्बा, मासर तथा चन्द्रकूट हैं। सेब मेला, सुरकण्डा मेला तथा विकास मेला आदि इस जनपद के मुख्य मेले हैं। जनपद की जलवायु शीतोष्ण कटिबन्धीय है। यहाँ उष्ण कटिबन्धीय पर्वतीय वन पाये जाते हैं तथा उच्च पर्वतीय क्षेत्र में एल्पाइन एवं उप एल्पाइन प्रकार की वनस्पति पाई जाती है। जनपद का ढाल दक्षिण-पूर्व से दक्षिण-पश्चिम को है। जनपद टिहरी की प्रमुख धार्मिक-सांस्कृतिक पर्यटन धरोहरें निम्नलिखित हैं—

(i) **सूर्य मन्दिर, पलेठी**—टिहरी के पलेठी नामक स्थान पर स्थित सूर्य मन्दिर किसी समय भारत के भव्य सूर्य मन्दिरों में से एक माना जाता था। वर्तमान में यद्यपि यह मन्दिर अभी भी अपनी पूर्ण गरिमा के साथ अवस्थित है, किन्तु उपेक्षा का शिकार है। रथ-विन्यास शैली में निर्मित यह मन्दिर उत्तराखण्ड में सूर्योपासना की प्राचीन परम्परा का जीता-जागता उदाहरण है। मन्दिर के द्वार पर एक से बढ़कर एक सुन्दर कलाकृतियाँ अंकित हैं। आसपास इसके प्रस्तर खण्ड बिखरे पड़े हैं। मन्दिर प्रांगण में कई चन्द्र शिलाएं, आमलक, परिकर तथा चैत्य गवाक्ष मन्दिर की भित्ति से टिके यत्र-तत्र देखे जा सकते हैं। चारों ओर हरित पर्वत श्रृंखलाओं से आच्छादित यह प्राचीन मन्दिर समूह भग्नावस्था में भी अपने गौरवशाली अतीत एवं वास्तु शिल्प का अनुपम उदाहरण है।

माना जाता है कि इस मन्दिर समूह का निर्माण पुष्पभूति वंश के महाराजाधिराज कल्याण वर्मा ने लगभग 12 शताब्दी पूर्व करवाया था। ग्रामवासियों के अनुसार इस स्थान पर किसी समय 11 मन्दिर स्थित थे, परन्तु वर्तमान में केवल दो मन्दिर ही अपने मूल रूप में शेष रह गये हैं। इस मन्दिर समूह में शिव, विष्णु, पार्वती और देवी दुर्गा के अतिरिक्त सूर्य की लोकप्रियता यहाँ से प्राप्त चार दुर्लभ सूर्य प्रतिमाओं से सिद्ध होती है। सूर्य मन्दिर के गर्भगृह में पश्चिमी दीवार से लगी पीठिका पर 103 सेंटीमीटर ऊँची तथा 62 सेंटीमीटर चौड़ी काले पत्थर की भव्य प्रतिमा स्थापित है। अन्य तीन सूर्य प्रतिमाएं भी अद्वितीय हैं। यहाँ का एक-एक पत्थर स्वयं में इतिहास समेटे हुए है तथा राष्ट्रीय और अन्तर्राष्ट्रीय सभी स्तरों के पर्यटकों का ध्यान अपनी ओर आकृष्ट करता है। स्थानीय लोग इस मन्दिर को 'चमनेश्वर महादेव' के नाम से सम्बोधित करते हैं। दीपावली के दिन मन्दिर प्रांगण में मेला आयोजित होता है।

(ii) **बूढ़ा केदार**—टिहरी से लगभग 60 किमी उत्तर की ओर टिहरी-घनसाली मोटर मार्ग पर बालगंगा तथा धर्मगंगा के संगम पर बूढ़ा केदार मन्दिर स्थित है। पुराणों में इस मन्दिर का उल्लेख 'वृद्ध केदार' नाम से मिलता है। इस प्राचीन मन्दिर में पाण्डवों के चित्रों से अलंकृत

विशाल लिंगनुमा शिखा अवस्थित है। इस शिला पर शिव-पार्वती के चित्र उत्कीर्ण हैं। यहाँ शक्ति का प्रतीक प्राचीन त्रिशूल भी रखा हुआ है। इस त्रिशूल को पाण्डवकालीन माना जाता है। मन्दिर के पुजारी नाथ सम्प्रदाय से सम्बन्धित हैं।

(iii) **बाल खिल्येश्वर महादेव मन्दिर**—यह प्राचीन मन्दिर बालखिल्य पर्वत से निकलने वाली बालखिल्य नदी के तट पर, लगभग 5600 फीट की ऊँचाई पर स्थित तिनगढ़ नामक स्थान पर स्थित है। मान्यता है कि बालखिल्य ऋषियों ने लगभग 1000 वर्ष पूर्व सहस्त्रताल के नीचे बालखिल्य नामक पर्वत में, भूर्ज वृक्षों के नीचे तपस्या की थी। इसी भूर्ज वृक्ष के नीचे बालखिल्य नदी का उद्‌गम हुआ। इसी नदी के तट पर लगभग 40 किमी दक्षिण में बालखिल्येश्वर नाम से उन्होंने शिवलिंग की स्थापना की थी। सिद्धपीठ विनयखाल से लगभग पाँच किमी की दूरी पर भिगुन नामक गाँव के निकट स्थित इस शिवालय के दर्शन करने असंख्य लोग यहाँ पहुँचते हैं।

(iv) **रघुनाथ मन्दिर**—यह मन्दिर इस जनपद की देवप्रयाग तहसील में स्थित है। इसकी स्थापना मूल रूप में देव शर्मा नामक ब्राह्मण ने की थी, जिनके नाम पर ही इस नगर का नाम देवप्रयाग पड़ा। मन्दिर का वर्तमान स्वरूप आदि-शंकराचार्य द्वारा निर्मित कहा जाता है। मन्दिर के पीछे की शिलाओं पर कुछ तीर्थ यात्रियों के नाम खरोष्ठी लिपि में अंकित हैं, जो कि दूसरी-तीसरी शताब्दी के माने जाते हैं। मन्दिर के अनेक शिलालेख एवं ताम्रपट इसकी प्राचीनता को सिद्ध करते हैं। इस मन्दिर के निर्माण में न केवल अनेक गढ़वाल नरेशों बल्कि गोरखा सेनापतियों ने भी योगदान दिया है। इस बात का उल्लेख मन्दिर के मुख्य द्वार के स्तम्भों पर किया गया है। ऊँचे लम्बे चबूतरे पर स्थित यह भव्य मन्दिर लगभग 80 फीट ऊँचा है। मन्दिर के अन्दर भगवान विष्णु की काले पत्थर से निर्मित विशाल प्रतिमा स्थित है। भक्तजन मूर्ति तक नहीं पहुँच सकते। शिखर पर लकड़ी से निर्मित विशाल छत्र स्थित है। इसका निर्माण टिहरी की खरोटिया रानी ने करवाया था। प्रतिदिन की पूजा के अतिरिक्त मन्दिर में चार मुख्य मेले लगते हैं—बसन्त पंचमी, बैशाखी, रामनवमी और मकर संक्रान्ति।

(v) **भरत मन्दिर**—देवप्रयाग में ही, रघुनाथ मन्दिर के उत्तर में आबादी के समाप्त होने पर एक छोटा मन्दिर स्थित है। इसको भरत मन्दिर कहा जाता है। किंवदन्ती है कि ऋषिकेश में औरंगजेब द्वारा भरत मन्दिर को तोड़े जाने का खतरा उत्पन्न होने पर वहाँ के महंत, भरत जी की प्रतिमा को यहाँ उठाकर ले आये थे। खतरा समाप्त हो जाने पर इस प्रतिमा को पुनः ऋषिकेश ले जाया गया। जिस स्थान पर कुछ समय के लिये भरत जी की प्रतिमा को स्थापित किया गया था, वहाँ पर एक छोटे मन्दिर का निर्माण कराया गया जो भरत मन्दिर के नाम से प्रसिद्ध हुआ।

(vi) **धनेश्वर मन्दिर**—यह मन्दिर भी देवप्रयाग में ही, अलकनन्दा नदी के बाएं तट पर वाह नामक स्थान से एक किमी की दूरी पर स्थित है। मन्दिर के समीप एक नदी अलकनन्दा में मिल जाती है। इस नदी को धनवती कहते हैं। कहा जाता है कि यहाँ पर धनवती नामक एक वेश्या ने भगवान शिव की उपासना की थी। मृत्यु के पश्चात वह वेश्या धनवती नदी में परिणत हो गई। पुराणों में इस मन्दिर को दन्वीश्वर नाम भी दिया गया है। ऐसी किंवदन्ती है कि यहाँ दाक्षायणी दनु ने 5500 वर्ष तक एक पैर पर खड़े होकर भगवान शिव का ध्यान किया था।

(vii) **सेम मुखेम मन्दिर**—यह मन्दिर टिहरी में स्थित लम्बगाँव नामक नगर से कुछ किमी की दूरी पर स्थित है। ये मन्दिर नागराज देवता का है। समुद्र तल से लगभग 3000 मीटर

की ऊँचाई पर हिमालय की मनोहारी तलहटी में लगभग छह किमी वर्गाकार मैदान में यह प्राचीन मन्दिर स्थित है। इस मन्दिर का निर्माण टिहरी के राजपरिवार ने सन् 1818 ई० में करवाया था। यहाँ प्रति तीन वर्ष में एक विशाल धार्मिक मेले का आयोजन किया जाता है।

(viii) **सुरकण्डा शक्ति पीठ**—यह शक्तिपीठ मसूरी-चम्बा मार्ग पर, चम्बा से 22 किमी की दूरी पर स्थित कद्दूखाल नामक स्थान के निकट स्थित है। पौराणिक गाथाओं के अनुसार दक्ष प्रजापति द्वारा शिव के अपमान के पश्चात, शिव की पत्नी सती के आत्मदाह के उपरान्त, विदग्ध शिव सती के शव को लिये तीनों लोकों में भ्रमण करते रहे। ऐसी मान्यता है कि सती का सिर यहाँ पर गिरा था। इसलिये इस स्थान को सुरकण्डा तथा श्रुतकण्डा कहा जाता है। माना जाता है कि 1300-1400 वर्षों पूर्व आदि शंकराचार्य ने इस प्राचीन मन्दिर का निर्माण करवाया था। इसलिये इसे उत्तराखण्ड के पाँचवें धाम के रूप में स्वीकार किया जाता है। सुरकण्डा मन्दिर अपने प्राकृतिक विहंगम परिवेश के कारण भी पर्यटकों के आकर्षण का विशेष केन्द्र है। यहाँ से त्रिशूल, चौखम्बा, नन्दा देवी तथा गौरी शंकर आदि हिमाच्छादित पर्वत शृंखलाओं के विहंगम दृश्य दिखाई देते हैं।

(ix) **कुंजापुरी शक्ति पीठ**—यह शक्तिपीठ मन्दिर ऋषिकेश से 27 किमी तथा नरेन्द्र नगर से लगभग 12 किमी दूर स्थित है। मन्दिर एक पर्वत चोटी पर तथा समुद्र तल से लगभग 1645 मीटर की ऊँचाई पर स्थित है। यह एक प्रसिद्ध शक्तिपीठ है, जिसके सम्बन्ध में मान्यता है कि सती के अंगों में 'कुंज' नामक अस्थि अंश इसी स्थान पर गिरा था। इस स्थान पर दुर्गाष्टमी के दिन विशाल मेला आयोजित किया जाता है। यह मेला एक सप्ताह तक चलता है। कुंजापुरी की चोटी पवित्र देवी दर्शन कहलाती है, जहाँ से हिमालय का अत्यन्त मनोरम दृश्य दिखाई देता है।

(x) **चन्द्रबदनी शक्ति पीठ**—यह मन्दिर देवप्रयाग-टिहरी मार्ग पर जामनीखाल नामक स्थान के निकट स्थित है। यह प्राचीन मन्दिर अपार श्रद्धा का केन्द्र है। चन्द्रकूट पर्वत की ऊंची चोटी पर 2756 मीटर की ऊँचाई पर स्थित इस प्राचीन मन्दिर का अब नवीनीकरण और सौन्दर्यीकरण हो गया है। इस मन्दिर की महत्ता देवी भागवत में वर्णित है। यह भी धारणा है कि शिव यहाँ पार्वती के वियोग में रोये थे। कहा जाता है कि सती का बदन इसी चन्द्रकूट पर्वत पर गिरा था। इस मन्दिर में देवी के दर्शन नहीं किये जाते। वे रक्तवर्ण के वस्त्र के पीछे ओट में रहती हैं। यहाँ मात्र श्रीयंत्र की पूजा की जाती है। इस शक्तिपीठ में उमा-महेश की दो प्रतिमायें स्थापित हैं- एक प्रतिमा 65× 40 सेंटीमीटर की हरे पत्थर की है। दूसरी प्रतिमा भी हरे पत्थर की ही है। इसका आकार 43 × 27 सेंटीमीटर है। सकल कामनाओं की पूर्ति करने वाली देवी के इस मन्दिर में किसी समय पशु बलि की प्रथा थी, इसे अब समाप्त कर दिया गया है।

4. उत्तरकाशी जनपद

8016 वर्ग किमी क्षेत्रफल वाला यह सीमान्त जनपद गढ़वाल मण्डल में स्थित है। जनपद की कुल जनसंख्या 2,94,179 है। इनमें 1,51,599 पुरुष और 1,42,580 महिलायें हैं। यहाँ का जनसंख्या घनत्व 37 व्यक्ति प्रति वर्ग किमी है। जनपद की साक्षरता 66.58 प्रतिशत है। उत्तरकाशी के उत्तर में तिब्बत, पूर्व में चमोली, दक्षिण में टिहरी गढ़वाल तथा उत्तर-पश्चिम में हिमाचल प्रदेश स्थित हैं। बंदरपूंछ, भागीरथी, गंगोत्री प्रमुख पर्वत शिखर तथा मुलिंगला, थागाला, शृंगकण्ठ प्रमुख हिमालयी दर्रे हैं। उत्तरकाशी जनपद के प्रमुख हिमनद यमुनोत्री, गंगोत्री

और डोरियानी हैं। जनपद का लगभग 70 प्रतिशत भाग उच्च हिमालय क्षेत्र तथा शेष 30 प्रतिशत भाग लघु हिमालय के रूप में स्थित है। जनपद की जलवायु शीतोष्ण कटिबन्धीय है। जनपद के आधे भाग में उष्ण कटिबन्धीय पर्वतीय वन तथा जनपद के उच्च क्षेत्रों पर एल्पाइन या उप एल्पाइन प्राकृतिक वनस्पति पायी जाती है। जनपद का ढाल उत्तर-पूर्व से दक्षिण-पूर्व की ओर है। इस जनपद की मुख्य पर्यटन धरोहरें निम्नवत् हैं—

(i) **विश्वनाथ मन्दिर**—उत्तरकाशी नगर के मध्य में भगवान विश्वनाथ का प्राचीनतम मन्दिर स्थित है। कहा जाता है कि पूर्व में यहाँ पर शिवजी का छोटा मन्दिर स्थित था। यह मन्दिर जीर्ण-शीर्ण हो गया। तब इस मन्दिर का जीर्णोद्धार दौलतराय नेपाली ट्रस्ट द्वारा बाबा काली कमलीवाला क्षेत्र की सहायता से सन् 1910 में कराया गया। गढ़वाल नरेश स्वर्गीय सुदर्शन साह ने भी सन् 1857 ई० में इस मन्दिर का जीर्णोद्धार कराया था। भगवान विश्वनाथ का वर्तमान मन्दिर गढ़वाल की परम्परागत कत्यूरी शैली में 10 फीट ऊंचे पत्थरों से निर्मित चबूतरे पर स्थित है। गर्भगृह के मध्य में भगवान शिव का विशाल, प्राकृतिक शिवलिंग है जिस पर ताम्रघट से निरन्तर जल की बूंदें टपकती रहती हैं। एक ओर गणेश जी की संगमरमर की तथा उसके आगे देवी पार्वती की काले पत्थर की प्रतिमा स्थापित है। सभा मण्डप में लिंग की ओर उन्मुख नन्दी की प्रतिमा है।

(ii) **शक्ति मन्दिर**—विश्वनाथ मन्दिर के प्रांगण में ही शक्ति का मन्दिर है। यद्यपि मन्दिर का भवन तो अधिक प्राचीन नहीं है किन्तु इसमें एक अत्यन्त प्राचीनकालीन त्रिशूल स्थापित है। किंवदन्ती है कि देव-असुर संग्राम के समय यह शक्ति रूपी त्रिशूल आकाश से भूमि पर गिर पड़ा था तथा यहाँ पर गड़ गया। इस त्रिशूल की गोलाई ऊपरी सिरे पर 10 फीट 15 इंच तथा नीचे की ओर आठ फीट नौ इंच है। इसका ऊपरी हिस्सा लोहे तथा निचला हिस्सा पीतल से निर्मित है त्रिशूल पर चार स्तम्भों पर आवृत्त छतरी है तथा इसके शिखर भाग पर पीतल का कलश स्थित है। स्थानीय निवासियों का मत है कि यहाँ पूर्व में तिब्बतियों का अधिकार था, यह रचना उन्हीं की है। पंडितों के अनुसार ईश्वर के चमत्कार के कारण ही यह त्रिशूल सीधा खड़ा है। पहले इसके ऊपर एक मन्दिर स्थित था जो सन् 1803 ई० में भूकम्प के कारण नष्ट हो गया।

(iii) **कृत्ति वासेश्वर मन्दिर**—विश्वनाथ मन्दिर के समीप ही अत्यन्त प्राचीन कृत्ति वासेश्वर मन्दिर स्थित है। वर्तमान मन्दिर का भवन लगभग 40 वर्ष प्राचीन है। मन्दिर प्राचीन कत्यूरी शैली में निर्मित है। पीछे गर्भगृह में शिवलिंग प्रतिष्ठित है। इसके बाहर सभागृह स्थित है। इस सभागृह में कोई प्रतिमा स्थापित नहीं है। जन साधारण में यह मन्दिर कीर्तिमालेश्वर मन्दिर के नाम से भी प्रसिद्ध है।

(iv) **हनुमान मन्दिर**—विश्वनाथ मन्दिर तथा कृत्ति वासेश्वर मन्दिर के मध्य में हनुमान मन्दिर स्थित है। यह नवीन तथा अत्यन्त भव्य मन्दिर है। मन्दिर के गर्भगृह में हनुमान जी की चार फीट ऊँची संगमरमर की भव्य प्रतिमा स्थापित है। गर्भगृह के चारों ओर बरामदा है तथा चारदीवारी से घिरा हुआ विशाल प्रांगण है।

(v) **कोटेश्वर महादेव मन्दिर**—यह मन्दिर श्री त्रोटकाचार्य आश्रम में स्थित है। इस मन्दिर में कोटेश्वर महादेव की उपस्थिति अनादिकाल से मानी जाती है। इस स्थान पर शंकराचार्य तथा त्रोटकाचार्य की कोई स्मृति न देखकर स्वामी गिरीशानन्द ने यहाँ पर विक्रम संवत 1982 में मन्दिर और आश्रम की स्थापना की थी। इस मन्दिर में गर्भगृह के मध्य में

प्राकृतिक शिवलिंग स्थित है। इस पर सर्प के फन की छाया की गई है। लिंग के चारों ओर पंचदेव—सूर्य, विष्णु, हनुमान, गणेश तथा पार्वती की प्रतिमायें स्थापित की गई हैं। गर्भगृह के चारों ओर परिक्रमा रूपी बरामदा भी है। त्रोटकाचार्य आश्रम में इस मन्दिर के अतिरिक्त शंकराचार्य और कालभैरव के मन्दिर भी स्थापित हैं।

(vi) **श्रीगोपाल मन्दिर**—यह मन्दिर उत्तरकाशी नगर में जिला पुस्तकालय के सामने स्थित उदासीन आश्रम में बनाया गया है। मन्दिर अत्यन्त प्राचीन है। मन्दिर के साथ ही सिखों का गुरुद्वारा भी स्थित है। स्वामी भूमानन्द ने इस मन्दिर तथा आश्रम का निर्माण कराया था। मन्दिर में श्रीकृष्ण की संगमरमर की तीन फीट ऊँची प्रतिमा स्थापित है। आश्रम वस्तुतः यात्रियों के विश्राम हेतु बनवाया गया था, परन्तु वर्तमान में आश्रम के आधे भाग में मन्दिर, गुरुद्वारा और मन्दिर में आने वाले स्वामियों तथा पुजारियों के निवास हैं तथा आधे भाग में गृहस्थजनों के निवास हैं।

(vii) **एकादश रुद्रेश्वर मन्दिर**—विश्वनाथ मन्दिर से दक्षिण की ओर लगभग 200 गज की दूरी पर यह मन्दिर स्थित है। इसे जयपुर के महाराज ने बनवाया था। मन्दिर के निर्माण में राजस्थान के आकर्षक लाल तथा श्वेत प्रस्तरों का प्रयोग किया गया है। मन्दिर का शिखर स्वर्ण निर्मित है। इस मन्दिर में शिव के 11 लिंग स्थापित हैं। ये लिंग तीन पंक्तियों में हैं। एक ओर आले में पार्वती तथा दूसरी ओर के आले में गणेश जी स्थापित हैं। मन्दिर का गर्भगृह श्वेत संगमरमर से निर्मित है। इसके चारों ओर के द्वार पीतल से निर्मित हैं।

(viii) **अम्बादेवी मन्दिर**—यह मन्दिर एकादश रुद्रेश्वर मन्दिर के प्रांगण में ही स्थित है। इसकी स्थापना सन् 1901 ई० में हुई थी। मन्दिर में अष्टधातु निर्मित अम्बादेवी की लगभग दो फीट ऊंची मूर्ति स्थापित है। चतुर्भुजी अम्बादेवी कमल पर आसीन हैं। इनके समक्ष अष्टधातु की अम्बादेवी की लगभग छह इंच की प्रतिमा भी है। प्रतिमा के समीप स्फटिक निर्मित श्रीयंत्र है। श्रीयंत्र के साथ गणेश जी की प्रतिमा भी स्थापित है। मन्दिर कक्ष के बाहर अंबिका वाहन सिंह की प्रतिमा स्थित है।

(ix) **गोपेश्वर मन्दिर**—विश्वनाथ मन्दिर से पूर्व की ओर कुछ ही दूरी पर गोपेश्वर महादेव का मन्दिर स्थित है। मन्दिर भूमि के आधार से पर्याप्त ऊंचाई पर स्थित है। वर्तमान समय में मन्दिर उपेक्षा का शिकार है। यह मन्दिर भी प्राचीन कत्यूरी शैली में ही निर्मित है। मन्दिर के गर्भगृह में भगवान शिव का पाषाण निर्मित विशाल लिंग स्थापित है। एक ओर गणेश जी की प्रतिमा तथा कुछ प्राचीन अवशेष स्थित हैं। गर्भगृह के आगे सभा मण्डप है, जिसमें शिवाभिमुख नंदी की प्रतिमा है।

(x) **दत्तात्रेय मन्दिर**—यह मन्दिर जीर्ण-शीर्ण अवस्था में है। पूर्व में यहाँ पर भगवान दत्तात्रेय की अष्टधातु निर्मित चार फीट ऊंची प्रतिमा स्थापित थी। काफी समय पूर्व यह प्रतिमा चुरा ली गई। दत्तात्रेय के नाम से पूजित यह प्रतिमा भगवान बुद्ध की भी मानी गई है। राहुल सांकृत्यायन का मत है कि 11वीं शताब्दी के प्रारम्भ में थोलिंग गुंबा के बनाने वाले यशेप्रोद के पुत्र देव भट्टारक नागराज ने यहाँ पर विशाल बौद्ध मन्दिर बनवाया था, जिसकी अति सुन्दर बुद्ध प्रतिमा दत्तात्रेय के नाम से पूजी जाती रही।

(xi) **परशुराम मन्दिर**—यह मन्दिर पौराणिक दृष्टि से अत्यन्त महत्वपूर्ण है। परशुराम के सौम्य हो जाने से ही उत्तरकाशी को 'सौम्यकाशी' नाम प्राप्त हुआ। मन्दिर बाड़ाहाट मुहल्ले में

दत्तात्रेय मन्दिर के समीप स्थित है। उपेक्षित होने के कारण मन्दिर की अवस्था जीर्ण-शीर्ण है। मन्दिर के गर्भगृह में परशुराम की प्रतिमा स्थापित है। पूर्व में यहाँ पर दशावतार की प्रतिमायें, पृष्ठभूमि तथा दाएं-बाएं पार्श्व में नवगृह की प्रतिमायें भी थीं। वर्तमान समय में इन प्रतिमाओं का कुछ पता नहीं है। मन्दिर के गर्भगृह के बाहर लगे एक शिलालेख से विदित होता है कि वर्तमान भवन की रचना सुदर्शन शाह के समय हुई थी। मन्दिर के मुख्य द्वार पर बर्वरीक आदि के चित्र उत्कीर्ण हैं।

(xii) **लक्षेश्वर महादेव मन्दिर**—लक्षेश्वर महादेव का मन्दिर उत्तरकाशी से एक मील की दूरी पर, गंगोत्री मार्ग पर स्थित है। यह मोटर मार्ग से नीचे भागीरथी नदी के तट पर स्थित है। मोटर मार्ग से ऊपर पर्वत पर कोट बंगला नामक स्थान स्थित है। विश्वनाथ मन्दिर की भांति यह मन्दिर भी भगवान शिव का अनादि स्थान है। यह भी मान्यता है कि यहाँ पाण्डवों के निवास के लिये दुर्योधन ने लाक्षा भवन बनवाया था। यहाँ उस समय की प्राचीन जली हुई ईंटें दिखाई देती हैं। मन्दिर के मध्य में, गर्भगृह में जलहरी के अन्दर शिवलिंग स्थापित है। उसके समीप अष्टभुजी पार्वती, गणेश तथा नन्दी की श्वेत संगमरमर से निर्मित प्रतिमायें स्थापित हैं। शिवलिंग के चारों ओर परिक्रमा मार्ग है, जिसमें द्वार के सामने यज्ञ कुंड है। इसके सामने एक अन्य कुण्ड है और उसके आगे छोटा सा बरामदा है। मन्दिर के चारों ओर खुला प्रांगण है। प्रांगण से नीचे उतरकर मन्दिर की ओर उन्मुख विशाल नन्दी की पाषाण प्रतिमा स्थित है जो अब जीर्ण-शीर्ण अवस्था में है। इसके समीप एक विशाल चंपा वृक्ष स्थित है। माह अगस्त-सितम्बर में इसके पुष्पों से चारों ओर का वातावरण सुगन्धित हो जाता है।

(xiii) **दुर्गा मन्दिर**—यह मन्दिर बाड़ाहाट के ऊपर, जहाँ उजेली प्रारम्भ होता है, स्थित है। इसके समीप ही उत्तरकाशी का प्रसिद्ध संस्कृत महाविद्यालय स्थित है। मन्दिर के एकमात्र गर्भगृह में दुर्गा देवी की प्रतिमा स्थापित है। बाह्य रूप के साथ ही तीन प्रतिमायें हैं जो तीन मातृकाओं की प्रतीत होती हैं। बाह्य द्वार के दाहिनी ओर लगे शिलालेख से स्पष्ट होता है कि इस मन्दिर की स्थापना 1 चैत्र शुक्ल दसवीं को संवत 1927 विक्रमी में हुई थी।

(xiv) **मणिकर्णिका घाट**—यह घाट काली कमली धर्मशाला से पूर्व की ओर स्थित है। इसका जीर्णोद्धार सन् 1955-56 ई० में किया गया था। घाट के समीप ही ब्रह्म कुण्ड स्थित है तथा ब्रह्म कुण्ड के नीचे रुद्रकुण्ड है। ऐसी मान्यता है कि यहाँ पर स्नान करने से पापों से मुक्ति मिलती है। अतः इस घाट को 'पाप विमोचन तीर्थ' कहा गया है।

इसके अतिरिक्त उत्तरकाशी जनपद में अन्य अनेक मन्दिर स्थित हैं। इनमें से प्रमुख हैं- श्री काली सत्यनारायण मन्दिर, राम मन्दिर, जड़-भरत मन्दिर, केदारनाथ मन्दिर, भैरव मन्दिर, रेणुकादेवी मन्दिर, विमलेश्वर महादेव मन्दिर तथा कुटेटी देवी मन्दिर आदि। इसके अतिरिक्त उत्तराखण्ड के चार धामों में से दो धाम—गंगोत्री और यमुनोत्री जनपद उत्तरकाशी में ही स्थित हैं, जिनका पूर्व में 'चार धाम' के अन्तर्गत विस्तृत वर्णन प्रस्तुत किया जा चुका है।

5. पौड़ी-गढ़वाल जनपद

इस जनपद तथा गढ़वाल मण्डल का मुख्यालय पौड़ी में है। इसका कुल क्षेत्रफल 5400 वर्ग किमी है। जनपद की कुल जनसंख्या 6,96,851 है। इसमें 3,31,138 पुरुष और 3,65,713 स्त्रियाँ हैं। पौड़ी गढ़वाल की साक्षरता दर 77.99 प्रतिशत है। यहाँ का जनसंख्या घनत्व 129 व्यक्ति प्रति वर्ग किमी है। जनपद में छह तहसीलें—कोटद्वार, धूमाकोट, लैंसडाउन, थलीसैंण,

श्रीनगर तथा पौड़ी स्थित हैं। पौड़ी गढ़वाल के प्रमुख पर्वत शिखर मणिकूट, पौड़ी तथा लैंसडाउन तथा प्रमुख नदियाँ—गंगा, अलकनन्दा तथा रामगंगा हैं। जनपद के उत्तर में चमोली, उत्तर-पूर्व में टिहरी एवं रुद्रप्रयाग, पूर्व में अल्मोड़ा, दक्षिण-पूर्व में नैनीताल, दक्षिण-पश्चिम में हरिद्वार और पश्चिम में देहरादून जनपद स्थित हैं। प्राकृतिक दृष्टि से जनपद का आधा उत्तरी भाग लघु हिमालयी क्षेत्र तथा आधा दक्षिणी भाग हिमालयी तलहटी में आता है। यहाँ की जलवायु शीतोष्ण कटिबन्धीय प्रकार की है। जनपद के दक्षिणी भाग में उष्णार्द्र पतझड़ वाले वन तथा उत्तरी भाग में उष्ण कटिबन्धीय पर्वतीय वन पाये जाते हैं। जनपद का ढाल उत्तर-पूर्व से दक्षिण को है। यहाँ के प्रमुख मेले हैं—बैखुण्ड चतुर्दशी, गेंदी का खकोटी, सिद्धबली एवं दनगल आदि। पौड़ी गढ़वाल की प्रमुख पर्यटन धरोहरों का संक्षिप्त परिचय प्रस्तुत है—

(i) **किंकालेश्वर मन्दिर**—किंकालेश्वर मन्दिर पौड़ी नगर से मात्र तीन किमी की दूरी पर स्थित है। यह भगवान शिव का अत्यन्त प्राचीन और महत्वपूर्ण मन्दिर है। इस मन्दिर का उल्लेख केदारखण्ड पुराण में मिलता है, जिसे कीनाश पर्वत पर अवस्थित बताया गया है। माना जाता है कि यहीं पर धर्मराज यमराज ने तपस्या की थी। आज भी मन्दिर के निकट वह गुफा विद्यमान है। मन्दिर सुन्दर प्राकृतिक दृश्य के मध्य स्थित है। यहाँ से न केवल हिमालय का विहंगम दृश्य दिखलाई पड़ता है, बल्कि नीचे श्रीनगर में बहती हुई अलकनन्दा नदी का अवलोकन भी किया जा सकता है। मन्दिर तक पहुँचने के दो मार्ग हैं—एक मोटर मार्ग, दूसरा पैदल मार्ग। इस मन्दिर में शिवरात्रि एवं जन्माष्टमी पर श्रद्धालुओं की भारी भीड़ जमा रहती है।

(ii) **नागदेवता मन्दिर**—नागदेवता का यह छोटा सा मन्दिर पौड़ी नगर से कंडोलिया-बुवाखाल मार्ग पर देवदार के घने जंगलों के मध्य स्थित है। यह मन्दिर गढ़वाल संभाग में नागों के निवास और नागपूजा परम्परा को सिद्ध करता है। इस छोटे से गुफानुमा मन्दिर में पत्थर पर नाग की आकृति गढ़ी गई है। श्रद्धालु इसी आकृति की आराधना करते हैं। इसके निकट पानी का प्राकृतिक स्रोत स्थित है। इस मन्दिर से पौड़ी की सबसे ऊंची पर्वत चोटी झण्डीधार के लिये चढ़ाई की जाती है। इस चोटी से हिमालय की विभिन्न पर्वत शृंखलाओं के दर्शन किये जा सकते हैं।

(iii) **ज्वाल्पा देवी**—ज्वाल्पा देवी सिद्ध पीठ मानी जाती है। यह कोटद्वार-पौड़ी मोटर मार्ग पर पौड़ी नगर से 33 किमी पहले स्थित है। नबालका नदी के तट पर दाहिनी ओर स्थित इस प्राचीन सिद्ध पीठ को नये रूप में सँवारा गया है। केदारखण्ड पुराण के अनुसार सतयुग में इस स्थान पर दैत्यराज पुलोम की कन्या शची ने देवराज इन्द्र को पति के रूप में प्राप्त करने के लिये हिमालय की अधिष्ठात्री देवी पार्वती की आराधना की थी। शची की तपस्या से प्रसन्न होकर पार्वती ने दीप्यमान दीप ज्वालेश्वरी के रूप में दर्शन देकर उसकी मनोकामना पूर्ण होने का वरदान दिया था। माँ पार्वती का जो प्रकाशमय रूप प्रकट हुआ उसे स्कन्दपुराण में दीप्तजालेश्वरी कहा गया है। यह दीप्तजालेश्वरी नाम ही जन भाषा में ज्वाल्पा देवी कही जाने लगी। इस मन्दिर में अखण्ड ज्योति प्रज्वलित रहती है।

(iv) **लक्ष्मीनारायण मन्दिर**—पौड़ी नगर में बस स्टैंण्ड के निकट कोटद्वार मार्ग पर स्थित यह मन्दिर अधिक प्राचीन तो नहीं है, किन्तु लोगों की अपार आस्था और श्रद्धा का केन्द्र अवश्य है। यह मन्दिर मूल रूप से तो भगवान विष्णु का मन्दिर है, परन्तु हिन्दू धर्म की धार्मिक सहिष्णुता के कारण इसमें अन्य देवी-देवताओं की प्रतिमायें स्थापित हैं।

(v) **विनसर महादेव मन्दिर**—यह मन्दिर पौड़ी नगर से 49 किमी दूर स्थित थलीसैंण तहसील से 25 किमी दूर स्थित है। 25 किमी का यह मार्ग पैदल ही तय करना पड़ता है। यह मन्दिर मात्र पौड़ी-गढ़वाल का नहीं अपितु सम्पूर्ण उत्तराखण्ड राज्य का अत्यन्त महत्वपूर्ण एवं प्राचीन मन्दिर है। यह पुरातात्विक दृष्टि से भी महत्वपूर्ण मन्दिर है। समुद्रतल से लगभग 8000 फीट की ऊँचाई पर स्थित यह मन्दिर भगवान शिव का है तथा देवदार के घने वृक्षों के मध्य सुरम्य वातावरण को स्वयं में समेटे हुए है। किंवदन्ती है कि कभी इस वन में पाण्डवों ने वास किया था। पाण्डव इस वन में एक वर्ष के अज्ञातवास के लिये आये थे और उन्होंने इस मन्दिर का निर्माण मात्र एक रात्रि में ही कर दिया था। विशाल शिलाखण्डों से निर्मित इस मन्दिर का वास्तु शिल्प अद्वितीय है। मन्दिर के ठीक ऊपर एक बड़ी गुफा स्थित है जिसे 'मूस उड्यार' के नाम से जाना जाता है। यह भी कहा जाता है कि राजमाता कर्णावती ने इस भूमि पर मुगल सेना के सवा लाख सैनिकों को परास्त किया था परन्तु इस युद्ध में रानी कर्णावती के पति महीपति शाह शहीद हो गये। रानी ने इस मन्दिर का दुर्ग मुगल सेना को परास्त करने के पश्चात श्रद्धापूर्वक बनवाया।

(vi) **राज राजेश्वरी मन्दिर समूह**—श्रीनगर से लगभग 18 किमी दूर देवलगढ़ नामक स्थान पर मध्यकालीन राज राजेश्वरी मन्दिर समूह अपनी प्राचीन गरिमा के साथ स्थित है। देवल के नाम से ज्ञात इन मन्दिरों में गौरा देवी तथा कंस मर्दिनी की प्रतिमायें अधिक प्राचीन मानी गई हैं। इनके बारे में मान्यता है कि इन प्रतिमाओं को कांगड़ा के किसी राजा ने स्थापित करवाया था और उसी राजा ने देवलगढ को भी बसाया था। यह मन्दिर नौवीं से चौदहवीं शताब्दी के मध्य के माने जाते हैं। सन् 1512 ई० में गढ़वाल के राजा अजयपाल ने चांदपुर गढ़ी से अपनी राजधानी हटाकर देवलगढ़ में स्थापित की और यहाँ सत्यनाथ, काल भैरव तथा अपनी कुल देवी राज राजेश्वरी के श्रीयंत्र की स्थापना की। गौरा देवी का भव्य मन्दिर चबूतरे पर स्थित है। इसका प्रवेश द्वार अलंकृत चौखटों से सुसज्जित है। ये कलाकृतियाँ लोक कला के अद्वितीय एवं उत्कृष्ट उदाहरण हैं।

(vii) **ताड़केश्वर धाम**—लैंसडाउन तहसील की बदलपुर पट्टी में समुद्रतल से 6000 फीट की ऊँचाई पर स्थित यह मन्दिर लगभग पाँच किमी की परिधि के सघन एवं गगनचुम्बी देवदार वन क्षेत्र में अत्यन्त सुरम्य वातावरण में स्थित है। यहाँ पानी का एक छोटा सा कुण्ड है, जिसका पानी कभी कम नहीं होता। यह जनविश्वास है कि ग्रामवासियों को ताड़केश्वर भगवान कभी कोई गलत कार्य नहीं करने देते। यदि कोई व्यक्ति मन में कोई कुविचार लाता भी है तो ताड़केश्वर भगवान उस व्यक्ति के अंतर्मन को सचेत कर देते हैं।

(viii) **यमकेश्वर मन्दिर**—पौड़ी जनपद का यह उल्लेखनीय मन्दिर हरिद्वार से लगभग 80 किमी पूर्व की दिशा में तथा इस जनपद की शतरुद्रा नदी के तट पर स्थित है। यद्यपि यह एक छोटा सा मन्दिर है, किन्तु इसके सम्बन्ध में कहा जाता है कि यह मन्दिर यमराज द्वारा भगवान मृत्युंजय यमकेश्वर महादेव की पूजा अर्चना के लिये बनवाया था। यह भी कहा जाता है कि जब शिव द्वारा यमराज परास्त हो गये, तब यमराज ने उनके लिंग की स्थापना करके पूजा-अर्चचा की थी। केदारखण्ड पुराण के अनुसार इस स्थान से कुछ दूर शतरुद्रा के उद्गम स्थल पर मृकण्डु ऋषि के अल्पायु पुत्र मार्कण्डेय ने दीर्घायु के लिये तप किया था। इसलिये सहज ही लोक आस्था बन गई है कि यहाँ पूजा-अर्चना करने से व्यक्ति दीर्घायु को प्राप्त करता है।

(ix) **कमलेश्वर मन्दिर**—इस प्राचीन शिव मन्दिर का उल्लेख पुराणों में भी मिलता है। इसमें शिव और विष्णु साथ-साथ प्रतिष्ठित हैं। श्रीनगर स्थित इस मन्दिर में प्रतिवर्ष बैकुण्ठ चतुर्दशी के पर्व पर विशेष पूजा का आयोजन होता है। इस आयोजन में नि:सन्तान दम्पत्ती विशेष रूप से सम्मिलित होते हैं। मान्यता है कि उस रात्रि में हाथ में प्रज्वलित दीप लेकर खड़े होने से नि:सन्तान को संतान और प्राय: पुत्र रत्न की प्राप्ति होती है। विगत कुछ वर्षों से वैकुण्ठ चतुर्दशी के धार्मिक पर्व को मेले एवं विकास प्रदर्शनी का रूप दे दिया गया है और यह राष्ट्रीय स्तर का मेला बन गया है। कमलेश्वर मन्दिर को उस सुप्रसिद्ध पौराणिक प्रसंग से जोड़ा जाता है, जिसमें भगवान विष्णु ने दिव्यास्त्र प्राप्त करने के लिये भगवान शिव की आराधना एक हजार कमलों से की थी। 999 कमलों से पूजा के उपरान्त जब एक कमल उनकी परीक्षा लेने के लिये शिवजी ने छिपा दिया, तब विष्णु जी अपने एक नेत्र को ही पूजा के लिये अर्पित कर देने हेतु तैयार हो गये थे।

(x) **शंकरमठ**—यह प्राचीन मन्दिर भी श्रीनगर में ही स्थित है। यह पुराने श्रीनगर क्षेत्र में एस.एस.बी. के निकट राजकीय पॉलीटेक्निक संस्थान के पीछे स्थित है। यह मन्दिर मुख्यत: विष्णु विश्व मोहनी को समर्पित है। राजपरिवार द्वारा निर्मित इस प्राचीन मन्दिर में काले पत्थर की अद्वितीय प्रतिमा स्थापित है। यह भव्य प्रतिमा शिल्प कला का उत्कृष्ट उदाहरण है। लगभग चार फीट ऊँचे तथा तीन फीट चौड़े आभायुक्त काले पत्थर से निर्मित यह प्रतिमा दुर्लभ है। इसके दाहिनी ओर द्वारिकाधीश एवं बाईं ओर राज राजेश्वरी की भव्य प्रतिमायें स्थापित हैं। ये प्रतिमायें भी काले पत्थर से निर्मित हैं। कहा जाता है कि शंकरमठ का निर्माण शंकराचार्य द्वारा अपनी उत्तराखण्ड यात्रा के दौरान कराया गया था। बाद में गढ़वाल नरेश प्रदीप शाह के मंत्री शंकर डोबाल ने सन् 1785 ई० में इसका जीर्णोद्धार कराया। एक पौराणिक गाथा के अनुसार यहाँ एक समय में प्रतापी सम्राट नरिस्यान ने देवराज इन्द्र द्वारा अपहृत अश्वमेघ यज्ञ के घोड़े को छुड़ाने के लिये तप किया था और भगवान शिव के आशीर्वाद से उस घोड़े को छुड़ाने में सफल हुए थे। इसलिये इस क्षेत्र को 'अश्व तीर्थ' भी कहा जाता है।

(xi) **डांडा नागराजा मन्दिर**—पौड़ी से 37 किमी दूरी पर स्थित एक छोटा सा नागराजा मन्दिर है। इस मन्दिर को डांडा नागराजा मन्दिर के नाम से जाना जाता है। इस मन्दिर में लोग अपनी मनोकामनाओं की पूर्ति हेतु आते हैं तथा इनके पूरा होने के पश्चात पुन: इस मन्दिर में दर्शनार्थ पहुँचते हैं। इस मन्दिर में बैशाखी के दिन मेले का आयोजन किया जाता है।

उपरोक्त के अतिरिक्त इस जनपद में स्थित प्रमुख एवं अन्य मन्दिर हैं—बद्रीनाथ मन्दिर, कल्याणेश्वर मन्दिर, शीतला माता मन्दिर, हनुमान मन्दिर, नागेश्वर मन्दिर, शनि मन्दिर, अलकेश्वर महादेव मन्दिर तथा गोरखनाथ गुफा आदि।

6. रुद्रप्रयाग जनपद

गढ़वाल मण्डल में स्थित रुद्रप्रयाग जनपद एक नवगठित जनपद है। इसका मुख्यालय रुद्रप्रयाग में है। 2252 वर्ग किमी क्षेत्रफल वाले इस जनपद की कुल जनसंख्या 2,27,561 है। इसमें 1,07,425 पुरुष एवं 1,20,036 महिलायें हैं। जनपद का जनसंख्या घनत्व 120 व्यक्ति प्रति वर्ग किमी तथा लिंगानुपात 1117 महिलायें प्रति एक हजार पुरुष है। अलकनन्दा-मन्दाकिनी के संगम पर अवस्थित यह लब्धप्रतिष्ठित प्रयाग केदारनाथ और बद्रीनाथ धाम यात्रा मार्ग का महत्वपूर्ण पड़ाव भी है। इस जनपद की साक्षरता दर 74.23 प्रतिशत है। 16 सितम्बर, 1997 ई०

को रुद्रप्रयाग चमोली जनपद से पृथक हुआ। जनपद के उत्तर में उत्तरकाशी, पूर्व में चमोली, दक्षिण में पौड़ी गढ़वाल तथा पश्चिम में टिहरी गढ़वाल जनपद स्थित हैं। इन जनपद में दो तहसीलें—रुद्रप्रयाग तथा ऊखीमठ और तीन विकासखण्ड—अगस्तमुनि, ऊखीमठ तथा जखोली स्थित हैं। इस जनपद के प्रमुख ताल हैं—वासुकीताल, देवकीताल, कान्हाताल तथा गौरी कुण्ड। यहाँ का प्रमुख वन्यजीव अभयारण्य केदारनाथ है। यहाँ का प्रमुख पर्वत चौखम्बा, प्रमुख हिमनद चौराबाड़ी तथा प्रमुख मार्ग राष्ट्रीय राजमार्ग संख्या-109 है। प्राकृतिक दृष्टि से जनपद का उत्तरी भाग उच्च हिमालयी श्रेणी में आता है तथा जनपद का लगभग दो-तिहाई भाग लघु हिमालयी क्षेत्र के रूप में है। जनपद का ढाल उत्तर-पूर्व से दक्षिण-पश्चिम दिशा की ओर है। रुद्रप्रयाग जनपद की प्रमुख पर्यटन धरोहरें निम्नवत हैं—

(i) **केदारनाथ धाम**—रुद्रप्रयाग जनपद में स्थित केदारनाथ धाम का उल्लेख इसी अध्याय में, पूर्व में, विस्तारपूर्वक किया जा चुका है।

(ii) **कोटेश्वर महादेव मन्दिर**—यह कोटर गुफा मन्दिर रुद्रप्रयाग नगर से लगभग 5 किमी दूर अलकनन्दा नदी के दूसरे तट पर बेलाग्राम के निकट स्थित है। गुफा तक पहुँचने के लिये चट्टानें काटकर सीढ़ियाँ निर्मित की गई हैं। नीचे उतरने पर दो मन्दिर दिखाई पड़ते हैं—प्रथम मन्दिर शिव का अद्वितीय तथा सौम्य मूर्ति युक्त मन्दिर है। दूसरे मन्दिर के रूप में, गुफा में जल धाराओं से प्राकृतिक रूप से निर्मित छोटी-बड़ी सैकड़ों शिव-आकृतियाँ हैं। इन 'कोटिश' 'ईश' अर्थात सैकड़ों ईश्वरीय आकृतियों के कारण ही सम्भवतः इस मन्दिर को कोटेश्वर महादेव कहा जाता है। इन आकृतियों का निर्माण प्रायः होता रहता है। प्रकृति की यह आध्यात्मिक लीला पर्यटकों को विस्मय में डाल देती है। गुफा मन्दिर के नीचे भी कुछ सीढ़ियाँ बनी हुई हैं, जो पद तल में बहती हुई अलकनन्दा के जल का स्पर्श करती हैं।

(iii) **त्रिजुगीनारायण**—त्रिजुगीनारायण सोनप्रयाग से 14 किमी की दूरी पर सड़क मार्ग पर स्थित पौराणिक महत्व का स्थल है। मान्यता है कि इस स्थान पर भगवान शिव और पार्वती का विवाह सम्पन्न हुआ था। यहाँ पर स्थित प्राचीन शिव मन्दिर अत्यन्त सुन्दर है। इसके सामने एक अखण्ड ज्योति प्रदीप्त रहती है। इस ज्योति को शिव-पार्वती विवाह का साक्षी एवं प्रतीक माना जाता है।

(iv) **गुप्तकाशी**—केदारनाथ से 49 किमी पूर्व तथा अगस्त मुनि कुण्ड से पाँच किमी की दूरी पर, 4850 फीट की ऊँचाई पर एक छोटा सा कस्बा गुप्तकाशी स्थित है। यहाँ पर विश्वनाथ अर्द्धनारीश्वर का मन्दिर स्थित है जो कि वास्तुकला का अनुपम उदाहरण है। ऐसी किंवदन्ती है कि महाभारत युद्ध के पश्चात पाण्डव शिव के दर्शनार्थ काशी (वाराणसी) गये थे, परन्तु उस समय शिव गुप्तवास हेतु काशी से इस स्थान पर आ गये थे। अतः शिव के दर्शन हेतु पाण्डव इस स्थान पर आये। अतः इस स्थान का नाम गुप्तकाशी पड़ा। ऐसी भी किंवदन्ती प्रचलित है कि शिव के दर्शन के लिये कुछ ऋषियों ने गुप्त रूप से इस स्थान पर तप किया था। यहाँ स्थित मन्दिर में माँ पार्वती की अत्यन्त सौम्य प्रतिमा स्थित है। साथ ही भगवान विश्वनाथ का स्वयंभू लिंग विराजमान है। मन्दिर परिसर में मणिकर्णिका नामक जलकुण्ड स्थित है जिसमें गणेश मुख से गंगा-यमुना नामक दो धारायें गिरती हैं।

(v) **अगस्त्येश्वर महादेव मन्दिर**—रुद्रप्रयाग-केदारनाथ मोटर मार्ग पर अगस्तमुनि कस्बा स्थित है। इस कस्बे में अगस्त्येश्वर महादेव का प्राचीन मन्दिर स्थित है। इस मन्दिर में हर-गौरी की अत्यन्त मनोहारी पाषाण प्रतिमा अवस्थित है। इसके साथ ही तांबे की एक प्रतिमा

भी स्थित है। इस प्रतिमा का आकार लगभग तीन फीट लम्बा तथा डेढ़ फीट चौड़ा है। इस प्रतिमा का जटाजूट चाँदी के मुकुट से आवृत्त रहता है।

(vi) **कार्तिकेय मन्दिर**—रुद्रप्रयाग-पोखरी मार्ग पर स्थित एक छोटे से स्थान कनकचौरी से तीन किमी की चढ़ाई के उपरान्त कार्तिकेय मन्दिर स्थित है। यह मन्दिर लगभग 8000 फीट की ऊँचाई पर क्रौंच पर्वत चोटी पर अवस्थित है। मन्दिर के आसपास व्याप्त बर्फाच्छादित पर्वत शृंखलायें अत्यन्त मनोहारी दृश्य उत्पन्न करती हैं। नीचे नीली धूसर घाटी तथा घाटी के आसपास घना जंगल स्थित है। यह मन्दिर शिव के औरस पुत्र कार्तिक का है। इस मन्दिर में कुछ प्रतिमायें तथा एक स्फटिक पत्थर स्थित है। यह पत्थर पूजा फूलों से ढंका रहता है। ऐसी मान्यता है कि इस स्थान पर देवासुर संग्राम हुआ था तथा कार्तिकेय ने देवताओं का नेतृत्व किया था। इस रूप में कार्तिकेय को देव सेनापति के रूप में पूजा जाता है।

(vii) **ललिता देवी मन्दिर**—गुप्तकाशी से दो किमी की दूरी पर नाला नामक एक छोटे से स्थान पर ललिता देवी का प्राचीन मन्दिर स्थित है। इस मन्दिर में देवी माँ की प्रतिमा के अतिरिक्त शिव, लक्ष्मीनारायण तथा जटाधारी प्रतिमायें स्थित हैं जो कि लगभग खण्डितावस्था में हैं। स्थानीय कथा के अनुसार यहाँ पर राजा नल के गुरु का वास था। ललिता देवी मन्दिर के निकट ही एक और छोटा सा मन्दिर स्थित है। इस मन्दिर के द्वार पर एक अभिलेख मिलता है जिसके अनुसार राजा महादेव ने इस देव मन्दिर का पुण्यार्थ निर्माण करवाया था। एक समय में इस स्थान पर बौद्ध मत की प्रधानता थी किन्तु आदि-गुरु शंकराचार्य के आगमन के पश्चात यह प्रभाव क्षीण हो गया तथा शैव मत का आधिपत्य स्थापित हो गया।

(viii) **हरियाली देवी सिद्धपीठ**—रुद्रप्रयाग जनपद में जसोली नामक गाँव में समुद्रतल से लगभग 1371 मीटर की ऊँचाई पर एक प्राचीन मन्दिर स्थित है जिसे त्रिपुर बालासुन्दरी देवी का मन्दिर माना जाता है। यही श्री हरियाली देवी सिद्धपीठ है। इस मन्दिर को एक सिद्धपीठ के रूप में मान्यता प्राप्त होने के पीछे यह लोक विश्वास प्रचलित है कि जब महामाया ने देवकी की सातवीं सन्तान के रूप में जन्म लिया, तो कंस ने उसे पृथ्वी पर पटक दिया। महामाया के शरीर के विभिन्न अंगों में से उनका हाथ यहाँ पर गिरा था। इस सिद्धपीठ का महत्व इसलिये भी है कि आज भी पौराणिक परम्पराओं के अनुसार यहाँ नियमों का कठोरतापूर्वक पालन किया जाता है। मन्दिर में प्रवेश करने वालों के लिये कम से कम एक सप्ताह पूर्व से तामसी भोजन प्रतिबन्धित रहता है।

इस मन्दिर में मुख्यत: तीन प्रतिमायें प्रतिष्ठित हैं—माँ हरियाली देवी, क्षेत्रपाल तथा हीत देवी की। हरियाली देवी की आराधना बाला देवी एवं वैष्णव देवी के रूप में भी की जाती है। इस मन्दिर में मुख्य रूप से एक शिला का पूजन किया जाता है जिस पर केश रूपी रेशे अंकित हैं। मन्दिर से आठ किमी की चढ़ाई के पश्चात ऊपर की ओर हरियाली कांठा है। दीपावली से पहले दिन प्रतिवर्ष जसोली से हरियाली कांठा तक देवी की डोली यात्रा चलती है। हरियाली कांठा में देवी पूजा के उपरान्त ही दीपावली का त्यौहार मनाया जाता है। इस मन्दिर पर जन्माष्टमी के दिन भी मेले का आयोजन किया जाता है और पूजा-अर्चना भी की जाती है।

(ix) **ओंकारेश्वर मन्दिर, ऊखीमठ (ऊषीमठ)**—केदारनाथ से लगभग 60 किमी की दूरी पर ऊखीमठ नामक स्थान पर भगवान केदारेश्वर (शिव) का एक प्राचीन मन्दिर स्थित है जिसमें गढ़ी हुई पाषाण शिलाओं का प्रयोग किया गया है। मन्दिर के अन्दर बद्रीनाथ, तुंगनाथ,

ओंकारेश्वर, केदारनाथ, उषा-अनिरुद्ध, मांधाता तथा सतयुग, द्वापर और त्रेता की अनेक प्रतिमायें स्थित हैं। यह मन्दिर केदारेश्वर भगवान का गद्दी स्थान है। जब केदारनाथ के पट छह माह के लिये बन्द हो जाते हैं, तब उनकी उत्सव मूर्ति इसी मन्दिर में रखी जाती है और पट खुलने तक केदारनाथ की पूजा-अर्चना इसी मन्दिर में होती है। लगभग 4500 फीट की ऊँचाई पर स्थित इस मन्दिर के एक कमरे में कुंती और द्रौपदी सहित पाँच पाण्डवों की प्रतिमायें स्थित हैं। किंवदन्ती प्रचलित है कि पूर्वकाल में यहाँ पर वाणासुर निवास करता था। उसकी एक सुन्दर कन्या थी, जिसका नाम उषा था। श्रीकृष्ण के पौत्र अनिरुद्ध से उषा का प्रणय सम्बन्ध स्थापित हो गया था। मन्दिर में स्थित उषा-अनिरुद्ध की प्रतिमा इस किंवदन्ती की प्रामाणिकता को सिद्ध करती प्रतीत होती है। इसके अतिरिक्त मन्दिर में चित्रलेखा, काली, अर्द्धनारीश्वर तथा विष्णु जी की प्रतिमायें भी प्रतिष्ठित हैं।

(x) **कालीमठ सिद्धपीठ**—ऋषिकेश-केदारनाथ मार्ग पर गुप्तकाशी के निकट कालीमठ सिद्धपीठ स्थित है। यह गढ़वाल हिमालय की अत्यन्त मान्यता प्राप्त सिद्धपीठ है। लगभग 4000 फीट की ऊँचाई पर चौखम्बा क्षेत्र में मन्दाकिनी और सरस्वती नदियों के तट पर स्थित इस छोटे से स्थान पर महाकाली, सरस्वती, कालीश्वर महादेव, सिद्धेश्वर महादेव, भैरवनाथ तथा अघोर काली के मन्दिर स्थित हैं। महाकाली के मुख्य मन्दिर में सदैव जलता रहने वाला अग्निकुंड है। पुराणों में इस क्षेत्र को काली क्षेत्र के नाम से सम्बोधित किया गया है। लोककथा के अनुसार इस स्थान पर इंद्रादि देवताओं ने रक्तबीज दैत्य के वध की कामना से भगवती काली की तपस्या की थी। भगवती ने उन्हें काली रूप में दर्शन देकर अभयदान दिया था। तब से इस स्थान का नाम कालीमठ सिद्धपीठ प्रसिद्ध हो गया। इस पावन स्थल को महाकवि कालिदास की जन्मस्थली एवं साधना-सिद्धि की पवित्र भूमि भी माना गया है। कालीमठ मन्दिर से थोड़ा हट कर बने प्राचीन मन्दिरों में प्रतिष्ठित हर-गौरी तथा सरस्वती की प्रतिमायें अद्वितीय हैं। हर-गौरी की 40 इंच लम्बी तथा 24 इंच चौड़ी अत्यन्त आकर्षक प्रतिमा गौरी मन्दिर में स्थित है। इस मन्दिर में शिव चतुर्भुज हैं, गौरी द्विभुज, नीचे गणेश और मयूरारूढ़ कार्तिकेय हैं। कालीमठ घाटी की प्राकृतिक सुषमा भी अत्यन्त मनोहारी है।

7. चमोली जनपद

सीमान्त चमोली जनपद का मुख्यालय गोपेश्वर में स्थित है। इस जनपद का कुल क्षेत्रफल 7226 वर्ग किमी तथा जनसंख्या घनत्व 48 व्यक्ति प्रति वर्ग किमी है। चमोली जनपद की कुल जनसंख्या 3,69,198 है। इसमें पुरुषों की संख्या 1,83,033 तथा महिलाओं की संख्या 1,86,165 है। जनपद की साक्षरता दर 76.23 प्रतिशत है। इस जनपद में 6 तहसीलें—चमोली, कर्णप्रयाग, थराली, जोशीमठ, पोखरी एवं गैरसैंण हैं। इन जनपद के उत्तर में तिब्बत (चीन), उत्तर-पश्चिम में उत्तरकाशी, उत्तर-पूर्व में पिथौरागढ़, दक्षिण-पश्चिम में रुद्रप्रयाग, दक्षिण-पूर्व में बागेश्वर और दक्षिण में अल्मोड़ा जनपद स्थित हैं। इस जनपद की प्रमुख झीलें- हेमकुण्ड, बेनीताल, सतोपंथ, छाकवानीताल, सिलीसमुद्रताल तथा सुखदीताल, प्रमुख हिमनद—दूनागिरी तथा विपराबमक, प्रमुख हिमालयी दर्रे—किंगरी-बिंगरी, नीति, माणा, बराहोती, तुजुंगला तथा शालशाला, प्रमुख नदियाँ—अलकनन्दा, धौलीगंगा तथा पिण्डर, प्रमुख बुग्याल—औली, चोपता, चित्रकांठा, रूपकुण्ड, कल्पनाथ, वेदनी तथा फूलों की घाटी, प्रमुख पर्वत शिखर—नन्दा देवी, कामेट, नन्दादेवी पूर्वी, माणा, चौखम्बा, त्रिशूल, द्रोणागिरी, पंचाचूली, नन्दाकोट, नन्दारकट,

चंगबेग तथा मृगधूनी और मुख्य अभयारण्य—नन्दा देवी तथा फूलों की घाटी हैं। इस जनपद के मुख्य मेले हैं—नन्दा देवी, हरियालीपूड़ा तथा गोचर। प्राकृतिक दृष्टि से जनपद का उत्तरी भाग वृहद् हिमालय में तथा दक्षिणी भाग लघु हिमालय में स्थित है। इस जनपद का ढाल उत्तर-दक्षिण की ओर है। 16 सितम्बर, 1997 से पूर्व तक वर्तमान का जनपद रुद्रप्रयाग इसी जनपद का अभिन्न अंग था। तब यह जनपद उत्तराखण्ड के विशाल पर्यटन स्थल के रूप में पहचाना जाता था। रुद्रप्रयाग के पृथक हो जाने के उपरान्त इस जनपद में स्थित पर्यटन धरोहरों की संख्या में कमी आ गई है। फिर भी इस जनपद में जो शेष पर्यटन धरोहरें विद्यमान हैं, उनमें से श्री बद्रीनाथ धाम, पंच प्रयागों में से तीन प्रयाग—विष्णु प्रयाग, नन्द प्रयाग और कर्णप्रयाग, पंचकेदारों में से तीन केदार—मदमहेश्वर, रुद्रनाथ और कल्पेश्वर तथा पंच बद्री का उल्लेख इस अध्याय में पूर्व में किया जा चुका है। शेष पर्यटन धरोहरों का परिचय प्रस्तुत है—

(i) **गोपीनाथ मन्दिर, गोपेश्वर**—यह मन्दिर गोपेश्वर नगर में, समुद्र तल से 1308 मीटर की ऊँचाई पर स्थित है। भगवान शिव के इस अत्यन्त प्राचीन मन्दिर के प्रांगण में सातवीं शताब्दी का एक अत्यन्त प्राचीन लौह त्रिशूल, शक्ति स्तम्भ के रूप में प्रतिष्ठित है, जो कि इस मन्दिर की बहुमूल्य धार्मिक-ऐतिहासिक धरोहर है। इस त्रिशूल पर एक महत्वपूर्ण अभिलेख अंकित है। इस मन्दिर में भगवान शिव पशीश्वर नाम से विराजमान माने गये हैं। इसमें एक प्राचीन शिवलिंग भी प्रतिष्ठित है, जिसकी पूजा-अर्चना की जाती है। इसके अतिरिक्त इस मन्दिर में विभिन्न देवी-देवताओं की अनेक कलात्मक प्रतिमायें भी स्थापित हैं। इनमें प्रमुख हैं—चतुर्भुज गणेश की प्रस्तर प्रतिमा, सर्वतोभद्र की धातु प्रतिमा और हनुमान, चतुर्भुज विष्णु, गजलक्ष्मी, द्वादशभुजी महिषासुर मर्दिनी, चामुण्डा, स्थानक द्वारपाल, बूटधारी सूर्य तथा ऐरावत आसीन इन्द्र आदि की प्रतिमायें। जब पंचकेदारों में से एक—रुद्रनाथ के कपाट सर्दियों में बन्द कर दिये जाते हैं, तब उनकी उत्सव प्रतिमा को इसी मन्दिर में लाया जाता है तथा रुद्रनाथ के कपाट खुलने तक उनकी पूजा-अर्चना यहीं की जाती है।

(ii) **अनुसूया देवी मन्दिर**—मण्डल नामक स्थान से लगभग छह किमी की पैदल और कठिन चढ़ाई के उपरान्त माता अनुसूया देवी का मन्दिर स्थित है। तुंगनाथ और रुद्रनाथ मन्दिरों को जोड़ने वाली पर्वत श्रृंखलाओं के मध्य लगभग 7000 फीट की ऊँचाई पर स्थित इस मन्दिर को सिद्धपीठ की मान्यता प्राप्त है। लोक कथा के अनुसार आत्रे ऋषि तथा उनकी धर्मपत्नी अनुसूया ने इस स्थान पर तपस्या की थी। यह स्थान अनुसूया आश्रम के नाम से अधिक प्रसिद्ध है। इस मन्दिर को एक हजार वर्ष से भी अधिक प्राचीन माना जाता है। मन्दिर के गर्भगृह में माता अनुसूया की मनोहारी प्रस्तर प्रतिमा प्रतिष्ठित है। आश्रम से कुछ ही दूरी पर मनोरम प्राकृतिक वातावरण में, एक ऊँची चट्टान पर एक प्राकृतिक गुफा भी स्थित है। यह गुफा आत्रे आश्रम के नाम से जानी जाती है। इस गुफा की परिक्रमा करना अत्यन्त पुण्यकारी माना जाता है। परिक्रमा अत्यन्त दुरूह ढंग से की जाती है। गुफा में प्रवेश मार्ग अत्यन्त संकरा एवं विकट है। इसकी विकटता का अनुमान इसी से लगाया जा सकता है कि लेट कर, पेट के बल सरक कर तथा किनारे पर लगी लोहे की सांकल को पकड़ कर ही गुफा तक पहुँचा जा सकता है। गुफा के ठीक सामने अत्यन्त ऊँचाई से एक विशाल झरना गिरता है। इसी झरने की पृष्ठभूमि में ऊँची एवं खड़ी चट्टान पर परिक्रमा पथ स्थित है।

(iii) **गुरुद्वारा हेमकुण्ड साहिब**—हेमकुण्ड साहिब को प्रायः हेमकुण्ड साहिब भी कह दिया जाता है। किन्तु इसका वास्तविक नाम सिख धर्म की भावना के अनुसार हेमकुण्ड साहिब

ही है। चमोली जनपद में स्थित इस स्थान पर एक कुण्ड (ताल) एवं एक भव्य गुरुद्वारा विद्यमान है। यह सिखों का एकमात्र तीर्थ है, जो 4329 मीटर की सर्वाधिक ऊँचाई पर स्थित है। इस तीर्थ का मार्ग है—ऋषिकेश से जोशीमठ होते हुए गोविन्द घाट तक की मोटर यात्रा। तत्पश्चात गोविन्दघाट से विष्णुगंगा को पुल द्वारा पार करके पुलना, भ्यूंडार तथा घांघरिया होते हुए हेमकुण्ड साहिब तक की कठिन पद यात्रा। यहाँ लगभग डेढ़ किमी का वृत्ताकार एक मनोहारी प्राकृतिक सरोवर स्थित है। अपने अत्यन्त स्वच्छ जल के कारण यह सरोवर पर्वत के अंचल में एक दर्पण की भाँति प्रतीत होता है। चूंकि इस सरोवर का प्राचीन नाम लोकपाल रहा है। अतः वर्तमान में इस स्थान को 'लोकपाल हेमकुण्ड साहिब' भी कहा जाता है। यह स्थान सिखों के दसवें गुरु गोविन्द सिंह की साधना स्थली रहा हैं सिखों के पवित्र धर्म ग्रन्थ 'गुरु ग्रन्थ साहिब' के अनुसार गुरु गोविन्द सिंह ने अपने पूर्व जन्म में एक सुन्दर सरोवर के तट पर महाकाल की तपस्या की थी। वही सरोवर वर्तमान का लोकपाल है। इस स्थान के आस-पास बर्फाच्छादित सात पर्वत शिखर भी विद्यमान हैं।

गुरु गोविन्द सिंह जी की तपोभूमि होने के कारण यह स्थान न केवल सिख धर्म के अनुयायियों के लिये, बल्कि अन्य सभी धर्मावलम्बियों के लिये भी एक पावन स्थल के रूप में स्थापित हो चुका है। यही कारण है कि दूर-दूर से धार्मिक पर्यटक इस स्थान पर पहुँचते हैं। वर्तमान में इस स्थान पर एक गुरुद्वारा निर्मित हो चुका है। इस गुरुद्वारे का निर्माण श्रद्धालुओं के एक ट्रस्ट ने करवाया है। इसी हेमकुण्ड ट्रस्ट ने हरिद्वार, ऋषिकेश, श्रीनगर, जोशीमठ तथा गोविन्द घाट आदि स्थानों पर भी गुरुद्वारों का निर्माण करवाया है। इन सभी गुरुद्वारों में श्रद्धालुओं के ठहरने के लिये उत्तम व्यवस्थायें की गयी हैं।

हेमकुण्ड में लक्ष्मण जी का भी एक प्राचीन मन्दिर स्थित है। यहाँ के स्थानीय निवासी गुरु गोविन्द सिंह को लक्ष्मण का अवतार मानते हैं। अतः यहाँ श्रद्धापूर्वक माथा टेकने आते हैं। अतः हेमकुण्ड साहिब को 'लक्ष्मण तीर्थ' भी कहा जाता हैं। यहाँ आने वाले पर्यटकों की संख्या में हो रही निरन्तर वृद्धि को देखते हुए इस क्षेत्र का तीव्र विकास किया जा रहा है। हेमकुण्ड साहिब तक पहुँचने के लिये 1064 सीढ़ियों का निर्माण किया गया है। यहाँ रुका नहीं जाता। चूंकि यह स्थान अत्यन्त ऊँचाई पर स्थित है, अतः श्रद्धालुओं को ऑक्सीजन की कमी का सामना करना पड़ता है।

कुमायूँ मण्डल के जनपदों में स्थित धार्मिक-सांस्कृतिक पर्यटन धरोहरें

8. अल्मोड़ा जनपद

अल्मोड़ा जनपद का क्षेत्रफल 3074 वर्ग किमी है। इस जनपद की कुल जनसंख्या 6,30,567 है। इसमें पुरुषों की संख्या 2,93,848 तथा महिलाओं की संख्या 3,36,719 है। इस प्रकार इस जनपद का लिंगानुपात 1099 महिलायें प्रति एक हजार पुरुष है। यहाँ की कुल साक्षरता दर 74.53 प्रतिशत है। इस जनपद का जनसंख्या घनत्व 205 व्यक्ति प्रति वर्ग किमी है। जनपद में तीन तहसीलें स्थित हैं—अल्मोड़ा, रानीखेत तथा भिकिया सैंण। जनपद के उत्तर में बागेश्वर एवं चमोली, पश्चिम में पौड़ी गढ़वाल, पूर्व में चम्पावत तथा दक्षिण में नैनीताल स्थित हैं। जनपद का मुख्यालय उत्तराखण्ड की ऐतिहासिक-सांस्कृतिक नगरी अल्मोड़ा में है। जनपद में एकमात्र वन्य जीव अभयारण्य—विनसर विद्यमान है। प्राकृतिक दृष्टि से यह जनपद हिमालय तलहटी क्षेत्र में

सम्मिलित किया जाता है। इस जनपद में सदाबहार वन तथा कुछ भागों में पर्वतीय वन पाये जाते हैं। जनपद का ढाल उत्तर से दक्षिण की ओर है। अल्मोड़ा जनपद के प्रमुख मेले हैं—नन्दा देवी, जागेश्वर, सोमनाथ, उत्तरायणी तथा स्याल्दे बिखौती। इस जनपद की प्रमुख पर्यटन धरोहरों का परिचय प्रस्तुत है—

(i) **सूर्य मन्दिर, कटारमल**—अल्मोड़ा नगर से 13 किमी दूर, पश्चिम दिशा में, कोसी नामक स्थान से पुल पार करके लगभग डेढ़ किमी की चढ़ाई के उपरान्त कटारमल नामक छोटे से स्थान पर छत्र शिखर वाला यह विशाल मन्दिर बूटधारी सूर्य की भव्य प्रतिमा के कारण प्रसिद्ध है। इस क्षेत्र में इस मन्दिर को 'बड़ा आदित्य' भी कहा जाता है। इस मन्दिर में सूर्य देवता पद्मासन अवस्था में विराजमान हैं। यह प्रतिमा एक मीटर से अधिक लम्बी तथा पौन मीटर से अधिक चौड़ी है, जो कि भूरे रंग के पत्थर पर बनायी गयी है। माला, कमल, कष्ठालंकार और किरीट का साम्य पश्चिम भारत की मध्यकालीन प्रतिमाओं से मेल खाता है। इस मन्दिर में सूर्य के साथ दण्ड, पिंगल, उषा, प्रत्यूषा तथा छाया सुवर्चना भी दिखाई देती हैं।

वास्तुकला की दृष्टि से यह मन्दिर बारहवीं शताब्दी का प्रतीत होता है। जनश्रुतियों के आधार पर यह माना जा सकता है कि इसे उत्तरकालीन किसी कत्यूरी राजा ने बनवाया होगा। वैसे भी इस मन्दिर का वास्तुशिल्प कत्यूरी कला के समान दिखाई देता है। इस मन्दिर का अद्वितीय प्रवेशद्वार इसके वैभव और गौरव को रेखांकित करता है। इसे सुरक्षा की दृष्टि से राष्ट्रीय संग्रहालय, दिल्ली में ले जाकर रखा गया है। यहाँ के द्वारों में विष्णु, शिव-पार्वती, ब्रह्मा, बाँसुरी बजाते देवगढ़, किन्नरों के गान तथा हुणके की थाप पर नृत्य करते शिव और कीर्तिमुख और अनेक तरीकों से तराशे हुए शार्दूल विशेष रूप से उल्लेखनीय हैं। इस मन्दिर के निकट पर्यटकों के विश्राम हेतु पर्याप्त व्यवस्था की गई है।

(ii) **नन्दा देवी**—यूँ तो उत्तराखण्ड में नन्दा देवी के अनेक छोटे-बड़े मन्दिर स्थित हैं, किन्तु अल्मोड़ा नगर में स्थित यह मन्दिर सर्वप्रसिद्ध है। कुमायूँ मण्डल में नन्दा का सम्बन्ध चंद वंशीय राजाओं से माना जाता है। यह उनकी कुलदेवी है। गढ़वाल मण्डल में नन्दा का मायका माना जाता है। नन्दाष्टमी भाद्रपद अर्थात सितम्बर माह में मनायी जाती है। इस दिन अल्मोड़ा के इस मन्दिर पर भव्य मेले का आयोजन किया जाता है। सम्पूर्ण कुमायूँ क्षेत्र के दर्शनार्थी यहाँ आकर पूजा करते हैं।

नन्दा देवी के सम्बन्ध में किंवदन्ती है कि एक बार एक भैंसे ने नन्दा तथा उनकी बहन सुनन्दा (गौरा देवी) का पीछा किया। दोनों बहनें उससे बचने के लिये केले के पेड़ के पीछे छिप गईं। एक बकरे ने भैंसे को उनकी स्थिति बता दी। इस किंवदन्ती के आधार पर नन्दा मन्दिर में महिष (भैंसा) तथा छाग (बकरे) की बलि का विधान है। मन्दिर की स्थापना कब हुई, इस सम्बन्ध में स्पष्ट प्रमाण नहीं मिलते। लेकिन ऐसा माना जाता है कि सन् 1670 ई० के आसपास चन्द राजा बाज बहादुर चन्द द्वारा 'मल्ला महल' वर्तमान कचहरी परिसर में स्थापित किया गया था। उस समय वे गढ़वाल और डोटी के राजाओं से विजयी हुए थे और जूनियागढ़ से नन्दा देवी की स्वर्ण प्रतिमा लाकर उन्होंने उसे 'मल्ला महल में स्थित रामशिला मन्दिर' में प्रतिष्ठित किया था। यह भी कहा जाता है कि कालान्तर में बाज बहादुर चन्द के पुत्र राजा उद्योत चन्द ने सन् 1690-91 ई० में एक नया मन्दिर 'उद्योत चन्द्रशेखर' के नाम से बनवाया। यही मन्दिर वर्तमान का नन्दा देवी मन्दिर है।

(iii) **चितई का गोलू देवता मन्दिर**—अल्मोड़ा-पिथौरागढ़ मार्ग पर अल्मोड़ा नगर से 12 किमी की दूरी पर चितई गाँव में कुमायूँ के विश्व प्रसिद्ध लोक देवता 'गोल्ल' अर्थात 'गोरिल्ल' देवता का मन्दिर स्थित है। गोल्ल देवता को भैरव का रूप माना जाता है। यह मनोकामना पूर्ण करने वाला अत्यन्त सिद्ध और लोकप्रिय देवता माना जाता है। गोल्ल देवता के सम्बन्ध में दो मान्यतायें प्रचलित हैं—यह आधा देव और आधा दैत्य है। यह ग्वाल या पशुओं का रक्षक है, जो जंगल में चरने आये पालतू पशुओं की जंगली पशुओं से रक्षा करता है। द्वितीय मान्यता है कि यह कत्यूरी राजा झाल राय का पौत्र गोरिल है। लम्बे समय से गोल्ल देवता इस क्षेत्र में न्याय देवता के रूप में मान्य है। इसका यहाँ के सामाजिक जीवन पर गहरा प्रभाव देखने को मिलता है। वे निर्धन एवं धनी लोग, जिन्हें कहीं न्याय नहीं मिलता, वे इस मन्दिर में आकर कागज व स्टाम्प पेपर पर अपनी अर्जियाँ लिखकर मन्दिर की दीवारों पर टांग देते हैं। न्याय मिलने पर प्रार्थी गोल्ल देवता को 'घंटा' चढ़ाकर पूजा करते हैं। इस मन्दिर में असंख्य घंटे और चिट्ठियाँ लटके हुए देखे जा सकते हैं।

(iv) **कसार देवी मन्दिर**—अल्मोड़ा नगर से लगभग आठ किमी की दूरी पर स्थित यह माँ दुर्गा का मन्दिर है। कहा जाता है, इस मन्दिर की स्थापना ईसा से लगभग 200 वर्ष पूर्व हुई थी। धार्मिक दृष्टिकोण से इस मन्दिर को महत्वपूर्ण माना जाता है। पुरातात्विक दृष्टि से इस मन्दिर में प्रतिष्ठित प्रतिमाओं को विशेष महत्व दिया जाता है। मन्दिर में ईसा की छठी शताब्दी का लेख एक शिला पर उत्कीर्ण है।

(v) **विनसर महादेव**—कुमायूँ क्षेत्र में विनसर महादेव के अनेक मन्दिर प्रतिष्ठित हैं। विनसर को शिवजी का रूप माना गया है। मण्डल के अन्य विनसर महादेव मन्दिर परवर्ती काल के हैं। किन्तु अल्मोड़ा नगर से 30 किमी की दूरी पर दूधातोली के विनसर को आदि विनसर माना गया है। विनसर का पौराणिक नाम वीरणेश्वर है। 2412 मीटर की ऊँचाई पर स्थित विनसर का यह मन्दिर घने जंगल के मध्य स्थित है। इस अत्यन्त प्राचीन मन्दिर का निर्माण चन्द राजा कल्याण चन्द ने सन् 1730-47 ई० के मध्य करवाया था। पंडित जवाहर लाल नेहरू को यह स्थान अत्यन्त प्रिय लगा था। यहाँ पर पर्यटकों के लिये कुमायूँ मण्डल विकास निगम का विश्राम गृह स्थित है।

विनसर महादेव का एक अन्य मन्दिर अल्मोड़ा जनपद में ही रानीखेत-रामनगर मार्ग पर रानीखेत से लगभग 18 किमी की दूरी पर 'स्वर्गाश्रम विनसर महादेव' के नाम से स्थित है। घने किन्तु शान्त जंगलों के मध्य विशाल क्षेत्र में स्थित इस मन्दिर में लगभग 400 वर्ष प्राचीन शिवलिंग प्रतिष्ठित है। इसके अतिरिक्त मन्दिर में भगवान शिव, पार्वती, दत्तात्रेय तथा श्रीकृष्ण आदि देवी-देवताओं की अनेक प्रतिमायें भी स्थित हैं। इस मन्दिर में एक संस्कृत स्कूल का भी संचालन किया जाता है। मन्दिर में रात्रि विश्राम हेतु अनेक कमरों का निर्माण किया गया है। मन्दिर प्रांगण में फोटोग्राफी प्रतिबन्धित है।

(vi) **गणनाथ मन्दिर**—अल्मोड़ा नगर से 47 किमी की दूरी पर अल्मोड़ा-बागेश्वर मोटर मार्ग पर गणनाथ का प्रसिद्ध देव-स्थान स्थित है। यहाँ पर गणनाथ रूपी शिवजी का प्राचीन गुफा मन्दिर है। इसके साथ ही एक ठोस श्यामवर्णी शिला पर अन्नपूर्णा देवी की कलात्मक प्रतिमा प्रतिष्ठित है। गणनाथ मन्दिर की अपनी अनूठी सुन्दरता है। यहाँ की गुफायें प्रसिद्ध हैं। 2116 मीटर की ऊँचाई पर स्थित इस मन्दिर में कार्तिक पूर्णिमा के दिन विशाल मेले का आयोजन किया जाता है। इस मेले में लोकगीतों और लोकनृत्यों की प्रधानता रहती है।

(vii) **शिव मन्दिर, सोमेश्वर**—सोमेश्वर कोसी नदी के तट पर स्थित है। यहाँ स्थित प्राचीन शिव मन्दिर आज से लगभग 500 वर्ष पूर्व की हिन्दू कला एवं संस्कृति से हमारा परिचय कराता है। इस मन्दिर की स्थापना कत्यूरी राजाओं द्वारा की गई थी। मन्दिर में उपलब्ध ताम्रपत्र, श्री शाके 1470 में बाजबहादुर चन्द द्वारा हस्तलिखित है। इसके अनुसार चन्द राजाओं द्वारा मन्दिर के लिये भूमिदान किया गया एवं रख-रखाव आदि की समुचित व्यवस्था की गई। कालान्तर में अनेक प्रतिमायें खंडित हो गयीं। इन भग्न प्रतिमाओं में हर-गौरी एवं गणेश जी की प्रतिमाएं प्रमुख हैं। मुख्य मन्दिर के बाईं ओर क्षेत्रपाल एवं भैरव का मन्दिर है तथा दाईं ओर वाणासुर, गणेश जी एवं हनुमान जी का लघु मन्दिर स्थित है। मुख्य मन्दिर के शीर्ष भाग में कलश को धारण किये सूर्याकार या अशोक चक्र के समान पत्थर हैं। मन्दिर निर्माण में जिन पत्थरों का प्रयोग हुआ है, वे स्थानीय नहीं हैं। ये पत्थर एक मीटर से डेढ़ मीटर लम्बे व आयताकार हैं। साथ ही शिल्पियों ने चूना, सीमेन्ट और सरिया का प्रयोग किये बिना गगनचुंबी इमारत बना दी है, परन्तु सैकड़ों वर्ष व्यतीत हो जाने के पश्चात भी इस मन्दिर भवन में कोई विकृति नहीं आयी है। यह स्वयं में एक आश्चर्यजनक पहलू है। शिवरात्रि के अवसर पर इस मन्दिर में विशाल मेले का आयोजन किया जाता है।

(viii) **जागेश्वर मन्दिर समूह, जागेश्वर**—जागेश्वर अल्मोड़ा-पिथौरागढ़ मार्ग पर, अल्मोड़ा से लगभग 33 किमी की दूरी पर स्थित आटतौला नामक स्थान से 3.4 किमी दूर है। जागेश्वर में, कुमायूँ मण्डल में स्थित भगवान शिव का सबसे बड़ा मन्दिर है। ये एकमात्र मन्दिर नहीं है, अपितु छोटे-बड़े 124 मन्दिरों का समूह है। किसी समय में इस मन्दिर का महत्व बद्रीनाथ और केदारनाथ के समान था। इस मन्दिर को भगवान शिव के बारह ज्योतिर्लिंगों में से एक माना जाता है। इसकी स्थापना आदि-गुरु शंकराचार्य द्वारा की गई थी। कत्यूरी राजाओं के समय निर्मित या पुनरुद्धित प्राचीनतम मन्दिरों में से जागेश्वर मन्दिर समूह एक है। इस मन्दिर समूह के मुख्य मन्दिर हैं—जगन्नाथ, महामृत्युंजय, दंडेश्वर, वृहद् जागेश्वर, कोटेश्वर, बटेश्वर, कालेश्वर, पुष्टिदेवी, नवदुर्गा, चंडिका, कुबेर, नवगृह, लकुलीश, भैरवनाथ, महिषासुर मर्दिनी, नीलकण्ठेश्वर, केदारनाथ तथा सूर्य आदि के मन्दिर। यहाँ स्थित इतने मन्दिरों के कारण ही उत्तराखण्ड में एक कहावत प्रचलित रही है—"गंग नाण बागशर, द्याप्त देखण जागशर।" अर्थात 'गंगा नहानी चाहिए बागेश्वर में तथा देवता देखने चाहिये जागेश्वर में।'

जागेश्वर नाम समाधि में लीन शिव के 'योगीश्वर' अथवा 'योगेश्वर' रूप का द्योतक है। योगेश्वर नाम ही संभवतः—जागेश्वर नाम में परिवर्तित हो गया। जागेश्वर में अमरवन नाम से देवदार का अत्यन्त सुरम्य वन स्थित है। इस वन में और भी बहुमूल्य वनस्पतियाँ और पेड़-पौधे पाये जाते हैं। यह अमरवन आदि-शंकराचार्य की दिग्विजय यात्रा की स्मृति दिलाता है। ऐसी भी मान्यता है कि बौद्धों ने बद्रीनाथ मन्दिर की जिन प्रतिमाओं को उठाकर अलकनन्दा नदी में फेंक दिया था, उनकी पुनर्स्थापना आदि-शंकराचार्य ने यहाँ जागेश्वर में की थी। मूल रूप में इस मन्दिर को राजा विक्रमादित्य ने बनवाया था। यहाँ स्थित झांकरसैम पर्वत के नीचे घाटी में देवदार के घने जंगल के मध्य एक मुख्य मन्दिर अवस्थित है। यह मन्दिर तरुण जागेश्वर या जागनाथ या जगन्नाथ मन्दिर कहलाता है। इसके प्रांगण में 20-21 छोटे-बड़े मन्दिर स्थित हैं, जिनमें शिवलिंग विराजमान हैं। यह मन्दिर केदारनाथ की शिखर शैली पर बनाया हुआ है। कहते हैं कि यहाँ ब्रह्मकुण्ड में हिन्दू धर्म के समस्त तैंतीस करोड़ देवी-देवता एकत्रित हुए थे। इसलिये लोक विश्वास है कि इस कुण्ड में स्नान करने से मनुष्य को मोक्ष प्राप्त होता है। ब्रह्मकुण्ड के

अतिरिक्त यहाँ नारद कुण्ड, सूर्यकुण्ड, ऋषि कुण्ड, कृमिकुण्ड, रेतु कुण्ड तथा वशिष्ठ कुण्ड भी स्थित हैं। यहाँ वैशाखी और कार्तिक पूर्णिमा के दिन भव्य मेला आयोजित होता है। वैसे तो इस स्थान पर वर्षभर धार्मिक पर्यटकों एवं श्रद्धालुओं का आवागमन होता रहता है, किन्तु श्रावण मास में भगवान शिव के दर्शन करने वाले आगन्तुकों की संख्या सर्वाधिक रहती है।

एक अन्य कारण से भी यह मन्दिर लोगों की आस्था का केन्द्र है। ऐसा विश्वास प्रचलित है कि यहाँ पूजा-अर्चना करने से निःसन्तान दंपतियों को सन्तान की प्राप्ति होती है। यहाँ सन्तान की इच्छुक विवाहित किन्तु निःसन्तान महिला को बैकुण्ठ चतुर्दशी के दिन पूरी रात हाथ में प्रज्वलित दीया लेकर खड़ा होना पड़ता है। जागेश्वर के मुख्य मन्दिर की एक और विशेषता है—इसके प्रवेश द्वार पर परम्परा से भिन्न, शिव वाहन-नन्दी की प्रतिमा का स्थापित न होना। कहा जाता है कि विग्रह में ब्रह्मा, विष्णु और शिव, सभी का सम्मिलित रूप विद्यमान है। जब ये सभी देवता शक्ति में समाये तो विष्णु तो मूल रूप में अधिष्ठित हो गये तथा ब्रह्मा और शिव ऊपर रहे। दूध या जल से इस लिंग को स्नान कराते समय दूध या जल की धारा स्पष्टतः दो धाराओं में बंटी हुई दिखाई देती है। अतः शक्ति में अकेले शिव का रूप न होने के कारण शिव वाहन—नन्दी को प्रवेश द्वार पर स्थापित नहीं किया गया है।

जागेश्वर के मुख्य मन्दिर में चन्द राजा त्रिमल चन्द (1625-38 ई०) तथा दीप चन्द (1748-77 ई०) की अष्टधातु से निर्मित प्रतिमायें भी स्थित हैं। यहाँ स्थित दण्डेश्वर के मन्दिर से दण्डेश्वर की बहुमूल्य प्रतिमा प्राप्त हुई है, जिसे एक बार चुरा भी लिया गया था। वर्तमान में सरकार द्वारा जागेश्वर में एक संग्रहालय की स्थापना की गई है, जिसमें जागेश्वर के मन्दिरों से प्राप्त प्रतिमाओं को रखने की योजना है। जागेश्वर मन्दिर का प्रबन्ध मन्दिर के आस-पास के ग्रामीण प्राचीन काल से परम्परागत रूप से करते आ रहे हैं। इस मन्दिर समूह के मन्दिरों के पुजारी यहाँ के आस-पास के 365 ग्रामों से सम्बन्धित हैं, जो बारी-बारी से मन्दिर समूह के विभिन्न मन्दिरों में पूजा कार्य सम्पन्न करते हैं। परम्परानुसार प्रत्येक पुजारी परिवार का सबसे ज्येष्ठ पुत्र ही मन्दिर का पुजारी पद प्राप्त कर सकता है। वर्तमान में, मन्दिर में प्रतिदिन प्रातःकाल एवं सन्ध्याकाल में जागेश्वर महाराज को महाभोग लगाया जाता है। इस मन्दिर समूह के निकट अनेक प्राचीन धर्मशालायें स्थित हैं, किन्तु निवास के दृष्टिकोण से इनकी स्थिति पूर्णतया असंतोषजनक है। यहाँ वन विभाग का एक डाकबंगला है। साथ ही पर्यटन विभाग—उत्तराखण्ड का 30 शैयाओं वाला विश्राम गृह भी स्थित है, जिसमें दो डॉरमेट्रीज भी हैं। जागेश्वर में एक छोटा सा बाजार भी स्थापित है।

(ix) **कपिलेश्वर मन्दिर**—अल्मोड़ा नगर से लगभग 12 किमी दक्षिण-पूर्व दिशा में सिमल्टी नामक गाँव के निकट शिवजी का यह मन्दिर अवस्थित है। ऐसा अनुमान है कि पूर्व में यहाँ पर मन्दिरों की वृहद् शृंखला विद्यमान रही होगी, परन्तु वर्तमान में यहाँ केवल चार मन्दिर शेष हैं। लगभग 37 फीट ऊँचा यह मन्दिर उत्तराखण्ड के प्राचीन और भव्य मन्दिरों में से एक माना जाता है। इस मन्दिर की विशेषता है—अलंकृत रथिका, जिस पर अनेक पार्श्व देवता अंकित हैं। इनमें चतुर्भुज महिषासुर मर्दिनी, द्विभुज लकुलीश (शिव) और चतुर्भुज गणेश हैं। इनमें लकुलीश का शिल्प अद्‌भुत है। यह एक-एक कमल पर पद्मासन अवस्था में विद्यमान हैं। इनका दाहिना हाथ अभय मुद्रा में ऊपर उठा हुआ है और हथेली के इर्द-गिर्द माला उत्कीर्ण है। वे बायें हाथ में एक लकुट धारण किये हुए हैं। लकुलीश को कान में आभूषण पहने, गले में संभवतः रुद्राक्ष की माला धारण किये हुए तथा यज्ञोपवीत पहने हुए दिखाया गया है। उनकी

जटायें कंधे पर विस्तीर्ण हैं। मन्दिर के मुख्य द्वार को बहुत ही अलंकृत किया गया है। विभिन्न प्रकार के बेल-बूटों का अत्यन्त मनोरम अंकन है तथा गंगा-यमुना को मानवी रूप में अत्यन्त सुन्दरता के साथ अंकित किया गया है। प्रवेश द्वार की दाहिनी दीवार पर दक्षिण की ओर सिद्ध मातृका लिपि में एक शिलालेख है, जिसे प्राय: आठवीं शताब्दी का माना गया है।

(x) **हैड़ाखान मन्दिर, रानीखेत**—शिव का अवतार माने जाने वाले बाबा हैड़ाखान का मुख्य मन्दिर और आश्रम तो हैड़ाखान गाँव (नैनीताल) में स्थित है, परन्तु इनका एक मन्दिर रानीखेत नगर से चार किमी दूर स्थित चिलियानौला नामक स्थान पर प्रतिष्ठित है। यह मन्दिर विशाल भू-क्षेत्र में स्थापित है। मुख्य मन्दिर में भगवान शिव की विशाल श्वेत प्रतिमा प्रतिष्ठित है। मन्दिर के कक्ष में चारों ओर बाबा हैड़ाखान, शिव तथा पार्वती आदि की तस्वीरें लगायी गई हैं। बाईं ओर हैड़ाखान बाबा की विशाल प्रतिमा तथा उनकी चरण पादुकायें प्रतिष्ठित की गई हैं। मन्दिर का मुख्य कक्ष श्वेत प्रस्तरों से निर्मित है। साथ ही कक्ष के ऊपर श्वेत पत्थर से ही विशाल एवं ऊँचे गुम्बद का निर्माण किया गया है। इस कक्ष के मुख्य द्वार के ठीक सामने शिव के वाहन नन्दी की विशाल प्रतिमा भी स्थित है। इस प्रतिमा के ठीक पीछे एक विशाल घंटा लटकाया गया है। नन्दी के बाईं ओर हनुमान जी की विशाल प्रतिमा तथा दाहिनी ओर गणेश की प्रतिमा स्थापित की गयी है। मन्दिर के मुख्य प्रवेश द्वार के ठीक सामने नृत्य मुद्रा में एक चबूतरे पर शिव की प्रतिमा स्थापित है।

यह मन्दिर पर्यटकों के आकर्षण का विशेष केन्द्र है। मन्दिर से हिमालय की बर्फाच्छादित अनेक चोटियाँ विहंगम रूप में दिखाई पड़ती हैं। अल्मोड़ा, नैनीताल तथा रानीखेत आने वाले पर्यटक हैड़ाखान मन्दिर के दर्शन करने अवश्य आते हैं। ऐसी मान्यता है कि इस मन्दिर में आकर सच्चे मन से माँगी गई प्रत्येक नैतिक मनोकामना अवश्य पूर्ण होती है। वैसे तो वर्षभर इस मन्दिर में पर्यटकों का आवागमन रहता है, किन्तु शिवरात्रि के दिन और माह अक्टूबर के नवरात्रों में इस मन्दिर में विशेष भीड़ रहती है। इन नवरात्रों के सभी नौ दिन इस मन्दिर में विशाल यज्ञ और भंडारे का आयोजन किया जाता है। विजयादशमी के दिन मन्दिर में विदेशी युवक-युवतियों का हिन्दू रीति-रिवाज से विवाह सम्पन्न होता है। यह आयोजन विशेष दर्शनीय होता है। पर्यटकों के ठहरने हेतु मन्दिर प्रांगण में हैड़ाखान ट्रस्ट का आश्रम, गेस्ट हाउस के रूप में स्थापित है। मन्दिर के ठीक सामने कुमायूँ मण्डल विकास निगम द्वारा संचालित पर्यटक आवास गृह भी स्थित हैं। वैसे तो मन्दिर के ट्रस्ट के अध्यक्ष भारतीय हैं, किन्तु चूँकि हैड़ाखण्डी समाज के अधिकतम सदस्य विदेशी हैं। अत: मन्दिर की व्यवस्था पर विदेशियों का ही प्रभुत्व है।

(xi) **झूलादेवी मन्दिर, रानीखेत**—यह मन्दिर रानीखेत-चौबटिया मोटर मार्ग पर रानीखेत से लगभग 10 किमी की दूरी पर स्थित है। झूला देवी के इस मन्दिर को अत्यधिक मान्यता प्राप्त है, लगभग वैसी ही, जैसी कि अल्मोड़ा स्थित गोल्ल देवता मन्दिर को। ऐसी मान्यता है कि इस मन्दिर में आकर माँगे जाने वाली प्रत्येक नैतिक मनोकामना पूर्ण होती है। मनोकामना की पूर्ति के पश्चात पुन: मन्दिर में आकर घंटा बाँधने की परम्परा है। मन्दिर में टंगी हुई असंख्य घंटियाँ इस मन्दिर की महत्ता को दर्शाती हैं। मन्दिर का प्रांगण अधिक विशाल नहीं है। मुख्य कक्ष में माँ झूला देवी की भव्य प्रतिमा प्रतिष्ठित है। इस कक्ष के चारों ओर छोटे-छोटे कक्षों में अनेक देवी-देवताओं की प्रतिमायें स्थित हैं। मन्दिर के आसपास का वातावरण अत्यन्त शान्त और मनोरम है। मन्दिर की व्यवस्था का संचालन एक स्थानीय पुजारी द्वारा किया जाता है। मन्दिर के बाहर प्रसाद खरीदने हेतु कुछ दुकानें स्थित हैं।

(xii) **कालिका मन्दिर, रानीखेत**—रानीखेत-अल्मोड़ा मोटर मार्ग पर, रानीखेत से छह किमी की दूरी पर एक स्थान है—उपत। उपत में विश्वप्रसिद्ध गोल्फ मैदान स्थित है। उपत से लगभग एक किमी आगे अल्मोड़ा की ओर एक अन्य स्थान आता है—कालिका। यहाँ पर माँ काली का एक प्राचीन मन्दिर स्थित है। मन्दिर बड़ा तो नहीं है, किन्तु आस-पास के क्षेत्र में इसकी माफी मान्यता है। अल्मोड़ा-रानीखेत आने वाले पर्यटक कालिका मन्दिर में माँ काली के दर्शनार्थ अवश्य पहुँचते हैं।

(xiii) **द्वाराहाट मन्दिर समूह, द्वाराहाट**—रानीखेत-कर्णप्रयाग मोटर मार्ग पर रानीखेत से 37 किमी तथा अल्मोड़ा से लगभग 65 किमी की दूरी पर स्थित द्वाराहाट एक अत्यन्त गौरवशाली नगर है। एक समय यह स्थान कत्यूरी राजाओं की वैभवशाली नगरी थी। कत्यूरी राजाओं ने समय-समय पर इस नगर में अनेक सुन्दर मन्दिरों का निर्माण कराया था। कहा जाता है कि किसी समय यहाँ 60-65 मन्दिर स्थापित थे, किन्तु वर्तमान में कुछ ही मन्दिर शेष हैं। राहुल सांकृत्यायन ने इन मन्दिरों का निर्माण 11वीं तथा 12वीं शताब्दी के मध्य का बताया है। कत्यूरियों की शिल्प एवं वास्तुकला इन मन्दिरों में स्पष्टत: दिखाई पड़ती है। द्वाराहाट के मन्दिर समूह को तीन भागों में बाँटा जाता है—कचहरी, मनिया और रतनदेवल। कुछ विद्वान इन मन्दिरों को आठ वर्गों में विभाजित करते हैं—रतनदेवल, कचहरी, मन्या, गुर्जरदेव, मृत्युंजय, बद्रीनाथ, केदारनाथ तथा हरिसिद्ध देवल। द्वाराहाट के प्रमुख मन्दिर हैं—मृत्युंजय मन्दिर, ध्वज मन्दिर, बद्रीनाथ मन्दिर, देवल मन्दिर, दुर्गा मन्दिर, भैरव मन्दिर, कोट-कांगड़ा देवी का मन्दिर, मनसा देवी मन्दिर, विभाण्डेश्वर मन्दिर और द्रोणागिरि मन्दिर। इन समस्त मन्दिरों में से सर्वप्रमुख दो मन्दिरों—विभाण्डेश्वर मन्दिर और द्रोणागिरि मन्दिर का परिचय प्रस्तुत है—

(अ) **विभाण्डेश्वर मन्दिर**—यह मन्दिर द्वाराहाट नगर से पाँच किमी दूर दक्षिण दिशा में स्थित है। इस मन्दिर को 'ब्रह्माण्डेश्वर' भी कहा जाता है। स्कन्दपुराण के अनुसार विवाह के उपरान्त शिव ने शयन की इच्छा प्रकट की थी। उस समय उन्होंने हिमालय के शिखरों पर सिर को, नील पर्वत पर कटि, दारूका वन में चरण और नागार्जुन पर्वत पर दाहिना तथा भुवनेश्वर पर्वत पर बायां हाथ रखा। ऐसी मान्यता है कि इस मन्दिर के दर्शन कर लेने मात्र से ही अश्वमेघ यज्ञ का पुण्य प्राप्त हो जाता है। यही नहीं, इसे काशी से भी श्रेष्ठ माना गया है और कहा जाता है कि विश्वनाथ (काशी) में करोड़ों वर्ष के पूजन की अपेक्षा विभाण्डेश्वर का मात्र एक बार दर्शन कर लेने से मोक्ष की प्राप्ति हो जाती है। जाने-अनजाने विभाण्डेश्वर शिव का स्पर्श कर लेने मात्र से शिवलोक की प्राप्ति हो जाती है। कहा जाता है कि सुरभि और नन्दिनी नामक दो देवलोक की नदियाँ हैं, जिनके मध्य यह मन्दिर स्थित है।

(ब) **द्रोणागिरी मन्दिर**—द्रोणागिरी अर्थात दूनागिरी द्वाराहाट से 14 किमी की दूरी पर स्थित है। द्वाराहाट से पाँच किमी की पैदल और खड़ी चढ़ाई की दूरी तय करके भी द्रोणागिरी तक पहुँचा जा सकता है। यहाँ पर्वत पर दुर्गा का एक ऐतिहासिक मन्दिर स्थित है। यह वैष्णवी देवी है। इस मन्दिर को शक्ति की 51 उग्रपीठों में से एक माना जाता है। कुछ लोग इसे द्रोण ऋषि का स्मारक भी मानते हैं। द्रोणागिरी से लगभग दो किमी आगे चलकर गर्ग और शुक देव आदि मुनियों के आश्रम स्थित हैं। इस मन्दिर से सम्बन्धित एक पौराणिक कथा इस प्रकार है—'जब मेघनाथ की शक्ति से लक्ष्मण मूर्छित हो गये, तब हनुमान संजीवनी बूटी लेने हिमालय पर्वत पर आये। संजीवनी बूटी की पहचान न

होने के कारण उन्होंने पूरा पर्वत उठा लिया। उस पहाड़ को ले जाते समय उसका एक टुकड़ा यहाँ पर गिर गया था। यहाँ पर चैत्र तथा आश्विन माह के नवरात्रों में विशाल मेला लगता है। साथ ही इस मन्दिर में प्रत्येक अष्टमी के दिन विशिष्ट पूजा का आयोजन किया जाता है। पुरातत्व विज्ञानियों का मत है कि यह मन्दिर 12वीं शताब्दी का है।

हिन्दू धर्म के अतिरिक्त जनपद अल्मोड़ा में अन्य किसी भी धर्म का उल्लेखनीय धर्म स्थल विद्यमान नहीं है। वैसे यह जनपद ईसाई धर्म के प्रचार-प्रसार का प्रमुख केन्द्र रहा है तथा इसी कारण यहाँ पर अनेक चर्चों की स्थापना की गई है, किन्तु इनमें से अधिकाँश चर्च बन्द कर दिये गये हैं।

9. नैनीताल जनपद

पर्यटकीय आकर्षण के दृष्टिकोण से उत्तराखण्ड राज्य के सबसे महत्वपूर्ण इस जनपद का क्षेत्रफल 4767 वर्ग किमी है। जनपद की कुल जनसंख्या 7,62,909 है। इसमें पुरुषों की संख्या 4,00,254 तथा महिलाओं की संख्या 3,62,655 है। इस प्रकार इस जनपद का लिंगानुपात 906 स्त्रियाँ प्रति एक हजार पुरुष है। जनपद की कुल साक्षरता दर 79.60 प्रतिशत है। जनपद में कुल पाँच तहसीलें हैं—हल्द्वानी, नैनीताल, रामनगर, धारी और कोशियाकुटोली। नैनीताल जनपद में अनेक झीलें विद्यमान हैं। इस जनपद के प्रमुख अभयारण्य हैं—कार्बेट टाइगर रिजर्व एवं साइबेरियन टाइगर प्राणी उद्यान। जनपद की प्रमुख नदियाँ—भाखरा, गोला तथा नन्दौर हैं। इस जनपद का उत्तरी भाग लघु हिमालय क्षेत्र तथा दक्षिणी भाग हिमालय की तलहटी में अवस्थित है। जनपद में उष्ण कटिबन्धीय पर्वतीय वन पाये जाते हैं। नैनीताल जनपद के उत्तर में अल्मोड़ा, दक्षिण में ऊधमसिंह नगर, पश्चिम में पौड़ी गढ़वाल और पूर्व दिशा में जनपद चम्पावत अवस्थित हैं। इस जनपद का ढाल उत्तर से दक्षिण दिशा की ओर है। इस जनपद की प्रमुख धार्मिक-सांस्कृतिक पर्यटन धरोहरें निम्नवत् हैं—

(i) **नैना देवी मन्दिर**—यह मन्दिर सरोवर नगरी नैनीताल के मल्लीताल क्षेत्र में, नैनी झील के एक किनारे पर कैपिटल सिनेमा के निकट स्थित है। कहा जाता है कि पूर्व में यह मन्दिर तल्लीताल डाट के निकट स्थित था। परन्तु कुछ लोगों का मत है कि वह मन्दिर पाषाण देवी का मन्दिर है, जो वर्तमान में भी उसी स्थान पर स्थापित है। सन् 1918-19 ई० से नैनीताल में देवी प्रतिमा विसर्जन का समारोह प्रतिवर्ष वृहद् स्तर पर आयोजित किया जाता है। चार दिवसीय रात्रि मेले के उपरान्त डोला यात्रा समारोह होता है। भाद्रपद शुक्लाष्टमी को अपराह्न में देवी की दो प्रतिमायें बना कर उन्हें डोले में रखा जाता है तथा पारम्परिक उपादानों से मण्डित कर के नगर के मुख्य मार्गों पर उसकी शोभायात्रा निकाली जाती है। अन्त में सूर्यास्त के साथ ही डोले को प्रतिमाओं सहित जयघोष के साथ तालाब में (नैनी झील में) विसर्जित कर दिया जाता है। नैना देवी मन्दिर अत्यन्त मनोरम है। मन्दिर के मुख्य द्वार के सामने ही हनुमान की विशाल प्रतिमा स्थापित है। अन्दर से मन्दिर का प्रांगण विशाल तथा श्वेत पत्थरों से निर्मित है। मन्दिर प्रांगण में अनेक छोटे-छोटे कक्षों का निर्माण किया गया है तथा इन कक्षों में विभिन्न हिन्दू देवी-देवताओं की प्रतिमायें प्रतिष्ठित की गई है। एक कक्ष में नैना देवी की श्वेत प्रतिमा स्थापित है। मन्दिर प्रांगण में जूते-चप्पल पहन कर प्रवेश करना प्रतिबन्धित है। मन्दिर भवन के बाहर एक विकसित बाजार स्थापित हो चुका है।

(ii) **हनुमान गढ़ी-नैनीताल**—हल्द्वानी मार्ग पर नैनीताल से तीन किमी की दूरी पर हनुमान गढ़ी क्षेत्र में हनुमान जी का अत्यन्त भव्य मन्दिर प्रतिष्ठित है। इस मन्दिर की स्थापना नीम करौली बाबा ने की थी। इस मन्दिर में हनुमान जी की विशाल प्रतिमा के अतिरिक्त कुछ अन्य देवी-देवताओं की प्रतिमायें भी स्थापित की गई हैं। इस मन्दिर के निकट ही शीतलामाता का मन्दिर स्थित है। इसी क्षेत्र में नक्षत्र वेधशाला भी स्थित है।

(iii) **हैड़ाखान मन्दिर**—उत्तराखण्ड में बाबा हैड़ाखान का मुख्य आश्रम और मन्दिर हल्द्वानी-नैनीताल मार्ग पर, हल्द्वानी से लगभग 28 किमी की दूरी पर स्थित है। यह आश्रम कैलाश पर्वत की तलहटी में, प्रकृति के सुरम्य वातावरण के बीच हर्र के वृक्षों के सघन वन में एक अंधकारमय गुफा के रूप में है। हर्र के जंगल में स्थित होने के कारण ही सम्भवतः इस आश्रम का नाम हैड़ाखान आश्रम पड़ा। यहाँ के अष्टकोण श्री बाबा हैड़ाखान सर्वसिद्धि प्रदान करने वाले हैं, ऐसी मान्यता है। निकट ही पीपल के वृक्ष के नीचे बाबा का पुरातन आसन विद्यमान है। कहा जाता है कि इस गुफा में स्थित पीपल में पंचमुखी नाग का वास है। इसके अतिरिक्त इस गुफा में ब्रह्मा, विष्णु तथा हैड़ाखान बाबा की प्रमुख देव-कार्य पंचायत प्रत्येक पर्व को होती है। साथ ही हैड़ाखण्डी समाज पर विदेशियों का प्रभुत्व होने के कारण प्रत्येक वर्ष 25 दिसम्बर के दिन 'क्रिसमस डे' के उपलक्ष्य में सांस्कृतिक कार्यक्रम का आयोजन किया जाता है। इस आयोजन में पश्चिमी सभ्यता की झलक स्पष्टतः देखी जा सकती है।

(iv) **कैंचीधाम**—भवाली से रानीखेत/अल्मोड़ा मार्ग पर कैंची नामक स्थान पर श्री नीम करौली बाबा ने सन् 1957-58 ई० में 'श्री वैष्णो देवी मन्दिर' की स्थापना की थी। कैंची भवाली से आठ किमी दूर स्थित है। अपेक्षाकृत नवीन होने के पश्चात भी यह मन्दिर अत्यन्त भव्य और मान्यता प्राप्त है। स्थापत्य कला के दृष्टिकोण से यह मन्दिर दिल्ली स्थित लक्ष्मीनारायण मन्दिर की भांति प्रतीत होता है। इस मन्दिर में हनुमान जी की विशाल प्रतिमा प्रतिष्ठित है। इसके अतिरिक्त मन्दिर प्रांगण में नीम करौली बाबा, वैष्णवी देवी, शिव तथा लक्ष्मीनारायण के विग्रह भी स्थापित हैं। मन्दिर के निकट ही एक बड़ी धर्मशाला भी स्थित है। यहाँ के आसपास का प्राकृतिक वातावरण अत्यन्त शान्त, सौम्य और मनोहारी है।

(v) **सीतावनी**—रामनगर से लगभग 22 किमी की दूरी पर स्थित सीतावनी कोटा राजि के घने जंगलों में बसा एक महत्वपूर्ण स्थान है। इसका मार्ग गर्जिया पुल से होकर जाता है। सीतावनी क्षेत्र को राज्य सरकार द्वारा ईको-टूरिज्म जोन के रूप में विकसित किया जा रहा है। सीताबनी में सीता और उनके पुत्र लव व कुश तथा भगवान शिव का एक मन्दिर स्थित है। यहाँ पर स्थित एक आश्रम को वाल्मीकि आश्रम कहा जाता है। कहा जाता है कि इस स्थान (आश्रम) पर त्रेता युग में सीता ने तपस्या की थी। एक अन्य किंवदन्ती के अनुसार इस आश्रम में ही सीता ने लव व कुश को जन्म दिया था। इस स्थान का उल्लेख रामायण में भी मिलता है। यहाँ प्रत्येक वर्ष स्थानीय मेला आयोजित किया जाता है, जिसमें हजारों श्रद्धालु भाग लेते हैं। मन्दिर के निकट ही गर्म जल के स्रोत भी स्थित हैं।

(vi) **गर्जिया देवी मन्दिर**—यह मन्दिर रामनगर-रानीखेत मार्ग पर स्थित है। पहले रामनगर से 12 किमी दूर पहुँचना होता है। तत्पश्चात मुख्य मार्ग से लगभग दो किमी नीचे की ओर ये मन्दिर कोसी नदी के मध्य में टापू रूपी एक ऊँचे टीले पर विद्यमान है। पहले जनसाधारण द्वारा इस मन्दिर को 'उपटा' या 'ऊपर देवी' के नाम से जाना जाता था। ऐसा लोकविश्वास प्रचलित है कि वर्तमान टीला, जिस पर मन्दिर प्रतिष्ठित है, पूर्व काल में नदी के

तीव्र प्रवाह के साथ बहकर कहीं से आ रहा था। इस स्थान से कुछ पहले भैरव देवता विद्यमान थे। टीले के साथ उपटा देवी को बहते देख उन्होंने कहा—'थीरो, बैणा! थीरो!' (अर्थात बहन, ठहरो, स्थिर हो जाओ)। तभी ये देवी इस टीले पर स्थापित हो गईं। यह देवी पार्वती का रूप गिरिजा थी, तो कालान्तर में स्थानीय भाषा के अपभ्रंश के कारण गर्जिया देवी के रूप में प्रचलित हो गई। वर्तमान मन्दिर अत्यन्त भव्य है तथा मन्दिर तक पहुँचने के लिये 80 सीढ़ियों की चढ़ाई करनी होती है। वर्षा ऋतु में यह मन्दिर दर्शनार्थियों हेतु बन्द कर दिया जाता है।

(vii) **मोतीश्वर मन्दिर, मुक्तेश्वर**—मुक्तेश्वर एक रमणीक घाटी है, जो नैनीताल से 51 किमी की दूरी पर स्थित है। यह स्थान समुद्र तल से लगभग 2275 मीटर की ऊँचाई पर स्थित है। इस स्थान पर मोतीश्वर महादेव का अत्यन्त सुन्दर मन्दिर स्थापित है। शिव जी का यह मन्दिर शैल पर्वत पर लिंग के आकार में स्थित है। मन्दिर के निकट ही एक गुफा स्थित है। गुफा से दूर जाने पर एक सुन्दर जलाशय देखने को मिलता है।

(viii) **श्रीदेव मन्दिर, नैनीताल**—नैनीताल नगर में विशुद्ध पर्यटकीय आकर्षण का एक स्थल है—स्नोव्यू। इस क्षेत्र में एक ऊँची चोटी पर एक नवीन मन्दिर की स्थापना की गई है। मन्दिर बहुत ही सुन्दर है तथा इसमें अनेक देवी-देवताओं की प्रतिमायें स्थापित की गई हैं। रज्जू मार्ग, जीप, घोड़ों या पैदल मार्ग द्वारा इस मन्दिर तक पहुँचा जा सकता है।

(ix) **गुरुद्वारा, नैनीताल**—नैनीताल में नैना देवी मन्दिर के निकट ही गुरुद्वारा स्थित है। गुरुद्वारा अत्यन्त भव्य और विशाल है। अत्यन्त व्यस्त क्षेत्र में स्थित होने के कारण यह पर्यटकों के आकर्षण का विशेष केन्द्र रहता है। गुरुद्वारे में श्रद्धालुओं के ठहरने तथा लंगर (भोजन रूपी प्रसाद) की निःशुल्क व्यवस्था चलती है। श्रद्धालु इच्छानुसार दानराशि भेंट कर सकते हैं। पर्यटकीय सीजन के समय में यह गुरुद्वारा सैकड़ों पर्यटकों के निःशुल्क ठहराव का केन्द्र बन जाता है।

(x) **नैनीताल का चर्च**—नैनीताल नगर में एक प्राचीन गिरजाघर तल्लीताल डाट के निकट कुमायूँ मोटर ऑपरेटर्स यूनियन कार्यालय के पीछे 'हिमालया फुल गॉस्पल चर्च' नाम से स्थित है। मल्लीताल को जाते हुए माल रोड पर मिसेज बक के स्कूल के निकट 'सेंट जोजफ्स फ्रान्सिसेज लेक चर्च' स्थित है। यह चर्च कैथोलिक सम्प्रदाय का है। इसके अतिरिक्त 'सेंट जोजफ्स चेपल' तथा 'रेमनी कन्वेंट' नामक स्कूलों में इन्हीं नामों से चर्च भी विद्यमान हैं। नगर में एक अन्य चर्च 'सेंट मेरीज एंड निकल्सेज' तथा सूखाताल क्षेत्र में 'चर्च ऑफ सेंट जॉन इन द विल्डरनैस' भी स्थित हैं।

10. बागेश्वर जनपद

यह नवगठित जनपद पूर्व में जनपद अल्मोड़ा का अभिन्न अंग था, परन्तु वर्तमान में बागेश्वर एक स्वतंत्र जनपद के रूप में तेजी से विकास कर रहा है। इस जनपद का कुल क्षेत्रफल 2311 वर्ग किमी है। इसकी कुल जनसंख्या 2,49,462 है। इसमें 1,18,510 पुरुष तथा 1,30,952 महिलायें हैं। इस प्रकार इस जनपद का लिंगानुपात 1110 महिलायें प्रति एक हजार पुरुष हैं। जनपद का जनसंख्या घनत्व 108 व्यक्ति प्रति वर्ग किमी है। इस जनपद की साक्षरता दर 71.94 प्रतिशत है। यह जनपद दो तहसीलों में विभाजित है—बागेश्वर और कपकोट। जनपद के उत्तर में चमोली, पूर्व में पिथौरागढ़, पश्चिम में चमोली व अल्मोड़ा तथा दक्षिण दिशा में जनपद अल्मोड़ा स्थित हैं। जनपद की प्रमुख नदी—सरयू, प्रमुख हिमनद—सुन्दरडूंगा, कफनी, मैकटोली व

पिण्डारी तथा प्रमुख हिमालयी दर्रा—ट्रैलपास हैं। जनपद के उच्च भागों में अत्यधिक शीत जलवायु तथा निम्न भागों में सम जलवायु पायी जाती है। यह जनपद वृहद् हिमालय व लघु हिमालय के मध्य स्थित है। जहाँ पर्वतीय व ऊष्ण कटिबन्धीय पर्णपाती प्रकार के वन पाये जाते हैं। जनपद का ढाल उत्तर से दक्षिण दिशा की ओर है। बागेश्वर जनपद के प्रमुख धार्मिक-सांस्कृतिक पर्यटन स्थल निम्नवत हैं—

(i) **बागनाथ महादेव मन्दिर**—कुमायूँ के प्राचीनतम नगरों में से एक बागेश्वर में गोमती तथा सरयू नदी के संगम पर बागनाथ शिव (व्याघ्रेश्वर महादेव) का अत्यन्त प्राचीन किन्तु भव्य मन्दिर प्रतिष्ठित है। बागनाथ शिव का प्रिय स्थान होने के कारण ही संभवत: इस स्थान का नाम बागेश्वर पड़ा। लोककथा के अनुसार जब सरयू नदी हिमालय से अयोध्या में श्रीराम के जन्म पर आयोजित समारोह में सम्मिलित होने चली तो उस मार्ग पर मार्कंडेय ऋषि को तपस्या करते देखकर रुक जाना पड़ा। सरयू की विपदा को देखकर पार्वती को दया आई और उन्होंने शिवजी से सरयू की सहायता का आग्रह किया। व्याघ्ररूपी शिव को जब मार्कंडेय ऋषि ने गाय रूपी पार्वती पर आक्रमण करते हुए देखा तो उनसे रहा नहीं गया। गौ रक्षा के उद्देश्य से वे तपस्या छोड़कर सहायता के लिये दौड़ पड़े और इसी बीच अवसर पाकर सरयू नदी आगे निकल गयी। शिव-पार्वती भी अंतर्ध्यान हो गये। इसी घटना से इस स्थान का नाम व्याघ्रेश्वर पड़ा जो कालान्तर में बागेश्वर के नाम से प्रचलित हो गया। यह भी किंवदन्ती है कि जिस स्थान पर शिव-पार्वती अंतर्ध्यान हुए थे, उसी स्थान पर मार्कंडेय ऋषि ने मन्दिर की स्थापना की तथा इस मन्दिर में शिव की प्रतिमा को बागनाथ नाम से प्रतिष्ठित किया। कालान्तर में मूल मन्दिर तो ध्वस्त हो गया, किन्तु बाद में कत्यूरी, चन्द तथा गंगोली राजाओं द्वारा इस मन्दिर का जीर्णोद्धार कराया गया। वही मन्दिर वर्तमान में बागनाथ मन्दिर कहलाता है।

इस मन्दिर में भगवान शिव की विशालकाय प्रतिमा प्रतिष्ठित है। देखकर आश्चर्य होता है कि इतनी विशाल प्रतिमा इस पर्वतीय क्षेत्र के मन्दिर में कैसे लायी गयी होगी। इसी मन्दिर के निकट स्थित भैरवनाथ मन्दिर भी अत्यन्त आकर्षक है। बागनाथ मन्दिर पर उत्तरायण के अवसर पर अत्यन्त विशाल 'उत्तरायणी' मेले का आयोजन किया जाता है। 13-14 जनवरी को मकर संक्रान्ति के अवसर पर भी इस मन्दिर में लाखों श्रद्धालु पहुँचते हैं तथा संगम तट पर स्नान करते हैं। इस अवसर पर कुमायूँ के नृत्य-गीतों का आयोजन होता है। यहाँ के झोड़े और छपेली नृत्य गीत दूर-दूर तक प्रसिद्ध हैं।

(ii) **बैजनाथ मन्दिर समूह**—बैजनाथ अल्मोड़ा से 71 किमी, कौसानी से 20 किमी तथा गरुड़ से मात्र तीन किमी की दूरी पर स्थित है। समुद्र तल से 1125 मीटर की ऊँचाई पर स्थित यह स्थान अपने मन्दिर समूहों की उपस्थिति के कारण प्रसिद्ध है। इन मन्दिरों के निर्माण का काल 12वीं शताब्दी के मध्य का बताया जाता है। मन्दिरों से प्राप्त शिलालेखों से ज्ञात होता है कि कत्यूरी, चंद तथा गंगोली राजाओं ने समय-समय पर यहाँ स्थित मन्दिरों का जीर्णोद्धार कराया था। संभवत: उनके काल में मूर्तियों का भी अंकन हुआ था। बैजनाथ मन्दिर समूह के मध्य बैजनाथ महादेव का प्राचीन मन्दिर स्थित था, जिसका वर्तमान में निचला भाग ही शेष रह गया है। परन्तु इस मन्दिर में प्रतिष्ठित शिव प्रतिमा की अब भी पर्याप्त मान्यता है। मुख्य मन्दिर के निकट ही अन्य शिव मन्दिर हैं, जिनमें शिव प्रतिमा के निकट ही लगभग 1.5 मीटर ऊँची देवी पार्वती की प्रतिमा तथा कई अन्य देवी-देवताओं की लघु आकारीय प्रतिमायें स्थापित हैं, जो संभवत: अन्य मन्दिरों से यहाँ लाकर रखी गई हैं। यहाँ से प्राप्त एक शिलालेख के अनुसार

सन् 1552 ई० में कत्यूरी तथा गंगोली राजाओं ने इस मन्दिर का पुनः निर्माण कराया था। निकट ही स्थित संग्रहालय में बैजनाथ क्षेत्र से प्राप्त कई प्रतिमायें रखी गई हैं, जो कि 9वीं तथा 10वीं शताब्दी की प्रतीत होती हैं। परन्तु इनमें से कुछ प्रतिमायें और भी प्राचीन हो सकती हैं। इन प्रतिमाओं में से मुख्य हैं—पार्वती, शेषषायी विष्णु, कुबेर, सूर्य, चन्द्रिका, महिषासुर मर्दिनी, अष्टभुजा देवी ब्रह्मा तथा नृत्यरत गणेश। यहाँ से प्राप्त प्रतिमाओं की एक विशेषता इनका हरे रंग के पाषाण से निर्मित होना है। बैजनाथ मन्दिर समूह में एक ऐसा अण्डाकार पाषाण भी है, जिसे सात-आठ व्यक्ति मिलकर केवल अपनी तर्जनी अंगुली से ही उठा सकते हैं। जबकि एक अकेले व्यक्ति द्वारा इस पाषाण को उठा पाना आसान नहीं है। बैजनाथ से लगभग पाँच किमी की दूरी पर गोमती नदी के बाईं ओर बसे तल्लाहाट ग्राम में भी कुछ प्राचीन मन्दिरों के अवशेष मिलते हैं। खेतों के मध्य ध्वंस प्रायः सत्यनारायण मन्दिर जिसे 'कोट की माई' मन्दिर भी कहा जाता है, में प्रतिष्ठित विष्णु की प्रतिमा भव्य एवं आदमकद है। यह प्रतिमा बैजनाथ में प्राप्त पार्वती की प्रतिमा की समकालीन प्रतीत होती है। इन दोनों प्रतिमाओं का निर्माण काले पाषाण से किया गया है। प्रतिमाओं का अंकन बड़ा सजीव और श्रेष्ठ है। ग्राम के मध्य में नारायण के मन्दिर स्थित हैं। बागेश्वर के बागनाथ मन्दिर से प्राप्त शिलालेख के अनुसार सन् 1300 ई० में राजा हमीरदेव, लिंगराज देव तथा रानी परलदेई ने नारायण के मन्दिर में स्वर्ण कलश अर्पित किया था। नारायण मन्दिर के निकट एक छोटा सा चबूतरा स्थित है, जो इन ग्रामवासियों द्वारा राजा-रानी के चौपड़ खेलने का चबूतरा बताया जाता है। इसे देखकर अनुमान लगाया जाता है कि गोमती घाटी के प्राचीन करवीरपुर के ध्वंस नगर के स्थान पर कत्यूरी राजाओं द्वारा बसाई गई राजधानी कीर्तिकेयपुर यहीं रही होगी। बैजनाथ के चारों ओर 10-12 किमी के क्षेत्रफल में गोमती नदी के निकट कत्यूर के मन्दिरों के अवशेष बिखरे पड़े हैं।

(iii) **गुरुद्वारा, बागेश्वर**—बागेश्वर स्थित गुरुद्वारा चमोली जनपद में स्थित हेमकुण्ड साहिब के समान महत्व का माना जाता है। प्रो. मोहन सिंह के ग्रन्थ 'नानकायण' में उल्लेख मिलता है कि बद्रीनाथ से चलकर गुरु नानक देव कत्यूरीगढ़ पहुँचे, जहाँ बागनाथ जी (बागेश्वर) का मन्दिर और चन्द राजा कल्याण चन्द की राजधानी थी। इसके पीछे भैरवी देवी तथा सामने पर्वत पर तारका देवी का मन्दिर है। यहाँ भैरव मन्दिर में नरबलि चढ़ाई जाती थी। फिर गुरु नानकदेव मरमूर पर्वत से उतर कर, सरयू गंगा के किनारे पूर्व दिशा की ओर एक सूखे पीपल के वृक्ष के नीचे आकर विराजमान हुये। यह पीपल वर्तमान गुरुद्वारे में विद्यमान पीपल वृक्ष माना जाता है। संक्षेप में, यह गुरुद्वारा स्थल गुरु नानक देव के पावन चरणों का साक्षी है। इस गुरुद्वारे में दो दर्शनीय स्थल हैं—

(अ) **पीपल साहिब**—यह पीपल गुरुद्वारे के सामने चढ़कर दो फर्लांग की दूरी पर स्थित है। किंवदन्ती है कि इसी पीपल वृक्ष के नीचे गुरु नानक देव बैठे थे। तब यह शुष्क वृक्ष था किन्तु गुरुजी के चरण छूते ही इसे नवजीवन प्राप्त हो गया। स्थानीय निवासी इसे गुरुदेव का पीपल कहते हैं तथा विश्वास करते हैं कि यदि कोई निःसन्तान महिला इस पीपल का फल खाकर गुरुजी से प्रार्थना करने के साथ संतान की इच्छा करे तो निश्चय ही उसकी मनोकामना पूर्ण होती है।

(ब) **थड़ा साहिब**—इस स्थान पर झंडा लगा हुआ है। संभवतः इसीलिये इस स्थान को थड़ा साहिब कहा जाता है। यहाँ प्रतिवर्ष उत्तरायण के अवसर पर वन से नई लकड़ी लायी जाती है तथा उस पर चोला चढ़ा कर नया ध्वज चढ़ाया जाता है। श्रद्धालुओं द्वारा 'धन्य गुरुदेव, धन्य नानक देव' कह कर प्रसाद चढ़ाया जाता है और वितरित किया जाता है।

11. पिथौरागढ़ जनपद

पिथौरागढ़ जनपद अल्मोड़ा की एक तहसील थी, किन्तु 24 फरवरी, सन् 1960 ई० को पिथौरागढ़ को पृथक सीमान्त जनपद के रूप में घोषित किया गया। वर्तमान में इस जनपद में पाँच तहसीलें हैं—पिथौरागढ़, मुनस्यारी, धारचूला, डीडीहाट और गंगोलीहाट। इस जनपद का कुल क्षेत्रफल 7218 वर्ग किमी है। जनपद की कुल जनसंख्या 4,62,289 है। इसमें 2,27,615 पुरुष तथा 2,34,674 महिलायें सम्मिलित हैं, जिस आधार पर जनपद का लिंगानुपात 1031 महिलायें प्रति एक हजार पुरुष है। इस जनपद की कुल साक्षरता दर 76.48 प्रतिशत है। जनपद के उत्तर में चीन, पूर्व में नेपाल, उत्तर-पश्चिम में चमोली, पश्चिम में बागेश्वर, दक्षिण- पश्चिम में अल्मोड़ा तथा दक्षिण में चम्पावत जनपद स्थित हैं। इस जनपद की प्रमुख झील-महाराजाझील, प्रमुख वन्य जीव अभयारण्य—अस्कोट, प्रमुख हिमनद—नाभिक, मिलम तथा रामल तथा प्रमुख हिमालयी दर्रे—मिलम, ट्रेलपास, लिपुलेख, दारमा तथा बाराहोती हैं। जनपद के प्रमुख मेले—जौलजीवी व्यापार मेला व थल मेला हैं। यहाँ की प्रमुख नदियाँ—रामगंगा, धौलीगंगा, गौरीगंगा और काली गंगा हैं। इस जनपद का उत्तरी भाग वृहद् हिमालय में सम्मिलित है तथा जनपद के मध्य से दक्षिण तक लघु हिमालय की स्थिति है। जनपद का ढाल उत्तर से दक्षिण दिशा की ओर है। यह जनपद राज्य का एक प्रमुख जनजातीय जनसंख्या वाला क्षेत्र है। पिथौरागढ़ जनपद की प्रमुख धार्मिक एवं सांस्कृतिक पर्यटन धरोहरों का परिचय प्रस्तुत है—

(i) **खड़गेश्वर महादेव मन्दिर**—पिथौरागढ़ नगर के पुराना बाजार एवं सर्राफा गली के मोड़ पर शिवजी का यह अत्यन्त प्राचीन मन्दिर स्थित है। लोककथा के अनुसार अस्कोट के रजवार खड्गपाल सिंह ने खड़का नौला बनवाया था तथा 16वीं-17वीं शताब्दी में इस मन्दिर की स्थापना की थी। इनके कण्ठ में गलगण्ड थे। थलकेदार के नौले में स्नान करने से इनकी यह व्याधि दूर हो गई। तत्पश्चात ये लोग अल्मोड़ा के राजा के आमंत्रण पर वहाँ गये। लौटकर उन्होंने इस मन्दिर का निर्माण करवाया। पित्रौट गाँव से लक्ष्मी-नारायण की प्रतिमा यहाँ लाकर स्थापित की गई। इस विलक्षण प्रतिमा में नारायण के वाहन गरुड़ मानव के रूप में हैं। यह मन्दिर स्थानीय निवासियों की अपार श्रद्धा का केन्द्र है।

(ii) **घण्टाकरण मन्दिर**—नगर के बस स्टेशन से लगभग दो किमी की दूरी पर, चण्डाक मार्ग पर घण्टाकरण क्षेत्र में शिवजी का यह मन्दिर प्रतिष्ठित है। मन्दिर के नीचे यक्षावती नदी बहती है। इस स्थान का 'मानसखण्ड' में यक्षतीर्थ के रूप में उल्लेख मिलता है। इस मन्दिर के पुजारी का कार्य निकटवर्ती बजेठी ग्राम के देवलाल समुदाय के लोग देखते हैं। कुछ वर्ष पूर्व यहाँ पर खुदाई की गई थी, जिसमें कलश थामे एक देवी भगवती तथा एक पक्षिणी की अद्वितीय प्रतिमा प्राप्त हुई थी। अनुमानत: ये प्रतिमायें 8वीं शताब्दी से 12वीं शताब्दी के मध्यकाल की हो सकती हैं।

(iii) **लक्ष्मीनारायण मन्दिर**—यह मन्दिर भी घण्टाकरण क्षेत्र में ही स्थित है। वैसे तो यह मन्दिर अत्यन्त प्राचीन है, परन्तु इस मन्दिर का आधुनिकीकरण कर दिया गया है। वर्तमान में यह मन्दिर भव्य और आकर्षक प्रतीत होता है। सड़क से मन्दिर तक पहुँचने के लिय सीढ़ियाँ बनायी गई हैं। इस मन्दिर के आधुनिकीकरण का श्रेय श्री मौन बाबा को दिया जाता है, जो दो दशक तक यहाँ पर रहे। उन्होंने सन् 1976 ई० में स्थानीय जनता के सहयोग से इस मन्दिर का पुनर्निर्माण किया।

(iv) **श्री हनुमान मन्दिर**—हनुमान जी का यह अत्यन्त प्राचीन मन्दिर टनकपुर/हल्द्वानी—पिथौरागढ़ मार्ग पर पिथौरागढ़ नगर से लगभग दो किमी पूर्व एंचोली नामक स्थान पर स्थित है। यह अत्यन्त सिद्ध मन्दिर है तथा लोक विश्वास का उत्कृष्ट उदाहरण है। मन्दिर सड़क से लगभग 40 फीट की ऊँचाई पर स्थित है। मन्दिर तक पहुँचने के लिये सीढ़ियाँ बनायी गई हैं। वैसे तो प्रतिदिन इस मन्दिर पर श्रद्धालुओं की भीड़ एकत्रित रहती है, परन्तु मंगलवार के दिन यहाँ पर हनुमान कथा का आयोजन होता है तथा आरती के उपरान्त श्रद्धालुओं को प्रसाद वितरित किया जाता है। मन्दिर छोटा है, परन्तु आकर्षक है। मुख्य कक्ष में हनुमान जी की प्रतिमा प्रतिष्ठित है। इस कक्ष के स्तम्भों पर रामायण की चौपाइयाँ अंकित हैं।

(v) **गुरना माता मन्दिर**—गुरना माता का सिद्ध मन्दिर पिथौरागढ़-घाट मार्ग पर पिथौरागढ़ से लगभग 13 किमी पूर्व स्थित है। मुख्य सड़क के किनारे पर स्थित इस मन्दिर को पिथौरागढ़ का प्रवेश द्वार कहा जाता है। यह मन्दिर केवल एक छोटे कक्ष के रूप में स्थित है, परन्तु लोगों की अपार आस्था का केन्द्र है। यहाँ से गुजरने वाला प्रत्येक वाहन मन्दिर के सामने अवश्य रुकता है तथा गुरना माता के दर्शन करके ही यात्री आगे बढ़ते हैं। मन्दिर की संचालन व्यवस्था स्थानीय पुजारियों के द्वारा देखी जाती है। मन्दिर सुनसान क्षेत्र में है, किन्तु मन्दिर के निकट, जलपान हेतु कुछ दुकानें खुल गयी हैं। यह मन्दिर अलौकिक शक्ति के प्रति सच्ची श्रद्धा का प्रतीक है तथा व्यवसायीकरण से कोसों दूर है।

(vi) **कपिलेश्वर मन्दिर**—यह मन्दिर पिथौरागढ़ नगर के समीप टकौरा नामक ग्राम की मनोहारी पहाड़ी पर सुरम्य घाटी के मध्य स्थित है। माना जाता है कि किसी समय में यहाँ पर कपिल मुनि का आश्रम हुआ करता था। प्राचीन काल में यह एक गुफा मन्दिर था। कालान्तर में इसे वर्तमान स्वरूप प्राप्त हुआ। अभी भी मन्दिर के अन्दर एक गुफा स्थित है। गुफा के चारों ओर अनेक प्रकार की प्रतिमायें और कलाकृतियाँ देखने को मिलती हैं। गुफा में अनेक रास्ते हैं। मुख्य मन्दिर में शिवजी की प्रतिमा प्रतिष्ठित है। प्रतिवर्ष शिवरात्रि के दिन यहाँ पर मेले का आयोजन किया जाता है।

(vii) **ध्वज मन्दिर**—पिथौरागढ़-धारचूला मोटर मार्ग पर, पिथौरागढ़ से 18 किमी दूर, समुद्र तल से लगभग 2100 मीटर की ऊँचाई पर एक स्थान है—ध्वज। प्राकृतिक रूप से अत्यन्त सुन्दर इस स्थान पर जयन्ती देवी का मन्दिर प्रतिष्ठित है। यह मन्दिर सड़क से तीन किमी की ऊँची चढ़ाई पर स्थित है। यह वास्तव में कालिका का ही रूप है। मन्दिर मार्ग की आधी चढ़ाई पर खण्डेनाथ महादेव का मन्दिर स्थित है। इस मन्दिर में (ध्वज मन्दिर) वर्तमान में सिंहवासिनी माँ दुर्गा की संगमरमर से निर्मित प्रतिमा प्रतिष्ठित है।

(viii) **गोकर्णेश्वर महादेव मन्दिर**—चण्डाक से लगभग पाँच किमी की दूरी पर आगे की ओर एक छोटा सा ग्राम है—नाकोट। नाकोट से लगभग दो किमी नीचे उतरकर नदी के किनारे पर भगवान शिव का 'गोकर्णेश्वर महादेव मन्दिर' स्थित है। मन्दिर अधिक बड़ा नहीं है, किन्तु अत्यन्त प्राचीन है। शान्त एवं सुरम्य वातावरण में स्थित इस मन्दिर पर प्रतिवर्ष शिवरात्रि के दिन भव्य मेले का आयोजन किया जाता है। मेले में दूरदराज के क्षेत्रों के भी लोग सहभागिता करते हैं। मन्दिर की क्षेत्र में अत्यधिक मान्यता है। ऐसा माना जाता है कि शिवरात्रि के दिन, नंगे पैरों से मन्दिर में स्थित शिवलिंग के चारों ओर अनेक चक्कर लगाते हुए कलश से जल चढ़ाने पर, प्रत्येक मनोकामना की पूर्ति होती है। मन्दिर के मुख्य पुजारी से प्राप्त होने वाली भभूत को पावन माना जाता है। इस भभूत से माथे पर तिलक लगाने से सभी विपत्तियाँ दूर हो जाती हैं।

(ix) **नकुलेश्वर मन्दिर**—यह मन्दिर पिथौरागढ़ से लगभग 16 किमी की दूरी पर थल केदार नामक पर्वत चोटी पर स्थित है। नकुलेश्वर मन्दिर को नकुल द्वारा स्थापित माना जाता है। नकुलेश्वर शिवलिंग महरखोला से लगभग दो किमी की दूरी पर स्थित है। नवनिर्मित शिव मन्दिर अपने मूल मन्दिर पर ही निर्मित हुआ प्रतीत होता है। मन्दिर के गर्भगृह एवं इसमें लगे आमलक तथा कलश खजुराहो शैली के प्रतीत होते हैं। वर्तमान में मन्दिर में 35 से भी अधिक देव प्रतिमायें बतायी जाती हैं। इनमें शिव-पार्वती, गणेश, विष्णु, नवग्रह, सूर्य, वामन एवं नृसिंह अवतारों के अतिरिक्त महिषासुर मर्दिनी की प्रतिमा अत्यन्त आकर्षक है। कुछ प्रतिमायें खंडित हो चुकी हैं। वासुदेव विष्णु की प्रतिमा सारनाथ के लाल बलुई पत्थर पर निर्मित गुप्तकालीन शैली की है। मन्दिर के प्रवेश द्वार पर दक्षिणी पार्श्व में एक घर्षित सिंह आकृति प्रतिष्ठित है। शिव के सामने नन्दी तथा निकट ही गणेश की प्रतिमा प्रतिष्ठित है। इस मन्दिर में शिव अपने समस्त आयुधों से युक्त प्रदर्शित किये गये हैं।

(x) **पंचायतन मन्दिर, थल केदार**—यह मन्दिर भी थल केदार चोटी पर, नकुलेश्वर महादेव मन्दिर से कुछ दूरी पर स्थित है। यह विशुद्ध रूप से विष्णु पंचायतन मन्दिर है। पूर्व में यहाँ अनेक मन्दिर प्रतिष्ठित थे, किन्तु वर्तमान में केवल तीन मन्दिर ही शेष रह गये हैं। तीनों मन्दिर अत्यन्त आकर्षक शैली में निर्मित हैं। मन्दिरों के द्वार लगभग भग्नावस्था में हैं। इन पर आकर्षक दशावतार पैनल उत्कीर्ण हैं। दशावतारों में वासुदेव, बलराम, परशुराम, नृसिंह, बराह तथा मत्स्य आदि के साथ-साथ समुद्र मंथन के दृश्य भी अंकित हैं। परशुराम अवतार का एकमात्र उदाहरण इसी मन्दिर में देखने को मिलता है। सूर्य, रेवन्त, हयग्रीव, कल्कि तथा उड़ते हुए गंधर्वों के मनोहारी चित्र भी अनेक स्थानों पर उत्कीर्ण हैं। भग्नद्वार स्तम्भों के छोर गज तथा सिंह व्यालों से सुशोभित हैं। इसके अतिरिक्त ब्रह्मा, शिव, पार्वती, गणेश, कार्तिकेय तथा महिषासुर मर्दिनी आदि के चित्र भी उत्कीर्ण हैं। मन्दिर में कोई अभिलेख स्थित नहीं है। प्रतिमाओं को देखकर प्रतीत होता है कि इनमें से कुछ प्रतिमायें कत्यूरी शैली की हैं तथा कुछ चन्द शैली की। मन्दिर को कत्यूरी शैली का माना जा सकता है।

(xi) **कोटगरी देवी मन्दिर**—थल नामक स्थान से लगभग नौ किमी की दूरी पर कोटगरी देवी का प्रसिद्ध मन्दिर प्रतिष्ठित है। इन्हें न्याय की देवी माना जाता है। ठीक उसी प्रकार जिस प्रकार अल्मोड़ा क्षेत्र में गोल्ल देवता को। इस अर्थ में कोटगरी देवी पिथौरागढ़ क्षेत्र की स्थानीय देवी हैं। ऐसी मान्यता है कि जब कहीं और किसी को न्याय नहीं मिलता, तब इस मन्दिर में आकर सच्चे मन से देवी की आराधना करने पर—न्याय की प्राप्ति होती है।

(xii) **चौपाता मन्दिर, देवलथल**—पिथौरागढ़ से लगभग 25 किमी की दूरी पर एक स्थान है—देवलथल। किंवदन्ती है कि सतयुग में इस स्थान पर देवल ऋषि ने एक आश्रम की स्थापना की थी, इसीलिये इस स्थान का नाम देवलथल पड़ा। यहाँ के निकटवर्ती ग्राम चौपाता में एक अत्यन्त प्राचीन मन्दिर स्थित है। इसमें बूटधारी सूर्य की अद्‌भुत प्रतिमा प्रतिष्ठित है। सूर्य के एक हाथ में कमल है तथा एक हाथ भग्न है। जंघाओं में जंजीरों का अंकन है। यह प्रतिमा शक युग की प्रतीत होती है। स्थानीय लोगों का मत है कि किसी समय में यहाँ पर ऐसे एक साथ चार मन्दिर स्थित थे, अतः इस ग्राम का नाम चौपाता पड़ा।

(xiii) **वैष्णवी देवी मन्दिर, डीडीहाट**—डीडीहाट तहसील के अस्कोट नामक ग्राम में वैष्णवी देवी का मन्दिर स्थापित है। इस मन्दिर की विशेषता यह है कि यह वर्ष में केवल चार

दिन ही श्रद्धालुओं के लिये खोला जाता है—बैशाख, श्रावण, कार्तिक तथा माघ इन चार माहों की पूर्णिमा के दिन। इस मन्दिर में महिलाओं का प्रवेश वर्जित है। ऐसा अनुमान है कि इस मन्दिर का निर्माण चन्द राजा रूपचन्द ने करवाया। सन् 1948 ई० में इस मन्दिर का पुनर्निर्माण किया गया। विश्वास किया जाता है कि मन्दिर में देवी का सिर है तथा ओगला (निकटवर्ती ग्राम) में धड़। अस्कोट के नीचे स्थित देवी पातल में वैष्णवी देवी के अन्य अंगों के मन्दिर स्थित हैं।

(xiv) **पाताल भुवनेश्वर गुफा मन्दिर**—पाताल भुवनेश्वर नामक स्थान गंगोलीहाट तहसील से लगभग 16 किमी की दूरी पर स्थित है। यहाँ पर दो दर्शनीय धरोहरें हैं—अनेक छोटे-छोटे मन्दिरों का समूह तथा गुफा, जिसमें अनेक देव प्रतिमायें उत्कीर्ण हैं। इस मन्दिर समूह में महिषासुर मर्दिनी, चतुर्भुज चामुण्डा, सूर्य, विष्णु, उमा-महेश्वर तथा गणेश आदि के मन्दिर प्रमुख हैं। ये मन्दिर 12वीं शताब्दी के आसपास निर्मित हुए माने जाते हैं। इनकी निर्माण शैली बल्लभी एवं नागर है। मन्दिर समूह से 300-400 मीटर की दूरी पर दुर्लभ पाताल भुवनेश्वर गुफा स्थित है। इस गुफा का प्रवेश द्वार अत्यन्त संकरा है। परन्तु अन्दर से गुफा अत्यन्त विशाल है। किंवदन्ती है कि यह गुफा शेषनाग की रीढ़ पर टिकी हुई है। गुफा के अन्दर हिन्दू देवी-देवताओं के असंख्य एवं दुर्लभ चित्र उत्कीर्ण हैं।

(xv) **महाकालिका शक्तिपीठ, गंगोलीहाट**—गंगोलीहाट पिथौरागढ़ से 77 किमी तथा अल्मोड़ा से पनार होते हुए 124 किमी की दूरी पर स्थित है। गंगोलीहाट बस स्टेशन से लगभग एक किमी की दूरी पर, पूर्व दिशा में महाकालिका (हाट कालिका) का भव्य और विशाल मन्दिर स्थित है। देवदार के सुरम्य वन में स्थित यह मन्दिर वैसे तो अत्यधिक प्राचीन है, पर समय-समय पर जीर्णोद्धार होते रहने के कारण इस मन्दिर ने आधुनिक रूप ग्रहण कर लिया है। इसकी दीवारों तथा छत में आधुनिकता दिखाई देती है, पर इसमें स्थापित प्रतिमाओं तथा कहीं-कहीं पर इसकी दीवारों को देखकर इसकी प्राचीनता की झलक मिलती है। मन्दिर में माँ काली की लगभग तीन फीट ऊँची प्रतिमा प्रतिष्ठित है, जो बहुमूल्य काले संगमरमर से निर्मित है। उनका दाहिना पैर शव पर रखा है, पास में नन्दी है, दाहिनी ओर गणेश और भैरव हैं। सामने श्रीयंत्र है, जिसे शंकराचार्य द्वारा स्थापित किया गया माना जाता है। इस यंत्र को शालिग्राम शिला से ढंक कर रखा गया है तथा इस शिला पर ताम्रपत्र चढ़ाया गया है। सबसे ऊपर त्रिशूल है, जिस पर रजत छत्र लटके हुए हैं। मन्दिर के प्रवेश द्वार के बाईं ओर गवाक्ष में चतुर्भुज विष्णु प्रतिष्ठित हैं। इन से अलग शिव-पार्वती परिवार की लगभग डेढ़ फीट ऊँची प्रतिमा अत्यन्त आकर्षक और सौम्य है। इस प्रतिमा में शिवजी के बाएं हाथ में तीन फन वाला नाग दर्शनीय है।

इस मन्दिर को देवी की आदि-पीठ माना जाता है। यह किंवदन्ती है कि प्राचीनकाल में महाकाली बहुत चंचल थीं और रात्रि में कभी-कभी कीर्ति जागेश्वर महादेव को पुकारती थीं। जो उस आवाज को सुनता, उसकी तत्काल मृत्यु हो जाती थी। अत: उस समय में यहाँ के निवासी संध्या-पूजा के पश्चात मन्दिर के निकट नहीं जाते थे। कहा जाता है कि जब से शंकराचार्य ने जागेश्वर महादेव की प्रतिमा को लौह आवरण से आवृत्त कर दिया, तब से काली जी ने पुकारना बंद कर दिया। तत्पश्चात धीरे-धीरे इस क्षेत्र में जनसंख्या बढ़ने लगी। यह मन्दिर महिषासुर मर्दिनी का सिद्धपीठ है। ऐसी मान्यता है कि देवी ने महिषासुर और उसकी सेना के साथ गंगोली नामक इसी स्थान पर युद्ध किया था।

(xvi) **श्री नारायण आश्रम**—इस आश्रम की स्थापना स्वामी श्री 108 नारायण स्वामी ने की थी। उन्हीं के नाम पर ही इस आश्रम का नामकरण हुआ। सन् 1936 ई० में स्थापित यह आश्रम विश्वविख्यात हो चुका है। यह चौंदास पट्टी के सोसा गाँव से 41 किमी दूर, पूर्व दिशा की ओर, 2700 मीटर की ऊँचाई पर स्थित है। इस मनोहारी एवं शान्त स्थल पर स्वामी जी ने एक मन्दिर का भी निर्माण करवाया। वर्तमान में इस आश्रम में अनेक भवनों का निर्माण हो चुका है तथा अनेक बगीचे भी लगाये गये हैं। इस आश्रम से कैलाश-मानसरोवर यात्रा का मार्ग भी जाता है। चीन की सीमा यहाँ से अत्यन्त निकट है। यह स्थान इतना सौम्य एवं प्राकृतिक सुन्दरता से भरपूर है कि न केवल राष्ट्रीय अपितु अन्तर्राष्ट्रीय पर्यटक भी इस आश्रम की यात्रा करते हैं।

(xvii) **मनेला**—मनेला ग्लेशियर से बना हुआ मैदान है। इस आकर्षक और मनोहारी मैदान के निकट ही काली का मनोरम मैदान स्थित है। यहीं पर काली और कुटी नदियों का संगम होता है। यह अत्यन्त प्रसिद्ध और महत्वपूर्ण तीर्थ स्थलों में माना जाता है। मैदान के किनारे पहाड़ की तलहटी में व्यास मुनि का मन्दिर स्थित है। इस मन्दिर के ऊपर महादेव का एक प्राचीन मन्दिर स्थित है। व्यास घाटी का नामकरण व्यास मुनि के नाम पर ही हुआ है। सम्पूर्ण शौका जनजाति व्यास मुनि को अपना पूर्वज मानती है। इस क्षेत्र में व्यास मुनि की पूजा की जाती है। मनेला में व्यास मुनि के मन्दिर पर रक्षाबन्धन के दिन से दो दिवसीय मेले का आयोजन होता है। मेला प्रारम्भ होने से पूर्व रात्रि जागरण, भजन-कीर्तन, खेलकूद, लोकनृत्य और लोकगीतों का आयोजन होता है। पूर्णमासी के दिन मुख्य मेला लगता है। यह व्यास क्षेत्र का मुख्य मेला है। व्यास मन्दिर से कुछ ही दूरी पर कैलाशपति के आकर्षक लोकनृत्यों का प्रदर्शन होता है, जिसे देखने दूर-दराज के क्षेत्रों के पर्यटक भी आते हैं।

12. चम्पावत जनपद

नवगठित चम्पावत जनपद का कुल क्षेत्रफल 1638 वर्ग किमी है। पूर्व में पिथौरागढ़ जनपद का हिस्सा रहे इस जनपद की कुल जनसंख्या 2,23,542 है। इसमें पुरुषों की जनसंख्या 1,11,084 तथा महिलाओं की जनसंख्या 1,13,458 है। अतः जनपद का लिंगानुपात 1024 महिलायें, प्रति एक हजार पुरुष है। जनपद का जनसंख्या घनत्व 126 व्यक्ति प्रति वर्ग किमी तथा साक्षरता दर 71.11 प्रतिशत है। इस जनपद की एकमात्र तहसील चम्पावत है। किन्तु यहाँ चार विकासखण्ड हैं—चम्पावत, धारी, लोहाघाट और बाराकोट। जनपद के उत्तर में पिथौरागढ़, दक्षिण में ऊधमसिंह नगर, पश्चिम में नैनीताल, उत्तर-पश्चिम में अल्मोड़ा तथा पूर्व दिशा में नेपाल देश स्थित हैं। जनपद की जलवायु उपोष्ण कटिबन्धीय है। यह जनपद लघु हिमालयी क्षेत्र में स्थित है, जहाँ उष्णकटिबन्धीय वन पाये जाते हैं। जनपद का ढाल उत्तर से दक्षिण की ओर है। इस जनपद में तीन राजकीय महाविद्यालय कार्यशील हैं। जनपद की प्रमुख धार्मिक-सांस्कृतिक पर्यटन धरोहरें निम्नवत् हैं—

(i) **पूर्णागिरि शक्तिपीठ**—पूर्णागिरि नामक स्थान टनकपुर नगर से 26 किमी की दूरी पर काली नदी के किनारे पर स्थित है। यहाँ पर पूर्णागिरि शक्तिपीठ प्रतिष्ठित है। देवी भागवत तथा स्कन्द पुराण आदि हिन्दू धर्मग्रन्थों में इस स्थल का विशिष्ट उल्लेख मिलता है। इस पीठ की गणना भारत में स्थित देवी की 108 सिद्धपीठों में की जाती है। हरे-भरे जंगलों से घिरा देवी का मन्दिर एक ऊँची चट्टान पर स्थित है। पूर्व में सड़क से लगभग नौ किमी की कठिन पैदल चढ़ाई करके मन्दिर तक पहुँचा जा सकता था, किन्तु कुछ वर्ष पूर्व मन्दिर से लगभग दो किमी पूर्व तक वाहनों के पहुँचने की व्यवस्था कर दी गई है।

किंवदन्ती है कि प्राचीन काल में इस पर्वत पर ब्रह्माजी ने यज्ञ किया था। इस विशाल यज्ञ में सभी देवी-देवता अपनी सम्पूर्ण शक्तियों के साथ पधारे। शिवजी भी पार्वती के साथ यहाँ आये। यज्ञ समाप्ति के उपरान्त जब समस्त देवी-देवता यहाँ से विदा होने लगे, तब पार्वती ने शिव को कहा कि उन्हें यह स्थान बहुत प्रिय लगा है। अतः अबसे मैं यहीं निवास करूँगी। जो भक्त यहाँ आकर मेरे दर्शन करेंगे, उनकी समस्त मनोकामनायें पूर्ण होंगी। शिव की आज्ञा से पार्वती जी ने यहाँ गुप्त रूप से प्रवेश किया। तब उनके पैर तो पाताल लोक में चले गये और सिर आकाश में। अतः इस मन्दिर में माँ पार्वती के सिर तथा चरणों तक तो पहुँचना असम्भव है, किन्तु पूजा हेतु नाभि की ओर उस स्थान तक पहुँचने के मार्ग को अवश्य खोज लिया गया है, जिसके दर्शन करके श्रद्धालु पुण्य प्राप्त कर सकें। वर्तमान में प्राचीन पीठ की नाभि को ढंक दिया गया है तथा संगमरमर की कुछ अन्य प्रतिमायें प्रतिष्ठित कर दी गई हैं। यहाँ ऐसा लोक विश्वास प्रचलित है कि अभी भी रात्रि में माता, सिंह पर सवार होकर इस क्षेत्र में विचरण करती हैं।

मन्दिर के चारों ओर स्थित वनाच्छादित पर्वत तथा नीचे बह रही शारदा नदी के दृश्य अद्वितीय हैं। वैसे तो वर्ष भर इस मन्दिर पर श्रद्धालुओं का आना-जाना लगा रहता है, परन्तु चैत्र मास के नवरात्रों में इस मन्दिर में लाखों राष्ट्रीय एवं अन्तर्राष्ट्रीय धार्मिक पर्यटकों का आवागमन होता है। इस अवधि में यहाँ पर विशाल मेले का आयोजन किया जाता है। नेपाल की सीमा के निकट होने के कारण नेपाली श्रद्धालु अत्यधिक मात्रा में इस मन्दिर में पहुँचते हैं। पर्यटक, मन्दिर के आसपास तथा मार्ग में बैठने वाले पंडे-पुजारियों से सावधान रहें। इनकी कोई भी सेवा प्राप्त न करें, क्योंकि सेवा के उपरान्त ये लोग श्रद्धालुओं से भारी धनराशि की माँग करते हैं तथा न दे पाने की स्थिति में गाली-गलौच तथा मारपीट तक पर उतारू हो जाते हैं।

(ii) **मीठा रीठा साहिब**—मीठा रीठा साहिब को सामान्य रूप से रीठा साहिब कहा जाता है। यह स्थान लोहाघाट से 66 किमी तथा नानकमत्ता से 175 किमी दूर स्थित है। सिखों के गुरु नानकदेव जी के चरण स्पर्श के कारण यह स्थान सभी श्रद्धालुओं के लिये विशेष महत्व का है। इस सम्बन्ध में अनेक किंवदन्तियाँ प्रचलित हैं। इनमें से एक है—इस स्थान पर एक बार गुरु नानक देव का आगमन हुआ। उनके साथ भाई मर्दाना भी थे। जब वे इस स्थान पर पहुँचे तो भाई मर्दाना को भूख लगी। भाई मर्दाना इस क्षेत्र के लोगों के पास भोजन माँगने गये, किन्तु लोगों ने गोरखनाथ के भय से कुछ भी भोजन देने से मना कर दिया। अन्ततः भूख से बेहाल भाई मर्दाना ने गुरुजी को सारा वृत्तान्त कह सुनाया। गुरुजी ने सामने लगे रीठे के पेड़ की ओर देखा तो पेड़ पर लगे उस ओर के रीठे मीठे हो गये। भाई मर्दाना ने इन मीठे रीठों से अपनी भूख शान्त की। आज भी उस पेड़ के रीठे मीठे हैं। इस स्थान की यात्रा करने वाले श्रद्धालुओं को इन मीठे रीठों का प्रसाद वितरित किया जाता है।

इस स्थान पर एक भव्य गुरुद्वारे का निर्माण किया जा चुका है। लगभग हेमकुण्ड साहिब के समान मान्यता प्राप्त यह गुरुद्वारा सड़क से लगभग 300 फीट की ऊँचाई पर स्थित है। यहाँ वर्ष भर श्रद्धालु मत्था टेकने आते हैं।

(iii) **बालेश्वर मन्दिर समूह**—चंद राजाओं की प्राचीन राजधानी एवं वर्तमान चम्पावत नगर में बालेश्वर मन्दिर समूह स्थित है। वैसे मन्दिर तो एक ही है—बालेश्वर मन्दिर, किन्तु इस मन्दिर के प्रांगण में चंपावती दुर्गा मन्दिर, कालिका मन्दिर तथा रत्नेश्वर मन्दिर भी स्थित हैं। इन

मन्दिरों का निर्माण काल स्पष्ट नहीं है, परन्तु चम्पावत के निकट पाये गये ताम्रपत्रों से, जो कि मुख्यत: मन्दिरों को दी जाने वाली भूमि के दानपात्र हैं, इन मन्दिरों का निर्माण चंद वंश के प्रारम्भिक काल से हुआ माना जा सकता है।

बालेश्वर मन्दिर उत्तराखण्ड के सबसे कलात्मक मन्दिरों में से एक है। इसे देखने से प्रतीत होता है कि पूर्वकाल में यह एक दोहरा मन्दिर था। एक गर्भगृह तथा दूसरा मण्डप। मन्दिर जीर्ण-शीर्ण अवस्था में है, किन्तु इसके अवशेषों से इस मन्दिर के प्राचीन वैभव का पता चलता है। इसके गर्भगृह तथा मण्डप की छतों के भीतरी भाग में कालियामर्दन को एक नवीन शैली में अत्यन्त कलात्मक रूप में अंकित किया गया है। परिसर में सूर्य तथा गणेश के मन्दिर भी हैं तथा अनेक शिवलिंग, अलंकृत प्रस्तर खण्ड तथा अनेक देव-प्रतिमायें बिखरी हुई पड़ी हैं। मन्दिर के निकट ही रत्नेश्वर तथा चंपावती दुर्गा के मन्दिर भी प्रतिष्ठित हैं। इन मन्दिरों की दशा बालेश्वर मन्दिर से कुछ अच्छी है। चंपावती मन्दिर के प्रवेश द्वार, पार्श्व दीवारों तथा उलटी छत पर अद्वितीय नक्काशी दर्शनीय है। इसका शिल्प खजुराहो से प्रभावित माना जा सकता है। स्थानीय लोग रत्नेश्वर मन्दिर को भैरव का मन्दिर मानते हैं। इस मन्दिर के निकट ही कालिका मन्दिर स्थित है।

(iv) **नागनाथ मन्दिर**—चम्पावत के दुर्ग के नीचे स्थित यह अत्यन्त प्राचीन मन्दिर चंद शासक कीर्तिचन्द द्वारा 15वीं शताब्दी के अन्त में निर्मित किया गया माना जाता है। कीर्तिचन्द ने यह मन्दिर उसे विजय का मार्ग दिखाने वाले योगी नागराज की स्मृति में बनवाया था। इस मन्दिर में प्रतिवर्ष जन्माष्टमी के पर्व पर तीन दिन तक अखण्ड कीर्तन का आयोजन होता है तथा तीसरे दिन सायंकाल में समारोहपूर्वक योगी नागनाथ का डोला निकालकर बालेश्वर मन्दिर में विसर्जित कर दिया जाता है। योगी नागनाथ की समाधि के निकट बटुक भैरव और काल भैरव के मन्दिर प्रतिष्ठित हैं तथा अब लक्ष्मीनारायण मन्दिर की स्थापना भी यहीं पर की गई है।

(v) **आदित्य महादेव (सूर्य) मन्दिर**—लोहाघाट में लोहावती नदी के उद्‌गम क्षेत्र सुई गाँव में आदित्य महादेव मन्दिर प्रतिष्ठित है। यह मन्दिर पहले सूर्य मन्दिर के रूप में विख्यात था। वास्तव में सुई गाँव एकमात्र गाँव न होकर पाँच गाँवों का समूह है। किंवदन्ती है कि सुई गाँव पौराणिक काल में वाणासुर के राज्य का क्षेत्र था तथा इसका नाम शोशितपुर था। वाणासुर प्रतिदिन रामगंगा तथा सरयू के संगम पर रामेश्वरम् में स्नान किया करता था और वहाँ से जल ले जाकर सुई के मन्दिर में भगवान शिव को अर्पित करता था। यद्यपि वर्तमान में इस क्षेत्र में ऐसा कोई मन्दिर विद्यमान नहीं है। आदित्य महादेव मन्दिर के पुजारी के अनुसार पूर्वकाल में आदित्य की एक प्रतिमा आकाश से इसी स्थान पर उतरी थी। वर्तमान में इस मन्दिर में प्राय: सभी हिन्दू देवी-देवताओं की प्रतिमायें प्रतिष्ठित हैं।

(vi) **मायावती आश्रम**—लोहाघाट से आठ किमी की दूरी पर प्रसिद्ध मायावती आश्रम स्थित है। यह स्थान स्वामी विवेकानन्द को अत्यधिक प्रिय था इसलिये उन्होंने यहाँ पर 'अद्वैत आश्रम' की स्थापना की। यह आश्रम वर्तमान में मायावती ट्रस्ट के अन्तर्गत रामकृष्ण मिशन द्वारा संचालित होता है तथा मायावती नामक स्थान पर उपस्थिति के कारण मायावती आश्रम के नाम से जाना जाता है।

यहाँ का शान्त और सुखद वातावरण प्राकृतिक पर्यटन हेतु उत्कृष्ट प्राकृतिक वातावरण प्रस्तुत करता है। इस स्थान से हिमालय की बर्फाच्छादित पर्वत शृंखलाओं का अवलोकन किया

जा सकता है। यहाँ तक कि कुमायूँ के साथ-साथ गढ़वाल हिमालय और नेपाल हिमालय तक के यहाँ से दर्शन किये जा सकते हैं। माह मई से नवम्बर (अगस्त का नहीं) तक का समय इस आश्रम के भ्रमण के लिये सर्वश्रेष्ठ है। यहाँ पर आश्रम की ओर से आवास और भोजन की संतोषप्रद सेवाएं प्रदान की जाती हैं।

(vii) **घटकू मन्दिर**—यह मन्दिर चम्पावत नगर से लगभग तीन किमी दूर घने किन्तु सुरम्य वन में एक ऊँचे पर्वत शिखर पर अवस्थित है। इस मन्दिर के निकट हिगला देवी का मन्दिर स्थित है। अनुमान लगाया जाता है कि इस मन्दिर का निर्माण चंद राजाओं ने अपनी कुल देवी हिंगलाज के नाम पर करवाया होगा। घटकू मन्दिर का सम्बन्ध महाभारत काल से बताया जाता है। किंवदन्ती है कि घटकू नामक स्थान पर एक सरोवर में भीम के पुत्र घटोत्कच का सिर कटकर गिरा था। पाण्डवों ने सरोवर का जल निकालने के पश्चात घटकू नामक इस स्थान पर घटोत्कच का मन्दिर 'घटकू मन्दिर' स्थापित किया। इस मन्दिर से कुछ ही नीचे, नदी के तट पर भीम की पत्नी तथा घटोत्कच की माता हिडिम्बा का मन्दिर प्रतिष्ठित है। कहा जाता है कि घटकू के समीप गण्डक नदी के पावन तट पर धर्मशिला में पाण्डवों ने घटोत्कच के लिये यज्ञ किया था। गण्डक नदी आश्चर्यजनक रूप से उत्तर दिशा में प्रवाहित होती है, किन्तु इस स्थान पर उसका प्रवाह विपरीत दिशा में हो गया है।

(viii) **वाराही देवी मन्दिर, देवीधुरा**—वैसे तो इस विश्वप्रसिद्ध मन्दिर को किसी परिचय की आवश्यकता नहीं है, फिर भी यहाँ पर यह जान लेना आवश्यक है कि लोहाघाट से 50 किमी तथा अल्मोड़ा से 85 किमी की दूरी पर स्थित यह देवी की शक्तिपीठ है। 6630 फीट की ऊँचाई पर स्थित यह मन्दिर देवीधुरा नामक स्थान पर अवस्थित है। देवी का विग्रह एक दुमंजिले भवन में, ऊपरी तल पर, एक बक्से में बन्द रहता है, जिसे मेले के अवसर पर बाहर निकाल कर घुमाया जाता है। देवीधुरा में पहाड़ी छोर पर भूरे ग्रेनाइट रंग की शिलायें उपस्थित हैं। लोक विश्वास है कि ये शिलायें पाण्डवों द्वारा खेल-खेल में फेंकी गई थीं। मन्दिर के निकट ही दो शिलायें रखी हुई हैं, इनमें ऊपरी शिला 'रामशिला' कहलाती है।

यहाँ श्रावण पूर्णिमा के दिन, रक्षा बन्धन के अवसर पर एक विशाल मेले का आयोजन किया जाता है। इस मेले के इतिहास के सम्बन्ध में प्रचलित किंवदन्ती का उल्लेख जगदीश्वरी प्रसाद ने अपनी पुस्तक में किया है—"नैनीताल के पूर्व में प्राचीन काल में कुछ तपस्वी तप करते थे और उस स्थान से अन्यत्र जाने पर वे स्मृति स्वरूप एक लड़का और लड़की भाई-बहन के रूप में छोड़ गये। कालान्तर में बहन वहाँ से उत्तर दिशा की ओर गई और एक ग्रामीण भक्त द्वारा देवीधुरा में पहुँचा दी गई। उसके वहाँ पहुँचने पर देवदार के वृक्ष से दुग्धधारा फूट चली तथा वहीं स्थित बाँज वृक्ष से पानी की धार फूट चली। वहाँ के वन में पहले से ही 52 हजार वीर और 64 योगिनियों का निवास था। भगवती ने उन सभी को अपने नियंत्रण में रखा और लोगों की उनसे रक्षा की। देवी ने लोगों से बलि देने को कहा। इस पर भैंसे और बकरे ने मना कर दिया। अत: वर्तमान में इस मन्दिर में इन्हीं दो पशुओं की बलि दी जाती है। नर बलि हेतु देवी ने निश्चित किया कि लोगों के दो समूहों में युद्ध करवाया जाये। इसमें थोड़ा सा रक्तपात होगा और इतने भर से ही दैत्य लोग मान जायेंगे।" श्रावण पूर्णिमा के दिन, आज भी इस युद्ध प्रथा का पालन किया जाता है। यह युद्ध 'बग्वाल' या 'पाषाण युद्ध' कहलाता है। इसमें परम्परागत चार खामों के अनेक लोग एक-दूसरे पर पत्थरों की बौछार करते हैं। आश्चर्यजनक पहलू यह है कि इस युद्ध में किसी भी बग्वाल को गंभीर चोट नहीं पहुँचती। इस दिन रथ की

भाँति देवी का डोला निकलता है, जिसमें देवी की स्वर्ण प्रतिमा स्थापित होती है। कहते हैं कि इस अवसर पर देवी रोती हैं तथा वर्षा अवश्य होती है।

यहीं पत्थरों के मध्य 'गबौरी' नाम की एक कन्दरा है। कहा जाता है कि देवी इसी कन्दरा से अन्दर गई थीं। यहीं पत्थर पर एक वेणी लगी है, अतः इस शिला से तेल निकलता है। इस कन्दरा से लोग अन्दर जाते हैं। अन्दर ही देवी का स्थल है। पुजारी यहीं पर बैठते हैं। ऐसा विश्वास प्रचलित है कि विधर्मियों के अनुचित कर्मों से और लोगों की आस्था कम होने पर देवी की आत्मा अन्तर्ध्यान हो गई तथा मात्र स्वर्ण प्रतिमा के रूप में ही रह गई। उत्तराखण्ड में इस सिद्धपीठ को पूर्णागिरि के समान ही महत्व प्राप्त है। चन्द राजाओं के शासनकाल में इस सिद्धपीठ में चम्पादेवी तथा ललत-जिह्वा महाकाली की स्थापना की गई थी। ललत-जिह्वा महाकाली को चन्द वंश के शासन काल में, महर और फर्त्याल धड़ों द्वारा बारी-बारी से प्रतिवर्ष नर-बलि दी जाती थी। कालान्तर में पारस्परिक समझौते के आधार पर यह प्रथा समाप्त कर दी गई और नवीन विधान के अनुसार 'बग्वाल' अर्थात 'पाषाण युद्ध' की प्रथा प्रारम्भ हुई।

13. ऊधमसिंह नगर जनपद

कुमायूँ मण्डल के इस इकलौते मैदानी जनपद का कुल क्षेत्रफल 2027 वर्ग किमी है। पूर्व में जनपद नैनीताल के मैदानी एवं तराई क्षेत्र के रूप में स्थित इस क्षेत्र की चार तहसीलों—किच्छा, खटीमा, सितारगंज और काशीपुर को मिलाकर ऊधमसिंह नगर जनपद के रूप में घोषित किया गया। सन् 1995 में घोषित इस जनपद का मुख्यालय रुद्रपुर में है। जनपद की कुल जनसंख्या 12,35,614 है। इसमें पुरुषों की संख्या 6,49,484 तथा महिलाओं की संख्या 5,86,130 है। लिंगानुपात 902 महिलायें, प्रति एक हजार पुरुष है। इस जनपद का जनसंख्या घनत्व 424 व्यक्ति प्रति वर्ग किमी तथा साक्षरता 65.76 प्रतिशत है। इस जनपद की मुख्य नदी—शारदा तथा राष्ट्रीय राजमार्ग—74 तथा 87 है। जनपद के उत्तर में नैनीताल, दक्षिण में उत्तर प्रदेश, पश्चिम में उत्तर प्रदेश का जनपद बिजनौर तथा पूर्व दिशा में नैनीताल हैं। यह जनपद पूर्णतः मैदानी क्षेत्र है जिसकी जलवायु उपोष्ण कटिबन्धीय है। यहाँ पर उष्ण कटिबन्धीय सदाबहार वनों का विस्तार पाया जाता है। जनपद का ढाल उत्तर-पश्चिम से दक्षिण-पूर्व की ओर है। जनपद के काशीपुर नगर में, चैत्र माह के नवरात्रों में आयोजित होने वाला मेला भारत प्रसिद्ध है। यह जनपद राज्य का प्रमुख आर्थिक उत्पादन वाला जनपद है। सम्पूर्ण राज्य की आर्थिकी को सुदृढ़ करने में इस जनपद की भूमिका महत्वपूर्ण है। यह राज्य का औद्योगिक एवं कृषि उत्पादन का सबसे बड़ा जनपद है। इस जनपद में स्थित पर्यटन स्थलों की संख्या अधिक नहीं है। फिर भी कुछ महत्वपूर्ण पर्यटन स्थल यहाँ विद्यमान हैं—

(i) **अटारिया देवी मन्दिर**—यह मन्दिर रुद्रपुर नगर में रुद्रपुर-हल्द्वानी मोटर मार्ग पर रुद्रपुर बस स्टेशन से लगभग दो किमी की दूरी पर स्थित है। इस मन्दिर में माँ अटारिया देवी की प्रतिमा प्रतिष्ठित है। इस मन्दिर में प्रतिवर्ष नवरात्र के दिनों में मेले का आयोजन किया जाता है। यह मेला 10 दिन तक चलता है। इस मेले में हजारों श्रद्धालु भाग लेते हैं और देवी के दर्शन करके पुण्य लाभ प्राप्त करते हैं।

(ii) **चामुण्डा देवी मन्दिर, काशीपुर**—काशीपुर नगर में रामनगर मार्ग पर, काशीपुर से तीन किमी पूर्व माँ चामुण्डा देवी का भव्य मन्दिर प्रतिष्ठित है। मन्दिर अत्यन्त प्राचीन है, किन्तु समय-समय पर मन्दिर में किये गये पुनर्निर्माण के कारण मन्दिर ने आधुनिक रूप ग्रहण कर

लिया है। इस मन्दिर को पूरे क्षेत्र में अत्यधिक मान्यता प्राप्त है। पूर्व में यह क्षेत्र सुनसान वन के रूप में था, परन्तु अब इस मन्दिर के आसपास विशाल कॉलोनियाँ विकसित हो चुकी हैं। मन्दिर के निकट प्रसिद्ध गिरिताल स्थित है। इस ताल के निकट शिव मन्दिर तथा संतोषी माता के मन्दिर प्रतिष्ठित हैं।

(iii) **माँ बालसुन्दरी मन्दिर, काशीपुर**—काशीपुर नगर में स्थित यह मन्दिर अत्यन्त प्राचीन और संभवत: इस नगर क्षेत्र का सर्वाधिक मान्यता प्राप्त मन्दिर है। इस मन्दिर को ज्वालादेवी मन्दिर भी कहा जाता है। इस मन्दिर में देवी की अत्यन्त मनोरम प्रतिमा स्थित है। बालसुन्दरी या ज्वालादेवी का एक अन्य नाम और प्रचलित है—उज्जयिनी देवी। इसका कारण यह है कि इस मन्दिर के निकट प्राचीन उज्जैन किला स्थित था। उस किले के अवशेष अभी भी विद्यमान हैं तथा यह क्षेत्र किला क्षेत्र कहलाता है। निकट ही गुंसाई टीला स्थित है।

(iv) **चैती मन्दिर, काशीपुर**—यह मन्दिर काशीपुर—बाजपुर मार्ग पर काशीपुर रोडवेज बस स्टेशन से लगभग दो किमी दूरी पर स्थित है। मन्दिर पूरे राज्य ही नहीं, अपितु निकटवर्ती अन्य प्रदेशों में भी प्रसिद्ध है। इस मन्दिर क्षेत्र में प्रत्येक वर्ष चैत्र माह के नवरात्रों में विशाल मेले का आयोजन किया जाता है। लगभग 15 दिन तक चलने वाले इस मेले में प्रतिदिन लाखों लोग आते हैं। यह मेला चैती मेला के नाम से प्रसिद्ध है। मेला अवधि में काशीपुर नगर में एक छोर से दूसरे छोर तक पहुँचना संभव नहीं रह जाता। चैती मेले के दौरान माँ बालसुन्दरी का डोला चैती मन्दिर में लाकर माँ की प्रतिमा श्रद्धालुओं के दर्शनार्थ प्रतिष्ठित की जाती है तथा बाद में माँ की प्रतिमा को पुन: बालसुन्दरी मन्दिर में प्रतिष्ठित किया जाता है। चैती मन्दिर न तो अधिक बड़ा है और न ही भव्य, किन्तु अत्यन्त प्राचीन है तथा मन्दिर प्रांगण में कदम रखते ही श्रद्धालुओं को ईश्वर के अस्तित्व का अनुभव होने लगता है। इस मन्दिर में अनेक छोटे-छोटे कक्षों में अनेक हिन्दू देवी-देवताओं की प्रतिमायें प्रतिष्ठित हैं।

(v) **नानकमत्ता साहिब गुरुद्वारा**—रुद्रपुर-टनकपुर मार्ग पर रुद्रपुर से लगभग 55 किमी की दूरी पर एक छोटा किन्तु प्रसिद्ध कस्बा स्थित है—नानकमत्ता। इस कस्बे की प्रसिद्धि के दो कारण हैं—यहाँ स्थित विशाल नानक सरोवर और उस पर स्थित सुन्दर नानक सागर बांध तथा दूसरा कारण—विश्व प्रसिद्ध 'नानकमत्ता साहिब गुरुद्वारा'। यह गुरुद्वारा पूर्व में निर्जन स्थान पर स्थित था, किन्तु वर्तमान में यहाँ मानव बस्तियों का विकास हो गया है। गुरुद्वारा अत्यन्त भव्य और विशाल है। नानकमत्ता के सम्बन्ध में यह मत प्रचलित है कि सन् 1529 ई० में गुरु नानक देव कतारपुर (वर्तमान में पाकिस्तान में स्थित) से यहाँ पहुँचे। गुरुवाणी में गुरु नानक देव की इस यात्रा को तीसरी उदासी के नाम से जाना जाता है। उस समय यह स्थान नाथ जोगियों का अखाड़ा था। नाथ-जोगी अहंकारी प्रवृत्ति के थे। गुरु नानक देव ने नाथ-जोगियों के अहंकार को धवस्त किया तथा उन्हें गुरुवाणी का संदेश दिया। यद्यपि कुछ नाथ योगी इनके संदेश से प्रभावित नहीं हुए, किन्तु अनुभवी और सूझ-बूझ वाले नाथ योगियों ने गुरु नानक देव के संदेश को समझा और गुरुजी के शिष्य बन गये। नाथ जोगियों के निवास के कारण इस स्थान का नाम गोरखमत्ता प्रचलित था, परन्तु गुरु नानक देव के शिष्य बनकर इन जोगियों ने इस स्थान को नया नाम दिया—नानकमत्ता। उन दिनों यह स्थान कान फटे योगियों का केन्द्र था। बाद में यह नानक के सहज योग का केन्द्र बन गया।

बाद में इस स्थान पर सिखों के छठे गुरु गोविन्द सिंह यहाँ आये। इनके समय में इनका श्रद्धालु भक्त सिख अलमस्त इस स्थान की सेवा व देखभाल करता था। वह उस पीपल के पेड़ की देखभाल करता था, जिसके नीचे गुरु नानक देव बैठे थे। कुछ समय बाद गोरखपंथियों ने

अलमस्त को वह स्थान खाली करने के लिये कहा, क्योंकि गोरखपंथी इस स्थान पर अपना मठ बनवाना चाहते थे। गोरखपंथियों ने अलमस्त को वहाँ से निकालने के लिये पीपल के पेड़ को आग लगाने का प्रयास किया। उस समय गुरु गोविन्द सिंह गढ़मुक्तेश्वर, मुरादाबाद और पीलीभीत की यात्रा करते हुए नानकमत्ता पहुँचे। इनके व्यक्तित्व से गोरखपंथी अत्यधिक प्रभावित हुए और उन्होंने यह स्थान त्याग दिया। अवध के तत्कालीन राजकुमार नवाब मेहन्दी अली खाँ ने गुरु गोविन्द सिंह से प्रभावित होकर नानकमत्ता क्षेत्र की भूमि उन्हें भेंट स्वरूप प्रदान की। यह लोक विश्वास प्रचलित है कि गुरु हरगोविन्द सिंह ने यहाँ विद्यमान पीपल के वृक्ष पर केशर की छींट मारी थी। तब से प्रतिवर्ष दीपावली की रात्रि को वृक्ष के प्रत्येक पत्ते पर केशर का रंग आ जाता है। आज भी इस पीपल वृक्ष की अत्यधिक मान्यता है। प्रत्येक वर्ष दीपावली के दिन यहाँ भव्य मेले का आयोजन भी किया जाता है। यह मेला मुगल शासक औरंगजेब की ग्वालियर जेल से सिखों के छठे गुरु गोविन्द सिंह की मुक्ति के उल्लास में अमृतसर की शैली में आयोजित होता है। इस दिन हजारों श्रद्धालु यहाँ एकत्रित होते हैं तथा पीपल वृक्ष की पूजा करके मन्नत माँगते हैं। यह गुरुद्वारा श्वेत संगमरमर से निर्मित है तथा रात्रि के समय बल्बों के प्रकाश में अद्वितीय आभा प्रकाशित करता है। इस गुरुद्वारे को उत्तराखण्ड का ननकाना साहिब कहा जाता है। यह गुरुद्वारा इस जनपद में पर्यटन को नया आयाम प्रदान करता है।

उत्तराखण्ड के प्रमुख पर्यटन स्थल

(Main Tourist Destinations of Uttrakhand)

'उत्तराखण्ड में पर्यटन' सम्बन्धी अब तक प्रस्तुत विश्लेषण से जो एक सबसे महत्वपूर्ण बात सामने आयी है, वह यह है कि, इस राज्य को भविष्य के 'पर्यटन प्रदेश' के रूप में निरर्थक ही नहीं देखा जा रहा है। इसके कारण भी विद्यमान हैं। यथा—

(i) इस राज्य का अधिकतम भौगोलिक क्षेत्रफल पर्वतीय है। पर्वतीय क्षेत्र पर्यटन विकास के महत्वपूर्ण स्रोत होते हैं।

(ii) अपराध की दर न्यूनतम होने के कारण इस राज्य का मैदानी क्षेत्र भी पर्यटन विकास योजनाओं के लिए उपयुक्त है।

(iii) राज्य में पर्यटन के सभी स्वरूप देखने में आते हैं। इनका निरन्तर विकास भी हो रहा है।

(iv) उत्तराखण्ड लम्बे समय से राष्ट्रीय और अन्तर्राष्ट्रीय पर्यटकों की रुचि का केन्द्र रहा है।

(v) राज्य सरकार द्वारा उत्तराखण्ड में पर्यटन विकास को, विकास के प्राथमिक क्षेत्र के रूप में देखते हुए इस दिशा में गम्भीर प्रयास किये जा रहे हैं।

उपरोक्त कारण, किसी भी राज्य को 'पर्यटन प्रदेश' के रूप में स्थापित करने के लिये पर्याप्त हैं। 'उत्तराखण्ड की पर्यटन धरोहरें' सम्बन्धी उल्लेख में यह बात भी स्पष्ट हुई कि इस राज्य में अनेक श्रेणियों की पर्यटन धरोहरें स्थित हैं। जैसे—धार्मिक, सांस्कृतिक, ऐतिहासिक, प्राकृतिक, शैक्षिक, चिकित्सा, मनोरंजन और साहसिक पर्यटन सम्बन्धी धरोहरें। साथ ही यहाँ का प्राकृतिक पर्यावरण और अद्‌भुत संस्कृति उत्तराखण्ड में ईको पर्यटन के विकास के लिये तो श्रेष्ठ वातावरण प्रदान कर ही रहे हैं। ऐसी स्थिति में स्वाभाविक रूप से राज्य में सतत पर्यटन या टिकाऊ पर्यटन (Sustainable Tourism) की स्थापना की अपेक्षा की जा सकती है। साथ ही यह बात भी स्वत: प्रतिस्थापित होती है कि जिस राज्य में पर्यटन के सभी रूप देखने में आ रहे हों और जिस राज्य में लगभग सभी श्रेणियों की पर्यटन धरोहरें विद्यमान हों, उस राज्य में पर्याप्त

मात्रा में तथा वैविध्यपूर्ण पर्यटन स्थल भी विद्यमान होना स्वाभाविक है। वास्तव में, यह बात सत्य है कि इस राज्य में राष्ट्रीय और अन्तर्राष्ट्रीय स्तर के अनेक पर्यटन स्थल विद्यमान हैं। इन पर्यटन स्थलों के निम्नलिखित जनपदवार प्रस्तुतीकरण से हमारी बात पुष्ट हो जायेगी—

1. हरिद्वार जनपद

(i) **हरिद्वार नगर**—समुद्र तल से 294 मीटर की ऊँचाई पर स्थित हरिद्वार के अनेक नाम प्रचलित हैं। यथा—हरद्वार, हरिद्वार, गंगाद्वार, कुशावर्त और तीर्थ नगरी आदि। मायापुरी, हरिद्वार, कनखल, ज्वालापुर और भीमगोड़ा, इन पाँच पुरियों को मिलाकर 'हरिद्वार' कहा जाता है। हिन्दू धर्मग्रन्थों में हरिद्वार में पाँच तीर्थ माने गये हैं—हर की पैड़ी, कुशावर्त घाट, बिल्केश्वर, नील पर्वत और कनखल।

गंगा के दाहिने तट पर उस सुरम्य स्थल पर अवस्थित यह नगर, जहाँ गंगा ने शिवालिक पर्वत को काटकर मैदान में प्रवेश करने के लिये मार्ग तैयार किया है, केवल चार धामों का प्रवेश द्वार ही नहीं है, बल्कि प्रकृति ने यहाँ खुले हृदय से अनेक रमणीक पर्यटन स्थल, आध्यात्मिक केन्द्र और मोक्ष प्रदाता घाटों का निर्माण किया है। यह पावन नगरी शिवालिक पर्वतमाला के छोर पर बिल्व और नील पर्वत के मध्य लम्बाई में बसी है। यहाँ की प्राकृतिक सुषमा मनोहारी गंगा तटों, पूजा-आरतियों के नयनाभिराम दृश्य, प्राकृतिक विरासत, मन्दिरों, आश्रमों और अखाड़ों के कारण यायावर, तीर्थयात्रियों तथा पर्यटकों को आकर्षित करती है। राष्ट्रीय-अन्तर्राष्ट्रीय पर्यटक यहाँ के मनोहारी दृश्य तथा श्रद्धालुओं की अटूट आस्था पर सदा मंत्रमुग्ध रहते हैं। इसे पुलों की नगरी के नाम से भी जाना जाता है। हमारे देश में जिन चार तीर्थ स्थानों पर कुम्भ (12 वर्ष) तथा अर्द्धकुम्भ (6 वर्ष) का आयोजन होता है, हरिद्वार उनमें से एक है। अन्य तीन नगर हैं—प्रयाग (इलाहाबाद), उज्जैन और नासिक। सनातन जगत में कुम्भ पर्व में स्नान का विशेष महत्व आंका गया है। बैशाख और नर्मदा के करोड़ों स्नानों का फल कुम्भ के एक स्नान के फल के समान होता है। कुम्भ पर्व के स्नानों का विशेष महात्म्य है, परन्तु विशिष्ट कुम्भ तो हरिद्वार का ही माना गया है, क्योंकि कुम्भ राशि का पर्व तो हरिद्वार में ही पड़ता है—

कुम्भ योगे हरिद्वारे यह स्नानेन यत्फलम्।
नाश्वमेध सहस्रेण तफलं लभते भुवि।।

(अर्थात—हजारों अश्वमेध यज्ञ करने से भी जो ऐश्वर्य प्राप्त नहीं हो सकता, वह ऐश्वर्य मात्र हरिद्वार में कुम्भ पर्व के अवसर पर स्नान करने से प्राप्त हो जाता है) कुम्भ पर्व का योग गंगाद्वार (हरिद्वार) में कुम्भ राशि में बृहस्पति होने से ही माना गया है। हरिद्वार कुम्भ पर्व के स्नान के लिये यह देखा जाता है कि सूर्य, मेष राशि में किस घड़ी में संक्रमण कर रहे हैं। उस बेला को 'अमृत बेला' कहा जाता है और उस बेला में गंगा स्नान के लिये स्नानार्थियों में होड़ लग जाती है कि कौन पहले कुम्भ पर्व के पुनीत अवसर पर 'अमृत बेला' में गंगा में स्नान करे। इस पर बहुत पहले से संघर्ष होता रहा है। संन्यासियों में नागा संन्यासी पहले स्नान का लाभ उठाते रहे हैं। बाद में बैरागी और अन्त में संसारी लोग इस अमृत बेला में कुम्भ का प्रसाद प्राप्त करने हेतु गंगा में श्रद्धा से स्नान करते हैं। हरिद्वार के कुम्भ महापर्व का मेला मुख्यतः रोड़ी बेलवाला मैदान में लगता है। प्रत्येक कुम्भ तथा अर्द्धकुम्भ के अवसर पर लाखों श्रद्धालु आते हैं

और गंगा में स्नान करते हैं। धार्मिक-सांस्कृतिक पर्यटकों के लिये कुम्भ और अर्द्धकुम्भ पर्व के अतिरिक्त हरिद्वार में देखने के लिये अनेक मन्दिर स्थित हैं। यथा—मायादेवी मन्दिर, मंसादेवी मन्दिर, चण्डी देवी मन्दिर, बिल्वकेश्वर महादेव मन्दिर, दक्ष महादेव मन्दिर, सुरेश्वरी देवी पीठ, गौरीशंकर मन्दिर, वैष्णो देवी मन्दिर, भारत माता मन्दिर तथा श्रवणनाथ मन्दिर आदि। यहाँ स्थित मुख्य घाट हैं—हर की पैड़ी (ब्रह्मकुण्ड), गऊघाट, कुशावर्त घाट, श्रवणनाथ घाट और विष्णु घाट आदि। इनके अतिरिक्त सती कुण्ड, भीमगौड़ा, तीसरी पातशाही का गुरुद्वारा और असंख्य आश्रम और अखाड़े धार्मिक-सांस्कृतिक पर्यटकों की रुचि का केन्द्र हो सकते हैं। हरिद्वार का सर्वप्रमुख आश्रम 'सप्तऋषि आश्रम है। शान्तिकुंज यहाँ का एक प्रमुख आकर्षण है। आचार्य प्रवर श्री श्रीराम शर्मा के संरक्षण में शान्तिकुंज संस्थान की स्थापना सन् 1971 ई० में हुई। इस संस्थान में नित्य प्रति यज्ञ और नियमित साधना सम्पन्न होती है। यहाँ साधना सत्र और नैतिक शिक्षा सत्र निरन्तर चलते रहते हैं। यहाँ पर प्रज्वलित की गई अखण्ड ज्योति निरन्तर जल रही है। वर्तमान समय में यह स्थान गायत्री तीर्थ के रूप में जाना जाता है। यह संस्थान हरिद्वार-ऋषिकेश मार्ग पर हरिद्वार से 10 किमी दूर स्थित है।

यहाँ पर पतंजलि योगपीठ का उल्लेख न करना धृष्टता होगी। हरिद्वार-रुड़की मार्ग पर स्थित इस संस्थान के संचालक स्वामी रामदेव हैं। यह संस्थान हरिद्वार नगर में चिकित्सा पर्यटन, स्वास्थ्य पर्यटन एवं शिक्षा पर्यटन के विकास में अद्वितीय योगदान दे रहा है। संस्थान का भवन विशालतम तथा भव्यतम है। यहाँ न केवल आयुर्वेदिक विधि से समस्त रोगों का उपचार किया जाता है, बल्कि आयुर्वेद की उत्कृष्ट शिक्षा भी प्रदान की जाती है। प्रत्येक पर्यटक को एक बार इस संस्थान के दर्शन अवश्य करने चाहिए।

उपरोक्त के अतिरिक्त हरिद्वार नगर में गुरुकुल कांगड़ी विश्वविद्यालय तथा देव संस्कृति विश्वविद्यालय जैसी दो सुप्रसिद्ध आर्य शिक्षा पीठ, दो प्रमुख आयुर्वेदिक संस्थान, लोक सेवा आयोग, अनेक स्नातकोत्तर कॉलेज तथा दर्जनों इंटर कॉलेज एवं हाई स्कूलों की उपस्थिति यहाँ के पर्यटन क्षेत्र को विस्तार प्रदान करती है। केन्द्रीय भवन शोध संस्थान, केन्द्रीय जल विज्ञान संस्थान, सिंचाई अनुसन्धान केन्द्र तथा नगर अनुसन्धान केन्द्र जैसी अनेक महत्वपूर्ण इकाईयां भी यहाँ के दर्शनीय स्थल हैं। राज्य गठन के पश्चात तो हरिद्वार को औद्योगिक क्षेत्र के रूप में भी विकसित किया जा रहा है। इस क्रम में यहाँ पर सैकड़ों उद्योगों की स्थापना की गई है। प्रतिवर्ष करोड़ों रुपये का टर्नओवर देने वाला भारी इंजीनियरिंग उद्योग—भारत हैवी इलेक्ट्रिकल्स लिमिटेड, ऋषभ वैल्वलीन प्रा०लि० तथा हिन्दुस्तान लीवर लिमिटेड जैसे औद्योगिक संस्थान हरिद्वार में स्थापित हैं। यहाँ का औद्योगिक आस्थान व्यावसायिक पर्यटन के लिये आदर्श वातावरण प्रस्तुत करता है।

मोटर मार्ग के रूप में दिल्ली से हरिद्वार की दूरी 222 किमी है। भारत के अनेक क्षेत्रों से ट्रेन के द्वारा भी सुगमतापूर्वक हरिद्वार पहुँचा जा सकता है। निकटतम हवाई अड्डा जौलीग्रांट (दूरी 41 किमी) में है।

(ii) **रुड़की**—रुड़की हरिद्वार जनपद की तहसील है। यह हरिद्वार-सहारनपुर मार्ग पर हरिद्वार से लगभग 35 किमी की दूरी पर स्थित है। वैसे तो रुड़की कोई ऐसा शहर नहीं है जहाँ पर विशेष रूप से जाने का कार्यक्रम निर्धारित किया जाये, किन्तु हरिद्वार आगमन की स्थिति में रुड़की जाने में कोई बुराई नहीं है। वैसे भी पतंजलि योगपीठ से रुड़की की दूरी अधिक नहीं है।

रुड़की में राज्य का एकमात्र भारतीय प्रौद्योगिक संस्थान स्थित है। इस छावनी क्षेत्र से गंगा का प्रवाह आगे बढ़ता है। यहाँ स्थित सेंटएंस पब्लिक स्कूल, सेंट गैब्रियल्स एकेडमी तथा मोंटफोर्ड कॉन्वेंट जैसे स्कूल शिक्षा के प्रसिद्ध संस्थान हैं। रुड़की के रामनगर क्षेत्र को औद्योगिक अस्थान के रूप में विकसित किया जा रहा है। रुड़की में 50 से भी अधिक उद्योगों की स्थापना की जा रही है। औद्योगिक (व्यावसायिक) पर्यटन के उद्देश्य से यहाँ की यात्रा की जा सकती है। रुड़की से मात्र आठ किमी की दूरी पर स्थित विश्व प्रसिद्ध पिरान कलियर शरीफ रुड़की का मुख्य एवं दर्शनीय धर्म स्थल है।

2. देहरादून जनपद

(i) **देहरादून नगर**—उत्तराखण्ड की राजधानी देहरादून दून घाटी के नीचे स्थित है। यह एक अत्यन्त ही सुन्दर एव नैसर्गिक सौन्दर्य से धनी शहर है। इसकी सुन्दरता इसके पश्चिम में स्थित यमुना तथा पूर्व में स्थित गंगा नदी से और भी बढ़ जाती है। इसके उत्तर में हिमालय की श्रेणियाँ तथा दक्षिण में सुन्दर शिवालिक है। नगर का विकास पलटन बाजार के अक्ष के समानान्तर होता गया है। यह देहरादून का सबसे प्राचीन व्यस्ततम बाजार है। गुच्चू पानी, लक्ष्मण सिद्ध, कालू सिद्ध, टपकेश्वर महादेव मन्दिर, संतला देवी मन्दिर, डाटवाली देवी मन्दिर, दरबार श्री रामराय, श्री साईं बाबा मन्दिर तथा बौद्ध शिक्षा केन्द्र देहरादून नगर तथा आसपास के दर्शनीय स्थल हैं। देहरादून से लगभग 15 किमी की दूरी पर स्थित सहस्त्रधारा यहाँ का प्रमुख पर्यटकीय आकर्षण है। यहाँ का विधानसभा भवन, सचिवालय भवन, मुख्यमंत्री आवास, सर्किट हाउस, बीजापुर हाउस देहरादून की दर्शनीय इमारतें हैं। इसके अतिरिक्त देहरादून में राष्ट्रीय स्तर के अनेक शिक्षा एवं अनुसंधान संस्थान भी खुल गये हैं, जो शैक्षिक पर्यटन के दृष्टिकोण से अत्यन्त महत्वपूर्ण हैं। जैसे—वन अनुसन्धान संस्थान, इन्डियन मिलिट्री एकेडमी, भारतीय भू-गर्भीय सर्वेक्षण संस्थान, इक्फाई विश्वविद्यालय, पेट्रोलियम एवं ऊर्जा अध्ययन विश्वविद्यालय, हिमगिरी नभ विश्वविद्यालय, दून विश्वविद्यालय (निर्माणाधीन), इंटरनेशनल स्कूल ऑफ इकॉनॉमिक्स (स्थापनाधीन) और नेशनल इंस्ट्टीट्यूट ऑफ फैशन टेक्नोलॉजी आदि। देहरादून में ठहरने हेतु अनेक स्तरीय होटल और धर्मशालायें विद्यमान हैं।

(ii) **ऋषिकेश**—सन्त नगरी ऋषिकेश हरिद्वार से लगभग 28 किमी तथा देहरादून से 43 किमी की दूरी पर स्थित है। अपने मूल रूप में ऋषिकेश मन्दिरों का नगर है। ऋषिकेश की सीमा में स्थित प्रमुख धर्मस्थल हैं—भरत मन्दिर, रघुनाथ मन्दिर, काली मन्दिर, चंद्रेश्वर मन्दिर, गोपाल मन्दिर, भैरों मन्दिर, तृप्ति बाला मन्दिर, शीलनाथ मन्दिर, कैलाश आश्रम, शंकराचार्य मन्दिर, शत्रुघ्न मन्दिर, शिवानन्द आश्रम और इसमें स्थित शिव मन्दिर, लक्ष्मण मन्दिर, ध्रुव मन्दिर, बद्रीनाथ मंदिर, पंचदेव मंदिर, रानी विद्यावती मंदिर, स्वर्ग निवास नामक कैलाशानंद मिशन का तेरह मंजिला मंदिर, श्रीराम मन्दिर, पंचमुखी हनुमान मंदिर, रामेश्वर मन्दिर, स्वार्गाश्रम मंदिर, परमार्थ निकेतन का मंदिर, गीता भवन एवं मंदिर, वेद निकेतन स्थित मंदिर, महेश योगी का शंकराचार्य मंदिर, हरिहर मंदिर, धर्मराज मंदिर, फलाहारी बाबा का मंदिर, सत्यनारायण मंदिर, बीरभद्र मंदिर, आंध्राश्रम मंदिर, हेमकुंड गुरुद्वारा, विट्ठल आश्रम मंदिर, योग निकेतन मंदिर, नीलकंठ महादेव मंदिर, त्रिवेणी घाट, गंगा-चन्द्रभागा एवं सरस्वती का संगम तट, सोमेश्वर मंदिर, वेंकटेश्वर मंदिर और मनोकामना सिद्ध हनुमान मंदिर। इस सभी धर्म स्थलों की देखभाल के लिये अनेक ट्रस्ट बनाये गये हैं। ऋषिकेश का सबसे दर्शनीय स्थल है—लक्ष्मण

झूला। वर्तमान में लोहे की छड़ों से बना हुआ यह पुल 450 फीट लम्बा तथा जल की सामान्य सतह से 60 फीट ऊँचा है। पूर्व में यहाँ पर रस्सियों का पुल था। जो सन् 1924 ई० में बाढ़ के फलस्वरूप नष्ट हो गया। ऋषिकेश में पर्यटक विश्राम एवं निवास की श्रेष्ठ सेवायें उपलब्ध हैं। यहाँ लगभग 300 धर्मशालायें, 15-20 होटल, टूरिस्ट बंगला, लोक निर्माण विभाग का विश्राम गृह, वन विभाग का विश्राम गृह तथा अन्य अनेक विकल्प उपलब्ध हैं।

(iii) **मसूरी**—'पहाड़ों की रानी' के नाम से प्रसिद्ध मसूरी देहरादून से मात्र 35 किमी की दूरी पर स्थित है। यहाँ की सुखद जलवायु एवं प्राकृतिक सौन्दर्य के कारण ही एक अंग्रेज मेजर हियर्से ने सन् 1811 ई० में इस स्थान को एक स्थानीय जमींदार से खरीदा था। सन् 1812 ई० में हियर्से ने इसे ईस्ट इंडिया कम्पनी को बेच दिया। मसूरी के चारों ओर हिमाच्छादित पर्वत श्रृंखलायें दिखलाई देती हैं। जल-प्रपात, हरे-भरे मैदान तथा देवदार और अनन्नास के वृक्षों की श्रृंखला, यात्रा मार्ग में सुखद अनुभूति के साधन हैं। यहाँ का सबसे प्राचीन बाजार लण्ठौर बाजार है। यहाँ राष्ट्रीय प्रशासनिक अकादमी स्थित है, जिसमें 'भारतीय प्रशासनिक सेवा' (IAS) के नवनियुक्त अधिकारियों को प्रशिक्षण दिया जाता है। यहाँ के अन्य दर्शनीय स्थल लाल टिब्बा, गनहिल तथा म्यूनिसिपल गार्डन हैं। मसूरी में एक कृत्रिम झील की स्थापना भी कर ली गई है। यहाँ रोप-वे की सुविधा भी है। मसूरी-बड़कोट मार्ग पर मसूरी से मात्र 12 किमी की दूरी पर विश्व प्रसिद्ध जल-प्रपात कैम्पटी फाल स्थित है। मसूरी आने वाले पर्यटक कैम्पटी फाल में अवश्य पहुँचते हैं। वैसे कैम्पटी फाल जनपद टिहरी गढ़वाल की सीमा के अन्तर्गत अवस्थित है।

(iv) **कालसी**—कालसी देहरादून-चकराता मार्ग पर देहरादून से लगभग 50 किमी दूरी पर स्थित अतिमहत्वपूर्ण ऐतिहासिक एवं पुरातात्विक महत्व का स्थल है। यहाँ से प्राप्त शिलालेख ईसा से 250 वर्ष पूर्व का माना जाता है। यमुना और टौंस नदी के संगम पर स्थित यह स्थान उत्तराखण्ड में पूर्व काल में बौद्ध धर्म की उपस्थिति का प्रतीक है। यहाँ से प्राप्त शिलालेख सम्राट अशोक के 14 शिलालेखों में से एक है। इस शिलालेख के अतिरिक्त कालसी से एक ईंट निर्मित वेदी भी प्राप्त हुई है, जिसमें संस्कृत के पद उत्कीर्ण हैं। यह वेदी 300 ई० के शासक शीलवर्धन के चौथे अश्वमेघ यज्ञ के स्थल की ओर संकेत करती है। भारत के इतिहास को जानने के जिज्ञासु पर्यटकों के लिये यह स्थान अच्छा है। ठहरने की व्यवस्था देहरादून में ही करना उचित है।

(v) **लाखामण्डल**—यह धार्मिक-ऐतिहासिक स्थल देहरादून-विकासनगर-यमुना पुल होते हुए देहरादून से 135 किमी तथा देहरादून-चकराता-गौरीघाटी मार्ग पर, देहरादून से 172 किमी की दूरी पर स्थित है। यह यमुना-रिखानाड़ नदी के संगम पर स्थित है। लाखामण्डल को पांडवकालीन लाक्षागृह से जोड़ कर देखा जाता है। यहाँ का मुख्य आकर्षण शिव मन्दिर है। यह मन्दिर सातवीं-आठवीं शताब्दी में निर्मित हुआ था। कत्यूरी शैली में निर्मित इस मन्दिर के निकट ही अत्यन्त समृद्ध पुरातात्विक संग्रहालय स्थित है। इस संग्रहालय में गुप्तकालीन प्रतिमायें सुरक्षित रखी गई हैं। संग्रहालय से थोड़ी दूर पर एक चिकना, घिसा हुआ दर्पण समान शिवलिंग भी प्रतिष्ठित है। लाखामण्डल में प्रतिवर्ष हजारों पर्यटकों का आगमन होता है।

3. उत्तरकाशी जनपद

(i) **उत्तरकाशी नगर**—समुद्र तल से लगभग 3800 फीट की ऊँचाई पर स्थित उत्तरकाशी का प्राचीन नाम 'बाड़ाहाट' था। यह टिहरी से 40 किमी तथा ऋषिकेश से लगभग 135 किमी की

दूरी पर स्थित है। उत्तरकाशी को 'उत्तराखण्ड का वाराणसी' कहा जाता है। इस स्थान का पौराणिक महत्व है। यहाँ पर अनेक प्रसिद्ध मन्दिर स्थित हैं। जैसे—विश्वनाथ मन्दिर, शक्ति मन्दिर, कृत्तिवासेश्वर मन्दिर, हनुमान मन्दिर, श्री गोपाल मन्दिर, कोटेश्वर महादेव मन्दिर समूह, श्रीश्री काली सत्यनारायण मन्दिर, राम मन्दिर, एकादश रुद्रेश्वर मन्दिर, श्री अम्बा देवी मन्दिर, जड़-भरत मन्दिर, केदारनाथ मन्दिर, गोपेश्वर मन्दिर, भैरव मन्दिर, दत्तात्रेय मन्दिर, परशुराम मन्दिर, रेणुकादेवी मन्दिर, विमलेश्वर महादेव मन्दिर, दुर्गा मन्दिर, लक्षेश्वर महादेव मन्दिर, कुटेटी देवी मन्दिर और मणिकर्णिका घाट। उत्तरकाशी में अनेक आश्रम, मठ और निकेतन भी स्थित हैं। जैसे—योग निकेतन, उदासीन आश्रम, नेपाली आश्रम, त्रोटकाचार्य आश्रम, शंकर मठ, सातबेला आश्रम, साधुबेला, कैलाश आश्रम, देवगिरी आश्रम, शिवानंद आश्रम, तपोवन आश्रम, मुन्नी बाई की 84 कुटिया तथा दंडी क्षेत्र आदि।

उत्तरकाशी विशुद्ध रूप से धार्मिक-सांस्कृतिक पर्यटन का प्रमुख केन्द्र है। यहाँ पर ठहरने के लिये अनेक होटल, विश्राम गृह तथा धर्मशालायें स्थित हैं।

(ii) **यमुनोत्री और गंगोत्री धाम**—उत्तराखण्ड के चार धामों में से प्रथम दो धाम—यमुनोत्री और गंगोत्री जनपद उत्तरकाशी में ही अवस्थित हैं। इन दोनों धामों का विस्तृत उल्लेख इसी अध्याय में 'उत्तराखण्ड के चार धाम' शीर्षक के अन्तर्गत प्रस्तुत किया जा चुका है। किन्तु एक पर्यटन स्थल के रूप में यहाँ यह उल्लेख करना आवश्यक है कि ये दोनों अत्यधिक ऊँचाई पर स्थित होने के कारण ठंडे एवं प्रायः सुविधाहीन स्थल हैं। अतः पर्यटकों को यहाँ पहुँचने से पूर्व नीचे की पट्टियों में ठहरने की व्यवस्था कर लेनी चाहिये।

(iii) **तपोवन**—तपोवन अपने वास्तविक रूप में पथारोहण का मार्ग है। यह स्थान ऋषिकेश से 276 किमी तथा गंगोत्री से 24 किमी की दूरी पर स्थित है। गंगोत्री से तपोवन तक का मार्ग पथारोहण के रूप में तय किया जा सकता है। तपोवन के निकट ही स्थित है—विश्व प्रसिद्ध गौमुख हिमनद। इस हिमनद को पार करके पहाड़ के चट्टानी रूपों से अलग तपोवन के एकदम हरे-भरे सुरम्य आँगन में पहुँचा जाता है। चारों ओर से पर्वतीय चोटियों से घिरे इस स्थान का नैसर्गिक सौन्दर्य आश्चर्यचकित कर देने वाला है। इस स्थान का ऐतिहासिक महत्व भी है। यहाँ से गुप्त एवं कत्यूरी काल के प्राचीन मन्दिर प्राप्त हुए हैं। यहाँ से दुर्गों एवं प्रतिमाओं के ध्वंसावशेष भी प्राप्त हुए हैं। इस स्थान तक मुख्यतः साहसिक पर्यटन में रुचि रखने वाले पर्यटक ही पहुँच सकते हैं।

(iv) **पुरोला**—देहरादून से 132 किमी की दूरी पर है उत्तरकाशी जनपद का महत्वपूर्ण कस्बा नौगाँव। नौगाँव से एक मार्ग जाता है बड़कोट होते हुए यमुनोत्री के लिये। दूसरा मार्ग जाता है—पुरोला की ओर। पुरोला इस क्षेत्र का सुविकसित और महत्वपूर्ण कस्बा है, जो इस खाँई क्षेत्र का महत्वपूर्ण सांस्कृतिक केन्द्र है। नौगाँव से पुरोला की दूरी है मात्र 19 किमी। पुरोला और इसके आस पास के गाँवों में पाण्डवों की पूजा होती है। इन गाँवों में पाण्डवों की गदा और तीर-कमानों के प्रतीक रखे हुए देखे जा सकते हैं। पुरोला से चित्रित धूसर मृद्भाण्ड और वेदी आदि के अवशेष प्राप्त हुए हैं। मृद्भाण्डों में तश्तरियाँ, कटोरे, खिलौने एवं मनके मुख्य रूप से प्राप्त हुए हैं। यदि आप एक अद्भुत संस्कृति के दर्शन करने की जिज्ञासा रखते हैं, तो पुरोला से 48 किमी आगे जाइये। यहाँ टौंस नदी के किनारे पर एक गाँव स्थित है—नैटवाड़। इस क्षेत्र का देवता दुर्योधन है तथा यहाँ के निवासी दुर्योधन की पूजा करते हैं। नैटवाड़ में दुर्योधन के 14 मन्दिर स्थित हैं। इसके दाहिनी ओर स्थित क्षेत्र देवरा गाँव में दुर्योधन के मित्र कर्ण की पूजा की जाती है। ईको पर्यटकों को इस क्षेत्र का भ्रमण अवश्य करना चाहिये।

4. टिहरी गढ़वाल जनपद

(i) **पुराना टिहरी नगर**—यह ऐतिहासिक नगर ऋषिकेश से नरेन्द्रनगर होते हुए 86 किमी तथा ऋषिकेश से देवप्रयाग होते हुए, देवप्रयाग से 45 किमी की दूरी पर स्थित है। इस नगर को सन् 1815 ई० में राजा सुदर्शन शाह ने बसाया था। उस समय यह टिहरी रियासत की राजधानी था। 1 अगस्त सन् 1949 ई० को देसी रियासतों की भाँति इस रियासत का विलय भी भारत गणतंत्र में हो गया। यह ज्ञातव्य है कि पुराने टिहरी नगर में चर्चित 'टिहरी बाँध' का निर्माण किया गया। इससे न केवल यह नगर, बल्कि आसपास के 23 गाँव पूर्ण रूप से तथा 70 गाँव आंशिक रूप से जलमग्न हो गये। इन गाँवों के प्रभावितों को विस्थापन के पश्चात शासनादेश संख्या '3174-स०ख०-78, तेईस सितम्बर-8, दिनाँक 12 जून, 1978' के द्वारा पुराने टिहरी नगर से 35 किमी दूर दक्षिण में एवं चम्बा से 15 किमी दूर, उत्तर में एक नये स्थान पर बसाया गया है। इस स्थान को 'नई टिहरी' नाम दिया गया है। यह नगर ऋषिकेश से 72 किमी की दूरी पर स्थित है। नया टिहरी वर्तमान में तो पर्यटन स्थल नहीं माना जा सकता, किन्तु नियोजकों का मत है कि जब पुराना टिहरी नगर पूर्णतः जलमग्न हो जायेगा, तब यह एक विशाल झील के रूप में परिवर्तित हो जायेगा। तब नया टिहरी नगर गढ़वाल क्षेत्र के प्रमुख पर्यटन स्थल के रूप में विकसित होगा।

वर्तमान में पुराना टिहरी नगर पर्यटकीय आकर्षण का केन्द्र है। यहाँ पर अनेक धर्मस्थल विद्यमान हैं। जैसे—भागीरथी और भिंलगना नदियों का संगम तट—गणेश प्रयाग, श्री बद्रीनाथ मन्दिर, केदारनाथ मन्दिर, श्री रंगनाथ मन्दिर, श्री लक्ष्मी मन्दिर, श्री गरुड़ मन्दिर, श्री गंगा जी मन्दिर, श्री गोपाल जी का मन्दिर, श्री दक्षिण काली मन्दिर, शीतला माता का मन्दिर, स्वामी विज्ञानानन्द आश्रम, श्री नर्वदेश्वर महादेव मन्दिर, श्री लक्ष्मीनारायण मन्दिर, राज राजेश्वरी मन्दिर, श्री रघुनाथ जी मन्दिर, पंचमुखी हनुमान मन्दिर तथा श्री सत्येश्वर महादेव का अत्यन्त प्राचीन और सिद्ध मन्दिर। इसके अतिरिक्त इस नगर में एक गुरुद्वारा तथा अत्यन्त प्राचीन मस्जिद भी स्थित है। साथ ही यहाँ आने वाले पर्यटक चर्चित एवं विशालतम टिहरी बाँध के दर्शन भी कर सकते हैं। यहाँ ठहरने की अपेक्षा नए टिहरी नगर में ठहरना अधिक सुरक्षित और सुविधाजनक है।

(ii) **देवप्रयाग**—यह नगर ऋषिकेश से 70 किमी की दूरी पर 1600 फीट की ऊँचाई पर स्थित है। यह तीन पर्वतों—दशरथाचल, ग्रन्थ पर्वत और नरसिंह पर्वत के मध्य में बसा हुआ एक प्राचीन और पौराणिक नगर है। यह अलकनन्दा और भागीरथी नदियों का संगम स्थल है तथा यहीं से ये दोनों नदियाँ एक होकर गंगा के नाम से प्रवाहित होती हैं। यह एक धार्मिक नगर है। यहाँ संगम के पाँच ओर अनेक तीर्थ स्थल हैं। प्रमुख तीर्थ हैं—ब्रह्म कुण्ड, वशिष्ठ गुफा, शिव गुफा, बेताल कुण्ड, सूर्य कुण्ड, वाराह तीर्थ, ऋष्यश्रृंग कुण्ड, सौर कुण्ड, पौष्यमाल तीर्थ, इंद्रधुम्न तीर्थ, बिल्व तीर्थ, तुंडीश्वर कुण्ड, शीलवती ह्रद, भूमिदेव गुहा, वागीश्वरी पीठ, लिंगभद्राश्रम, नारसिंह कुण्ड एवं रामतीर्थ।

इसके अतिरिक्त देवप्रयाग में अनेक मन्दिर भी प्रतिष्ठित हैं। इनमें से प्रमुख हैं—प्राचीन एवं प्रसिद्ध रघुनाथ मन्दिर, भरत मन्दिर, महिषासुरमर्दिनी मन्दिर, नरसिंह मन्दिर, नागराजा मन्दिर, क्षेत्रपाल का मन्दिर, बागेश्वर महादेव मन्दिर, आद्य-विश्वेश्वर मन्दिर, धनेश्वर मन्दिर, बिल्वेश्वर मन्दिर, तुंडीश्वर मन्दिर, तांडकेश्वर मन्दिर, शिव मन्दिर और गंगा मन्दिर।

देवप्रयाग अनेक ओर से सड़क मार्ग से जुड़ा हुआ है। बस एवं टैक्सियों तथा निजी वाहनों द्वारा यहाँ सरलतापूर्वक पहुँचा जा सकता है। देवप्रयाग में अनेक छोटे-छोटे होटल तथा धर्मशालायें तो स्थित हैं ही, गढ़वाल मण्डल विकास निगम तथा राज्य लोक निर्माण विभाग के विश्रामगृह भी स्थित हैं। यहाँ पर डिग्री कॉलेज कार्यशील है तथा चिकित्सा की संतोषजनक सेवायें भी पर्यटकों को मिल जाती हैं।

5. पौड़ी गढ़वाल जनपद

(i) **श्रीनगर**—यह अलकनन्दा नदी के बाएं तट पर ऋषिकेश से 108 किमी तथा हरिद्वार से 132 किमी की दूरी पर स्थित है। एक विस्तृत घाटी में बसे हुए इस नगर की समुद्र तल से ऊँचाई 1748 मीटर है। यहाँ पर गढ़वाल विश्वविद्यालय का मुख्यालय स्थित है। गढ़वाल मण्डल का यह केन्द्रीय नगर पौड़ी से 29 किमी, कोटद्वार से 137 किमी, नया टिहरी से 48 किमी, बद्रीनाथ से 193 किमी तथा दिल्ली से 222 किमी की दूरी पर स्थित है तथा इन सभी स्थानों से श्रीनगर के लिये प्रत्यक्ष मोटर मार्ग उपलब्ध हैं। यह नगर केदारनाथ और बद्रीनाथ धाम यात्रा का मुख्य पड़ाव है। यह नगर मन्दिरों की नगरी कहा जा सकता है, क्योंकि यहाँ पर अनेक मन्दिर प्रतिष्ठित हैं। यहाँ पर कमलेश्वर मन्दिर, वैष्णवी शिला, शंकर मठ, लक्ष्मीनारायण मन्दिर, शीतला मन्दिर, गोरखनाथ की गुहा, तिवारी मोहल्ले का बद्रीनाथ मन्दिर, मांडत्य कुटी, राज राजेश्वरी मन्दिर समूह, किलकिलेश्वर मन्दिर, केशोराय मठ, नारद कुण्ड, लक्ष्मीनारायण मन्दिर-भक्त्याना, कल्याणेश्वर मन्दिर, नागेश्वर मन्दिर, भैरव मन्दिर, राम मन्दिर (गैरोला मठ), हनुमान मन्दिर, लक्ष्मीनारायण मन्दिर, काली कमली वाला, जैन मन्दिर, कंसमर्दिनी पीठ,अष्टावक्र महादेव, कटकेश्वर (धसिया) महादेव, शनि मन्दिर तथा अलकेश्वर महादेव आदि वे प्रमुख धर्म स्थल हैं जो इस शहर में तथा निकट ही स्थित हैं। श्रीनगर में एक गुरुद्वारा, मस्जिद तथा प्राचीन चर्च भी उपस्थित हैं। इसके अतिरिक्त श्रीनगर के निकटवर्ती ग्रामों में भी अनेक मन्दिर तथा अन्य धर्मस्थल विद्यमान हैं। यथा श्रीकोट का भैरव स्थान, चन्द्रेश्वर महादेव, कोटेश्वर महादेव, देवलगढ़ स्थित गौरजा मन्दिर, सत्यनाथ मन्दिर, लक्ष्मीनारायण मन्दिर, मुरली मनोहर मन्दिर, भैरव गुफा, दत्तात्रेय मन्दिर तथा राज राजेश्वरी मन्दिर। सुमाड़ी में स्थित लक्ष्मीनारायण मन्दिर, गौरजा मन्दिर तथा नगरासनी देवी मन्दिर।

देखा जाये तो श्रीनगर तथा इसके निकटवर्ती ग्रामों में बहुतायत में मन्दिर तथा अन्य धर्मस्थल विद्यमान हैं। इनमें से बहुत से मन्दिर उपेक्षित पड़े हैं किन्तु इन मन्दिरों का श्रद्धालुओं पर पूर्ण प्रभाव स्थापित है।

श्रीनगर में पर्यटकों के ठहरने हेतु पर्याप्त सुविधायें विद्यमान हैं। यहाँ पर अनेक धर्मशालायें, गुरुद्वारा, होटल तथा विश्राम गृह मिलकर पर्यटकों को संतोषजनक आवासीय सुविधायें उपलब्ध कराते हैं। यहाँ का बाजार भी समृद्ध है तथा पर्यटकों को यहाँ पर अनेक आकर्षक वस्तुएं खरीदने को मिल जाती हैं।

(ii) **लैंसडाउन**—यह छोटा सा नगर लगभग 1828 मीटर की ऊँचाई पर स्थित है। इस शहर को सन् 1887 ई० से सन् 1922 ई० के मध्य विकसित किया गया। इसका नाम भारत के तत्कालीन वायसराय लार्ड लैन्सडाउन के सम्मान में रखा गया। यह एक प्रमुख पर्यटन स्थल होने के साथ ही गढ़वाल रेजीमेंट का मुख्यालय भी है। गढ़वाल रेजीमेंट की स्थापना सन् 1887 ई० में की गई थी। इस रेजीमेंट का वीरतापूर्ण इतिहास रहा है। लैंसडाउन में आकर पर्यटकों को देश

की रक्षा में तत्पर इस रेजीमेंट के सम्बन्ध में बहुत कुछ देखने और जानने को मिलता है। साथ ही लैंसडाउन प्राकृतिक सौन्दर्य से भरपूर है। यहाँ की हरी-भरी घाटियाँ बरबस ही पर्यटकों का ध्यान अपनी ओर आकृष्ट कर लेती हैं। यह पौड़ी जनपद के अन्य धार्मिक पर्यटन स्थलों से भिन्न एक प्राकृतिक पर्यटन स्थल है।

(iii) **पौड़ी नगर**—इस नगर में पौड़ी जनपद का मुख्यालय है। समुद्र तल से लगभग 6000 फीट की ऊँचाई पर स्थित पौड़ी नगर, निकटतम रेलवे स्टेशन कोटद्वार से 117 किमी, ऋषिकेश से देवप्रयाग-श्रीनगर होते हुए 157 किमी की दूरी पर स्थित है। यह अत्यन्त ही मनोरम स्थान है जो कि वर्तमान में विकास के पथ पर अग्रसर है। सीढ़ीनुमा खेत, सर्पीली सड़क तथा चीड़ और देवदार के सघन वनों के मध्य बसा यह नगर हिमालय की अनेक पर्वत शृंखलाओं का नयनाभिराम दृश्य प्रस्तुत करता है। पौड़ी की सबसे ऊँची चोटी झण्डीधार (7000 फीट) है, जिससे सेममुखेम पर्वत के पाँच गढ़—हाथी पर्वत, चौखम्बा, त्रिशूल, नीलकण्ठ और बन्दरपूंछ जैसी बर्फाच्छादित चोटियाँ अपने सम्पूर्ण सौन्दर्य के साथ दिखाई देती हैं। साथ ही इस नगर में किंकालेश्वर मन्दिर, नागदेवता मन्दिर और लक्ष्मीनारायण मन्दिर स्थित हैं। यहाँ पर बस स्टेशन स्थित है, जहाँ से गढ़वाल तथा कुमायूँ क्षेत्रों के लिये बस एवं टैक्सी की परिवहन सेवायें उपलब्ध हो जाती हैं। पौड़ी में ठहरने की भी संतोषजनक व्यवस्था उपलब्ध है।

6. रुद्रप्रयाग जनपद

रुद्रप्रयाग एक नवगठित और मात्र लगभग सवा दो लाख की जनसंख्या वाला छोटा सा जनपद है। पूर्व में यह जनपद चमोली का अंग था। विभाजन के बाद अधिकाँश पर्यटन स्थल चमोली के हिस्से में ही आये हैं। पर्यटकीय दृष्टिकोण से रुद्रप्रयाग अपने शैशवकाल में ही है। फिर भी धार्मिक पर्यटन के दृष्टिकोण से इस जनपद में आया जा सकता है। यहाँ पर केदारनाथ, मद्महेश्वर, तुंगनाथ, ऊखीमठ, कालीमठ, गौरीकुण्ड, सोनप्रयाग, त्रियुगीनारायण, गुप्तकाशी, अगस्त मुनि मन्दिर तथा श्री हरियाली देवी शक्तिपीठ आदि धर्मस्थल एवं धार्मिक गाँव स्थित हैं। चूँकि रुद्रप्रयाग स्वयं एक छोटा सा तथा 1991 वर्ग किमी क्षेत्रफल वाला जनपद है। अतः पूरे जनपद को एक धार्मिक और प्राकृतिक पर्यटन स्थल के रूप में देखते हुए यहाँ का भ्रमण किया जा सकता है।

7. चमोली जनपद

(i) **बद्रीनाथ**—भारत के चार धामों में से एक—बद्रीनाथ धाम चमोली जनपद में ही स्थित है। इस धाम के सम्बन्ध में 'भारत के चार धाम' शीर्षक के अन्तर्गत विस्तारपूर्वक लिखा जा चुका है।

(ii) **जोशीमठ (ज्योतिर्मठ)**—यह केवल चमोली जनपद तथा उत्तराखण्ड राज्य का ही नहीं, अपितु सम्पूर्ण भारत का महत्वपूर्ण धार्मिक-प्राकृतिक स्थल है। बद्रीनाथ धाम से 47 किमी पूर्व स्थित इस स्थान पर आदि-गुरु शंकराचार्य को शहतूत के एक विशाल वृक्ष के नीचे गुफा में दिव्य ज्ञान की ज्योति प्राप्त हुई थी। यहीं पर उन्होने एक मठ की स्थापना की थी जिसे ज्योतिर्मठ कहते हैं। ज्योतिर्मठ का अपभ्रंश ही कालान्तर में जोशीमठ कहलाया। यह गुफा और शहतूत वृक्ष जोशीमठ बस स्टेशन के निकट 'ज्योतिर्मठ' स्थान पर अभी भी विद्यमान है। गुफा के अन्दर शंकराचार्य की संगमरमर की प्रतिमा प्रतिष्ठित है। जोशीमठ की यह पीठ देश के चार प्रमुख शंकराचार्यों की गद्दी है।

इसके अतिरिक्त जोशीमठ में भगवान नृसिंह मन्दिर, वासुदेव मन्दिर तथा दुर्गा मन्दिर भी प्रतिष्ठित हैं, जो अत्यन्त भव्य और मान्यता प्राप्त हैं। जोशीमठ में ही बद्रीनाथ जी की शीतकालीन पूजा की गद्दी भी प्रतिष्ठित है। जोशीमठ एक प्राकृतिक पर्यटन स्थल भी है। यहाँ का प्राकृतिक परिवेश हरा-भरा, मनोरम और अद्वितीय है। जोशीमठ से बर्फाच्छादित नन्दा देवी तथा कामेट पर्वत चोटियाँ अपनी पूर्ण आभा के साथ दिखाई देती हैं। जोशीमठ से चमोली जनपद के अनेक महत्वपूर्ण पर्यटन स्थलों यथा—औली, सतोपंथ, कुंवारीखाल, नीती, माणा और फूलों की घाटी आदि का यात्रा मार्ग प्रारम्भ होता है। साहसिक पर्यटन के इन सभी स्थलों का आदर्श एवं प्रमुख पड़ाव जोशीमठ ही है।

(iii) **औली**—यह स्थान जोशीमठ से सड़क मार्ग द्वारा 12 किमी की दूरी पर स्थित है, किन्तु पथारोहण के द्वारा यह मार्ग तीन-चार किमी ही है। जोशीमठ से औली के लिये एशिया का सबसे बड़ा रोप-वे स्थित है। जिसके द्वारा जोशीमठ भी प्रकृति के दुर्लभ दृश्य देखने के साथ-साथ नन्दादेवी, कामेट, माणा, नीलकंठ, हाथी गौरी तथा द्रोणागिरी आदि पर्वत शिखरों के अद्भुत दृश्यों का अवलोकन कर सकते हैं। स्थलीय साहसिक खेलों के लिये शीतकालीन क्रीड़ा का केन्द्र औली अब प्रसिद्ध हो चुका है। 3049 मीटर की ऊँचाई पर स्थित यह विश्व प्रसिद्ध स्थल प्राय: जनवरी से अप्रैल के अंत तक छह से आठ फीट बर्फ से ढंका रहता है। यहाँ प्रतिवर्ष फरवरी माह के मध्य या अन्त में स्कीइंग प्रतियोगितायें आयोजित की जाती हैं। यहाँ के बर्फ ढलान 2591 मीटर से 3049 मीटर तक फैले हुए हैं। प्रतियोगिता के दौरान ये ढलान स्कीइंन प्रेमियों के लिये घर समान बन जाते हैं। इन ढलानों को स्कीइंग के लिये विश्व के श्रेष्ठ ढलानों में गिना जाता है। इसका एक कारण यह भी है कि इन ढलानों के दोनों ओर ओक एवं केनिफर प्रजाति के पेड़ हैं। इन पेड़ों से हवा की गति अत्यन्त मन्द हो जाती है। ऐसा वातावरण स्कीइंग खेलों के लिये आदर्श होता है। औली में बच्चों को स्कीइंग का प्रशिक्षण भी दिया जाता है। ठहरने की व्यवस्था जोशीमठ में करें। किन्तु यदि आप साहसिक पर्यटन के उद्देश्य से यहाँ आये हैं तो, औली में शिविर जीवन व्यतीत कर सकते हैं।

(iv) **माणा**—यह भारतीय सीमा पर बसा अन्तिम गाँव है। बद्रीनाथ से माणा की दूरी है—तीन किमी। माणा गाँव के आसपास व्यास गुफा, मुचकुन्द गुफा तथा गणेश गुफा आदि दर्शनीय धरोहरें हैं। इनका सम्बन्ध महर्षि व्यास और गणेश के साथ जोड़ा जाता है। किंवदन्ती प्रचलित है कि यहीं पर बैठकर व्यास ने वेदों की रचना की थी। यहाँ से कुछ दूरी पर स्थित है—भीमपुल, जो प्राकृतिक रूप से पत्थरों से निर्मित है। भीमपुल के पास अत्यन्त मनोहारी जल-प्रपात स्थित है—वसुधारा। वसुधारा के निकट सरस्वती और विष्णुगंगा नदियों का संगम तट स्थित है, जिसे केशव प्रयाग कहा जाता है। अर्थात एक ही स्थान पर प्रकृति के इतने उपहार देखने के लिये माणा से अच्छा पर्यटन स्थल दूसरा कौन सा हो सकता है।

(v) **सतोपंथ**—बद्रीनाथ से लगभग 25 किमी तथा माणा से 22 किमी का पैदल मार्ग तय करके लक्ष्मीवन पहुँचा जाता है। लक्ष्मीवन कभी भोजपत्रों के सघन वन के रूप में प्रसिद्ध रहा था। लक्ष्मीवन सतोपंथ का पड़ाव स्थल है। यहाँ रहने के लिये गुफा तथा टैंट लगाने के लिये खुला मैदान है। लक्ष्मीवन से लगभग 10 किमी के दुर्गम चढ़ाई पथ के पश्चात स्थित है—सतोपंथ। केवल साहसी तथा निर्भीक पर्यटक ही सतोपंथ तक पहुँच सकते हैं। सतोपंथ में चारों ओर बर्फ ही बर्फ है। सतोपंथ के सामने बर्फ से ढंकी हुई उच्चतम पर्वत शृंखलायें पर्यटकों

को विस्मित कर देती हैं। किन्तु सतोपंथ का मुख्य आकर्षण है—सतोपंथ झील। लगभग दो किमी के क्षेत्रफल में व्याप्त तथा 14500 फीट की ऊँचाई पर स्थित यह झील नीलकंठ (24600 फीट) तथा चौखम्बा (25500 फीट) पर्वत चोटियों की तलहटी में बसी हुई है। इस झील का नीला और अत्यन्त स्वच्छ जल एक दर्पण के समान दृश्य उत्पन्न करता है। इसे देखकर पर्यटक अपनी थकान भूल जाते हैं। सतोपंथ से थोड़ा आगे चलकर सूर्यकुण्ड तथा चन्द्रकुण्ड नामक दो छोटे-छोटे बर्फानी सरोवर भी दर्शनीय हैं।

(vi) **फूलों की घाटी**—यहाँ तक पहुँचने के लिये पहले सतोपंथ से जोशीमठ लौटना पड़ता है। जोशीमठ से गोविन्दघाट (22 किमी) पहुँचने के पश्चात यहाँ से पैदल घांघरिया होते हुए फूलों की घाटी पहुँचा जा सकता है। यह 3000-4000 मीटर की ऊँचाई पर स्थित पुष्पावती नदी और अन्य छोटी-छोटी जलधाराओं से घिरी हुई एक अत्यन्त मनोरम पुष्प घाटी है। यहाँ ग्रीष्मकाल में विभिन्न प्रजातियों के हजारों वन्य पुष्प स्वयं खिलते हैं तथा मादक सुगन्ध बिखेरते हैं। लगभग 10 किमी लम्बी और दो किमी चौड़ी यह घाटी अपनी नैसर्गिक सुन्दरता के कारण विश्व प्रसिद्ध है और यूनेस्को द्वारा 'भारत की विश्व धरोहरों' में सूचीबद्ध है। इस घाटी की खोज सन् 1931 ई० में ब्रिटिश पर्वतारोही फ्रेंक स्मिथ ने की। सन् 1937 ई० में उन्होंने इस घाटी के सम्बन्ध में 'Valley of Flowers' नामक पुस्तक लिखी। इस पुस्तक के प्रकाशन के बाद ही इस घाटी को अन्तर्राष्ट्रीय पहचान मिली। यहाँ जैसी जैव विविधता विश्व के अन्य भागों में देखने को नहीं मिलती। इस जैव विविधता को संरक्षित करने हेतु सन् 1982 ई० में भारत सरकार ने फूलों की घाटी को 'राष्ट्रीय पार्क' घोषित किया।

(vii) **कुँवारीखाल**—औली से दो किमी आगे 11000 फीट की ऊँचाई पर स्थित है—गौरसौं बुग्याल। गौरसौं से लगभग चार घंटे के अत्यन्त कठिन और खतरनाक पथारोहण के बाद चित्रकांठा बुग्याल आता है। चित्रकांठा के अनन्तर, दो घंटे के पथारोहरण के पश्चात आता है—कुँवारीखाल। यहाँ की प्राकृतिक दृश्यावलियाँ सच में सौन्दर्य की पराकाष्ठा प्रतीत होती हैं। सामने ही हिमालय के असंख्य उन्नत शिखर विराजमान हैं। कामेट, द्रोणागिरि, चंग-बंग, त्रिशूल, चौखम्बा, हाथी पर्वत, नीलकंठ, गौरी पर्वत तथा अन्य हिमालय चोटियाँ इतनी निकट प्रतीत होती हैं कि पर्यटक हाथ बढ़ाकर इन्हें स्पर्श करने के बारे में सोचने लगें। सूर्यास्त के साथ धीरे-धीरे निस्तेज होती किरणें इन चोटियों पर सिंदूर सा बिखेरने लगती हैं। कुँवारीखाल के नीचे चारों ओर बियावान और सघन वन ही वन स्थित हैं।

(viii) **ग्वाल्दम**—यह चमोली जनपद के सीमा द्वार पर स्थित छोटा सा कस्बा है। 1960 मीटर की ऊँचाई पर स्थित यह पर्यटन स्थल बाँज-बुराँश और देवदार के वृक्षों से आच्छादित है। यह स्थान चाय व सेब के उत्पादन के कारण प्रसिद्ध है। यहाँ कुमाऊँनी एवं गढ़वाली संस्कृति का अनुपम संगम देखने को मिलता है। यहाँ से आठ किमी की दूरी पर ऐतिहासिक बधानगढ़ी स्थित है जबकि 15 किमी की दूरी पर स्थित अथारी गाँव अपनी पौराणिकता के लिये प्रसिद्ध है।

(ix) **गोपेश्वर**—गोपेश्वर इस जनपद का धार्मिक और ऐतिहासिक महत्व का नगर है। यहाँ से अनेक ऐतिहासिक अवशेष, मन्दिर एवं प्रतिमायें प्राप्त हुई हैं। यहाँ से ब्राह्मण एवं बौद्ध धर्म से सम्बन्धित अनेक पुरावशेष भी प्राप्त हुए हैं। ये अवशेष गुप्त, गुप्त पूर्व एवं गुप्तोत्तर काल से सम्बन्धित हैं। यहाँ से प्राप्त विष्णु प्रतिमा और चण्डी मन्दिर की कलशधारी गंगा की प्रतिमा

गुप्तोत्तर काल की है। गोपेश्वर में छत्रयुक्त मन्दिर भी प्रतिष्ठित है। यहाँ से एक त्रिशूल प्राप्त हुआ है, जिसमें ऐतिहासिक महत्व का लेख उत्कीर्ण है। इसमें एक लेख नेपाली आक्रान्ता अशोक चल्ल का उत्कीर्ण है। गोपेश्वर नगर वर्तमान में विकास के पथ पर अग्रसर है। यहाँ अनेक उच्च स्तरीय शिक्षण संस्थान भी स्थापित हो चुके हैं। यहाँ पर ठहरने की संतोषजनक सेवायें एवं सुविधायें उपलब्ध हैं।

(x) **पाण्डुकेश्वर**—उत्तराखण्ड का प्रमुख ऐतिहासिक स्थल पाण्डुकेश्वर जोशीमठ-गोविन्दघाट मार्ग पर, जोशीमठ से लगभग 15 किमी आगे स्थित है। यहाँ से अनेक प्राचीन मन्दिर प्राप्त हुए हैं। यहाँ एक मन्दिर योगबद्री का है। यहाँ से कत्यूरी कालीन चार ताम्र अभिलेख भी प्राप्त हुए हैं। इनमें से दो ललितसूर देव के तथा एक-एक पद्मट देव तथा सुभिक्ष राजदेव के हैं। इन ताम्र लेखों से कत्यूरी राजवंश के इतिहास के सम्बन्ध में महत्वपूर्ण सूचनायें प्राप्त होती हैं।

इसके अतिरिक्त चमोली जनपद में प्रसिद्ध हेमकुण्ट साहिब तीर्थ भी स्थित है जहाँ पर एक भव्य गुरुद्वारा और एक ताल स्थित है। इस तीर्थ का विस्तृत उल्लेख इसी अध्याय में 'उत्तराखण्ड की धार्मिक-सांस्कृतिक पर्यटन धरोहरें' शीर्षक के अन्तर्गत प्रस्तुत किया जा चुका है।

8. नैनीताल जनपद

(i) **नैनीताल नगर**—सरोवर नगरी के नाम से प्रसिद्ध नैनीताल नगर भारत के प्रमुख एवं विश्व प्रसिद्ध गिने-चुने पर्यटन स्थलों में से एक है। इसे 'एशिया का स्विट्जरलैंड' भी कहा जाता है। समुद्र तल से 1938 मीटर की ऊँचाई पर स्थित इस नगर को विश्व के सामने लाने का श्रेय एक शराब फैक्ट्री के ब्रिटिश व्यापारी पी० बैरन को जाता है, जिसने सन् 1841-43 के मध्य में इस नगर को बसाया। यहाँ का मुख्य आकर्षण है—नैना झील। इस झील की लम्बाई 1358 मीटर, चौड़ाई 458 मीटर तथा गहराई अधिकतम 156 मीटर तक है। इस झील की दो विशेषतायें हैं—इसके जल में सम्पूर्ण पर्वतमाला और वृक्षों की छाया स्पष्ट दिखाई देती है। दूसरे गर्मियों में इस झील का जल हरा, बरसात में मटमैला और सर्दियों में हल्का नीला हो जाता है। यहाँ स्थित मालरोड इस नगर को दो भागों में विभाजित करती है—तल्लीताल और मल्लीताल। मालरोड पर पर्यटकों का तांता लगा रहता है। नगर के प्रमुख होटल, रेस्टोरेंट और अन्य व्यावसायिक प्रतिष्ठान इसी रोड पर स्थित हैं।

यहाँ स्थित नैना देवी मन्दिर पर्यटकीय आकर्षण का एक अन्य प्रमुख केन्द्र है। प्रतिवर्ष हजारों पर्यटक नैनीताल में इस मन्दिर के दर्शन करने आते हैं। इसी प्रकार यहाँ का गुरुद्वारा, अनेक चर्च और प्राणी उद्यान भी दर्शनीय स्थल हैं। आजकल नैनीताल के आकर्षण में रोप-वे की यात्रा आकर्षण का केन्द्र बन गयी है। सुबह, दिन और शाम के समय पर्यटक जहाँ नैनी झील में बोटिंग का आनन्द उठाते हैं, वहीं घोड़ों पर चढ़कर घुड़सवारी का आनन्द भी लेते हैं। शरदकाल और ग्रीष्मकाल में नैनीताल पर्यटकों का स्वर्ग बन जाता है। शरदोत्सव के समय यहाँ पर नौकायन, तैराकी, घुड़सवारी और पर्वतारोहण जैसे मनोरंजक कार्यक्रम तथा सांस्कृतिक कार्यक्रम आयोजित किये जाते हैं। मल्लीताल में 'फ्लैट्स' का खुला मैदान है। यह नैनीताल नगर का मुख्य पार्किंग स्थल तो है ही, यहाँ पर वर्ष भर खेल प्रतियोगितायें भी आयोजित होती रहती हैं। सायंकाल में फ्लैट्स, पर्यटकीय भीड़ का प्रमुख केन्द्र होता है। इसके निकट ही प्रसिद्ध 'तिब्बती मार्केट' तथा कैपिटोल सिनेमा तथा पीछे की ओर अशोक सिनेमा स्थित हैं।

नैनीताल में अनेक सुन्दर नक्काशी युक्त ब्रिटिशकालीन भवन आज भी विद्यमान हैं। सभी भवन दर्शनीय हैं, किन्तु इनमें सर्वोत्कृष्ट है—राजभवन। सन् 1897-1900 ई० के मध्य निर्मित इस भवन के निर्माण का श्रेय तत्कालीन लेफ्टिनेंट गवर्नर एंटनी मैक्डोनल को जाता है। इस भवन का निर्माण इंग्लैण्ड के बर्मिंघम पैलेस के मॉडल पर किया गया है। 220 एकड़ भूमि पर विस्तारित यह भवन अपनी सुन्दरता और भव्यता से पर्यटकों का मन मोह लेता है। यह भवन चारों ओर से देवदार, सुरई और बाँज इत्यादि के वृक्षों से घिरा है। इसमें गोल्फ का एक अत्यन्त आकर्षक मैदान भी है। यहाँ अनेक प्रजाति के सुन्दर पुष्प भी देखने को मिलते हैं।

नैनीताल शिक्षा के उत्कृष्ट केन्द्र के रूप में भी स्थापित हो चुका है। यूरोपियन मिशनरियों के यहाँ अनेक स्कूल खुल चुके हैं, जिनमें सेंट जोजेफ कॉलेज, शेरवुड कॉलेज, सेंट मेरी कॉन्वेन्ट स्कूल और ऑल सेंट स्कूल प्रसिद्ध हैं। बिड़ला का बालिका विद्यालय और बिड़ला पब्लिक स्कूल भी प्रसिद्ध हैं। यहाँ पॉलिटेक्निक भी स्थित है। कुमायूँ विश्वविद्यालय का मुख्यालय भी यहीं स्थापित है। यहाँ अनेक सिनेमाघर और क्लब स्थित हैं। एक अत्यन्त आकर्षक ब्रिटिश कालीन भवन में उच्च न्यायालय स्थित है। उच्च न्यायालय से कुछ दूरी पर प्रशासनिक प्रशिक्षण संस्थान स्थित है। नगर के निकट स्थित हनुमान गढ़ी और नक्षत्र वेधशाला भी दर्शनीय स्थल हैं।

नैनीताल में पर्यटकों के आकर्षण का एक और केन्द्र हैं—यहाँ की आठ पर्वत चोटियाँ। ये हैं—चीनापीक या नैनापीक (2600 मी), किलवरी (2528 मी), लड़ियाकांठा (2481 मी), देवपाटा (2435 मी), कैमल्सबैक (2333 मी), डेरोथीसीट (2290 मी), स्नोव्यू (2270 मी) तथा हनी-बनी (2179 मी)। ये सभी पर्वत चोटियां न केवल सुरक्षित हैं, बल्कि पर्यटकों के लिये पिकनिक के प्रमुख केन्द्र भी हैं।

मोटर मार्ग से नैनीताल, दिल्ली से 322 किमी, बरेली से 141 किमी, लखनऊ से 401 किमी, अल्मोड़ा से 60 किमी तथा हल्द्वानी से 40 किमी की दूरी पर स्थित है। निकटतम रेलवे स्टेशन 35 किमी की दूरी पर काठगोदाम में तथा हवाई अड्डा 75 किमी की दूरी पर पन्तनगर में है। लखनऊ, कोलकाता, दिल्ली, आगरा, बरेली तथा मुरादाबाद आदि स्थानों के लिये रेलवे की बुकिंग और बस तथा टैक्सी यातायात के लिये तल्लीताल बस स्टेशन पर सुविधायें उपलब्ध रहती हैं। यहाँ से प्रत्येक नगर के लिये बस तथा टैक्सी की सुविधा उपलब्ध है। जहाँ तक वायु सेवा का प्रश्न है, दिल्ली, लखनऊ और देहरादून के लिये वायुदूत की सेवायें पंतनगर से उपलब्ध हैं। वायु यात्रा के लिये तल्लीताल स्थित कुमायूँ मण्डल विकास निगम के पर्यटक आवास गृह में अग्रिम बुकिंग हो जाती है। नैनीताल की आवासीय सुविधायें भी उत्कृष्ट कोटि की हैं। यहाँ पर छोटे-बड़े लगभग 100 होटल स्थित हैं, जिनमें से अधिकांश में भोजन एवं जलपान की सुविधा भी उपलब्ध है। इसके अतिरिक्त अनेक गेस्ट हाउस, पर्यटक आवास गृह, टूरिस्ट बंगले तथा धर्मशालायें भी नैनीताल में स्थित हैं। यह नगर पूर्णत: अपराध मुक्त है।

(ii) **रानीबाग**—काठगोदाम-नैनीताल मार्ग पर काठगोदाम से तीन किमी दूर यह रमणीय स्थल स्थित है। कहते हैं कि यहाँ मार्कंडेय ऋषि ने तपस्या की थी। रानीबाग के समीप ही पुष्पभद्रा और गंगाचल नदियों का संगम होकर 'गौला' नदी बन जाती है। गौला नदी के दाहिने तट पर चित्रेश्वर महादेव का मन्दिर स्थित है। यहाँ मकर संक्रान्ति के दिन विशाल उत्तरायणी मेले का आयोजन किया जाता है। रानीबाग का पूर्व नाम चित्रशिला था। यहाँ पर कुमायूँनी घाघरे के आकार की एक ऐसी शिला विद्यमान है, जिस पर रंग-बिरंगे पत्थर लगे हैं।

वर्तमान में रानीबाग कुमायूँ का औद्योगिक केन्द्र भी है। यहाँ पर हिन्दुस्तान मशीन टूल्स का कारखाना स्थित है। वैसे इस समय यह कारखाना बन्द पड़ा है। रानीबाग में सेना और पुलिस की चैक पोस्ट भी है। रानीबाग से ही नैनीताल जनपद के अनेक पर्यटन स्थलों को मार्ग जाता है।

(iii) **ज्योलीकोट**—काठगोदाम-नैनीताल मार्ग पर काठगोदाम से 17 किमी की दूरी पर स्थित है—ज्योलीकोट। यहाँ से नैनीताल की दूरी मात्र 18 किमी ही शेष रह जाती है। ज्योलीकोट की गणना कुमायूँ के रमणीक स्थलों में की जाती है। यह स्थान समुद्र तल से 1219 मीटर की ऊँचाई पर स्थित है। यहाँ का मौसम गुलाबी मौसम कहलाता है। जो पर्यटक नैनीताल की ठण्डी जलवायु में नहीं रह पाते, वे ज्योलीकोट में रहकर भी पर्वतीय जलवायु का आनन्द उठा सकते हैं। यहाँ उत्तराखण्ड सरकार का मधुमक्खी पालन केन्द्र है। यह स्थान फलों के लिये तो प्रसिद्ध है ही, विभिन्न प्रकार के पक्षियों का निवास होने का गौरव भी इस स्थान को प्राप्त है। देश-विदेश के अनेक प्रकृति प्रेमी यहाँ रहकर मधुमक्खियों और पक्षियों पर शोध कार्य करते रहते हैं। यहाँ के भुट्टे प्रसिद्ध हैं। यहाँ से गुजरने वाले पर्यटक यहाँ के भुट्टों का स्वाद अवश्य लेते हैं। ज्योलीकोट में शिक्षा का एक अच्छा स्कूल 'नैन्सी कॉन्वेन्ट स्कूल' स्थित है। ज्योलीकोट घने, शान्त और मनोरम वन क्षेत्र के मध्य स्थित है अतः यहाँ का वातावरण पर्यटकों को एक खुशनुमा अनुभव प्रदान करता है।

(iv) **भवाली**—भवाली नैनीताल-अल्मोड़ा, नैनीताल-रानीखेत, हल्द्वानी-पिथौरागढ़ तथा हल्द्वानी-रानीखेत यात्रा मार्गों का मध्य बिन्दु है। भवाली, नैनीताल से मात्र 11 किमी की दूरी पर स्थित है। भवाली चीड़ और बाँज वृक्षों के मध्य पहाड़ की तलहटी में 1680 मीटर की ऊँचाई पर स्थित अत्यन्त शान्त और मनोरम स्थल है। यहाँ की जलवायु अत्यन्त स्वास्थ्यवर्धक है। यहाँ का सैनिटोरियम सबसे उत्तम माना जाता है। साथ ही भवाली में क्षय रोग आश्रम भी स्थित है। इस आश्रम में प्राकृतिक उपचार के द्वारा क्षय रोग का निदान किया जाता है। शान्त वातावरण और खुली जगह होने के कारण भवाली कुमायूँ का प्रसिद्ध पर्यटन स्थल है। फलों की मण्डी होने के कारण यहाँ पर प्रत्येक समय कम मूल्य पर अनेक प्रकार के फल बिक्री हेतु उपलब्ध रहते हैं। साथ ही यहाँ पर फलों के अनेक प्रसंस्कृत सामान भी खरीदने योग्य हैं। यहाँ पर उत्तराखण्ड परिवहन का डिपो भी स्थित है।

(v) **भीमताल**—यह स्थान भवाली-हल्द्वानी मार्ग पर भवाली से मात्र 10 किमी की दूरी पर स्थित है। यहाँ पर स्थित ताल—भीमताल के कारण ही इस नगर का नाम भीमताल पड़ा। यह ताल नैनी झील से भी बड़ा है। नैनीताल से भीमताल की दूरी 22.5 किमी है। भीमताल की प्रमुख विशेषता यह है कि यह सुन्दर घाटी में और खुले हुए अंचल में स्थित है। यहाँ पर अच्छे स्तर के अनेक होटल और रेस्तरां स्थित हैं। यहाँ स्थित कुछ रिसोर्ट उच्च स्तरीय हैं। भीमताल के अद्वितीय प्राकृतिक सौन्दर्य का इससे बढ़कर प्रमाण और क्या हो सकता है कि अनेक हिन्दी फिल्मों की शूटिंग यहाँ पर हो चुकी है, होती रहती है। भीमताल का एक अन्य आकर्षण यहाँ स्थित डॉ० यशोधर मठपाल का 'लोक कला केन्द्र' है। डॉ० मठपाल ने कुमायूँ की सम्पूर्ण लोक कलाओं का संग्रह करके यहाँ पर एक संग्रहालय स्थापित किया है। चूँकि डॉ० मठपाल स्वयं भी चित्रकार हैं, अतः उनके दुर्लभ चित्रों को देखने दूर-दूर से कला पारखी पर्यटक यहाँ पर पहुँचते हैं।

नैनीताल तथा हल्द्वानी नगरों में आवासीय भूखण्डों की भारी कमी तथा ऊँचे मूल्यों के कारण भीमताल इस क्षेत्र के लोगों की आवास स्थली बनता जा रहा है। इससे यह नगर एक

विकसित पर्यटन स्थल के रूप में सामने आने लगा है। यहाँ पर स्थित शिक्षा संस्थान—'बिरला इंस्ट्टीयूट ऑफ मैनेजमेंट एंड टेक्नोलॉजी' इस स्थान के महत्व में वृद्धि करता है। इसके अतिरिक्त इस नगर के आसपास अनेक औद्योगिक इकाइयों की स्थापना भी की जा रही है। कुमायूँ मण्डल विकास निगम की ओर से यहाँ पर टेलीविजन निर्माण का उपक्रम स्थापित किया गया है। फेसिट एशिया की ओर से टाइपराइटर के निर्माण की यूनिट खोली गई है। इसके अतिरिक्त अनेक उद्योग स्थापनाधीन हैं। पर्यटक मंत्रालय उत्तराखण्ड द्वारा भीमताल में 34 शैयाओं वाले पर्यटक आवास गृह की स्थापना की जा चुकी है। प्रात:काल के समय भीमताल की प्राकृतिक सुन्दरता स्विट्ज़रलैंड की आभा को भी फीका कर देती है। भीमताल में आने वाले पर्यटकों को रात्रि विश्राम यहीं करना चाहिये ताकि यहाँ के अद्वितीय प्राकृतिक सौन्दर्य का भरपूर आनन्द उठाया जा सके।

(vi) **रामगढ़**—भवाली से भीमताल मार्ग पर कुछ ही दूरी पर बाईं ओर का मार्ग रामगढ़ की ओर चला जाता है। यह मार्ग और इसकी यात्रा मनोहारी है। इसे भवाली-मुक्तेश्वर मोटर मार्ग कहते हैं। रामगढ़ प्राकृतिक रूप से अत्यन्त सुन्दर है। यहाँ से दिखने वाले हरे-भरे पहाड़, शान्त वातावरण और स्वस्थ जलवायु पर्यटकों को अभिभूत कर देते हैं। यह नैनीताल जनपद का सबसे शान्त और प्राकृतिक पर्यटन स्थल है। रामगढ़ के निकट ही 2300 मीटर की ऊँचाई पर गागर नामक स्थान है। गागर से हिमालय की बर्फाच्छादित चोटियों का सुन्दर दृश्य दिखाई देता है। इस क्षेत्र में गर्गाचार्य ने तप किया था, इसलिये इस स्थान का नाम गर्गाचार्य से अपभ्रंश होकर गागर हो गया। गागर में एक पर्वत चोटी पर गर्गेश्वर महादेव का अत्यन्त प्राचीन और मान्यता प्राप्त मन्दिर प्रतिष्ठित है। शिवरात्रि के दिन यहाँ पर भव्य मेला लगता है।

नैनीताल से मात्र 25 किमी की दूरी पर रामगढ़ के फलों का अनोखा क्षेत्र बसा हुआ है। कुमायूँ क्षेत्र के फलों का सर्वाधिक उत्पादन भवाली-रामगढ़ मोटर मार्ग के वनों में ही होता है। इस क्षेत्र में अनेक प्रकार के फल उत्पादित होते हैं। बर्फ पड़ने के बाद सर्वप्रथम ग्रीन स्वीट सेब और सबसे अन्त में पकने वाला हरा पिछोला सेब यहीं पैदा होता है। इसके अतिरिक्त इस क्षेत्र में डिलिशियस, गोल्डन, किंग, फैनी और जोनाथन प्रजाति के श्रेष्ठ वर्ग के सेब पैदा होते हैं। आडू यहाँ का सर्वोत्तम फल है। तोतापरी, हिल्स अर्ली और गौला किस्म का आडू यहाँ बहुतायत में पैदा होता है। इसी तरह खुमानियों की भी माकपार्क व गौला किस्म अच्छे ढंग से पैदा की जाती है। पुलम तो यहाँ का विशेष फल हो गया है। ग्रीन गोज प्रजाति के पुलम यहाँ पर्याप्त मात्रा में उत्पन्न होते हैं।

रामगढ़ अपने नैसर्गिक सौन्दर्य के लिये भी प्रसिद्ध है। हिमालय का विराट सौन्दर्य यहाँ से स्पष्टत: दिखाई देता है। रामगढ़ की पर्वत चोटी पर स्थित बंगले में एक बार प्रसिद्ध कवि रवीन्द्रनाथ टैगोर आकर ठहरे थे। उनकी स्मृति में यह बंगला 'टैगोर टॉप' के नाम से जाना जाता है। पंडित जवाहर लाल नेहरू को भी यह स्थान अत्यन्त प्रिय था। कहा जाता है कि आचार्य नरेन्द्र देव ने भी अपने 'बौद्ध दर्शन' नामक विख्यात ग्रन्थ को अंतिम रूप यहीं पर प्रदान किया था। साहित्यकारों को यह स्थान सदैव अपनी ओर आकर्षित करता रहा है। स्वर्गीय महादेवी वर्मा सदैव ग्रीष्म ॠतु में यहीं आकर रहती थीं। उन्होंने यहाँ पर अपने लिये एक छोटा सा मकान बनवाया था। आज भी यह भवन रामगढ़-मुक्तेश्वर मोटर मार्ग के बाईं ओर बस स्टेशन के पीछे वाली पहाड़ी पर वृक्षों के मध्य स्थित है।

(vii) **मुक्तेश्वर**—रामगढ़ मल्ला से रामगढ़ तल्ला की दूरी लगभग 10 किमी है। रामगढ़ मल्ला से ही मुक्तेश्वर जाने वाला मार्ग नीचे स्थित घाटी में दिखाई देता है। यह घाटी भी प्राकृतिक रूप से अत्यन्त मनोरम है। नैनीताल से मुक्तेश्वर की दूरी 51 किमी है। मुक्तेश्वर कुमायूँ का अत्यन्त प्राचीन नगर है। सन् 1901 ई० में यहाँ पशु चिकित्सा का संस्थान खोला गया था। यह संस्थान वर्तमान में पर्याप्त विकास कर चुका है। मुक्तेश्वर घाटी अपने सौन्दर्य के लिये विख्यात है। ग्रीष्म ऋतु में इस पर्यटन स्थल पर सैकड़ों राष्ट्रीय-अन्तर्राष्ट्रीय पर्यटकों का आगमन होता है। शीत ऋतु में यहाँ बर्फीली हवायें चलती हैं। पर्यटकों के लिये यहाँ पर पर्याप्त सुविधायें उपलब्ध हैं। नैनीताल जनपद के अन्य पर्यटन स्थलों के साथ-साथ पर्यटक मुक्तेश्वर भी अवश्य पहुँचते हैं।

(viii) **पटुवा डॉगर**—ज्योलीकोट से नैनीताल जाते हुए चीड़ के सघन वनों के मध्य एक बस्ती सड़क के बाईं ओर ढलान में दिखाई देती है। यही बस्ती पटुवा डॉगर है। यह नैनीताल से 14 किमी की दूरी पर स्थित है। पटुवा डॉगर पहाड़ों के मध्य बसा हुआ एक सुन्दर एवं शान्त नगर है। यहाँ पर उत्तराखण्ड का वैक्सीन का सबसे बड़ा संस्थान—'स्टेट वैक्सीन रिसर्च इंस्टीट्यूट' विद्यमान है। पटुवा डॉगर पर्यटकों को आकर्षित करता है।

(ix) **कालाढूंगी**—कालाढूंगी विश्व प्रसिद्ध शिकारी और पशु-पक्षी प्रेमी स्वर्गीय जिम कार्बेट का निवास स्थान रहा है। यद्यपि जिम कार्बेट का जन्म गुर्नी हाउस, नैनीताल में हुआ था, किन्तु उनका स्थायी निवास कालाढूंगी में ही था। गर्मियों में जिम कार्बेट का परिवार नैनीताल में तथा सर्दियों में कालाढूंगी में रहता था। जिम कार्बेट के महत्व को देखते हुए भारत सरकार ने सन् 1957 में रामनगर स्थित नेशनल पार्क को 'कार्बेट टाइगर रिजर्व' तथा कालाढूंगी स्थित उनके निवास को 'जिम कार्बेट संग्रहालय' नाम दे दिया। इस संग्रहालय में जिम कार्बेट की अनेक व्यक्तिगत वस्तुओं का संग्रह किया गया है। जैसे मीट सेफ (रेफ्रिजरेटर के रूप में प्रयुक्त होने वाली लकड़ी की जालीदार अलमारी), दो लालटेन, फर्नीचर, जिम कार्बेट द्वारा लिखे गये पत्र, जिम कार्बेट की फोटो डेवलपमेंट प्लेट, साबुनदानी तथा मिट्टी के बर्तन आदि। 2.75 एकड़ क्षेत्रफल वाले इस संग्रहालय के परिसर में जिस कार्बेट के पालतू कुत्तों रॉबिन और रॉजिन की कार्बेट द्वारा बनायी गयी कब्रें स्थित हैं। इसी परिसर में आम तथा लीची के पेड़ लगे हैं। आम के पेड़ जिम कार्बेट द्वारा स्वयं लगाये गये थे। इतने प्राचीन वृक्षों पर अभी भी आम पैदा होते हैं।

इसके अतिरिक्त कालाढूंगी में जिम कार्बेट का पुराना घर अरूण्डेल, इसी घर के निकट स्थित अत्यन्त प्राचीन किन्तु भव्य मन्दिर, छोटा पनुआ का घर (यह घर जिम कार्बेट द्वारा दी गई आर्थिक सहायता से बनाया गया था), राजकीय इंटर कॉलेज के निकट स्थित जिम कार्बेट के सहयोग से बने पंचायत घर के अवशेष तथा फाउन्ड्री (पत्थरों को गर्म करके उसमें से लोहा निकालने वाली भट्टी) आदि वे पर्यटन धरोहरें हैं जिनसे जिम कार्बेट की स्मृतियां जुड़ी हुई हैं। ये सभी स्थान पर्यटकीय आकर्षण के प्रमुख केन्द्र हैं। कालाढूंगी नगर रामनगर से 30 किमी, काशीपुर से 45 किमी, हल्द्वानी से 20 किमी तथा नैनीताल से 40 किमी की दूरी पर स्थित है। यहाँ पर ठहरने के लिये कुछ छोटे-छोटे होटल तथा धर्मशालायें स्थित हैं।

उपरोक्त के अतिरिक्त नैनीताल जनपद के अन्य पर्यटन स्थल हैं—जिम कार्बेट पार्क, नौकुचियाताल, सातताल, नल-दमयंती ताल, खुर्पाताल तथा कैंची धाम। इन पर्यटन स्थलों का विस्तृत विवरण इसी अध्याय में 'उत्तराखण्ड की झीलें', 'उत्तराखण्ड के राष्ट्रीय उद्यान' तथा

'उत्तराखण्ड की धार्मिक-सांस्कृतिक पर्यटन धरोहरें' शीर्षकों के अन्तर्गत प्रस्तुत किया जा चुका है।

9. अल्मोड़ा जनपद

(i) **अल्मोड़ा नगर**—अल्मोड़ा नगर समुद्र तल से 1646 मीटर की ऊँचाई पर स्थित है। नैनीताल के समान प्रसिद्धि प्राप्त यह प्राचीन नगर कुमायूँ मण्डल का गौरव है। 11.9 वर्ग किमी में व्याप्त ये नगर उत्तराखण्ड का प्रमुख पर्यटन स्थल है। ये नगर पहाड़ी के दोनों ओर पर्वत चोटी पर बसा हुआ है। पहाड़ के एक छोर से दूसरे छोर तक नगर का प्राचीन किन्तु मुख्य लाला बाजार स्थित है। यह बाजार सुन्दर एवं कटे हुए पत्थरों से निर्मित है। नगर की सड़कें पर्यटकों को किसी भी असुविधा का सामना नहीं करने देतीं। अल्मोड़ा नगर में तीन प्रमुख किले भी स्थित हैं—कत्यूरी कालीन खगमरा किला, चंदकालीन मल्ला महल किला और ब्रिटिश कालीन लाल मण्डी किला। ये किले दर्शनीय एवं अल्मोड़ा की ऐतिहासिक धरोहरें हैं। यहाँ स्थित नन्दा देवी मन्दिर भारत प्रसिद्ध है। इसके अतिरिक्त अल्मोड़ा में स्थित त्रिपुर सुन्दरी देवी मन्दिर, रघुनाथ मन्दिर, हनुमान मन्दिर, मुरली मनोहर मन्दिर, भैरवनाथ मन्दिर, बद्रीनाथ मन्दिर, रत्नेश्वर मन्दिर, उल्का देवी मन्दिर, जामा मस्जिद, मैथोडिस्ट चर्च और अमेरिकन चर्च आदि दर्शनीय धार्मिक पर्यटन धरोहरें हैं। अल्मोड़ा में राजकीय संग्रहालय, लोक कला संस्थान तथा कुमायूँ विश्वविद्यालय का सोबन सिंह जीना परिसर भी देखने योग्य हैं।

प्राकृतिक रूप से भी अल्मोड़ा नगर अत्यन्त मनोहारी है। चारों ओर से हरे-भरे वनों का सौन्दर्य एक विशेष आकर्षण पैदा करता है। नारायण तिवारी दीवार की ओर के दृश्य भी मनोहर हैं। नगर से त्रिशूल, नन्दाकोट और नन्दादेवी की चोटियों को स्पष्टतः देखा जा सकता है। यहाँ स्थित मोहन जोशी पार्क में बैठना आनन्द प्रदान करता है। यहाँ से तीन किमी दूर स्थित सिमतोला और देवलीडांडा तथा बस स्टैण्ड से मात्र दो किमी की दूरी पर स्थित ब्राइट एंड कार्नर यहाँ के प्रमुख पिकनिक स्थल हैं। जहाँ देवलीडांडा में चीड़ के घने वनों के मध्य स्थित देवी मन्दिर भी मनोहारी है, वहीं ब्राइट एंड कार्नर से सूर्योदय एवं सूर्यास्त का अद्‌भुत दृश्य देखा जा सकता है, इस नगर के आसपास भी अनेक दर्शनीय स्थल स्थित हैं। जैसे—कसार देवी मन्दिर (आठ किमी), गोल्ल देवता का मन्दिर (छह किमी), कालीमठ (पाँच किमी), मटेला पिकनिक स्थल (5 किमी), कटारमल मन्दिर (17 किमी) एवं विनसर महादेव मन्दिर (30 किमी)। अल्मोड़ा का हवलबाग कृषि शोध केन्द्र के रूप में प्रसिद्ध है। कभी यह स्थान अपने चाय बागानों के लिये प्रसिद्ध था।

अल्मोड़ा नगर नृत्य सम्राट पंडित उदयशंकर, महात्मा गाँधी, पंडित जवाहर लाल नेहरू, कविवर रवीन्द्रनाथ टैगोर तथा स्वामी विवेकानन्द के प्रिय स्थलों में रहा है। भारत की इन सभी महान प्रतिभाओं ने कुछ दिन अल्मोड़ा नगर में व्यतीत किये थे। बसन्त ऋतु में इस नगर की छवि दर्शनीय हो जाती है। यह अत्यन्त स्वास्थ्यवर्धक जलवायु वाला नगर है, इसलिये गर्मियों में यहाँ पर्यटकों का सबसे अधिक आगमन होता है।

अल्मोड़ा में विद्यमान पर्यटकीय सेवायें भी उत्तम हैं। यहाँ निवास हेतु अच्छे और सुविधाजनक होटल स्थित हैं। इसके अतिरिक्त यहाँ होली डे होम, सर्किट हाउस, लोक निर्माण विभाग का विश्राम गृह, वन विभाग का विश्राम गृह तथा जिला परिषद का विश्राम गृह भी आवासीय सुविधायें उपलब्ध कराते हैं। पर्यटकों के मनोरंजनार्थ यहाँ पर रीगल और जागनाथ

सिनेमाघर स्थित हैं। खरीदारी हेतु यहाँ पर उच्चकोटि के गर्म कपड़े उचित मूल्य पर मिलते हैं इसके अतिरिक्त यहाँ पर निर्मित होकर बिकने वाली 'बाल मिठाई' और 'सिंगौड़ी मिठाई' अत्यन्त स्वादिष्ट होती हैं। यहाँ आने वाले पर्यटकों को इन मिठाइयों का स्वाद अवश्य लेना चाहिए। सड़क मार्ग द्वारा यह नगर काठगोदाम से 90 किमी, नैनीताल से 67 किमी, बरेली से 196 किमी, बागेश्वर से 90 किमी, पिथौरागढ़ से 109 किमी तथा दिल्ली से 378 किमी की दूरी पर स्थित है।

(ii) **रानीखेत**—इस नगर की खोज एवं स्थापना अंग्रेजों द्वारा अपने निवास के लिये सन् 1869 ई० में की गयी थी। तत्कालीन वायसराय लॉर्ड मेयो को रानीखेत इतना पसन्द था कि वे सेना का मुख्यालय शिमला से हटाकर यहाँ पर स्थापित करना चाहते थे। यह काम तो नहीं हुआ, परन्तु उन्होंने छावनी के रूप में इस नगर का विकास किया। आज रानीखेत कुमायूँ रेजीमेन्ट का मुख्यालय है। इस नगर की व्यवस्था छावनी परिषद द्वारा देखी जाती है। इसलिये रानीखेत में स्वच्छता पर विशेष ध्यान दिया जाता है।

रानीखेत समुद्र तल से 1829 मीटर की ऊँचाई पर स्थित है। इसका कुल क्षेत्रफल 21.76 वर्ग किमी है। यहाँ सदा चीड़ और देवदार के वृक्षों की हरियाली व्याप्त रहती है। यहाँ से नन्दादेवी से जुड़े पर्वत शिखरों, नीलकंठ, कामेट, गौरी पर्वत, हाथी पर्वत, नन्दाघुंटी, त्रिशूल और नन्दाकोट की हिमाच्छादित पर्वत श्रेणियों का सौन्दर्य अपने उत्कृष्ट रूप में देखा जा सकता है। यहाँ की जलवायु स्वच्छ और निर्मल तथा जनजीवन एकदम शान्त है। अमेरिका के एक न्यायाधीश विलियम दोगल्स ने तो रानीखेत को विश्व का सर्वोत्तम 'हिल स्टेशन' माना है। रानीखेत में अनेक मन्दिर तथा अन्य धर्म स्थल स्थित हैं। जैसे—हैड़ाखान मन्दिर, मनकामेश्वर मन्दिर, हनुमान मन्दिर, झूला देवी मन्दिर, शिव मन्दिर, गुरुद्वारा, मस्जिद तथा लगभग आठ चर्च। इसके अतिरिक्त रानीखेत में आशियाना पार्क, बस स्टेशन के निकट के शैलचित्र, बिड़ला स्कूल, दुर्गा मन्दिर तथा सहकारी आयुर्वेदिक फैक्ट्री भी दर्शनीय स्थल हैं। सोमनाथ ग्राउंड यहाँ का एक अन्य दर्शनीय स्थल है। सम्पूर्ण छावनी क्षेत्र दर्शनीय तथा भ्रमण योग्य है। इस क्षेत्र की स्वच्छता, सौम्यता तथा प्राकृतिक सुन्दरता पर्यटकों को मंत्रमुग्ध कर देती है। यहाँ स्थित 'शॉल फैक्ट्री' में निर्मित होने वाले शॉल उच्च गुणवत्ता युक्त होते हैं। छावनी क्षेत्र में शॉल तथा अन्य उत्कृष्ट गर्म कपड़ों का विक्रय केन्द्र स्थित है। पर्यटकों के मनोरंजन के लिये बस स्टेशन के निकट पार्वती सिनेमा तथा हिमालय दृश्य केन्द्र स्थित हैं।

रानीखेत नगर के आस-पास भी अनेक दर्शनीय स्थल स्थित हैं। रानीखेत-रामनगर मार्ग पर रानीखेत से आठ किमी दूर ताड़ीखेत इस क्षेत्र का उदीयमान पर्यटन स्थल है। यहाँ का सुरम्य प्राकृतिक वातावरण पर्यटकों का मन मोह लेता हैं। यहाँ पर स्थित 'गाँधी कुटिया' के दर्शन अवश्य करने चाहिये। महात्मा गाँधी सन् 1929 में इस कुटिया में तीन दिन तक रहे थे। रानीखेत से छह किमी दूर अल्मोड़ा मार्ग पर 'उपत' का विश्वविख्यात गोल्फ मैदान अद्वितीय है। कहते हैं ऐसा विशाल मैदान उत्तर भारत में दूसरा कोई नहीं है। इसमें नौ छेद हैं। घने चीड़ वृक्षों के मध्य स्थित इस मैदान में फिल्मों की शूटिंग भी होने लगी है। यहाँ एक गोल्फ क्लब भी है। उपत से लगभग एक किमी की दूरी पर कालिका नामक स्थान अपने अद्भुत प्राकृतिक सौन्दर्य और एक काली मन्दिर के कारण भ्रमण योग्य है। कालिका में वन विभाग की फूलों की नर्सरी स्थापित है। कालिका से केवल सात किमी दूर रानीखेत-अल्मोड़ा मार्ग पर स्थित मजखाली अत्यन्त मनोरम स्थल है। यहाँ की घास की नर्सरी प्रसिद्ध है। भूमि संरक्षण का प्रशिक्षण देने का भी यह

प्रमुख केन्द्र है। मजखाली से हिमालय का मनोहारी हिम दृश्य देखने सैकड़ों पर्यटक प्रतिदिन यहाँ आते हैं। यहाँ के आसपास का प्राकृतिक वातावरण हरा-भरा और शान्त है।

रानीखेत में सभी प्रकार की पर्यटकीय सेवायें उपलब्ध हैं। यहाँ रानीखेत और रोटरी नामक दो क्लब स्थित हैं। यहाँ बैंकिंग, चिकित्सा और सड़क परिवहन की श्रेष्ठ सेवायें उपलब्ध हैं। ठहरने के लिये 10-12 उत्कृष्ट होटल, वन विभाग का विश्राम गृह, जल निगम का विश्राम गृह, लोक निर्माण विभाग का विश्राम गृह, रानीखेत क्लब, कालिका वन विभाग का विश्राम गृह, कुमायूँ मण्डल विकास निगम का 52 शैयाओं का पर्यटक आवास गृह आदि रानीखेत में आवासीय सुविधायें प्रदान करते हैं। इसके अतिरिक्त हैड़ाखान गेस्ट हाउस, शिव मंदिर, धर्मशाला, मुसाफिर खाना और वाल्मीकि आश्रम में भी ठहरने की सुविधायें उपलब्ध हैं। यहाँ पर कुमायूँ मण्डल विकास निगम की ओर से सभी पर्यटन स्थलों के लिये टूर संचालित किये जाते हैं। रानीखेत में उत्तराखण्ड परिवहन निगम की बसें, कुमायूँ मोटर ऑपरेटर्स यूनियन (केमू) की बसें, टूरिस्ट बसें तथा टैक्सियाँ अनेक महत्वपूर्ण नगरों तथा पर्यटन स्थलों के लिये उपलब्ध रहती हैं। यहाँ से निकटवर्ती हवाई अड्डा पन्तनगर (दूरी—120 किमी) तथा निकटतम रेलवे स्टेशन काठगोदाम (दूरी—85 किमी) में स्थित हैं। सड़क मार्ग द्वारा रानीखेत दिल्ली से 362 किमी, बरेली से 197 किमी, लखनऊ से 462 किमी, अल्मोड़ा से 50 किमी, नैनीताल से 59 किमी, गोपेश्वर से 145 किमी, कौसानी से 62 किमी, रामनगर से 95 किमी तथा पिथौरागढ़ से 169 किमी की दूरी पर स्थित है।

(iii) **चौबटिया**—चौबटिया रानीखेत से 10 किमी की दूरी पर स्थित प्राकृतिक सुन्दरता से भरपूर स्थल है। यह समुद्र तल से 2116 मीटर की ऊँचाई पर स्थित है। चौबटिया में उत्तराखण्ड राज्य का 'उद्यान निदेशालय' स्थित है। उद्यान निदेशालय के निकट राज्य सरकार का विशाल सेबों का बाग स्थित है। यहाँ के सेब अत्यन्त सुन्दर और रसीले होते हैं। यहाँ पर फलों का एक शोध केन्द्र है। इस शोध केन्द्र में विविध प्रकार के फलों पर शोध कार्य किया जाता है। साथ ही यहाँ पर राज्य सरकार का फल विक्रय केन्द्र भी स्थित है। इस केन्द्र से पूरे वर्ष अनेक प्रकार के फलों तथा सेब के जूस का अत्यन्त कम मूल्य पर विक्रय किया जाता है। चौबटिया के प्राकृतिक सौन्दर्य तथा सेब के बाग को देखने सैकड़ों पर्यटक प्रतिदिन यहाँ पहुँचते हैं। यहाँ से हिमालय की चोटियों तथा अल्मोड़ा का मनोरम दृश्य दिखाई देता है। बाग के निकट मनोहारी 'फूलों की कुटिया' स्थित है। पर्यटक इस बगीचे रूपी कुटिया में बैठकर एक अद्‌भुत सुगन्धमय वातावरण का अनुभव करते हैं। चौबटिया पहुँचने के लिये भारतीय स्टेट बैंक, रानीखेत के निकट से टैक्सियाँ मिलती हैं। सायं पाँच बजे के पश्चात सेबों के बाग में प्रवेश वर्जित है, क्योंकि पाँच बजे के पश्चात इस क्षेत्र में शेर, चीते और गुलदार आदि जंगली पशुओं के आने का भय रहता है। चौबटिया से तीन किमी की दूरी पर भालू बाँध स्थित है। यहाँ पर एक कृत्रिम सरोवर बनाया गया है। यह एक मनोरम पिकनिक स्थल भी है।

(iv) **सोमेश्वर**—सोमेश्वर अल्मोड़ा से 39 किमी की दूरी पर स्थित है। सोमेश्वर घाटी अत्यन्त मनोरम है। इस घाटी में धान और आलू की फसलें सर्वाधिक होती हैं। इस घाटी के चावलों की दूर-दूर तक माँग है। यहाँ स्थित शिव मन्दिर, कुमायूँ मंडल के प्रसिद्ध मन्दिरों में से एक है। इस मन्दिर का निर्माण चंद राजाओं द्वारा करवाया गया था। पुरातत्व की दृष्टि से इस मन्दिर की तथा इसमें स्थापित प्रतिमाओं की महत्ता असंदिग्ध है। निकट ही चनोदा आश्रम स्थित है। इस आश्रम में ऊनी वस्त्र बनाये जाते हैं। सोमेश्वर का यह आश्रम कुमायूँ मण्डल में ऊनी

वस्त्रों की आपूर्ति का प्रमुख केन्द्र है। महात्मा गाँधी के सुझाव पर इस आश्रम की स्थापना की गई थी। यहाँ पर राजकीय महाविद्यालय स्थित है। ठहरने की व्यवस्था अल्मोड़ा में ही करना अधिक उपयुक्त है।

(v) **मानिला**—मानिला रानीखेत से 66 किमी दूर स्थित है। समुद्र तल से 2250 मीटर की ऊँचाई पर स्थित यह स्थान प्राकृतिक पर्यटन हेतु स्वर्ग समान है। यहाँ से हिमालय का दृश्य बहुत ही मनोहारी दिखाई देता है। सामने के दृश्य को देखकर ऐसा प्रतीत होता है, मानो हिमालय हमसे कुछ ही दूरी पर स्थित हो। मानिला और कौसानी से हिमालय का लगभग एक समान दृश्य दिखाई देता है। रामगंगा की सुन्दर घाटी भी मानिला के प्राकृतिक सौन्दर्य में वृद्धि करती है। मानिला अत्यन्त शान्त, मनोरम और स्वस्थ जलवायु वाला छोटा सा कस्बा है। पर्यटकों के ठहरने हेतु मानिला में वन विभाग का विश्राम गृह स्थित है।

(vi) **शीतलाखेत**—जब हम रानीखेत से अल्मोड़ा के लिये प्रस्थान करते हैं, तब यह मार्ग रानीखेत से आगे जाकर एक अन्य स्थान को कट जाता है। यह स्थान है, रानीखेत से 26 किमी दूर स्थित शीतलाखेत। यह स्थान समुद्र तल से 1829 मीटर की ऊँचाई पर स्थित है। यह स्थान कुमायूँ के खुले मैदान के लिये प्रसिद्ध है। यह एक ऐसा खुला हुआ स्थान है, जहाँ देश के कोने-कोने से हजारों बालचर तथा एन०सी०सी० कैडेट अपने-अपने शिविर लगाकर प्रशिक्षण लेते हैं। ग्रीष्म ऋतु में यह रमणीय स्थल पर्यटकों से भर जाता हैं। यहाँ पर शीतला देवी का प्राचीन और मान्यता प्राप्त मन्दिर भी स्थित है। इनके नाम पर ही इस स्थान का नाम शीतलाखेत पड़ा है। शीतलाखेत से हिमालय के भव्य दर्शन होते हैं। छुट्टियों को शान्तिपूर्वक मनाने के लिये यह स्थान अति उत्तम है। यहाँ पर पर्यटकों के ठहरने के लिये पर्याप्त सुविधायें उपलब्ध हैं। कुमायूँ मण्डल विकास निगम ने भी यहाँ पर चार शैयाओं वाला एक पर्यटक आवास गृह बनवाया है। छोटे-छोटे निजी होटल तो यहाँ स्थित हैं ही। रात्रि में यह स्थान अत्यधिक ठंडा हो जाता है। अत: ठंड से बचाव हेतु गर्म कपड़े साथ लेकर यहाँ आना चाहिये।

(vii) **भिकियासैंण**—गगास और रामगंगा के तट पर नया उभरता हुआ नगर भिकियासैंण स्थित है। रामनगर-रानीखेत मार्ग पर स्थित भतरौंजखान से भिकियासैंण पहुँचना सरल है। यह स्थान प्राकृतिक रूप से अत्यन्त मनोरम एवं स्वास्थ्यवर्धक जलवायु से युक्त है। निकट स्थित जौरासी नामक स्थान भी दर्शनीय है। यहाँ पर वन विभाग का विश्राम गृह स्थित है। जौरासी भी स्वस्थ जलवायु के लिये प्रसिद्ध है। ग्रीष्मकाल में भिकियासैंण और जौरासी का पर्यटकीय भ्रमण अत्यन्त आनन्ददायक सिद्ध होता है। यहाँ आने वाले पर्यटक निकटवर्ती देघाट, स्याल्दे और तामाठौन का भ्रमण भी कर सकते हैं। ये तीनों स्थान भी भिकियासैंण और जौरासी की भांति प्राकृतिक पर्यटन स्थलों के रूप में प्रसिद्ध हैं। किन्तु इन स्थानों का भ्रमण करने वाले पर्यटकों को ठहरने की व्यवस्था रानीखेत में ही करने का प्रयास करना चाहिये। क्योंकि भिकियासैंण और इसके निकटवर्ती जौरासी, देघाट, स्याल्दे और तामाठौन आदि स्थानों पर ठहरने की व्यवस्था तो हो जाती है, परन्तु यहां अन्य पर्यटकीय सेवाओं का नितान्त अभाव है।

(viii) **पाली-पछाऊँ**—द्वाराहाट से लगभग 18 किमी की दूरी पर स्थित पाली नामक स्थान चंद राजाओं की राजधानी के रूप में प्रसिद्ध है। पाली के पछाऊँ में कुमायूँ का रमणीय क्षेत्र अवस्थित है। पाली के निकट ही नैथना देवी का प्राचीन मन्दिर एक पर्वत चोटी पर स्थित है। इस मन्दिर में घी संक्रान्ति (अगस्त माह के मध्य में) का विशाल मेला आयोजित होता है। मन्दिर के निकट ही गोरखा राज्य का एक किला स्थित है, जो उत्तराखण्ड की ऐतिहासिक

धरोहर के रूप में दर्शनीय है। पाली में स्याल्दे मेला भी लगता है। यह मेला कुमायूँनी संस्कृति की विशेषताओं को प्रदर्शित करता है।

पाली पछाऊँ में ही रामगंगा के तट पर वृद्ध केदार का प्राचीन मन्दिर स्थित है। कार्तिक पूर्णिमा के दिन यहाँ पर स्नान किया जाता है और एक आकर्षक मेले का आयोजन किया जाता है। कहते हैं कि कुमायूँ क्षेत्र की प्रसिद्ध लोकगाथा राजुला-मालुसाई का सम्बन्ध पाली-पछाऊँ के इसी वृद्ध केदार मन्दिर से है। पाली-पछाऊँ का राजुला-मालुसाई का गीत और नृत्य इसी क्षेत्र की विशेषता है। पाली-पछाऊँ का क्षेत्र अत्यन्त रोचक है। यहाँ की युवतियाँ कला की साक्षात देवी होती हैं। यहाँ के प्रत्येक मेले में एक से बढ़कर एक नृत्यों की टोलियाँ देखने में आती हैं। कुमायूँ के गीतों और नृत्यों के सम्बन्ध में जो लोग सही ढंग से ज्ञान प्राप्त करना चाहते हैं, उन्हें पाली-पछाऊँ के मेले में अवश्य आना चाहिये।

(ix) **द्वाराहाट**—अल्मोड़ा से लगभग 65 किमी की दूरी पर, रानीखेत-कर्णप्रयाग मार्ग पर द्वाराहाट स्थित है। यह स्थान रानीखेत से 37 किमी दूर स्थित है। यह ऐतिहासिक-धार्मिक स्थान कत्यूरी राजाओं की राजधानी था। द्वाराहाट में एक विशाल मण्डप है। कहते हैं कि यह मण्डप पाण्डवों द्वारा बनवाया गया था। यह मण्डप चमत्कारपूर्ण कला का उत्कृष्ट उदाहरण है। द्वाराहाट में 11वीं शताब्दी से 16वीं शताब्दी के मध्य निर्मित अनेक मन्दिर प्रतिष्ठित हैं। इन मन्दिरों में कत्यूरी कला स्पष्टतः दिखाई देती है। यहाँ के मन्दिरों में मृत्युंजय मन्दिर, ध्वज मन्दिर, बद्रीनाथ मन्दिर, देवाल मन्दिर और दुर्गा मन्दिर विशेष रूप से दर्शनीय हैं। यहाँ के मन्दिरों को प्रायः आठ विशेष वर्गों में बाँटकर अध्ययन किया जाता है। द्वाराहाट मैथुन प्रतिमाओं के लिये भी प्रसिद्ध है।

द्वाराहाट शिक्षा का केन्द्र है। यहाँ पर कुमायूँ क्षेत्र का एकमात्र इंजीनियरिंग संस्थान 'कुमायूँ इंजीनियरिंग कॉलेज' स्थित है। द्वाराहाट में एक राजकीय पी.जी. कॉलेज भी स्थित है। द्वाराहाट से 14 किमी की दूरी पर दूनागिरि (द्रोणागिरि) का ऐतिहासिक धार्मिक स्थल विद्यमान है। यहाँ से हिमालय की छटा देखते ही बनती है। दूनागिरी में एक अत्यन्त प्राचीन 'दुर्गा मन्दिर' प्रतिष्ठित है। शक्तिपीठ की मान्यता प्राप्त यह मन्दिर 12वीं शताब्दी का माना जाता है। दूनागिरि से मात्र सात किमी की दूरी पर पांडुखोली (पाण्डव खोली) नामक स्थान है। यहाँ पर चार किमी के विस्तार में पाण्डव कालीन गुफायें स्थित हैं। इन दर्शनीय गुफाओं को देखना चाहिये। साधक पांडुखोली में साधना करने पहुँचते हैं। नैसर्गिक सौन्दर्य से भरपूर पांडुखोली से भी हिमालय का आकर्षक दृश्य दिखाई पड़ता है।

द्वाराहाट से कर्णप्रयाग मोटर मार्ग पर, 20 किमी की दूरी पर चौखुटिया नगर स्थित है। यह नगर रामगंगा के तट पर स्थित है। यहाँ से एक मार्ग पंडुवाखाल, मेहलचौरी, गैरसैंण आदि बद्री-कर्णप्रयाग होते हुए बद्रीनाथ धाम की ओर चला जाता है। यहीं से भिकियासैंण होते हुए एक मार्ग रामनगर को भी जाता है। चौखुटिया की घाटी अपनी सुन्दरता के लिये विख्यात है। यहां पर अगनेरी देवी का मन्दिर प्रतिष्ठित है। यहाँ पर एक राजकीय महाविद्यालय भी स्थित है। रानीखेत से चौखुटिया के लिये सीधी बस सेवा उपलब्ध है। चौखुटिया में राजकीय डाक बंगला स्थित है। द्वाराहाट तथा इसके सभी निकटवर्ती पर्यटन स्थलों पर संतोषजनक पर्यटकीय सेवायें उपलब्ध हैं, क्योंकि ये सभी स्थल न केवल गढ़वाल मण्डल को जाने वाले मार्ग पर स्थित हैं, बल्कि अनेक स्थान बस सेवा द्वारा प्रत्यक्षतः दिल्ली से जुड़े हुए हैं। द्वाराहाट नगर में तो अच्छे होटल, रेस्टोरेंट तथा धर्मशालायें स्थित हैं। साथ ही द्वाराहाट में लोक निर्माण विभाग का एक डाक बंगला भी आवासीय सुविधायें प्रदान करता है। द्वाराहाट का बाजार छोटा किन्तु विकसित है।

10. बागेश्वर जनपद

(i) **बागेश्वर नगर**—गोमती और सरयू नदी के संगम पर बसा हुआ नगर-बागेश्वर समुद्रतल से 975 मीटर की ऊँचाई पर स्थित है। अल्मोड़ा से बागेश्वर की दूरी 90 किमी है। बागेश्वर में भगवान शिव का भारत प्रसिद्ध मन्दिर—'बागनाथ महादेव मन्दिर' स्थित है। मन्दिर अत्यन्त प्राचीन और भव्य है। उत्तरायण के दिन इस मन्दिर पर विशाल मेले का आयोजन होता है। यह मन्दिर सन् 1450 ई० के काल का बताया जाता है। इसी के निकट भैरवनाथ का आकर्षक मन्दिर भी स्थित है। इसके अतिरिक्त बागेश्वर में स्थित गुरुद्वारा भी दर्शनीय है। बागेश्वर के लिये अनेक शहरों से नियमित और सीधी बस सेवायें उपलब्ध हैं। कुमायूँ मण्डल विकास निगम के भ्रमण कार्यक्रम में बागेश्वर को विशेष महत्व दिया जाता है। यह कुमायूँ का उभरता हुआ नगर है। यहाँ राजकीय पी०जी० कॉलेज तथा अन्य अनेक शिक्षण संस्थायें स्थित हैं। पर्यटकों के लिये बागेश्वर में संतोषजनक आवासीय सुविधायें उपलब्ध हैं।

(ii) **गरुड़**—गरुड़ घाटी अल्मोड़ा जनपद की सोमेश्वर घाटी की समरूपी है। प्राकृतिक सुषमा को स्वयं में पर्याप्त मात्रा में समेटे हुए यह घाटी कौसानी से मात्र 17 किमी की दूरी पर स्थित है। गरुड़ गंगा के किनारे पर अवस्थित होने के कारण इस घाटी का नाम गरुड़ पड़ा। गरुड़ गंगा की घाटी में खेती का विशेष महत्व है। बसन्त काल में यहाँ के खेतों का दृश्य आनन्ददायक हो जाता है। प्रकृति के इस आनन्दपूर्ण स्वरूप को देखने में रुचि रखने वाले पर्यटक गरुड़ की यात्रा को महत्व देते हैं। यह नगर अत्यन्त छोटा है, अतः पर्यटकों को यहाँ पर समुचित आवासीय सुविधायें नहीं मिल पातीं। अतः ठहरने की व्यवस्था बागेश्वर में ही करना उचित है।

(iii) **कौसानी**—कौसानी कोसी और गरुड़ नदियों के मध्य की ढलवां पहाड़ी पर समुद्र तल से 1890 मीटर की ऊँचाई पर स्थित है। सीढ़ीनुमा खेतों की सुन्दरता यहाँ के वातावरण को आकर्षित बनाती है। कौसानी का सूर्योदय और सूर्यास्त का दृश्य प्रकृति प्रेमियों को मंत्रमुग्ध कर देता है। स्टेट बंगले से सूर्योदय के दर्शन इतने स्पष्ट और अनुपम होते हैं कि कौसानी में आये हुए पर्यटक रात्रि के अन्तिम प्रहर से ही इस बंगले के निकट एकत्रित हो जाते हैं।

कौसानी का मुख्य आकर्षण हिमालय दर्शन है। यहाँ से हिमालय की विशाल श्रृंखला में चौखम्बा, त्रिशूल, नन्दा देवी, नन्दाकोट, पंचचूली और नन्दाघुंटी की सभी चोटियों के दर्शन होते हैं। हिमालय का इतना विस्तार पौड़ी के अतिरिक्त और कहीं से नहीं दिखाई देता। कौसानी चीड़, देवदार और बॉज इत्यादि के वृक्षों से घिरा सुरम्य और स्वास्थ्यवर्धक जलवायु वाला स्थान है। ऊँचे-ऊँचे पर्वत शिखरों के अतिरिक्त यहाँ से कत्यूर घाटी के हरे-भरे लहलहाते हुए खेतों को देखने का स्वर्गिक आनन्द प्राप्त होता है। सन् 1929 में महात्मा गाँधी कौसानी में 12 दिन तक रहे। उन्होंने 'यंग इंडिया' में कौसानी की अद्वितीय सुन्दरता पर लेख लिखकर विश्व के पर्यटकों का ध्यान इसकी ओर आकर्षित किया। उनकी एक शिष्या सरला बेन ने कौसानी में महिलाओं और बच्चों के कल्याण के उद्देश्य से 'लक्ष्मी आश्रम' की स्थापना की। यह आश्रम अभी भी सुचारु रूप से अपने उद्देश्यों को साकार रूप प्रदान कर रहा है। हिन्दी के छायावादी कवि सुमित्रानन्दन पन्त के जन्म की गवाह है—कौसानी। कौसानी को प्रकाश में लाने का कार्य ब्रिटिश शासकों ने सन् 1884 ई० में किया था। उन्होंने यहाँ पर चाय के बागान स्थापित किये थे। कुछ समय पूर्व तक चाय के ये बागान लुप्त प्रायः थे, परन्तु अब राज्य सरकार द्वारा कौसानी में चाय के बागानों के विकास हेतु योजनायें प्रारम्भ की गई हैं।

अल्मोड़ा से 51 किमी की दूरी पर स्थित कौसानी में वैसे तो वर्षभर पर्यटकों हेतु उपयुक्त वातावरण बना रहता है, परन्तु सितम्बर, अक्टूबर और नवम्बर, ये तीन माह कौसानी भ्रमण के लिये सर्वश्रेष्ठ हैं। इन महीनों में यहाँ का आसमान साफ रहता है तथा हिमालय की बर्फाच्छादित चोटियों के भव्य दर्शन हो जाते हैं। कौसानी में 'कुमायूँ मण्डल विकास निगम' ने पर्यटकों हेतु 104 शैयाओं के 'पर्यटक आवास गृह' की स्थापना की है। इसमें उत्तम आवासीय सुविधायें उपलब्ध हैं। इसके अतिरिक्त यहाँ पर स्टेट बंगला, वन विभाग का विश्राम गृह, जिला परिषद का डाक बंगला, पाइन व्यू होटल और अनासक्ति योग आश्रम केन्द्र भी पर्यटकों को श्रेष्ठ आवासीय सुविधायें उपलब्ध कराते हैं। अनासक्ति योग आश्रम केन्द्र में ही गाँधी जी ने 'अनासक्ति योग' के नाम से गीता की भूमिका लिखी थी।

कौसानी अनेक मुख्य पर्यटन स्थलों से मोटर मार्ग द्वारा भली-भांति सम्बद्ध है। यहाँ का निकटतम हवाई अड्डा पंतनगर (दूरी—180 किमी) तथा निकटतम रेलवे स्टेशन काठगोदाम (दूरी—142 किमी) में अवस्थित है। कौसानी के लिये हल्द्वानी-काठगोदाम से अल्मोड़ा होकर पहुँचा जाता है। दूसरा मार्ग रानीखेत होकर जाता है। गढ़वाल मंडल की ओर से कौसानी आने वाले पर्यटकों के लिये कर्णप्रयाग से ग्वालदम होकर आने वाला मार्ग सुविधाजनक है। कौसानी पहुँचने वाले पर्यटकों को कम से कम एक रात कौसानी में ही व्यतीत करनी चाहिये, क्योंकि तभी यहाँ के सम्पूर्ण पर्यटकीय आनन्द का लाभ उठाया जा सकता है।

(iv) **बैजनाथ**—यह भी बागेश्वर जनपद का एक महत्वपूर्ण धार्मिक-ऐतिहासिक पर्यटन स्थल है। किन्तु इस स्थान का व्यापक उल्लेख इसी अध्याय में 'उत्तराखण्ड की धार्मिक-सांस्कृतिक पर्यटन धरोहरें' शीर्षक के अन्तर्गत किया जा चुका है।

11. पिथौरागढ़ जनपद

(i) **पिथौरागढ़ नगर**—पिथौरागढ़ जनपद का मुख्यालय पिथौरागढ़ नगर समुद्र तल से 1650 मीटर की ऊँचाई पर अवस्थित है तथा इसका कुल क्षेत्रफल 6.47 वर्ग किमी है। यह सोर घाटी के सुन्दर सीढ़ीनुमा खेतों का रमणीय क्षेत्र है। इसके चारों ओर हिमालय के सुहावने शिखर, सघन वन तथा उर्वर खेतों की रमणीयता दिखाई देती है। पर्यटकों के स्वर्ग पिथौरागढ़ के भाटकोट नामक स्थान से पंचचूली की पाँचों चोटियों के भव्य दर्शन किये जा सकते हैं। त्रिशूल चोटी के भव्य दर्शन भी भाटकोट की विशेषता है।

पिथौरागढ़ में अनेक प्रसिद्ध मन्दिर और अन्य धर्म स्थल विद्यमान हैं। यहाँ स्थित हनुमान मन्दिर, उल्का देवी मन्दिर, राधाकृष्ण मन्दिर, काशिनी के तीन नारायण मन्दिर, भाटकोट की राजधानी की गुफा, उच्चाकोट का तराशा हुआ किला, पित्रौट की वैष्णव प्रतिमा, घण्टाकरण मन्दिर, लक्ष्मीनारायण मन्दिर, कपिलेश्वर महादेव मन्दिर तथा बौद्ध शिक्षा केन्द्र यहाँ के दर्शनीय स्थल हैं। मूर्तिकला के लिये भी पिथौरागढ़ प्रसिद्ध है। कुमौड़ में कत्यूरी राजा की एक भव्य प्रतिमा स्थित है। यह सूर्य की प्रतिमा के समान बनी है। कुमौड़ पिथौरागढ़ का महत्वपूर्ण पिकनिक स्थल है। यहाँ पर गोल्ल देवता का मन्दिर भी प्रतिष्ठित है। साथ ही नगर से मात्र 4-5 किमी की दूरी पर स्थित 'महाराजा पार्क' भी मनोरंजन पर्यटन का प्रमुख केन्द्र है। यहाँ पर एक कृत्रिम झील का निर्माण किया गया है। पर्यटकों के लिये इस झील में बोटिंग की सुविधा उपलब्ध है।

पिथौरागढ़ से सात किमी की दूर चण्डाक पर्वत चोटी पर स्थित मन्दिर, थल केदार पर्वत चोटी पर स्थित नकुलेश्वर एवं मर्सोली मन्दिर तथा ध्वज पर्वत चोटी पर स्थित जयन्ती मन्दिर यहाँ के वे निकटवर्ती स्थान हैं, जो पर्यटकों की धार्मिक और प्राकृतिक जिज्ञासाओं को संतुष्ट करते हैं। इसके अतिरिक्त नगर स्थित खड़केश्वर महादेव मन्दिर, बुंगाछीना स्थित नन्दा देवी मन्दिर, देवलथल स्थित प्राचीन बूटधारी सूर्य मन्दिर तथा नाकोट स्थित गोकर्णेश्वर महादेव मन्दिर भी पर्यटकीय दृष्टिकोण से दर्शनीय स्थल हैं।

पिथौरागढ़ में स्थानीय उद्योग की वस्तुओं का विक्रय भी होता है। राजकीय सीमान्त उद्योग के द्वारा कई वस्तुओं का निर्माण होता है। यहाँ के जूतों, ऊनी वस्त्रों तथा रिंगाल से निर्मित वस्तुओं की अच्छी माँग रहती है। पर्यटक यहाँ आकर इन वस्तुओं को खरीदते हैं। पिथौरागढ़ उत्तराखण्ड के विकसित नगरों में से एक है। यहाँ का बाजार बड़ा और समृद्ध है। यहाँ पर उच्च शिक्षा और व्यावसायिक शिक्षा के अनेक केन्द्र स्थित हैं। सीमान्त जनपद होने के कारण पिथौरागढ़ के दूरवर्ती क्षेत्रों में प्रवेश करने हेतु परमिट की आवश्यकता पड़ती है, किन्तु नगर तथा निकटवर्ती क्षेत्रों में प्रवेश तथा भ्रमण करने के लिये परमिट की आवश्यकता नहीं पड़ती।

पिथौरागढ़ नगर में श्रेष्ठ पर्यटकीय सेवायें उपलब्ध हैं। यहाँ 24 शैयाओं का एक पर्यटक आवास गृह स्थित है। लोक निर्माण विभाग, वन विभाग और जिला परिषद के विश्राम गृह यहाँ पर आवासीय सुविधायें प्रदान करते हैं। इसके अतिरिक्त यहाँ स्थित लगभग 20 होटल भी उत्तम आवासीय सुविधायें प्रदान करते हैं। पर्यटकों के लिये यहाँ पर 'कुमायूँ मण्डल विकास निगम' की ओर से भी व्यवस्था की जाती है। शरद काल में यहाँ शरदोत्सव आयोजित किया जाता है। इस उत्सव में सौर घाटी, पिथौरागढ़ की सांस्कृतिक झांकी प्रस्तुत की जाती है।

इस नगर में हल्द्वानी तथा टनकपुर, दोनों नगरों से पहुँचा जा सकता है। पिथौरागढ़ की हवाई पट्टी नैनी-सैनी, नगर से मात्र तीन किमी की दूरी पर स्थित है। निकटतम रेलवे स्टेशन टनकपुर (दूरी—153 किमी) में स्थित है। दिल्ली से पिथौरागढ़ के सड़क मार्ग की दूरी 505 किमी है। पिथौरागढ़ से बरेली 268 किमी, पीलीभीत 215 किमी, लोहाघाट 62 किमी, हल्द्वानी 218 किमी तथा नैनीताल 188 किमी की दूरी पर स्थित हैं।

(ii) **झूलाघाट**—पिथौरागढ़ से 36 किमी की दूरी पर एक अत्यन्त मनोरम और प्राकृतिक रूप से समृद्ध घाटी में स्थित है—झूलाघाट। पहले तो पिथौरागढ़-झूलाघाट यात्रा मार्ग ही प्राकृतिक रूप से इतना मनोहारी है कि यात्री इसे देखकर आश्चर्यचकित रह जाते हैं। हरे-भरे वन और ऊँची पर्वत चोटियाँ पर्यटकों को मंत्रमुग्ध कर देती हैं। यात्रा मार्ग में पड़ने वाले चाय बागान दर्शनीय हैं। झूलाघाट भारत-नेपाल सीमा पर स्थित छोटा सा नगर है। भारत की पहाड़ी पर बसा है झूलाघाट, सामने की पहाड़ी पर बसा है नेपाल। इन दोनों पहाड़ियों को झूला पुल द्वारा जोड़ा गया है। नीचे काली गंगा का दृश्य सुन्दर दिखता है। झूलाघाट से भारत और नेपाल की वृहद् पर्वत शृंखला के दर्शन किये जा सकते हैं। झूला पुल से ठीक पहले यहाँ पर एक अत्यन्त प्राचीन और मान्यता प्राप्त मन्दिर स्थित है। झूला पुल से पार जाकर नेपाल की पहाड़ी पर एक छोटा किन्तु आकर्षक बाजार बसा हुआ है। इस बाजार में मिलने वाले जूते, जैकेट, टॉर्च, घड़ी, इमरजेन्सी लाइट, बैग तथा सौन्दर्य प्रसाधन के सामान आदि खरीदने योग्य होते हैं। पुल की नेपाली सीमा पर नेपाल पुलिस तथा भारतीय सीमा पर भारतीय पुलिस का पहरा रहता है। झूलाघाट में अनेक छोटे-छोटे रेस्टोरेन्ट तो स्थित हैं, किन्तु ठहरने की समुचित व्यवस्था उपलब्ध

नहीं है। पिथौरागढ़ से झूलाघाट जाने के लिये निरन्तर उत्तराखण्ड परिवहन निगम की बसें तथा निजी टैक्सियाँ चलती हैं।

(iii) **डीडीहाट**—पिथौरागढ़ से 55 किमी की दूरी पर 1725 मीटर की ऊँचाई पर डीडीहाट नगर बसा हुआ है। डीडीहाट पिथौरागढ़ जनपद की एक तहसील भी है। इस सुन्दर नगर की छवि अत्यन्त आकर्षक है। प्राकृतिक सुषमा के धनी इस नगर में पर्यटकों को प्रकृति के हरे-भरे एवं शान्त स्वरूप के दर्शन होते हैं। यहाँ पर सीएकोट का किला स्थित है। इसी किले में एक मन्दिर भी स्थित है। इस स्थान की ऐतिहासिक एवं धार्मिक ख्याति है। डीडीहाट से तीन किमी की दूरी पर रेशम उद्योग को चलाने के लिये उचित प्रबन्ध किया हुआ है। डीडीहाट में पर्यटकों के लिये संतोषजनक पर्यटकीय सेवायें उपलब्ध हैं।

(iv) **बेरीनाग**—यह नगर पिथौरागढ़ से 102 किमी की दूरी पर स्थित है। 1720 मीटर की ऊँचाई पर स्थित यह नगर अत्यन्त रमणीय स्थान है। यहाँ से हिमालय की हिमाच्छादित चोटियों के भव्य दर्शन होते हैं। बेरीनाग चाय के बागानों के लिये प्रसिद्ध है। उत्तराखण्ड के अनेक नगरों से सड़क मार्ग द्वारा यह नगर जुड़ा हुआ है। बेरीनाग में लोक निर्माण विभाग का अतिथि गृह तो स्थित है ही, कुछ निजी होटल भी यहाँ पर आवासीय सुविधायें उपलब्ध कराते हैं।

(v) **चौकोड़ी**—चौकोड़ी पिथौरागढ़ का तेजी से उभरता हुआ पर्यटन स्थल है। बेरीनाग से भी अधिक स्पष्ट रूप से हिमालय की बर्फाच्छादित चोटियाँ यहां से दिखाई देती हैं। चौकोड़ी की यात्रा के बिना पिथौरागढ़ जनपद का पर्यटकीय भ्रमण अपूर्ण माना जाता है। बेरीनाग से 11 किमी पहले स्थित चौकोड़ी में भी चाय के अनेक बड़े-बड़े बागान स्थित हैं। चौकोड़ी में एक विश्राम गृह, अनेक रिसोर्ट तथा कुछ होटल स्थित हैं। यह स्थान भी सड़क मार्ग से अच्छी तरह जुड़ा हुआ है।

(vi) **गंगोलीहाट**—पिथौरागढ़ जनपद की तहसील गंगोलीहाट, पिथौरागढ़ से 77 किमी की दूरी पर स्थित है। यह नगर धार्मिक और प्राकृतिक पर्यटन स्थल के रूप में पूरे उत्तराखण्ड राज्य में प्रसिद्ध है। यहाँ स्थित हाट कालिका शक्तिपीठ मुख्य पर्यटकीय आकर्षण है। इसे महाकालिका मन्दिर कहा जाता है। शक्तिपीठ के रूप में इस मन्दिर की ख्याति पूरे भारतवर्ष में है। किंवदन्ती प्रचलित है कि इस शक्तिपीठ की स्थापना जगद्गुरु शंकराचार्य ने की थी। इसके अतिरिक्त यहाँ पर पाताल भुवनेश्वर स्थित मन्दिर समूह तथा गुफा तो अन्तर्राष्ट्रीय पर्यटन स्थल के रूप में विख्यात है। गंगोलीहाट के चामुण्डा मन्दिर और मनकामेश्वर मन्दिर भी दर्शनीय हैं।

इसके अतिरिक्त गंगोलीहाट से प्रकृति के भी अत्यन्त मनोरम दर्शन किये जा सकते हैं। नगर के आसपास देवदार और चीड़ के अत्यन्त सुन्दर और सघन वन स्थित हैं। यहाँ का वातावरण बहुत ही शान्त तथा जलवायु स्वास्थ्यवर्धक है। गंगोलीहाट के लिये हल्द्वानी, पिथौरागढ़, अल्मोड़ा और टनकपुर से निरन्तर बसें चलती रहती हैं।

(vii) **मुनस्यारी**—मुनस्यारी के उल्लेख के अभाव में पिथौरागढ़ जनपद के पर्यटन स्थलों का विवेचन पूर्णता प्राप्त नहीं कर सकता। यह जनपद का सीमान्त क्षेत्र है। पिथौरागढ़ से 135 किमी की दूरी तथा 2298 मीटर की ऊँचाई पर यह नगर स्थित है। यह क्षेत्र पर्यटन के दृष्टिकोण से अति उत्तम है। कालामुनि के घने जंगल तथा बिर्थी फाल मुनस्यारी मार्ग के दर्शनीय स्थल हैं। मुनस्यारी जौहार क्षेत्र का मुख्य केन्द्र है। यहाँ के अधिकांश निवासी भोटिया जनजातीय समुदाय के सदस्य हैं। यहाँ के भोटान्तिक जौहारी या शौका कहलाते हैं। प्राचीन काल में जौहारी

भोटान्तिकों द्वारा तिब्बत से व्यापार किया जाता था। मुनस्यारी के जौहार अंचल के उत्तर में चीन का तिब्बत क्षेत्र, पश्चिम में चमोली जनपद, दक्षिण में डीडीहाट तहसील तथा पूर्व में पंचचूली की पर्वत श्रेणियाँ स्थित हैं। शौका लोगों का दूसरा क्षेत्र दारमा इसी से मिला हुआ है।

मुनस्यारी पर्वत के मध्य भाग में स्थित है। निचली घाटी में गोरी नदी प्रवाहित होती है, जो आगे चलकर भारत-नेपाल सीमा पर जौलजीवी नामक स्थान पर काली नदी से मिल जाती है। मुनस्यारी मुख्य रूप से साहसिक पर्यटन, प्राकृतिक पर्यटन और ईको पर्यटन का केन्द्र है जो विकास के सम्बन्ध में थोड़ा पिछड़ा हुआ है। इसका मुख्य कारण मुनस्यारी का अति दूरस्थ स्थान के रूप में होना और यहाँ तक पहुँचने के सड़क मार्गों का अत्यन्त कठिन होना है। मुनस्यारी से मिलम, रालम और नाभिक हिमनदों के लिये मार्ग जाता है। अर्थात इन हिमनदों की यात्रा का पड़ाव स्थल है—मुनस्यारी। यहाँ से हिमालय की अनेक पर्वत चोटियों के भव्य दर्शन होते हैं। पंचचूली की सभी चोटियाँ यहाँ से इतनी स्पष्ट और निकटवर्ती दिखाई देती हैं, मानो हाथ बढ़ा कर छू लिया जाये। मुनस्यारी के किसी भी स्थान पर खड़े होकर हिमालय की इन बर्फाच्छादित चोटियों की वृहद् श्रृंखला देखी जा सकती है।

मुनस्यारी में आई०टी०बी०पी० का बेस कैम्प स्थित है। यह कैम्प राजकीय महाविद्यालय के निकट स्थित है। यहाँ से भी प्रकृति का अद्भुत दृश्य अपने अनुपम रूप में दिखाई देता है। डिग्री कॉलेज से ऊपर का क्षेत्र भी अत्यन्त मनोरम है। यहाँ से अनेक गाँवों को मार्ग जाता है। ऊँचाई पर स्थित इस स्थान से दूर गाँवों तक जाने वाली पगडंडियों के दृश्य मन को मोह लेते हैं। इस क्षेत्र के निकट स्थित एक विशाल चट्टान के पीछे अक्सर एक विशालकाय अजगर दिखाई देता है। मुनस्यारी में एक ही बाजार स्थित है—टिकसैन मार्केट। यह अत्यन्त संकरा और प्राचीन बाजार है, किन्तु देखने में अत्यन्त आकर्षक यह बाजार लगभग एक किमी लम्बा है। मुनस्यारी से लगभग चार किमी ऊपर एक पहाड़ी पर प्राचीन कुंड स्थित है—महेश्वर कुंड। कहा जाता है, शिवजी ने क्रोध में यहाँ पर एक पत्थर फेंका था, जिससे यह कुंड उत्पन्न हुआ। इस कुंड का जल बर्फ से भी अधिक ठंडा है। मुनस्यारी से लगभग चार किमी नीचे उतरकर गोरी नदी के पार हिमालय की तलहटी में एक गुफा है। इस गुफा की खोज पाँच वर्ष पूर्व की गई है। इस गुफा में शिवजी की अत्यन्त प्राचीन प्रतिमा प्रतिष्ठित है। यह प्रतिमा गुफा की दीवार पर उत्कीर्ण है। अब इस स्थान पर प्रतिवर्ष शिवरात्रि के दिन एक मेले का आयोजन किया जाता है। श्रद्धालु गोरी नदी पार करके गुफा में जाकर शिवजी की पूजा करते हैं। किन्तु यह पूजा साहसिक श्रद्धालु ही कर पाते हैं, क्योंकि गोरी नदी का जलस्तर कभी भी बढ़ जाने का भय रहता है। इस स्थिति में यह गुफा जलमग्न हो जाती है।

मुनस्यारी की संस्कृति भी देखने योग्य है। यहाँ लगभग प्रत्येक परिवार में कच्ची शराब का निर्माण किया जाता है। इस शराब को यहाँ के निवासी पवित्र पेय मानते हैं तथा अनेक शुभ अवसरों पर इसे प्रसाद के रूप में ग्रहण करते हैं। इस पवित्र पेय को यहाँ 'चख' कहा जाता है। यहाँ पर युवाग्रह भी स्थित है। मुनस्यारी में युवाग्रह को 'रंग-बंग' कहा जाता है। अनेक अवसरों पर रंग-बंग में सांस्कृतिक कार्यक्रम आयोजित किये जाते हैं। इन कार्यक्रमों में यहाँ के युवक-युवतियाँ रात भर लोकनृत्य और लोकगीत प्रस्तुत करते हैं। साथ ही इसमें आने वाले मेहमानों को प्रसाद स्वरूप 'चख' वितरित की जाती है। मुनस्यारी की संस्कृति को जानने के इच्छुक और स्वच्छ मन वाले पर्यटकों को 'रंग बंग' में अवश्य जाना चाहिये।

मुनस्यारी में अनेक क्रय योग्य वस्तुओं का उत्पादन तथा निर्माण भी किया जाता है। यहाँ पर अंगोरा शॉल, ऊनी मौजे, ऊनी पायजामे, ऊनी चादरें, पशमीने के शॉल तथा पंखी (ऊनी शॉल) आदि वस्तुयें बिकती हैं। इनका क्रय अवश्य करना चाहिये। यहाँ पर आलू, सेब तथा खुमानी भी पर्याप्त मात्रा में उत्पादित होते हैं। विश्व प्रसिद्ध 'मिलम ग्लेशियर का राजमा' यहीं के बाजार में मिल सकता है। सर्दी से बचाव करने वाली औषधि 'गन्धारायणी' यहाँ की एक अन्य क्रय योग्य वस्तु है। इसके अतिरिक्त जम्बू तथा कालीजीरी जैसे सुगन्धित मसाले भी मुनस्यारी में ही उत्पादित होते हैं। यहाँ पर स्थित बुग्यालों में यारसा गम्बू नामक स्वास्थ्यवर्धक औषधि भी पायी जाती है। अत्यन्त महंगी इस औषधि का निर्यात चीन को किया जाता है। किन्तु इस औषधि के एक-दो बीज यहाँ के बाजार में आपको देखने और खरीदने को मिल सकते हैं।

यहाँ का मौसम अत्यधिक परिवर्तनशील है। यहाँ अचानक बरसात आ जाती है। यहाँ वर्ष भर सर्दी पड़ती रहती है। दिसम्बर, जनवरी और फरवरी माह में मुनस्यारी में अत्यधिक बर्फवारी होती है। मुनस्यारी में अनेक रेस्टोरेन्ट, होटल तथा लॉज स्थित हैं। इसके अतिरिक्त यहाँ लोक निर्माण विभाग का विश्राम गृह भी स्थित है। ये सभी मिलकर पर्यटकों को श्रेष्ठ पर्यटकीय सेवायें उपलब्ध कराते हैं। मुनस्यारी के लिये उत्तराखण्ड परिवहन निगम तथा टैक्सियों की नियमित सेवा उपलब्ध नहीं है, अत: यहाँ पर निजी वाहन से पहुँचना ही अधिक अच्छा है।

(viii) **धारचूला**—धारचूला और मुनस्यारी शौका लोगों के दो मुख्य केन्द्र हैं। पिथौरागढ़ से धारचूला की दूरी 93 किमी है। दारमा (धौली नदी की उपत्यका), व्यास (काली नदी की उपत्यका) और चौदांस का मुख्य केन्द्र धारचूला है। धारचूला अंचल के लोगों को पूर्वी शौका और मुनस्यारी अंचल के शौका लोगों को पश्चिमी शौका कहा जाता है। धारचूला अपने प्राकृतिक दृश्यों और हिमालय की विशाल हिमाच्छादित चोटियों के लिये प्रसिद्ध है। धारचूला व्यापार मंडी भी है। झूलाघाट की भांति यहाँ पर भी सामने की पहाड़ी पर नेपाल स्थित है तथा ये दोनों पहाड़ियाँ झूलापुल के द्वारा जुड़ी हुई हैं। धारचूला कैलाश मानसरोवर यात्रा का मुख्य पड़ाव है।

(ix) **तवाघाट**—तवाघाट धारचूला से मात्र 25 किमी की दूरी पर स्थित है। यह उत्तराखण्ड का अन्तिम मोटर मार्ग भी है। लिपुलेख दर्रे के पास से निकलने वाली कुटी नदी, जो काली नदी में जाकर मिलती है, वह काली नदी तवाघाट में दारमा नदी से संगम बनाती है। कैलाश मानसरोवर यात्रा पर जाने वाले यात्री तवाघाट तक बसों, टैक्सियों या कारों से जाते हैं। यहीं से पैदल जाना होता है। कैलाश मानसरोवर जाने वाले पर्यटक और श्रद्धालु तवाघाट से आवश्यक सामान लेकर आगे बढ़ते हैं। श्री कैलाश नारायण आश्रम यहाँ से कुछ ही दूरी पर स्थित है। पिथौरागढ़ में आने वाले प्रकृति प्रेमी पर्यटकों के लिये तवाघाट का भ्रमण एक अलग आनन्द प्रदान करने वाला होता है।

(x) **लिथलाकोट (तिलथिन)**—पिथौरागढ़ की चौदांस पट्टी के बसे हुए स्थानों में लिथलाकोट सर्वाधिक ऊँचाई पर स्थित है। चौदांस क्षेत्र के ईष्ट देव 'स्यंसै' इसी लिथलाकोट की चोटी पर पूजे जाते हैं। इस चोटी के एक ओर एक मन्दिर है। शौका लोगों का मानना है कि उनके पूर्वजों का निवास स्थान यहीं था। लिथलाकोट चोटी के चारों ओर नीचे ढलानों पर चौदास के सारे गाँव बसे हुए हैं। पहाड़ के पीछे एक प्राचीन राजमहल के खण्डहर आज भी दिखाई देते हैं। यह स्थान अपनी सुन्दरता के लिये प्रसिद्ध है। यहाँ के रंग-बिरंगे पुष्प, मखमली घास और बाँज तथा देवदार के वृक्ष इतने सुन्दर हैं कि राष्ट्रीय-अन्तर्राष्ट्रीय पर्यटक लिथलाकोट की प्राकृतिक सुन्दरता को देखने प्रतिवर्ष यहाँ पहुँचते हैं।

(xi) **छियालेख**—छियालेख अपनी भौगोलिक संरचना और प्राकृतिक सुन्दरता के लिये प्रसिद्ध है। इसके चारों ओर भारत तथा नेपाल की हिमाच्छादित पर्वत श्रेणियाँ फैली हुई हैं। यह स्थल ऊँची पर्वत श्रेणी के ऊपर एक समतल पठार है। इस मैदान में विभिन्न प्रकार के फूल खिले रहते हैं। शंकु आकार के सुन्दर-सुन्दर वृक्षों की छाया में इस स्थल की सुन्दरता और भी बढ़ जाती है। बर्म देवता और छेतो माटी देवताओं के मन्दिर छियालेख में ही प्रतिष्ठित हैं। इन्हीं देवताओं और उनके मन्दिरों के कारण ही छियालेख का महत्व है। इस क्षेत्र में एक किंवदन्ती प्रचलित है कि एक बार राम, लक्ष्मण और सीता इस स्थान पर पहुँचे थे। लोगों का यह भी मानना है कि कल्पवृक्ष यहीं पर स्थित है।

12. चम्पावत जनपद

(i) **चम्पावत नगर**—यहाँ चम्पावत जनपद का मुख्यालय स्थित है। यह ऐतिहासिक और धार्मिक नगर है। यहाँ स्थित प्राचीन मन्दिर और किले दर्शनीय हैं। बालेश्वर मन्दिर चम्पावत का विशेष आकर्षण है तो, नागनाथ मन्दिर कुमायूंनी स्थापत्य कला का अनुकरणीय उदाहरण है। इसके अतिरिक्त यहाँ स्थित चम्पादेवी मन्दिर, रत्नेश्वर मन्दिर और दुर्गा मन्दिर भी दर्शनीय स्थल हैं, जिनकी निर्माण शैली उत्तर भारत के मन्दिरों के अनुरूप है। चम्पावत में पुरानी राजधानी के किलों के खण्डहर नगर में आज भी विद्यमान हैं। यहाँ के पुराने किले के स्थान पर तहसील मुख्यालय स्थित है। अन्य भवन भी प्राचीन किलों में अवस्थित हैं। यहाँ का पुराना किला ऐतिहासिक और पुरातात्विक दृष्टि से अत्यन्त महत्वपूर्ण माना जाता है। चम्पावत के प्रमुख किलों में वाणासुर के किले और राजबुंगा के किले का नाम लिया जा सकता है।

इसके अतिरिक्त चम्पावत नगर अपनी नैसर्गिक सुन्दरता के लिये भी प्रसिद्ध है। यहाँ से हरे-भरे वनों और वृहद् पर्वत श्रृंखलाओं के मनोहारी दृश्यों का आनन्द लिया जा सकता है। चम्पावत टनकपुर और पिथौरागढ़ सड़क मार्ग के बिल्कुल मध्य में स्थित है। पिथौरागढ़ से चम्पावत की दूरी है—76 किमी तथा टनकपुर से 75 किमी है। चम्पावत पहुँचने का मुख्य बस स्टेशन टनकपुर है किन्तु बहुत से पर्यटक नैनीताल, अल्मोड़ा और पिथौरागढ़ से भी चम्पावत पहुँचते हैं। चम्पावत में पर्यटकों के लिये पर्यटन विभाग का 24 शैयाओं का एक सुन्दर आवास गृह स्थित है। इसके अतिरिक्त इस नगर में रहने और खाने की उत्तम व्यवस्था हो जाती है। पिथौरागढ़ और टनकपुर से आने वाली बसों और टैक्सियों के यात्री चम्पावत में चाय और भोजन ग्रहण करते हैं।

(ii) **लोहाघाट**—लोहाघाट पिथौरागढ़-टनकपुर मार्ग पर ही, चम्पावत से पिथौरागढ़ की ओर मात्र 15 किमी की दूरी पर स्थित है। यह नगर समुद्र तल से 1706 मीटर की ऊँचाई पर स्थित है। इसके निकट ही लोहावती नदी बहती है। लोहाघाट का ऐतिहासिक और पौराणिक महत्व है। इसके आसपास अनेक दर्शनीय स्थल स्थित हैं, जहाँ पर पर्यटकों को भ्रमण करते हुए देखा जा सकता है। पर्यटकों के लिये पर्यटक आवास गृह के अतिरिक्त लोक निर्माण विभाग का विश्राम गृह और जिला परिषद का डाक बंगला भी आवासीय सुविधायें प्रदान करते हैं। इसके अतिरिक्त लोहाघाट में कुछ होटल भी स्थित हैं, जहाँ रहने और खाने की संतोषजनक व्यवस्था हो जाती है। लोहाघाट में डिग्री कॉलेज, कुछ अन्य शिक्षण संस्थान, बैंक, डाकघर इत्यादि के अतिरिक्त एक छोटा सा किन्तु आकर्षक बाजार भी स्थित है। लोहाघाट के निकट सिरमोही

नामक गाँव में 'सिरमोही का किला' स्थित है। चम्पावत का वाणासुर का किला भी लोहाघाट से मात्र नौ किमी की दूरी पर स्थित है। इसके अतिरिक्त लोहाघाट से आसपास के सघन वनों और पर्वत श्रृंखलाओं का मनोरम दृश्य भी दिखाई देता है। लोहाघाट अत्यन्त शान्त पर्यटन स्थल है। प्रसिद्ध देवीधुरा मन्दिर के लिये लोहाघाट से मार्ग जाता है।

(iii) **एवट माउंट**—पिथौरागढ़-टनकपुर मोटर मार्ग पर लोहाघाट से पूर्व तथा चम्पावत के पश्चात एक दर्शनीय स्थल आता है—एवट माउंट। यह स्थान समुद्र तल से 2001 मीटर की ऊँचाई पर स्थित है। लोहाघाट की सीमा में आने वाला यह स्थान कुमायूँ मण्डल के अत्यन्त रमणीय स्थलों में गिना जाता है। यहाँ की प्राकृतिक सुन्दरता इतनी आकर्षक है कि कई महत्वपूर्ण व्यक्तियों ने यहाँ पर रहने हेतु अपने-अपने निजी आवास बनवा लिये हैं। पर्वत चोटी के आसपास ये सभी आवास रूपी बंगले आधुनिक सुविधाओं से युक्त हैं। पर्यटक एवट माउंट पहुँचकर हिमालय के विभिन्न अंचलों के आकर्षक दृश्यों का अवलोकन करते हैं। यहाँ से, नीचे स्थित घाटी की प्राकृतिक सुषमा भी दिखाई देती है।

उपरोक्त के अतिरिक्त भी जनपद चम्पावत में कुछ अन्य दर्शनीय पर्यटन स्थल विद्यमान हैं। ये हैं—रीठा साहिब, पूर्णागिरी और देवीधुरा। रीठा साहिब में प्रसिद्ध गुरुद्वारा स्थित है। पूर्णागिरी में प्रसिद्ध देवी शक्तिपीठ प्रतिष्ठित है तथा देवीधुरा में माँ बाराही देवी का प्राचीन और विश्व प्रसिद्ध मन्दिर स्थित है। इसके अतिरिक्त इन तीनों स्थानों का अन्य कोई पर्यटकीय आकर्षण नहीं है। इस रूप में इन तीनों स्थानों का पर्याप्त उल्लेख 'उत्तराखण्ड की धार्मिक-सांस्कृतिक पर्यटन धरोहरें' शीर्षक के अन्तर्गत प्रस्तुत किया जा चुका है।

13. ऊधमसिंह नगर जनपद

(i) **रुद्रपुर**—जनपद ऊधमसिंह नगर का मुख्यालय रुद्रपुर में स्थित है। यह नगर हल्द्वानी देहरादून या नैनीताल-हल्द्वानी-देहरादून मार्ग पर नैनीताल से लगभग 75 किमी तथा हल्द्वानी से लगभग 35 किमी की दूरी पर स्थित है। यह उत्तराखण्ड में तराई क्षेत्र का महत्वपूर्ण नगर है। किन्तु इस नगर का ऐतिहासिक महत्व भी है। इस नगर की स्थापना चंद राजा रुद्रचंद ने की थी। एक समृद्ध क्षेत्र होने के कारण तराई पर कटेहर के लुटेरों द्वारा अनेक बार आक्रमण किये गये जिससे यह नगर भी उजड़ गया। किन्तु हरियाणा और राजस्थान के कुछ परिवारों ने यहाँ आकर रुद्रपुर शहर को पुनः बसाया। वर्तमान में रुद्रपुर उत्तराखण्ड राज्य के विकसित दो-तीन नगरों में से एक है। इस नगर में स्थित अटारिया देवी का मन्दिर दर्शनीय है। परन्तु यह नगर व्यावसायिक पर्यटन के दृष्टिकोण से अत्यधिक महत्वपूर्ण केन्द्र है। राज्य निर्माण के पश्चात सिडकुल (State Industrial Development Corporation of Uttrakhand Limited) के अन्तर्गत रुद्रपुर में अनेक विशाल उद्योगों की स्थापना की गई है। सिडकुल का सम्पूर्ण क्षेत्र व्यावसायिक पर्यटन के दृष्टिकोण से अत्यन्त उपयोगी है। इसके अतिरिक्त इस नगर में अनेक शॉपिंग मॉल्स का भी निर्माण किया जा रहा है। यह निश्चित है कि आने वाले कुछ वर्षों में रुद्रपुर नगर उत्तराखण्ड राज्य का, व्यावसायिक पर्यटन का सबसे बड़ा केन्द्र बनेगा। रुद्रपुर राज्य के अन्य महत्वपूर्ण नगरों से सड़क मार्ग द्वारा भली-भांति सम्बद्ध है। निकटवर्ती पन्तनगर शहर में हवाई अड्डा स्थित है।

(ii) **पन्तनगर**—पन्तनगर रुद्रपुर से लगभग 20 किमी की दूरी पर स्थित है। भारत रत्न पंडित गोविन्द बल्लभ पन्त के नाम से इस नगर का नाम पन्तनगर पड़ा। यह नगर मुख्य रूप से

शैक्षिक और व्यावसायिक पर्यटन का केन्द्र है। पर्यटन के इन दोनों स्वरूपों का केन्द्र है, यहाँ पर स्थित 'पंडित गोविन्द बल्लभ पन्त कृषि एवं प्रौद्योगिकी विश्वविद्यालय'। यह विश्वविद्यालय अपने ढंग का अद्भुत विश्वविद्यालय है, जो सोलह हजार एकड़ भूमि में फैला हुआ है। यह नगर उत्तराखण्ड में कृषि और प्रौद्योगिकी के क्षेत्र में, अध्ययन और शोध का सर्वप्रमुख केन्द्र बन चुका है। इस विश्वविद्यालय में आकर प्रत्येक वर्ष सैकड़ों छात्र कृषक संगठन, कृषि अर्थशास्त्र, इंजीनियरिंग, ए०एच० (बी०बी०एस०सी०), गृह विज्ञान तथा अन्य विषयों की परीक्षायें उत्तीर्ण करते हैं। इसके अतिरिक्त कृषि और पशु चिकित्सा सम्बन्धी नये-नये पहलुओं का अध्ययन किया जाता है। यहाँ संचालित होने वाले पाठ्यक्रमों के कारण ही पन्तनगर शैक्षिक पर्यटन का अन्तर्राष्ट्रीय केन्द्र बन चुका है।

इसके अतिरिक्त इस विश्वविद्यालय में समय-समय पर कृषि मेलों और कृषि उत्पाद प्रदर्शनियों का आयोजन किया जाता है। इन आयोजनों में कृषि उत्पादन सम्बन्धी नवीन तकनीकों का प्रदर्शन किया जाता है। देश भर के बड़े कृषि उत्पादक इन आयोजनों के माध्यम से लाभ उठाते हैं। इस अर्थ में न केवल यह विश्वविद्यालय अपितु पन्तनगर शहर भी व्यावसायिक पर्यटन का केन्द्र बन जाता है। यह नगर बस और रेलवे परिवहन से तो जुड़ा ही है, पन्तनगर में हवाई अड्डा भी स्थित है। यहाँ उच्च स्तर की पर्यटकीय सेवायें उपलब्ध हैं।

(iii) **काशीपुर**—काशीपुर नगर ऊधमसिंह नगर जनपद का गौरवपूर्ण धार्मिक-ऐतिहासिक पृष्ठभूमि वाला एकमात्र नगर है। यह नगर भी नैनीताल-देहरादून मार्ग पर स्थित है। रुद्रपुर से काशीपुर की दूरी 57 किमी है। काशीपुर का एक मार्ग उत्तर प्रदेश होते हुए दिल्ली तक पहुँचता है। इस अर्थ में यह नगर उत्तराखण्ड-उत्तर प्रदेश राज्यों की सीमा पर अवस्थित है। काशीपुर कुमायूँ क्षेत्र में बौद्ध धर्म का महत्वपूर्ण केन्द्र रहा है। काशीपुर का प्राचीन नाम 'गोविषाण' मिलता है। हर्ष के काल में चीनी यात्री ह्वेनसांग भारत की यात्रा पर आया। वह अपनी यात्रा के दौरान अनेक स्थानों पर गया। उसके द्वारा गोविषाण की यात्रा भी की गयी। उसके यात्रा विवरण के अनुसार वह मण्डावार से दक्षिण-पूर्व दिशा में 400 लि = 67 मील की दूरी पर 'किड-पि-स्वंगन' राज्य में पहुँचा। एम० जुलियन ने इस राज्य का अनुवाद गोविषाण किया। ह्वेनसांग के अनुसार 15 लि (2.5 मील) की परिधि में इस राज्य की राजधानी गोविषाण में स्थित थी। यह एक ऊँचे टीले पर स्थित था। ह्वेनसांग के इस यात्रा विवरण का उल्लेख ए० कनिंघम की पुस्तक 'ऑर्कियोलॉजी ऑफ इंडिया, वॉल्यूम-1' में मिलता है। कनिंघम ने गोविषाण नगर की पहचान काशीपुर से मात्र 1.5 किमी पूर्व में स्थित, उज्जैन ग्राम के निकटवर्ती प्राचीन और ध्वस्त दुर्ग से की है। यहाँ अनेक सरोवर स्थित थे। उज्जैन दुर्ग की लम्बाई पूर्व से पश्चिम 300 फीट तथा चौड़ाई 1500 फीट है। गोविषाण में दो मठ थे, जिनमें 100 साधक बौद्ध धर्म के थे। 30 ब्राह्मण धर्म के मन्दिर भी थे। गोविषाण के बाहर बड़े मठ में 200 फीट ऊँचा अशोक का स्तूप था। वहाँ गौतम बुद्ध ने लोगों को धर्म का उपदेश दिया था। वहाँ एक स्तूप में गौतम बुद्ध के बाल तथा नाखून सुरक्षित हैं। इसके अतिरिक्त यहाँ अन्य बौद्ध अर्हतों के बहुत से स्तूप हैं। तथागत के परिनिर्वाण के बहुत समय पश्चात यहाँ से बौद्ध धर्म समाप्त हो गया, तब अन्य भागों के बौद्ध विद्वानों ने यहाँ आकर अन्य मतों को वाद-विवाद में परास्त किया और इस विजय के उपलक्ष्य में इस स्थान पर पाँच विहारों का निर्माण कराया।

कनिंघम की पुस्तक में ह्वेनसांग का उपरोक्त यात्रा उल्लेख कल्पना आधारित नहीं है। काशीपुर में बाजपुर मार्ग पर अभी भी गोविषाण टीला स्थित है। लगभग पाँच वर्ष पूर्व भारतीय

पुरातत्व सर्वेक्षण संस्थान द्वारा इस स्थान पर की गई खुदाई में गौतम बुद्ध के बाल और नाखून, एक बौद्ध मठ और अशोक का स्तूप मिलने की पुष्टि हुई है। इसके अतिरिक्त इस नगर में तीन सरोवर वास्तव में स्थित हैं—द्रोणसागर, गिरीताल और कटोरा ताल। ये प्रमाण इस नगर के प्राचीन काल में गोविषाण राज्य होने के दावे की पुष्टि करते हैं। इस अर्थ में ऐतिहासिक पर्यटन के दृष्टिकोण से काशीपुर नगर उत्तराखण्ड का सर्वाधिक महत्वपूर्ण पर्यटन स्थल है।

जहाँ तक वर्तमान में काशीपुर नगर के पर्यटन स्थल होने की प्रासंगिकता का प्रश्न है, ऐतिहासिक गोविषाण टीले, द्रोणसागर, गिरिताल और कटोरा ताल के अतिरिक्त इस नगर में अनेक प्रसिद्ध मन्दिर प्रतिष्ठित हैं। यथा—ज्वाला देवी मन्दिर (बाल सुन्दरी देवी का मन्दिर), चैती मन्दिर, चामुण्डा मन्दिर, मंशा देवी मन्दिर, हनुमान मन्दिर, भूतेश्वर मन्दिर, मुक्तेश्वर मन्दिर और नागनाथ जागीश्वर मन्दिर आदि। चैती मन्दिर पर तो चैत्र के नवरात्र में प्रतिवर्ष भव्य मेले का आयोजन किया जाता है, जिसमें उत्तर प्रदेश और उत्तराखण्ड राज्यों के लाखों लोग भाग लेते हैं।

इसके अतिरिक्त काशीपुर एक औद्योगिक नगर भी है। यहाँ पर छोटे-बड़े लगभग 200 उद्योग स्थापित हैं। इस क्षेत्र का कृषि उत्पादन भी समृद्ध है। यहाँ अनेक कॉन्वेन्ट स्कूल, प्राइमरी स्कूल, इण्टर कॉलेज, एक पी०जी० कॉलेज, एक डिग्री कॉलेज तथा अनेक व्यावसायिक एवं तकनीकी शिक्षा के केन्द्र स्थित हैं। काशीपुर में औद्योगिक प्रशिक्षण संस्थान की शाखा तथा पॉलीटेक्निक संस्थान भी स्थित है। काशीपुर में उच्च स्तरीय पर्यटकीय सेवायें भी उपलब्ध हैं। अनेक पार्क तथा सिनेमा हॉल के अतिरिक्त इस नगर में अनेक होटल, धर्मशालायें तथा गेस्ट हाउस स्थित हैं। यहाँ अनेक बैंक, पोस्ट ऑफिस, चिकित्सालय तथा पेट्रोल पंप भी स्थापित हैं। इसके अतिरिक्त काशीपुर में रेलवे स्टेशन भी स्थित है, जहाँ से भारत के अनेक नगरों के लिये नियमित रेल सेवायें उपलब्ध हैं, बस सेवाओं के क्षेत्र में तो काशीपुर नगर समृद्ध है ही।

उपरोक्त नगरों के अतिरिक्त जनपद ऊधमसिंह नगर में नानकमत्ता नामक नगर भी प्रसिद्ध पर्यटन स्थल है। नानकमत्ता में विश्व प्रसिद्ध गुरुद्वारा तथा नानक सागर और नानक सागर बाँध स्थित हैं। इस पर्यटन स्थल का विस्तृत उल्लेख 'उत्तराखण्ड की धार्मिक-सांस्कृतिक पर्यटन धरोहरें' शीर्षक के अन्तर्गत प्रस्तुत किया जा चुका है।